Alfredo Gómez-Sampera Llorens

LA ECONOMÍA POLÍTICA DE LA REPÚBLICA DE CUBA 1902-1958

La historia tiene un carácter multidisciplinario para poder comprender y explicar el pasado. La historia es el recuento y estudio de las sociedades en el pasado. El historiador asume la labor no de contar, si no de explicar el pasado

Escuela Francesa de los Annales.

ALEXANDRIA LIBRARY
PUBLISHING HOUSE
MIAMI

ISBN: 978-1934804124

Library of Congress Catalog-in Publication Data

Cubierta: alexlib.com

Alexlib.com

Índice general

1. Prólogo

No es nada común encontrarse con una obra tan completa y tan interesantemente escrita como esta historia económica de Cuba entre el 1902 y el 1958, la era republicana de la isla. El índice de cada capítulo rápidamente nos da una ojeada de lo extenso y profundo que será el tratamiento que a continuación le ofrecerá el autor a un lector que jamás se pudiese imaginar que alguien penetraría tan hondo y con tantos datos y argumentos en la explicación de acontecimientos económicos de los cuales siempre se oye hablar, pero que están lejos de entenderse a plenitud.

Estamos en presencia de un economista de envergadura que comienza dándonos nociones básicas como *elasticidad, ventaja comparativa* y *teoría de la dependencia*, logrando así incluir el lector académico sin perder el lector no iniciado en la disciplina.

Cuán necesario es este libro para los ciudadanos cubanos fuera de Cuba, y para los que en un futuro en Cuba puedan llevar ese nombre a cabalidad viviendo en una sociedad donde la libertad económica rija. Y qué tremendo aporte es este libro a la literatura económica tanto del desarrollo como de las relaciones entre la política y la economía de un país.

Muy interesantes frases como *sin azúcar no hay país* de Antonio Santamaría ahora son examinadas para ver los efectos benéficos y nocivos del monocultivo y toda una amplia gama de análisis y teorías que con el paso del tiempo se han escrito alrededor de este tema.

El autor expone sus tesis, pero también nos explica las tesis de otros y nos revela de dónde salieron y por qué recibieron aceptación o fueron rechazadas.

Los economistas cubanos como Regino Boti, Joaquín Martínez Sáenz, Felipe Pazos, Manuel Moreno Fraginals, Ramiro Guerra, Julián Alienes y Gustavo Gutiérrez Sánchez son tan bien explicados que sus contribuciones al análisis se hacen claras y diáfanas, sin importar los complicados y complejos que sus aportes pudieran haber sido.

La evolución y expansión del estado cubano desde su comienzo con la Enmienda Platt hasta el umbral de la revolución cubana es particularmente instructivo. Uno de los aspectos mejor abarcados en el libro es el papel que jugaron los sindicatos cubanos violentando la ley de la oferta y la demanda, logrando desde el poder político y la influencia del Partido Comunista, condenar a miles al desempleo, pues provocaron la ineficiencia que sirvió de lastre a una economía que de otra manera hubiese podido abrirse paso en competitividad en el mercado mundial.

Les recomiendo adentrarse en esta obra con la completa seguridad de que van a aprender mucho y que este libro los hará pensar, reflexionar y analizar sobre el futuro patrio, ahora con una educación que valoro a nivel de una licenciatura universitaria, pues este economista es gran docente por igual.

Mis felicitaciones al autor y de antemano al lector.

Frank Rodríguez, M.A. Economía, Universidad de Miami
Tesis de grado "Economic Development of Cuba, 1902-1958".

2. Introducción
Reflexiones acerca de la Economía Política de la República de Cuba

La historia no puede imaginarse sin teoría. La creencia ingenua en que sin los prejuicios de ninguna teoría se puede derivar la historia de las fuentes es insostenible. Ninguna explicación se revela directamente de los hechos.

Ludwig von Mises.

La teoría es indispensable para interpretar correctamente la Historia. La Historia que es la secuencia de eventos que se desarrollan en el tiempo es ciega. No revela nada sobre las causas y los efectos.

Hans Herman-Hoppe.

1- Metodologías

1-1- Las estadísticas en la Cuba republicana.

2- Interpretación de la historia de la República de 1902 a 1958.

2-1- Cuba, una economía de plantación.

2-3- Evolución de la institucionalidad capitalista.

2-5- Ganadores y perdedores de la globalización.

2-6- La dependencia: las relaciones entre Cuba y Estados Unidos.

3- Teorías acerca del crecimiento económico.

3-1- Panorama del pensamiento económico en Cuba.

4- Las opciones de Cuba en la etapa final de la República.

4-1- El problema del modelo "desarrollista" cubano.

5- La Cuba moderna. El desarrollo humano y la distribución de la riqueza.

5-1- Algunos indicadores generales de la República.

5-2- Comportamiento del ingreso per cápita en Cuba comparado con América Latina.

Metodologías

A finales de la década de 1950 y principios de la de 1960, surgió en algunas universidades norteamericanas lo que sería conocido más tarde como Cliometría, Nueva Historia Económica, o también algunos la han llamado Historia Econométrica, que se diferenciaba de la historia económica tradicional por el uso de un riguroso análisis económico y de métodos estadísticos, incorporando la teoría económica especialmente neoclásica, a la formulación de hipótesis acerca del desarrollo de determinados acontecimientos históricos.

Estos métodos contrastaban con la historia económica tradicional en que esta planteaba una argumentación de tipo narrativo, utilizando generalmente el método deductivo, y usando las cifras y los datos empíricos seleccionados de manera ilustrativa, no sistemática ni analítica, para sustentar hipótesis establecidas a priori.

En general, la Nueva Historia Económica (NHE) era hecha por economistas, y rápidamente dominó el campo de la enseñanza y la investigación histórica, comenzando por Estados Unidos, pero expandiéndose a otros países del mundo.

La NHE es una consecuencia de las teorías económicas del Crecimiento y la Modernización que surgen después de la Segunda Guerra Mundial, y el proceso de descolonización. Estas teorías buscaban las variables que habían determinado el crecimiento económico de algunos países y regiones del mundo con vistas a su aplicación en los países subdesarrollados y poscoloniales, así como cu'ales eran las causas del subdesarrollo en países que como los de América Latina, habían dejado de ser colonias hacía muchos años.

La economía como disciplina surgió en el siglo XVIII y XIX, asociada a un componente histórico y social, sobre todo en sus principales temas que eran el valor de las cosas, la riqueza, y la distribución del ingreso, que son temas que esencialmente conciernen a lo histórico y lo social e incluso a la ética y la moral. Así los principales economistas clásicos incorporaban la economía al análisis histórico-social.

Con el tiempo, y la consolidación de la teoría neoclásica luego de 1871, la economía se fue divorciando de la historia hasta que la Nueva Historia Económica termina esta ruptura, y rescata la reconciliación entre las dos disciplinas.

Como hemos dicho, la historia económica existía, pero como mera narración, o descripción de los hechos económicos, con muy poca fundamentación teórica ni empírica, pero la Nueva Historia Económica no solo logra una explicación más fructífera y coherente que la Historia Económica tradicional al permitir explicaciones mucho más precisas que la mera recopilación de hechos e hipótesis que no pueden ser analizadas por métodos cuantitativos.

A partir de la década de 1960, la NHE se convirtió en Cliometría, como estudio del pasado primordialmente a través de la utilización de métodos cuantitativos.

Por otra parte, surgió otra escuela económica que busca lograr una interpretación de la historia en la búsqueda de las causas de la pobreza y la riqueza de las naciones, que fue la Escuela Neoinstitucional, de cuyas investigaciones se fueron desprendiendo conclusiones de que las causas de las disparidades de riqueza de las naciones se encontraban fundamentalmente en el tipo de instituciones que han evolucionado y prevalecido en ellas, y de esas conclusiones se fue desarrollando lo que ha sido conocido como la Nueva Historia Institucional, que cuenta con tres premios Nobel de Economía; el economista inglés Ronald Coase(1910-2013) Premio Nobel de Economía en 1991, Douglass North economista norteamericano (1920-2015) que recibió el Premio Nobel de Economía en 1993, junto con el también economista norteamericano Robert Fogel (1926-2013).

Para los neoinstitucionalistas, las instituciones, que son creaciones humanas diseñadas para crear orden y reducir la incertidumbre en los intercambios, junto con la tecnología, determinan los costos de transformación y transacción, y por tanto la rentabilidad y la factibilidad de participar en la actividad económica.

Los neoinstitucionalistas sostienen que la clave para la comprensión de la interrelación entre la economía y la política, y las consecuencias de esa interrelación con el crecimiento económico es a través de la evolución de las instituciones.

Las instituciones tienen como componente esencial las ideas que los hombres tienen acerca no solo de cómo es la sociedad, si no de cómo debe ser (normativa), por eso es muy importante considerar el componente ideológico en la formación de las instituciones.

Por tanto, la propuesta de la NHE surge de la unión de la evolución de las instituciones y el análisis econométrico que muestra el impacto sobre los costos de transformación y transacción, y como los cambios que tienen lugar en dichos costos, a su vez se reflejan en las instituciones creando los incentivos de los diferentes actores económicos y políticos a través de las organizaciones. La interacción entre la economía y la política solo puede entenderse a través del cambio institucional.

La historia económica tradicional también introdujo en sus análisis a las instituciones, empezando por Carlos Marx, a partir de la consideración de que las fuerzas productivas y las relaciones de producción generaban todo un conjunto de instituciones (que él denominó superestructura) como reflejo, o sea el cambio tecnológico como fuente del cambio institucional, y de allí se desprendieron todas las teorías marxistas y neomarxistas del imperialismo, la dependencia, centro-periferia, etc. que tuvieron mucho auge en América Latina sobre todo a partir de los estudios de la CEPAL, y que tienen en común la teorización de construcciones institucionales que resultan en explotación y desiguales patrones de crecimiento y distribución del ingreso.

Los historiadores de la economía precliométricos colocaban la tecnología en el centro del escenario del desarrollo, como creadora de bienestar humano, por lo que simplemente, según esta forma de ver, todo era cuestión de incremento tecnológico. Este viene siendo uno de los presupuestos de la teoría de la Modernización en boga en los años 60 del siglo XX.

A partir de los años 60, en la universidades latinoamericanas, predominó el paradigma de la historia económica tradicional basado en las teorías neomarxistas de la explotación y el dependentismo, pero hoy en día este paradigma se encuentra agotado, y sin casi nada que aportar a la historia económica de los países de la región, por eso se ha venido lentamente abriendo paso entre los historiadores económicos latinoamericanos la NHE. Este desarrollo se hace lento sobre todo por la politización de la enseñanza académica en América Latina, que se mantiene dentro de los cánones de las ideologías de la izquierda marxista y neomarxista.

La historia de Cuba, y en específico la historia de la República, entendida como el período comprendido entre 1902 y 1958, carece de un estudio basado en las metodologías más rigurosas de la Economía Política y la NHE, y como indicamos solo existen estudios parciales, donde se exponen algunas estadísticas puntuales y sin mayor análisis teórico, con el objetivo de probar que la República mostraba un adelanto económico espectacular, o que se encontraba en una situación de miseria y atraso que solo era posible de superar por medio de una revolución radical, aunque existen otros valiosos estudios de historia económica tradicional más desvinculados con las posiciones ideológicas como son la monumental "*Cuba Economía y sociedad*" de Levi Marrero, o "*El Ingenio*" de Manuel Moreno Fraginals.

La intención de este libro es desarrollar un análisis interdisciplinario examinando como el proceso político, las instituciones e ideologías influyeron sobre los resultados económicos, y a la inversa como los factores económicos influyeron y formaron las decisiones políticas y la dinámica del poder como se distribuyó entre los diferentes grupos de intereses dentro de la sociedad cubana.

Busco entender como la sociedad cubana se organizó y asignó sus recursos, creó riquezas y la distribuyó entre los individuos y grupos, así como examinar la interacción entre el sistema económico capitalista, y las estructuras políticas, las políticas, y las ideologías que formaron y regularon el sistema capitalista en Cuba.

La relación entre la economía y la política solo puede establecerse a partir del estudio del comportamiento de las variables macroeconómicas, y la relación entre la política y la economía a través de la evolución del marco institucional.

Investigamos varios aspectos de la economía que incluyen la producción, la distribución, el cambio, y el consumo de bienes y servicios, así como la conducta de individuos, empresas y gobierno en esos procesos. También tratamos de explorar hasta donde nos ha sido posible, cuestiones relacionadas con el desarrollo económico, la desigualdad y la pobreza, las regulaciones de los mercados, y el papel del Estado en los asuntos económicos.

Un aspecto clave dentro de este estudio será el de cómo los resultados económicos influenciaban en el desarrollo político del país, y como las relaciones de poder y la estructura Política a través de la creación de instituciones, influencian los resultados económicos.

Otro aspecto importante que buscamos examinar es como las diferentes ideologías influyen y forman el pensamiento de diferentes grupos de actores económicos buscando generar políticas públicas y oportunidades que favorezcan sus intereses.

La política influye sobre la economía a través de las instituciones, y la relación de la economía con la política tenemos que analizarla a través de los agregados macroeconómicos o variables económicas tales como el ingreso Nacional, el per cápita, la inflación, el empleo y el desempleo, los agregados monetarios, las balanzas de pagos, la deuda y el déficit público y otros muchos, que reflejan el entorno económico, y como el desarrollo de estas variables y su conocimiento influyen y se derivan en gran medida las políticas económicas, y surgen las instituciones correspondientes a través de las cuales los diferentes actores económico-sociales buscan alcanzar sus intereses.

Para este análisis hemos periodizado la historia republicana con el objetivo de mostrar el comportamiento y evolución tanto de los indicadores macroeconómicos como de las instituciones.

La aproximación que expongo a continuación, parte de la idea de que para entender la economía política republicana, tenemos que reconocer que la relación entre la política y la economía de Cuba se desenvuelve bajo dos paradigmas; el primero entre 1902 y 1933 donde la institucionalidad política se encontraba subordinada al modelo económico, era su facilitadora, y su garante, en tanto entre 1933 y 1958 cambia el paradigma; es el modelo económico el que se encuentra en función de la institucionalidad política.

A partir de esta premisa, dividimos la historia republicana en dos grandes períodos; la Primera República de 1902 a 1933, y la Segunda República de 1933 a 1958. Esta división la subdividimos a su vez de acuerdo al ciclo económico en:

1, 1902 a 1920: Prosperidad.
2. 1921-1925: Transición.
3. 1925-1933; Crisis.
4. 1933-1940: Transición.
5. 1941-1947: Prosperidad.
6. 1948-1952: Transición.
7. 1952-1958: Recesión.

A partir de este marco temporal analizaremos el comportamiento de:

1. Primero, la evolución del Estado y las instituciones en su impacto sobre las variables macroeconómicas.
2. La industria azucarera y la actividad agropecuaria en general.
3. La industrialización y las inversiones de capital.
4. El comercio internacional y las balanzas comerciales.
5. La evolución del sistema monetario, las balanzas de pago, y la banca en su participación en el desarrollo económico de Cuba.
6. La evolución demográfica, el empleo y el desempleo y la productividad del trabajo.
7. La distribución del ingreso Nacional, la evolución de la estructura social, y los patrones de consumo.

Usamos métodos cuantitativos y cualitativos tanto para reunir como para analizar la data económica, los récords históricos, los documentos, y los fenómenos sociales, recurriendo a la teoría económica en general de la Escuela Económica Austríaca, el análisis político y sociológico para poder elaborar una comprensión de las relaciones entre la política y la economía.

También recurrimos a comparaciones horizontales con otras economías en determinadas circunstancias históricas que nos permitan encontrar paralelismos y respuestas, ya que Cuba, como cualquier sociedad del mundo, no se desarrolla en un contexto aislado, y esto ha sido uno de los grandes defectos de nuestra historiografía, la ausencia de relaciones contextuales.

Considero que el análisis histórico no solo debe desarrollarse en una dirección pasado-presente, si no también en una dirección horizontal, haciendo comparaciones que nos permiten elaborar un modelo interpretativo más coherente.

Debemos tener en cuenta de que los datos macroeconómicos no son exactos, muchos están basados en estimaciones, y su análisis se basa en correlaciones, extrapolaciones, y tendencias.

En Cuba, la recopilación de datos macroeconómicos con vistas a tomar decisiones políticas comienza fundamentalmente, aunque de manera dispersa, después de la Segunda Guerra Mundial, y sobre todo después de la creación del Banco Nacional de Cuba en 1950. Anterior a eso la recopilación de estadísticas macroeconómicas era poco sistemática y rudimentaria.

Yo parto para esta investigación, de la premisa básica de que solamente a partir del libre mercado, o sea de un sistema capitalista, se puede crear riqueza, prosperidad y crecimiento económico de manera sostenible, y que en la medida en que este se debilite frente al avance del estatismo, la sociedad pierde capacidad de desarrollo y crecimiento, y consiguientemente se empobrece, y que la economía cubana se fue alejando paulatinamente del capitalismo.

El capitalismo es un sistema económico que está basado en determinadas instituciones. El capitalismo puede existir en medio de diferentes grados de libertad política, pero siempre, en la medida en que el Estado vaya alcanzando mayor tamaño, este crecimiento se hará a expensas de las instituciones del libre mercado (capitalistas) e incluso a expensas de las libertades políticas, produciendo empobrecimiento de la sociedad.

Las estadísticas en la Cuba republicana

Como es evidente, para cualquier investigación histórica que utilice métodos cuantitativos es necesario disponer de estadísticas lo más confiable posible.

La historia cuantitativa requiere tanto de estadísticas clasificatorias o descriptivas, o sea la agrupación y tabulación de datos, y de estadísticas inductivas a partir de las cuales se elabora el análisis inductivo, y se establecen las hipótesis y las conclusiones.

La estadística clasificatoria viene siendo la materia prima para el análisis inductivo, por tanto, el primer trabajo para una investigación de este tipo es localizar y organizar los datos dispersos en la mayoría de los casos, y clasificarlos usando técnicas de correlación, regresión y estimación, con el propósito de hacer inferencias.

La historia económica tradicional generalmente recurre a insertar en sus trabajos información estadística descriptiva las cuales por si solas no significan nada, y sobre todo cuando no se tiene una determinada preparación estadística, o de conceptos y términos básicos en ciencias sociales, por eso tratamos de no incluir este tipo de información, si no solamente tablas y gráficos de estadística inductiva que sirvan para explicar y sustentar nuestras conclusiones.

Las estadísticas republicanas eran escasas y dispersas, y a veces de calidad dudosa, por lo que el trabajo de recopilación de estadísticas se hace muy laborioso, ya que requiere acceder a múltiples fuentes en busca de datos aislados para ir completando el cuadro estadístico.

Por otra parte, tenemos la limitación de que no hemos tenido acceso a donde posiblemente se encuentre la mayor cantidad de información estadística que es en Cuba.

Durante la que llamamos la Primera República, o sea entre 1902 y 1933, al igual que durante el período colonial, las pocas estadísticas que se reunían tenían fines casi exclusivamente impositivos para el Estado, cuya casi única incidencia en la economía era a partir de la recolección de impuestos.

Los Censos que efectuaron las autoridades norteamericanas en las dos ocasiones que ocuparon Cuba, o sea los Censos de 1899 y 1907, fueron las dos únicas estadísticas basadas en una recolección técnica de información, y posteriormente los otros dos Censos del periodo en 1919 y 1931 efectuadso por el gobierno cubano, de inferior calidad.

El único esfuerzo sistemático aunque muy limitado, de recopilación de información estadística de aquel período fue el realizado por Marino López y Orestes Ferrara.

Durate la Segunda República, debido a una cada vez mayor incidencia del Estado en la economía, y en especial después de la Constitución de 1940, comienza un mayor interés y demanda por la estadística económica por parte del gobierno. Comienza la enseñanza de estadística en la Universidad de La Habana, se va iniciando una recopilación más sistemática de información con el Consejo Nacional de Economía bajo la dirección de Gustavo Gutiérrez, y Julián Alienes, y finalmente con el Banco Nacional de Cuba fundado en 1950, en su Departamento de Investigaciones Económicas dirigido por Julián Alienes.

El economista Alberto Arredondo en su libro *Cuba tierra indefensa* hace la siguiente valoración de las estadísticas republicanas.

> Cuando el investigador pretende extraer la verdad de esos documentos estadísticos, o desea exponer en números la situación cubana en un momento dado de su desarrollo histórico, tiene, como

en la época colonial, que acudir a mil fuentes, archivos, y bibliotecas para entresacar datos aislados, cifras esporádicas, antecedentes esparcidos aquí y allá, para entonces poder formar una tabla estadística o lanzar hipótesis más razonablemente fundadas.

Cualquier investigación era falseada abierta o solapadamente. La tradición colonial seguía manteniéndose en la República. Si defectuosos eran los Censos coloniales, pobres y mediocres fueron las Censos de la República. Sus directores y agentes señalaban siempre la sistemática desnaturalización de la función censal. Todos los que estaban en mejor situación se confabulaban para desvirtuar el trabajo estadístico, unos por inconsciencia y otros por irresponsabilidad, y la inmensa mayoría por estimar que los datos sobre sus negocios y activos podrían traducirse de alguna manera en directo y peligroso intervencionismo del Estado.

Interpretación de la historia de la República de 1902 a 1958

¿Era Cuba un país tan rico y próspero dentro del contexto latinoamericano que estaba a punto de convertirse en un país desarrollado? O era Cuba un país pobre y subdesarrollado, sumido en un atraso irremediable del cual no podía salir si no era a través de una revolución socialista que rompiera con la dependencia de Estados Unidos.

La primera tesis yo la denomino del excepcionalísimo cubano, pues sus exponentes plantean que Cuba, siendo la más joven de las repúblicas latinoamericanas, había alcanzado el mayor grado de desarrollo debido a que tenía una clase política y una población excepcional dentro del ámbito de América Latina.

La segunda tesis es la del marxismo, que plantea la existencia de un esquema centro-periferia que funcionaba absorbiendo las riquezas que producía Cuba, lo que la mantenía en un estado de perpetuo subdesarrollo.

La tesis excepcionalista se encuentra muy difundida fuera de Cuba, siendo una prolongación de la historia positivista que se enseñaba durante los tiempos republicanos, y la tesis marxista es la historia oficial que se enseña actualmente en Cuba, y también forma parte de la historia escrita por académicos extranjeros, especialmente neomarxistas norteamericanos.

Esta dicotomía que se plantea en la interpretación de la historia de Cuba se ha mantenido por más de sesenta años, sin grandes cambios.

En Cuba, antes de la Revolución de 1959, la historia escrita se movía en general dentro del paradigma del Positivismo como corriente historiográfica, la cual surge en Alemania en el siglo XIX como una consecuencia de la formación de la nación alemana.

El positivismo histórico tiene como característica su intención de contribuir a crear una nación acudiendo a un pasado histórico idealizado donde no hay crisis económicas, ni políticas, reconstruyendo una historia nacional planteando que cada paso es un avance y una mejora en esta sociedad idealizada.

Hoy en día las ideas positivistas han sido desmontadas por su falta de rigor histórico e inclusive su inverosimilitud. Esta corriente actualmente se encuentra completamente desacreditada, ya que saca los hechos fuera del contexto histórico en función de una idea preconcebida de nación, por lo que ha quedado demostrada su carencia de fiabilidad histórica, debido a que gran parte de su relato cae en el campo de la literatura de ficción.

Uno de los problemas fundamentales del positivismo historicista consiste en ser un relato de la historia carente de análisis, donde el acontecimiento histórico reconstruido con la mayor exactitud posible es lo único importante, y lograrlo constituye la misión del historiador que busca una sucesión de hechos organizados en una línea de tiempo desde el pasado al presente, sin una teoría que explique por qué ocurrieron, a no ser por la grandeza de próceres ilustrados, por ello este tipo de relato histórico tiene como fin la exaltación de valores muchas veces imaginarios de la nación, para promover el patriotismo entre sus ciudadanos, que se convierte en un requisito a priori de cualquier investigación, sin apoyo en ninguna teoría, ya que no le hace falta.

Con el triunfo de la Revolución de 1959, el paradigma de la investigación y del discurso histórico en Cuba cambia radicalmente. Los historiadores oficiales han tenido como tarea central demostrar, a partir de la metodología marxista, la inevitabilidad del socialismo en Cuba como parte de un proceso histórico nacional, legitimando esa revolución y su orientación socialista.

De esta forman comienzan a desarticular el discurso histórico de la República, sustituyéndolo por uno nuevo, encaminado a demostrar la teoría marxista de la lucha de clases, y surge así una nueva interpretación de la Historia de Cuba, esta vez a la luz de una teoría que pretende ser científica, pero que no pasa de ser un dogma con verdades preestablecidas a las que se tenían que someter cualquier tipo de análisis.

Así tenemos dos proposiciones que explican muy poco la realidad de la historia de nuestro pueblo. Por una parte, una tesis basada no en interpretaciones, si no en un relato muchas veces ficticio, y por la otra parte una tesis basada en una interpretación teórica de la historia limitada burocrática y rígida, que ha demostrado ser incorrecta debido a su poca capacidad explicativa de los hechos.

La Historia por sí sola no dice nada, es solamente la sucesión de hechos a lo largo del tiempo, por tanto, para que la historia diga algo, tiene que ser interpretada, y para ello es necesario recurrir a toda una serie de ciencias y disciplinas tales como la arqueología, la antropología, las ciencias políticas, la economía, la sociología, y la filosofía. Todo este conjunto de ciencias forman una teoría que nos ayuda a interpretar y explicar los hechos históricos, por qué ocurrieron, y por qué no ocurrieron de otra forma. Sin teoría, la historia no pasa de ser un relato más o menos bien contado con muy poca utilidad para la comprensión del presente y para la posible previsión del futuro, que ese en definitiva el propósito de la Historia como disciplina desde los padres de la historiografía que fueron Heródoto y Tucídides en la Grecia Clásica.

De esta forma, llegamos a la conclusión que las dos tesis básicas acerca de la historia de Cuba son deficientes para explicar la realidad de la República.

Los actores económico-sociales, o sea los políticos, empresarios, trabajadores, intelectuales, etc., actuaron en determinadas circunstancias promoviendo sus intereses influyendo en la política para lograr cambios a su favor. La historia positiva nos presenta unos actores sociales cuyos intereses se identifican esencialmente con los intereses de una entelequia que es la "Patria", o sea son patriotas, en tanto la historia marxista presenta unos actores movidos por estrechos intereses de clase, donde hay una clase política y empresarial de canallas, a las órdenes del capital norteamericano, cuyos intereses son en esencia antinacionales, contrarios antagónicamente a los intereses del pueblo de Cuba, en tanto la clase obrera y campesina llena de virtudes, es sometida a una explotación inmisericorde, y es en ellos donde radica el verdadero sentimiento nacional identificado con el antiimperialismo.

Esta unidemensionalidad simplista ha llevado a la Historia de Cuba a una situación de irrealidad, donde a pesar de que se han escrito en estos sesenta y tantos años monografías y ensayos muy interesantes, son muy difíciles de encajar dentro del relato histórico general.

Los mecanismos económicos son especialmente importantes para comprender cómo cambian las circunstancias y los intereses, así como las decisiones de los actores que hacen la historia, o sea para lograr una interpretación más cercana a la realidad histórica, aunque no debe caerse en el economicismo determinista que concibe todo hecho histórico determinado por una causalidad económica.

Los actores económicos crean instituciones que les permitan disminuir la incertidumbre y el riesgo, y les den oportunidades para promover sus intereses, y en la medida en que las circunstancias y los intereses cambian, se van modificando las instituciones, y es por eso que para la Escuela institucional, el cambio en las instituciones son la clave para comprender el cambio histórico.

Este libro pretende explicar la historia de la República de Cuba utilizando el análisis cuantitativo de los datos históricos a partir de la teoría económica.

La Economía tiene la particularidad de que se desenvuelve como en dos realidades paralelas, como decía el economista francés del siglo XIX Frederic Bastiat[1], "lo que se ve y lo que no se ve".

La existencia de dos realidades está determinada en gran medida por los cambios en las cantidades de dinero dentro de los sistemas económicos que provocan un cambio en el sistema de precios relativos, en la estructura del capital, y una redistribución de riquezas e ingresos desde unos grupos de la sociedad hacia otros, o sea que los cambios en las cantidades de dinero tienen efectos distorsionantes no solo económicos, si no también sociales, como fue demostrado primero por el economista británico Richard Cantillon[2] (1680-1734) Por esta razón, el análisis de la historia económica debe tener en cuenta estos efectos para poder llegar a conclusiones válidas, pues si solo se tiene en cuenta *lo que se ve*, las hipótesis y conclusiones carecerán de veracidad al estar sustentadas en una ilusión, como ha pasado con la historia económica de Cuba. Sin esto los análisis de historia económica, prácticamente carecen de validez.

Por otra parte, como todas las ciencias sociales, las cuales siempre son inexactas debido a que interviene la acción humana, el historiador no tiene a su disposición la posibilidad de llevar a cabo experimentos en condiciones controladas para derivar a partir de ellos leyes y conclusiones.

Las ciencias sociales solamente tienen a su disposición el establecimiento de correlaciones y tendencias, a las que se llegan a partir de comparaciones con otras sociedades o situaciones que posean cierto grado de semejanza, pero las ciencias sociales nunca pueden establecer relaciones de causa y efecto, o sea relaciones causales.

De esta forma, la historia de la economía, y dentro de ella la Economía Política, se mueve en el plano temporal, o sea de forma vertical, del pasado hacia el presente, por lo que se hace necesario a los efectos de la investigación, eliminar los efectos distorsionantes de los cambios en la cantidad de dinero; y se mueve de forma horizontal estableciendo comparaciones con otras economías que presenten semejanzas de forma tal que nos permitan llegar a conclusiones válidas que sustenten las hipótesis.

Nuestro análisis no va de lo general a lo particular que es como se desarrolla el método deductivo, que parte de una premisa general por ejemplo como la presenta la historiografía marxista "La República de Cuba se encontraba sumida en el subdesarrollo más profundo, por lo que a las masas depauperadas solo les quedaba el camino de la revolución" A partir de esta premisa buscar y organizar de manera estadística los hechos históricos, para llegar a conclusiones que validen esta premisa general inicial. Este método no es científico en relación con la investigación en las ciencias sociales.

El verdadero método científico de investigación histórica es el método inductivo, que va de lo

1. Frederic Bastiat 1801-1850. Economista francés

2. Richard Cantillon. Economista franco irlandés 1680-1734. Algunos economistas lo consideran el padre de la Economía Política

particular, que son los datos históricos, y por medio de su análisis riguroso basado en una teoría válida, llegar a conclusiones que no existían al principio de la investigación.

Cuba, una economía de plantación

Para interpretar la historia económica de Cuba, partimos de la base de que el modelo económico predominante era de tipo plantacionista, y que dicho modelo daba lugar a una forma de sociedad, y de Estado característico, donde eran hegemónicos los intereses vinculados al mismo.

Una economía de plantación es aquella que se basa en la producción de un bien agrícola con fines comerciales dirigido hacia grandes mercados que generalmente están fuera del país, y cuyo cultivo se desarrolla en propiedades de gran tamaño llamadas haciendas o plantaciones, y con la utilización de grandes cantidades de labor muchas veces de forma estacional. Ejemplo de cultivos de plantación son el algodón, la caña de azúcar, el caucho, el arroz, el henequén, etc.

Estos cultivos son cultivos de plantación porque es la forma más eficiente de producirlos, y no en pequeñas fincas, como puede ser por ejemplo el café, el cacao, el tabaco que son cultivados más eficientemente en fincas de pequeño y mediano tamaño.

Un país de economía de plantación es aquel cuyo principal ingreso deriva de la exportación de los productos de las plantaciones, caracterizándose por una muy débil producción interna debido a que el producto de las exportaciones hace más barato importar muchas cosas que producirlas internamente, por lo que su industria y agricultura para consumo interno es débil en tanto tiene un desproporcionado sector de servicios relacionado con la economía de exportación.

Este modelo de economía da lugar a un tipo característico de sociedad altamente desigual, donde predomina una reducida élite de plantadores y comerciantes exportadores-importadores, con una base muy grande de campesinos pobres dependientes del trabajo en las plantaciones, u otras actividades estacionales, una clase obrera pequeña y muy poco organizada, y una clase media también muy reducida, con una alta dependencia del empleo público y de los presupuestos y del sector servicios.

El azúcar desarrolló una economía y una sociedad de plantación en Cuba, al igual que en otras islas del Caribe, el Nordeste de Brasil, el norte de Perú, las Indias Holandesas, etc. Sobre los precios y la demanda de azúcar se levantó un modelo económico y una estructura social, política e institucional, sobre la que se reflejaban directamente los cambios en los precios y la demanda, y una oligarquía muy homogénea, cuyos intereses se encontraban estrechamente vinculados a la producción y exportación de azúcar.

Una nación que basa su economía en este modelo, ha demostrado históricamente que es altamente inestable, y que resulta prácticamente imposible edificar una sociedad viable con una dependencia casi exclusiva de un producto cuya cantidad y precio están sujetos a grandes fluctuaciones que se encuentran fuera del control del país. Así, como quedará demostrado en las siguientes monografías, el ciclo económico republicano reproduce fielmente el ciclo de los precios y la demanda de azúcar.

El azúcar es un bien con una demanda muy inelástica, y con un mercado con gran cantidad de concurrentes, debido a que se puede producir tanto en los trópicos, como en las zonas subtropicales y templadas del mundo.

La inelasticidad de la demanda da lugar a que los cambios en el precio se reflejen muy poco en la demanda, por lo que cuando los precios caen debido al incremento de la producción, la demanda no sube proporcionalmente, y por tanto, tienden a quebrar los más ineficientes en el agregado, y como la tendencia en el largo plazo es a incrementar la producción mundial debido a la cantidad de productores de todas las latitudes, la tendencia es a una disminución de los precios constantes, y a una expulsión del mercado de los más ineficientes que operan con ganancias marginales restaurándose de manera espontánea el equilibrio del mercado.

Cuando los precios suben, se intensifica la inversión de capitales, y cuando los precios caen, gran cantidad de capitales quedan ociosos y deben desaparecer, por lo que esto le imprime una gran inestabilidad a este tipo de economías en su conjunto.

Los precios del azúcar, y de las materias primas en general, suben menos que los productos manufacturados donde interviene con más intensidad el capital, por lo que en el largo plazo, una economía que depende de un producto como el azúcar sufrirá un deterioro de los términos de intercambio sostenido, y tendría que producir cada vez más azúcar para comprar la misma cantidad de bienes manufacturados, y esto es insostenible.

Por otra parte, una economía de plantación es completamente dependiente de las exportaciones, y de la integración en un mercado internacional globalizado del cual depende.

Después de 1914, con la Primera Guerra Mundial terminó la primera gran globalización que había comenzado a mediados del siglo XIX, y a partir de 1921 se inició una era de nacionalismo económico que destruyó el sistema de comercio internacional y que duraría hasta 1945, por lo que las economías de plantación se debilitaron extraordinariamente en todo el mundo al quedar prácticamente sin mercados para sus productos. Esto debilitó a las elites económicas basadas en el sistema plantacionista, y su lugar dentro de las sociedades fue ocupado en muchos países por las clases medias y la clase obrera. Luego de concluida la Segunda Guerra Mundial, se inició un nuevo período de globalización al cual se integrarán muy limitadamente las economías de plantación.

Las elites plantacionistas cubanas trataron de sortear la inestabilidad de los mercados azucareros a través de un esquema de reciprocidad comercial con Estados Unidos, pero este funcionó de manera muy deficiente para Cuba, pues Estados Unidos siempre mantuvo una barrera proteccionista al azúcar cubano, por lo que mantener el modelo económico plantacionista después de 1920 se convirtió en un peso muerto para el país estorbando su crecimiento.

La economía y sociedad plantacionista de Cuba no nació con la República si no siendo Cuba aún una colonia de España en el siglo XIX, cuando finalmente se incorpora a la globalización de la economía mundial desde las décadas de 1830 y 1840 convirtiéndose a mediados del siglo XIX en el mayor productor de azúcar del mundo.

La sociedad colonial era perfectamente compatible con el modelo plantacionista, y la crisis azucarera de la década de 1880 puso en crisis también al Estado colonial.

José Martí era contrario a que se reprodujera el modelo plantacionista en una Cuba Libre, pero esto no fue posible, y la República de Cuba se integró al sistema económico mundial produciendo azúcar debido a sus enormes ventajas comparativas.

La ideología económica de los plantadores cubanos no fue apegada al libre comercio, como fue la ideología de los plantadores, hacendados y mineros de otros países latinoamericanos, si no que estuvo apegada durante todo el período republicano al principio de la reciprocidad comercial con Estados Unidos; "Estados Unidos nos compra todo el azúcar, y nosotros le compramos todo lo demás".

Por otra parte, la ideología económica de los grupos contrarios a la hegemonía plantacionista eran más proclives al proteccionismo y al nacionalismo, pero siempre fueron más débiles dentro de las decisiones políticas de Cuba.

La ideología económica cubana también se movió necesariamente al ritmo de la plantación desde finales del siglo XVIII con Francisco de Arango y Parreño y sus defensores, frente a los partidarios de la economía diversificada, que tuvo su más alta expresión en José Martí.

Evolución de la institucionalidad capitalista

Como mostraremos, no hay un solo capitalismo, hay múltiples variantes, determinadas por toda una serie de circunstancias, por tanto, el capitalismo cubano nace y transita por diferentes períodos históricos donde se van modificando esas circunstancias reflejándose en la evolución institucional del capitalismo en nuestro país.

El capitalismo es un sistema económico y social basado en la propiedad privada de los medios de producción, y en el mercado libre como mecanismo para asignar los recursos escasos de manera eficiente, a través del sistema de precios resultante de la oferta y la demanda, generado en un contexto de libre competencia y división del trabajo.

En el capitalismo, las instituciones básicas son:

1. Derechos individuales y propiedad privada sobre los medios de producción.
2. Libertad de empresa.
3. Mercado competitivo que supone que el precio de intercambio se da por la interacción de la oferta y la demanda con la menor injerencia posible del Estado.

Desde el punto de vista social, el capitalismo como sistema se basa en la armonía que se logra a través de la búsqueda del interés individual, donde el libre mercado opera de manera que el hombre, al crear más riqueza para sí mismo, simultáneamente crea más riquezas y oportunidades para los demás, como explico Adam Smith en su obra "*La riqueza de las naciones...*" con la famosa descripción de "la mano invisible".

Lo contrario al capitalismo como sistema socioeconómico es el socialismo o colectivismo que ocurre cuando el Estado es dueño de todos los medios de producción a partir de la abolición compulsoria y la prohibición de la empresa privada, y la monopolización de toda la esfera de la producción, o sea extiende el principio de monopolio gubernamental compulsorio aboliendo de forma violenta el mercado, lo que implica la desaparición de la clase empresarial capitalista que es sustituida por una burocacia estatal encargada de tomar todas las decisiones económicas.

Entre capitalismo y socialismo existen una serie sistemas intermedios que pretenden ser una tercera vía que buscan evitar las deficiencias de ambos, siendo las principales el fascismo, y la socialdemocracia, cada uno con sus múltiples variantes nacionales.

La institucionalidad capitalista existe en diferentes sistemas políticos en los cuales tiene una mayor o menor vigencia, o pudiéramos decir que su funcionamiento se encuentra limitado en mayor o menor medida, por la "mano visible del Estado" por eso se puede hablar en la práctica de diferentes tipos de capitalismo o formas políticas que evolucionan a partir de la interacción con las instituciones capitalistas.

Lo que se conoce como capitalismo de *laissez-faire*[3] o capitalismo clásico es el tipo ideal de capitalismo que nunca ha existido, pero que establece el modelo teórico para poder analizar los diferentes modelos de capitalismo que han existido.

El capitalismo de *laissez-faire* se opone a la interferencia del Estado en la economía, o sea establece una separación entre Estado y economía, y las únicas regulaciones que existen son para proteger los derechos individuales, especialmente los derechos de propiedad, por lo que el Estado en este tipo de capitalismo es relativamente pequeño. (El Anarcocapitalismo plantea la desaparición completa del Estado).

3. *Laissez-faire laissez passer* significa en francés "dejar hacer dejar pasar". Fue una expresión usada por los fisiócratas franceses del siglo XVIII.

En el capitalismo de laissez faire el desempeño económico se encuentra regulado por el libre mercado, que implica bajos impuestos, libertad de contratación, libre mercado laboral, cero aranceles y subsidios, abolición de privilegios especiales, no existen límites mínimos ni máximos para los precios de los bienes y servicios, ya que estos son establecidos por la oferta y la demanda, y libre comercio internacional.

Cuando nace la República de Cuba en 1902, Estados Unidos había diseñado el marco institucional básico que regiría la isla y que sería supervisado por la Enmienda Platt, pero aunque la Constitución aprobada en 1901 establecía el marco legal para un capitalismo de *laissez-faire*, en la realidad este evolucionaría desde el primer momento hacia un modelo de capitalismo de tipo oligárquico, más acorde con la estructura económica de plantación y la herencia cultural que dejaban cuatrocientos años de coloniaje español.

La Constitución de 1901 se encontraba supeditada a la interpretación de la Enmienda Platt por parte de las autoridades norteamericanas, por lo que las instituciones capitalistas con que nace la República de Cuba están diseñadas, y se encontrarán en función principalmente de los intereses norteamericanos.

José Martí había concebido una república capitalista, liberal y democrática con un extenso campesinado propietario de su tierra como elemento de equilibrio social, y al Estado como distribuidor de la propiedad agraria, evitando lo más posible la formación del latifundio, y con ello de una oligarquía, como él había visto que ocurrió en otras repúblicas de Latinoamérica.

Para Martí, una república liberal democrática en América Latina solo era posible si se encontraba fundada sobre la base de una clase media formada por pequeños campesinos propietarios de su tierra, y en aquellos tiempos no podía concebirse de otra forma, ya que la economía cubana era eminentemente agraria, y la gran mayoría de su población era rural.

Esta visión de la República de Cuba era compartida por la mayoría de los miembros del Ejército Libertador, pero fue frustrada por la intervención norteamericana y la Enmienda Platt, cuyo propósito era restaurar la sociedad plantacionista que había quedado semidestruida en la guerra de Independencia, ahora en función de los intereses norteamericanos. De este propósito saldría el Estado oligárquico liberal con que nació la República de Cuba en 1902.

Durante la segunda mitad del siglo XIX, luego de la integración de las diferentes repúblicas latinoamericana al mercado mundial, fueron estructurándose en ellas estados de tipo oligárquico liberales.

Una sociedad con una estructura económica basada en la plantación[4], no es compatible con una matriz institucional liberal-democrática, ya que este modelo económico produce una oligarquía que gobierna el país, y esta va a ser la gran contradicción de la Segunda República, donde se pretenderá crear un sistema político democrático liberal basado en una economía de plantación.

En una sociedad donde la propiedad privada se encuentra concentrada en muy pocas manos, la defensa de los derechos de propiedad se ejerce a favor de esos pocos en los cuales se concentra la propiedad, y el acceso a la propiedad privada se hace muy difícil para grandes sectores de la población, o sea las instituciones capitalistas funcionan a favor de un pequeño grupo de la sociedad compuesto por políticos, empresarios nacionales generalmente provenientes de la clase política, y compañías extranjeras, en tanto la inmensa mayoría de la sociedad, cuya única propiedad es su fuerza de

4. Plantación es una explotación agrícola que produce para un mercado masivo, por lo que generalmente se orienta a la exportación, y que para obtener eficiencia requiera grandes extensiones de tierras. Son productos típicos de las plantaciones el azúcar, el té, el henequén, el algodón

trabajo, es la que recibe el impacto de las fluctuaciones económicas, pues es sobre ellas, como factor de producción, que se establecen los ajustes en el ciclo económico, depreciándose más rápidamente que el capital y la tierra, que son los factores de producción en manos de un pequeño grupo de la sociedad considerados en este tipo de capitalismo los poseedores de los derechos de propiedad.

Pero lo que más caracteriza al capitalismo oligárquico es la supervivencia de los rasgos mercantilistas, donde el Estado favorece a determinados grupos con privilegios especiales, o sea que la igualdad ante la ley se hace relativa, y el Estado de derecho es débil.

En Cuba, con un modelo económico plantacionista, el modelo político lógico fue el oligárquico que venía siendo una continuidad de la organización político-social colonial.

El capitalismo de tipo oligárquico liberal caracterizó el modelo político-económico de la Primera República, y terminó desintegrándose con la Gran Depresión de principios de la década de 1930.

Se puede decir que alcanzó su punto culminante durante la Primera Guerra Mundial bajo la presidencia de Mario García Menocal.

El aumento de la participación del Estado en la organización de la economía y la asignación de recursos, y el debilitamiento del modelo económico plantacionista, provocó una reorganización hacia nuevas formas de capitalismo menos liberal, por lo que la Segunda República se caracteriza por un capitalismo que es una mezcla de elementos fascistas-corporativistas, y socialdemócratas, donde el Estado ocupa cada vez más espacio, haciendo retroceder a las instituciones capitalistas.

Después de la Revolución del 33, se desarrolló un proceso de definición de la forma organizativa del Estado cubano ante la imposibilidad de restaurar el orden oligárquico, en un extremo del espectro ideológico, y fuerzas que tendían a la instauración de un sistema económico socialista o socialdemócrata en el otro extremo de la tensión. Entre estos dos extremos, fue desarrollándose un sistema intermedio de transición con marcados elementos corporativistas encabezado por el sargento devenido en coronel Fulgencio Batista.

En un sistema corporativista, al igual que en el sistema capitalista clásico, se mantiene el principio de propiedad privada pero otorgándole una importancia fundamental a la cooperación y mutualidad de intereses entre patrones y empleados.

El corporativismo surge básicamente de la doctrina social de la Iglesia Católica a fines del siglo XIX, colocándose entre los extremos del marxismo, y del capitalismo clásico, rechazando el concepto de lucha de clases y subrayando la armonía fundamental de intereses entre patronos y obreros, y rechazando el individualismo capitalista y la competencia desenfrenada, que empobrecía a los trabajadores. La Doctrina Social de la Iglesia se incorpora como una visión económica con la encíclica del Papa León XIII *Rerum Novarum* de 1891.

Después de la Primera Guerra Mundial, el corporativismo en el mundo evolucionó hacia una forma autoritaria dando lugar al fascismo en Italia primero, y después en otros países sobre todo en Europa Central, Oriental y del Sur. El corporativismo unido a un intenso nacionalismo se convirtió en fascismo, donde el Estado, dirigido por un caudillo se convierte en el mediador supremo entre el capital y el trabajo.

Algunos teóricos del corporativismo después dela Gran Depresión consideraban que el capitalismo clásico estaba agotado como sistema económico, y que el corporativismo era el sistema económico más viable para resolver los grandes problemas que planteaba el desarrollo moderno.

Entre ellos John Kenneth Galbraith[5] que planteo en su libro *América Capitalism: The Concept of Contervailig Power.*

5. John Kenneth Galbraith Economista norteamericano 1908-2006

Si el capitalismo va a sobrevivir como sistema económico efectivo, parece razonable concluir que será necesario encontrar soluciones viables para los problemas sociales y económicos básicos tales como el de mantener niveles de funcionamiento de alto empleo sin excesiva inflación; proporcionar una tasa favorable de crecimiento económico; impartir una adecuada seguridad social contra los riesgos del desempleo y otras causas aleatorias; otorgar adecuadas condiciones de jubilación; arreglar disputas obrero-patronales sin huelgas que perjudiquen la economía; brindar oportunidades favorables de educación y empleo sin discriminación; emprender proyectos habitacionales de bajo costo"... "El capitalismo debe moverse en la dirección del corporativismo si quiere continuar como un sistema viable al enfrentarse con los problemas contemporáneos.

Dentro de un régimen de propiedad privada, los dos sistemas económicos que pretenden dar respuesta a los problemas enumerados más arriba fueron el corporativismo, y la socialdemocracia, y entre 1933 y 1940 se debatió cuál sería el sistema más efectivo en las condiciones en que se encontraba Cuba después de la Gran Depresión.

Con Fulgencio Batista como poder efectivo al frente del ejército predominó la visión corporativista de la economía, tal y como estaba sucediendo en otras repúblicas latinoamericanas como es el caso de Brasil con Getulio Vargas, en México con Lázaro Cárdenas, o en Argentina después del golpe de Estado de 1930 del general Félix Uriburu, y posteriormente con Juan Domingo Perón.

La figura de Fulgencio Batista siempre estuvo vinculada a la visión cubana del corporativismo, y como el propósito básico del corporativismo es mantener el statu quo, el desarrollo político lógico después de la Revolución del 33 fue uno que buscara mantener el statu quo a través de algunas concesiones a las clases trabajadoras y clases medias, limitando los privilegios de las élites.

Finalmente la Constitución de 1940, significó el triunfo de la visión socialdemócrata de aproximación a los problemas planteados.

- La socialdemocracia cubana estuvo asociada al Partido Auténtico, y a su fundador Ramón Grau San Martín.
- La socialdemocracia es una ideología política que promueve, dentro de los marcos de una economía con propiedad privada, la intervención directa del Estado en la economía, y cuyo principal objetivo es reducir los niveles de desigualdad a través de la redistribución de la renta, garantizando una llamada justicia social que va en contra de la visión social del capitalismo de laissez faire que se basa en los derechos individuales. La socialdemocracia busca crear un Estado de Bienestar por medio de la distribución de la riqueza, creando extensos servicios públicos universalizados.
- La debilidad del crecimiento económico, el incremento de los niveles de corrupción, unido a la renovada influencia política de la élite plantacionista creaban un serio reto a la estabilidad de un sistema socialdemócrata a principios de la década de 1950.
- En el año 1952, luego del golpe de Estado del 10 de marzo se vuelve a imponer la visión corporativista de Fulgencio Batista, adoptando ahora la forma de capitalismo de Estado, ante el estancamiento del desarrollo de la socialdemocracia luego de la Segunda Guerra Mundial.
- El capitalismo de Estado es un modelo económico que prioriza al Estado como participante en la economía.
- El Estado, a través de sus instituciones y medios de control, dirige la vida económica, comercial, y empresarial, que se materializa a través de la creación de cartels, o por medio de empresas o sociedades

de tipo estatal, o con fuerte presencia del Estado, participando en los mercados desplazando a la empresa privada, o compitiendo con ella.

A principios de la década de 1950, la visión económica socialdemócrata mostraba signos de agotamiento, y la vuelta al corporativismo en forma de capitalismo de Estado parecía a algunos, tanto nacionales como extranjeros, como una solución viable, pero los incentivos a la corrupción que producen el crecimiento del alcance del Estado sobre la economía, demostraron que no era la mejor solución.

Ganadores y perdedores de la globalización

Aunque la globalización, en sentido general fue favorable para todos los países y sociedades debido a que el mundo por primera vez salió de la miseria abyecta en que había vivido a lo largo de toda la historia, también como en todo proceso económico, hubo sus ganadores y sus perdedores.

Después de la Primera Guerra Mundial, los economistas suecos Eli Heckscher (1879-1952), y Bertil Ohlin (1899-1979) desarrollaron un modelo teórico a partir del cual explicaban el funcionamiento de la Ley de las Ventajas Comparativas en el comercio internacional; por que unos países ganaban exportando determinadas mercancías e importando otras.

Este modelo igualmente ayuda a explicar cuáles fueron los ganadores y cuales los perdedores de la integración al comercio internacional y a la globalización y por que.

Estos economistas suecos planteaban que los países exportan productos de manera rentable a partir de los recursos que poseen en mayor abundancia. Por ejemplo Gran Bretaña y Alemania, que eran países con capital abundante, eran países industrializados, por ello exportarían con ventaja comparativa productos de alto consumo de capital, o sea productos industriales.

Argentina y Canadá por ejemplo, eran países donde el recurso que abundaba era la tierra fértil, por tanto, ellos exportarían con ventaja comparativa productos de alto consumo del factor tierra, o sea productos de la agricultura y la ganadería.

Lo mismo sucedería con las importaciones. Para seguir con los mismos ejemplos, Gran Bretaña y Alemania eran países con escasez relativa del factor tierra, por tanto, importarían en grandes cantidades productos agrícolas y ganaderos de Argentina y Canadá, en tanto estos dos últimos, escasos de capital, importarían productos industriales de Gran Bretaña y Alemania.

Lo mismo sucedía con países con abundancia de labor los cuales exportarían con ventaja comparativa productos que fueran intensivos en el consumo de labor, e importarían productos de consumo intensivo de capital, y de tierra.

Este es, básicamente, el conocido modelo Heckscher-Ohlin que explica el funcionamiento de la Ley de las Ventajas Comparativas del economista británico David Ricardo (1775-1823), pero no tenía en cuenta de que sobre todo desde la Segunda Revolución Industrial, la mayor demanda de capital hacía que los bienes de capital, y los bienes con alto consumo de capital y alta tecnología, tuvieran un cada vez mayor valor en relación con la tierra y la labor, lo que estaba creando un deterioro sostenido de los términos de intercambio a favor de los países desarrollados y en perjuicio de los países subdesarrollados, al convertirse en desventaja lo que una vez fueron sus ventajas comparativas Esta situación de transferencia de riquezas comenzó a descubrirse y analizarse por parte de los economistas dedicados a investigar las causas del subdesarrollo después de la Segunda Guerra Mundial en el marco de la desintegración de los imperios coloniales, y entre ellos se encuentran los teóricos de la CEPAL, de donde saldrían toda una serie de teorías tales como la Teoría de la Dependencia, y otras donde se planteaba que era necesario para superar el subdesarrollo la transferencia de capitales desde los países desarrollados hacia los países del Tercer Mundo.

En el caso de Cuba, la ventaja comparativa se encontraba en su abundancia relativa de tierras fértiles, especialmente dotadas para el cultivo de la caña de azúcar, pero era un país carente de capital y con escasez de labor al inicio de la República, por tanto, Cuba se especializaría en exportar azúcar e importaría bienes de capital y labor, y de ahí se forma la estructura de producción plantacionista de Cuba que analizamos más arriba, y que como dijimos se formó en el siglo XIX cuando esta comienza a integrarse al mercado mundial.

En el año 1941, dos economistas, uno austríaco; Wolfgang Stolper (1912-2002) y uno norteamericano; Paul Samuelson (1915-2009) que obtendría el Premio Nobel de Economía en 1970, comenzaron a desarrollar, a partir del modelo de Heckscher-Ohlin, lo que después sería conocido como el Teorema Stolper-Samuelson.

La idea básica de este teorema es que el comercio internacional es particularmente beneficioso para los que producen bienes de exportación, mientras que puede ser perjudicial para los productores que tienen que competir con las importaciones.

En tanto las exportaciones crecen, la demanda por los recursos usados para su producción crece, y con ello su valor, beneficiando así a sus propietarios. Por ejemplo, un país con abundancia del factor tierra, exporta productos que consumen ese factor de manera intensiva como son los productos de la agricultura, de la ganadería, y de la minería, entonces la demanda de tierra (recursos naturales) crece beneficiando de esa manera a los propietarios de la tierra cultivable y de las minas. que se dedican a la producción de esa mercancía exportable de alta demanda.

A la inversa, los productores que compiten con las importaciones son aquellos que poseen factores que no son tan abundantes en el país, como por ejemplo la labor en los países donde la labor es escasa, o la tierra en los países donde la tierra es escasa. Cuando las importaciones crecen, y los productores locales no pueden competir, la demanda de los recursos que usan cae, ya sea el valor del capital, o de la tierra, o los salarios que es el valor de la labor.

Stolper y Samuelson mostraron que el comercio internacional hace que los propietarios nacionales de los recursos abundantes mejoren su posición, y empeore la de los propietarios de recursos escasos nacionalmente; los dueños de los recursos abundantes ganan, y los dueños de los recursos escasos pierden con el comercio internacional, e igualmente cuando se restringe el comercio internacional, los dueños de los recursos abundantes pierden, y los de los recursos escasos ganan.

De acuerdo a la lógica de este teorema, se desprende como corolario, que las políticas proteccionistas ayudarán a los dueños de los recursos relativamente escasos nacionalmente, en tanto el comercio libre ayuda a los dueños de los recursos abundantes.

Aún en una economía en crecimiento, el libre comercio era favorable para la sociedad en su conjunto, pero habría necesariamente ganadores y perdedores.

En el siglo XIX, los agricultores de los países ricos en tierras como Estados Unidos, Canadá, Argentina, Australia, Brasil, etc. fueron casi siempre partidarios del libre comercio, de la misma forma, los industriales e inversores de los países ricos en capital como Gran Bretaña, Alemania, Francia, sin embargo los dueños de los recursos escasos como era la labor en Australia, Estados Unidos, Argentina y Canadá, eran generalmente partidarios del proteccionismo.

Los industriales de países pobres en capital como Rusia, Brasil y México, eran partidarios del proteccionismo al igual que los países de Europa con tierras pobres como España, Portugal, Italia y Grecia.

Los intereses proteccionistas en este período de la globalización fueron en general menos influyentes que los partidarios del libre comercio: banqueros e inversores, comerciantes, industriales competitivos, agricultores exportadores y mineros, pero el proteccionismo siempre estuvo presente.

En Cuba, el recurso abundante como hemos dicho, era la tierra fértil, por lo que los grandes beneficiarios de la globalización serían las compañías extranjeras que eran dueñas de grandes extensiones de tierra y capital, los hacendados, los grandes colonos, los comerciantes exportadores-importadores, y banqueros. Junto a ellos se encontraban los políticos que obtenían beneficios a partir del crecimiento económico, y que además les permitía expandir su base clientelar. Por otro lado estaban los pequeños industriales que en muchos casos tenían que competir con las importaciones extranjeras, que a pesar de ello, debido al rápido crecimiento, diversificaron mucho su producción, aunque en su mayoría no pasaban de un nivel semi artesanal de baja productividad. Así se formó en Cuba una industria muy diversa, pero de muy bajo nivel tecnológico, o sea de poco consumo de capital.

El otro sector en Cuba que se encuentra en el lado de los perdedores durante la primera globalización son los poseedores de la labor, o sea los campesinos, obreros y trabajadores urbanos, ya que debido a la escasez relativa de labor, se importaba gran cantidad proveniente de las tierras empobrecidas de España, así como braceros provenientes de las islas del Caribe, especialmente haitianos y jamaiquinos contratados para trabajar en las plantaciones azucareras. Esta enorme importación de fuerza de trabajo desplazaba a los cubanos de muchos empleos, e impactaba sobre los salarios haciéndolos disminuir. Estos, junto con los pequeños industriales, constituían los grandes perdedores de la globalización en Cuba.

Mientras el país se mantenía en crecimiento, todas estas contradicciones se mantenían en un perfil bajo, ya que de manera absoluta, el standard de vida de todos crecía, pero no dejaban de existir.

En todos los países con escasez de labor se fueron estructurando poderosos sindicatos cuya orientación generalmente fue proteccionista, pero en Cuba en las dos primeras décadas del siglo XX comenzaron los intentos de organización del movimiento obrero, así como los partidos socialistas junto con el anarco-sindicalismo, pero sin lograr grandes avances, y con reclamos que se reducían a nacionalización del trabajo y mejores condiciones laborales.

Por otra parte, los gremios de industriales y comerciantes en busca de promover sus intereses por medio del proteccionismo, no se formarán hasta la década de 1920, pero debido a que Cuba durante todo el período republicano fue una economía de exportación con elevado grado de apertura, los intereses proteccionistas en ningún momento llegaron a ser dominantes.

Es importante comprender que el factor de producción abundante en Cuba en los primeros veinticinco años de República era la tierra fértil para producir azúcar, y en menor medida tabaco, y por ello atrajo grandes inversiones de capital extranjero y también nacional, constituyendo la base económica de una élite oligárquica, pero los productos agrícolas y entre ellos el azúcar, perdieron importancia relativa dentro del mercado mundial sobre todo a partir de la década de 1930, por lo que la ventaja comparativa de Cuba que era la tierra, fue perdiendo valor, y con ella la plantación y sus propietarios, o sea la élite plantadora.

Con el retroceso de la globalización después de la Primera Guerra Mundial, los factores de producción que producían bienes de exportación, en el caso de Cuba azúcar, perdieron valor, y la oligarquía vinculada a los mismos perdió posición dentro de la sociedad, en tanto los factores escasos como capital industrial y obreros urbanos se convirtieron en los más valiosos, y sus propietarios mejoraron su posición. Así, en la década de 1930 creció la industria que producía para el mercado interno, y la clase obrera vio aumentar su influencia dentro de la política nacional, agrupada en poderosos sindicatos.

Con la Segunda Guerra Mundial, y el nuevo auge de las exportaciones, la tierra empleada en la producción de azúcar volvió a aumentar su valor, y sus propietarios, los hacendados, volvieron a ocupar la posición dominante dentro de la sociedad cubana. Los grandes latifundistas, los dueños de centrales azucareros, los comerciantes exportadores-importadores, los banqueros, y los sindicatos vinculados a la producción de azúcar volvieron a alcanzar la preeminencia perdida, y una vez más se consolidaron como una verdadera oligarquía, mientras los propietarios del capital industrial, con la reanudación del comercio internacional veían la pérdida de valor de sus activos frente a la competencia, en un mundo que volvía a iniciar una segunda globalización, pero a diferencia de la primera, el nuevo orden internacional no era favorable a la integración a partir de los productos agrícolas, por lo que los países productores de materias primas verían una caída relativa de la demanda de sus productos, y por tanto de su valor, mientras aumentaba la demanda de productos industriales de alto consumo de capital, y por tanto su precio relativo, provocando así un deterioro de los términos de intercambio a favor de los países industrializados y perjudicando a los productores de materias primas.

La industrialización del mundo convertía al capital en el factor de producción más valioso, creando una enorme diferencia, y transferencia de recursos entre los países industrializados, y los países productores de materias primas.

Así, Cuba que había salido de la posguerra sin una base industrial, y con una industria azucarera poco competitiva, se veía en una situación muy difícil para integrarse al nuevo orden económico internacional, y solo consigue una integración parcial a través de una cuota azucarera con Estados Unidos, y de una cuota en el mercado mundial en los Acuerdos Azucareros de Londres de 1953.

En la segunda globalización que comenzó después de la posguerra, la integración a partir de la producción de materias primas, solo sería posible para países productores de materias primas con demanda muy elástica como es el caso del petróleo, en tanto para el resto de los países subdesarrollados el camino pasaba por la industrialización, o atrayendo capital extranjero para integrarse al mundo globalizado, como hicieron en la década de 1960 Taiwán y Corea del Sur, o hacerse más autárquicos desarrollando una industrialización por sustitución de importaciones basados fundamentalmente en capital local, que fue el camino seguido por la mayoría de los países latinoamericanos, entre ellos Cuba en lo que se denominó el "desarrollismo".

Al comenzar la década de 1950 Cuba abraza las recetas del desarrollismo latinoamericano, e intenta una industrialización deliberada, como dijimos anteriormente, a partir de una base industrial muy pequeña, y con el peso de una enorme e ineficiente industria azucarera cartel izada por el Estado en una situación de recesión, por lo que los resultados fueron muy limitados, y en 1958 ya ese camino se encontraba casi agotado. Otros países de América Latina como Perú. Bolivia, y Paraguay, igualmente con una base industrial limitada, habían intentado la industrialización por sustitución de importaciones, y habían creado graves tensiones que abrieron el camino en el caso de Perú al golpe de Estado del general Manuel Odría en octubre de 1948, en Bolivia a la Revolución de 1952, y en Paraguay al golpe de Estado del general Alfredo Stroessner en mayo de 1954.

Cuba, dada su posición geográfica privilegiada con respecto a Estados Unidos, y su abundancia de labor y elevados niveles desarrollo de capital humano para los estándares latinoamericanos de la época, hubiera podido seguir el camino que después siguieron los llamados Tigres Asiáticos, pero hubiera sido necesaria también una importante reforma institucional, que ni el gobierno de Prío, ni el de Batista, quisieron o estuvieron en condiciones de llevar adelante.

Después de 1960, Cuba buscó un nuevo cliente para su producción azucarera, reforzando así las distorsiones económicas y sociales que creaba la plantación que volvía a revivir, pero para ello tuvo que hacer reformas institucionales radicales moviéndose hacia el socialismo.

La Revolución de 1959 lejos de adelantar una reforma institucional capitalista para inegrarse al Primer Mundo, o sea lo que en los años 80 se llamaron reformas neoliberales, se inclinó por el camino del socialismo y la planificación económica centralizada, buscando integrarse al llamado Segundo Mundo, pero sin pasar nunca del Cuarto Mundo.

La dependencia: las relaciones entre Cuba y Estados Unidos

La historia de la economía política cubana no puede analizarse fuera del contexto de sus relaciones con Estados Unidos, no solo políticamente, si no también la dependencia económica que imponía la misma naturaleza, por la cercanía geográfica, y por el hecho de que Cuba era una pequeña economía, en tanto Estados Unidos era el mercado más grande del mundo, por lo que necesariamente Cuba dependería en gran medida del mercado norteamericano, tanto para sus exportaciones como para sus importaciones. Esta dependencia fue en determinados momentos muy favorable para Cuba, y en otros momentos no lo fue.

Cuba siendo una colonia española se va integrando al mercado mundial desde la primera mitad del siglo XIX con la producción de azúcar, pero con el desarrollo de la industria del azúcar de remolacha, y el proteccionismo europeo, el único mercado que quedó disponible para su producción fue el mercado de Estados Unidos, incluso el mercado de la misma España casi se cerró para el azúcar cubano, por lo que Norteamérica, en la segunda mitad del siglo XIX ya se había convertido en la metrópoli económica de Cuba.

Los costos de transporte del azúcar a través del Atlántico durante gran parte del siglo XIX, hasta que no se desarrolló completamente la navegación a vapor, unido a las concepciones mercantilistas en la política colonial española, hacían que la producción de azúcar de remolacha en España, pudiera competir en precio con la producida en sus propias colonias de Cuba y Puerto Rico.

El mercado norteamericano representó el 71.4% de todo el comercio exterior de Cuba a lo largo de todo el período republicano; el 71% de las exportaciones cubanas fueron hacia Estados Unidos, y el 71.8% de las importaciones provinieron de Estados Unidos, por lo que necesariamente existía en alto grado vínculos de dependencia de la economía cubana con respecto al ciclo político y económico norteamericano de manera directa y casi inmediata; cuando en Estados Unidos se producía una recesión esto repercutía inmediatamente en Cuba transmitiéndose a través del precio y la demanda de azúcar.

De acuerdo a la teoría de la Dependencia y del Imperialismo, los países industrializados obligan a los países periféricos, por medios políticos, militares y culturales, a venderles a bajos precios las materias primas que producen, y a comprarles caro los productos industriales y la tecnología obsoleta. De esta forma, por medio de una continua transferencia de riquezas, los países del centro industrial mantienen su elevado nivel de desarrollo, mientras tiene lugar una reproducción perenne del subdesarrollo para los países periféricos, los cuales siempre son perjudicados en beneficio de los desarrollados.

La historia oficial marxista de Cuba asevera que el subdesarrollo de Cuba era causado por la relación de dependencia con respecto a Estados Unidos, y que la única manera de que nuestro país se desarrollara era rompiendo esa dependencia. Después de 1960 la dependencia se rompió, pero Cuba se hundió en la miseria, entonces se culpó al embargo norteamericano, lo cual indica entonces que en realidad nunca se terminó la llamada dependencia, y que en realidad no es posible ni sensato terminarla pues esta depende de una lógica natural.

Según los historiadores marxistas y neomarxistas, tanto los oficiales, como los extranjeros, Cuba nunca pudo salir del subdesarrollo debido a la existencia de un esquema de explotación imperialista a que estaba sometido el país por parte de Estados Unidos, cuyos principales instrumentos fueron la Enmienda Platt, las tarifas sobre el azúcar, la cuota azucarera, y los Tratados de Reciprocidad Comercial de 1903 y 1934, que no permitían un desarrollo nacional armónico, y que traían por consecuencia una economía deforme.

¿Hasta qué punto esto fue cierto?

La cercanía geográfica a Estados Unidos era una gran oportunidad pero también representaba un gran reto para Cuba, ya que tenía que aprovechar esa oportunidad integrándose al mercado norteamericano, y conservando su independencia política, como es el caso de Canadá.

La dependencia que desarrolla Cuba con respecto a Estados Unidos, siendo aún una colonia de España, se manifestaba con que un arancel proteccionista sobre el azúcar podía derruí la economía de la isla, ya que su principal y casi único producto de exportación era el azúcar, y su casi único mercado eran Estados Unidos. Esto siguió siendo así durante todo el período republicano pero dentro de este esquema hubo períodos de cooperación y períodos de falta de cooperación.

Los períodos de cooperación tuvieron lugar cuando Estados Unidos le compró el azúcar a Cuba, y los de falta de cooperación, cuando limitó su compra con medidas proteccionistas.

Por otra parte, la alternativa de Cuba era diversificar sus exportaciones, o diversificar sus clientes. ¿Podría lograrse algunas de estas alternativas?

La diversificación de los mercados para el azúcar cubano era muy difícil debido a que el mercado azucarero era un mercado con mucha concurrencia y muy protegido. Después de la Segunda Guerra Mundial se hicieron múltiples esfuerzos sin mucho resultado, y diversificar las exportaciones nunca se hizo un esfuerzo serio por lograrlo, y más bien lo que se hizo fue tratar de sustituir importaciones, también con un éxito limitado. Durante el segundo gobierno de Batista, se creó una institución que tenía como propósito financiar la diversificación de las exportaciones; el Banco de Comercio Exterior (BANCEX) pero sus logros fueron muy escasos.

Por esta razón se mantuvo la dependencia del azúcar y del mercado norteamericano, por lo que los intereses de los plantadores cubanos, a diferencia de los exportadores de otros países latinoamericanos, que eran partidarios del libre comercio, ellos se apegaban a la fórmula de la "reciprocidad", donde Estados Unidos nos compraría toda nuestra azúcar, y nosotros les compraríamos a ellos todo lo demás, lo cual como hemos explicado, era un esquema empobrecedor a largo plazo, como lo trató de demostrar el senador Manuel Sanguily desde 1903 cuando se discutía la aprobación del Tratado de Reciprocidad. También José Martí había alertado de los peligros que implicaba una economía basada en un solo producto, y más peligroso aun cuando este producto tenía un solo comprador.

Cuando Cuba le vendía a Estados Unidos toda su azúcar, estaba aprovechando su ventaja comparativa basada en su abundancia relativa de tierras fértiles aptas para el cultivo de la caña, y cuando le compraba a Estados Unidos toda una serie de productos manufacturados intensivos en el consumo de capital del cual Cuba carecía, pero el avance tecnológico del mundo fue convirtiendo al factor capital en el de mayor demanda, y por tanto el de mayor valor, por lo que el comercio internacional basado en las ventajas comparativas de cada país se inclinaba hacia el capital, en detrimento de los países cuya ventaja comparativa se basaba en la abundancia relativa de los factores de producción tierra y labor, y esto se hizo completamente evidente después de la Segunda Guerra Mundial.

Cuando la reciprocidad funcionaba, y los términos de intercambio con Estados Unidos eran favorables a Cuba, tenía lugar un período de bonanza como sucedió entre 1903 y 1920, pero entre 1921 y

1933, los precios promedio del azúcar cayeron un 68.7% en tanto el nivel general de precios en Estados Unidos cayó solamente un 27.4%, lo que provocó un serio deterioro de los términos de intercambio, y además de eso, el proteccionismo norteamericano se duplicó con tres aranceles sobre el azúcar, uno en 1921, otro en 1922 y el tercero en 1930, porque ante la caída de los precios del azúcar, los productores norteamericanos buscaron limitar la concurrencia de Cuba, que producía a más bajo costo.

Esto destruyó la reciprocidad, pero no solo expulsó al azúcar cubano del mercado norteamericano, si no que también expulsó a los productos norteamericanos del mercado cubano, ya que Cuba no tenía con que comprarlos.

Cuba tuvo las de perder en este período de falta de cooperación, y el país se precipitó en la ruina.

Un segundo periodo de cooperación lo ubicamos entre 1934 y 1947, y aunque el proteccionismo norteamericano pasó de ser una tarifa de aduanas a una cuota azucarera que apenas cubría el 33% de la capacidad de producción de Cuba entre 1934 y 1939, con el inicio de la Segunda Guerra Mundial comenzaron a comprar las zafras completas hasta 1947.

Los intercambios favorecieron a Cuba. Mientras el nivel general de precios en Estados Unidos subió un 66.4%, el precio promedio del azúcar entre 1934 y 1947 fue un 85.7% superior al de 1934.

En este período de cooperación, Cuba volvió a disfrutar de prosperidad, pero a partir de 1948 se restaura la cuota azucarera, y entre 1948 y 1958 el nivel general de precios en Estados Unidos subió un 19.9%, y los precios promedio del azúcar entre 1948 y 1958 crecieron solamente un 5%, lo que implicó un deterior de los términos de intercambio para Cuba, en tanto las importaciones cubanas desde Estados Unidos no se veían afectadas debido a las reservas en dólares acumuladas durante la guerra, pero después de 1958 era insostenible para Cuba mantener este esquema comercial desigual.

Como vemos, no es posible sostener un esquema comercial imperialista en el largo plazo pues la metrópoli arruina la economía de la colonia, como por ejemplo fue el caso de la India bajo dominio británico.

Es innegable que Estados Unidos actuó en el comercio con Cuba como un poder hegemónico en múltiples ocasiones. Durante la vigencia de la Enmienda Platt entre 1902 y 1933, Cuba no podía firmar tratados de reciprocidad comercial con otros países sin la aprobación del gobierno norteamericano, en tanto las compañías norteamericanas ponían obstáculos a la inversión de otros países en Cuba, y después de la Segunda Guerra Mundial, obstaculizaban el otorgamiento de subsidios para el desarrollo de ciertos productos que sustituirían importaciones, como fue el caso del arroz, invocando los acuerdos del GATT, y amenazando con restringir la cuota azucarera.

La políticas de falta de cooperación entre Cuba y Estados Unidos arruinaron en Cuba en dos ocasiones.

Teorías acerca del crecimiento económico

La economía moderna como disciplina académica comienza con la obra de Adam Smith[6] "La Riqueza de las Naciones" publicada por primera vez en 1776, cuya preocupación central fue responder a la pregunta de qué es lo que hace económicamente rica a las naciones, y uno de los planteamientos fundamentales fue la especialización, y por tanto el comercio dentro, y a través de las fronteras de los países eran elementos decisivos para el crecimiento económico, refutando la doctrina Mercantilista que formó la corriente principal del pensamiento económico entre los siglos XVI y XVIII, que consideraba que la riqueza de las naciones se encontraba en una mayor acumulación de metales preciosos, o una balanza comercial favorable que se lograba exportando mucho e importando poco.

6. Adam Smith Economista británico 1723-1790

Economistas posteriores como Thomas Malthus[7], y David Ricardo[8] a principios del siglo XIX se ocuparon en sus escritos del asunto del crecimiento económico, aunque en la medida en que transcurría el siglo XIX, y los comienzos del siglo XX, las teorías del crecimiento dejaron de estar en el primer plano de las preocupaciones y estudios de los economistas, hasta que con la Gran Depresión de la década de 1930, una vez más el problema del crecimiento económico pasó a convertirse en tema central del interés de los economistas, y entre ellos el más influyente fue el británico John Maynard Keynes, y su libro *Teoría General del Empleo, el Interés, y el Dinero* publicado en 1936, en el que trata de refutar los planteamientos de la economía neoclásica que sostenía que el libre mercado superaba las recesiones automáticamente a corto o mediano plazo proveyendo pleno empleo, siempre y cuando las tasas de salarios fueran lo suficientemente flexibles. Según Keynes, el remedio clásico de resolver las depresiones, dejando que los salarios y los precios cayeran así como el empleo hasta el nivel de equilibrio donde sería rentable para los empresarios volver a contratar labor, no trabajaba en las condiciones de la economía moderna, o que el proceso tomaría tanto tiempo, que sería prácticamente inútil, ya que existía una elevada rigidez de los salarios a la baja, e igualmente los empresarios no tendrían interés en contratar trabajadores sin la confianza de que sus productos serían comprados por individuos y otras empresas.

Keynes consideraba que las depresiones eran causadas por una demanda insuficiente de bienes y servicios, y que no se curaría esperando que los precios y salarios cayeran. Keynes al igual que Marx consideraba que las depresiones eran inherentes al sistema capitalista, y que eran provocadas por subconsumo según Keynes, o por sobreproducción según Marx.

En sentido general, Keynes pretendía refutar la Ley de los Mercados o Ley de Say, que plantea que la oferta crea su propia demanda, en tanto Keynes trató de demostrar que era la demanda la que creaba la oferta, por lo que la tarea de los gobiernos era estimular la demanda para evitar las recesiones.

Asociado a estos planteamientos, Keynes establecía un conjunto de prescripciones económicas para los gobiernos, ya que cuando el sector privado no generaba demanda suficiente, entonces el gobierno debía rescatar la economía para que no se produjera una recesión, aumentando el gasto deficitario, o cortando impuestos, o sea utilizando políticas monetarias y fiscales para reactivar la demanda, que según él era el motor del crecimiento.

Según Keynes, en el caso en que el crecimiento económico estuviera cercano a la frontera de posibilidades de producción, lo cual se manifestaba en una inflación de precios, entonces el gobierno debía aplicar medidas contrarias, esto es cortar el gasto, y aumentar los impuestos. De esta forma Keynes consideraba que el gobierno debía manejar la economía, y no dejarla que se desenvolviera espontáneamente, pues según él, en las condiciones modernas esta necesariamente se autodestruía.

Las teorías keynesianas se convirtieron rápidamente en la corriente principal del pensamiento económico junto con las teorías marxistas, por lo que el estatismo dominó por completo el pensamiento intelectual dentro del campo de la economía.

Después de la Segunda Guerra Mundial, con la desintegración de los imperios coloniales, florecieron una vez más las teorías acerca del crecimiento económico de las naciones, y entre la más importante puede decirse que fue la Teoría de la Modernización que sugiere que las sociedades tradicionales se desarrollan en la medida en que adoptan políticas que las conduzcan a la "modernidad", o sea que dicha teoría consiste en suponer que todas las sociedades se van moviendo a través de etapas sucesivas desde las sociedades tradicionales o premodernas hacia las sociedades modernas. Uno de sus

---

7. Thomas Robert Malthus Economista británico 1766-1834. Publico en 1798 su "Ensayo sobre los principios de población".

8. David Ricardo. Economista británico 1772-1823

principales teóricos fue el economista norteamericano Walter Whitman Rostow (1916-2003) que en su libro *The Stage of Economic Growth: a Non Comunist Manifesto*, planteó la existencia de cinco etapas:

1. La sociedad tradicional.
2. Condición para el despegue.
3. El proceso de despegue.
4. Camino hacia la madurez.
5. Sociedad de alto consumo de masas.

Para convertir las sociedades tradicionales o pre modernas en modernas era necesario:

1. Aumentar el desarrollo económico medido por el aumento de la renta per cápita.
2. Industrialización del país.
3. El Estado debe jugar un papel fundamental en la planificación centralizada como elemento del desarrollo.
4. El ahorro externo a través de ayudas, crédito o inversiones directas, como activador del proceso de desarrollo.
5. El subdesarrollo es visto como un fenómeno de atraso relativo basado en estructuras y valores que se identifican fundamentalmente en una alta concentración de la población en las áreas rurales, así como una economía que depende principalmente de la agricultura y los productos primarios, y unas posibilidades de movilidad social limitadas. Estos factores dificultan o incluso impiden el desarrollo de una sociedad capitalista de libre mercado.

Esta teoría estuvo en boga en Estados Unidos en los años 1950 y 1960, y sirvieron de base al diseño de la Alianza para el Progreso y la creación de los Cuerpos de Paz del presidente John F Kennedy.

La Teoría de la Modernización ha sido muy criticada tanto desde el punto de vista de los economistas defensores del libre mercado como por los socialistas.

Algunos economistas cubanos han identificado a Cuba en la década de 1950 como que se encontraba en la tercera etapa de la modernización, o sea en el proceso de despegue.

En los años 80 el economista norteamericano Robert Solow, Premio Nobel de Economía en 1987, planteaba que el incremento de la productividad total de los factores por el avance tecnológico constituye la fuente más importante del crecimiento económico, lo cual demostraba a través del diseño de sofisticados modelos matemáticos conocidos como el "Modelo de crecimiento exógeno" o "Modelo Solow-Swan", por lo que llegaba a la conclusión de que los países subdesarrollados necesitaban para alcanzar el desarrollo era una transferencia de tecnología moderna desde los países industrializados del mundo.

Pero lo que los modelos matemáticos no pueden explicar es por qué el crecimiento es más lento, o es más rápido, o incluso se estanca y hasta se contrae en determinados periodos de tiempo y en distintos países y sociedades.

Esto llevó a que otros economistas llegaran a conclusiones acerca del crecimiento no basadas en modelos matemáticos, enfatizando la importancia de las instituciones, o sea las reglas, leyes y normas informales que aseguran que la conducta económica productiva sea premiada e incentivada, y no la conducta económica improductiva.

El líder de esta escuela llamada Neoinstitucionalista fue otro Premio Nobel de Economía en 1993; el economista norteamericano Douglass North (1920-2015).

Los economistas que suscriben la importancia de las instituciones en el crecimiento, típicamente señalan que la protección a los derechos de propiedad individual, el cumplimiento de los contratos, y la responsabilidad limitada de los inversores, son las reglas más importantes, pero las instituciones en su conjunto no pueden ser copiadas o trasplantadas de una sociedad a otra, por lo que en la medida en que el crecimiento dependa del marco institucional, aquel puede ser muy lento en algunas sociedades en comparación con otras.

Está demostrado por la historia, que para que el capitalismo funcione en el mundo subdesarrollado debe existir una correcta infraestructura cultural. Dicha infraestructura no existió en Cuba a un nivel suficiente, por lo cual el capitalismo funcionó de manera deficiente y terminó fracasando a principios de la década de 1960.

En un estudio de Rafael Di Tella y Robert McCulloch titulado "*Why Capitalism Doesn't Flow to Poor Countries*" se plantea lo siguiente:

> Nosotros mostraremos que las personas que piensan que la corrupción entre los oficiales públicos se encuentra generalizada en el país, tiende a reportarse a sí mismas en la izquierda del espectro político. Tienden a pensar que el gobierno está haciendo poco para luchar contra la pobreza, o que el gobierno debería dirigir la economía.
>
> Exportar el capitalismo a los países en desarrollo sin reformar el clima político y cultural es un ejercicio de inutilidad.

Por último debemos citar una teoría que fue dominante en el pensamiento económico latinoamericano entre la década de 1950 y la de 1980, denominada desarrollismo o estructuralismo.

Esta teoría económica proveniente de las teorías de Keynes adaptadas a América latina planteaba que el orden económico mundial se encontraba basado en un esquema centro-periferia que reproduce constantemente un deterioro de los términos de intercambio, perjudicando a los países periféricos, y así perpetuando el subdesarrollo a través de un drenaje constante de riquezas, y por ello para superar esta situación era necesario lograr una industrialización basada en la sustitución de importaciones, lo que ha sido llamado de "desarrollo hacia adentro" por no estar basada en las exportaciones como tradicionalmente fue en estos países.

Para el logro de dicho objetivo es necesaria la participación central del Estado generando, por una parte, legislación y políticas favorables al desarrollo de la industrialización favoreciendo la acumulación de capital, la inversión, y la creación de empresas, además, adelantar políticas proteccionistas para proteger la industria nacional.

El desarrollismo fue promovido desde la Comisión Económica para América Latina (CEPAL) de las Naciones Unidas, y de su primer presidente, el economista argentino Raúl Prebisch (1901-1986) Del desarrollismo se desprende la Teoría de la Dependencia.

Panorama del pensamiento económico en Cuba

En Cuba, el pensamiento económico nace en 1792, con la fundación de la "Real Sociedad Económica de Amigos del País", y la publicación del "Discurso sobre la agricultura de La Habana, y medios para fomentarla" de Francisco de Arango y Parreño (1765-1837), pero sería Félix Varela (1798-1853) el verdadero iniciador del pensamiento económico liberal en Cuba fundamentando la necesidad de la abolición de la esclavitud, y participando en las Cortes Generales en España durante el Trienio Liberal (1821-1823).

Otro de los principales exponentes del liberalismo económico en Cuba fue José Antonio Saco (1797-1879). Saco sería la gran figura del reformismo histórico cubano, y del antianexionismo, que lo convierte junto a Varela en un protonacionalista.

Dentro de la corriente del pensamiento económico liberal cubano, se encuentra la figura de José Martí (1853-1895).

Martí consideraba que dada la extraordinaria dotación del factor tierra, la economía cubana debía basarse en ella "... al progreso agrícola deben enderezarse todos los esfuerzos, todos los decretos a favorecerlos". Pero "... debe abolirse el monocultivo, y propenderse al cultivo de la mayor variedad posible de frutos...". "Comete suicidio un pueblo el día que fía su subsistencia a la fortaleza de un solo producto"[9].

Por otra parte, Martí era partidario del libre cambio y la libertad comercial. "Los puertos de cada nación deben estar abiertos a la actividad fecunda y legítima de todos los pueblos", e igualmente era partidario de una moneda internacional como lo era en su tiempo el oro. Martí fue partidario del bimetalismo a partir de una relación fija entre la plata y el oro, lo que constituía un sistema más sólido que el dinero fiduciario de papel, y más flexible que el patrón oro 100%.

También fue partidario de que el gobierno debía tener una función redistributiva limitada para evitar el surgimiento de grandes desigualdades. 'En América no hay más que repartir bien las tierras".

Con la República, las ideas de Martí quedaron relegadas al olvido, y todos los códigos vigentes en tiempos de la colonia quedaron formando parte del marco legal, tal como lo establecía la Enmienda Platt, por lo que no quedaba espacio para la exposición del pensamiento económico a través de la creación de una legislación económica que respondiera a los intereses nacionales.

En estos primeros años republicanos solamente el pensamiento de Manuel Sanguily, y de Enrique José Varona expresan algunas ideas económicas liberales, y en la cuestión monetaria Leopoldo Cancio Luna (1851-1927) quien fuera el secretario del tesoro del presidente Menocal, que en un artículo titulado "Sobre el Libre Cambio y la Protección" se mostraba partidario del libre comercio aprovechando las ventajas comparativas. "Es un absurdo intentar que una sociedad produzca cuanto necesite; la doctrina librecambista hace extensiva a las naciones la división del trabajo...".

Contrario al proteccionismo, se opuso a la creación de un arancel proteccionista que reformara las tarifas de aduana con el objetivo de fomentar industrias artificiales.

Después del Crack de 1920 se levantaron toda una serie de voces reclamando la creación de un banco central para promover el desarrollo adaptando las ideas de Friedricht List[10] iniciando la corriente de pensamiento proteccionista-desarrollista del nacionalismo económico cubano. Uno de sus principales exponentes sería el ingeniero José Comallonga Mena con su artículo "La nueva economía agraria de Cuba".

Las ideas proteccionistas fueron avanzando en Cuba, y en 1927 bajo el gobierno de Gerardo Machado se promulgó un nuevo arancel proteccionista, aunque la Enmienda Platt, en virtud del Artículo II, nunca permitió la creación de un banco central.

Con la crisis azucarera, las ideas económicas liberales entraron en franco retroceso frente a las ideas que clamaban por la intervención del Estado para salvar la industria azucarera.

---

9. *Obras Completas de José Martí*

10. Friedrich List (1789-1846) Economista alemán que desarrolló la teoría nacionalista de la Economía Política en Alemania y Estados Unidos

La situación económica del mundo con la Gran Depresión puso en crisis definitiva el pensamiento liberal que sostenía que las fuerzas del mercado, de manera espontánea, sacarían al mundo de la depresión en que se encontraba, y esto se iría reflejando en el pensamiento económico de Cuba donde la crisis había golpeado con más fuerza que en ninguna otra república latinoamericana.

Así, el pensamiento económico de Cuba se va fusionando con las ideologías nacionalistas con soluciones a los problemas económicos del país de acuerdo a los intereses del país y no de los extranjeros.

Dentro de una nueva mentalidad más estatista aparecen nombres como Ramiro Guerra, José Comallonga, y Raúl Maestri que serían precursores de la nueva mentalidad que planteaba que solamente a partir de la intervención del Estado se podían superar los problemas económicos que enfrentaba Cuba, aunque en aquellos momentos el Estado cubano no tenía autonomía suficiente como para seguir una política independiente en función de intereses nacionales, debido a la condición de protectorado que tenía el país bajo la Enmienda Platt, y esto era sabido por los intelectuales cubanos de aquellos tiempos que eran partidarios de la abolición de la Enmienda Platt.

Los programas, manifiestos, planes, y la legislación que se desarrollan entre 1930 y 1940 ejemplifican esta nueva mentalidad; los manifiestos del DEU, del ABC, la legislación del Gobierno de los Cien Días, el Programa del Partido Revolucionario Cubano Auténtico, el informe de la Foreing Policy Association titulado Problemas de la Nueva Cuba, el Plan Trienal y la Ley de Coordinación Azucarera, y finalmente la Constitución de 1940.

Los nombres de los economistas principales dentro de esta segunda corriente de pensamiento generalmente keynesiana fueron Felipe Pazos, José Manuel Pérez Cubillas, Gustavo Gutiérrez, Alberto Arredondo, José Álvarez Díaz, Joaquín Martínez Sáenz y Julián Alienes Urosa.

También hay que citar economistas extranjeros que contribuyeron con sus investigaciones al pensamiento económico de la República, especialmente el profesor Lowry Nelson, Henry C Wallich, y los expertos de la Misión Truslow.

También hay que señalar que paralelamente a la corriente de pensamiento keynesiana se desarrolló una corriente de pensamiento marxista cuyos principales exponentes serían Carlos Rafael Rodríguez, Emilio Roig de Leuschsenring, Regino Boti, y Raúl Cepero Bonilla.

El pensamiento económico durante la Segunda República estuvo totalmente dominado por la corriente estatista del keynesianismo, por lo que buscaron en la acción del Estado la solución a los problemas, mostrando una desconfianza total en el funcionamiento del mercado, y de las instituciones capitalistas del libre comercio.

La evolución del pensamiento económico cubano es un claro reflejo del cambio de paradigma político que tiene lugar sobre todo después de la Revolución del 33, donde se transita desde una actitud reactiva del Estado frente a la economía, hacia una posición donde el Estado influye de manera activa en los resultados económicos, llegando a su punto culminante con la creación de un tipo de capitalismo de Estado en la década de 1950.

Las opciones de Cuba en la etapa final de la República

Anterior a 1933, dada la condición de protectorado de Estados Unidos que tenía Cuba bajo la Enmienda Platt, nuestro país disfrutaba de muy poco poder de decisión en la mayoría de sus políticas macroeconómicas, las cuales estaban supeditadas en última instancia a los intereses del capital norteamericano invertido en la isla, además de que el pensamiento económico que imperaba en el mundo de aquellos tiempos era favorable al libre mercado, con la menor interferencia del Estado en la conducción de la economía. Así tenemos que los gobierno cubanos, desde Tomás Estrada Palma hasta Alfredo Zayas, tuvieron una interferencia mínima e indirecta en la economía del país.

Con la crisis azucarera y la Gran Depresión entre 1925 y 1933, la supervivencia de la oligarquía nacional se encontró en peligro, lo que obligó a que el gobierno de Gerardo Machado interviniera activamente en la economía como no lo había hecho ningún otro presidente anterior a él, pero dentro de los límites de acción que le permitía la Enmienda Platt.

El objetivo fundamental de las políticas económicas de Machado fue evitar la ruina de la oligarquía nacional, tratando de socializar las pérdidas que la depresión les ocasionaba.

La Gran Depresión puso en entredicho la hegemonía de las teorías económicas favorables a la libertad de mercado, dando paso al intervencionismo estatal que se pensaba era la única manera de salir de las crisis económicas, o por lo menos suavizar su impacto, ya que se consideraban periódicas e inherentes al funcionamiento mismo del sistema capitalista.

Con la derogación de la Enmienda Platt en 1934, el Estado cubano obtuvo mucha mayor soberanía y poder de decisión sobre los aspectos macroeconómicos de Cuba a través de una política monetaria y fiscal bastante independiente, así como un mayor poder regulatorio, más en función de los intereses nacionales.

En 1934 el país se encontraba con una economía limitada a una cuota azucarera norteamericana que apenas cubría la tercera parte de la capacidad de la industria, sin otro mercado para su azúcar como no fuera el mercado interno, un desempleo enorme, y una cantidad de tierras ociosas casi al nivel del comienzo de la ocupación de la isla por Estados Unidos, pero con una población que la superaba en más de dos y media veces.

El modelo económico plantacionista, que había hecho crecer a Cuba durante los primeros veinticinco años de República, se encontraba en ruinas al comenzar la década de 1930.

Ante el gobierno cubano se planteaban dos caminos; o se dejaba actuar a las fuerzas del mercado para que limpiara la economía de malas inversiones, y surgiera un nuevo modelo más diversificado, o se intervenía en la economía con el objetivo de preservar el viejo modelo tradicional basado en la producción y exportación de azúcar.

La primera opción implicaba un cambio no solo en la estructura económica del país si no también social, pues la élite terrateniente vinculada al modelo agro-exportador en gran medida desaparecería, en tanto los factores de producción ociosos (tierra, trabajo, y capital) encontrarían combinaciones más eficientes, satisfaciendo mejor las necesidades de la población, pero este proceso hubiera tomado un tiempo más o menos largo, y por tanto socialmente más peligroso, pues pasaría por la liquidación de muchas inversiones improductivas, y un incremento del desempleo en una etapa inicial, a mayor nivel del existente. Esto es lo que los economistas llaman 'terapia de choque".

Se hubiera producido la diversificación de la agricultura, y hubiera desaparecido aproximadamente entre la mitad y las dos terceras partes de la industria azucarera la cual de todas formas se encontraba paralizada. Ciertamente que el capital en la industria azucarera tiene un alto grado de especificidad, por lo que mucho capital desaparecería definitivamente, pero otro encontraría usos más demandados, y lo mismo sucedería con la tierra y con la labor, parte de la cual se incorporaría a trabajar las tierras en una agricultura más diversificada, eliminándose el latifundio, y otra parte hacia labores en las zonas urbanas de la industria manufacturera, la construcción y los servicios. Se terminaría así a dependencia del azúcar, y la economía cubana finalmente, por las fuerzas del mercado se diversificaría, aunque con un nivel mayor de autarquía, que era la situación prevaleciente en el mundo de la década de 1930.

La nueva clase política surgida de la Revolución del 33, con el sargento-coronel Fulgencio Batista como su líder indiscutible, prefirió mantener el statu quo, protegiendo a la élite tradicional a cambio de algunas concesiones a los trabajadores, y para ello se trató de mantener sin cambios la estructura económica existente, transformándose así la política clientelar tradicional, en una política de masas de tipo populista con marcados rasgos fascistas.

Se promulgaron leyes cuyo propósito era repartir el ingreso sin que ello implicara movilizar los factores de producción ociosos, manteniendo un estado de equilibrio social y de inmovilidad económica, que se quebró con la recesión de 1938-1940 la cual paralizó los planes de reforma social de Batista, abriendo paso definitivamente a la Constitución socialdemócrata de 1940.

Sin la Segunda Guerra Mundial, la socialdemocracia en Cuba hubiera sido económicamente inviable, ya que una economía con crecimiento casi cero, y una institucionalidad redistribucionista, el crecimiento demográfico la hubiera hecho saltar por los aires.

Al finalizar la posguerra en 1948, la situación económica internacional dejó de ser favorable para Cuba, lo cual ponía en entredicho la continuidad de ampliación del Estado socialdemócrata redistribucionista. En aquellos momentos se abrían ante Cuba tres opciones:

La primera era el planteamiento de Estados Unidos de industrializar el país, y diversificar sus exportaciones a partir de la inversión norteamericana en industrias de alto consumo de labor, lo que implicaba ciertas reformas institucionales.

La segunda opción era tratar de mantener el sistema tradicional de producción de azúcar presionando a Estados Unidos por una ampliación de la cuota azucarera y la reciprocidad comercial, en tanto se desarrollaría una industrialización utilizando las materias primas nacionales empezando por el azúcar. Esta sería la opción propuesta y favorecida por los hacendados y comerciantes exportadores-importadores que formaban la élite económica de Cuba, y que en aquellos momentos ejercían una enorme influencia política.

La tercera opción era pasar del redistribucionismo al desarrollismo, a partir de la industrialización por sustitución de importaciones, utilizando los ahorros acumulados durante la guerra, y estableciendo medidas proteccionistas. Esta opción era favorecida fundamentalmente por la burguesía industrial nacional, los economistas cubanos, y las clases medias. La opción era vista como la solución más nacionalista y congruente con la Constitución de 1940.

Básicamente, los gobiernos de Prío, y Batista en su segundo mandato, siguieron con algunas variantes la opción desarrollista, que obligó a que se estructurara una forma de capitalismo de Estado sobre todo durante el gobierno de Batista.

Como analizamos, a fines de la década de 1950, el camino seguido y el capitalismo de Estado se encontraba casi agotado como modelo para promover el desarrollo, y una vez más se acercaba el momento en que se hacía impostergable ir tomando decisiones acerca cuál sería el camino a tomar en un futuro cercano respecto al economía cubana.

La opción de la inversión masiva de capital norteamericano para promover una industrialización parecida a la que estaba teniendo lugar en aquellos momentos en Puerto Rico, se mantenía vigente, y de hecho el gobierno de Batista había promovido alguna inversión norteamericana dejando sin efecto determinadas regulaciones que establecía la Constitución de 1940, pero las reformas neoliberales necesarias no se habían emprendido.

La opción de la economía plantacionista tradicional se encontraba completamente desechada. Todos sabían en Cuba que el azúcar no podía ser impulsora del crecimiento económico nacional, y que hacía mucho tiempo que había dejado de serlo.

La opción desarrollista promovida a partir de un capitalismo de Estado se presentaba para algunos como una vía que se podía seguir pero que era necesario profundizar, y aquí se dividía en dos variantes que buscaban una ampliación del alcance de la intervención del Estado en la economía. La primera era la variante corporativista-fascista y la segunda la variante socialista.

Podría citarse una cuarta opción que suponía una vuelta a la ortodoxia redistribucionista de la Constitución de 1940, que se planteaba que había sido interrumpida de forma abrupta e ilegal por el golpe de Estado del 10 de marzo en 1952.

Lo que sucedió después del 1ero de enero de 1959 queda fuera de los marcos temporales de este estudio. Se escogió la opción estatista extrema de la planificación centralizada sin diversificar la economía, manteniendo el modelo tradicional de plantación con un nuevo cliente: la Unión Soviética.

El problema del modelo "desarrollista" cubano

Desde la Revolución Industrial en el siglo XIX, el capital como factor de producción pasó a ser el más importante y valioso de los factores como hemos explicado, y los países con abundancia de capital fueron los países desarrollados del mundo. Esta tendencia se agudizó a partir de la Segunda Revolución Industrial que comenzó en el último tercio del siglo XIX.

De esta forma, los países cuya ventaja comparative se basaba en su abundancia de tierra y de labor, y escasos del factor capital comenzaron ser testigos de un deterioro sostenido de sus términos de intercambio con los países abundantes de capital.

Al fin de la Segunda Guera Mundial esta tendencia natural del capitalismo se hacía completamente clara, y los economistas dedicados al estudio del desarrollo de las naciones se dieron cuenta y se fueron creando a partir de entonces toda una serie de teorías que buscaban solucionar esta situación de desventaja de los países subdesarrollados que integraban lo que se conoció como el Tercer Mundo.

Las soluciones propuestas a grandes rasgos eran la industrialización capitalista promovida desde el Estado, como hicieron en el siglo XIX muchos países que se convirtieron en desarrollados, como Alemania, Japón, etc., o promover la industrialización a partir de la planificación centralizada de la economía como la Unión Soviética, y los países europeos del campo socialista.

La primera variante fue desarrollada para América Latina por la Comisión Económica Para América Latina de las Naciones Unidas (CEPAL).

En la década de los años 50, Cuba tomó el camino del nacionalismo desarrollista siguiendo el modelo que estaban adoptando casi todas las repúblicas latinoamericanas después de la Segunda Guerra Mundial. Todos los economistas cubanos eran entusiastas seguidores del desarrollismo cepalino.

El desarrollismo cubano no fue del todo ortodoxo, ya que tenía el objetivo de crear una economía nueva manteniendo la economía exportadora tradicional, o sea superponiendo una a la otra, y relegando al estancamiento las actividades económicas que ya existían. Esa nueva economía estaría orientada a sustituir importaciones incorporando los factores de producción tierra, trabajo, y capital que se encontraban ociosos desde los años 30, o sea se crearía con tierras ociosas sin hacer una reforma agraria, con labor ociosa con un mercado laboral completamente regulado, y con el capital ocioso que se acumulaba en los bancos y en las reservas internacionales, violentando las tasas naturales de interés del mercado y sin un mercado de capitales.

En el año 1958, las reservas internacionales acumuladas al comenzar la década se encontraban prácticamente agotadas, aunque los bancos se encontraban llenos de dinero, muy pocas nuevas tierras se habían incorporado a una economía de sustitución de importaciones debido a que las instituciones existentes fortalecían el latifundio y hacían que la agricultura diversificada tuviera un elevado costo de oportunidad. Con la labor sucedía lo mismo, ya que las nuevas inversiones fueron intensivas de capital, por lo que la reducción del desempleo neto fue insignificante.

Por último, lo reducido del mercado interno daba lugar a que muchas de las nuevas inversiones fueran improductivas e ineficientes, en tanto el sector exportador tradicional se encontraba estancado y sin posibilidades de resurgir por falta de mercados.

Como hemos analizado, el Estado de Bienestar redistribucionista financiado con las exportaciones de azúcar entre 1941 y 1947 no pudo continuar ampliándose cuando a partir de 1948 los precios del azúcar comienzan a descender y empiezan a deteriorarse los términos de intercambio para Cuba demostrando que era un modelo insostenible.

La economía cubana en aquellos momentos no demostró la suficiente flexibilidad adaptativa que le hubiera permitido cambiar la estructura económica integrándose al mercado internacional en las condiciones del nuevo orden mundial surgido después de la guerra, esencialmente por la rigidez de sus mercados de factores de producción, avalado por una institucionalidad que favorecía la improductividad.

La gran ventaja comparativa de Cuba después de la guerra se encontraba en su abundancia de labor, más que en la abundancia de tierra, por tanto, la estrategia del cambio estructural de la economía cubana tenía que darse a partir de la integración al mercado internacional produciendo bienes de demanda elástica con alto consumo de labor, como fue la proposición norteamericana desde mediados de la década de 1940.

Los intereses de la oligarquía nacional compuesta por la élite económica, la clase política, y los sindicatos, impidieron que se desarrollara la suficiente eficiencia adaptativa que hubiera impulsado el crecimiento económico de Cuba, y con toda seguridad hubiera cambiado la historia posterior al 1959.

Esto ocasionó que Cuba se inclinara por la estrategia de la mayoría de las repúblicas latinoamericanas: desarrollo hacia adentro, industrialización por sustitución de importaciones desde 1953.

Todos los países que siguieron este modelo, incluso donde alcanzaron mayor éxito, como fue el caso de Brasil y México, tuvieron que afrontar los mismos efectos negativos que hicieron que a principios de la década de 1970 entrara en cuestionamiento su sostenibilidad, y que en la década de 1980 entrara en franca bancarrota.

Las manifestaciones de este fracaso que comienzan a visibilizarse desde fines de la década de 1960 en esos países fueron básicamente las siguientes.

1. Balanzas de pago crónicamente deficitarias.
2. Devaluaciones monetarias.
3. Estancamiento de las exportaciones.
4. Déficits presupuestales crónicos.
5. Inflación incontrolada.
6. Distribución del ingreso que perjudicaba a la población rural, en tanto favorecía a las clases urbanas, acentuando el nivel de pobreza rural y desigualdad, sobre todo en las sociedades más rurales.
7. Desempleo crónico debido a la masa campesina que migraba en busca de trabajo a las ciudades pero que la industrialización no absorbía debido a que las nuevas industrias eran de alto consumo de capital y bajo consumo relativo de labor.
8. Creación de una economía dual. Por una parte, una economía moderna, de alta productividad con trabajadores calificados, organizados en sindicatos fuertes, y con salarios relativamente elevados, y por otra parte una economía tradicional atrasada, formada por campesinos y personas pobres de

las ciudades sin acceso a la economía moderna, con alto desempleo, informalidad, bajos salarios, o salarios de subsistencia y excluidos de la protección social.

Con excepción de la devaluación monetaria y la inflación que aún no se habían desarrollado en Cuba en 1958, pero que aparecían como algo inevitable, el resto de los problemas que generaba el modelo desarrollista ya se habían manifestado.

Estos problemas dieron lugar, en todos los países latinoamericanos a fuertes tensiones sociales, movimientos revolucionarios, y golpes de Estados que se extendieron por todo el continente en las décadas de los años 1960, 1970, y 1980.

Al terminar la década de 1950, el camino del desarrollismo cubano se encontraba abocado al fracaso, no había manera de continuar financiándolo internamente, y esto era percibido de diferentes formas por gran parte de la sociedad cubana que buscaba soluciones de acuerdo a sus intereses.

Al terminar la década de 1950, o Cuba obtenía financiamiento externo a partir de préstamos del Fondo Monetario Internacional para continuar por el camino del desarrollismo, lo cual era bastante improbable en aquellos años, o emprendía reformas neoliberales para atraer capital norteamericano. De continuar por el mismo camino, los problemas que las políticas desarrollistas estaban creando enunciadas más arriba, se irían haciendo cada vez más agudos como en el resto de los países latinoamericanos.

La Cuba moderna. El desarrollo humano y la distribución de la riqueza

En la década de 1950 Cuba presentaba índices de modernidad elevados para los estándares latinoamericanos, por lo que algunos economistas partidarios de la Teoría de la Modernización consideraban que se encontraba en la etapa de despegue de acuerdo a la clasificación de W.W Rostow.

Los principales indicadores de modernidad de Cuba en aquellos años podríamos resumirlos de la siguiente forma:

1. Está transitando desde una economía agrícola a una economía más industrializada y de servicios.

   En 1947, e; sector agrícola, que incluye la producción de azúcar, la agricultura no-cañera, la ganadería, la pesca, y la silvicultura, produjeron el 54.6% del Ingreso Nacional y en 1958 la participación había disminuido hasta el 40%.

   En 1947, la industria que incluye la manufactura y la construcción, produjo el 14.8% del Ingreso Nacional, y en 1958 el 22%.

   En 1947 el sector servicios que incluye el comercio, las comunicaciones, el transporte, las utilidades públicas, los servicios financieros, los servicios personales, y el gobierno, produjo el 30.6% del Ingreso Nacional, y en 1958 el 38%.

   La economía de plantación tradicional estaba en retroceso.
2. Fuerte proceso de urbanización. En el Censo del año 1943, la población rural era el 45.4% de la población, y la urbana el 54.6%, y en el Survey de la Junta de Economía de 1956-1957, la proporción era de 40 y 60% respectivamente.
3. Los niveles de consumo de bienes manufacturados producidos por la industria moderna se incrementaron. En 1948, la importación de bienes de consumo duradero fue el 11% del total de las importaciones, y el gasto per cápita en este tipo de bienes fue de 11.26 dólares, equivalentes al 3.6% del per cápita total, y en 1958 fueron el 14.2% del total de las importaciones; 16.86 dólares per cápita, equivalentes al 5% del per cápita general.

4. Elevado nivel de desarrollo humano:

El Índice de Desarrollo Humano (IDH) fue elaborado en los 90 por el Programa de las Naciones Unidas para el Desarrollo (PNUD). Fue desarrollado por el economista paquistaní Mahbub Ul Haq.

En dicho índice se tienen en cuenta la salud, medida según la esperanza de vida al nacer; la educación, medida según la tasa de alfabetización de adultos; y la riqueza, medida por el ingreso per cápita a paridad de poder adquisitivo en dólares internacionales, por tanto, el Índice de Humano está necesariamente relacionado, y es resultado de una cierta redistribución del ingreso, que no existe en las sociedades oligárquicas.

De acuerdo a la información acerca de estos indicadores contenida en el ensayo The road not taken… de Marianne Ward y John Devereux de 2010, hemos elaborado un estimado del IDH en la segunda mitad de la década de 1950 para los países de América Latina.

De mayor a menor:

1. Uruguay	6. Chile	11. Ecuador	16. Nicaragua.
2. Argentina	7. Panamá	12. Brasil	17. Guatemala.
3. Cuba	8. México	13. R Dominicana	18. Honduras.
4. Venezuela	9. Colombia	14. Perú	19. Bolivia.
5. Costa Rica	10-Paraguay	15. El Salvador	20. Haití.

Cuba ocupa un tercer lugar en el IDH de América Latina, y este es el indicador verdaderamente relevante, y no el per cápita al cual se refieren cada vez que quieren describir como adelantada a la República a fines de los años 50.

Las políticas socialdemócratas de las décadas de 1940 y 1950, habían permitido una redistribución de ingresos que se traducía en una reducción de la desigualdad social, y con un elevado índice de desarrollo humano para los estándares latinoamericanos.

Solamente Uruguay, que fue el pionero en América Latina del Estado Benefactor a partir de la presidencia de José Batlle Ordóñez en la década de 1920, desarrolló una política redistribucionista más amplia que Cuba.

5. Reducción de la desigualdad social y aumento de la movilidad social. Tomando como criterio el ingreso a valores constantes del peso de 1943 para eliminar los efectos de la inflación, comparando la estructura de clases entre 1943 y 1958 tenemos el siguiente resultado expresado en porciento.

Clase	1943	1958	Variación
Pobre	37.4	28.6	-8.8
Trabajadora	55.8	62.4	+6.6
Media	4.7	6.3	+1.6
Alta	2.2	2.7	+0.6

En la tabla anteriro se observa que tuvo lugar una contracción de la clase pobre, y un aumento de la clase trabajadora debido a un incremento en los niveles de empleo y participación laboral.

En 1943, el desempleo alcanzaba el 27.2% de la fuerza de trabajo, y la participación laboral medido como la relación entre la fuerza de trabajo, y la población total mayor de 14 años, era de un 46.8%. En 1958, el desempleo se encontraba ubicado entre el 17.6 y el 20.3% de la fuerza de trabajo, y la participación laboral había ascendido al 53.7%.

Por otra parte, vemos una ampliación de la clase media la cual se favorece con el incremento de los puestos públicos, pero sobre todo con el aumento de la clase profesional.

El incremento relativo de la clase alta más allá de la élite tradicional básicamente es causada por la expansión del crédito del gobierno favoreciendo a la clase política.

Desde el punto de vista absoluto, el número de familias entre 1943 y 1958 creció un 38.4%, en tanto el número de familias de clase pobre, su crecimiento absoluto fue de 5.8%, el de las de clase trabajadora de un 55%, el de la clase media un 87%, y el de la clase alta un 46.9%.

Como vemos, con excepción de las familias de clase pobre, el resto de las categorías sociales crecieron más que el total de la población, siendo el grupo que creció más el de la clase media, por lo que podemos concluir que la sociedad cubana se hizo más de clase media en este período.

Un incremento de la clase media es un indicador social inequívoco de que una sociedad se está modernizando, y una evidencia de que la sociedad característica de un modelo económico de plantación tradicional se está disolviendo.

A diferencia de la primera clase media, que estaba muy vinculada al empleo público, por lo que era muy vulnerable a los altibajos políticos del país, la segunda clase media republicana estará mucho más desvinculada del empleo público, con una mayor participación de profesionales y técnicos dentro de ella debido a la modernización que está teniendo lugar, la cual también se manifestará a través de los patrones de consumo.

La combinación del gran poder de compra que se acumuló y quedó diferido desde la Segunda Guerra Mundial, con las políticas redistribucionistas derivadas de la Constitución de 1940, dieron lugar a lo que podríamos llamar una modernización, y dentro de ella un cambio social significativo en Cuba; creció el desarrollo humano, y cambió la estructura social, imprimiéndole mayor movilidad, y haciéndola menos desigual, en tanto se produjo una modernización en algunos sectores de la economía, y en el standard de vida de las clase medias y altas.

El Estado socialdemócrata, a partir de la Constitución de 1940, tenía como meta lograr una distribución de la riqueza y los ingresos más igualitaria dentro de la sociedad. Todos los programas socialdemócratas tienen como objetivo central una mayor justicia distributiva, lo que ellos consideran una distribución más equitativa de la riqueza y el ingreso, a diferencia de los gobiernos de las oligarquías, cuyo objetivo es el mejoramiento económico de un grupo dentro de la sociedad que es lo que forma la oligarquía, y los gobiernos fascistas que buscan un equilibrio social estático, favorable a las élites y a la clase política.

Hay que señalar que el proceso modernizador en Cuba, al igual que en toda la América Latina, se estaba dando de manera muy desigual, pues en la agricultura, debido a su pérdida de importancia relativa dentro de la economía nacional, predominaban métodos tradicionales atrasados, el ingreso era muy reducido en comparación con los ingresos de las zonas urbanas, y en especial de la Habana, el desempleo era mucho mayor, y consiguientemente los patrones de consumo, y servicios públicos modernos no habían llegado en su gran mayoría a las zonas rurales, por lo que prácticamente coexistían dos países; uno relativamente modernizado, y uno tradicional y atrasado.

Algunos indicadores generales de la República

1. Productividad del trabajo a valores constantes del peso de 1937.

   1907 = 300.84 pesos.

   1957 = 466.77 pesos.

   Tasa anual de crecimiento: 1.1%.

2. Ingreso promedio anual por trabajador a valores constantes del peso de 1937.

   1907 = 161.40 pesos.

   1957 = 395.64 pesos.

   Tasa de crecimiento anual del ingreso promedio real por trabajador: 2.9%.

3. Relación productividad del trabajo/Ingreso promedio.

   1907 = 86.4%.

   1957 = 18.0%.

La tasa de ganancias del capital se estrechó en un 68.4%. Con una tasa de ganancias tan baja se hacía muy difícil acumular capital, pues el incentivo para invertir en una economía con tasas de ganancia tan reducidas, y sujeta al ciclo de la demanda de azúcar era casi nulo, a no ser actividades como el comercio, y hasta cierto punto el azúcar.

Analizando estos tres indicadores, podemos ver la transición en 50 años entre un enorme nivel de ganancias que caracterizan una economía capitalista de tipo liberal oligárquica, y una economía característica de una sociedad de tipo socialdemócrata, más igualitaria, con niveles de ganancias relativas muy bajas y poco incentivo a la inversión de capital.

4. Tasas de retorno del capital invertido.

   1918 = 25.4%.

   1958 = 9.4%.

5. Tasa de acumulación de capital per cápita en dólares constantes de 1937.

   1918 = 580.45 dólares.

   1958 = 303.28 dólares.

   Una tasa anual de crecimiento real negativo de –1.2%.

6. Precios del azúcar en dólares constantes de 1937.

   1907 = 3.42 centavos la libra.

   1957 = 2.59 centavos la libra.

   Tiene lugar una contracción real del precio de un 24.3%.

7. Valor de las zafras azucareras en dólares constantes de 1937.

   1907 = 109.2 millones de dólares.

   1957 = 351.3 millones de dólares.

Tasa de crecimiento anual del valor de la producción azucarera : 4.4%.

8. Volumen de las zafras en toneladas largas (2, 240 libras).

   1907 = 1, 427.7 miles de toneladas.

   1957 = 5, 506.0 miles de toneladas.

Tasa de crecimiento anual 5.7%.

9. Cantidad de azúcar producida por habitante en toneladas largas.

   1907 = 0.70 toneladas por habitante.

   1957 = 0.83 toneladas por habitante.

En el largo plazo, la economía azucarera requirió producir cada vez más azúcar, y más azúcar per cápita para compensar la caída de los precios, y la elevación del nivel general de precios en Estados Unidos.

Los que consideraban que "sin azúcar no hay país" planteaban que la producción óptima de azúcar sería una tonelada larga por habitante, por lo que la producción de 1957 debió ser de 6, 257.0 miles de toneladas. La industria azucarera tenía capacidad instalada, y controlaba tierras suficiente para una zafra de esa envergadura como se demostró en 1952, pero no existía un mercado que pudiera absorberla, y con una demanda tan inelástica, se produciría la ruina de gran parte de la industria azucarera cubana.

10. Productividad de la tierra.

En el año 1912 el 57.4% de la tierra cultivable de Cuba estaba dividido en fincas, y en 1958 era el 94.2%.

En el año 1912 a valores constantes de 1937, la productividad por caballería de tierra en fincas fue de 321.00 dólares, y la productividad en relación con la tierra cultivable total fue de 184.22 dólares por caballería.

En el año 1958, a valores constantes de 1937, la productividad de la tierra en fincas fue de 328.21 pesos por caballería, y en relación con la tierra cultivable total fue de 309.07 pesos por caballería.

La productividad de la tierra en fincas a valores constantes de 1937 fue en 1958 un 2.2% superior a la de 1912, lo que implica un crecimiento anual de un 0.05%, o sea casi un crecimiento 0. En tanto la productividad en relación con el total de la tierra cultivable de Cuba fue en 1958 un 67.8% superior a la de 1912, lo que implicó una tasa de crecimiento anual del 1.4%.

Esto significa que el crecimiento del valor de la agricultura en Cuba estuvo dado exclusivamente por la incorporación de más tierras, o sea un crecimiento cuantitativo, mientras que no existió crecimiento como resultado de aplicación de mejores métodos de cultivo e inversión productiva, o sea crecimiento cualitativo, lo que estaba resultando en rendimientos decrecientes de la agricultura en general.

En 1958 para aumentar la superficie agrícola bajo cultivo era necesario eliminar el latifundio, y para incrementar los rendimientos por caballería era necesario el aumento de las inversiones de capital tales como regadíos, utilización de maquinaria, fertilizantes, métodos científicos de cultivo, etc.

La tierra cultivable era el principal recurso de Cuba, que estaba siendo desperdiciado con una agricultura atrasada e improductiva.

11. Términos de intercambio con Estados Unidos.

Entre 1903 y 1958.

El nivel general de precios en Estados Unidos subió un 228.4%.

El valor de la libra de azúcar a precios corrientes entre 1903 y 1958 subió un 113.2%.

12. Comercio con Estados Unidos a valores constantes del dólar de 1937.

Exportaciones per cápita.

1903 = 53.54 dólares.

1958 = 38.50 dólares.

Importaciones per cápita.

1903 =22.89 dólares.

1958 = 50.48 dólares.

Tasa anual de crecimiento de las exportaciones:. 0.5%.

Tasa anual de crecimiento de las importaciones: + 2.2%.

En 1903, las importaciones fueron el 42.8% de las exportaciones, y en 1958, las importaciones fueron el 131.1% de las exportaciones.

El comercio entre Cuba y Estados Unidos no fue recíproco en el largo plazo, debido a los tratados comerciales, los aranceles de aduana norteamericanos, y la manipulación monetaria, además de que los productos norteamericanos, al ser en general más intensivos en el uso de capital aumentaban de valor más rápido que las materias primas, por lo que la "reciprocidad comercial" a la larga resultó ser un fracaso para Cuba, aunque los plantadores y comerciantes exportadores-importadores se beneficiaran de ella enormemente.

13. La deuda pública de Cuba per cápita, a valores constantes del peso de 1937.

 1911 = 26.28 pesos por habitante. El 21.1% del per cápita.

 1958 = 77.51 pesos por habitante. El 58% del per cápita.

 La tasa anual de endeudamiento per cápita fue del 4.1% entre 1911 y 1958, y entre 1952 y 1958, el endeudamiento per cápita creció a un 29% anual.

 En 1958 la deuda pública era 3.2 veces la capacidad recaudatoria del gobierno.

14. La tasa de inflación anual, entre 1916 y 1958 fue del 1.3% y en 1958, el dinero había perdido un 56% de su valor en relación con 1916.

 Hubo períodos deflacionarios agudos entre 1925 y 1933, e inflacionarios entre 1941 y 1948.

15. El estimado de crecimiento anual del PIB a valores constantes del dólar de 1937 fue de un 5.3% del cual un 1.1% fue debido al crecimiento de la productividad del trabajo, y el 4.3% fue debido al incremento de la cantidad de factores de producción; tierra, trabajo, y capital.

Comportamiento del ingreso per cápita en Cuba comparado con América Latina

Para tener una idea acerca del desempeño económico de un país, uno de los indicadores más importante, a pesar de todos sus defectos, ya que no dice nada acerca de la distribución de la riqueza, es el ingreso per cápita, pero para que este indicador sirva para llegar a alguna conclusión válida es necesario ver su comportamiento en el tiempo, y en comparación con los per capitas de otros países, sobre todo de países con estructuras económicas parecidas.

Cuando analizamos el comportamiento histórico del per cápita durante la República de Cuba, y lo comparamos con los de otras repúblicas latinoamericanas vemos un comportamiento menos impresionante del que nos han contado.

El mito del elevado ingreso per cápita de Cuba surge de cifras expresadas a valores corrientes, y en pesos cubanos, por lo que no es comparable con el de otros países.

El ingreso per cápita es el promedio de ingreso por habitante de un país en un año determinado, y se calcula dividiendo el Ingreso Nacional total entre la población total del país.

Para hacer comparaciones históricas, el ingreso per cápita debe ser deflactado[11] para eliminar el efecto distorsionante de la inflación, y para hacer comparaciones entre países, tiene que ser llevado a paridad de poder de compra de una moneda internacional siendo el dólar norteamericano la moneda que se usa como factor común.

11. Deflactar es el método que consiste en la eliminación en los precios de los efectos que se crearon por los cambios inflacionarios o deflacionarios, transformando una magnitud (precio) expresada en términos nominales, pasándola a términos reales. Por ejemplo, una mercancía X en Estados Unidos, que en 2022 cuesta 100 dólares, en el 2018 costaba 84.79 dólares. El precio nominal es de 100, pero deflactándola a valores constantes del 2018, su precio real es de 84.79 dólares, y así eliminamos el efecto inflacionario que ha tenido lugar entre el 2018 y 2022. Este método se usa para hacer comparaciones históricas de series de precios.

Para analizar los per capitas por medio de la estadística comparada utilizamos lo que actualmente es usado por los organismos internacionales para hacer comparaciones entre países que es la base de datos elaborada por Angus Maddison[12]y también utilizamos el calculador de la inflación norteamericana del Buro de Estadísticas Laborales del Censo de Estados Unidos.

Basados en esta información vemos que a diferencia de lo que tan comúnmente se dice que Cuba tenía un elevadísimo per cápita antes de 1959, los datos de la tabla anterior muestran una realidad algo diferente.

Per cápita en dolares internacionales

	1902	1920	1933	1939	1945	1950	1958
Cuba 1902-1958	2085	4388	2397	1933	3042	3202	3837
Chile 1902-1958	3604	4248	3618	5106	5553	5880	6958
Mexico 1902-1958	1796	2552	2071	2570	3009	3510	4501
Venezuela 1902-1958	1655	1903	2923	4538	5808	8462	11615
Costa Rica 1920-1958		2589	2646	2976	2573	3129	4152
España 1902-1958	2740	3244	3690	2885	357	3464	5176
Honduras 1920-1958		1957	1940	1714	1873	2018	2106
Puerto Rico 1950-1958						3416	4784
Argentina 1902-1958	4331	5536	5772	6612	6943	7949	9083
Bolivia 1902-1958	1462	1932	1954	2488	2966	3011	2576
Brasil 1902-1958	921	1242	1387	1627	1792	2236	3005
Colombia 1902-1958	1078	1707	2514	3037	3027	3432	3798
Rep. Dom 1950-1958						1637	2104
Ecuador 1902-1958	1143	1680	1890	1967	2182	2970	3441
Guatemala 1920-1958		2028	2165	3916	2761	3323	3470
Panamá 1906-1958		2445	2365	2683	3371	2577	3014
Perú 1902-1958	1207	1954	2483	3037	3131	3679	4372
Paraguay				2858	2550	2391	2453
Uruguay 1902-1958	4015	3580	4112	5322	5418	7015	7788
EEUU 1902-1958	8684	10153	8048	11171	16478	15240	16946
Nicaragua 1920-1958		2007	2311	2042	2259	2565	3258

Fuente: Angus Maddison Project 2020.

Cálculos del autor.

En la tabla anterior podemos ver que Cuba en 1920 ocupaba el segundo lugar en los per capitas de las diez y nueve repúblicas latinoamericanas, y era el 43.2% del per cápita norteamericano, y en 1958 ocupaba el número diez, siendo solamente el 22.6% del per cápita norteamericano.

Entre 1920 y 1958, los países cuyos per capitas crecieron más relativamente que el de Estados Unidos fueron:

1. Venezuela
2. Uruguay
3. Brasil
4. Puerto Rico
5. Perú
6. Colombia
7. Ecuador
8. R. Dominicana
9. México
10. Guatemala.

12. Angus Maddison. Economista británico 1926-2010

Los países cuyos per capitas en relación con el per cápita norteamericano decrecieron:

1. Paraguay	4. Cuba	7. Argentina.
2. Honduras	5. Costa Rica	8. Nicaragua.
3. Panamá	6. Chile	9. Bolivia.

En 1920, el per cápita de Cuba fue el 43.2% del norteamericano. Para mantener esta proporción en 1958, hubiera sido necesario un Ingreso Nacional de 4,735.7 millones de pesos para un per cápita de 726 pesos. Esto hubiera significado el 214% del Ingreso Nacional de Cuba en 1958 que fue de 2, 209.0 millones de pesos.

Por último, como dijimos anteriormente, para poder efectuar un análisis de series históricas expresadas en dinero es necesario eliminar los efectos de la inflación tomando un año base.

Tomando como año base 1937 podemos ver los per capitas de Cuba, tanto a precios corrientes como a valores reales.

Año	Nominal	Real.
1903	105.06	110.53
920	397.40	251.55
933	108.82	137.67
945	217.98	112.03
1950	307.19	134.27
958	338.65	133.43

Como se puede ver, después de 1920, el per cápita real se estancó.

A valores constantes de 1937, la tasa de crecimiento anual del per cápita en el largo plazo de la duración de la República, fue de un 0.4%, esto significa que la creación de riquezas en el agregado de la economía fue casi nulo.

El bajo crecimiento de la productividad del trabajo, y de los per capitas reales, dieron lugar a una situación de suma cero, provocando la elevada inestabilidad política y social que caracterizó la historia republicana.

3. Evolución y expansión del Estado cubano, las instituciones y la ideología económica durante la República de 1902 a 1958

Cuando el saqueo es organizado por la ley para ganancia de los que hacen la ley, todas las clases saqueadas tratan de entrar —de alguna manera, de forma pacífica o revolucionaria— en la elaboración de la ley.

La Ley, Frederic Bastiat.

La prosperidad no es simplemente un asunto de inversión de capital; es un asunto ideológico. Lo que los países subdesarrollados necesitan primeramente es una ideología de la libertad económica".

Caos planificado, Ludwig von Mises.

El cambio institucional forma el camino a través del cual las sociedades evolucionan en el tiempo, y por tanto es la clave para entender el cambio histórico.

Institutions, Institutional change and Economic Performance, Douglass C North.

1- Introducción: El Estado
1-1- El Estado y la clase Política.
1-2- El Estado y la economía.
1-3- Tipologías del Estado durante la República.
1-3-1- Estado liberal-oligárquico.
1-3-2- El Estado corporativo.
1-3-3- El Estado socialdemócrata.
1-3-4- capitalismo de Estado.
2- Estado oligárquico- liberal cubano, y la Edad de Oro de la globalización capitalista.
2-1- Las instituciones fundacionales de la República de Cuba.
2-1-1- La Constitución de 1901.
2-1-2- La Enmienda Platt.
2-1-3- El Tratado de Reciprocidad Comercial de 1903.
2-1-4- El sistema monetario de la Primera República; patrón oro y dólar estándar.
2-2- Democracia vs. oligarquía.
2-3- La estructura económica plantacionista y la formación de una élite azucarera.
2-4- Las ideologías económicas durante la Era de la primera globalización capitalista.
2-4-1- La visión de José Martí acerca de la estructura económica para la República de Cuba.
2-4-2- Fundamentos del nacionalismo durante la Primera República.
2-4-2-1- Nacionalismo y la clase política[1] cubana.
2-4-2-2- El nacionalismo y los empresarios industriales.

1. El concepto de clase Política fue desarrollado por primera vez por el político y escritor italiano Gaetano Mosca (1858-1941) en contraposición a la teoría marxista de la lucha de clases.

Introducción: El Estado

El Estado y la clase Política

El Estado es una organización política formada por instituciones políticas, y por la clase política que lo utiliza como instrumento a través del cual promover sus intereses ejerciendo el monopolio del uso de la fuerza (soberanía) aplicado a la población dentro de unos límites territoriales establecidos.

El Manifiesto Comunista que en 1848 publicaron Karl Marx y Frederich Engels plantea que la historia de la humanidad es la historia de la lucha de clases. Una clase dominante reducida, explota a la gran mayoría del resto de la sociedad. Esta clase dominante expropia una parte de la riqueza generada por la clase explotada.

Los esclavistas, y los señores feudales expropiaban a esclavos y siervos, por lo que los intereses del esclavista eran antagónicos con los del esclavo, y lo mismo pasaba entre el señor feudal y el siervo, pero cuando deja de existir el sistema social esclavista, y feudal, y es sustituido por un sistema capitalista donde el trabajador es libre, y es un asalariado o un capitalista, ¿se extinguen las clases sociales?

Los comunistas plantean que bajo el capitalismo se crea una nueva estructura social, donde las clases principales son el capitalista, el cual a partir de la propiedad de los medios de producción confisca parte de la riqueza creada por los trabajadores asalariados; lo que ellos llaman la plusvalía. O sea que según la teoría marxista de la sociedad, los explotadores, que antes eran los esclavistas y los señores feudales, ahora son los capitalistas, y los explotados, que antes eran los esclavos y los siervos, ahora son los asalariados (proletarios).

La teoría del liberalismo clásico está de acuerdo con la existencia de una estructura social dividida en clases antagónicas, donde una expropia una parte de las riquezas producidas por la otra, lo que a diferencia de la teoría de los comunistas, considera que estos cometen un error total al identificar quienes son los explotadores y quienes son los explotados.

No solo no hay lucha de clases entre asalariados y capitalistas, si no que los intereses de ambos son coincidentes y complementarios bajo un arreglo contractual realmente capitalista. En el mundo actual la lucha de clases es otra.

Marx no fue el creador de la teoría de la lucha de clases, fueron los liberales franceses del siglo XIX[2]. Para ellos la sociedad no se dividía entre la burguesía capitalista y el proletariado asalariado si no entre la clase productiva y la clase política. Para ellos, la filiación de un individuo a una clase no depende de sus funciones económicas; o sea ser un asalariado o un empresario, ser un propietario con mucho dinero o no tener nada más que la fuerza de trabajo (proletario). Para la teoría liberal, el pertenecer a una clase o a otra depende de la fuente de sus rentas. El poder político y sus privilegios son las principales fuentes de distinción entre clases. Así, la sociedad está dividida entre la clase productiva, y la clase política. La clase productiva está formada por los individuos que crean riquezas por medio del trabajo, de la función empresarial, de cooperación pacífica y voluntaria, y del comercio e intercambio. La clase política, está formada por aquellos individuos que viven de la explotación de la clase productiva, o sea de la confiscación y expropiación de renta creada por la clase productiva.

---

2. La teoría de la lucha de clases como clave de la historia política empezó con los liberales franceses Charles Comte (1782-1837) Charles Dunoyer (1786-1862), Augustin Thierry (1795-1856), y en Inglaterra, el economista y filósofo escoses James Mill (1773-1836).

La estructura de clases, según la teoría liberal clásica está formada; por un lado los beneficiarios netos de esta explotación, y de otro por individuos que son los que padecen esta explotación.

La clase política no se limita exclusivamente a los políticos que detentan cargos públicos. La clase política está compuesta por todos aquellos que se benefician de la redistribución de la renta confiscada a la clase productora.

Además de los políticos, la clase política también incluye a:

1. Funcionarios públicos (receptores netos de impuestos).
2. Empresarios cuyos ingresos provienen mayoritariamente de contratos con el gobierno.
3. Empresarios que reciben subsidios del gobierno.
4. Empresarios protegidos por tarifas de importación.
5. Empresarios que usufructúan una parte del mercado protegida por el gobierno (cártels y monopolios).
6. Personas que reciben beneficios asistenciales en volumen mayor de los que pagan en impuestos.

Todos estos se encuentran sostenidos en última instancia por los empresarios y trabajadores asalariados, ya que la riqueza producida por estos es parcialmente confiscada por la clase política, y redistribuida entre sus integrantes.

Claramente, una misma persona puede encontrase en una o varias de estas categorías, así como formar parte de la clase política y de la clase productiva, por ejemplo, un político que a su vez es un empresario creador de riquezas neto.

Así, el Estado, que en definitiva es la institución que efectúa el acto de tributación pues tiene el monopolio legal de la violencia, también efectúa el acto de la redistribución, por tanto, es el que establece e institucionaliza la división de clases.

Por regla general, las personas productivas de la sociedad son pagadores netos de impuestos, mientras que los miembros de la clase política sobreviven de forma parasitaria como consumidores netos de impuestos.

El concepto de clase social se fue complicando desde Marx, y posteriormente con Max Weber[3], seguido por las teorías de Emile Durkheim[4], Ferdinand Tonnies[5], Talcott Parsons[6], etc., que crearon un verdadero caos en el concepto de clase social, de forma tal que actualmente se considera que en la sociedad moderna, sobre todo en los países más desarrollados, la clase social, como concepto fundamental de la Sociología ha dejado de tener relevancia debido a la movilidad social que la contemporaneidad produce, por lo que dicho concepto se ha convertido en algo completamente borroso, y se ha sustituido por el concepto de desigualdad social, y la pertenencia a distintos grupos minoritarios, sus causas y efectos, como tema principal de la Sociología, que se va convirtiendo en una pseudociencia, fabricante de grupos sociales artificiales, para enmascarar la verdadera estructura de clases en las sociedades modernas.

Sin embargo, la lucha de clases existe y es real, pero los antagonistas no son los que identifica la izquierda; el enemigo común tanto de asalariados como empresarios es el Estado, y consecuentemente, mientras más grande sea el Estado más intenso será el conflicto de clases.

---

3. Max Weber 1864-1920, sociólogo alemán
4. Emile Durkheim> 1858-1917, sociólogo francés
5. Fredinand Tonnies. 1855-1936, sociólogo alemán
6. Talcott Parsons. 1902-1979. sociólogo norteamericano

El tipo de sistema político (instituciones políticas) que tengamos, afectará los incentivos que las personas tengan para producir o no producir riquezas.

En un sistema basado en la libre elección, si las personas desean mejorar su condición económica, su incentivo será producir bienes y servicios que otras personas quieran o querrán, y que pagarían por ellos en el mercado voluntariamente.

En un sistema basado en la fuerza y la coacción, las personas estarían motivadas a producir "fuerza y coacción" o ser parte de organizaciones que usan la fuerza para asignar recursos económicos.

De esta forma ellos pueden usar esa fuerza para dirigir recursos económicos hacia ellos mismos.

En un sistema basado en la fuerza tendrá lugar un desincentivo a producir bienes y servicios por que uno no tiene control sobre su distribución y no puede recibir su valor en una transacción. Los bienes y servicios que uno produce van a ser tomados por la fuerza a cambio de muy poca o ninguna compensación.

La expansión del Estado sobre la economía a través de la creación de instituciones que controlan y regulan tanto la producción, como la distribución, el cambio, y el consumo, siempre tiene lugar a expensas del libre funcionamiento del mercado, y la consecuencia invariablemente va en detrimento del crecimiento económico. Es inevitablemente un juego de suma cero.

Pero no solo eso, la expansión del Estado es directamente proporcional con la expansión de la corrupción y el debilitamiento de la sociedad civil.

La limitación de la libertad económica estorba el crecimiento, y llega el punto en que lo impide completamente como es el caso extremo de los países con regímenes totalitarios como el nazismo o el comunismo.

La expansión del Estado crea toda una serie de incentivos para la clase política (empresarios políticos) que se hacen cada vez mayores en la medida en que el funcionamiento del mercado se reduzca ofreciendo menos y menos incentivos a los empresarios económicos.

En un período de crecimiento económico, el mercado está creando incentivos al empresario más rápido que el Estado, pero en un período de estancamiento o depresión, la situación pasa a ser lo contrario, la dinámica del mercado se ralentiza y es el Estado quien ofrece mejores incentivos, por lo que crece el mercantilismo, la corrupción, y captura de rentas, reforzándose las tendencias de signo contrario al crecimiento.

El crecimiento del Estado cubano lo analizamos a través del aumento del gasto público en relación con el Ingreso Nacional; el aumento del gasto público per cápita; el crecimiento de la deuda pública; el incremento de la capacidad impositiva; la manipulación de la oferta monetaria, y el aumento de las regulaciones y la legislación interviniendo en la economía, que son las fuentes a partir de las cuales se nutre la clase política, despojando a la clase productiva y por consiguiente empobreciendo a la sociedad.

El crecimiento de las regulaciones y del Estado dará lugar a un aumento proporcional de la corrupción y el *rent seeking*[7] (búsqueda de rentas no ganadas) elevando los costos de transacción[8],

---

7. *Rent seeking* es un término utilizado en Economía propio de la "Teoría del Public Choice" para describir la situación que se produce cuando un individuo, o empresas u organización busca la obtención de ingresos apropiándose de renta económica por medio de la manipulación política o incluso económica implicando la extracción de riqueza, sin hacer ninguna contribución a la productividad, ni crear nueva riqueza.

8. Costo de transacción es el costo de transferir derechos de propiedad, y de establecer y mantener derechos de propiedad. También se puede decir que son los costos en que se incurre para llevar a cabo un intercambio de un bien o servicio, y para vigilar y hacer cumplir lo convenido.

ahogando la función empresarial, y por tanto estorbando el crecimiento económico, e incrementando el empobrecimiento de la sociedad.

La clase política, a través del control del Estado va construyendo una serie de instituciones que favorecen sus intereses, y que en mayor o menor medida pueden ir en contra de los intereses de diversos grupos de la clase productiva, la cual a su vez crea organizaciones con el propósito de lograr cambios institucionales influyendo sobre el Estado, y en favor de sus intereses específicos. Así surgen organizaciones económicas tales como asociaciones de productores, de comerciantes, sindicatos de trabajadores, asociaciones de agricultores, colegios profesionales, etc.

Lo que a continuación nos interesa demostrar es como evolucionó el Estado cubano durante la República, y cuáles fueron las condicionantes de esa evolución, sus fuentes de financiamiento, a que intereses respondía, cuál era la respuesta de la sociedad civil, y en qué circunstancias internacionales tuvo lugar dicha evolución.

El Estado y la economía

El Estado incide sobre la economía a través de sus dos esferas de acción; las políticas fiscales, y las políticas monetarias.

La política fiscal está relacionada con las variaciones en las recaudaciones de impuestos, su distribución y su gasto, por lo que incide sobre la economía impactando el consumo, la inversión, y el ahorro de las familias y las empresas, que tendrán más o menos recursos a su disposición.

La política monetaria, al determinar el tamaño de la oferta monetaria y la cantidad de medios de pago de que disponen las familias y las empresas, impacta de manera directa en la demanda de dinero, en los precios de los factores de producción[9] y de los bienes y servicios, en el interés, las inversiones, y en la distribución del ingreso y la riqueza.

La intervención del Estado en la economía fue creciendo, aunque siempre de manera limitada mientras se consideraba que dicha intervención era dañina a la expansión de la riqueza de las naciones, de acuerdo a cómo postulaba la teoría económica liberal clásica, pero el salto cualitativo hacia la formación de un Estado interviniendo de manera profunda en la economía no sería visto hasta la Gran Depresión que comenzó en 1929, ya que para tratar de contrarrestarla se consideró no solamente necesaria, si no imprescindible, la intervención del Estado, así, a partir de los años 30, basado en diferentes teorías económicas socialistas, pero principalmente las expuestas por John Maynard Keynes[10] en su libro titulado *Teoría general del empleo el interés y el dinero* publicada por primera vez en 1936, la intervención del Estado en la economía encontró su respaldo teórico definitivo.

Con la Gran Depresión comienzan a desarrollarse y refinarse las políticas del Estado con el objetivo de dirigir la economía evitando, o suavizando los efectos del ciclo económico, especialmente el desempleo que era visto como el problema más grave.

La política fiscal se basa en la configuración del presupuesto del Estado, del gasto público y de los impuestos (recaudaciones) cuyo objetivo es mantener la estabilidad económica, o sea pleno empleo y baja inflación, y regular el crecimiento.

Los mecanismos que utiliza son la variación del gasto público y la variación de los impuestos.

Cuando el gasto público es mayor que las recaudaciones, tiene lugar un déficit presupuestal, y cuando ocurre lo contrario, tiene lugar un superávit.

---

9. Factores de producción son los insumos que se utilizan para producir otros bienes y servicios. Estos se dividen en cuatro: tierra, trabajo, capital, y capacidad empresarial. Los productores transforman los factores de producción en bienes o servicios utilizando la tecnología disponible

10. John Maynard Keynes. Economista británico 1883-1946

La política fiscal puede ser de dos tipos, de acuerdo sea la situación de la economía:

Política fiscal expansiva, que significa aumentar el gasto público con el objetivo de aumentar la demanda agregada y disminuir el desempleo.

Política fiscal restrictiva, que se aplica cuando existe una elevada inflación de precios, por lo que se trata de reducir la demanda agregada reduciendo el gasto público, y aumentando los impuestos, con el objetivo de frenar la demanda y disminuir el consumo.

El otro tipo de política que se desarrolla aumentando la intervención del Estado en la economía es la política monetaria, que consiste en manipular la oferta monetaria con el supuesto objetivo de controlar y mantener la estabilidad económica (pleno empleo y baja inflación).

Los mecanismos que utiliza son:

1- Política de redescuento.

2- Variación de coeficiente de caja.

3- Operaciones de mercado abierto.

Para poder desarrollar una política monetaria, en el sentido pleno del concepto, es necesario que exista un banco central.

La política de redescuento consiste en la variación de los tipos de interés con que el banco central presta a los bancos comerciales, y de esta manera, al disuadir o alentar a los bancos comerciales a pedir préstamos del banco central, este puede controlar (aumentar o disminuir) la oferta monetaria, y también a ayudar a las instituciones financieras en problemas.

El coeficiente de caja o coeficiente legal de reservas, existe cuando existe una banca de reserva fraccionaria, o sea que el banco legalmente solo tiene que tener en existencia un porciento (coeficiente) de dinero en caja en relación con el total de sus depósitos.

Si el banco central disminuye el coeficiente de caja, le está permitiendo a los bancos crear más dinero fiduciario, o sea conceder más préstamos, aumentando así la oferta monetaria.

En el caso en que el banco central quiera disminuir la oferta monetaria, aumenta el coeficiente de caja.

Las operaciones de mercado abierto consisten en la compra y venta por parte del banco central de activos que pueden ser oro, divisas, y títulos de deuda pública, u otros activos de renta fija.

Cuando el banco central compra o vende, está alterando la oferta monetaria variando la cuantía de las reservas de los bancos comerciales.

Si el banco vende muchos títulos, disminuye la cantidad de dinero de los bancos comerciales, y es menos el dinero que pueden prestar, reduciendo la cantidad de dinero en circulación.

Si el banco central compra títulos está inyectando dinero en el mercado.

Esta política también tiene efecto sobre los tipos de interés, pues cuando el banco central compra títulos a los bancos comerciales, al tener estos más dinero, caen los tipos de interés, y cuando el banco central vende, se produce el efecto contrario.

Al igual que con la política fiscal, la política monetaria puede ser expansiva o restrictiva.

Cuando se quiere aumentar la cantidad de dinero en el sistema económico del país se aplica una política expansiva por medio de la reducción de las tasas de interés interbancario (redescuento); reducción del coeficiente de caja; compra deuda pública.

Una política monetaria restrictiva tendría lugar cuando se considera que existe un exceso de dinero en circulación en el sistema económico. Se aumentan las tasas de interés interbancarios; se aumenta el coeficiente de caja, y se vende deuda pública para retirar dinero de la circulación.

Las variaciones en la oferta monetaria deben traducirse en variaciones en la producción, el empleo, los precios y la inflación.

Hay que señalar que en muchos países, especialmente en los países desarrollados, estas política tanto fiscales como monetarias se venían practicando aunque limitadamente.

En Cuba durante la Primera República, tenemos que el Estado cubano no estaba facultado para llevar adelante estas políticas al estar supeditado a la Enmienda Platt. Las políticas monetarias estaban limitadas por el Artículo II de la Enmienda Platt, y las políticas fiscales, aunque existía un poco más de autonomía, las recaudaciones estaban basadas casi enteramente en impuestos indirectos que se cobraban en las aduanas, por lo que se encontraban en gran medida supeditadas al Tratado de Reciprocidad Comercial de 1903, y en los impuestos sobre el consumo, ya que casi eran inexistentes los impuestos directos. Esto daba lugar a que el Estado cubano tuviera muy poco control sobre sus ingresos y gastos que respondían más bien a eventos fuera de su control, jugando un papel pasivo en lo que a política fiscal se refería, mucha de la cual era sujeta a revisión y sanción por parte del representante norteamericano en la isla a través de lo que llamaba la" intervención preventiva".

Con el gobierno de Machado se trató de llevar adelante una política fiscal algo más activa con el nuevo arancel de 1927, y la Ley de Emergencia Tributaria de 1932, que en realidad no tenía como objetivo directo revertir el ciclo económico.

Como explicamos más arriba, la falta de independencia monetaria le costó a Cuba soportar un desastre económico de grandes proporciones durante la crisis azucarera y la Gran Depresión entre 1925 y 1933.

Después de 1933, con la abolición de la Enmienda Platt, el Estado cubano alcanza mayor soberanía, y comienza a desarrollar mecanismos que le permitían llevar adelante una política fiscal y monetaria más activa llevando adelante algunas reformas tributarias y otras medidas fiscales con el objetivo de incrementar el monto de los impuestos directos sobre las rentas y los ingresos, y por otra parte llevó adelante dos reformas monetarias; la primera en 1934, y la segunda con la creación del Banco Nacional de Cuba en 1950.

La otra forma que tiene el Estado para interferir en la economía es a través de la creación de instituciones que regulan el comportamiento de los mercados, ya sean de bienes y servicios, o de factores de producción.

Como veremos, la creación de estas instituciones que inciden sobre los mercados fue muy limitada durante la Primera República, período durante el cual predominó el laissez faire en la política económica del gobierno cubano.

Con Gerardo Machado, la cartelización de la industria azucarera con la Ley Verdeja, el Instituto Cubano de Estabilización del Azúcar (ICEA), y el Plan Chadbourne, así como la creación de otras instituciones económicas, comenzó la era del Estado regulacionista en la economía cubana.

Después de la Revolución de 1933, y sobre todo a partir de la Constitución de 1940, el Estado cubano se va convirtiendo cada vez más en un ente regulatorio, llegando la economía nacional a evolucionar hacia un capitalismo de Estado a fines de la década de 1950.

En la medida en que el estado aumenta su participación en la economía va desplazando al empresario privado relegándolo a un segundo plano, limitando así la función empresarial hasta llegar al punto en que el empresario se convierte en una figura parasitaria y por tanto es completamente prescindible. Cuando esto sucede se ha entrado de lleno en el socialismo.

Muchos economistas modernos consideran la existencia de un cuarto factor de producción que es la capacidad empresarial, la cual consiste en el conjunto de destrezas y conocimientos que requieren los empresarios, y que unida los tres factores de producción; tierra, trabajo, y capital, dan lugar a la creación de mayor cantidad de bienes y servicios, de mejor calidad, y de la manera más eficiente.

Como se comprenderá, mientras mayor sea la intervención del Estado en la economía, mayor será el desperdicio de este factor de producción, porque solo el empresario capitalista es capaz de ampliar la división del trabajo de manera eficiente, a partir de la mejor asignación de los recursos escasos.

Tipologías del Estado durante la República

El Estado cubano pasa por diferentes fases, siempre ampliando su alcance sobre la economía nacional, y ampliando la clase política a partir del incremento de la capacidad de gastar y endeudarse, de incrementar la base impositiva, de la capacidad para manipular la oferta monetaria, y de aumentar su poder regulatorio creando instituciones económicas en función de la política.

Estos mecanismos se encontraban al alcance del Estado cubano de manera muy limitada y condicionada mientras estuvo vigente la Enmienda Platt, o sea entre 1902 y 1933, ya que Cuba era un protectorado norteamericano, pero después de la Revolución de 1933, el Estado alcanza suficiente soberanía como para actuar fundamentalmente en interés de la clase política nacional.

Nosotros consideramos que básicamente, durante el período republicano de 1902 a 1958, el Estado cubano adoptó tres formas características; primero un Estado de tipo oligárquico-liberal que podemos ubicarlo temporalmente entre 1902 y 1933; después un Estado populista, que busca una mayor participación social adoptando formas incompletas de socialdemocracia y corporativismo protofascista entre 1933 y 1952, y finalmente el Estado toma la forma de capitalismo de Estado, desarrollo que tiene lugar entre 1952 y 1958.

En una sociedad capitalista, el empresario es la figura más importante, pues es el agente que promueve la división del trabajo, y por tanto el progreso de la sociedad, por lo que en la medida en que el empresario va dejando de ejercer su función social debido a que el Estado es cada vez más intervencionista, subordinando de múltiples formas al empresario, y asumiendo la función empresarial, el capitalismo como sistema económico se debilita gradualmente.

Para los que creemos que el sistema capitalista es la forma más eficiente y socialmente justa de crear riquezas, cuando se debilita, se produce un empobrecimiento de la sociedad.

Otros creen que las instituciones del libre mercado capitalista, en un momento determinado de la historia dejaron de crear riquezas eficientemente, y de distribuirlas de una manera socialmente justa, y que solo a partir de la intervención del Estado esto se puede lograr.

Nuestro enfoque de la historia económica de la República de Cuba considera que las instituciones capitalistas se fueron debilitando, y que esa fue la causa fundamental de que el país no pudiera recuperarse económicamente de la crisis que comenzó a mediados de la década de 1920 por una parte, y por la otra que fuera dejando un vacío institucional que abrió paso a las ideologías socialistas más extremas.

Estado liberal-oligárquico

Es un Estado capitalista donde los derechos de propiedad están protegidos por la ley, rigen las instituciones de libre mercado, y los precios son determinados por la oferta y la demanda, pero las políticas del gobierno están diseñadas predominantemente para promover los intereses de una pequeña porción de la sociedad que constituye la oligarquía. Esta se encuentra por encima del Estado de derecho el cual es generalmente débil.

En algunas de estas sociedades el gobierno no está muy interesado en el crecimiento económico, especialmente cuando la base económica de estas oligarquías se encuentra basada en derechos tradicionales que le otorgan el control de los recursos laborales como algunos tipos de peonaje, u otras variantes de servidumbre, y sobre la tierra basada en títulos hereditarios, etc. En estas sociedades tradicionales, el crecimiento se convierte en un factor de desestabilización social, pero en los países cuya oligarquía se encuentra vinculada al mercado capitalista, como era el caso de Cuba, el gobierno si se encontrará interesado en la promoción del crecimiento económico.

Las sociedades oligárquicas se caracterizan por una muy desigual distribución de la riqueza y el ingreso, y generalmente se encuentran plagadas de corrupción en sus sistemas políticos.

Todas las repúblicas latinoamericanas después de mediados del siglo XIX, se estructuraron como Estados liberales oligárquicos, pero el proceso de pérdida de poder de las oligarquías históricas latinoamericanas se puede ubicar su comienzo temporal en 1916 en Argentina con el triunfo de Partido Radical de Hipólito Irigoyen.

En Cuba nosotros consideramos que el Estado entre 1902 y 1933 puede ser caracterizado como oligárquico liberal, y la oligarquía en Cuba cuyo componente principal eran las compañías azucareras y los hacendados, era eminentemente capitalistas, ya que ni el control de los recursos económicos, ni la pertenencia a la clase política, se encontraban en manos de familias tradicionales con títulos hereditarios sobre las tierras como era el caso de otras sociedades latinoamericanas.

El Estado liberal oligárquico cubano estaba protegido por la Enmienda Platt, la cual se encontraba por encima de la Constitución de 1901.

El Estado corporativo

El corporativismo es una doctrina que propugna la organización de la sociedad en corporaciones que agrupen a empresarios, técnicos, y profesionales, así como obreros de acuerdo a sus profesiones. Es una fusión del poder entre las corporaciones y el Estado.

También se puede conceptualizar el corporativismo como una situación donde el Estado juega un papel principal en estructurar, apoyar y regular los grupos de intereses, con el objetivo de controlar sus asuntos internos, y su relación entre ellos teniendo como última finalidad el mantenimiento de cierto statu quo dentro de la sociedad.

Un Estado corporativo no tendrá mucho interés en el crecimiento económico en tanto este produzca un desbalance o amenace con quebrar la estructura establecida por el Estado.

El corporativismo nació en Europa como una reacción frente al liberalismo del siglo XIX, y se asocia con los regímenes fascistas que gobernaron gran cantidad de países de Europa Meridional, Central y Oriental en el período comprendido entre las dos guerras mundiales.

La política latinoamericana se ha caracterizado a lo largo de todo el siglo XX, por ser una mezcla de partidos débiles, clientelismo, corporativismo, y liderazgos personalistas, pero los ejemplos más sobresalientes del corporativismo histórico en América Latina los tenemos en el gobierno de Getulio Vargas en Brasil (1930-1945 y 1954-1954), de Lázaro Cárdenas en México (1934-1940), y de Juan Domingo Perón (1946-1955) en Argentina.

El corporativismo en Cuba se encuentra representado por la figura de Fulgencio Batista, que dirigió el país de facto entre 1934 hasta 1940, constitucionalmente entre 1940 y 1944, y en un segundo gobierno proveniente del golpe de Estado del 10 de Marzo de 1952, entre los años 1952 y 1958.

El Estado socialdemócrata

El Estado socialdemócrata es un tipo de Estado basado en la ideología política de la socialdemocracia, que trata de promover una llamada "justicia social" mediante la intervención del Estado en la economía capitalista, para redistribuir la renta con el objetivo de disminuir la desigualdad dentro de la sociedad, y crear un Estado de Bienestar proveedor de servicios, manteniéndose dentro de los marcos capitalistas del respeto y protección a los derechos de propiedad privada individual de manera limitada, pues esta se encuentra supeditada a su función social.

Es como lo expresa su título, una mezcla de socialismo con democracia; una esperada mezcla de lo que se supone sea lo mejor de ambos sistemas.

Este tipo de Estado implica un compromiso con la democracia representativa, en tanto busca conducir al capitalismo a resultados más igualitarios.

La social democracia como ideología surge en Europa entre 1848 y 1880. Específicamente en Francia durante la Revolución de 1848, pero se consolidan en el siglo XX en los países escandinavos.

Las principales características de la socialdemocracia son:

1- Economía mixta y Estado de Bienestar.
2- Amplios servicios sociales.
3- Educación gratuita y universal.
4- Sistema de seguridad social.
5- Democracia representativa.
6- Apoyo a los sindicatos.
7- Sistema de impuestos progresivo.
8- Promoción de valores anticonservadores.
9- Promoción de la justicia social l(justicia distributiva).

Podrían citarse como ejemplos tempranos de gobiernos socialdemócratas en América Latina el Estado uruguayo fundado por José Batlle Ordóñez en la segunda década del siglo XX, y en Chile con el gobierno de Pedro Aguirre Cerda de 1938 a 1941.

En Cuba, el primer intento de crear una Estado socialdemócrata tuvo lugar durante el gobierno de los Cien Días del 10 de septiembre de 1933 al 14 de enero de 1934, presidido por Ramón Grau San Martín, y posteriormente durante los dos gobiernos del Partido Revolucionario Cubano (PRC Auténtico) de Ramón Grau San Martín 1944 -1948, y Carlos Prío Socarras 1948-1952.

La Constitución de 1940 fue el marco legal que representó la aspiración de crear un Estado socialdemócrata en Cuba.

Capitalismo de Estado

También se denomina a este tipo de Estado como un modelo de capitalismo guiado por el Estado, que existe donde el gobierno, y no la empresa privada, deciden que industria crece y cual no. El sistema económico en general permanece capitalista con reconocimiento y protección de los derechos de propiedad privada y los contratos, pero se prioriza al Estado como participante en la economía por medio de empresas estatales compitiendo con el sector privado.

El esquema básico del capitalismo de Estado es que por medio de las instituciones y medios de control, el gobierno dirige la vida económica del país.

Los gobiernos dentro de este modelo buscan el crecimiento de la economía como objetivo prioritario, por medio de empresas y sociedades estatales y paraestatales en los mercados, no dejando a la empresa privada asumir determinadas actividades, o al menos compitiendo con ella. También es frecuente que el Estado nacionalice empresas y las rescate de la quiebra asumiendo su control por diversos motivos.

La causa de que los gobiernos traten de dirigir la economía interviniendo directamente en ella se encuentra en parte en el hecho de que los líderes políticos quieran tomar ventajas de su poder de extracción de riquezas y otros beneficio. Esta forma de capitalismo tiene muchos puntos de contacto con el capitalismo de tipo oligárquico, aunque la principal diferencia entre estos dos tipos de Estados se encuentra en que el principal objetivo de los políticos en los Estados oligárquicos es el patronaje clientelar y no el crecimiento económico, pero en los capitalismos de Estado, típicamente el gobierno trata de dirigir la economía de forma centralmente planificada, o por lo menos influir en la asignación de los recursos con el objetivo de maximizar el crecimiento económico.

El capitalismo de Estado muchas veces surge como resultado de la quiebra de las socialdemocracias, o sea como una consecuencia de esta situación, y comparte muchas características similares a los regímenes fascistas.

En este tipo de Estado, el gobierno tiene a su disposición toda una serie de medios para guiar el crecimiento y la economía, pero quizás el más importante es el control del sistema bancario a través de un banco central. También apoyan industrias a través de protección frente a la competencia tanto extranjera como internamente cartel izando la actividad; también los gobiernos en este tipo de Estado, de manera indirecta pueden apoyar determinadas actividades proveyendo infraestructura básica tales como carreteras, facilidades portuarias, sistemas de agua, energía barata, etc.

En América Latina este modelo de Estado comenzó a generalizarse después de la Segunda Guerra Mundial siguiendo políticas desarrollistas auspiciadas por la Comisión Económica para América Latina (CEPAL) de la ONU fundada en 1949. En los países asiáticos comienza este tipo de Estado a estructurarse a partir de los 60, con la diferencia en que los primeros siguieron una política de industrialización por sustitución de importaciones y de autarquía, en tanto los países como Taiwán y Corea del Sur, que fueron los pioneros, siguieron políticas de diversificación de las exportaciones e integración a la globalización económica mundial.

En Cuba, si bien algunos elementos del capitalismo de Estado comenzaron a desarrollarse durante el gobierno de Carlos Prío luego de la creación del Banco Nacional de Cuba, y el Banco de Fomento Agrícola e Industrial (BANFAIC) en 1950, sería el segundo gobierno de Fulgencio Batista (1952-1958) el que estructuraría más elaboradamente este modelo.

En este modelo el estado alcanza su mayor desarrollo por lo que algunos teóricos lo veían como la antesala de un régimen socialista.

Estado oligárquico- liberal cubano, y la Edad de Oro de la globalización capitalista

La primera globalización capitalista se inició, y alcanzó su apogeo, durante la segunda mitad del siglo XIX hasta 1914, para comenzar su declive con la Primera Guerra Mundial, quedando definitivamente terminada con la Gran Depresión que comenzó en 1929, por tanto, la República de Cuba nació en el momento culminante de este proceso.

Lo que caracterizó a la globalización fue la integración económica, donde cada país y región se integraban al mercado internacional produciendo y especializándose en producir lo que mejor hacían, o sea explotando sus ventajas comparativas.

Anteriormente, en la época del capitalismo mercantilista, los países buscaban la autosuficiencia, pero ahora se enfocaban en producir y exportar lo que ellos hacían mejor e importar el resto.

Las industrias de Europa Occidental exportaban maquinarias y equipos para trabajar los campos y las minas, además prestaban capital financiero para la construcción de grandes proyectos de puertos y ferrocarriles, en tanto las regiones con recursos agrícolas, pecuarios y mineros en Asia, África, y América Latina exportaban sus productos a los mercados internacionales.

La especialización y la división internacional del trabajo incrementaba la productividad, y con ella el crecimiento económico.

Labor y capital se movían alrededor del mundo desde donde producían menos hacia donde producían más.

Se abandonaba el Mercantilismo, retrocediendo así el control del Estado sobre la economía. El libre comercio, el movimiento de capitales, y los movimientos migratorios iban reduciendo el control del Estado. La ideología liberal prevaleciente suponía un Estado que no fuera mucho más allá de salvaguardar el orden para las operaciones del mercado.

La política de todos los gobiernos anterior a 1914 se enfocaba en privilegiar sus lazos económicos internacionales, y a esto se subordinaba en gran parte la política, por encima de cualquier tipo de problema interno. En general no se pensaba que el gobierno tenía ningún deber en relación con el alivio de la pobreza o el desempleo, ya que se consideraba por todos los intelectuales y economistas del mundo, que la interferencia del Estado en el mercado distorsionaba el funcionamiento del patrón oro[11], el cual era la institución fundamental del orden económico internacional.

La ideología económica prevaleciente se basaba en el pensamiento del gran teórico del comercio internacional David Ricardo[12], y su teoría de las Ventajas Comparativas[13].

Las políticas mercantilistas consideraban que era necesario restringir las importaciones y promover las exportaciones, con el objetivo de estimular la economía nacional, pero los economistas clásicos consideraban el comercio internacional de una forma completamente diferente; para ellos las importaciones son las ganancias del comercio, en tanto las exportaciones son sus costos. La importación permite a la economía nacional enfocarse en producir lo que hace mejor.

Ideológicamente, el libre comercio y el Estado liberal habían sido aceptados por prácticamente todos los países cuando nació la República de Cuba, por tanto, su matriz institucional reflejaría esta ideología de capitalismo de libre comercio, y democracia representativa.

-oOo-

Como se ha definido, el Estado es un conjunto de organizaciones políticas que son resultado de un determinado marco institucional, formado por instituciones de tipo formal que buscan un ordenamiento de la sociedad que funcionará en última instancia favoreciendo los intereses de la clase política.

Las instituciones formales con que nació el Estado cubano en 1902 estuvieron determinadas por el gobierno interventor norteamericano entre 1899 y 1902, fueron básicamente la Constitución de 1901 y la Enmienda Platt.

---

11. Patrón oro es un sistema monetario que fija el valor de las unidades monetarias a una determinada cantidad de oro. Por ejemplo, el dólar norteamericano era equivalente a /20 de onza de oro. Este sistema predominó en casi todo el mundo durante gran parte del siglo XIX hasta la Primera Guerra Mundial.

Con el patrón oro clásico, cualquier persona podía cambiar su dinero por el equivalente en oro cuando así lo demandara

12. David Ricardo 1772-1823. Economista británico. Uno de los principales exponentes de la Economía clásica

13. Teoría de las Ventajas Comparativas Se debe al economista David Ricardo, que plantea que los países deben basar su comercio exterior exportando no solo el bien en el que el país es más productivo (Ventaja absoluta), si no especializarse en exportar aquellos bienes o sectores que son internamente más productivos que otros de acuerdo a las características del país

Estas instituciones de la República de Cuba pretendían el establecimiento de una sociedad democrática basada en una organización capitalista de libertad económica, y un Estado de derecho que garantizara la igualdad ante la ley.

Por otra parte, las instituciones informales heredadas de cuatro siglos de colonialismo español arraigadas en la mentalidad y costumbres de los cubanos tendían a una visión mercantilista de la economía, y de clientelismo y captura de rentas en la política.

Esta dicotomía institucional, o sea entre instituciones heredadas del colonialismo español que formaban el centro de la ideología conservadora latinoamericana, y las instituciones del capitalismo liberal, llevó a todas la repúblicas de América Latina a un largo período de desorden político, y guerras civiles durante el siglo XIX, dejando una herencia de caudillismo y autoritarismo como única manera de mantener el orden.

Las autoridades norteamericanas, conscientes de esta dicotomía, y para preservar el orden y proteger las inversiones, y futuras inversiones de los ciudadanos estadounidenses en la isla, impusieron a la nueva República la Enmienda Platt, a cuyos artículos se subordinarían las demás instituciones de Cuba, estableciendo así un protectorado seguro y estable para los inversionistas norteamericanos.

El Estado liberal se caracteriza en lo político por su separación de poderes y sistema democrático de naturaleza pluripartidista, con elecciones que garanticen la alternancia en el poder. En lo jurídico se caracteriza porque se erige sobre el principio de la legalidad y el Estado de derecho, que garantiza el derecho individual, igualdad ante la ley, libertad de expresión y seguridad jurídica. En lo social se caracteriza por la libertad de oportunidades, dejando atrás los privilegios de casta y linaje propios de las sociedades estamentales tradicionales.

En lo económico se caracterizan por el respeto irrestricto a la propiedad privada, el libre mercado, y limitada intervención del gobierno que no va más allá del ámbito de la mediación de conflictos entre particulares.

Pero en un país con un tipo de estructura económica basada en la plantación, y con una herencia cultural de tipo mercantilista, donde surge una clase política sin ninguna experiencia de autogobierno, que no existió en las colonias españolas, el Estado liberal se deforma y tiende a estar dominado por una oligarquía que subordina las organizaciones de gobierno a la maximización de sus oportunidades e intereses.

Cuando tenemos que el gobierno es ejercido fundamentalmente por y para los intereses de un pequeño grupo de personas, este tipo de gobierno se llama en la ciencia política "oligarquía", por tanto, en un Estado liberal-oligárquico tendríamos que la alternancia en el poder tendrá lugar entre dos o más grupos que forman parte de la oligarquía; en lo jurídico, el Estado de derecho o no existe, o se encuentra muy limitado, pues los miembros de la oligarquía se sitúan la mayoría de las veces por encima de la ley; en lo social, los miembros de la oligarquía actúan como una casta o estamento, garantizando sus privilegios particulares, haciendo muy difícil la movilidad social, y en lo económico, los derechos de propiedad protegen a los miembros de la oligarquía por encima de los del resto de la sociedad, en tanto las políticas del gobierno están diseñadas predominante o exclusivamente para promover los intereses de esa pequeña porción de la población que forma la oligarquía.

Otro de los factores que permitió que el Estado nacido de la independencia fuera un Estado oligárquico fue la casi inexistencia de una clase media, ya que la escasa clase media criolla que se había estado formando en los últimos tiempos coloniales, había sido prácticamente barrida entre la Guerra de los Diez Años y la Guerra de Independencia.

La desaparición de la clase media es un problema tanto económico, como político, como social, ya que la clase media constituye el elemento equilibrador dentro de las sociedades, formando el núcleo de la sociedad civil, y portadora de las ideologías de la democracia y el nacionalismo.

Por tanto, tenemos al comenzar la República una herencia colonial portadora de una visión mercantilista de la economía y de la política, una ausencia de clase media como elemento social equilibrador, una ausencia casi completa de una sociedad civil, y una economía basada en el modelo plantacionista.

Este conjunto de condicionantes va a dar como resultado una sociedad oligárquica desde los mismos inicios de la República con una institucionalidad formal liberal muy débil.

Las instituciones fundacionales de la República de Cuba:

Las dos instituciones básicas de la República fueron la Constitución de 1901 y la Enmienda Platt.

El institucionalismo liberal estaba fundamentado en las principales características de la ideología liberal.

1. Individualismo, o sea, el individuo por encima de cualquier tipo de colectivo.
2. Libertad como derecho inviolable cuyo único límite consiste en la no afectación de la libertad y el derecho de los demás.
3. Igualdad ante la ley.
4. Establecimiento de códigos civiles basados en la división de poderes.
5. Derechos de propiedad privada salvaguardados y protegidos por la ley.
6. Libertad de cultos, y separación de la Iglesia del Estado.

El liberalismo económico es el capitalismo como la aplicación de los principios liberales en la actividad de producción, distribución, cambio, y consumo del individuo sin la intromisión del Estado.

El capitalismo es un sistema socioeconómico basado en la propiedad privada de los medios de producción, y se caracteriza por la búsqueda del interés propio, bajo un sistema de libertad individual. El capitalismo también se caracteriza por el ahorro y la acumulación de capital, el intercambio utilizando el dinero, el motivo de ganancia, libertad de competencia económica, y desigualdad económica.

La Constitución de 1901

La Constitución aprobada en 1901, le dará forma al Estado republicano en su primera etapa, y condicionará hasta cierto punto el desempeño político y económico de Cuba hasta 1933 aunque en gran medida se encontrará supeditada a la Enmienda Platt y a la interpretación que de esta hagan las autoridades norteamericanas.

Su antecedente constitucional más cercano, así como su modelo será la Constitución de la Yaya de 1897, y no la Constitución de Estados Unidos como algunos dicen.

Esta primera Constitución fue un tipo de institución liberal, que en su Título IV Sección primera "Derechos que garantiza la Constitución" establecía la igualdad ante la ley; libertad de expresión del pensamiento; libertad religiosa; libertad de reunión y asociación pacífica; libertad de movimiento; derecho de propiedad privada; obligatoriedad del cumplimiento de contratos.

La Constitución de 1901, como todos los documentos constitucionales liberales, se encontraba basada en el *derecho negativo*, que es aquel que para ser satisfecho requiere una "prohibición para todos" a diferencia del derecho positivo que sería el fundamento de la Constitución de 1940, que es aquel que para ser satisfecho requiere una "obligación para otros".

La constitucionalidad de tipo liberal se basa en los derechos naturales, sin incluir ningún tipo de derecho social, donde los derechos de una persona o grupo implican obligaciones económicas para otros, por lo que las obligaciones sociales que establecen las constituciones de tipo socialdemócrata, como sería posteriormente la Constitución de 1940, conllevan necesariamente que el Estado asuma una función redistibucionista.

Este no es el caso de la Constitución de 1901, que es el fundamento de un Estado liberal garantizando libertades individuales, sin incluir ningún tipo de deber social, pues la llamada justicia redistributiva no se encuentra reconocida dentro de los objetivos del Estado liberal.

También la Constitución de 1901 establece jurídicamente un Estado de derecho, el cual se basa en la división de poderes, donde el gobierno debe actuar dentro de límites estrictamente establecidos por la ley, y regulado por el Poder Judicial, garantizando los derechos establecidos en la Constitución con aplicación igual para todos los ciudadanos, de forma tal que nadie se encuentre por encima de la ley.

Dentro del marco jurídico que establecía la Constitución de 1901, el capitalismo de libre mercado, o también conocido como de *laissez-faire* encuentra la institucionalidad apropiada para su desarrollo.

La Enmienda Platt

La otra institución en que se sustentó la Primera República fue la Enmienda Platt, impuesta por el gobierno norteamericano como condición *sine qua non* para salir de la isla de Cuba, convirtiéndose en Tratado Permanente, y anexándose como un apéndice a la Constitución de 1901.

Dicho documento convertía a Cuba en un protectorado norteamericano limitando estrictamente su soberanía ya que se encontraba por encima de la Constitución, pues le daba el derecho al gobierno norteamericano de interpretar la legislación cubana de acuerdo a cómo él considerara conveniente, y la conveniencia. en última instancia siempre se encontraba en la garantía de los intereses norteamericanos.

Con ella Estados Unidos buscan garantizar la estabilidad económica y política de Cuba para los futuros inversores, al evitar los desórdenes que caracterizaron los tiempos posteriores a la independencia del resto de las repúblicas latinoamericanas.

La Enmienda Platt[14] está compuesta de ocho artículos los cuales subordinan la soberanía de Cuba al gobierno de Estados Unidos.

> En el Artículo I se prohíbe que Cuba celebre tratados con otros poderes de acuerdo a cómo el gobierno norteamericano interprete "que tienda a menoscabar la independencia de Cuba".
>
> En el Artículo II se limita la independencia monetaria de Cuba.
>
> El Artículo III le da a Estados Unidos el derecho de intervenir "para la conservación de la independencia cubana, el mantenimiento de un gobierno adecuado para la protección de vidas, propiedad y libertad individual" Este artículo abre la posibilidad de intervención de Estados Unidos en los asuntos internos de Cuba, incluso militarmente, según lo estimen conveniente.
>
> El Artículo IV prohíbe que el gobierno cubano modifique toda la legislación, y los "derechos legalmente adquiridos a virtud de ellos" que Estados Unidos creó durante los años de su intervención

14. Su autor fue el senador norteamericano Orville H Platt

en la isla, lo cual limita seriamente el desarrollo de una política interna de manera independiente, dándole protección a intereses que podían ser contrarios a los intereses del pueblo cubano.

El Artículo V se refiere a mantener y continuar las obras de saneamiento que emprendió el gobierno interventor.

El Artículo VI deja a la Isla de Pinos fuera de los límites de Cuba, y sujeta a un tratado posterior[15].

El Artículo VII obliga a Cuba a vender o arrendar partes de su territorio para que los norteamericanos establecieran en ellos estaciones navales y bases carboneras. Finalmente solo tuvo lugar el arrendamiento de la Bahía de Guantánamo.

El Artículo VIII establecía que las disposiciones anteriores quedaran como un Tratado Permanente que regiría las relaciones entre Cuba y Estados Unidos incorporándose como un apéndice a la Constitución de la República.

Así Cuba quedaba convertida legalmente en un protectorado norteamericano con una soberanía limitada.

Desde el punto de vista económico representó una garantía para la inversión disminuyendo el riesgo y la incertidumbre siempre latente en las repúblicas latinoamericanas. Esto alentó la inversión norteamericana de forma tal que Cuba tenía en 1927 la inversión directa de capital norteamericano más grande de toda América Latina, lo cual favoreció no solo a los inversionistas norteamericanos si no también de otros países, y también al capital doméstico.

Desde el punto de vista de la estabilidad política es algo más dudoso su efecto, pues si bien es cierto que durante el lapso de tiempo en que estuvo vigente no tuvieron lugar guerras civiles a gran escala como fue endémico de otras repúblicas en el hemisferio, si alentó el desorden político que se manifestó a través de diferentes alzamientos tales como la Guerrita de agosto de 1906, el Alzamiento de los Independientes de Color, también conocida como la Guerrita de los Negros en 1912; el alzamiento de La Chambelona en 1917, el Movimiento de Veteranos y Patriotas en 1923, y la Revolución de 1933 en sus etapas iniciales.

Estados Unidos tuvieron que intervenir en Cuba ocupándola por segunda vez entre 1906 y 1909; en 1917 desembarcando tropas de forma selectiva; en 1921 con el enviado especial del presidente, el general Enoch Crowder, y en 1933 con el enviado especial Benjamin Sumner Wells, sin contar con una constante intervención por parte del representante norteamericano de turno en todos los asuntos internos de Cuba, en lo que se conoció como la política de "intervención preventiva" después de 1909 hasta 1925.

Debido al enorme alcance y expansión de los intereses norteamericanos en Cuba, el intervencionismo requerido para protegerlos que imponía la Enmienda Platt era cada vez mayor y más complejo para Estados Unidos.

Esta continuada intervención en Cuba resultaba embarazosa para la política exterior de Estados Unidos en el Hemisferio, hasta que decidieron abolir la Enmienda Platt en enero de 1934 quitándose de encima los deberes que esta les imponía, a los cuales ya habían venido renunciando especialmente después que Machado reformara en 1928 la Constitución de 1901 para perpetuarse en el poder, y se incluyera al azúcar cubano en la tarifa proteccionista Smoot-Hawley en 1930.

---

15. El Tratado que concedía la soberanía de Isla de Pinos a Cuba fue firmado el 2 de julio de 1903 entre el secretario de Estado de Estados Unidos John Hay, y el embajador de Cuba en Estados Unidos Gonzalo de Quesada, por lo que fue conocido como Tratado Hay-Quesada, pero no vino a ser ratificado por el Senado de Estados Unidos definitivamente hasta el 13 de marzo de 1925

La Enmienda Platt no pudo impedir que se erosionara el Estado de derecho en Cuba hasta que el gobierno se convirtió en una tiranía, ni tampoco pudo impedir el triunfo de una revolución en 1933, y lejos de ser un elemento institucional que rendía algún beneficio, se había convertido en la segunda mitad de la década del 20 y comienzos de la del 30, en un estorbo reaccionario para cualquier reforma necesaria en Cuba.

El Tratado de Reciprocidad Comercial de 1903

El tercer documento que formó la matriz institucional con que nació la República fue el Tratado de Reciprocidad Comercial firmado con Estados Unidos en 1903, por medio del cual Cuba se integraba al mercado norteamericano, que sería el más importante dentro de nuestro comercio internacional hasta 1960; más del 70% de todo nuestro intercambio internacional, o sea importaciones y exportaciones, sería efectuado con Estados Unidos debido al tamaño y la cercanía geográfica. La lógica del comercio impuso esta realidad desde la primera mitad del siglo XIX.

Dicho tratado establece las relaciones comerciales que van a existir entre Cuba y Estados Unidos durante toda la Primera República entre 1903 y 1933, en 1934 será sustituido por uno nuevo.

La reciprocidad, que es el principio que va a regir en las relaciones comerciales entre Cuba y Estados Unidos, no es libre comercio; viene siendo una especie de contrato entre dos partes, donde cada una de las partes le otorga a la otra, preferencias en las tarifas de aduana a diferentes artículos en sus respectivos mercados. Como todo contrato, debe ser beneficioso para ambas parte, y en este caso, el intercambio estará basado en las ventajas comparativas de cada una de las partes.

Cuando este tratado se discutió para su aprobación, algunos en Cuba, especialmente el senador Manuel Sanguily, consideraron que la "reciprocidad" contenida en el tratado comercial que proponían los norteamericanos no era beneficiosa para Cuba, siendo preferible el libre comercio con todas las naciones.

Básicamente el Tratado le otorgaba preferencias de un 20% con respecto a la tarifa de aduanas vigente al azúcar y al tabaco cubano a su entrada a Estados Unidos, en tanto se le concedían rebajas de 20, 40, y 60% a toda una serie de artículos norteamericanos a su entrada a Cuba.

Entre 1897 y 1901, Estados Unidos importó el 53% del azúcar que consumió. Al darle a Cuba la ventaja de un 20% en el arancel vigente, este mercado podría fácilmente ser ocupado por Cuba, la cual producía con más bajos costos de transformación y transporte. Esto representaba en 1901 aproximadamente 1 millón 150 mil toneladas largas de azúcar, y si la industria azucarera de Cuba ganaba en eficiencia, como así fue, iría ocupando un espacio cada vez mayor dentro del crecimiento del mercado norteamericano.

Por otra parte, la concesión de reducidos derechos de entrada a productos norteamericanos que Cuba no tenía ventaja comparativa en producir representaba una ganancia para Cuba, contribuyendo a elevar el nivel de vida del pueblo cubano en general cuando se trata de bienes de consumo, y cuando se trata de bienes intermedios y de producción alienta al desarrollo económico y la inversión en mejoras tecnológicas aumentando la productividad del trabajo y los salarios reales.

Los que favorecían la reciprocidad comercial con Estados Unidos, encabezados por el senador Antonio Sánchez de Bustamante, eran del criterio que al ser Cuba un mercado tan pequeño en relación con el mercado norteamericano, Cuba siempre le vendería más a Estados Unidos que lo que estos le comprarían a Cuba, por lo que siempre existiría una balanza comercial favorable para nuestro país.

Sanguily veía con claridad que al estar Cuba impedida de firmar tratados comerciales iguales con otros países, según lo estipulaba la Enmienda Platt, nuestro país se convertía en un mercado cautivo de Estados Unidos, a merced de sus decisiones de política comercial.

Entre 1903 y 1920, Cuba tuvo una balanza comercial favorable con respecto a Estados Unidos por la cantidad de 1, 360.7 millones de dólares que representaron el 16.7% del Ingreso Nacional.

La reciprocidad funcionaría mientras la relación entre la tarifa norteamericana y el precio del azúcar fuera favorable a este último. Esto sucedió entre 1902 y 1920 al mantenerse los precios del azúcar en ascenso en tanto las tarifas tendían a disminuir. Ambos países ganaban con el incremento del intercambio, y la "reciprocidad" era beneficiosa.

Entre 1902 y 1919, el nivel general de precios en Estados Unidos aumentó un 101%, en tanto el valor de la libra de azúcar aumentó un 176.5%, las tarifas de aduana disminuyeron un 40%, y el volumen de la zafra de 1919 fue cuatro veces mayor que el de 1903. Así las importaciones desde Estados Unidos se multiplicaron por 10.5 veces.

Esto alentó la inversión en la industria azucarera cubana al igual que en otros renglones de la economía, especialmente en servicios públicos, haciendo disminuir los costos de producción con el uso de la última tecnología, por lo que las ganancias fueron fabulosas.

Entre 1917 y 1921 Cuba abasteció el 48.6% del mercado norteamericano de azúcar habiendo desplazado a todos los demás exportadores extranjeros, y ocupando una parte cada vez más importante del mercado completo. Entre 1901 y 1921, el consumo de azúcar de Estados Unidos creció en 45.3% en tanto las ventas de azúcar de Cuba a Estados Unidos crecieron un 85.8%[16], lo que indica que el azúcar cubano estaba desplazando a los productores norteamericanos dentro de su propio mercado.

Esta situación alarmó a los productores de azúcar norteamericanos de remolacha, y azúcar de caña de Louisiana, los cuales presionaron por una mayor protección frente al azúcar cubano, y así la reciprocidad quedó destruida, pues las tarifas comenzaron a ascender en un momento en que los precios del azúcar estaba bajando; la relación tarifa/ precio se estaba deteriorando más rápido de lo que los costos de producción podían disminuir.

Entre 1921 y 1933 la situación se tornó completamente diferente para Cuba y la reciprocidad se destruyó.

La tarifa ascendió en tres ocasiones; en 1921, en 1922 y en 1930 duplicándose, o sea desde un centavo la libra de azúcar a dos centavos, La subida de las tarifas representó una enorme transferencia de ingresos desde Cuba a Estados Unidos. Solamente por concepto del aumento de los derechos de aduana, tuvo lugar una transferencia de 332 millones de dólares equivalentes al 12% del valor total de las zafras en ese período de tiempo; prácticamente las ganancias de los plantadores de Cuba se quedaban en las aduanas de Estados Unidos.

El nivel general de precios en Estados Unidos entre 1921 y 1933 cayó un 27.4% mientras que el valor del azúcar cayó un 68.7%, lo que supuso un drástico deterioro de los términos de intercambio entre los dos países perjudicando a Cuba, en tanto el volumen de las zafras se redujo a la mitad. El poder de compra de Cuba se veía reducido al mínimo, y por consiguiente las importaciones desde Estados Unidos cayeron en un 91.4%.

La reciprocidad fue beneficiosa para ambos países entre 1903 y 1920, pero el proteccionismo norteamericano la destruyó entre 1921 y 1933 provocando la ruina de Cuba debido a la enorme dependencia con respecto al mercado norteamericano.

En términos estrictamente económicos, entre 1902 y 1920, pareció tener razón Sánchez de Bustamante, pero a la larga quien tuvo la razón fue Manuel Sanguily.

---

16. "American Sugar Kingdom" Cesar J Ayala.

El sistema monetario de la Primera República; patrón oro y dólar standard

La cuarta institución básica de la República fue su sistema monetario.

Durante la Primera República, Cuba no tuvo un sistema monetario propio, y por tanto no pudo llevar adelante una política monetaria independiente de acuerdo a sus propios intereses. El Artículo II de la Enmienda Platt condicionaba la posibilidad de que Cuba tuviera su moneda propia.

Terminado el dominio español sobre Cuba, el primero de enero de 1899, comienza la Primera Intervención Norteamericana estableciendo el primer sistema monetario poscolonial basado en el dólar norteamericano por medio del Decreto 123.

> "... y hasta que otra cosa no se disponga, todos los derechos de aduana, contribuciones, impuestos, y derechos postales en la Isla de Cuba, se pagarán en moneda de Estados Unidos...".

El dinero de curso legal en el país entre 1902 y 1933 fue el dólar norteamericano, el cual a su vez se encontraba dentro del sistema monetario internacional del patrón oro que regía en prácticamente todo el mundo desde la década de 1870.

El patrón oro consistía en que todas las monedas nacionales se denominaban de acuerdo a una cantidad fija de oro, estableciéndose a partir de aquí una equivalencia fija entre todos las monedas. El dólar norteamericano era un 1/20 de onza de oro, o sea que una onza de oro era equivalente a aproximadamente 20 dólares norteamericanos. La libra esterlina británica era equivalente a ¼ de onza de oro, por tanto, una libra esterlina era equivalente a cinco dólares norteamericanos.

El patrón oro pleno funcionaba de manera que cualquier persona, con un billete de 20 dólares norteamericanos, por ejemplo, podía llegar a un banco y reclamar una onza de oro, y el banco estaba en la obligación de entregarle dicho oro de inmediato (on demand).

Entre 1902 y 1914 circularon en Cuba junto al dólar norteamericano monedas de oro y plata españolas y francesas, pero en 1914, durante el gobierno de Mario García Menocal, se efectuó una reforma monetaria por medio de la cual se excluyeron de la circulación todas las monedas que no fueran dólares norteamericanos, y se emitió por primera vez el peso cubano, el cual era exclusivamente metálico, en oro, plata, y moneda fraccionaria de cobre y níquel. Estas mondas eran exactamente iguales a la moneda metálica norteamericana, lo que con el escudo de la República de Cuba, pero la Enmienda Platt, en su Artículo II, no permitía que se emitiese dinero de papel el cual constituía una deuda del Estado cubano, tratando de evitar los caos monetarios que padecieron durante el siglo XIX casi todas las repúblicas latinoamericanas con funestas consecuencias cuando los políticos de esos países llevaron a la bancarrota a aquellas repúblicas imprimiendo dinero sin valor, por tanto, el país se mantenía en un sistema monetario de patrón dólar (dólar standard) que venía siendo un patrón oro indirecto.

Esto permitió una estabilidad monetaria muy conveniente para el desenvolvimiento de los negocios y el comercio internacional, de hecho la Era del patrón oro pleno, o sea entre 1870 y comienzos de la Primera Guerra Mundial en 1914, se considera la edad dorada del libre comercio del mundo. Indiscutiblemente que la estabilidad monetaria aportada por la dolarización de la economía cubana contribuyó en gran medida al crecimiento y desarrollo de que disfrutó nuestro país entre 1902 y 1925.

Pero el no poder llevar adelante una política monetaria independiente, aparte de sus ventajas tenía sus inconvenientes que demostraron ser muy graves no solo desde el punto de vista económico, si no también políticos y sociales.

Al no tener moneda propia, la oferta monetaria del país la determinaban los flujos monetarios a través de la balanza de pago, y el dinero creado por los bancos comerciales a través de la expansión crediticia y la reserva fraccionaria. Las autoridades cubanas no tenían control sobre la oferta monetaria en el país.

En una economía de exportación como la cubana, los flujos monetarios externos eran muy inestables, impactando rápidamente sobre el conjunto de la economía nacional. Estos flujos monetarios dependían casi exclusivamente del precio del azúcar en el mercado mundial sobre el cual Cuba no tenía ningún control, y del intercambio con Estados Unidos.

Cuando los precios del azúcar caían, las exportaciones disminuían de valor en relación con las importaciones, provocando un déficit en la balanza de pagos, lo que significaba una salida neta de dinero en circulación hacia el exterior, o sea una contracción de la oferta monetaria (deflación), provocando de esta forma una caída de los precios de los bienes y servicios dentro de la economía interna, que repercutía en la caída de las ganancias empresariales por una parte, y en un aumento de los salarios reales de los trabajadores por la otra. Para compensar la pérdida de ganancias, los empresarios reducían los salarios nominales de los trabajadores, o procedían en algunas actividades a despedir empleo, lo cual creaba un malestar social que se agudizaba en dependencia de la duración y profundidad de la recesión.

Por el contrario, cuando los precios del azúcar eran altos, tenía lugar un superávit en las balanzas de pagos, y aumentaba la oferta monetaria dentro del país, y consiguientemente subían los precios de los bienes y servicios perdiendo el dinero poder adquisitivo. Si estos precios subían más que las tasas promedio de ingresos de los trabajadores, el salario real se veía reducido, en tanto aumentaban las ganancias empresariales.

Como vemos, estas fluctuaciones recurrentes de la oferta monetaria perjudicaban invariablemente a los trabajadores frente a los empresarios, provocando tensiones sociales donde el Estado oligárquico cubano funcionaba manteniendo el orden dentro del sistema, para garantizar siempre los niveles de ganancias empresariales en una economía inestable sobre la cual tenía muy poco control.

Una política monetaria independiente hubiera podido estabilizar la oferta monetaria interna y evitar las bruscas fluctuaciones que provocaban la inflación y la deflación que repercutían en una situación social que en ocasiones se volvía irritante.

Hasta el año 1925, la economía cubana no se enfrentó a una depresión económica severa, en el sentido de una duración larga. Entre 1911 y 1913 tuvo lugar una recesión que llevó a una respuesta limitada por parte del gobierno cubano de Mario García Menocal con la reforma monetaria de 1914, y la emisión de pesos cubanos metálicos con el objetivo de estabilizar la oferta monetaria, así como el sistema político clientelar.

La segunda crisis fue la depresión de 1920-1921, las llamadas "Vacas Flacas" que fue de mayor envergadura aunque de corta duración. Una vez más el gobierno cubano emitió dinero pero eran cantidades muy pequeñas, que no tuvieron mucho impacto sobre la oferta monetaria, y por otra parte, las monedas cubanas sobre todo de oro salían rápidamente de la circulación, atesorándose, o saliendo al extranjero, en virtud del mecanismo monetario conocido como la Ley de Gresham[17], por lo que el impacto de estas emisiones se convertía en casi nulo, y para estabilizar el sistema político

17. Sir Thomas Gresham 1519-1579 Comerciante inglés asesor financiero de varios reyes de Inglaterra
La Ley de Gresham es el principio que plantea que cuando en un país circulan simultáneamente, y a una paridad fija dos monedas de curso legal, una de ellas es considerada como buena, y la otra es considerada como mala, la moneda mala desplaza del mercado a la moneda buena.

clientelar era necesario recurrir a los empréstitos norteamericanos, los cuales eran condicionados por el gobierno de Estados Unidos.

Por otra parte, los altos precios del azúcar durante la Primera Guerra Mundial, y la burbuja de las materias primas de 1919-1920, conocida como la "Danza de los Millones", dieron lugar a grandes superávits en las balanzas de pago, que provocaron una súbita inflación, y un extraordinario incremento de los precios de los bienes y servicios a un nivel mayor que la subida de los salarios de los trabajadores cuya consecuencia fue una caída del salario real promedio.

A partir de 1925, con la crisis azucarera, y de 1930 con la Gran Depresión, la situación fue de extrema gravedad por la profundidad y duración de la crisis.

Entre 1925 y 1933 la cuenta corriente de la balanza de pagos de Cuba experimenta un déficit de 157.6 millones de dólares provocando consiguientemente una contracción de la base monetaria de un 63%. Esta rápida y profunda deflación trajo como consecuencia una caída de los precios de los bienes y servicios de un 43%, lo que llevó a una drástica reducción de los salarios nominales que en algunos casos llegó a un 80% en relación con los salarios de 1925, pero sobre todo a la quiebra de muchas empresas que no pudieron resistir esa caída de precios, aumentando el desempleo de una manera pavorosa, de algo más de un 34% de la fuerza de trabajo en 1933, y con ello deprimiendo los niveles de consumo.

Entre 1925 y 1933, la oferta monetaria se contrajo un 45.5% y el nivel general de precios en Cuba cayó un 42.8%, en tanto el nivel promedio nominal de ingresos por trabajo cayó un 7.8%, lo que indica que las empresas tenían necesariamente que despedir trabajadores para mantener algún nivel de ganancias, ya que los trabajadores estaban respondiendo con huelgas los intentos de disminución de los salarios nominales.

Cuba fue el país que sufrió con mayor rigor la Gran Depresión dentro del conjunto de países latinoamericanos, pero el impacto se magnificó debido a la profunda deflación que no pudo ser contrarrestada con la emisión monetaria que hubiera estabilizado internamente los precios de los bienes y servicios, de los insumos, y los salarios, como hicieron otras repúblicas.

El gobernó de Gerardo Machado en 1932 hizo una pequeña emisión de pesos de plata para mantener el pago de la deuda pública y su sistema represivo funcionando.

El Artículo Segundo de la Enmienda Platt condenó a Cuba a una espantosa ruina, que finalmente contribuyó a una revolución que triunfó en septiembre de 1933, y que provocó un cambio institucional a partir de una mayor soberanía de Cuba, entre otras sobre su sistema monetario.

El funcionamiento del patrón oro es muy conveniente desde el punto de vista comercial, pero es muy rígido desde el punto de vista social.

Democracia vs. oligarquía

Como hemos señalado, la Constitución de 1901 establecía las bases institucionales para la formación de un Estado liberal y democrático, pero el resultado final fue un Estado liberal oligárquico, debido a que el Estado de derecho y la independencia del poder judicial nunca fue efectiva dada la existencia de grupos sociales que tenían suficiente poder y control sobre el Estado apoyados en la Enmienda Platt, como para situarse no solo por encima de la ley, si no que podían inclinar las decisiones políticas a su favor en contra de los intereses de la gran mayoría de la sociedad, y por otra parte la continuada intervención de los funcionarios norteamericanos en Cuba representaba en muchas ocasiones un reforzamiento de los intereses oligárquicos.

Este resultado fue producto de la interacción, por una parte, de una herencia colonial basada en la mentalidad mercantilista, la creación de monopolios privilegiados, la captura de rentas que desincentivan las actividades productivas, y el clientelismo como método de hacer política, y por otra parte, una estructura económica plantacionista que promovía el latifundio en una sociedad eminentemente agrícola.

En Cuba se mantuvo la herencia colonial española de mala práctica administrativa basada en la personalización del mercado político, donde los cargos públicos no son un servicio a la sociedad si no una fuente de ganancias personales, por lo que el control del Estado y los cargos públicos se convirtieron en una lucha sin cuartel entre facciones que llevarían a toda una serie de fraudes electorales, pronunciamientos armados, y limitadas guerras civiles, que no fueron de mayor alcance por la vigencia del Artículo III de la Enmienda Platt.

El clientelismo predominó desde el inicio de la República hasta el final como principio político; alianza a un caudillo o cacique, como única manera de alcanzar posiciones en el gobierno y de esa forma avanzar en la sociedad cubana.

El legado político español contribuyó en gran medida a hacer fracasar rápidamente la institucionalidad que establecía la Constitución de 1901, conduciendo la República a convertirse en un Estado oligárquico, y no en una democracia como estipulaba dicha Constitución.

La conjunción de estos dos elementos; economía de plantación, y personalización de la política con la práctica del clientelismo, harán imposible el establecimiento de una República liberal democrática, a pesar de su matriz institucional fundacional.

En 1916, el escritor cubano José Antonio Ramos (1885-1946), en su ensayo titilado "*El manual del prefecto fulanista: Apuntes para un estudio de nuestra dinámica político-social*" escribía lo siguiente:

"La República es conservadora pese al liberalismo de nuestros conspicuos liberales, y es capitalista y burguesa, cobra impuestos, paga jornales, obliga a trabajar, prende al criminal y suele privarlo de libertad, sobre todo cuando no tiene amigos en el Congreso ni en el gobierno. La República ampara al poderoso, al rico, y lo defiende sin preguntarle como hizo su capital; los cargos públicos y los grandes sueldos no están al alcance de todo el mundo. Para obtenerlos es necesario tener buenos amigos en el gobierno, o bien, a falta de amigos algo mucho más enfadoso, tener méritos, haber estudiado con provecho, gozar de prestigio y consideración pública…".

"Mientras la República está ahí, el accionista extranjero se lleva el producto de su inversión a Londres, Nueva York, o Madrid, y la mayoría de los cubanos vive una vida precaria: el político a quien eligió con la esperanza de que lo arreglará todo, cobra enormes sueldos, y tiene honores y dinero, aumenta el lujo, la vida se encarece para el pobre, y las diferencias sociales en vez de borrarse se acentúan cada vez más".

La estructura económica plantacionista y la formación de una élite azucarera

Los gobiernos de las naciones subdesarrolladas, las cuales en aquellos tiempos de comienzos del siglo se encontraban casi todas en América Latina, eran oligarquías.

Algunas de estas oligarquías eran completamente retrógradas, no tenían ningún interés en el desarrollo económico, y lo que les interesaba era mantener grandes masas de fuerza de trabajo barata para las plantaciones o las minas, por lo que si los trabajadores podían encontrar actividades más lucrativas perdían la base de sus privilegios, de esta forma esas oligarquías no tenían un interés racional en el progreso económico, sin embargo, cuando las élites oligárquicas no necesitan de masas de fuerza de trabajo barata, pueden considerar rentable el crecimiento económico y el progreso de sus sociedades, o sea son oligarquías progresistas.

Diferentes productos, ya sean agrícolas o mineros, dan lugar a diferentes estructuras económicas con un impacto decisivo en la organización social. Algunas de estas actividades tienden a crear oligarquías atrasadas, en tanto otras, a oligarquías más progresistas.

Más de la mitad de la agricultura tropical de exportación antes de la Primera Guerra Mundial estaba formada por café, algodón, azúcar, tabaco, y arroz, y sobre estos cultivos se desarrollaron sociedades oligárquicas que presentan grandes diferencias.

El azúcar y el algodón son productos que requieren una organización de plantación, en tanto el café, el tabaco, y el arroz, son producto que pueden ser cultivados en fincas pequeñas y medianas de manera eficiente, con fuerza de trabajo familiar.

La plantación azucarera dio lugar a algunas de las sociedades más desiguales del mundo, teniendo un impacto retrógrado en lugares tan diversos como las Indias Orientales Holandesas, las Filipinas, el Nordeste de Brasil, la costa norte del Perú, etc., sin embargo tenemos por otro lado las sociedades cafetaleras antes de la Primera Guerra Mundial que se encuentran entre las socialmente más exitosas como es el caso de Colombia, la región de Sao Paulo en Brasil, Costa Rica, etc., debido a que por la misma naturaleza del cultivo del café su producción conduce al crecimiento económico de una base social más amplia, con una distribución del ingreso y la riqueza más igualitaria dentro de la sociedad, en tanto la agricultura de plantación que estuvo basada en el trabajo esclavo, y luego de abolida la esclavitud en el trabajo libre, necesita de grandes cantidades de fuerza de trabajo vinculada a la plantación con bajos salarios, ya que de lo contrario el sistema colapsa.

La consecuencia social de la plantación es la formación de una pequeña élite con enormes ingresos, y una masa de trabajadores con salarios bajos.

Los gobiernos de las sociedades plantacionistas raramente alentaban el desarrollo, ni estaban interesados en él debido a la posibilidad de la pérdida de la fuerza de trabajo cautiva necesaria, aunque podían asumir una orientación más progresista si podían obtener la fuerza de trabajo necesaria proveniente de otros países.

La plantación azucarera cubana antes de 1925 fue la más eficiente del mundo, y no descansó necesariamente en una fuerza de trabajo cautiva nacional, pues el grueso de su fuerza de trabajo era importada desde otras regiones empobrecidas del Caribe, por ello el gobierno de la República, que obtenía sus ingresos básicamente del comercio exterior, podía tener un interés racional en el crecimiento económico. Después de 1933, cuando la élite plantacionista perdió la capacidad de contratar braceros, sí estuvo muy interesada en mantener una fuerza de trabajo cautiva nacional, y se opuso a cualquier intento de progreso que implicara la pérdida de esa fuerza de trabajo, aunque tuvo que pagar un precio en el incremento de los costos, y una disminución de los ingresos, ya que la industria azucarera quedó completamente regulada y cartelizada, perdiendo en gran medida control efectivo sobre la fuerza de trabajo.

La plantación azucarera fue consustancial de la estructura económica de todo el período republicano, y creó una élite retrógrada cuyos intereses siempre fueron en contra de un cambio hacia el progreso económico y social en Cuba.

Otro de los aspectos a considerar que convierte a las élites surgidas de la plantación azucarera en un elemento contrario al desarrollo de un Estado democrático, además de su necesidad de control de grandes cantidades de fuerza de trabajo estacionalmente, es el hecho de la especificidad del capital.

La plantación azucarera, más que ningún otro cultivo de plantación requiere grandes desembolsos de capital ubicados en el lugar donde se produce la materia prima que es la caña. Este capital es en gran medida específico, o sea no puede cambiarse de uso fácilmente. Actualmente existen muchos subproductos derivados que permiten a un ingenio producir otra cosa que no es específicamente azúcar, como es el caso del alcohol, las mieles, alimentos para el ganado, etc. En aquellos tiempos, estos subproductos no tenían suficiente mercado como para sustituir los retornos de la producción de azúcar, o sea eran muy reducidos los usos alternativos del capital invertido.

La especificidad del capital es el grado en que los retornos (las ganancias) dependen de su uso en una circunstancia particular, o sea en el caso del azúcar, gran parte de la maquinaria destinada a la producción de azúcar, o se usa para eso, o pierde gran parte de su valor. Cuando el capital invertido es muy grande y específico, que en caso de un cambio en los precios no puede ser fácilmente cambiado hacia usos alternativos, desarrolla élites con alto poder de lobby e influencia dentro de los gobiernos, como fue el caso de las élites azucareras de Cuba durante todo el período republicano. El incentivo a la creación de grupos de presión se incrementa con la especificidad del capital.

Entre 1902 y 1933, una parte importante de la élite plantacionista de Cuba estaba formada por compañías norteamericanas que aprovechaban el poder que les confería su posición política hegemónica a partir de la Enmienda Platt, así como por hacendados y colonos nacionales que podían ejercer actividad de lobby, pero solamente a nivel del gobierno nacional. Los intereses de estos dos grupos dentro de la élite plantacionista coincidieron hasta 1920, y después de 1926, los intereses de la élite azucarera nacional comenzaron a alcanzar el predominio dentro de las decisiones del gobierno cubano.

En un país donde a lo largo de todo el período republicano, la producción de azúcar constituyó el 34% de su Ingreso Nacional, se puede tener una idea del poder de presión que ejerció la élite azucarera, tanto nacional como extranjera, y las escasas posibilidades de una democracia republicana frente a una oligarquía.

Las ideologías económicas durante la Era de la primera globalización capitalista

Los grupos cuyas actividades económicas se encontraban más vinculadas a las ventajas comparativas de sus países tales como los banqueros ingleses, los industriales norteamericanos o alemanes, los ganaderos argentinos o uruguayos, los productores de trigo canadienses, los cafetaleros brasileros, los plantadores de caucho de las Indias Orientales Holandesas, los productores de azúcar de Cuba, etc., compartían interés en un orden económico que se encontraba incentivando las ventajas comparativas de las que ellos disfrutaban, por lo que serían partidarios del libre comercio.

En sentido general, el libre comercio también beneficiaba a los consumidores en todos los países al reducir el costo de la vida.

Los economistas clásicos consideraban que el libre comercio daba lugar a una mayor eficiencia económica, y que sus resultados se distribuirían haciendo que todos progresaran, aunque unos obtendrían mayores beneficios, y otros se beneficiarían en menor medida, ya que no negaban que el capitalismo necesariamente tiene que producir desigualdad, y que el impacto distributivo da lugar a que se produzcan grupos de ganadores y grupos que ganan menos.

En una economía en crecimiento, con una sociedad democrática todos progresan, unos más otros menos, pero como existe libertad de oportunidades, los que de momento pierden, pueden entrar en el grupo de los ganadores, ya que no existen barreras de entrada, pero cuando la sociedad es de tipo oligárquico, las barreras a la movilidad social son muy difíciles de franquear, y si además el crecimiento económico es lento, o no hay crecimiento alguno como sucede regularmente en las economías subdesarrolladas, los ganadores se vuelven ganadores netos, y su progreso conlleva la pérdida neta del resto de la sociedad como un juego de suma cero.

En la Era de la Globalización, los grandes perdedores serían los campesinos en los países industriales, y los industriales en los países agrícolas, ya que sus actividades no compartían las ventajas comparativas de su país. En los primeros, la ventaja comparativa se encontraba en la abundancia de capital, y en los segundos en la abundancia de tierra, por tanto, en los países industrializados, los agricultores tenían que soportar la competencia de los productos de alto consumo del factor tierra de los países agrícolas, y en los países agrícolas, los industriales tenían que soportar la competencia de los productos industriales con alto consumo de capital de los países donde abundaba el capital.

De esta forma, los dueños del capital en los países industriales eran partidarios del libre comercio, en tanto los agricultores buscaban protección del gobierno, y en los países agrícolas, los dueños de la tierra eran partidarios del libre comercio en tanto los industriales eran partidarios del proteccionismo, y buscaban la manera de presionar a los gobiernos para lograrlo.

Durante la Era de la Globalización, los partidarios del libre cambio prevalecieron sobre los intereses proteccionistas, lo que permitió que el comercio internacional creciera a un ritmo mayor que la producción.

Los intereses proteccionistas se encontrarán alineados a las ideologías nacionalistas en todos los países, en tanto los partidarios del libre cambio serán partidarios del internacionalismo cosmopolita.

La globalización se caracterizaba también no solo por el libre movimiento de capitales y mercancías si no también por el libre movimiento de la labor, lo que dio lugar a grandes corrientes migratorias entre regiones, países y continentes.

Las personas se movían desde los países donde el valor de la labor estaba deprimido hacia países escasos de labor con salarios más altos. En 1910, los salarios en Estados Unidos y Canadá era tres veces más altos que en España o Italia, e incluso dos veces más altos que en Gran Bretaña.

Los salarios en Argentina eran dos veces más altos que en la mayoría de los países de Europa, sobre todo del Sur y del Este de Europa, que eran países agrícolas en gran medida, cuya agricultura no podía competir con las importaciones agrícolas provenientes de América.

Los países subdesarrollados, principalmente de América Latina, eran escasos de capital, generalmente escasos de labor, y abundantes en el factor tierra.

La escasez de capital y labor hacía de imperiosa necesidad la importación de estos dos factores para lograr la integración económica, y el desarrollo, por lo que veremos a los diferentes gobiernos nacionales incentivando la importación de capitales y de inmigrantes desde países con excedentes de capital y labor.

El entusiasmo por la inversión extranjera y la inmigración se generalizaron durante todo el período de la primera globalización, aunque en algunos países la inmigración levantó algunas preocupaciones de tipo nacionalista, ya que los inmigrantes constituían una competencia directa con los trabajadores que se encontraban allí. El incremento de la oferta laboral necesariamente resultó en una depresión de los salarios reales, por lo cual los trabajadores en esos países tendrán un incentivo directo en restringir la inmigración.

En países dominados por oligarquías terratenientes interesadas en el crecimiento económico como Argentina, Brasil, Cuba, etc., los gobiernos trataban activamente de promover la inmigración.

En este contexto de escasez de capitales y de labor se movió la República de Cuba durante sus primeros veinte años, pero los intereses oligárquicos favorables a la inversión de capitales extranjeros y a la inmigración también tuvieron una oposición por parte de los intereses perjudicados que se fue convirtiendo en una ideología nacionalista.

Los intereses de la oligarquía exportadora fueron predominantes por lo menos hasta 1926, llegando a su punto máximo durante el gobierno del general Mario García Menocal (1914-1921), el cual presidió la República en medio del auge económico provocado por la Primera Guerra Mundial.

El nacionalismo en Cuba no solo tuvo raíces económicas, ya que debido al estatus de Cuba como protectorado norteamericano, al nacionalismo económico se unirá un nacionalismo de raíces políticas e intelectuales que evolucionó desde un reformismo disperso, a convertirse en un movimiento revolucionario que tuvo como catalizador la depresión económica de la segunda mitad de la década de 1920 y los primeros años de la década de 1930.

La visión de José Marti acerca de la estructura económica para la República de Cuba

"Ancha es la tierra en Cuba inculta, y clara es la justicia de abrirla a quien la emplee, y esquivarla de quien no la haya de usar; y con buen sistema de tierras fácil en la iniciación de un país sobrante, Cuba tendrá casa para muchos hombres buenos, equilibrio para los problemas sociales, y raíz para una república que más que de disputas y nombres, debe ser de empresa y trabajo".

José Martí nunca expuso de manera sistemática sus ideas acerca de lo que él consideraba debía ser la estructura económica de Cuba Libre, y sus opiniones acerca de este tema se encuentran dispersas entre sus escritos y discursos, pero sí se sabe que Martí entró en contacto con la obra de algunos de los economistas más importantes de aquellos tiempos, donde la economía, la moral y la filosofía aún estaban bastante ligadas.

Es sabido que Martí leyó parte de la obra del economista más importante de mediados del siglo XIX, el inglés John Stuart Mills[18], y también que leyó y estudió al economista norteamericano Henry George[19], así como al sociólogo liberal inglés Herbert Spencer[20], pero también se sabe que Martí viajó extensamente, lo que le llevó a conocer de primera mano las realidades económicas de muchos países, incluyendo EE. UU. que se encontraba en plena Gilded Age[21] durante los años en que Martí residió aquí, pero sobre todo en las repúblicas hispanoamericanas, cuyas realidades le resultaban más cercanas culturalmente, y le proveían una gran cantidad de información para su proyecto de nación. Venezuela, México, Guatemala, países que visitó, donde predominaban los enormes latifundios trabajados por una peonada en condiciones de servidumbre, sustentando una aristocracia de criollos y españoles con poco cambio de la estructura económica colonial, sin embargo él vio en sus visitas a la República Dominicana un panorama social completamente distinto; un extenso campesinado propietario de su tierra que la cultivaba para su subsistencia, y producía algo para comerciar.

Esta sociedad campesina dueña de su tierra, se había venido formando a lo largo del siglo XIX, y constituía el baluarte de la nacionalidad dominicana que defendió al país frente a las invasiones haitianas, y expulsó a los españoles en la Guerra de Restauración de 1863-1865.

Al estar la propiedad tan extendida, y la riqueza tan descentralizada, no podía prosperar una economía de plantación, ni una poderosa aristocracia terrateniente.

Martí conocía y compartía la "Teoría del Derecho Natural de la Propiedad" del pensamiento

18. John Stuart Mills; 1806-1873. Filósofo y economista inglés. Se considera el economista de habla inglesa más influyente del siglo XIX.

19. Henry George 1839-1897. Economista y filósofo norteamericano. Sus teorías acerca del impuesto único sobre la tierra fueron muy influyentes a fines del siglo XIX.

20. Herbert Spencer 1820-1903 Filósofo, biólogo y sociólogo inglés. Conocido por su teoría del Darwinismo Social

21. *Guilded Age* se denomina al período de tiempo entre los 1870, y 1900, durante el cual el crecimiento que tuvo lugar en Estados Unidos lo convirtió en la primera potencia económica del mundo

liberal clásico, la cual está basada en el derecho natural, y que plantea que la propiedad proviene originalmente de la aplicación del trabajo sobre los recursos naturales.

Esta teoría fue expuesta por el filósofo inglés John Locke en 1689 en su "Segundo Tratado sobre Gobierno Civil".

De acuerdo a esta teoría, nadie tiene derecho a proclamar como suyo un recurso natural si no lo puede trabajar. Así, en lo que respecta a la propiedad de la tierra, no podría existir el latifundio.

La República Dominicana fue sin dudas el modelo económico de Martí para Cuba. Un extenso campesinado dueño de la tierra, una economía agrícola de subsistencia, una pequeña industria diversificada que abasteciera las necesidades de la población, y comercio exterior con muchas naciones.

Con la muerte de José Martí el 19 de mayo de 1895, apenas comenzando la Guerra de Independencia, muchas de sus ideas cayeron casi en el olvido.

Martí era partidario de una economía diversificada basada en la pequeña propiedad que diera fundamento social a la nación, por lo que era contrario a la especialización que requería la integración globalizadora que dominaba el mundo en el que vivió.

Para él, en América, la única redistribución que debía hacer el Estado era la distribución de la tierra para acabar con la fuente de privilegios feudales de las aristocracias terratenientes conservadoras, y por ello consideraba que era necesaria la repartición de la riqueza territorial en la futura República de Cuba creando una sólida clase campesina que sería el fundamento de la nacionalidad cubana, y de un gobierno democrático liberal.

El proyecto económico de Martí para la República fue frustrado por la intervención norteamericana en la Guerra de Independencia en 1898.

En 1899, al concluir la Guerra de Independencia y comenzar la ocupación norteamericana, existían en Cuba cantidades de tierras fértiles incultas pertenecientes de forma nominal a la Corona Española la cual acababa de perder su soberanía sobre la isla. Esas tierras eran trabajadas por individuos en condiciones de precaristas sin un título de propiedad individual muchas de ellas. Hubiera sido muy fácil compensar, entregando tierras, a los miembros del Ejército Libertador que se encontraban al concluir la guerra en la más extrema miseria, y además entregar títulos de propiedad a los campesinos que trabajaban tierras como precaristas, lo cual hubiera constituido una verdadera reforma agraria en Cuba, creando una sólida clase campesina con títulos de propiedad bien establecidos, y una pequeña agricultura comercial diversificada y con ello dándole valor a la tierra como factor de producción.

Esto no hubiera sido un impedimento serio para el desarrollo de plantaciones azucareras modernas, pero hubiera sido más difícil el desarrollo de enormes latifundios, pues la tierra hubiera tenido más valor y la estructura de la propiedad agrícola hubiera sido diferente.

La historia ha demostrado que los hombres libres no trabajarán como empleados en las labores agrícolas si ellos tiene acceso a la tierra que puedan cultivar por sí mismos, y este fue el caso característico de la agricultura cañera en la República Dominicana, donde los centrales azucareros no podían obtener una fuerza de trabajo estable con bajos salarios, pues el campesino muchas veces podía rechazarlo y volver a sus conucos a practicar una agricultura de subsistencia.

Durante la ocupación de Estados Unidos de 1916 a 1924, las corporaciones norteamericanas pudieron apoderarse de grandes cantidades de tierras y desplazar de ellas a los campesinos, creando así una clase de campesinos sin tierras que se convertirían en asalariados agrícolas, pero a pesar de ello, nunca lograron suficiente cantidad de labor local por lo que necesitaron importar braceros de otras partes del Caribe. El sistema de plantación azucarera dominicana era muy semejante al del Oriente de Cuba.

Fundamentos del nacionalismo durante la Primera República

El fundamento social de la ideología nacionalista en Cuba se encuentra en las clases medias, y una parte de la clase política proveniente de los rangos del Ejército Libertador, así como una parte de la pequeña clase obrera urbana.

En lo político estas clases medias serán contrarias a la hegemonía norteamericana sobre Cuba, y en lo económico serán fundamentalmente proteccionistas en contraposición a la oligarquía que era favorable a la hegemonía norteamericana, y a la reciprocidad comercial.

Estados Unidos durante la ocupación, y posteriormente a través de la Enmienda Platt perpetuaron la relaciones de propiedad existentes durante el período colonial, excluyendo a los cubanos del control de la tierra, gran parte de la cual pasó a manos de compañías norteamericanas dando origen al latifundio azucarero, o permaneció en manos de españoles que la habían obtenido a partir de expropiaciones de cubanos durante las guerras de independencia. El Artículo IV de la Enmienda Platt imposibilitaba una verdadera reforma agraria en Cuba transfiriendo el control de la tierra a los cubanos como pensaba Martí, con el propósito no solo de darle estabilidad económica al país si no también estabilidad social.

El gobierno interventor impidió cualquier legislación de este tipo de forma tal que la tierra en Cuba tuviera un valor atractivo para la inversión norteamericana.

Por otra parte, el predominio del capital extranjero que se hacía cada vez mayor con nuevas inversiones daba poco empleo a los nativos cubanos, e incluso después de 1913, con el comienzo de la importación de braseros antillanos la situación del empleo empeoró para los cubanos que iban siendo excluidos del trabajo en las plantaciones azucareras propiedad de extranjeros.

Por último, la inmigración española, cada vez más numerosa, ocupaba sectores claves de la economía como era el comercio minorista. los servicios personales, y la industria no-azucarera.

La economía cubana crecía, y con ello permitía el acomodo de toda la fuerza de trabajo; el desempleo en Cuba era casi inexistente a pesar de una enorme inmigración, pero esto se lograba con base a salarios reales relativamente bajos, ya que toda esta inmigración contribuía a deprimir los salarios al ser proveniente de países donde la labor tenía menos valor que en Cuba como era el caso de Haití, Jamaica, China, y España. Así la fuerza de trabajo cubana tenía que competir con una fuerza de trabajo de inferior valor.

Según el Censo de 1907, la población extranjera en Cuba era el 11.2% de la población total, y en las principales ocupaciones urbanas constituían el 22.5% de toda la fuerza de trabajo empleada, lo que nos da una idea de la presencia desproporcionada de los extranjeros en la fuerza laboral del país.

Esto promovía el surgimiento de una protesta nacionalista generalizada dentro de la sociedad cubana.

Nacionalismo y la clase políticacubana

Comenzamos dejando claro el concepto de "clase política" que ya explicamos al principio.

Primeramente, la clase política es lo socialmente opuesto a la clase productora la cual está constituida por los trabajadores asalariados y empresarios que reciben sus ingresos de las ganancias provenientes de la producción de bienes y servicios que venden en el mercado libre.

Segundo y por consiguiente, la clase política está compuesta por todos aquellos que se benefician de la redistribución de la renta confiscada —a través de las diferentes formas de recaudación que tiene a su disposición el Estado— a la clase productora.

Tercero, la clase Política no puede sobrevivir sin la clase productora. El economista y periodista norteamericano Henri Hazlitt[22] lo definió claramente en uno de sus famosos artículos:

"El gobierno no tienen nada que entregar a nadie que no haya tomado antes de otro".

Las dos figuras principales, exponentes del nacionalismo en la República temprana fueron el senador Manuel Sanguily[23] y el filósofo y ensayista Enrique José Varona[24].

Sanguily se opuso a la Enmienda Platt y al Tratado de Reciprocidad Comercial de 1903, y propuso una ley en el Congreso que prohibía la propiedad de la tierra por parte de extranjeros, ya que según su criterio, la posesión de la tierra por parte de los extranjeros, especialmente norteamericanos, conduciría a la desaparición de la nacionalidad cubana definitivamente.

En la propuesta de ley al Senado de la República Sanguily plateaba:

"Al paso que se desenvuelve esta verdadera revolución económica, a que seguirán consiguientemente una revolución social, y una revolución política, esto es la transformación de la riqueza territorial con el traspaso de su propiedad, y por ende la influencia inevitable de los poderosos extranjeros en la vida diaria, en el desgaste, en el descrédito y adulteración de nuestro idioma, y al cabo, en la legislación y suerte definitiva del país cubano, muy pronto nos suscitaría problemas o complicaciones formidables, ante los cuales serían inútiles los lamentos aunque no sería menos positiva y dolorosa nuestra impotencia para resolverlos como exige la preservación de nuestra nacionalidad".

En el artículo primero de la propuesta de ley decía "Queda terminantemente prohibido todo contrato o pacto a virtud de los cuales se enajenen bienes a favor de extranjeros" [25].

Sanguily también se opuso vehementemente al Tratado de Reciprocidad Comercial, como partidario del libre comercio, ejemplificando su temor a través de lo que había ocurrido con las islas Hawaii algunos pocos años antes.

El nacionalismo del senador Manuel Sanguily se expresa claramente en los dos discursos pronunciados ante el Senado cubano el 9 y 28 de marzo de 1903.

Dentro del contexto del nacionalismo temprano de la República de Cuba, también se encuentra el intelectual más importante de aquellos momentos que fue Enrique José Varona.

Desde que EE. UU. ocupó la isla en 1899, quedó latente la preocupación entre muchos cubanos de que las intenciones reales de los norteamericanos eran la anexión de Cuba expresada por el mismo gobernador Leonard Wood, y que esperaban el momento propicio para hacerlo, para lo cual habían creado durante la ocupación toda una serie de condiciones entre las que se encontraban la Enmienda Platt y el Tratado de Reciprocidad, que conducirían finalmente a la consecución de dicho propósito.

Ciertamente había intereses dentro de EE. UU. y dentro de Cuba que deseaban la anexión por toda una serie de motivos muy diversos; téngase en cuenta de que el Anexionismo era una corriente ideológica muy influyente en Cuba que venía desde el siglo anterior, además de que la historia reciente del expansionismo norteamericano servía de fundamento a estas sospechas, por lo que en aquellos tempranos años republicanos, que eran la Edad de Oro del imperialismo moderno, era

22. Henry Hazlitt 1894-1993 Periodista y economista norteamericano

23. Manuel Sanguily (1848-1925)Miembro de la Asamblea Constituyente de 1901, senador, secretario de Estado durante el gobierno de Jose Miguel Gómez.

24. Enrique José Varona (1849-1933) Filósofo y ensayista. Fundador del Partido Conservador, fue vicepresidente de la República entre 1913 y 1917 durante la presidencia de Mario García Menocal.

25. En "Documentos para la Historia de Cuba " Tomo II Hortensia Pichardo.

lógico que se levantaran voces alertando acerca del peligro que representaba esta posibilidad para la nacionalidad cubana.

Las grandes inversiones norteamericanas especialmente en tierras para el fomento de inmensos centrales causaban mucha aprehensión entre algunos políticos e intelectuales que formaban el núcleo del nacionalismo cubano.

El fracaso del primer ensayo de República, y la Segunda Intervención Norteamericana en 1906 dio lugar a un reavivamiento del nacionalismo.

En ese año, aparecen una serie de artículos escritos por Enrique José Varona:

> ¿Abriremos los ojos?
>
> A mis ojos, la causa más eficaz de la inestabilidad que presenta nuestro pueblo desde hace casi un siglo ha de buscarse en la estructura económica, los cambios que ha sufrido, y en la repercusión de ese hecho capital en los otros elementos de nuestra vida colectiva.

Aquí Varona se está refiriendo a que a principios del siglo XIX, Cuba tenía una agricultura diversificada que se encontraba en manos de los criollos y que posteriormente, esta estructura fue cambiando hacia una economía de plantación azucarera que los cubanos perdieron en la segunda mitad del siglo a manos de los españoles primero, y luego de los norteamericanos, y que es en el hecho de que la economía está controlada por extranjeros y no por cubanos donde radica el problema de Cuba.

Más adelante, en el mismo artículo plantea lo siguiente:

"Ya he dicho en otra ocasión, que esos grandes intereses extraños que representan la mayor actividad de nuestro suelo, son los que han traído la escuadra americana a nuestros puertos, y el ejército americano que ocupa nuestros pueblos".

Para Varona estaba claro que la inestabilidad Política era producto del peso abrumador de los intereses norteamericanos en Cuba.

Los cubanos se sentían cada vez más desplazados de la economía de su país y de sus recursos por parte de los extranjeros, y mientras la economía mantuviera su crecimiento impetuoso, como fue entre 1902 y 1920, el problema se mantenía relativamente bajo la superficie, aunque tuvieron lugar algunas huelgas, y la clase trabajadora comenzó de manera rudimentaria a organizarse, pero luego de 1920 cuando la bonanza terminó, gran cantidad de propiedad cubana paso a manos de extranjeros, los salarios reales cayeron, y afloró el desempleo, los reclamos por la nacionalización del trabajo, y en contra de la inmigración fueron tomando fuerza creciente.

En otro artículo de 1906 titulado "El Talón de Aquiles" Varona plantea el problema de la clase política de Cuba.

> Hemos malgastado nuestro tiempo en querellas políticas[26] cuando se realizaba a nuestra vista esa invasión paulatina de la actividad económica de los extraños. En vez de acudir a luchar noblemente en ese campo donde se libran las grandes batallas del mundo contemporáneo... de asociarnos para resistir mejor y pasar de la resistencia a la acción salvadora, hemos estado discutiendo formas de gobierno, disputándonos palmo a palmo posiciones políticas.

26. Varona se está refiriendo a las querellas políticas durante el gobierno de Tomás Estrada Palma.

El gobierno y sus presupuestos se habían convertido en la más lucrativa industria nacional, ya que el resto de la economía, en gran medida estaba en manos de extranjeros.

En otro escrito de Varona de 14 de mayo de 1915 bajo el título de "*Mirando Adelante*" plantea lo siguiente:

> Nuestro error ha consistido precisamente en haber creído que con tener en nuestras manos las riendas del gobierno, no necesitábamos preocuparnos tanto de quién producía en Cuba, y de qué modo se producía, de quién comerciaba y de qué modo, de quién transportaba los productos de nuestro suelo y de qué modo, de quién distribuía el crédito y de qué modo.
>
> Crece y crece el número de empleados, de los subvencionados cubanos, pero no crece en igual proporción el número de pequeños y medianos propietarios rurales, de los pequeños y medianos comerciantes cubanos. Nuestra tendencia es a vivir del presupuesto y no de la tierra.
>
> Hemos asegurado la independencia política de la patria. Es un gran deber que hemos cumplido. Nos falta otro. Asegurar por el trabajo bien dirigido la independencia económica del cubano.

En el ensayo citado de José Antonio Ramos "Manual del perfecto fulanista", este plantea lo siguiente:

> Cuba, para nuestra clase adinerada no es todavía la Patria. Por ello la actuación social del rico, lejos de oponer su interés al del capitalista extranjero, favorece estúpidamente las tendencias de este, y contribuye, tal vez sin darse cuenta, a *descubanizar* a Cuba, manteniéndola en su antiguo papel de factoría, de tierra explotable, donde solo pueden vivir a sus anchas los antiguos esclavistas, y solamente de paso los buscadores de fortuna y los turistas extranjeros[27].

En las primeras dos décadas de existencia republicana, la clase política se había consolidado expandiéndose a través de la creación de cargos públicos y servicios del Estado, y a partir del aumento de la tributación provenientes del crecimiento del Ingreso Nacional.

Esta expansión toma fuerza especialmente después de concluida la Segunda Intervención bajo la presidencia de José Miguel Gómez y el Partido Liberal.

En 1911 el Estado empleaba a más de 35 mil personas sin incluir los empleados de los gobiernos provinciales, ni los que se encontraban trabajando en contratas de trabajos públicos. Dos tercios de los ingresos del gobierno eran destinados a pagos de salarios de los empleados públicos; en 1916 el total de empleados públicos y empleados en trabajos públicos ascendía a unos 45 mil, y sus ingresos constituían el 67% del presupuesto nacional En 1926 la empleomanía del gobierno nacional alcanzaba las 48 mil personas, sin contar los empleados por los gobiernos municipales y provinciales ni los contratados para trabajos públicos.

El Estado era una fuente de elevados salarios, prestigio, poder y privilegios.

La clase política cubana tenía como principal preocupación la preservación de sus puestos y posiciones siendo el clientelismo el modus operandi tradicional.

Esta nueva clase no tenía vínculos de origen con ninguna clase terrateniente, industrial o comercial. La clase plantadora casi había desaparecido, y los pocos que habían quedado se identificaban completamente con los intereses de las compañías norteamericanas, en tanto los sobrevivientes de los grupos comerciales e industriales, eran generalmente españoles y habían quedado excluidos

27. Manual del perfecto fulanista: apuntes para un estudio de nuestra dinámica político-social" 1916 José Antonio Ramos.

como fuerza política, dependiendo de la hegemonía norteamericana que les daba protección y garantías, y los cuales no tenían el más mínimo apego a la nación cubana.

Esta clase política nacional respondía a sus propios intereses, pero por otra parte también se encontraba subordinada a los intereses extranjeros que ejercían su hegemonía a través del poder que les otorgaba el estatus de protectorado, o sea que tampoco tenían una completa autonomía.

A partir del control de los recursos del Estado, la clase política comenzó a participar y convertirse en una clase propietaria de medios de producción, penetrando en los sectores estratégicos de la economía; azúcar, finanzas, comercio, bienes raíces, utilidades públicas, etc., donde los extranjeros habían establecido su control.

En estos dos puntos; en la expansión del control político, y en la expansión de su poder económico, la clase política nacional entra en contradicciones y fricciones con la autoridad hegemónica norteamericana. Esta será la base de su nacionalismo reformista.

Por otra parte, la sociedad cubana se va haciendo más compleja con la prosperidad y el crecimiento económico, dando lugar a la formación de una sociedad empresarial, y una sociedad civil que presionan desde abajo a la clase Política en busca de reformas, constituyendo otro elemento de presión hacia el nacionalismo reformista.

La clase política cubana se encuentra aprisionada entre la hegemonía norteamericana que no le permite expandirse más allá de ciertos límites, y las clases productoras cubanas, que presionan por una mayor participación en la economía nacional frente a los intereses extranjeros.

Al ser el Estado y sus presupuestos la fuente de poder de la clase política nacional, compuesta casi exclusivamente de cubanos, esta se encontraba en la necesidad de crecer para mantener su estabilidad y funcionar como un estabilizador social y político a través de la práctica del clientelismo.

Dicha estabilidad solo podía lograrse a partir del crecimiento constante de los ingresos del Estado ya fueran presupuestales o extra presupuestales.

La fuentes de ingreso del Estado son: 1- Los impuestos cuya fuente principal era los derechos cobrados sobre las importaciones y los impuestos sobre el consumo 2- La emisión de deuda púbica, la cual en su mayoría era comprada por bancos extranjeros en forma de empréstitos.3- Emisión monetaria, lo cual se encontraba prohibido por el Artículo II de la Enmienda Platt.

Si las importaciones disminuían como resultado de una recesión económica, el gobierno no tenía el recurso de incrementar los derechos de aduana, por lo que se encontraba en apuros para financiar su política clientelar que era el estabilizador político de la sociedad cubana. Además, los derechos de aduana estaban limitados por las rebajas establecidas en el Tratado de Reciprocidad de 1903 para las importaciones norteamericanas, que eran la mayoría de las importaciones.

Los empréstitos a los que recurría para lograr el financiamiento necesario tenían que ser aprobados por el gobierno norteamericano, y por último, el gobierno cubano no podía emitir moneda, primero porque no tenía moneda propia, y segundo porque el Artículo II de la Enmienda Platt explícitamente lo prohibía.

Por tanto tenemos que el gobierno cubano se encontraba a merced del gobierno norteamericano para la obtención de recursos para mantener en funcionamiento el clientelismo y la estabilidad política. El general Enoch Crowder en 1921 hizo uso de ese poder, y trató de contener la expansión de la clase política cubana condicionando un empréstito de 50 millones de dólares para apuntalar el gobierno de Alfredo Zayas que se encontraba al borde de la bancarrota, pero por otra parte también sabía que estaba poniendo en riesgo la estabilidad política de Cuba al dejar sin financiamiento la maquinaria clientelar, por lo que finalmente el empréstito fue aprobado a fin de mantener la estabilidad política del país.

Por otra parte, la capacidad regulatoria del gobierno cubano estaba también condicionada por los funcionarios norteamericanos a través de lo que denominaban la "intervención preventiva".

Por estas razones, una parte de la clase política cubana tenía aspiraciones de lograr una mayor autonomía, lo que la convertía en moderadamente nacionalista.

Cuando comenzó a retroceder la economía, la clase política se encontraba cada vez más dependiente de Estados Unidos debido a que la recesión desestabilizaba completamente el sistema político del país al disminuir sus ingresos, y aumentaba la presión desde abajo, y dentro de sus filas.

El "Comité de los Cien" de 1922, y el "Movimiento de Veteranos y Patriotas" en 1923 fueron un resultado de la crisis en que se encontraba la clase política cubana.

En el año 1923 surgió el "Movimiento de Veteranos y Patriotas" como resultado de las contradicciones que se profundizaban cada vez más dentro de la clase política, en torno a la corrupción rampante en el gobierno, que en aquellos momento encabezaba Alfredo Zayas Alfonso.

El movimiento llamaba a la regeneración de Cuba adoptando una resolución de doce puntos siendo los más importantes la abolición de lotería; reforma del cobro de impuestos; elecciones honestas; licitación pública competitiva por los contratos del gobierno; independencia del poder judicial; responsabilidad legal en el manejo de los fondos públicos; limitación de la inmunidad comgresional; leyes favoreciendo a los trabajadores cubanos sobre los trabajadores extranjeros; abolición de la reelección presidencial; derechos políticos para la mujer; protección para la industria y el comercio nacional. Estas reivindicaciones ponían en entredicho en gran medida el Estado oligárquico cubano, pero el Movimiento no llegó a nada, y terminó integrándose en el programa reformista de la "Plataforma de la Regeneración" del Partido Liberal, en la campaña presidencial del general Gerardo Machado Morales en 1924.

El nacionalismo y los empresarios industriales

Con el crecimiento económico fue creciendo también una industria productora de bienes de consumo para el mercado interno, la cual recibe algún impulso por las condiciones creadas por la Primera Guerra Mundial; escasez de algunas importaciones y abundancia de crédito.

La manufactura se expandió en Cuba sustituyendo importaciones, y constituyendo una modesta oportunidad para la inversión en toda una serie de actividades industriales y negocios comerciales.

Un desarrollo similar, aunque mucho más amplio, tuvo lugar en las repúblicas latinoamericanas de Sudamérica, especialmente en Uruguay, Argentina, y Chile, cuyas economías eran mucho más dependientes del comercio con Europa, por lo que su comercio internacional se vio mucho más afectado por la guerra que el de Cuba.

Estas actividades industriales incluían empresas dedicadas a confecciones textiles, plantas de hielo, fábricas de calzado, jabonería y perfumería, muebles, papel, destilería, farmacéutica, cigarros, tenerías, refrescos y sodas, y toda una amplia variedad de actividades procesadoras y envasadoras de alimentos. Además, el boom de la construcción que tuvo lugar impulsó el desarrollo de una industria de materiales de construcción que incluía cemento, tejas, ladrillos, bloques, fundición y herrería, etc.

Surgió en Cuba un modesto empresariado industrial y comercial formado mayoritariamente por extranjeros, sobre todo españoles. En muchas de estas empresas tendrán participación miembros de la clase política, por lo que esta nueva burguesía, en parte estará ligada con el Estado cubano, pero también habrá una participación importante de capital extranjero en la industria manufacturera en Cuba, que en vísperas de la Primera Guerra Mundial alcanzaba los veinte millones de dólares.

Durante los años de la Primera Guerra Mundial, el enorme ingreso monetario en Cuba a través de las balanzas de pago produjeron un fenómeno que en Economía se conoce como "Enfermedad Holandesa "que son los efectos perniciosos de un significativo ingreso de divisas en un país perjudicando la competitividad de la producción no-exportadora, al hacer más barato importar que producirlo nacionalmente. Como respuesta a esta situación los productores nacionales comenzaron a agruparse reclamando medidas proteccionistas de parte del gobierno.

En 1914 las importaciones fueron equivalentes a un 30% del Ingreso Nacional, y en 1920 fueron el 46.8%, lo que indica que las importaciones iban incrementando su peso relativo dentro del consumo doméstico, desplazando la producción nacional del mercado cubano.

Cuba, como país agrícola, con escasez de capital y de labor, no podía competir con las importaciones de países como Estados Unidos, donde abundaba el capital y la labor, por lo que los dueños del capital recurrirán a buscar protección en el gobierno, pero debido a la condición política de Cuba frente a Estados Unidos, los reclamos proteccionistas no prosperan, además de que el proteccionismo constituye una merma neta de los ingresos del gobierno la mayoría de los cuales provenían de lo que se cobraba en las aduanas a los productos importados, por lo que el proteccionismo iba directamente en contra de los intereses del gobierno.

En enero de 1920 se creó la "Asociación de Comerciantes de La Habana". A fines de 1922 se organiza la "Asociación Nacional de Industriales de Cuba" (ANIC) que demandaba una política proteccionista en defensa de la industria nacional.

En ese mismo año se funda la "Federación Nacional de Detallistas", y en 1923 fue establecida la "Federación Nacional de Corporaciones Económicas de Cuba".

Todas estas nuevas asociaciones y agrupaciones económicas formaban grupos de presión comprometidos en la expansión —con el apoyo del Estado— de su control sobre el mercado cubano, constituyendo la base de un movimiento que empujaba a la clase política al nacionalismo reformista.

Nacionalismo y la élite económica

José Antonio Ramos, en 1916 en la obra citada define a la élite económica de Cuba que él denomina "clase adinerada" formada por terratenientes, hacendados, propietarios urbanos y profesionales de prestigio, pertenecientes a la época colonial, y comerciantes, industriales de capitales importantes, así como terratenientes y hacendados que han hecho su fortuna después de la República".

"La Guerra de los Diez Años, las subsecuentes emigraciones y la Guerra de Independencia dejaron casi totalmente arruinados a todos los cubanos, de manera que los comerciantes, terratenientes e industriales pertenecientes a la era colonial todos eran españoles, y los cubanos enriquecidos después de la República cabe recordar que no pocos de ellos ocultan el origen de su fortuna..., aunque también los hay que deben su bienestar al ahorro y al esfuerzo personal, aunque nuestro progreso material descansa mucho más en el capital extranjero que en el de los capitalistas residentes en Cuba"[28].

Como hemos dicho, la élite económica era favorable a la hegemonía norteamericana y a la "reciprocidad comercial".

Todos ellos fueron severamente afectados por la depresión de 1920-1921 durante la cual la mayoría de los bancos nacionales quebraron, y muchos ingenios y colonias de caña, así como otras

28. Op citada.

propiedades que no pudieron pagar sus deudas se fueron en bancarrota y pasaron a manos de bancos y compañías norteamericanas.

Algunos entendieron que el hecho de no poseer un banco central que hubiera actuado como prestamista de última instancia, imposibilitó que sus negocios fueran rescatados, produciéndose así una transferencia de riquezas hacia los intereses norteamericanos.

La creación de un Banco Central, a partir de entonces fue un reclamo de los capitalistas nacionales como elemento indispensable para movilizar el crédito necesario para el fomento y expansión del capital nacional frente a compañías extranjeras que disponían de crédito y respaldo financiero casi ilimitado, y que por tanto irían sistemáticamente desplazando al capital cubano de la economía nacional, y a mediano plazo se apoderarían de la industria azucarera de la cual en 1927 eran dueños de un 75%.

Las autoridades norteamericanas, interpretando el Artículo II de la Enmienda Platt, siempre se opusieron a la creación de un banco central en Cuba, ya que lo consideraban como que causaría un caos monetario, por lo que varios proyectos presentados en las cámaras nunca pasaron de allí.

El crecimiento de la inversión norteamericana en el sector azucarero, construyendo enormes centrales que podían hacer grandes economías de escala, y utilizando la mejor tecnología disponible alcanzó su clímax entre 1915 y 1925, expandiendo la capacidad de producción de la industria azucarera cubana de una manera impresionante. La zafra de 1925 produjo el doble del tonelaje de la zafra de 1915; la capacidad de la industria azucarera cubana se había duplicado en un espacio de diez años, pero los precios reales de la libra de azúcar en 1925 fueron un 32% inferiores a los de 1915. El valor real de la zafra de 1925 fue un 22% inferior a la de 1915, (a valores constantes del dólar de 1937) a pesar de ser el doble en tonelaje.

La inelasticidad de la demanda del azúcar estaba provocando que los precios cayeran proporcionalmente más de lo que se incrementaba la demanda en el mundo, lo cual daba lugar a que las nuevas inversiones desplazaran a los productores marginales dentro de la industria, que en este caso eran los hacendados cubano-españoles.

Mientras más crecía la producción de azúcar (oferta) mayor era la caída de los precios y la demanda no respondía de forma proporcional haciendo cada vez más difícil subsistir para los centrales cuyos dueños eran cubanos y españoles por ser los que operaban con mayores costos, y hacían menores economías de escala, por ello veían que de continuar la tendencia al crecimiento de la producción de azúcar, su ruina definitiva estaba próxima, y la industria azucarera cubana pasaría definitivamente a manos extranjeras.

Por otra parte, la vuelta al proteccionismo tradicional de Estados Unidos después de la Primera Guerra Mundial, elevando las tarifas sobre el azúcar en 1921, 1922 y 1930, con el propósito expreso de limitar la entrada de azúcar cubano al mercado norteamericano, hacía las cosas aún peores para los hacendados cubanos que se daban cuenta de que solo entrarían al mercado norteamericano el azúcar producida por los centrales que se encontraban integrados verticalmente con compañías refinadoras en Estados Unidos.

El reclamo de protección por parte de la élite nacional al gobierno debía ser tenido en cuenta dada la influencia de este grupo dentro de la economía y el gobierno cubano. Varios de los políticos principales de Cuba poseían intereses dentro de la industria azucarera, entre ellos Gerardo Machado, y Mario García Menocal, dos de los grandes caudillos de la política nacional.

El nacionalismo y la clase trabajadora

Durante la Primera República (1902-1933), Cuba era un país con escasez relativa de labor, por lo que sus trabajadores tuvieron que encarar la competencia de la labor extranjera, tanto a través de los artículos importados que requerían para su elaboración alto consumo de labor, como a través de grandes masas de trabajadores extranjeros que cada año emigraban hacia Cuba provenientes de países donde la labor valía menos, trayendo como resultado el envilecimiento de los salarios.

Como hemos señalado, la inmigración representaba una competencia directa que contribuía a deprimir los salarios de los trabajadores nacionales, y a excluirlos de los puestos de trabajo disponibles.

En el Censo de 1907 se contabiliza la proporción de extranjeros en las siguientes actividades económicas.

Carpinteros 46.7%	Mecánicos 21.3%	Zapateros 18.7%.
Albañiles 23.3%	Panaderos 21.3%	Sastres 25.0%.
Tabaqueros 8.6%	Carboneros 51.9%	Ferrocarriles y tranvías 37%.
Picapedreros y alfareros 46.5%.		

Fuente: Censo de 1907. Cálculos del autor.

En el Censo de 1907 los extranjeros constituían el 11.2% de la población total del país. Entre 1907 y 1919, el aumento neto absoluto de población extranjera en Cuba había sido de un 48.7% constituyendo el 11.8% del total de la población según el Censo de 1919, y en 1931, el aumento neto absoluto fue del 28.8% constituyendo el 11.1% de la población total del país según el Censo de 1931. En 1931, el desempleo permanente era de un 29.6% de la fuerza de trabajo del país.

Hasta 1919, el crecimiento económico había permitido en gran medida el acomodo en el mercado laboral de la fuerza de trabajo nativa y de los inmigrantes, pero a partir de 1920 la situación comenzó a cambiar, ya que el crecimiento económico se ralentizó haciéndose patente no solo el desempleo, si no también la caída de los salarios. Los ingresos nominales promedio en 1925 fueron un 12.3% inferiores a los de 1919.

El sistema económico clásico descansaba en la flexibilidad de los salarios; cuando la economía entraba en recesión, se contraían los salarios, lo cual permitía mantener el empleo, o sea que las recesiones provocaban un desempleo mínimo, pues se resolvía con la disminución de los salarios, en tanto junto con la caída de los salarios también caían los precios de los bienes y servicios, por lo que los salarios reales se afectaban muy poco, pero en una economía subdesarrollada, con una estructura muy poco diversificada, cuando una recesión resultaba más prolongada y profunda, la caída de los salarios comenzaba a convertirse en desempleo especialmente cuando había un incremento más rápido de labor debido a la inmigración, y además, si las tasas salariales caían más rápido que los precios de los bienes y servicios, se contraía el salario real deteriorando doblemente el nivel de vida de los trabajadores.

Por tanto la inmigración perjudicaba a los trabajadores cubanos no solo con la caída de los salarios, si no provocando desempleo, por lo que el reclamo fundamental de los trabajadores cubanos era la nacionalización del trabajo, e igualmente favorecían el proteccionismo junto con la burguesía industrial.

En los países industriales de Europa, y en Estados Unidos, el movimiento obrero crecía, ya que los obreros industriales eran cada vez más numerosos en tanto los agricultores eran menos, por lo que habían desarrollado grandes organizaciones laborales agrupadas en sindicatos especialmente de trabajadores calificados, convirtiéndose en parte del paisaje político de estos países industriales, e incluso de los países semiindustriales como Argentina, Rusia, etc.

En los países con relativa abundancia de labor, el movimiento obrero era proteccionista, contrario a la inmigración y a la competencia que representaban las importaciones de productos de alto consumo de labor desde otros países con más abundancia de labor, como eran los países asiáticos.

En las regiones subdesarrolladas como Cuba, abrumadoramente agrícolas, con una industria muy débil, el movimiento obrero también era muy débil, y se enfrentaba no solo a los empresarios si no también al gobierno oligárquico.

En 1902 tiene lugar la Huelga de los Aprendices, que es la primera huelga obrera en la Cuba republicana; en 1904 se fundó el Partido Obrero de la Isla de Cuba. En 1907, durante la Segunda Intervención norteamericana se realizaron varias huelgas, entre ellas la llamada Huelga de la Moneda. En 1920 tiene lugar un congreso obrero creando la Federación Obrera de La Habana (FOCH).

En 1925 se funda la Confederación Nacional Obrera de Cuba (CNOC) agrupando en ella muchos sindicatos organizados en diferentes ramas de la economía, y el mismo año se funda el Partido Comunista de Cuba (PC).

En la medida en que la situación económica se deterioraba, el movimiento obrero ganaba en organización y fuerza, aunque su reclamo fundamental era la nacionalización del trabajo.

El nacionalismo y la sociedad civil

De la misma manera que la clase política, y la comunidad empresarial nacional, se habían formado en el país durante el primer cuarto del siglo, también se fue estructurando una sociedad civil.

La sociedad civil es un concepto derivado de las ciencias sociales, que consiste en el conjunto de organizaciones e instituciones cívicas y voluntarias que median entre el individuo y el Estado.

Alexis de Tocqueville[29] fue el primero en analizar la importancia de la relación entre la sociedad civil y la democracia. Para él, la sociedad civil es un dique que impide que el Estado invada los espacios sociales, pero también la sociedad civil tiene como uno de sus objetivos actuar en el campo de lo público, tanto defendiéndose de la acción del poder del gobierno como planteando demandas sociales, y vigilando la aplicación efectiva de los derechos que el Estado debe garantizar.

En el año 1922 se creó el "Comité de los Cien" presidido por Porfirio Franca que demandaba medidas para eliminar la corrupción en el gobierno. En 1923 fue creada la "Junta Cubana de Renovación Nacional" bajo la dirección de Fernando Ortiz[30] la cual emitió un manifiesto que en materia económica reclamaba la protección de la industria nacional, así como de la agricultura y el comercio, y la renegociación de las relaciones comerciales entre Cuba y EE. UU. que propiciaran un desarrollo balanceado para el país.

En 1923 los estudiantes de la Universidad de La Habana organizan la Federación Estudiantil Universitaria (FEU) planteando demandas que incluían, una reforma universitaria, autonomía universitaria, denunciando la corrupción gubernamental, y pronunciándose por la derogación de la Enmienda Platt.

En el mismo año de 1923, tuvo lugar lo que fue conocido como la "Protesta de los Trece" que constituyó una denuncia pública contundente contra la corrupción del gobierno de Alfredo Zayas, y a partir de la cual se fundó la organización "Falange de Acción Cubana" dirigida por Rubén Martínez Villena[31].

---

29. Alexis de Tocqueville 1805-1859, jurista, político e historiador francés. Uno de los más importantes ideólogos del liberalismo. Su obra más conocida es "La democracia en América" publicada en 1835.

30. Fernando Ortiz 1881-1969. Ensayista y antropólogo cubano

31. Rubén Martínez Villena (1899-1934) abogado y escritor cubano. Fue uno de los fundadores del Partido Comunista de Cuba en 1925.

Igualmente en 1923 se fundó la "Asociación Nacional de Veteranos y Patriotas" con el propósito de coordinar acciones políticas en respaldo a sus demandas, las principales de las cuales tenían como objetivo la reforma del Estado cubano.

Este movimiento constituyó el mayor reto a la clase política cubana hasta aquellos momentos. Terminó en un pequeño alzamiento en La Villas en 1924 que fracasó rápidamente cuando el gobierno norteamericano expresó su apoyo el gobierno de Zayas frente a cualquier intento de removerlo del poder.

Las raíces sociales de este segmento de la sociedad civil se encuentran en las clases medias e intelectuales así como algunos miembros de la clase política.

José Antonio Ramos, en su ensayo ya citado "*Manual del perfecto fulanista...*" hace el siguiente análisis de la clase media cubana en 1916.

> Desde la Paz del Zanjón, hasta la caída del régimen colonial, el elemento genuinamente cubano de la clase media del país careció de estabilidad. Nuestra clase media comenzó a formarse y determinarse después de obtenida la independencia de Cuba, principalmente merced a los destinos públicos, y también al rápido e intenso desenvolvimiento de las actividades comerciales e industriales ocurridas en la isla al inaugurarse la nueva era de progreso y libertad.
>
> Siendo los empleos del Estado la base o entrada principal para la formación de la clase media dentro de la nueva nacionalidad, concluyese que al terminar la guerra, la revolución social comenzó a estratificarse y a cristalizar en nuevas categorías conforme a las exigencias de la nueva adaptación.

A mediados de la década de 1920, la sociedad cubana ya se había articulado completamente y reclamaba por diferentes vías reformas políticas y económicas de tipo nacionalistas.

En 1928 se publica el libro de Leland Jenks *Our Colony of Cuba*, famoso dentro de la historiografía cubana, pues Jenks fue un testigo de primera mano de los acontecimientos sucedidos en Cuba durante la década de 1920.

En dicho libro él plantea, refiriéndose al nacionalismo en Cuba, que este se había convertido en la ideología más prominente dentro del escenario del pensamiento cubano, y cuáles fueron las causas -según él- de que esto sucediera.

> La guerra mundial y el desarrollo de la industria azucarera, dio lugar a la emergencia de una clase empresarial en Cuba, y con ella ha llegado como era de esperarse el nacionalismo como un movimiento el cual es ahora un factor decisivo en la escena cubana. La bancarrota de 1920-1921, y el fracaso de la misión Crowder, convirtieron al nacionalismo en la ideología más sobresaliente del país a partir del año 1923, con el Movimiento de Veteranos y Patriotas, y la Junta Cubana de Renovación Nacional y Cívica, y también el programa del Partido Liberal que llevó a Machado al poder.
>
> La crisis económica hizo por primera vez que salieran a la luz las que se consideraban las principales dificultades económicas por las que atravesaba Cuba.
>
> 1- Subordinación de toda nuestra economía a la producción de azúcar
>
> 2- Exagerada ascendencia del capital extranjero invertido en Cuba.
>
> 3- Insuficiencia de producción agrícola para las necesidades esenciales del pueblo.

4- Ventajosa competencia de productos extranjeros con productos similares producidos en el país.
5- Carencia de un sistema bancario nacional.
6- Dominio del comercio por parte de los extranjeros.
7- Creciente número de inmigrantes debido a una falta de legislación restrictiva adecuada.

Entre 1900 y 1925 se fue estructurando la primera clase media republicana, así como la clase obrera que serían el fundamento social del nacionalismo en Cuba.

La crisis económica de 1920-1921 abrió el cauce al nacionalismo cubano entre los diferentes segmentos de la sociedad al poner de manifiesto de manera súbita la fragilidad económica, política, social, cultural, e institucional de la República que apena había cumplido veinte años, y que venía siendo denunciada por algunos intelectuales.

Revisionismo económico dentro del Estado:

Uno de los temores principales de los empresarios en Cuba era la indefensión del país frente a los intereses norteamericanos que se podían expandir a partir de un crédito casi sin límites desde sus casas matrices, mientras los cubanos no podían acceder al crédito, ni tenían protección frente a la volatilidad de los mercados internacionales, por eso veían en un Banco Central un instrumento indispensable.

Las presiones de la sociedad civil cubana dieron lugar a un movimiento de revisión de algunas instituciones tomando fuerza inmediatamente después de la crisis del año 1920, que trajo como consecuencia una alarmante concentración de la propiedad en manos extranjeras; ingenios azucareros, tierras cañeras. Tabacaleras y ganaderas, fincas urbanas, así como prácticamente todo el sistema bancario de Cuba había pasado a ser propiedad extranjera.

El crack bancario dio lugar a la creación de la Comisión Nacional de Legislación Bancaria presidida por Cosme de la Torriente en enero de 1921, que concluyó sus propuestas y las sometió a la Cámara de Representantes en el mes de junio. Esencialmente se proponía la creación de un sistema de Reserva Federal como el norteamericano y subordinado a este.

El otro proyecto, también de 1921, fue elaborado por el Dr. Santiago Gutiérrez de Celís, igualmente encaminado a la creación de un banco central; el Banco Central de la Reserva de Cuba que funcionaría como la Fed norteamericana, como banco de emisión y redescuento. En el Proyecto se proponía la creación de un Banco Agrícola subordinado a este con el objetivo de promover la diversificación de la agricultura que ya se veía claramente como elemento indispensable para la estabilización de la economía cubana.

Estas propuestas de banca central tenían como propósito remediar la situación del crédito en Cuba, y proteger la economía de los flujos de moneda extranjera que resultan desestabilizadores creando situaciones inflacionarias como tuvo lugar durante la llamada "Danza de los Millones" de 1919-1920.

Ninguno de los dos proyectos fueron aprobados en las Cámaras ante la objeción norteamericana la cual se ejercía a través de la interpretación del Artículo II de la Enmienda Platt.

Para los intereses norteamericanos en Cuba, el establecimiento de una banca central resultaría necesariamente un problema, ya que los bancos norteamericanos, que controlaban el 80% de los depósitos del país así como el crédito, eran sucursales de bancos ya regidos por la Reserva Federal norteamericana.

Un Banco Central en Cuba, se temía, no sin cierta razón, que generaría una política monetaria inflacionista en función de intereses políticos nacionales que podría afectar seriamente a la economía del país.

Mientras el patrón oro funcionó plenamente hasta la víspera de la Primera Guerra Mundial, un banco central en Cuba no tenía sentido, ni nadie lo propuso, pues el funcionamiento automático del sistema resolvía con rapidez los desequilibrios causados por las balanzas de pago, e incluso no era necesaria una moneda nacional, pues para una economía de exportación cuyo principal mercado era EE. UU., el dólar cumplía perfectamente la función de medio de intercambio, pues Cuba era casi como parte de la Unión Americana, con la diferencia que tenía que pagar derechos de aduana.

La crisis de 1920-21 fue la señal que anunció que las cosas estaban cambiando en el funcionamiento del mercado internacional.

El intento del gobierno de Menocal para salvar la banca cubana del desastre fue el decreto de una moratoria bancaria en 1920, pero la presión de las autoridades norteamericanas en 1921 dio lugar a las Leyes Torriente que liquidaron definitivamente a los bancos insolventes.

Un segundo propósito para una banca central nacional era proporcionar crédito barato para actividades industriales y agrícolas no-azucareras, ya que la banca comercial, que en su gran mayoría había quedado en manos de bancos extranjeros (canadienses y norteamericanos), no otorgaba créditos a actividades que no fueran relacionadas con el azúcar o el comercio, debido a la inestabilidad de la economía cubana, y la escasez de ahorros luego del Crack del 1920-21.

Esto era visto no como un reflejo de la estructura defectuosa de la economía cubana, si no como un comportamiento propio de "avariciosos capitalistas extranjeros".

El otorgamiento de créditos baratos a actividades poco remunerativas y poco competitivas hubiera requerido de un banco central que aumentara la oferta monetaria lo suficiente como para permitir intereses por debajo de las tasas de mercado, o un aumento de la oferta monetaria a través de impresión de dinero fiduciario o creando crédito fiduciario, provocando presiones inflacionarias y por tanto debilitando el poder de compra de una moneda cubana frente al dólar, el cual circulaba legalmente y tenía una tasa de cambio fija de uno a uno con el peso cubano. Una política de expansión crediticia por parte del gobierno cubano llevaría a toda una serie de trastornos que pudieran conducir a un caos monetario como había sucedido en muchas repúblicas latinoamericanas.

El funcionamiento de la política clientelar de los gobiernos cubanos era financiada con déficits de los presupuestos, lo que a su vez requería de la compra de la deuda pública cubana por parte de bancos norteamericanos, sujetos a su vez a la aprobación de Washington. Esto representaba una limitante sería para los gobiernos cubanos como quedó demostrado durante el gobierno de Alfredo Zayas y la aprobación de un empréstito de 50 millones de dólares, condicionado por el enviado especial del presidente de Estados Unidos, el general Enoch Crowder. Por eso el gobierno cubano hizo tantos esfuerzos encaminados a lograr alguna independencia monetaria con la creación de un banco central, esfuerzos que fracasaron repetidamente.

En el año 1925, las demandas de reformas nacionalistas por parte de toda la clase productora de Cuba, y de eliminación de la corrupción en el gobierno por parte de la sociedad civil no podían ser desoídas por la clase política, por eso en las elecciones presidenciales triunfaría la propuesta reformista del Partido Liberal encabezada por el general Gerardo Machado Morales como respuesta a la presión de la sociedad civil cubana, frente a la propuesta conservadora de mantenimiento del statu quo y laissez faire del general Mario García Menocal.

Los gobiernos oligárquicos de Cuba durante globalización capitalista 1902-1925

La política económica favorecería la integración de la economía cubana a través de la especialización en producir azúcar, e importar casi todo lo demás.

Los pilares en que se fundaba la economía globalizada eran el libre comercio internacional a través de la integración basada en las ventajas comparativas, el libre movimiento de capitales, el libre movimiento de la fuerza de trabajo a través de la inmigración, y el sistema monetario internacional del patrón oro.

Entre 1902 y 1920 tiene lugar el proceso de reintegración de la economía cubana al sistema de comercio internacional a partir de la producción de azúcar.

La apertura del mercado norteamericano con el Tratado de Reciprocidad Comercial de 1903, y el alza sostenida de los precios del azúcar, dieron lugar a un enorme flujo de recursos tanto de capital como de mano de obra, que eran los factores de producción escasos, que unidos a la abundancia de tierras fértiles y baratas, y un clima institucional propicio, dieron lugar a la segunda gran expansión de la industria azucarera cubana, lo que provocó un boom económico en Cuba, convirtiéndola en 1920, en el país con el segundo per cápita más alto en América Latina, superada solo por Argentina.

1. Entre 1903 y 1920, la producción de azúcar de Cuba creció un 275%, y el mercado norteamericano absorbió el 42% del total producido.
2. Al comenzar la intervención norteamericana de la Isla de Cuba en 1899, se estimaba que el capital extranjero invertido alcanzaba la cifra de 50 millones de dólares, y en 1920 se estima que sobrepasaba los 900 millones de dólares, que representaban aproximadamente el 40% de todo el capital neto acumulado. En 1920, Cuba era el mayor receptor de inversión norteamericana directa de toda América Latina.
3. La Orden No 155 de 1902 del interventor general Leonard Wood prohibía la introducción de braceros en Cuba, pero durante el gobierno de Estrada Palma en 1906 se autorizó la entrada al país de familias que vinieran dispuestas a desempeñar trabajos agrícolas, y a braceros provenientes de determinados lugares de Europa, y en 1912, el presidente José Miguel Gómez, por el Decreto 743, permitió que se autorizara a algunas empresas y productores particulares para introducir en la isla colonos inmigrantes, pero la entrada a la inmigración de braceros fue abierta en 1913, durante el mismo gobierno, por el Decreto 23 autorizando a la Nipe Bay Company introducir en Cuba a mil trabajadores antillanos.

Entre 1900 y 1920, el saldo migratorio neto se estima en 498.7 miles de personas, en tanto el crecimiento poblacional neto fue de 1, 331.5 miles de personas, por tanto, la inmigración contribuyó al aumento de la población en un 37.5%.

El mayor número de inmigrantes serían españoles, seguidos de antillanos principalmente haitianos y jamaiquinos, que venían a trabajar en las plantaciones de caña de las provincias orientales.

Concluida la posguerra en 1920, estas condiciones comienzan a cambiar de manera radical.

Los precios del azúcar empiezan a descender; los precios de 1925 fueron un 81% inferiores a los precios promedio alcanzados durante la burbuja especulativa de 1920.

El proteccionismo en Estados Unidos eleva las tarifas de aduana al azúcar cubano en un 75%.

Sin embargo, los recursos no paran de fluir hacia la economía cubana que empieza a dar muestras de rendimientos decrecientes. Las inversiones de capital, y el flujo de inmigrantes extranjeros contina indetenible, lo que da lugar a una sobresaturación que se manifiesta a través de aumento del desempleo permanente, y a una caída de la productividad del trabajo así como de las tasas de ganancias del capital invertido, unido a una contracción del per cápita, y del promedio de ingresos por trabajador.

Entre 1921 y 1925 entraron a Cuba 110, 200 haitianos, jamaiquinos y chinos para trabajar en las plantaciones azucareras, la inversión extranjera neta creció en unos 350 millones de dólares, y algo más de 13.5 miles de caballerías de tierra se incorporaron al latifundio azucarero.

La zafra de 1925 por primera vez sobrepasaba los cinco millones de toneladas largas, y fue un 39% superior a la de 1920.

Pero:

- El estimado de desempleo permanente en 1925 había crecido con respecto a 1919 en un 2.4%.
- El per cápita, a valores constantes de 1919, había descendido en 1925 en un 26%.
- La productividad del trabajo, a valores constantes de 1919 había descendido en un 21%.
- La participación del capital dentro del Ingreso Nacional había disminuido en un 1.2%.
- El ingreso promedio real por trabajador descendió en un 19%.
- Entre 1920 y 1925 el nivel general de precios había caído en un 12.7%.
- En el año 1925 el modelo económico de la República de Cuba se abocaba a la crisis, y junto con él, la oligarquía vinculada, así como el sistema político y sus instituciones.

La causa fundamental detrás de este vuelco, de una situación de progreso económico impetuoso, a una situación recesionaria que anunciaba una crisis de mayores proporciones, se encuentra en el cambio de paradigma del sistema económico internacional que estaba teniendo lugar después de la Primera Guerra Mundial, donde el sistema económico globalizado, basado en el libre comercio, estaba retrocediendo frente al proteccionismo, y el nacionalismo económico de las grandes potencias.

Cuba, debido a su extrema dependencia del comercio exterior sufriría graves consecuencias.

La expansión del Estado oligárquico

A diferencia de las demás repúblicas latinoamericanas, donde el Estado colonial fue heredado por las oligarquías terratenientes tradicionales, en Cuba al comenzar la ocupación norteamericana en 1899, esas oligarquías casi habían desaparecido con la Guerra de Independencia de 1895, por tanto, la oligarquía se formaría a partir de la nueva clase política nacional proveniente de las luchas por la independencia, y de los nuevos intereses económicos extranjeros creados a partir de la inversión de capital, junto a los remanentes de la élite económica colonial formada por españoles.

Con el nacimiento del Estado cubano comienza a estructurarse la clase política nacional, primero a partir de las posiciones políticas electas, como fueron el presidente, el vicepresidente, los senadores, los representantes, los gobernadores provinciales, los alcaldes y los concejales en el nivel municipal, y paralelo a ellos comienza a estructurarse la burocracia pública, con todos los empleados del gobierno en los tres niveles, nacional, provincial y municipal, desde los ministros del gabinete, hasta los más modestos empleados municipales.

Esta maquinaria pública era financiada con los ingresos provenientes de los impuestos, los cuales en aquellos tiempos iniciales, casi en su totalidad provenían de los gravámenes sobre las importaciones, o sea eran colectados en las aduanas, y además algunos impuestos que gravaban el consumo, o sea que la recaudación fiscal del gobierno se hacía a través de impuestos indirectos, por lo cual los ingresos del Estado eran bastante reducidos y descansaban en el crecimiento económico, y en el volumen de las importaciones más específicamente, pero estas dependían a su vez de las exportaciones del país, o sea que el Estado cubano y la clase política, estarán directamente interesados en el crecimiento económico nacional.

Las rebajas implícitas para los artículos importados desde Estados Unidos contempladas en el Tratado de Reciprocidad Comercial de 1903 suponían un fuerte limitante a los ingresos del Estado cubano.

Por esta razón, el Estado cubano al encontrarse directamente interesado en el crecimiento económico, será contrario a cualquier proteccionismo, ya que este incide en el incremento de sus ingresos, y con ello la posibilidad de mantener y financiar una política clientelar efectiva, y en caso de recesión una caída de sus ingresos trae aparejado una desestabilización del aparato del Estado al debilitar las redes clientelares en las que se sustenta su control político.

El otro recurso disponible para la expansión de la clase política y del Estado, además de su control sobre los presupuestos, sería a través de los empréstitos concertados con la banca privada norteamericana, los cuales tenían que ser aprobados por el gobierno de Estados Unidos.

De esta forma el gobierno norteamericano controla la expansión del Estado cubano y de la clase política de manera indirecta, además de la intervención directa en las decisiones del gobierno, que ejercería de muchas formas apoyándose en el poder que les confiere la Enmienda Platt.

Durante este período, la incidencia del Estado en el funcionamiento de los mercados, ya sean estos de bienes y servicios, como de factores de producción será mínima, y se ejercerá fundamentalmente a través del otorgamiento de contratos para trabajos públicos, siempre bajo la supervisión de las autoridades norteamericanas, por lo que se puede decir que el capitalismo de libre mercado (*laissez-faire*) funciona sin interferencias significativas.

La lucha por el control del Estado; los alzamientos politiqueros y la diplomacia del dólar

Las luchas dentro de la clase política cubana por el control del Estado y sus presupuestos, y la existencia de la Enmienda Platt, la cual incentivaba el desorden político, llevaron rápidamente a que tuviera lugar una pequeña guerra civil conocida como la "Guerrita de agosto" que se desarrolló durante el mes de agosto de 1906 entre los partidarios de la reelección de Estrada Palma y el Partido Moderado, contra los liberales encabezados por el general José Miguel Gómez.

La situación escaló hasta que el gobierno de Estrada solicitó el cumplimiento del artículo tercero de la Enmienda Platt que implicaba la intervención militar norteamericana en Cuba por segunda vez. De esta forma fracasaba un primer experimento de República.

La segunda intervención comenzó en septiembre de 1906 y duró hasta 1909 siendo el gobernador del país Charles Magoon. Por segunda vez Estados Unidos intervenía en Cuba para evitar que determinados grupos populares tomaran el poder en la isla.

En el gobierno norteamericano en aquellos años se abría paso una concepción nueva con respecto a sus relaciones con las repúblicas de Centroamérica y el Caribe, que sería conocida como la "diplomacia del dólar" la cual se basaba en la idea de que el flujo de capital norteamericano hacia el Caribe, en forma de préstamos o inversiones directas de capital, promovería la estabilidad financiera la cual a su vez eliminaría al capital europeo, y terminaría con la inestabilidad política. De esta forma aumentaría la influencia norteamericana en las diferentes naciones del área al promover el endeudamiento y la dependencia del capital norteamericano, y de paso se eliminarían las condiciones que hubieran requerido la intervención armada de Estados Unidos.

Pero para promover la inversión de capitales norteamericanos en el Caribe era necesaria la promesa de asistencia y protección, ya que había otros destinos extranjeros para el capital norteamericano que ofrecían retornos comparables, y eran mucho menos riesgosos, por tanto, se trataba de inducir al capital a invertir con la promesa de obtención de buenas ganancias y protección.

El capital norteamericano necesitaría garantías contra legislación prejudicial; contra fuerza de trabajo organizada y militante; frente a amenazas a la vida y la propiedad; frente a la inestabilidad política, y frente a cualquier cosa que pudiera interrumpir el flujo de ganancias, y pusiera en peligro la propiedad.

Para garantizar esto se hacía necesaria la expansión del alcance de la intervención norteamericana en los asuntos internos de los países ampliando la autoridad sobre las administraciones locales, así en el caso de Cuba, las necesidades de la diplomacia del dólar llevaban a la expansión del alcance de la Enmienda Platt con una nueva interpretación de su articulado.

Como bien señala el historiador Louis Pérez Jr en su libro *Cuba Under the Platt Amendment 1902-1934*, lo que el gobierno norteamericano requería del Estado cubano era una economía abierta con libre acceso a los recursos del país; favorables condiciones de mercado; una clase trabajadora dócil; un clima amistoso de inversión que incluía mínima competencia, máxima protección y estabilidad política".

La expansión de la autoridad norteamericana sobre el sistema político nacional a partir de lo que se llamó la" intervención preventiva", que significaba la intromisión constante en todas las decisiones del gobierno cubano, coincidió con la llegada al poder de José Miguel Gómez y el Partido Liberal.

Esta política fue inaugurada durante el gobierno de José Miguel Gómez objetando todas las leyes y decretos que estuvieran relacionados con el desembolso de fondos públicos y la creación de contratos públicos que favorecieran intereses cubanos por encima de los intereses norteamericanos, lo cual puso en grave tensión las relaciones entre el gobierno cubano y el norteamericano debido a que los intereses de la clase política cubana en su expansión chocaban con los cada vez más extensos intereses económicos norteamericanos en la isla.

El Partido Liberal, desde que asumió el poder en 1909 estaba dispuesto a expandir el Estado cubano favoreciendo a sus partidarios y fortaleciendo así su clientela política.

Los Liberales inmediatamente comenzaron a expandir los servicios públicos y la nómina de los empleados del gobierno, así como programas y proyectos de desarrollo que favorecían directamente a miembros de la clase política, y no a contratistas norteamericanos.

Se crearon veinticinco nuevos municipios, aumentó la construcción de escuelas, y se contrataron más maestros, se establecieron nuevas oficinas de correo y telégrafos, se expandió la red ferroviaria y de carreteras, y se lanzaron iniciativas de grandes programas de trabajos públicos donde estaban envueltos subsidios e ingresos gubernamentales tales como el dragado de los puertos, la desecación de la Ciénaga de Zapata, el proyecto de regadío nacional, el ferrocarril de Caibarién a Nuevitas, etc. Todo esto fue siendo sistemáticamente objetado por los funcionarios norteamericanos.

Con los Liberales se consolida la burocracia pública, en un país que como hemos dicho se diferenciaba de las otras repúblicas de Latinoamérica en que el poder económico producía poder político, si no que era al revés, el poder político era la puerta al poder económico; la oligarquía nacional tenía su origen en el poder político, no en el poder económico.

La llegada al poder de los Liberales y José Miguel Gómez significó la expansión del poder de la clase política y su control sobre el Estado, coincidiendo con el incremento del intervencionismo de Estados Unidos como un medio para aumentar su control económico sobre Cuba.

La creación de la nueva clase media y alta nacional, adquirió impulso durante el gobierno de Gómez con la transferencia de ingresos que se producía desde la economía hacia la burocracia del

Estado en un proceso de captura de rentas, que después en gran parte se revertía en inversiones productivas, aunque una parte considerable se consumía de manera conspicua.

La interferencia constante de los funcionarios norteamericanos constituía un freno a la expansión de la clase política cubana, y también un freno a la expansión económica de los políticos convertidos en nuevos capitalistas.

Los ingresos del gobierno de Gómez crecieron a una tasa anual del 10.7% debido a que gobernó en medio de una bonanza económica provocada por una expansión sostenida de la industria azucarera. El valor de la zafra de 1913 fue un 24% mayor que la de 1909, y el volumen fue un 60% mayor, pero para sostener la creciente clientela política, el gobierno promulgó la Ley de la Lotería en 1909 que había sido abolida por Estrada Palma, y que se convirtió en un proveedor de corrupción y de sinecuras en manos de la presidencia.

En 1913 resultó electo por el Partido Conservador el general Mario García Menocal, que al igual que Gómez, tenía que afrontar dificultades con el erario público que le dejaba su predecesor en el cargo, lo cual se convirtió en una tradición de la política cubana desde Magoon, por lo que tuvo que contratar un empréstito de 10 millones de dólares con la Casa J. P. Morgan.

Uno de los principales problemas que tuvo que afrontar el gobierno de Menocal fue el auge del movimiento obrero el cual se manifestaba con continuas huelgas las cuales afectaban los cada vez más extensos intereses norteamericanos en la isla, y la creciente organización en diferentes sindicatos que abarcaban ramas completas de las actividades económicas del país, frente a las que el gobierno se mostró inflexible ante las demandas y las reprimió con fuerza.

El aumento de las huelgas infligiendo pérdidas a la propiedad extranjera en Cuba constituía un reto directo a los principios básicos de la diplomacia del dólar, por lo que el gobierno norteamericano presionó continuamente al gobierno de Menocal, el cual se caracterizó por un apego completo a la no intervención del gobierno en la economía, en tanto reprimía con dureza cualquier intento de organización de los trabajadores tanto en las áreas rurales como en las ciudades. Fue el apogeo del laissez faire[32]en Cuba.

En agosto de 1914 empezaba la Primera Guerra Mundial, que traería para Cuba una enorme bonanza azucarera, y consiguientemente un aumento súbito de los recursos del Estado. El gobierno de Menocal participó de un auge económico sin precedentes.

El promedio anual de ingresos del gobierno de Gómez fue de 31.7 millones de dólares, y el de Menocal fue de 56.2 millones de dólares, en tanto el promedio anual de gastos de Gómez fue de 24 millones de dólares en tanto el de Menocal fue de 74.1 millones de dólares.

Se contrataron cuatro empréstitos con la Casa J P Morgan por un monto total de 57 millones de dólares, en tanto el déficit presupuestario acumulado fue de 143 millones de dólares. La deuda pública aumentó en 24.5 millones; un 40% mayor de la que Menocal encontró al principio de su gobierno.

Viendo que el gobierno de Menocal se caracterizó por su interferencia nula en la economía, y la escasez de obras públicas, tenemos que concluir que ese enorme nivel de gastos fue en gran medida a parar a la expansión de la clase política nacional.

En las elecciones de 1917, Menocal recurrió al fraude electoral para reelegirse, provocando un nuevo alzamiento armado de los Liberales encabezados una vez más por el general José Miguel Gómez, dando inicio a lo que se conoció como la "Guerrita de La Chambelona" la cual fue sofocadapor el ejército de la República. Estados Unidos desembarcó algunas tropas en lugares específicos

32. El *laissez faire* es una teoría económica proveniente de los Fisiócratas franceses del siglo XVIII, que consiste en la no interferencia del gobierno en los asuntos económicos, ni en los negocios privados.

especialmente en Oriente y Camagüey, en tanto apoyaban a Menocal enviándole pertrechos militares, así como apoyo diplomático, haciendo saber que Estados Unidos no reconocería a ningún gobierno proveniente de una insurrección armada, evitando así una tercera intervención en Cuba, en momentos en que entraban en la Primera Guerra Mundial.

De esta forma Menocal se mantuvo cuatro años más en el gobierno de Cuba hasta 1921.

Estos alzamientos se enmarcan en la lucha por parte de las diferentes facciones de la clase política cubana por el control del Estado y sus presupuestos, así como el acceso a fuentes económicas de ingresos.

Recursos con que contó el Estado cubano: Ingresos, empréstitos y gastos 1903-1920

Este período abarca los gobiernos de Tomás Estrada Palma; la Segunda intervención Norteamericana; José Miguel Gómez, y Mario García Menocal.

El gobierno de Tomás Estrada Palma entre 1902 y 1906 recaudó por medio de impuestos 135.6 millones de dólares, y concertó empréstitos por valor de 46.2 millones de dólares, para un total de 181.8 millones de dólares, que representaron el 19.6% del Ingreso Nacional.

El gobierno de Charles Magoon, durante la Segunda Intervención Norteamericana entre 1906 y 1909, recaudó en impuestos 60.3 millones de dólares, y no concertó ningún empréstito, para un total de 60.3 millones de dólares, representando el 7.7% del Ingreso Nacional.

El gobierno de José Miguel Gómez, de 1909 a 1913, recaudó por medio de impuestos 150.1 millones de dólares, y concertó empréstitos por valor de 16.5 millones de dólares, para un total de recursos de 16.6 millones de dólares, lo cual representó el 9.8% del Ingreso Nacional.

El gobierno de Mario García Menocal, de 1914 a 1921, recaudó por medio de impuestos la cantidad de 513.6 millones de dólares, y concertó empréstitos por valor de 52 millones de dólares, por lo que contó con recursos por valor de 565.6 millones de dólares, para un 10.1% del Ingreso Nacional.

Durante los años del presidente José Miguel Gómez, los déficits presupuestales sumaron la cantidad de 20.5 millones de dólares, y durante el gobierno de Menocal sumaron 130 millones de dólares.

La información para la elaboración de los tres gráficos inferiores proviene de "Cuba: A Handbook of Historical satistics" Sussan Schroeder. Los cálculos son del autor.

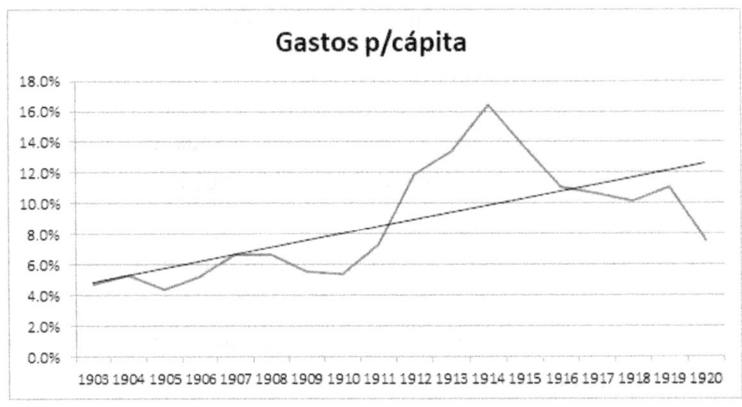

El gráfico anterior muestra los gastos del gobierno dentro del per cápita, y podemos ver cómo la proporción del gasto del gobierno en relación con el per cápita nacional creció rápidamente entre 1910 y 1914 con el gobierno de José Miguel Gómez, llegando a ser más del 16% en 1914.

Esto indica que el gobierno gastaba más rápido de lo que crecía el Ingreso Nacional del país, sin embargo durante el gobierno de Menocal va disminuyendo, pues a pesar de que el gobierno gasta más, el incremento del ingreso Nacional que tuvo lugar en el período fue mucho mayor.

En el próximo gráfico se muestra la presión fiscal, esta se refiere a los niveles de ingreso del

Estado en relación con el Ingreso Nacional, y como se puede observar, la tendencia es descendente desde un nivel máximo que se alcanza durante la Segunda Intervención.

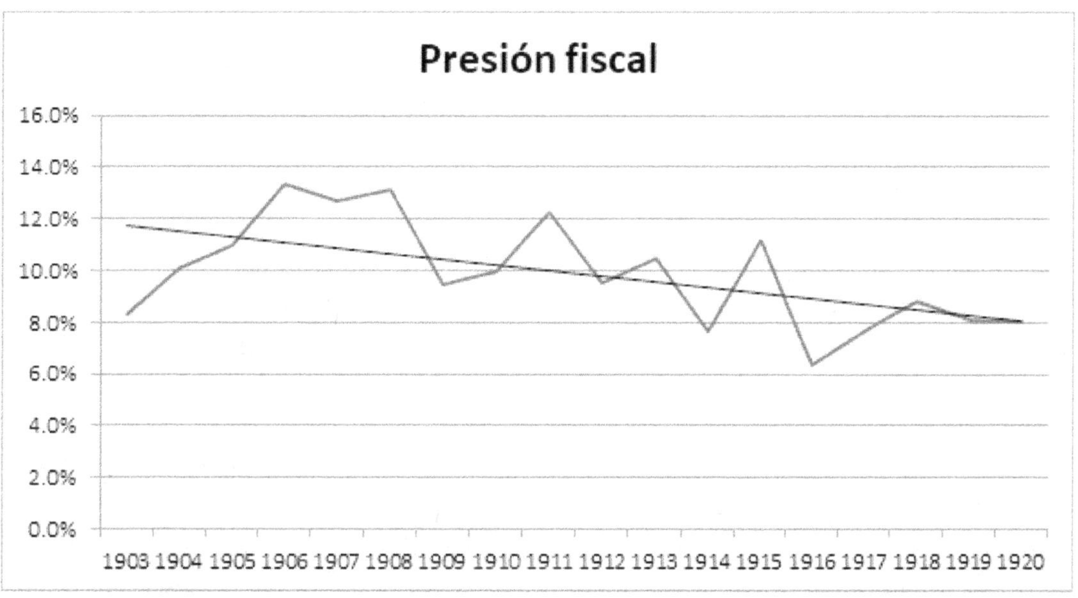

Esto sucede porque el Estado cubano no tiene a su disposición medios para aumentar la presión fiscal, o sea, se encuentra muy limitado en su capacidad de incrementar los impuestos, por lo que para aumentar sus gastos tiene que recurrir al déficit y al empréstito, convirtiéndose en una tradición dejar al gobierno entrante un desorden en el erario público.

Podemos concluir que aunque el Estado gasta más, su tamaño relativo disminuyó entre la Segunda Intervención y el gobierno de Menocal, o sea la relación entre el gasto del gobierno y el Ingreso Nacional.

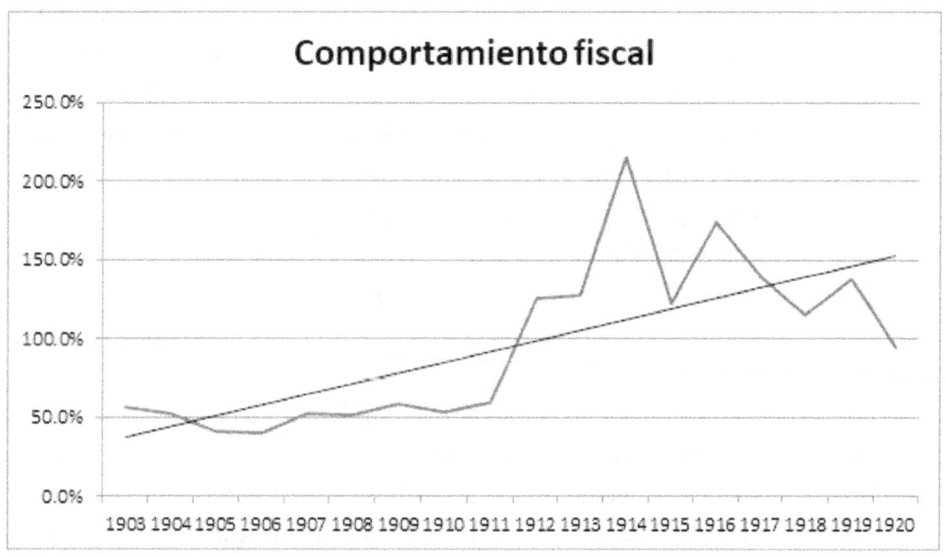

En el gráfico anterior vemos como el Estado a partir de 1911, comenzó a gastar sistemáticamente más de lo que ingresaba, requiriendo constantemente de empréstitos norteamericanos para financiarse, especialmente para sostener la política clientelar. Con el gobierno de Menocal se regresó un poco a la responsabilidad fiscal.

Este comportamiento se encontraba alineado con los principios de la diplomacia del dólar, a pesar de que eran resultado de una irresponsabilidad fiscal que Estados Unidos veía con preocupación como desestabilizador no tan solo económicamente, si no también políticamente.

Los alzamientos de 1906 y de 1917 mostraban la fragilidad del sistema político cubano que la Enmienda Platt, lejos de estabilizar con el Artículo III, contribuía a debilitar alentando el desorden.

La combinación de disminución de la presión fiscal, y el incremento del gasto público solo podía sostenerse con base a incremento de la deuda pública financiada con empréstitos norteamericanos.

El gobierno norteamericano sabía que para mantener una estabilidad política, aunque fuera precaria, era necesario que el Estado oligárquico cubano mantuviera su crecimiento de forma tal que pudiera asimilar de manera sostenida la incorporación de nuevos elementos, y si el crecimiento económico no permitía la expansión de las recaudaciones presupuestarias, era necesario que el gobierno cubano tuviera acceso a financiamiento norteamericano por medio de un aumento limitado de la deuda pública, siempre que se mantuviera dentro de lo establecido en el Artículo Segundo de la Enmienda Platt.

Durante el gobierno de José Miguel Gómez comienza una participación indirecta del Estado en la economía, que se materializa a través del establecimiento de programas públicos y proyectos de desarrollo, así como la creación de nuevas agencias gubernamentales, y la expansión de algunas ya existentes, siempre favoreciendo a los nacionales por encima de los norteamericanos, lo que conducía a una tensión constante entre el gobierno de Gómez y las autoridades de Estados Unidos.

El ministro norteamericano en Cuba comentaba en 1912 acerca de la administración de los Liberales "Hay una marcada tendencia a incrementar el número de funcionarios públicos con la creación de nuevas posiciones, y el restablecimiento de municipalidades las cuales habían sido disueltas en 1902. Se dice que dos tercios de los ingresos de la República se dedican a pagar los salarios de los empleados del gobierno"[33] En el año 1906, durante la Segunda Intervención Norteamericana, en la nómina del gobierno a nivel nacional, provincial, y municipal había 25, 600 empleados, en tanto en 1911 pasaban de 35 mil.

La victoria de los Conservadores en 1913 con el general Mario García Menocal como presidente, y el estallido de la Primera Guerra Mundial que impulsó un crecimiento rápido de la demanda de azúcar y de las inversiones en la isla, aliviaron las tensiones entre el gobierno cubano y las autoridades norteamericanas, pero su constante intromisión había reavivado los sentimientos nacionalistas en Cuba.

El gobierno de Estrada Palma (1902-1906) se caracterizó en lo económico por una concepción muy primitiva de ahorro sin ejecutar casi ningún trabajo público tan necesario en aquellos tiempos en que aún no se había completado la reconstrucción del país. Por esta razón el gobierno de Estrada Palma dejó un superávit en el Tesoro de casi 14 millones de dólares.

A diferencia del gobierno de Estrada, el gobierno interventor de Charles Magoon (1906-1909) llevó adelante muchas más obras públicas de infraestructura, a pesar de que la situación económica durante sus años de gobierno no fue muy favorable debido a la recesión de 1907-1908, que fue una consecuencia de la recesión en Estados Unidos denominada el "Pánico de 1907". Por esta razón durante su gobierno hubo mucha inquietud laboral que se tradujo en múltiples huelgas.

El gobierno de José Miguel Gómez (1909-1913) fue mucho más activo en la intervención del Estado en la economía a través de la promoción de proyectos de alcance nacional, y en la aprobación del ingreso de braceros antillanos para abastecer de labor a los grandes centrales que se estaban construyendo en la zona oriental del país.

33. "Cuba Under the Platt Amendment 1902-1934" Louis A Pérez, Jr.

La única ley de alcance social de su gobierno fue la llamada Ley Arteaga de 1910, que prohibió el pago de los salarios a los trabajadores en vales o fichas. También reintrodujo la Lotería que había sido prohibida en tiempos de Estrada Palma.

El período de Gómez estuvo marcado por dos recesiones de corta duración; una en 1911, y la otra en 1913, causadas por la caída del precio del azúcar entre 1911 y 1913.

El gobierno de Mario García Menocal (1914-1921) transcurrió en medio de la enorme bonanza económica de la Primera Guerra Mundial, y la posguerra, pero terminó en medio del desastre del Crack de 1920-1921.

Los ingresos fueron gigantescos, pero también los gastos, ya que todos los años de su gobierno fueron deficitarios, y además se concertaron varios empréstitos con la banca norteamericana.

Durante su gobierno se promulgó la Ley de Defensa Económica que dio lugar a la creación de la primera moneda nacional, pero casi no se llevaron a cabo trabajos de obras públicas de infraestructura.

Entre 1907 y 1919 la población de Cuba había aumentado en 840 mil personas, o sea una tasa de crecimiento anual del 3.7%, con un fuerte componente de inmigrantes extranjeros.

Entre 1907 y 1919, el ingreso promedio por trabajador, a valores constantes de 1907, fue un 72.5% mayor, y el nivel general de precios en Cuba aumentó un 47.7%, por lo que hubo un notable incremento en los ingresos reales de los trabajadores, y en el nivel de vida general.

Esto dio lugar a una verdadera revolución social, con la formación de una clase media y alta nacional, tal como lo describe José Antonio Ramos en el "*Manual del prefecto fulanista*".

En el año 1919, la productividad del trabajo, a valores constantes de 1907 fue un 75% superior a la de 1907 y la distribución del Ingreso Nacional en 1907, fue de un 53.6% para el trabajo y un 46.4% para el capital, y en 1919, la participación del trabajo fue de un 52.8% y el capital el 47.2%.

El Estado Oligárquico Liberal llegaba a su apogeo económico al comenzar la década de 1920.

La recesión de 1920-21. La primera crisis económica del Estado oligárquico-liberal

En el año 1914, bajo el gobierno de Mario García Menocal, siendo secretario de Hacienda Leopoldo Cancio Luna, se efectuó la primera reforma monetaria del período republicano con la emisión del peso cubano metálico, en oro, plata, y níquel, exactamente igual a la moneda metálica norteamericana. En la monografía dedicada al dinero y la banca detallamos más lo que fue esta reforma monetaria.

Entre sus propósitos se encontraba inyectar liquidez al sistema económico de Cuba para buscar una recuperación de la recesión del año 1912-1913, pero la emisión tenía que ser en metálico manteniéndose en el patrón oro, debido a que Cuba no estaba autorizada a emitir dinero fiduciario según el artículo segundo de la Enmienda Platt que ya hemos explicado, por tanto, la emisión tenía que ser metálica, y la de plata limitada, pues la plata al perder valor intrínseco, se crearía rápidamente en un patrón plata fiduciario.

Con la Primera Guerra Mundial, la demanda de azúcar tuvo un incremento exponencial, y consiguientemente los precios, que aunque se convenió un precio fijo con Estados Unidos, como contribución al esfuerzo bélico de los Aliados, de los cuales Cuba formó parte desde 1917, este fue el triple en 1919 del precio de 1913. Esto provocó un enorme flujo de dinero hacia la economía cubana. El valor de la zafra de 1919 fue más de cuatro veces el valor de la de 1913.

La inflación monetaria creada por la Primera Guarra Mundial, y el levantamiento de los controles de los precios en Estados Unidos en 1919 provocó un súbito ascenso de los precios de las materias primas, entre ellas el azúcar, que alcanzó niveles mayores que otras materias primas debido a que gran parte de la industria de azúcar de remolacha europea estaba destruida por la guerra creándose lo que en Economía se llama una burbuja.

Los precios promedio del azúcar en 1919 habían alcanzado la cifra de 5.06 centavos la libra, y desde los inicios de 1920 comenzaron a ascender de manera exponencial hasta que el día 19 de mayo alcanzó el nivel récord de 22.5 centavos la libra.

Teniendo como colateral los elevadísimos precios del azúcar, se expandió el crédito bancario de manera irresponsable por parte de muchos bancos cubanos, entre ellos los dos más grandes que eran el Banco Nacional y el Banco Español, ya que en Cuba no existían controles sobre la banca.

Entre 1915 y 1920 abrieron oficinas en La Habana el Canadian Bank of Commerce, el National City Bank of New York, el Mercantile Bank of the Americas y el American Foreing Bank Corporation, además de treinta bancos cubano-españoles. Entre 1915 y 1920, los depósitos bancarios crecieron un 216%, los préstamos crecieron un 192%, y el dinero creado por los bancos un 319%.

En 1919 Estados Unidos comienza a ajustar su economía de tiempos de guerra a la normalidad provocando una contracción en la oferta monetaria que dio lugar a una rápida caída de los precios de las materias primas. Los precios del azúcar cayeron estrepitosamente. El 13 de diciembre de 1920 la libra de azúcar se estaba cotizando en el mercado de Nueva York a 3.75 centavos. Esto representó un derrumbe de un 83.3% en apenas siete meses. En Cuba tuvo lugar una catástrofe, pues no había manera de pagar las deudas, y en octubre se produjo una corrida bancaria que obligó al gobierno de Menocal a decretar una moratoria con el objetivo de salvar el sistema bancario nacional que peligrosamente se había sobre extendido en sus préstamos. Al año siguiente terminó la moratoria y quebraron toda una serie de bancos nacionales, quedando el sistema bancario prácticamente en manos de los bancos extranjeros que fueron casi los únicos que se pudieron salvar debido al apoyo de sus casas matrices.

De la misma forma que quebraron los bancos por no poder pagar sus obligaciones con los depositantes, quebraron una gran cantidad de negocios e individuos por no poder pagar sus deudas, y entre ellos, y fundamentalmente los hacendados y colonos. Muchos centrales azucareros pasaron a manos de los bancos norteamericanos, al igual que otro tipo de propiedades tales como colonias de caña, plantaciones de tabaco, fincas ganaderas, así como bienes raíces urbanos, etc.

En aquellos tiempos, los primeros afectados por las recesiones económicas eran los trabajadores que veían inmediatamente caer sus salarios para mantener las ganancias de las empresas, y seguidamente aumentaba el desempleo.

La rápida y profunda recesión de 1920-1921 conmocionó las bases del sistema republicano nacido en 1902.

La clase empresarial nacional se vio sacudida por la crisis, la cual igualmente se reflejó en la clase política. Las elecciones de 1920 parecía que iban a conducir a una nueva guerra civil en medio de una situación económica caótica.

El Ingreso Nacional de 1921 fue un 50% del de 1920, y los ingresos del Estado consiguientemente cayeron un 47%; por primera vez la balanza comercial y de pagos de Cuba fue desfavorable, y se hizo necesario suspender el pago de la deuda pública.

El gobierno norteamericano despachó un enviado especial, el general Enoch Crowder con el objetivo que de evitar nuevos desórdenes armados que pudieran obligar a una intervención militar.

El nuevo presidente, Alfredo Zayas Alfonso, necesitaba desesperadamente concertar un empréstito para que pudiera reactivarse la maquinaria clientelar y restablecer el equilibrio dentro de la clase política cubana debido al desastre financiero heredado de su antecesor el general García Menocal, como era ya una costumbre.

El período de 1921 a 1925 será el preámbulo del final del Estado Liberal-oligárquico, y en estos años comienza a cobrar fuerza el nacionalismo cubano tanto dentro de la clase política como dentro de la sociedad cubana en general, especialmente entre intelectuales, estudiantes y clase media urbana.

El gobierno de Alfredo Zayas: 1921-1924. La transición entre la prosperidad y la crisis

El gobierno de Alfredo Zayas marcó un período de transición donde afloraron los principales problemas que aquejaban al Estado cubano, ya que la situación financiera amenazaba con paralizar el funcionamiento de la maquinaria política que hasta cierto punto sostenía la precaria estabilidad del país que se abocaba una vez más a la guerra civil.

Por otro lado, el proceso de formación de la estructura social de la Cuba republicana empezaba a detenerse, y esto constituía un componente adicional que se sumaba a la fragilidad de la sociedad cubana de la primera parte de la década de 1920.

Zayas llegaba a la presidencia con el Tesoro vacío, y sin poder pagar las obligaciones de la deuda pública por primera vez durante la República, y con un enviado especial norteamericano, así como toda una serie de contratos públicos pendientes de pago junto a salarios también pendientes que constituían la deuda flotante del Estado. El gobierno se encontraba en una necesidad desesperada de un nuevo empréstito que se estimaba llegaba a 50 millones de dólares para poder salir adelante, pero este préstamo estaba condicionado por el gobierno norteamericano al compromiso de reformas y reorganización del Estado cubano. Estados Unidos insistía en que para calificar para el empréstito, el presupuesto cubano tenía que reducirse, en tanto aumentar los ingresos, invocando como siempre el Artículo II de la Enmienda Platt.

La práctica clientelar y la corrupción minaba todos los aspectos de la administración pública por lo cual el enviado norteamericano consideraba que sería un gasto inútil hacer un empréstito a Cuba para mantener en funcionamiento esa maquinaria corrupta.

Por otra parte, la clase política cubana veía peligrar sus fuentes de rentas y de poder.

El gobierno de Zayas terminó cumpliendo con las exigencias norteamericanas de reorganización momentáneamente a partir de la formación de lo que se llamó el "Gabinete de la Honradez", que consistía en nuevos ministros sugeridos y aprobados por el propio general Crowder. De esta manera, finalmente fue aprobado el empréstito de 50 millones de dólares, por lo que sumado a un empréstito anterior de 5 millones de dólares, el total de los empréstitos concertados por el gobierno de Zayas fue de 55 millones que permitieron financiar al Estado clientelar una vez más.

En este período los precios del azúcar se comportaron de manera errática anunciando la futura recesión. En 1923, reflejando la invasión francesa en el Rhur, Alemania, los precios tuvieron un ascenso significativo, para luego descender una vez más al año siguiente; en 1924 los precios promedio eran un 23.2% mayores que los de 1921, y el valor de la zafra fue un 29% superior.

Las importaciones durante el gobierno de Zayas disminuyeron un 19%, y los ingresos del Estado en 1924 fueron un 15% inferiores a los de 1921, los gastos del gobierno se mantuvieron estables, lo que dio lugar a que se acumulara un déficit presupuestal de 59.4 millones de dólares el cual fue financiado con los empréstitos concertados. En 1924 la deuda pública ascendía a 105.6 millones de dólares; un aumento de un 20% con respecto a la deuda pública dejada por Menocal, pero la deuda del gobierno de Menocal en 1920 representaba el 7.4% del Ingreso Nacional de ese año, en tanto la de

Zayas en 1924 representaba el 13.4% del Ingreso Nacional de ese año, y una presión fiscal per cápita de 11.7 % de haber sido un 8% en 1920.

Por otra parte, Estados Unidos estaba destruyendo la cooperación con Cuba establecida en el Tratado de Reciprocidad con un rápido crecimiento de las tarifas proteccionistas que habían subido en 1921 y en 1922 con relación al azúcar importado en un momento en que los precios comenzaban a declinar debido a la recuperación de la industria azucarera europea. Esto implicó entre 1921 y 1924 una pérdida para los productores de azúcar en Cuba de 162.8 millones de dólares, debido al aumento de las tarifas al azúcar crudo a la entrada en el mercado norteamericano que ascendieron ¾ centavos por cada libra.

El alza de los derechos de aduana se reflejó en Cuba creando una situación deflacionaria; el nivel de precios al consumidor en 1924 fue un 11.5% inferior al de 1921, siendo favorecidos los trabajadores, en tanto perjudicaba a los empresarios; favorecía a los prestamistas, y perjudicaba a los prestatarios.

El ingreso promedio real por trabajador en 1924, -a valores constantes de 1921- fue un 37% superior al de 1921, y la participación del trabajo dentro del Ingreso Nacional, de ser un 54% en 1921, pasó a ser un 59.3% en 1924.

Como analizamos más arriba, el movimiento obrero fue ganando en organización hasta llegar a la creación de una central sindical nacional, la Confederación Nacional de Obreros de Cuba (CNOC) en 1925, que incorporaba en sus reclamos y demandas no tan solo nacionalización del trabajo si no protección al trabajador frente a los vaivenes de la economía.

Los empresarios no-exportadores a través de la creación de diferentes organizaciones presionaban por medidas proteccionistas nacionalistas frente a la competencia de los productos norteamericanos, pero especialmente se encontraban perjudicados por la situación deflacionaria.

La sociedad civil por su parte, reclamaba frenar la corrupción de la clase política basada en el clientelismo del cacique y el caudillo, en lucha por el control del Estado, en tanto no proveían ningún servicio social.

De estos reclamos surgió el "Movimiento de Veteranos y Patriotas" de 1923-1924, el "Comité de los Cien" en 1922, las denuncias reiteradas de intelectuales como Enrique José Varona y Fernando Ortiz, la "Protesta de los Trece" en 1923, etc.

También debido a la crisis de 1920-1921 se unen al reformismo nacionalista los hacendados y colonos que ven en peligro su posición y sus intereses económicos frente al avance incontenible del capital norteamericano sobre la industria azucarera.

En el año 1924 los norteamericanos eran dueños del 85%de la industria azucarera de Cuba, y poseían los centrales mayores y más capitalizados, por lo que podían lograr grandes economías de escala, y los más bajos costos unitarios, además de que la mayoría de ellos se encontraban integrados verticalmente o sea pertenecían a consorcios norteamericanos dueños de refinerías en Estados Unidos, esto los colocaba en una situación muy ventajosa frente a los centrales de cubanos, ya que podían operar en un contexto de precios bajos, y altos aranceles, y después de 1920 este era el panorama del mercado azucarero mundial.

Los hacendados cubanos sabían que de continuar expandiéndose las capacidades y la producción de azúcar, los precios seguirían cayendo, lo que unido a la elevación de las tarifas norteamericanas, se les haría imposible continuar en el mercado, precipitándolos a una ruina irremediable, y a que los bancos y corporaciones norteamericanas se apoderaran de ellos, por tanto, los hacendados y colonos reclamaban una política proteccionista que incluyera la restricción a la inversión y a la producción de azúcar para tratar de controlar la caída de los precios en los mercados.

Por último, la crisis del gobierno cubano dificultaba su expansión, y la capacidad de patronaje del sistema clientelar de caciques y caudillos, en los que se sostenía la gobernabilidad del país, y perjudicaba directamente a las clases medias nacionales que tenían en el Estado su principal y casi único empleador.

Todos estos reclamos chocaban con el obstáculo insalvable que representaba la Enmienda Platt la cual limitaba la soberanía de Cuba, por ello se generalizaba entre la sociedad la demanda de abolirla, y de que debían ser revisados los tratados con Estados Unidos.

La clase política y la clase empresarial de Cuba, a mediados de la década de 1920, al detenerse la dinámica del crecimiento económico, se encontraban abocados a una crisis política y social, por lo que sentían de manera consciente o inconsciente, que eran necesarias reformas profundas que debían ser acometidas por un Estado dirigido por Alfredo Zayas que se mostraba incapaz e incompetente, paralizado por la corrupción.

Resumen de la evolución del Estado oligárquico-liberal entre 1902 y 1925

A pesar de tener Cuba una Constitución, muy pocas leyes complementarias que favorecieran los intereses de los cubanos pudieron hacerse, debido a que por encima de ella se encontraba la Enmienda Platt cuyo articulado era interpretado por las autoridades norteamericanas coartando la posibilidad de legislar.

El Artículo IV de la Enmienda Platt planteaba que:

"Todos los actos realizados por Estados Unidos en Cuba durante su ocupación militar sean tenidos por válidos, ratificados, y que todos los derechos legalmente adquiridos a virtud de ellos sean mantenidos y protegidos".

De esta forma quedaron vigentes en Cuba prácticamente toda la legislación colonial, y así de esta forma serían respetados y mantenidos; el Código Penal de 1870, el Código de Comercio de 1886, la Ley Hipotecaria de 1893, la Ley de Minería de 1859, la Ley de Obras Públicas de 1866, la Ley del Notariado de 1863, el Código Civil de 1862, y fue respetada la propiedad y el régimen de tierras de la época colonial[34].

Durante este primer cuarto de siglo se consolidó la clase política cubana, no solamente en el estrato de los políticos profesionales, y burócratas gubernamentales siempre en crecimiento, si no también se crea un empresariado vinculado al gobierno a través de contratos públicos, muchas veces ligados, o como intermediarios de compañías extranjeras especialmente norteamericanas. Además tuvo lugar el crecimiento exponencial de receptores de beneficios del gobierno que forman parte de la clientela de los diferentes partidos.

El poder de los caudillos y caciques de la política local se basa en el nivel de recursos de que dispone para conceder favores y beneficios a cambio de apoyo político.

Un segmento de esta clase política se incorpora a la clase productiva a partir de los ingresos que le ha proporcionado el Estado, convirtiéndose en empresarios siempre vinculados al gobierno por una parte, y por la otra a los intereses económicos norteamericanos debido a sus vínculos políticos.

Durante estos años también va tomando forma la sociedad empresarial y la sociedad civil en Cuba, que presiona a la clase política desde abajo en busca de cambios en el manejo del gobierno, y en busca de protección frente a la competencia extranjera.

---

34. "Cuba: Geopolítica y pensamiento económico" J. Álvarez Diaz A Arredondo, R M Shelton y J Vizcaíno.

La presión de la clase política nacional por ampliar su control sobre el Estado, los reclamos de mayor protección frente a la competencia extranjera por parte del empresariado nacional, el temor de las clases medias y de la intelectualidad de la desaparición de la nación cubana frente a lo que se percibía como el avance implacable de los intereses extranjeros en Cuba en detrimento de los intereses nacionales, unido a las demandas de la clase trabajadora por medidas a favor de la nacionalización del trabajo, van a sembrar las primeras semillas del nacionalismo cubano ya en la primera mitad de la década de 1920.

En este período, junto a la clase política, creció la clase obrera, la clase media y la clase empresarial nacional retando a los intereses extranjeros. El producto social del período fue una clase media y una clase política nacional, acompañada por un sentimiento nacionalista.

¿Cómo se manifestó el crecimiento del Estado?

En primer lugar tenemos el crecimiento del empleo en el sector público, el cual era una fuente importante de clientelismo para los partidos políticos.

Año	Empleo Total	Público	%	Crecimiento
1907	744,156	25,599	3.44	
1911	819,100	35,000	4.27	9,401.
1916	882,400	37,862	4.29	2,862.
1924	1,089,800	41,817	3.84	3,955.

Como podemos ver en la tabla anterior, el empleo público absorbía como promedio el 4.5% del empleo total.

Entre 1907 y 1924, la fuerza de trabajo creció a una tasa anual del 3.2%, mientras que el empleo en el sector público lo hizo a una tasa anual del 3.7%, o sea absorbía cada vez mayor cantidad de fuerza de trabajo aumentando así el número de personas que vivían del Estado.

Evolución de los presupuestos de secretarías seleccionadas:

En la tabla inferior se analiza la evolución de los presupuestos de varios ministerios seleccionados con el objetivo de ver hacia donde se dirigió el gasto gubernamental presupuestado durante la etapa de florecimiento del Estado Liberal-oligárquico o sea entre 1909 y 1925.

Las partidas más importantes de los presupuestos evolucionaron de la siguiente forma entre 1909 y 1925 en relación con el presupuesto total.

Partidas	1909	1925	Diferencia.
Obras Publicas	20.8%	11.7%	-9.1%
Educación	15.1%	25.8%	10.7%

El presupuesto per cápita en Obras Públicas en 1909 fue de 2.60 dólares, y en 1925 de 1.80 dólares. Con el gobierno de Machado comenzaría el Plan de Obras Públicas.

En Educación, en 1909 el presupuesto per cápita fue de 1.89 dólares, y en 1925 de 4.10 dólares.

En Sanidad, el presupuesto per cápita en 1909 fue de 1.93 dólares, y en 1925 fue de 1, 54 dólares.

Hay una caída en los servicios públicos per cápita en obras públicas y sanidad, aunque aparece un incremento notable en educación.

La secretaría que tenía la porción mayor del presupuesto era en 1910 Defensa con un 22.8% del presupuesto, y Educación en 1926 con un 25.8% del presupuesto (Cálculos del autor).

Presupuestos de diferentes secretarías	En miles de dólares			
Ministerio	1909-10	1913-14	1921-22	1925-26
Estado	613.5	717.3	1, 261.8	1, 768.2
Gobernación	1, 798.2	1, 452.5	2, 079.2	4, 110.0
Comunicaciones	1, 501.2	1, 858.1	3, 977.7	4, 914.6
Justicia	158.9	221.6	265.2	320.5
Hacienda	2, 503.8	2, 909.7	4, 581.9	4, 227.0
Sanidad	4, 154.3	3, 785.0	6, 152.3	5, 278.7
Obras Publicas	5, 613.5	3, 704.6	8, 756.1	6, 385.8
Agricultura y comercio	376.9	488.4	1, 400.9	900.7
Defensa	6, 161.3	7, 298.4	15, 099.2	12, 482.9
Educación	4, 072.0	4, 782.0	10, 406.0	14, 058.0
	26, 953.6	27, 217.6	53, 980.3	54, 446.4

Fuente: "A Study on Cuba" Cuban Economic Research Project

1. Recaudaciones presupuestarias (1903-1924): 1, 079.6 millones de dólares. El 9.9% del ingreso Nacional.
2. Empréstitos concertados: 205.0 millones de dólares.
3. Total recursos del Estado: 1, 284.0 millones de dólares.
4. Gasto del Estado (1903-1924): 1, 164.0 millones de dólares que representaron el 10.6% del ingreso Nacional.

La capacidad legislativa y regulatoria del Estado era limitada así como su capacidad impositiva, y no tenía poder de llevar adelante una política monetaria de tipo redistributivo, de esta manera, su política estaba basada en el aumento del presupuesto por medio del crecimiento económico, y en la capacidad de obtener préstamos norteamericanos. Si el país no crecía por una situación de recesión, y los préstamos norteamericanos se acababan, el sistema político cubano se derrumbaba como sucedió en 1920-21, y en 1929-33.

La intervención del Estado en la economía fue muy limitada, solamente a través de algunos proyectos públicos, pero no pudo aumentar su capacidad regulatoria impedido por la oposición de las autoridades norteamericanas, consecuencia de la injerencia preventiva que requería la diplomacia del dólar.

En el año 1903, el ingreso per cápita del Estado fue un 8.4% del per cápita general de los cubanos, y en 1924 fue un 11.7%, o sea un aumento de la presión fiscal, y la capacidad recaudatoria de un 3.3%, y en 1903, los gastos per cápita del gobierno representaron un 5% del per cápita general, y en 1924 eran un 12.7%, lo cual significa un incremento en el gasto per cápita del gobierno de un 7.7%.

El gobierno aumentó su capacidad impositiva, y más aún su capacidad de gastar, por lo que entre 1912 y 1924, con la excepción de 1920 y 1921, todos los años fueron deficitarios y tuvieron que ser cubiertos con empréstitos.

Resultan muy interesantes algunas de las evaluaciones que acerca de la República de Cuba a mediados de la década de 1920, expresan diferentes analistas que fueron testigos presenciales.

El primero de ellos sería Charles E Chapman que escribió *A History of the Cuban Republic* publicado en 1927. Este libro constituye un profundo análisis crítico de los problemas de la política cubana.

> Cuba tiene un Congreso que nunca ha pasado la legislación constructiva que exige la Constitución de 1901, en tanto se muestra siempre listo para promulgar proyectos de ley los cuales benefician solamente a los políticos... Es Cuba la que debe pagar. El costo de soportar su clase política parásita, finalmente recae sobre el pueblo en su totalidad...
>
> Un número importante de reformas pueden sugerirse para la corrección de los males existentes, pero probablemente sería un gasto de tinta, pues aún si se adoptaran, no cambiarían las cosas una coma, porque el problema no está en las leyes o en la Constitución si no en los hombres que están al frente de los asuntos políticos. En vez de estadistas desinteresados, la República ha desarrollado una clase política que es una carga sobre la vida de la isla....

Otro de los extranjeros que expresó su opinión acerca de la situación de la República de Cuba en aquellos momentos fue el español Luis Araquistaín en su libro *La agonía antillana* publicado en 1928.

Entre las muchas observaciones interesantes que contiene el libro, el autor plantea lo siguiente en relación con la influencia que ejercían Estados Unidos sobre Cuba.

> Veo desmoronarse la obra que con todos sus errores y torpezas levantó España, preparando al pueblo cubano, lo mismo que al resto de la América hispánica—sin darse cuenta, en cumplimiento de una ley histórica superior a sus intereses particularistas—, para la nacionalidad, hoy gravemente comprometida no solo por las restricciones a su independencia que estatuye la impuesta Enmienda Platt, y el forzoso Tratado Permanente, si no por la hegemonía política y social del capitalismo norteamericano... Una revolución que amenace los intereses norteamericanos, ya porque aspire a destruir el régimen de latifundios, ya porque quiera controlar el capitalismo extranjero que hoy domina a Cuba, provocaría automáticamente la aplicación de la Enmienda Platt.

En 1928 se publica el libro de Leland Jenks *Our Colony of Cub*" famoso dentro de la historiografía cubana, pues Jenks fue un testigo de primera mano de los acontecimientos sucedidos en Cuba durante la década de 1920.

En dicho libro él plantea, refiriéndose al nacionalismo en Cuba, que este se había convertido en la ideología más prominente dentro del escenario del pensamiento cubano, y cuáles fueron las causas de que esto sucediera.

> La guerra mundial y el desarrollo de la industria azucarera, dio lugar a la emergencia de una clase empresarial en Cuba, y con ella ha llegado como era de esperarse el nacionalismo como un movimiento el cual es ahora un factor decisivo en la escena cubana. La bancarrota de 1920-1921, y el fracaso de la misión Crowder, convirtieron al nacionalismo en la ideología más sobresaliente del país a partir del año 1923, con el Movimiento de Veteranos y Patriotas, y la Junta Cubana de Renovación Nacional y Cívica, y también el programa del Partido Liberal que llevó a Machado al poder.
>
> La crisis económica hizo por primera vez que salieran a la luz las que se consideraban las principales dificultades económicas por las que atravesaba Cuba.

1. "Subordinación de toda nuestra economía a la producción de azúcar".
2. "Exagerada ascendencia del capital extranjero invertido en Cuba".
3. "Insuficiencia de producción agrícola para las necesidades esenciales del pueblo".
4. "Ventajosa competencia de productos extranjeros con productos similares producidos en el país".
5. "Carencia de un sistema bancario nacional".
6. "Dominio del comercio por parte de los extranjeros".
7. "Creciente número de inmigrantes debido a una falta de legislación restrictiva adecuada".

Este había sido el resultado de la integración de Cuba en el sistema económico internacional; dominio de una oligarquía basada en el control de los recursos (tierra, labor, y capital) del sector exportador super especializado, una enorme inversión de capitales, y una numerosa inmigración, una economía doméstica dominada por los productos importados, y un sistema financiero rígido basado en el patrón oro.

Por último citaré una conferencia pronunciada por el Dr. Fernando Ortiz[35] titulada "*La decadencia cubana*".

En dicha conferencia Ortiz cita toda una serie de datos métricos que sustentan su tesis de la decadencia cubana a mediados de la década de 1920. (Solo reproducimos algunos datos).

> Instrucción:
>
> El 53% de los habitantes de Cuba son analfabetos. Más del 50% de los niños en edad escolar no van a la escuela. En 1900, el 16% de la población cubana iba a la escuela; hoy solo se matricula el 9%.
>
> La instrucción popular no solo no adelanta si no que retrocede.
>
> Justicia :último
>
> La República ha concedido 16 leyes de amnistía comprendiendo delincuentes de toda laya.
>
> El presidente Palma otorgó 6 indultos mensuales; Magoon 46; Gómez 29; Menocal 30; y Zayas 33.
>
> El 20% de la totalidad de los candidatos postulados por los partidos en 1922 tenían antecedentes penales.
>
> La delincuencia de sangre o contra las personas en su conjunto aumentan proporcionalmente el triple de la población. Los robos crecen a razón del 10% anual; las estafas crecen el doble de la población.
>
> Moral:
>
> El juego es público; la prostitución aumenta ; los delitos de corrupción de menores se han cuadruplicado en los últimos 10 años; el suicidio se ha septuplicado en 22 años.
>
> Hacienda pública:
>
> Palma construyó 62 kilómetros de carreteras al año; Magoon 303 kilómetros; Gómez 125 kilómetros, y Menocal solo 57 kilómetros, y pagó las carreteras a un precio siete veces más alto que Palma.
>
> El capítulo de malversaciones y cohechos que han escandalizado al pueblo cubano, sería interminable, y su consideración ha quedado fuera de este análisis.

35. Fernando Ortiz 1881-1969. Antropólogo y ensayista cubano.

Al comenzar la segunda mitad de la década de 1920, el Estado cubano parecía presagiar su disolución, por lo que el reclamo de reformas tanto económicas, como políticas y sociales, se manifestaba a lo largo y ancho de todo el espectro de la sociedad siendo ya imposible de soslayar.

La amenaza que representó el Movimiento de Veteranos y Patriotas al gobierno de Zayas, lo hicieron desistir de su intención de reelegirse, ante la amenaza de Estados Unidos de no respaldarlo.

En la campaña por la presidencia de 1924, el candidato por el Partido Conservador, el expresidente general Mario García Menocal, representaba el statu quo del Estado oligárquico liberal, en tanto el Partido Liberal y su candidato, el general Gerardo Machado Morales representaba la reforma que la sociedad cubana reclamaba, lo que lo llevó al triunfo electoral.

La crisis definitiva del Estado liberal-oligárquico 1925-1933

Entre 1925 y 1933 entra en crisis definitiva el Estado nacido en 1902, desembocando en la Revolución de 1933 y la caída del gobierno de Gerardo Machado, y junto con él se precipitaba la desintegración política e institucional de la Primera República.

El reformismo nacionalista de Gerardo Machado y el Partido Liberal: 1925-1929

El Movimiento de Veteranos y Patriotas. en sus reclamo, se acercaba mucho al programa reformista del Partido Liberal, quedándose en la superficie de los problemas de Cuba. El Movimiento fracasó en 1924, pero al año siguiente, muchos de sus integrantes, sobre todo miembros de la vieja élite política tradicional, se integraron al sistema haciendo causa común con los Liberales que lideraba Gerardo Machado, luego de la muerte de José Miguel Gómez que había sido el caudillo histórico de los Liberales.

En 1925, con la llegada al poder del Partido Liberal y Gerardo Machado, comienza a ponerse en práctica el programa reformista llamado la "Plataforma de la Regeneración" que planteaba el fin de la corrupción política; no a la reelección presidencial; más escuelas, más carreteras, más servicios sociales, más oportunidades de trabajo; desarrollo de una nueva industria nacional y protección de la industria existente, así como diversificación de la economía. Machado se presentaba en su campaña como un nacionalista comprometido, y abogaba por la revisión de los tratados comerciales con EE. UU., y la abrogación de la Enmienda Platt, pero al mismo tiempo sabía que tenía que cumplir con los objetivos de la "diplomacia del dólar" que se resumen en una economía abierta con libre accesos a los recursos del país, condiciones favorables de mercado, una clase trabajadora dócil, una élite política complaciente, un clima amistoso para las inversiones, mínima competencia y máxima protección para el capital norteamericano, y estabilidad política. Condiciones todas ellas que debía garantizar el ejercicio de la Enmienda Platt.

Durante los tres primeros años de su gobierno, muchas de las reformas prometidas se estaban cumpliendo, Machado parecía llenar las expectativas del reformismo cubano.

En 1926 Machado reiteraba que "Cuba necesita diversificar su producción para vivir bien y sin las ansiedades de las crisis azucareras que ponen en peligro su estabilidad económica" Todo el reformismo económico republicano giró alrededor de este propósito.

Machado alentó la creación de un proceso de industrialización así como la diversificación de la agricultura proveyendo crédito agrícola, y tarifas proteccionistas para las importaciones con la promulgación de un nuevo arancel en 1927. En otros discursos Machado planteaba que "sin independencia económica, no podía existir independencia política", pero la reforma arancelaria de

1927 fue moderadamente proteccionista, y se cuidó mucho de afectar los intereses norteamericanos garantizados en el Tratado de Reciprocidad de 1903.

Se desarrolló un enorme plan de obras públicas donde muchas de las obras fueron construcciones que desde el punto de vista económico no se pagaban, constituyendo una gigantesca carga para el futuro del pueblo de Cuba y que fundamentalmente tenían un objetivo de propaganda política. La más suntuosa de estas obras fue el Capitolio Nacional.

De las obras con sentido económico, la mayor fue la Carretera Central que abarató el transporte al romper el monopolio de los ferrocarriles, a pesar del enorme costo injustificado.

El plan de Obras Públicas fue financiado con empréstitos de la banca norteamericana. En aquellos tiempos EE. UU., a través de grandes empréstitos a varias repúblicas latinoamericanas, fomentaron el desarrollo de un sistema de comunicaciones por carretera desplazando al ferrocarril como el principal medio de transporte. Terminaba la era del ferrocarril que había estado en manos del capital británico, y comenzaba la era del automóvil, donde el predominio absoluto se encontraba en manos norteamericanas. Por esta razón EE. UU. promueve la construcción de carreteras, entre ellas el Proyecto de la Carretera Panamericana, en los países latinoamericanos. La Carretera Central de Cuba, formaría parte de esta estrategia.

El Arancel de 1927, en su propósito proteccionista, respondía a los reclamos de los industriales cubanos además de proveer oportunidades privilegiadas a políticos y beneficiarios del régimen. En 1929 se había expedido 50 permisos para la creación de nuevas industrias. También bajo los efectos de este arancel crecen y se diversifican la ganadería y la agricultura, las cuales también son favorecidas por la Carretera Central que abarata los costos de transporte como alternativa al monopolio del ferrocarril.

Las tarifas en general se impusieron sobre las importaciones de bienes manufacturados lo que impactó positivamente la producción nacional.

Una variedad de nuevas empresas van a surgir al amparo del arancel proteccionista que incluían la fabricación de quesos, leche condensada, mantequilla, zapatos, almidón, pinturas, papel, ropa, tejidos, envases de cristal, y entre las industrias existentes se expandieron la producción de jabonería y perfumería, cerveza, lubricantes, cemento, muebles, tenería, así como la producción de tasajo, lo que redujo la importación de carne.

La ganadería y la agricultura se diversificaron y se expandieron. Las altas tarifas promovieron la producción nacional de café y cacao, así como la de arroz. Se expandió la producción de fibras textiles, así como el uso de harina de arroz y de yuca, lo que llevó a la disminución de la importación de harina de trigo. Igualmente se expandió la producción de frutas y vegetales.

Durante este primer período del gobierno de Machado surgen varios proyectos de revisión que van hacia la denuncia de problemas más profundos proponiendo soluciones para las cuales se hacen necesarios cambios institucionales profundos.

En 1926, el senador Santiago Rey presenta dos proyectos a la Cámara de Representantes proponiendo la creación de un Banco Nacional. Igualmente con el propósito de una legislación bancaria, la creación de un Banco Agrícola para poder desarrollar una diversificación de la agricultura, además de proponer una banca central, se presentaron varios proyectos patrocinados por el senador Celso Cuéllar del Río. Entre estos proyectos también se encontraba la propuesta de distribuir tierras del Estado entre los campesinos para promover la diversificación. Ninguno de estos proyectos fueron aprobados, y entre las objeciones principales que se exponían estaba el hecho de que el país no disponía de recursos (ahorros reales) para sostener el equilibrio financiero de la nación sin los recursos extranjeros lo que llevaría a una rápida depreciación del "signo fiduciario que se emitiese" (el peso cubano de papel).

El proyecto de mayor importancia expuesto al gobierno de Machado por parte de sus colaboradores fue el que delineó el Dr. Ramiro Guerra Sánchez en su famoso libro *Azúcar y población en las Antillas* publicado en 1927.

El programa de acción de Ramiro Guerra se puede sintetizar en tres puntos.

1. Evitar que continúe concentrándose la propiedad territorial en manos de unas pocas compañías, ya sean nacionales o extranjeras, para frenar la expansión del latifundio.
2. Detener la importación de braceros para mejorar el salario de los trabajadores en la actividad azucarera.
3. Tierra propia para el cultivador con el objetivo de crear una clase campesina propietaria del suelo nacional.

En 1928, el senador Clemente Vázquez Bello proponía un proyecto que buscaba obligar a que el 3% del área total dedicada a la caña se utilizara para la siembra de frutos menores, cría de aves y otros productos alimenticios. Esto representaba aproximadamente una extensión de unas 7 mil 500 caballerías de tierra.

De todas estas iniciativas y proyectos presentados al gobierno para aliviar la grave situación económica que se avizoraba cada vez con más claridad, la más detallada fue la presentada por el profesor de la Universidad de La Habana José Comallonga Mena.

En lo referente a política agraria proponía el reparto de tierras, construcción de caminos, servicios de almacenaje y refrigeración, abaratamiento de los fletes, supresión de intermediarios, regadíos, selección de artículos cuya diversificación se ha de propulsar, lucha contra el latifundio, ley de arriendo y aparcería.

En lo industrial proponía el desarrollo de una política de industrialización que estuviera estrechamente vinculada a la tierra, o sea la producción agropecuaria. Proponía el fomento de la producción industrial del henequén, yute, sacos de azúcar, almidón, maní, palmiche, repoblación forestal, alcohol, esponjas, y otras industrias extractivas, etc.

Comallonga planteó en una de sus exposiciones *"Sea cual sea el porvenir del azúcar, Cuba no puede depender únicamente de ella. O la República derriba a la caña, o la caña derriba a la República"*.

Todos los proyectos, propuestas y programas que se presentaban al gobierno, iban encaminados a lograr reformas teniendo como elemento central una ideología de nacionalismo económico; diversificación de la economía, y banca central como institución esencial para promover la diversificación, todo basado en la acción positiva del Estado cubano frente a la expansión del capital extranjero.

-oOo-

De acuerdo a lo que se consideraban en Cuba los problemas más acuciantes para la economía a mediados de la década de 1920, una nueva mentalidad reclamaba la intervención del gobierno sobre todo en la creación de una infraestructura necesaria para lograr el desarrollo y crecimiento de la economía nacional, ya que el sector privado nacional no era capaz de acometer esas inversiones, y el capital extranjero básicamente desarrollaba infraestructura en función de los sectores económicos que controlaba.

Junto a una infraestructura física, la nueva mentalidad nacionalista reclamaba una reforma en la estructura institucional del país, sin la cual no era posible lograr ningún desarrollo de acuerdo a los intereses nacionales.

Uno de los problemas que se consideraban más graves para la economía cubana era la preponderancia del capital extranjero y la subordinación de la economía a la producción de azúcar. El gobierno de Machado trató tímidamente de diversificar la economía promoviendo un arancel proteccionista en 1927, y restringir la inversión extranjera, y la expansión de la producción azucarera por medio de la Ley Verdeja aprobada en 1926.

Otro de los problemas que se consideraba de importancia capital era la insuficiencia de producción agrícola nacional para las necesidades esenciales. Esto trató de ser resuelto con las medidas tomadas para diversificar la producción, y el Arancel de 1927. Igualmente por medio de este arancel de tipo proteccionista se trató de proteger la producción nacional frente a la competencia de algunas importaciones, y también con la ampliación de la infraestructura vial se buscó disminuir los costos de transporte, haciendo más competitivos los productos de la agricultura doméstica en el mercado interno.

Por otra parte, nada se hizo a pesar de las numerosas propuestas para crear un banco central y una banca pública de desarrollo agrícola. Dichas propuestas siempre fueron rechazadas en el Congreso, sobre todo frente a la presión norteamericana que invocaba el Artículo Segundo de la Enmienda Platt.

Tampoco el gobierno de Machado hizo nada por controlar el ingreso de inmigrantes, ni por limitar el dominio que sobre el comercio detentaban los extranjeros. La política obrera de Machado fue de represión frente a las demandas de trabajadores, y apoyo irrestricto al capital.

En el año 1926 fue aprobada en el Congreso la Ley Verdeja que estipulaba la restricción en un 10% de la producción azucarera, la prohibición de fomentar nuevos campos de caña, y la construcción de nuevos centrales azucareros, en tanto el gobierno establecería cuotas de producción para los diferentes centrales, y decidiría el día de comienzo de la zafra. En ese año se terminó la construcción del último central de la historia republicana.

El objetivo de esta medida era tratar de manipular los precios del azúcar en el mercado mundial, y evitar la expansión norteamericana en la industria azucarera cubana.

Las reformas de Machado se encontraban en sintonía con los intereses norteamericanos, ya que como dijimos anteriormente, la carretera central era un proyecto por el cual el gobierno de Estados Unidos venía presionando desde el gobierno de Zayas. Por otra parte, el proteccionismo del arancel de 1927 era muy limitado, y si por una parte afectaba a algunas importaciones norteamericanas, por la otra iba dirigido a promover la creación de industrias que requerirían la importación de mayores cantidades de insumos de Estados Unidos, por lo que en general, el comercio norteamericano se beneficiaría.

En lo relacionado a la restricción de la producción de azúcar y el establecimiento de cuotas de producción, si bien perjudicaba a los grandes centrales norteamericanos en beneficio de los pequeños e ineficientes centrales cubano-españoles, por otro lado se encontraba de acuerdo con los reclamos del lobby azucarero del Congreso de Estados Unidos, que desde comienzos de la década estaba presionando para limitar la importación de azúcar cubana.

Por tanto el reformismo de Machado en ningún momento se enfrentaba a los objetivos del gobierno norteamericano en relación con Cuba.

La industria azucarera en el año 1928 utilizo 51.2 miles de hombres días menos que la de 1925. Una reducción de un 35.5% de la fuerza de trabajo, y la zafra tuvo un volumen 22% inferior.

El resto de la economía no estaba preparada para absorber de pronto una cantidad tan grande de labor desplazada del principal empleador del país que era la industria azucarera.

El objetivo de frenar la caída de los precios del azúcar no se cumplió; en 1928 el precio promedio de la libra de azúcar era un 2.8% inferior al de 1925, la zafra fue un 22.1% menor, y el valor de la zafra un 24% inferior. En el año 1925 Cuba produjo el 21.8% de la producción mundial, en tanto en 1928 solamente el 15.1%, La restricción unilateral fue un fracaso para la sociedad cubana en su conjunto, aunque representó un alivio para la oligarquía azucarera nacional a la cual servía Machado.

Por otra parte, a costa de un enorme desempleo se había frenado la inversión extranjera, la cual comenzó a descender hasta 1943-1944, en que alcanza su punto más bajo.

En el año 1929 la zafra fue declarada libre y se alcanzó una vez más la producción de 1925, pero el valor de la zafra fue un 23.7% inferior.

El arancel proteccionista de 1927 tuvo algún efecto positivo para la producción nacional. En 1925, el 31.6% del total de las importaciones fueron bienes de consumo no-duraderos, y en 1929 había disminuido a ser un 23.3%. La disminución absoluta fue de un 46.3%, y la propensión a importar bienes de consumo no-duraderos, que es la relación entre el total de las importaciones de bienes de consumo no-duraderos y el Ingreso Nacional disminuyó un 37.6%.

Esto significó un paso hacia la diversificación económica de Cuba, y una ayuda para los productores domésticos por medio de la sustitución de importaciones con producción nacional en unas pocas ramas de la economía.

La caída de los precios del azúcar dio lugar a un incremento de los costos de oportunidad de la siembra de caña, por lo que también ayudados por el arancel de 1927, tiene lugar una diversificación de la actividad agropecuaria del país, que en 1925 fue el 24.5% del Ingreso Nacional, y en 1929 alcanzó el 29.4% del Ingreso nacional.

La actividad ganadera durante el gobierno de Machado, registra algún progreso tanto por el impulso que le proporciona el gobierno, como por el retroceso de la actividad azucarera.

De todas formas, el incremento del valor de las actividades agropecuarias no-cañeras, y de las actividades industriales y de construcción, no pudieron compensar la caída del precio del azúcar, y en 1929, a valores constantes de 1925, el per cápita fue un 16.7% menor que el de 1925.

Las reformas del gobierno de Machado se enfrentaban a una situación que se encontraba fuera de su control, que era la caída de los precios del azúcar, a pesar de los esfuerzos hechos para lograrlo, primero con la restricción unilateral, y luego los diversos intentos de comprometer a la restricción voluntaria a otras áreas productoras del mundo en lo que se conoció como el Plan Chadbourne.

En el año 1929, en el famoso martes negro (24 de octubre de 1929) comenzaba la Gran Depresión en los Estado Unidos, y en 1930 como una respuesta a los estragos de la depresión el proteccionismo se fortalecía, y fue aprobado el arancel Smoot-Hawley que elevaba un 25% más las tarifas de aduana para el azúcar importado, llevándolo a 2 centavos la libra de azúcar crudo proveniente de Cuba cuando los precios promedio apenas llegaban a 1.23 centavos la libra.

En condiciones de precios declinantes y tarifas de aduana ascendientes, la mayoría de los centrales cubanos no podían obtener ninguna rentabilidad, y de continuar en operaciones se enfrentarían a pérdidas insostenibles.

El proteccionismo norteamericano a partir de 1930 golpeó la pequeña y superespecializada economía cubana dejando ociosos una cantidad de factores de producción (labor, tierra y capital) que no podían encontrar empleo más eficiente a corto plazo, hundiendo al país en una crisis pavorosa.

El reformismo de Machado al comenzar la década de 1930 estaba naufragando frente a la Gran Depresión mundial y el proteccionismo norteamericano.

"Todos sufrían del declive de la producción de azúcar, y de la contracción del flujo de divisas.

Las importaciones y el consumo interno caían, los profesionales perdían clientes, los comerciantes perdían consumidores, y los empleados de cuello blanco perdían sus trabajos. Los estándares de vida que ellos habían visto crecer desde 1923 de manera estable, ahora declinaban gradualmente. Los empleados del gobierno temían que se produjeran recortes en sus salarios, y aumentaban los temores por despidos. Esto significaba que la expansión de la burocracia del Estado dejaría de absorber los nuevos profesionales. Significaba también la pérdida de los medios por los cuales la clase política había tradicionalmente reclutado aliados renovándose a sí misma en el poder. A fines de la década de 1920 el empleo público declinaba en la medida en que decrecían los ingresos del gobierno"[36].

La política de Machado y la Gran Depresión

El gobierno de Machado y el Partido Liberal fue el primero, durante el período republicano en emprender un plan de reformas dirigidas por el Estado con el propósito de lograr crecimiento económico. Los anteriores gobiernos habían estado más alineados con el capitalismo de *laissez-faire*, pero a mediados de la década de 1920, los problemas económicos internacionales que se estaban acumulando, así como los reclamos de los diferentes sectores de la clase productora y de la sociedad civil, hacían evidente que Cuba no podría continuar apegada a la forma de gobernar tradicional financiada con los presupuestos declinantes y los empréstitos norteamericanos cada vez más condicionados.

Como hemos explicado, en el período entre 1925 y 1929 se llevaron adelante algunas de las reformas prometidas por el gobierno:

1. Frenar la expansión del latifundio y la inversión extranjera en la industria azucarera, dando inicios a la cartelización de esta industria para proteger a los productores cubanos (Ley Verdeja).
2. Poner en vigor una reforma arancelaria para promover la industrialización y la diversificación económica sustituyendo importaciones.
3. Llevar adelante un extenso plan de obras públicas entre las que se incluía la carretera central.
4. No estableció un banco central, ni tomó medidas para restringir la inmigración, ni para la nacionalización del trabajo, ni tampoco pudo lograr la abolición de la Enmienda Platt, aunque si se terminó la política de intervención preventiva, y se regresa a la interpretación Root de la Enmienda Platt" que consistía en permitir un desempeño autónomo del gobierno cubano, e intervenir solamente cuando la vida y la propiedad de los norteamericanos en Cuba se viese amenazada.
5. Reprimió con dureza el movimiento obrero para mantener la flexibilidad en el mercado laboral que llevaba a despidos masivos, y contracción drástica de los salarios nominales con el objetivo de sostener un nivel de ganancias empresariales y proteger los enormes intereses norteamericanos.
6. En lo político buscó la ampliación del término presidencial y de toda la clase política, y la reelección en lo que se conoció como la Prórroga de Poderes, para cuyo propósito unió a los tres partidos políticos; el Liberal, el Conservador, y el Popular, en lo que se llamó el "Cooperativismo" para enmendar la Constitución de 1901, en clara violación del Artículo 115, La prórroga de poderes incluía a todos los miembros electos del gobierno.

La enmienda fue aprobada en 1928, y Machado fue reelecto, siendo candidato único, para un término de seis años con todo el respaldo del gobierno norteamericano.

36. "Cuba Under the Platt Amendmet 1902-1934" Louis A Pérez Jr.

Esto representaba una exclusión de los puestos del gobierno para una parte importante de la clase política nacional, en momentos de difícil situación económica.

El colapso del orden económico y la desintegración del Estado oligárquico-liberal: 1929-1933

La caída de los precios del azúcar, y la tarifa proteccionista Smoot-Hawley serían un golpe mortal para la superespecializada economía cubana. La crisis azucarera que se inició en 1925, se fusionaba con la Gran Depresión, y el auge del proteccionismo norteamericano destruyendo lo poco que pudiera quedar de la reciprocidad comercial.

Como durante los dos primeros años de gobierno de Zayas, el gobierno de Machado enfrentaba el peligro de la pérdida de patronaje que sostenía al sistema político clientelar con la crisis económica, por lo que trató en cierto modo de conjurar el peligro con el Cooperativismo, y con la represión como único expediente que le quedaba.

Después de 1929, los empréstitos norteamericanos se acabaron; se agotaba así la fuente de financiamiento de las políticas deficitarias del Estado cubano que eran el sostén de su gobernabilidad, y por otra parte, la fuente de ingresos ordinarios, que eran principalmente los impuestos sobre las importaciones, se secaron también; las importaciones en 1933 fueron solamente el 19.2% de lo que habían sido en el 1929.

El hundimiento económico que tuvo lugar en este período llegó a una profundidad y alcance sin precedentes: Cuba recibió el mayor impacto de la depresión entre todas las naciones latinoamericanas.

La crisis del sector exportador provocó una rápida salida de dinero de la circulación. Entre 1925 y 1933 la cuenta corriente de la balanza de pagos tuvo un déficit de casi 158 millones de dólares, lo que provocó una contracción de la base monetaria de unos 100 millones de dólares. En 1933 la base monetaria era solamente un 37% de lo que había sido en 1925.

La deflación provocó una caída drástica y rápida del nivel general de precios de bienes y servicios de aproximadamente un 43% entre 1925 y 1933, o sea una tasa anual de caída de los precios de un 5.4%.

En segundo lugar, el país perdía su capacidad de importar, ya que entre 1925 y 1933, el nivel general de precios norteamericano cayó 25%, en tanto el precio del azúcar caía un 57% lo cual produjo un deterioro agudo de los términos de intercambio entre los dos países, encareciendo de esta forma las importaciones desde Estados Unidos. Esta circunstancia elevaba los costos para muchas empresas en Cuba que requerían de insumos importados.

En tercer lugar, el promedio de ingresos nominales de los trabajadores en 1933 fue entre un 13 y un 15% superior al de 1925, y la demanda monetaria de labor en 1933, a pesar del enorme desempleo, fue solamente un 1.2% inferior a la de 1925, en tanto la productividad general del trabajo cayó un 14.4%.

Por último, en una situación deflacionaria, donde el dinero aumenta su valor, los acreedores salen beneficiados, en tanto los deudores se perjudican, por lo que la mayoría de las deudas se hacen impagables. Los bancos entre 1929 y 1933 perdieron toda su liquidez, y el total de depósitos, que todo consistía en deudas pendientes se había reducido un 60.5%.

Esta combinación de precios cayendo más rápido que los costos, llevaron a muchas empresas e individuos a la quiebra, provocando un desempleo pavoroso dentro de la economía interna, que se unía al desempleo creado en el semiparalizado sector exportador, y esto a su vez contraía los niveles de consumo per cápita que en 1933 fueron a precios corrientes un 48% menor que en 1925.

La contracción del consumo llevaba a la quiebra a muchas empresas, aumentando el desempleo, y contrayendo aún más el consumo, creando así una espiral que amenazaba con hundir la economía completa.

La distribución del Ingreso Nacional en 1925 fue un 54% para el trabajo, y un 46% para el capital, y en 1933, la participación del trabajo había crecido hasta ser un 84.7%, mientras que el capital tuvo una participación de solo el 15.3%.

El capital en Cuba en 1933 prácticamente se encontraba en quiebra y la clase media casi había sido barrida.

También en el año 1933 se estima que el desempleo permanente alcanzó el 33% de la fuerza de trabajo, equivalente a unas 422 mil personas, y mientras no se resolviera el desequilibrio externo, y volviera a entrar dinero por las balanzas de pago, no se solucionaría la situación.

La enorme cantidad de personas que deambulaban por las calles de las ciudades, y por los campos de Cuba en busca de empleo aunque fuera temporal, así como los que aún conservaban el empleo, cuyos salarios iban siendo reducidos, o se encontraban atrasados, o sencillamente temían quedar sin empleo, a lo que se unía un empresariado que había quebrado o estaba abrumado por las deudas, y una población joven que se incorporaba a la fuerza de trabajo anualmente pero que no encontraba empleo, creaban una tensa situación social donde un gobierno considerado por muchos como ilegítimo, y profundamente debilitado por la falta de recursos para mantener en funcionamiento la maquinaria del Estado, buscaba sostenerse en el poder por medio de la represión, era un terreno extraordinariamente fértil para una revolución más que política, una revolución social.

-oOo-

A los pocos meses del crack de 1929, los grandes exportadores de materias primas tales como Argentina, Australia, Brasil, y Canadá, respondieron saliendo de alguna manera de la ortodoxia del patrón oro devaluando su divisa para así protegerse del deterioro de los términos de intercambio, y evitar una deflación, tratando de aislar la economía interna de los desequilibrios de la economía externa.

Los gobiernos de los países industrializados actuaron como de costumbre en recesiones anteriores; dejar que la recesión se corrigiera sola. Una vez que los salarios cayeran lo suficiente, los empresarios volverían a contratar trabajadores, y una vez que los precios cayeran lo suficiente, los consumidores volverían a comprar. En la medida en que los precios y salarios cayeran, o sea, aumentara la oferta de bienes, servicios y factores de producción, la demanda volvería a ascender hasta alcanzar una vez más el equilibrio.

En este caso los resultados fueron problemáticos tanto para las naciones industrializadas como para las semiindustrializadas o las subdesarrolladas. El patrón oro esta vez no parecía funcionar como en ocasiones anteriores, sobre todo porque los mercados laborales habían perdido flexibilidad.

La depresión tuvo su origen en Estados Unidos, y la primera respuesta fue más proteccionismo encarnado en la Tarifa Smoot-Hawley de 1930, y a continuación casi todos los países comenzaron a levantar barreras proteccionistas para aislar sus economías.

Esto representó un golpe mortal para la industria azucarera cubana, ya que elevó los derechos de aduana en el casi único mercado que tenía Cuba, en momentos en que los precios estaban declinando.

El problema fue especialmente agudo en países que se especializaban en exportar productos primarios como era el caso de Cuba, cuyos precios habían caído dos o tres veces más que otros productos, sobre todo de los productos industriales.

Durante la Gran Depresión, las viejas soluciones no estaban trabajando, y la deflación no actuó de la misma manera que antes, los precios y salarios se comportaron con mucha mayor rigidez debido a las intervenciones del gobierno y presiones sindicales, unido a una deflación brusca provocada por la Reserva Federal de Estados Unidos (Fed), y a un auge del proteccionismo que debido al peso de la economía norteamericana dentro del comercio mundial, desquició completamente los mercados internacionales.

El gobierno de Herbert Hoover trató de bloquear la caída de los salarios, la Fed restringió drásticamente la oferta monetaria provocando una súbita deflación, una caída de los precios de los bienes y servicios, y un alza de los intereses, y la tarifa proteccionista destruyó el comercio exterior norteamericano, y por último un aumento del gasto público financiado con un aumento de los impuestos que desvió recursos desde el sector privado hacia el gobierno dificultando la recuperación.

En Estados Unidos, los precios de los bienes y servicios cayeron más rápido que los salarios provocando gran número de quiebras de empresas, sobre todo en los sectores donde había un elevado consumo de labor en relación con el capital, por otra parte el proteccionismo arruinó a muchas empresas relacionadas con el comercio de exportación e importación, especialmente en la agricultura. Esto resultó en un enorme desempleo que provocó que la demanda se hiciera cada vez más inelástica, y no respondiera a la caída de los precios de los bienes y servicios dando lugar a una espiral destructiva.

En esta recesión aparecieron elementos que no existían en las recesiones anteriores, especialmente la intervención a gran escala del gobierno en la economía que contribuyó a convertir una recesión, en la más profunda depresión económica de los tiempos modernos.

El economista norteamericano Murray Rothbard, de la Escuela austríaca criticaba el manejo de la Gran Depresión por parte del gobierno norteamericano, sobre todo de la administración de Herbert Hoover y de Franklin D Roosevelt, y exponía una serie de medidas que nunca debe tomar el gobierno para salir de una recesión.

1. No se debe demorar la liquidación de las malas inversiones, otorgando subsidios con la idea de que si cierran aumentaría el desempleo. Se debe acelerar la liquidación de las malas inversiones.
2. Dejar que la deflación siga su curso para que se restablezca el equilibrio entre oferta y demanda a un nivel más bajo.
3. No se debe estimular el consumo en detrimento del ahorro privado, ya que es el ahorro y la inversión privada la que saca al país de la recesión y no el consumo.
4. Cortar el gasto del gobierno con el objetivo de posibilitar el ahorro y la inversión privada.
5. Cortar los impuestos.
6. Dejar que las tasas salariales caigan sin impedimento.

Esta era la receta de la economía clásica para combatir las recesiones, que a corto y mediano plazo funcionaba mejor para los empresarios que para los trabajadores, pero que en los años 30, en los países desarrollados no funcionaba debido al poder alcanzado por los movimientos obreros que introdujeron rigideces en la operación de los mercados, sobre todo en el mercado laboral.

Rothbard y los economistas austríacos analizaron la Gran Depresión[37] en los países desarrollados, pero las condiciones en los países subdesarrollados fueron diferentes en varios aspectos, ya que la crisis se originaba en los países desarrollados, y de allí se transmitía a los países subdesarrollados a través del deterioro de los términos de intercambio para las colonias y los países subdesarrollados.

La inelasticidad de la demanda de las materias primas agropecuarias y mineras, que eran el grueso de las exportaciones de los países subdesarrollados, provocaba que los precios cayeran más de lo que caían los precios de los productos industriales, como consecuencia de los adelantos tecnológicos de la Segunda Revolución Industrial.

37. "Economic depresion: Their Cause and Cure", Murray Rothbard.

Unido a esto, la rigidez del funcionamiento del patrón oro, provocaba una transferencia de ingresos desde el mundo subdesarrollado hacia el mundo desarrollado industrializado.

Cuando se producía una recesión en los países desarrollados, el precio de las materias primas caía rápidamente dando lugar en los países coloniales y subdesarrollados a un desbalance deflacionario que tenía que ser solucionado en general, con una caía de salarios, y desempleo cuando la recesión se prolongaba, con la consiguiente inestabilidad social que acompañaba a este tipo de situaciones.

La única manera que tenían los países subdesarrollados, no las colonias, —pues ellas no determinaban su política monetaria— para defenderse de esta situación era salir del patrón oro.

Como dijimos, los principales exportadores de productos primarios, ante el deterioro de los términos de intercambio que provoco la Depresión, procedieron a salir del patrón oro devaluando sus divisas, y aislando sus economías internas lo más posible.

Un país como Chile que tenía una estructura económica muy parecida a la de Cuba, superespecializada y dependiente de las exportaciones de cobre y salitre, dos materias primas cuyos precios cayeron en picada igual que el azúcar, pudo defenderse saliendo del patron oro, e inyectando dinero fiduciario en la economia interna para así evitar una deflación devastadora.

Cuba no pudo evitar la deflación que arrasó con su economía debido a que no tenía moneda propia, ni Banco Central, pues el Artículo II de la Enmienda Platt lo prohibía, y todas las propuestas que se hicieron desde 1921 fracasaron como analizamos anteriormente.

Analizando la política del gobierno de Machado desde la perspectiva austríaca.

1- Estorbó la liquidación de malas inversiones al declarar una moratoria por un año de todas las deudas en 1933. Esta moratoria salvó a la industria azucarera cubana de desaparecer. Hay que tener en cuenta de que el capital de la industria azucarera es muy específico, o sea no era fácil cambiar su uso hacia otras producciones, por lo que hubiera significado una pérdida prácticamente irreversible de un segmento muy importante del capital acumulado en el país.

   El gobierno se enfocó principalmente en evitar la bancarrota de la industria azucarera, por lo que procedió a la cartelización, y al subsidio, pero ante la quiebra generalizada, recurrió a decretar una moratoria de todas las deudas.

   Cartelizó la industria azucarera con la promulgación de la Ley de Estabilización Azucarera de 1930, y restringió la zafra a partir de 1931 con el Plan Chadbourne[38].

2- Se permitió que la deflación siguiera su curso pues Cuba no tenía una política monetaria independiente.

   En el último año del gobierno de Machado se hizo una emisión limitada de plata, y se trató de introducir un billete de papel respaldado 100% por plata, lo que se conocería como certificado de plata, pero no sería hasta el año siguiente, bajo la presidencia de Carlos Mendieta, que tendría lugar la reforma monetaria.

3- Se trató de estimular el consumo mediante el plan de obras públicas, pero en 1929 los fondos provistos por los bancos norteamericanos ya se habían agotado y el crédito internacional se había terminado.

   Se incrementó el gasto deficitario del gobierno y se financió con un incremento de los impuestos directos a través de una Ley de Emergencia Tributaria en 1932 que buscaba mantener en operaciones el gobierno, y continuar pagando los intereses de la enorme deuda pública.

38. Thomas Chadbourne. Abogado norteamericano. Coordinó un plan internacional para restringir la producción de azúcar con el objetivo de estabilizar los precios en 1931 durante la Gran Depresión. Chadbourne era propietario de dos centrale azucareros en Cuba.

La contracción de la oferta monetaria en un 45.4% entre 1925 y 1933, mientras que el Ingreso Nacional se contraía en un 37%, dio lugar a que la demanda de dinero, lejos de aumentar disminuyera, o sea aumentó la velocidad de circulación del dinero, por tanto, no existía ninguna posibilidad de incermento del ahorro, y mucho menos de la inversión.

4- Se dejó que las tasas salariales cayeran a pesar de la oposición del movimiento laboral que en aquellos años, y frente a la dictadura, no tenía mucho poder de negociación, ya que enfrentaban a una fuerte represión por parte del gobierno, aunque una huelga general contribuyó en gran medida a la salida de Machado del poder.

A pesar de la caída de las tasas salariales nominales, la deflación estaba operando de forma tal que al aumentar el valor del dinero, los salarios reales estuvieran aumentando, por lo que los empresarios en general tenían que recurrir al despido, o al cierre al no poder afrontar el incremento de los salarios reales de los trabajadores disminuyendo los salarios nominales.

Las políticas del gobierno fueron contradictorias, pero hay que señalar que estas se movieron dentro de una autonomía reducida que le permitía la vigencia de la Enmienda Platt, y su propósito principal fue sostener las ganancias de la oligarquía nacional y de los intereses extranjeros.

Como analizamos más arriba, la participación del Trabajo dentro del Ingreso Nacional en 1925 fue de un 54%, y del Capital de un 46%, pero en 1933 la situación había cambiado completamente, ya que el capitalismo oligárquico se encontraba prácticamente en bancarrota.

La participación del Trabajo había crecido de forma relativa hasta un 84.7%, y la del Capital había caído hasta un 15.3%.

Para mantener la misma composición relativa de la distribución del Ingreso Nacional de 1925, en 1933 hubiera sido necesario una reducción del ingreso promedio nominal por trabajador de un 37% más, o sea de 35 pesos mensuales, a 22 pesos mensuales, o un incremento del desempleo de casi 130 mil personas más, lo cual hubiera llevado el nivel de desempleo permanente hasta un 42.6% (552 mil personas permanentemente desempleadas).

Ninguno de estos dos escenarios era factible, sin que el Estado colapsara.

Impacto macroeconómico de la depresión 1925-1933 y sus consecuencias sociales

Después de la Primera Guerra Mundial, el sistema económico internacional basado en el libre comercio y la integración basada en las ventajas comparativas de las naciones que se había venido estructurando desde la segunda mitad del siglo XIX comenzó a desmoronarse.

Los países con economías basadas en la exportación de materias primas serían los que recibirían las primeras consecuencias de esta situación que se iba a desarrollar en los años de entreguerra, o sea entre 1919, y 1939.

La economía cubana que se había beneficiado del sistema globalizado más que otras regiones tropicales, también estaría entre las que sufriría un mayor perjuicio con su desaparición.

El impacto sobre los indicadores macroeconómicos como consecuencia de la crisis del azúcar y la Gran Depresión entre 1925 y 1933 fue el siguiente:

1. El Ingreso Nacional a valores corrientes se contrajo un 37%.
2. El per cápita a valores corrientes se contrajo un 47.2%.
3. El desempleo permanente alcanzó el 33% de la fuerza de trabajo.
4. El comercio internacional (exportaciones más importaciones) se redujo un 80.5%.

5. La oferta monetaria M-1 disminuyó un 45.4%, la base monetaria un 63%, y los ahorros en los bancos un 55%.
6. Los términos de intercambio con Estados Unidos se deterioraron para Cuba en más de un 30%, ya que el nivel general de precios en Estados Unidos cayó un 25%, el precio del azúcar cayó un 57%, además de la subida de las tarifas arancelarias.
7. Los ingreso familiares promedio, a precios corrientes, se contrajeron un 17.3%.
8. La productividad del trabajo a precios corrientes cayó un 14.4%.
9. La deuda pública había aumentado un 68%, y en 1933 entró en impago (default).
10. El comportamiento fiscal medido como la relación entre los gastos del gobierno y el Ingreso Nacional, en 1925 fue el 15.3%, y en 1933 el 22.0%, lo que supuso un fuerte incremento de la presión fiscal.
11. Cambio en la estructura productiva en % en relación con el Ingreso Nacional.

Sector	**1929**	**1933**	**Diferencia**
Azúcar	32.7	9.8	-22.9
Agricultura no-cañera	29.4	27.1	-2.3.
Industria y minas	15.8	12.9	-2.9.
Construcción	7.0	1.1	-5.9.
Servicios	15.1	49.1	+34.0.

Todas las actividades perdieron participación relativa excepto los servicios. Una gran proporción de la población dejó de producir bienes.

Desde el punto de vista absoluto, a valores corrientes, el Ingreso Nacional entre 1928 y 1933 cayó un 26.2%, el valor de la producción de azúcar cayó un 78%; el de la agricultura no-azucarera cayó un 20.6%; el de la industria y minería cayó un 32%; el de la construcción cayó un 86.7%; y el valor de los servicios subió un 66.8%.

Como se puede ver tuvo lugar una transferencia de recursos desde las actividades productoras de bienes hacia la producción de servicios.

12. El presupuesto del año 1933 fue un 38% inferior al de 1925, con los siguientes recortes por Secretaría.

Esto se traducía necesariamente en una drástica reducción del empleo público, el cual era el principal empleador sobre todo de la clase media del país.

Estado	-53.%	O. Públicas:	-73.4%	Comunicaciones	-50.2%.
Justicia	-44%	Agric y Comercio	-36%	Defensa	-38%.
Gobernación	-46%	Educación	-49%	Total:	38%.
Hacienda	-47%	S. Pública	-46%.		

13. El gobierno de Machado contrató cinco empréstitos con la banca norteamericana por valor de 146 millones de dólares, y tuvo ingresos presupuestarios por valor de 701.4 millones de dólares, con un total de gastos por la cantidad de 1, 099.4 millones de dólares, para un déficit presupuestario de 252 millones de dólares.

En 1933 la deuda pública de Cuba era de 167.6 millones de dólares, más 53 millones de deuda flotante compuesta por atraso en los sueldos y salarios de los empleados públicos, y otras deudas a diferentes contratistas. Esto hace una deuda total del Estado cubano de 220.6 millones de dólares. Entre las deudas pendientes había 97 millones de dólares en deudas por trabajos públicos.

El monto total de la deuda en 1933 era el 50% del Ingreso Nacional de ese año, lo cual con unos ingresos cada vez menores, se le hacía al gobierno imposible de pagar, por lo que el país tuvo que declararse en default.

El incremento neto de la deuda pública entre 1925 y 1933 fue de 122.7 millones de dólares.

La presión fiscal durante el gobierno de Machado aumentó hasta un 13%, y durante el gobierno de Alfredo Zayas había sido de 11.5% en tanto el gasto del gobierno fue un 23.1% del Ingreso Nacional y en tiempos de Zayas había sido un 15.7%.

Como se puede ver, Machado aumentó el alcance del Estado a partir de un pequeño aumento en el poder de decisiones que le permitieron las autoridades norteamericanas con una interpretación más laxa de la Enmienda Platt, no solo en su tamaño cuantitativo si no también desde el punto de vista regulatorio, dando paso a una cada vez mayor interferencia del gobierno en la economía.

Entre 1925 y 1933, la población había crecido un 19.4%.

El gobierno, al perder su capacidad de patronaje perdió su base clientelar, al tiempo que la clase política se debilitaba completamente.

La élite empresarial se redujo drásticamente perdiendo influencia sobre la política en la misma medida en que el sector exportador se encontraba casi paralizado.

La clase media formada por pequeños empresarios, trabajadores profesionales, e intelectuales casi fue barrida del panorama social.

La clase obrera y campesina completamente debilitada por el desempleo.

La sociedad que se había creado durante los primeros veinticinco años de República, había sido casi arruinada por la Gran Depresión.

La crisis política y las demandas revolucionarias

La crisis económica se reflejó inmediatamente en la esfera de la política al quedarse el sistema clientelar sin financiamiento.

La Prórroga de Poderes de 1928 dio un auge formidable a la oposición contra el régimen de Machado, pero será a partir del fracaso del alzamiento de las élites políticas tradicionales en Río Verde, y la derrota del desembarco de Gibara, que las clases medias toman el protagonismo en la lucha contra la dictadura.

En 1931 surgen organizaciones como el ABC y el DEU (Directorio Estudiantil Universitario) cuyos manifiestos y programas, que no solo expresan su propósito de erradicar la dictadura machadista, proponen además reformas en las instituciones políticas y económicas para una Cuba post Machado.

El marco institucional de la República liberal-oligárquica ya entra en su fase terminal.

El Manifiesto del DEU fechado el 3 de febrero de 1931 plantea que:

"La Prórroga de Poderes es la culminación del proceso de descomposición en que se han venido debatiendo nuestras instituciones".

Entre sus principales reivindicaciones se encuentran dentro de la reforma política: Abolición de la Constitución de 1928, nuevo código electoral, convocatoria a una Asamblea Constituyente; libre organización de partidos políticos.

En lo referente a reformas económicas plantean la jornada máxima de ocho horas, reconocimiento del derecho a la huelga, salario mínimo, suspensión de la inmigración indeseable, seguro contra el desempleo, seguro de accidentes de trabajo, retiro obrero.

En agosto de 1931, como consecuencia del fracaso insurreccional de Rio Verde, se organizó el ABC, movimiento que se nutría fundamentalmente de elementos de la clase media urbana, y se hizo público su programa.

El programa plantea en sus inicios su intención. *"Aspira a efectuar una renovación de las causas que han determinado la creación de un régimen tiránico"*.

El ABC considera que la culpa de esta situación la tienen los políticos de la generación del 95 "… que han secuestrado para sí la dirección de los asuntos públicos excluyendo sistemáticamente a los cubanos que alcanzaron la plenitud civil durante la República".

Curiosamente el ABC no consideraba a la Enmienda Platt uno de los factores que participaron en la creación del régimen tiránico.

En resumen, para remediar los males de la República, el ABC en su programa plantea:

"Hombres nuevos; ideas y procedimientos nuevos; reconquista de la tierra; libertad política y justicia social". Se plantea como necesidad política el relevo generacional.

Los remedios que propone el programa para remover las causas que dieron lugar a la dictadura:

Medidas económicas

1. Fomento y protección de la pequeña propiedad rural mediante una política de colonización interior.
2. Medidas que tengan como propósito la desaparición gradual del latifundio y a la nacionalización de las tierras, tales como impuesto progresivo sobre la tierra.
3. Prohibición de importación de braceros.
4. Creación del patrimonio mínimo intangible (homestead).
5. Propiciar la creación de cooperativas y la creación de un Banco Agrícola que las financie.
6. Rescate de la propiedad minera no explotada.
7. Nacionalización de servicios públicos de carácter monopólico.
8. Legislación bancaria y creación de una banca nacional e instituciones de ahorro y crédito.
9. Reforma al sistema de impuestos.
10. Protección a la pequeña industria y al comercio.

Medidas sociales

11. Seguro contra inhabilitación, vejez, muerte, y desempleo.
12. Protección a las corporaciones y sindicatos.
13. Jornada de ocho horas y descanso periódico.
14. Regulación del trabajo para las mujeres.
15. Reglamentación de la contratación industrial.
16. Derecho de huelga, conciliación y arbitraje.
17. Participación preferente del cubano en el trabajo.

Medidas políticas:

18. Sistema de gobierno no presidencialista.
19. Sustitución del Senado por una Cámara Corporativa.
20. Limitación de la inmunidad de los congresistas.

21. Suspensión del voto a los analfabetos.
22. Voto femenino.
23. Reducción de los períodos de duración de los cargos públicos.
24. Supresión de las provincias.
25. Reorganización de los municipios.
26. Creación de tribunales de responsabilidad política, y Tribunales de Cuenta, y que fueran conocidos los bienes de los funcionarios públicos cuando entren y cuando abandonen sus cargos.
27. Supresión de la Lotería.
28. Creación del Servicio Militar Obligatorio.
29. Independencia del Poder Judicial.
30. Fomento y difusión de la enseñanza y autonomía universitaria.

El Programa Manifiesto del ABC no buscaba la eliminación del principal obstáculo para el desarrollo de la mayoría de sus objetivos que era la dependencia respecto a EE. UU. a través de la Enmienda Platt, ni tampoco tenía entre sus objetivos una nueva Constitución que le permitiera desarrollar todo su programa político, o sea proponía la creación de un nuevo Estado, sin cambiar el esquema institucional vigente. Esta incongruencia ideológica llevó al ABC a participar en el proceso de la "Mediación" con el embajador norteamericano Benjamin Sumner Wells.

Estos programas de acción surgidos en la lucha contra la dictadura de Machado iban encaminados a desmantelar por medios revolucionarios el Estado oligárquico cubano.

La ideología surgida de la debacle económica y política del país ya rechazaba el capitalismo de laissez faire que había funcionado en beneficio exclusivo de una oligarquía nacional, y de las corporaciones extranjeras. Se reclamaba pasar del control del Estado por la economía, al control de la economía por el Estado, en función de los intereses nacionales.

Aunque el ABC no señalara a la Enmienda Platt como la primera institución que debía ser abolida para poder emprender las reformas necesarias para Cuba, ya que era su mayor obstáculo, otros grupos más radicales sí lo consideraban, y estos fueron los que rechazaron la mediación de Sumner Wells, que lo que buscaba era mantener el statu quo institucional, y a la clase política intacta, aunque ello implicara la salida de Machado que sería sacrificado para mantener el sistema sin cambio.

Las limitaciones de la Enmienda Platt y el control político sobre Cuba

El esquema institucional diseñado por EE. UU. para la República de Cuba que nació en 1902, no logró garantizar completamente la estabilidad política en el país, y se fue distorsionando en medio de las circunstancias cambiantes, y demostradamente contribuyó más a crear inestabilidad política, que a crear la estabilidad que era su objetivo.

El objetivo primordial de la Enmienda Platt era brindar todas las garantías posibles a la inversión norteamericana en Cuba.

Las luchas entre las élites políticas aspirantes a controlar el Estado el cual representaba la única fuente de ascenso económico y social en Cuba, dio lugar a una constante inestabilidad civil dentro del país.

Primero el alzamiento de los liberales en agosto de 1906 que condujo a la Segunda Intervención y a un cambio en la interpretación de la Enmienda Platt con el propósito de evitar que se crearan nuevamente condiciones que obligaran a otra intervención militar. Esta nueva política fue conocida como "intervención preventiva" que requería una intromisión constante en el desempeño del gobierno, y de supervisión sobre los funcionarios públicos, lo cual agudizó las fricciones entre la clase política nacional y el gobierno norteamericano.

En 1912, la lucha entre facciones políticas alcanzó tintes raciales que llevaron a un alzamiento de los que se llamaron "El Partido de los Independientes de Color". Este alzamiento fue cruelmente reprimido dejando casi tres mil muertos de individuos de la raza negra en la provincia de Oriente.

En 1917, la reelección de Mario García Menocal y los Conservadores, dio lugar a un nuevo alzamiento de los liberales en febrero de ese año conocido como "La Chambelona", de mucha mayor envergadura que el de 1906. Esta vez EE. UU. ayudó militar y diplomáticamente al gobierno de Menocal, y efectuaron desembarcos puntuales de pequeños destacamentos en algunos lugares de la isla. De esta forma el gobierno logró sofocar el levantamiento que en un principio parecía indetenible.

En 1919 el gobierno norteamericano envió al general Enoch Crowder con el objetivo de reformar el Código Electoral, pero una vez más, las elecciones de 1920 pusieron al país al borde de la guerra civil, lo que condujo al envío de Crowder esta vez como representante especial del presidente de EE. UU. con poderes extraordinarios en enero de 1921 a bordo del acorazado Minnesota, siendo esta una tercera intervención (esta vez sin desembarco de tropas).

El propósito de Crowder era limitar la expansión de la clase política cubana eliminando lo más posible la corrupción como fuente de inestabilidad, pero su misión terminó en el fracaso. El gobierno norteamericano se dio cuenta de que no podía establecerse una democracia liberal en Cuba al estilo norteamericano, lo que los llevó finalmente a apoyar un gobierno autoritario que pudiera manejar los asuntos de la isla, y a cambiar la interpretación de la Enmienda Platt, desde la "intervención preventiva" a la interpretación original, o sea la interpretación Root[39](laissez passer).

La elección de Gerardo Machado en 1925 representó un augurio favorable para la política de no intervención y de inmiscuirse lo menos posible en los asuntos internos de Cuba, pues existía la confianza de que Machado mantendría la estabilidad que la Enmienda Platt debía garantizar, pero el deterioro de la situación económica dio lugar a que se rompiera el consenso dentro de la clase política cubana y entre el gobierno y parte del empresariado nacional y extranjero.

En 1928, Machado enmendó la Constitución para reelegirse esta vez por un período de seis años. La enmienda a la Constitución era completamente ilegal (Artículo 115), pero las autoridades norteamericanas decidieron no intervenir abandonando sus responsabilidades, y convirtiéndose así en cómplices de la dictadura que se instauró en Cuba a partir de ese momento.

En 1933 la situación política se había deteriorado a tal punto que se ponía en duda la garantía de protección a la vida y las propiedades extranjeras en la isla. Era evidente que Machado no controlaba la situación, y que podía conducir a la necesidad de una intervención militar, como pedía la élite económica y parte de la élite política que temían el triunfo de una revolución,. No les quedó más remedio que ejercer una vez más su hegemonía enviando a otro representante especial del presidente norteamericano en la persona de un nuevo embajador, Benjamin Sumner Wells, en una cuarta intervención.

Wells trató de llegar a soluciones de compromiso manteniendo la institucionalidad oligárquica vigente, en un proceso conocido como la "Mediación" la cual terminó fracasando a partir del 4 de septiembre de 1933, y entonces solicitó la intervención militar, cosa que no llegó a ocurrir debido a que el nuevo presidente de EE. UU., Franklin D Roosevelt, inauguraba una nueva diplomacia hacia América Latina conocida como "El Buen Vecino" y lo que menos le convenía en aquellos momentos era una intervención militar en un país latinoamericano.

Por otra parte, la Constitución de 1901 nunca fue garantía suficiente para el funcionamiento de

39. Elihu Root 1845-1937. secretario de Estado de Estados Unidos bajo la presidencia de Theodore Roosevelt.

una democracia liberal basada en la separación de poderes, y lo que resultó fue un Estado oligárquico, ya que desde el principio de la República, el Ejecutivo acaparó todo el poder, dejando a los otros dos poderes sin independencia real ninguna. Esta situación degeneró en la formación de una clase política corrupta, y un gobierno que aumentaba de tamaño de forma sostenida a partir de una práctica clientelar causante de una cada vez mayor inestabilidad y conflictividad en la esfera política, hasta que finalmente fue modificada en 1928, para legalizar a una dictadura.

Por otra parte, el Tratado de Reciprocidad Comercial de 1903 fue desvirtuado a partir de la elevación de las tarifas arancelarias en 1921(Tariff Emergency Act), en 1922 (Fordney_McCumber Act), y en 1930 (Smoot-Hawley Act) que ayudaron a la ruina económica de la isla.

Por último, la falta de una moneda nacional y de soberanía monetaria que estipulaba el Artículo Segundo de la Enmienda Platt, impidieron que Cuba pudiera tomar medidas que contrarrestaran el efecto devastador de la Gran Depresión.

A partir de la década de 1920, la Enmienda Platt demostraba ser cada vez más inoperante y propiciadora de inestabilidad política, lo contrario de lo que supuestamente debía garantizar.

Hasta fines de la década del 20, las élites tradicionales de Cuba resolvían sus rivalidades sin retar el marco institucional que les servía de soporte, pero a comienzo de la década de 1930, estas élites ya habían agotado todas sus posibilidades políticas dentro de la República, y venían siendo desplazadas por un movimiento revolucionario de cambio generacional que buscaba crear un nuevo marco institucional diseñado por los cubanos, y en función de necesidades nacionales, que en gran medida se iban a identificar con los intereses de la clase media nacional, y de la nueva élite política que surgía de ella.

En el año 1933, la oposición a Machado se encontraba dividida entre los que querían la salida de Machado y mantener el statu quo institucional, para lo cual requerían la intervención norteamericana invocando la Enmienda Platt, pues habían llegado a la conclusión de que Machado no podía resolver el problema político y social de Cuba que amenazaba convertirse en una revolución social. Este segmento estaba formado por la oligarquía, parte de la élite política y de la clase profesional tradicional, y parte de las clases medias y el empresariado industrial. Estos fueron los que participaron del proceso de la Mediación del embajador Sumner Wells, y a la que se le denominaba la "oposición responsable".

El otro segmento de la oposición tenía como meta la transformación institucional y política de Cuba, no solo la salida de Machado, si no la renovación de toda la clase política, y la remoción de todo el marco institucional que la sostenía. Este segmento de la sociedad estaba formado por parte de la clase profesional joven, intelectuales, estudiantes, parte de la clase media, y el movimiento obrero.

La mediación triunfó entre el 12 de agosto y el 4 de septiembre de1933, en la presidencia de Carlos Manuel de Céspedes, que asumió el cargo después de Machado el 12 de agosto. El golpe de Estado de los sargentos del 4 de septiembre significo el triunfo de la revolución, y el fracaso de la mediación.

La Enmienda Platt fue una institución favorable en la medida en que garantizó estabilidad política, económica, y social suficiente como para permitir la rápida recuperación del país de la destrucción causada por la Guerra de Independencia, alentar la inversión extranjera en el país, y lograr un impetuoso crecimiento económico, pero por otra parte, operaba favoreciendo los intereses del capital especialmente norteamericano, por encima de los intereses nacionales, y de los trabajadores cubanos. Mientras tuvo lugar una situación económica favorable estas contradicciones encontraban acomodo, pero en cuanto las condiciones económicas cambiaron, la Enmienda Platt se convirtió en un freno en la búsqueda de soluciones a los problemas nacionales, dejando así de ser una institución beneficiosa, y creando más problemas de los que solucionaba, hasta llegar a sancionar un gobierno dictatorial, por lo que estaba condenada a desaparecer.

Resumen de la evolución del Estado cubano durante la Primera República 1902-1933

En el gráfico inferior se observa como los gastos del Estado superaban los ingresos provocando un grave endeudamiento que llevaron al default en 1933.

Como se puede ver, los períodos de crecimiento del gasto fueron durante el gobierno de José Miguel Gómez, seguido de un comportamiento más errático durante los gobiernos de Menocal y Zayas, y después un fuerte crecimiento durante el gobierno de Machado, el cual quedó en 1932-33 en bancarrota, declarando una moratoria para todas las deudas, entre ellas el servicio de la deuda externa.

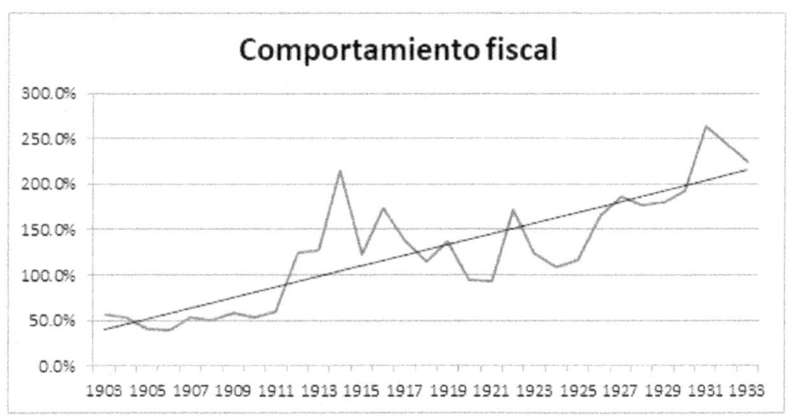

Los gráficos relaciona los ingresos del Estado con el Ingreso Nacional.

Como se ve, hay una tendencia a la disminución entre 1905 y 1915, una tendencia al incremento entre 1915 y 1926, y una caída entre 1926 y 1932. El pequeño ascenso entre 1932 y 1933 se debió al incremento de los impuestos de la Ley de Emergencia Tributaria de Machado.

La tendencia general fue de un moderado incremento de la presión fiscal, ya que en general, los ingresos del Estado se hallaban estrechamente vinculados al comportamiento del Ingreso Nacional, pues estaban basados en impuestos indirectos sobre todo colectados en las aduanas.

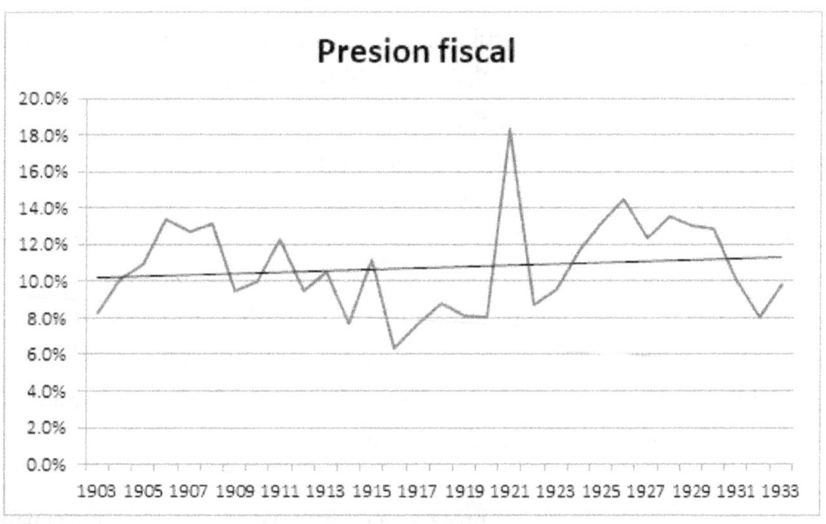

En general, el Estado cubano creció de manera moderada debido a que no tuvo a su disposición los instrumentos fiscales que lo permitieran, ya que se encontró limitado por los empréstitos norteamericanos, y la imposibilidad de financiarse a través de la creación de un Banco Central.

Durante toda la Primera República, los ingresos del gobierno a partir de recaudaciones presupuestarias fueron 1.726.5 millones de dólares, equivalentes al 10.6% del Ingreso Nacional, y los gastos fueron 2, 371.6 millones de dólares, equivalentes al 14.5% del Ingreso Nacional, para un déficit de 642.1 millones de dólares. Se contrajeron empréstitos con bancos norteamericanos por la cantidad de 310.7 millones de dólares, y la deuda pendiente en 1933 era de 167.6 millones de dólares.

¿Cómo se gastó el presupuests? (en miles de dólares).

Ministerios	1909	1913	1921	1925	1933
Presidencia					210.2
Estado	613.5	717.3	1,264.80	1,768.20	831.4
Justicia	158.9	221.6	265.2	320.5	179.9
Gobernación	1,798.80	1,452.50	2,079.20	4,110.00	2,225.10
Hacienda	2,503.80	2,909.70	4,581.90	4,227.00	2,251.70
Obras públicas	5,613.50	3,704.60	8,756.10	6,385.80	1,699.70
Agricultura y comercio	376.9	488.4	1,400.90	900.7	577.5
Educación	4,072.00	4,782.00	10,406.00	14,058.00	7,139.90
Salud Pública	4,154.30	3,785.00	6,152.30	5,228.70	2,824.50
Comunicaciones	1,501.20	1,853.10	3,977.70	4,914.60	2,444.70
Defensa	6,161.30	7,293.40	15,099.20	12,482.90	9,797.80
Pensiones					3,537.20
Total	26,954.20	27,207.60	53,983.30	54,396.40	33,719.60

Fuente: *Cuba: A Handbook of Historical Statistics* Sussan Schoeder.

La partida de gastos más alta dentro de los presupuestos del gobierno cubano lo tiene la Secretaría de Defensa con un 26% del presupuesto. Las fuerzas armadas del país estaban compuestas por un ejército regular, marina, policía y guardia rural. En 1933, el último año de la dictadura de Machado, los gastos de defensa alcanzaron el 30% del presupuesto.

El segundo lugar se encontraban los gastos en Educación con un 21% del presupuesto, le seguían Obras Públicas con un 13.3%, y Salud Pública con un 11.3%.

La capacidad regulatoria del Estado cubano estaba muy limitada por la interpretación de la Enmienda Platt por parte del gobierno de Estados Unidos, y solo en tiempos de Machado, cuando los norteamericanos renunciaron a su política de "intervención preventiva", pudo el gobierno de Cuba ampliar su intervención directa en la economía por primera vez de manera significativa.

Con el gobierno de Machado se inauguraba en Cuba la intervención del Estado de manera directa en la economía, básicamente en función de la defensa de los intereses extranjeros y la oligarquía nacional, aunque ello trajera como consecuencia perjudicar a la clase trabajadora.

Machado actuó siempre dentro de los límites que le imponía la Enmienda Platt, aunque tuvo mayor autonomía que sus predecesores que tuvieron que acomodarse a la intervención preventiva, pero aun así, la misma Enmienda contribuyó a que no pudiera enfrentar de manera más efectiva los retos económicos y políticos que surgieron durante su gobierno.

-oOo-

El Estado oligárquico se caracteriza por proteger a un grupo de la sociedad que expande su participación dentro del Ingreso Nacional, en detrimento del resto, propicia una redistribución de riquezas e ingresos desde la gran mayoría de la sociedad hacia un pequeño grupo de oligarcas formado por una élite económica y política, utilizando todos los que tiene el Estado. La Enmienda Platt fue la institución que protegió a esta oligarquía frente a los reclamos y demandas de otros grupos sociales.

Mientras el pastel de la riqueza crece, aunque la oligarquía obtiene un parte proporcionalmente mayor de este crecimiento, el resto de la sociedad también participa de los beneficios del crecimiento como sucedió en Cuba hasta 1920, que fue una época de impetuoso crecimiento. En esas condiciones, las tensiones sociales encuentran acomodo, y se mantienen a un nivel relativamente bajo.

Entre 1921 y 1925 el crecimiento comienza a ralentizarse, pero la sociedad cubana se ha vuelto más compleja; ha crecido una clase media urbana así como una clase obrera, y un empresariado industrial y comercial, al mismo tiempo que la clase política se ha consolidado y crecido en tamaño, a partir del control de los crecientes presupuestos del Estado.

En estas condiciones, las contradicciones sociales latentes se agudizan y se ponen de manifiesto a través crecientes reclamos por reformas nacionales, en tanto la Enmienda Platt se evidencia claramente como el gran obstáculo que impide el logro de una solución en busca de cambios en la distribución del Ingreso Nacional percibida como injusta por una parte cada vez mayor de la sociedad. Cualquier solución nacional pasaba necesariamente por la abolición de la Enmienda Platt.

El triunfo electoral de Gerardo Machado y el Partido Liberal en 1925 es visto en aquellos momentos por muchos cubanos como el punto de partida para un proceso reformista, pero el pastel de la riqueza, o sea el Ingreso Nacional, lejos de crecer se achica, por lo que Machado tiene cada vez menos espacio de maniobra, y para mantener la posición de la oligarquía en su participación dentro del Ingreso Nacional que se va haciendo más pequeño, se hacía necesario el establecimiento de un régimen muy autoritario, o una dictadura, o se llegaría al punto de que hubiera sido necesaria una intervención directa de Estados Unidos como establecía el Artículo Tercero de la Enmienda Platt.

La depresión económica sobrepasó la capacidad represiva del régimen de Machado, y el Estado en 1933 amenazaba con colapsar, por lo que Estados Unidos optó por la intervención a través de la persona de un enviado especial; Benjamín Sumner Wells que trataría por medio de una componenda conocida como la "Mediación", salvar el Estado oligárquico cubano, que finalmente fracasó el 4 de septiembre de 1933 con el golpe de Estado de los sargentos encabezado por Fulgencio Batista.

La transición hacia el Estado socialdemócrata; el corporativismo y los gobiernos provisionales. De la caída de Machado a la Constitución de 1940

El golpe de Estado del 4 de septiembre de 1933 que terminó con el derrocamiento del presidente provisional Carlos Manuel de Céspedes (12 de agosto de 1933 al 4 de septiembre de 1933) marcó el fin del Estado Liberal Oligárquico en Cuba. El golpe estuvo protagonizado por elementos de baja graduación del ejército (sargentos, clases, y soldados) y miembros del Directorio Estudiantil Universitario (DEU).

Cuando triunfa la Revolución del 33, y asume el poder el nuevo gobierno provisional, no solo la situación política de Cuba era un caos, igualmente desde el punto de vista económico la República estaba al borde del colapso, y el mundo se encontraba sumido en lo más profundo de la Gran Depresión.

Las respuestas a la Gran Depresión en el ámbito internacional

En el año 1933, recién comenzado el gobierno de Franklin D Roosevelt, se fueron a tomando toda una serie de medidas para sacar a Estados Unidos de la depresión económica, y una de las primeras medidas fue sacar al país del sistema monetario del patrón oro devaluando el dólar y de ese forma poder expandir la oferta monetaria, dando lugar a que los precios subieran revirtiendo así la deflación. En el año 1937, la oferta monetaria en Estados Unidos había crecido un 50% en relación con 1933, y por otra parte se buscó restaurar el comercio exterior destruido por la Smoot-Hawley Act de 1930. Esta política con respecto a América Latina fue conocida como la política del Buen Vecino.

En Europa, los países escandinavos fueron pioneros de las políticas de lo que se consideró después el Welfare State (Estado de Bienestar), que incluía la provisión por parte del gobierno de toda una serie de servicios sociales, unido a una administración macroeconómica con el objetivo de estabilizar la economía.

Prácticamente en toda Europa Occidental y Estados Unidos, los gobiernos llevaron adelante políticas que incluían una mayor intervención en la dirección de la economía, aunque mantenían en lo fundamental la propiedad privada, y economía de mercado.

Otro modelo político-económico surgido de la Gran Depresión caracterizó a los países de Europa del Sur, Central, Oriental y Japón, que fueron regidos por gobiernos fascistas, o protofascistas, que rechazaban la economía internacional avanzando el concepto de una organización económica basada en la autarquía[40], además de establecer fuertes controles sobre la clase obrera, lo que les permitió reducir el desempleo, y además también de severo control sobre los empresarios.

Mientras Occidente buscaba reconstruir la integración económica internacional, los fascistas buscaban el aislacionismo nacionalista, y en tanto los primeros veían a los movimientos laborales incorporarse a sus gobiernos, en los países fascistas se destruían dichos movimientos.

En América Latina y otras regiones del mundo subdesarrollado, el modelo basado en producir bienes agrícolas y materias primas para la exportación no podía sobrevivir, ya que la demanda y precios de los productos primarios se encontraban deprimidos de manera crónica frente a los productos industriales. América Latina se encontraba casi sin demanda para sus productos.

La Gran Depresión puso en cuestionamiento todo el orden socioeconómico basado en las exportaciones hacia Europa y Estados Unidos. Desde fines de los años 20 hasta fines de los años 30 los precios de las principales exportaciones agrícolas declinaron un 30% entre 1925 y 1928, y otro 66% entre 1928 y 1932. Para América Latina esto significó que con el mismo volumen de exportaciones en el año 1932 solo podían comprar un 56% de lo que anteriormente compraban.

Así, el mundo subdesarrollado buscó reenfocar sus energías en promover el desarrollo nacional.

En las áreas semiindustrializadas de América Latina y el Medio Oriente crecieron las sociedades urbanizadas así como alguna industria moderna.

En todos los países semiindustrializados o subdesarrollados, hubo una respuesta similar a la Gran Depresión implementando de una u otra forma algún tipo de medidas socialistas. Los gobiernos apoyaban la formación de cártels para estabilizar precios, alentaban la coordinación de los salarios y manipulaban la macroeconomía. El *laissez-faire* desapareció frente a las intervenciones cada vez más profundas de los gobiernos.

Los países que adoptaron políticas de autarquía, promovían la producción nacional para consumo interno, y especialmente promovían el desarrollo industrial con el propósito de modernizar las economías, pues consideraban que continuar vinculados al comercio internacional solo contribuía a reforzar el atraso. También la agricultura de autosuficiencia formó parte de las políticas de algunos países de economía agrícola.

Las políticas autárquicas dentro de la tradición mercantilista o **neo**mercantilistas, buscaban hacer favorable los términos de intercambio para la industria, en contra de la agricultura y en contra

40. Autarquía es una situación de autosuficiencia en que el país no participa en el comercio internacional, produciendo todo lo que sus ciudadanos consumen sin adquirir ninguna mercancía extranjera.

del consumo, al encarecer la importación de bienes de consumo, y manteniendo bajos los salarios. El comercio exterior en las autarquías cayó drásticamente al mismo tiempo que controlaban la inversión extranjera y buscaban que la propiedad sobre los recursos pasara a manos de propietarios nacionales.

Se imponían también restricciones al movimiento de capitales manipulando la moneda a fin de obligar a la inversión y al ahorro nacional.

Los gobiernos en estos países les concedían a las industrias préstamos preferenciales, subsidios, exenciones impositivas, y procuraban aumentar la demanda interna de los bienes nacionalmente producidos ampliando el mercado interno, lo que incluía una ampliación dramática del sector público también.

En estos países tenía lugar una redistribución de ingresos desde el sector exportador de productos primarios asociado a las oligarquías tradicionales y al campesinado, hacia la industria y los servicios asociados con la burguesía industrial nacional, las clases medias y los trabajadores urbanos.

En los países **semiindustrializados** que desarrollaron este tipo de políticas autárquicas la industria creció rápidamente, como fue el caso de Argentina, México, y Chile.

En casi todos los países de América Latina, los tradicionalmente poderosos grupos exportadores se debilitaron. Los años 30 vieron el eclipse de las oligarquías latinoamericanas, y su lugar en las principales repúblicas fue ocupado por nuevos grupos urbanos con intereses nacionales, arribaban al primer plano de la escena política los industriales, los trabajadores urbanos, y las clases medias, comenzando la era del "desarrollismo" nacionalista.

El populismo latinoamericano y las tendencias populistas en Cuba

El telón de fondo del desarrollo de los Estados corporativistas y socialdemócratas de toda América Latina será el Populismo.

Ernesto Laclau en su libro *Sobre las razón populista* plantea lo siguiente:

"En América Latina los movimientos populistas fueron esencialmente populismo de Estado tratando de reforzar el papel central del Estado contra las oligarquías terratenientes.".

"Por esta razón fueron movimientos esencialmente urbanos, asociados con la ascendente clase media y las clases populares en el período comprendido entre 1910 y 1950".

El vacío de poder que creó el debilitamiento de las oligarquías tradicionales que gobernaban América Latina, producto de la quiebra del modelo económico basado en la exportación de materias primas que tuvo lugar entre la Primera Guerra Mundial y la Gran Depresión fue llenado por políticos no provenientes de dichas élites que apelaban a las masas, reivindicando el papel del Estado como el defensor de los intereses del pueblo a través de la intervención en la economía y de la creación de una red de seguridad social, cuyo objetivo era lograr una justicia distributiva, y un Estado de Bienestar.

El populismo no es una ideología, si no más bien una estrategia política que se irá decantando ideológicamente según sea la fuerza de unos u otros grupos de intereses, por eso muchos lo definen como un movimiento de origen político ligado a la crisis del Estado oligárquico que puede inclinarse hacia la izquierda (socialdemocracia) o hacia la derecha (corporativismo).

Hay algunos rasgos generales que los estudiosos del fenómeno populista identifican y que serían los siguientes:

1. Rechazo a los políticos profesionales.

2. Desconfianza en las instituciones públicas existentes.
3. Diálogo directo entre la dirección del movimiento y la base social.
4. Fuerte voluntad de movilización y participación.
5. Retórica nacionalista.
6. Liderazgo caudillista.
7. Nacionalismo económico tendiente a la autarquía.

Los movimientos populistas van alcanzando el gobierno en toda una serie de países latinoamericanos en diferentes momentos, llevando adelante sus políticas de desarrollo desde el Estado hacia la sociedad; el Populismo busca modelar la sociedad de acuerdo al programa del Estado.

El Populismo económico tiene como objetivo central la redistribución de ingresos, y el crecimiento a través de políticas de financiamiento deficitario, manipulación monetaria, y restricciones al comercio externo, sin importarle la reacción de los agentes económicos frente a las políticas agresivas ajenas al mercado.

Los analistas del Populismo Latinoamericano, en su aspecto económico reconocen cuatro características que le serán definitorias.

a) Hegemonía de la industria sobre la agricultura y la minería.
b) Modelo de industrialización por sustitución de importaciones (ISI).
c) Políticas inflacionarias.
d) Gasto deficitario.

La ISI necesariamente se veía acompañada de políticas macroeconómicas específicas que buscaban agrandar el mercado interno consumidor de la producción nacional, y esto lo hacían a través de grandes incrementos salariales, y gasto gubernamental deficitario.

También mediante aranceles elevados y tipos de cambio sobrevaluados se buscaba proteger a las nuevas industrias.

Las concepciones populistas reflejaban un fuerte nacionalismo señalando las desigualdades en el comercio con las naciones desarrolladas como justificación de un modelo de desarrollo introspectivo alternativo al modelo vigente basado en las exportaciones de productos primarios.

Debido al supuesto deterioro de los términos de intercambio, se sustenta la idea de que es necesaria la industrialización aumentando así el valor agregado de la producción.

Las experiencias históricas del populismo económico se han caracterizado por un fuerte aumento de la inflación debido a que el financiamiento de sus políticas sociales y económicas necesitan invariablemente de la expansión monetaria.

El populismo económico requiere en bastante medida de la existencia de ciertos factores para florecer:

a) Proletariado y urbanización extendida.
b) Capital extranjero en control de importantes sectores económicos del país.

En las expresiones de populismo más radicales de América Latina se llevan a cabo nacionalizaciones de industrias consideradas claves dentro de la economía del país; transporte público, banca, generación de energía, minería de hidrocarburos,, etc. Así, lejos de incentivar el capitalismo nacional, el Estado se convierte en el principal agente económico (capitalismo de Estado) y subordina al empresariado a sus decisiones.

El otro componente del populismo es el aspecto político.

También aquí existen una serie de factores que contribuyen a la instauración del populismo político.

1. Una oligarquía tradicional propietaria de la tierra concentrando un alto grado de poder que busca mantener inamovible el régimen de propiedad territorial.
2. Un movimiento obrero sometido al Estado o con muy poca autonomía.
3. Surgimiento de una nueva élite política que va llenando los espacios de poder que pierde la oligarquía tradicional la cual se va debilitando como resultado de la contracción de los mercados internacionales durante la década de los años 20 y 30.
4. Un bajo grado de institucionalización; débil Estado de derecho y débil sociedad civil.

Populismo en Cuba

Ernesto Laclau en su obra citada, identifica dos etapas en el desarrollo del populismo latinoamericano.

Una primera etapa que él sitúa entre comienzos del siglo XX, más bien a partir de 1910, hasta comienzos de la Gran Depresión en 1930, y una segunda etapa que llega hasta la década de 1950.

El liberalismo, que fue el régimen establecido por las oligarquías gobernantes en los países latinoamericanos después del período de las guerras civiles que siguió a la independencia descansaba en el control de las redes clientelares como sistema político.

El desarrollo económico trajo como consecuencia una rápida urbanización, y la expansión de las clases medias, pequeños empresarios, burguesía industrial, y una clase trabajadora de obreros y empleados urbanos que comenzaron a demandar políticas redistributivas, y tener una mayor participación política.

Este será el escenario típico donde nace el populismo latinoamericano, se desarrolló en Cuba durante la década de 1920 con el "Movimiento de Veteranos y Patriotas", la "Protesta de los Trece", la creación de la CNOC, y todo el movimiento cívico reformista y nacionalista.

El crecimiento de la urbanización y la proletarización, así como el control cada vez mayor de los principales sectores económicos por el capital extranjero que tienen lugar en estos años 20 van creando las precondiciones para el desarrollo del populismo cubano.

La acumulación de demandas no cumplidas se fueron cristalizando alrededor de los nombres de líderes populares.

Dentro del contexto de ese primer populismo surgieron figuras de reformadores democráticos como Hipólito Irigoyen en Argentina, José Batlle Ordóñez en Uruguay, Francisco Madero en México, Arturo Alessandri en Chile, y en Cuba pudiéramos hablar de José Miguel Gómez y el mismo Gerardo Machado, presentan algunos rasgos de este tipo temprano de caudillo populista.

La segunda etapa del populismo latinoamericano, que es cuando adquiere sus características más definidas emerge después de la Gran Depresión, haciéndose más radical, ya que el poder redistributivo clientelar de los Estados oligárquicos liberales cayó en picada por la crisis haciendo que el sistema político tuviera menos posibilidades y maniobrabilidad para absorber las demandas democráticas, lo que como vimos en Cuba, derivó en una dictadura con Gerardo Machado.

El populismo en Cuba entre 1933 y 1952, tuvo dos facetas complementarias; el populismo corporativista cuya figura principal y casi única será Fulgencio Batista, y el populismo socialdemócrata, cuya figura más representativa será Ramón Grau San Martín, aunque tendrá otras figuras menores como Eduardo Chibás y Carlos Prío.

La Revolución de 1933 tuvo muchos elementos característicos de las revoluciones y movimientos populistas en América Latina: Un Estado oligárquico debilitado por las crisis económicas mundiales y la desintegración del mercado internacional frente al auge de los nacionalismos económicos; una nueva élite política surgida de las clases medias urbanas; una urbanización extendida; una enorme inversión de capital extranjero controlando los principales sectores económicos del país; una oligarquía terrateniente, aunque en Cuba, esta oligarquía es netamente capitalista, no tradicional, pero controlaba extensos latifundios; una conciencia nacionalista muy extendida producto de las largas e intensas guerras de independencia, y la subordinación política en que se mantenía Cuba como un protectorado norteamericano sancionado por un tratado permanente; una institucionalidad sin ninguna legitimidad como resultado de un gobierno dictatorial donde había desaparecido completamente el Estado de derecho, y suprimida la sociedad civil a partir de 1928.

Todos esos elementos coincidían en Cuba al comenzar la década de 1930, por lo que el terreno político y social se encontraba perfectamente abonado para la aparición de los caudillos populistas.

Luego del triunfo de la Revolución del 4 de septiembre de 1933 comienzan a manifestarse en Cuba los rasgos que identifican a los populismos latinoamericanos tales como el rechazo a toda la clase política tradicional, una retórica nacionalista, y el surgimiento de un liderazgo caudillista representado por dos figuras principales que se van a disputar el poder hasta 1958; la primera el Dr. Ramón Grau San Martín, fundador del Partido Revolucionario Cubano (PRC Auténtico) que encabezaría la facción civilista del populismo cubano en su ala socialdemócrata, y por otra parte, el sargento-coronel Fulgencio Batista Zaldívar, al frente de la facción militar y del populismo cubano en su ala corporativista.

Estos dos caudillos populistas no serán de la talla de las grandes figuras del populismo histórico latinoamericano como Getulio Vargas en Brasil, Juan Domingo Perón en Argentina o Lázaro Cárdenas en México.

Si bien Grau trató de crear un Estado populista de corte socialdemócrata en 1933, no pudo alcanzar un consenso entre las clases sociales, además de la oposición por parte de Estados Unidos. Entre 1934 y 1935 en medio de una situación económica y política caótica, la pugna se desarrolló entre el regreso al Estado oligárquico prerrevolucionario tal como pretendía el embajador norteamericano Benjamin Sumner Wells y la élite económica exportadora, y la creación de un Estado populista corporativista. La primera opción era prácticamente imposible pues hubiera requerido un nivel de represión impensable, que el mismo régimen de Machado no pudo llevar adelante, o la intervención directa de tropas norteamericanas, por lo que terminó imponiéndose la segunda opción como una solución de compromiso momentáneo, hasta que finalmente se alcanzó el consenso con la Constitución de 1940 donde predominó la visión de un Estado socialdemócrata.

Medidas del gobierno revolucionario. Primer ensayo socialdemócrata: Septiembre de 1933-enero 1934

El gobierno revolucionario del DEU, conocido como el gobierno de los Cien Días, encabezado por Ramón Grau San Martín, duró desde el 10 de septiembre de 1933 hasta el 15 de enero de 1934. (Entre el 4 de septiembre y el 10 de septiembre gobernó lo que se conoció como la Pentarquía)[41].

41. Los integrantes del gobierno de la pentarquía fueron Ramón Grau San Martín, Miguel Irisarri, Porfirio Franca, Sergio

El nuevo gobierno procedió de inmediato a desmantelar la institucionalidad con que nació la República el 20 de mayo de 1902, dando inicio al nacimiento de una nueva Cuba. La República populista sustituía a la República oligárquica.

Los principales decretos del llamado gobierno de los Cien Días:

- Abrogación de la Enmienda Platt.
- Disolución de todos los partidos políticos del machadato (Liberal, Conservador y Popular).
- Derogación de la Constitución de 1928.
- Autonomía universitaria.
- Derecho al voto de la mujer.
- Jornada de ocho horas.
- Salario mínimo a los cortadores de caña.
- Jornal mínimo de 1 peso para los trabajadores urbanos y 80 centavos para los trabajadores del campo.
- Arbitraje laboral y creación del Ministerio del Trabajo.
- Nacionalización del trabajo; Ley del 50% (El 50% de todos los trabajadores en todo centro de trabajo tenían que ser ciudadanos cubanos).
- Cancelación de todos los contratos existentes con Haití y Jamaica referentes a la importación de braceros.
- Comenzar los estudios para una reforma agraria donde se le otorgaría título legal sobre las tierras a los campesinos.
- Garantía de derecho permanente sobre la tierra bajo cultivo.
- Reducción en un 40% de las tarifas de las utilidades públicas.
- Creación de la Asociación de Colonos de Cuba.
- Depuración de organismos estatales de personas vinculadas al régimen de Machado.
- Desarrollo de proyectos de colonización agraria.
- Convocatoria para una Constituyente el 20 de Mayo de 1934.
- Creación del papel moneda cubano.
- Restablecimiento y ampliación de la Ley Arteaga[42].
- Ley de Accidentes del trabajo.
- Descanso semanal retribuido.

El gobierno revolucionario tenía como objetivo primordial no solo desmantelar la estructura político-institucional vigente desde 1902, si no también establecer un mínimo de redistribución del ingreso en favor de los trabajadores, y empezar a abordar el problema de una racionalización de la estructura económica cubana que necesariamente comenzaba por una profunda reforma agraria.

Entre los decretos que hemos enumerado, los números 6, 7, 8, 9, 10, 11, 12, 13, 14, 19, 20, 21, y 22 iban dirigidos a lograr una redistribución del ingreso a favor de la labor, contribuyendo a desmantelar la hegemonía de la oligarquía en Cuba, y los números 1, 10, 11, y 19 representaban las demandas nacionalistas encaminadas a lograr una soberanía plena.

Por primera vez se formaba en Cuba un gobierno sin la aprobación y apoyo de Estados Unidos.

Carbó y Guillermo Portela.

42. La Ley Arteaga, fue una ley presentada a la Cámara de Representantes en febrero de 1909, por el congresista Emilio Arteaga donde se prohibía el pago a los trabajadores con vales o fichas con los cuales solo se podía comprar en los establecimiento del ingenio o algún poblado cercano. La ley fue finalmente sancionada en junio de ese año por el presidente José Miguel Gómez.

No todas estas medidas pudieron ser puestas en vigor por el gobierno revolucionario debido a una situación caótica reinante en Cuba causada por la falta de reconocimiento por parte del gobierno norteamericano, la oposición generalizada de empresarios y extranjeros residentes en Cuba, así como por los políticos tradicionales desplazados del poder, además de la oposición del Partido Comunista, y de la CNOC, a lo que se le sumaba la grave situación económica del país.

Las huelgas continuaron; los trabajadores, en el otoño de 1933 habían tomado el control de treinta y seis centrales azucareros, pero la mayor oposición al gobierno reformista venía de Estados Unidos que veía cómo su hegemonía desaparecía, y sus intereses quedaban seriamente dañados por las medidas nacionalistas tomadas. En esta coyuntura, Estados Unidos aspiraba a restaurar el viejo orden oligárquico y derrocar al gobierno de Grau.

A pesar del pedido de Wells de desembarcar tropas norteamericanas invocando el derecho que les daba la Enmienda Platt, ni Roosevelt, ni su secretario de Estado Cordell Hull, estuvieron de acuerdo, pues eso representaría un daño irreparable a la nueva diplomacia del Buen Vecino que se estaba tratando de construir con América Latina, por lo que se recurrió a tratar de desestabilizar el gobierno desde adentro al no reconocerlo.

Aislado por todas parte, el gobierno reformista no tenía autoridad para hacer valer sus decretos, ni para poner orden, y mucho menos para estabilizar la situación económica del país que se encontraba semiparalizado.

La única solución posible fue la caída del gobierno revolucionario, la salida de Grau el 14 de enero de 1934, y la formación de un nuevo gobierno provisional encabezado por el coronel del Ejército Libertador Carlos Mendieta Montefur, que tomó posesión el 18 de enero, pero con el Jefe del Ejército, coronel Fulgencio Batista como verdadero gobernante del país.

El 3 de febrero de 1934 se restablecía la Constitución de 1901 sin la Enmienda Platt, y con algunas modificaciones, que estaría en vigor hasta marzo de 1935, cuando se restableció en su integridad la Constitución de 1901, y se abolió la de 1934.

Los historiadores marxistas describen esta etapa de la República como la restauración del viejo orden liberal-oligárquico por parte del embajador norteamericano Jefferson Caffery y Fulgencio Batista, pero la orientación de la política del "Buen Vecino", como se denominó a la diplomacia de Estados Unidos hacia América Latina inaugurada por la presidencia de Franklin D Roosevelt, era distinta a la vieja diplomacia del dólar y del Big Stick que caracterizó el período oligárquico de la República.

Comenzaba una nueva era, y no una restauración. La relación capital-labor había cambiado dramáticamente a favor de la labor, por lo que el reflejo de esta situación en la esfera de la política sería la sustitución de la política oligárquica tradicional, por una política de tipo populista, que fue la respuesta a este cambio de correlación económica y social a lo largo y ancho de toda América Latina; el surgimiento del Populismo Latinoamericano, que tendrá en Cuba sus figuras más representativas en Ramón Grau San Martín, y Fulgencio Batista Zaldívar.

La recuperación económica durante los gobiernos provisionales de 1934 a 1940

La salida de Grau permitió que Estados Unidos restableciera el reconocimiento al gobierno cubano, y comenzara un período de cooperación entre los dos países, en un esquema donde Cuba tendría una mayor soberanía.

La inclusión de Cuba en el sistema de cuotas azucareras norteamericano, y el nuevo Tratado de Reciprocidad Comercial de 1934 permitieron la estabilización de la economía a un bajo nivel.

La cantidad de toneladas de azúcar asignada a Cuba para ser vendidas en Estados Unidos no llegaba a los dos millones de toneladas largas, lo que unido al consumo doméstico, la producción azucarera cubana podía alcanzar unos dos millones doscientas mil toneladas largas.

El azúcar cubano en aquellos momentos no tenía ningún otro mercado, por lo que quedaba aproximadamente el 63% de la industria azucarera ociosa, pero la inclusión en la cuota implicaba una rebaja de los derechos de aduana a menos de un centavo por libra, y debido a la devaluación del dólar en 1933, el precio pagado por Estados Unidos era muy superior; entre 1934 y 1938 los precios del azúcar pagados por Estados Unidos fueron un 54.2% como promedio, superiores a los pagados en el mercado mundial.

Esto dio lugar a que la cuenta corriente de la balanza de pagos volviera a tener superávits. Entre 1934 y 1940, la balanza de pagos acumuló un superávit de 126.3 millones de dólares, por lo que la economía externa se estabilizaba, ayudando a estabilizar la economía interna.

Las exportaciones a Estados Unidos estaban limitadas por la cuota azucarera, la cual podía ser suspendida unilateralmente, tenía vigencia por solo tres años, y sujeta a revisión por parte del secretario de Agricultura de Estados Unidos, en tanto las importaciones desde Estados Unidos no tenían límites, y se encontraban promovidas por el Tratado de Reciprocidad Comercial firmado en 1934, así mientras que las exportaciones hacia Estados Unidos entre 1934 y 1940 aumentaron un 29.3%, las importaciones aumentaron un 96.6%. El tratado comercial entre Cuba y Estados Unidos de 1934, era mucho más desventajoso para Cuba de lo que pudo ser el de 1903.

A pesar de esto hubo un superávit en cuenta corriente, y esto fue debido a la mejora en los términos de intercambio, ya que entre 1934 y 1940, el nivel general de precios en Estados Unidos aumentó un 4.5%, y el precio promedio del azúcar aumentó un 55%.

Cuba podía vender cara su azúcar, y comprar bienes baratos en Estados Unidos, los cuales además tenían bajos adeudos en las aduanas cubanas.

Otra reforma importante que llevó adelante el gobierno cubano fue la reforma monetaria de 1934, sacando a Cuba del patrón, oro, entrando en el sistema de patrón plata, a partir de la emisión de dinero de papel respaldado 100% con plata, por lo que se le llamaron certificados de plata, pero con la paridad de uno a uno con el dólar que mantenía su curso legal dentro de Cuba, o sea, era un sistema bimonetario basado en el patrón plata.

De esta forma la Tesorería del gobierno podía emitir dinero y obtener los beneficios del señoreaje[43] debido a que la plata se devalúa más rápido que el oro. El gobierno cubano entre 1933 y 1939 emitió casi 90 millones de pesos plata y sus correspondientes certificados de plata, y obtuvo algo más de 50 millones de pesos por concepto de señoreaje.

La reforma monetaria de 1934 tenía como propósito aumentar los ingresos de gobierno, el cual heredaba del gobierno de Machado una enorme deuda flotante, y en segundo lugar que se produjera un incremento en los precios de los bienes y servicios para combatir la deflación y restaurar las ganancias empresariales al tiempo que se contraían los salarios reales.

Los precios de los bienes y servicios volvieron a ascender; entre 1933 y 1940 los precios ascendieron un 18.6% dando fin así a la deflación que prácticamente destruyó la economía cubana entre fines de la década de 1920 a principios de la de 1930.

43. Señoreaje es el beneficio que obtiene el emisor de dinero como diferencia entre el valor nominal del dinero, y su valor intrínseco. Por ejemplo una monedade plata de un dólar (valor nominal), tiene un contenido de metales que valen 30 centavos de dólar; en este caso el beneficio que obtiene el emisor de la moneda, o sea el banco central, o la Tesorería, es de 70 centavos por concepto de señoreaje.

En la monografía dedicada al dinero y la banca analizamos el comportamiento monetario de esta etapa, por lo que ahora nos limitamos a exponer que el incremento de la oferta monetaria fue inflacionaria entre 1934 y 1940 en un 40%, pero esto fue compensado con un incremento en la demanda de dinero de un 40%, por lo que el efecto inflacionario del incremento de la oferta monetaria fue anulado, y el valor del dinero se mantuvo estable a pesar de las variaciones que tuvieron lugar en la cotización entre el dólar y el peso cubano.

En relación con 1933, los depósitos en los bancos crecieron un 46%, pero el crédito bancario se contrajo un 65.7% contribuyendo así a contraer la oferta monetaria. La función de prestamistas de los bancos prácticamente había desaparecido, y solo ejercían la función de depósito, y cobro de deudas pendientes, por lo que el sistema bancario, que casi completamente se encontraba en manos extranjeras, no contribuía al crecimiento de la economía canalizando los ahorros. En 1940, las reservas del sistema bancario nacional constituían un 48% del total de los depósitos, por lo que había un exceso de reservas de más de 40 millones de pesos.

El ingreso per cápita -a valores de 1934- entre 1934 y 1940 aumentó a una tasa anual del 1.8% lo cual quiere decir que la economía se había estabilizado en relación con el período 1929-1933 pero se encontraba estancada.

Entre 1934 y 1940 se produjo un cambio significativo dentro de la estructura de producción del país.

Estructura sectorial del Ingreso Nacional expresado en %.

Sector	1933	1940	Diferencia
Azúcar	9.8	18	8.2
Agricultura no-azucarera	27.1	30.9	3.8
Industria y minería	12.9	23	10.1
Construcción	1.1	4.3	3.2
Servicios	49.1	23.8	-25.3

Todos los sectores se recuperan a expensas del sector servicios, lo que implica una incorporación mayor de personas produciendo más bienes dentro de la economía, y menos servicios.

Entre 1933 y 1940 a valores corrientes, el Ingreso Nacional creció un 22.9%; el valor de la producción azucarera creció un 126.7%; el de la agricultura no-azucarera en un 40%; el de la industria y minería en un 119.2%; el de la construcción en un 376%, y el de los servicios disminuyó un 40.4%.

La participación de Cuba dentro de la cuota azucarera norteamericana desde 1934 estabilizó la producción de azúcar a un promedio anual entre 1934 y 1940, de dos millones setecientas mil toneladas largas; un 35% más que la zafra de 1933, y un valor promedio, a precios constantes de 1937, de 95.9 millones de dólares, equivalentes a un 47.5% más que el valor de la zafra de 1933.

El nuevo Tratado de Reciprocidad Comercial firmado en 1934 permitió importaciones de insumos norteamericanos más baratos, que ayudaron a que tuviera lugar un modesto proceso de industrialización.

Otro aspecto notable se encuentra en el hecho de que en 1933, la economía agrícola produjo el 36.9% del Ingreso Nacional, y en 1940 el 48.9%, lo que significa que tuvo lugar una revalorización de las actividades agropecuarias frente a la economía urbana.

El sector que más creció fue la industria, la cual constituyó el más importante renglón de la recuperación económica. En este período se amplió la diversificación industrial junto con la revitalización de la construcción.

El excedente de labor rural permitió una expansión de las actividades de la manufactura y la construcción. Entre 1933 y 1940, el incremento absoluto de empleo fue de 182.0 miles de individuos; una disminución neta del desempleo permanente de 55.6 miles de personas.

-oOo-

La meta más importante desde el punto de vista económico de la Revolución de 1933 era la redistribución del ingreso, y así quedaba plasmado en las aspiraciones y reclamos contenidos en los programas y planes de las diferentes agrupaciones políticas durante este período transicional de 1934 a 1940, en que se transita desde un Estado oligárquico, a un Estado populista, pero el problema se encontraba en que como vimos, la participación relativa del capital dentro del Ingreso Nacional se había reducido a niveles excepcionalmente bajos, y por otra parte había un enorme sector de la fuerza de trabajo desempleada, por lo que la parte empleada de la fuerza de trabajo acaparaba una parte desproporcionada del reducido Ingreso Nacional.

Ante esta situación se hacía imposible redistribuir ingresos desde el capital hacia el trabajo sin que tuviera consecuencias desastrosas que llevarían a la desintegración al sistema capitalista, y a que Cuba se convirtiera en un país socialista, con la desaparición del empresariado dentro del espectro económico nacional.

La tarea económica y social del nuevo gobierno se encontraba en aumentar la participación de la clase empresarial dentro del Ingreso Nacional, o sea una redistribución al revés, en tanto aumentaba el nivel de empleo. Esta tarea le daría al gobierno un carácter mixto, con una mezcla de fascismo corporativista, y populismo, que desempeñaron los gobiernos cubanos dirigidos por Fulgencio Batista entre 1934 y 1940.

Esto solo se lograría a través de dos métodos; o se reducían drásticamente los salarios nominales, o se reducían los salarios reales.

El primer método era impracticable, pues requeriría aplastar el movimiento obrero como hacían las dictaduras fascistas de aquellos años.

El segundo método era más factible, sobre todo a partir de la estabilización de las balanzas de pago, y de la posibilidad que brindaba la soberanía para desarrollar una política monetaria propia. Este método consistía en hacer que los precios de los bienes y servicios aumentan más que los salarios, dando lugar a una redistribución de los ingresos desde los trabajadores asalariados hacia los empresarios por medio de un incremento de la inflación, pero a pesar de las sucesivas emisiones de dinero por parte del gobierno, los precios no subieron al nivel deseado por varias razones.

La primera era que la deflación había dado lugar a un incremento de la demanda de dinero que se acumulaba en los depósitos bancarios. Entre 1933 y 1940, la velocidad de circulación del dinero cayó un 21% (aumento de la demanda de dinero).

En segundo lugar, la política restrictiva de los bancos de no conceder nuevos préstamos y cobrar deudas pendientes, contribuía a contraer la oferta monetaria.

En tercer lugar, el hecho de tener un sistema bimonetario con una paridad fija, representó una limitante a este tipo de política pues la expansión de la oferta monetaria cubana, más rápido que el ingreso de dólares por la balanza de pagos, llevaba necesariamente a la depreciación del peso cubano frente al dólar, en tanto expulsaba al dólar de la circulación (Ley de Gresham).

Por estas razones, en 1939 tuvo que ser abandonada la política de continua emisión monetaria por parte del gobierno cubano que tuvo resultados limitados sobre el empleo.

Los resultados fueron los siguientes:

Las balanzas de pago acumularon un superávit de 136.7 millones de dólares, y la oferta monetaria M-2 aumentó un 53%, equivalentes a 81.5 millones de pesos y dólares.

La inflación aumentó a una tasa anual del 3.5%, y el nivel general de precios aumentó un 16.5% equivalente a una tasa anual del 2.4%.

A valores constantes del dinero de 1933, el ingreso promedio real por trabajador en 1940 se redujo un 17%, lo que permitió un aumento absoluto de empleo de un 20% y una disminución relativa del 6.3% del nivel de desempleo. El nuevo empleo casi todo fue absorbido por la industria azucarera, la industria manufacturera y la construcción.

La distribución relativa del Ingreso Nacional en 1940 fue de un 17.2% para el capital y un 82.8% para el trabajo, lo cual representó una mejora para el capital de un 5.1% con respecto a 1933.

De esta forma la redistribución de ingresos, aunque de forma muy limitada funcionó a favor de los empresarios, y los desempleados, estabilizando el sistema económico y social del país, apoyado en la participación en la cuota azucarera norteamericana, y con ello aportó la estabilidad política necesaria que permitió llegar a una nueva institucionalidad con la Constitución de 1940.

Los gobiernos provisionales y el Estado corporativista de Batista 1934-1940

Primeramente debemos una vez más aclarar en que consiste el Estado corporativista antes de comenzar a explicar cómo el Estado en Cuba evolucionó en esa dirección entre 1933 y 1940.

El Estado corporativo o corporativista es la organización de la sociedad en corporaciones subordinadas al poder estatal. y es propio de los regímenes fascistas como forma de organización de la economía.

De acuerdo con esta metodología política-económica, tanto los trabajadores como los empleadores deben organizarse en corporaciones industriales y profesionales, las cuales a su vez funcionarían como órganos de representación política.

La función básica del corporativismo es el control social.

Para su funcionamiento pleno, el Estado requiere que trabajadores y empresarios se afilien a un grupo de interés los cuales son convocados por el Estado, y participan en la formulación de políticas públicas estructurando así una economía y una sociedad subordinada al Estado, donde muchas veces el Estado a su vez, está subordinado a un individuo; el caudillo.

El corporativismo es una forma de conducir la política muy alejada del modelo de democracia liberal, ya que excluye el concepto de sociedad civil como elemento independiente del Estado dentro de la estructura política del país. Tuvo su desarrollo más completo en la Italia fascista de Benito Mussolini (1922-1943), y su ideólogo más destacado fue Giovani Gentile[44].

En lo económico se caracteriza por buscar la centralización y la planificación a través de organizaciones como empresas, sindicatos, gremios, colegios profesionales, en tanto busca la creación de cártels en las diversas actividades económicas.

Un Estado corporativista está constituido por la interacción de tres grandes sectores; las asociaciones sindicales, los colegios profesionales y las asociaciones de empresarios, y el gobierno como mediador.

Para garantizar que las decisiones acordadas a nivel central se mantengan, es necesario que la organización interna de cada corporación sea vertical, o sea obedezca a una jefatura.

El corporativismo existe solo en sociedades donde hay una clara división de clases.

En América Latina, el corporativismo se adaptó perfectamente con la vieja cultura política de los gobiernos populistas apoyados en el clientelismo político.

---

44. Giovani Gentile 1875-1944. Filósofo y político italiano considerado el filósofo del fascismo.

El Estado corporativista siempre se caracterizará por una fuerte intervención en la economía.

A diferencia del Estado socialdemócrata, cuyo objetivo es la igualdad, el Estado corporativista, aunque tiene algunas características propias de la socialdemocracia, y es antioligárquico en la medida en que adopta una retórica más populista, su objetivo central es el mantenimiento de un statu quo político, económico y social.

El corporativismo floreció tanto en Europa como en América Latina en las décadas de 1920 y 1930.

Este modelo político-económico se convirtió en fundamental para muchos gobiernos en los años 30 en Europa, y en los mismos Estados Unidos con el New Deal que contiene importantes elementos corporativistas.

La primera Constitución corporativista, fue la Constitución de Portugal de 1933 bajo el gobierno de Antonio de Oliveira Salazar (1932-1968) dando lugar a lo que se llamó el "Estado Novo".

En América Latina, los gobiernos populistas adoptan muchos elementos del corporativismo, empezando por Getulio Vargas en Brasil (1930-1945) fundador del "Estado Novo" a partir de la Constitución de 1934. Los gobiernos de Plutarco Elías Calles (1929-1934), y especialmente de Lázaro Cárdenas (1934-1940) en México, o Juan Domingo Perón en Argentina (1943-1955) cuyo antecedente fue el golpe de Estado de 1930 encabezado por el general José Félix Uriburu, serán ejemplos de populismo corporativista, que es la forma que adoptan los Estados del populismo histórico latinoamericano.

-oOo-

Esta metodología política, económica y social fue extraordinariamente influyente entre muchos intelectuales cubanos, y la vimos formando parte de la agrupación política ABC en su Manifiesto-Programa de 1931.

En Cuba los primeros atisbos de Estado corporativista los tenemos en el Manifiesto-Programa del ABC de 1931, pero elementos del corporativismo van a estar entremezclados en el Estado cubano desde 1933 a 1958.

Las élites tradicionales no tuvieron la suficiente fuerza como para restaurar el Estado Liberal Oligárquico a la caída de Machado, ni las clases medias y populares para instaurar un Estado socialdemócrata después de la caída del gobierno revolucionario de los Cien Días, por lo cual, de este aparente empate político-social surgió un Estado corporativista de orientación protofascista como solución de compromiso necesaria, al igual que había sucedido en Europa, y algunas repúblicas latinoamericanas.

Entre 1934 y 1940, por el palacio presidencial de Cuba pasaron toda una serie de personajes, todos pertenecientes a la vieja generación que ya se despedía de la escena política nacional, pero sin verdadero poder.

El 15 de enero de 1934 cayó el gobierno revolucionario encabezado por Grau San Martín empujado por el coronel Fulgencio Batista, y el embajador norteamericano Benjamin Sumner Wells.

La presidencia fue asumida por el coronel del Ejército Libertador Carlos Mendieta Montefur que había sido fundador del Partido Unión Nacionalista, y la primera prioridad del gobierno de Mendieta, y Batista como jefe del Ejército fue restaurar el orden en Cuba.

En los tres primeros meses de 1934 hubo más de cien huelgas a lo largo y ancho del país. En febrero de ese año solamente 30 centrales de los 178 que había en Cuba se encontraban trabajando. En marzo de 1934 había 200 mil trabajadores en huelga, varios centrales fueron tomados por los trabajadores estableciendo "soviets"en ellos. En marzo de 1935 el movimiento huelguístico llegó a su punto culminante con una huelga general que se estima abarcó unos 500 mil trabajadores, entre ellos gran parte de los empleados públicos.

La situación social era totalmente caótica; el país vivió virtualmente bajo una dictadura militar entre 1934 y 1936.

La estabilización económica comenzó en 1934 con la incorporación de Cuba a la ley de cuotas azucareras norteamericanas, y la firma de un nuevo Tratado de Reciprocidad Comercial, y en 1935 luego de aplastar la huelga general de marzo, comenzó la estabilización política permitiendo la realización de elecciones en 1936.

Batista, que era realmente quien gobernaba el país, tenía una clara idea corporativista de lo que debía ser el Estado cubano.

"En mi opinión, los derechos de los trabajadores deben ser protegidos, pero igual protección debe ser otorgada al capital... La única base equitativa es un arreglo que permita a ambos operar pacíficamente, en beneficio de ellos mismos y de la nación. La situación económica de la isla no puede mejorar cuando el trabajo y el capital se encuentran en eterno conflicto".

"Nosotros necesitamos grandemente el influjo de capital extranjero, pero por otra parte, no debemos permitir ninguna explotación de las clases trabajadoras"[45].

La historiografía oficial de Cuba ha querido presentar este período como un triunfo de la contrarrevolución reaccionaria encabezada por Batista al servicio del embajador norteamericano Jefferson Caffery, y un regreso al estado de cosas de la época de Machado, a través de la derogación de todas las medidas del gobierno revolucionario de los Cien Días, pero eso está muy lejos de la verdad. Muchas de esas medidas fueron mantenidas y aplicadas especialmente después que se restauró el orden a partir de 1935.

En una entrevista para el *New York Times* en julio 4 de 1936, una vez más aparece la visión corporativista de Batista y su clara tendencia hacia el estatismo socializante.

"Yo creo que Cuba debe tener una democracia renovada, en la cual debe estar la disciplina de las masas y de las instituciones de forma tal que pueda establecerse un Estado progresista en el que pueda enseñarse a las masas una nueva idea de democracia, y que puedan aprender a disciplinarse por sí mismas. Yo creo en una filosofía de autoridad, no de fuerza... Hay dos tipos de socialismos. Uno significa anarquía, y el otro funciona bajo la disciplina del gobierno". "Nosotros debemos ir lentamente hacia allí. La propiedad gubernamental puede trabajar más tarde en Cuba, pero no ahora. Hay que ser realista... nosotros queremos enseñar a las masas, que capital y trabajo ambos son necesarios y deben cooperar".

En la represión del movimiento obrero entre 1934 y 1935, la estructuración de un sindicato vertical con la CTC en 1939, en la cartelización de la industria azucarera entre 1936 y 1937, y la intervención cada vez mayor del Estado en la economía expuesto en el Plan Trienal, se encuentran los rasgos más sobresalientes de las tendencias protofascistas dentro de la República de Cuba, representadas en la figura del coronel Fulgencio Batista que fue quien gobernó tras bastidores el país entre 1934 y 1939.

Las dos mayores movidas de Batista para la formación del Estado corporativo cubano fueron su acercamiento al Partido Comunista en 1939, y su alianza con el movimiento sindical, el cual él mismo había debilitado desde 1935. En 1939 permitió que tuviera lugar la fundación de la CTC (Central de Trabajadores de Cuba) que reemplazaría a la debilitada CNOC (Confederación Nacional de Trabajadores de Cuba).

Batista había reprimido y aplastado al movimiento obrero y a los comunistas entre 1934 y 1936,

45. Citado de "State and Revolution in Cuba" Robert Whitney.

pero a partir de 1936 se dieron condiciones favorables para una alianza entre los comunistas que controlaban en gran medida el movimiento obrero, especialmente la central sindical CNOC, y el sindicato de los trabajadores azucareros SNOIA.

Por orientación de la Tercera Internacional, después de su Séptimo Congreso en Moscú en 1935, todos los partidos comunistas del mundo debían encaminarse a crear alianzas con las fuerzas socialdemócratas y liberales que fueran consideradas antioligárquicas y antifascistas, buscando crear Frentes Populares.

Inicialmente los comunistas cubanos buscaron forjar estas alianzas con los Auténticos de Grau, y otros grupos nacionalistas más pequeños pero fueron rechazados debido a la oposición que tuvieron por parte de los comunistas durante el gobierno revolucionario de los Cien Días.

Por otra parte, Batista necesitaba aliados para su proyecto político de un Estado corporativista, por tanto, las circunstancias los empujaban a que se unieran. Además hay que tener en cuenta de que Estados Unidos, a través de su política del "Buen Vecino" presionaba al gobierno cubano a que emprendiera reformas sociales a tono con las políticas del "New Deal" de Roosevelt.

En enero de 1939, Batista permitió la creación de la Central de Trabajadores de Cuba (CTC), el sindicato vertical de todo el movimiento obrero, manejado por los comunistas, que vendría a formar la segunda columna del Estado corporativista.

La alianza con los comunistas y el movimiento obrero, le aseguró a Batista la elección presidencial de 1940.

Después de su viaje a México en 1939, Batista aseguró a los elementos conservadores que se identificaban con la vieja élite económica que "... el capital tendrá todas las garantías que necesite, y los trabajadores tendrán la justicia que reclaman" demostrando con esta declaración que su filosofía política era promover un balance entre el capital y el trabajo, propio de un Estado corporativista.

Los mecanismos del gobierno oligárquico entre 1902 y 1925 fueron muy efectivos debido a que Cuba era una sociedad predominantemente agraria, y a que existió en medio de un entorno de crecimiento económico, pero en la medida en que el país fue dejando de ser agrario, y la bonanza económica desapareció, el control oligárquico se debilitó, por lo que tuvo que dar paso a una filosofía política diferente contando a partir de entonces con la inclusión de las masas populares en los proyectos de gobierno.

Entre 1933 y 1939, la economía cubana no dejó de ser básicamente agraria y exportadora, por lo que la oligarquía tradicional basada en la economía exportadora mantiene bastante poder el cual se fortalece con la mejora de los términos de intercambio, pero no tiene suficiente poder como para revertir la situación, y volver al tradicional Estado liberal-oligárquico por lo cual tiene que pactar con un gobierno que incluya a las organizaciones de masas compartiendo el poder. Este es el gobierno corporativista que organiza Batista al cual tendrán que "soportar" necesariamente la élite tradicional.

En aquellos tiempos, la clase de trabajadores urbanos formados por obreros, clases medias, empleados públicos, y profesionales, que forman la base del "autenticismo" socialdemócrata se van convirtiendo en una fuerza política de primer orden que finalmente impone su programa en la Constitución de 1940.

La Ley de Coordinación Azucarera y el Plan Trienal de 1937

Derrotados los antiguos oficiales del ejército de Machado en la batalla del Hotel Nacional, en octubre de 1933, así como el alzamiento del ABC y el Partido Unión Nacionalista que terminó en la batalla del Castillo de Atares en noviembre de 1933, y después de aplastar la huelga general de marzo de 1935, el ejército, dirigido por el coronel Fulgencio Batista quedó con el control indiscutido del país. Batista después de 1936, comenzó a mostrar sus aspiraciones presidenciales para 1940.

Con la reinstauración del orden y un mejoramiento de la situación económica, Batista comenzó a desarrollar su programa populista basado en su visión corporativista del Estado, con vistas a crear una base popular que lo llevara a la presidencia en las elecciones de 1940.

A principios de 1937, el decreto de nacionalización del trabajo del gobierno de Grau en 1933, conocida como la "Ley del 50%" fue de nuevo puesta en vigor, la jornada de ocho horas, y el salario mínimo fueron restablecidas; el seguro social, las pensiones, la compensación laboral, la licencia por maternidad y vacaciones pagadas a los trabajadores, fueron restituidos. Fue establecida una ley que obligaba a que en las tiendas donde se vendieran artículos de mujer, el 50% de los empleados tenían que ser mujeres.

La Ley del 50% fue especialmente combatida por los españoles residentes en Cuba, así como por las embajadas norteamericana y británica.

Otro de los principales programas de Batista de 1936-1937, fueron la "Escuelas Cívico Rurales", y el "Plan Trienal" incluida la Ley de Coordinación Azucarera.

El campo cubano estaba sumido en una miseria espantosa además de la carencia casi absoluta de facilidades educacionales y de salud.

La expansión de la educación rural fue el objetivo del programa de las Escuelas Cívico-Rurales el cual comenzó a funcionar a fines de septiembre de 1935 con financiamiento aportado por la industria azucarera a partir de un impuesto de nueve centavos por saco de azúcar producido. Esto llevó a un conflicto entre el coronel Batista, promotor de las escuelas Cívico-Rurales, y el presidente Miguel Mariano Gómez, que terminó en un juicio político (Impeachment) por parte del Congreso contra el presidente destituyéndolo en diciembre de 1936.

El Plan Trienal fue anunciado en junio de 1937 como el más ambicioso plan de reforma social en la historia de Cuba.

La Ley de Coordinación Azucarera

El aspecto más importante del Plan Trienal fue la Ley de Coordinación Azucarera.

El sistema de cuotas azucareras para abastecer el mercado norteamericano establecido por la Ley Costigan-Jones de 1934 aseguraba a Cuba una participación limitada y estática, muy por debajo de sus capacidades, cuando Cuba, aparte del mercado doméstico no tenía otro mercado.

En tanto el sistema de cuotas internas que estuvieron rigiendo de manera intermitente a la industria azucarera cubana desde 1926 había sido una respuesta al declinante mercado internacional, y al creciente proteccionismo entre los grandes consumidores.

Los productores de azúcar de remolacha norteamericanos habían logrado imponer un sistema de cuotas para protegerse de la competencia de los productores de azúcar de caña principalmente los que se encontraban dentro del sistema de tarifas norteamericanas, esto es Filipinas, Hawaii y Puerto Rico, pues Cuba, al encontrarse fuera del sistema, con subir las tarifas de importación podían limitarla y hasta incluso expulsarla del mercado norteamericana, como sucedió con la Tarifa Smoot-Hawley de 1930.

Un sistema de cuotas podría ir eliminando a Cuba del mercado norteamericano reduciendo su participación relativa.

La cuota asignada a Cuba significaba apenas un tercio de su capacidad de producción, y el mercado mundial sujeto a múltiples regulaciones, muy poca azúcar de Cuba podía absorber. Las zafras cubanas entre 1934 y 1940 promediaron 2, 686.4 miles de toneladas largas anuales cuando la zafra de 1925 había sido de más de 5 millones 100 mil toneladas largas.

Hay que señalar que en 1937 se había firmado el Acuerdo Azucarero de Londres que le aseguraba a Cuba la participación en el mercado mundial con unas 900 mil toneladas largas. Este acuerdo fue suspendido en 1939 con el inicio de la Segunda Guerra Mundial.

Si se decretaban las zafras sin regulación, Cuba podría producir holgadamente entre 5.5 y 6 millones de toneladas largas de azúcar, lo cual daría lugar a que los precios se desplomaran llevando a la ruina definitiva posiblemente a dos tercios de la industria, quedando solo los grandes centrales principalmente norteamericanos que disponían de abundante financiamiento por parte de sus casas matrices, y que producían a más bajo costo, además de estar integrados verticalmente[46]. Ante esta situación, los hacendados y colonos cubanos reclamaban la protección del gobierno el cual mantuvo en vigor un sistema de cuotas para adaptarse al sistema de cuotas norteamericano y lograr la supervivencia de los productores cubanos.

El sistema de cuotas para los centrales y zafras controladas se mantuvo en vigor desde 1934, pero la regulación completa de la industria por parte del gobierno comenzó con la promulgación del Decreto 522 de 1936, y al año siguiente, la Ley de Coordinación Azucarera que formará parte del Plan Trienal de Batista. Con estas leyes se convertía la industria azucarera en un cártel dirigido por el gobierno, que traería como consecuencia el estancamiento de la principal industria del país.

Esta regulación estaba diseñada para proteger y garantizar la supervivencia de la parte menos eficiente de la industria azucarera cubana; los pequeños centrales, y los pequeños y medianos colonos, al garantizársele cuotas mínimas básicas, y a los colonos también se les aseguraban cuotas mínimas con prioridad por encima de la caña de administración, que era la caña que sembraban los centrales en sus propias tierras.

También los colonos dependientes, que eran los colonos que arrendaban tierras a los centrales, ganaron lo que se conoció como el "derecho de permanencia" que significaba que mientras ellos cumplieran con las cuotas establecidas y pagaran las rentas no podían ser sacados de las tierras. Hay que señalar que las rentas estaban condicionadas al precio del azúcar; bajaban cuando bajaba el precio, pero no subían cuando subía el precio. Esto hacía que los pequeños hacendados y los colonos tanto independientes como dependientes nunca cayeran en bancarrota. La ley también extendía una moratoria sobre los préstamos agrícolas.

Los salarios de los trabajadores azucareros, tanto en los campos como en la industria se vincularon a los precios del azúcar; subían cuando el precio subía, pero cuando el precio bajaba, los salarios no caían proporcionalmente.

El historiador José Antonio Guerra, en un Apéndice del libro de su padre Ramiro Guerra *Azúcar y población en las Antillas* en 1942 escribió:

> "Nuestro sistema de control de la producción de azúcar está organizado para distribuir y mantener la industria en todas las áreas donde existía antes de que las restricciones comenzaran, y previene el desplazamiento no solo de los ingenios si no mucho más importante, de los plantadores".

46. Integración vertical es un concepto de macroeconomía que describe una compañía que abarca gran parte de la estructura económica desde la producción de las materias primas a distintos niveles hasta la comercialización del producto final destinado al consumo. Ejemplo de ello, son las empresas azucareras que tienen sus propias plantaciones de caña, sus ingenios, refinadoras, destilerías, medios de transporte, firmas comerciales para distribuir sus productos finales. La idea detrás de la integración vertical en la industria es la generación de economías de escala.

"Esta política descansa en el principio fundamental de reconocer y respetar como inviolables en cada región los intereses existentes en cada área o sea, los intereses de la unidad industrial (el ingenio), la colonia, el dueño de la tierra, los trabajadores, los comerciantes locales, el sistema de transporte, y la municipalidad la cual deriva su ingreso básico de la actividad del central azucarero".

El sistema estaba diseñado para congelar el statu quo, no para el crecimiento económico si no para proteger los trabajos cubanos y los negocios cubanos tal como se encontraban, era como una economía girando uniformemente, tratando de evitar cualquier fricción, y creando un juego de suma cero sin tomar en cuenta ni siquiera el crecimiento demográfico que eventualmente haría saltar en pedazos este esquema.

Se suponía que los ingresos azucareros se distribuirían proporcionalmente, lo cual a su vez se distribuirían en el resto de la economía interna también de forma proporcional de acuerdo a una justicia distributiva de tipo socialista que buscaba crear una sociedad igualitaria.

Semejante sistema colocaba a Cuba en lo que se conoce como una "trampa malthusiana"[47], donde crece la población (labor), y el resto de los factores de producción (tierra y capital) se mantienen estáticos. El resultado fue la caída de la productividad, el declive sistemático del per cápita, el desempleo crónico, la búsqueda de ingresos extraeconómicos por parte de determinados grupos de la sociedad muchas veces por métodos violentos, así como una cada vez mayor inestabilidad política y social.

Desde el punto de vista social, la Ley de Coordinación Azucarera tenía como propósito la creación de una clase de campesinos vinculados a la tierra, lo que daría lugar a una distribución del ingreso más igualitaria, propiciando así un mayor equilibrio para la sociedad cubana en su conjunto.

Las sociedades cuyas economías estaban basadas en cultivos de plantación, como era el caso de Cuba con la producción de azúcar, desarrollaban una enorme desigualdad en la distribución de los ingresos, y oligarquías muy poderosas, en tanto las sociedades con economías que se basaban en cultivos cuya producción era eficiente en fincas de mediano y pequeño tamaño como por ejemplo el café en Costa Rica, Colombia, la región de Sao Paulo en Brasil, la distribución del ingreso era mucho más igualitaria, y no se desarrollaban poderosas oligarquías.

El libro de Ramiro Guerra *Azúcar y población en las Antillas* proponía la creación de una sociedad agraria basada en el pequeño y mediano productor de caña como fundamento de una república económica y socialmente más balanceada. Este era el propósito social de la reforma agraria que implicó la Ley de Coordinación Azucarera, pero el problema con esto es que el cultivo de la caña, a diferencia del café, o del tabaco, no es eficiente en pequeñas ni medianas fincas, por tanto, la ineficiencia en la producción de caña sería el costo de la redistribución de los ingresos. En la medida en que se hacía más ineficiente la producción de caña, mayor la necesidad de tierras dedicadas a su producción perjudicando otras actividades agrícolas.

Es interesante señalar otras opiniones y críticas en relación con la Ley de Coordinación Azucarera la cual constituyó la única reforma agraria de la República.

El reporte del Banco Mundial en 1951 (Misión Truslow) define la política económica cubana como que iba orientada a preservar el statu quo regulando la división de una producción nacional fija, más que hacia la innovación y el crecimiento del producto nacional.

---

47. Thomas Malthus 1766-1833, Clérigo anglicano y economista británico. Su obra más famosa fue "Ensayo sobre el principio de la población" publicado por primera vez en 1798.

El Instituto Cubano de Estabilización del Azúcar (ICEA) fue creado para poner en vigor las regulaciones a la industria azucarera (1931).

El ICEA era un cártel dirigido por una junta formada por doce dueños de ingenios, seis colonos, el presidente del Sindicato de Trabajadores Azucareros, y un delegado del gobierno. El presidente de Cuba nombraba todos los miembros con excepción del dirigente sindical. Este instituto negociaba contratos internacionales y asignaba las cuotas.

El Proyecto de Investigación Económica de Cuba (CERP) publicó en 1963 un "Estudio sobre Cuba", en el cual plantea lo siguiente en referencia al cártel azucarero que se creó a partir de la Ley de Coordinación Azucarera, y que se mantuvo dentro de la Constitución de 1940:

"A los ingenios se les desalentaba de economizar reduciendo el largo de la cosecha o mejorando la productividad del trabajo. La legislación laboral hacía difícil despedir un trabajador por cualquier razón incluyendo *tecnificación*. Las uniones azucareras también protestaban contra lo que se llamaba el *intensivismo* en las fábricas. En 1950 los ingenios que producían sus cuotas en menos tiempo eran forzados a pagar a los trabajadores por *superproducción* compensándolos por las horas perdidas por ellos. La eficiencia también era desalentada en el sector agrícola. Los plantadores (colonos) tenían muy poco incentivo en mejorar la calidad de sus cañas porque sus pagos que eran un porcentaje del azúcar producido con sus cañas, pagado en dinero o en azúcar estaba basado no en el rendimiento de su cosecha individual si no en el rendimiento promedio de toda la cosecha de caña procesada en su central. Los colonos recibían un pago uniforme independientemente del rendimiento por lo cual había muy poco incentivo en mejorar los rendimientos plantando mejores variedades, cortando la caña solo cuando estaba madura, o entregándola a tiempo al central".

Uno de los mayores errores económicos cometidos por la República fue evitar la reorganización de la industria azucarera, manteniendo ociosos una enorme cantidad de recursos.

Estimando que el valor del capital acumulado en la industria azucarera en 1937 era de entre 420 y 450 millones de pesos, y en dicha zafra solo se utilizó el 49% de su capacidad productiva, entre 215 y 230 millones de pesos de capital quedaron ociosos.

La zafra de 1937 pudo realizarse con unos 50 centrales medianos y grandes con capacidades de producción de entre 400 y 600 mil sacos de 325 libras, sin embargo participaron 157 centrales; el triple de lo necesario.

La superficie de tierras controlada por la industria azucarera en 1937 fue de aproximadamente 255 mil caballerías, de la cuales unas 125 mil estaban ociosas.

Estimando que la productividad promedio del capital acumulado en 1937 fue de 20 centavos por cada peso, el capital ocioso de la industria azucarera hubiera podido producir unos 43 millones de pesos, y considerando la productividad promedio por caballería de tierra de unos 350 pesos, la tierra ociosa de la industria azucarera hubiera podido producir unos 44 millones de pesos.

El volumen de empleo sería el mismo, aunque redistribuido, seguramente más eficiente.

La zonificación de la industria azucarera en 1937 solamente, le costó a la economía cubana entre 80 y 100 millones de pesos, lo cual hubiera representado un incremento del per cápita de un 16.3%.

Hubiera tenido lugar una reasignación de factores ociosos hacia usos productivos dando comienzos a un proceso de diversificación de la agricultura, y de industrialización, un aumento de la productividad del trabajo, y consiguientemente de los salarios, y la misma industria azucarera hubiera vuelto a recuperar sus niveles de productividad y eficiencia.

Cuando por cualquier motivo, el gobierno intenta salvar una industria ineficiente, esa ineficiencia, de una u otra forma, tendrá que ser pagada por el resto de la economía.

Otro de los aspectos más importantes del Plan Trienal era en lo referente a las tierras:

1- Propiedades rústicas del Estado, aparcelamiento, colonización y fomento agrícola.

   Era necesario conocer con precisión la situación legal de las tierras que una vez fueron de la Corona española y que pasaron a manos del Estado cubano para proceder a la división de estas propiedades rústicas en parcelas o pequeñas fincas para ser colonizadas, y crear una clase de pequeños propietarios rurales.

2- Se acepta el principio de propiedad privada sobre la tierra.

3- Municipalización de los bateyes urbanizados.

4- Regulación de los arrendamientos de fincas urbanas.

   Nota: Esta regulación implica una limitación a los derechos de propiedad privada enunciados en el punto No 2.

5- Ganadería e industrias derivadas:

El Plan Trienal plantea una política de estímulo a la producción ganadera la cual se había venido desarrollando durante los últimos diez años, sustituyendo importaciones de leche condensada, mantequilla y otros derivados además de carne de res.

Legislación para el desarrollo y estímulo para la ganadería y sus derivados.

Mejoramiento del ganado vacuno y porcino con vistas al desarrollo de una industria de carnes saladas y en conservas.

1. Limitación de la importación de carne.
2. Fomento de la ganadería lechera y protección a las industrias derivadas.
3. Estímulo a la creación de cooperativas lecheras.
4. Limitación de importación de todo tipo de leche.
5. Desarrollo de la cría caballar.
6. Fomentar la agricultura del tabaco, el café, el cacao, así como la apicultura.
7. Intensificación del cultivo de frutos menores, y fomento y desarrollo de otros cultivos.
8. Desecación y aprovechamiento de tierras anegadas.
9. Aspectos sociales: El Trabajo:

"Grandes intereses se oponen a los principios que consagran la defensa y protección del trabajador cubano, entre ellos y principalmente los españoles, los norteamericanos, y los británicos".

- Reorganización de las bolsas de trabajo.
- Sindicación obrera y patronal.
- Regulación de contratos colectivos de trabajo.
- Descanso retribuido los días de fiesta nacional.
- Regulación del salario de acuerdo con el progreso de la industria, la agricultura y el comercio sobre la base de un jornal mínimo.
- Seguros sociales, maternidad obrera, seguro contra enfermedad, vejez, invalidez.
- Retiros obreros.
- Extensión a los campesinos de las leyes obreras.

- Unificación de la legislación laboral.
- Elaboración de un Código de Trabajo.
- Creación de tribunales laborales.
- Repatriación de antillanos y estudio sobre inmigración.
- Construcción de viviendas para obreros y empleados.
- 10- Aspectos económicos:
- Reorganización de los sistemas de cobro y fiscalización de impuestos y rentas de aduanas.
- Reforma tributaria.
- Organización del sistema bancario nacional con vistas a la refacción y al crédito.
- Solución a la moratoria para restablecer el crédito inmobiliario.
- Reorganización de la Renta de Lotería.
- Mantener el valor de cambio de la moneda nacional.
- Reorganización del Servicio de Estadísticas Nacional.
- Organización del Registro de los Contribuyentes.
- Créditos a empleados y obreros que deseen construir su vivienda.

Este plan nunca pudo ser llevado a la práctica, inicialmente, la crisis económica de 1938-1940 no permitió un financiamiento adecuado. Solamente fue aplicada la Ley de Coordinación Azucarera.

Durante la presidencia de Fulgencio Batista de 1940-1944, algunos aspectos del Plan fueron llevados adelante, pero electo Batista, el Plan perdía en parte su efectismo demagógico quedando casi como una lista de "buenos deseos".

El Plan Trienal, como puede verse sobre todo en los acápites dedicados al trabajo y a los aspectos sociales, tiene una fuerte orientación populista, aunque con un nacionalismo más atenuado, sin dejar de delinear un Estado árbitro con tintes fascistas.

El Plan Trienal, y especialmente la Ley de Coordinación Azucarera, tenían como propósito crear una clase media agraria, y convertir la industria azucarera de Cuba en un gran cártel ; "una empresa nacional donde todos sus participantes tuvieran una parte equitativa en las ganancias"; esa parte equitativa sería determinada por el gobierno, convirtiéndose en el centro de la política populista de Batista.

El populismo socialdemócrata en el período transicional 1934-1940

En un Estado socialdemócrata se incorporan a sus instituciones los llamados derechos sociales, a diferencia del Estado liberal que solo reconoce derechos individuales.

Lo que caracteriza a un Estado socialdemócrata es una economía mixta; la existencia de programas subvencionados por el gobierno en educación, salud y servicios sociales; un sistema de seguridad social; regulación de la empresa privada en defensa de los trabajadores y de los consumidores, garantizando derechos laborales a través de los sindicatos, y de protección al consumidor de los problemas que causa el libre mercado; sistema de impuestos progresivos; democracia representativa y Estado social de derecho; promoción de la justicia social, igualdad social, igualdad de oportunidades, Estado de bienestar, redistribución de rentas, y derechos laborales. Las políticas económicas de los Estados socialdemócratas priorizan el consumo por encima de la producción.

En un Estado socialdemócrata es legal la propiedad privada sobre los medios de producción. Todos tienen derecho a poseer medios de producción, vender, comprar, producir, rentar, regalar y establecer acuerdos contractuales, pero ningún propietario de medios de producción tiene derecho sobre todo el ingreso que se derive del uso de ellos. Parte de ese ingreso pertenece por derecho a la sociedad, y de acuerdo a las ideas igualitarias o de justicia distributiva, será redistribuido a sus miembros individuales, o sea se reconoce la propiedad privada *en su función social.*

El gobierno puede establecer en cualquier momento la parte del ingreso proveniente de la producción que va al productor, y la que por derecho le corresponde a la sociedad.

Visto desde el principio de la teoría natural de la propiedad[48], la adopción de esas reglas implica que los derechos del propietario natural han sido agresivamente invadidos, por lo que viene siendo una expropiación parcial.

El Estado socialdemócrata, al establecer una expropiación parcial, y la redistribución de los ingresos del productor, da lugar a un incremento en el riesgo afectando la inversión y la formación de capital, aumentando el costo de producir, y disminuyendo el costo de no producir y consumir, con los consiguientes efectos empobrecedores.

El objetivo principal del Estado socialdemócrata es la igualdad social, a diferencia del Estado corporativista, que es el control social. La igualdad social se pretende alcanzar mediante la redistribución de ingresos y riquezas, y para ello el instrumento principal que utiliza es la política impositiva.

Las políticas impositivas nunca pueden ser neutrales, pues un incremento en los impuestos necesariamente institucionaliza una estructura de incentivos legalmente diferente al cambiar los costos relativos de producción a favor de la obtención de ingresos y riquezas por medios que no conlleven trabajo productivo, y a favor del ocio y del consumo.

Estos efectos se harán visibles a través de la corrupción política, el clientelismo y la captura de rentas, así como de la inversión poco productiva.

El Estado socialdemócrata comienza a estructurarse desarrollando sus diversos elementos a partir de la creación de instituciones políticas y económicas después de la Primera Guerra Mundial en algunas repúblicas latinoamericanas, a partir del debilitamiento del Estado liberal oligárquico.

En Cuba, como veremos, comienza este desarrollo en 1933, específicamente luego del 4 de septiembre de 1933.

-oOo-

El 8 de febrero de 1934 se funda el Partido Revolucionario Cubano (Auténtico) del cual formarán parte muchos de los antiguos miembros del Directorio Estudiantil Universitario (DEU) que se había disuelto en octubre de 1933.

El programa de PRC fue una mezcla del Manifiesto-Programa del DEU, del New Deal norteamericano, y también se le señalan influencias apristas[49].

Como se puede observar a partir de su programa, sus aspiraciones son básicamente reformistas, no revolucionarias, con un fuerte componente nacionalista y antimperialista, y al mismo tiempo abogaba por el establecimiento de un Estado que mantuviera un "juicioso balance" entre la propiedad pública y la propiedad privada, mostrando así una clara tendencia populista.

En el Preámbulo del Programa de PRC Auténtico, que aspira a convertirse en Constitución se plantea lo siguiente:

48. La "Teoría natural de la propiedad" se encuentra expuesta por primera vez por el filósofo inglés John Locke en sus "Dos Tratados sobre el Gobierno Civil" de 1689

49. Alianza Popular Revolucionaria Americana (APRA), es un partido político peruano fundado en 1924 por Víctor Raúl Haya de la Torre. Su tendencia es antimperialista y de centroizquierda, muy influenciado por las ideas socialistas.

La Constitución de 1901 nació vieja... Dictada aquella Constitución cuando ya el mundo se organizaba según una política de masas bajo el signo de imperativos económicos.

No es posible permanecer adheridos a unos conceptos de libertad y democracia en los que solo queden satisfechos los intereses del individualismo, y abandonados a las explotaciones interiores y externas los de la colectividad.

El Programa tenía como blanco principal los intereses económicos extranjeros y se anuncia partidaria de ideologías colectivistas que en aquellos momentos son hegemónicas en el mundo; el fascismo, el Comunismo, el New Deal, el Nacional socialismo, etc.

Más adelante, en el mismo preámbulo proclama claramente:

"El PRC considera que la obra primordial de la Revolución ha de ser regular nuestra economía".

En el acápite dedicado a la "Economía":

"El trabajo y el capital deben funcionar como fuerzas colaborantes por el Estado" (*Corporativismo fascista, y la doctrina Social de la Iglesia Católica*). El subrayado es del autor.

"El derecho de propiedad es una función social y su ejercicio está limitado por el interés general".

"El Estado se atribuye el derecho de expropiación, de regular y fijar tarifas".

"Se establece la estructuración de un sistema monetario nacional, regulación legal de las operaciones bancarias, las cuales estarán sujetas a la supervisión y vigilancia del Estado".

En el acápite dedicado al Trabajo y la Previsión Social se establece la participación preponderante del cubano, jornada máxima, y jornal mínimo.

- Vacaciones anuales pagadas.
- Habitación adecuada para trabajadores agrarios.
- Prohibición de inmigración de trabajadores que contribuyan a rebajar el nivel de vida del obrero.
- Los sindicatos tendrán personalidad jurídica. La sindicalización es voluntaria pero una vez establecida es obligatoria. Reconocimiento del derecho de huelga. Prohibición del empleo de fuerza pública para sustituir a los obreros en huelga.
- Seguro social obligatorio.

En lo concerniente a la Hacienda Pública se plantea la creación de un Tribunal de Cuentas.

Es interesante notar que en el Programa del PRC (Auténtico), los problemas del agro cubano ocupan un lugar muy limitado y secundario, siendo Cuba un país eminentemente rural. Casi todo el programa está enfocado en los problemas obreros. Esta es una característica de los movimientos populistas latinoamericanos los cuales son movimientos de masas esencialmente urbanos, aunque sí considera que el latifundio es uno de los problemas fundamentales, tanto económico como social, y que por tanto debe ser proscrito.

Actualización del populismo socialdemócrata:

Ante la enorme influencia de Batista y el ejército, sobre todo después de ser expulsado de la presidencia Miguel Mariano Gómez, los partidos políticos reformistas se unieron formando el "Bloque Revolucionario Popular" en mayo de 1937, que comprendía al Partido Democrático Revolucionario,

Partido Revolucionario Cubano (Autentico), Unión Revolucionaria, Partido Agrario Nacional, y Partido Aprista Cubano.

El Programa del Bloque Revolucionario Popular planteaba como política agraria:

- Contra el latifundio; impuesto progresivo o aprovechamiento de tierras baldías y ociosas.
- Política agraria encaminada a dotar de tierras a los campesinos.
- Creación de un Banco Agrícola, y amplia protección estatal al campesinado.
- Contra la usura de los refaccionistas, acaparadores y tiendas únicas. Defensa de los aparceros, arrendatarios, y subarrendatarios.
- Fomento de cooperativas que eviten la excesiva parcelación de la tierra.
- Medidas que estimulen el desarrollo y la diversificación agrícola e industrial.
- Urbanización de los bateyes y su municipalización.
- Leyes de defensa del tabaco y el café.
- Mayor arrobaje para los colonos y su participación en la cuantía de las mieles que produzcan sus cañas.
- Arreglo y apertura de nuevos caminos y carreteras.

Política nacionalista:

- Concertación de tratados comerciales con otros países aparte de EE. UU.
- Protección y estímulo al comercio e industrias nacionales frente a la competencia extranjera cuidando no favorecer industrias artificiales que lesionen los intereses del consumidor.
- Medidas tendientes a la nacionalización de los servicios públicos.
- Cese de importación de trabajadores contratados.
- Efectivo cumplimiento de la Ley del 50%.
- Política crediticia y bancaria:
- Extensión del crédito a bajo interés.
- Creación de una banca nacional.
- Supervisión de la banca extranjera.

En el programa del Bloque se hace evidente la influencia socialdemócrata del PRC Auténtico, que era el partido mayoritario.

La tercera opción: El estatismo radical

Junto a la ideología corporativista y socialdemócrata, también estuvieron representadas en el espectro ideológico de la Cuba de los años 30 las ideologías estatizantes más radicales, que tenían como referente internacional a la Unión Soviética.

Antonio Guiteras y la Joven Cuba

La ideología radical dentro del gobierno de los "Cien Días" representada por el ministro del Interior Antonio Guiteras Holmes, era mucho más cercana al establecimiento de una república socialista, y aunque Guiteras no era comunista, tenía muchos puntos de contacto con la ideología comunista y fascista, y a fines de 1933, después de la disolución del DEU, cuando ya era obvio que el gobierno revolucionario no podría sobrevivir, trató de acercarse a los comunistas buscando apoyo para su proyecto de convertirse en presidente de la República.

La ideología de Guiteras está claramente plasmada en el "Programa de La Joven Cuba", organización que surgió en mayo de 1934 en la clandestinidad.

En dicho programa se plantea:

- "... para que la ordenación orgánica de Cuba en Nación alcance estabilidad, precisa que el Estado cubano se estructure conforme a los postulados del socialismo".
- En el acápite nombrado "Reforma económica, financiera, y fiscal", se plantea lo siguiente:
- "... se aprovecharán todas las oportunidades que faciliten o permitan realizar la socialización de los medios de producción".
- En lo referente a la tierra se plantea la implantación de la reforma agraria expropiando tierras o adquiriéndolas para el Estado.
- En lo concerniente a la industria se plantea la nacionalización de los servicios públicos y creación de formas cooperativistas de producción.
- En lo referente al comercio plantea la prohibición de exportación de toda materia prima cuando pueda ser transformada o elaborada en Cuba.
- En lo concerniente al trabajo plantea la sindicalización forzosa de los trabajadores públicos y privados por ramas de la profesión o industrias.
- En lo que a crédito y capital se refiere plantea regulación del interés y legislación contra la usura, así como "absorción con los impuestos de rendimientos desmedidos y del crecimiento exagerado del capital".

Al final del documento, la firma es :

Comité Central "Joven Cuba".

"Imponer un programa revolucionario desde el poder por medio de la dictadura".

La idea de Guiteras era imponer una dictadura de tipo fascista-socialista en Cuba.

Con la caída del gobierno de Grau en enero de 1934 Guiteras pasó a la clandestinidad hasta el 8 de mayo de 1935 en que murió en combate contra el ejército en Matanzas. (El Morrillo).

Los herederos de Guiteras y la Joven Cuba evolucionaron hacia una organización de tipo gansteril y terrorista con el nombre Acción Revolucionaria Guiteras (ARG).

El Partido Comunista:

El PCC fundado en 1925 fue trabajando mucho por organizar y controlar el movimiento obrero siguiendo la directrices de la III Internacional Comunista con sede en Moscú.(Comintern).

En abril de 1934 celebra su Segundo Congreso y se pronuncia en contra de cualquier tipo de alianza con los partidos o agrupaciones de la burguesía entre los que nombra como el ala más reaccionaria de la burguesía al ABC, el Partido Unión Nacionalista (Mendieta), los menocalistas y a los seguidores de Miguel Mariano Gómez, y el ala izquierda de la burguesía, a los que denomina social-fascistas, a los del PRC auténticos, y a los guiteristas.

El PCC sostiene en aquellos momentos-siguiendo la línea de Moscú- que es necesario convencer a los trabajadores de la posibilidad de instaurar un gobierno soviético en Cuba, y que la única salida es la revolución agraria y antimperialista.

Después de 1935 tiene lugar un cambio de táctica por parte de los comunistas en Cuba como resultado de las nuevas orientaciones emanadas del VII Congreso del Comintern en Moscú, que llamaba a la creación de los "Frentes Populares", o sea que los partidos comunistas trataran de formar alianzas con grupos burgueses para oponerse al fascismo.

Inicialmente trataron de aliarse con el Partido Revolucionario Cubano Auténtico fundado por Ramón Grau, pero siempre fueron rechazados debido a su oposición virulenta al gobierno de los Cien Días. Finalmente se aliaron con Batista en 1939 a pesar de que este los había reprimido violentamente, especialmente durante la oleada de huelgas de 1934-1935. El Partido Comunista estuvo ilegalizado entre 1934 y 1938, hasta que Batista lo legalizó, y le permitió enviar delegados a la Constituyente.

La alianza de Batista con los comunistas le sirvió a este en sus aspiraciones presidenciales para las elecciones de 1940, y a los comunistas para obtener su tan buscado Frente Popular Antifascista, la participación en el gobierno de Batista, y el control de la Central de Trabajadores de Cuba (CTC).

Debate intelectual durante el período de transición 1933-1940

En la segunda mitad de la década de 1930, la política de Cuba había cambiado hacia una política de masas que demandaba la intervención y la regulación por parte del gobierno de la economía, así como una política nacionalista; reforma agraria, nacionalización del trabajo, sindicalización y leyes de protección laboral, banca nacional, sustitución del capital extranjero, política de protección y fomento de la agricultura e industria nacionales, y promoción de sustitución de importaciones, así como una política fiscal activa para crear trabajos.

Uno de los principales efectos de la Gran Depresión en el ámbito de las ideas fue la caída en el desprestigio de la ideología que acompañaba al capitalismo liberal de *laissez-faire* como la forma más eficiente de desenvolvimiento de la economía. Todo parecía indicar que este tipo de capitalismo era incompatible con el mundo moderno, que solo conducía a su propia destrucción por medio de la entropía, y que solamente bajo la guía del Estado la civilización podría sobrevivir.

De la bancarrota de la ideología económica del capitalismo liberal surgieron las teorías estatistas y colectivistas del fascismo, el socialismo, y la socialdemocracia, que como hemos visto, tuvieron sus representantes en las ideologías políticas, sociales, y económicas de Cuba en aquellos tiempos.

De esta forma de pensar estatista generalizada en todo el mundo surgió la teorización que hace el economista británico John Maynard Keynes (1883-1946) con su libro más famoso *Teoría General del Empleo, el Interés y el Dinero*, publicado en 1936. Hay que señalar que solo los economistas de la Escuela Austríaca como Luwig von Mises (1881-1973), y Frederick Hayek (1899-1992) entre otros, se mantuvieron partidarios del *laissez-faire* y combatiendo las ideas estatistas en la economía.

En los años 30, algunos defensores del orden tradicional del capitalismo liberal consideraban que era la única forma de que Cuba saliera de la depresión, en tanto otros consideraban que esto no sería posible si no era a través de la intervención profunda del Estado en la economía, tal y como planteaban las ideas que ya en aquellos tiempos se iban haciendo hegemónicas en el mundo.

Keynes y la teorización de la economía de tipo socialista dentro del capitalismo

Existían en aquellos tiempos de la Gran Depresión básicamente tres teorías acerca de las causas del ciclo económico; la teoría marxista. que consideraba que el ciclo económico era una característica inherente al capitalismo, y que se basaba en la idea de la sobreproducción, o sea que las fuerzas de producción en el capitalismo llegaban a un nivel donde una gran cantidad de productos no podían ser comprados por los trabajadores, provocando un enorme desperdicio de recursos y un desempleo generalizado, y la única forma de enfrentar esto era a partir de la intervención del Estado y la planificación centralizada de todo el proceso económico luego del triunfo de una revolución socialista.

La teoría liberal considera que el ciclo económico no es inherente al modo de producción capitalista debido a que no es posible una sobreproducción generalizada ya que la oferta crea su propia demanda como plantea la Ley de Say[50], si no que era provocado por la expansión crediticia de los bancos centrales que llevaban a un proceso de auge y malas inversiones al estorbar el cálculo económico, y de caída posterior cuando se hacía imposible continuar la expansión del crédito, y se ponían de manifiesto todos los errores de cálculo cometidos durante la fase de auge.

Por esta razón, como los economistas liberales veían la causa del ciclo económico en la intervención del Estado a través de los bancos centrales, lo que proponían eran el abandono de las políticas monetarias inflacionarias. Muchos economistas liberales clásicos se aproximaron a esta teoría, pero fueron los economistas austríacos, y en especial Ludwig von Mises[51], los que lograron explicar de manera exhaustiva el funcionamiento del ciclo económico.

Una tercera teoría sería la expuesta por el británico John Maynard Keynes en su libro citado más arriba, donde planteaba, al igual que los marxistas, que el ciclo económico era inherente al capitalismo moderno, pero que su causa se encontraba en el subconsumo, o sea una caída de la demanda provocada por el aumento del ahorro, y la consiguiente contracción del gasto, y que el desperdicio de recursos, y el desempleo que creaba, no podía ser resuelto por el mercado. pues podía alcanzarse una situación de equilibrio en el mercado con un enorme desempleo.

Para Keynes, esta deficiencia de consumo debe ser compensada por el incremento del gasto deficitario del gobierno.

A partir de estos razonamientos, Keynes sostiene que el mercado por sí solo no puede, en las condiciones del capitalismo moderno, sacar a la economía del estancamiento, y que esto solo se puede lograr a partir de la intervención del Estado, por lo que plantea que la política económica es la principal herramienta para sacar al país de la crisis; que los gobiernos tienen que estimular la demanda encargándose a través de sus agencias del proceso de inversión, y utilizar las políticas fiscales y monetarias.

Keynes considera que el problema fundamental de una economía es el desempleo, y se opone a la aproximación liberal que establece que el desempleo es resultado de tasas salariales superiores a las establecidas por el mercado debido a la intervención de instituciones extra mercado como el gobierno y los sindicatos, por tanto, para que el mercado absorba el desempleo es necesario que las tasas salariales disminuyan hasta niveles donde la oferta y demanda de labor se equilibren.

Para Keynes esto no sucede, por lo que es necesaria la intervención del Estado actuando como agente económico.

Para salir de la crisis proponía el aumento del gasto público con políticas fiscales deficitarias, y de expansión monetaria, estimulando la demanda y con ella el crecimiento.

Las ideas de Keynes, a pesar de contradecir todos los principios del ciencia económica, se convirtieron en hegemónicas, pues era precisamente lo que habían estado haciendo los gobiernos como respuesta a la Gran Depresión desde antes de la publicación de su obra, que lo que hizo fue aportar una justificación teórica a lo que ya desde hacía tiempo venían haciendo los gobiernos.

La URSS, en medio de sus planes quinquenales nunca sufrió los embates de la depresión;

50. Ley de Say, o Ley de los Mercados formulada por el economista francés Jean Baptiste Say (1767-1832) plantea que no puede haber un exceso general de oferta por que esta es absorbida por la propia demanda que genera. Es la oferta la que crea la demanda y no al revés, por lo que no puede existir una demanda sin haber oferta.

51. Ludwig von Mises. Austria-Hungría 1883-1973 Economista, Sociólogo e historiador. Uno de los economistas más reconocidos de la Escuela Austriaca.

Alemania e Italia, con regímenes fascistas fuertemente intervencionistas ya habían salido de la Gran Depresión cuando se publicó la obra de Keynes, al igual que Estados Unidos con el New Deal de Roosevelt parecía que superaría los efectos más graves de la crisis, y así otros países donde los gobiernos tomaron fuertes medidas intervencionistas.

Para Keynes la inflación permanente era la cura de cualquier mal económico, que según él superaba el estancamiento, y movilizaba todos los recursos ociosos, y después de logrado esto aboliría la escasez.

El economista y filósofo alemán Hans Herman Hope en un ensayo titulado "*El caso miseano contra Keynes*" plantea lo siguiente.

"Keynes fue el economista más famoso del siglo XX, y de sus falsas teorías del empleo, el interés, y el dinero, destiló una fantásticamente equivocada teoría del capitalismo, y de un paraíso socialista erigido sobre papel moneda".

Casi todos los economistas del mundo comenzaron a ver la economía a través del prisma intervencionista y equivocado del keynesianismo, y entre ellos todos los economistas cubanos que de una forma u otra, se encontraban convencidos de que el crecimiento económico del país, y la erradicación del desempleo dependía de la intervención del Estado, donde el mercado capitalista jugaría un papel secundario.

El "New Deal" El populismo norteamericano de Roosevelt

Al igual que las ideas populistas latinoamericanas, y las ideologías estatistas del fascismo y el comunismo influían en el debate intelectual en la Cuba de la década del 30, también el populismo socialdemócrata norteamericano ejercerá considerable influencia a la hora de diseñar un nuevo Estado que surgiría de las cenizas del Estado oligárquico liberal tradicional.

Con la llegada de Franklin D Roosevelt a la presidencia de Estados Unidos en 1933 comienza a tomar forma la socialdemocracia norteamericana a través de las políticas conocidas como el "New Deal" el cual tuvo muchos rasgos similares a las medidas que tomaron los gobiernos fascistas.

Roosevelt sacó al país del patrón oro devaluando el dólar, adoptó programas de emergencia regulando precios, apoyó a la agricultura, promovió grandes obras públicas para crear empleo, se establecieron programas de seguro social, se ampliaron los derechos laborales, y se crearon docenas de agencias que le dieron forma a la socialdemocracia norteamericana. Su enfoque principal fue reducir el desempleo y proveer seguro social. En el año 1935 fue aprobado el Social Security Act.

Estos programas causaban enormes gastos del gobierno y fueron financiados con aumentos de impuestos.

Con el New Deal, el gobierno federal expandió de manera dramática su poder regulatorio a todos los ámbitos de la economía, desde la banca y la política monetaria, hasta las utilidades públicas y el seguro social.

A fines de la década de 1930, la mayoría de las naciones industrializadas avanzadas seguían por el camino de la socialdemocracia con la excepción de Alemania, Italia y Japón.

Los gobiernos socialdemócratas se hallaban comprometidos con la estabilización del ciclo económico, proveer seguro social, y otorgar un papel central a los movimientos obreros dentro de la política y la sociedad, en tanto el manejo macroeconómico se consideraba indispensable para superar el fracaso de los capitalistas de actuar en su mejor interés, que era visto como la causa fundamental de las depresiones económicas.

El auge de la socialdemocracia estuvo dado por la fuerza de los movimientos obreros, el Estado, y una clase empresarial dividida, ya que la intervención regulatoria del gobierno, y el manejo macroeconómico, especialmente monetario, resultaba beneficioso para muchos empresarios, aunque las industrias de alto consumo de labor fueron en general hostiles a las medidas del New Deal.

Fascismo y socialismo ideologías estatistas extremas

Dentro de las grandes ideologías de aquellos tiempos se encuentran el fascismo y el socialismo que como respuestas a los problemas de la Gran Depresión, y como forma de organizar la producción, y la sociedad en su conjunto, gozaba de gran atractivo en aquellos tiempos.

El socialismo económico es una forma de organizar la producción donde todos los medios de producción pertenecen al Estado, o sea el empresario desaparece del panorama económico completamente, pues se considera un parásito completamente prescindible.

El fascismo se proclama como una tercera vía entre el socialismo y el capitalismo Liberal, ya que en las economías fascistas se mantiene la propiedad privada sobre los medios de producción, pero el empresario está completamente subordinado al Estados que es el que controla de manera efectiva la producción y la asignación de recursos, en tanto destruye la independencia de los sindicatos.

Las economías fascistas son partidarias de la autarquía, desalentando el comercio internacional, y son defensores del nacionalismo económico y el corporativismo.

Nacionalismo económico como característica del pensamiento populista cubano

Una de las características más sobresaliente del populismo latinoamericano será el nacionalismo económico, que en algunos casos más extremos tendió a la autarquía, y al rechazo al comercio exterior que llegó a ser visto como un factor que socavaba directamente la soberanía nacional, y a los grupos que apoyaban el libre comercio, a ser vistos como antipatriotas, sobre todo en países cuyas exportaciones fueron más afectadas por la Gran Depresión.

En Cuba hemos visto que en 1933 el azúcar se había quedado prácticamente sin mercado, y el país casi se había sumido en la autarquía, reduciéndose al mínimo su comercio exterior, por lo que la idea de la diversificación y la independencia económica como único modelo para lograr el crecimiento y el desarrollo, será un factor que quedará presente en las ideologías económicas de Cuba desde aquellos momentos, ya que la economía basada en las exportaciones era vista como subordinada y dependiente del capital extranjero, y contraria a la soberanía nacional, pero a partir de 1934, con la inclusión de Cuba dentro del sistema de cuotas azucareras norteamericanas, que permitió una mejoría de los términos de intercambio, el modelo exportador, aunque debilitado, sobrevivió, y de esa forma mantuvo vigencia dentro de la ideología económica cubana en una especie de empate con la ideología de la independencia económica.

La firma del nuevo Tratado de Reciprocidad Comercial con Estados Unidos en agosto de 1934, y la inclusión de Cuba dentro de la Ley Costigan-Jones fue criticado por la tendencia nacionalista.

En un artículo publicado en enero de 1935, el historiador Emilio Roig de Leuchsenring[52] desarrolla un análisis crítico del Tratado de Reciprocidad Comercial y de la cuota azucarera.

En dicho artículo[53] Roig plantea lo siguiente:

1. "Reafirma y agudiza la absorción, dominación y explotación imperialista yanqui sobre nuestro pueblo, atándolo más en el presente y para el futuro al sistema político y económico de Estados Unidos".

52. Emilo Roig de Leuchsenring (1889-1964). Historiador. Fue nombrado Historiador de la Ciudad de La Habana en 1935
53. "Documentos para la Historia de Cuba" Tomo IV Hortensia Pichardo.

2. “El convenio y el plan de cuotas ratifican nuestra situación de país monoproductor condenado exclusivamente a vivir del azúcar crudo, azúcar que en realidad es norteamericano”.
3. “Da el golpe de gracia a numerosos productores agrícolas o industriales cubanos en vías de fomento e impide el nacimiento de otros que pudieran fomentarse anulando toda tentativa de diversificación de nuestra producción, y de conquistar otros mercados”.
4. “Nos fuerza a concentrar todo nuestro poder adquisitivo en el mercado norteamericano”.
5. “Le impide a Cuba celebrar tratados comerciales con otros países”.
6. “Entrega a un poder extranjero la modificación de nuestro sistema arancelario”.
7. “Coarta la autodeterminación de nuestra República en materia de impuestos”.
8. “Tanto el Tratado como el plan de cuotas no tienen la eficacia necesaria para reintegrar al trabajo a la mayor parte de aquella población de Cuba que fue desplazada de la producción en los pasados años a causa de las restricciones de la industria azucarera, del Plan Chadbourne, y de los altos derechos arancelarios norteamericanos”.
9. “Constituye un instrumento de opresión al servicio de los intereses capitalistas norteamericanos”.

En el año 1939, la Asociación Nacional de Hacendados de Cuba publicó un detallado análisis de los resultados del Tratado de Reciprocidad y la cuota azucarera sobre la economía cubana.

“Efectos del Tratado sobre la producción de artículos para consumo interno”.

Las grandes industrias agrícolas o de base agrícola de Cuba, productoras de artículos de consumo interno tales como la ganadería, los frutos menores, y la producción de aceites comestibles, en ningún sentido fueron sacrificadas en el consumo. Tampoco la industria cervecera. En lo fundamental, las ramas importantes de la producción de artículos nacionales para consumo interno no solo no han sufrido perjuicios directos, si no con el aumento del ingreso nacional han recibido beneficios indirectos muy importantes.

El Tratado, al aumentar los ingresos de Cuba ha aumentado la capacidad adquisitiva y de consumo del pueblo cubano, y la inmensa mayoría de la producción para consumo interno ha recibido beneficios indirectos del Tratado.

Los efectos del Tratado sobre la economía cubana, el informe los enumera”.

Aumentar nuestros ingresos; elevar el precio del azúcar; contener la rápida expulsión del azúcar cubano del mercado norteamericano; asegurarnos un saldo mercantil favorable; ampliar la producción de bienes agrícolas exportables a los Estado Unidos; estimular indirectamente la producción de artículos cubanos de consumo interno; y acrecentar directamente la renta de aduanas e indirectamente las demás rentas del fisco.

Por último plantea lo siguiente.

El Tratado no ha restablecido, ni puede restablecer en Cuba la situación que existía en orden a las relaciones comerciales con Estados Unidos con anterioridad a la Tarifa Hawley-Smoot de 1930. La Ley Costigan-Jones, y el Tratado de Reciprocidad Comercial de 1934 no restauran para Cuba una exportación azucarera hacia los Estado Unidos igual a la de la década de 1920. Este terreno perdido por Cuba no puede ser recuperado y se perdió definitivamente”

La realidad es que entre 1934 y 1939 tuvo lugar una recuperación económica, y un proceso de diversificación y de industrialización espontánea, que en gran medida fue consecuencia del Tratado y de la cuota azucarera.

De no haber existido esta relación con Estados Unidos, en aquellos años de nacionalismo económico generalizado en el mundo entero, Cuba no hubiera podido acceder a mercados alternativos para su producción, y por tanto hubiera perdido completamente su capacidad adquisitiva sumiéndose en un miseria grave, y en el caos político y social.

Según nuestro criterio, el error que se cometió en Cuba fue la cartelización de la industria azucarera, al no dejar que el mercado por sí solo hubiera limpiado la economía cubana de malas inversiones, en tanto lo que se hizo fue congelar de esta forma una enorme cantidad de recursos de tierra, trabajo, y capital, que hubieran sido destinados a otros usos más productivos, logrando una economía cubana más diversa y eficiente.

Ideologías antiestatistas

A partir de la Gran Depresión, prácticamente ningún economista en el mundo consideraba que la recuperación pudiera venir de la mano del mercado, pues se entendía que las crisis económicas eran inherentes al funcionamiento de un mercado no regulado, y que en la medida en que la economía mundial se hacía más grande, compleja, y global, estas crisis se harían mucho más profundas y desbastadoras, por tanto, la salida de la depresión solo podía efectuarse a partir de la intervención directa del gobierno en la economía regulándola, y asumiendo algunas funciones que los pensadores liberales consideraba eran exclusivas del empresario.

Recomendaciones extranjeras; "Problemas de la Nueva Cuba"

En 1934, el gobierno de Carlos Mendieta solicitó un estudio y recomendaciones pertinentes referentes a los problemas que estaba enfrentando Cuba en aquellos años tan turbulentos a una organización no gubernamental norteamericana; la Foreing Policy Association.

Un grupo de expertos de la asociación trabajaron en Cuba desde mayo de 1934 a julio del mismo año y elaboraron un informe con el título de *Problemas de la Nueva Cuba* El estudio de la Cuba de 1934 abarcó todas las actividades principales del país, haciendo recomendaciones en cada aspecto analizado y finalmente toda una serie de recomendaciones que el gobierno debía abordar con un carácter más urgente para comenzar la reconstrucción de la República.

El resumen del plan para la reconstrucción de Cuba de la Foreign Policy Association en su estudio *Problemas de la Nueva Cuba* fue el siguiente.

- Un plan mediante el cual cada central azucarero destinaría el uso de tierras para fines de subsistencia.
- Un sistema gubernamental de educación agrícola que vaya gradualmente desarrollándose.
- Estudio científico de los suelos de la isla que se extienda por un periodo de ocho años.
- Desarrollo de un programa de repoblación forestal.
- Política agraria mediante la cual el gobierno adquiriría tierras para fines de colonización con objeto de desarrollar cultivos de subsistencia.
- Impuesto sobre tierras baldías.
- Establecimiento de un número limitado de nuevas industrias una vez que se hayan hecho investigaciones acerca de posibles mercados.
- Entidad gubernamental de ventas refaccionada por un banco gubernamental agrícola.
- Política arancelaria moderada.

El estudio plantea los problemas del sistema político cubano; falta de práctica de gobierno propio durante el período colonial debido a que Cuba quedó excluida políticamente de la Revolución Liberal de España.

Falta de inclinación empresarial de los cubanos los cuales se han dedicado más a la actividad política como medio de vida y fuente de enriquecimiento.

La Enmienda Platt ha contribuido a estructurar un sistema político corrupto dominado por una irresponsabilidad absoluta.

La Constitución de 1901 no constituía un freno para la corrupción generalizada de la clase política a la cual más bien protegía (Artículo 53).

Critica también la estructura económica monoproductora, basada casi exclusivamente en la exportación de azúcar, y plantea la necesidad imperiosa de la diversificación económica.

Necesidad de lograr el orden político y social.

A diferencia de los programas de las agrupaciones nacionales, que se enfocaban en soluciones redistributivas encaminadas fundamentalmente a favorecer a la clase obrera especialmente urbana que era donde se encontraba su base política, las recomendaciones de la Foreing Policy Association van dirigidas sobre todo a resolver los problemas en el sector agrícola, como fundamento básico de la estructura económica nacional. Siete de las nueve recomendaciones principales van dirigidas a cuestiones agrícolas, y una de ellas es fundamental para acometer el problema económico más grave de Cuba que es el latifundio; "Impuesto sobre tierras baldías".

El latifundio azucarero constituía uno de los problemas más graves de la economía cubana debido a la enorme cantidad de tierras ociosas que mantenía. Las zafras de Cuba en lo adelante, de acuerdo a lo estipulado en las cuotas azucareras norteamericanas, no requerían más de un 22% de toda la tierra que controlaba la industria azucarera.

Además, la reducción de la zafra a algo más de 70 días, daba lugar a una inmensa cantidad de labor ociosa que no puede encontrar ocupación en otras actividades económicas cuando existía una excedencia enorme del otro factor de producción natural que es la tierra cultivable.

El valor de la tierra cultivable en Cuba era muy bajo en aquellos tiempos debido al escaso valor de los productos de la agricultura cubana tales como la caña y el tabaco, por esta razón no existía una demanda de tierra en el mercado que hubiera presionado a la disolución al latifundio. El costo de oportunidad de mantener la tierra ociosa era muy bajo en comparación con el costo de hacerla producir, y por otra parte, el desempleo que esta situación creaba envilecía los salarios agrícolas, lo cual era un elemento indispensable para disminuir los costos de una industria azucarera ineficiente. Por ello el latifundio como institución característica de la estructura de propiedad agraria se mantenía incólume.

En lo referente al sistema monetario y el crédito, la Comisión no es partidaria de crear un banco central, ni partidaria de políticas inflacionistas. Considera en cambio que era necesario crear condiciones para promover el ahorro y la inversión nacionales, aunque si es partidaria de la creación de un banco agrícola manejado por el Estado para financiar la diversificación agraria.

Considera la Comisión que se hace necesaria un reforma en el sistema impositivo ya que los impuestos gravan excesivamente a los pobres; las dos principales fuentes de ingresos del gobierno son los impuestos recolectados en las aduanas sobre las importaciones, y los impuestos indirectos sobre el consumo. Además, las tierras prácticamente no pagan impuestos.

Los miembros de la Comisión plantean sus dudas acerca de que una política de *laissez-faire* pueda sacar al país de la depresión. Solo a través de la intervención gubernamental puede pensarse en una reconstrucción de Cuba plantea el informe.

> Los hombres de negocios en general creen que todo lo que necesita Cuba para la solución de sus problemas está en revivir el mercado de la exportación azucarera, y que si el gobierno deja de intervenir en los negocios habrá prosperidad económica. Se oponen a la creación de nuevos impuestos, los que en su opinión solamente conducirán a mayor corrupción y despilfarro a expensas de las legítimas empresas privadas.
>
> La Comisión duda que la adopción de una política de *laissez-faire* pueda resolver los apremiantes problemas económicos y sociales de Cuba, o a la larga resulten ventajosos para el capital extranjero invertido en Cuba.
>
> ... la iniciativa gubernamental es necesaria para crear y desarrollar un plan que pueda resolver las necesidades económicas, sociales y educacionales del pueblo cubano.

La Foreing Policy Association consideraba que la reconstrucción de Cuba comenzaba en el campo, a través de la conjunción de los factores de producción tierra y trabajo, produciendo para el abastecimiento del mercado interno y el logro de una economía más diversificada aprovechando que necesariamente el azúcar tenía que disminuir su predomino teniendo garantizado un mercado más reducido pero que le permitía sobrevivir.

Los miembros de la Misión entendían que la República de Cuba no tenía capital disponible para asimilar la cantidad de labor ociosa existente, y el capital que se encontraba ocioso tenía pocas opciones de movilidad a corto plazo, por lo que el énfasis en las recomendaciones se encuentra en unir los dos recursos naturales; tierra y labor, a través de lo que hubiera sido una reforma agraria de tipo confiscatorio.

El pensamiento procapitalista entre los empresarios cubanos

Hemos señalado ya la oposición decidida contra las medidas redistribucioncitas del gobierno revolucionario de Grau por parte de intereses extranjeros, especialmente norteamericanos y españoles, que llevaron a la caída de este gobierno en enero de 1934, pero después de terminadas las huelgas, y aplastado el movimiento revolucionario en 1935, tendrán que ir aceptando las medidas tomadas por Batista a través de los gobiernos provisionales como un mal menor, pues la debilitada oligarquía tradicional comprendió que era imposible volver al statu quo anterior a la caída de Machado.

De todas formas algunos empresarios manifiestan su inconformidad frente a los avances anti capitalistas que va tomando el gobierno cubano.

En el mes de septiembre de 1936, en la revista *Isla* que dirigía Emeterio Santovenia[54] se publica un artículo de Juan Andrés Lliteras con el nombre de "Tierra y dinero".

> Todavía muchos piensan que el "dejar hacer" (*laissez-faire*) es lo mejor, y que los problemas económicos se resuelven por sí solos con tal de que se deje al individuo desenvolverse sin trabas y no se pongan obstáculos a la libre competencia.
>
> Pero en la juventud actual, que mira más allá de las fronteras al panorama mundial, y que entiende y penetra sus realidades, ya ha arraigado la idea de que el Estado tiene inevitablemente que desempeñar un papel preponderante en la economía dirigiéndola y organizándola para el mejor aprovechamiento y distribución de las riqueza.
>
> La tarea que se impone a los dirigentes intelectuales y políticos de Cuba es doble: Hay que integrar, planificar, y concretar los proyectos de reforma que produjo la revolución, y segundo, hay que hacerlos conocer, incorporándolos a la opinión del país para que puedan hacerse viables y fecundos.

54. Emeterio Santovenia (1889-1968) Historiador, diplomático, periodista político y escritor cubano. Fue presidente del Banco de Fomento Agrícola e Industrial (BANFAIC) durante el segundo gobierno de Fulgencio Batista.

La Cuba Cane Co emite un memorándum interno sobre a la Ley de Coordinación Azucarera:

> La implicaciones sociales de esta ley son funestas. Significa un paso hacia la negación de los derechos de libre contratación. De aquí surge la pregunta de si Cuba ya no permitirá al capital invertido en los ingenios azucareros conseguir un justo retorno o de hecho algún retorno, y si el gobierno está yendo a expropiar al hacendado sobrecargándolo a través de legislación con gastos que se coman su participación en los frutos de su industria…
>
> Esta legislación… es necesariamente generalizada y por lo tanto a menudo mal adaptada para satisfacer las necesidades específicas de las diferentes zonas cañeras debido a que fue concebida de prisa a través de presiones políticas.

En julio de 1937, una polémica entre las ideas socialistas y conservadoras tiene lugar en el *Diario de la Marina,* considerado el vocero de las tendencias conservadoras, e incluso reaccionarias en Cuba "*Carta al Diario de la Marina del Dr. Pedro Herrera Sotolongo*" 9 de julio de 1937. Crítica al Plan Trienal de Batista.

> Imprudentes reformas traídas a nuestra legislación sin estudio, sin necesidad, y con grandes apasionamientos, han paralizado la vida económica y social de la República, introduciendo en Cuba cuestiones que serán la ruina de nuestras industrias, de nuestros comercios y la emigración de todos los capitales.
>
> Nuestro pueblo ni ha pedido, ni quiere reformas, ni desea planes estupendos, quiere garantías para trabajar, leyes contrarias a las que se han hecho que sirvan para atraer primero el dinero a nuestro país, luego las emigraciones deseables para aumentar nuestra población, leyes que establezcan libertad de trabajo, libertad de contratación, que respeten los principios económicos consagrados por veinte siglos de civilización y cultura.
>
> …protesto… de cuanto se proyecta hacer porque entiendo que las más graves perturbaciones han de sobrevenir".

Réplica del Dr. José Ignacio Rivero, Director del Diario de la Marina.

> Tú por lo que se ve, eres un individualista no vergonzante, y un franco apologista del sistema económico liberal al que tanto deben el acrecentamiento de la riqueza del mundo y los progresos de toda índole que la humanidad contrastó desde los comienzos del siglo XIX hasta la malhadada guerra de 1914… es lógico que te irrites contra todo intento de implantar en tu país los principios de economía controlada tan en boga hoy en los cuatro puntos cardinales del planeta.
>
> Hasta ahora todo lo que puede deducirse de los planes del coronel Batista es que este está alentado por el propósito de dotar a Cuba de los instrumentos crematísticos de que hoy carece, indispensables en toda sociedad civilizada para el mayor desarrollo y distribución de sus riquezas.
>
> Creo como tú, que casi todo lo que se ha hecho de cinco años acá en materia económica, ha contribuido más a agravar los males que a remediarlos.
>
> Estoy por otra parte muy lejos de pensar que ciertas reformas que se encaminen a mejorar la situación de nuestras clases humildes tengan que interpretarse como derroteros peligrosos por los que la República se va a adentrar. Creo por el contrario, que lo peligroso es la inhibición total del Estado en estos problemas, pues no debe echarse en el olvido, que si a un pueblo la demagogia le

ha hecho creer que el Estado debe y puede solucionarlo todo, resulta imprudentísimo asegurarle, en nombre del orden, que no debe ni puede solucionar nada.

Lo que ocurre es que el liberalismo político, aunque parezca paradójico, destruye ineluctablemente el liberalismo económico.

Cuando en una sociedad de régimen político liberal como la nuestra no se puede impedir la libre expresión y propaganda de ciertas doctrinas económico-sociales, el pueblo alucinado acaba por exigir a los poderes públicos su intervención en la economía nacional. Si los poderes acceden, el régimen de economía liberal será suprimido. Si los poderes se resisten, tienen entonces, para salvar la economía liberal o individualista, que suprimir las libertades públicas y ahogar en sangre la demanda.

Réplica del secretario de Agricultura; Ingeniero Amadeo López Castro.

Toda la literatura de economía clásica de todos los tiempos habla el mismo lenguaje quietista... La realidad es sin embargo que las corrientes renovadoras de la posguerra han puesto en crisis los viejos métodos de la Escuela Liberal, así como las prédicas de los espíritus revolucionarios, han ido infiltrando en la conciencia popular nuevos ideales económicos y políticos, nuevas concepciones de la democracia, de los deberes del Estado, un impulso irresistible hacia la realización del derecho justo.

Los pueblos ya no se conforman con palabras huecas, ni programas altisonantes; quieren y exigen realidades tangibles, una distribución más equitativa de los bienes de este mundo..."

Todo lo que quiere este Plan Trienal: trato más equitativo para las clases humildes, más cultura, más sanidad, más medios de vida, la convivencia del capital y el trabajo en función del progreso.

El análisis más lúcido— a nuestro entender— de la realidad cubana, a partir de las ideas liberales clásicas en aquellos tiempos donde existía un consenso generalizado de que solo por medio de la intervención del Estado podrían las naciones crecer y progresar, es un pequeño ensayo titulado "*El problema económico de Cuba*" de Rogelio Casas Cadilla.

Entre sus principales planteamientos:

Reforma fiscal.

Cobrar en aduanas y en impuestos indirectos[55] es injusto y absurdo.

El 90% de la riqueza inmobiliaria de La Habana son solares. Miles de edificios en La Habana carecen de valor. Su valor se encuentra en el solar que ocupan.

El sistema fiscal de Cuba es de tipo feudal; de cada diez pesos que se recaudan nueve lo pagan los pobres, y uno lo pagan los ricos.

El proteccionismo conduce al país a la autarquía. Las leyes cubanas apoyan al que exporta y dificultan al que importa. Hacen pagar al consumidor cubano en vez de hacer pagar al consumidor de otros países. En Cuba se mantiene el método mercantilista de vender y no comprar.

El proteccionismo crea monopolios terribles que presionan al Estado para que dirija la economía nacional, fije precios y restrinja la producción.

En donde los tributos los paga la riqueza, el poder de compra del pueblo es grande. Imagínense que pasaría aquí sí solo pagasen los terrenos en vez de pagar los edificios. Nadie podría tener en

55. Los impuestos indirectos son aquellos que se cobran sobre el consumo. Los derechos de aduana se encuentran entre los impuestos indirectos.

propiedad solares vacíos ni casas viejas pues no resistirían los impuestos. La transformación de la ciudad sería evidente".

Ganarían los trabajadores, ganaría toda la sociedad, se abarataría la vivienda pues el valor del solar sería bajo. El tributo sería justo, pues se grava lo que es producto de la naturaleza.

Con el librecambio los sueldos suben y el costo de la vida baja. Con tiranía nacionalista, los sueldos bajan y el costo de la vida sube.

Nacionalismo es política de odio al extranjero y trae consecuencias funestas. La democracia o es internacional o no es democracia.

No es el alza del azúcar lo que puede salvar a Cuba, pues ocurrirá que subirán también los alimentos, los vestidos, etc., como cuando la Danza de los Millones, los ricos serán más ricos y los pobres serán más pobres.

No es posible que el pueblo cubano pueda mejorar mientras sea la pobreza la que paga los gastos del Estado, y la riqueza se mantenga al margen. Cuba tiene una riqueza potencial enorme, pero bajo el sistema fiscal actual es imposible su desarrollo.

La propiedad es sagrada, y contra eso nadie puede ir, pues es la propia libertad individual, pero una cosa es la propiedad producto del trabajo y otra cosa es el producto de la naturaleza. El que fabrica una casa nada debe pagar, pues las casas son producto del trabajo y facilitan bienestar a toda la sociedad, quien debe pagar es el terreno donde la casa puede fabricarse, así pagarán igual los solares desocupados que los construidos, y nadie querrá ser dueño para especular y lucrarse del trabajo de otro.

Proteccionismo.

Las aduanas son la ruina de las naciones. Cuantos más derechos se cobren, más esclavizados estarán sus habitantes.

La protección crea muchas industrias, pero todas pobres, todas parásitas que viven a costa del país y los cubanos que trabajan para las industrias de exportación tienen que pagar doble precio para sostener industrias internas, y termina la exportación por ir muriendo. El proteccionismo niega el movimiento y mata la vida de los pueblos. Al elevar los precios de las cosas reduce el consumo y crea el desempleo, pues no existe tal fenómeno de la sobreproducción.

El proteccionismo es la guerra, y el librecambio es la paz".

Y los gastos del gobierno ¿quién los pagaría? Los propietarios de las tierras y de los solares urbanos. Toda la riqueza de Cuba es eso.

El verdadero dinero es el oro, la plata y toda clase de productos. La verdad terrible de Cuba es que exporta cada año más de lo que importa, y eso ocurre porque se le ponen trabas a la importación de riquezas. Las leyes se hacen para favorecer a un grupito de privilegiados y se castiga a todo un pueblo.

En la naturaleza todo es armonía, el intercambio es amor, no existe la miseria, la crean las leyes hechas por el hombre. Se han hecho leyes sociales en vez de leyes fiscales. No está en el Ministerio del Trabajo la solución de los problemas si no en Hacienda.

En Cuba no habría gente sin trabajo, no habría la necesidad de hacer multitud de leyes que lo estorban todo, que lo destruyen todo, pues la economía está muriendo en Cuba por las leyes, por esa multitud de leyes que creen regularlo todo, y lo que hacen es impedirlo todo.

Se vive de la aduana, que es la miseria misma de los pueblos, que sale de la barriga de los infelices, y esa aduana se usa porque los que poseen la riqueza de Cuba no quieren pagar, y deben pagar los pobres, y así se va hundiendo todo, moral y materialmente.

Cada habitante que llega al país es riqueza que entra. Cuantas más personas, más rico es el país. En los desiertos nada tiene valor; la propiedad aumenta de valor con la gente. Hagamos de esta tierra donde se hacen las casas, y se siembran las cosechas, que valen tantos millones, sean a beneficio de todos los que viven en ella.

Ni aduanas ni pasaportes, impuesto único sobre el valor de la tierra.

He citado este artículo extensamente por que toca los puntos vitales de los problemas de fondo que aquejaban a la República de Cuba, pero esto prácticamente podría considerarse el programa de una revolución liberal que nunca se dio en Cuba, en tanto el país se movía hacia el socialismo.

Evolución del Estado durante los gobiernos provisionales

Como hemos explicado, la reinserción de Cuba en el mercado norteamericano a partir de la cuota azucarera, la firma de un nuevo Tratado de Reciprocidad Comercial en 1934, así como el incremento de los precios del azúcar unido a una drástica disminución de los aranceles que el azúcar cubano pagaría a su entrada en Estados Unidos, dieron lugar al inicio de una modesta recuperación económica, y a un aumento de los ingresos fiscales del Estado cubano sobre todo a partir del aumento de las importaciones y del consumo interno que eran las fuentes principales de las que se nutría el Tesoro.

La política monetaria de devaluación del dólar del gobierno de Roosevelt dieron lugar a que el precio pagado por el azúcar cubano fuera mayor que el pagado en el mercado mundial, lo que significó para Cuba una mejora de los términos de intercambio, ya que Estados Unidos pagó un 128% más como promedio entre 1934 y 1939 por la libra de azúcar de lo que se pagó como promedio en el mercado mundial.

Hay que señalar que durante estos años, ni el mundo, ni Estados Unidos se había recuperado completamente de la Gran Depresión, y los mercados internacionales se encontraban en gran medida desarticulados, influidos por el nacionalismo económico que imponía fuertes barreras proteccionistas al comercio en un ambiente donde las grandes potencias buscaban alcanzar la autosuficiencia, y además, Estados Unidos en 1933 había salido definitivamente del sistema monetario de patrón oro.

En el año 1937 Estados Unidos entra en una nueva recesión, repercutiendo sobre Cuba en otra recesión que duró entre 1938 y 1940.

Las recaudaciones presupuestarias entre 1934 y 1940, alcanzaron un monto de 482.8 millones de pesos que representaron el 13% del Ingreso Nacional, cuando en el año 1933 solamente había alanzado un 9.8% del Ingreso Nacional de ese año debido a la enorme pérdida de ingresos que sufrió el gobierno de Machado por la crisis económica.

Por otra parte, los gastos fueron de 563.7 millones de pesos lo que significó un deficit de 80.9 millones de pesos que pudo ser financiado con un empréstito concertado con el Manufacturers Trust Company, por la cantidad de 85 millones de dólares en 1937.

Además hay que señalar también que el Estado cubano contará a partir de 1934 con otra fuente de ingresos que antes le estaba vedada, y esta es la expansión monetaria, la cual se encontraba fuera del alcance de los gobiernos cubanos debido al Artículo II de la Enmienda Platt, pero que ahora, al adquirir el Estado cubano plena soberanía monetaria, iba a utilizar con frecuencia irresponsable para financiar sus políticas populistas y clientelares.

A principios de 1934, el gobierno de Carlos Mendieta realiza una acuñación de 10 millones de pesos plata, y se emitió una cantidad igual de certificados de plata que eran los que circularían en vez de las monedas, incrementando así la oferta monetaria con el objetivo principal de amortizar la gran deuda flotante que estaba compuesta sobre todo de salarios atrasados a empleados públicos que se arrastraba desde el gobierno de Machado.

Entre febrero de 1932[56] y junio de 1939 se emitieron 79.6 millones de pesos plata que respaldaban la misma cantidad emitida de certificados de plata.

Estas emisiones de plata produjeron, por concepto de señoreaje, de 53.5 millones de pesos.

Entonces tenemos que los recursos con que contó el Estado cubano en esta etapa entre 1934 y 1940 fueron:

Recaudaciones presupuestarias; 482.8 millones de pesos (77.7% del total) Empréstitos extranjeros: 85 millones de dólares (13.7% del total) Señoraje: 53.5 millones de pesos (8.6% del total). Total: 621.3 millones de pesos/dólares equivalentes a un 16.7% del Ingreso Nacional.

Estos recursos renovaron la capacidad del Estado para restablecer las clientelas políticas y adelantar las políticas populistas encaminadas a la edificación de un Estado corporativista.

Comienza un proceso de crecimiento del gobierno con marcadas características fascistas, avanzando la cartelización del sector privado, la sindicalización de los trabajadores, la exaltación de la política del Estado como fuente de orden negando derechos fundamentales y libertades individuales, y convirtiendo al poder ejecutivo en señor ilimitado de la sociedad.

Se promulgan leyes y decretos orientados especialmente a hacer más rígido el mercado laboral y más costosa la labor; salarios mínimos, jornadas máximas, nacionalización del trabajo, creación de un Ministerio del Trabajo, descanso retribuido, arbitraje laboral, seguro social, licencia de maternidad, vacaciones pagadas, causales de despidos, congelación de rentas sobre la propiedad urbana, etc.

Se promulga el Plan Trienal, y la Ley de Coordinación Azucarera la cual termina de estructurar el cártel azucarero, y se ponían en vigor toda una serie de políticas inspiradas en el New Deal norteamericano, y en el populismo mexicano de Lázaro Cárdenas.

Toda este ímpetus regulador va a culminar en la Constitución de 1940 cuya aspiración es la transformación del Estado cubano en lo que se conoce como un Estado de Bienestar socialdemócrata (Welfare State), donde el Estado proveería servicios y asumiría la responsabilidad del bienestar social y económico en cumplimiento de supuestos derechos que poseen todos los habitantes del país.

Durante este período la tendencia fue el aumento de las recaudaciones del gobierno en relación con el Ingreso Nacional como muestra el gráfico.

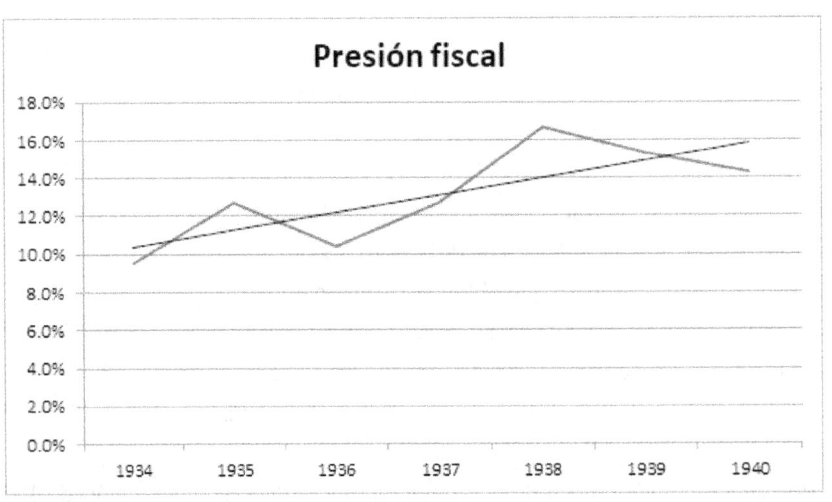

56. La primera emisión de pesos de plata se hizo durante el gobierno de Machado con el objetivo de pagar el servicio de la deuda pública a partir del señoreaje obtenido.

El incremento de las importaciones, y en general la estabilización de la economía, permitieron el aumento de la presión fiscal entre 1936 y 1938, pero con la recesión que comienza en 1938, las recaudaciones disminuyen más rápido que el Ingreso Nacional, por lo que el gobierno de Laredo Bru tuvo que suspender algunos proyectos incluidos en el Plan Trienal.

El desempeño fiscal relaciona los gastos del gobierno con el Ingreso Nacional, y como podemos observar en el gráfico inferior la tendencia general fue ligeramente a la baja manteniéndose aproximadamente en un 15% del Ingreso Nacional.

El próximo gráfico relaciona los gastos con los ingresos del gobierno, y aunque hubo una tendencia a emparejar gastos con ingresos obteniendo así una fiscalidad balanceada, como se puede observar, la mayoría de los años los gastos se mantuvieron por encima de la línea del 100%, lo cual indica que se gastó más de lo que se ingresó, produciéndose un déficit presupuestario.

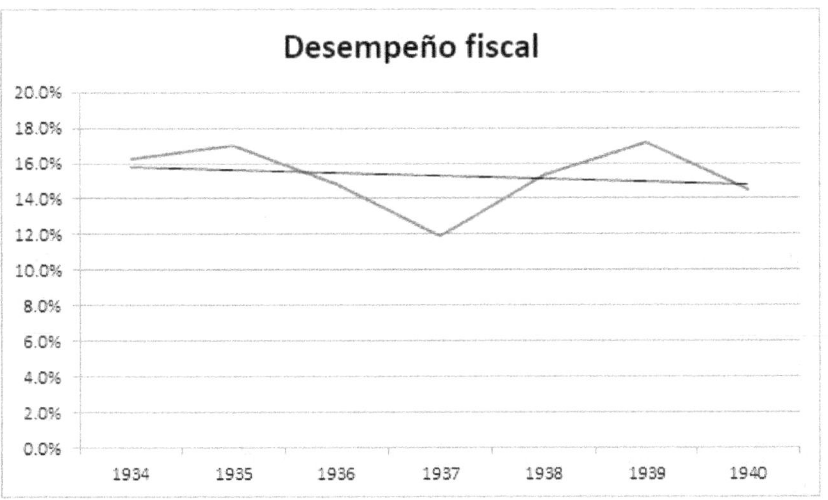

El déficit total acumulado del periodo fue de 80.9 millones de pesos, pero el gobierno concertó un empréstito de 85 millones de dólares, y tuvo ingresos por concepto de señoreaje por la cantidad de 53.5 millones de pesos, lo cual representan recursos fuera de los ingresos ordinarios por valor de 138.5 millones de pesos con los que financio el déficit, y pagó deudas pendientes, sobre todo deudas del empréstito de obras públicas, y la deuda flotante del Estado que había dejado el gobierno de Machado.

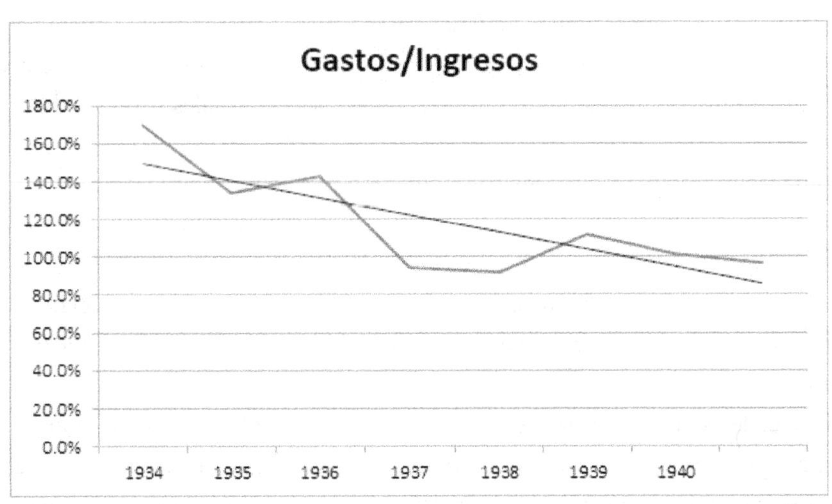

La recesión de 1937-1940

En el año 1937 Estados Unidos entra nuevamente en recesión, la cual inmediatamente se reflejó en la economía cubana.

Los precios del azúcar entre 1937 y 1940 cayeron en un 22.7%.

El valor de la zafra de 1940 fue un 15.7% menor que la de 1937, y el volumen fue un 6.4% inferior.

El per cápita, que en 1937 fue de 140.05 pesos, en 1940 había descendido a 118.83 pesos, o sea una contracción del 15.2%.

Con el inicio de la guerra en Europa en 1939, el Acuerdo Azucarero de Londres fue suspendido, por lo que las perspectivas económicas para Cuba al iniciarse la década de 1940 parecían bastante sombrías, ya que la economía nacional no acababa de despegar, en tanto la población seguía creciendo, empujando al desempleo a miles de jóvenes que cada año se incorporaban al mercado laboral, lo que ponía en peligro la frágil estabilidad alcanzada, que había dado como resultado una nueva Constitución socialdemócrata que imponía nuevos deberes al Estado el cual no se encontraba en condiciones de cumplir.

La recesión económica, y el New Deal norteamericano, inclinarían la balanza hacia la formación de un gobierno democrático en Cuba en la década de 1940, y no un gobierno protofascista como sucedió en otras repúblicas latinoamericanas.

La Constitución de 1940 representó un acuerdo político que reflejaba el nuevo balance de poder en el país, y los capitalistas, sobre todo los extranjeros, se tendrían que adaptar a esta nueva realidad, pues se hacía imposible de mantener el balance social del corporativismo en una situación de retroceso económico.

A pesar de una situación poco favorable entre 1934 y 1940, gracias a los espacios de soberanía ganados después de la abolición de la Enmienda Platt, el Estado cubano había ganado capacidad recaudatoria y regulatoria que le permitirían expandirse en los próximos años, pasando a una nueva etapa donde las decisiones políticas dejan de estar al servicio de la economía. Ahora la economía se encontraría influenciada cada vez más por las decisiones políticas, y en función de la política.

La Constitución de 1940: hacia el Estado Benefactor

La Constitución de 1940 significó la conclusión del debate acerca de la institucionalidad que debía regir a Cuba, que se desarrolló entre 1933 y 1940 como resultado de la Revolución, por esa razón puede considerarse el fin de la Revolución de 1933, imponiéndose finalmente la tendencia socialdemócrata que buscaba la construcción de un Estado Benefactor orientado hacia una nivelación social basada en el redistribución de riquezas e ingresos por encima de la tendencia corporativista. Fue la solución de compromiso entre las diferentes fuerzas políticas y sociales surgidas de la Revolución de 1933.

El Estado Benefactor implica una redistribución de riquezas e ingresos desde determinados grupos de la sociedad hacia otros, o más bien desde los que producen riquezas hacia los que producen menos o no producen ninguna.

Para que el esquema redistribucionista funcione es necesario un crecimiento del Ingreso Nacional lo suficientemente rápido como para que los creadores de riqueza puedan sostener a los que no crean riquezas.

Si esto no sucede así, o sea que se deja de crecer lo suficientemente rápido, o no se crece en lo absoluto, tiene lugar una situación de suma cero, donde lo que ganan unos, tanto relativa como absolutamente, lo pierden otros, y en este caso, por definición, los que pierden son los más productivos, y los que ganan son los menos productivos, por lo que necesariamente tendrá lugar un proceso de empobrecimiento generalizado.

Entonces, en 1940 ¿cómo se produciría el crecimiento que permitiría desarrollar el Estado Benefactor? ¿Cómo se financiarían sus políticas redistributivas?

En 1940, la producción industrial no-azucarera, incluyendo la minería y la construcción, representó el 27.3% del Ingreso Nacional, en tanto la producción de azúcar solamente el 18%, sin embargo la industria azucarera tenía la mayor concentración de capital del país, y era el sector donde se alcanzaba la mayor productividad del trabajo, además de ser el mayor empleador del país, y en ese año se encontraban los precios y la demanda de azúcar en declive lo cual no podría ser sustituido por la producción industrial en un contexto de elevadísimo desempleo, por lo que se corría el riesgo de volver a la situación de 1933. El proyecto de Estado Benefactor nacía cimentado sobre la arena movediza de los precios del azúcar.

En semejante coyuntura pudiera parecer un suicidio entrar en una política de redistribución de riquezas, en vez de orientarse a promover la creación de riquezas.

-oOo-

La Convención Constituyente fue inaugurada el 9 de febrero de 1940, y la Constitución fue firmada en Guáimaro, provincia de Camagüey el 1 de julio de ese mismo año, y promulgada el 5 de julio en la escalinata del Capitolio Nacional, entrando en vigor el 10 de octubre.

La Constitución de 1940 estuvo inspirada en las constituciones de México de 1917, de Weimar de 1919 (derogada en 1933), y la española de 1931 (derogada en 1939). Las tres fueron constituciones con un fuerte contenido socialista.

Los antecedentes se encuentran en los Estatutos para el gobierno provisional de septiembre de 1933, y en la Ley Constitucional del 3 de febrero de 1934, pero ella incorpora los reclamos y aspiraciones sociales y económicos de la sociedad cubana desde el inicio de la independencia.

Los constituyentes representaron todo el espectro ideológico de la sociedad cubana de aquella época. Había miembros de la antigua élite política, de los partidos machadistas como el Partido Liberal, de la oposición contraria a Machado, de los que formaron parte de la Mediación con Sumner Wells, de los **anti**mediacionistas, del reformismo del gobierno de Grau, de los corporativistas partidarios de Batista, y miembros del Partido Comunista.

Cuando se hace una comparación entre la Constitución de 1901 (exceptuando la Enmienda Platt), y la Constitución de 1940, tenemos que la primera da forma a un Estado liberal democrático, con predominio del mercado como guía para alentar el crecimiento económico a través del reconocimiento irrestricto de los derechos individuales y de propiedad privada, y basada en el Derecho Negativo[57]; es el tipo de Constitución como la norteamericana y la de todas las de su tiempo denominadas "protectoras", sin embargo, la Constitución de 1940, se encuentra basada en el tipo de Derecho Positivo, está más orientada, no a la creación de riquezas si no a la redistribución de las mismas, siendo el Estado la organización redistribuidora; su propósito es construir un Estado que garantice toda una serie de "derechos sociales"[58], por lo que se clasifica más bien como un documento de tipo "aspiracional". La aspiración esencial en este documento es la creación de un Estado de Bienestar (Welfare State).

---

57. El Derecho Negativo es aquel que para ser satisfecho requiere una "prohibición para todos" en tanto el Derecho Positivo es aquel que para ser satisfecho requiere una "obligación para otros".

58. Derechos sociales son derechos pensados para personas que se encuentran en alguna situación de desventaja social o económica; los derechos sociales se encargan de aliviar esta situación.

Los derechos sociales son derechos positivos, es decir, el Estado ha de proveer las herramientas para que se cumplan.

Las constituciones de tipo liberal como la Constitución de Estados Unidos, o la cubana de 1901, el pueblo le está otorgando derechos al gobierno para que sean protegidos, pero con las constituciones socialdemócratas o socialistas, es el gobierno el que le está otorgando derechos al pueblo. Esto implica un cambio de paradigma total dentro del derecho constitucional.

Para analizar las constituciones tenemos que tener presente que *todo derecho implica una obligación para otros*. Cuando ese derecho no tiene costo económico es un derecho natural que no implica que otros tengan que pagar por él, por ejemplo "Todo hombre tiene derecho a educarse" esto forma parte del *derecho negativo* y no implica un costo económico para nadie. Puede decirse "nadie puede impedirme que yo me eduque" Pero si decimos que todo hombre tiene derecho a la educación, esta es un bien económico o sea tiene un costo, entonces el derecho a la educación, al implicar una obligación para otros, alguien tiene que pagar por mi educación, convirtiéndose así en un derecho social, o sea un derecho que implica necesariamente una redistribución de ingresos desde una parte de la sociedad hacia otra. Este es el fundamento legal de las constituciones socialdemócratas al establecer derechos sobre algo que tiene un costo económico.

La Constitución de 1901 se caracteriza por estar basada en el *derecho negativo* que es el tipo de derecho propio de los Estado liberales; el Bill of Rights que está formado por las diez primera Enmiendas a la Constitución de EE. UU., es ejemplo de Derecho Negativo.

El "Bill of Rights" explica lo que el gobierno *no puede hacer*, a diferencia de Constituciones como la cubana de 1940, que explican lo que el gobierno *debe hacer.*

En tanto la Constitución de 1940, al estar basada en el tipo de Derecho Positivo establece varios derechos sociales propios de los Estados socialdemócratas que da lugar a una agresión creciente a la propiedad privada y a los derechos de propiedad a partir de las leyes y decretos que de ella se van derivando, creando una tensión entre el derecho individual y el derecho social.

La Constitución de 1940 garantiza el derecho a la educación en sus artículos 48 y 49; garantiza el derecho al trabajo en el artículo 60. Estas garantías implican deberes sociales, y además en su artículo 87, se limita el derecho a la propiedad individual haciendo explícito que el Estado cubano la reconoce "… en su más amplio sentido social".

El artículo 60, unido al artículo 1, que plantea que el Estado cubano estará organizado para el disfrute de la justicia social, le imprimen un carácter socialista a toda la Constitución de 1940.

Cuando se habla de función social de la propiedad, se está introduciendo un principio jurídico que fue adoptado por primera vez en la Constitución de Weimar de 1919, el cual quiere decir que los derechos de propiedad están supeditados al principio del "bien común", o sea que los derechos de propiedad están limitados, y deben ser regulados por el Estado de manera tal que los dueños, además de derechos, tienen responsabilidades sociales.

La vaguedad e imprecisión de este concepto, hace que se acomode a cualquier forma de pensar e interpretación, incluyendo las posiciones políticas más radicales, abriendo la puerta a la intervención del Estado sin ningún control. La introducción de este principio será nefasto para el desarrollo institucional por el resto del período republicano.

Al igual que la Constitución de 1901, la del 1940 garantiza toda una serie de derechos naturales.

1. Derecho a la igualdad social, política y jurídica.
2. Derecho a la vida, la libertad y la seguridad personal.
3. Derecho a la circulación.
4. Derecho a buscar asilo.

5. Derecho a fundar una familia.
6. Libertad de pensamiento, conciencia y religión.
7. Libertad de opinión y expresión.
8. Libertad de asociación y reunión pacífica.
9 Derecho a participar en la política del país.

La Constitución de 1901 tenía 115 artículos permanentes y 14 transitorios en tanto la de 1940 tiene 286 artículos permanentes y 51 transitorios.

Un Estado formalmente democrático, pero altamente intervencionista y regulador, donde los derechos individuales y de propiedad privada se encuentran limitados y subordinados a los "deberes sociales" que el Estado representa.

En el Título I, Artículo I, se define al Estado cubano organizado para el *disfrute de la justicia social*[59].

La estructura política de la nación, de acuerdo a esta Constitución, en lo fundamental se mantienen casi iguales con la diferencia que la Constitución de 1901 establece un régimen político presidencialista, mientras que la de 1940 establece un régimen semi-parlamentario limitado, pues el primer mnistro es nombrado por el presidente, y no por el Parlamento, y se introduce un Tribunal de Cuentas con el objetivo de frenar la corrupción administrativa.

En aquellos tiempos en Cuba, muchos percibían a la corrupción administrativa, junto con el latifundio, los dos problemas más graves que impedían el desarrollo económico de la nación por lo que la creación de un Tribunal de Cuentas es vista por muchos como una institución fundamental para el progreso del país.

En el Titulo IV Derechos Fundamentales. Sección Primera: De los derechos individuales. Artículo 24:

Se plantea que se prohíben las confiscaciones, y a continuación plantea "Nadie podrá ser privado de su propiedad *si no por autoridad competente y por causa justificada...*" Entre 1940 y 1952 se efectuaron más de 100 confiscaciones de empresas... por "autoridades competentes", y por supuestas "causas justificadas".

En el Titulo VI "Del trabajo y la propiedad" Sección I "Del trabajo", prácticamente todo su articulado estaba dedicado a encarecer la labor y hacer más rígido el mercado laboral, pretendiendo una justicia redistributiva entre el capital y el trabajo.

Los artículos entre el 49 y el 52 se refieren al establecimiento de la enseñanza pública como un deber social del Estado cubano. En el artículo No 52 se establece como sueldo mensual para un maestro de enseñanza primaria, no menos de la millonésima del presupuesto nacional, lo cual fue imposible de cumplir. El artículo No 60 plantea que:

> El trabajo es un derecho inalienable del individuo, y el Estado empleará los recursos que estén a su alcance para proporcionar ocupación a todo el que carezca de ella, y asegurará a todo trabajador las condiciones económicas necesarias para una vida digna.

---

59. El término justicia social tiene como temas centrales la igualdad social, igualdad de oportunidades, Estado de Bienestar, la distribución de la renta, derechos laborales y sindicales.

La expresión "justicia social" fue acuñada por el sacerdote jesuita Luigi Taparelli, en 1843 y pasó a formar parte integral y fundamental de la "Doctrina Social de la Iglesia".

Pasó a usarse en Inglaterra por los socialistas fabianos en el siglo XIX, y fue adoptado como aspiración de todos los partidos socialistas, socialdemócratas y y demócrata cristianos en Europa y América Latina.

Este deber social con que se responsabilizaba al Estado nunca pudo ser cumplido, pues el desempleo y el subempleo en Cuba en 1957 alcanzaban más del 25% de la fuerza de trabajo, y las condiciones para una existencia digna para los trabajadores estaban muy lejos de alcanzarse, aunque el concepto de "vida digna" es algo extremadamente impreciso y relativo.

El Estado cubano, de manera equivocada, hizo esfuerzos por cumplir con este mandato incumplible de la Constitución, ya que solo a través de la libertad económica es que se puede alcanzar, como lo demuestran todos los países desarrollados del mundo.

El artículo No 61 establece la garantía de un salario mínimo, lo cual es la primera causa de desempleo. Este artículo se convierte en el más importantes obstáculo para el logro del anterior.

El artículo No 65 establece los seguros sociales y plantea de manera explícita "Los fondos o reservas de los seguros sociales no podrán ser objetos de transferencias, ni se podrá disponer de los mismos para fines distintos de los que determinaron su creación".

En la década de 1950, las Cajas de Retiros hicieron préstamos al gobierno, invirtiendo en bonos del Estado, así como en empresas privadas, como fue el caso del Hotel Havana Hilton financiado en parte por la Caja del Retiro Gastronómico de manera inconstitucional.

El artículo No 66 establece la jornada máxima de ocho horas. La jornada máxima tiende a elevar los precios de los bienes de consumo, pues cuando hay menos trabajo, a no ser que tenga lugar un incremento correspondiente de la productividad del trabajo, cosa que no sucedió, la producción de bienes y servicios disminuye, por lo que manteniendo la demanda constante, los precios suben, y los salarios reales caen, que fue realmente lo que sucedió en el país.

En el artículo No 67 se establecen vacaciones pagadas de un mes por cada once meses trabajados, y cuatro días de fiesta o duelo nacional, que también tienen que ser pagados a los trabajadores sin asistencia al trabajo.

El artículo No 68 establece que las mujeres embarazadas tendrán derecho a descanso forzoso, que deberá ser pagado por el empleador, seis semanas antes del parto, y seis semanas después.

Los artículos No 66, 67, y 68 contribuyen a encarecer los costos laborales para las empresas.

Los artículos No 69, 70, 71, y 72 están diseñados para contribuir a la creación de un Estado corporativo.

Establecen el derecho y obligatoriedad de formación de sindicatos, y colegiación obligatoria para el ejercicio de las profesiones universitarias. Se reconoce el derecho a la huelga, y se establece la obligatoriedad en el cumplimiento de los contratos colectivos.

Los artículos No 73, 77, 79, 82, y 84 contribuyen a hacer más rígido el mercado laboral. En el primero se establece la prioridad del cubano por nacimiento en el trabajo, la Ley del 50% se mantiene vigente, en el 82 se plantea que solamente pueden ejercer profesiones que requieran título oficial los cubanos por nacimiento, y los naturalizados con cinco años mínimos de naturalización antes de solicitar ejercer. El artículo No 77 prohíbe a las empresas despedir a un trabajador fuera de las causales de despido establecidas, y en el artículo No 84 se establecen las comisiones de conciliación entre el capital y el trabajo, las cuales decidirán en las disputas entre obreros y patronos. Estas comisiones invariablemente decidieron a favor de los obreros y contra los patronos.

El artículo No 79 establece que el Estado fomentará la creación de viviendas baratas para los obreros, y reglamentará las condiciones de trabajo.

En el gobierno de Grau San Martín se fomentó lo que se conoció como el Barrio Obrero. También se hicieron algunos otros repartos de casas baratas para obreros en otras partes de La Habana en un intento fracasado de eliminar barrios de pobreza abyecta como la "Cueva del Humo", "Llega y Pon", etc.

El artículo No 83 prohíbe el traslado de fábricas y talleres sin previa autorización de las autoridades gubernamentales.

El artículo 87 es otro de los que más claramente muestran la orientación socialista de la Constitución, ya que es un ataque explícito a la institución de la propiedad privada al plantear que:

> El Estado cubano reconoce la existencia y legitimidad de la propiedad privada en *su más amplio concepto social*, y sin más limitaciones que aquellas que por motivo de necesidad pública o interés social establezca la ley".

El artículo N 88 establece que el Estado es dueño del subsuelo. La propiedad minera no explotada se revierte al Estado. Se plantea que este *será explotado de manera que propenda al bienestar general.*

En todas las repúblicas latinoamericanas, se ha establecido que el subsuelo pertenece al Estado, lo cual le ha permitido una enorme fuente de ingresos y poder sobre todo en las repúblicas con grandes recursos minerales como Venezuela, México, Perú, Bolivia, Chile y Argentina.

En el artículo No 90 se plantea expresamente:

> Se proscribe el latifundio, y a los efectos de su desaparición la ley señalará el máximo de extensión de la propiedad que cada persona o entidad puede poseer para cada tipo de explotación a que la tierra se dedique. La ley limitará respectivamente la adquisición y posesión de la tierra por personas y compañías extranjeras, y adoptará medidas que tiendan a revertir la tierra al cubano.

El latifundio nunca se terminó en la República, pues constituía la base de la agricultura cañera ineficiente, y la única manera de que con una industria tan regulada como la industria azucarera pudieran mantenerse costos que aseguraran una ganancia a los hacendados y colonos aunque esta fuera limitada, ya que de lo contrario muchos centrales irían a la quiebra. Con la ganadería pasaba lo mismo, pues los precios máximos y otras regulaciones establecidos para la carne de res hacían de la ganadería una actividad que solo en grandes extensiones de tierras, y con poca inversión de capital fuera rentable.

Siempre se decía que en Cuba había suficientes tierras como para que no hiciera falta una reforma agraria, pero la reforma agraria que plantea la Constitución, es a partir del establecimiento de una legislación confiscatoria y redistribucioncita en vez de eliminar regulaciones, y dejar que el mercado espontáneamente llevara adelante una verdadera y eficiente reforma agraria sin confiscación ni redistribución forzosa.

La Constitución no plantea el establecimiento de un impuesto sobre las tierras baldías que hubiera aumentado el costo de oportunidad de mantener tierras ociosas o semiociosas, y esto hubiera contribuido decisivamente a la disolución de los latifundios sin necesidad de proceder a medidas directamente confiscatorias.

El artículo No 271 plantea lo siguiente:

> *El Estado orientará la economía nacional en beneficio del pueblo*, para asegurar a cada individuo una existencia decorosa. Será función primordial de Estado fomentar la agricultura e industrias nacionales procurando su diversificación como fuentes de riqueza pública y beneficio colectivo".

El artículo se explica por sí solo, declarando de manera clara y explícita la función de un Estado de tipo socialista interviniendo en la economía nacional.

Artículo No 275:

> La ley regulará la siembra y molienda da caña por administración, reduciendo al límite mínimo impuesto por la necesidad económico-social de mantener la industria azucarera sobre la base de la división de los dos grandes factores que concurren a su desarrollo: industriales o productores de azúcar y agricultores o colonos productores de caña".

Un artículo de la Constitución de la República dedicado solamente a la relación entre hacendados y colonos como si Cuba fuera una plantación de caña.

El artículo No 280 establece la creación de un cártel bancario: el Banco Nacional de Cuba.

> La moneda y la Banca estarán sometidos a regulación y fiscalización del Estado. El Estado organizará por medio de entidades autónomas un sistema bancario para el mejor desarrollo de la economía, y fundará el Banco Nacional de Cuba, que lo será de emisión y redescuento.

Un banco central siempre fue la aspiración de la clase política nacional ya que le permitiría ampliar el tamaño y alcance del gobierno. El banco central es la herramienta de planificación económica más importante con que cuenta el Estado en todos los países del mundo.

Además, las Transitorias, al extender la moratoria hipotecaria y mantener la ley de alquileres de 1939, distorsionan y destruyen parcialmente los mercados de crédito inmobiliario y la Ley de Coordinación Azucarera igualmente impide la reestructuración de la industria azucarera por el mercado, manteniendo una parte vital de la economía nacional funcionando de manera ineficiente para favorecer a un pequeño número de hacendados y colonos a expensas del pueblo de Cuba.

También hay que señalar que discriminan explícitamente contra los extranjeros los artículos 73, 82, y 90, lo que le imprimía un fuerte carácter de exclusión nacionalista a la Constitución.

Las instituciones que quedaban establecidas en Cuba a partir de 1940 elevaban lo que hoy en día se conoce como "riesgo país" que es el riesgo que corre cualquier inversión en un país, ya sea nacional o extranjera, debido a un grupo de condiciones políticas, económicas, y sociales, evaluando la posibilidad de sufrir pérdidas irrecuperables.

La institucionalidad de la Constitución de 1940

La Constitución de 1940 aspiraba a crear un Estado con libertades económicas limitadas en función de una supuesta justicia social, y así se fue construyendo un gobierno que para nada creaba un Estado de derecho en Cuba, pues para cualquier efecto no había límites al poder. Entre 1940 y 1958 prácticamente no existió una real separación de poderes, y el gobierno se ejerció abrumadoramente a través de decretos y decretos-leyes.

Lo que se creaba era un Estado de legalidad que finalmente no era más que un reflejo del poder, debido a que la Constitución no era desde el pueblo hacia el gobierno, como es el caso de la Constitución norteamericana, si no al revés, desde el gobierno hacia el pueblo; se le daban poderes al gobierno sin limitación, para que ejecutara una supuesta voluntad popular proveyendo servicios sociales.

La Constitución de 1940 promueve la creación de instituciones extractivas y por consiguiente crea el soporte legal para el desarrollo de políticas extractivas empobrecedoras.

Al principio de este ensayo analizamos el papel de las instituciones en la vida social, como son las reglas que gobiernan y moldean la vida política y económica de los países.

Las instituciones pueden ser inclusivas, que son las que crean los incentivos y oportunidades necesarias para promover la creatividad y el espíritu empresarial en las sociedades. Este tipo de instituciones hacen respetar el derecho de propiedad, brindan previsibilidad y reglas claras, y no permiten que se viole el Estado de derecho. Ese tipo de instituciones inclusivas promueven políticas inclusivas.

El modelo de institucionalidad inclusiva son las instituciones liberales.

Ciertamente, el Estado cubano de la Constitución de 1901 nunca fue un Estado liberal, si no que predominó una oligarquía con un débil Estado de derecho donde el trabajador no tenía ninguna protección y muy pocas garantías, y esto de alguna manera trató la Constitución de 1940 de remediar. Nosotros consideramos que en un país donde las fuerzas del mercado funcionan de manera limitada como es el caso de una economía predominantemente de plantación, y con una fuerte presencia de capital extranjero, es necesario que el Estado intervenga proveyendo algunos servicios sociales y alguna protección para el trabajador, lo cual puede redundar en un funcionamiento económico más eficiente, pero el modelo redistribucioncita de la Constitución de 1940 demostró ser empobrecedor ya que lejos de promover la creación de riquezas la estorbaba.

En el Título II, Artículo 9, sección (b) se establece que… "Todo cubanos está obligado a: "Contribuir a los gastos públicos en la forma y cuantía que la ley disponga".

Esta disposición establece la confiscación legal de parte del ingreso de la clase productiva por la clase política de manera discrecional, sancionando la redistribución de la riquezas dentro de la sociedad de acuerdo a cómo le convenga a la clase política.

Las instituciones extractivas son aquellas que están diseñadas para extraer riquezas desde un sector de la sociedad para beneficiar a otro grupo de la sociedad, o sea, desde la clase productiva hacia la clase política, o grupos que forman parte de la clase política al recibir, por medio de la captura de rentas, una mayor cantidad de riquezas que las que producen.

Las instituciones extractivas no respetan los derecho de propiedad privada, o lo hacen de manera limitada, ni incentivan la actividad empresarial si no todo lo contrario, al igual que no mantienen un Estado de derecho, o este es limitado a una oligarquía. Las instituciones extractivas promueven consiguientemente políticas extractivas.

El capitalismo oligárquico es una modalidad de institucionalidad extractiva, al igual que el redistribucionismo igualitarista de las socialdemocracias.

En los países subdesarrollados predominan las instituciones extractivas sobre las instituciones inclusivas, a diferencia de los países desarrollados, y en esto radica- según muchos autores- la causa última de su pobreza, ya que desincentivan la creatividad, el emprendimiento, el ahorro y la inversión, estancando el crecimiento de la productividad del trabajo, y por tanto del estándar de vida general de la sociedad.

Las institucionalidad que se creará a partir de la Constitución de 1940 será de tipo extractivo promoviendo políticas redistribucionistas, ya no basadas en el beneficio de una oligarquía capitalista como fue durante la República de 1902 a 1933, si no de nuevos grupos que forman la clase política, la cual es más amplia e improductiva, lo que implicará una carga mucho mayor para la sociedad cubana.

Seguridad Social dentro de la Constitución de 1940

Dentro del cuerpo constitucional existe un articulado de vocación asistencialista, que establece un fundamento para la creación de todo un código de seguridad social para la República de Cuba.

En el Artículo 10 sección (c) se plantea: "El ciudadano tiene derecho a recibir beneficios de la asistencia social y de la cooperación pública acreditando previamente su condición de pobre".

En el Artículo 49: "El Estado mantendrá un sistema de escuelas para adultos dedicados a la eliminación y prevención del analfabetismo".

En el Artículo 60: "El trabajo es un derecho inalienable del individuo. El Estado empleará los recursos que estén a su alcance para proporcionar ocupación a todo el que carezca de ella, y asegurará a cada trabajador las condiciones económicas necesarias para una existencia digna".

En el Artículo 65: "Se establecen los seguros sociales como derecho irrenunciable e imprescriptible de los trabajadores con el concurso equitativo del Estado, los patronos, y los propios trabajadores".

En el Artículo 68: "La ley regulará la protección de la maternidad obrera extendiéndola a las empleadas".

En el Artículo 79: "El Estado fomentará la creación de viviendas baratas para obreros".

Hemos planteado que la Constitución de 1940 estaba basada en lo que se conoce como Derecho Positivo, que es aquel que para ser satisfecho requiere una obligación para otros al establecer derechos sobre bienes económicos, o sea bienes que poseen un valor económico, y por consiguiente un precio, por lo tanto el Estado tiene que enajenar al productor de dichos bienes para dárselo a otro que no lo ha producido, y esto lo hace por medio de la coerción, la cual es el monopolio del Estado. (Artículo 9 sección b).

Como es de comprender, esto conduce a un proceso gradual de empobrecimiento de la sociedad.

El objetivo del Derecho Positivo que caracteriza a todos los regímenes socialdemócratas es el logro de un igualitarismo social, que es finalmente el objetivo de una Constitución como la de 1940.

La Constitución de 1940 institucionaliza a Cuba como un país de libertad económica restringida, lo que como consecuencia creará una mentalidad proclive a la redistribución y al estatismo entre el pueblo de Cuba, y a una clase política reguladora en beneficio de sus intereses, dando finalmente lugar a un enorme aumento en los costos de transacción y a la ineficiencia económica generalizada. Se trataría de construir un Estado socialdemócrata sobre una economía de plantación.

Construyendo la socialdemocracia cubana: Los gobiernos constitucionales 1940-1952

La meta de la socialdemocracia cubana a partir de 1940 será construir un Estado de Bienestar, más que lograr el crecimiento económico, o sea no trataría de transformar la economía tradicional, si no redistribuir riquezas e ingresos a partir de ella.

El gobierno constitucional de Fulgencio Batista 1940-1944

En las elecciones del año 1940 resultó electo presidente de la República Fulgencio Batista Zaldívar, el cual venía gobernando de facto el país desde el golpe de Estado del 4 de septiembre de 1933. Batista inauguraba su presidencia junto con la Constitución de 1940.

Su gobierno transcurrió en medio de circunstancias internacionales inusuales, como era el desenvolvimiento de la Segunda Guerra Mundial, en la cual se vio envuelto el país principalmente desde la entrada de Estados Unidos en el conflicto luego del ataque japonés a Pearl Harbor en diciembre de 1941.

En 1939 había comenzado la guerra en Europa, y con ella se iniciaba una nueva fase de auge del ciclo económico internacional. El precio del azúcar ascendía de nuevo, la cuota azucarera quedaba suspendida, y EE. UU. compraría las zafras completas de 1941, la cual fue inferior a la de 1940, y compraron la de 1942 la cual tuvo un valor de más del doble de la de 1941, pero la de 1943 solo comprarían 2.5 millones de toneladas largas; la zafra de ese año fue un 15% inferior a la del año anterior, y su valor fue un 35% menor. Los precios en el mercado libre eran muchísimo mayores, pero Cuba hacía un sacrificio como contribución a los Aliados en la guerra, que algunos consideraban exagerado.

La zafra de 1944 se compró completa y alcanzó los 4.2 millones de toneladas, cifra que no se alcanzaba desde 1930, en tanto el valor de la zafra fue un 87% mayor que la del año anterior acercándose al valor de la zafra de 1924.

Los precios pagados como promedio entre 1941 y 1944 fueron apenas 2.28 centavos la libra, que a pesar de ser muy bajos, fueron un 68% mayores que los precios de 1940, y el volumen promedio fue de 3.2 millones de toneladas largas, un 15% mayor que la de 1940.

La industria azucarera aún se encontraba muy lejos de trabajar a toda capacidad.

Este crecimiento de la producción de azúcar, a diferencia del que tuvo lugar durante la Primera Guerra Mundial, se logró sin inversiones significativas debido a la enorme capacidad ociosa de algo más de un 55%, que tenía la industria azucarera cubana desde comienzos de la década de 1930.

El comercio total con Estados Unidos en estos cuatro años fue de 1, 476.3 millones de dólares, que representaron el 80% de todo el comercio internacional de Cuba.

El promedio anual de las exportaciones hacia Estados Unidos fue un 121% mayor que el de 1940, y las importaciones promedio fueron un 69% mayores que las de 1940.

El superávit de la balanza comercial con Estados Unidos, como promedio entre 1941 y 1944 fue un 298% superior al de 1940 y en total fue equivalente a 380.7 millones de dólares.

Cuba acumuló una balanza comercial favorable de 511.9 millones de dólares, y una balanza de pagos favorable que acumuló un superávit de 226 millones de dólares.

Las divisas internacionales en Cuba aumentaron en 291.7 millones de dólares; 156.7 millones de dólares en manos del gobierno y 135 millones en manos del público en circulación y depósitos bancarios.

El gobierno por su parte emitió 213 millones de pesos cubanos, lo que provocó una inflación acumulada de un 69.3% con relación a 1940, y que el peso perdiera un 42% de su valor, provocando un rápida subida del nivel general de precios de aproximadamente un 80% que se achacaba a las es caseces provocadas por la guerra, pero lo cierto fue que entre 1940 y 1944 se acumuló un excedente de dinero en el sistema económico de 185 millones de pesos, por lo que el gobierno fue directamente responsable de la inflación con su expansión de la oferta monetaria.

La expansión monetaria permitió al gobierno ganar señoreaje 98.6 millones de pesos.

La guerra trajo la escasez de algunos artículos que se importaban tales como maquinarias, piezas de repuesto, la falta de hierro y acero afectó grandemente la construcción, el turismo se paralizó, también se vieron afectadas las exportaciones de tabaco, y de frutas y vegetales, así como también en determinados momentos se produjo una escasez de combustibles.

La guerra trajo un cambio significativo en la estructura del ingreso nacional del país.

Expresado en % del ingreso Nacional.

Concepto	**1940**	**1944**	**Diferencia**
Azúcar	18.0	25.2	+7.2
Agricult no azucarera	30.9	14.7	-16.2
Manufactura y minería	23.0	14.3	-8.7
Construcción	4.3	2.2	-2.1
Servicios	23.8	43.6	+19.8

Como se ve en la tabla anterior, hay un retroceso sensible en todos los sectores de la economía excepto en el azúcar y los servicios que alcanzan una participación exagerada.

Haciendo el análisis desde el punto de vista absoluto, entre 1940 y 1944, a precios corriente, el Ingreso Nacional creció un 121.2%. el valor de la producción azucarera creció un 209.5%; la agricultura no-azucarera un 5.7%; la manufactura y minería un 37.8%; la construcción un 13.4%, y los servicios un 503.8%.

Como se puede observar, tuvo lugar una transferencia de recursos hacia la producción de azúcar, y los servicios desde los otros sectores de la economía.

El proceso de industrialización de los años 30 se detiene, a diferencia de otras repúblicas latinoamericanas con una base industrial mayor, donde la guerra fue un estímulo para que se ampliara la industria nacional, en Cuba tenía lugar lo contrario, un proceso de desindustrialización relativa.

La producción agrícola no-azucarera muestra una importante contracción, en primer lugar debido a la expansión de la economía azucarera, y en segundo lugar se verá afectada la producción agrícola para consumo interno debido al establecimiento de algunos controles de precios. La principal afectación la sufrirá la ganadería.

Una vez más, la participación del azúcar dentro del Ingreso Nacional vuelve a crecer, así como las actividades de servicios, sobre todo con la expansión de la burocracia del gobierno. El modelo económico plantacionista de nuevo se volvía predominante en Cuba.

En el Censo del año 1943 el desempleo alcanza la cifra de un 23.2% de la fuerza de trabajo, y la tasa de participación laboral que mide la cantidad de la fuerza de trabajo en comparación con la población total de país llegó a su punto más bajo en la historia republicana con un 31.8%.

Con una tasa de participación laboral como la de 1931, el desempleo hubiera alcanzado el 30%. Esto explica el hecho del incremento desproporcionado del sector servicios dentro del Ingreso Nacional.

El ingreso promedio estimado por trabajador en 1944 fue de 802.74 pesos (66.70 pesos mensuales), pero a valores constantes de 1940, el ingreso fue equivalente a 428.67 pesos (35.72 pesos mensuales) lo que significa que el ingreso real se contrajo un 12.6%.

Entre 1940 y 1944, el promedio de ingresos real por familia, disminuyó un 0.9%.

Tomando en consideración que entre 1940 y 1944 el nivel general de precios había aumentado un 87%, el ingreso promedio nominal había aumentado solamente un 63.6%, y la productividad a valores constantes de 1940 había aumentado un 7.7%, tuvo lugar una redistribución del ingresos a favor del capital, y una disminución de los ingresos reales de los trabajadores.

La participación del capital en el Ingreso Nacional pasó de ser un 17.2% en 1940, a ser un 21.6%, en tanto la participación del trabajo de ser un 82.8% en 1940, a ser un 78.4% en 1944.

La situación, a pesar de toda la redistribución a favor del trabajo a que aspiraba la Constitución vigente, había favorecido ampliamente al capital, y especialmente a los productores y exportadores de azúcar, que debido a que el dólar valía más que el peso cubano, y la paridad establecida era de uno a uno, como la zafra se vendía en dólares, estos ganaban un diferencial que entre 1940 y 1944 alcanzó la cifra de unos 250 millones de pesos.

La causa de esta redistribución a favor del capital se encuentra en la devaluación monetaria que tuvo lugar a partir de las sucesivas emisiones de dinero que hacía el gobierno cubano.

La clase política y los productores de azúcar se beneficiaron de la redistribución que produjo la inflación monetaria en aproximadamente unos 348 millones de pesos.

La situación internacional va a favorecer el crecimiento del Estado regulador como respuesta a la formación en EE. UU., de un esquema de "economía de guerra" que busca controlar desde la producción hasta el consumo de bienes y servicios.[60].

En cumplimiento de acuerdos efectuados con EE. UU., en Cuba se crearon entre 1941 y 1944 varios organismos relacionados con los controles de guerra; "Agencia de Importación y Exportación (AIE); "Comisión de Fomento Nacional" (CFN); "Oficina de Regulación de Precios y Abastecimientos"(ORPA); Comisión Marítima Cubana (CMC); "Oficina de Intervención de la Propiedad Enemiga" (OIPE); Junta de Economía de Guerra" (JEG), y la "Junta Nacional de Agricultura" (JNA).

Todos estos organismos respondían al Ejecutivo, con lo que el Poder Legislativo quedaría, durante el gobierno de Batista reducido a un mero papel de comparsa.

Esta proliferación de organismos estatales interfiriendo en la economía tendría como resultado el aumento de la burocracia, el incentivar aún más la corrupción, además de que tendían a reforzar la paralización económica del país.

En el Censo de 1943 se cuantifican 60, 900 empleados en el sector público que representaba el 5.5% del empleo total, y un aumento de unos 2, 200 con respecto a 1939.

Además de una política monetaria activa, el gobierno de Batista también trato de incrementar los impuestos con una reforma fiscal que hacía énfasis en el cobro de los impuestos directos.

En 1941 por Decreto-Ley No 1 se creó el impuesto sobre la renta, modificado después por Decreto-Ley No 15 de febrero de 1942, y finalmente la Ley No 7 de abril de 1943. En diciembre de 1943 fue dictado el Decreto 3603 que establecía el reglamento para el cobro del impuesto directo. El gobierno de Batista tenía como objetivo gravar todos los ingresos cambiando la estructura impositiva del país.

El Estado cubano de esta forma se desviaba del impuesto indirecto, y trataba de pasar al impuesto directo como la principal fuente de ingresos del Estado, basado en el principio de que cada individuo debe contribuir de acuerdo a sus ingresos y utilidades.

En la Ley No 7 de abril de 1943 se incluía un impuesto sobre "exceso de utilidades" consistente en un 5% anual sobre utilidades que excedieran el 10% del capital declarado. El Estado estaba decretando un tope de utilidades (el 10%) más allá de las cuales se consideraban "excesivas", y por tanto sujetas a gravamen. También en dicha ley se establecía un impuesto de tres pesos anuales por cada mil pesos y fracción del capital estimado del valor real de las empresas.

Durante su gobierno, Batista continuó con su impulso corporativista a través de la cartelización de las principales actividades económicas. Por Decreto No 789 de marzo de 1942 se creó la Unión de Fabricantes de Tabacos, y en 1943 se incorporaba al Ministerio de Agricultura, como una división del mismo, y el Instituto de Estabilización del Café, que era un cártel creado en 1934.

De esta forma el gobierno fijaba precios y cuotas de producción así como de exportación e importación sobre los principales productos de la agricultura y la industria del país.

A pesar del incremento en las ganancias empresariales, el dinero se acumulaba inactivo en los bancos. Entre 1940 y 1944 los depósitos en los bancos aumentaron en 242.3 millones de pesos, y el coeficiente real de reservas, que en 1940 era de un 47.8%, en 1944 alcanzaba el 72.6%, cuando el coeficiente legal de reservas era de un 25%. El multiplicador del crédito llegó a su punto más bajo en la

60. En EE. UU. se crea una serie de organismos orientados a crear un modelo económico en función de la guerra mundial, muchos de los cuales provienen de la experiencia de la Primera Guerra Mundial. Entre ellos, de los más importantes serían; " Junta de Recursos de Guerra y Abastecimientos"; "Oficina de Administración de Precios"; "Consejo de Defensa Nacional".

historia de la República con 1.17 cuando de acuerdo a los establecido, con un coeficiente de reservas de un 25%, el multiplicador debía ser 4; se había contraído desde 1940 en un 24.5%.

Los bancos no prestaban dinero debido al enorme nivel de riesgo estimado de la economía cubana; un 72.6%, por tanto, el crédito casi había desaparecido, y los intereses cobrados por algunos comerciantes eran exorbitantes, y a plazos muy cortos. El fantasma de la depresión de 1920-1921 pesaba sobre la economía cubana 25 años después, porque su estructura económica no había cambiado.

La demanda de dinero aumentó un 44.2% en tanto el sistema económico había acumulado unos 185 millones de pesos inflacionarios. Este aumento de la demanda de dinero amortiguó en algo el impacto inflacionario sobre los precios del incremento de la oferta monetaria quedando como una demanda diferida.

¿Cómo evolucionó el Estado cubano desde el punto de vista cuantitativo durante el primer gobierno de Batista?

La guerra trajo una disminución de las importaciones con la consiguiente disminución de los ingresos del Estado por concepto de aduanas; entre 1940 y 1944, los ingresos aduaneros disminuyeron un 20%, lo que se trató de contrarrestar con un aumento de los impuestos a través de la "Ley de Emergencia Fiscal" de 1941, y la "Ley de Ampliación Tributaria" de 1943.

A pesar de estas leyes destinadas a incrementar los impuestos, la presión fiscal (Ingresos /Ingreso Nacional) disminuyó de ser un 14.3% en 1940 a ser un 12.2% en 1944, y el desempeño fiscal (Gastos / Ingreso Nacional) en 1940 fue un 14.5%, y en 1944 fue un 11%, en tanto los gastos en relación con los ingresos, en 1.5% en 1944 con respecto a 1940.

Entre 1940 y 1944 el gobierno tuvo ingresos presupuestados por valor de 538.3 millones de pesos, y los gastos presupuestados fueron 504.1 millones de pesos para un superávit en el presupuesto de 34.2 millones de pesos.

Pero el gobierno de Batista contrató un empréstito de 17.7 millones de dólares en 1941 con el Export-Import Bank, y obtuvo ingresos por señoreaje por 98 millones de pesos, por lo que contó con recursos que suman la cantidad de 655 millones de pesos, equivalentes al 18.6% del Ingreso Nacional.

En 1943, la deuda pública sumaba 113.2 millones de pesos, equivalente al 12.1% del Ingreso Nacional de ese año.

El gobierno, con la guerra perdió capacidad recaudatoria, así como la posibilidad de concertar empréstitos, por lo que vimos que trató de incrementar, aunque sin mucho éxito, la imposición directa para independizarse lo más posible de los vaivenes del comercio exterior, pero Batista contó con la posibilidad de obtener cantidades significativas de dinero por concepto de señoreaje, y así poder financiar la política clientelar sin incurrir en déficits presupuestarios.

En aquellos años, el Subsecretario del Tesoro de Estados Unidos Harry Dexter White (1892-1948) consultó la posibilidad de crear un banco central en Cuba como lo establecía la Constitución, pero el embajador norteamericano Spruile Braden se opuso por temor a que no fuera "manejado honestamente", posponiéndose una vez más su creación.

Junto al aumento del tamaño cuantitativo del gobierno, se encuentra su expansión cualitativa que se manifiesta a través del incremento de su capacidad regulatoria.

Durante el primer gobierno de Batista se incrementó la cartelización de la economía ampliando el sistema de cuotas a la producción al tabaco y al café, y el sistema regulatorio creció como en ninguna otra etapa republicana. Entre 1935 y 1944 fueron dictadas 325 nuevas regulaciones fijando precios, tarifas de ferrocarril, cuotas de exportación, cuotas de consumo interno, etc., además de 881 nuevas leyes y regulaciones en referencia a la labor que fueron puestas en vigor, y se llevaron a cabo cinco intervenciones de empresas privadas por parte del gobierno a través de decretos-leyes. Esta ampliación del poder regulatorio del gobierno dio lugar a una redistribución de los ingresos, pero el otro mecanismo que utilizó el gobierno de Batista para redistribuir ingresos, especialmente hacia la clase política y la élite exportadora, como ya analizamos, fue la inflación.

El efecto social de la inflación siempre es una redistribución de la riqueza a favor de los que se encuentran más cerca de la entrada del nuevo dinero (Efecto Cantillon)[61], esto es, a favor de los políticos y la casta militar que acompañaba a Batista desde el 4 de septiembre de 1933, los burócratas del Estado, los empresarios con conexiones políticas, y los receptores de rentas del Estado (clientela).

El economista británico John Maynard Keynes, quien fuera un gran defensor de las políticas inflacionistas decía que "mediante un proceso continuo de inflación, el gobierno puede confiscar secretamente y sin testigos, una parte importante de la riqueza de los ciudadanos".

Además, la inflación rebaja los salarios reales de los trabajadores sin que estos se den cuenta, mientras restaura los beneficios de algunos empresarios, por se le llama el "impuesto a los pobres".

En estos años se hicieron grandes fortunas no solo como resultado de la revitalización de la economía de exportación, si no también a partir de las grandes oportunidades que brindaba el cada vez más extenso control del Estado sobre la economía.

No obstante la gran bonanza de que disfrutó el Estado cubano, fue poco lo que se avanzó en el establecimiento de leyes complementarias que demandaba la Constitución de 1940, no se llevó adelante una completa reforma fiscal, no fue establecido el Banco Nacional, ni se hicieron avances en la reducción del latifundio, ni en la creación de una economía diversificada, lo más que se hizo en este sentido fue una "Ley de Cultivos Obligatorios", y el Decreto de Arrendamiento de Tierras. Esta legislación buscaba establecer una economía de subsistencia, y trataba de obligar a los propietarios a arrendar terrenos para una mayor y más diversificada utilización de la tierra, pero básicamente esto no alteró la estructura latitudinaria y minifundiaria de la tenencia de la tierra en Cuba, que era uno de los problemas económicos más graves que enfrentaba la nación, pero sus efectos fueron mínimos.

El Poder Legislativo y el Poder Judicial prácticamente no tuvieron ninguna relevancia durante el gobierno de Fulgencio Batista el cual gobernó casi con poderes dictatoriales.

Lo que realmente caracterizó al gobierno de Batista, fue la ampliación de su alcance regulatorio, la utilización de políticas monetarias encaminadas a favorecer a un pequeño grupo de la sociedad a expensas del resto, y contó con suficientes recursos para mantener y ampliar el Estado corporativo que había empezado a crear desde 1937, y también la posibilidad de emitir dinero respaldado por balanzas de pago positivas lo llevó a la creación de 185 millones de pesos inflacionarios con que se financió la política de clientelismo y de corrupción.

La sociedad cubana en 1943

La falta de inversiones y la desindustrialización relativa, así como la casi paralización de la construcción, unido al aumento de los costos laborales debido a las nuevas regulaciones que se iban estableciendo, especialmente la reducción del año laboral, eran causantes del desempleo crónico que el mercado laboral no podía absorber.

---

61. Richard Cantillon. 1680-1734. Economista irlandés. Fue el descubridor de lo que se conoce como Efecto Cantillon que plantea que todo cambio en la oferta monetaria distorsiona la estructura de la producción y produce un efecto redistribuidor de riquezas, pues los que se encuentran más cerca del nuevo dinero creado, como es la clase política se beneficia, mientras los que están más alejados del nuevo dinero, o sea los que lo reciben último o nunca lo reciben o sea las clase pobres de la sociedad, terminan pagando el precio más alto por los bienes y servicios.

Entre 1940 y 1943 se incorporan a la fuerza de trabajo 54 mil jóvenes, pero la creación de empleo neta estimada fue de 26.6 miles de nuevos empleos lo cual representó un déficit absoluto de 28 mil empleos. En el año 1943, el desempleo permanente se estima en 415 mil personas.

Entre 1933 y 1943 se produce el inicio de una segunda revolución social dentro de la República, ya que la primera sociedad republicana, que se formó entre 1900 y 1925, prácticamente había sido barrida por la crisis azucarera y la Gran Depresión.

El economista Alberto Arredondo en su libro *La clase media en Cuba: factor de progreso económico*, esboza para 1943 una estructura social a partir de los ingresos familiares.

De acuerdo al Censo de ese año, en Cuba había 922, 587 familias, y Arredondo identifica como la línea de pobreza extrema un ingreso familiar por debajo de 62.50 pesos mensuales, ubicando en esa categoría a 344, 863 familias; un 37.4% de la población.

La clase trabajadora tenía ingresos entre 62.50 pesos mensuales hasta 210 pesos mensuales que abarcaba a unas 514, 404 familias; el 55.8% de la población.

Una clase media con ingresos familiares entre 210 y 420 pesos mensuales compuesta por 43, 638 familias o sea el 4.73% de la población, y una clase alta con ingreso familiares entre 420 pesos mensuales en adelante compuesta por unas 19, 648 familias que constituían el 2.13% de la población.

Dentro de la clase trabajadora, se encuentra una amplia franja con ingresos entre 62.50 pesos mensuales y 100 pesos mensuales formada por una 390 mil familias, o sea más del 42% de la población, y el 76% de la clase trabajadora, que se encuentran en riesgo de pobreza, o sea que podrían caer en los rangos de estema pobreza ante cualquier situación económica adversa como una recesión.

Según el estudio de Segundo Ceballos Pareja del Censo de 1943, publicado bajo el título de *Proyección y panorama de la economía cubana*, el 3.7% de la fuerza de trabajo estaba formada por profesionales; los agricultores y obreros agrícolas eran el 40.9%; los empleados de servicios eran el 16.8%; los obreros industriales y de la construcción constituían el 30% de la fuerza de trabajo, y el 8.6% eran propietarios de su negocio. El desempleo alcanzaba los 415 mil personas equivalente al 27.3% de la fuerza de trabajo.

La participación laboral era de solamente el 31.8% de la población formando parte de la fuerza de trabajo; la más baja de la historia republicana, lo que indica la falta de oportunidades de empleo. La población en edad laboral no incorporada al trabajo formal alcanzaba la cifra de 2 millones 140 mil personas, por lo que se puede suponer que existía un enorme grado de informalidad laboral.

Podemos concluir que la sociedad cubana se encuentra en 1943 en proceso de estructuración, por lo que hay un grado muy elevado de pobreza, y una clase trabajadora muy débil y expuesta, con una clase media muy reducida.

El per cápita de Cuba en 1943 era un 12.8% del per cápita norteamericano, lo que indica el bajísimo poder adquisitivo del pueblo cubano en aquellos años.

El populismo socialdemócrata del autenticismo: 1944-1952

Las elecciones de 1944 fueron ganadas por la coalición política encabezada por el PRC (Auténtico) y su líder Ramón Grau San Martín -recordado por el pueblo de Cuba como el líder revolucionario del 4 de septiembre de 1933 y del gobierno de los Cien Días, derrotando al candidato oficialista que era el Dr. Carlos Saladrigas. Terminaba el largo mandato de 11 años de Fulgencio Batista, en medio de grandes expectativas y esperanzas de que se creara un gobierno que llevara adelante el compromiso establecido en la Constitución de 1940.

Contexto internacional de la posguerra: el nuevo orden mundial

Desde antes de que concluyera la Segunda Guerra Mundial, los países Aliados, con Estados Unidos a la cabeza, comenzaron a diseñar el nuevo orden económico mundial, cuyo objetivo - según planteaban sus creadores- era eliminar las causas que dieron lugar a la guerra, y una de ellas era terminar con los proteccionismos nacionalistas que limitaban la posibilidad del libre comercio entre las naciones, y entrar así en un nuevo periodo de globalización, ya no encabezado por Gran Bretaña como había sido entre 1850 y 1914, si no que ahora sería encabezado por Estados Unidos, y para ello se irían creando organismos multinacionales que estarían encargados de llevar adelante el nuevo sistema económico global. El primer paso se inició con la Conferencia de Bretton Woods.

Entre el 1 y el 22 de julio de 1944 se reunieron en Bretton Woods, Estado de New Hampshire, 44 naciones aliadas entre las que se encontraba Cuba.

Los acuerdos firmados por los participantes consistían en la creación de un sistema de reglas, instituciones, y procedimientos que regularían el sistema monetario internacional. A partir de esos acuerdos surgió el Fondo Monetario Internacional (FMI), y el Banco Internacional de Reconstrucción y Desarrollo (BIRD), el cual después quedó como parte del Banco Mundial.

Estados Unidos, que controlaba dos tercios de las reservas mundiales de oro, y era el principal acreedor del mundo, impusieron un sistema monetario que descansaría sobre el oro y el dólar norteamericano, era un sistema de patrón cambio-oro, donde las monedas del mundo se cotizarían a una tasa fija con respecto al dólar norteamericano, y este se cotizaba a 35 dólares la onza de oro, o sea el dólar era el intermediario entre las monedas del mundo y el oro.

Este sistema constituía un lugar intermedio entre la rigidez del patrón oro, y la inseguridad de las monedas inconvertibles del período de entreguerras. El sistema de Bretton Woods le otorgaba a Estados Unidos el enorme poder de imprimir dólares como si estuviera creando oro a casi ningún costo, por lo que el presidente francés Charles De Gaulle lo calificó como "... un privilegio exorbitante".

A diferencia del patrón oro, los gobiernos podían cambiar la paridad de sus monedas con respecto al dólar norteamericano, y casi todos los países desarrollados fueron devaluando sus monedas desde la paridad inicial hasta 1949, posteriormente fueron devaluando y revaluando, pero las tasas de cambio fueron suficientemente estables, facilitando el comercio internacional y la inversión, ya que el sistema permitía a los gobiernos llevar una política monetaria que se adecuara a sus necesidades.

Si un país presentaba déficits sostenidos en la cuenta corriente de su balanza de pagos, estos podían solicitar préstamos al FMI de acuerdo al tamaño de su contribución (Cuba tenía inicialmente 50 millones de dólares en el FMI) El préstamo debía ser devuelto en un plazo entre 18 meses y 5 años, y el FMI podía ejercer alguna supervisión sobre los países a los que se les prestaba.

Uno de los objetivos centrales del sistema de Bretton Woods era la liberalización del comercio, ya que se consideraba que la destrucción de la integración económica internacional que tuvo lugar en las décadas de 1920 y 1930 condujo a la Segunda Guerra Mundial, además de convertir al dólar en una poderosa herramienta para la expansión norteamericana.

Para el logro de este primordial objetivo surgió del sistema de Bretton Woods, el Acuerdo General de Aranceles y Comercio conocido como GATT.

Este acuerdo fue firmado por 23 países, -Cuba entre ellos- reunidos en Ginebra en octubre de 1947 (en 1995 se convirtió en la Organización Mundial de Comercio WTO).

El GATT fue un fórum donde las naciones se reunían y discutían con el objetivo de facilitar el comercio internacional y reducir las barreras comerciales.

En 1948 los miembros del GATT se reunieron en La Habana, y de esta reunión surgió la Carta de La Habana, la cual al no ser ratificada por Estados Unidos y Gran Bretaña, nunca entró en vigor debido a que la Carta de la Habana contenía cláusulas que buscaban la liberalización del comercio para los productos primarios y las materias primas, que eran las principales exportaciones de los países subdesarrollados, de la misma forma que se liberalizaba el comercio de los productos industriales, pero los países desarrollados, algunos de los cuales aún poseían vastos imperios coloniales no tenían interés en eliminar sus esquemas preferenciales de comercio con las naciones coloniales y subdesarrolladas, y por esta razón, las materias primas y los productos primarios, se mantuvieron fuera de la mayoría de las negociaciones que se efectuaban en estos organismos supranacionales.

Delegaciones cubanas asistieron a las rondas del GATT que tuvieron lugar en 1949 en Annecy, en 1951 en Torquay, y en 1956 en Ginebra.

El comercio internacional se expandió a gran velocidad, pero los intentos de liberalizar el comercio de productos agrícolas resultaron una fuente de conflictos, y es por ello que no se ratificó la Carta de La Habana, ya que en todos los países desarrollados existían programas de apoyo a la agricultura tanto nacional como de las colonias, y es por eso que el GATT no tuvo mucho que ver con los productos agrícolas.

Por estas razones, o sea por el deterioro de los términos de intercambio, y la marginalización de las materias primas de los nuevos acuerdos comerciales dificultando la reintegración dentro del nuevo sistema de comercio internacional, impulsaron a varios países latinoamericanos a emprender de manera consciente y sistemática a un cambio de la estructura económica favorable a la industrialización. Esta política económica fue conocida como Desarrollismo, recibiendo su apoyo teórico de la Comisión Económica para América Latina de las Naciones Unidas (CEPAL) creada en 1949, y cuyo primer presidente fue el economista argentino Raúl Prebisch.

El Desarrollismo era prácticamente una versión latinoamericana de las teorías de Keynes, y de los planes de desarrollo del siglo XIX expuestos por Alexander Hamilton[62] y Henry Clay[63] en Estados Unidos, y Frederich List[64] en Alemania con su influyente libro *Sistema Nacional de Política Económica*, que se basaba en cuatro puntos fundamentales: Proteccionismo; mejoras internas especialmente en infraestructura; banca de desarrollo, y educación técnica generalizada.

La industrialización de América Latina descansaba en el proteccionismo, al igual que en todos los demás nuevos países que iban surgiendo de la desintegración del mundo colonial. Para estas economías subdesarrolladas las barreras comerciales se consideraban indispensables para estimular la economía nacional, por eso en los países en desarrollo había bastante rechazo hacia el libre comercio en tanto favorecían el proteccionismo, mientras que el GATT, en gran medida dejaba fuera de sus reglas a los países en desarrollo.

El sistema de Bretton Woods establecía las reglas para una nueva globalización, ahora bajo la égida de Estados Unidos, pero los países en desarrollo exportadores de productos agrícolas, a diferencia de la primera globalización, quedaban en cierta medida excluidos.

El nuevo mundo de la globalización de la posguerra se estructuraría geopolíticamente en el Primer Mundo, formado por los países capitalistas desarrollados, el Segundo Mundo, formado por los países de economía planificada que se encontraban dentro de la órbita soviética, y el Tercer

62. Alexander Hamilton. Político norteamericano 1755-1804.
63. Henry Clay Político norteamericano 1777-1852.
64. Friederich List. Economista alemán 1789-1846.

Mundo, formado por países subdesarrollados con economías mixtas semi-capitalistas, donde el gobierno tiene un papel muy activo en la dirección de la economía.

Posteriormente, el movimiento de algunos países del Tercer Mundo: China en Asia, África, y Cuba en América Latina, hacia la órbita soviética, formarían el Cuarto Mundo.

El sistema monetario de Bretton Woods y la economía cubana

A partir de la Conferencia de Bretton Woodas, las monedas de los países firmantes quedaban vinculadas al dólar norteamericano a una tasa de cambio fija, y todas sus transacciones internacionales se harían en esta moneda, lo cual le otorgaba al dólar una posición monopólica dentro del sistema monetario internacional, respaldado por la mayor reserva de oro del mundo, ya que Estados Unidos tenía casi el 80% de todas las reservas de oro del mundo. Esto permitía a la Reserva Federal de Estados Unidos (Fed) desarrollar un esquema de pirámide invertida sobre la base de estas reservas, expandiendo la oferta monetaria, de forma tal que Estados Unidos emitía papel, y los demás países le entregaban a cambio bienes y servicios. En realidad funcionó como un esquema de falsificación monetaria gigantesco.

En Bretton Woods, Cuba como firmante de los acuerdos, estableció una tasa de cambio con el dólar de uno a uno, por lo que cuando se fue depreciando el dólar debido a la constante expansión monetaria de la Reserva federal norteamericana el efecto sobre la economía cubana fue que las importaciones procedentes de Estados Unidos se encarecían, en tanto las exportaciones que básicamente seguían siendo de azúcar, estaban limitadas por una cuota, y su precio estaba fijado por el secretario de Agricultura norteamericano, produciendo así una enorme asimetría en el comercio internacional de Cuba con su principal socio, Estados Unidos, generando una salida de divisas constante.

Por otra parte, las exportaciones cubanas, a una tasa de cambio sobrevalorada se hacían muy caras, perdiendo de esta forma Cuba competitividad internacional, y dificultando la posibilidad de diversificar los mercados. Los precios pagados por el azúcar en los mercados mundiales dentro del Acuerdo Azucarero de Londres de 1953 eran bastante inferiores a los pagados por Estados Unidos.

El otro efecto de la paridad fija con el dólar era el hecho de que el peso se encontraba sobrevalorado, lo que provocaba también una situación de arbitraje, donde las personas trataban de cambiar los pesos por dólares, y los exportadores no repatriaban la totalidad de sus ganancias, contribuyendo así al deterioro de la balanza de pagos de Cuba.

Por último, las reservas internacionales denominadas en dólares tenían un interés negativo, o sea se iban depreciando de manera sostenida en la medida en que el dólar perdía poder adquisitivo, por lo que los países con reservas importantes en dólares se veían obligados a gastarlas rápidamente comprando productos norteamericanos cada vez más caros.

Entre 1947 y 1958, el nivel general de precios en Estados Unidos subió un 29.6% como resultado de la pérdida de poder adquisitivo del dólar, en tanto el precio promedio pagado por el azúcar fue un 7.9% inferior al de 1947, lo que provocó un fuerte deterioro de los términos de intercambio para Cuba y efectos ruinosos para su economía.

El resultado entre 1948 y 1958 fue una balanza comercial desfavorable con Estados Unidos de 500 millones de dólares, un déficit acumulado en balanza de pagos de 1, 100 millones de dólares, y una pérdida de 523 millones de dólares de las reservas internacionales equivalentes al 87.2% de las reservas existentes en 1947.

Las autoridades monetarias cubanas, sobre todo luego de la creación del BNC, no hicieron nada al respecto, pero hubiera sido necesario una devaluación del cambio entre el dólar y el peso para poder defender de alguna manera la balanza de pagos, pero la consecuencia sería un incremento de la inflación interna proporcional al nivel de la devaluación, lo cual siempre tenía impactos políticos y sociales negativos.

El mecanismo de Bretton Woods dio lugar a lo que en Economía se conoce como los "Efectos Cantillon" por su descubridor Richard Cantillon (1680-1734) que plantea que el incremento de la oferta monetaria produce una redistribución del ingreso desde los que reciben último el nuevo dinero, hacia los que lo obtienen primero, y segundo que produce cambios en la estructura de precios relativos de la economía, provocando una redistribución de los factores de producción con los efectos sociales correspondientes.

Estados Unidos, al ser el emisor del nuevo dinero provocan una redistribución internacional de riquezas a su favor, y provocan también un cambio en la estructura de los precios relativos, favoreciendo a los bienes industriales, y con ello a los países desarrollados, y perjudicando los precios de los bienes primarios y materias primas, deteriorando así los términos de intercambio para los exportadores de dichos productos que son los países subdesarrollados, por lo que Bretton Woods representó un mecanismo de despojo para las naciones latinoamericanas en general, y para Cuba en particular, la cual se encontraba en una posición de comercio asimétrica tremendamente desfavorable.

Esta fue otra de las razones que sirvieron de fundamento a las teorías la CEPAL.

Modelos de desarrollo: Industrialización por sustitución de importaciones o diversificación de las exportaciones

Concluida la guerra, y con la estructuración de un nuevo orden económico internacional basados en el Fondo Monetario internacional, el Banco Mundial, y el Acuerdo General de Comercio, aparecían dos modelos económicos viables para los países subdesarrollados del Tercer Mundo; el modelo de desarrollo hacia adentro que descansaba fundamentalmente en la industrialización por sustitución de importaciones, propuesto por la CEPAL, y el modelo basado en la diversificación de exportaciones promovido por Estados Unidos y los organismos económicos internacionales.

Los países latinoamericanos desde los años 30 perdieron casi completamente su participación en los mercados internacionales hasta comienzos de la década de los 50, tanto como resultado de la Gran Depresión y los proteccionismos nacionalistas de la década del 30, como por la Segunda Guerra Mundial. Las principales exportaciones de estos países casi quedaron sin mercado, por lo que en ellos crecieron nuevas industrias para satisfacer las demandas locales, en tanto los sectores exportadores se hacían más pequeños.

Desde el punto de vista social, esto trajo como consecuencia la expansión de las clases urbanas y la evolución desde una política oligárquica a una política de masas. Este proceso que tuvo lugar en Cuba en la década de 1930 ya lo analizamos en acápites anteriores, pero durante los años de la guerra y la posguerra, las exportaciones de azúcar hacia Estados Unidos revivieron, haciendo retroceder al país al modelo tradicional monoexportador.

La ideología económica de América Latina se fue transformando desde una favorable al libre comercio y la integración económica internacional, basada en las ventajas comparativas, a otra basada en el predomino del nacionalismo económico, el desarrollismo y el populismo, cuya base social era una alianza entre empresarios urbanos, clases medias, profesionales y burócratas del gobierno compartiendo la meta de la industrialización.

A fines de los 40, los principales países de la región eran industrializados y urbanizados, con un cuarto de su población viviendo en ciudades de más de 20 mil habitantes, niveles de analfabetismo por debajo del 20%, y poderosos movimiento obreros.

En los años 50 algunos países de América Latina se movilizaban conscientemente hacia la restricción del comercio exterior, y promover la industrialización. Esta política fue conocida como industrialización por sustitución de importaciones (ISI) cuyo propósito era sustituir bienes importados con la producción nacional industrial.

Los países que a comienzos de los años 50 en América Latina podían considerarse semi industrializados, debido al peso de su sector manufacturero dentro del Ingreso Nacional, eran Argentina, Brasil, México, Chile, Colombia, y Uruguay.

El principal componente inicial de ISI fue levantar barreras proteccionistas que hicieran extraordinariamente caros los bienes industriales importados, especialmente los bienes de consumo, mas no así para los bienes de capital, bienes intermedios y otros insumos para la industrialización. También los gobiernos proveían subsidios e incentivos a la industria, así como privilegios impositivos y crédito barato, en tanto manipulaban las monedas abaratando las importaciones de equipos e insumos.

Algunos gobiernos latinoamericanos administraban e invertían en determinados sectores de infraestructura tales como carreteras, ferrocarriles, navieras, aviación, generación de energía, etc., con el fin de proporcionar apoyo al desarrollo del sector privado que producía para el consumo interno.

En estos países la industrialización fue financiada a expensas del sector exportador que era recargado con impuestos que servían para sostener e impulsar las industrias favorecidas por el gobierno, creando una transferencia de recursos desde los sectores agro-mineros hacia la industria.

El segundo modelo de desarrollo descansaba en las exportaciones, ya fueran las tradicionales, o a partir de una diversificación de las exportaciones, y fue seguido por el resto de las repúblicas latinoamericanas, que aunque no se oponían a la industrialización consideraban que el modelo de desarrollo hacia adentro no era viable para sus países.

En estas repúblicas, el sector industrial era débil y no tomó mucha ventaja de la desintegración del mercado internacional durante la década de 1930, por lo que a fines de la década de 1940 el sector industrial no era adecuado para cambiar hacia un modelo de desarrollo basado en el mercado interno.

En estos países la infraestructura se encontraba básicamente en función de las exportaciones, y la producción de energía era inadecuada para iniciar un proceso de industrialización, aunque en casi todas, ya existía un excedente de labor debido al crecimiento demográfico, y a las migraciones desde las zonas rurales hacia las urbanas, pero en la mayoría de los casos esta fuerza de trabajo carecía de las habilidades requeridas por la industria.

Por último, en casi todas estas repúblicas, la élite económica vinculada al sector de exportación de materias primas seguía siendo políticamente poderosa.

En algunos de estos países, las ganancias provenientes de las exportaciones dependían casi enteramente de los productos tradicionales como Venezuela con el petróleo, Cuba con el azúcar, Bolivia con el estaño, etc., pero en la mayoría de los casos las políticas de desarrollo basado en las exportaciones estuvieron orientadas a la diversificación de las mismas como fue el caso de Perú, Ecuador, y Guatemala.

Algunas de estas repúblicas inicialmente trataron de llevar adelante políticas de desarrollo hacia adentro pero resultaron un fracaso y regresaron al modelo agro-minero exportador.

Los casos más relevantes fueron Bolivia después de 194,6 cuyo fracaso condujo a la Revolución de 1952, y la hiperinflación de 1956. Otro caso fue Paraguay, que se vio sumido en una severa hiperinflación que terminó cuando el presidente Alfredo Strossner regreso el país a la ortodoxia económica.

También en Perú, entre 1945 y 1948 bajo el gobierno de José Luis Bustamante que igualmente desembocó en una situación hiperinflacionaria, hasta que el general Manuel Odría, llegara al poder luego de un golpe de Estado en 1948.

En el caso de Cuba, iniciada por el gobierno de Fulgencio Batista después de 1952, y seguida por Fidel Castro luego de su llegada al poder en enero de 1959, hasta principios de los años 60 que terminó en un caos económico y una situación hiperinflacionaria, volviendo a mediados de la década al modelo de exportación de azúcar, pero con un nuevo cliente que era la Unión Soviética y el bloque de países socialistas.

Inmediatamente después de la guerra, los gobiernos cubanos de Ramón Grau, y de Carlos Prío intentaron expandir las ventas de azúcar siguiendo el modelo tradicional de crecimiento económico, pero ya en 1952 era evidente que este modelo ya no tenía futuro, y se abandona con el nuevo gobierno de Fulgencio Batista luego del golpe de Estado del 10 de marzo de ese año, que comienza a incursionar en la industrialización por sustitución de importaciones.

El debate intelectual durante la guerra y la posguerra. ¿Qué hacer con la economía cubana?

Como hemos explicado, la vuelta al modelo agro-exportador basado en un solo producto y un solo mercado a partir de la entrada de Estados Unidos en la Segunda Guerra Mundial en 1941, fortaleció la posición de los intereses tradicionales de plantadores latifundistas y comerciantes, frente a los intereses que buscaban la industrialización y la diversificación.

Los plantadores no se identificaban precisamente con la libertad comercial si no con la "reciprocidad", en tanto los de la industrialización y diversificación se identificaban con las ideologías proteccionistas tal como promovía la CEPAL desde fines de la década de 1940.

El debate económico durante la guerra y la posguerra en Cuba se desarrolló alrededor de dos cuestiones; primero, que el desarrollo de Cuba debe descansar en la industria azucarera como había sido hasta 1925, pero promoviendo una industrialización a partir de los derivados del azúcar y la caña, así como de otros productos de la agricultura y la ganadería, o debía desarrollarse a partir de la sustitución de importaciones basada en el proteccionismo.

En segundo lugar, cuál sería el papel del empresario capitalista, el mercado, y el Estado cubano en el desarrollo de la economía nacional.

La teoría económica predominante a partir de finales de la década de 1930, fue la desarrollada por el economista británico John Maynard Keynes.

En una de sus publicaciones en el año 1936 escribió:

> Yo espero ver al Estado tomando una aún mayor responsabilidad en organizar directamente la inversión. Yo concibo que una socialización integral de la inversión probará ser el único medio de asegurar una aproximación al pleno empleo. *Teoría General del empleo, el interés y el dinero.*

Todos los economistas cubanos eran keynesianos, lo cual era casi equivalente a decir socialistas.

-oOo-

Con la entrada de Estados Unidos en la Segunda Guerra Mundial en diciembre de 1941 comenzaba para Cuba una nueva etapa de bonanza económica como hemos analizado en acápites anteriores.

Se esperaba que Cuba pudiera finalmente salir de crisis que había comenzado en 1925, pero también se corría el riesgo de que como sucedió luego de la Primera Guerra Mundial, a la bonanza siguiera una vez más la depresión.

Con la Primera Guerra Mundial, la economía cubana completó su superespecialización en producir azúcar para el mercado norteamericano aprovechando sus ventajas comparativas, y en esto consistió el fundamento de su prosperidad, pero el proteccionismo que destruyó el sistema de comercio internacional, destruyó también la ventaja comparativa, y por consiguiente Cuba quedó sumida en la más profunda depresión.

¿Cómo evitar que esto volviera a suceder al terminar la guerra? Después de 1940 existía una nueva institucionalidad que buscaba la creación de un Estado completamente diferente al que existía en los años 20 y 30, además la ideología económica prevaleciente en el mundo le otorgaba al Estado un papel mucho más activo en tanto el mercado era visto como una institución que debía ser regulada, y que era incapaz de solucionar por sí misma los problemas económicos que afrontaba el mundo moderno.

La nuevas condiciones se reflejarían en el pensamiento de economistas cubanos de la época.

El futuro de la economía cubana: Ramiro Guerra Sánchez[65]

En un artículo publicado en 1943 con el título de "*Filosofía de la producción cubana*", Ramiro Guerra plantea su visión acerca de la economía como que la única posibilidad de desarrollo era a partir del incremento de las exportaciones, con el apoyo de la acción del Estado.

> El pueblo de Cuba dista mucho de poder proveerse de todos los productos extranjeros que la civilización tiene creados a causa de que carece de suficientes recursos para proveerse de los mismos.
>
> El único medio que está al alcance de Cuba es el de exportar productos necesarios en el extranjero, venderlos en la mayor cantidad posible en divisa extranjera para poder efectuar compras y hacer pagos.
>
> Hay que cubrir con estos el costo de los nuevos artículos que nos permitan marcar el paso con los progresos de la ciencia, la tecnología y la industria en el extranjero, sin que nos sea posible dar marcha atrás, a menos de colocarnos en un plano de retrogradación y decadencia.

Guerra estaba seguro que una política de autosuficiencia que le diera la espalda al comercio exterior sería en detrimento para Cuba.

> Los países como Cuba, que por razones de orden natural o económico, no pueden crear las industrias pesadas de las grandes naciones industrializadas, ni la inmensa variedad de pequeñas y medianas industrias que aseguran la enorme diversidad y cantidad de producción de la misma, no disponen de otro medio para poder llegar a disfrutar de un nivel de vida decente, que el de la exportación del trabajo de sus obreros.

El autor del artículo considera que la función propia de la producción para consumo interno de Cuba es satisfacer preferentemente la necesidad de alimentación del pueblo cubano, pues el aumento de la producción industrial que tuvo lugar durante la década de los 30 "no ha reducido la cantidad global de las importaciones. Ha suprimido la necesidad de importar ciertos renglones, pero ha hecho posible(y necesaria) la importación de otros".

Ramiro Guerra también considera que no es factible para Cuba el crecimiento económico basado en las fuerzas del mercado por sí solas.

"La situación económica general de Cuba está condenada a hallarse en una constante posición de peligrosidad a consecuencia de la necesidad natural en que se encuentra de depender de la exportación para poder satisfacer una parte importantísima de las necesidades del pueblo cubano".

---

65. Ramiro Guerra Sánchez 1880-1970. Historiador, economista, profesor y escritor cubano.

"El esfuerzo creador de la inversión y de la producción privadas es indispensable que vaya acompañado del esfuerzo creador del Estado. La falta o déficit del esfuerzo estatal convertiría a la administración pública en una carga inútil".

Guerra era contrario a la autarquía que se encontraba en el pensamiento desarrollista latinoamericano de los países **semiindustrializados** del continente, para él Cuba necesariamente tiene que tener un comercio internacional muy activo; vender más para comprar más, no como planteaban las doctrinas mercantilistas de vender más y comprar menos que dominaban el pensamiento económico latinoamericano, pero esto implicaba vender más azúcar, y comprar casi todo lo demás, que era el esquema económico de los años 20, ¿o desarrollar nuevos renglones de exportaciones?

Guerra no responde a esta pregunta, pero en lo que si estaba de acuerdo con todos los economistas de aquellos tiempos era que sin la participación directa del Estado no sería posible ningún cambio que permitiera a Cuba el crecimiento de las exportaciones.

Lo que si deja claro Ramiro Guerra es que era contrario al nacionalismo económico basado en el proteccionismo.

El statu quo vs. independencia económica: Joaquín Martínez Sáenz[66]

En 1943 el senador Joaquín Martínez Sáenz presenta en el Senado un informe publicado como "Memorándum Económico". En este documento se plantean de forma resumida las ideas acerca de los posibles escenarios que tendría frente a sí la economía cubana después de concluida la guerra.

Primero plantea que se evite la expansión de la industria azucarera como sucedió durante la Primera Guerra Mundial de tal modo que no se consolide nuevamente el monocultivo y el latifundio.

Que de los ingresos producidos por la guerra se rescate una parte para financiar un plan de diversificación económica a partir de un replanteamiento previo de las relaciones con EE. UU.

Martínez Sáenz pensaba que el mejor camino para Cuba era lo que él denominaba "coordinación bilateral" o de lo contrario "independencia económica" para salir de la situación de "complemento unilateral" donde EE. UU. decidía, de acuerdo a sus intereses, el rumbo económico de Cuba, provocando así una gran inseguridad en todo el sistema.

Aboga por la devaluación del peso cubano que considera que se encuentra sobrevaluado en la paridad con respecto al dólar, lo que da lugar a un encarecimiento de sus exportaciones que prácticamente las excluye del mercado mundial.

También plantea que deben ser revisados los tratados firmados con EE. UU., ya que deben ser aprovechadas las circunstancias creadas por la guerra para asegurar nuestra inestable economía.

El plan de diversificación económica dependerá de la en la redefinición de las relaciones con EE. UU: Si este mantiene un sistema de cuota complementaria y permite la libre competencia de otros países dentro de su mercado, entonces Cuba debe proyectarse hacia la diversificación económica. De esto sigue que si EE. UU. amplía la cuota y excluye de su mercado a otros países, Cuba debería seguir dentro del esquema monoproductor tradicional que es lo que él llama "coordinación bilateral".

Puede interpretarse como que Cuba se convirtiera en el abastecedor de azúcar del mercado norteamericano, lo que haría de Cuba una gigantesca plantación, que era el sueño de la élite económica tradicional; un tratado azucarero permanente que permitiera a Cuba vender toda su azúcar a Estados Unidos, y comprar todo lo demás en Estados Unidos.

---

66. Joaquim Martínez Sáenz 1900-1976. Abogado. Fundador del ABC. secretario de Hacienda durante el gobierno de Carlos Mendieta, ministro sin cartera durante la segunda presidencia de Ramón Grau, representante y senador, y presidente del Banco Nacional de Cuba entre 1952 y 1958.

El sueño de la plantación azucarera se vería hecho realidad años más tarde, cuando Cuba le vendiera todo el azúcar a la Unión Soviética y los países socialistas, y les comprar todo lo demás.

La opción de la "independencia económica", que para Martínez Sáenz es la segunda opción menos mala, y para comenzar a abordar esta vía, es imprescindible la devaluación del peso cubano respecto al dólar con el objetivo de ampliar el volumen de exportaciones y hacer que disminuya el volumen de las importaciones además de estimular el turismo hacia Cuba y desestimular el turismo de los cubanos hacia el extranjero.

También señalaba que cualquier programa de diversificación e independencia económica requería la creación de una banca nacional lo cual estaba contemplado en la Constitución de 1940. El propósito de dicha banca fundamentalmente será ofrecer "crédito barato".

El otro pilar de su plan era el emprendimiento de obras por parte del gobierno que contribuyan a combatir el desempleo y sustituir importaciones agrícolas para el mercado nacional. Esta es la receta keynesiana del aumento del gasto público tan en boga desde los años 30 y 40, y que fue implementada por Machado con muy pocos resultados.

El plan de "independencia económica" de Martínez Sáenz y el ABC:

a. Estimulación de la producción de frutos agrícolas tropicales para sustituir importaciones.
b. Realización de obras de reparación de infraestructura y ampliación de la red vial en apoyo a los centros de producción agrícola.
c. Revisión del sistema tributario para que el peso de los tributos caiga sobre el capital ocioso en vez de caer sobre el capital en utilización y los consumidores.
d. Creación de una banca central.
e. Fomento de industrias de exportación hacia EE. UU.

El financiamiento de este plan no debe ser por medio de la concertación de un empréstito si no a través de la utilización de las recaudaciones extraordinarias durante el período de guerra, estableciendo impuestos sobre el exceso de utilidades obtenidas con el comercio de guerra y de impuestos específicos establecidos para cada obra.

f. Acuñando plata (mantenerse dentro del patrón plata).
   A través de operaciones del banco central y la movilización adecuada de los depósitos.
g. Depuración de gastos del presupuesto.

La participación de Cuba como aliado de Estados Unidos en la guerra por medio de su contribución en azúcar, hacía concebir a algunos que finalizada la contienda nuestro país disfrutaría de privilegios especiales dentro del mercado norteamericano, o sea un mercado protegido permanente.

Durante los años de la Segunda Guerra Mundial, cuando se estaba desarrollando la bonanza azucarera, los dos exponentes más destacados del pensamiento económico cubano, que fueron Ramiro Guerra Sánchez, y Joaquín Martínez Sáenz, tenían visiones contrapuestas acerca del futuro económico de Cuba, el cual debía alcanzarse por medio de una reforma orientada por el Estado cubano; el primero veía como solución la diversificación e incremento de las exportaciones, en tanto el segundo tenía una visión más autárquica del desarrollo por sustitución de importaciones caso de no poder mantenerse el modelo tradicional de exportaciones de azúcar hacia Estados Unidos.

La propuesta norteamericana de un modelo económico alternativo

Al terminar la Segunda Guerra Mundial, lo fundamental que Cuba confrontaba era cuál sería el futuro desarrollo económico del país en caso de que se volviera a la cuota azucarera de tiempos de paz.

Existía, como hemos explicado una gran preocupación respecto a una brusca caída de los precios del azúcar igual que ocurrió en 1920 al concluir la Primera Guerra Mundial, precipitando a Cuba dentro de una crisis corta pero de proporciones graves (Las Vacas Flacas).

Para promover alguna estrategia tuvo lugar en La Habana una conferencia con el nombre de "Fomento de la Economía Cubana" a principios de octubre de 1944.

Se consideraba que el país tenía en aquellos momentos una situación muy favorable debido a los grandes recursos financieros acumulados en los bancos como resultado de los superávits en las balanzas de pagos debido a los altos precios del azúcar alcanzados durante la guerra, y que ello permitía que se llevara adelante la tan "soñada" diversificación económica, y la disminución de la dependencia con respecto al azúcar, pero existían también intereses muy poderosos que se oponían a cualquier cambio en la estructura económica del país, especialmente los hacendados que estaban reemergiendo como el grupo social más poderoso del país, ya que iban controlando una parte cada vez mayor de la industria azucarera cubana.

En 1944, el PRC Autentico ganó las elecciones llevando a Ramón Grau San Martín a la presidencia del país. Desde la fundación del partido en 1934, su programa económico se basaba en la redistribución de riquezas y el nacionalismo económico, pero su estrategia desde el poder fue más cercana a los intereses azucareros, que a los intereses de la industrialización y la diversificación, por lo que su objetivo era aumentar la participación del azúcar cubano dentro del mercado norteamericano, y mantener el modelo económico tradicional a través de la vieja "reciprocidad". Tanto los sindicatos (CTC) como los intereses de la oligarquía formada por los hacendados y los comerciantes exportadores-importadores, eran opuestos a que el azúcar dejara de ser el eje económico del país y disminuyera el nivel de importaciones propia de una economía monoproductora. El slogan de la oligarquía tradicional era "Sin azúcar no hay país".

La administración Truman, igual que la de F. D. Roosevelt, estaban comprometidos con apoyar la expansión del comercio mundial durante la posguerra para que desaparecieran las condiciones que llevaron a la guerra mundial, esta vez con Estados Unidos como potencia hegemónica.

En aquellos tiempos de la guerra y la posguerra, varias naciones especialmente en América Latina, - como analizamos más arriba - estaban llevando adelante políticas de industrialización basadas en barreras proteccionistas en busca de sustituir importaciones, por lo que muchos productos norteamericanos quedaban excluidos de esos mercados.

Por su parte EE. UU. proponía un proyecto alternativo de desarrollo industrial que no descansaba en el proteccionismo, integrando las economías individuales en un sistema mundial con EE. UU. en el centro, por lo que estas economías tendrían un papel complementario de la economía norteamericana, pero en este caso, no como suministradoras exclusivas de materias primas como había sido hasta entonces si no de productos industriales.

Algunas empresas norteamericanas de alto consumo de labor estaban teniendo problemas de ganancias decrecientes debido a los altos costos de producción, en especial la labor, por lo que la tendencia en este tipo de industrias era llevar sus negocios a otros países donde el costo de la mano de obra fuera inferior, siempre y cuando se ofrecieran los incentivos necesarios para el incremento de las ganancias, y existieran condiciones y garantías para la inversión extranjera.

La iniciativa norteamericana de eliminar el sistema de tarifas preferenciales era un problema para

Cuba sobre todo para su principal industria, el azúcar. La política comercial norteamericana de posguerra tenía un componente anticuota azucarera marcado, por lo que el Departamento de Estado norteamericano buscó una alternativa a los posibles efectos negativos de esa iniciativa que incluía la industrialización de Cuba y la diversificación de su agricultura sin necesidad de proteccionismo con la participación del capital privado norteamericano. Para que estos proyectos se llevaran a cabo se debían cumplir algunas condiciones entre las que se encontraban:

- Firma de un Tratado de Amistad, Comercio, y Navegación que protegería los negocios norteamericanos de prácticas discriminatorias.
- Inclusión de Cuba en un acuerdo de comercio internacional a través del principio del no-proteccionismo.
- Modificación de la legislación laboral cubana la cual algunas organizaciones norteamericanas veían como contraria a los negocios.

El gobierno de Grau planteó que la aprobación de ese Tratado debía ser vinculado a una sustancial ampliación de la cuota azucarera, pues algunas estipulaciones en el Tratado iban contra algunos artículos de la Constitución, en tanto EE. UU. amenazaba con una disminución de la cuota de no aprobarse el tratado.

Grau no estaba en condiciones políticas para aceptar el Tratado ya que este infringía derechos que la Constitución garantizaba.

El Tratado era visto por muchos cubanos como un instrumento anti nacional e imperialista de EE. UU., básicamente una nueva Enmienda Platt, y su aceptación habría estimulado el fervor nacionalista contra Grau y los Auténticos los cuales se describían a sí mismos como los representantes legítimos de la "cubanidad".

La escasez mundial de azúcar debilitaba la posición norteamericana hasta 1947-48 cuando ya parecía que existía un excedente sustancial en el mercado norteamericano, por lo que se pronosticaban tiempos difíciles para el nuevo gobierno que se estrenaba el 10 de octubre de 1948 encabezado por Carlos Prío Socarras.

La Guerra de Corea comenzó en 1950 y los precios del azúcar ascendieron una vez más dándole así un respiro al gobierno de Prío, pero la política azucarera de Truman era buscar una diversificación de los mercados con que abastecer a EE. UU.

La administración Prío insistía en la expansión de la cuota azucarera para Cuba como condición para la aprobación del Tratado igual que había hecho Grau, pero en condiciones de negociación mucho más débiles. A fines de 1949, el gobierno cubano estaba convencido que la expansión de las ventas de azúcar a EE. UU. tenía muy pocas probabilidades de éxito.

A partir de 1950, el gobierno de Prío inició una ruta alternativa que consistía en promover la industrialización a partir de los recursos internos orientada hacia el mercado nacional, y diversificar los mercados para el azúcar cubano, pero su política de industrialización incluía altos salarios para los trabajadores, lo que resultaría una industria de altos costos e ineficiente debido a que las políticas laborales del gobierno inhibían la inversión de capitales, tanto extranjeros como nacionales.

La entrada en funcionamiento del Banco Nacional de Cuba y el BANFAIC en 1950, serían las instituciones claves para la política de diversificación del gobierno cubano, mucho más cercana al modelo que promovía la CEPAL que al modelo de diversificación de las exportaciones promovido por EE. UU.

Cuando tuvo lugar el golpe de Estado del 10 de marzo, la embajada norteamericana preveía "cambios significativos en la actitud del gobierno hacia las uniones", y después de algunas medidas tomadas por Batista, los oficiales norteamericanos estaban convencidos que se estaban proveyendo garantías al capital, y "disciplinando al movimiento obrero", pero la propuesta de industrialización alternativa nunca tendría lugar, ni con el gobierno de Batista, y mucho menos después de 1959.

El tránsito de una sociedad agraria a una sociedad industrial: el caso de Puerto Rico

Es muy interesante e ilustrativo explicar aunque sea someramente, la transformación que tuvo lugar en Puerto Rico a partir de la posguerra desde una economía agrícola con una estructura monoproductora de azúcar y tabaco, en una economía industrial a partir de un proceso que comenzó Después de concluir la Segunda Guerra Mundial y que básicamente fue propuesto como hemos analizado en el acápite anterior, por parte de Estados Unidos a Cuba, y que fue rechazado tanto por la clase política y los sindicatos, como por las élites exportadoras y la burguesía industrial.

Puerto Rico, y Cuba, esencialmente tenían estructuras económicas casi iguales, que fueron afectadas por el ciclo económico mundial con efectos prácticamente idénticos, lo que provocó la búsqueda de soluciones modernizadoras para cada una de estas dos sociedades, aunque en contextos políticos diferentes.

Inicialmente siguieron caminos parecidos donde el Estado jugaba el papel principal en la transformación, basada en sus recursos internos, pero después de la posguerra el camino a la modernización siguió rumbos diferentes; Cuba persistió en un modelo estatista de industrialización basada en recursos internos, en tanto Puerto Rico se inclinó hacia un modelo de industrialización basado en la inversión extranjera privada teniendo al Estado solamente como facilitador y promotor.

Es cierto que Puerto Rico también tenía grandes diferencias con respecto a Cuba, tales como que era una colonia norteamericana y Cuba era un país independiente; que era un país muy pequeño y sobrepoblado, con una relativa escasez de tierras de cultivo, mientras Cuba tenía abundancia de tierras cultivables o sea la relación tierra-labor era favorable al primer factor en Cuba, y al segundo en Puerto Rico; que los productos de Puerto Rico entraban en el mercado norteamericano libres de derechos mientras que los de Cuba estaban sometidos a las tarifas aduaneras norteamericanas, pero también la producción de azúcar de Puerto Rico estaba regida por una cuota al igual que la de Cuba.

Sin embargo, los dos países tenían una estructura económica casi idéntica: agrícola, dedicada a la exportación, monocultivo azucarero y tabacalero, y un altísimo desempleo estacional.

En Puerto Rico, al igual que en Cuba, la Gran Depresión tuvo efectos desastrosos que llevaron a sus políticos e intelectuales a la búsqueda de una solución que pasaba por diversificar la economía del país a través de la industrialización, la cual se suponía absorbería el desempleo y daría lugar a un crecimiento económico más rápido que el crecimiento de la población.

La economía de Puerto Rico se transformó a partir de la promoción de la inversión norteamericana así como de otros países, en tanto Cuba *rechazó* este camino, y trató de hacerlo a partir de sus propios recursos dirigido por el Estado como estaban haciendo otras repúblicas latinoamericanas durante la década de 1950 siguiendo las recetas "desarrollistas" y después, a partir de la década de 1960, basada en el modelo soviético llevando adelante una revolución socialista radical.

Por estas razones yo creo ilustrativo mostrar aunque sea de manera superficial, lo que podemos llamar el "modelo puertorriqueño" para reflexionar un poco acerca del camino no tomado por Cuba.

-oOo-

Como resultado de la Gran Depresión que comenzó para Puerto Rico en 1929, la situación económica en la isla debido al bajo precio del azúcar y el tabaco se hizo desesperante provocando fuertes tensiones sociales junto a una oleada de huelgas, y generalizado auge del nacionalismo y del movimiento independentista; una versión atenuada de la Revolución del 33 en Cuba.

Con la llegada a la presidencia de Estados Unidos de Franklin D Roosevelt, y el inicio de los programas conocidos como el New Deal, fue creada en Puerto Rico la Federal Emergency Relief Administration (FERA) para lidiar con la grave situación que amenazaba desestabilizar el control norteamericano en la isla, donde el movimiento independentista ganaba cada vez más fuerza.

En 1934 fue diseñado un plan para reconstruir y reformar la economía de Puerto Rico por Carlos Chardón, rector de la Universidad de San Juan y el senador Luis Muñoz Marín (Plan Chardón).

Según los autores del plan, los problemas más graves de Puerto Rico podían reducirse a:

1. Concentración de la tierra en pocas manos; fundamentalmente las compañías latifundistas azucareras, como consecuencia de un largo proceso de proletarización del campesinado puertorriqueño.
2. Desempleo masivo crónico.
3. Crecimiento poblacional implacable.

Entre las medidas propuestas en el plan se encontraban:

a. Limitar la producción azucarera de acuerdo a la cuota fijada por la ley Costigan-Jones para la isla.
b. Comprar centrales azucareros con fondos públicos convirtiéndolos en corporaciones estatales.
c. Adquisición de tierras para venderlas, arrendarlas, o cederlas a pequeños agricultores.
d. Establecer fincas de subsistencia y de cultivos de frutas y vegetales en los terrenos menos productivos.
e. Fijar el salario de los trabajadores azucareros de acuerdo al precio del azúcar.
f. Ampliación de la infraestructura de comunicaciones y electrificación, así como construcción de viviendas para trabajadores.

El Plan Chardon incluía muchas medidas que hacían que el gobierno asumiera una participación muy activa en la economía, lo que pareció a muchos en Puerto Rico que eran en extremo radicales, empezando por las grandes compañías azucareras.

El Plan Chardón tuvo su equivalente aproximado en Cuba, en el Plan Trienal de Batista de 1937.

Al comenzar la década de 1940, los resultados del Plan Chardón, con el trabajo de la agencia FERA mostraba entre sus principales logros la electrificación del país; se había repartido algunos pequeños lotes de tierra entre los campesinos; el Estado había comprado dos centrales azucareros y una compañía de generación de electricidad que se había convertido en una empresa pública, pero en realidad no se había resuelto el problema del desempleo masivo, ni del crecimiento demográfico.

El Plan Chardón de 1934 se reflejó en la plataforma reformista del Partido Popular Democrático (PPD) fundado en 1938 por Luis Muñoz Marín.

Las reformas que proponía el PPD:

1. Implantar la antigua disposición de ley que prohibía a una corporación poseer más de 500 acres de terreno (Ley Foraker de 1900).
2. Crear un conjunto de centrales azucareros como industrias de servicio público.
3. Promover la creación de cooperativas agrícolas.
4. Distribuir solares para la construcción de viviendas.
5. Facilitar la organización sindical de los trabajadores.
6. Promover la creación de nuevas industrias con apoyo del gobierno.
7. Expandir y modernizar la infraestructura.

Estos eran los puntos fundamentales del programa de reformas del populismo puertorriqueño de los años 30 y 40 que promovía el Partido Popular Democrático (PPD) y su líder Luis Muñoz Marín.

El principal objetivo del populismo puertorriqueño era acabar con el monocultivo azucarero.

Las autoridades norteamericanas se opusieron decididamente a las reformas planteadas por el PPD, y su líder fue tildado de socialista, y comunista.

En el año 1941 se comenzó un intento de reforma agraria en Puerto Rico a partir de la aprobación por parte del Senado y la Cámara de Representantes de la isla de la "Ley de Tierras".

El objetivo de la" Ley de Tierras" era dar marcha atrás al proceso de concentración de la propiedad agraria que constituía la base del monocultivo azucarero.

Para llevar adelante la Ley de Tierra se estableció la" Autoridad de las Tierras de Puerto Rico".

Se expropiaría por parte del Estado las extensiones de terreno que las corporaciones poseyeran en exceso de 500 acres (unas 15 caballerías).

La distribución de las tierras expropiadas:

8. Parcelas a familias para radicarse en lugares seguros y construir vivendas para crear comunidades rurales.
9. A agricultores pequeños en fincas familiares de entre 5 a 25 acres para producir alimentos para consumo y venta en mercados locales y nacionales.
10. En fincas de beneficio proporcional cuya extensión oscilaría entre 100 y 500 acres. Los beneficios se dividirían entre los arrendatarios. Estas fincas serían arrendadas por el Estado.

Los grandes terratenientes y la compañías azucareras llevaron un proceso legal a los tribunales norteamericanos, pero la Corte Suprema falló a favor del gobierno de Puerto Rico, lo que dio lugar a que la reforma agraria puertorriqueña tuviera cierto éxito.

También, entre las reformas planteadas por el PPD fueron aprobadas en las dos cámaras de la isla, entre 1941 y 1942, toda una serie de reformas administrativas e institucionales que sentarían las bases para el desarrollo industrial de Puerto Rico.

Se creó una corporación pública para desarrollar una red nacional de energía eléctrica, acueductos y alcantarillados; se fundó la Junta de Planificación para guiar el desarrollo de Puerto Rico a través de la elaboración de un Plan Maestro; se organizaron dos entidades públicas para llevar adelante el programa de desarrollo industrial; la Compañía de Fomento Industrial, y el Banco de Fomento Industrial, para la creación de fábricas con fondos del Estado y operadas por este para aprovechar materias primas nacionales. Varias de estas fábricas entrarían en operaciones a partir de 1947.

Este año marca la culminación de la intervención del Estado puertorriqueño en la economía de la isla. Pudiéramos decir también que marcó el zenit al que llegó el socialismo en Puerto Rico.

Durante este período, entre comienzos de la década de 1930 y la posguerra, en Cuba se fue estructurando el Estado populista-socialdemócrata, y a diferencia de Puerto Rico, el objetivo económico no era necesariamente la destrucción de la economía exportadora monoproductora, aunque sí se consideraba que existía un grave problema estructural que era necesario resolver a corto plazo, y se veía la diversificación económica basada en la industrialización como la solución, pero también se veía a la industria azucarera, en toda su dimensión, como parte de la solución y no como parte del problema.

-oOo-

Luego de terminada la Segunda Guerra Mundial en 1945, la ideología del PPD irá cambiando, orientándose hacia dos objetivos principales:

La búsqueda de un régimen autonómico para Puerto Rico, y en lo económico el fomento industrial no basado en inversión pública, si no en inversión privada de capitales importados, especialmente norteamericanos.

El logro de la autonomía significaba el abandono del reclamo independentista, y el objetivo económico significaba un cambio de estrategia total. En vez del Estado como patrocinador del desarrollo creando industrias orientadas al mercado interno, la nueva estrategia consistía en atraer el mayor número posible de empresas privadas desde el extranjero, las cuales exportarían su producción hacia Estados Unidos, y el gobierno jugaría exclusivamente un papel de facilitador de la inversión privada abandonando el intento de estimular la economía a través de empresas estatales.

De aquí surge el programa de incentivos para la industrialización conocido como "Operación Manos a la Obra" para el cual fue creada la "Compañía de Fomento Económico" en 1947.

En ese año, y para promover este programa, se aprobó la "Ley de incentivos industriales" mediante la cual se buscaba crear un clima atractivo para la inversión industrial. El éxito del plan se basaba en que Puerto Rico tuviera condiciones más atractivas de inversión para ciertas industrias que Estados Unidos.

Fuerza de trabajo abundante y barata, disciplinada, y un clima político estable, acceso al mercado norteamericano, infraestructura a bajo costo construida por el Estado, y exención de pagos al erario puertorriqueño inicialmente por diez años y luego fue extendido a veinticinco años. Entre 1950 y 1953 fueron vendidas a empresarios privados todas las empresas estatales de la isla.

En 1952, Teodoro Moscoso que era el presidente de la Compañía de Fomento Económico, y uno de los creadores del Proyecto Manos a la Obra anunciaba que se había establecido 166 nuevas industrias con una nómina de 12 mil empleados.

En el año 1956, la nómina de las nuevas industrias sumaban 28 mil 300 trabajadores, en 1962 eran 59 mil 300, y en 1968 ascendían a 93 mil 200 trabajadores industriales, lo que significó una tasa de crecimiento anual del empleo industrial entre 1952 y 1968 de un asombroso 43%.

Estas cifras muestran el rápido proceso de industrialización de Puerto Rico, por lo que muchos economistas y expertos en el desarrollo de países pobres lo denominaron el "milagro puertorriqueño" en tanto algunos países comenzaron a aplicar medidas parecidas compitiendo con la isla en busca de atraer capitales extranjeros.

Inicialmente la mayoría de las empresas que se establecieron fueron de alto consumo de labor y bajo consumo de capital, tales como textiles, calzado, confecciones y otras semejantes. Estas industrias eran viables por que se pagaba mucho menos a la mano de obra que en Estados Unidos, pero el problema fue que rápidamente empezaron a encontrar competencia en países con mano de obra abundante y más barata en el Lejano Oriente, sobre todo Corea del Sur, Taiwán y Singapore.

Esta fase duró aproximadamente hasta 1965, y después la industrialización de Puerto Rico se orientó hacia la promoción de industrias de alta intensidad de capital que empleaban relativamente pocos trabajadores pero con salarios superiores, aunque más bajos que en Estados Unidos.

La industrialización produjo la decadencia relativa de la agricultura. El valor relativo de la producción agrícola dentro de la economía fue cada vez menor, y el número de empleados en la agricultura se redujo considerablemente.

En 1940 trabajaban en la agricultura 229 mil personas, y en 1964 eran 139 mil.

En este tránsito desde una economía agrícola a una industrial, fueron más los trabajos agrícolas que se perdieron, que los industriales que se crearon, por lo que tuvo lugar una enorme migración desde las zonas rurales a las urbanas, y de allí hacia Estados Unidos.

La industria azucarera entró en decadencia debido a una baja eficiencia tecnológica sobre todo en el sector agrícola, donde se hicieron sentir los efectos de la reforma agraria que tuvo lugar en los años 40.

La baja productividad del trabajo, el alto costo relativo de la mano de obra, y el estancamiento de los precios del azúcar, unido a la reducción del rendimiento agrícola, dio lugar a un intento de la industria por reducir los costos restringiendo las inversiones. Todos estos factores crearon un círculo vicioso que a la larga terminaría arruinando a la industria azucarera de Puerto Rico.

En 1952, el valor de la producción azucarera ascendió a 117.5 millones de dólares, y en 1962 solo alcanzó 90.5 millones de dólares, en tanto, a dólares constantes de 1962, en 1972 solo tuvo un valor de 41.1 millones de dólares.

En 1930 había en Puerto Rico 41 centrales, y en 1970 solo quedaban 15 centrales.

El impacto de la transformación económica sobre la demografía puertorriqueña fue profundo, ya que la isla tenía en las década de los 30 y 40, la mayor densidad poblacional de toda América Latina, e índices de crecimiento demográfico entre los más elevados del Hemisferio Occidental, lo cual ejercía una tremenda presión sobre la estructura económica.

Entre los principales cambios se pueden citar.

1. Mayor crecimiento de la población urbana que la rural (Urbanización).
2. Emigración masiva hacia Estados Unidos. Entre 1945 y 1970, cerca de un millón de puertorriqueños emigraron hacia Estados Unidos.
3. Se frenó la enorme tasa de crecimiento poblacional.

Respecto al empleo y desempleo, durante este proceso transformador hay que señalar que tuvo lugar una amplia diversificación económica, pero también tiene lugar un fuerte crecimiento del empleo en el sector estatal y semi-estatal dentro de la economía, más rápido que el crecimiento del sector privado.

También tiene lugar una drástica disminución del desempleo a pesar de una caída en la tasa de participación laboral[67].

Durante la década de 1940, el movimiento obrero en Puerto Rico crece impetuosamente en número y combatividad bajo la Confederación General de Trabajadores (CGT), pero a partir de 1947, con el inicio de la "Operación Manos a la Obra", el movimiento obrero entró en una etapa de desorganización, desunión, y pérdida de activismo.

El modelo de desarrollo puertorriqueño entró en crisis en los años 80, y debido a que queda fuera de los marcos cronológicos de nuestra investigación, el análisis de sus causas no nos son relevantes, pero solo diremos que el modelo de desarrollo comunista que había adoptado Cuba desde 1960, ya hacía muchos años que se encontraba en bancarrota.

Como conclusión de este análisis comparativo entre el camino seguido por dos economías básicamente iguales, en busca de lograr una modernización, pudiéramos decir que antes que a Puerto Rico, Estados Unidos propuso a Cuba un modelo de transformación similar, de industrialización a través de la diversificación de las exportaciones, ya que nuestro país presentaba condiciones más

67. Tasa de participación laboral es la relación que existe entre el número de personas empleadas y el número de personas en edad laboral.

idóneas en el sentido de su tamaño geográfico, de su mercado interno, y de su fuerza laboral, pero Cuba no tenía las condiciones políticas e institucionales adecuadas que requería la inversión norteamericana para desarrollar este modelo económico.

El marco político-institucional de Cuba la encaminó hacia el modelo de industrialización y diversificación por sustitución de importaciones, donde el Estado tendría un papel mucho más importante que la inversión de capital extranjero. Este modelo había sido abandonado en Puerto Rico desde 1947.

Pudiera especularse que Cuba, debido a su condición de país independiente, a su menor presión demográfica, y al tamaño de su economía hubiera podido manejar con éxito un proceso de transformación como el que tuvo lugar en Puerto Rico, pero a esto se oponían las élites tradicionales que habían logrado el control de la industria azucarera, el control de la banca y del comercio de importación y exportación; se oponía el movimiento sindical que había alcanzado un inmenso poder político; se oponía la burguesía industrial que temía ser desplazada por el capital norteamericano dentro del mercado nacional en su aspiración de convertirlo en un mercado cautivo; y se oponía la clase política cuyo sostén eran esas fuerzas económicas que representaban la Cuba empresarial.

La Era Auténtica; Ramón Grau San Martín y Carlos Prío Socarras 1944 -1952

En 1944 llegaba a la presidencia de la República el Partido Revolucionario Cubano (Auténtico) con la promesa de construir una república basada en los principios de la socialdemocracia que era la aspiración central de la Revolución de 1933, establecidos en la Constitución de 1940.

Para analizar el período de gobierno del Partido Auténtico de 1944 a 1952, hay que explicar que las dos presidencia que lo componen o sea la de Ramón Grau de 1944 a 1948, y la de Carlos Prío de 1948 a 1952, enfrentaron diferentes realidades económicas, y aunque los dos llevaron adelante políticas internas de inspiración socialdemócrata, los resultados difieren.

El Estado de Bienestar cubano: Ramón Grau San Martín

En 1944, al asumir la presidencia Ramón Grau San Martín, la posición económica de Cuba era extraordinariamente favorable, junto con una estabilidad política que permitió el traspaso de poderes por segunda vez constitucionalmente, de manera pacífica y ordenada como pocas veces había visto la historia republicana.

El gobierno de Ramón Grau transcurrió durante el final de la guerra y los años de la posguerra durante los cuales los norteamericanos compraron las zafras completas, y los precios del azúcar fueron altamente remunerativos, con términos de intercambio muy favorables para nuestro país. La paz traía la creación de un nuevo orden económico internacional que se estaba estructurando a través de toda una serie de organizaciones donde Cuba tenía plena membresía.

Algunos consideraban que era el momento de obtener un trato más favorable dentro del esquema de reciprocidad comercial con Estados Unidos ampliando la participación de Cuba dentro de su mercado azucarero, en tanto otros consideraban que el país disfrutaba de condiciones extraordinariamente favorables para emprender la tan esperada diversificación económica, pero el pueblo en general aspiraba a que se concretara el Estado de Bienestar que constituía un mandato pospuesto de la Constitución de 1940.

Los orígenes del Estado de Bienestar se remontan a la Alemania de la segunda mitad del siglo XIX, y su paternidad se le adjudica al canciller Otto von Bismark[68] con el objetivo expreso de contrarrestar el poder de los partidos socialistas y ganar apoyo entre la clase obrera.

68. Otto von Bismark (1815-1898) Canciller de Alemania entre 1871 y 1890.

El Estado de Bienestar se basa en las ideologías socialdemócratas según las cuales, el Estado tiene el deber de proveer servicios en cumplimiento de derechos sociales existentes a todos los habitantes del país, a través de la intervención en la economía y la sociedad en busca del logro de una redistribución de riquezas con una meta fundamental que consiste en disminuir lo más posible la desigualdad social.

El Estado de Bienestar se financia a través de una política fiscal deficitaria y una política monetaria expansiva, por esta razón es un instrumento indispensable el Banco Central que establecía la Constitución en su artículo 280, pero que no fue creado hasta 1950 cuando era imposible continuar la expansión monetaria que había creado una situación de "estanflación"[69] al finalizar la década de 1940.

La historia ha demostrado que la intervención del Estado, que al restringir la libertad individual debilita el Estado de derecho, basándose en la falacia de pretender que el gobierno puede proveer servicios con mayor eficiencia que el mercado, y que el Estado de Bienestar, como ha sido demostrado una y otra vez, se convierte en más Estado y en menos bienestar.

Como hemos señalado en varias ocasiones, la Constitución de 1940 proponía la creación de un Estado que garantizara toda una serie de derechos sociales, y el gobierno del PRC Auténtico trataría a su manera, y en medio de las circunstancias, llevarlo a cabo. Esto supondría el desmantelamiento en gran medida del Estado corporativo que dejaba Batista en 1944.

Durante el gobierno de Grau concluyó la Segunda Guerra Mundial (1945), y gran parte de los organismos creados en función de la "economía de guerra" fueron desactivados, pero donde más se expandió la intervención gubernamental en este periodo fue en la regulación laboral. La profusa y dañina legislación laboral fue empujada por el poder de los sindicatos, controlados por los comunistas dirigidos por Lázaro Peña hasta 1947, y posteriormente por los Auténticos con su líder Eusebio Mujal Barniol, que convirtieron al movimiento sindical en parte de su clientela política como antes lo había hecho Batista con los comunistas.

Durante los gobiernos de Grau y Prío (1945-1952) se añadieron 766 nuevas reglas y leyes laborales y se practicaron 76 intervenciones de empresas privadas por parte del gobierno (25 durante Grau y 51 durante Prío). La legislación laboral se había convertido en un laberinto de beneficios, controles salariales, garantías de empleo, subsidios por desempleo, procedimientos de arbitraje, regulaciones de seguridad y salud, decretos de asociaciones profesionales obligatorias, regulaciones de los sindicatos, etc. El mercado laboral en Cuba al comenzar la década de los 50 se encontraba prácticamente petrificado, ya que todas aquellas normas y reglas conducían a la multiplicación en el manejo burocrático de las mismas, elevando exponencialmente el incentivo para la corrupción desde el más alto, hasta el más bajo nivel de la burocracia.

Las concesiones laborales se habían convertido durante el gobierno de Grau en 70 días del año que los dueños tenían que pagar a los trabajadores sin que estos trabajaran ; 30 días de vacaciones, 11 días por enfermedad y asuntos personales, y 27 días por la remuneración de la jornada laboral de 44 horas como si fueran 48 horas.

El poder alcanzado por los sindicatos dentro de los gobiernos del autenticismo daba lugar a que se multiplicaran los conflictos laborales, debido a que los tribunales fallarían invariablemente en contra de los patronos y a favor de los obreros.

Durante el período de posguerra se mantuvo el control de precios con su inevitable consecuencia; escasez, mercado negro y enriquecimiento ilícito de los grupos políticamente bien conectados.

69. Estanflación es una coyuntura económica en que dentro de una situación inflacionaria, la economía se encuentra estancada, y la inflación sigue creciendo.

También, el gobierno en su intervencionismo amplió la cartelización de toda una serie de industrias tales como el fósforo, el calzado, la producción de carne de res, etc., obstaculizando aún más el desempeño libre del mercado, llevando la ineficiencia y el estancamiento a todas esas ramas de la producción.

Por otra parte, bajo presión de los sindicatos, el gobierno se prestaba a desalentar el aumento de la productividad prohibiendo o dificultando la introducción de mejoras tecnológicas especialmente en la industria azucarera, en el área de la mecanización del cultivo y transporte de la caña, en el transporte del azúcar en los puertos (Sea Train y embarque de azúcar a granel), y en el aumento del ritmo productivo en los centrales. También sucedió con la industria tabacalera al impedir la introducción de la máquina torcedora; en la industria del fósforo donde las fábricas más productivas por estar más capitalizadas tenían que reducir su ritmo de producción al nivel de las pequeñas fábricas para que estas se mantuvieran en el mercado, lo mismo sucedió con la industria del calzado con la prohibición de creación de nuevas empresas productoras de calzado, etc.

Los sindicatos asumían que la introducción de nuevas tecnologías provocaban desempleo que no podría ser absorbido por otras ramas de la economía, por lo que cualquier tipo de modernización en la producción favorecería al empresario perjudicando al trabajador, razón por la cual se oponían decididamente las mejoras tecnológicas y al incremento de la productividad, en tanto presionaban a los empresarios y al gobierno por aumentos salariales y todo tipo de beneficios que cuando los obtenían lo proclamaban como "logros de la clase obrera".

En 1944, asumiendo Grau la presidencia de la República, se dictó una ley elevando el salario mínimo. El Decreto No 61 de 1944 estableció el salario mínimo a 2.00 pesos diarios, o 60.00 pesos mensuales para las áreas urbanas (poblaciones de más de 20 mil habitantes), y 1.60 pesos diarios, o 48.00 pesos mensuales, para las áreas rurales.

Un aumento del 100% del salario mínimo decretado en 1933 por el gobierno de los Cien Días.

Comportamiento macroeconómico durante el gobierno de Ramón Grau

La producción de azúcar continuó creciendo. El promedio del volumen de las zafras durante el gobierno de Grau fue un 34.3% superior al de las zafras durante el gobierno de Batista; la zafra de 1947 batió todos los récords anteriores con aproximadamente 5.7 millones de toneladas largas, y el valor promedio de las zafras fue superior a un 86.4%. Después de 1946 los norteamericanos fueron removiendo los controles de precios, y el precio promedio de la libra de azúcar crudo en 1947 fue un 62.3% mayor que el de 1945, llegando a 4.80 centavos.

Además, Estados Unidos compró las zafras de 1945, 1946 y 1947 completas. Los ingresos azucareros entre 1945 y 1947 alcanzaron los 1, 555 millones de dólares, y la balanza de pagos registró un superávit acumulado de 377 millones de dólares.

En 1947 las reservas de divisas internacionales del país sobrepasaban los 600 millones de dólares.

Los términos de intercambio fueron excepcionalmente favorables para Cuba. Entre 1944 y 1947, el nivel general de precios en Estados Unidos subió un 26.7%, en tanto el precio del azúcar subió un 94.3%, Cuba ganaba poder de compra, pero por otra parte, el nivel general de precios en Cuba aumentaba un 44.6% mientras que la tasa de cambio oficial con el dólar se mantenía fija de uno a uno incrementando la sobrevaloración del pesos cubano. Las exportaciones cubanas a Estados Unidos se pagaban a un precio conveniado, por lo que las exportaciones cubanas no ganaban en competitividad, mientras que las importaciones desde Estados Unidos se encarecían.

De todas formas con el incremento del poder de compra, y la normalización del comercio internacional, las importaciones crecieron impetuosamente. En 1944, el volumen de importaciones en comparación con el Ingreso Nacional fue el 13.9%, y en 1947 fue el 26.9%.

El per cápita en 1944 fue de 249.95 pesos, y en 1947 a valores corrientes fue de 315.35 pesos pero descontando la inflación fue solamente 218.00 pesos, lo cual significó una contracción de un 12.8%. ¿Cómo fue posible que el per cápita real disminuyera en medio de una bonanza económica que no se veía desde la Primera Guerra Mundial durante las llamadas Vacas Gordas?

El gobierno de Grau continuó con la práctica de expandir la oferta monetaria aprovechando los superávits en las balanzas de pago lo que dio lugar a un incremento de la oferta monetaria de un 60.4%. Entre 1944 y 1948 el gobierno creo 220.6 millones de pesos netos que le permitieron una ganancia por concepto de señoreaje de 80.7 millones de pesos en 1947 había 195 millones de pesos en exceso dentro del sistema económico (inflacionarios) en relación con 1944 con los cuales el gobierno financió el incremento de sus gastos, y como era habitual, la política clientelar que caracterizaba al gobierno cubano desde inicios dela República. La demanda monetaria, aunque continuó aumentando no pudo contrarrestar el efecto inflacionario, y trajo como consecuencia una elevación del nivel general de precios de un 42.3%.

A pesar del aumento del salario mínimo de 1944, y toda una serie de medidas que contribuían a incrementar el costo de la labor, el nivel de ingresos promedios reales —descontando la inflación— en 1944 fue de 66.90 pesos mensuales, y en 1947 de 60.52 pesos, lo que implica una contracción del ingreso real de un 9.5%.

La productividad del trabajo real (descontando la inflación) disminuyó un 16% debido a que el empleo creció relativamente más que el Ingreso Nacional, pero por otra parte, el nivel general de precios subió un 43.2%, en tanto el ingreso nominal de los trabajadores solamente un 30.9%, lo que representó una disminución de los costos nominales para los empresarios.

La distribución del Ingreso Nacional fue la siguiente. Expresado en %.

Año	Capital	Trabajo
1944	21.6	78.4
1947	22.5	77.5
Diferencia	.9	.0

Como se puede ver en la tabla anterior, durante el gobierno de Grau continúa la tendencia la de redistribuir el ingreso a favor del capital que había caracterizado al gobierno de Batista.

Observando detalladamente la distribución del Ingreso Nacional tenemos que:

Expresado en %.

Año	Salarios	Cuenta Propia	Capital
1944	56.3	22.1	21.6
1947	58.5	19.0	22.5
Diferencial	+2.2	-3.1	+0.9

Fuente: *Report on Cuba* Misión del Banco Mundial. Cálculos del autor.

Los perjudicados en la distribución del ingreso son los trabajadores por cuenta propia que son los que no están protegidos por los sindicatos.

El empleo en el período no tuvo grandes avances, pues la demanda de labor en la industria azucarera es muy inelástica debido a su estacionalidad, por lo que la expansión azucarera contribuyó muy poco a la creación de empleo neto.

Expresado en miles de hombres/año la situación estimada evolucionó.

Año	Fuerza de trab	Empleo	Desempleo	Índice de desempleo
1944	1,551.7	184.3	367.4	23.7%
1947	1,674.4	1,287.3	387.1	23.1%
Diferencia	+122.7	+ 103.0	+19.7	-0.6%

La creación de puestos de trabajo quedo por debajo de las necesidades, aunque tuvo lugar una ligera disminución relativa del índice de desempleo.

El auge de la economía azucarera permitió importantes ganancias a los participantes en el sector exportador, tanto empresarios como trabajadores, pero no para el capital y los trabajadores que producían para consumo interno lo que incluye al sector que trabajan por cuenta propia, ya que al valorizarse nuevamente los factores de producción vinculados a las exportaciones, los factores de producción escasos (labor y capital) vinculados a la producción para el mercado interno pierden valor relativo.

La pérdida de utilidad marginal del dinero que provoca la inflación es compensada por el elevado riesgo percibido, y por la escasez de bienes y servicios provocada por la guerra, por lo que la velocidad de circulación del dinero se ralentiza y el dinero se acumula en los depósitos bancarios.

Los depósitos en los bancos continuaron ascendieron un 58%, equivalente a 215.3 millones de pesos, pero el coeficiente de reservas muestra una ligera disminución, ya que de ser un 72.6% en 1944, en 1947 había descendido a un 67%, lo cual indica que el nivel de riesgo de la economía cubana percibido por los bancos disminuyo en un 5.6% como consecuencia de la normalización de las condiciones internacionales. Así vemos que el multiplicador del crédito mostró un modesto ascenso de un 3.4%.

En 1947, a pesar de la masiva inyección de dinero, la economía no reaccionaba, como se ve en el aumento de la demanda de dinero, o sea los excedentes se acumulan ociosos en los depósitos de los bancos. Cuba seguía dentro de lo que los economistas keynesianos denominan una trampa de liquidez, donde el aumento de la oferta monetaria no se refleja en una caída de las tasas de interés, y por otra parte continúa sumida en una situación de estanflación, o sea altos niveles de desempleo, inflación, y bajo crecimiento económico real.

Esta acumulación de dinero constituía un enorme gasto diferido con un alto potencial de crear una inflación desestabilizante en los próximos años si no se incrementaba rápidamente el Ingreso Nacional.

El impacto sobre la estructura de producción de la bonanza azucarera fue el siguiente. Expresados en % con respecto al Ingreso Nacional.

Concepto	1944	1947	Diferencia
Azúcar	25.2	40.5	+15.3.
Agric. no azucarera	14.7	14.1	-0.6
Manufactura y minería	14.3	12.2	-2.1
Construcción	2.2	2.6	+0.4
Servicios	43.6	30.9	-12.7

Como se puede ver en la tabla anterior, el incremento de la participación del azúcar dentro del Ingreso nacional abarcó todos los recursos del país haciendo retroceder al resto de las actividades con la excepción de un pequeño incremento en la construcción.

A precios corrientes, en 1947 el Ingreso Nacional fue un 34.1% mayor; el valor de la producción de azúcar fue un 115.5% mayor; el de la agricultura no-azucarera fue un 28.4%; el de la manufactura y la minería un 14.1%; el de la construcción un 57.8%, y el de los servicios había disminuido en un 5.8%.

Hay una enorme transferencia de recursos desde la agricultura no-azucarera, la industria y los servicios, hacia la producción de azúcar.

En el año 1944, las exportaciones de azúcar fueron el 79.2% del total de las exportaciones, y en 1947 había aumentado hasta el 89%.

La diversificación seguía retrocediendo, en tanto el modelo plantacionista se reestructuraba trayendo como consecuencia social el renovado aumento de la influencia política de los grupos asociados a este modelo, que constituían la élite nacional.

Los hacendados y comerciantes exportadores-importadores serían los grandes beneficiarios junto al gobierno, ya que la diferencia entre el peso y el dólar les proporcionó un equivalente de 240 millones de pesos entre 1945 y 1947, en tanto el gobierno obtuvo por concepto de señoreaje 46 millones de pesos.

El Estado bajo la presidencia de Ramón Grau

El Estado durante la presidencia de Grau fue mayor que el de Batista desde el punto de vista cuantitativo.

Mientras el gobierno de Batista contó con 655 millones de pesos en recursos, de los cuales 98 millones fueron obtenidos por concepto de señoreaje y 17.7 de un empréstito concertado representando el 18.6% del Ingreso Nacional, el gobierno de Grau contó con 1, 122.2 millones de pesos de los cuales 80.7 millones fueron obtenidos por concepto de señoreaje, y no se concertó ningún empréstito, Los recursos totales con que conto el gobierno de Grau fueron equivalentes al 21.8% del Ingreso Nacional.

Expresado en %.

Concepto	Batista	Grau
Presión fiscal	15.9	18.8
Desempeño fiscal	12.0	14.6
Gastos/Ingresos	92.3	91.9
Tamaño del gobierno	19.2	20.3

La presión fiscal es la relación de ingresos presupuestarios con respe
cto al Ingreso Nacional.

El desempeño fiscal es la relación de gastos presupuestarios con respecto al Ingreso Nacional.

En la relación de gastos contra ingresos, vemos que en los dos gobierno los ingresos superaron a los gastos, por lo que pudieron contar con un superávit que durante el gobierno de Batista alcanzó la cantidad de 35.4 millones de pesos, y durante el gobierno de Grau fueron 117.8 millones de pesos.

Durante el último año de Grau, en 1948, tuvo lugar un déficit fiscal de aproximadamente unos 50 millones de pesos, provocado sobre todo por la caída del valor de la zafra de ese año.

El tamaño del gobierno es la relación de los recursos con que contó el Estado con respecto al Ingreso Nacional; como vemos, el gobierno de Grau superó en tamaño a todos los gobiernos anteriores con excepción del de Machado que transcurrió en medio de una depresión económica, mientras el gobierno de Grau transcurre en medio de la fase alcista del ciclo económico.

Grau defraudó muchas de las esperanzas puestas en él cuando asumió la presidencia en 1944, pues su gobierno se considera que alcanzó niveles de corrupción mayores incluso que el de Alfredo Zayas, y de su antecesor Batista, y unida a ella la proliferación de bandas gansteriles que procedían a la captura de rentas del gobierno por medio del uso de la fuerza.

A pesar de que se desmantelaron toda una serie de controles que caracterizaron el Estado corporativo de Batista, el gobierno de Grau intervino activamente en la economía sobre todo estableciendo leyes y regulaciones con marcado carácter demagógico orientadas a manipular al movimiento obrero.

El Ingreso Nacional, descontando la inflación, entre 1944 y 1947 se contrajo un 0.2% anual, por lo que el período considerado superficialmente por algunos como unas nuevas Vacas Gordas, más bien se caracterizó por el estancamiento económico, elevados niveles de desempleo, altos niveles de inflación, y retroceso de la diversificación económica.

La segunda fase del "Autenticismo". Carlos Prío 1948-1952

Cuando Prío asume la presidencia de la República el 10 de octubre de 1948, se encuentra con una situación diferente a la que encontró su antecesor, lo que le llevó a iniciar una política denominada "nuevos rumbos" que desde un inicio produjo choques y fricciones con Grau, que pretendía mantener una hegemonía paternalista sobre el nuevo gobierno.

Prío buscará crear las leyes complementarias a la Constitución de 1940 estructurando durante su mandato el Banco Nacional de Cuba, Banco de Fomento Agrícola e Industrial (BANFAIC), y el Tribunal de Cuentas, e iniciar un proceso de diversificación económica.

El contexto internacional en el que se desenvuelve la presidencia de Prío fue muy diferente al de Grau; se había terminado la posguerra, y se entraba en el período conocido como la Guerra Fría, donde se enfrentaban dos bloques de naciones; el Primer Mundo formado por los países desarrollados, con gobiernos democráticos de economías capitalistas, encabezados por Estados Unidos, y el Segundo Mundo, formado por los países con regímenes socialista de economía de planificación centralizada, encabezados por la Unión Soviética.

En la periferia internacional quedaban los países subdesarrollados y coloniales formando lo que se conoció como el Tercer Mundo al cual pertenecía Cuba, y que se convertirían en el campo de batalla entre los dos bloques enfrentados.

La situación económica que hereda el gobierno de Prío como vimos, no era la bonanza que aparentaba con excepción de unas enormes reservas de divisas internacionales cuyo interés era negativo, pues la expansión monetaria de Estados Unidos le iba restando valor.

¿Cuáles eran las opiniones de los economistas cubanos y extranjeros acerca del camino que debía tomar Cuba en esta coyuntura?

Ya analizamos las opciones que se abrían ante Cuba en el contexto del nuevo orden económico internacional que se estaba estructurando después de concluida la guerra mundial; proteccionismo y sustitución de importaciones, o diversificación de las exportaciones.

Debate intelectual acerca de la economía de posguerra 1945-1952

El debate entre los economistas nacionales y extranjeros con respecto al desarrollo de Cuba se intensifica con el cambio de las condiciones de una economía de guerra a una economía de paz, en un contexto de una nueva globalización internacional, y con una institucionalidad política donde el Estado se supone debe jugar un papel central como promotor de dicho desarrollo.

El pensamiento keynesiano; Julián Alienes Urosa[70]

En 1950 Julián Alienes, economista de origen español, destacaba las principales características de la economía cubana en aquellos momentos.

1. Según los resultados del Censo Agrícola de 1946, menos de la mitad de los obreros agrícolas trabajan más de cuatro meses en el año, y no más de una décima parte trabajan más de ocho meses.
2. Poca disponibilidad de capital excepto para las actividades de exportación e importación. A la baja disponibilidad de capital contribuían las altas tasas de interés.
3. Elevado desempleo, y baja productividad por trabajador, relativamente elevados salarios nominales.
4. De acuerdo a la estadística industrial de 1945, el número medio de empleados por establecimiento industrial no pasaba de 29 obreros, y el valor medio de dichos establecimientos de unos 107 mil pesos (3, 690 pesos promedio por trabajador).
5. Escasa movilidad de los factores de producción.

Ante la inseguridad del panorama nacional, los obreros sitúan la conservación del empleo por encima de cualquier otra consideración.

Estima imprescindible la inversión extranjera para lograr crecimiento económico para la diversificación de la estructura productiva, pero piensa que esto sea un peligro por el control extranjero de la economía nacional, por lo cual considera que en todas las inversiones debe predominar el capital nacional.

Alienes es partidario de la teoría del deterioro de los términos de intercambio y considera que solamente a través de una industrialización y una política arancelaria proteccionista puede aliviarse el problema. Después de 1947 comenzó el deterioro de los términos de intercambio para Cuba los cuales se fueron tornando cada vez más desfavorables.

Consideraba la primera prioridad para Cuba, dadas las característica tan abiertas de su economía, la creación y organización de un mercado de capitales; creación de un banco de inversiones para otorgar créditos a largo plazo y canalizar los fondos monetarios que se hallaban en los bancos hacia lugares más convenientes en la economía del país, ya que en aquellos momentos la economía estaba deficientemente dotada de capitales reales.

En materia de comercio exterior consideraba oportuno la confección de un nuevo arancel que sustituyera al obsoleto Arancel de 1927, además, una revisión de los tratados comerciales con EE. UU.

También planteaba que era inevitable la creación de un banco nacional.

Julián Alienes, en un estudio titulado "*Tesis sobre el desarrollo económico de Cuba*" publicado en 1951 plantea lo siguiente:

"El desarrollo económico nacional es el proceso de aplicación sostenido y persistente de la tecnología moderna a la elevación de la productividad del trabajo, proceso hecho posible gracias a una previa y persistente corriente de inversión capaz de aumentar la dotación de capital por trabajador".

El enfoque de Alienes de introducción de tecnología moderna chocaba con el hecho de que a corto plazo la tecnología desplaza labor aunque aumenta la productividad del trabajo, por lo que la solución al desempleo a corto y mediano plazo es la disminución de las tasas nominales promedio de salarios, lo cual era combatido resueltamente por los poderosos sindicatos, trayendo como

70. Julián Alienes Urosa 1906-1976 Economista español. Fue director del Dpt de Investigaciones Económicas del Banco Nacional de Cuba.

resultado un impulso a la creación de empleo a costa de rebajar, o por lo menos de no aumentar la productividad del trabajo.

Los cambios en la productividad del trabajo en Cuba se daban fundamentalmente por los cambios en el valor de las exportaciones, o sea eran determinados de manera exógena.

Existen dos tipos de desarrollo económico según plantea Alienes en este ensayo citado; el desarrollo espontáneo, que es el que tiene lugar por medio del libre juego de las fuerzas del mercado (Alienes dice "individuales") el cual fracasó-según él- después de 1925, y "no está en manos de Cuba el ponerlo de nuevo en movimiento", y el dirigido (dirigido por el Estado), que es el que él considera factible y necesario para la situación que enfrenta Cuba, y que es el modelo de desarrollo de casi todas las repúblicas latinoamericanas en aquellos momentos.

El desarrollo económico deliberado (dirigido) requiere condiciones tales como recursos, condiciones institucionales, corporaciones de fomento y crédito a largo plazo, y determinadas condiciones sociales tales como estabilidad, respeto a la propiedad, espíritu de empresa, así como condiciones políticas para que se puedan emprender planes a largo plazo, y además plantearse metas definidas.

En realidad, Alienes entra en una importante contradicción en lo que respecta a su concepción de desarrollo económico deliberado. Está proponiendo una economía de elevado nivel de planificación, y plantea entre las condicionantes "respeto a la propiedad, y espíritu de empresa" cuando una economía planificada es exactamente lo opuesto. Mientras más amplia sea la participación del Estado, menor será el respeto a la propiedad privada, y en la medida en que el Estado amplía su participación en la economía, la iniciativa empresarial va siendo desplazada.

Alienes sostiene que uno de los problemas que contrarresta el crecimiento económico que se ha visto en los últimos años, es el incremento demográfico que continúa siendo muy fuerte.

Para llevar adelante el "desarrollo deliberado":

1. Acelerar el proceso de inversiones ya sea nacional, extranjera, o ambas.
2. Absorber la masa de desempleados estacionales.
3. Crear fuentes de empleo que absorban el desempleo que vaya produciendo el proceso de modernización tecnológica.

La tasa de inversión es insuficiente siendo necesario reducir la "preferencia por la liquidez" logrando condiciones más estables para la economía que permitan reducir la incertidumbre transformándose así parte de los ahorros en inversiones productivas.

Esta baja tasa de inversión resta posibilidades de empleo e ingreso perjudicando al país.

Es necesario que las exportaciones suministren los medios de pago necesarios para importar los bienes de capital imprescindibles, y cambiar la estructura de las importaciones sustituyendo internamente todas las que sean posibles.

Alienes se pregunta, considerando las metas hacia las cuales debe proyectarse el desarrollo.

- ¿Debe el desarrollo intensificar la producción para consumo interno, o aumentar las exportaciones? Aquí se cuestiona el modelo económico a seguir; ¿continuar aferrados al modelo tradicional de exportaciones de productos primarios y buscar ampliar los mercados? ¿Seguir los postulados que en aquello años estaba preconizando la CEPAL de industrialización por sustitución de importaciones?
- ¿El desarrollo debe tender a alcanzar preferentemente el desarrollo de la industria, o de la agricultura?

- En su ensayo se mantiene en la ambigüedad. ¿Diversificar exportaciones o sustituir importaciones? ¿Promover la inversión en la agricultura o en la industrialización?
- ¿Financiamiento con inversión extranjera o capital nacional? ¿Absorber el desempleo a partir de la creación de empleo por el gobierno o por la empresa privada?
- ¿Es posible reformar la economía sin reformar la institucionalidad vigente?

Aquí comienza el gran debate de la economía cubana que durará hasta 1960 ante a la encrucijada que enfrenta la nación después de la posguerra.

Este economista planteó por primera vez de un modo diáfano el concepto de "crisis estructural" que padecía la economía cubana. Para él, esta crisis consistía en que el crecimiento económico se estaba desarrollando a una tasa inferior a la del crecimiento demográfico por lo que el ingreso per cápita necesariamente tendería a disminuir; el modelo económico tradicional basado en la exportación de azúcar había perdido completamente el dinamismo del primer cuarto de siglo y no era posible recobrarlo, en tanto el crecimiento demográfico continuaba muy elevado, por lo que él recomendaba que se alentara la emigración, y se restringiera la inmigración.

Lo que Alienes no veía con claridad era que la ventaja comparativa de Cuba en aquellos momentos se encontraba en su abundancia relativa de labor, y que era necesario exportar labor no promoviendo emigración —lo que se estaba haciendo—, si no exportando productos de demanda elástica y alto consumo de labor, y que el único mercado disponible en aquellos momentos para Cuba era Estados Unidos, por lo que era necesario alentar la inversión norteamericana en industrias de alto consumo de labor.

El Estado planificador del desarrollo; Gustavo Gutiérrez[71]

En el año 1950, el Dr. Gustavo Gutiérrez pronunció una conferencia que después fue publicada bajo el título de "*Presente y futuro de la economía cubana*". El prólogo fue escrito por el Dr. Jorge Mañach y entre otras cosas hacía el siguiente planteamiento:

"Las cifras y los gráficos muestran que ya la economía cubana está en franco declive. Después de la bonanza posbélica va buscando niveles modestos de normalidad, en un movimiento contenido apenas todavía por las exigencias de la llamada Guerra Fría. Se acerca empero el momento de apretarse el cinturón, y esto ocurre al paso que nuestra población aumenta".

Gutiérrez en su conferencia expresa que "… el mundo experimenta una de las más grandes transformaciones políticas, sociales y económicas que recuerda la Historia, esto hace más difícil nuestra situación y reclama la dedicación de todas nuestras energías a la *planificación* de nuestro presente y de nuestro futuro" (el subrayado es mío).

> ¿Ha de continuar Cuba siendo simplemente una proveedora de azúcar para Estados Unidos y sus aliados en tiempos de guerra, para caer en la miseria en tiempos de paz, o debe acometer de una vez la diversificación de su producción que dispone la Constitución vigente?

Respecto a la industria azucarera como principal proveedor de ingresos para el país dice:

> Ante el complicado y difícil panorama azucarero, grandemente fuera de nuestro control, no parece sensato continuar pensando que debemos hacer cuantos sacrificios sean necesarios para restaurar la economía cubana alrededor y en función del azúcar.

71. Gustavo Gutiérrez Sánchez 1895-1959. Abogado; político; economista; diplomático. Ocupó muchas posiciones en distintos gobiernos de la República. Durante el último gobierno de Batista fue ministro de Hacienda y de Economía.

Y más adelante señala como factores de resistencia interna a cualquier programa de diversificación planificada:

> Algunas personas de mentalidad colonial, piensan que dado el papel preponderante del azúcar en la economía cubana, la política económica debe estar orientada exclusivamente a mantener nuestra especial posición en el mercado norteamericano, y a colocarnos en condiciones de competir a bajo precio en el mercado mundial, aunque sea necesario reducir los niveles de empleo, o sobre todo los salarios de los azucareros sin preocuparse gran cosa del resto de la población.

A partir del año 1949, la Junta Nacional de Economía presidida por Gustavo Gutiérrez comenzó a elaborar un plan denominado Programa Nacional de Acción Económica (PNAE) para ser presentado al presidente Carlos Prío Socarras.

En la introducción se analiza la situación de Cuba frente al panorama económico de aquellos momentos.

> La nación cubana confronta los primeros síntomas de una contracción que se manifiestan a través de una disminución de las exportaciones y de las recaudaciones fiscales producida por:
>
> 1. Transformación de la economía de guerra a la economía de paz.
> 2. Replanteo de la economía nacional.
>
> La transformación de la economía de guerra a una economía de tiempos de paz demuestran que nuestro país no puede tener una política económica dependiente de la buena voluntad de otros países. Necesitamos tener una política económica propia.
>
> La obtención de recursos deberá descansar más bien en la movilización del crédito privado nacional o extranjero, pues el Banco Mundial solo hace préstamos en condiciones extraordinariamente limitadas.
>
> El objetivo principal del PNAE será aumentar y hacer más estable el Ingreso Nacional a través.
>
> 1. Elevar la productividad del trabajo.
> 2. Incrementar el empleo productivo.
> 3. Alcanzar mayor continuidad en el trabajo a través del tiempo y la intensidad.
> 4. Mantener y mejorar nuestra posición en el comercio exterior.
> 5. Mejorar la distribución de la renta nacional entre sus distintos receptores siempre y cuando no perjudiquen las posibilidades nacionales de inversión.
> 6. Impulsar la capitalización nacional en el sentido de incrementar y mejorar la dotación de capital por empleado.

Se plantea que el programa puede realizarse con fondos del empréstito de 120 millones que otorgó el Banco Nacional de Cuba al gobierno de Prío.

Es interesante señalar que ante el fracaso evidente de la institucionalidad redistribucionista establecida a partir de la Constitución de 1940, la mentalidad va cambiando desde un Estado redistribuidor, a un Estado propiciador de crecimiento económico, lo que llevará a una tensión adicional dentro del Estado socialdemócrata entre lo que serían los redistribucionistas y los desarrollistas por una parte, y entre los desarrollistas y los partidarios del modelo tradicional de exportaciones.

Gustavo Gutiérrez será uno de los principales exponentes del desarrollismo en Cuba como vemos a continuación.

En otra parte de esta conferencia Gutiérrez indica:

> No nos explicamos el afán de algunas personas en poner el azúcar por encima del resto del país como si los hacendados fueran una casta superior y todo el resto de los habitantes de Cuba una asamblea de indigentes.
>
> Convendría que esa pretenciosa y pequeña plutocracia que asoma anacrónicamente la testa, estudiasen un poco más de economía cubana para que se convencieran de la necesidad de una economía nacional diversificada.
>
> *De mantenerse el tabú del hacendado colonial, no seremos nosotros si no las masas rugientes las que un día, de un zarpazo destruirán la vanidad adinerada y demandarán la nacionalización de la industria* (el subrayado es mío).

Otro estudio importante de este período elaborado por economistas cubanos es el de Gustavo Gutiérrez publicado en 1951 con el título "*El desarrollo económico de Cuba*".

En este estudio se hace un análisis muy documentado del desempeño de la economía cubana hasta 1950, llegando también a la conclusión de que Cuba se encuentra en una situación comprometida, que su modelo económico no funciona ya, y que se hacen necesarias reformas o de lo contrario el país puede sufrir serios problemas sociales.

Para afrontar las reformas estructurales necesarias, Gutiérrez concluye que es indispensable que el Estado se convierta en protagonista en el proceso económico.

"Los desequilibrios ocasionados por las dos guerras mundiales en la economía capitalista tradicional han transformado en realidad operante la acción del Estado en la economía nacional".

"Entre nosotros, la acción del Estado se ha hecho indispensable, no solo por las necesidades de guerra en los períodos bélicos, si no aún en tiempos de paz, para proteger la economía nacional de las presiones internacionales, y para mitigar los daños de las luchas entre empresarios y trabajadores".

A continuación plantea sus temores con respecto a la acción del Estado.

"Es necesario admitir sin embargo que la acción del Estado ha sido muchas veces contraproducente, y que en otras ha resultado tan costosa que no es recomendable. Ello ha ocurrido por falta de instrumentos económicos y financieros especialmente establecidos con ese objeto...".

Según Gutiérrez, el problema de la intervención del Estado en la economía se encontraba en un problema de creación de organismos e instituciones adecuadas, si estas se crean, el Estado -piensa él- sustituye perfectamente al mercado (al empresario) en las decisiones acerca de la asignación de recursos escasos de manera eficiente. Curiosamente, Gutiérrez está de acuerdo con la forma de pensar de la economía socialista, donde el burócrata sustituye al capitalista en las decisiones económicas.

Mas adelante continúa diciendo:

"El gasto público merece especial atención porque es la manera más eficiente de combatir el desempleo y el subempleo que gravitan sobre el pueblo cubano".

Esos instrumentos de planificación centralizada de la economía de los que habla Gutiérrez fueron creados; Comisión de Fomento Nacional en 1941; Junta Nacional de Economía en 1943; Banco Nacional de Cuba, y Banco de Fomento Agrícola e Industrial (BANFAIC) en 1950 y el Tribunal de Cuentas en 1950.

Gutiérrez considera que el gran objetivo de la política económica cubana debe ser combatir el desempleo y aumentar el Ingreso Nacional. Se iba abandonando el concepto del Estado como organismo redistribuidor de riquezas que predominó entre 1933 y 1952 y pasando al de Estado impulsor de crecimiento económico que será la concepción predominante entre 1950 y 1958.

"Nos encontramos en el período más propicio de nuestra historia".

"El pueblo cubano puede aprovechar la presente oportunidad para comenzar la sustitución de su actual economía estática por otra dinámica, creciente y diversificada, evitando así su dependencia de un solo cultivo".

Los poderosos hacendados, colonos y sindicatos azucareros se oponían decididamente a un proceso de diversificación económica que implicara medidas proteccionistas que pudieran perjudicar su posición dentro de la cuota azucarera norteamericana, así como también ante la posibilidad de que se tomaran medidas contra la existencia del latifundio, y que pudieran perder el mercado cautivo de fuerza de trabajo barata, atrincherándose detrás de una ideología conservadora de mantenimiento del statu quo. Por otra parte, economistas, industriales, agricultores no-azucareros, y la banca nacional, las clases medias, los profesionales, y los empleados del Estado, eran más inclinados a reformas económicas tendientes a la diversificación a partir del impulso y apoyo del Estado.

La visión económica de la élite azucarera

Los hacendados cubanos y los grandes colonos habían emergido de la guerra mundial y la posguerra como el grupo más poderoso de la sociedad republicana; dueños de la principal industria del país, y logrando enormes ganancias concentradas en un pequeño grupo de familias y compañías.

Los hacendados, colonos y líderes sindicales azucareros se oponían a los planes de industrialización y diversificación de la economía, especialmente a partir de 1948 cuando se reestablece el sistema de cuotas azucareras, y ante el temor de que medidas proteccionistas por parte de Cuba para promover la diversificación puedan traer como consecuencia represalias norteamericanas que afecten la cuota azucarera.

El vocero de los azucareros de Cuba era en aquellos momentos el hacendado José Manuel Casanova, presidente de la Asociación Nacional de Hacendados de Cuba.

En un ensayo publicado en 1949 bajo el título de "*El patrón económico de Cuba*" Casanova expresa lo siguiente:

"Como es posible que ningún gobernante, líder obrero, profesional universitario, periodista, dirigente público o privado, piense que en Cuba puede haber otra economía que no sea la determinada por el azúcar… abandonar o debilitar nuestra producción natural, dejando de darle el impulso necesario para hacerla cada vez más fecunda… cambiando esta política para la creación de nuevas industrias sin plenitud de abastos de materias primas nacionales, a base de reducción de impuestos, no parece una concepción afortunada para expansionar la economía nacional".

Apoyando el punto contrario al proteccionismo que implicaría la diversificación se planteaba el argumento del encarecimiento del consumo en momentos en que se percibía la caída en el precio del azúcar, lo cual exigía una reducción en los costos de producción.

El único plan de diversificación que la élite azucarera apoyaba era a partir de lo que llamaban las industrias naturales, que eran las industrias que empleaban materias primas nacionales, produciendo a bajo costo.

En ese mismo ensayo Casanova planteaba que: "Las industrias deben ser clasificadas en naturales y artificiales. Las naturales deben tener toda clase de protección. Respecto a las artificiales, deben mantenerse las existentes dándoles una protección razonable sin daño a los tratados internacionales".

En 1948 se celebró la "Conferencia para el progreso económico nacional" convocada por la Asociación Nacional de Industriales de Cuba (ANIC), y en ella se plantearon toda una serie de criterios y recomendaciones que iban dirigidas a lograr una mayor participación de la gestión estatal en la economía, con el objetivo de la diversificación. A pesar de la asistencia a la misma de representantes de la Asociación Nacional de Hacendados de Cuba, así como de la Asociación Nacional de Colonos de Cuba, estos no firmaron la declaración final que fue remitida al presidente Carlos Prío, por no encontrarse de acuerdo.

La aproximación monetaria; Henry Christopher Wallich[72]

El economista germano-americano Henry Cristopher Wallich, profesor de la Universidad de Yale, durante el año 1949 desarrolló algunas investigaciones en Cuba en relación con la creación del Banco Nacional, y publicó un libro titulado"*Problemas monetarios de una economía de exportación.*

En dicha obra analiza la historia monetaria de la República de Cuba, y aborda la problemática monetaria del país desde el punto de vista de la economía keynesiana que en aquellos años dominaba completamente el mundo académico.

El parte de la idea establecida por dicha teoría de que el ciclo económico es un fenómeno inherente al funcionamiento del sistema capitalista, y establece la división, a partir de la existencia inevitable del ciclo, entre las economías desarrolladas que caracteriza como economías de inversión, y las economías no desarrolladas, como economías de exportación. En el primer caso, la variable estratégica (de la cual depende en gran medida el resto de la economía) es la inversión y en el segundo la exportación.

Para Wallich el Ingreso Nacional entra en equilibrio cuando la suma de las variables independientes; inversión, exportaciones, y gasto público, es igual a la suma de las variables dependientes que son ahorro, importaciones y recaudación de impuestos.

En una economía subdesarrollada, al ser las exportaciones la principal variable, esto significa que las fluctuaciones en el nivel de las exportaciones determinan en gran medida la inversión y el gasto público, y las exportaciones a su vez dependen de fuerzas fuera de su control o sea del mercado internacional, por tanto, los auges y depresiones en los mercado extranjeros repercuten de una manera más severa que en las economías desarrolladas que son donde se originan.

Un factor que amortigua la severidad del impacto del ciclo en las economías subdesarrolladas es la existencia de un gran sector de economía autosuficiente desvinculado del sector exportador, y este no es el caso de Cuba donde este sector es pequeño, por lo que el impacto de las oscilaciones del ciclo es especialmente severo.

En las economías de exportación, el efecto del ciclo económico se trasmite a través de las balanzas de pago. Una economía de exportación gana liquidez durante el auge, y pierde liquidez durante la depresión, y las balanzas de pago están regidas por las condiciones en el extranjero.

De acuerdo al modelo que describe Wallich para una economía como la de Cuba:

En las economías de exportación, durante la fase expansiva del ciclo económico, se gana gran cantidad de liquidez a través de los superávits en las balanzas de pago. Esto da lugar a un aumento del ahorro, la disminución de los tipos de interés, aumento de la inversión y de las importaciones, aumento de las recaudaciones de impuestos y del gasto público, inflación monetaria y de precios.

Durante la fase contractiva del ciclo tiene lugar una pérdida de liquidez debido a los déficits en las balanzas de pagos, disminución del ahorro, aumento de los tipos de interés, contracción de la

72. Henry C Wallich 1914-1988 Economista germano-norteamericano especialista en banca central. Trabajó para la Reserva Federal, fue profesor de la Universidad de Yale, asesor económico del presidente Dwight Eisenhower. Se especializó en economías de países subdesarrollados. Trabajó en Cuba, Puerto Rico y República Dominicana.

inversión y de las importaciones, disminución de las recaudaciones de impuestos y del gasto público y deflación monetaria y de precios.

La Banca Central, según Wallich, en una economía de exportación tiene como objetivo mantener el equilibrio interno utilizando de manera adecuada los instrumentos a su disposición en las diferentes fases del ciclo.

En dicha obra Wallich plantea "Un banco central en Cuba era visto no tanto como un mecanismo de regulación monetaria si no como una máquina creadora de crédito".

Sin embargo, la función principal de un banco central en una economía de exportación es la de llevar adelante una política anticíclica para mantener el equilibrio económico interno.

¿En qué consiste la política anticíclica de un Banco Central?

En esencia consiste en influir sobre la oferta monetaria y los tipos de interés.

Para mantener el equilibrio interno, cuando el ciclo económico se encuentra en su fase alcista, el Banco Central debe aplicar una política restrictiva, y a la inversa, cuando se encuentra en la fase de depresión, se deben aplicar políticas expansivas.

El Banco Central cuenta con tres instrumentos principales:

1. La política de redescuento.
2. Variación del coeficiente legal de caja.
3. Operaciones de mercado abierto.

Las políticas de redescuento consisten esencialmente en los intereses que cobra el Banco Central sobre los préstamos a los bancos comerciales. De esta forma alienta o desalienta a los bancos a que pidan más o menos dinero, incrementando la oferta monetaria, aumentando o disminuyendo las tasas de interés de los bancos comerciales, y así promoviendo o desalentando la inversión.

El coeficiente legal de caja es el porcentaje obligatorio mínimo que los bancos comerciales tienen que mantener como reservas liquidas; en Cuba siempre fue el 25% de los depósitos en cuentas corrientes. Si se disminuye o se eleva el coeficiente de caja, los bancos pueden prestar más o menos, aumentando o disminuyendo la oferta monetaria y alentando o restringiendo la inversión.

Las operaciones de mercado abierto en esencia, son las compras y ventas por parte del banco central de títulos de la deuda pública. Cuando el Banco Central compra títulos de deuda (u otros activos), está aumentando la oferta monetaria, y a la inversa, cuando vende, contrae la oferta monetaria.

En la fase de auge del ciclo económico, el Banco Central trata de contraer la oferta monetaria, y aumentar las tasas de interés, esto es lo que se llama una política monetaria restrictiva.

Aumentan las tasas de redescuento, aumenta el coeficiente de caja, y se retira dinero de la circulación vendiendo títulos de deuda pública.

En la fase depresiva del ciclo económico, la operación del Banco Central tiene lugar a la inversa.

Para Wallich, estas eran las funciones esenciales del Banco Nacional de Cuba, y no ser una máquina creadora de crédito barato.

Cuando él visita a Cuba, a fines de la década de 1940, la economía cubana se encontraba en la fase de auge, pero el país no contaba con un Banco Central para llevar adelante una política monetaria coherente.

Las balanzas comerciales arrojaron grandes superávits debido al aumento de las exportaciones entre 1941 y 1950, y a la limitación de las importaciones debido a las condiciones impuestas por la Segunda Guerra Mundial.

La liquidez en los bancos creció de una forma sin precedentes, pero no así las inversiones que se mantuvieron restringidas, casi todo el nuevo dinero creado por el gobierno fue a parar a las cuentas bancarias sin estimular para nada la inversión; las exportaciones crecieron de manera relativa menos que las importaciones, y las recaudaciones de impuestos crecieron más que el gasto público. La política monetaria del gobierno, durante ese período, en vez de ser anticíclica, fue pro cíclica; la oferta monetaria entre 1940 y 1950 creció en 4.82 veces en tanto el Ingreso Nacional crecía en un 3.08 veces, lo cual creó una inflación monetaria que se acumuló a una tasa anual del 5.6%, dando lugar a una pérdida de poder de compra del peso cubano de un 56.4% en 1950 con respecto a 1940, por ello la situación económica de Cuba al finalizar las década de 1940 se podía describir como de estanflación, aunque ese término no existía en aquellos tiempos.

La estanflación describe una situación económica de elevada inflación, junto a altos niveles de desempleo y débil crecimiento.

La fase alcista del ciclo económico entre 1940 y 1950 en Cuba, se caracterizó por un incremento de la oferta monetaria, aumento del ahorro, aumento de la inflación, pero no disminuyeron los intereses, ni aumentó significativamente la inversión; el multiplicador del crédito se contrajo un 7.7% lo cual constituía una situación anómala según la teoría keynesiana del ciclo económico.

Para la economía keynesiana, dado que el interés es el precio del dinero prestado, cuando aumenta la oferta monetaria más que la demanda monetaria, los intereses disminuyen, y la inversión se incrementa, pero esto no sucedió en Cuba entre 1940 y 1950; se gastó e invirtió menos relativamente, el ahorro aumentó, y las tasas de interés se mantuvieron elevadísimas a pesar de una disminución de la preferencia temporal, y esto era debido al riesgo y la incertidumbre inherente a una economía tan vulnerable a los auges y caídas de la demanda y precios del azúcar en los mercados internacionales, por tanto, la función de un banco central en Cuba era vista por Wallich como un instrumento imprescindible para resolver este problema; disminuir el riesgo y la incertidumbre, promover la inversión, la diversificación, y disminuir el desempleo estabilizando los efectos del ciclo.

Wallich consideraba que en una economía de inversión, el papel fundamental del Banco Central era la regulación de la oferta monetaria a través del crédito, mientras que en una economía de exportación, su función principal era mantener el equilibrio interno.

Un banco central que se creara en Cuba con estos objetivos, reduciría el riesgo y la incertidumbre, propiciando la formación de un mercado de capitales, facilitando de esta forma que el enorme ahorro acumulado se canalizara hacia inversiones productivas eficientes, basadas en tasas de interés determinadas por el mercado, pero el banco central que se iba a crear en Cuba tenía otros objetivos que eran producir crédito artificialmente barato para canalizarlo hacia inversiones basadas en criterios más políticos que económicos.

El comportamiento monetario del gobierno cubano dejaba bien claro cuál sería el papel que jugaría el Banco Central cuando entrara en funcionamiento; creación de crédito barato para promover el empleo de los recursos productivos ociosos del país, especialmente labor.

Cuando se creó el Banco Nacional de Cuba en 1950, y su primer presidente fue el economista Felipe Pazos Roque, la visión fue más cercana a las ideas planteadas por Wallich, pero después de 1952, bajo la presidencia del BNC de Joaquín Martínez Sáenz, se pasó a la concepción de creador de crédito barato para financiar los planes de desarrollo del gobierno de Batista.

Report on Cuba del "Banco Internacional para la Reconstrucción y Fomento"

El otro estudio de importancia general acerca de la situación económica de Cuba en 1950 fue el que realizó una misión de expertos del Banco Internacional para la Reconstrucción y el Desarrollo (que después se convirtió en el Banco Mundial). Este estudio fue llevado a cabo a solicitud el gobierno de Carlos Prío.

El informe de la misión se publicó en julio de 1951 bajo el nombre de *Report on Cuba.*

Este informe recorre una gran cantidad de aspectos en busca de un diagnóstico lo más completo posible de la realidad económica del país en aquellos momentos, elaborando recomendaciones acerca de las medidas necesarias a tomar para superar lo que ellos reconocen como problemas más urgentes que enfrenta la República de Cuba. Constituye el análisis económico más completo que se realizó durante el período republicano.

El reporte es muy extenso, tiene más de mil cien páginas más las tablas y mapas que lo acompañan, dividido en diez libros, y al final de la mayoría de los capítulos se hacen recomendaciones relacionadas al contenido de los mismos. Constituye el estudio de la economía cubana más completo que se realizó durante la República.

Lo primero que plantea el reporte es que Cuba tiene un problema y una oportunidad.

"Su problema es reducir su dependencia del azúcar, no produciendo menos azúcar, si no desarrollando empresas adicionales. Su oportunidad está en la presente prosperidad que le ofrece los medios para diversificar la economía" Los autores del reporte se están refiriendo a la reserva de divisas acumuladas en aquellos momentos, que eran las mayores de América Latina después de Argentina. En 1950 las divisas acumuladas alcanzaban la cantidad de 568.3 millones de dólares, que respaldaban el 106% de todo el dinero nacional sujeto a reserva, lo que hacía que Cuba tuviera uno de los sistemas monetarios más sólidos del mundo en aquellos momentos. "... es importante para Cuba tomar ventaja inmediata de esta oportunidad. Esto es debido a que el crecimiento de la economía cubana no se ha igualado con las necesidades de la población existente, y menos con las generaciones venideras".

Haciendo una comparación entre mantener una política de statu quo frente a una política dinámica, el informe va describiendo los principales problemas que deben corregirse (política de statu quo), y las soluciones que recomienda de forma general (política dinámica).

La política que se ha venido manteniendo hasta aquel momento -señala el informe- es la política redistributiva donde algunos grupos han buscado ampliar su participación en el producto nacional a través de presiones políticas y legislación, beneficiándose a expensas del resto de la sociedad. La misión recomienda que el país debe orientarse al crecimiento del producto nacional a través de mayor eficiencia y cooperación social.

Respecto al problema del desempleo se plantea que debe desecharse la política de congelar los trabajos existentes y prohibir despidos así como requerir más empleados de lo necesario, y agrandar la nómina del gobierno a través de conexiones políticas cobrando salarios sin hacer nada.

Este tipo de política de hacer más rígido el mercado de labor era uno de los problemas más graves de la economía cubana y una de las principales causas del desempleo crónico que padecía el país.

Entre las recomendaciones de la Misión para reducir el desempleo se encuentra la búsqueda de soluciones más bien tangenciales; alentar la eficiencia, buscar nuevos productos, emprender proyectos públicos, etc., o sea crear trabajos públicos y en áreas nuevas que absorban el desempleo sin tener que enfrentar la necesaria flexibilización del mercado laboral.

Otro de los problemas señalados en el informe es el referente a la actitud hostil al cambio tecnológico y la mecanización ante el temor de que la introducción de nueva tecnología dé lugar a desplazamiento de fuerza de trabajo aumentando el desempleo. La Misión plantea que es necesario hacer énfasis sobre las nuevas oportunidades para trabajadores y negocios en una economía flexible.

Debido al poco dinamismo de la economía, el problema del desempleo causado por la introducción de mejoras técnicas es un problema de difícil tratamiento, por lo que recomiendan que el gobierno cree un sistema de compensaciones por desempleo temporal así como programas de reentrenamiento para los trabajadores en nuevos empleos.

Los intereses nacionales demandaban del gobierno políticas proteccionistas con altos derechos sobre las importaciones para excluir productos extranjeros competitivos, e intentaba sofocar la competencia interna a través de la creación de cártels y un sinnúmero de regulaciones.

El estudio de la Misión planteaba que era necesario competir en los mercados extranjeros y domésticos a través de bajar los costos, lograr mayor eficiencia, así como aumentar la calidad. Esto solo era posible a través de fuertes inversiones en nueva tecnología y nuevos métodos organizativos.

En los tiempos en que el precio del azúcar ha sido alto, el gasto gubernamental ha aumentado sin planeamiento, los capitalistas, obteniendo altas ganancias, han tratado de invertir lo menos posible.

En ningún momento se ha aprovechado la oportunidad favorable para mejorar el capital acumulado en el país, diversificar la economía, y traspasar la fuerza laboral desde industrias obsoletas a otras nuevas.

La misión del BIRD en 1950 estimaba que Cuba se encontraba atrapada en un círculo vicioso. Una economía de exportación que era cada vez menos competitiva en un mundo donde el nacionalismo económico y el proteccionismo estaban desapareciendo, con gran cantidad de recursos ociosos pero con una estructura institucional que impedía su movilidad hacia una utilización más eficiente de los mismos.

El diagnóstico de la Misión se plantea en los siguientes términos.

- Naturaleza del círculo vicioso:
- Inseguridad y ansiedad resultado de la inestabilidad, el estancamiento y el desempleo crónico en la economía cubana.
- Demandas injustificadas por parte de los trabajadores y sus líderes inclinados a explotar cualquier ventaja temporal en el poder de negociación.
- Disminución de la eficiencia al desaparecer los incentivos tanto por parte de los trabajadores como para los capitalistas. Al caer la eficiencia o no aumentar, los costos de producción son cada vez más elevados.
- Desaliento del espíritu empresarial ya que los hombres con dinero no invierten en nuevos negocios con los cuales se incrementaría el empleo y la producción en Cuba. El capital o abandona el país o se inmoviliza en los bancos.
- La diversificación se retrasa en el país. El incremento de buenas oportunidades de trabajo es mucho más lento de lo que debería ser.
- La inseguridad que resulta del desempleo crónico y de la inestabilidad de las fluctuaciones estacionales de la economía cubana continúan manteniendo un estado de ansiedad generalizada entre los trabajadores.

El impasse que tiene lugar en aquellos momentos con sus efectos sofocantes sobre la economía confronta a Cuba con dos alternativas.

Tiene lugar un mejoramiento significativo en las relaciones entre labor, capital y gobierno a fin de crear un mejor clima para la inversión y el empresariado para así expandir el empleo para los trabajadores *(Estado corporativista)*.

Si esto no sucede y se mantiene el statu quo se irá produciendo un deterioro progresivo de la situación económica de Cuba. Externamente su habilidad de competir en el mercado mundial se reducirá. Internamente, la producción, el empleo y el ingreso sufrirán, crecerá la tensión social con el peligro de alguna forma de dictadura que surgirá para *"resolver el problema del país"*.

Este reporte fue publicado en julio de 1951; en marzo de 1952, ocho meses después se producía un golpe de Estado que instauraría un gobierno autoritario, comenzando el último capítulo de la historia de Cuba republicana.

La experiencia histórica demuestra que las dictaduras surgen desde la derecha y de la izquierda en el espectro político. Para las dictaduras de derecha el principal objetivo ha sido poner a los trabajadores "en su lugar". (Las dictaduras militares de Chile, Argentina, Brasil, etc.). En el caso de las dictaduras de izquierda, como ellos proclaman que son el "Estado de los trabajadores", los sindicatos pierden completamente su razón de ser (Cuba después de 1959). En un tercer tipo de régimen los sindicatos son usados como herramienta política del Estado. En los tres casos los sindicatos desaparecen.

Cuando Batista da el golpe de Estado el 10 de marzo de 1952, algunos pensaron que el nuevo gobierno "pondría en su lugar" a los trabajadores, pero Batista más bien usó a los sindicatos como herramienta política, por lo que su gobierno no puede ser comparado con otras dictaduras latinoamericanas que aplastaron los movimientos obreros.

Situación macroeconómica de Cuba durate la segunda fase del "Autenticismo" 1948-1952

A iniciarse la presidencia de Carlos Prío Socarrás vemos que el azúcar absorbía prácticamente todos los recursos del país, pero la situación del mercado azucarero irá cambiando al recuperarse la producción en áreas que fueron desbastadas por la guerra y por consiguiente empiezan a aumentar los excedentes en los mercados consumidores.

En el año 1948 se reanuda la cuota azucarera otorgándole a Cuba un 29.6% del consumo norteamericano, además de un porciento de los incumplimientos de las cuotas de otras áreas, pero Estados Unidos seguía comprando grandes cantidades más allá de lo estipulado en la cuota, además Cuba se mantuvo vendiendo cantidades importantes a Gran Bretaña, así como a la República Federal Alemana.

El inicio de la Guerra Fría a partir de 1948, y la Guerra de Corea entre 1950 y 1953 mantuvieron la situación internacional favorable a una alta demanda de azúcar que permitió a Cuba mantener grandes producciones.

El precio promedio pagado entre 1948 y 1952 fue un 1% inferior al de 1947, y aunque el volumen promedio de las zafras fue un 2% superior, el valor promedio de la zafras fue un 7.1% inferior. Cuba abasteció a Estados Unidos en este periodo de un 39.5% de su consumo, que representó unos 13.6 millones de toneladas largas.

Cuba produjo casi 29 millones de toneladas largas, de las cuales le vendió a Estados Unidos 13.6 millones, el consumo nacional fue de 1.5 millones, quedó en almacenes en 1952 aproximadamente 1.8 millones, y se vendió a otros países unas 12 millones de toneladas, las cuales se pagaron a un precio inferior al pagado por Estados Unidos, por lo que el comercio exterior de Cuba entraba en una etapa crítica una vez más.

Estados Unidos, a partir de la hegemonía absoluta que obtiene el dólar dentro del sistema monetario mundial luego de la conferencia de Bretton Woods en 1944, comienza una política que resultará en despojo de riquezas para muchas naciones, especialmente las repúblicas latinoamericanas que habían acumulado grandes reservas en dólares, y entre ellas Cuba, que será especialmente afectada.

La Reserva Federal de Estados Unidos desde 1948 comienza una expansión de la cantidad de dólares, que conduce a su devaluación, encareció sus exportaciones y abarató sus importaciones, con un "Efecto Cantillon" a nivel internacional, debido a su condición de moneda de reserva mundial.

Tiene lugar entonces una redistribución de poder de compra desde las reservas en dólares acumuladas durante la guerra sobre todo por los países de América Latina, hacia Estados Unidos, por lo que a estas repúblicas no les queda más remedio que comprar productos o deuda norteamericanos, mientras ven limitadas sus exportaciones de materias primas, las cuales no se encuentran incluidas dentro de las cláusulas del Acuerdo General de Comercio (GATT). El resultado es un rápido deterioro de los términos de intercambio para estos países.

El efecto para Cuba en su relación comercial con Estados Unidos en el nuevo orden internacional podríamos resumirlas de la siguiente forma:

1. Las reservas en dólares van prediendo valor, por lo que se hace necesario comprar bienes, servicios o deuda norteamericana.
2. Las exportaciones cubanas hacia Estados Unidos, al estar sometidas a una cuota con precios establecidos no se benefician de la devaluación del dólar.
3. El aumento del nivel general de precios en Estados Unidos por encima del aumento del precio del azúcar crea un deterioro de los términos de intercambio sostenido.
4. Las exportaciones cubanas están limitadas por una cuota fija, mientras que las exportaciones norteamericanas hacia Cuba son ilimitadas, produciéndose de esta manera un comercio asimétrico altamente prejudicial para nuestro país.
5. La paridad fija de uno a uno con el dólar encarece las exportaciones cubanas haciéndolas poco competitivas fuera de Estados Unidos, lo que dificulta mucho diversificar los mercados.

El resultado fue que por primera vez desde 1921, en 1948 la balanza comercial con Estados Unidos fue deficitaria en 181 millones de dólares, impactando en la balanza de pagos general que acumuló un déficit de 274.1 millones de dólares.

El valor de las importaciones desde Estados Unidos crecieron en el promedio un 9.2% más que las exportaciones.

El contexto en que se encontraba el comercio exterior cubano durante esta etapa en resumen, era de términos de intercambio desfavorables, depreciación acelerada de las reservas internacionales acumuladas, y falta de competitividad en los mercados internacionales.

Sin embargo la existencia de grandes reservas internacionales eran vistas como una situación extremadamente favorable, ya que le permitirían a Cuba iniciar el proceso de cambio de estructura de producción necesario para el logro de la "independencia económica" tal como proponían entre otros, los economistas Gustavo Gutiérrez, Julián Alienes, Joaquín Martínez Sáenz, etc.

A pesar de una situación internacional adversa como hemos explicado, la situación macroeconómica interna se desarrolló de favorablemente, posible por la existencia de las grandes reservas de divisas acumuladas que permitieron, hasta cierto punto, aislar la economía interna de los desequilibrios que estaban teniendo lugar en los mercados internacionales sirviendo como un amortiguador.

Las reservas internacionales disminuyeron en 104 millones de dólares, entre 1947 y 1952, o sea, se contrajeron un 17.3%, respaldando el 79.5% del dinero cubano sujeto a reserva, lo que a pesar de todo la economía cubana se veía extraordinariamente sólida en comparación con la mayoría de los países del mundo en aquellos momentos que se encontraban casi completamente carentes de dólares.

El gasto diferido acumulado entre 1941 y 1947 comenzará a materializarse debido sobre todo a la normalización del comercio internacional, a la entrada en operaciones del Banco Nacional de Cuba en 1950, y a una política monetaria anticíclica de las autoridades monetarias, disminuyendo así la incertidumbre y la inflación. Esta coincidencia de factores produjeron un efecto de incremento del consumo y la inversión (gasto) que fue saludable para la economía.

La demanda de dinero finalmente comienza a disminuir, y entre 1947 y 1952 lo hace en un 16%, y la oferta monetaria de forma relativa se incrementa solamente en un 3.6 %, lo que da lugar a una disminución del excedente monetario inflacionario por valor de 193 millones de pesos.

El efecto sobre los intereses de esta combinación de factores de disminución de riesgo, incertidumbre e inflación, fue una caída de las tasas de interés; las reservas de efectivo de los bancos disminuyeron contrayendo el coeficiente real de reservas a solamente un 36.6% de haber sido un 67.2% en 1947. Esto es un claro índice de la disminución del riesgo percibido por los bancos. El multiplicador del crédito aumentó un 37%; los préstamos aumentaron en casi 270 millones de pesos, en tanto la velocidad de circulación del dinero, que indica el aumento del gasto (inversión + consumo) aumentó un 20%. La inversión bruta del período la estimamos en casi 1, 500 millones de pesos.

La política monetaria durante el gobierno de Prío fue conservadora y anticíclica a diferencia de lo que había sido desde 1934, La demanda de dinero aumentó más rápido que la oferta, lo que dio lugar a un ligero incremento del nivel general de precios que en realidad fue insignificante, por lo que se puede decir que hubo una estabilidad de precios que no se veía desde la primera mitad de la década de 1920.

La economía del país se revitalizaba, y el aumento del gasto que se había mantenido diferido no provocó inflación debido al amortiguador que se manifestó a través de la disminución de las reservas internacionales, y la política monetaria restrictiva que llevó adelante el gobierno.

¿Cuál fue el impacto sobre la estructura de producción del país del cambio de paradigma económico tanto externo como interno?

Expresado en % en relación con el Ingreso Nacional.

Concepto	1947	1952	Diferencia
Azúcar	40.5	33.5	-7.0
Agric no-azucarera	14.1	13.0	-1.1
Manufactura y minería	12.2	14.0	+1.8
Construcción	2.6	3.2	+0.6
Servicios	30.6	36.3	+5.7

Se observa una clara disminución relativa de la agricultura dentro de la economía, y especialmente un retroceso del azúcar, en tanto las actividades no-agrícolas aumentan su peso específico dentro del Ingreso Nacional.

A valores corrientes, entre 1947 y 1952, el Ingreso Nacional creció un 23.5%. El valor de la producción de azúcar creció un 2.2%; el de la agricultura no-azucarera creció un 13.7%; el de la manufactura y la minería un 41.9%; el de la construcción un 47.2%, y el de los servicios un 46%.

En términos absolutos, todos los sectores económicos crecieron, pero las actividades agrícolas en su conjunto solo crecieron un 5.2%, o sea por debajo del crecimiento del Ingreso Nacional, en tanto las actividades no agrícolas lo hicieron en un 45.6%, lo que indica que durante este período tuvo lugar una importante transferencia de recursos desde las zonas rurales a las urbanas.

¿Cómo se comportó el mercado laboral?

En 1947 la fuerza de trabajo era aproximadamente un millón 675 mil individuos, y el empleo un millón 288 mil individuos; en 1952 la fuerza de trabajo eran dos millones 21 mil individuos, y el empleo era de un millón, 615 mil individuos.

En 1947 el volumen de desempleados permanentes era de 387 mil individuos, y en 1952 de unos 406 mil, lo que implica un incremento absoluto de 19 mil individuos en el desempleo neto.

Entre 1947 y 1952 la fuerza de trabajo, creció en 346.6 miles de nuevos individuos, o sea casi 58 mil nuevos aspirantes a empleo como promedio anual, lo cual es una cifra enorme debido al incremento de la participación en la fuerza de trabajo que tuvo lugar.

Se crearon 327.7 miles de nuevos puestos de trabajo netos, o sea casi 55 mil nuevos empleos como promedio anual. La caída de la productividad del trabajo es un índice de que gran parte del nuevo empleo creado era improductivo.

El nivel de desempleo en 1947 era de 23.1% de la fuerza de trabajo, y en 1952 había disminuido hasta un 20.1%.

¿Cómo repercutieron los cambios del mercado laboral en los ingreso de los trabajadores?

En 1947 el ingreso promedio individual fue de 81.49 pesos mensuales, y en 1952, a valores del pesos de 1947, el ingreso promedio mensual fue de 84.10 pesos mensuales o sea un incremento del ingreso real del 3.2%.

El incremento del empleo más rápido que el Ingreso Nacional provocó una caída de la productividad del trabajo de un 23.6%, lo que unido al aumento de los ingresos reales, el capital se vio afetado dentro de la distribución del Ingreso nacional durante este período.

Expresado en % en relación con el Ingreso Nacional.

Año	Capital	Trabajo
1947	22.5	77.5
1952	21.6	78.4
Diferencia	-0.9	+0.9

Las presiones sindicales lograron el incremento nominal de los salarios por encima del incremento del Ingreso Nacional, pero como los ingresos del capital también aumentaron, los perjudicados en la distribución del Ingreso Nacional fue el trabajo por cuenta propia.

Al igual que había sido desde 1941, las ganancias empresariales se concentran básicamente en el capital invertido en el sector exportador y sus trabajadores, pero los trabajadores y capitalistas que producen para el mercado interno no resultan beneficiados en la redistribución del ingreso, debido a que como la productividad del trabajo no crece, el pastel de la riqueza no crece, produciéndose así una situación de suma cero en nuestra economía, donde los que gana uno es porque lo pierde otro.

En estos año tiene lugar la redistribución del Ingreso Nacional a favor del trabajo y en contra del capital, como se supone que debe funcionar un Estado socialdemócrata, pues es el capital quien se supone debe financiar el llamado Estado de Bienestar.

El Estado durante la segunda fase del Autenticismo: 1948-1952

El Estado de Prío crece en relación con el de Grau desde el puno de vista cuantitativo. Haciendo una comparación con los recursos conque contó cada una y sus fuentes, tenemos lo siguiente expresado en miles de pesos.

Gobierno	Impuestos	Empréstitos	Señoraje	Total	Ing Nacional	%
R Grau	1, 041.50	0	80.7	1, 122.2	5, 532.8	20.3
C Prío	1, 370.8	145.0	0	1, 515.8	7, 153.2	21.2

Expresado en %.

Gobierno	Presión fiscal	Comportamiento fiscal	Gastos/Ingresos
R Grau	18.8	14.6	91.9
C Prío	19.2	15.3	97.1

Como se puede observar en las tablas anteriores, las recaudaciones presupuestarias subieron más que el Ingreso Nacional, lo que se refleja en el incremento de la presión fiscal..

El gobierno de Prío, a diferencia del de Grau, dio inicio a una política de concertación de empréstitos internos para financiar sus gastos extrapresupuestales, con los bancos comerciales y con el BNC. Se concertó un empréstito de 25 millones de pesos con el Trust Company, y otro de 120 con el BNCs.

Entre las fuentes de financiamiento del gobierno no se recurrió al señoreaje debido a la política monetaria contractiva que mantuvo el gobierno.

Como vemos, el gobierno de Prío contó con más recursos que el de Grau aumentando así el tamaño cuantitativo del gobierno, y a pesar de un incremento en los gastos en relación con los ingresos, se pudo mantener un superávit fiscal de algo más de 32 millones de pesos.

Durante la presidencia de Carlos Prío tiene lugar un fuerte aumento en la cantidad de empleados públicos y en el volumen de salarios, en función de la política clientelar del autenticismo, y de creación de empleos.

En 1945, los sueldos y salarios en actividades públicas constituyeron el 8.8% del Ingreso Nacional, y en 1952 eran el 12.1%. Mientras en ese período, a precios corrientes el Ingreso Nacional creció un 80.4%, el volumen de sueldos y salarios públicos creció un 145%.

Evolución del presupuesto:

Abajo vemos los presupuestos de los ministerios entre 1948 y 1952, y el cambio que tuvo lugar expresado en %, estableciendo como punto de comparación que el Ingreso Nacional creció un 25.3%.

Expresado en miles de pesos.

Ministerios	1948	1952	Cambio en %
Presidencia	579.3	661.0	+24.9
Ofic. del primer mnistro	524.3	714.0	+36.1
Estado	2, 619.5	2, 567.0	-2.0
Justicia	688.2	861.0	+25.1
Gobernación	13, 489.6	15, 674.0	+16.2
Hacienda	17, 782.7	24, 520.0	+37.9
Obras Públicas	25, 843.2	40, 060.0	+55.0
Trabajo	1, 138.7	2, 220.0	+95.0
Educación	47, 519.6	58, 169.0	+22.4
Salud Pública	20, 236.3	20, 180.0	-0.3
Comunicaciones	7, 764.1	12, 115.0	+56.0
Agricultura y Comercio	6, 534.2	8, 117.7	+12.5
Defensa	39, 973.1	42, 026.0	+5.2

Pensiones	19, 047.9	38.504.0	+102.1
Universidad de La Habana	2, 167.0 (1951)	2, 779.1	+28.2
Total	203, 170.7	289, 938.0	+42.3

Fuente: *Cuba: Handbook of Historical Statistics,* Sussan Schroeder. Cálculos del autor.

La participación de los principales ministerios en el total del presupuesto fue la siguiente:

Ministerio	1948	1952	Diferencia
Gobernación	6.6	5.4	-1.2
Hacienda	8.8	8.5	-0.3
Obras Públicas	12.7	13.8	+1.1
Educación	23.4	20.1	-3.3
Salud Pública	10.0	7.0	-3.0
Defensa	19.7	14.5	5.2
Pensiones	9.4	13.3	+3.9

Las pérdidas de participación más importantes las tuvieron Defensa, Educación y Salud Pública.

El Banco Nacional de Cuba; la cartelización bancaria:

El avance más importante del Estado cubano en su control sobre la economía en esta etapa fue la creación del Banco Nacional de Cuba; al cartelizar la banca en 1950, y la industria azucarera en 1937, el Estado tenía bajo su control las dos principales columnas de la economía cubana.

La banca central es el instrumento clave en la expansión del Estado en todas las economías capitalistas, ya que tendrá a su disposición el monopolio irrestricto de control de la oferta monetaria determinando así el valor del dinero y con él, de los bienes y servicios, el nivel de las tasas de interés, y además, cargar un impuesto oculto sobre la población por medio de la inflación monetaria a partir del cual financiar su política clientelar extrapresupuestal.

Esta es la esencia de la política monetaria, que a partir de una banca central puede el Estado desarrollar. El poder llevar adelante una política monetaria independiente lo adquiere el Estado cubano a partir de 1934 luego de la abolición de la Enmienda Platt, y lo refuerza definitivamente con el Banco Nacional de Cuba creando un cártel de bancos.

La banca central elimina el sistema de banca libre, ya que los bancos comerciales quedan supeditados a su reglamentación al convertirse en sus clientes. El banco central es el banco de los bancos.

Desde 1914 hasta 1950, la banca en Cuba podría decirse que fue una banca semilibre. Razones:

- Primero, la banca extranjera era predominante dentro del sistema, y estos bancos eran sucursales de bancos norteamericanos y canadienses y se regían por las regulaciones de sus bancos centrales; la Reserva Federal en el caso de Estados Unidos.
- Segundo, el dólar norteamericano era la moneda de curso legal en Cuba junto con el peso cubano, y el valor del dólar era controlado por la Reserva Federal de Estados Unidos.
- Tercero, la economía cubana tenía la característica de ser una economía muy abierta, por lo que estaba especialmente expuesta a los flujos monetarios externos sobre todo de los dólares norteamericanos, ya que más del 70% del intercambio internacional de Cuba era con EE. UU.
- Cuarto, el peso cubano tenía una tasa de cambio fija con el dólar de uno a uno.

Por estas razones, puede decirse que indirectamente, Cuba era un apéndice financiero de la Reserva Federal de EE. UU., con todos los inconvenientes y con algunos beneficios.

El economista germano-norteamericano Christopher H Wallich del cual ya hemos hablado consideraba que la función primordial y prácticamente única de un banco central en un país con una economía de exportación tan abierta como era el caso cubano, era el de control de los flujos monetarios provenientes del exterior para mantener la estabilidad cambiaria y el valor interno de la moneda, pero todos los bancos centrales siempre se convierten en herramientas de las políticas expansionistas de los gobiernos, y por tanto máquinas de crear inflación.

La creación de un banco central en Cuba había sido un reclamo por parte de la clase política y hombres de negocios y banqueros cubanos después del crack bancario de 1920-21, así como de las organizaciones revolucionarias nacionalistas de los años 30.

Un banco central era visto como instrumento indispensable para desarrollar una política de nacionalismo económico que incluía obligatoriamente dentro de sus programas la diversificación agrícola e industrial del país a través del otorgamiento de crédito barato, y todos en Cuba eran conscientes de que un banco central y moneda propia hubiera evitado o aliviado el efecto de las depresiones de 1920-1921, y de la Gran Depresión de los años 30.

En Cuba se consideraba que la banca central lograría la movilización de los factores de producción que quedaron ociosos luego de la devastadora depresión del 1929-1933 ya que el mercado de capitales que se encontraba en manos de bancos extranjeros con una política crediticia extremadamente restrictiva, no ayudaría a un crecimiento de la inversión productiva de la cual el país estaba desesperadamente necesitado.

Durante los años 20, 30 y 40, los bancos extranjeros, los cuales controlaban más del 80% de los depósitos del país tuvieron una política de radical contracción del crédito, que era resultado de una economía altamente vulnerable e impredecible.

El sistema bancario solamente tenía una regulación que establecía un requerimiento de coeficiente de reserva de un 25% de efectivo de los depósitos en cuenta corriente, por tanto, un multiplicador bancario de 4, por lo que podía prestar legalmente cuatro veces su reservas de efectivo creando así dinero bancario fiat.

Entre 1920 y 1933, el sistema bancario en Cuba casi perdió todas sus reservas de efectivo, y no sería hasta 1935 que comenzaría su recuperación con un coeficiente real de reservas del 30.5%, hasta que en 1949, en vísperas de la creación del BNC, el coeficiente real de reservas era de un 62.2% con un potencial de préstamos de 1, 380 millones de pesos, de los cuales solo tenía prestados 209.5 millones, o sea algo más del 15% del potencial creditico del sistema, lo cual significaba un enorme nivel de ociosidad de capitales. El multiplicador del crédito de ese año era de 1.24, cuando podía legalmente llegar hasta 4. Este es un claro indicador del bajo nivel de confianza de la banca comercial en el sistema económico de Cuba.

El sistema bancario al prestar solamente a actividades tradicionales como era el azúcar y el comercio, y a muy corto plazo, reflejando la estructura económica plantacionista de Cuba de producir azúcar y comprar todo lo demás, casi renunciaba a su función de prestamista, y no contribuían en nada a la diversificación de la economía, por tanto, era el propósito y función del BNC disminuir la incertidumbre y el riesgo en el mercado de capitales, movilizando de esa forma la masa de ahorros ociosos, proyectándolos hacia la inversión productiva.

El Banco Nacional de Cuba se creó a partir de la emisión de 25 mil acciones de mil pesos cada una en 1949, las cuales fueron suscritas por 50 instituciones bancarias.

Los primeros 15 accionistas controlaban 23, 895 acciones, o sea el 95.6% del total, y de ellos los cinco bancos norteamericanos-canadienses controlaban 15, 353 acciones, o sea el 61.4% del total del banco[73]. Los principales accionistas cubanos fueron el Banco Gelats, el Banco Nuñez, y el Trust Company de Cuba que controlaban 5, 794 acciones (el 23.2% del total).

El Banco Nacional tendría como objetivo movilizar recursos ociosos que tenían a la economía del país estancado, muy por debajo de su frontera de posibilidades de producción, pero se lograría a través de la disminución del riesgo y el control de los flujos de divisas extranjeras y de la oferta monetaria interna, dándole estabilidad a la economía. Esta fue la función inicial del BNC bajo la dirección de Felipe Pazos, quien sería su primer presidente hasta su renuncia después del golpe de Estado del 10 de marzo de 1952, siendo sucedido por nombramiento de Fulgencio Batista el Dr. Joaquín Martínez Sáenz.

Desde que fue creado el Banco Nacional de Cuba (abril de 1950) se creó adjunto el Banco de Fomento Agrícola e Industrial de Cuba (BANFAIC) (diciembre de 1950) cuyo propósito era satisfacer las necesidades de crédito que los bancos comerciales no cubrían; créditos a mediano y largo plazo en condiciones preferenciales y orientados a actividades no tradicionales. Además el BNC concedió un empréstito de 120 millones de pesos con vista a la ejecución de obras públicas y otros proyectos considerados necesarios para el desarrollo económico del país. Este empréstito de bonos de la deuda pública de la República de Cuba 1950-1980 fue suscrito por cinco bancos cubanos y por la Caja del Retiro Social, movilizando de esta forma recursos ociosos depositados en los bancos comerciales.

El desempeño conservador del BNC bajo Felipe Pazos sería cambiado completamente bajo la dirección de Martínez Sáenz, convirtiéndose el BNC en lo que muchos temían; una máquina de crear crédito barato en función de los intereses de la clase política gobernante.

La opinión del empresariado cubano a comienzos de la década de 1950

Uno de los principales vehículos del pensamiento empresarial, especialmente de la burguesía industrial durante los años 30 a los 50, fue la revista *Cuba económica y financiera*, donde se publicaron muchos artículos tanto escritos por empresarios cubanos, como por economistas académicos, pero en general fue trinchera del pensamiento económico liberal en la Cuba de aquellos años, denunciando las graves consecuencias que estaban teniendo lugar en el país, donde la expansión del Estado y el socialismo ahogaban la función empresarial cada vez más.

Durante los años de la guerra, los empresarios nacionales estuvieron protegidos por la interrupción del comercio internacional, pero a partir de la normalización luego de concluida la guerra, tuvo lugar un fuerte incremento en las importaciones, lo cual llevó a una solicitud constante de protección por parte de los empresarios agrupados en la ANIC, a lo cual se oponían vehementemente los hacendados y comerciantes ante la posibilidad de que los norteamericanos respondieran limitando el ingreso de azúcar cubano a su mercado bajo la consigna de "sin azúcar no hay país".

La ideología económica de la burguesía industrial del país era proteccionismo en el comercio exterior, y libertad comercial interna, mientras que la de los exportadores era la reciprocidad comercial.

En el año 1946, entre el 18 y el 22 de febrero, se celebró una conferencia llamada "Mesa Redonda sobre Comercio y Empleo" En ella se debatieron los diferentes puntos de vista acerca de cuál debía ser la proyección económica de Cuba a partir de aquellos momentos de la posguerra y con respecto al futuro del país, en una situación de normalización del comercio internacional. La revista *Cuba*

73. Los cinco bancos extranjeros en orden de importancia eran el The Royal Bank of Canada; The National City Bank of New York; The First National Bank of Boston; The Chase National Bank of the City of New York y el The Bank of Nova Scotia. El Banco de China que era el sexto banco extranjero que operaba en Cuba poseía solamente 64 acciones.

económica y financiera publicó un artículo en referencia a los planteamientos y debates que tuvieron lugar en aquella reunión que nos parecen muy interesantes, ya que muestran la posición de los diferentes grupos económicos del país en aquellos momentos cruciales para el destino de la economía nacional. A continuación reproducimos parte del artículo.

> Mientras los grupos comerciales recomendaron prácticas liberales, y la abolición de las restricciones, los grupos industriales abogaron por la abolición de las preferencias en cuanto a importaciones, y por el mantenimiento de la protección arancelaria para la producción interna"
>
> Las conclusiones evidenciaron una desorientación sobre la política de comercio internacional que se trata de implantar en el mundo, pues revelaron estar en la mayoría de los casos, influidas de un sentido de preguerra en que las cuotas, los subsidios, los controles, etc. primaban en todos los países, sin que reflejen haber sido dictadas por una mentalidad de postguerra en la que debe prevalecer la doctrina económica de la Carta del Atlántico, enmarcada en los principios democráticos de la libre empresa y la competencia abierta a todas las oportunidades, que es lo que le conviene a Cuba para su progreso económico.

Socialismo es agresión contra los derechos de propiedad y las leyes de control de renta han sido siempre una marca inconfundible de los avances del socialismo expresado a través de la demagogia politiquera.

En enero de 1946 se publicó un artículo en relación con este problema específico del control de rentas urbanas que tanto daño hizo a la economía del país, "*Protección económica de la renta urbana*".

> Desde 1937 están congeladas las rentas, pero en cambio, en ese mismo tiempo se han multiplicado considerablemente las contribuciones y los salarios, y en consecuencia se han multiplicado también los costos de los materiales, y las reparaciones".
>
> Todo esto ha hecho de la propiedad urbana la peor de las inversiones".
>
> La propiedad es el basamento de los pueblos, y donde la propiedad está en quiebra no puede esperarse que haya industria próspera, comercio floreciente, ni trabajo bien retribuido.".
>
> En esta actividad (la construcción) el capital privado podría dar empleo a miles de trabajadores todos los años. A su vez, un programa de construcción sería causa de que las industrias de las que proceden los materiales y artículos de todas clases para los edificios y las que abastecen a estas de materias primas trabajen considerablemente empleando gran cantidad de obreros…".

> Enero de 1951.
>
> El calvario de la propiedad", J. M. Álvarez Acevedo.
>
> Paulatinamente se va consumando la asfixia del primer patrimonio nacional.
>
> Una veces por medio de simples decretos que congelan los alquileres y convalidan la permanencia de inquilinos que apenas pagan rentas, otras con iniciativas del Congreso o campañas populacheras que presentan al propietario como un esclavista de nuevo cuño.
>
> Sin embargo, la propiedad urbana y rústica constituye un cimiento insustituible de la propia nacionalidad.
>
> Lo cierto es que el 90% de los compatriotas que figuran en la clase de propietarios se compone de personas pobres, con una o dos casitas que apenas rentan para sostener a la familia, o media docena de caballerías de tierra que no alcanzan para hacerle frente al presupuesto familiar.

Los improvisadores de teóricas panaceas sociales no descansan… improvisan deslumbradores planes de asentamientos campesinos, y de vivienda propia para los que carecen de ella, pero a costa de los verdaderos propietarios legales"

¿Será posible que la abulia, el egoísmo, o la comodidad, mantengan dispersos a los dueños de bienes inmobiliarios?

Pero sigan así, y verán el poco agradable fin que les espera, a menos que trasladen sus propiedades a Miami o a otros sitios donde existen verdaderas garantías para cada peso que se emplea en vivienda humana.

Otra flagrante agresión contra la propiedad privada eran las intervenciones por parte del Estado de empresas privadas motivadas por conflictos laborales alentados por los sindicatos contra los propietarios.

En septiembre de 1949 se publicaba un artículo relacionado con la epidemia de intervenciones titulado "El abuso de las intervenciones".

Entre los derechos individuales garantizados por la Constitución vigente se encuentra en su Artículo 24 el derecho de propiedad, el cual se expresa que nadie podrá ser privado de su propiedad si no por autoridad judicial competente. Es por tanto una flagrante violación de este precepto las repetidas violaciones oficiales que viene cometiendo el actual gobierno (Carlos Prío) con las reiteradas intervenciones en negocios privados, sustrayendo de la libre dirección y administración de sus bienes a sus legítimos propietarios a los cuales se suplanta con delegados gubernativos ocupando por la fuerza sus pertenencias y asumiendo las funciones propias de domino, alegando diferentes pretextos de carácter laboral".

Entre 1934 y 1952 tuvieron lugar 101 intervenciones de empresas por parte de los diferentes gobiernos, y fue durante las administraciones de los "Auténticos" (Grau y Prío) durante los cuales tuvieron lugar más del 75% de las mismas.

Hay que señalar que el artículo 24 de la Constitución de 1940 plantea textualmente que:

Nadie podrá ser privado de su propiedad si no por *autoridad judicial competente, y por causa justificada de utilidad pública o interés social*".

Por tanto ningún reclamo era válido ante un tribunal constitucional, pues todas las intervenciones eran efectuadas por "…autoridad judicial competente, y por causa justificada de utilidad pública o interés social". El Artículo 24 abre la puerta al condicionamiento socialista de la propiedad privada.

Al comenzar la década de 1950, el movimiento obrero había alcanzado una fuerza tal dentro del gobierno del Partido Auténtico que prácticamente tenía paralizado el mercado laboral en Cuba.

Reflejando esta situación reproducimos parcialmente un artículo de abril 1950.

Sistematización de las huelgas.

La huelga en Cuba es un derecho al cual no se recurre en caso extremo, si no un abuso que se practica muy frecuentemente. El origen de estas crecientes extralimitaciones sindicales constituye un estudio interesante.

No se negará que la política en Cuba lo ha invadido todo... nuestros dirigentes oficiales casi siempre más políticos profesionales que gobernantes cultivan la bienquerencia de los sindicatos, y estos, maestros del oportunismo, han venido presionando y aprovechándose de la blandura oficial, más sensible a las urnas, popularidad y a la permanencia del partido en el poder que a la economía del país...

En vísperas del golpe de Estado del 10 de marzo de 1952, varios artículos aparecen que reflejan la opinión generalizada del empresariado cubano.

Abril de 1951:

No habrá progreso estable en Cuba salvo el pasajero y en cierto modo ficticio que proporcionan las zafras azucareras, mientras los sueldos y jornales en las industrias se eleven a capricho por medio de decretos arbitrarios, desoyendo los argumentos del industrial, y cerrando los ojos a la incosteabilidad que demuestran las propias estadísticas.

Hay que desterrar la intervención estatal en el manejo y administración de las industrias y los servicios. La experiencia demuestra que no existe un solo caso en que no haya sido funesta.

Las reiteradas agresiones que los gobiernos han hecho a la propiedad rústica y urbana durante los últimos 15 años son vistas con pánico por todo hombre libre y democrático. Nadie ignora que sin propiedad no es posible la libertad política de un pueblo. Los bienes raíces han sido y serán siempre la columna vertebral de cualquier nación civilizada y democrática.

En ese mismo mes de 1951 aparece otro artículo de J. M. Álvarez Acevedo.

Empresa Libre o Decadencia Económica".

¿Adónde iría a parar Cuba si continuasen prevaleciendo las corrientes intervencionistas del Estado en la empresa privada? No es difícil profetizarlo: en tanto perdure el auge azucarero, el país tendrá resistencia para sufrir los experimentos socialistas, pero en cuanto venga la caída del azúcar, que volverá en su momento cíclico, todos los factores económicos de la vida cubana quedarán expuestos a una inexorable decadencia.

Parece existir aquí el absurdo empeño de hacer una República de proletarios en vez de hacerla de propietarios.

Entre tanto, el intervencionismo del Estado no ha sido capaz de impedir que el peso valga solamente 39 centavos a la hora de comprar en el mercado interno, ni que bajen los ahorros bancarios aunque los salarios hayan ascendido hasta un 300%, ni que nadie sienta verdadera confianza para emprender nuevos negocios.

Sin libertad completa de empresa se detiene el progreso.

En junio de 1951, el presidente de la Asociación Nacional de Industriales de Cuba (ANIC), Alejandro Herrera Arango publicó un artículo donde analiza claramente la situación de la industria cubana en aquellos momentos.

Horizonte negativo de la industria cubana.

Vemos con justificada inquietud que la mayoría de las reivindicaciones que recientemente vienen presentando los organismos obreros, no se dirigen a una legítima satisfacción de legítimas necesidades. Los salarios altos tienen que estar adecuados a un alto rendimiento del trabajador, y un límite constituido por la costeabilidad. Esas dos condiciones íntimamente entrelazadas son las que se vienen atacando por la gestión de los líderes sindicales.

Por una parte se pretende recargar a la industria con el peso muerto de salarios improductivos, disminuyendo el tiempo de trabajo y aumentando innecesariamente el número de trabajadores. Por la otra, se pretende negar al industrial el beneficio que representan los adelantos técnicos...

El mantenimiento de esta política llevaría no ya a la congelación de la industria cubana, si no a su fosilización, privaría al pueblo consumidor del abaratamiento de los productos que se hace posible a través de los progresos técnicos, y convertiría a Cuba en una nación sin posibilidades de desarrollo, paralizada por la camisa de fuerza de una industria atrasada e ineficiente.

Al comenzar la década de 1950, los hacendados azucareros formaban el segmento más poderoso e influyente dentro de la sociedad cubana, y los sindicatos constituían la base electoral del PRC Auténtico que se encontraba en el poder con Carlos Prío, y se encaminaba a unas elecciones en 1952, por tanto, los reclamos de proteccionismo, y desregulación de los empresarios industriales pasaban a un segundo plano en las decisiones políticas nacionales, a pesar de las advertencias tanto por parte de nacionales y extranjeros, de que el statu quo era insostenible ya en aquellos momentos.

Evolución del Estado durante el período del populismo constitucional: 1940-1952

El Estado se expande por medio de cuatro mecanismos los cuales no son excluyentes entre sí o sea, casi siempre se utilizan todos en mayor o menor medida.

Estos mecanismos son:

- Primero, a través de la creación de regulaciones e instituciones reguladoras.
- Segundo, a través de una política fiscal-impositiva expansiva.
- Tercero, por medio del incremento de la deuda pública.
- Cuarto, por medio de la manipulación monetaria.

En este período, como consecuencia de la nueva institucionalidad que se va desarrollando, tiene lugar el florecimiento de una cantidad de instituciones reguladoras subordinadas al Poder Ejecutivo el cual gobernaba por medio de decretos y decretos-leyes, con un Poder Legislativo inoperante, y un Poder Judicial con una casi nula independencia, y además con una Constitución que ponía límites a los derechos de propiedad y dejaba la puerta abierta a la expropiación, creando una situación de impredecibilidad para el desarrollo empresarial, y de necesaria subordinación del empresario al Estado junto al aumento de la corrupción y la ineficiencia.

El Artículo 87 de la Constitución de 1940 plantea lo siguiente:

> El Estado cubano reconoce la existencia y legitimidad de la propiedad privada *en su más amplio concepto de función social, y sin más limitaciones que aquellas que por motivo de necesidad pública o interés social establezca la ley.*
>
> (El subrayado es mío).

Como explicamos más arriba, este artículo reitera la condición subordinada de la propiedad privada expresada en el Artículo 24.

Entre 1934 y 1952 tuvieron lugar 101 intervenciones de empresas privadas por parte del gobierno. De 1934 a 1940, cuatro; de 1940 a 1944 (Batista), cinco; de 1944 a 1948 (Grau) veinticinco; de 1948 a 1952 (Prío), cincuenta y uno, y en 1952 tuvieron lugar dieciséis. Esto constituyó una agresión flagrante al derecho de propiedad privada que se practicaba con toda impunidad.

Según el profesor Jorge Domínguez, durante los gobiernos de Batista, Grau, y Prío se hizo un uso máximo del poder ejecutivo. La tasa de legislación del Congreso con respecto al Ejecutivo fue de 1 a 57 en tiempos de Batista, 1 a 70 en tiempos de Grau, y 1 a 26 en tiempos de Prío, y de ellos, el 13%, el 18%, y el 17% de los decretos-leyes del Ejecutivo estaban relacionados con aspectos laborales[74].

La política fiscal en este período es confusa, contradictoria e ineficiente. Los impuestos en relación con el per cápita se encuentran entre los más altos de América Latina con el objetivo de aminorar la inflación, pero la inflación era provocada por el mismo gobierno a través de la creación de dinero. El gobierno creaba el dinero y después lo recogía.

Durante el gobierno de Batista había comenzado a desarrollarse un cambio en la legislación impositiva.

La estructura impositiva de Cuba, heredada de los tiempos de la dominación española, era desordenada y redundante, y muchos impuestos se establecían sin tomar en consideración los efectos económicos y sociales que pudieran tener.

Al igual que en todos los países latinoamericanos, los mayores ingresos del Estado provenían de los impuestos sobre el consumo, y sobre las importaciones, o sea eran impuestos indirectos que gravaban más pesadamente a los sectores más pobres de la sociedad. A partir de la Gran Depresión, la fuerte contracción de las importaciones y del consumo, dieron lugar a una grave disminución de los ingresos de los gobiernos que tampoco pudieron recurrir a los empréstitos extranjeros como tradicionalmente se hacía. Esta situación dio lugar a que muchas repúblicas latinoamericanas comenzaran reformas en la legislación impositiva. Como vemos, Cuba comenzó a principios de la década de 1940 a pesar de que los reclamos por dichas reformas vienen desde la década de los años 30.

En 1937-1938, los impuestos directos en Cuba constituían el 14.5% de los ingresos presupuestarios del Estado, los indirectos el 83.1% y otros ingresos el 2.4%.

En 1949-1950, los impuestos directos constituían el 30.8%, los indirectos el 67%, y los otros impuestos el 2.2%. De esta forma los gobiernos pudieron aumentar algo la presión impositiva y liberarse de manera relativa de los vaivenes del comercio exterior.

Debemos especificar que los impuestos directos son los que gravan directamente la riqueza, o sea las rentas, la propiedad, y los ingresos, en tanto los impuestos indirectos son los que gravan el consumo, y entre ellos se incluyen los que gravan el comercio exterior (importaciones y exportaciones). El impuesto directo es más difícil de cobrar, y más políticamente impopular.

Al hacer una comparación con algunos países, tenemos que a fines de la década de 1940, los impuestos directos constituían:

Cuba 30.8%; Chile 51.4%; México 35.7%; Perú 39.2%; Gran Bretaña 60.4%; EE. UU. 67.1%.
Fuente: *Report on Cuba* Banco Mundial 1951.

Veamos cómo se financió el Estado cubano durante la etapa del populismo constitucional.

Recursos con que contó el Estado. En millones de pesos.

74. Jorge Domínguez "Order and Revolution".

Gobierno	Recaudaciones	Empréstitos	Señoreaje	Total	Tamaño del gob.
F. Batista	561.8	17.7	98.8	678.3	19.2%.
Ramón Grau	1, 041.5	0	80.7	1, 122.2	20.3%
Carlos Prío	1, 370.8	145.0	0	1, 515.8	21.2%.
Total	2, 974.1	162.7	179.5	3, 316.3	19.8%.

El Ingreso Nacional durante ese período fue de 16, 764.0 millones de pesos o sea que los recursos con que contó el gobierno cubano constituyeron el 19.8% del Ingreso Nacional, en tanto en el período anterior de 1933 a 1939 fue el 17.7%, por lo que vemos que Estado cubano presenta un crecimiento cuantitativo modesto aunque sostenido.

Como vemos en el próximo gráfico, la carga fiscal fue en aumento, y sobre todo durante el gobierno de Grau.

En la relación entre gastos e Ingreso Nacional que muestra el gráfico, la tendencia fue igualmente en ascenso, pero los gastos se mantuvieron dentro de los presupuestos, solamente en 1948 hubo un déficit presupuestario.

En el segundo gráfico se observa que los gastos en relación con los ingresos se encuentran por debajo de la línea del 100%, lo que indica que hubo superávits hasta 1947, y al año siguiente, con la caída de los precios del azúcar en el año 1948, cayó el Ingreso Nacional, y se produjo un déficit presupuestario, pero en los años siguientes se estabilizó el gasto.

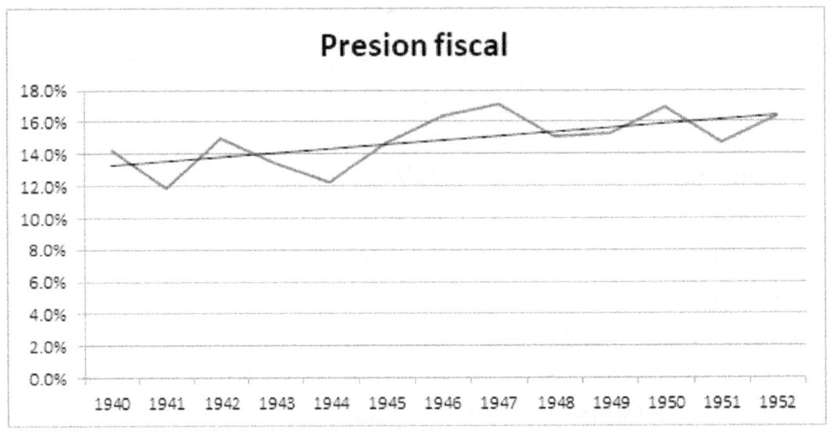

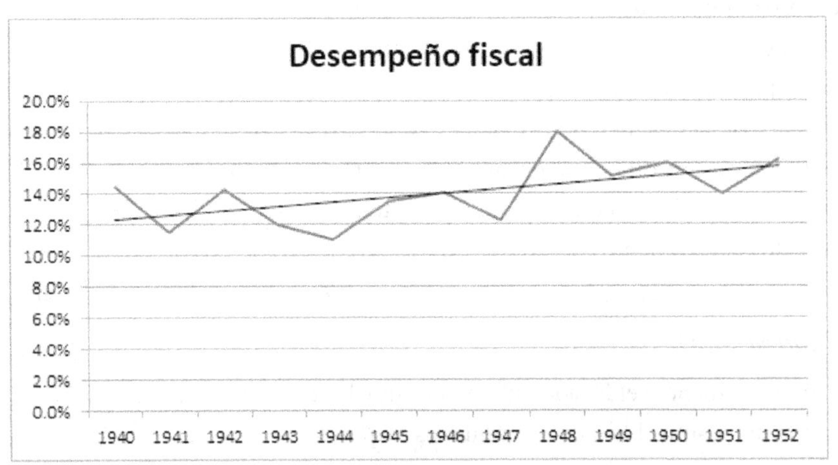

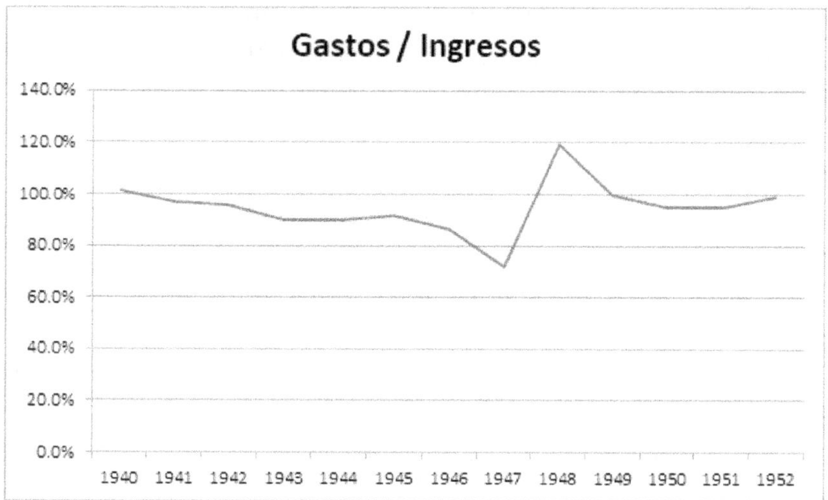

Los recursos con que contaron los gobierno del período se pueden clasificar también en presupuestarios y extra presupuestarios.

Gobierno	Presupuestario	Extra presupuestario
Batista	82.8%	17.2%
Grau	92.8%	7.2%
Prío	90.4%	9.6%
Total	89.7%	10.3

Como vemos, el gobierno de Batista fue el que más recursos extrapresupuestales tuvo a su disposición.

En diciembre de 1938 la deuda pública de Cuba era de 198.4 millones de pesos, y en marzo de 1952 la deuda pública era de 398.9 millones de pesos para un aumento neto de 200.5 millones de pesos, pero en 1938 la deuda representaba el 43.2% del Ingreso Nacional de ese año, en tanto en 1952 representaba el 19.9% solamente, lo que implicaba una reducción relativa considerable ya que el gobierno cubano redujo mucho la dependencia con respecto a contraer deuda, debido a la posibilidad adquirida de financiarse emitiendo dinero aunque el gobierno de Prío desde que entro en operaciones el BNC comenzó a expandir la deuda interna.

Durante la presidencia de Carlos Prío, se concertaron dos empréstitos con el Banco Nacional de Cuba, el primero por 120 millones de pesos en 1950, y el segundo por 25 millones de pesos en 1952, además de un empréstito concertado con el Trust Company de Cuba en 1949 por la cantidad de 25 millones de pesos, y en 1952 otro con la Caja Postal de Ahorros por 3 millones de pesos. Esto hace un total de 148 millones de pesos por concepto de empréstitos concertados con instituciones nacionales, pero no se concertó ningún empréstito extranjero.

El señoreaje, que también puede considerarse un impuesto, constituyó en el período el 5.4% del total de los recursos con que contó el Estado.

La regulación de las rentas desde 1933 fue un reclamo popular, y tanto en su aspecto económico como social constituía un medida altamente sensible, ya que al no existir un mercado de capitales, la inversión en construcción con fines comerciales era llevada a cabo como una posibilidad de obtener retornos sobre el capital invertido, por lo que esta actividad se había convertido en un destino de primer orden para el capital y el ahorro.

Las rentas fueron temporalmente congeladas en 1939 a los niveles de 1937. Esta medida fue expandida por Decreto-Ley No 22, y No 4, de marzo de 1941, y posteriormente por Decreto No 29, en septiembre del mismo 1941.

El Decreto No 804 de marzo de 1944 estableció una renta máxima autorizando un incremento anual del 10%.

Por Decreto No 2015 de julio de 1949 fue establecido el "derecho de permanencia" por medio del cual el propietario no podía desalojar al inquilino de la vivienda siempre y cuando este hubiera cumplido con el pago de la renta. Esta disposición se extendió por Decreto No 5323 de diciembre de 1949, y por Decreto-Ley No 2767 de septiembre de 1950.

En 1949, por Decreto No 952 fueron establecidos los niveles de rentas, y hasta 1958 se le fueron haciendo algunas modificaciones.

El control de rentas junto con las leyes de Moratoria que se emitieron en 1933, y extendidas su vigencia en 1934, y por la Constitución de 1940, le hicieron un daño enorme a la creación de un mercado de capitales, y por tanto un serio impedimento a la movilización de capitales hacia los usos más eficientes.

Los gobiernos cubanos durante este período llevan adelante una incongruente política comercial de estimulación fiscal para promover las inversiones en industrias nuevas en tanto presiona- sin éxito- por la ampliación de la participación del azúcar cubano en el mercado norteamericano.

En 1944 se emite el Decreto 833 que suspende temporalmente ciertos derechos de aduana sobre importaciones destinadas al fomento de nuevas industrias. Este decreto es sustituido en 1945 por el Decreto No 1831 con el mismo objetivo, incluyendo además importaciones de equipos y materiales destinados a obras y trabajos públicos. Este decreto fue extendido en 1948 por tres años más y se amplió su alcance.

En 1946 se promulgó el Decreto 4089 que tenía como objetivo mantener vivas algunas de las industrias que habían surgido en las condiciones anormales creadas por la guerra; las que surgieron después de septiembre 1 de 1939.

Otra de las piezas más importantes dentro de esta legislación de estímulo fiscal fue el Decreto 2144 de 1945 cuyo propósito era atraer nuevas industrias estableciendo toda una serie de concesiones y privilegios para industrias que produjeran bienes que en aquellos momentos no se estaban produciendo en el país (industrias nuevas).

El éxito de esta legislación fue muy relativo, pues a pesar de que surgieron 36 nuevas industrias, el efecto fue el abandono de toda una serie de actividades consideradas de la vieja industria que quedaban completamente desprotegidas y sin ningún tipo de incentivo frente a unas regulaciones que las abrumaban.

La paralización económica que implicaba la tela de araña regulacioncita, así como la extensa corrupción, trajeron por consecuencia un lentísimo crecimiento del per cápita real que entre 1940 y 1952 creció a una insignificante tasa anual del 0.6%.

En cuanto a la política monetaria del gobierno vimos que durante los gobiernos de Batista y Grau se desarrolló una fuerte expansión monetaria que provocó la pérdida de valor del peso cubano.

El gobierno de Prío llevó adelante una política monetaria anticíclica deflacionaria, y como se puede ver en el siguiente gráfico, a partir de 1948 se estabilizó el poder adquisitivo del peso.

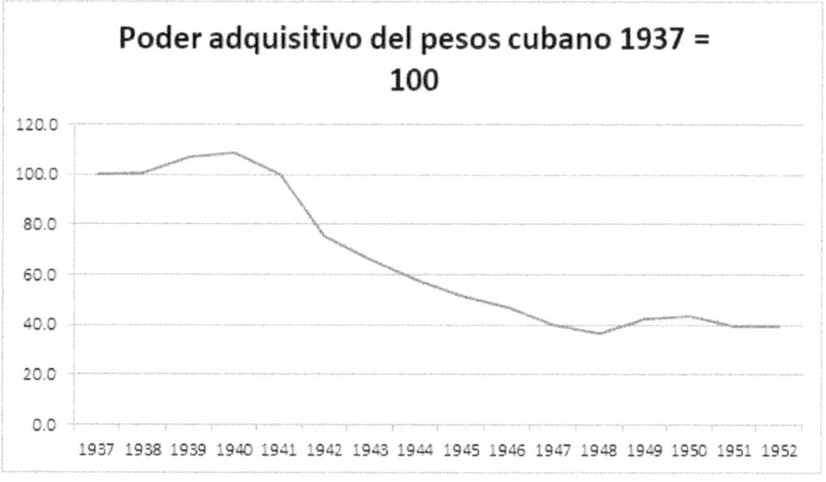

Fuente: Anuario estadístico de Cuba.
Cálculos del autor.

Evaluación del período populista 1933-1952

Haciendo un análisis a partir de los mecanismos que utiliza el Estado para su expansión, entre la Primera República de 1902 a 1933, cuyo marco institucional lo forman la Constitución de 1901 y la Enmienda Platt, y la etapa populista de la República entre 1933 y 1952, con un marco institucional formado por la Constitución de 1940, podemos ver que tuvo lugar un cambio radical, ya que el Estado cubano adquiere una mayor soberanía.

1. Durante la Primera República, al estar las instituciones del país supeditadas a la Enmienda Platt, no tuvo lugar una expansión de las instituciones reguladoras ni de las regulaciones afectando la economía, fue un período donde predominó el *laissez-faire*, sin embargo a partir de 1933 comienza un proceso de regulación de la economía que va reduciendo el alcance de la economía de mercado.

   Durante la Primera República, el Estado cubano estaba supeditado al desarrollo de la economía, pero luego de abolida la Enmienda Platt en 1934, el Estado cubano entró en un proceso de regulación supeditando la economía cada vez más a los propósitos de la clase política.
2. Los ingresos presupuestales de la Primera República descansaban fundamentalmente en los impuestos indirectos, gran parte de los cuales eran recolectados en las aduanas, y sobre el consumo, por tanto, estaban en dependencia directa del aumento de las importaciones, por lo que la política fiscal fue pasiva en sentido general. Se trató de llevar una política proteccionista limitada con el arancel de 1927.

   Entre 1902 y 1933, el Estado cubano tuvo ingresos presupuestales equivalentes al 11.5% del Ingreso Nacional, y concertó empréstitos con bancos norteamericanos equivalentes al 1.9% del Ingreso Nacional, por lo que el Estado cubano contó con recursos equivalentes al 13.5% del Ingreso Nacional.

   Después de 1933, la política fiscal del gobierno se fue reformando en busca de incrementar la participación del impuesto directo dentro de la estructura impositiva. Aumentaron el número de impuestos de todo tipo, pero no se llevó adelante una política proteccionista si no más bien de estímulo fiscal para promover la introducción de industrias nuevas en el país. La política fiscal en este período puede calificarse de incongruente.
3. La deuda pública era la única fuente de financiamiento extrapresupuestal del Estado durante la Primera República, y esta se encontraba sujeta a la aprobación del gobierno norteamericano. Los

empréstitos concertados con bancos norteamericanos durante la Primera República sumaron 317.7 millones de dólares.

En el período de 1933 a 1952, los empréstitos norteamericanos se redujeron considerablemente, y solo se concertaron empréstitos por valor de 111.4 millones de dólares. Con el gobierno de Prío se recurrió al empréstito interno posibilitado por la creación del BNC.

Al finalizar la Primera República en 1933, la deuda pública constituía el 37.5% del Ingreso Nacional de ese año, y en 1952 la deuda pública constituía el 19.9% del Ingreso Nacional.

4. El Estado cubano durante la Primera República no tenía una política monetaria independiente pues lo prohibía la Enmienda Platt, pero a partir de 1934 hizo una reforma, y comenzó una política monetaria independiente.

   A partir de la independencia monetaria lograda después de 1934, el gobierno cubano pudo obtener recursos por concepto de señoreaje que antes no podía debido ya que tenía prohibido emitir moneda fiduciaria, y las emisiones de moneda metálica de plata estaban limitadas por ley, así entre 1934 y 1952, el gobierno cubano obtuvo por este concepto aproximadamente 240 millones de pesos.

Tanto en su vertiente corporativista, como socialdemócrata, el Estado del populismo cubano se sostiene en tres propósitos o aspiraciones fundamentales.

Primero el cambio de la estructura económica reduciendo la dependencia del azúcar, y diversificando la estructura productiva y comercial orientándose hacia una mayor independencia.

Entre sus metas más concretas para lograr este propósito se encuentran la eliminación del latifundio, y la utilización de los mecanismos monetarios.

Segundo, se propone una redistribución del ingreso: a) Desde los extranjero a los nacionales y b) Desde el capital a los trabajadores.

Tercero la creación de un Estado Benefactor que es la aspiración de la Constitución de 1940, cuyos pilares básicos están en:

1. Sistema de educación pública universal.
2. Resolver el problema de la vivienda para los trabajadores.
3. Crear un sistema de seguridad social y beneficencia.
4. Proporcionar empleo para eliminar el problema del desempleo y subempleo.

¿Hasta qué punto, al comenzar la década de 1950, el Estado populista había alcanzado estos propósitos?

Primero. Cambio de la estructura económica: Expresado en % en relación con el ingreso nacional.

Actividad	1934	1952	Diferencia
Azúcar	12.7	33.5	+20.8
Agric no azucarera	27.7	13.0	-14.7
Manufactura y minería	14.3	14.0	-0.3
Construcción	1.7	3.2	+ 1.5
Servicios	43.3	36.3	-7.0

Como se puede ver en la tabla anterior, la economía cubana en el lapso de 20 años no sufrió ninguna transformación ni diversificación, ya que en 1952 el país era tan dependiente del azúcar como en 1929, y la participación de la manufactura dentro del Ingreso Nacional retrocedió.

Por otra parte, a pesar de ser proscrito por la Constitución de 1940, no se había realizado ninguna reforma agraria, ni tomado ninguna medida que tendiera a disolver el latifundio.

En sentido general, la economía nacional se mantenía dependiente de la producción y exportación de azúcar a prácticamente un solo mercado, y basada en una estructura latitudinaria al igual que en la década de 1920.

Segundo se aspiraba a la redistribución del ingreso desde los capitalistas hacia los trabajadores, pero en 1933, la participación del capital dentro del Ingreso Nacional era tan baja, que una ulterior redistribución hubiera llevado a la desintegración del sistema capitalista en Cuba, por tanto, se hizo necesario una redistribución pero desde el trabajo hacia el capital para restituir el capitalismo, sin necesidad de recurrir a una violenta represión contra el movimiento obrero y contra los trabajadores en general.

La participación del trabajo en el Ingreso Nacional en 1933 fue de un 87.9%, y en 1952 de un 78.4%. Esta redistribución a la inversa de lo establecido en la Constitución salvó el sistema capitalista en Cuba de la ruina, pero debido al bajo crecimiento de la productividad del trabajo, y a las regulaciones laborales establecidas, mantuvo un elevado nivel de desempleo crónico que fue el mayor fracaso económico y social del Estado Benefactor cubano pues ni el Estado ni el mercado pudieron crear empleo suficiente.

En cuanto a la transferencia del capital de manos de extranjeros a cubanos si se cumplió en buena medida, y esto se vio palpablemente en la principal industria nacional; la industria azucarera. En 1938 los hacendados cubanos poseían el 21.6% de la industria azucarera, y en 1952 el 55% aproximadamente.

En el año 1933, el capital extranjero directo acumulado en Cuba era el 26.5% del total de capital acumulado, y en 1952 era solamente el 17.6%.

En este período la inversión extranjera en Cuba se había detenido debido a la depresión económica y luego debido a la guerra mundial, e incluso se iba retirando como consecuencia del incremento de las regulaciones, altos costos laborales, y reducidos márgenes de ganancia.

En tercer lugar se propone la creación de un Estado Benefactor estilo socialdemócrata cuyas metas principales eran la eliminación del desempleo crónico que como dijimos más arriba no se logró. En 1933, el desempleo permanente había alcanzado el 33% de la fuerza de trabajo, y en 1952 era un 20%.

Esta reducción fue posible por una reducción de las tasas de ingresos reales de un 35% entre 1933 y 1952, siendo este uno de los mecanismos de redistribución de ingresos desde el trabajo hacia el capital.

El otro objetivo del Estado Benefactor es la creación de un sistema de educación pública universal, pero aunque esta meta no se alcanzó, si hay evidencia de que hubo un adelanto de cierta consideración en la educación, ya que en 1934 el nivel de matriculados en relación con la población que no formaba parte de la fuerza de trabajo, era de un 15.3%, y en 1952 era de un 17.1%.

La población general creció entre 1934 y 1952 un 37.2% en tanto los matriculados en los diferentes niveles del sistema de educación crecieron un 48.3%.

En 1950 Cuba se encontraba en el cuarto lugar dentro de las repúblicas latinoamericanas en la más baja tasa de analfabetismo.

De acuerdo a los datos de la Oxford Montevideo Latinamerican Database, la disminución de la tasa de analfabetismo en estos cuatro países fue la siguiente. Expresado en %.

País	1940	1950	Diferencia
Argentina	18.3	12.4	-5.9
Uruguay	18.7	14.3	-4.4
Chile	27.1	21.0	-6.1
Cuba	23.7	22.1	-1.6

Un tercer objetivo del Estado Benefactor fue resolver el problema de la vivienda de los trabajadores, pero el Censo del año 1953 muestra una situación crítica respecto a la vivienda en Cuba a pesar de algunos intentos de construcción de casas baratas para los trabajadores que se hicieron sobre todo en tiempos de Grau.

En el año 1953 había 4.6 personas por vivienda; de ellas las viviendas rurales tenían una densidad de 5.4 personas y las urbanas una densidad de 4.2 personas.

La disparidad entre las viviendas rurales, y las viviendas de la capital era dramática como lo muestra el Censo de ese año.

Por último, la cuarta aspiración del Estado Benefactor era la creación de un sistema de seguridad social y beneficencia, y en esto parece que se avanzó bastante, teniendo en cuenta la elevada participación de los fondos de pensiones dentro del presupuesto nacional.

El informe de la misión del Banco de Reconstrucción y Fomento *Report on Cuba* publicado en 1951 encontraba una coincidencia de graves problemas estructurales con problemas institucionales en su diagnóstico, considerando que se pondrían de manifiesto con serias consecuencias sociales si no se aprovechaba la situación de prosperidad creada por la posguerra, ya que Cuba no estaría en condiciones de competir en el mercado mundial en una situación de normalidad y apertura comercial.

El problema institucional de Cuba había desembocado a comienzos de la década de 1950 en una situación de restricción de la libertad económica que reforzaba sus problemas estructurales.

La libertad económica tiende a expandir las oportunidades para aumentar el dinamismo empresarial que conduce al crecimiento. Es claro que el estímulo más efectivo que puede dar un gobierno a la economía no se encuentra en el aumento de sus gastos o de una mayor cantidad de regulaciones. Los mejores resultados serán alcanzados a través de reformas que promuevan mejores incentivos a la actividad empresarial.

La acumulación de regulaciones y restricciones al funcionamiento libre del mercado, habían incrementado los costos de transacción en la economía cubana de tal forma que la hacían altamente ineficiente.

Al comenzar la década de 1950 el populismo cubano estaba muy lejos de alcanzar sus metas, se encontraba sumido en una profunda corrupción, y muchos en la sociedad consideraban que era necesario y posible una dirección distinta.

Ante la necesidad de un cambio en el rumbo de la socialdemocracia en Cuba desde la promoción de la redistribución de ingresos, hacia el énfasis en el desarrollo y el crecimiento económico, se había establecido básicamente tres corrientes de opinión que venían gestándose desde el fin de la Segunda Guerra Mundial.

1. Industrialización y diversificación de las exportaciones a partir de la inversión de capital norteamericano directo.
2. Diversificación e industrialización por sustitución de importaciones, orientada hacia el mercado interno, basada en el proteccionismo, financiada con recursos nacionales, y dirigida por el Estado.

3. Impulsar las exportaciones tradicionales sin proteccionismo, y promover una diversificación industrial partiendo de las materias primas nacionales, con financiamiento nacional y extranjero.

La tercera opción, luego de la caída de los precios del azúcar después de la zafra de 1952, y la falta de mercados para las enormes producciones de Cuba, se veía como inviable al declararse una nueva restricción de la producción que estaría vigente entre 1953 y 1956.

Mantener a Cuba atada al azúcar, aunque era la opción de la poderosa élite de los plantadores y los comerciantes exportadores-importadores, se evidenciaba desde hacía mucho tiempo que no tenía futuro para Cuba.

La primera opción económicamente era la más racional, pero era combatida tanto por la élite azucarera como por los empresarios industriales, como por los sindicatos, y era presentada como antinacional, ya que hubiera requerido una reforma institucional, pero su racionalidad se basaba en el hecho de que la economía cubana, dada la pequeñez de su mercado interno, y sus limitaciones de recursos, tenía que descansar en el comercio de exportación, y este comercio en las circunstancias de aquellos momentos no podía estar basado en su recurso tierra cultivable como había sido hasta la década de 1920; a comienzos de la década de 1950, su principal recurso ya era su abundancia de capital humano. Cuba tenía un excedente de fuerza de trabajo que tenía que exportar, pero no a través de la emigración como algunos consideraban, si no exportando productos industriales de alto consumo de labor, pero para ello era necesario una cantidad de capital que no estaba disponible en Cuba.

El proceso de industrialización que estaba teniendo lugar en Puerto Rico era un ejemplo de modelo de desarrollo que Cuba hubiera podido seguir en aquellos años.

La segunda opción era la que promovía la CEPAL, y la que estaban siguiendo algunas repúblicas latinoamericanas que tenían mercados interiores grandes, y que tenían una base industrial considerable, tales como Argentina, México, Brasil, y Chile, y en menor medida Colombia y Uruguay. En un acápite anterior hablamos de como países como Bolivia, Perú, y Paraguay, que no tenían condiciones para adoptar este modelo lo intentaron, terminando en fracasos que condujeron a golpes de Estado, y a una revolución en el caso boliviano.

Esta era la opción más atractiva para los economistas cubanos imbuidos de las ideas del desarrollismo cupulino, y de las ideas del keynesianismo, unido al nacionalismo económico, sin darse cuenta de que Cuba no tenía las mejores condiciones para seguir ese camino, aunque el desarrollismo que siguió el régimen de Batista después del golpe de Estado del 10 de marzo fue muy heterodoxo debido sobre todo a que trataba de que la cuota azucarera de Estados Unidos no se viera afectada para mantener intacta la industria azucarera.

Del redistribucionimo al desarrollismo. capitalismo de Estado 1952-1958

El 10 de marzo de 1952, Fulgencio Batista y un grupo de militares dan un golpe de Estado derrocando al gobierno de Carlos Prío Socarrás. En aquellos momentos las clases empresariales de Cuba esperaban impacientemente un cambio de rumbo en la dirección de la economía, un cambio en las instituciones que mantenían estancado al país, y especialmente, un gobierno que pusiera alto al movimiento sindical y al gansterismo. Muchos empresarios nacionales y extranjeros tenían puestas sus esperanzas en Batista, a pesar de que el origen de su llegada al poder fuera completamente ilegítima, y su antigua alianza con los comunistas despertara suspicacia en algunos.

Un artículo aparecido en la Revista *Cuba Económica y Financiera* titulado "La Revolución de Terciopelo" de abril de 1952 expresa con bastante claridad estas expectativas.

¿Acierta el actual poder determinante conduciéndose con tanta timidez o disimulo de su fuerza?

La opinión más responsable y numerosa del país cree que no. Que para dejar las cosas casi como estaban no valía la pena dar el vuelco.

La experiencia de dos generaciones ha probado que con el tinglado politiquero en marcha, resulta prohibitivo implantar hondas reformas agropecuarias, industriales, ni de salubridad o educación colectivas.

Han transcurrido quince años desde que se habla de diversificación agrícola, pero ¿dónde están los valientes que puedan acometerla con éxito?

Y sin embargo, ya no admiten más aplazamiento el regadío para la caña, el replanteamiento de la atrasada ganadería, ni la urgencia de ampliar las cosechas de consumo interno, ni la industrialización de materias primas típicas...

En el año 1952, el empresariado cubano se encontraba en una situación crítica frente a las regulaciones del gobierno, las demandas sindicales, la falta de competitividad frente a las importaciones extranjeras, y con ganancias decrecientes, en tanto el desempleo crónico no cedía y amenazaba con aumentar ante una situación de estancamiento de la industria azucarera, y es por esta razón que cuando Batista asume el poder en Cuba, luego del 10 de marzo de ese año, decide continuar ampliando el Estado corporativo que era su estilo de gobierno, como lo había venido haciendo entre 1936 y 1944, pero las condiciones internacionales en 1952 son diferentes a las de los años finales de la década de 1930 y primera mitad de los 40.

Como hemos explicado más arriba, a comienzos de la década de 1950 se estaba implementando un esfuerzo internacional encabezado por Estados Unidos orientado a la liberalización del comercio internacional, por lo que mantener el statu quo, como querían poderosos grupos de intereses asociados a la economía tradicional no tenía sentido, ya que el estancamiento de la producción azucarera - como se hacía evidente en 1952- en medio de un acelerado crecimiento poblacional creaba una situación de suma cero que eventualmente haría estallar el sistema económico, político, y social.

Cambiar la estructura económica de especialización azucarera (el modelo exportador) se convertía en responsabilidad de Batista al asumir la dirección de Cuba después del 10 de marzo de 1952.

De las tres opciones expuestas, Batista y sus asesores llevarán adelante una mezcla ecléctica con objetivo político-demagógico más que económico, de complacer a todos, pero el plan del régimen se moverá dentro de los cauces de la Comisión Económica para América Latina (CEPAL) de las ONU.

Con Batista llegaban al poder representantes del reformismo económico como Gustavo Gutiérrez, y Joaquín Martínez Sáenz que se adherían en sentido general a las recetas desarrollistas del CEPAL.

El desarrollismo de la CEPAL

Al terminar la Segunda Guerra Mundial existían básicamente tres modelos de desarrollo que siguieron los diferentes países, y que dieron lugar a la denominación convencional de Primer Mundo compuesta por los países desarrollados afines al sistema económico surgido de Bretton Woods; el Segundo Mundo compuesto por los países que se encontraban dentro de la órbita soviética, cuyo sistema era el socialismo radical de economía planificada, y toda la actividad económica centralizada en manos del Estado, y el Tercer Mundo que estaba formado por el resto de las naciones en vías de desarrollo, y las que estaban surgiendo de la desintegración de los imperios coloniales, muchas de las cuales seguirían un modelo de desarrollo mixto con propiedad privada pero bajo la tutela del Estado. El modelo teórico propuesto por la CEPAL será una guía para muchas de ellas especialmente para las repúblicas latinoamericanas las cuales poseían economías más desarrolladas.

En las décadas de los 80 y 90, los modelos que habían seguido los países del Segundo y Tercer mundo estaban completamente en bancarrota, y comenzaba una nueva era de globalización bajo los postulados de lo que se llamó el Consenso de Washington que constituía el modelo teórico de lo que se conoció como el "neoliberalismo".

El modelo de desarrollo de la CEPAL y Raúl Prebisch[75]

El postulado central del modelo de desarrollo propuesto por la CEPAL y su primer presidente Raúl Prebisch quien fuera uno de sus principales teóricos, era la industrialización por sustitución de importaciones (ISI).

Adicionalmente a un modelo práctico, América Latina proveía argumentos intelectuales para ISI.

Los teóricos de este modelo planteaban, en contra de los economistas liberales clásicos, que era beneficioso para el desarrollo económico proteger y subsidiar la industria extendiendo los argumentos existentes favorables a la protección y subsidios de industrias nacientes, como había hecho en el siglo XIX Estados Unidos y Alemania.

Para estos teóricos de la CEPAL, la industrialización tendría efectos no solo económicos si no también sociales.

El argumento principal de los desarrollistas de la CEPAL era que los precios de los productos primarios crecían menos que los precios de los productos manufacturados, lo que provocaba un deterioro de los términos de intercambio para los países productores y exportadores de productos agrícolas y materias primas, favoreciendo a los países desarrollados.

La causa fundamental de esto- planteaban ellos- era que los productos manufacturados tenían un mayor valor agregado que los productos primarios.

Los principales soportes de los nuevos gobiernos en América Latina se encontraban entre los industriales, las clases medias urbanas, y los obreros, y contaban con poca simpatía entre los que participaban en el sector exportador de productos primarios

La industrialización por sustitución de importaciones como estrategia de desarrollo fue el factor común para gran parte del mundo poscolonial.

Los gobiernos que siguieron ISI cambiaron recursos y personas desde la agricultura y la minería hacia la manufactura, y desde el campo hacia las ciudades, transformando su estructura económica de haber sido sociedades agrarias en sociedades industrializadas y urbanizadas.

Según los teóricos de la CEPAL, el subdesarrollo era producto de un mecanismo de drenaje de riquezas que tenía lugar a través de los términos de intercambio desiguales que funcionaban a favor de los países industrializados y en detrimento de los países exportadores de productos primarios perpetuando así el subdesarrollo.

El "Desarrollismo" -que es como fue conocida la ideología económica de la CEPAL- parte de una premisa errónea, que es la teoría del valor-trabajo de Adam Smith y David Ricardo, así como de Carlos Marx, el cual se basó en ella para elaborar su teoría de la plusvalía, que fue la piedra angular de todo el sistema ideológico del Comunismo.

75. Raül Prebisch.1901-1986. Economista argentino fundador de la Comisión Económica para América Latina de la ONU (CEPAL) y su director en 1950. Sus trabajos fueron muy influyentes en lo que se conoció como la teoría de la dependencia

Para los desarrollistas, de los cuales derivó la Teoría de la Dependencia, la Ley de las Ventajas Comparativas no tenía vigencia en los mercados internacionales, si no lo que existía era un esquema Centro-Periferia que se retroalimentaba a través de la explotación imperialista, o sea, los países ricos lo eran como resultado de la explotación del mundo subdesarrollado.

A partir de esta base teórica, consideraban que la vía hacia el desarrollo pasaba necesariamente por la industrialización, la cual debía comenzar con la sustitución de importaciones. La industrialización era vista como el elemento esencial de las políticas desarrollistas pues al aumentar el valor agregado de la producción disminuiría proporcionalmente el deterioro de los términos de intercambio.

Indiscutiblemente, en el mundo estaba teniendo lugar para los países productores de materias primas y productos primarios un deterioro de los términos de intercambio debido a que la Revolución Industrial incrementaba la demanda de bienes con mayor consumo del factor capital, frente a los bienes de mayor consumo de labor y tierra. Esta era una tendencia natural del sistema capitalista, que venía desarrollándose desde el siglo XIX, y que se aceleró después de la Segunda Guerra Mundial, por lo que la integración al sistema de economía globalizado debía hacerse a partir de promover la inversión de capital desde los países con abundancia de este factor, aprovechando las ventajas comparativas.

Los desarrollistas aciertan en identificar el problema, pero debido a la influencia ideológica marxista-keynesiana de sus teóricos, el diagnóstico de las causas del problema es erróneo, y por consiguiente proponen una solución que inevitablemente resultará en un fracaso, pues la realidad del mundo después de la Segunda Guerra Mundial es muy diferente a la del siglo XIX.

- El programa de desarrollo económico de Raúl Prebisch y de la CEPAL en los años 50 se basaba esencialmente en los siguientes puntos:
- Promover el papel del gobierno en el desarrollo nacional.
- Control de tasas de cambio monetario.
- Mayor énfasis en políticas fiscales de gasto deficitario por encima de políticas monetarias.
- Crear una plataforma de inversiones dando prioridad al capital nacional.
- Permitir la inversión extranjera de acuerdo a prioridades establecidas en planes de desarrollo nacionales.
- Promover demanda efectiva interna como base para consolidar el esfuerzo de industrialización.
- Generar una mayor demanda interna a través del incremento salarial de los trabajadores.
- Desarrollar una estrategia nacional coherente con el modelo de sustitución de importaciones protegiendo la producción nacional.

Mientras el mundo capitalista desarrollado (Primer Mundo) se movía hacia la estructuración de una economía internacional partiendo de la integración, el mundo en desarrollo (Tercer Mundo) estaba moviéndose en busca de la validez del desarrollo industrial proteccionista.

ISI causó problemas crónicos de balanza de pagos y balanzas comerciales. La sustitución de importaciones se suponía que reduciría la dependencia del comercio mundial, pero cada nación tenía necesidad de importar lo que más necesitaba, y para poder importar necesitaba exportar, y las políticas de ISI se encontraban fuertemente prejuiciadas en contra de las exportaciones.

La protección comercial, y las monedas sobrevaluadas hacían que los precios internos se elevaran y hacían a las exportaciones menos competitivas, por lo que los países en el proceso de industrialización no podían exportar lo suficiente como para importar lo que necesitaban.

Las economías típicas de ISI se movieron a través de crisis periódicas de balanzas de pagos. Los gobiernos restringían las importaciones a lo esencial, y subían las tasas de interés para atraer dinero al país. Devaluaban las monedas para aumentar el precio de las importaciones, y hacer las exportaciones más atractivas. El resultado fue una profunda depresión.

Los países que estuvieron en ISI también tendían a tener grandes déficits presupuestales e inflación, empeorando el impacto de la crisis.

ISI además de los déficits en balanzas de pago, déficits presupuestales, inflación y recesión, también tuvo efectos negativos sobre la pobreza y la distribución de ingresos.

Masas de campesinos emigraban a las ciudades en busca de empleo en las nuevas industrias, pero el crecimiento de ISI fue de industrias con alto consumo de capital, y bajo consumo relativo de labor, debido a que como el gobierno subsidiaba las inversiones, los industriales utilizaban mucho capital y poca labor, por tanto, la mayoría de los campesinos que emigraban a las ciudades no conseguían empleo desarrollándose una economía dual; por una parte una economía moderna con uso intensivo de capital, trabajadores calificados recibiendo altos salarios, y por otra parte una masa de pobres urbanos y campesinos separados de la economía moderna con alto desempleo o salarios de subsistencia.

La economía cubana a fines de la década de 1950 comenzó tempranamente a manifestar los problemas del modelo desarrollista de la CEPAL, que después, en los años 60 y 70 padecerían otros países en vías de desarrollo.

Esta estrategia de desarrollo, que después de concluida la Segunda Guerra Mundial se llevaría adelante de manera deliberada —como dijo Julián Alienes— aunque ya en los años 30 se fue desenvolviendo de forma más espontánea como respuesta a la Gran Depresión, estaba teniendo lugar en los principales países de América Latina, y en algunas otras naciones independientes del mundo.

El origen de este modelo lo encontramos en América Latina a partir de la Gran Depresión. El colapso de la economía internacional dejó a toda esta región prácticamente sin mercados para sus exportaciones, por lo que crecieron nuevas industrias para satisfacer necesidades locales que ya no podían importarse. Los sectores exportadores se contrajeron, y la economía no-exportadora creció. Las clases urbanas y las masas populares llenaron el vacío político y social que dejaban las oligarquías en América Latina, convirtiéndose en un bastión del nacionalismo económico, del desarrollismo, y del populismo.

Durante la década de 1930, si bien en Cuba no llegaron a prevalecer las ideas del nacionalismo económico, sí existió una corriente de opinión favorable a la misma- como señalamos en acápites anteriores- Esto fue debido a la dependencia que se mantenía con respecto al azúcar y al mercado norteamericano, por lo que el impulso de desarrollo industrial fue completamente espontáneo, y luego de la Revolución del 33, las clase medias y los obreros llenaron parcialmente el vacío que dejó la oligarquía debilitada, y que se transformó políticamente en el populismo que culminó en la Constitución de 1940, pero el populismo cubano, por esta misma característica que le imprimía la dependencia del azúcar, siempre fue un pacto, o una solución de compromiso, entre la élite tradicional, los nuevos políticos, y los sindicatos, mientras el empresariado industrial junto con las clases medias urbanas jugaban un papel secundario.

La Segunda Guerra Mundial, impulsa una vez más al sector exportador, y la oligarquía exportadora, cuyo núcleo lo formaban los hacendados dueños de centrales azucareros y los grandes colonos, volvió a alcanzar protagonismo en la esfera económica-social, y también peso dentro de la política contribuyendo a mediatizar el impulso desarrollista de la posguerra y comienzos de la década de 1950. Este nuevo protagonismo duró entre 1941 y 1953 cuando una vez más se entró en la política de restricción de la producción azucarera, debido a la falta de mercados y la caída de los precios.

A fines de la década de 1940, los principales países latinoamericanos eran en gran medida industrializados y urbanos, y los industriales nacionalistas, pequeños empresarios, profesionales, obreros sindicalizados, intelectuales, todos compartían el entusiasmo por la industrialización, y eran contrarios a la competencia extranjera, la cual era vista como una amenaza nacional, en tanto los partidarios del libre comercio y las exportaciones se encontraban fuera del poder.

Ya en la década de 1950, las repúblicas latinoamericanas que adoptaban de manera coherente la meta de la industrialización por sustitución de importaciones (ISI), restringían conscientemente el comercio exterior levantando barreras que hacían prohibitivamente caros muchos bienes manufacturados importados, o en algunos casos algunas de esas importaciones fueron expresamente prohibidas, buscando hacer rentables las producciones domésticas.

Este fue el primer componente de ISI, el proteccionismo, aunque en estas políticas no se excluían las importaciones de bienes da capital e insumos que no podían ser producidas en el país, o sea el proteccionismo iba en mayor medida dirigido a restringir importaciones de bienes de consumo.

Cuba nunca pudo desarrollar una política proteccionista coherente en apoyo a sus planes de industrialización y diversificación por temor a que Estados Unidos represaliara con la cuota azucarera. Solamente en 1958 fue aprobado un nuevo arancel calificable como moderadamente proteccionista. Debido a esta falta de coherencia, en 1958 Cuba estaba ya abocada a un problema de balanza de pagos.

Los gobiernos proveían subsidios e incentivos a la industria, le concedían privilegios impositivos, crédito barato por medio de los bancos del gobierno, además de manipular la moneda con el objetivo de proveer dólares baratos a los industriales para que pudieran comprar equipos e insumos.

También estos gobiernos expandían el sector público administrando ferrocarriles, compañías navieras, de teléfonos, de producción de energía, y casi todos los sectores de la infraestructura además, en muchos casos operaban industrias básicas con el objetivo de vender insumos artificialmente baratos alentando la industrialización.

Esas políticas en algunos países como Brasil, México, y Argentina, produjeron una impresionante industrialización, pero esa industria también era ineficiente, con precios muy por encima del mercado, y en muchos casos con muy pobre calidad, pues fue resultado no de la competencia, si no de las elevadas barreras proteccionistas.

La industrialización fue en gran medida a expensas del sector exportador que con los elevados impuestos y los precios que pagaban por sus importaciones financiaban las industrias subsidiadas favorecidas por el gobierno, además del traspaso de factores (labor y capital) desde el sector exportador hacia la industria y la agricultura de consumo doméstico.

El plan económico del gobierno de Batista

En 1944, el economista austríaco Ludwig von Mises planteaba.

> Cierto, los gobiernos pueden rebajar los tipos de interés en el corto plazo. Pueden imprimir más papel moneda. Pueden abrir el camino de la expansión del crédito a los bancos. Pueden en consecuencia crear un boom artificial de prosperidad. Pero un boom de este tipo está condenado a colapsar tarde o temprano y conduce a la depresión[76].

76. Ludwig von Mises (1881-1973) Economista austriaco. Uno de los principales teóricos de la Escuela Austríaca de

La escuela de pensamiento económico keynesiano influenció considerablemente los estudios de las economías subdesarrolladas generalizándose después de la Segunda Guerra Mundial y durante el proceso de desintegración de los imperios coloniales.

En todos esos estudios existía unanimidad en el empleo de banca central como proveedora de crédito para estimular el crecimiento de los sectores poco capitalizados en esos países.

A estos estudios se unió el pensamiento teórico de la Comisión Económica para América Latina de las Naciones Unidas (CEPAL) fundada en 1948, y de su primer presidente, el economista argentino Raúl Prebisch, que no era más que una adaptación para el mundo subdesarrollado, especialmente latinoamericano, de las teorías de Keynes.

El pensamiento de la CEPAL tuvo el mayor impacto sobre los economistas cubanos, y sobre las propuestas de solución para el desarrollo económico de Cuba después de la posguerra.

Cuando Batista llega al poder por segunda vez, el 10 de marzo de 1952, existían varios estudios de norteamericanos acerca de la economía cubana.

El primero de todos fue "*Our Colony of Cuba*" de Leland Jenks, publicado en 1928, seguido en 1934, cuando la Foreing Policy Association publicó el estudio titulado *Problemas de la Nueva Cuba.*

En los años 40 se realizaron estudios sobre la agricultura en Cuba por parte de la Atkins Institution de la Universidad de Harvard, y otro detallado estudio dirigido por George Minnemal *The Agriculture in Cuba.*

Publicado en el año 1948, aparece el estudio acerca de la situación monetaria de Cuba, del economista y profesor de la Universidad de Harvard, el germano-norteamericano Henry C Wallich *Monetary Problems of an Export Economy.*

Entre 1945 y 1946 también realiza estudios el profesor de Sociología de la Universidad de Minnesota, Lowry Nelson sobre la vida de los campesinos cubanos. El estudio publicado en 1950 se tituló *Rural Cuba.*

En el año 1950, el gobierno de Prío invitó al Banco Internacional para la Reconstrucción y Fomento (BIRF) a que enviara una misión a Cuba para conducir estudios acerca de la economía cubana. Dicha misión, que fue conocida como Misión Truslow por el nombre de su coordinador el economista norteamericano Francis Adam Truslow, publicó en 1951 el resultado de sus investigaciones, muy completas y detalladas, bajo el título de *Report on Cuba.*

La orientación ideológica del reporte es una mezcla de keynesianismo con los principios de la Escuela Neoclásica.

Por otra parte se encuentran los estudios realizados por diferentes pensadores cubanos que abordaron la problemática del desarrollo económico de Cuba.

Los economistas cubanos provenían en su mayoría de la Universidad de La Habana, graduados de varias profesiones, sobre todo Leyes e Historia, pues la Economía como carrera universitaria, no empezó en Cuba hasta 1950.

Este grupo incluye nombres como Gustavo Gutiérrez, Felipe Pazos, Joaquín Martínez Sáenz, Francisco Pérez de la Riva, Julián Alienes, Raúl Cepero Bonilla, Ramiro Guerra, José Antonio Guerra, Regino Boti, José Comallonga Mena, Manuel Sanguily, Alberto Arredondo y Raúl Maestri, y Leopoldo Cancio Luna.

Para los años 20 y 30, se encuentran José Comallonga Mena, Raúl Maestri, Ramiro Guerra, siendo este último el más influyente de todos con su libro *Azúcar y población en las Antillas* donde

Economía. Entre sus obras principales pueden citarse: "Teoría del dinero y el crédito" 1912 "socialismo: un análisis económico y sociológico" 1922. "La acción humana: un tratado sobre economía" 1949.

analiza el latifundio azucarero, y los peligros que entrañaba para la supervivencia de la nacionalidad cubana el que continuara su expansión.

Raúl Maestri en 1929 publico *El latifundismo en la economía cubana* alertando acerca de la posibilidad de que tuviera lugar una revolución de tipo agrarista como la mexicana.

También se puede incluir el libro *La Agonía Antillana* de Luis Araquistaín publicado en 1928, donde relata los efectos del latifundio azucarero y del imperialismo norteamericano en Cuba, Haití, Puerto Rico y República Dominicana.

Todo el pensamiento económico de aquella época gira alrededor de los peligros del latifundio, de la expansión del monocultivo, y la propiedad norteamericana, unido a la necesidad de diversificar la economía.

También se podría incluir dentro de este grupo de pensadores a Rubén Martínez Villena con su estudio *Cuba factoría yanqui.*

De los años posteriores a la Gran Depresión y la Segunda Guerra Mundial se pueden ubicar a Juan Pérez de la Riva con su ensayo *El origen y régimen de la propiedad en Cuba*, publicado en 1944. Alberto Arredondo publica su ensayo *Cuba tierra indefensa.* Otro ensayo de esos años de Ramiro Guerra será *Filosofía de la producción cubana*, de 1943, y el *Memorándum Económico*, de Joaquín Martínez Sáenz.

Entre el fin de la Segunda Guerra Mundial y 1952, los economistas más representativos serán Felipe Pazos, Gustavo Gutiérrez, Julián Alienes y Joaquín Martínez Sáenz.

Julián Alienes en 1948 publica el ensayo *Características fundamentales de la economía cubana* y en 1951 *Tesis sobre el desarrollo económico de Cuba.* Gustavo Gutiérrez, que es la figura más respetada dentro del ámbito del pensamiento económico de aquellos años, publicó en 1950 el ensayo titulado *Presente y futuro de la economía de Cuba*, y en 1951 otro ensayo titulado *El desarrollo económico de Cuba.*

Felipe Pazos era de una orientación claramente desarrollista al estilo de la CEPAL, Gustavo Gutiérrez se movía más dentro de un pensamiento de corte neoclásico, y el pensamiento de Julián Alienes se encontraba más dentro de la corriente **neo**keynesiana, abogando por una intervención amplia del Estado, regulación del sistema capitalista, desarrollo de instituciones fuertes, y políticas de estímulo económico. Dentro de esta corriente también podría situarse a Joaquín Martínez Sáenz de orientación también keynesiana y desarrollista.

Cuando Batista llega al poder, todo el pensamiento económico en Cuba era favorable a una fuerte intervención estatal en la economía incidiendo en el incremento de la demanda agregada. Pasaba a un segundo plano el redistribucionismo que había caracterizado la intervención del gobierno en la economía desde 1933, y se entraba en una fase desarrollista, priorizando el crecimiento económico sobre la redistribución del ingreso como política del Estado.

La dirección económica del gobierno a partir de marzo de 1952 se movió hacia la cartelización de diferentes actividades económicas, y hacia la creación de la banca pública de desarrollo que financiaría la inversión en industrias nuevas sustituyendo importaciones, y de trabajos públicos.

Joaquín Martínez Sáenz en su ensayo titulado *Por la independencia económica de Cuba* planteaba:

> En 1952 se sintió más agudamente que nunca antes la necesidad de una economía interna estable, independiente de los altibajos azucareros... se trataba de la necesidad urgente de mantener el empleo a un nivel satisfactorio para evitar una posible depresión de efectos catastróficos... Cuba podía ser lanzada al insondable fondo de un período de miseria.

A ese efecto se estableció el Plan de Desarrollo Económico y Social.

La acción insoslayable consistía en evitar la crisis del mercado doméstico con ingresos de origen interno sacados de los recursos disponibles. El uso de todos los recursos disponibles estaba justiciado aunque se agotasen.

El Plan tenía otro objetivo fundamental; cambiar la estructura económica del país. Tal objetivo consistió en diversificar la producción orientándola hacia la satisfacción de las necesidades del mercado doméstico, sustituyendo importaciones o creando nuevos renglones de exportación para diferentes mercados.

La idea de Martínez Sáenz y los asesores económicos de Batista, ante la situación recensionaría que veían que se produciría a partir de la caída de los precio del azúcar, y las restricciones de la zafra de 1953, era la aplicación de una política anticíclica, con el propósito de impedir o aminorar los efectos de la recesión, que denominaron "política de gastos compensatorios".

Los economistas neoclásicos consideraban que la economía siempre tiende al equilibrio, y que el ciclo económico no es un fenómeno inherente a la economía capitalista, por lo que recomendaban que en una situación de recesión económica, el gobierno lo más que podía hacer era reducir los impuestos para estimular el gasto privado de consumo e inversión dejando más dinero en manos de las empresas y las familias.

Los economistas keynesianos, como eran todos los economistas cubanos, consideraban que el ciclo económico es un fenómeno inherente a la economía capitalista como resultado del subconsumo, y que la economía moderna no tiende espontáneamente al equilibrio por lo que es necesario que el Estado intervenga incrementando el consumo para restaurar el equilibrio.

También estaban de acuerdo en que el ciclo económico se originaba en los grandes centros de poder económico como Estados Unidos, lo cual se reflejaba en Cuba a través de la caída del precios del azúcar.

Para mantener la economía en equilibrio, el Estado tiene que desarrollar un tipo de política que ellos denominan anticíclica, o contracíclica, que consiste en una política fiscal de reducción de impuesto, unida a un incremento del gasto deficitario a través de la inversión pública, y una política monetaria inflacionaria, con el objetivo de bajar las tasas de interés y promover la inversión privada, y por otra parte devaluar la moneda para hacer más competitivas las exportaciones, en tanto se imponían barreras proteccionistas para limitar las importaciones, mejorando así los términos de intercambio.

En resumen, la política anticíclica consiste en gasto en déficit, y promoción de inversión pública para estimular la demanda, contrarrestando los efectos del ciclo.

Por tanto, el gasto deficitario y la inversión pública tendrá como objetivo la diversificación de la economía por medio de la inversión pública orientada a la creación de infraestructura, y creación y promoción de actividades industriales y agrícolas que sustituyeran importaciones, creando de esta forma empleo, y reduciendo el desempleo crónico.

¿Cómo se financiaría el Plan?

Martínez Sáenz lo explica en ese ensayo.

Es evidente que la única fuente posible del dinero para una operación anticíclica de inyección de dinero a la circulación para compensar el dinero que faltaba como consecuencia de la contracción azucarera es el Tesoro público.

La idea básica entonces era transferir los ahorros depositados en los bancos comerciales que no se invertían, a los bancos creados por el gobierno. Esos fondos serían invertidos siguiendo determinadas prioridades donde debía primar la sustitución de importaciones, desarrollando así una nueva economía que permitiera absorber desempleo a partir de un sector moderno con elevada productividad del trabajo y altos salarios. La industria azucarera aportaría las divisas para mantener el nivel de importaciones requeridas, en tanto la sustitución de importaciones liberaría también divisas, evitando de esta forma el desequilibrio de las balanzas de pagos.

Como el financiamiento se basaba en la transferencia de fondos existentes en el sector privado, y no en creación de nuevo dinero, se mantendría la estabilidad monetaria y controlada la inflación.

El otro pilar del plan económico de Batista era la cartelización del resto de la economía nacional para garantizar un nivel de ganancias nominales, un nivel salarial, y la promoción de la inversión extranjera en sectores no tradicionales de la economía, en tanto los trabajos públicos proveerían una alternativa para absorber fuerza de trabajo desempleada y mantener los niveles de consumo, que de lo contrario serían afectados por la recesión de 1953, y la restricción de las zafras azucareras a partir de ese año.

Para ellos. lo fundamental era que el sistema bancario pudiera brindar el crédito necesario para la diversificación de la producción, y que el sistema fuera predominantemente cubano, convirtiendo la economía nacional en una economía mixta, donde el Estado fuera quien tomara, cada vez más, la última decisión.

Con este objetivo se crearon toda una serie de instituciones paraestatales que estarían bajo control del Banco Nacional.

La expansión del crédito y la banca pública de desarrollo: La columna vertebral del plan económico de Batista

Joaquín Martínez Sáenz ocupó la presidencia del Banco Nacional de Cuba inmediatamente después de la renuncia de Felipe Pazos, y Emeterio Santovenia la del BANFAIC con la renuncia de Justo Carrillo. a continuación del golpe de Estado del 10 de marzo de 1952, y se convirtió (Martínez Sáenz) en gran medida en uno de los arquitectos de la política económica del régimen entre 1952 y 1958.

En el ensayo citado más arriba, Martínez Sáenz plantea lo siguiente:

> Los instrumentos que se necesitaban eran moneda, banca, y crédito. Ya en 1952 teníamos moneda propia. En el orden del crédito, todavía Cuba era dependiente de la banca extranjera para el financiamiento del Estado, y para cualquier empresa de envergadura económica.
>
> Internamente, a través de sus sucursales en el país controlaban la mayor parte de nuestros ahorros, y sus directrices contribuían al monocultivo azucarero y a la amplia importación de mercancías.
>
> La banca no era cubana si no en escasa medida; el crédito era abundante para la producción azucarera y para operaciones comerciales, pero no existía crédito para el desarrollo económico, ni había instrumentos adecuados para concederlo, ni método para captar los ahorros necesarios para proceder a realizar las inversiones indispensables a largo plazo.
>
> Lo fundamental era que el sistema bancario pudiera brindar el crédito necesario para la diversificación de la producción, y que el sistema fuera predominantemente cubano.

Desde los años 20, cuando se hicieron las primeras propuestas de crear un Banco Central en Cuba, los economistas norteamericanos expresaron su preocupación al considerar peligroso para la economía cubana el que dicha institución se convirtiera en instrumento para la creación de crédito barato al servicio de las políticas del gobierno de turno - como mismo lo expresó el economista norteamericano Henry Wallich más de veinte años después- con consecuencias nefastas para el país.

Cuando se fundó el Banco Nacional de Cuba en 1950, se trató de evitar que se convirtiera en una financiadora de los planes expansivos del gobierno, y se trató de mantenerlo dentro de los marcos de su función equilibradora de los flujos monetarios para aportar estabilidad a la economía, pero al ocupar la presidencia del BNC Martínez Sáenz, esta concepción cambió radicalmente.

> El Estado no solo puede si no que debe ser el motor impulsor del desarrollo económico asumiendo riesgos y responsabilidades que el interés privado no está en condiciones de soportar.

Para Martínez Sáenz, el Estado tiene entre sus deberes estimular el crecimiento económico y la diversificación, y la banca central disminuir el riesgo (o asumirlo) y eliminar la incertidumbre que obstaculizan la canalización de los ahorros hacia inversiones productivas que contribuyan a la diversificación.

> Los principios de la libre empresa y la libertad comercial no existen ni en la guerra ni en la paz para las exportaciones agrícolas y minerales que constituyen materias primas de la gran industria. Cuotas, subsidios, tarifas, todo es lícito para cerrar el paso a los mercados de los países desarrollados, y todo es un crimen cuando se trata de proteger el mercado doméstico para los productores locales.

Esos son los principios del Acuerdo General de Aranceles y Comercio (GATT)" escribió Martínez Sáenz.

Con el gobierno de Batista a partir de 1952, cobró impulso el desarrollo de la banca pública que tendría como misión estimular la economía, diversificar la producción, y cambiar la estructura económica del país desde ser un país agrícola dependiente de la producción de azúcar, a ser un país industrializado.

1. Ya desde el gobierno anterior se había fundado el BANFAIC por Ley No 5 de diciembre de 1950 (Banco de Fomento Agrícola e Industrial de Cuba) adscrito al BNC, con el propósito de ofrecer créditos a bajos intereses y a largo plazo para el desarrollo de actividades industriales y agrícolas no tradicionales. Entre marzo de 1952 y marzo de 1953, se expandió el portafolio del BANFAIC de 720 mil pesos a cinco millones de pesos.
2. Por Decreto-Ley No 398 de septiembre de 1952 se creó el Fondo de Seguro de Depósitos, que aseguraban depósitos hasta la cantidad de diez mil pesos. El propósito era el mismo que el FDIC norteamericano (Federal Deposits Insurance Corporation) establecido en 1933 bajo la administración de Roosevelt.

   El objetivo era la captación de ahorros para fines nacionales, y el fortalecimiento de los bancos comerciales cubanos eliminando el riesgo para los depositantes.
3. Por Decreto-Ley No 1015 de agosto de 1953 se creó la Financiera Nacional de Cuba (FNC).

   Esta es una institución de economía mixta donde participan tanto el BNC, como los bancos comerciales, así como compañías de seguros.

   Su presidente fue Jorge García Montes, el cual había sido Ministro de Hacienda durante el primer gobierno de Batista, pero era Batista quien tenía la última palabra en la asignación de los recursos. Esta agencia vendría a ser una mezcla de los intereses políticos de Batista y las ideas de planificación central de Gustavo Gutiérrez.

Entre las principales obras de la FNC se encuentran : El túnel de La Habana; acueductos de La Habana, Marianao, y Santiago de Cuba; dos terminales marítimas; expansión de la Compañía Cubana de Electricidad; tres supermercados; inicios de la construcción de la Hidroeléctrica del Habanilla; el Centro turístico de Barlovento; el Palacio Municipal de Marianao, así como otras obras de menor envergadura. La FNC estaba orientada en general a obras de infraestructura.

4. En el año 1953 también se creó el FHA (Fondo de Hipotecas Aseguradas) por Decreto-Ley No 7501. Esta agencia se estructuraba tomando como modelo la FHA (Federal Housing Administration) norteamericana creada en 1934 durante el gobierno de Roosevelt.

   La función principal de esta agencia era asegurar créditos hipotecarios con el objetivo de influenciar y estimular la construcción, la urbanización y el mercado hipotecario.

   El FHA promovió la inversión residencial incentivando la tendencia hacia la inversión en bienes raíces e inmuebles urbanos, lo cual si bien impulsó la industria de la construcción, y algunas industrias relacionadas de materiales de construcción, esta es un tipo de inversión muy poco reproductiva. En 1958, los préstamos aprobados por el FHA alcanzaban 78.3 millones de pesos.

5. En mayo de 1954, por Decreto-Ley No 1425 se fundó el BANCEX (Banco Cubano de Comercio Exterior) La función básica de este banco era facilitar los medios necesarios para el fomento y desarrollo de las exportaciones.

   La idea tras la creación de esta institución se fundamentaba en la restricción de los mercados azucareros, especialmente el norteamericano, y la comercialización del excedente de la zafra de 1952, además de promover el comercio con países que no tenían disponibilidades de dólares como medio de pago, pudiendo establecer con ellos algunas operaciones de trueque como fue el caso del financiamiento del túnel de La Habana que en parte se pagó con azúcar.

6. El último banco que se fundó dentro de lo que fue la banca pública de desarrollo fue el Banco de Desarrollo Económico y Social (BANDES). Fundado en enero de 1955 por Decreto-Ley No 1947.

Según Martínez Sáenz "...la constitución de este banco fue determinado por dos circunstancias: promover aceleradamente un plan de diversificación de la producción, y avanzar por el camino de la independencia económica".

Este banco se crea para financiar el Plan de Desarrollo Económico y Social establecido en agosto de 1954.

El BANDES se financiaría con la emisión de bonos de hasta 350 millones de pesos, y se proponía facilitar préstamos para el desarrollo y la diversificación de la producción. El énfasis principal se dirigió a inversiones públicas, y concediendo préstamos para el fomento de industrias no existentes en el país.

Entre los principales proyectos financiados por el BANDES se encuentran:

La Compañía Técnica Cubana, y la Papelera Pulpa Cuba para procesar papel de bagazo; la Antillana de Acero, la Compañía Cubana de Nitrógeno; la Industrial de Fosforo; la Antillas Hotel Corp; la Compañía Hoteles Montecarlo, etc.

A) En el año 1958 el crédito en circulación de la banca pública de desarrollo era:
   FNC: 129.6 millones de pesos.
   BANDES: 235.0 millones de pesos.

FHA: 75.0 millones de pesos.

BANFAIC: 10.6 millones de pesos.

Total: 450.2 millones de pesos.

B) La distribución del crédito concedido por el gobierno fue la siguiente:

A la industria: 133.0 millones de pesos.

A la agricultura: 19.6 millones de pesos.

A servicios públicos: 236.2 millones de pesos.

A organismos oficiales: 8.1 millones de pesos.

Inversiones en bonos del Estado: 55.3 millones de pesos.

Otros créditos: 7.1 millones de pesos.

Total: 459.3 millones de pesos.

C) El financiamiento de la banca pública de desarrollo fue el siguiente:

Préstamos del BNC: 77.5 millones de pesos.

Préstamos de bancos extranjeros: 54.6 millones de pesos.

Total préstamos: 132.1 millones de pesos.

Emisiones propias en circulación:

En poder del BNC: 61.1 millones de pesos.

En poder de bancos comerciales: 86.9 millones de pesos.

En poder de otras instituciones: 3.1 millones.

En poder del sector privado: 107.2 millones.

Capital: 37.5 millones de pesos.

Reservas y utilidades: 18.8 millones de pesos.

Otros créditos del sector privado: 5.0 millones de pesos.

Total: 465.2 millones de pesos.

Fuente: Memorias del Banco Nacional de Cuba y Revista del Banco Nacional de Cuba.

Para la financiación de la banca pública de desarrollo tenemos que el 30% en préstamos y bonos pertenecía al BNC, el 11.7% había sido prestada por bancos extranjeros y formaba parte de la inversión indirecta de capital extranjero en Cuba; los bancos comerciales poseían el 18.7% de los bonos emitidos, y otros del sector privado tenían el 24.1% de los bonos emitidos.

En la distribución del crédito otorgado, el 51.4% fue destinado a servicios públicos, el 29% a la industria, y solamente el 4.3% a la agricultura.

El crédito total concedido por el gobierno entre 1953 y 1958 fue de 1, 252.6 millones de pesos, por lo que a cargo directamente del Estado se concedieron 793.3 millones de pesos, de los cuales 220.0 millones fueron destinados a la industria (27.8%), 512.7 millones a servicios públicos (64.6%), y 85.4 millones a la agricultura (10.8%).

Dinero y banca comercial bajo el régimen de capitalismo de Estado

¿De dónde salió el dinero para financiar los planes de desarrollo del gobierno? A primera vista parece como magia que surgieran industrias, obra públicas de infraestructura, hoteles, edificios de apartamentos, barrios residenciales, con presupuestos balanceados, y sin inflación, manteniéndose una estabilidad completa en el nivel general de precios. Era el famoso boom de los 50 que estaba teniendo lugar en casi todas las repúblicas latinoamericanas como resultado de la materialización del enorme gasto diferido de los años 40, atenuado en los países donde la aplicación de los planes de la CEPAL dificultaban las importaciones de bienes de consumo que no fue el caso de Cuba.

Con la creación de la banca pública de desarrollo, la banca comercial pasó a otorgar crédito a estos organismos paraestatales, donde el riesgo era menor, ya que contaban con el respaldo del Estado. Así, el otorgamiento de crédito a la economía privada iba siendo desplazado por el Estado.

La inversión pasaba a ser controlada prácticamente por el gobierno a través de estas instituciones, produciendo lo que en economía se conoce como Efecto Crowding-Out, o Efecto Expulsión, que es la situación que se produce cuando la deuda pública, al ofrecer mayores rendimientos y seguridad, desvía la inversión desde el sector privado, cerrando así una fuente de financiamiento vital para las empresas.

Los métodos por los cuales se obtenía el financiamiento para la banca pública y para el Estado eran a grandes rasgos:

1. El Estado y la banca paraestatal emitían bonos de alto rendimiento, que eran comprados por la banca comercial, y por otras instituciones privadas, por lo que se producía una transferencia de ahorros desde agentes privados al Estado. Esta es una operación normal de emisión de deuda pública que anteriormente era en gran medida comprada por bancos norteamericanos.
2. El BNC prestaba a los bancos comerciales a bajos intereses, para que estos compraran los bonos del gobierno con mayores rendimientos, y multiplicado por cuatro que era el multiplicador bancario legal como hemos explicado. Esta era una operación de redescuento donde se creaba dinero nuevo por el BNC, y dinero bancario a partir de la liquidez que le transfería el BNC a los bancos de acuerdo con el coeficiente legal de reserva. Esta operación era inflacionaria pues implicaba la creación de dinero nuevo.
3. El BNC compraba los bonos del Estado y de la banca pública, o sea el BNC le prestaba al gobierno. Esta es una operación directamente inflacionaria pues implica la creación de dinero.
4. El BNC compraba activos (bonos de la deuda pública) que se encontraban en manos de los bancos comerciales para inyectarles liquidez, y pudieran así comprar más deuda pública. Esta operación llamada de mercado abierto implicaba la creación de dinero por parte del BNC, y por tanto era inflacionaria.

En el año 1958, el sistema bancario cubano, en el agregado, se encontraba con una reservas de efectivo por debajo del 25% legalmente establecido por lo que el BNC tendría que comprarle activos a los bancos comerciales para inyectarles liquidez.

Todos estos métodos se fueron utilizando, y algunos bancos participaron más que otros que se mantuvieron con políticas más conservadoras, sobre todo los bancos extranjeros. Los bancos que más se involucraron en esta política de financiamiento del gobierno de Batista fueron el Trust Company de Cuba, y el Banco Núñez, y en menor medida el Banco Gelats, y el Banco Continental.

La banca pública le prestaba el dinero a inversionistas privados con muy alto apalancamiento, a bajas tasas de interés y largo plazo, en proyectos que consideraban de interés para la política de desarrollo del gobierno.

Este tipo de préstamos en general se otorgaban a empresarios con vínculos directos con el gobierno de Batista, o funcionarios del gobierno.

Entre 1952 y 1958, el incremento neto de los préstamos de los bancos comerciales fue de 375.2 millones de pesos que incidieron en el aumento de la oferta monetaria M-2 en 290 millones de pesos, pero que no tuvieron efecto inflacionario debido a que salieron al exterior por la balanza de pagos, provocando una disminución de las reservas internacionales de 380.3 millones de dólares.

En 1952 el coeficiente de reserva de efectivo de los bancos era el 36.6% de los depósitos totales, y en 1958 había descendido hasta ser solamente el 22.3% (un déficit de los requerimientos de reserva legal de casi 30 millones de pesos) cuando el coeficiente legal era de un 25%, o sea que el agregado de los bancos comerciales se encontraba escaso de efectivo debido a las compras continuas de bonos del Estado.

El multiplicador del crédito aumentó un 29.5% debido al incremento del volumen de préstamos por encima del incremento de la base monetaria, ya que la política de emisión de dinero se mantuvo restringida para contrarrestar el efecto inflacionario del incremento del crédito.

La política de estímulo económico no tuvo efecto en el incremento del consumo, pues la velocidad de circulación del dinero disminuyó un 1.5%, lo cual significó un incremento equivalente de la demanda de dinero, pero el aumento de la oferta monetaria M-2 presionó a la baja a las tasas de interés de los bancos, que como vimos prestaron especialmente al gobierno con las tasas de interés establecidas por él y no por el mercado, siendo tasa de interés artificialmente bajas.

El aumento de la oferta monetaria no se tradujo en inflación debido a la existencia de reservas internacionales que al salir del sistema por la balanza de pagos amortiguaban el impacto sobre el nivel general de precios.

La deuda pública en circulación había aumentado entre 1952 y 1958 en 1, 061.1 millones de pesos, y el déficit en balanza de pagos acumulado fue de 1, 109.3 millones de dólares.

El costo del boom fue el incremento de la deuda pública en 1, 061.1 millones de pesos, la contracción de la reserva internacional neta en 380.3 millones de dólares, el incremento de la deuda acumulada de los bancos en 376 millones de pesos, y la contracción del consumo en un 1.5%.

En 1958 los recursos se encontraban agotados para continuar con los planes de desarrollo del gobierno, y de mantenerse, llevarían a una crisis de balanza de pagos, a una devaluación del peso cubano, a un incremento drástico de la inflación, y consiguientemente a una subida del nivel general de precios.

Comportamiento macroeconómico de Cuba entre 1952 y 1958

¿Cuáles fueron los resultados de los planes de desarrollo del gobierno de Batista?

El Producto Interno Bruto (PIB) creció a una tasa anual del 1.0%, y el PIB per cápita creció a una tasa anual negativa del – 1.1%.

En el año 1953, el país entró en recesión, y el ingresos promedio real por trabajador cayó un 9.6%. La oferta monetaria se contrajo un 5.3% y la demanda de dinero subió un 6% lo cual dio lugar a una caída del nivel general de precios de un 2.4% amortiguando en algo la contracción del ingreso promedio por trabajador.

En el año 1957, ya se había superado la recesión y fue un año muy favorable para la producción azucarera. El ingreso promedio mensual, descontando la inflación en 1957 era de 79.25 pesos mensuales, y en 1952 había sido de 85.79 pesos o sea una contracción real del ingreso promedio del 7.6% lo cual representó una pequeña afectación del nivel de vida para los que tenían empleo.

El empleo en 1952 fue de 1, 614.7 miles de individuos, y en 1957 de 1.817.0 miles de individuos lo cual significa un incremento neto del empleo de 202.3 miles de individuos.

La nueva incorporación al mercado laboral entre 1952 y 1957 fue de 181 mil personas, para un promedio de 36.2 miles anuales. La disminución del desempleo crónico fue de 21.3 miles de individuos.

En 1952 había 408.0 miles de desempleados permanentes y 85.5 miles trabajando sin paga; y en 1957 había 388 mil desempleados permanentes y 154.0 mil trabajando sin paga, un 24.6% de la fuerza de trabajo. Esto hace un total de desempleo en 1952 de un 24.4% de la fuerza de trabajo, y en 1957 un 24.6%, por lo que el desempleo no había cedido.

La distribución del Ingreso Nacional entre 1952 y 1957 fue la siguiente. Expresado en %.

Concepto	**1952**	**1958**	**Diferencia**
Capital	21.6	22.4	+0.8
Trabajo	78.4	77.6	-0.8

Desglosando la participación del trabajo.

Concepto	1952	1958	Diferencia
Sueldos y salarios	64.5	62.6	-1.9
De ellos.			
Públicos	11.6	13.6	2.1
Privados	53.0	49.6	-3.4.
Empleo por cuenta propia	13.9	14.9	+1.0. **1925**

Haciendo un desglose por actividades entre los que recibían sueldos y salarios, del incremento absoluto entre 1952 y 1958 tenemos lo siguiente.

Actividades

Agrícolas azucareras	-32.5%
Agrícolas no azucareras	+30.8%
Agrícolas Total	-18.4%
No agrícolas azucareras	-24.0%
No agrícolas no azucareras	+11.1%
Servicios domésticos	+40.8%
Empleo público	+24.9%
No agrícolas	+2.9%
Sueldos y salarios total	+4.1%
Ingreso Nacional	+5.1%
Producción azucarera	-13.9%

La participación del trabajo dentro de la distribución del Ingreso Nacional volvió a caer a pesar del descenso de la productividad del trabajo de un 7.2%. Esto fue debido a la contracción de los salarios, pues los ingresos de empleo por cuenta propia tuvieron una ligera mejoría.

Dentro de los salarios, donde se registra la principal contracción es en las actividades agrícolas, y especialmente en las agrícolas azucareras, debido a la restricción de las zafras y la caída de los precios del azúcar, y lo mismo vemos que sucedió en el sector industrial del azúcar.

Dentro de las actividades no-agrícolas y no-azucareras, se registran incrementos en los servicios domésticos debido al aumento del empleo en este sector, y los empleados públicos debido a aumentos tanto en salarios como en número de participantes en el empleo público.

La situación de los trabajadores asalariados en la empresa privada, especialmente los de la industria azucarera, había empeorado.

La política laboral del régimen de Batista buscaba incrementar el empleo a costa de disminuir las tasas de ingresos de los trabajadores.

Se acordó con la CTC dirigida por Eusebio Mujal que los sindicatos no presionarían por incrementos salariales, en tanto se mantendría sin cambios el nivel general de precios, y por otra parte se incrementaría la demanda monetaria de labor a través de las inversiones del gobierno, trayendo por resultado un incremento del empleo.

Como vimos, el empleo neto apenas creció, y esto se debió fundamentalmente a que las inversiones fueron dirigidas a sectores de alto consumo de capital y bajo consumo de labor.

El resultado final fue que no se disminuyó el desempleo, y los sueldos y salarios promedio en el sector privado cayeron, aunque el capital se vio en cierta medida favorecido especialmente el que se benefició de las nuevas inversiones del gobierno.

De acuerdo a la productividad del trabajo de 1952, en 1958 aumentó el empleo redundante o sea empleo improductivo, en 38.5 miles de individuos, o sea casi el 19% del nuevo empleo creado.

La productividad marginal del trabajo entre 1947 y 1952 fue de 1, 166.92 pesos por cada hombre empleado, y en 1958 había disminuido a ser 994.58 pesos, o sea un 14.8% menor.

El ingreso promedio en 1952 fue de 1, 029.50 pesos al año, o sea que la productividad marginal dejaba un margen de un 13.3% al empleador como promedio durante el período, pero en 1958, al ser el ingreso promedio 976.90 pesos al año, el margen de la productividad marginal del trabajo como promedio del periodo fue de solamente un 1.8%, lo cual quiere decir que a pesar de la contracción de los ingresos promedio de los trabajadores, el poco dinamismo del crecimiento del Ingreso nacional estrechó severamente el margen de ganancias de los empresarios. En 1958 se aprobó un nuevo aumento del salario mínimo, y una reforma impositiva que elevaba los impuestos sobre las ganancias empresariales.

En el año 1958 una parte considerable de las empresas del país se encontraban en una situación precaria.

En el comercio exterior con Estados Unidos, los términos de intercambio seguían deteriorándose para Cuba, ya que entre 1952 y 1958, el nivel general de precios en Estados Unidos subió un 9.1%, y el precio del azúcar en 1958 fue un 12.2% inferior al de 1952, y además, al encontrarse el peso cubano sobrevalorado en aproximadamente un 26.5% en 1958, las importaciones desde Estados Unidos se encarecían mientras que el precio de las exportaciones hacia Estados Unidos, al estar sometidas a una cuota, eran fijadas por la Secretaría de Agricultura del gobierno norteamericano. Este esquema sometía a Cuba a un drenaje constante de su poder adquisitivo como sucedió con el proteccionismo de la década de 1920.

Entre 1953 y 1958, la balanza comercial con Estados Unidos acumuló un déficit de 319.4 millones de dólares, por lo que al ser Estados Unidos el principal socio comercial de Cuba, provocó un déficit en la cuenta corriente de 362.9 millones de dólares, ya que el déficit con Estados Unidos no se podía compensar con un superávit con otras naciones.

Entre 1952 y 1958 Cuba acumuló un déficit en balanza de pagos de casi 900 millones de dólares, lo que trajo por consecuencia un debilitamiento completo del valor del peso cubano, haciendo insostenible la paridad cambiaria de uno a uno con el dólar establecida en Bretton Woods, por lo que en algún momento Después de 1958 se haría necesario una devaluación del peso cubano con el consiguiente impacto inflacionario sobre el nivel general de precios.

Como hemos dicho, entre 1952 y 1958 el nivel general de precios se mantuvo, y aunque existieron algunos controles sobre precios de algunos bienes y servicios de primera necesidad, la estabilidad en los precios fue debida a que el incremento de la oferta monetaria M-2, que fue de un 22.7%, equivalente a 290 millones de pesos, no tuvieron efecto inflacionario pues fue compensado con la contracción de las reservas internacionales de un 83% equivalente a 380 millones de dólares, o sea salieron al exterior por las balanzas de pagos.

Al agotarse la reserva internacional, el incremento en la oferta monetaria, al no poder salir al exterior, crearía inmediatamente presiones inflacionarias sobre el nivel general de precios.

Entre 1952 y 1958 los bancos comerciales aumentaron sus depósitos totales en 349 millones de pesos, pero la liquidez disminuyó en 26.1 millones de pesos. En 1952 la liquidez de los bancos se encontraba un 46.5% por encima del nivel de reserva legal establecido, y en 1958 se encontraba un 10.7% por debajo.

El dinero creado por los bancos había aumentado entre 1952 y 1958 en solamente 85.7 millones de pesos, y el multiplicador del crédito que legalmente era 4, en 1952 era apenas de 1.66, y en 1958 de 2.15, o sea un aumento de menos de un 30%. Esto quiere decir que la participación del sistema bancario en los planes económicos del gobierno fue limitada, y más bien cautelosa.

¿Cuál fue el impacto sobre la estructura de producción?

Expresado en % en relación con el Ingreso Nacional.

Actividad	1952	1958	Diferencia
Azúcar	33.5	26.2	-7.3
Agric. no azucarera	13.0	13.4	+0.4
Manufactura y minería	14.0	17.0	+3.0
Construcción	3.2	6.0	+1.8
Servicios	36.3	38.4	+2.1

El crecimiento de todas las actividades fue a partir de los recursos que perdía la producción de azúcar. y donde se registra un mayor incremento relativo fue en la producción industrial como resultado de los planes de industrialización.

Desde el punto de vista absoluto, a valores corrientes el Ingreso Nacional creció un 10%; el valor de la producción de azúcar disminuyó un - 13.9%; el de la producción agrícola no azucarera aumentó un 13.9%; el de la manufactura y la minería aumentó un 33.9%; el de la construcción en un 70.9%, y el de los servicios un 16.2%.

En las actividades agrícolas, el valor de su producción disminuyó un 6.1%, y en las no agrícolas aumentó un 24.2%. Hay una transferencia significativa de recursos desde el campo hacia las zonas urbanas que había comenzado después de 1947.

Entre 1952 y 1958, la inversión bruta de capital nacional fue de aproximadamente 2, 100.0 millones de pesos y la inversión extranjera acumuló unos 440 millones de dólares. Descontando la depreciación estimada, la acumulación neta de capital fue de 2, 045.0 millones de pesos.

En el año 1952 con un capital neto acumulado de 4, 317.0 millones de pesos se produjeron 2, 030.0 millones de pesos, y en 1958, con un capital neto acumulado de 6, 361.0 millones de pesos, se produjeron 2, 130.5 millones de pesos. Esto implica que en 1958 unos 1, 610.3 millones de pesos acumulados eran improductivos con respecto a 1952, Solamente el 36% de la inversión del período fue productiva, lo que significó un enorme desperdicio de capital que era el recurso escaso de Cuba.

Entre 1947 y 1952, la productividad marginal del capital fue de 342.20 pesos por cada mil pesos de capital acumulado, y entre 1952 y 1958 la productividad marginal del capital fue de solamente

98.75 pesos por cada mil pesos de capital acumulado. Este dramático descenso está indicando que la inversión de capital en el período fue extraordinariamente improductiva.

La estrategia de inversión de las políticas desarrollistas del gobierno de Batista fueron completamente equivocadas, ya que se orientaron hacia inversiones de baja productividad, y alto consumo relativo de capital con respecto al consumo de labor, por lo que como vimos, no tuvieron incidencia en la reducción del desempleo crónico.

La inversión extranjera se reanudó en este período, orientadaó a actividades no tradicionales tales como minería, refinación de petróleo, y servicios públicos y privados, pero Cuba había dejado de ser el primer receptor de inversión directa de capital norteamericano en América Latina, superado por Venezuela, y Brasil.

La función de producción entre 1952 y 1958

La función de producción es la cantidad de bienes y servicios que se pueden producir como máximo a partir de una determinada cantidad de factores de producción, o sea de tierra, trabajo, y capital.

El Ingreso Nacional puede crecer o por un incremento de la productividad de los factores de producción, o por un incremento en la cantidad de factores de producción incorporados al sistema productivo. En el primer caso, se dice que tuvo lugar un crecimiento cualitativo, y en el segundo caso se dice que el crecimiento fue de tipo cuantitativo.

El tipo de crecimiento tiene implicaciones sociales, pues cuando está basado en la productividad, en condiciones de libre mercado, tanto el capital como el trabajo participan de manera proporcional del crecimiento, pero cuando este tiene lugar con base a un incremento de la cantidad de factores, los propietarios de los factores entran en competencia por la distribución del Ingreso Nacional de acuerdo a la cantidad de factores aportados; por una parte los dueños de la tierra y el capital, y por la otra los dueños de la labor.

Cuando el Estado interviene en la distribución del ingreso, el Estado oligárquico favorecerá a los dueños del capital y la tierra; el Estado socialdemócrata favorecerá a la labor, y el Estado fascista favorece preferentemente a la clase política.

El comportamiento de la función de producción entre 1952 y 1958 fue el siguiente:

1. Productividad de la tierra:

   La tierra en fincas cubría una superficie de unas 670 mil caballerías, y no tuvo lugar una incorporación de más tierras al sistema económico, solamente hubo cambios en su uso.

   Entre 1952 y 1958, las tierras dedicada a la agricultura cañera o a otros usos de la industria azucarera descendió en un 14.1%, y las tierras dedicadas a otros usos agrícolas y ganaderos aumentaron un 14.1%.

   La productividad por caballería de toda la agricultura y ganadería en 1952 fue de 856.72 pesos, y en 1958 de 829.25 pesos, o sea que la productividad de la tierra disminuyó un 3.2%.

   Las tierras dedicadas a la caña en 1952 produjeron un promedio de 1, 464.10 pesos por caballería, y en 1958 produjeron 1, 457.21 pesos por caballería para una disminución de productividad del 0.4%.

   Las tierras en fincas dedicadas a otros usos no relacionados con la agricultura cañera en 1952 produjeron un promedio de 563.39 pesos por caballería, y en 1958, produjeron un promedio de 603.00 pesos por caballería para un incremento de un 7% de la productividad debido a una diversificación agrícola y la expansión de otros cultivos de más valor como el arroz y el café.

La gran diferencia en productividad entre la caña y otras actividades agrícolas explica por qué cuando los precios del azúcar son altos, las actividades agrícolas no-azucareras se contraen transfiriéndose a la producción de caña.

2. Productividad del capital:

   En 1952 se produjeron 46.5 centavos por cada peso de capital acumulado, y en 1958 se produjeron 34.7 centavos por cada peso de capital acumulado, lo que significó una contracción de un 25.4% de la productividad del capital. En el período la acumulación neta de capital fue de 2, 045 millones de pesos.

3. Productividad del trabajo.

   En 1952, la productividad del trabajo fue de 1, 243.02 pesos por hombre/año trabajado, y en 1957 fue de 1, 152.53 pesos por hombre/año trabajado, lo cual significa una contracción del 7.3% en la productividad del trabajo.

Entre 1952 y 1957 la incorporación neta a la fuerza de trabajo fue de 203 mil individuos.

Como vemos la productividad de ninguno de los factores creció, por lo que el crecimiento del Ingreso Nacional que tuvo lugar entre 1952 y 1958 fue puramente cuantitativo, o sea se logró con base a la incorporación de más trabajo y más capital.

Entre 1952 y 1958 el Ingreso Nacional creció a valores corrientes un 8.8%, en tanto la participación del trabajo creció un 4.3%, y la del capital un 9.6%, o sea que la participación del capital creció proporcionalmente más que el Ingreso Nacional, lo cual indica que se estaba dando una situación de suma cero, característica del crecimiento cuantitativo. Una parte del incremento de la participación del capital (0.8%) estaba teniendo lugar a expensas del trabajo.

Cuando el crecimiento económico es resultado del incremento de la productividad, o sea crecimiento cualitativo, tanto el trabajo como el capital crecen pero ninguno crece más que el Ingreso Nacional; en general el capital crece relativamente más que el trabajo, ya que el capitalista es poseedor de los factores de producción capital y la tierra, en tanto el trabajo crece relativamente menos, al ser dueño del factor labor. Esto como es lógico implica un crecimiento de la desigualdad dentro de la sociedad, que es el precio en el capitalismo del crecimiento del ingreso de toda la sociedad. No debe olvidarse que una sociedad capitalista implica desigualdad social, mientras que la meta del socialismo y la socialdemocracia implica la reducción de la desigualdad a expensas del crecimiento del ingreso real de todos dentro de la sociedad.

Cuando está teniendo lugar una situación de suma cero, se van agudizando las tensiones sociales inevitablemente, debido a que lo que ganan unos es a expensas de lo que pierden otros.

En el año 1958, Cuba poseía gran cantidad de labor y tierra para continuar creciendo de forma cuantitativa, obviando la necesidad de incrementar la productividad como hasta aquellos momentos venía haciendo, y en esto se encontraba el fundamento de los que proponían la agrarización como solución al crecimiento y al desempleo, puesto que prácticamente se había agotado las posibilidad de continuar añadiendo más capital en el sistema productivo, lo que implicaba el abandono de la solución industrializadora basada en capital nacional, pero para ello eran necesarias reformas institucionales que permitieran desbloquear la formación de un mercado libre de tierras y de labor.

De todas formas, el crecimiento cuantitativo era la peor opción que podía considerarse para los años inmediatos, ya que implicaría una caída de productividad y del nivel de vida de la población que hubiera resultado insostenible. Cuba debía abandonar definitivamente esta vía y comenzar a transitar por la vía del crecimiento de la productividad de los factores de producción aunque fuera necesario importar grandes cantidades de capital extranjero.

Evolución de la estructura social de Cuba entre 1943 y 1958

Basándonos en los estimados del economista Alberto Arredondo publicados en su monografía *La clase media en Cuba, factor de progreso económico* a la cual ya hemos hecho referencia, tenemos que la estructura social de Cuba, tomando como criterio solamente los ingresos familiares en el año 1958 era la siguiente:

La cantidad total de familias en 1958 era de 1, 342, 181. (Survey de la Junta Nacional de Economía).

El ingreso familiar considerado la línea de pobreza por la junta Nacional de Economía en el Survey de población de 1957 era de 1, 116 pesos al año (96.75 pesos mensuales). Por debajo de esos ingresos se consideraba que la familia se encontraba en situación de pobreza.

En esta condición se encontraban 383, 327 familias que constituían el 28.56% de la población.

Con ingresos entre 100 y 300 pesos mensuales se consideraban que se encontraban en la clase trabajadora. Dentro de esta clasificación se había 837, 924 familias que constituían el 62.43% de la población.

Con ingresos entre 300 y 600 pesos mensuales se consideraban en los rangos de clase media. En esta condición se encontraban 84, 826 familias, equivalentes al 6.32% de la población.

Las familias con ingresos superiores a los 600 pesos mensuales se consideraban en los rangos de la clase alta, la cual estaba formada por 36, 105 familias equivalentes al 2.69% de la población.

En riesgo de pobreza se consideran los pertenecientes a la clase trabajadora que tenían ingresos familiares entre 100 y 208 pesos, los cuales formaban el 43.22% de la población total, y el 65.9% de la clase trabajadora.

Cual había sido la evolución de la sociedad cubana de acuerdo a sus ingresos entre 1943 y 1958.

Expresado en %.

Clase	1943	1958	Diferencia
Pobre	37.40	28.56	-8.84
Trabajadora	55.80	62.43	+6.63
Media	4.73	6.32	+1.59
Alta	2.13	2.69	+0.56

El cambio es evidente; disminuyó la clase pobre, y aumentaron el resto de las clase en su participación de la riqueza nacional en tanto la sociedad se hizo más igualitaria.

Esto fueron los resultados, aunque modestos de una evolución social que había comenzado después de 1933, año en el cual la sociedad cubana se había sumido en una extrema pobreza.

En riesgo de pobreza en el año 1943 se encontraba el 42% del total de la población que representaba el 76% de la clase trabajadora, y en 1958, el riesgo de pobreza abarcaba el 43.22% de la población, pero solamente constituía el 65.9% de la clase trabajadora.

El análisis de la estructura social basada en los ingresos es demasiado amplio, ya que la clase media se define generalmente como un grupo social que se sitúa entre la clase alta y la clase trabajadora, abarcando un amplio rango de niveles de ingresos, pero también se caracteriza por un relativamente confortable estilo de vida, elevado nivel de educación, y ocupaciones de cuello blanco o profesionales.

Todos los sociólogos están de acuerdo en que las clases medias ejercen una importante influencia política y cultural dentro de las sociedades, debido a que su estabilidad económica y social combinada, con altos niveles de educación, le proveen a la clase media los recursos y plataformas para promover sus intereses.

Sin embargo hay que señalar que la clase media no es un grupo homogéneo, y su composición y características varían en diferentes tipos de sociedades, y en diferentes períodos de tiempo, ya que las fluctuaciones económicas y otros cambios impactan en su tamaño, composición, y estabilidad.

La primera clase media republicana que se estructuró entre 1902 y 1925, fue destruida durante la Gran Depresión, y durante la Segunda Guerra Mundial comenzó a estructurarse la segunda clase media republicana.

Si bien la clase media de la década de 1950 no tenía un grado muy alto de influencia política debido al retroceso de la democracia como forma de gobierno, sí tenía una enorme influencia cultural dentro de la sociedad cubana.

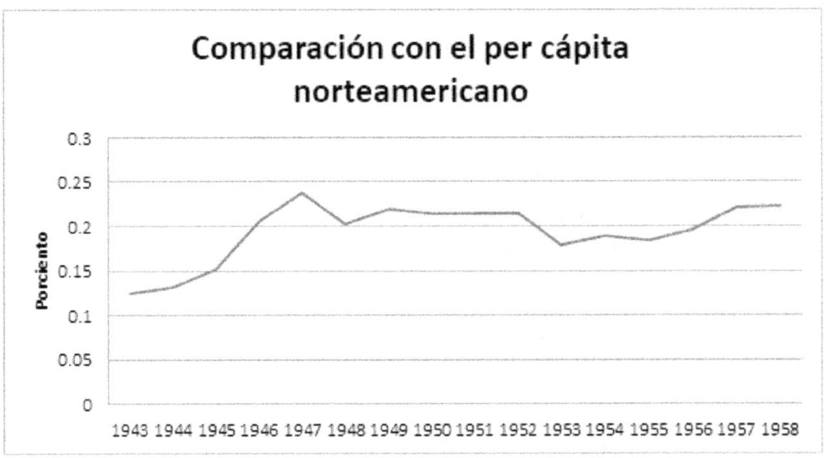

Entre 1943 y 1947, el per cápita de Cuba tuvo un crecimiento más dinámico que el norteamericano para estancarse entre 1948 y 1958 como demuestra el gráfico anterior.

Evidentemente, tuvo lugar una redistribución de la riqueza durante las décadas de 1940 y 1950 que redujo la desigualdad social característica de una economía de plantación.

Entre 1943 y 1958, el Ingreso Nacional, descontando la inflación, creció a una tasa real anual del 2.7%, lo cual sin ser un crecimiento impresionante, permitió que se fuera estructurando una nueva sociedad.

El Estado en la fase final de la República de Cuba

La crisis del redistribucionismo condujo a una transformación del Estado cubano llevada adelante por el gobierno de Batista convirtiendo a la economía cubana en un capitalismo de Estado, donde este asume muchas de las funciones que en una sociedad capitalista le corresponden al empresario privado. Esto da lugar a un intenso crecimiento del aparato estatal.

Cartelización de la economía cubana:

Otro de los pilares fundamentales de los planes económicos de Batista era la cartelización de la economía cubana.

La disminución de los niveles de ganancias en toda una serie de actividades y la amenaza de cierre de empresas aumentando de esa forma el desempleo, dieron lugar a que se acelerara el proceso de cartelización en la economía cubana como un recurso indispensable en manos del gobierno.

Uno de los rasgos más importantes del intervencionismo del Estado en la economía de tipo fascista es a través de la cartelización donde el Estado decide el empleo, la inversión, la producción y la distribución, y se establecen precios para garantizar ganancias nominales, además de crearse toda una serie de organismos con el propósito de regular la economía.

La creación de corporaciones económicas será una característica básica del Estado durante los gobiernos de Batista, ampliando así la participación del gobierno dentro de la economía cada vez más.

En el año 1958 estos eran los organismos paraestatales más relevantes :

1. Administración de Estabilización del Arroz.
2. Administración de Estabilización y Compra del Café.
3. Administración de Estabilización del Maíz.
4. Agencia de Distribución y Abasto.
5. Asociaciones de Crédito Rural.
6. Autoridad del Centro Turístico de Cojímar.
7. Banco Cubano de Comercio Exterior (BANCEX).
8. Banco de Desarrollo Económico y Social (BANDES).
9. Banco de Fomento Agrícola e Industrial (BANFAIC).
10. Banco Nacional de Cuba (BNC).
11. Bolsa Nacional de Confecciones de Cuba.
12. Comision de Aeronáutica Civil.
13. Comisión Ejecutiva Nacional de Cooperativas Agrícolas y Mineras.
14. Comisión Reguladora de la Industria del Calzado.
15. Consejo Nacional de Economía.
16. Financiera Nacional de Cuba (FNC).
17. Junta Nacional de Planificación.
18. Primera Central Hidroeléctrica de Cuba (PRICHEC).
19. Fondo de Hipotecas Aseguradas (FHA).
20. Instituto Cubano de Estabilización del Azúcar (ICEA).
21. Autoridad del Centro Turístico de Varadero.
22. Comisión Reguladora de la Producción Agrícola del Tabaco.
21. Comisión Marítima Cubana.
22. Comisión Nacional de Transporte.
23. Comisión Nacional de la Industria Fosforera.
24. Comisión de Arbitraje Azucarero.
25. Instituto Nacional para Fomento de la Industria Cinematográfica.
26. Ferrocarriles Occidentales de Cuba.

Fuente: "Piedras y Leyes" Fulgencio Batista.

A partir de todas estas agencias, institutos y organizaciones, el gobierno está en capacidad de decidir centralmente la inversión, la producción y el empleo en el país a través de la asignación de recursos donde y cuando él lo crea conveniente, además de crear una enorme burocracia ineficiente y corrupta de asociados del gobierno y de capturadores de rentas.

Incremento de la burocracia del Estado

Aunque la empleomanía de estos organismos no se encontraba directamente en la nómina del gobierno, ya que se consideraban organismos autónomos, a lo largo de la historia republicana se registra un incremento constante de la burocracia estatal, lo cual es consecuencia lógica del aumento de las funciones del Estado regulador, además de la práctica clientelar consustancial del sistema político nacional.

En 1907, los empleados públicos ascendían a 25, 599 según el Censo de 1907. En 1914 se estimaba que llegaban a 35, 000 como resultado de la expansión del Estado que tuvo lugar durante el gobierno de José Miguel Gómez; en 1924, la cantidad de empleados del gobierno llegaba a 41, 817 personas, y en 1939 totalizaban 58, 731. En el Censo de 1943 se consignan como empleados del gobierno 60, 800 personas, en el Censo de 1953 se registran 173, 188 empleados públicos, y en 1958, los empleados públicos sumaban 199, 944 personas.

De acuerdo a los censos de población y estimados de población empleada, los empleados públicos representaban con respecto al empleo total:

En 1907 el 3.3%	En 1939 el 5.6%	En 1958 el 10.8 %.
En 1914 el 4.0%	En 1943 el 5.7%.	
En 1924 el 4.0%	En 1953 el 10.5%.	

El gasto en empleo público en 1945 fue el 9.3% del ingreso nacional, y el 16% de los ingresos totales de obreros y empleados asalariados. En 1958, las cifras alcanzaron el 11.7% y 18.3% respectivamente. Este incremento se debió tanto al aumento del número de empleados públicos, como al aumento de sus salarios. Debemos tener presente que el empleo en el sector público es generalmente más estable que en el sector privado, por lo que los empleados del Estado en su mayoría tenían empleo a tiempo completo y mejor remunerado a lo largo del año.

En el año 1953, el salario promedio en actividades públicas fue de 114.56 pesos mensuales, y el ingreso promedio nacional fue de 66.47 pesos mensuales, por tanto, el ingreso en el sector público fue un 72.5% más elevado que el promedio, y un 90% mayor que el salario mínimo vigente.

En el año 1958, el salario promedio en el sector público fue de 127.95 pesos mensuales y el ingreso medio por trabajador fue de 86.85 pesos mensuales, por lo que el ingreso promedio en el sector público era un 47.3% mayor que el promedio y un 50.5% mayor que el salario mínimo establecido ese año.

Recursos del Estado

Durante el gobierno de Batista, entre 1953 y 1958, el Estado contó con recursos valorados en 3, 902.5 millones de pesos, lo que representó el 33.1% del Ingreso Nacional, mientras que durante el gobierno de los "Auténticos" los recursos con que contó el Estado fueron un 17.8% del Ingreso Nacional; ningún gobierno republicano había contado con semejante volumen de recursos.

El cuadro inferior muestra las fuentes de los recursos del Estado cubano.

La estructura de los recursos del Estado fue la siguiente: (Expresado en millones de pesos).

Concepto	1934-1944	1945-1952	1953-1958
Ingresos presupuestarios	1, 054.1	2, 007.1	2, 779.1.
Empréstitos	111.4	183.0	1, 123.4
Señoreaje	151.1	71.0	
Total	1, 316.6	2, 261.1	3, 902.5

Fuente: Revista *Cuba Económica y Financiera*. Cálculos del autor.

Durante el segundo gobierno de Batista, la enorme expansión del Estado fue financiada con un incremento de la deuda pública interna apoyada en el BNC y el sistema de banca pública creada.

Los tres primeros años del gobierno de Batista fueron de déficit presupuestarios debido básicamente a la recesión económica, y a la política de gasto compensatorio, acumulando un déficit de algo más de 90 millones de pesos, y entre 1956 y 1958 los presupuestos tuvieron superávit, pero en total el déficit presupuestario de todo el periodo entre 1953 y 1958 fue de unos 70 millones de pesos, que fueron financiados con deuda pública comprada por el BNC y la banca privada.

La presión fiscal fue de un 19.3% cuando durante el gobierno de Carlos Prío fue de 15.7%.

Los gastos extrapresupuestales fueron el 30% de todos los recursos con que contó el Estado cuando durante Prío fueron solamente el 11.2%.

El gobierno de Prío no obtuvo ingresos por concepto de señoreaje debido a que mantuvo una política monetaria restrictiva, pero el de Batista tampoco obtuvo ingresos por esta vía pues la expansión monetaria salió al exterior, manteniéndose sin cambio el poder adquisitivo del peso.

Estructura de los presupuestos de 1950 a 1957

Categoría	1950-51	1951-52	1952-53	1954-55	1955-56	1956-57
Deuda pública	6, 702	10, 783	5, 588	26, 918	35, 850	36, 270
Legislatura	8, 214	8, 214	5, 119	3, 144	8, 214	8, 443
Judicial	8, 432	9, 891	10, 870	12, 046	10, 976	10, 976
Tribunal de cuentas	0	0	0	3, 000	3, 600	3, 600
Presidencia	643	661	1, 379	1, 890	1, 711	2, 251
Primer ministro	673	714	0	0	516	529
Ministerios						
Estado	3, 367	2, 567	3, 731	3, 209	4, 177	4, 373
Justicia	793	861	953	911	820	1, 102
Interior	14, 395	15, 674	21, 265	19, 178	18, 329	18, 720
Hacienda	16, 402	24, 520	17, 388	14, 466	14, 473	19, 569
Obras publicas	23, 345	40, 060	36, 327	23, 854	15, 533	18, 453
Agricultura	5, 988	6, 361	5, 747	4, 969	4, 321	4, 527
Comercio	2, 130	2, 218	2, 267	2, 012	1, 853	1, 864
Trabajo	2, 068	2, 220	2, 590	1, 459	1, 331	1, 446
Educación	52, 994	58, 169	83, 493	74, 465	71, 351	74, 177
Salud publica	21, 180	20, 180	21, 428	22, 273	21, 752	23, 602
Comunicaciones	10, 678	12, 115	12, 755	11, 596	10, 945	11, 747
Defensa	39, 176	42, 026	56, 520	54, 950	54, 345	53, 324
Información	0	0	792	0	0	0
Pensiones	23, 291	38, 504	42, 323	28, 332	28, 848	29, 237
Universidad de La Habana	2, 167	2, 779	2, 779	2, 740	3, 940	3, 940

Batista y sus asesores tenían una concepción keynesiana clara en relación con el papel que debía desempeñar el Estado en la economía, considerando que esta crecería solamente a partir de planes y metas definidas por el gobierno, relegando a un segundo plano la espontaneidad del mercado, y el papel del empresario capitalista.

En su libro *Crecimiento y declive de Cuba* publicado en 1964, cuando ya se encontraba en el exilio, Batista haciendo referencia a la política fiscal de su gobierno escribía lo siguiente:

"Nosotros mantuvimos altos presupuestos con la convicción de que el gasto del gobierno estimula la circulación monetaria y la riqueza nacional" pero Batista no explica de donde sale el dinero de los presupuestos, si no es de la circulación monetaria y de la riqueza nacional.

De acuerdo a las teorías keynesianas, el gobierno para estimular la economía tiene que gastar deficitariamente, y este debe ser financiado con aumento de la deuda pública, o expansión monetaria.

En el cuadro anterior se expone la estructura de los presupuestos expresado en miles de pesos.

Fuente: *Fulgencio Batista Economic Policies 1952-1958* Michael P Mc Guigan.

Para el análisis de estos presupuestos debemos tener en cuenta de que entre 1950 y 1957, la población cubana creció un 16%, y el Ingreso Nacional, a precios corrientes, lo hizo en un 30.6%, pero el presupuesto de 1956-57 fue un 1.5% inferior al de 1952-53.

Lo más significativo a nuestro criterio dentro de este cuadro es lo siguiente:

1. Los pagos por concepto de Deuda Pública del gobierno fueron en 1950, 1.22 pesos per cápita y en 1957 había ascendido a 5.68 pesos per cápita lo cual significó un aumento de un 466%. Esto es congruente con el enorme crecimiento de la deuda pública durante el gobierno de Batista aumentando la carga pública sobre los productores de riquezas y sobre la sociedad en general excepto sobre la clase política.

   En el presupuesto de 1950-1951, los pagos de la deuda pública representaron el 2.7% del presupuesto total y en 1956-1957 alcanzaban el 11%. Esta fue una de las razones que llevó a la Reforma Tributaria aprobada en 1958.
2. Los gastos de la Presidencia tienen un incremento de un 250%.
3. En los gastos por concepto de Obras Públicas tenemos un crecimiento en los presupuestos entre 1952 y 1955 que fueron los años de la llamada política de gastos compensatorios, en que se recurrió a un creciente gasto en trabajos públicos para mantener el empleo y consumo ante el vacío que la contracción de las zafras dejaba. Posteriormente se observa un descenso, ya que los trabajos públicos en general van a ser financiados a partir de la banca paraestatal (Financiera Nacional de Cuba y BANDES).
4. El gasto en Educación per cápita en 1950 fue de 9.62 pesos, en tanto en 1957 fue de 11.62 pesos, lo que significó un incremento absoluto del 20.8%.
5. El gasto en Salud Pública presenta un ligero descenso ya que en 1950 fue de 3.84 pesos per cápita, en tanto en 1957 fue de 3.69 pesos, para un descenso absoluto del 4%.

   Este renglón fue en el presupuesto 1950-1951 el 8.7% del total, en tanto en el de 1956-1957 había descendido en su importancia relativa a ser un 7.1%.
6. Los gastos en Defensa aumentaron de ser en 1950, 7.11 pesos per cápita, en tanto en 1957 fueron 8.34 pesos per cápita para un aumento absoluto del 17.2%.
7. El presupuesto de 1956-1957 fue un 36% mayor que el de 1950-1951 y mientras este último representó el 14.3% del per cápita general del cubano, en 1957 había aumentado hasta el 15.8%, lo que indica el aumento del peso del Estado sobre la población en general.

En el período tuvieron lugar algunas disminuciones de impuestos referentes a las remesas enviadas al exterior, y la repatriación de rendimientos del capital extranjero invertido en el país, con el objetivo de estimular la inversión extranjera directa, pero también por otra parte, estas disminuciones fueron compensadas por aumentos de impuestos que gravaban a la población, especialmente como recurso ante la recesión de 1953 provocada por la caída del precio del azúcar, y la restricción de la zafra azucarera.

En enero de 1953 entraron en vigor nuevos impuestos que gravaban el servicio postal, los gastos de corte, un incremento sobre las nóminas salariales, aumentos en impuestos municipales, aumento de impuesto sobre la cerveza, un día de salario para el personal del gobierno y los militares, impuesto sobre cada cabeza de ganado sacrificada, sobre el tabaco cosechado, sobre los cigarros, etc.

Aumentaban los impuestos en momentos de recesión con el objetivo de incrementar el gasto público. política pública completamente irracional, que como es lógico, no logró de ninguna manera su objetivo de incentivación económica si no todo lo contrario pues le quitaba recursos al sector privado para traspasarlo al gobierno.

Régimen fiscal. Reforma de 1958

Los tres primeros años del gobierno de Batista fueron de presupuestos deficitarios debido a la política de gasto compensatorio que se llevó adelante con el objetivo de estabilizar los niveles de consumo, para enfrentar la recesión como parte de las medidas anticíclica desarrolladas, basada en un plan de obras públicas que requiriera mucha mano de obra.

Después de 1955 se estabilizó el presupuesto pues se aprobó la Ley No 1589 de agosto de 1954, por medio de la cual se emitieron bonos por la cantidad de 350 millones de pesos para financiar el Plan de Desarrollo Económico y Social, que llevó a la creación del BANDES para su administración.

Durante este gobierno continuaron las exenciones fiscales totales o parciales para el fomento de industrias nuevas, y en 1958 se aprobó un nuevo arancel.

Desde la década de 1940, los diferentes gobiernos viene tratando de cambiar la estructura impositiva, desde una basada fundamentalmente en los impuestos indirectos, a una basada básicamente en los impuestos directos, con el objetivo de independizar el ingreso del Estado lo más posible del fluctuaciones de la economía azucarera y del comercio exterior en general.

La estructura impositiva basada en los impuestos indirectos es propia de los Estados liberales-oligárquicos al recargar el peso impositivo sobre los que tienen los ingresos más bajos debido a la alta proporción del consumo con respecto a su ingreso total, mientras las ganancias y los intereses no pagan nada, y pueden disponer de prácticamente todo sus ingresos en el ahorro e inversión, o consumo.

Los impuestos directos son más difíciles de cobrar, y más impopulares, ya que gravan al ingreso y las ganancias e intereses mientras que los impuestos indirectos recaen sobre las importaciones y el consumo. El impuesto directo limita el ahorro y la inversión dando lugar a una transferencia de recursos desde la esfera del mercado a la del Estado.

El impuesto directo, y sobre todo cuando son progresivos, son característicos de los Estados socialdemócratas.

Como hemos explicado más arriba, la Ley de Ampliación Tributaria de 1942 afectó por primera vez la estructura de los impuestos en Cuba. A partir de esta ley, los impuestos directos pasaron de ser un 6% dentro de la estructura impositiva del Estado, a un 21.5%.

En 1957-1958, la estructura impositiva era la siguiente:

Recaudación por concepto de :

Impuestos directos:	85.7 millones	22.4%.
Impuestos indirectos:	213.5 millones	55.9%.
Otros:	83.0 millones	21.7%.
Total:	382.2 millones	

En una sociedad con un esquema político socialdemócrata, los impuestos directos tienen un mayor peso relativo dentro de la estructura de ingresos del Estado, en tanto en un Estado corporativo, el impuesto indirecto tiene mayor peso relativo. En el año 1958 se aprobaría una reforma impositiva en Cuba de manera que se pudieran afrontar los costos de la abultada deuda pública perjudicando aún más al empresariado y a la acumulación de capital.

La evolución de la estructura impositiva durante la República

Años	**Directos**	**Indirectos**
1904-05	1.70%	98.20%
1937-38	9.40%	81.60%
1949-50	25.90%	74.10%
1957-58	27.80%	72.20%

Fuente: "Cuba 1898-1958 Estructura y procesos sociales" Jorge Ibarra

Evolución de la deuda pública entre 1952 y 1958

En febrero de 1952, según información de las Memorias del Banco Nacional, la deuda pública pendiente alcanzaba los 398.9 millones de pesos y dólares.

Por concepto de deuda externa quedaban pendientes 69.1 millones de dólares que constituían el 17.3% del total de la deuda, los restantes 329.8 millones de pesos representaban la deuda interna contraída con bancos y otras instituciones nacionales.

La deuda del Estado cubano representó el 19.9% del Ingreso Nacional de 1952, y una carga per cápita de 69.68 pesos.

En diciembre 31 de 1958 el Estado de la deuda pública fue la siguiente:

Deuda pendiente 1, 238.3 millones de dólares y pesos. De ellos la deuda externa era de 48.2 millones de dólares; un 3.9% del total de la deuda. Los restantes 1, 190.1 millones de pesos estaban formados por 788.1 millones directamente a cargo del Estado, y 450.2 millones de pesos pertenecientes a la banca paraestatal.

Esta deuda representaba el 56.6% del Ingreso Nacional de ese año, y una carga per cápita de 189.84 pesos.

El incremento de la deuda per cápita fue de un 172.4%, y en términos absolutos de 839.4 millones de pesos.

Para lidiar con una deuda de ese volumen era necesario incrementar las recaudaciones fiscales, y posteriormente monetizar la deuda[77], lo cual llevaría a una situación de parálisis económica e inflación.

77. Monetización de la deuda pública es un proceso mediante el cual el banco central compra la deuda del gobierno total o

Entre 1952 y 1958 la deuda se incrementó a una tasa anual del 35.1%, en tanto el Ingreso Nacional lo hizo al 1.7%, lo cual nos habla elocuentemente del poco impacto que semejante incremento de la deuda tuvo sobre la economía cubana.

Nuevo Arancel de aduanas de 1958

Las políticas fiscales después del Golpe del 10 de marzo no contemplaron la elevación de barreras arancelarias para proteger la industrialización y la diversificación económica de la competencia extranjera como establecía la ortodoxia de los planes de industrialización por sustitución de importaciones recomendados por la CEPAL, pero ante la situación grave de balanzas de pagos, y el deterioro de los términos de intercambio, en 1958 ya se había convertido en una medida impostergable.

El gobierno de Batista justifica la promulgación de un nuevo arancel de la siguiente forma:

> El survey realizado por el Consejo Nacional de Economía entre 1956 y 1957 reportó un desempleo permanente de un 17.4%, sin contar con el subempleo que elevaría la cifra a un 30.2% de la población trabajadora desempleada y subempleada (665 mil personas).
>
> Esta situación valida el hecho conocido de la industrialización que no puede aumentar su producción para dar empleo a un mayor número de personas, obliga a la búsqueda de nuevos medios mediante cuyo uso logre disminuir el desempleo. Uno de estos medios consiste en la creación de nuevas industrias que den trabajo a nuestra población, pero para la creación de nuevas industrias es necesaria la protección arancelaria.
>
> Como nuestro arancel se caracterizaba fundamentalmente por ser de índole fiscal, y ofrecer protección a muy pocas industrias, se hacía imperativo considerar una reforma del mismo a fin de contribuir a resolver el grave problema del desempleo y el subempleo en Cuba.
>
> Otro de los efectos del Nuevo Arancel podrá ser la mejora de los términos de intercambio. Muchos economistas están de acuerdo en que un país puede mejorar la relación de los términos de intercambio mediante la restricción en el comercio a partir de aranceles.

Los autores del nuevo arancel entre los que se encontraba Gustavo Gutiérrez clasificaron la producción nacional de la siguiente forma:

1. Producción ordinaria.
2. Producción protegible.
3. Producción estimulable.

La producción ordinaria es la que no ha solicitado protección, o no es capaz de proporcionar un volumen grande de empleo, o incrementar sensiblemente el Ingreso Nacional, o de producir ahorro sustancial de divisas. No necesita protección arancelaria especial. Por ejemplo, producción de maquinarias.

La producción protegible es la existente actualmente en Cuba que satisface necesidades de consumo nacional o de exportación cubana, o constituye una fuente estable de empleo, o es un factor importante del Ingreso Nacional, o representa un medio para ahorrar divisas, y que sin una adecuada protección puede ser afectada adversamente por la importación extranjera. Ejemplo muebles, calzado, textiles, gomas, etc.

La producción estimulable se entiende que es la que actualmente no existe en Cuba, pero que

parcialmente.

mediante el correspondiente análisis económico se estima que puede producirse en el país dentro de un período relativamente corto, y satisfacer necesidades de consumo nacional, o contribuir a la diversificación industrial o agrícola, o de la exportación siempre que ofrezca nuevas y mayores oportunidades de empleo o promueva la utilización de los recursos naturales del país, o al ahorro de divisas y además no pueda producirse sin el estímulo de la protección arancelaria. Ejemplo: derivados y subproductos de la caña.

Este arancel fue firmado por el presidente Batista el 28 de enero de 1958, luego de concluir los ajustes y estudios comenzados a partir del Decreto-Ley No 2080 de 1955.

Como puede verse, es un arancel típicamente proteccionista, enmarcado en la mentalidad mercantilista del "Desarrollismo" de la CEPAL, cuyo propósito es crear industrias artificiales y proteger industrias ineficientes, con el fin de preservar y crear empleo artificial por medio de un redistribucionismo que pagaría toda la sociedad, dejando sin recursos las actividades económicas que sí tienen posibilidades de ser rentables y crecer.

La mentalidad planificadora socialista permeaba todas las instancias del gobierno cubano en aquellos años finales de la década de los 50.

Política monetaria, capital, y crédito

La política monetaria del gobierno de Batista se basó en la expansión del crédito, y no en la expansión de la oferta monetaria a partir de la impresión de dinero, como había sido entre 1934 y 1948.

Los economistas cubanos estaban convencidos de que los dos problemas a resolver en Cuba, que eran la diversificación económica para disminuir la dependencia del azúcar, y el desempleo, podían ser resueltos a partir de la expansión del crédito para promover actividades nuevas o expandir algunas que fueran consideradas de importancia como expresaba el Nuevo Arancel en relación con las industrias protegibles.

Estos economistas sostenían una errónea aproximación a lo que es el crédito, al pensar que el crédito lo otorga el banco, pero por el contrario, el crédito es algo que el prestatario lleva al banco, y este evalúa si lo que se presta se pagará con los intereses establecidos.

El prestatario lleva consigo un colateral cuyo valor es superior al préstamo que solicita, y un historial de poseer ingresos que le permitan pagar, y de efectuar el pago requerido además de los intereses.

El banco tiene que sentirse seguro de que el dinero le será devuelto, aunque a veces puede equivocarse y perder su dinero.

Después de 1920, las condiciones para el otorgamiento de crédito por parte de la banca prácticamente desaparecieron; la falta de ahorros, y el elevado nivel de riesgo e incertidumbre había hecho desaparecer el mercado de capitales en Cuba por lo que durante treinta años los bancos solo otorgaban préstamos a muy corto plazo y actividades tradicionales propias de una economía de plantación como eran el azúcar y el comercio.

A comienzo de la década de 1950, los ahorros se habían incrementado con la bonanza de la Segunda Guerra Mundial, y el nivel de riesgo e incertidumbre había disminuido con la creación del BNC, aunque la estructura económica seguía sometida a la incertidumbre de los precios del azúcar, y de las políticas arancelarias de Estados Unidos.

La disminución relativa del riesgo, y el incremento del ahorro, permitieron el inicio de una distención en los requerimientos de crédito por parte de la banca comercial, pero la creación de una banca pública, compitió por el crédito desplazando al sector privado por el gobierno el cual se consideraba de mayor rendimiento y menos riesgoso.

Pero el Estado no puede dar nada a los ciudadanos que previamente no haya sido obtenido de ellos mismos, por lo que el Estado no puede prestar a las empresas privadas una ayuda financiera que no haya extraído de otras, ya que todos los fondos del Estado proceden de los impuestos.

Cuando el gobierno subvenciona otorgando créditos, o subvenciones de otro tipo, lo que está haciendo en una redistribución, gravando actividades prósperas, para auxiliar y/ o crear actividades ruinosas.

En general el crédito otorgado por el gobierno fue de muy mala calidad, tanto por el prestatario, cuya calificación se encontraba en formar parte de la clase política, como por el colateral ofrecido ya que muchas veces eran empresas sin valor económico, o con un consumo de capital injustificado.

Como el respaldo de este crédito era el Estado de Batista, algunos bancos, sobre todo los bancos extranjeros, fueron más cautelosos en participar del esquema financiero de la banca pública.

En el año 1958, los préstamos del sistema bancario habían aumentado en 375 millones de pesos de los cuales la gran mayoría eran bonos de la banca pública o directamente a cargo del Estado, quedando el sistema bancario por debajo de los requerimientos legales de reserva, en tanto las reservas internacionales que habían actuado como un amortiguador de la inflación casi no existían.

La política monetaria del gobierno de Batista había agotado los ahorros del país, y aumentado la deuda púbica a los mayores niveles alcanzados durante la República con muy pocos resultados.

En el siguiente gráfico se puede ver como se vaciaron las reservas internacionales como consecuencia de la política crediticia del gobierno de Batista.

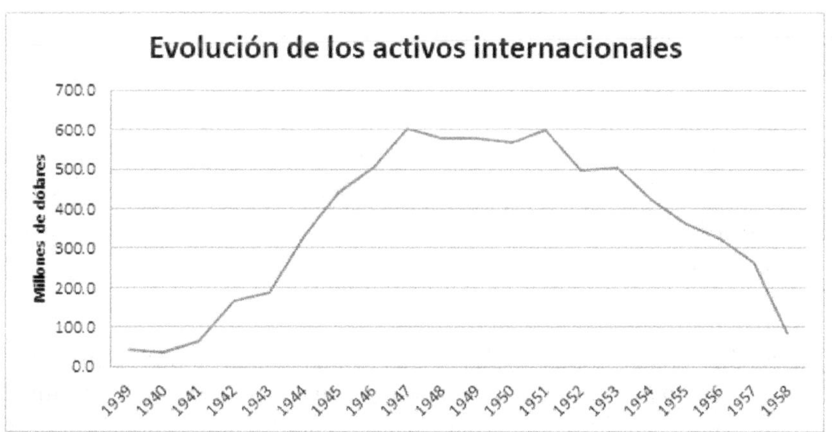

Fuente: Memorias del Banco Nacional de Cuba.

Políticas salariales y de empleo, productividad del trabajo y distribución del Ingreso Nacional

Cuando Batista asume el poder en marzo de 1952, el desempleo crónico y el subempleo se consideran un serio problema social que debe enfrentar el Estado cubano. Más de un 20% de la fuerza de trabajo se encuentra desempleada debido a que -según consideraban los economistas- la empresa privada no contrata, y la economía no crece por falta de créditos. A partir de este diagnóstico simple, ven la solución en el Estado como recomendaba Keynes; crear empleo públicos, y la expansión del crédito para estimular el crecimiento, y crear una nueva industria que absorba el excedente de fuerza de trabajo.

Inmediatamente después del golpe de Estado, Batista se había comprometido con el líder de la CTC Eusebio Mujal a que respetaría la legislación laboral existente a cambio de un movimiento obrero dócil, lo que entre otras cosas implicaba la suspensión de demandas por incremento de salarios y nuevos beneficios laborales.

La política de empleo del gobierno se basó en creación de empleo público, creación de empleo en las nuevas industrias que surgían, y en las que se ampliaban, y cartelización de actividades económicas con el objetivo de que no compitieran ente sí, y establecer niveles de precios y salarios para mantener un nivel de ganancias nominales para las más ineficientes, y que de esta forma pudieran mantenerse operando, evitando el cierre, y por tanto un aumento del desempleo. Esta situación la había estado resolviendo los gobiernos de Grau y Prío por medio de las intervenciones de empresas, pero la solución de Batista era más propia de su estilo fascista de gobierno, o sea la cartelización.

Entre 1947 y 1952, la creación neta de empleo fue de 327.4 miles de nuevo trabajos y la inversión bruta de capital 1,530.7 millones de pesos. El costo promedio de cada empleo creado fue de 4, 675 pesos.

Entre 1952 y 1958 la creación de empleo fue de unos 277 mil nuevos trabajo (consideramos en esta cifra los que trabajan sin paga para un familiar igual que entre 1947 y 1952) y la inversión bruta de capital fue de 2, 515 millones de pesos, por lo que cada nuevo puesto de trabajo costó un promedio de 9, 070 pesos; casi el doble que en el período anterior.

Entre 1947 y 1952 la productividad del trabajo cayó un 1.5%, lo cual quiere decir que se creó mucho empleo de baja productividad o improductivo, pero entre 1952 y 1958, la productividad del trabajo cayó un 7.3%, lo cual indica que se agudizó el desperdicio de labor al crearse gran cantidad de trabajos improductivos.

En relación con la productividad de 1952, se crearon entre 1952 y 1958 unos 115 mil empleos redundantes e improductivos.

La política salarial de Batista fue enfocada en mantener en la empresa privada los niveles salariales sin cambios, o incluso a deprimirlos en algunos sectores como el azúcar cuyos obreros resultaron los más perjudicados, en tanto se incrementaban los salarios de los empleados públicos.

La participación de los sueldos y salarios privados dentro del Ingreso Nacional pasó de ser un 53.0% en 1952 a ser solamente un 49.6% en 1958, lo que permitió un ligero aumento de la participación del trabajo por cuenta propia dentro del ingreso nacional, pero sobre todo de los salarios públicos.

Debido a que no hubo una política encaminada a la elevación general de la productividad, basada en la idea de que los incrementos de productividad desplazan labor, la política de creación de empleo descansaba en disminuir los niveles de productividad, por tanto, para lograr incrementar las ganancias empresariales, tenía que ser perjudicando a los asalariados en la empresa privada.

Las políticas de empleo fueron un fracaso como lo demostró el Survey de la Junta Nacional de Economía de 1956-1957, y las políticas salariales perjudicaron al empleo privado.

Todo mercado, y el mercado laboral no es una excepción, cuando no se encuentra intervenido ni estorbado con regulaciones, siempre tiende a buscar el precio de equilibrio, que es donde todos los vendedores de un bien o servicios, en este caso labor, que son los trabajadores, encuentran compradores, en este caso empresarios., por tanto, el mercado a este precios de equilibrio se despeja, o sea tiene lugar lo que llamamos pleno empleo en el caso de la labor.

Cuando el precio está por debajo del punto de equilibrio, se crea una situación de escasez, y cuando se encuentra por encima, tiene lugar una situación de excedente, o sea hay un exceso de oferta.

Este proceso de búsqueda de equilibrio se produce de manera automática, y está teniendo lugar constantemente para todos los bienes, servicios, y factores de producción. Esta tendencia se produce siempre y cuando no interfieran fuerzas extra mercado.

En el caso cubano, como hemos analizado, existía una enorme acumulación de regulaciones que distorsionaban completamente el mercado laboral, haciendo que el precio de la labor se encontrara muy por encima del precio de equilibrio, provocando un desempleo y sub empleo generalizado.

Para encontrar la tasa de ingresos promedio de equilibrio, o sea para aproximarse al pleno empleo, la podemos calcular de la siguiente forma.

- TIP = Tasa de ingreso promedio por trabajador.
- Dm = Demanda monetaria de empleo, que es equivalente a la suma de todas las nóminas de las empresas y del gobierno, y de los ingresos devengados por los trabajadores por cuenta propia.
- Ot = Oferta de trabajo, que es equivalente a todas las personas empleadas permanentemente, tanto en la empresa privada, como en el gobierno, como por cuenta propia.

Partiendo de la fórmula de la oferta y la demanda, podemos establecer la siguiente fórmula para el ingreso promedio por trabajador con pleno empleo.

- TIP = Dm / Ot.
- En el año 1952.
- Dm = 1, 574.3 millones de pesos.
- Ot = 2, 020.8 miles de trabajadores. Esta es la cifra total de la fuerza de trabajo de ese año.
- TIP = 1, 574.3 / 2.020.8 = 779.05 pesos promedio por trabajador (64.92 pesos mensuales).

Pero el ingreso promedio por trabajador ese año era de 1, 029.52 pesos (85.79 pesos mensuales), por lo que se encontraba un 32.1% por encima de la tasa de mercado.

Esto quiere decir que con un ingreso promedio por trabajador de 779.05 pesos anuales, el mercado podría asimilar gran parte del desempleo crónico, que no es más que desempleo institucional.

En el año 1957.

- Dm = 1, 623.7 millones de pesos.
- Ot = 2, 204 miles de trabajadores (total fuerza de trabajo).
- TIP = 1623.7/2.204 = 736.70 pesos promedio por trabajador (61.39 pesos mensuales).

El ingreso promedio de ese año fue de 976.90 pesos anuales por trabajador (81.40 pesos mensuales), lo que representa un 32.6% por encima de la tasa de mercado, manteniéndose casi igual que en 1952.

Esto significaba que casi un 32% de los sueldos y salarios que se pagaban, incluyendo los del sector público iban a trabajo improductivo, constituyendo un monto promedio aproximado de 500 millones de pesos, que constituían una redistribución de ingresos desde la empresa privada, hacia los trabajadores asalariados, y un desempleo crónico que promediaba los 400 mil individuos.

El desempleo en Cuba, más allá de algún desempleo estacional propio de una economía con un sector agrícola muy grande, tenía causas institucionales.

La caída de las tasas de ingreso promedio de los trabajadores en un contexto de estabilidad monetaria, tiene que ir acompañada con un incremento de la productividad, de forma tal que el nivel general de precios vaya cayendo, y por consiguiente manteniendo o incluso aumentando los ingresos reales, aunque los nominales vayan cayendo.

En Cuba estaba sucediendo todo lo contrario para resolver el problema del desempleo; se estaban aumentando las tasas de ingresos nominales, y disminuyendo la productividad con el resultado de una caída de los salarios reales, y un desempleo crónico que no cedía.

La Constitución de 1940 en su Artículo 60 establece que:

El trabajo es un derecho inalienable del individuo. El Estado empleará los recursos que estén a su alcance para proporcionar ocupación a todo aquel que carezca de ella, y asegurará a todo trabajador manual o intelectual las condiciones económicas necesarias a una existencia digna.

De esta forma la Constitución ponía en manos del Estado la responsabilidad de la eliminación del desempleo, pero la única manera de eliminarlo era dejando que las tasas de ingresos cayeran a su nivel de equilibrio de mercado, y elevar la productividad del trabajo como recomendaba la economía neoclásica, pero se hacía todo lo contrario ante la presión sindical, y la demagogia politiquera.

En el año 1958, al mismo tiempo que se aprobaba un arancel proteccionista que tenía como objetivo la disminución del desempleo -según plantaban sus diseñadores- a partir de la creación de nuevas industrias, se aprobaba una nueva ley de salarios mínimos que contribuía a aumentar el desempleo en el país. Semejante contradicción explica el poco conocimiento de Economía como disciplina científica de las autoridades cubanas, que llevaban adelante una política pública llena de incongruencias, con objetivos meramente demagógicos, y creando a su paso contradicciones y distorsiones cada vez más insolubles dentro de la estructura económica del país.

En la tabla inferior se puede ver cómo fue decretado un incremento drástico de los salarios mínimos aprobado en marzo de 1958. Este nuevo incremento de los salarios mínimos generales levantó un tremendo clamor entre los empresarios cubanos.

"Por las incalculables consecuencias económicas y sociales que una medida de esta naturaleza magnitud y gravedad habrá de provocar si no es sabiamente rectificada ante irrefutables razones que quedan expuestas, es de esperar que el gobierno habrá de modificarla teniendo presente el elemental principio económico de que no se puede distribuir más de lo que se produce, y que una producción igual o menor, a más altos costos, significa más altos precios y una reducción de los salarios reales

	Diario	Aumento	Mensual	Aumento
Acuerdo No 61 1944				
Áreas urbanas	2		60	
Áreas rurales	1.6		48	
Acuerdo No 188 1958	Diario	Aumento	Mensual	Aumento
Habana, Marianao, Regla				
Guanabacoa, Sta. María del				
Rosario, Sgto. de las Vegas,				
y Bauta	3.33	66.50%	85	41.60%
Otras ciudades y zonas				
urbanas	3.1	55.00%	80	33.30%
Zonas rurales	2.9	81.20%	75	56.20%

Las consecuencias económicas y sociales que esos aumentos generales de los salarios mínimos ocasionarán a las actividades industriales, comerciales,

1. Se estima un aumento en los costos laborales de más de 100 millones de pesos

2. Gravita directamente sobre los sectores productivos más débiles, pequeños y vulnerables
3. Provocará un aumento general de los precios y costos de la vida provocando inflación.

La subida del salario mínimo fue una respuesta del gobierno de Batista ante la presión que ejercían los sindicatos por medio de la CTC (Central de Trabajadores de Cuba) que dirigía Eusebio Mujal, tratando de contrarrestar el alza del costo de la vida, pero que traería resultados nefastos para el empleo y la economía en general.

Según el Survey que efectuó la Junta Nacional de Economía entre 1956 y 1957, la tasa de desempleo oscilaba entre el 17.1% y el 24.7%.

Nota: El costo de la alimentación entre 1944 y 1958, según cálculos del Ministerio de Hacienda, había subido un 45.5% en tanto el aumento mensual que se establecía del salario mínimo en La Habana, y zonas urbanas próximas subió un 41.6%; en otras zonas urbanas en un 33.3%, y en las zonas rurales en un 56.2%, según planteaba el decreto No 188 de enero de 1958.

Un aumento de los costos laborales provocado por el incremento de los salarios mínimos tendría como consecuencia dos posibles escenarios.

1. Incrementar el desempleo, pues algunas empresas no podrían afrontar el incremento de los costos laborales, teniendo que o despedir trabajadores, o ir a la quiebra, o ser intervenida por el gobierno en última instancia.
2. Incrementar el precio de sus productos consecuentemente, lo cual sería imposible para algunas actividades con productos de demanda inelástica si no se incrementara la oferta monetaria de manera proporcional. O a empresas cuyas producciones tenían precios sometidos a controles por regulaciones del gobierno.

En ambos casos se requeriría una intervención cada vez mauor en la economía por parte del Estado para mantener en funcionamiento la economía nacional ya que el empresariado no podía hacerlo.

El aumento del empleo improductivo entre 1952 y 1958 dio lugar a una caída de la productividad del trabajo promedio nacional de un 7.3%, lo cual fue compensado con la contracción de los salarios promedio de los trabajadores en la empresa privada.

En 1952, los sueldos y salarios pagados en la empresa privada fueron 1, 121.2 millones de pesos, y en 1958 fueron 1, 125.6 millones de pesos, lo cual es equivalente a un aumento absoluto de un 0.3%. En 1952, los sueldos y salarios en la empresa privada constituyeron el 55.9% del Ingreso Nacional, y en 1958 solamente el 51%.

El resultado en la distribución del Ingreso Nacional fue una pérdida de participación relativa del trabajo y un aumento del capital.

Expresado en %

Año	Capital	Trabajo
1952	21.6	78.4
1958	22.4	77.6

La política del gobierno de Batista de deprimir los salarios nominales para mantener las ganancias empresariales, trató de establecer como contrapartida una política de estabilidad en los niveles generales de precios, para no deteriorar el ingreso real, y para ello se establecieron toda una serie de regulaciones sobre precios en algunos artículos y servicios considerados de primera necesidad

Capitalismo de Estado y el debate nacional acerca de la economía

Cuando Batista asume el poder después del 10 de marzo de 1952, la Constitución de 1940 fue abolida junto con el Congreso de la República, sustituyéndola con unos Estatutos de Gobierno y un Consejo Consultivo, estableciendo así un gobierno de tipo fascista. La Constitución fue restablecida el 24 de febrero de 1955, y con ella el Congreso.

En el año 1958, un informe de la American Chambers of Commerce de Cuba planteaba lo siguiente respecto a la actitud del gobierno cubano hacia la inversión extranjera.

> A pesar de un clima impositivo favorable, altas ganancia, y respeto a la propiedad privada, muchos norteamericanos han sentido que las leyes laborales cubanas discriminan contra ellos.
>
> Desde 1953, la interpretación de las leyes laborales establecidas desde 1933 han sido considerablemente menos estrictas.
>
> Las leyes que permitían al Ministerio de Trabajo intervenir empresas cuando un firma no pudiera, o no quisiera cumplir una ley o reglamento establecido, desde 1953 se han convertido en letra muerta.
>
> Hay salarios mínimos, pero son muy bajos para los estándares norteamericanos, y mientras se mantiene la lucha contra la instalación de equipamiento que desplace labor en las industrias existentes, no resulta así en la instalación del equipo más eficiente en las nuevas industrias.
>
> En los pasados pocos años, la rigidez de las pasadas actitudes por parte de las uniones y el gobierno, han sido considerablemente relajadas, y ningún proyecto de inversión ha dejado de materializarse debido a dificultades laborales.
>
> Ha llegado un momento en que se está creando un ambiente excepcionalmente favorable para la inversión extranjera a través de incentivos, y el uso de crédito gubernamental.

El gobierno de Batista no abolió la legislación laboral existente, pero la hizo cumplir a su discreción, con el fin de atraer inversiones e incrementar las ganancias del capital.

Como hemos venido planteando, el segundo gobierno de Batista representó un cambio de perspectiva en relación con los problemas de la sociedad cubana; mientras los gobiernos del "Autenticismo" veían como tarea prioritaria lograr un redistribución de las riquezas, y abordaron el problema creando toda una red de regulaciones basadas en el marco legal de la Constitución de 1940, la cual era esencialmente redistribucionista, el segundo gobierno de Batista consideró que el país no podía continuar dentro de ese modelo, pues la economía tendía al estancamiento como consecuencia entre otras cosas del redistribucionismo, y por tanto el populismo socialdemócrata se convertía en insostenible, y se hacía necesario un cambio de enfoque en busca de lograr crecimiento y desarrollo, y abordó los principales problemas económicos y sociales de Cuba, como eran el crecimiento, la diversificación, la industrialización, el desempleo y la distribución del ingreso de manera distinta a como lo había hecho los gobiernos del "Autenticismo" que lo precedieron.

Esta situación se había hecho evidente durante el gobierno de Prío, y comenzó a abordarse aunque de forma confusa e incongruente, lo que le imprimió una característica transicional a su presidencia.

El gobierno de Batista se responsabilizaba entonces con un papel mucho más activo y directo en el desempeño económico del país a través de un enfoque orientado a buscar crecimiento y desarrollo, cartelizado la economía, y asumiendo el papel de inversionista, desplazando en gran medida al empresario privado, muy en línea con las tendencias de gobierno corporativista mostradas durante la etapa de 1934-1940.

Los resultados de estas políticas se reflejaron en opiniones y debates de intelectuales, lideres sindicales, y empresarios de los diferentes sectores.

El pensamiento de los industriales cubanos en la etapa final de la República

En vísperas del golpe de Estado de marzo de 1952, existía un gran malestar entre el empresariado cubano por los efectos de las políticas redistribucionistas de los "Auténticos" sobre las empresas y la economía cubana en general. Este estado de opinión se expresaba con mucha claridad en artículos aparecidos sobre todo en la revista *Cuba económica y financiera.*

Reproducimos extractos de algunos de dichos artículos con el fin de que se conozca de primera mano, y en tiempo real, la opinión del empresariado cubano acerca de los aspectos más importantes que estaban afectando la economía nacional.

-oOo-

Con la salida de Carlos Prío Socarrás de la presidencia, derrocado por el golpe de Estado del 10 de marzo, y la subida al poder de Fulgencio Batista, muchos empresarios, aunque hasta cierto punto condenaran la ilegitimidad de la acción, tenían esperanzas de que el nuevo gobierno revirtiera el avance del socialismo, frenara el poder de los sindicatos, y restaurara la libertad de empresa en el país aunque las credenciales de Batista no fueran del todo buenas de acuerdo a la experiencia que el país había tenido durante los 11 años que controló el Estado cubano de 1933 a 1944, donde pactó con los comunistas entregándoles el control del movimiento obrero a cambio del apoyo en las elecciones de 1940, y amplió la intervención estatal como nunca antes se había visto en Cuba. De todas formas, para gran parte del empresariado cubano, con excepción de los productores azúcar, en 1952 cualquier cosa era mejor que los "Auténticos".

En abril de 1952, a solo un mes del golpe de Estado, aparece un artículo en la Revista *Cuba Económica y Financiera* titulado "La Revolución de Terciopelo".

> ¿Acierta el actual poder determinante conduciéndose con tantas timideces, o disimula su fuerza?
>
> La opinión más responsable y numerosa del país cree que no. Que para dejar las cosas casi como estaban no valía la pena dar el vuelco a las instituciones.
>
> La experiencia de dos generaciones ha probado que con el tinglado politiquero en marcha resulta prohibitivo implantar hondas reformas agropecuarias, industriales, ni de salubridad o educación colectivas.
>
> Han transcurrido quince años desde que se habla de diversificación agrícola, pero ¿dónde están los valientes que puedan acometerla con éxito?
>
> Y sin embargo ya no admiten más aplazamientos el regadío de la caña, ni el replanteamiento de la atrasada ganadería, ni la urgencia de ampliar las cosechas de consumo interno, ni la industrialización de las materias primas típicas…

En julio de 1952 aparece en la misma revista *Cuba económica y financiera* otro artículo de J M Acevedo titulado "La hora nona de crear industrias".

> Cuba está ante un dilema de solución impostergable, o amplía de prisa sus actividades económicas sin prescindir del azúcar, que ha de ser la base a través de muchos años futuros para proporcionar los dólares necesarios, o tendrá que resignarse al retroceso o al estancamiento.
>
> ¿Se ve un serio propósito? Hay de todo.

En primer término, las muchas y viciadas condicionales que ponen los llamados a contribuir en la tarea de emprender explotaciones industriales o agropecuarias. Claman de continuo por salarios altos aunque en la práctica resulten solo nominales. No acceden ni siquiera al despido purificador del rendimiento y la eficiencia que daría ánimos al inversionista. A su vez, el empresario se resiste a aportar el entusiasmo. Alega carencia de garantías a largo plazo, y en lo que se refiere al gobierno, no existen indicios claros de que se ha situado en una posición cooperadora.

En marzo de 1953, a un año de la llegada al poder de Batista, ya se observa que hay una cierta decepción con respecto a las expectativas surgidas a partir del 10 de marzo del 1952 entre algunos empresarios que esperaban la restauración de un Estado que frenara el poder de los sindicatos, y revirtiera —por lo menos en parte— la legislación laboral.

"Claro que no hay impulso empresarial", Marzo de 1953.

Ciertos dirigentes laborales dejan entrever asombro por el retraimiento del inversionismo, y hasta encubiertas inculpaciones a los sectores patronales ante la posición expectante que han asumido. El asombro ha sido en realidad de la ciudadanía en general..

Es que creen borrado ya de la mente del inversionista el vía crucis a que han sometido los últimos gobiernos a todo el que ha invertido en Cuba.

La tolerancia de huelgas ilícitas, de paros, de ocupaciones de fábricas, de pasos de jicotea, de reto a administradores, de intervenciones de empresas, de coacciones a patronos, de demandas arbitrarias, de aumentos desorbitados de jornales, de elevación forzada del personal, de reducción caprichosa de horarios y rendimientos, de fallos demagógicos oficiales y de exigencias incosteables de líderes aspirantes a políticos, han sido los polvos que trajeron estos lodos"

...cuando los políticos dejen de perturbar el desenvolvimiento de la economía apelando a la demagogia como gancho electorero, cuando la timidez oficial retorne a los códigos y ejerza a pleno la autoridad de su cargo, y cuando se piense en el porvenir de Cuba en lugar de pensar en la boleta electoral, entonces se podrá aprovechar el potencial de nuestras posibilidades mediante iniciativas, inversión y empleo para todos.

En aquellos momentos, pasados solo unos pocos meses de la llegada de Batista al poder, ya se va desvaneciendo la expectativa por parte de los industriales de que el nuevo gobierno comience a liberar los mercados laborales, pero el nuevo gobierno se movía dentro de los cauces de la planificación desarrollista, y no hacia la restauración del libre mercado capitalista.

Diciembre de 1953 se publica en la revista *Bohemia* un artículo de uno de los principales propulsores de la planificación desarrollista, el profesor de origen español Julián Alienes Urosa.

Dicho artículo publicado bajo el título de "Para encauzar al país" plantea lo siguiente:

Para encauzar al país por la vía del desarrollo hay que resolver el problema de la insuficiencia financiera al objeto de suplir el escaso ahorro, y por ende los escasos fondos invertibles con que cuenta el país en relación con las grandes necesidades de capital; hay que sustituir producciones nacionalmente posibles; hay que aprovechar y movilizar para la producción los recursos naturales exportables; hay que industrializar cuanto sea posible las exportaciones, cruzar el país en todas direcciones con vías de comunicaciones, electrificar, racionalizar la agricultura, establecer industrias ligeras, elevar la productividad del trabajo, y hacer todo lo planeado equilibradamente.

La solución al problema de la insuficiencia financiera para estos planificadores era crear crédito de la nada, como planteaba la economía keynesiana.

Dentro de los grandes planes del desarrollismo no se contaba para nada con la industria existente; se buscaba crear básicamente una nueva economía.

A estas alturas, una parte del empresariado cubano renunciaba a formular demandas capitalistas, y buscaban ser tomados en cuenta dentro de la planificación gubernamental que les permitieran privilegios garantizando ganancias sin necesidad de competir en un mercado sobreregulado.

En enero de 1954, aparece un ensayo en la revista *Bohemia* cuyo autor es Segundo Ceballos Pareja, analizando la situación de la industria azucarera y los salarios de los trabajadores. El artículo se titula "La zafra crítica de 1954. Los salarios azucareros".

En las consideraciones finales de dicho artículo el autor plantea lo siguiente:

> La situación actual del azúcar tiende a crear el conocido círculo viciosos en que se estanca la economía nacional. Durante el auge azucarero, casi todo lo consagramos a expansionar la producción, y obtener los mayores rendimientos posibles sin cuidarnos poco ni mucho del avance tecnológico. Al sobrevenir la crisis, el ahorro acumulado, lejos de acudir a restablecer el equilibrio interior con el aumento de las inversiones se fuga para el extranjero, y allí se invierte, y rara vez se devuelven al país rentas o utilidades.
>
> No hay programas, ni órganos estatales adecuados para abordar con éxito un plan anticíclico. La medicina oficial parece quererlo remediar todo a expensas de un descenso de salarios que en definitiva no hace más que exacerbar y profundizar el subconsumo y reflejarse en nuevas dificultades para la producción.
>
> En un orden político general, la conmoción económica cubana, y las perspectivas de crisis auguran un resurgimiento de tendencias socialistas y la derrota de la libertad de empresa"

La manera de pensar del autor al igual que muchos en Cuba en aquellos tiempos, la encontramos reflejada en las últimas palabras de dicho artículo.

> El pronunciamiento de los obispos de Estados Unidos en torno a la cuestión social y a la dignidad espiritual del hombre, condena por igual al capitalismo desenfrenado que divorcia la propiedad de sus fines sociales, como el comunismo.

En septiembre de 1955, la ANIC hacía un llamado al "Gran Congreso Industrial de Cuba" en un artículo titulado "El grave problema del industrialismo cubano; sus causas sus efectos y sus soluciones".

> El Gran Plan Industrial de Cuba tiene que ser obra de los propios industriales junto a la acción planificadora del Estado. Por eso somos partidarios de un Gran Congreso Industrial de Cuba para formular el Gran Plan Industrial de Cuba para cuya formulación es requisito indispensable:
>
> 1- Censo industrial.
> 2- Informe estadístico de Hacienda.
> 3- Análisis de mercados.
> 4- Conferencia Nacional de Técnicos.
> 5- Informe sobre posibilidades de crédito.

6- Informe sobre precios.

7- Censo Nacional de desempleo.

Así se sabrá cuales industrias debemos estimular, unas para alimentación, otras para la exportación, y otras para la adecuada convivencia social, y que ventajas y prohibiciones debemos establecer".

Los empresarios capitalistas de Cuba clamaban por una planificación centralizada dentro de los marcos de una economía propia de los regímenes corporativistas.

En el año 1955, ya era claro que el gobierno de Batista no se enfrentaría al poder de los sindicatos.

Un artículo publicado en septiembre de ese año evidencia que el grave problema que enfrenta la economía cubana con la fuerza laboral no ha sido resuelto.

"Todavía el muro insalvable". Septiembre 1955.

Los gobernantes parecen darse cuenta de que el país necesita trasponer el bastión de la resistencia sindical a cambios técnicos en la producción pero no se atreven a decidir... Y así Cuba sigue teniendo frente a su destino de progreso el muro de las negativas exigencias proletarias que le impiden avanzar en la economía y que acaso terminen frustrando todos los empeños del progreso colectivo..

La del azúcar es primera industria y debiera también serlo como espejo de sólidas soluciones laborales. Sin embargo en un reciente decreto de orden laboral, se le prohíbe ejercitar el derecho de despido..

Los salarios y sueldos de colonias y centrales siguen congelados a base de un precio que el azúcar hace años no tiene. La amortización de plazas está condicionada a interpretaciones ministeriales o sindicales, no importa que venga aconsejada por la situación del negocio..

Introducir mejoras en el utilaje de los ingenios es punto menos que un delito, y para que puedan efectuarse algunos embarques de azúcar a granel, único modo de no perder compradores, hay que pagarle al obrero marítimo como si el nuevo sistema de trasiego no existiese..

Sin ponerse antes al nivel de los demás, nadie debe esperar que sus exportaciones gocen de preferencia gratuita.

Causas y efectos.

1- Se congelan jornales altos azucareros desestimando el bajo precio del producto.

2- Se prohíben despidos por economía, por mecanización o por mejoras técnicas.

3- Se sigue debatiendo el tema de la falta de inversión en Cuba.

4- Se reportan más de 40 mil cubanos que han optado por trabajar en EE. UU., además de otros que han emigrado a otros países, especialmente a Venezuela y Puerto Rico.

5- Se eleva la inversión en construcción a más de 500 millones de pesos.

6- Se registra baja en la inversión extranjera en Cuba mientras aumenta en otras repúblicas.

7- Se alientan exigencias sindicales obstaculizando la expansión de la industria y la agricultura.

8- Se fuerzan obras públicas secundarias aspirando a aliviar el desempleo.

En octubre de ese mismo año 1955 se publicó otro artículo bajo el título de "Impasse económico".

Las tres grandes preocupaciones de Cuba en la hora actual son; el aletargamiento del inversionismo productivo, la baja de precios en los mercados azucareros, y el creciente desempleo.

Solucionando la primera se compensaría la declinación azucarera, y se alivia la desocupación progresivamente.

El impulso al inversionismo va surgiendo del esfuerzo coordinado y conjunto de toda la nación..

Los gobernantes, entibiando los alientos del capital, y dictando pragmáticas demagógicas, bloquean la expansión económica para adular al sindicalismo que asfixia un progreso empresarial que crearía trabajo para los desocupados.

Los empresarios y los inversionistas nuevos movilizando sus recursos, sus iniciativas, su crédito, esforzándose en la nivelación de la riqueza con el crecimiento demográfico.

Los obreros preocupándose más por el progreso de la nación que por las incitaciones de líderes demandando ventajismos y concesiones o privilegios insostenibles, que crean una casta de favoritismos mientras anulan las posibilidades de ocupación de los desempleados.

Se ha acusado con razón a los gobernantes de los últimos tiempos de eludir la grave responsabilidad de sus cargos en un torpe rejuego gubernativo-sindical menospreciando los enormes recursos disponibles y las incontables fuentes naturales inexplotadas con las fatales consecuencias que hoy contemplamos…

Los industriales cubanos no vislumbraban posibilidades de frenar las políticas demagógicas de los sindicatos apoyadas por el gobierno de Batista, en el cual, en su momento, pusieron sus esperanzas.

"Rendimiento obrero y carestía" Artículo publicado en julio de 1956.

En la actualidad se pagan 629 millones, 953 mil pesos anuales por concepto de sueldos y jornales en empresas privadas. La tercera parte, según peritos en la materia, con cargo a supuestas tareas que nadie rinde (trabajo improductivo).

Luego, si ahora se tiran a la calle unos 186 millones de pesos, calcúlese cuanto habría que tirar el día que se implante la semana de 40 horas.

De la legión de desocupados que hay en Cuba, la más inquietante es la de los políticos inactivos. La mayoría de estos recurren a los congresistas, a los ministros, a los familiares de ambos, a la "sargentería", a los oficiales de turno. Es una oleada humana con flujo y reflujo que puede convertirse en un mar de fondo, y hasta en tormenta amenazadora, sin contar con los que optan finalmente por la conspiración por no encontrar una actividad en que generar sustento.

En el año 1957, ya se consideraban desalentadores los resultados en relación con los recursos movilizados por el gobierno para llevar adelante sus planes de diversificación y estímulo económico.

En marzo de 1957 un artículo publicado bajo el título de "Recuento de las realidades económicas" analiza algunos resultados de las políticas del gobierno en la agricultura.

El cañaveral cubano estorbará el desarrollo del país mientras no rinda por falta de abono y regadío más de 40 mil arrobas de caña por caballería.

El área que ocupan los cafetos podría reducirse entre un 30 y un 50% si su cultivo prescindiera de tantas viejas rutinas.

Las hortalizas y las frutas de cosecha casi permanente durante los 12 meses del año necesitan una modernización de sus métodos de cultivo y beneficio.

El tabaco que estuvo a punto de perder su fama, requiere que vuelvan a limitar rigurosamente los terrenos para sembrarlo.

Resumen sintético: Lo que estaba mal en la tierra cubana -y era casi todo- sigue estando igual después que el Estado movilizó tan grandes recursos.

En octubre de 1957, el año considerado por algunos el mejor año de la economía cubana durante la etapa republicana, en la revista *Cuba Económica y Financiera* aparece un artículo del ingeniero Melchor Gastón Segrera titulado "El desarrollo económico y social cubano".

Debido a su claridad explicativa, y la fecha en que fue escrito hemos decidido citarlo en toda su extensión.

No nos engañemos, si los capitalistas y dirigentes de empresa no llevan a cabo el desarrollo económico de Cuba, el Estado, influido por políticos profesionales, y la dirigencia obrera tratará de hacerlo de la única manera que pueden; con medidas estatales de planeamiento y regulación. La necesidad del desarrollo económico para dar trabajo a la población y elevar el nivel de vida no hace falta demostrarlo, es un hecho conocido de todos. O lo hacemos nosotros, o trataran de hacerlo sin nosotros o contra nosotros.

Gran parte de la clase capitalista y los dirigentes de empresa no se dan cuenta de que durante los últimos 25 años la empresa privada en Cuba *está librando una batalla en retirada continua* por la incapacidad y falta de visión de esos dirigentes que abroquelados en la producción monopolista han preferido el calmante de las regulaciones estatales..

Esto ha llevado a las empresas privadas, en su mayoría, a aceptar y a veces hasta pedir más regulaciones estatales en materia económica y social que hacen casi imposible el mantenimiento y desarrollo de la economía nacional fundada en la libre empresa y la iniciativa individual.

Si el Estado interviene constantemente en la dirección de la empresa con medidas fiscales, laborales, y comerciales, la libertad de empresa es un mito, pues el importe de las utilidades está en manos del Estado.

El sistema seguido en Cuba para acabar con la libre empresa no es nuevo; regularla lo bastante para llevarla al fracaso como justificación para más regulación y en definitiva ir a la socialización. Si es el Estado el que dirige el funcionamiento de la empresa, con que justificación podrá el propietario seguir demandando el derecho a las utilidades producidas; cuando más tendrá derecho a que le paguen los intereses bancarios por el capital invertido.

Consecuencias de los monopolios y del intervencionismo del Estado.

En los primeros años, la poca población y el proceso de desarrollo hicieron posible el aumento de la riqueza y el nivel de vida, pero terminado el auge azucarero e incapacitada la nación para desenvolverse en otras producciones, los niveles de ocupación e ingreso se redujeron a niveles ínfimos..

Al iniciarse entonces las medidas necesarias de liberación económica se equivocó el camino, y por falta de iniciativa de los dirigentes de empresa, y por la demagogia en los gobiernos y la influencia comunista en los líderes obreros, vamos camino a la destrucción de la libre empresa y al estancamiento económico y social..

La industria azucarera, así como el resto de nuestra agricultura y nuestra industria se debaten frente al estatismo demagógico y paralizante..

La intervención estatal desacertada crea cuando más **apariencia de desarrollo** que en definitiva no nos sacan del estancamiento ni nos liberan del desempleo.

La productividad nacional disminuye con los consecuentes aumentos de precios, y así la juventud cubana se debate frente al insalvable conjunto de intereses creados que forman el gobierno, los monopolios, y los líderes sindicales. Frente a esta conjunción poderosísima, *la juventud cubana se dispone a la revolución....*

Dentro del desarrollismo cubano, el desarrollo agrícola del país tuvo un papel muy secundario, y esto lo atestigua el hecho de que la agricultura solamente captó el 8.4% del volumen total de créditos otorgados por las instituciones gubernamentales entre 1952 y 1958.

En el mes de mayo de 1958, en un artículo titulado "Nuestra defectuosa estructura agraria" cuyo autor es el ingeniero Miguel Monzón, se analiza la situación de la agricultura cubana en aquel año, que sería el último de la República aunque nadie pudiera imaginarlo.

> La Constitución de 1940 planteó que debía efectuarse una reforma agraria en Cuba al proscribir el latifundio, pero esta nunca llegó a realizarse.
>
> En países como el nuestro, poco desarrollados y sin haber alcanzado todavía una adecuada diversificación económica, es donde resultan determinantes, a los efectos de la estrategia general del desarrollo económico los programas de reforma agraria....
>
> Según el Anuario Azucarero, en la zafra de 1952 se cortaron 106, 023 caballerías de caña. Cuatro años después, en 1956 solo se cortaron 62, 202 caballerías de caña, lo cual nos indica que de 1952 a 1956 la industria azucarera desocupó 43, 821 caballerías de las mejores y más apropiadas tierras para una diversidad de cultivos económicos, o para la producción de pastos. Sin embargo no tenemos conocimiento de que el resto de las producciones agrícolas hallan aumentado proporcionalmente a dicha área desocupada por el azúcar.
>
> ¿Aumentó el volumen de producción de viandas y vegetales? Las informaciones que tenemos nos indican que no.
>
> ¿Aumentó la producción ganadera? Muy ligeramente.
>
> ¿Aumentó la producción de tabaco y otros frutos? No.
>
> Es decir, nuestra defectuosa estructura agraria en general, y en particular la concentración de la propiedad de la tierra y el sistema de tenencia, impiden que tengamos capacidad sustitutiva. Podrá decirse que la producción de arroz se duplicó o triplicó en ese período, pero esta producción, que llegó a ocupar 10 mil caballerías, solo 2 mil provinieron de las áreas desalojadas por la caña; el resto quedaron como tierras inexplotadas.

Crítica a la política azucarera del gobierno de Batista

Dentro de los planes del desarrollismo, la industria azucarera quedaba relegada, pues la idea central de dichos planes era cambiar la estructura económica de Cuba basada en la producción y exportación de azúcar, hacia una estructura diversificada e industrializada, orientada a la satisfacción del mercado interno, pero también los planificadores consideraban que la industria azucarera debía aportar las divisas necesarias para comprar los bienes de capital que requeriría el desarrollo de una nueva economía, por tanto, se decidió mantener el statu quo en la industria azucarera y buscar de alguna forma la ampliación de la cuota norteamericana, cosa que no se logró.

La enorme zafra de 1952 creó una coyuntura: o se permitía la reestructuración de la industria azucarera por parte de las fuerzas del mercado, o se rescataba una vez más al cártel azucarero para mantener el *statu quo*. De nuevo triunfó la vieja consideración de los años 30, de que la industria azucarera de Cuba era "Too big to fail" y se decidió rescatarla separando un millón 750 mil toneladas de azúcar, y restringir la zafra por los próximos cuatro años comenzando en 1953, manteniéndola como un zombi.

En el mes de enero de 1954, en la revista *Bohemia*, apareció un artículo de Segundo Ceballos Pareja con el título de "La zafra crítica de 1954. Los salarios azucareros" a la cual ya nos hemos referido.

En dicho artículo el autor plantea claramente el problema no solo económico, si no también social y político que estaba enfrentando Cuba con la nueva crisis azucarera, igual que la que confrontó en 1925.

Es inútil pretender que la economía cubana pueda enfrentarse con éxito a la crisis que provoca el descenso atípico de los precios del azúcar, y la reducción de la zafra mediante el libre juego de la oferta y la demanda. La escuela económica liberal está hoy en franca decadencia.

La situación resulta aún más grave en el caso de Cuba si se considera que al descenso del precio del azúcar no corresponde un descenso congruente en el precio de los artículos que importa entre los cuales se encuentran grandes cantidades de alimentos. Nuestro principal artículo de exportación desciende en los índices generales de los precios a niveles desproporcionados. El descenso de los precios del azúcar es un fenómeno aislado; el arroz, el café, la carne, los granos, las grasas, no solo mantienen los niveles que tuvieron en 1951 y 1952 si no que a veces lo superan.

Esa disparidad se agudiza por la influencia de los precios de artículos que importamos especialmente de Estados Unidos, y que nos obliga a ceder una cantidad de azúcar cada vez mayor. Los acontecimientos embocan hacia un panorama de profundas conmociones que subirán a la periferia de la política, y se reflejarán en reivindicaciones agrarias y sociales cada vez más perentorias y agudas.

Cuba confronta con su crisis económica un impasse institucional[78] que hace aún más difícil el hallazgo de fórmulas que satisfagan las exigencias de la opinión pública.

No hay ni programas, ni órganos estatales adecuados para abordar con éxito un plan anticíclico..

La medicina oficial parece querer remediar todo a expensas de un descenso de salarios que en definitiva no hace más que exacerbar y profundizar el subconsumo, y reflejarse en nuevas dificultades para la producción.

En un orden político general, la conmoción económica cubana, y las perspectivas de crisis auguran un resurgimiento de tendencias socialistas, y la derrota de la libertad de empresa.

La mentalidad del autor es un reflejo de la manera de pensar socializante y estatista de la mayoría de la intelectualidad cubana en la década de 1950, que buscan la solución a los problemas económicos a través de la intervención del Estado y en función de supuestos fines sociales.

Hemos analizado en acápites anteriores el deterioro de los términos de intercambio en el comercio entre Cuba y Estados Unidos, y la falta de mercados remunerativos para el azúcar cubana después de 1952.

En el Anuario Azucarero de 1956 aparece otro artículo de Julio Lobo titulado "Revisión del futuro azucarero de Cuba" donde se plantea lo siguiente:

Es necesario trazarse un plan para la modernización de nuestra industria y nuestra agronomía.

La Ley de Permanencia debe ser modificada de manera que los colonos se vean obligados a mejorar sus métodos o dejar la tierra a otros que puedan explotarla de un modo más eficiente y lucrativo. Con el 25% del área dedicada actualmente a la caña se puede producir el abastecimiento

78. En el año 1954, la Constitución de 1940 estaba suspendida, y lo que regía en el país eran unos Estatutos emitidos por el gobierno recién llegado al poder de forma ilegitima por medio de un golpe de Estado el 10 de marzo de 1952. Además estaban pendientes unas elecciones generales convocadas para ese año de 1954

suficiente y queda el 75% disponible para otros cultivos como arroz, tabaco, ganado, etc., bastando para ello con la introducción y uso de métodos modernos de cultivo intensivo de las tierras.

Debemos ir a la mecanización del tiro de caña, pues ya las carretas de bueyes, y los ferrocarriles de juguete de tan costoso mantenimiento constituyen un anacronismo para nuestra industria..

Hay que modernizar los ingenios e implantar definitivamente el embarque a granel de los ingenios a los barcos para estar en condiciones de competir con los nuevos y modernísimos ingenios que están siendo ordenados por otros países y que estarán en plena producción para 1959.

En resumen, que en tanto no se eliminen las disposiciones legales que constituyen obstáculos insuperables para la modernización de la producción agrícola e industrial, Cuba no podrá intensificar su desarrollo económico en la medida de lograr el nivel de ocupación y empleo que se requiere para una población creciente.

Posiblemente Julio Lobo, el mayor hacendado de Cuba, fue una de las principales voces que reclamaban una reforma institucional como único medio para lograr crecimiento económico en Cuba.

En el año 1958, en el Anuario Azucarero apareció publicado otro pequeño artículo de Julio Lobo, expresando su opinión acerca de la situación de la industria azucarera cubana, y cual debía ser su proyección futura.

El último ingenio que se erigió en Cuba fue en 1925, en tanto se han erigido y se siguen erigiendo ingenios ultramodernos en todas partes del mundo.

Nuestros costos no guardan comparación con los de otros países productores, ya que debido a nuestra baja producción que siempre trae consigo un aumento de los costos, y la imposibilidad de mecanizar y modernizar nuestros ingenios, nos convierte en productores de costos excesivamente altos.

No podemos retroceder más. Todos nuestros esfuerzos deben ir encaminados colectivamente a lograr un aumento mundial del consumo e internamente debemos tratar de modernizar nuestros métodos con el fin de reducir nuestros costos.

Se puede y se debe modernizar, y si es posible diversificando al mismo tiempo de manera que el personal excedente pueda ser absorbido por nuevas industrias.

Julio Lobo estaba proponiendo una reforma de la industria azucarera, ya que de mantenerse el statu quo la inexorable caída de los precios obligaría al Estado cubano a subsidiar dicha industria a un costo insostenible para todo el pueblo, estatizándola cada vez más, ya que el Estado cubano tendría que asumir las pérdidas.

Otro de los críticos de la política azucarera de Batista sería Raúl Cepero Bonilla. En el año 1958 publicó un ensayo analizando la Restricción unilateral de la zafra de 1953 argumentando lo siguiente:

El régimen escogió la alternativa funesta de la restricción unilateral, y no se preocupó de buscar medios para aumentar la demanda, y dar salida a las colosales existencias de azúcar acumulada en los almacenes.

El régimen olvidaba que la restricción nunca ha sido eficaz para mantener los precios, porque los países competidores llenan con una mayor producción el vacío que deja la reducción de azúcar cubano en el mercado mundial.

En 1953 se construía un enorme central azucarero en el Congo Belga; Chile elevaba la producción doméstica en 100 mil toneladas; Venezuela construía un nuevo y moderno ingenio;

Haití construía dos nuevos centrales; Brasil y República Dominicana ampliaban su producción, y Formosa, Indonesia y Filipinas concluían la rehabilitación de su industria azucarera destruida durante la Segunda Guerra Mundial.

El Ingreso Nacional descendió a 1, 753 millones de pesos, (una contracción de 277 millones de pesos con respecto al año anterior) las recaudaciones fiscales mermaron en 50 millones de pesos.

Esto no quiere decir que con solo una política de precios bajos puede hacerse frente a las contingencias del mercado mundial. La baja de precios no aumenta proporcionalmente el consumo de azúcar debido a la inelasticidad de la demanda del azúcar.

El gobierno de Estados Unidos dictó en 1956 una nueva Ley de Cuotas que rebajó a 2, 437, 225 toneladas la participación de Cuba para los cinco años siguientes.

Cuba había estado cubriendo el 96% del aumento del consumo norteamericano pero la nueva ley de 1956 asignó a Cuba el 43.2% de los aumentos en el consumo en 1956, y el 29.59% en los cuatro años siguientes. Entre 1956 y 1958 Cuba perdió un tonelaje de 1, 157, 808 toneladas.

El intercambio comercial entre Cuba y Estados Unidos arroja un considerable saldo negativo en los últimos años.

Cepero consideraba que la única solución al problema azucarero cubano era buscar un aumento de la demanda de azúcar, pues según él, lo que existía era una situación de subconsumo. Por tanto la política azucarera del gobierno debía orientarse hacia la industrialización de los subproductos de la caña y del azúcar para aumentar la demanda.

El problema de la industria azucarera de Cuba a fines de la década de 1950 era que un sector de la misma era completamente ineficiente, y al estar convertida en un cártel, la parte eficiente se encontraba estancada, y sosteniendo la ineficiencia de los demás.

La única manera de rescatar a la industria azucarera cubana era eliminando la cartelización con la abolición de la Ley de Coordinación Azucarera, y el Instituto Cubano de Estabilización del Azúcar (ICEA) para salir del peso muerto de la parte ineficiente, liberando recursos para actividades más productivas en la economía y con mayor demanda, pero una reforma de este tipo no se encontraba en el horizonte mental de la clase política cubana de aquellos tiempos.

Críticas a la política monetaria y comercial

Como hemos explicado, con la restricción de la zafra a partir de 1953, el gobierno preveía que se produciría una recesión, y que por tanto era necesario que se aplicaran políticas anticíclicas de gasto público para mantener el nivel de demanda. A esto se le llamó política de "gasto compensatorio".

El economista británico John Maynard Keynes sostenía que la primera causa del ciclo económico era el desequilibrio que se producía entre el ahorro y la inversión, y el gasto de consumo, o sea cuando aumentaba el ahorro, disminuía la demanda, y se producía la recesión, por lo que para superar ese desequilibrio el gobierno debía recurrir al gasto deficitario, que es lo que se conoce como política anticíclica.

Lo que proponía Martinez Sáenz desde su posición de presidente del BNC lo había hecho Machado con su Plan de Obras Públicas en la segunda mitad de la década de 1920, lo que ahora se encontraba avalado teóricamente por toda la economía keynesiana, en boga en el pensamiento económico del mundo de aquellos tiempos.

Martínez Sáenz creía que una relativamente pequeña cantidad de gasto público crearía un efecto multiplicador, manteniendo el nivel de empleo de los factores de producción.

El "efecto multiplicador" keynesiano es un mito, pues se encuentra basado en la idea demostradamente errónea de que es la demanda la que impulsa la oferta, o sea es el motor impulsor de la economía, por tanto, para hacer crecer la economía hay que lograr un incremento de la demanda de consumo e inversión.

El economista Raúl Cepero Bonilla criticaba este tipo de política pues argumentaba que esta teoría fue concebida para los países desarrollados, y que Cuba, al tener una economía subdesarrollada, el incremento en la demanda provocada por el aumento del gasto público, tanto en obras públicas como en gastos suntuarios, daría lugar a dos escenarios posibles; o se produciría un proceso inflacionario que a la larga perjudicaría el nivel de vida de los estratos más humildes de la población, o se haría necesaria la importación de mercancías extranjeras para satisfacer la demanda creada, perjudicando la estabilidad de la balanza comercial y de pagos, lesionando las reservas monetarias, y la estabilidad del peso cubano.

> Martínez Sáenz ha tratado de mantener la demanda aumentando los gastos del gobierno con los planes de obras públicas financiados con empréstitos. Tal política tiene un fallo; como el gobierno no dirige las inversiones hacia nuevas instalaciones productivas, y el capital privado sigue retraído por la desconfianza provocada por el golpe del 10 de Marzo, el aumento de la circulación monetaria que se produce con las obras públicas incrementa invariablemente las importaciones debilitando la balanza de pagos.
>
> La creación de nuevo dinero fomenta el consumo, pero como la producción doméstica no crece, se cubre con productos importados. La política compensatoria del gobierno, en realidad subvenciona a la producción extranjera[79].

Analizando el plan de desarrollo y diversificación del gobierno de Batista, Cepero Bonilla escribía:

> El BNC se lanzaba a respaldar un plan de desarrollo económico que en concreto estaba basado en planes los cuales no estaban establecidos de forma científica. Esta situación solo encerraba una peligrosa política de inflación e inestabilidad financiera.
>
> El BNC concede amplios créditos al gobierno, no solo sin exigir que se inviertan en proyectos que fomenten el desarrollo económico, si no que ha permitido que el Poder Ejecutivo pueda disponer de los empréstitos a su libre voluntad. No solo falta el plan, si no que también falta el indispensable control de costos. Los resultados no pueden ser otros que una arbitraria selección de obras ornamentales y suntuarias, y el encarecimiento de los costos[80].

En relación con la política comercial, Cepero planteaba que:

> ... el dinero que se paga en la importación de productos extranjeros, aunque fuera en menos proporción que el que se pagaría a los fabricantes nacionales, deja de circular en la economía del país, disminuyendo la velocidad de circulación monetaria a favor de una economía extranjera.
>
> A una política proteccionista nacional se oponían los importadores cubanos[81].

79. "Pensamiento económico de Raúl Cepero Bonilla" Félix Torres Verde
80. Obra citada
81. Obra citada

Otro de los críticos del gobierno era Carlos Rafael Rodríguez[82] el cual planteaba, como los desarrollistas, que no podía haber desarrollo económico sin cierto nivel de industrialización, pues aunque tuviera lugar un aumento en la productividad, sin industrialización el crecimiento económico no era sostenible.

Rodríguez consideraba que la economía cubana tenía un problema estructural, entendido como una economía monoproductora altamente especializada y prácticamente con un solo mercado, y dicha deformación estructural se creó durante el período de desarrollo de la industria azucarera en el primer cuarto del siglo XX.

Al igual que los desarrollistas, Rodríguez ve una relación de intercambio desigual entre los países industrializados, en este caso EE. UU., y los países subdesarrollados y específicamente Cuba, él considera que la causa se encuentra en que EE. UU. desde los años 40 mantiene un nivel de inflación monetaria más alto que Cuba, lo que da lugar a un encarecimiento de los productos norteamericanos en el mercado cubano, y un abaratamiento de los productos cubanos en el mercado norteamericano, provocando de esa forma balanzas comerciales deficitarias para Cuba, coincidiendo de esta manera con los teóricos del desarrollismo. El impacto de una política de manipulación monetaria por parte de EE. UU. sobre la estructura económica de Cuba, llevaba necesariamente a un drenaje constante de riquezas. Por tanto, él también planteaba como única solución, un cambio profundo en la estructura económica de la isla que pasara necesariamente por la industrialización.

Hemos analizado el efecto que desde 1948 estaba teniendo la devaluación del dólar sobre la economía cubana.

En una situación tan desfavorable ¿qué podía hacer Cuba? Ante un efecto sobrevaluatorio, Cuba debió devaluar su moneda, y restringir las importaciones sobre todo de bienes de consumo duraderos para defender su balanza comercial y sus reservas, pero ¿cuáles serían las consecuencias de una devaluación del peso cubano?

Una devaluación del peso con respecto al dólar puede en ocasiones ser una medida acertada con el objetivo de ganar competitividad en los mercados internacionales incrementando las exportaciones y mitigando el desempleo en el sector exportador, y por otra parte, los productos nacionales se hacen competitivos en el mercado doméstico, ayudando así a los empresarios nacionales, lo cual tiende a maximizar el uso de factores de producción ociosos dentro del país.

Como contrapartida, la devaluación lleva a una reducción de los estándares de vida de los ciudadanos, ya que dará lugar a una situación inflacionaria en la misma medida en que tenga lugar la devaluación; si el peso se devalúa en un 10%, el nivel general de precios subirá un 10%.

Sin embargo, cuando un país está sufriendo de alto desempleo, y desea perseguir una política de crecimiento de las exportaciones y protección a la producción nacional, en tanto mejorar sus balanzas comerciales para proteger sus reservas de divisas, la devaluación parece una política plausible.

Los países latinoamericanos que estaban siguiendo la estrategia desarrollista de industrializar sus países, mantenían una política monetaria de sobrevaloración combinada con una política proteccionista. Se mantenía la sobrevaluación abaratando las importaciones de bienes de capital que no se producían en el país, mientras se ponían altas tarifas a los bienes de consumo que ellos producían o esperaban producir, en tanto se encarecían sus exportaciones, las cuales perdían competitividad en el mercado internacional, pero esta era una forma de redistribuir recursos y riqueza desde los productores

82. Carlos Rafael Rodríguez. 1913-1997. Miembro del Partido Comunista Cubano donde desempeñó altos cargos. Fue ministro del gabinete de Fulgencio Batista durante su primer mandato de 1940-1944. Fue miembro de la Asamblea Constituyente de 1940, y ocupó importantes posiciones en el gobierno de Fidel Castro

tradicionales de materias primas de exportación, hacia los productores industriales para el consumo interno, que era la meta final de las políticas de industrialización por sustitución de importaciones.

La política monetaria cubana fue completamente pasiva, en primer lugar por las limitaciones que implicaban los acuerdos firmados en Bretton Woods, pero fundamentalmente por el temor a represalias por parte de Estados Unidos sobre la cuota azucarera.

Algunos economistas cubanos como Alberto Arredondo, abogaban por una devaluación del peso cubano para restaurar competitividad al azúcar en los mercados internacionales, y proteger la industria nacional frente a la competencia internacional en el mercado interno.

La expansión monetaria del BNC, sin controles de cambio, unida a la devaluación del dólar, y la sobrevaloración del peso, fueron los factores que actuando en conjunto condujeron al rápido agotamiento de las reservas de divisas de Cuba.

El problema del deterioro de los términos de intercambio, que en aquellos momentos afectaba a todos los países subdesarrollados con un tipo de cambio monetario fijo, no podía ser abordado exclusivamente desde una perspectiva monetaria, era necesaria la industrialización pero no para aislarse del sistema económico internacional sustituyendo importaciones, y ese fue el gran error del desarrollismo latinoamericano, si no a través de la integración al sistema de comercio internacional por medio de la exportación de productos industriales, como demostraron los llamados Tigres Asiáticos en la década de 1960 y 1970, que no tuvieron ningún problema de balanza de pagos.

Modelos para la solución del desempleo crónico de Cuba: el problema más sensible tanto económico como social desde la década de 1930

El profesor Carmelo Mesa Lago en su ensayo titulado "The Labor Force: Employment, Unemployment and Underemployment in Cuba 1899-1970" plantea que:

> La excesivamente protectora legislación laboral introducida en los años 30, y sustancialmente ampliada en los 40 y 50 jugaba un papel negativo en el proceso de expansión del empleo. Los salarios se incrementaban muy por encima de la productividad, empujando los costos de producción hacia arriba cada vez más. Sentimientos de inseguridad llevaban a la preservación de labor innecesaria, a relaciones económicas y laborales cada vez más rígidas, y al establecimiento de barreras legales contra necesarios despidos. Como resultado, la mayoría de las empresas, desde las grandes agencias del gobierno, hasta las pequeñas tiendas, estaban llenas de personal innecesario.
>
> Los sindicatos rehusaban ajustar los niveles salariales a las declinantes ganancias de la industria, lo cual producía más desempleo.
>
> También los sindicatos lucharon exitosamente contra la mecanización en la industria azucarera y en la industria tabacalera (y en cualquier otra industria), y el gobierno cubano trataba de prevenir que las industrias afectadas por la recesión despidieran trabajadores.
>
> La política oficial fue imponer pérdidas operacionales sobre las empresas para evitar desempleo, pero a la larga esta política provocaba mayor desempleo debido al declive de la inversión.
>
> Los altos costos del trabajo y la inmovilidad laboral fueron también obstáculos para la inversión tanto doméstica como extranjera, estorbando así el crecimiento del empleo.
>
> En 1958, 2/3 del Ingreso Nacional fue pagado en sueldos, salarios, y beneficios colocando a Cuba cerca de Gran Bretaña, Estados Unidos y Canadá, por encima de países más avanzados. El resto fueron ganancias capitalistas, pero la tasa de reinversión fue muy baja, y buena parte fue remitida al extranjero.

A pesar de la cantidad de empleo improductivo que se había creado durante los gobiernos del Partido Auténtico, en el Censo de 1953 el desempleo se mantenía oscilando alrededor del 20% de la fuerza de trabajo[83].

El desempleo era considerado el problema social más grave que enfrentaba la República, y Batista y sus asesores esperaban que el Plan de Desarrollo Económico y Social atenuaría la falta de empleo que aquejaba al país desde finales de la década de 1920.

Los planes inversionistas del gobierno a través de las instituciones financieras creadas se estaban orientando hacia actividades de alto consumo de capital, que era el recurso escaso en el país, en relación con el consumo de labor, y con el consumo de tierras que eran los recursos abundantes en el país por lo que algunos economistas llegaban a la conclusión de que estaba teniendo lugar un desperdicio de recursos, además de mucha inversión improductiva en trabajos de ornato público, obras suntuarias, y construcción residencial.

En el año 1957 el profesor de Economía de la Universidad de Villanueva, y economista del BANFAIC, el Dr Walter Frielingdorf, escribió un artículo en la revista *Cuba Económica y Financiera*" con el título de "Segunda Revolución Industrial y Desarrollo Socioeconómico".

"En muchos países subdesarrollados se ha mostrado que una industrialización forzada, combinada con obras públicas coadyuvantes, por sí solas no pueden solucionar el fuerte problema del desempleo. A base del supuesto que el desempleo estructural abarque unas 500 mil personas, y se quiera dar trabajo durante 10 años anualmente a 50 mil personas, e incorporar además unos 50 mil jóvenes cada año que llegan a la edad laboral, resulta obvio que una industrialización que a lo mejor absorbe directamente 10 mil obreros nuevos por año, e indirectamente unos cuantos miles más no puede resolver el problema".

> En un país como Cuba, que posee mucha tierra ociosa hay una solución relativa para el problema socioeconómico.
>
> Con una inteligente y eficiente reforma agraria se necesita relativamente poco capital para dar trabajo a una persona adicional.

Frielingdorf proponía en este artículo que se cambiara el enfoque de la solución del desempleo hacia una mayor combinación de los recursos tierra-labor, en vez de capital-labor que era el enfoque de los planes del gobierno.

En ese mismo año Frielingdorf escribió otro ensayo titulado *Reformas sociales y desarrollo económico*.

En dicho ensayo el autor plantea que 1957 es el año de prosperidad y desempleo "... ya que el des y subempleo crónicos han seguido siendo el problema socioeconómico de primer orden en Cuba".

A continuación plantea que:

> Estamos convencidos que en la composición de la formación de capital se esconde el quid de la problemática, es decir que solo si el factor capital se combina de manera idónea con los otros dos factores; tierra y trabajo, se puede generar un proceso de desarrollo económico acelerado.

83. El Censo de 1953 fue efectuado en tiempos de zafra, en el momento culminante del empleo en el país, por tanto, las cifras de empleo están viciadas de origen

El Survey de la Junta de Economía que se efectuó entre abril de 1956 y mayo de 1957, demostró que el desempleo en tiempo muerto sube hasta el 20.7%, y en el momento pico de la zafra baja al 9.1% de la población desempleada

Estas cifras corroboran las conclusiones del Censo Agrícola de 1946.

El capital productivo, excluye de la formación de capital a las edificaciones y las variaciones de inventario, por lo que es el capital productivo el que definitivamente contribuye más al incremento del PIB, a la disminución del desempleo, y a la mejor utilización de los recursos naturales.

Una orientación demasiado fuerte de las inversiones a edificaciones residenciales, ofreciéndose un crédito demasiado fácil restringe el crecimiento del PIB. Así, cuando menos preponderantes son las edificaciones residenciales en el conjunto inversionista del país, tanto más fácilmente puede crecer el PIB. *El defensor de la habitual formación de capital pierde de vista el declive socioeconómico que media entre la capital, las ciudades de provincia, y el campo* (el subrayado es mío).

El análisis de la situación de los países que durante años han utilizado el método de incrementar las obras públicas no directamente productivas, el resultado ha sido sacrificar la estabilidad de la moneda del país.

Hay un estimado que calcula el desempleo crónico o estructural en Cuba en 500 mil individuos. Un plan de varios años incorporando 40 mil desempleados crónicos por año, así como la incorporación anual de jóvenes a la fuerza laboral requeriría 900 millones de pesos anuales de inversión lo que está completamente fuera de la capacidad de ahorro genuino o forzado del país y de la afluencia de capital extranjero. Además no existen tampoco tantos proyectos industriales viables para una industrialización semejante. La industrialización no puede resolver el problema socioeconómico de Cuba.

El autor entonces propone lo que se conoció como agrarización, en contraposición a la industrialización.

Si no cambiamos resueltamente todo nuestro enfoque, parece imposible incorporar a los desempleados crónicos y a los jóvenes cubanos a la producción de bienes y servicios del país.

Si la abundante mano de obra ociosa de Cuba se combinara a base de un bien ideado plan de reforma agraria, con el abundante recurso "tierra cultivable", se puede incorporar a miles de personas a la economía del país necesitando por ocupado solo una fracción del capital p/cápita que suponen otras actividades.

Hay que destacar, que en el año 1934, la misión de la Foreing Policy Assotiation que escribió el informe titulado *Problemas de la Nueva Cuba*, planteó como solución al enorme desempleo, una reforma agraria y la entrega de tierras a los campesinos para aliviar el problema, o sea una "agrarización" que pusiera en producción la inmensa cantidad de tierra y labor que se encontraba ociosa.

En ese mismo año 1957 aparece publicado un ensayo de Carlos Duquesne de Zaldo que en aquellos momento era el director de la división industrial del BANFAIC, con el título de "El proceso de desarrollo económico de Cuba".

En dicho ensayo defiende la industrialización como el único método posible para alcanzar el desarrollo económico del país.

Los economistas que favorecen la agrarización, dando prioridad al desarrollo de la agricultura consideran que en la etapa actual de nuestro desarrollo es la forma idónea para crear mayor ocupación que un proceso de industrialización que requeriría una capitalización de cuantía extraordinaria.

Otra es la idea de que en el proceso de desarrollo económico de nuestra nación, el camino a seguir es el de intensificar al máximo posible, y con carácter prioritario la industrialización del país.

La industrialización -como nos dice Prebisch- es la forma de crecimiento impuesto por el progreso técnico en los países latinoamericanos que forman parte de la periferia de la economía mundial. El progreso técnico provoca formas de consumo que operan en contra de los productos primarios, pues a medida que crece el ingreso, la demanda se diversifica y aumenta menos en alimentos y otros productos primarios respecto a los artículos industriales de mayor elaboración, sin contar con las innovaciones que hacen disminuir aún más la relación entre el crecimiento del valor del producto primario y el ingreso real.

Resumiendo, hay una necesidad dinámica de la industrialización de nuestros países para que el crecimiento de la economía pueda realizarse a un ritmo superior al crecimiento del de las exportaciones primarias.

El desarrollo económico de la nación tiene que apoyarse en el aumento de cualquiera de nuestras exportaciones, entre ellas el azúcar, pues desarrollo no implica crecer a expensas de nuestra producción exportable.

Tengo extraordinarias reservas respecto a que sea permisible defender como objetivos de la política económica la intensificación de la producción agrícola, otorgándole prioridad en una programación de nuestro desarrollo, ya que se olvida el factor esencial en toda actividad de desarrollo económico que es la productividad.

Cabría preguntarse si efectivamente el empleo, y naturalmente los niveles de vida podrían ser aumentados sustancialmente por la vía de una política que diera prioridad al desarrollo agrícola".

La agrarización implicaría necesariamente un intercambio del nivel de vida por empleo al disminuir la productividad a nivel de toda la sociedad. La fórmula que no se estaba teniendo en cuenta era empleo/capital, discutiéndose cual era más viable para el desarrollo económico de Cuba, si capital/empleo, o tierra/empleo donde la primera implicaba un desperdicio de capital que no podía solucionar el desempleo, y la segunda era un sacrificio de productividad y nivel de vida a favor de empleo de baja productividad, creando un sector de subsistencia dentro de la economía.

En un ensayo de Levi Marrero titulado "Cuba en la década de los 50" , el autor expresaba que:

El fenómeno del desempleo y subempleo está ligado en Cuba a la economía azucarera.

La falta de una programación económica nacional contribuyó a la perpetuación de la alta tasa de desempleo y subempleo, a pesar de períodos de relativa bonanza.

El fomento de la agricultura comercial intensamente tecnificada, y el fomento de nuevas industrias, absorbían un porción mínima de la gran masa de desempleados y subempleados en campos y ciudades".

En este artículo, Marrero criticaba acertadamente el programa de desarrollo económico basado en un elevado consumo de capital en relación con el consumo de labor.

El periodista Alberto Arredondo en un ensayo donde analizaba los problemas sociales y demográficos de Cuba durante la década de 1950 planteaba lo siguiente:

Había una gran fuerza de trabajo sin utilizar en Cuba con un considerable desempleo crónico particularmente en tiempo muerto.

La mayoría de las empresas y el gobierno mismo padecían de hipertrofia burocrática y era práctica corriente la permanencia en el trabajo, y la resistencia a la mecanización, y a cualquier cosa que significara ahorro de trabajo.

La teoría de Keynes expuesta en su libro *Teoría general del empleo, el interés y el dinero* publicada por primera vez en 1936, tenía dos argumentos contrarios a la teoría del equilibrio del mercado laboral. El primero planteaba que los salarios están intrínsecamente estancados en un valor monetario determinado, ya que los trabajadores no están dispuestos a aceptar un salario nominal inferior al que ganan. Esto solo es posible cuando existen influyentes sindicatos, como era el caso de Cuba con la poderosa CTC.

El segundo argumento de Keynes era que aunque se aceptara una tasa salarial inferior, esto eliminaría tanto poder adquisitivo de los trabajadores que sería incapaz de comprar el aumento de producción, lo cual llevaría a la bancarrota a muchas empresas, volviéndose así al mismo nivel de desempleo. Este segundo argumento se basa en la incomprensión de Keynes de la Ley de Say[84] como demostraron muchos economistas.

La proposición de Keynes para lidiar con el desempleo era el gasto deficitario y la expansión monetaria, lo cual traería como consecuencia un descenso del ingreso real de los trabajadores a cambio de la reducción del desempleo, lo que es lo mismo que una redistribución del ingreso, y que era lo que se venía practicando en Cuba sin resolver el problema.

Los economistas liberales y austríacos, consideran que la causa del desempleo involuntario es institucional, por lo que para eliminarlo es necesario eliminar las instituciones que estorben el desarrollo de la oferta y la demanda en los mercados laborales.

Los economistas keynesianos por su parte, consideran que la causa del desempleo involuntario es fundamentalmente estructural, que para solucionarlo hay que cambiar las estructuras económicas, de forma que hayan más plazas disponibles, para que puedan encontrar empleo los que están buscándolo.

Como hemos visto, el enfoque de los economistas cubanos en relación con el desempleo era básicamente estructural, a diferencia de la aproximación liberal que caracterizó a la Primera República.

En la década de 1950, los tres modelos que tenían ante sí los planificadoras de Batista eran:

1. El modelo fascista que ya analizamos en un acápite anterior, y que consistía en la congelación de precios y salarios, unida a inversión masiva del gobierno en trabajos públicos. Característico de las economías fascistas.
2. El modelo keynesiano de gasto público deficitario para incrementar la demanda a partir de un efeto multiplicador, impulsando así la oferta. Este modelo es característico de las economías de tipo socialdemócratas.
3. El modelo neoclásico, que consistía en dejar caer las tasas salariales nominales hasta alcanzar el nivel de equilibrio del mercado, de forma tal que despejara todo el excedente laboral. Este modelo es propio de las economías liberales, y neoliberales.

El gobierno de Batista tomó una postura híbrida más cercana a la solución de tipo fascista, pero sin abandonar del todo la posición socialdemócrata de los gobiernos anteriores.

Se logró mantener estancados los salarios en la empresa privada, e incluso rebajarlos en algunas actividades, se logró mantener el nivel general de precios de los bienes y servicios sin variación, y sin

84. Ley de Say o Ley de los Mercados. es un principio atribuido al economista francés Jean Baptiste Say (1767-1832). Este principio indica que es la oferta la que crea la demanda, y no al contrario como creía Keynes. No puede existir una demanda sin que haya oferta.

embargo no se logró disminuir el desempleo crónico a pesar de una inversión masiva por parte del gobierno en trabajos públicos y otras actividades.

El fracaso de la aproximación de tipo fascista al problema del desempleo se encontró en que no se produjo un incremento lo suficientemente grande de la demanda de labor, pues gran parte de la inversión monetaria del gobierno salió al extranjero por las balanzas de pago, amortiguando el efecto sobre el mercado laboral.

Posiciones frente a la inversión de capital extranjero

Las posiciones respecto a la inversión extranjera en Cuba han sido muy controvertidas desde el inicio mismo de la República, debido a que siempre se han mantenido con un marcado trasfondo nacionalista, comenzando con las discusiones acerca de la aprobación del Tratado de Reciprocidad Comercial de 1903, y el Proyecto de ley presentado por el Senador Manuel Sanguily en marzo de 1903 para impedir la compra de bienes inmuebles por parte de extranjeros, lo cual era equivalente a prohibir la inversión extranjera en Cuba.

La inversión extranjera alcanza su punto culminante en 1927-29, y su punto más bajo entre 1943-1944, para reanudarse tímidamente después de la Segunda Guerra Mundial.

Los planes desarrollistas que comienzan a abrirse paso dentro del ámbito del pensamiento económico cubano después de la guerra, diferían con respecto a su financiamiento. Algunos pensaban que era necesario promover la inversión de capitales extranjeros en Cuba, mientras otros —de orientación más nacionalista— consideraban que Cuba disponía de capital suficiente como para iniciar un proceso de desarrollo sostenible el cual tenía que ser guiado por el Estado, en tanto los diferentes actores político-económicos mantenían posiciones unos a favor, otros en contra, que reflejaban sus intereses particulares.

Por una parte, los empresarios y trabajadores que producían para el mercado interno tanto industriales como agrícolas, eran partidarios de la protección frente a la competencia extranjera, así como las clases medias urbanas; los sindicalistas también veían con suspicacia la inversión extranjera que pudiera debilitar su control sobre la clase trabajadora. Por otra parte, los hacendados azucareros temían que la inversión extranjera pudiera destruir el cártel azucarero, y disolviera su control sobre una enorme fuerza de trabajo barata que mantenían prácticamente cautiva, y que les permitía producir azúcar a bajo costo sin necesidad de invertir. En Puerto Rico tenían el ejemplo de los efectos de la industrialización sobre la industria azucarera, pero también eran contrarios al proteccionismo que pudiera poner en riesgo la cuota azucarera norteamericana, por ello mantenían una posición ambigua de statu quo basado en la "reciprocidad"; su posición era antiproteccionista, y antiinversión extranjera. Los comerciantes importadores eran contrarios al proteccionismo, ya que se beneficiaban del esquema monoproductor, donde Cuba producía azúcar e importaba todo lo demás. Por último, los políticos utilizaban la bandera del nacionalismo, pero eran cada vez más presionados por Estados Unidos después de la Segunda Guerra Mundial, para que crearan condiciones institucionales favorables a la inversión de capitales norteamericanos, y por otra parte, los planes desarrollistas sugerían al establecimiento de controles y medidas proteccionistas que permitieran la viabilidad de las industrias nuevas, por tanto, su enfoque sería una promoción de la inversión extranjera en sectores seleccionados.

Hemos analizado en acápites anteriores que la opción de industrialización a partir de la diversificación de las exportaciones que Estados Unidos estaba proponiendo para Cuba desde el fin de la Segunda Guerra Mundial estaba basada en la inversión masiva de capitales norteamericanos, y que nunca fue tomada en cuenta, ya que se siguió el modelo del "desarrollismo cepalino" de industrialización por sustitución de importaciones (ISI).

El cuadro que exponemos debajo muestra como en 1957, solamente el 37.4% de toda la producción de las empresas norteamericanas en Cuba se exportaba, y de ella el 91.2% era azúcar y sus derivados, o sea que si exceptuamos el azúcar, solamente el 5% de la producción de las empresas norteamericanas en Cuba se exportaba, y 95% restante era dirigida al mercado interno cubano, pero el mercado interno cuando era limitado, por lo que el capital norteamericano buscaba la forma de invertir en ramas de producción con demanda en Estados Unidos para exportar hacia un enorme mercado

Ventas de filiales norteamericanas en Cuba por industria y destino. Año 1957.						
Industria	**Local**		**Exportación**		**Total**	
	Valor	%	**Valor**	%	**Valor**	%
Agricultura	61	19.7	249	80.3	310	100
Manufactura	128	86	21	14	149	100
Servicios públicos	128	100	0	0	128	100
Petróleo (refinerías)	115	97.5	3	2.5	118	100
Otros	24	100	0	0	24	100
Total	456	62.6	273	37.4	729	100

Fuente: "US Investment and Economic Diversification in Cuba during the 50" Eric N Baklanoff.

En febrero del año 1957, en la revista *Cuba económica y financiera* aparece un escrito de Armando Castellanos titulado "Las inversiones norteamericanas en Cuba". En dicho artículo el autor expone las razones que favorecen un proceso inversionista por parte de empresarios norteamericanos en Cuba.

Las razones son las siguientes:

1. Un expediente patronal favorable en los últimos años en conflictos del trabajo y legislación laboral. Ha tenido lugar una mejora en la posición extremadamente laborista que anteriormente había asumido el gobierno cubano en las disputas entre capital y trabajo.

   El gobierno de Batista había cambiado el enfoque de los Auténticos con respecto al movimiento obrero, tratando de buscar una aproximación más balanceada al problema laboral.
2. La imposición sobre los negocios es francamente inferior a la mayoría de los estados norteamericanos.
3. Cuba carece de una deuda pública que no tenga ya creada y determinada la imposición de medios que han de servir para su amortización y de sus intereses.
4. Cuba carece de organismos interventores y fiscalizadores de los negocios con ánimos de nivelación social.
5. El porciento de nuestra población entre 20 y 29 años es superior a la de Estados Unidos.
6. Sobre la base de su Ingreso Nacional, el mercado cubano es 2/5 el holandés o del mexicano, y ¾ del de Colombia.
7. Su población es razonablemente industriosa, abstemia, saludable, amistosa y abierta. Una impresionante clase de empresarios existe, y ella constituye una reserva extraordinaria para el día que una sus esfuerzos a la de los capitalistas norteamericanos.

8. Pocos países presentan tal cantidad de tierras cultivables de alta calidad, no solo por su fertilidad, si no también en su morfología, con mucho terreno llano apto para el empleo de maquinaria agrícola.

En un acápite anterior analizamos la opinión de la Chamber of Commerce de Cuba respecto a las condiciones favorable que el gobierno de Batista había creado a la inversión norteamericana en el país.

Desde el punto de vista de los empresarios norteamericanos, el principal obstáculo a la inversión en Cuba era la legislación laboral. El gobierno de Batista, como hemos explicado, mantuvo una actitud más pragmática en las relaciones laborales con el objetivo de atraer la inversión de capital en Cuba.

Finalmente en el año 1958 se aprobaba un nuevo arancel proteccionista, y según escribió Batista en su libro *Piedras y Leyes.*

> ... el nuevo arancel se inspira en el desarrollo económico y social sin olvidar que constituye una de las fuentes más sólidas de recaudación desde el ángulo fiscal.

La inversión norteamericana que tuvo lugar entre 1952 y 1958 se dirigió fundamentalmente a utilidades públicas tales como telecomunicaciones y generación de energía; sector turístico; refinación de petróleo, y minería, sobre todo níquel. También en menor grado hubo alguna inversión en manufactura. La inversión neta del periodo fue de aproximadamente unos 400 millones de pesos, que constituyeron un 20% de toda la formación de capital del período.

Evaluación de los resultados de los planes desarrollistas de la década de 1950

La evolución de casi todos los indicadores macroeconómicos, entre 1952 y 1958, como hemos mostrado arriba, fueron desfavorables. La transformación desde una economía azucarera monoproductora hacia una economía más industrializada había llegado a un punto en que no podía avanzar más por fata de recursos internos.

Los principales problemas del plan de transformación económica emprendida por el gobierno de Batista podemos resumirlos de la siguiente manera:

1. No se establecieron medidas proteccionistas, por lo que el deterioro de los términos de intercambio se tradujo rápidamente en un agotamiento de las reservas acumuladas en los años 40 en gasto improductivo.
2. No se establecieron controles de cambio, ni se produjo una devaluación del peso, por lo que las reservas de divisas se agotaron y Cuba estaba al borde de una crisis de balanza de pagos en 1958.
3. Las decisiones de inversión tomadas por los organismos gubernamentales fueron de uso intensivo de capital, y no de uso intensivo de labor. El capital era el recurso escaso del país, en tanto la labor constituía un recurso abundante. Esto trajo por consecuencia un desperdicio significativo de capital.

   El costo por cada nuevo puesto de trabajo creado fue de 9, 876.63 pesos, cuando entre 1947 y 1952, cada nuevo puesto de trabajo costó 3, 605.98 pesos, con una productividad promedio de 1, 167.75 pesos en 1958, o sea serían necesarios 8.5 años para recuperar la inversión. en tanto en 1952, con una productividad del trabajo promedio de 1, 243.02 pesos, serían necesarios menos de 3 años para recuperar la inversión.

4. Gran parte de las inversiones fueron de baja productividad priorizando trabajos públicos cuyo objetivo era crear empleo aunque fuera improductivo, y un auge de la construcción residencial.
5. La productividad del trabajo declinó incidiendo en una caída del ingreso promedio por trabajador, y una caída de la tasa de ganancias del capital.
6. No tuvieron lugar cambios institucionales significativos que aliviaran la rigidez del mercado laboral y promovieran la inversión privada.
7. La inversión del Estado desplazó la inversión privada (Efecto Crowding Out) asumiendo de esta forma el Estado el papel que en una economía capitalista le corresponde al empresario.
8. El incremento exponencial de la burocracia estatal creó cada vez mayores incentivos para la captura de rentas y la corrupción.
9. Los planes del gobierno se orientaban a lograr un cambio estructural, sin que tuviera lugar un cambio institucional.

El plan del desarrollismo cubano era diversificar la producción y disminuir el desempleo.

Las economías que después serían conocidas como los "Tigres Asiáticos", especialmente Corea del Sur, y Taiwán, siguieron políticas desarrollistas de industrialización por sustitución de importaciones durante los años 50, y se mantuvieron como rincones del mundo desesperadamente pobres y atrasados, con per capitas muy inferiores a los de Cuba. En 1958, el per cápita de Taiwán era un 45% el de Cuba, y el de Corea del Sur un 40%.

Estos países en la década de 1960 cambiaron su modelo de desarrollo convirtiéndose en verdaderas potencias económicas mundiales.

El modelo de desarrollo de estos países se orientó hacia el fomento de industrias de alto consumo de labor en relación con el consumo de capital, cuya producción tuviera una demanda elástica en los mercados internacionales, dirigida a la promoción y diversificación de exportaciones, y bajas tasas salariales de acuerdo a la productividad marginal del trabajo, y un mercado laboral flexible. Eso requirió la eliminación del poder coactivo de los sindicatos, y la promoción de la inversión extranjera con muy bajas restricciones.

Este modelo lleva implícita una redistribución del ingreso hacia los que eran desempleados crónicos, y el capital, desde los que tenían empleo.

Estos resultados requerirían una alta eficiencia de la inversión.

Priorizar la inversión en industrias cuyas producciones tuvieran una demanda elástica sobre todo orientadas a grandes mercados extranjeros.

Establecer salarios máximos, para que el mercado pueda absorber el desempleo crónico.

Política monetaria deflacionaria con el objetivo de no permitir una caída muy aguda del ingreso promedio real.

La agrarización y la reforma agraria

El país tenía gran abundancia del recurso tierra cultivable, y abundancia de labor, unido a escasez de capital, por tanto, muchos en Cuba consideraban que cualquier estrategia de desarrollo debía tener una base agrícola, o sea donde el consumo de tierra y labor fuera predominante con respecto al consumo de capital, pero para ello también se consideraba necesaria una reforma agraria.

La tenencia de la tierra en Cuba era básicamente extensiva, ya que el 70% de las tierras cultivables del país estaban controladas por el azúcar y la ganadería con un bajo nivel de explotación y productividad.

La situación de la estructura de la propiedad de la tierra hacía que este que era el principal recurso del país se estuviera desperdiciando en una situación de atraso considerable, con un bajísimo grado de utilización, y elevado grado de improductividad.

El latifundio permitía una agricultura cañera, y una ganadería extensiva que permitia obtener a los poseedores algunas ganancias con muy bajo nivel de inversiones. Los bajos costos de la actividad extensive los pasaban al resto de la población en una clara externalidad negativa[85].

La Constitución de 1940 proscribía el latifundio en su Artículo 90:

> Se proscribe el latifundio, y a los efectos de su desaparición la Ley señalará el máximo de extensión de la propiedad que cada persona o entidad pueda poseer para cada tipo de explotación a que la tierra se dedique...

Latifundio significa grandes propiedades de tierra explotada de manera subóptima, o sea una gran cantidad de tierra inutilizada que puede ser dedicada a fines productivos.

El latifundio es una situación monopólica del recurso tierra, o sea contraria al libre mercado.

La situación de la tierra y la propiedad de la tierra en 1958 era la siguiente:

Se estima que Cuba tiene 708 mil caballerías de tierras aptas para cultivo, y existían 667.0 mil caballerías repartidas en fincas. La diferencia se encontraba dedicada a otros usos no agrícolas tales como construcciones, caminos, vías férreas, bosques, etc.

De las 667 mil caballerías en fincas, la industria azucarera controlaba unas 178.1 miles de caballerías; la ganadería unas 300 mil caballerías, y otros cultivos aproximadamente 60 mil caballerías, y aproximadamente 128 mil caballerías dedicadas a otros usos, o se mantenían ociosas.

En ese año la zafra necesito 78 mil caballerías sembradas en caña; la mitad de las tierras ganaderas se encontraban ociosas, pues era completamente factible el doble de cabezas de ganado por caballería, y las 60 mil caballerías dedicadas a otros cultivos, que las consideraremos totalmente utilizadas.

Por tanto, la agricultura y ganadería de Cuba en 1958 utilizo realmente 288 mil caballerías, quedando así libre para otros cultivos 379 mil caballerías en fincas.

La productividad de la tierra en fincas en 1958, incluyendo la caña, fue de 555.6 millones de pesos entre 667 mil caballerías, tenemos una productividad de 832.98 pesos por caballería, pero la productividad de la tierra realmente utilizadas que nosotros estimamos en 288 mil caballerías, sería de 1, 929.17 pesos; La diferencia entre 1, 929.17 pesos y 832.98 pesos son 1, 086.19 pesos por caballería que vendría siendo el costo promedio de la improductividad por caballería.

Para los cultivos no-cañeros y la ganadería hemos estimado que solo fueron necesarias 210 ml caballerías, las cuales tuvieron una productividad en 1958 de 1, 414.30 pesos por caballería, por lo que si consideramos que las 379 mil caballerías ociosas hubieran sido dedicadas ganadería y otros cultivos no cañeros, tendríamos una producción adicional de 536 millones de pesos. Este es el costo de la externalidad negativa que produjo la estructura latifundista de la propiedad en Cuba.

El valor de la agricultura en 1958 hubiera sido de 1, 091.6 millones de peso, y el ingreso Nacional de 2, 754 millones de pesos para un ingreso per cápita de 422.20 pesos. Un incremento del ingreso

85. *Externalidad negative* es un concepto de la Economía que describe una situación donde una acción tomada en las actividades por empresas o individuos, provocan efectos secundarios nocivos a terceros. Un claro ejemplo de externalidad negativa es la contaminación ambiental producida por una empresa.

per cápita de 83.55 pesos que fue el costo del latifundio a cada uno de los habitantes de Cuba ese año solamente.

El latifundio mantiene bajo el costo de la tierra lo cual permite a sus propietarios la obtención de ganancias con muy pocas inversiones, lo cual a su vez mantiene a la agricultura sumida en el atraso.

Esto justifica completamente la necesidad de una reforma agraria en Cuba, pero el Artículo 90 de la Constitución estipula que se lleve a cabo una reforma agraria confiscatoria.

Durante la primera ocupación norteamericana de la isla, el gobierno interventor dictó la Orden No 62 de 5 de marzo de 1902 sobre el deslinde y división de haciendas, hatos, y corrales, abriéndole las puertas a las compañías azucareras norteamericanas para que compraran enormes extensiones de tierras en las provincias orientales para el fomento de ingenios colosales, y también con el objetivo monopolista de desposeer de tierras a los campesinos locales creando un proletariado agrícola que abastecería de fuerza de trabajo al central.

Por esta razón acaparraron mucha más tierra de la que necesitaban para el abastecimiento de caña surgiendo así el latifundio azucarero que se extendió hasta 1926 con la Ley Verdeja, y la crisis azucarera.

El latifundio ganadero había existido desde el siglo XVI, cuando Cuba fue conquistada por los españoles, y comenzaron a mercedarse tierras por los cabildos de la isla.

La ganadería se convirtió en la única actividad comercial de la colonia, y solo podía ser practicada con alguna rentabilidad, dado el nivel tecnológico existente, en enormes extensiones de tierras, de las cuales la isla disponía en abundancia.

De esta forma, antes de que concluyera el siglo XVII, una pequeña oligarquía monopolizaba toda la tierra de la isla de Cuba.

El latifundio ganadero se fue disolviendo en la parte occidental de la isla frente a la demanda efectiva de tierras para otros cultivos más rentables, inicialmente el tabaco, y posteriormente el azúcar. Las barreras de entrada al mercado de tierras que imponían la legislación colonial fueron derribadas finalmente a principios del siglo XIX, con las reformas liberales en España, pero debido a que no existió una demanda efectiva de tierras, este tipo de latifundio primitivo persistió en las zonas orientares de Cuba hasta que la ocupación norteamericana derribó las ultimas barreras institucionales que impedían la entrada en el mercado de tierras para que las compañías norteamericanas pudieran comenzar a acaparar tierras.

El latifundio ganadero alcanzó su máxima extensión a fines de la década de 1920, cuando el latifundio azucarera dejó de expandirse, y comenzó la Gran Depresión.

La mayor cantidad de tierras controladas por la industria azucarera fue entre 1925 y 1929 con una extensión máxima de aproximadamente 250 mil caballerías, y el latifundio ganadero con unas 300 mil caballerías, cuando la extensión de tierras cultivables de la isla eran unas 708 mil caballerías, por lo que el azúcar y a ganadería controlaban casi el 78% de las tierras cultivables del país. A partir de entonces se mantuvo casi intacto hasta el final de la República manteniendo grandes extensiones de tierras ociosas, o con un muy bajo nivel de explotación debido a que por una parte mantenía una fuerza de trabajo cautiva, y por el otro permitía bajos costos y rentabilidad con base a la práctica de la agricultura extensiva, en tanto al acaparar tierras que podían ser destinadas a otros cultivos, le estaba traspasando los costos al resto de la sociedad, como hemos demostrado más arriba.

Durante la República nada se había hecho por terminar con el latifundio. La única legislación que se había dictado fue la Ley Verdeja de 1926, la Ley de Coordinación Azucarera de 1937, y la Ley de Cultivos Obligatorios de 1942. Nunca se estableció, a pesar de encontrarse en numerosos reclamos, programas políticos, y recomendaciones de expertos, un impuesto sobre la tierra pues esto hubiera ido directamente contra los poseedores del latifundio que eran la élite económica del país.

Si se procedía a una reforma agraria confiscatoria como planteaba la Constitución, mientras se mantenían las regulaciones que pesaban sobre la industria ganadera y azucarera, estas dos actividades se harían irrentables, teniendo que ser intervenidas por el gobierno, o en gran parte desaparecer. Por otra parte si se eliminaban las regulaciones e instituciones que dificultaban el acceso al mercado de tierras, y se establecía un impuesto sobre la tierra ociosa para compensar las externalidades negativas del latifundio, el costo de oportunidad de mantener tierra ociosa o sediciosa se elevaría de tal manera que el latifundio se disolvería rápidamente por parte de las fuerzas del mercado sin necesidad de confiscaciones, al tiempo que se lograba una reorganización de la industria azucarera y de la ganadería haciéndolas mucho más eficientes, e incorporando más factores de producción a la economía nacional.

Una reforma agraria confiscatoria, que era lo que proponía el Artículo 90 de la Constitución, manteniendo una institucionalidad regulatoria, era una medida de tipo socialista que se practicó en casi toda América Latina con resultados desastrosos.

El antecedente para Cuba de este tipo de reforma agraria fue la Revolución Mexicana en la década de 1920-1930, y la Revolución Boliviana de 1952.

Batista no enfrentó el problema del latifundio heredado el 10 de marzo de 1952, que hubiera tenido un enorme costo político para su débil -por ilegítimo- gobierno, por lo que decidió mantener el statu quo, y trabajar con la élite azucarera a la cual él mismo pertenecía, dejando sin cambios de ningún tipo el esquema de usos de la tierra, la labor y el capital.

Si la llamada "agrarización" consistía en el método tantas veces propuesto del gobierno entregando lotes de tierras de baja productividad a algunos campesinos, como se hizo con el Plan Trienal, sería como siempre un fracaso. Además, de donde iba a salir la tierra para repartir si en 1958 el 96% de la tierra cultivable en Cuba se encontraba repartida en fincas Lo que Cuba necesitaba era una reforma agraria capitalista, no una reforma agraria socialista como la que se efectuó con la Ley de Reforma Agraria de 1959, y sus sucesoras, que destruyeron la agricultura cubana.

Fracaso del modelo de desarrollo del capitalismo de Estado: una propuesta fascista

Como reflejo del fracaso económico del gobierno, la CTC dirigida por Eusebio Mujal Barniol[86], emitió un documento en mayo de 1958 con el título de "Plan Nacional para fortalecer y desarrollar la economía de Cuba". En este documento se planteaba que el movimiento obrero cubano, a través de su organización central que era la CTC, reclamaba del gobierno tres cuestiones que consideraba vitales en aquellos momentos de principios del año 1958.

> Presencia de la CTC en el campo económico a través de tres documentos.
>
> Primero; marzo de 1958 dirigido a la Comisión Ministerial de la Reforma Arancelaria pidiendo nuevos aranceles que se ajustaran a las determinaciones de nuestra economía, y que buscaran un proteccionismo que redujese las tasas de nuestro desempleo.
>
> El segundo documento de febrero de 1958 abordó la cuestión de la instalación de nuevas tecnologías y el automatismo, así como del desempleo, y de la necesidad de proteger al trabajador.

86. Eusebio Mujal Barniol nacido en Cataluña España en 1915, murió en 1985 en Estados Unidos.
Fue miembro de la Cámara de Representantes y del Senado cubano, miembro de la Asamblea Constituyente de 1940, y secretario general de la Central de Trabajadores de Cuba (CTC) desde 1946 hasta 1958.

EL tercer documento, de marzo de 1958, demandaba un estudio acerca del costo de la vida en relación con el salario de los trabajadores.

Estos documentos reflejan la percepción por parte de la CTC del fracaso de la aproximación keynesiana-socialdemócrata para resolver el irritante e intratable problema del desempleo crónico.

Como hemos explicado, la Reforma Arancelaria ya había sido aprobada, y era moderadamente proteccionista, dentro de los marcos de los acuerdos del GATT de los cuales Cuba era signataria, y buscando la menor afectación posible a intereses norteamericanos que pudieran incidir en una disminución de la cuota azucarera.

Uno de los elementos esenciales de los planes desarrollistas de industrialización por sustitución de importaciones era una política comercial proteccionista.

Primero, el proteccionismo era un reclamo tradicional dentro de las ideologías económicas de Cuba que databa de los años iniciales de la década de 1920, acompañando las demandas de diversificación y nacionalismo económico. Siempre había sido la consigna de la burguesía nacional vinculados al mercado interno, y siempre había sido combatido con éxito por la poderosa élite de los comerciantes y productores de azúcar.

Segundo, las regulaciones establecidas para el mercado laboral en Cuba hacían de este uno de los más regulados en América Latina, si no el más regulado (téngase en cuenta de que el movimiento sindical de Cuba era el más poderoso de América Latina, junto con los sindicatos en Argentina), haciéndolo altamente inflexible; por otra parte, una economía con muy poco crecimiento, eran dos factores que daban lugar a que la introducción de nuevas tecnologías desplazaran labor, la cual era muy difícil que pudiera volver a integrarse a un mercado laboral tan rígido y limitado.

Tercero, los planes de inversión del gobierno tendían a la creación de actividades de alto consumo de capital en relación con el consumo de labor, contribuyendo muy poco a aliviar el grave problema del desempleo. Por estas razones, puede considerarse que en las condiciones existentes en Cuba en 1958, y desde el punto de vista social, las demandas en contra de la introducción de tecnologías de bajo consumo de labor, o que ahorraran labor tenían cierta fundamento si se las veía de una manera aislada.

Otro de los reclamos de la CTC en dicho documento, era el establecimiento de un seguro contra el desempleo.

> Como la solución definitiva del desempleo en Cuba es una cuestión de difícil solución, y de largo plazo, la CTC recomienda la creación de un seguro contra el desempleo forzoso para ofrecer un auxilio económico efectivo a los desempleados involuntarios durante el período que se encuentren sin trabajo.

¿Quién pagaría ese seguro? ¿El Estado, o los empleadores?

Si lo pagaba el Estado, ese dinero provendría de los impuestos, lo cual en una situación de elevado desempleo crónico, constituiría una carga enorme de seguridad social, y si lo pagaran los empleadores, constituiría un encarecimiento aún mayor de los costos laborales, imposible de afrontar para una gran parte de las empresas del país.

En lo relacionado a la legislación salarial, también se había aprobado a principios de ese año un aumento del salario mínimo, que como explicamos contribuiría a incrementar el desempleo crónico al elevar los costos laborales.

El documento plantea a continuación:

> El aumento salarial decretado no resuelve el transcendental problema del costo de la vida que ha subido, y sigue subiendo a mayor velocidad que los niveles salariales.
>
> Entre 1944 y 1958, el costo de la alimentación ha subido un 60%.

Según datos del Ministerio de Hacienda, entre 1944 y 1958, el costo de la alimentación subió un 47.5%, y la ley de salarios mínimos de 1958, subió el promedio de salario mínimo en un 48.1% en relación con el establecido por ley de 1944.

En el año 1943-1944, el ingreso promedio nominal por trabajador era de 58.53 pesos mensuales, y en 1958 era de 81.32 pesos mensuales, o sea un aumento del 39% en el ingreso promedio nominal, pero descontando la inflación, el ingreso promedio real por trabajador era de 56.60 pesos mensuales; un 3.3% inferior al de 1943.

Según el documento, las causas de dicho aumento en los costos de la alimentación se basaban en el agio y la especulación de los comerciantes, las protecciones a ciertas industrias, el creciente precio de las importaciones, y el régimen de impuestos indirectos que gravan el consumo.

Para resolver el problema del costo de la vida la CTC propone.

> 1. Congelación de precios de mercancías de importación.
> 2. Congelación de precios de mercancías de producción nacional hasta el límite de permitir a los productores "ganancias razonables".
> 3. Transformación del actual régimen de impuestos indirectos.

Respecto a este último punto, en 1958 ya se había aprobado una reforma tributaria que orientaba el sistema más hacia los impuestos directos, lo cual ya analizamos en acápites anteriores.

La congelación de los precios de los bienes y servicios tanto producidos nacionalmente como importados, y al mismo tiempo subiendo los salarios, y obstaculizando la introducción de tecnología que incremente la productividad del trabajo, se elevan los costos laborales de las empresas de forma tal que no obtienen ganancias, y se destruye el sistema empresarial entrando de lleno en una economía socialista, al mismo tiempo que tiene lugar una escasez generalizada por el aumento de la demanda más rápido que la oferta y la imposibilidad de que el sistema de precios regule el mercado, por lo que paralelamente tendría lugar un auge incontenible de la bolsa negra.

Esta situación se dio en Cuba en los primeros años de la década de 1960, trayendo por consecuencia la rápida destrucción de la economía capitalista.

En lo que respecta a la política de estímulo a las inversiones.

> En general, no se le puede cambiar a Cuba catastróficamente sus actuales niveles de ingresos con la tonta ilusión de grandes industrias espectaculares a base de no pagar impuestos, y con la condición de producir un grave envilecimiento de los salarios nacionales.
>
> La CTC no está dispuesta a fraccionar la estructura económica del país, a rebajar el ingreso nacional, a reducir los niveles de vida del pueblo, y a corromper la moral del proletariado, permitiendo la creación de industrias artificiales, o de fantásticas innovaciones tecnológicas que vengan no a crear progreso y bienestar, si no a producir hambre, miseria y desocupación.

Otro de sus reclamos eran el establecimiento de precios de garantía, y financiación de excedentes.

> El Estado ha ido a una política de protección de la caña, el tabaco, el maíz, el arroz, y la papa, pero entiende la CTC que es insuficiente al no abarcar otras producciones agrícolas dignas de respeto y protección.
>
> La CTC plantea la urgencia de una *planificación a gran escala* para que los precios de garantía y el financiamiento de las cosechas *obedezcan a una orientación centralizada* y uniforme que abarque toda la producción agrícola de importancia que tiene Cuba.

¿En qué consisten los precios de garantía y financiación de excedentes que plantea la CTC?

El Estado, a través de sus diferentes institutos creados al efecto, como por ejemplo, "Comisión Reguladora del Maíz", compraba la cosecha de maíz al productor pagándole un precio supuestamente por encima del precio del mercado, que es el precio de garantía, en tanto el Estado corría con los gastos de almacenaje, transporte, comercialización y administración, y lo vendía al precio supuestamente del mercado a los comerciantes, y a los industriales.

Como el Estado era el comprador y vendedor único, o casi único, esto se convierte en una situación monopsónica[87] y monopólica donde el Estado establece los precios de compra, y los de venta, los cuales quedan completamente divorciados de la oferta y demanda.

Esto implicaría una cartelización de la economía donde el Estado burocráticamente fija cuotas y precios, destruyendo el funcionamiento del mercado, y creando una redistribución de ingresos, una pérdida completa de incentivos para la inversión. y un estancamiento de la economía la cual va quedando cada vez más supeditada a las decisiones burocráticas del Estado ofreciendo a cambio pequeñas ganancias nominales a los empresarios que van quedando como meros administradores.

Este es el esquema de una economía fascista corporativa, donde el Estado fija precios, salarios y ganancias de acuerdo a su criterio.

Se diferencia de una economía socialista por que mantiene una ficción de propiedad privada, y de empresarios capitalistas funcionando dentro de un Estado corporativo.

En referencia al mercado de valores y el financiamiento del desarrollo, el documento de la CTC plantea lo siguiente:

> El financiamiento del desarrollo industrial y agrícola tiene que descansar en la transformación de nuestra estructura financiera.
>
> La falta de un mercado de valores, y los pocos estímulos ofrecidos al pequeño inversionista privado han dado como resultado que nuestro proceso de industrialización haya tenido que efectuarse sin la participación de los ahorros disponibles de la gran mayoría de los población cubana.
>
> ...existe amplia evidencia estadística sobre la existencia de una gran oferta potencial de capitales nacionales. Si a estos capitales se les ofreciese los debidos estímulos y garantías, es seguro que se invertirían en proyectos sanos de fomento económico.

En los procesos desarrollistas que estaban teniendo lugar en otros países de América Latina como en Argentina, Chile, y México en la década del 50, la participación de los empresarios capitalistas fue mucho mayor, debido a que las políticas proteccionistas del gobierno favorecían la inversión nacional

87. Monopsonio es una situación de mercado con un único demandante (comprador), a diferencia del monopolio que es donde hay un solo vendedor.

en la economía interna, pero este no fue el caso de Cuba, donde el Estado asumió el papel de inversionista en vez de ser facilitador de la inversión privada, por ello la participación de empresarios nacionales en los planes de inversión del gobierno fue muy limitada por el modelo de capitalismo de Estado, que iba creando un tipo de economía mixta, con participación de los beneficiados de la clase política.

En el año 1958, los fondos prestables que se encontraban acumulados en los bancos no tenían muchas oportunidades de inversión pues ya se evidenciaban serias restricciones en la balanza de pagos para importar bienes de capital.

Como los planes económicos del gobierno habían sido llevados adelante en gran medida con nuevo dinero y crédito creado por el gobierno y el BNC, con muy escasa participación del capital privado, el cual tenía muy pocos incentivos para invertir en actividades productivas y muy pocas garantías de retorno de la inversión, este nuevo dinero salió al extranjero por la balanza de pagos. Entre 1952 y 1958 se importaron 580.4 millones de dólares en bienes de consumo no duraderos muchos de los cuales se hubieran podido producir en el país de forma competitiva.

Más adelante, el documento de la CTC demanda que la Reforma Arancelaria le dé "... justificada protección a industrias eficientes que de verdad reduzcan el desempleo y aumenten el Ingreso Nacional, y de ninguna manera permita beneficios a producciones marginales que en la práctica se traducen en una elevación indebida del costo de la vida, o de un drenaje excesivo de divisas por no aprovechar de modo adecuado los recursos naturales obtenibles en Cuba".

Este documento refleja la percepción de la dirigencia de la CTC, de que el modelo de desarrollo seguido por el gobierno de Batista había fracasado, y reclama un mayor control del Estado en la economía, partiendo de un desconocimiento total de principios económicos elementales, y sí de un oportunismo y demagogia alarmante, para una organización con el poder político de la CTC.

Una propuesta socialista

El otro documento más importante desde el punto de vista de la ideología económica del año final de la República es el que formaba parte de lo que se conoció como "Tesis del Movimiento revolucionario 26 de Julio". El título de este ensayo, cuyos autores serían los economistas Felipe Pazos Roque[88], y Regino Boti León[89] es "Algunos aspectos del desarrollo económico de Cuba" .

Estos dos autores se habían formado ideológicamente dentro del desarrollismo de la CEPAL.

> Por razones valederas como el bajo nivel de vida de nuestros países, los abusos de las grandes corporaciones... el pensamiento económico del ciudadano medio propugnaba una violenta política estatal redistributiva dirigida a aumentar indefinidamente los salarios. Se razonaba que con la merma de utilidades empresariales, y el aumento correlativo del ingreso del trabajador la economía se fortalecía..
>
> Los propios gobiernos cubanos anteriores al actual, presionados por los efectos de la injusticia social tuvieron una política económica fundamentalmente redistributiva.
>
> Sin embargo, aún en el caso extremo de que un gobierno se incaute de las utilidades y las reparta entre los trabajadores, ello no aumentaría sustancialmente el nivel de vida de los trabajadores.
>
> El primordial acento de la política gubernamental; si el distributivo o el productivo.

88. Felipe Pazos Roque 1912-2001. Economista cubano. Fue el primer presidente del Banco Nacional de Cuba entre 1950 y 1952, y posteriormente durante parte de 1959 con el gobierno revolucionario. Murió en Venezuela

89. Regino Boti León 1923-1999. Economista cubano. Trabajó como economista en la CEPAL de 1948 a 1956. Fue el ministro de economía en el primer gabinete del gobierno de Fidel Castro en 1959, y después fue el ministro presidente de la Junta Central de Planificación (JUCEPLAN). Murió en Cuba

Entre 1933 y 1952, la política económica de los gobiernos cubanos fue esencialmente redistributiva, y así era establecida en la Constitución de 1940. A partir del gobierno de Batista después de 1952, se fue orientando hacia un mayor acento productivista, y menos redistribucionista, siguiendo incongruentemente las recetas económicas de la CEPAL como hemos venido analizando.

Uno de los factores más importantes que contribuyó a deformar las políticas económicas de Cuba en este período, alejándola de los principios más ortodoxos del "desarrollismo cepalino" fue el temor a represalias norteamericanas sobre la cuota azucarera si se establecían medidas proteccionistas.

El documento continúa diciendo:

> El gobierno democrático del 26 de Julio cuidará celosamente por altos salarios para el trabajador, por altos ingresos para sus ciudadanos.
>
> Hacer crecer la economía, desarrollarla... Si no crecemos económicamente ponemos en peligro nuestros actuales ingresos. Si nuestra economía sigue estancada, al paso que la población del país sigue aumentando, acabaremos por morir de hambre.
>
> El camino correcto es establecer un plan nacional de crecimiento económico con fuerte respaldo ciudadano.

Se hace énfasis en la orientación productivista, y la necesidad de crecimiento económico, pero solo es posible a partir de la *planificación centralizada* (el subrayado es mío).

En dicho ensayo, los autores consideran que es una falacia que la legislación laboral impide el desarrollo económico de Cuba, sin tener en cuenta de que dicha legislación al encarecer la labor, llevándola en algunas ramas de la economía a superar la productividad marginal del trabajo, impide la disminución del desempleo, desalienta la inversión productiva, y consiguientemente estorba el crecimiento del Ingreso Nacional, perpetuando así una situación de desempleo combinada con bajos ingresos.

> Con tan pocas oportunidades de trabajo, el cubano que posee un empleo se aferra a él, pues si lo pierde no tendría donde obtener otro.
>
> La más sana teoría económica advierte que los países subdesarrollados pueden confrontar problemas serios si en un período de crecimiento importan indiscriminadamente avances tecnológicos de las naciones industrializadas.
>
> En muchas ocasiones, a un país le es más importantes producir menos eficientemente en algunos renglones si con ello queda asegurado el empleo y el nivel de ingreso de la población.

Los autores, partidarios de una economía centralmente dirigida, lo son también de una política que sacrifique productividad para alcanzar mayores niveles de empleo redistribuyendo así el ingreso.

Esta situación de malas inversiones se da regularmente, como muestra la evidencia histórica, en países donde el proceso inversionista está guiado por el Estado y no por el mercado, y como hemos analizado, esa fue la característica del desarrollismo cubano.

Más adelante Pazos y Boti señalan como segunda falacia en relación con las causas del subdesarrollo cubano la afirmación de que el guajiro cubano es indolente.

> En Cuba no hay una clase campesina extensa, lo que hay es muchos peones agrícolas que trabajan para empresarios que no utilizan eficientemente la tierra. El latifundismo es la causa fundamental del atraso en nuestros campos.

En el acápite anterior, donde dedicamos algunas reflexiones al tema de la reforma agraria consideramos que el latifundio es una institución monopólica, que permite la obtención de ganancias en actividades reguladas como son la industria azucarera y la ganadería, haciendo un uso ineficiente de la tierra para disminuir los costos de producción y ganar rentabilidad, mientras traspasa esos costos al resto de la sociedad manteniendo artificialmente baja la oferta de tierra, y elevando de esta manera el costo de oportunidad para otras actividades agropecuarias, por lo que estamos de acuerdo con lo manifestado por los autores del ensayo.

Los autores hacen una afirmación propia de la ideología mercantilista del keynesianismo:

> El mundo actual vive bajo el signo del proteccionismo. El crecimiento económico de nuestros países demanda especial protección a las nuevas industrias. El subsidio y el sobreprecio es el sacrificio que nos impone en muchos casos el desarrollo económico, asegurándonos empleo, ingresos personales superiores, y una cifra para el haber en nuestra balanza de pagos al evitar la importación de productos de la mal llamada industria artificial.

Crear industrias que para sobrevivir tengan que ser protegidas de la competencia, tengan que ser subsidiados, y con precios por encima del mercado con el fin de crear empleos era propio de la mentalidad keynesiana-mercantilista de los economistas latinoamericanos influidos por las ideas económicas de la CEPAL.

Desde los primeros economistas de fines del siglo XVIII, Adam Smith, David Hume, David Ricardo, etc., la teoría mercantilista que esgrimen los autores ha sido demostrada como una política que lejos de crear riqueza es empobrecedora para los pueblos.

Los autores también consideran que una de las causas del subdesarrollo del país, además de los problemas estructurales que presenta su economía, se encuentra en estructuras ideológicas que impiden las transformaciones necesarias.

El decálogo del malthusiano[90] criollo.

1. Inalterabilidad de la estructura económica agrícola, y basada en el monocultivo azucarero.

   Se pensaba que el casi único recurso valioso que posee Cuba en abundancia es la tierra cultivable, y el mejor aprovechamiento que se puede lograr es sembrando caña y produciendo azúcar.

   La realidad es que "... la industria azucarera ha demostrado su impotencia para aumentar de acuerdo a los requerimientos de la creciente población cubana, y proporcionar sumas sustanciales para adquirir las divisas internacionales que necesitamos".

   "Cuba tiene ocupada en su agricultura a más del 40% de su población, la cual produce solamente un 20% del Ingreso Nacional al trabajar en labores agrícolas de bajísima productividad".

   Desde los años 40, el economista Julián Alienes había planteado que Cuba estaba confrontando una crisis estructural, y que se encaminaba hacia una catástrofe malthusiana, pues la población estaba creciendo más rápido que el Ingreso Nacional, ya que el único recurso de Cuba era la tierra, y la productividad de las labores agrícolas estaba presentando rendimientos

90. Se refiere a la teoría demográfica del economista británico Thomas Robert Malthus (1766-1834) según la cual, el ritmo de crecimiento de la población humana responde a una progresión geométrica, mientras que el ritmo de crecimiento de los recursos necesarios para la supervivencia del hombre lo hace en proporción aritmética, por lo que la especie humana se encaminaba hacia una pauperización gradual.

decrecientes alarmantes. Este argumento lo presentaba Alienes justificando la necesidad urgente de una reforma económica aprovechando los ahorros acumulados por los superávits dejados por la guerra.

2. "La intangibilidad de las relaciones económicas con Estados Unidos".

   También se pensaba que ya que Cuba lo mejor que puede hacer es producir azúcar y comprar todo lo demás, y Estados Unidos es prácticamente el único comprador de nuestra producción, pagando precios que están por encima del mercado mundial, cualquier alteración de este esquema sería catastrófico para Cuba y por tanto de ninguna manera debía alteraras.

   "El peligro de rebajas en la cuota azucarera menguante de año en año condiciona su pensamiento".

   "Los ingresos de seis millones de cubanos no pueden seguir dependiendo de si nos cortan o no la cuota".

   "Si la industria azucarera no puede facilitarnos un crecimiento económico progresivo, Cuba debe aumentar su producción interna, tanto para consumo nacional como para la exportación".

   "El desarrollo de las industrias nacionales causará un cambio de composición en las exportaciones de Estados Unidos hacia Cuba, importando más bienes de capital".

   La diversificación de la producción y de los mercados han sido el reclamo de la burguesía nacional, las clases medias, los trabajadores urbanos, los intelectuales y parte de la clase política de Cuba desde la década de 1920, que ha sido resistida exitosamente por la élite exportadora-importadora nacional y extranjera cuyo poder económico e influencia política se ha sustentado en el esquema monoproductor y de un solo mercado basado en la "reciprocidad comercial".

3. "Agrarización vs. industrialización han sido parte importante del debate ideológico sobre todo durante la década de 1950".

   "Los proponentes de la agrarización, basados en la creación de empleos como objetivo final, la concebían como solución preferente a la industrialización debido a que los nuevos empleos creados requerían una menor inversión de capital escaso, pero no planteaban la necesidad de una reforma agraria profunda".

   "Por otra parte, los proponentes de la industrialización lo hacían sin tomar en cuenta la necesidad de una base agrícola de cualquier proceso de industrialización eficiente en Cuba, y que para ello era necesario una reforma agraria".

   "Industrialización y agrarización no deben excluirse mutuamente. *Un plan nacional* puede señalar el progreso uniforme de ambas".

   La industrialización por sustitución de importaciones era la estrategia central de todos los planificadores del desarrollo en aquellos tiempos, pero el recurso escaso en Cuba, como en todo país subdesarrollado era el capital, por tanto, algunos concebían que era más racional para acabar con el desempleo hacer énfasis en la unión de los dos recursos abundantes en Cuba que eran la tierra y la labor; este era el fundamento de la teoría de la agrarización.

4. La infundada incapacidad de Cuba para la industria pesada y la leyenda de la necesidad de combustible en suelo propio".

   "Con combustible propio o ajeno Cuba irá hacia la industrialización".

   Los autores consideran que es económicamente factible el establecimiento de industria pesada, semipesada y ligera en el país, independientemente de que Cuba tenga o no recursos propios de combustible y minerales.

Como hemos explicado más arriba, los autores consideran factible el establecimiento de actividades económicamente inviables atendiendo más a prioridades sociales, específicamente, proporcionar empleo.

5. "La prostitución de la Estadística".

"La Estadística es una valiosa ciencia auxiliar para el estudio de los problemas económicos".

"En Cuba a más de 50 años de República ha habido un gran complot para que no se conozcan los verdaderos hechos de la realidad económica; una real conspiración del silencio para ocultar la denuncia de los hechos crudos y la miseria popular".

"Un extranjero podría concluir que Cuba es un paraíso occidental de abundancia y prosperidad".

En realidad, el avance de la estadística económica en Cuba fue muy lento y desigual pues siempre fue obstaculizado por los mismos propietarios que consideraban que la estadística contribuía a un mayor control por parte del Estado, sobre todo con fines de incrementos impositivos.

6. "Supuesta ausencia de capital cubano para financiar el desarrollo económico nacional y la dudosa necesidad de capitales extranjeros".

Los autores consideran que Cuba tiene suficiente capital y genera el suficiente ahorro como para financiar el proceso de desarrollo económico, pero que al no tener incentivos para invertir los dueños de ese capital lo invierten en el extranjero, pero si el gobierno cubano garantiza estos incentivos, esos capitales no saldrían del país, y para ello propone una política impositiva que desaliente la inversión cubana en el extranjero.

Una vez más los autores confunden dinero con capital. Ciertamente en los bancos comerciales existía una gran cantidad de dinero en cuentas bancarias, pero esto no significaba que Cuba tuviera un elevado poder adquisitivo para convertirse en capital. Este poder adquisitivo se iba debilitando de manera sostenida a través de las balanzas de pago deficitarias debido a los términos de intercambio desfavorables, por tanto, Cuba necesitaba de capital extranjero para continuar financiando cualquier plan de desarrollo económico.

Los autores, que eran contrarios a la inversión extranjera, plantaban lo siguiente:

"El pesimista coloca a Cuba como tierra de nadie al propugnar la inversión extranjera sobre todo la norteamericana. Trata de dar garantías al capital, y hasta ha intentado modificar la legislación social cubana y abrir las compuertas al desempleo tecnológico.

La inversión que atraigamos será la inversión que convenga al interés nacional".

A continuación, establecen un orden de preferencia a la inversión extranjera de acuerdo a lo que ellos consideran el interés nacional.

a) Préstamos de organismos públicos al gobierno.
b) Préstamos de gobierno a gobierno.
c) Inversión privada extranjera en préstamo directo al gobierno para que lo invierta o facilite a empresarios.
d) Inversión privada extranjera participante como interés minoritario en empresas nacionales.
e) Inversión privada extranjera con el control de la empresa nacional. El gobierno debe impedir la competencia al empresario nacional que deba protegerse.

Como se ve en este listado, la máxima prioridad se otorga (puntos a, b, y c) al control por parte del gobierno de los fondos de inversión extranjera. Sería el gobierno quien los reciba y distribuya de acuerdo a su criterio.

A partir de la segunda mitad de la década de 1960, comenzó el período de endeudamiento de los países latinoamericanos que duró hasta 1982 en que comenzó la crisis de la deuda externa, y la llamada "Década perdida" así como el "Consenso de Washington"[91] y el llamado neoliberalismo.

7. "La proscripción interesada del intervencionismo estatal".

   "El malthusiano cubano es enemigo de la acción estatal en los negocios privados. Argumenta que ella obstaculiza el sistema de libre empresa; que los burócratas son ineficientes y venales; que el laborismo inglés ha fracasado; y finalmente que un sistema impulsado por el motor del lucro genera espontáneamente riqueza y prosperidad".

   "Ha quedado comprobado que ni la empresa privada, ni asociaciones de empresarios tienen ni podrán tener una visión global de la economía de un país." (macroeconomía keynesiana).

   A continuación citan como ejemplo de ineficiencia los planes económicos del gobierno.

   "Batista dirige el gasto público compensatorio a levantar pirámides en el desierto. Da empleo transitorio sin rozar la estructura económica ni modificar las relaciones con Estados Unidos, sin sustituir importaciones ni producir para la exportación".

   "Cuba puede tener un Estado eficiente y honesto, que con su acción estimule, proteja, financie, combata o supla a la empresa privada, y nos haga a todos más prósperos. Ese es el propósito del Movimiento 26 de Julio".

8. "Visión general de una planificación económica democrática".

   "El rápido desarrollo de un país no se produce por la acción espontánea de las fuerzas económicas. Por la espontaneidad estamos como estamos".

   "La Teoría Económica tiene hoy un avanzado estado de desenvolvimiento. La propia experiencia técnica de desarrollo de algunos países latinoamericanos subdesarrollados como Cuba, quienes han recibido la cooperación científica de la CEPAL es de tal manera ya un logro y no una especulación... Cuba debe rechazar la tesis de la espontaneidad *y aceptar hasta sus últimas consecuencias una planificación estatal para acelerar el desarrollo económico*" (el subrayado es mío).

La ideología desarrollista de la CEPAL consideraba que era indispensable para alcanzar el desarrollo establecer una planificación con la participación de empresarios nacionales o sea era un camino intermedio entre el socialismo y el capitalismo; lo que posteriormente se conoció como la "Tercera Vía" o "Tercermundismo".

El "desarrollismo" fue la ideología económica dominante en prácticamente todos los países subdesarrollados del mundo desde fines de la Segunda Guerra Mundial hasta la década de 1980.

Luego de estas consideraciones, los autores pasan a definir los objetivos de la política de desarrollo económico de Cuba del Movimiento 26 de Julio.

1. Eliminación del desempleo y el subempleo actuales, y creación anualmente de nuevas plazas para darle ocupación a los miles de jóvenes que arribaban a la edad laboral.

---

91. Consenso de Washington es un término acuñado en 1989, que describe un paquete estándar de reformas recomendadas para los países subdesarrollados que se encontraban inmersos en la crisis financiera de los años 80, por parte del Banco Mundial, el Fondo Monetario Internacional, y el Departamento de Tesoro de Estados Unidos

Estas recomendaciones, que eran más bien condiciones para el otorgamiento de préstamos, abarcaban reformas de estabilización macroeconómicas, liberalización de los mercados, tanto externos como interiores, así como reducción del tamaño del Estado.

La aplicación de estas reformas ha sido denominada de manera genérica como neoliberalismo y políticas neoliberales.

2. Dar una creciente participación a los empresarios y al Estado cubano en la riqueza nacional. El mismo Estado podrá nacionalizar empresas y entregárselas a empresarios cubanos para que sean sus propietarios, o socializarlas reservándolas para sí y operándolas".
3. Procurar una distribución del Ingreso Nacional de acuerdo con los principios de la justicia social.

Como se puede ver, el objetivo del Movimiento 26 de Julio era la creación de una economía planificada, con una presencia rectora del Estado mucho más amplia que la que había alcanzado el gobierno de Batista.

Las políticas económicas del gobierno de Batista beneficiaron a la clase política pero no beneficiaron como grupo ni a los trabajadores, ni a las clases medias, ni a los empresarios nacionales, que son los grupos que teóricamente deben ser los beneficiarios de las políticas económicas del populismo desarrollista, y es a estos grupos a los que apela el programa del Movimiento 26 de Julio expresado por los economistas Felipe Pazos y Regino Boti; empresarios nacionales no-exportadores, clases medias, y trabajadores fundamentalmente urbanos.

-oOo-

Los dos documentos analizados en este acápite; el de la CTC, y el del 26 de Julio, reflejan el descontento con los resultados del régimen de Batista en lo económico a fines de la década de 1950, y ambos plantean como solución no una reforma promercado y precapitalista, si no más participación del Estado en la dirección de la economía a través de una planificación central semisocialista, o de una cartelización de la economía de tipo fascista.

Cambiar la estructura productiva de Cuba con el objetivo de lograr crecimiento económico, y acabar con el desempleo crónico no era posible sin cambiar la estructura institucional establecida que era la camisa de fuerza para el desarrollo. Muchos en Cuba venían, de una u otra forma, advirtiendo acerca de esto.

Desde la década de 1930 se venían efectuando cambios en la institucionalidad con el objetivo de lograr el cambio estructural de la economía, pero dándole cada vez mayor participación al Estado como único agente que podía cambiar la estructura productiva, por ello el socialismo, como ideología económica en Cuba, puede verse como una profundización o continuación radicalizada de una tendencia proveniente desde los años 30.

Una verdadera revolución a principios de la década de 1960 se hubiera dado a partir de la abolición de la Constitución de 1940, y de toda la estructura institucional socializante, y crear instituciones varadamente capitalistas, basadas en el libre mercado como solución a los problemas más graves que enfrentaba el país.

Modelos de desarrollo liberales posteriores a la Segunda Guerra Mundial

Al concluir la Segunda Guerra Mundial, era aceptado prácticamente por todo el mundo que el desarrollo y el crecimiento económico tenía que venir de la mano del Estado; que el mercado y la espontaneidad capitalista habían fracasado con la Gran Depresión y la Segunda Guerra Mundial. La única diferencia se encontraba en el grado de la participación del Estado en la economía; una planificación central completa como en la Unión Soviética y los países de su órbita, o una participación del Estado coexistiendo con la propiedad privada y el mercado creando así economías mixtas que sostuvieran el Estado Benefactor: socialismo vs. Socialdemocracia eran las dos grandes ideologías, luego del fracaso del fascismo con la Segunda Guerra Mundial, sin embargo hubo economistas considerados heterodoxos que mantenían que el capitalismo era la manera más eficiente de crear riquezas y bienestar social.

Teoría liberal del desarrollo: Peter Bauer[92]

Muy pocos economistas dedicados a estudiar el subdesarrollo durante los años de la posguerra y subsiguientes pensaban que la intervención del gobierno era contraproducente y producía más daño que ayuda en el proceso de sacar a las economías de la pobreza. Abrumadoramente, existía un consenso en todo el mundo académico, así como en los círculos intelectuales, las organizaciones supranacionales, y en los gobiernos, que sin la intervención y guía del Estado en las economías, era imposible vencer el subdesarrollo, y que los mecanismos del libre mercado ya en aquellos momentos eran incapaces de hacerlo.

Entre las pocas voces disidentes, posiblemente uno de los más destacado de todos fue el economista húngaro nacionalizado británico Peter Thomas Bauer que vivió entre 1915 y 2002.

Desarrolló su actividad investigativa durante largos años después de la Segunda Guerra Mundial, en Malaya y África Occidental, y dedicó su obra a luchar contra la opinión y las teorías de los planificadores internacionales, planteando que la planificación centralizada y la ayuda extranjera, los controles de precios y el proteccionismo, perpetuaban la pobreza en vez de eliminarla, y que el crecimiento de la intervención del gobierno en la vida económica reduce la libertad individual y empobrece las sociedades.

Para Bauer, el papel del Estado se reduce a la protección de la vida y la propiedad de los individuos de forma tal que cada uno pueda perseguir sus metas y deseos. Su divisa siempre fue "Gobierno limitado, no a la planificación central".

Refutó la idea de que la pobreza se "auto perpetúa", y mostró que la planificación central y la inversión pública a gran escala no son precondiciones para el crecimiento, y que lo único que traen como resultado es un aumento en la desigualdad de la distribución del poder.

Para Bauer, la ayuda de gobierno a gobierno, ni era necesaria ni suficiente para el desarrollo, y lo que más bien estorbaba al incrementar el poder del gobierno, la corrupción, la erosión de la sociedad civil, y la mala asignación de los recursos.

La teoría austríaca: Ludwig von Mises

En medio de aquella marea de estatismo representado por las teorías de Keynes por una parte y del socialismo, solo un reducido grupo de economistas pertenecientes a lo que se llamaba la Escuela Austríaca defendían al capitalismo como único sistema capaz de crear riquezas para las sociedades. Entre los miembros más destacados de la Escuela Austríaca después de la Segunda Guerra Mundial se encontraban Ludwig von Mises, y Frederick Hayek.

En el año 1959, el economista alemán Ludwig von Mises dictó una serie de conferencias en la Universidad de Buenos Aires, y en ellas se refirió a la situación de las naciones subdesarrolladas, y al papel de la inversión extranjera. A continuación reproducimos algunos fragmentos de sus conferencias pues nos parecen extremadamente importantes para abordar el problema del subdesarrollo de las naciones, aunque haciendo la salvedad de que las ideas de la Escuela Austriaca en aquellos momentos eran muy minoritarias, y se consideraban parte del pensamiento heterodoxo de Economía, ya que el predominio en la ideología económica, durante la década de 1950, lo tenía las teorías de John Maynard Keynes.

92. Peter Thomas Bauer 1915-2002. Economista británico de origen húngaro.

En una de sus conferencias Mises plantea:

Las naciones subdesarrolladas con sus políticas económicas están evitando una expansión de la insuficiente cantidad de ahorro doméstico y acumulación de capital; a veces aún inducen a una desacumulación de capital. Como no hay ninguna importación de capital extranjero, la cuota per cápita de capital invertido decrece. El resultado es una caída en la productividad marginal del trabajo, pero al mismo tiempo el gobierno y los sindicatos tratan de imponer tasas salariales las cuales exceden la productividad marginal del trabajo, trayendo como consecuencia la expansión del desempleo.

Desconociendo las causas del desempleo, el gobierno trata de eliminarlo a través de varias medidas las cuales aunque fútiles, son tan costosas que con mucho exceden el ingreso público, y son financiadas por la emisión de dinero adicional. La inflación provocada desalienta aún más el ahorro y la formación de capital..

El gobierno en todos esos países habla infatigablemente de industrializar y modernizar los métodos de producción agrícolas, pero sus propias políticas son el principal obstáculo a cualquier mejora y progreso económico. No tiene sentido imitar los procedimientos tecnológicos de los países capitalistas avanzados si tanto la formación de capital doméstico, como el flujo de capital extranjero es saboteado..

Lo que los países subdesarrollados deben hacer, si ellos sinceramente quieren erradicar las penurias, y mejorar las condiciones económicas de las masas empobrecidas, *deben recurrir al laissez-faire, y remover todos los obstáculos que estorban el espíritu de empresa, y que impidan la acumulación de capital doméstico y el flujo de capital extranjero.*

Pero lo que los gobiernos de esos países están haciendo es todo lo contrario. Al erradicar las políticas que crearon la riqueza y el bienestar de las naciones capitalistas avanzadas, escogen políticas que ralentizan la acumulación de capital, y promoviendo lo que ellos consideran una más justa distribución de riqueza e ingreso, donde hay poco que redistribuir.

No hay manera de mejorar la condición de cualquier nación que no sea aumentando la cuota de capital per cápita, pero la prosperidad no es simplemente un asunto de inversión de capital; es un asunto ideológico. *Lo que los países subdesarrollados necesitan primeramente es la ideología de la libertad económica*, y la empresa e iniciativa privada que permite al capital disponible su empleo para satisfacer lo mejor y más barato posible las necesidades de los consumidores.

En otro ensayo titulado "Caos planificado" Mises plantea lo siguiente.

El sistema de una economía de mercado intervenido o intervencionismo, difiere del socialismo por el mismo hecho de que sigue siendo economía de mercado. La autoridad busca influir en el mercado por la intervención de su poder coactivo, pero no quiere eliminar completamente el mercado. Todos los métodos del intervencionismo están condenados al fracaso.

Los salarios mínimos, ya sean aplicados por decreto del gobierno o por presión sindical, si tratan de aumentar los niveles salariales por encima de lo que determina el mercado laboral no intervenido generan desempleo permanente, el gasto público no puede crear empleo adicional.

Si en el curso de una inflación, el aumento del precio de los insumos excede el aumento de los salarios nominales disminuye el desempleo, pero lo que hace realmente que disminuya el desempleo es precisamente el hecho de que están cayendo los salarios reales.

La tendencia propia de la evolución capitalista es al aumento constante del salario real. Este es el efecto de acumulación progresiva del capital por medio del cual se mejoran los métodos tecnológicos de producción. No hay medio por el que se pueda aumentar el nivel salarial para todos los que quieren obtener un salario que no sea aumentando la cuota per cápita de capital invertido. Si se detiene el incremento de dicha cuota, queda paralizada la tendencia hacia el aumento de los salarios reales.

Las medidas del gobierno que retrasan la acumulación de capital y que lleven a un consumo de capital, van por tanto en perjuicio de los intereses vitales de los trabajadores.

La expansión del crédito puede generar un auge temporal, pero esa prosperidad ficticia debe acabar en una depresión general.

Nuestra época tuvo que afrontar grandes penalidades económicas, pero no es una crisis del capitalismo, es una crisis del intervencionismo, de políticas pensadas para mejorar el capitalismo y sustituirlo por un sistema mejor.

Conclusión

El Estado cubano, a lo largo del período republicano, como un conjunto de instituciones políticas y económicas, reflejó la evolución de los cambios económicos que tuvieron lugar, transformando dichas instituciones, y creando otras nuevas en función de los intereses de la clase política.

La siguuiente tabla muestra los recursos con que contó el Estado cubano así como las fuentes de donde provenían dichos recursos. Expresado en millones de pesos/dólares.

Presidencia	Presupuesto	Empréstitos	Señoreaje	Total	% del Ing. Nac.
Estrada Palma	135.6	46.2	0	181.8	19.6
Magoon	60.3	0	0	60.3	7.7
J M Gomez	150.1	16.5	0	166.6	11.7
Menocal	513.6	52.0	0	565.6	11.2
Zayas	320.2	57.0	0	377.2	13.5
Macahado	701.4	146.0	0	847.4	15.7
Primera Rep.	1,881.2	317.7	0	2,198.9	13.5
Gob. provisionales	513.8	85.0	53.2	652.0	20.5
Batista	561.8	17.7	98.0	677.5	19.2
Grau	1,041.5	0	87.0	1,128.5	20.4
Prio	1,106.1	145.0	0	1,251.1	17.5
Batista	2,279.1	1,123.4	0	3,402.5	28.9
Segunda Rep.	5,502.3	1.371.1	238.2	7,111.6	22.4

Aparte del Estado de la Segunda Intervención, el Estado de Menocal fue el más pequeño de la historia republicana, y el más grande fue el de Batista en su segundo mandato. Menocal era un creyente en el laissez faire y la no intromisión en la economía, mientras que Batista creía firmemente en la profunda intervención del Estado en la dirección de la economía.

El gráfico inferior muestra la presión fiscal, que relaciona el ingreso presupuestal del Estado con el Ingreso Nacional.

Como se puede observar, la tendencia fue de aumento constante de la presión fiscal, o sea de la capacidad del Estado de extraer recursos, que se manifestaba por medio de nuevos impuestos que gravaban de manera directa e indirecta el ingreso de los cubanos.

Hasta 1933, debido a la dependencia de los ingresos del Estado del comercio exterior, especialmente de las importaciones, el comportamiento de la presión fiscal fue errático, pues el Estado tenía poca capacidad recaudatoria, por lo que la tendencia en el largo plazo tuvo un ascenso muy modesto, sin embargo, a partir de 1933 se puede observar que la Segunda República aumentó su capacidad recaudatoria, y la tendencia al aumento de la presión fiscal es sostenida.

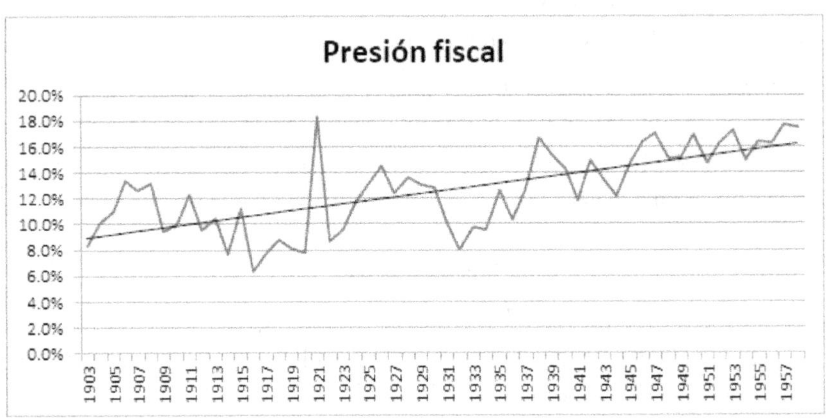

El crecimiento del Estado se hace patente no solo a partir de su financiación si no también a partir del aumento de su poder regulatorio.

Las manifestaciones más relevantes de la intervención del gobierno cubano en la economía durante la República fueron:

a) Proteccionismo.
b) Regulaciones a la empresa privada.
c) Planificación centralizada y creación de empresas mixtas y cártels estatales.
d) Subsidios y transferencias de ingresos.
e) Impuestos, déficits presupuestarios, deuda y gasto público.
f) Manipulación monetaria y banca central.
g) Intervenciones de empresas privadas con el objetivo de rescatarlas de la bancarrota.

Como hemos venido demostrando, la transformación de las instituciones económicas del Estado son una respuesta a la interacción entre los cambios económicos, tanto externos como internos, y las organizaciones tanto políticas como económicas, es decir grupos empresariales, organizaciones sindicales, y organizaciones políticas, que se van creando para tomar ventaja de las oportunidades que ofrece el marco institucional, pero en sentido general, las élites económicas vinculadas a la economía de plantación fueron hegemónicas durante la República, y el Estado cubano, en gran medida, estuvo siempre en función de sus intereses.

4. La industria azucarera y la producción agrícola en Cuba 1902-1958

Ancha es la tierra en Cuba inculta, y clara es la justicia de abrirla a quien la emplee, y esquivarla de quien no la haya de usar; y con buen sistema de tierras fácil en la iniciación de un país sobrante, Cuba tendrá casa para muchos hombres buenos, equilibrio para los problemas sociales, y raíz para una República que más que de disputas y nombres, debe ser de empresa y trabajo.

José Martí.

1- Introducción: La Ley de las Ventajas Comparativas y el concepto de elasticidad de la demanda.

2- La industria azucarera colonial:

3- La industria azucarera de Cuba republicana: La Edad de Oro 1902-1925.

3-1- Precios y producción ascendentes, y tarifas norteamericanas declinantes: 1902-1920.

3-2- Inicios del declive: precios declinantes, producción y tarifas ascendentes 1921-1925.

3-3- Los factores de producción (tierra, capital, y labor) 1903-1925.

3-3-1- Factores de producción durante la segunda expansión azucarera 1902-1925: La tierra, y el inicio del latifundio azucarero.

3-3-2- La labor.

3-3-3- El colono: 1902-1925.

3-3-4- El capital.

3-4- La Edad de Oro de la industria azucarera cubana; comparación con otras áreas productoras.

3-4-1- Comparación entre las industrias azucareras insulares más importantes durante el primer cuarto del siglo XX: Cuba, Java, Hawaii, Puerto Rico y República Dominicana.

3-5- Producción mundial y el mercado norteamericano 1902-1925: Precios y tarifas.

3-5-1- Tarifas y precios: 1900-1925.

3-6- Indicadores seleccionados (1900-1925).

4- El colapso de la industria azucarera cubana. La Gran Depresión e inicios de la regulación: 1926-1933.

4-1- La sobreproducción azucarera. La Ley Verdeja de 1926.

4-1-1- Restricción unilateral y aranceles proteccionistas. Inicios del cártel azucarero.

4-2- La Gran Depresión y sus efectos sobre la industria azucarera cubana: 1929-1933.

4-2-1- Productividad de los factores de producción 1925-1933. El capital.

4-2-2- Factores de producción 1925-1933: la tierra.

4-2-3- Los factores de producción 1925-1933; La labor.

4-3- Efectos del proteccionismo norteamericano sobre la industria azucarera cubana: 1929-1933.

4-4- Resumen de la crisis azucarera 1925-1933.

4-4-1- La "destrucción creativa "Costos y beneficios.

5- Período de estancamiento 1934 1940. Consolidación del cártel azucarero.

5-1- El mercado norteamericano: De la tarifa al sistema de cuotas.

5-1-1- Contribución de la cuota a la recuperación de la economía cubana.

5-2- La Ley de Coordinación Azucarera de 1937: Consolidación del cártel del azúcar.

Introducción: La Ley de las Ventajas Comparativas y el concepto de elasticidad de la demanda

Hay dos conceptos en la Economía que son fundamentales para entender el comportamiento de la economía de Cuba en general y de la industria azucarera en particular, la cual es el centro de todo el sistema económico cubano durante la República. Estos dos conceptos son la Ley de las Ventajas Comparativas, desarrollado por el economista británico David Ricardo (1772-1823), y el principio de la elasticidad de la demanda, desarrollado por el economista también británico Alfred Marshall (1842-1924).

La clave para la comprensión de la ley de las ventajas comparativas son los costos de oportunidad; Para decidir si producir algo uno mismo o comprar a otro productor, hay que comparra el costo de producir ese bien uno mismo con el costo que supondría comprarlo.

Nadie que interactúe con alguien puede escapar del funcionamiento de la ventaja comparativa, La ventaja comparativa no se inventó, surge de forma natural cada vez que los seres humanos interactúan entre sí.

La Ley de las Ventajas Comparativas plantea que cada país debe especializarse en producir los bienes donde son más eficientes, y adquirir los bienes y servicios donde son más ineficientes. En esta ley se basa el comercio internacional.

Los aspectos determinantes de las ventajas comparativas son:

1- Diferentes climas y recursos naturales.

2- Diferente dotación de factores de producción, o sea, tierra, labor, y capital.

3- Diferentes tecnologías y formas de especialización.

Por medio del comercio exterior se llega a incrementar la riqueza de un país si estos se enfocan en producir los bienes y servicios en los cuales son más competitivos.

Los partidarios de la Teoría de la Dependencia niegan que en el mundo moderno tenga vigencia la Ley de las Ventajas Comparativas, ya que para esta teoría, el comercio está basado en una relación centro-periferia, donde el centro está compuesto por las grandes potencias que explotan la periferia por medio de un intercambio desigual (imperialismo).

Desde los inicios de la colonización en el siglo XVI y comienzos del siglo XVII empezó a desarrollarse en la isla Cuba la producción de azúcar que era un artículo de gran demanda en Europa, y a pesar de que en la isla existían excepcionales ventajas comparativas, esta producción no llegó realmente a alcanzar un lugar predominante dentro de la estructura de producción de la colonia hasta principios del siglo XIX, que es cuando definitivamente se forma un mercado mundial.

Durante los siglos XVII y XVIII, la ganadería y la producción de tabaco tenían menores costos de oportunidad que la producción de azúcar, por lo que las ventajas comparativas del azúcar eran menores.

Uno de los grandes problemas del azúcar antes de la Revolución Industrial eran sus elevados costos de transporte, ya que era una mercancía muy voluminosa y de un precio por unidad de peso relativamente bajo, por lo que para una metrópoli como España, con una insuficiente marina mercante, los costos de transportar azúcar en grandes cantidades a través del Atlántico eran prohibitivos, en tanto el tabaco era todo lo contrario; poco volumen y elevado precio por unidad de peso, y la ganadería era el resultado productivo lógico, ya que donde existía una relación tierra/ labor siendo la tierra muy abundante, y la labor muy escasa, se desarrollan actividades con un alto consumo del factor tierra, y un bajo consumo del factor labor. Este será el caso de toda la Cuenca del Caribe.

Con la aplicación de los adelantos de la Revolución Industrial a la producción de azúcar, y con la revolución del transporte, esta se convirtió en el producto de más bajos costos de oportunidad o sea la producción que más eficientemente podía producir la colonia de acuerdo a sus ventajas comparativas, y así la industria azucarera llegó a dominar la estructura productiva de Cuba desde antes de mediados del siglo XIX, superando en importancia al café antes de que terminara la cuarta década del siglo XIX.

El otro concepto de capital importancia para el análisis de la economía de Cuba es el de la elasticidad de la demanda derivado de la Ley de la Demanda.

Este concepto se utiliza para medir la capacidad de respuesta de un producto a un cambio de precio.

Considerando que el precio de un producto estará determinado por la oferta y la demanda, donde a mayor oferta, los precios disminuyen y aumenta la demanda, y a menor oferta, los precios aumentan, y la demanda disminuye.

El concepto de elasticidad de la demanda mide cuanto varía la demanda en relación con la variación en el precio, por eso también se la conoce como elasticidad demanda/precio.

Hay tres tipos demanda:

- La demanda unitaria, que es la respuesta exactamente proporcional de la demanda a la variación en el precio, o sea, si el precio sube en un 10%, la demanda cae en un 10%. Si el precio baja un 10%, la demanda sube un 10%: 10/10 = 1.
- La demanda elástica, que es cuando la respuesta de la demanda es más que proporcional a la variación en el precio. Por ejemplo, una subida de un 10% en el precio produce una caída de la demanda de un 15%, o una caída de un 10% en el precio produce un aumento de la demanda de un 15%: 15/10 = 1.5: La demanda es elástica cuando la relación demanda/precio se encuentra por encima de la unidad.
- La demanda inelástica es cuando la respuesta de la demanda a la variación en el precio es menos que proporcional Por ejemplo una subida de un 10% en el precio da lugar a un descenso de la demanda de un 5%, y una caída en el precio de un 10% da lugar a una aumento de la demanda de un 5%: 5/10 = 0.5: La demanda es inelástica cuando la relación demanda/precio se encuentra por debajo de la unidad.

La demanda elástica e inelástica casi siempre son relativas. Cuáles son las determinantes de las elasticidades de la demanda.

1. Tipo de necesidad que satisface. Si el bien producido es de primera necesidad la demanda será inelástica, ya que el público pagará sin importar el precio. Si es un bien de lujo, la demanda será elástica, ya que si sube el precio mucha gente dejara de comprarlo, y si el precio baja, muchas más gente lo comprará.
2. Existencia de bienes sustitutos. Si existen buenos sustitutos la demanda será elástica, pues si sube el precio, las personas podrían encontrar sustitutos más baratos. Si no existen buenos sustitutos, la demanda será inelástica.
3. Importancia en términos de costo. Si el gasto en ese bien representa un porcentaje muy pequeño de la renta entonces la demanda será inelástica.
4. El paso del tiempo. Con el paso del tiempo se van creando sustitutos, por lo que en el largo plazo, la demanda se va haciendo elástica.

El azúcar, desde su aparición en Europa durante las Cruzadas, era un artículo de lujo, al cual solo unos pocos tenían posibilidades de acceder, por tanto, su demanda era altamente elástica.

Las ganancias que producía la fabricación y comercio de azúcar eran fabulosas, y así atrajo tierra, labor, y capital fomentándose plantaciones por el Mediterráneo, hasta que en el siglo XV los portugueses la llevaron a las islas del Atlántico (Azores, Sao Tomé, Madeira), y los españoles a Canarias. En el siglo XVI, los españoles y portugueses la llevaron a la América (Brasil y el Caribe), y en el siglo XVII entraron en la escena como productores de azúcar los holandeses, los ingleses y los franceses.

Con la introducción de los adelantos tecnológicos de la primera y la segunda Revolución Industrial, la producción de azúcar se hizo masiva y se fue convirtiendo en un bien de demanda cada vez más inelástica; se convierte en un bien de primera necesidad, no existen buenos sustitutos para endulzar, y representaba un porcentaje cada vez menor de la renta, y en largo plazo no surgió ningún sustituto. Este proceso de convertirse en un bien de demanda inelástica tuvo lugar durante la segunda mitad del siglo XIX.

Cuando un bien tiene una demanda elástica tiende a atraer gran cantidad de capital, labor y recursos, ya que las tasas de ganancias son altas, hasta que al disminuir los precios, las tasas de ganancias se van reduciendo dejando así de atraer capital, el cual busca otras ramas de producción donde los retornos sean más elevados. Este es el funcionamiento normal del mercado el cual tiende al equilibrio, siempre y cuando no exista intervención del Estado.

Cuando se introduce capital y nuevas tecnologías en una industria cuyo producto tiene una demanda elástica, aumenta el empleo de labor.

Cuando se introduce capital y mejoras tecnológicas en una industria cuyo producto tiene demanda inelástica, la tendencia es a desplazar labor, y a la salida del negocio de los productores marginales que operan con mayores costos.

Un ejemplo típico de esto es la agricultura. La introducción de mejoras tecnológicas en la agricultura desplaza labor que se mueve hacia la industria y los servicios donde se producen bienes con una demanda elástica. Esto caracterizó el proceso del paso de una economía mundial agrícola a una industrial y de servicios a partir del siglo XIX.

El funcionamiento de la Ley de las Ventajas Comparativas dentro de un marco de libre comercio fue explicado por dos economistas suecos, Eli Heckscher (18979-1952) y Bertil Ohlin (1899-1979) a partir de lo que se conoce como el Modelo Heckscher-Ohlin según el cual, debido a que los países tiene diferente dotación de factores de producción; algunos tienen abundancia de tierras fértiles apropiadas para la agricultura, o grandes recursos mineros, o son abundantes en fuerza de trabajo, o tiene abundancia de capital, esta circunstancia determinaba su ventaja comparativa nacional, y de esta forma se diferenciaban en lo que producían mejor y exportaban con mayores ventajas que otros. Esta teoría del comercio se basaba en una idea básica simple. Un país exportaría bienes que hagan uso intensivo de los recursos que posee en mayor abundancia. Países con abundancia de tierras se especializarían en la producción agropecuaria que lleva implícito el uso abundante de tierra; los países ricos en capital obtendrían su ventaja comparativa en la producción y exportación de productos industriales de consumo intensivo de capital; las regiones y países con abundante mano de obra, producirán bienes y cosechas de uso intensivo de labor.

Este modelo ayuda a explicar el éxito de países que se concentraron en el uso de los factores de producción más abundantes en la división internacional del trabajo como fue el caso de Cuba con el azúcar, integrándose exitosamente a la economía mundial desde la segunda mitad del siglo XIX a partir de la exportación de azúcar, e importando los productos donde no tiene ventajas comparativas, que serían los productos que requieren para su producción uso intensivo de capital y de labor, que son los factores de producción de que la isla carecía de forma relativa.

En 1941, el economista austríaco Wolfgang Stolper (1912-2002), y el economista norteamericano Paul Samuelson (1915-2009), observaron que el comercio es particularmente beneficioso para los que producen bienes que se exportan mientras que puede ser especialmente prejudicial para los productores que tienen que competir con las importaciones.

En tanto las exportaciones crecen, la demanda por los factores usados para su producción crece así como su valor.

Un país con abundante tierra exporta productos de uso intensivo de tierra, entonces la demanda de tierra crece, y de esa forma los ingresos de los dueños de la tierra. Inversamente, los productores que compiten con las importaciones son aquellos que poseen factores de producción que no son abundantes en el país. Cuando las importaciones crecen, y los productores locales no pueden competir, la demanda de factores que ellos usan, por ejemplo labor y capital, cae consecuentemente frente a la competencia exterior.

Stolper y Samuelson con su teorema a partir del modelo Heckscher-Ohlin plantearon que el comercio exterior hace a los propietarios de los factores abundantes mejorar su posición en la sociedad, en tanto empeora la posición de los propietarios de factores escasos.

Con la integración de Cuba al sistema económico mundial a partir de la segunda mitad del siglo XIX con la producción de azúcar, la demanda del factor tierra enriqueció a los dueños de la tierra que era la aristocracia criolla, y les permitió acumular el capital necesario para introducir las mejoras tecnológicas de la Revolución Industrial, e importar la labor requerida en forma de esclavos, y en el siglo XX, proveniente de regiones con abundancia de labor como era el caso de España, Canarias, y de las islas del Caribe.

La expansión azucarera de las dos primeras décadas del siglo XX impulsaron la formación del latifundio azucarero, así como la importación de capital y labor, y en la medida en que crecían las exportaciones, las importaciones también crecían, compitiendo con cualquier actividad económica nacional orientada a abastecer el mercado doméstico utilizando factores escasos en el país, especialmente capital.

De acuerdo a la lógica del teorema Stolpler-Samuelson, las políticas proteccionistas ayudan a los dueños de los factores escasos, en tanto el comercio libre beneficia particularmente a los dueños de los factores abundantes.

En Cuba, la combinación de ventajas comparativas, con un producto de alta elasticidad de la demanda dio lugar a que se creara una estructura económica de plantación azucarera desde el segundo tercio del siglo XIX, pero posteriormente la combinación de la pérdida de elasticidad de la demanda, y pérdida de vigencia de la Ley de las Ventajas Comparativas al desintegrarse el mercado internacional después de la Primera Guerra Mundial con los proteccionismos nacionalistas, desencadenaron fuerzas que tendían a transformar la estructura económica tradicional, pero el poder de la élite asociada a esa estructura fue lo suficientemente poderosa como para lograr frenar en gran medida el desarrollo del proceso de transformación hasta finales de la década de 1950, y con ello frenar el crecimiento y desarrollo económico de Cuba.

La comprensión de los conceptos que hemos enunciado en este acápite es de vital importancia para entender no solo el desarrollo de la industria azucarera de Cuba, si no también la historia económica de la República, por lo que tendremos que regresar a ellos en otras ocasiones para explicar el comportamiento de diferentes indicadores macroeconómicos en diferentes circunstancias.

La industria azucarera colonial:

Dentro del sistema internacional de comercio, en el siglo XIX, el único producto agrícola tropical que fue objeto de las innovaciones tecnológicas de la Revolución Industrial fue el azúcar, y por otra parte, las características biológicas de la caña como materia prima para producir azúcar, hacen que esta se deteriore rápidamente después de cortada, obligando así a los productores a procesar la caña en el sitio donde esta se corta, y como debido a que ni la caña, ni el jugo de la caña pueden ser embarcados sin procesar, la naturaleza misma de la caña determinó que las plantas industriales tenían que ser construidas en las áreas donde el clima y el suelo eran aptos para el cultivo de la caña.

Estas características serían de una importancia capital para Cuba, la cual tenía un clima óptimo, así como una abundancia relativa de suelos aptos para el cultivo de la caña, encontrándose entonces en las mejores condiciones para recibir grandes inversiones que darían lugar a una elevada productividad del trabajo en comparación con otros países tropicales, lo cual constituiría la base de los más elevados per capitas.

Se puede decir que varios factores contribuyeron a la expansión de la producción de azúcar durante el siglo XIX y XX, pero el factor dotación de recursos naturales le dieron a Cuba una clara ventaja comparativa sobre otras áreas, además de el hecho de encontrarse en la proximidad geográfica del mercado más grande del mundo que eran Estados Unidos.

-oOo-

La industria azucarera cubana nació en los últimos años del siglo XVI a orillas de la Zanja Real que fue el primer acueducto que tuvo la ciudad de La Habana, conduciendo el agua desde el río Almendares.

La corriente de la Zanja movió los trapiches que produjeron la primera azúcar cubana. Después se construyeron otros trapiches en las estancias que rodeaban la ciudad movidos por tracción animal (bueyes o caballos), pero mientras la producción de azúcar durante los siglo XVII y XVIII, florecía en el Nordeste de Brasil, en las West Indies inglesas y francesas, y en el Saint Domingue francés que después fue Haití, las políticas mercantilistas de la Corona española estorbaron el desarrollo de la producción azucarera en sus posesiones antillanas después de un brillante comienzo en La Española en el siglo XVI.

La producción de azúcar de Cuba se expandió modestamente durante la última década del siglo XVI y parte del siglo XVII debido a los altos precios, al ser considerada un producto medicinal y de lujo, y aprovechando espacios vacíos que quedaban en los buques de la flota que provenientes de Veracruz hacían la navegación trasatlántica hacia España, pero a fines del siglo XVII se produjo el estancamiento y retroceso de la industria en Cuba debido a los precios declinantes por la creciente producción de Brasil, y las Antillas no-españolas y la falta de transporte. Esta fue la primera crisis de la industria azucarera en la historia de Cuba.

La escasez de esclavos y sus altos precios, la escasez de buques para el transporte y el elevado precios de los fletes debido a que el sistema de flotas había desaparecido, además de los impuestos con que la Corona española gravaba al azúcar dieron lugar unos costos de producción y de transacción que resultaban prohibitivos en una coyuntura de disminución de los precios, por lo que el azúcar fue perdiendo importancia dentro de la economía de la isla en tanto el tabaco ocupaba el primer lugar.

Esta crisis duró hasta el establecimiento de la Real Compañía de Comercio de La Habana en 1740, ya que debido a los privilegios monopólicos que le fueron concedidos pudo reanimar la industria azucarera sobre todo a partir del comercio ilegal con las Trece Colonias inglesas de Norteamérica y la posibilidad de introducir esclavos africanos. Prácticamente todos los principales accionistas criollos de la Compañía eran dueños de ingenios azucareros.

En el año 1759, en vísperas de la toma de La Habana por los ingleses, se estimaba la producción de azúcar en toda la isla, tanto de blanca como de parda, en 5, 055 toneladas largas.

Luego de ser devuelta La Habana a la soberanía española, la producción de azúcar continuó expandiéndose, y en 1773 se estima que la isla producía unas 10, 000 de toneladas largas de azúcar.

No será hasta fines del siglo XVIII, que las barreras comerciales que encarecían la producción de azúcar en Cuba comiencen a ser removidas, sobre todo debido a las ideas y gestiones de Francisco de Arango y Parreño (1766-1837) y del Intendente de Hacienda Alejandro Ramírez (1772-1821).

Unido a las condiciones naturales de Cuba para producir azúcar, coincidieron varios factores exógenos que impulsarían el desarrollo de una economía de plantación azucarera en la isla.

1. La revolución de los esclavos en Haití iniciada en 1791, que destruyó las plantaciones de la primera productora de azúcar del mundo.
2. Las guerra napoleónicas que dislocaron completamente el comercio de azúcar en Europa continental.
3. Las reformas liberales en España que produjeron un cambio institucional profundo, no solo en la península si no también en las colonias, liberalizando el comercio y cambiando las relaciones de propiedad en un sentido de orientación más capitalista. A partir de 1819 tiene lugar una verdadera reforma agraria en Cuba.

Después de la Revolución haitiana en 1791 comienza un tomar fuerza la expansión de la industria azucarera; de unas 17 mil toneladas largas que se produjeron en 1791, en 1821, treinta años después, se estaban produciendo 43.3 miles de toneladas largas; una tasa de crecimiento anual del 5.5%, pero la verdadera estructuración de la plantación como modelo económico cubano tiene lugar entre 1821 y 1868. En este último año la producción alcanzó las 749 mil toneladas largas, para una tasa de crecimiento exponencial del 50% anual, o sea que cada dos años se duplicaba la producción. Cuba produjo ese año el 30% de la producción mundial, y el 42.6% del total de azúcar de caña producida en el mundo.

La gran expansión azucarera de Cuba fue impulsada por la introducción y adaptación de la tecnología de la Revolución Industrial a la producción de azúcar, y por la posibilidad de importar enormes cantidades de esclavos para trabajar en las plantaciones. En 1829 había en Cuba unos 1, 000 ingenios y trapiches, y la productividad por unidad fue de 73.2 toneladas largas, en 1840 se registraban 1,710 ingenios y trapiches con una producción promedio de 94 toneladas largas cada uno, en 1860 había 1,365 ingenios y trapiches, y la productividad promedio por unidad fue de 327.5 toneladas largas y en 1894 había 570 ingenios, con una producción promedio por unidad de 1, 849 toneladas largas, más de 25 veces la producción promedio de 1829 lo cual es un índice inequívoco de los resultados de la primera y la segunda Revolución Industrial en la producción de azúcar.

Los precios del azúcar en la década de 1860 oscilaron entre los 11 y 12 centavos de 1914 la libra, lo cual unido a la caída de los costos unitarios debido al incremento de la productividad, daban lugar a enormes ganancias de los hacendados, lo que les permitía a los dueños de los grandes ingenios afrontar el cada vez más elevado costo de los esclavos, no así a los dueños de los pequeños ingenios y trapiches.

Después de 1875, la industria azucarera cubana entró en un período de declive provocado por varios factores. Primeramente comenzó lo que se conoció como la primera gran depresión que fue una caída sostenida de precios que duró desde mediados de la década de 1870, hasta los años finales del siglo XIX, especialmente de los productos agrícolas y las materias primas como consecuencia de la inelasticidad de la demanda y los aumentos de la productividad cada vez mayores producidos por la Segunda Revolución Industrial, combinado con la rigidez de la oferta monetaria basada en el patrón oro, esto unido a factores endógenos tales como la Guerra de los Diez Años, la política española de altos impuestos y elevados aranceles, el fin de la esclavitud, las barreras proteccionistas en casi todos los mercados del mundo, y el formidable auge de la producción de azúcar de remolacha.

Esta combinación de factores, dieron lugar a una profunda depresión durante la década de 1880, y a la desaparición de gran cantidad de ingenios poco capitalizados que no podían modernizarse.

Ciertamente, la expansión de la producción de azúcar de Cuba dependió casi absolutamente del mercado norteamericano, pero esto se debió —como se muestra en la tabla siguiente— a que Estados Unidos se convirtió en el único comprador, en tanto los otros mercados se cerraban al azúcar cubano a partir de políticas proteccionistas que otorgaban preferencias a sus productores nacionales, o de sus imperios coloniales.

Durante la primera mitad del siglo XIX, el azúcar cubano tenía un mercado diversificado como se puede observar en la tabla a continuación:

Expresado en %.

Año	**EE. UU.**	**España**	**G.**	**Bretaña**	**Europa Occ.**
1830	17	19	6	4	54
1840	23	14	6	25	31
1850	35	10	11	17	27
1860	48	8	20	11	13
1870	57	5	21	8	9
1880	80	3	8	3	7
1890	84	6	1	-	9
1900	96	2	-	-	2

Fuente: "Cuban Sugar in the Age of Mass Production" Alan Dye.

Cuba fue perdiendo mercados, y solo el mercado norteamericano iba quedando abierto. Esto fue debido a dos factores; primero, el desarrollo de la industria del azúcar de remolacha en Europa, y el cierre de los mercados de Alemania y Francia, los cuales subsidiaban dicha industria imposibilitando al azúcar cubano para competir, y segundo, el crecimiento de la demanda de azúcar en Estados Unidos que le permitía absorber la producción azucarera cubana a pesar del crecimiento de su producción remolachera, y de la incorporación de Hawaii dentro de su zona aduanera luego del Tratado de Reciprocidad Comercial con Hawaii de 1876.

En 1890, la Tarifa Mc Kinley le dio entrada a Estados Unidos al azúcar cubano libre de derechos, pero solo estuvo vigente hasta 1894, año en que volvió el proteccionismo.

-oOo-

El declive de la industria azucarera de Cuba a partir de la segunda mitad de la década de 1870 durará hasta 1891 en que se supera la producción de 1875. Durante estos años tendrá lugar una profunda reorganización de la industria azucarera cubana.

Entre 1875 y 1891, la producción mundial de azúcar creció un 118% mientras que la de Cuba se mantenía estancada, en 1890 la producción de Cuba aún era inferior a la de 1875. En ese año Cuba produjo el 22.5% del azúcar total producida en el mundo, en tanto en 1890, su participación se había reducido a solamente un 10%, mientras que la producción de azúcar de remolacha, que en 1875 había sido un 43% del total producido en el mundo, y en 1890 alcanzó el 59% del total.

La reorganización que se produjo en la industria azucarera cubana dio lugar a una concentración de la producción, y al surgimiento del sistema de colonato que se convertiría en una característica distintiva del sector agrícola de la producción de azúcar en Cuba hasta el fin de la República en 1958.

La introducción de los adelantos tecnológicos de la Segunda Revolución Industrial trajeron como consecuencia el surgimiento de unidades mucho más grandes y productivas, y a la desaparición de los ingenios y trapiches que no pudieron introducir la nueva técnica que permitiría reducir los costos unitarios en una situación de declive sostenido de los precios del azúcar. Otras industrias azucareras en diferentes partes del mundo, como fue el caso de Brasil y de Puerto Rico, al no poder modernizarse entraron en un profundo declive hasta casi desaparecer a comienzos del siglo XX.

El otro producto de la reorganización de la industria azucarera cubana de los finales de la década de 1870 y la década de 1880 fue el colonato, que representó una ampliación de la división del trabajo dentro del proceso de producir azúcar.

La producción de azúcar era un proceso verticalmente integrado, es decir el ingenio cosechaba en sus tierras la caña a partir de la cual produciría el azúcar; producía su propia materia prima.

La ampliación de las capacidades de los ingenios con la introducción de la nueva tecnología de la Revolución Industrial en busca de economías de escala, implicó el crecimiento del tamaño óptimo del ingenio, y por consiguiente de la cantidad de tierras, y labor necesarias para el abastecimiento de caña, en momentos en que se hacía cada vez más difícil y cara la obtención de fuerza de trabajo esclava[1], contratada o asalariada.

Desde la década de 1860 se proponía como solución a la escasez de labor la separación de la parte agrícola, o sea la producción de caña, de la parte industrial, o sea la producción de azúcar.

Así, algunos dueños de ingenios grandes parcelaron sus tierras y las rentaron a campesinos para que sembraran la caña, e igualmente contrataron con propietarios de tierras adyacentes el suministro de las cañas que necesitaban. Así surgió la figura del colono y la institución del colonato que no era nueva, ya que había existido en diversas áreas productoras de azúcar, en diferentes momento de la historia, como fue el caso en Cuba a principios del siglo XVII, en el Nordeste de Brasil entre el siglo XVI y el XVIII, o en las islas Canarias en el siglo XV.

El colonato resolvía el problema de la escasez de labor, y le permitía al dueño del ingenio concentrar sus recursos en la ampliación y modernización de la parte industrial del proceso.

Hay evidencia de este tipo de contratos desde 1867, generalizándose según más dueños de ingenios, que no podían pagar sus deudas a consecuencia de la crisis azucarera y los altos impuestos, se convertían en colonos, plantando caña en las tierras de su propiedad para los ingenios cercanos.

Según Leland Jenks[2], en 1887, se estimaba que entre el 35 y el 40% de la caña en Cuba era cultivada por colonos.

La Guerra de independencia prácticamente destruyó la industria azucarera en Cuba. La zafra de 1895 fue de 1, 004.0 miles de toneladas largas, y la de 1897 de 212.0 miles de toneladas; una contracción de casi un 80% como resultado de la política de Máximo Gómez para destruir el poder económico de España en Cuba conocida como la "Tea Incendiaria".

En el Censo efectuado por las autoridades norteamericanas que ocuparon la isla luego del cese de la soberanía española sobre la misma en 1899, se reportaba que de 570 ingenios que había en la isla, de ellos 364 (64%) se encontraban destruidos o demolidos; 84 (15%) no demolidos pero inactivos, 11 (2%) en reconstrucción e inactivos, y 111 en producción en diferentes estados, o sea

1. La esclavitud fue completamente abolida en Cuba en 1886.
2. Leland Jenks *Our Colony of Cuba* 1928.

que solamente el 19.5% de la industria existente en 1895 se encontraba trabajando. La zafra de 1900 alcanzó solamente 300 mil toneladas largas, el 30% de la de 1895.

La industria azucarera de Cuba republicana: La Edad de Oro 1902-1925

Con la conclusión de la Guerra de Independencia, en 1899 comienza a reconstruirse la maltrecha industria azucarera cubana, y a partir de un conjunto de circunstancias favorables, de la reconstrucción se pasa a una impetuosa expansión que duraría hasta 1925, en lo que sería la segunda gran expansión de la industria azucarera cubana, siendo la primera la expansión colonial, la segunda la republicana, y la tercera la socialista, para morir definitivamente a comienzos del siglo XXI, luego de 400 años de vida, la que había sido la legendaria industria azucarera cubana.

Precios y producción ascendentes, y tarifas norteamericanas declinantes 1902-1920

A pesar de la caída de Cuba entre 1895 y 1900, la producción mundial de azúcar se incrementó a una tasa anual del 10%, y la de azúcar de remolacha en particular a un 7%. En aquellos momentos, el mayor productor de azúcar del mundo era Alemania.

Este crecimiento exponencial de la producción azucarera mundial mantenía los precios muy bajos, por lo que la reconstrucción de la industria azucarera cubana se hacía muy difícil debido a la falta de capitales, y por otra parte a la falta de labor.

En realidad todo indica que fueron básicamente capitales nacionales cubano-españoles los que en la etapa inicial, entre 1899 y 1903 reconstruyeron la industria azucarera en Cuba.

En 1900 la zafra apenas fue de 300 mil toneladas largas, y en 1903 se alcanzó el millón de toneladas largas, equivalente a la producción de 1895. Molieron en 174 centrales en la zafra de 1903, mientras que en 1895 molieron 570 ingenios, lo cual implicó una producción por central de casi el doble de la de 1895. Se sembraron aproximadamente entre 1, 450 y 1, 500 caballerías de caña, y se utilizaron entre 14 y 15 mil hombres durante 120 días en los campos.

Según el escritor norteamericano Leland Jenks en su libro Our Colony of Cuba entre 1898 y 1902, la inversión directa norteamericana en la isla fue de 30 millones de dólares, y en el año 1906, la inversión directa en la producción de azúcar por parte de los inversores norteamericanos era el 18.5% del total. Así podemos estimar que la inversión norteamericana en la industria azucarera entre 1900 y 1903 fue bastante limitada por varias razones.

Primeramente no se sabía el estatus que finalmente tendría la isla, por lo que no existían garantías institucionales claras para la inversión de capital; en segundo lugar los precios del azúcar eran muy bajos; en tercer lugar la escasez de mano de obra hacía muy difícil la rentabilidad para un negocio de plantación, donde los requerimientos de capital específico eran muy elevados.

Después de 1903 estas condiciones empezaron a cambiar; los precios del azúcar comenzaron a ascender de manera sostenida hasta 1911; la Enmienda Platt, y el Tratado de Reciprocidad Comercial proporcionaron las ventajas institucionales, y la inmigración iba resolviendo el problema de la escasez de mano de obra. Esto alentó la inversión norteamericana en la industria azucarera a comienzos de la etapa republicana impulsando la tremenda expansión que tendría lugar hasta 1925.

Este es el período que se puede considerar la Edad de Oro de la industria azucarera cubana, pero es necesario para su mejor comprensión dividirlo en dos etapas diferentes. El primero abarca los años entre 1902 y 1920 y el segundo entre 1921 y 1925. Durante el primero ocurre un crecimiento asombros, durante el segundo comienza el declive.

En 1895, la productividad estimada de la industria azucarera cubana era de 15.3 toneladas largas de azúcar por central/día trabajado. En el año 1904 se alcanzó la misma cantidad de azúcar que en 1895 con un 70% menos centrales, y en el año 1913 se alcanzó una productividad por central/día de 119 toneladas largas de azúcar, 7.8 veces la de 1895. Esto fue posible con base a una enorme modernización de la industria a partir de la introducción de los últimos adelantos de la Segunda Revolución Industrial, lo cual requirió una cantidad importante de capital.

Hasta 1913 los precios del azúcar se mantuvieron bajos con una ligera tendencia al alza; entre 1902 y 1913 los precios ascendieron un 6.6% en tanto la producción mundial de azúcar creció un 62%, y la de Cuba en un 187%. La elasticidad de la demanda del azúcar y las ventajas comparativas estaban atrayendo grandes inversiones en el sector azucarero de la isla.

Con la Primera Guerra Mundial el panorama cambió completamente. Los precios promedio entre 1914 y 1920 subieron 4.5 veces, la producción mundial de azúcar cayó un 7.6%, y la producción cubana subió un 53.2%.

Una caída de la oferta provocando una subida de los precios tan desproporcionada indica una anormal elasticidad en la demanda provocada por las distorsiones de los mercados debido a la guerra.

La destrucción de la industria de azúcar de remolacha europea dio lugar a una severa contracción de la oferta. La producción de azúcar de remolacha se contrajo entre 1913 y 1920 en un 48%.

La inversión de capital en la industria azucarera cubana fue exponencial, impulsada por los enormes retornos. En 1913 el valor promedio del azúcar producido por central/día trabajado fue de 1, 583 dólares y en 1920 alcanzó la fabulosa cifra de 4, 466 dólares.

Por otra parte, el mercado norteamericano absorbía cada vez mayores cantidades de azúcar cubana, y los aranceles habían estado descendiendo, contribuyendo de esta manera a que los productores en Cuba incrementaran sus ingresos netos.

En el año 1902 la tarifa a la entrada de azúcar a Estados Unidos era de 1.685 centavos por libra, y el precio promedio ese año fue de 1.83 centavos la libra, por lo que la tarifa representaba el 92.08% del precio, quedando para el exportador un diferencial de 0.1450 centavos por libra.

En 1903 se firmó el Tratado de Reciprocidad Comercial entre Cuba y Estados Unidos, que otorgó una rebaja de un 20% para el azúcar cubano en relación con la tarifa vigente, por tanto, siendo el precio promedio ese año 1.96 centavos la libra, y la tarifa para Cuba de 1.3480 centavos por libra (20% menos que la tarifa vigente), la tarifa bajó a ser un 68.78% del precio, y el diferencial para los exportadores de Cuba aumentó a 0.6120 centavos, o sea más de cuatro veces el diferencial del año anterior.

Esta tarifa se mantuvo hasta el año 1912, cuando el precio del azúcar ascendió a una tasa anual del 3.7%, por lo cual cada vez iba siendo mayor el diferencial que quedaba para el productor en Cuba.

En el año 1913, los norteamericanos rebajaron la tarifa (Underwood Act), quedando para el azúcar cubano a 1.0048 centavos la libra. En el año 1913 la tarifa representó un 51.53% del precio promedio, quedando un diferencial para el exportador cubano de 0.9452 centavos por libra, pero con el comienzo de la Primera Guerra Mundial comenzó a ascender el precio, y en el año 1920, la tarifa representaba solamente un 8.41% del precio, y el diferencial para el exportador cubano fue de un increíble 10.9452 centavos por libra. Este fue el final de la Danza de los Millones.

Entre los años 1897 y 1901 Cuba abasteció el 17.7% del mercado norteamericano de azúcar; entre 1902 y 1906 el 38%, entre 1907 y 1911 el 41.7%, y entre 1912 y 1920 el 49.7%[3] por lo que venía desplazando no solo todos los azúcares extranjeros, si no también a los mismos productores norteamericanos, tanto continentales como de las posesiones insulares, Hawaii, Puerto Rico, y Filipinas lo cual disparó las alarmas de los productores norteamericanos.

---

3. "American Sugar Kingdom" Cesar J Ayala.

En el gráfico de abajo se describe el incremento de la participación absoluta en el precio de la libra de azúcar de los productores en Cuba que exportaban su azúcar a Estados Unidos.

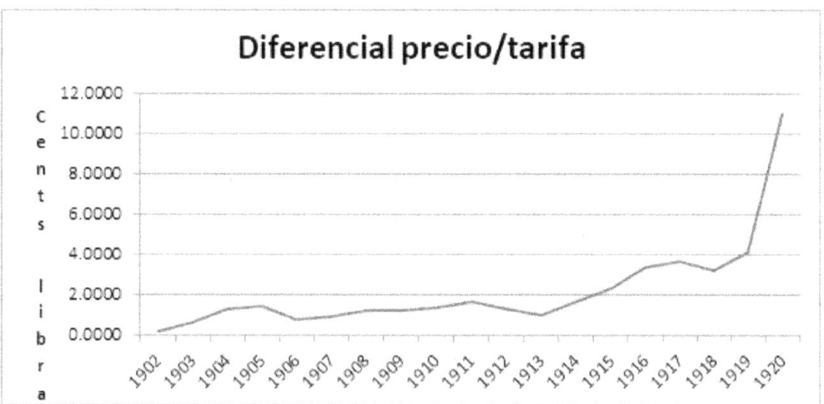

Por las razones expuestas t los productores de azúcar en Cuba estuvieron obteniendo enormes ganancias que les permitieron reinvertir sus capitales en la ampliación de los centrales existentes y en el fomento de otros nuevos, además de la entrada de nuevos capitales en el negocio azucarero.

En el gráfico de abajo se muestra el comportamiento de los precios promedio, que como se puede observar tuvieron un ascenso exponencial a partir del comienzo de la Primera Guerra Mundial en 1914.

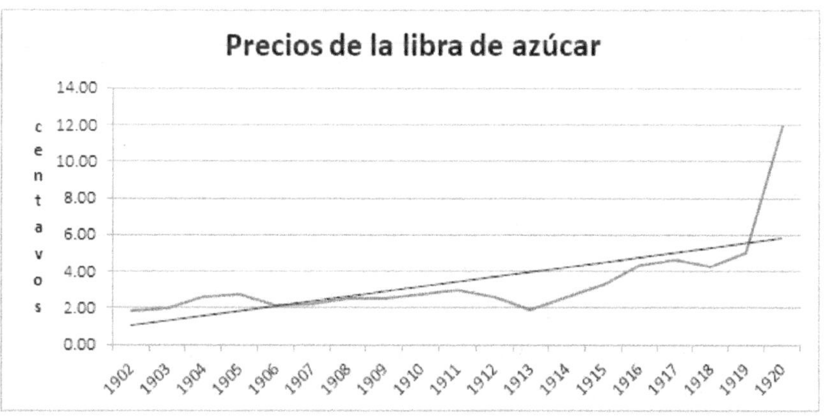

En este período se consolida una oligarquía encabezada por los productores de azúcar extranjeros, los hacendados y grandes colonos, y los latifundistas ganaderos, así como todo el sector de servicios vinculado a la economía exportadora/importadora.

En el año 1920 casi se puede decir que Cuba producía azúcar e importaba todo lo demás.

La Danza de los Millones llego a su punto culminate el 19 de mayo de 1920, cuando la libra de azúcar alcanzó el fabuloso precio de 22 centavos la libra. A partir de ese momento se desplomaron los precios, y en diciembre de ese mismo año la libra de azúcar se estaba cotizando a 3.10 centavos en Nueva York. Comenzaban las Vacas Flacas, la ruina de muchos hacendados cubanos, y el traspaso de propiedades cubano-españolas a bancos y compañías norteamericanas.

Inicios del declive: precios declinantes, producción y tarifas ascendentes 1921-1925

En esta etapa la producción continuó su marcha ascendente, pero a diferencia de la etapa anterior, los precios comenzaron a caer en una tendencia a la normalización del mercado, donde el incremento de la oferta hace que los precios disminuyan, pero los precios estaban disminuyendo proporcionalmente más que el aumento de la oferta que estaba teniendo lugar como resultado de la recuperación de la industria europea de azúcar de remolacha.

En 1923 tiene lugar una subida incidental de los precios provocada fundamentalmente por la invasión francesa a la zona alemana del Rhur.

Esta tendencia es un claro indicador de la inelasticidad de la demanda de azúcar; la demanda no aumenta en proporción a la caída de los precios.

En estas condiciones, los productores más ineficientes obtienen cada vez menos retornos del capital invertido, y disminuye la rentabilidad hasta el punto de tener que salir de la actividad.

La zafra de 1921 fue de 3, 934.3 miles de toneladas largas, y la de 1925 rompió todos los récords de producción anteriores, llegando a 5, 189.3 miles de toneladas largas, lo cual significó un incremento de un 31.9% de la producción, pero los precios promedios de la libra de azúcar en 1921 fueron 3.10 centavos, y en 1925 fueron 2.24 centavos, o sea una contracción en el precio de un 27.7%.

En este período, por cada mil toneladas de incremento en la producción, el valor de la tonelada perdió 14 centavos, estas pérdidas las asumían los pequeños centrales que trabajaban con mayores costos unitarios. pues no podían hacer economías de escala al trabajar a un tamaño subóptimo.

La zafra de 1925 fue un 31.9% mayor que la de 1921, pero su valor fue un 4.7% inferior.

Entre 1921 y 1925, la producción mundial se incrementó un 33% y la de Cuba un 30.3%, en tanto los precios promedio declinaron un 27.7%.

Por otra parte, el renovado proteccionismo norteamericano con la llegada al poder en 1921 del Partido Republicano, dio lugar a la elevación de los derechos de aduana en dos ocasiones sobre el azúcar importado (en 1921 y 1922). La relación entre precio y tarifa en 1921 dejaba un diferencial de 1.5 centavos a favor del exportador cubano por cada libra de azúcar, y en 1925 este diferencial se había reducido a 0.4752 de centavo, o sea una contracción de un 68.3% resultado de la combinación de caída de precios, y elevación de los derechos de aduana.

La industria azucarera cubana se encontraba enfrentada al peor de los escenario; precios declinantes y tarifas proteccionistas ascendentes en todos sus mercados.

¿Qué había cambiado que amenazaba poner en una situación crítica el exitoso modelo económico basado en las exportaciones de azúcar, y que formaba la base de la creciente prosperidad del país?

Primeramente, la producción mundial de azúcar se había recuperado. En 1923 se había alcanzado los niveles previos a la Primera Guerra Mundial.

Entre 1919 y 1925 la producción de azúcar de remolacha creció a una tasa anual del 22.5%, en tanto la producción de Cuba creció a una tasa anual del 4.2%. En ese espacio de tiempo, la oferta de azúcar mundial había ascendido un 56%, y los precios habían disminuido un 56% lo indica que la demanda se encontraba en equilibrio, pero el ímpetu del crecimiento de la producción remolachera inclinaría la demanda hacia la inelasticidad, provocando pérdidas en otras áreas productoras del mundo, sobre todo teniendo en cuenta de que gran parte de la industria de azúcar de remolacha se encontraba subsidiada por los gobiernos y protegida por barreras comerciales.

En segundo lugar el proteccionismo norteamericano se había manifestado a través de la creación de un nuevo arancel en 1921; la Emergency Tariff Act que elevó la tarifa que se encontraba vigente (Underwood Act) la cual representaba para Cuba 1.0048 centavos por libra de azúcar, a 1.6 centavos por libra, esto es un 59% mayor, y al año siguiente, la Fordney McCumber Act elevó los derechos de aduana para Cuba hasta 1.7648 centavos por libra de azúcar, o sea un incremento de casi un 76% en dos años.

El propósito de estos incrementos era expulsar del mercado norteamericano gran parte de la producción cubana que estaba desplazando a los productores norteamericanos continentales debido a que Cuba producía a más bajo costo, y a pesar de las tarifas arancelarias podía competir.

En esas condiciones de elevación de los costos de transacción, los productores norteamericanos que se encontraban integrados verticalmente, o sea producían azúcar como materia prima para un producto final, esta elevación de los costos en la materia prima empleada se compensaba con un mayor precio en el producto final, o sea se lo trasladaban a los consumidores, pero para los productores de azúcar como producto final, que eran la mayoría de los productores cubanos, el incremento de la tarifa de aduanas norteamericana se traducía directamente en una disminución de las ganancias.

El sector de la industria azucarera que tenía los mayores costos unitarios debido a una inferior capitalización, que no se encontraba integrado verticalmente y tenía menos acceso al capital financiero, la caída de los precios, unida al aumento del proteccionismo, una ulterior expansión de la producción los colocaba en grave riesgo, mientras que los centrales norteamericanos que disponían de abundantes capitales continuaba ampliando capacidades y reduciendo costos para así saltar las barreras arancelarias, por ello la producción cubana continuaba creciendo de una manera que parecía suicida para muchos.

En el gráfico de abajo se puede observar cómo tiene lugar un profunda caída del diferencial obtenido por el productor cubano a la entrada de su azúcar en el mercado norteamericano como resultado de la combinación del incremento de las tarifas de aduanas, y de la caída de los precios.

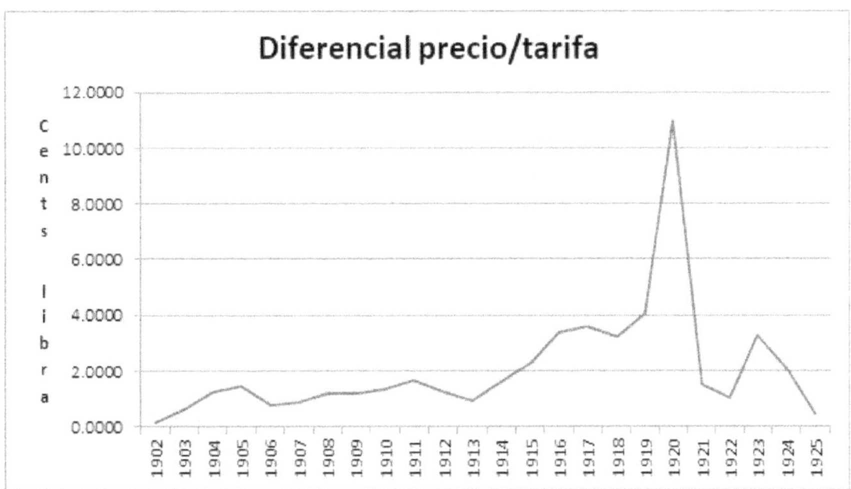

En el próximo gráfico se muestra el comportamiento de los precios promedios de la libra de azúcar, observándose claramente el desplome posterior a 1920 como consecuencia de la liquidación de la burbuja de las materias primas después de concluida la Primera Guerra Mundial.

Este período, Estados Unidos, que mantenían a Cuba en una condición de protectorado, comienzan a replegar sus responsabilidades al dejar la cooperación económica frente a la presión de los lobbies azucareros, elevando las tarifas de aduana en una coyuntura de caída de precios a sabiendas que provocaría un estrangulamiento de la economía cubana superespecializada en producir azúcar.

En el segundo próximo gráfico se observa el crecimiento sostenido de la producción de azúcar durante la segunda gran expansión de la industria azucarera cubana.

En el año 1925 Cuba tenía capacidad para producir más 6 millones de toneladas largas en la próxima zafra, lo cual hubiera provocado el derrumbe de los precios en el mercado mundial.

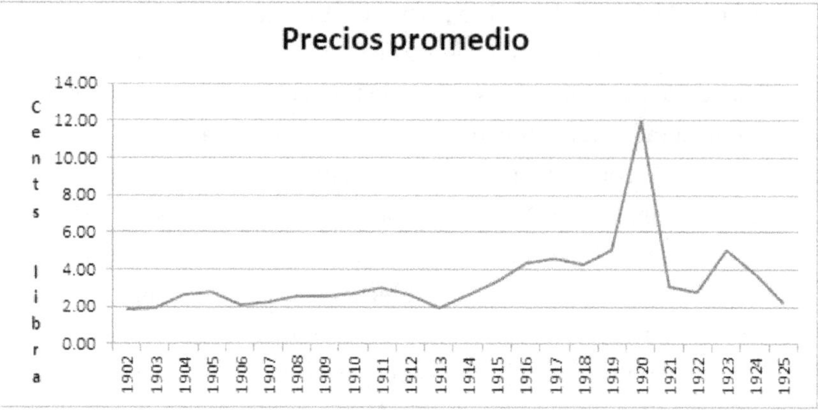

Fuente: *Anuarios azucareros de Cuba.*

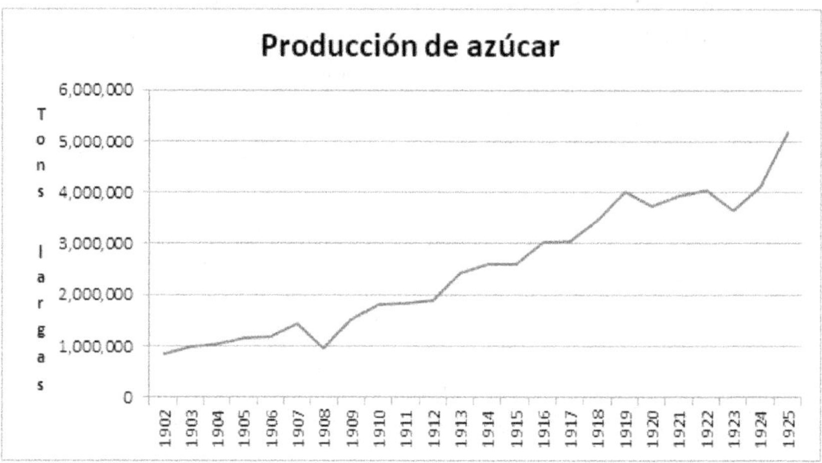

Fuente: *Anuarios azucareros de Cuba.*

Los factores de producción (tierra, capital, y labor) 1903-1925

Al comenzar la República se reconstruye el sistema de economía de plantación para lo cual se requería una gran cantidad de capital en primer lugar, y en segundo lugar de labor. Estos dos eran los factores escasos en la isla, especialmente el primero, ya que la Guerra de Independencia había prácticamente destruido todo el capital acumulado en la isla durante los tiempos coloniales.

El éxito de la restitución del modelo económico plantacionista estaría vinculado a la obtención de estos dos factores, o de lo contrario, la economía de Cuba se hubiera movido por un camino distinto, ya que no se podría integrar al mercado mundial, quedando fuera de la economía globalizada.

La abundancia del factor tierra obligaba a que la integración al sistema económico global tuviera lugar en función de producciones de alto consumo del factor tierra, o sea, productos de la agricultura o la ganadería, y Cuba estaba naturalmente dotada para producir azúcar, como lo había demostrado desde el siglo anterior. Toda la lógica económica inducía a la restauración de la plantación azucarera, y el modelo económico exportador, o Cuba quedaría al margen de los adelantos de la civilización.

En aquellos tiempos algunos consideraban que esa lógica económica iba en contra de una lógica social, pues conduciría a la desaparición de Cuba como nación a costa de alcanzar un mejor nivel de vida, especialmente para una reducida oligarquía nacional y extranjera.

Factores de producción[4] durante la segunda expansión azucarera 1902-1925: La tierra, y el inicio del latifundio azucarero

Cuando los norteamericanos realizan el Censo de 1899, consideraron que la industria azucarera controlaba 12, 784 caballerías de tierra que representaban el 1.8% de la tierra cultivable del país.

La productividad agrícola promedio en aquellos tiempos era de aproximadamente unas 70 a 72 mil arrobas de caña por caballería, y el rendimiento industrial de los centrales era como promedio aproximado un 10% de azúcar por el peso de la caña, o sea de 100 libras de caña se obtenían 10 libras de azúcar, por tanto, siendo la producción de la zafra de 1900 la cantidad de 300 mil toneladas largas de azúcar, serían necesarias 3 millones de toneladas largas de caña, lo que es igual a 268.8 millones de arrobas de caña, para lo que se necesitarían 3, 840 caballerías sembradas de caña. Teniendo en consideración que como promedio, la superficie sembrada era entre un 44 y un 46% de la superficie necesaria, quedando el otro 54% destinado a rotar cultivos, nuevos cultivos, pastos, e infraestructura y edificios, tendríamos que las necesidades de tierra de la industria azucarera en 1900, hubieran sido unas 8, 350 caballerías, o sea el 65% del área controlada.

Entre 1900 y 1925, la producción se multiplicó por más de 17 veces, en tanto las tierras controladas por la industria también se multiplicaron por 17 veces, pero el valor obtenido por caballería en 1900 fue de 96.21 dólares, y en 1925, a valores constantes del dólar de 1900, o sea descontando la inflación, el valor obtenido por caballería fue de 555.59 dólares, o sea 5.8 veces más que en 1900. El costo de oportunidad de la tierra dedicada a la producción de azúcar era cada vez más bajo, lo cual impulsaba a las compañías azucareras, sobre todo norteamericanas, a la compra de grandes extensiones de tierras, dando lugar así al latifundio azucarero, y al cultivo extensivo de la caña debido a la abundancia y bajo costo de la tierra.

En el año 1925, el azúcar controla casi el 32% de las tierras cultivables del país, en tanto produce el 37% del Ingreso Nacional.

Si consideramos que el latifundio está constituido físicamente por la cantidad de tierras controlada por el azúcar que no es necesaria para su producción, tenemos que esta fue creciendo desde algo más de 7 mil caballerías en 1913, a 38 mil en 1919, y a 81 mil en 1925, o sea el 11.5% de todas las tierras cultivables de Cuba podemos considerar que era el tamaño de latifundio azucarero en 1925.

Además, hay que tener en cuenta de que la productividad agrícola, o sea la cantidad de caña producida por caballería sembrada en 1899 era aproximadamente unas 72 mil arrobas de caña por caballería, y en 1925, el promedio había descendido a 63, 500 arrobas de caña por caballería, o sea un descenso de la productividad agrícola de casi un 12% en algo más de 25 años, lo cual sería alarmante en un país con menor abundancia de tierras que Cuba.

Los rendimientos decrecientes de la agricultura cañera eran propios de la práctica de agricultura extensiva que casi no empleaba regadíos, ni fertilizantes, basados en el hecho de que durante varios años, en muchos campos de caña no era necesario volver a sembrar.

La caída del rendimiento agrícola significaba que para producir la misma cantidad de caña, era

4. Los factores de producción son los insumos que se utilizan para la producción de bienes y servicios. Los productores transforman los factores de producción en bienes o servicios utilizando la tecnología que tienen disponible

Los factores de producción son cuatro; la tierra que está formada por todos los recursos naturales, la labor que incluye toda la fuerza de trabajo en sus diferentes capacidades, el capital que incluye todo lo que se crea por el hombre con el objetivo de producir bienes y servicios, un factor de producción intangible que es la capacidad empresarial constituida por las destrezas y conocimientos de los empresarios

Los factores naturales son la tierra y la labor, en tanto el capital y la capacidad empresarial son factores creados por el hombre, que se unen a los factores naturales para incrementar el resultado de la producción necesario mayor cantidad de tierras, lo cual estaba siendo compensado con un aumento del rendimiento industrial; en 1899 se estimaba el rendimiento industrial promedio era menos de un 10% del peso de la caña, y en 1925 el promedio nacional era de 11.33%.

La labor

Esta era una de las grandes limitantes para el crecimiento de la industria azucarera cubana al comienzo de la República.

La agricultura de plantación requiere grandes cantidades de labor de manera estacional, y la isla de Cuba, a lo largo de todo el período colonial, tuvo escasez relativa de labor, por lo que los renglones más importantes de su economía fueron actividades de bajo consumo de labor como la ganadería y el tabaco.

Cuando a fines del siglo XVIII, por la Revolución Haitiana de 1791, el precio del azúcar subió aceleradamente, Cuba tenía una pequeña industria azucarera cuya limitante fundamental era la labor.

Para superar la falta de labor se había recurrido desde comienzos de la colonización en el siglo XVI a la importación desde África de mano de obra esclava, por eso cuando el Apoderado del Ayuntamiento de La Habana, Francisco de Arango y Parreño escribió en 1792 su famoso "Discurso sobre la agricultura de La Habana y medios de fomentarla" señalaba como uno de los principales obstáculos al fomento de la agricultura habanera la falta de esclavos para trabajar las plantaciones cañeras y los ingenios azucareros.

Se levantaron por parte de la Corona Española las restricción a la Trata de esclavos, y comenzó la entrada de africanos a Cuba a un ritmo formidable, impulsando así la creación del sistema de plantación azucarera más grande del mundo en la década de 1860.

Con la persecución de la Trata, el precio de los esclavos comenzó a ascender, y en la medida en que mayores eran los ingenios, mayores dotaciones de esclavos eran necesarias en los campos de caña, por lo que la inversión en mano de obra se hacía prohibitiva para muchos hacendados que tenían que incurrir en ruinosos endeudamientos con comerciantes y tratantes de esclavos todos ellos peninsulares, por lo que cuando los precios del azúcar comenzaron a caer en la década de 1870, la gran mayoría de los ingenios de la isla se encontraban fuertemente endeudados y fueron pasando a manos de los peninsulares acreedores, así la industria azucarera de Cuba, en la segunda mitad del siglo XIX, debido a confiscaciones durante la Guerra de los Diez Años, o deudas, pasó de manos de criollos a la de peninsulares, que eran los dueños de todos los ingenios que sobrevivieron a la Guerra de Independencia de 1895-1898.

El fin de la esclavitud en Estados Unidos con la Guerra Civil, y la Guerra de los Diez Años en Cuba de 1868-1878, aceleraron el proceso de liquidación de la esclavitud en la isla que finalmente terminó en 1886, pero desde años antes había comenzado el proceso de sustitución de la manos de obra esclava por manos de obra libre o semilibre (*indentures*).

Este proceso tendría lugar en momentos muy desfavorables, pues el precio del azúcar se encontraba en franco declive desde mediados de la década de 1870. La industria azucarera había entrado en una fase de estancamiento, y la principal amenaza a la rentabilidad de la industria azucarera se convertía en la contracción en la oferta de labor, ya que los esclavos emancipados no querían trabajar en las plantaciones ni como asalariados, por lo que muchos migraron a las ciudades y pueblos, o hacia zonas despobladas de la isla para practicar una agricultura de subsistencia.

Desde 1857 Francisco Frías, Conde de Pozos Dulces, quien fuera uno de los líderes del movimiento reformista en Cuba, planteaba la necesidad de disminuir la dependencia de la economía cubana de los esclavos importados del África, proponiendo como solución promover la inmigración blanca europea que reemplazara a los esclavos en los campos de caña, y para ello era necesario la concesión de parcelas de tierra. El Conde de Pozos Dulces fue uno de los principales promotores del colonato como solución al problema de la mano de obra para la industria azucarera.

Después de la Guerra de los Diez Años, hasta el fin del gobierno colonial, entraron en Cuba aproximadamente unos 300 mil españoles, aliviando en gran medida la escasez de labor en la isla, pero dada la escasez de capital de muchos hacendados, el trabajo asalariado les resultaba incosteable, así que la solución que adoptaron algunos de ellos fue el dividir las operaciones de la industria azucarera; una parte industrial y otra agrícola. El ingenio compraba la caña a cultivadores independientes, y así nacieron el central y el colono al deshacerse la integración vertical de la industria azucarera que producía su propia materia prima. En aquellos momentos al nivel tecnológico de la industria azucarera, al hacendado le salía más barato comprar la caña que producirla en sus tierras, no por el valor de la tierra, si no por el valor de la mano de obra.

El sistema del colonato resultó ser la respuesta organizativa más racional, dado que el dueño del ingenio dejaba de ocuparse de la parte agrícola que requería desembolsos de capital importantes para contratar fuerza de trabajo en determinados momentos del año, capital que no tenía y con facilidades de crédito inexistentes, y por otra parte, el mantenimiento de tierras ociosas durante gran parte del año incrementando los costos fijos en la producción de azúcar. Como al colono se le pagaba en azúcar de acuerdo al peso de la cantidad de caña entregada al ingenio, las necesidades de grandes desembolsos de dinero en efectivo disminuían.

El historiador Cesar J Ayala en su libro *American Sugar Kingdom* plantea que "originalmente el sistema de colonato fue un colchón frente a la escasez de capital".

El surgimiento del colonato tuvo lugar de formas diversas; algunos propietarios de ingenios parcelaron sus tierras y las arrendaron a campesinos bajo contratos donde ellos sembrarían y abastecerían de caña al ingenio propietario de la tierra; también los ingenios establecieron contratos con propietarios de tierras adyacentes al ingenio, y también muchos hacendados cargados de deudas y sin capital para seguir operando ingenios, se dedicaron al negocio de plantar y vender caña bajo contrato a otros ingenios o sea, convertirse en colonos. Así se fue generalizando el sistema de colonato en Cuba como un elemento clave en la reorganización y transformación de la industria azucarera cubana entre fines de la década de 1870 a principios de la de 1890. Según Leland Jenks en su libro *Our Colony of Cuba* en 1887, o sea un año después de la abolición definitiva de la esclavitud, los colonos producían entre el 35 y el 40% de toda la caña en Cuba. Había surgido el sistema colonia-central como característica organizacional distintiva de la industria azucarera de Cuba.

Unido al sistema del colonato para abastecer de mano de obra las plantaciones azucareras se acudió también a importar estacionalmente a inmigrantes españoles peninsulares y canarios que después de 1880 comenzaron a entrar en grandes cantidades, muchos contratados para trabajar en las zafras. Se estima que entre el fin de la Guerra de los Diez Años y el comienzo de la Guerra de Independencia, entraron en Cuba unos 300 mil españoles con un elevado saldo migratorio de casi 35 de cada 100. Más de 19 mil trabajadores estacionales venían a Cuba procedentes de Canarias y España cada año, y unos siete mil quedaban permanentemente. Este influjo de trabajadores evitó la subida de los salarios en la industria azucarera que la escasez de labor hubiera provocado, y ayudó en gran medida a la reorganización y recuperación de la industria azucarera en la isla de Cuba a comienzos de la década de 1890.

Durante la ocupación norteamericana de la isla entre 1898 y 1902, las compañías norteamericanas comenzaron a construir grandes centrales en las provincias orientales de Camagüey y Oriente debido a la abundancia de tierra fértil y barata, a pesar de la poca disponibilidad de labor, a diferencia de las provincias occidentales, donde había una relación tierra/labor más favorable a esta última, por lo que la tierra era relativamente más escasa y cara. Por esta razón, los grandes centrales de las provincias orientales fueron resolviendo el problema de la escasez de labor con el colono dependiente, que era el campesino al cual el central le arrendaba tierras para que cultivara la caña para el central, que conservaba la propiedad de la tierra. El colono dependiente era más escaso en Occidente donde por lo general el colono era dueño de la tierra.

La industria azucarera tradicional, al comenzar el siglo XX se concentraba en el Occidente de la isla, con mayor concentración de colonos y de centrales más antiguos y pequeños, y donde los centrales poseían poca tierra propia, por lo que eran más dependientes de la caña sembrada por los colonos.

Las vastas extensiones de tierras plantadas en caña por los nuevos ingenios azucareros en las provincias orientales requerían cada vez más trabajadores agrícolas, y esta fuerza de trabajo no estaba disponible localmente, por lo que se recurrió a importar fuerza de trabajo de otras regiones del Caribe.

En los primeros años de la República, era reconocida la aguda escasez de fuerza de trabajo en Cuba, y la necesidad de promover la inmigración junto con la inversión de capitales extranjeros como única forma de alcanzar crecimiento económico, por tanto, la política laboral del gobierno cubano se encaminaba a promover la inmigración, ya que una inadecuada oferta de recursos laborales en la isla harían mucho menos atractiva la inversión extranjera en la misma, o sea, los dos aspectos se encontraban íntimamente ligados.

Pero la política laboral del gobierno cubano inicialmente se encontraba limitada por la Orden No 155 del 15 de mayo de 1902 firmada por el gobernador militar de Cuba Leonard Wood, que prohibía la inmigración de braceros, y como el Artículo IV de la Enmienda Platt establecía que se mantuvieran vigentes durante la República las disposiciones tomadas por el gobierno interventor, este decreto conservaba vigencia en Cuba, así que la política de puertas abiertas a la inmigración se limitaría solamente a la raza blanca, pero las necesidades crecientes de labor terminaron quebrando estas disposiciones, y los intereses azucareros norteamericanos en 1906 y en 1910 obtuvieron permiso para importar trabajadores bajo contrato desde las Islas Canarias, y después, en 1913 las compañías azucareras empezando por la Nipe Bay Co, tuvieron éxito en la aprobación de permisos para traer a trabajar en las plantaciones azucareras a mil trabajadores provenientes de las Antillas bajo la condición de que regresarían a sus países al concluir la zafra. Aquí comenzó la Era de importación de braceros antillanos para abastecer de labor a los campos de caña de Cuba, que duraría hasta el final de la expansión azucarera en 1929.

Cuba se caracterizaba no solamente por la escasez de labor, si no también por la desigual distribución regional de la misma. En las provincias occidentales había más fuerza de trabajo residente para las plantaciones, mientras que en las provincias orientales de Camagüey y Oriente la población era escasa, o sea una gran cantidad de tierras vírgenes disponible y una muy escasa disponibilidad de labor.

Esta circunstancia hizo que en las regiones del Oriente de Cuba se construyeran los grandes centrales norteamericanos que requerirían decenas de miles de trabajadores para las plantaciones, y esto se empezaría a resolver a partir de 1913 con la autorización de importar braceros desde otras islas del Caribe.

El flujo de inmigrantes estacionales disminuyó para los europeos durante la Primera Guerra Mundial, pero se incrementó para los provenientes de las islas del Caribe.

Entre 1915 y 1925 estuvieron entrando en Cuba un promedio anual de 15 mil haitianos y 5 mil jamaiquinos de los cuales muchos no regresaban a sus países de origen.

Inmigración haitiana a Cuba 1915-1929:

Año	Migrantes	Año	Migrantes
1915	23,300	1922	10,20
1916	4, 900	1923	20,100
1917	10,200	1924	21,500.
1918	11, 00	1925	23,000
1919	7, 300	1926	21,600
1920	30, 00	1927	14,000
1921	17,600	1928-29	5,500

Fuente: "American Sugar Kingdom" Cesar Ayala.

En 1899, las autoridades norteamericanas estimaron en 9.5 a 10 trabajadores por caballería de caña plantada, por lo que en esa zafra 1899-1900, fueron necesarios en las labores agrícolas de la caña aproximadamente unos 80.700 trabajadores que representarían un 13% de la fuerza de trabajo total del país.

El historiador Fletcher Willis Johnson planteaba que:

"Durante los años recientes, la labor en los campos de caña ha sido difícil de asegurar en Cuba, y desde comienzos de la guerra europea (Primera Guerra Mundial), los salarios de los cortadores de caña han subido desde un promedio de 1.25 dólares diarios, a 2.50 y aún hasta 3 dólares. Cuba nunca ha tenido suficiente labor residente para abastecer las enormes zafras azucareras. Miles de hombres son traídos desde las Islas Canarias, las West Indies, y la mayoría de esos trabajadores retornan a sus hogares al final de la zafra. La labor juega un papel muy importante en los costos de producción del azúcar, y en gran medida determina las ganancias de la industria".

En 1925 se había logrado una mejor organización y mayor rendimiento de la fuerza de trabajo agrícola en la industria azucarera cubana, ya que la cantidad de trabajadores necesarios por caballería de caña cosechada fue de 5.7 hombres, por lo que se necesitaron unos 360 mil hombres en las diversas labores de los campos de caña durante 107 días efectivos, por lo que la agricultura cañera ocupó el 32% de la fuerza de trabajo del país.

Como hemos analizado, la producción en 1925 fue algo más de 17 veces la de 1900, pero solamente utilizó una fuerza de trabajo agrícola 4.5 veces mayor, lo cual implica una reducción significativa de costos, ya que los sueldos y salarios constituían el rubro mayor dentro de la estructura de costos de la industria azucarera.

Pero debido a la escasez general de labor, a pesar de la inmigración, los salarios pagados en Cuba a los trabajadores agrícolas de la caña eran los más altos en toda la Cuenca del Caribe.

Los salarios en la industria azucarera cubana dependían de la región y del tamaño del central. En 1913 cuando empezó la inmigración antillana, en el Occidente la fuerza de trabajo era más abundante y consiguientemente más barata. Los salarios de los trabajadores agrícolas de la caña, en Pinar del Rio ganaban 92 centavos diarios, en tanto en Camagüey ganaban 1.17 dólares al día; en La Habana y Matanzas un promedio de 1.01 dólares diarios, y en Las Villas y Oriente promediaban 1.07 dólares.

Los salarios de los trabajadores en los centrales eran más altos; en La Habana ganaban 1.27 dólares diarios, y en Oriente 1.17 dólares diarios.

Durante la Primera Guerra Mundial los salarios subieron, y en 1919 en algunos centrales de Camagüey y Oriente se pagaba hasta 2.00 dólares por un día de 9 horas.

En la zafra de 1919, un trabajador podía acumular ingresos de unos 300 dólares en los cuatro meses y medio que duró la zafra.

A partir de 1921, con la caída de los precios del azúcar, y el incremento en el flujo de braceros antillanos, los salarios comenzaron a deprimirse, sobre todo en las provincias orientales que ya en aquellos momentos se habían convertido en el centro de la producción azucarera de Cuba.

El colono: 1902-1925

A fines de la década de 1910, el citado historiador norteamericano Fletcher Willis Johnson escribía:

> En Cuba existen dos sistemas de producir caña conocidos respectivamente como de administración y de colonos.
>
> Bajo el sistema de administración menos del 10% de la caña actualmente producida es bajo este sistema, donde el dueño del central corre con todos los gastos y administración de las tierras y los cultivos.
>
> El 90% de la caña producida es bajo el sistema de colonato.
>
> El colono planta la caña y la vende al central. El colono como promedio recibe un 6.25% del peso de la caña entregada en azúcar, o en su valor efectivo, o sea que por cada 100 libras de caña recibe 6.25 libras de azúcar como promedio, o su valor de acuerdo a los precios del mercado, por tanto, con el rendimiento industrial promedio de 11.25%, le quedan 5 libras de azúcar al central, sin embargo cualquier aumento en el rendimiento industrial le queda enteramente a la empresa.
>
> El central corre con todos los riesgos, además del riesgo de financiar a los colonos, pero a pesar de todas estas desventajas, el sistema de colonato prevaleció probablemente por un tiempo debido a las condiciones laborales existentes.
>
> Como resultado la eficiencia ha caído, y la única solución para esta situación desfavorable depende de la provisión continua de labor.
>
> Las condiciones naturales se combinan a favor de la producción de azúcar en Cuba, pero métodos atrasados y antieconómicos han prevalecido en el tratamiento de los suelos y el cultivo de la caña.
>
> Bajo un sistema de cultivo más intensivo, con una mejor selección de semillas, y un mayor empleo de fertilizantes e irrigación, la posición de Cuba como el mayor y más eficiente productor de azúcar del mundo quedaría asegurada.

Debido a que el grueso de la industria azucarera tradicional, o sea anterior a 1900, se encontraba en las provincias occidentales, fue en esta región donde estaba concentrado el colonato; los ingenios estaban ubicados en medio de muchos colonos dueños de sus tierras con los cuales los centrales tenían que negociar los contratos para el abastecimiento de cañas.

En la zafra de 1913-14, el 54% de la caña molida por ingenios fundados antes de la abolición de la esclavitud fue cosechada por colonos independientes. En los ingenios establecidos entre 1880 y 1898 los colonos independientes cosecharon el 35% de la caña que molieron, y en los ingenios establecidos Después de 1900, los colonos independientes cosecharon solamente el 14% de la caña que molieron. Los nuevos ingenios dependían cada vez menos de la caña de los colonos independientes, y esto sucede así pues el colonato independiente fue un producto de la economía azucarera anterior a 1898, pero en la medida en que las condiciones demográficas y técnicas que dieron lugar al colonato como forma de organización del abastecimiento de la caña a los centrales fueron cambiando, el colonato dejaba de ser una solución eficiente.

Como hemos explicado, el colonato fue las solución al problema de la escasez de capital, y de labor después de abolida la esclavitud.

Las provincias occidentales de La Habana, Matanzas, y el oeste de Las Villas debido a que constituían el país azucarero tradicional, núcleo de la industria en el siglo XIX, concentraban la mayor cantidad de colonos independientes, o sea dueños de sus tierras, la mayor concentración de centrales, y por tanto el mercado de la caña era mucho más competitivo, convirtiéndose en un mercado de vendedores (los colonos). Los contratos en general lo confirman.

Según Fletcher Willis Johnson[5] -como anteriormente explicamos- en 1919, el colono promedio recibe un 6.25% en azúcar, del peso de la caña entregada, o sea que por 100 libras de caña entregada al central, el colono recibirá 6.25 libras de azúcar o su equivalente al valor de la libra de azúcar.

En el año 1919, el rendimiento industrial como promedio fue de 11.13% o sea que lo que le quedaba al central era un 4.88% del azúcar producida, o sea 4.88 libras por 100 libras de caña molidas.

En las regiones orientales, que como explicamos es donde comienzan a asentarse los nuevos centrales propiedad de compañías extranjeras, estas inicialmente tratan de abastecerse de la caña plantada en sus vastas extensiones de tierra, pero debido a la escasez de labor les resulta muy caro el abastecimiento de caña para sus crecientes capacidades, además de los problemas que surgen del manejo de grandes cantidades de trabajadores, por lo que buscarán una solución intermedia entre el colono independiente y el trabajador asalariado, que es el colono dependiente, al cual el central le arrienda una parcela de tierra bajo estrictas especificaciones contractuales para el abastecimiento de caña al central, y de esta forma el central no se ve sometido a la competencia de otros centrales por la caña como sucede en el Occidente de Cuba con el consiguiente encarecimiento de la caña. De esta forma la solución intermedia del colono dependiente será la más utilizada en los nuevos centrales de las zonas orientales que disponen de grandes extensiones de tierra, y comienza igualmente a generalizarse en los centrales del Occidente.

En la tabla siguiente se puede ver el descenso de la participación del colono independiente, y de la caña de administración, unida al incremento del colonato dependiente que fue la solución a la que tendía la industria azucarera en Cuba.

Entre 1905 y 1925 se puede observar una fuerte tendencia también hacia la verticalización de la industria azucarera, o sea a controlar el abastecimiento de caña a través de la caña plantada en las tierras del central o sea lo que se llama caña de administración, y en la caña producida por el colono dependiente que cultiva las tierras que le arrienda el central.

En el año 1905, los centrales se abastecieron en un 63.4% de la caña cultivada en sus tierras (caña de administración y de los colonos dependientes), y el 30.3% fue producida por colonos independientes. En 1929 la proporción era de 84.2% del central, y 18.3% del colono independiente; una contracción de un 20.8% de la participación de los colonos independientes en el abastecimiento de caña a los centrales.

En el sistema establecido en los contratos entre colono independiente y central, este último tendrá interés en aumentar los rendimientos industriales obteniendo más jugo de cada caña, y más azúcar por cantidad de jugo. Para esto se requerían importantes inversiones en nueva tecnología, y el desarrollo de nuevas variedades de caña, y estos eran gastos en que incurría el central, y por tanto formaba parte exclusiva de sus ganancias.

5. The History of Cuba Tomo V 1920 Fletcher Willis Johnson

Abastecimiento de caña por tipo de contrato expresado en %.

Provincia	**Año**	**Caña de Admon. del central**	**Colonos indpendientes**	
Toda Cuba	1905	30.3	33.1	36.5
	1913	13.4	56.9	29.7
	1929	18.3	65.9	15.7
Pinar del Rio	1905	27.8	30.5	41.7
	1913	18.7	44.3	37.0
	1929	24.6	46.8	28.6
La Habana	1905	22.6	38.0	39.4
	1913	8.8	50.3	40.9
	1929	12.6	74.5	12.9
Matanzas	1905	27.4	35.2	37.3
	1913	8.1	46.8	45.1
	1929	4.5	58.9	36.5
Las Villas	1905	24.6	26.4	49.0
	1913	16.1	50.6	33.3
	1929	11.5	70.5	18.0
Camagüey	1905	55.5	43.5	1.1.
	1913	10.6	79.2	10
	1929	14.5	77.1	8.4
Oriente	1905	41.9	40.4	17.6
	1913	17.6	72.1	10.3
	1929	32.7	55.0	12.3

Fuente : "Cuban Sugar in the Age of Mass Production" Alan Dye.

El colono independiente por su parte, su único interés se encontraba en el incremento de los rendimientos agrícolas, o sea más arrobaje de caña por caballería, lo cual se lograría a partir del uso de regadío y fertilizantes, además de los mayores ahorros posibles en labor.

El colono dependiente es una solución intermedia a la escasez de labor, en tanto el central puede acometer mejoras en sus tierras con el objetivo de incrementar la eficiencia en el sector agrícola de la producción de azúcar, y además, con el colonato dependiente, la caña le sale mucho más barata al central, pues le descuenta al colono el arrendamiento de la tierra, y las mejoras que haga en la misma.

Estas son las principales razones por las que vemos que en el país, el colonato dependiente se impone como la solución más eficiente en el abastecimiento de la caña.

Hay que señalar que los nuevos centrales que estaban construyendo las compañías norteamericanas en las zonas orientales, todos iban a la integración vertical, o sea la producción de sus necesidades de caña en sus propias tierras, sin depender del colono independiente.

La división del trabajo dentro de la industria azucarera fue un tipo de organización eficiente en un contexto de escasez de mano de obra, de capitales, y de transformación tecnológica, pero para las grandes corporaciones norteamericanas esas condicionantes habían dejado de existir, por lo que trataban de buscar mayor eficiencia en la integración vertical de la producción de azúcar, por tanto, el colonato como institución característica de la producción de caña en la industria azucarera cubana tendía a desaparecer debido a su creciente ineficiencia.

Una de las mejoras técnicas más importantes introducidas en los centrales fue la construcción de ferrocarriles privados internos que les permitía a los centrales controlar mayores extensiones sembradas de sus propias cañas, ya fueran de administración, ya fueran de colonos dependientes.

La Cuba Cane Corp., la compañía azucarera más grande de Cuba y del mundo en esos años, tenía 17 centrales de los cuales trece se encontraban en zonas de alta densidad de colonos independientes, y por tanto con una mayor dependencia del abastecimiento de caña por parte de estos que sus otros cuatro centrales ubicados en las zonas orientales, y se demostró en una auditoría una enorme diferencia en los costos unitarios de producción entre los centrales ubicados en el Occidentes, donde los costos eran muy superiores con respecto a los ubicados en las zonas orientales, que producían en mucha mayor medida su propia caña, y la diferencia se encontraba en el costo de la caña que resultaba mayor en el Occidente.

Se calcula que los rendimientos agrícolas promedio desde 1878 a 1929 disminuyeron desde 80 mil arrobas de caña por caballería, a 50 mil arrobas de caña por caballería, o sea una disminución de un 38%, y en muchas plantaciones de Occidente, que eran la tierras azucareras más viejas y con mayor densidad de colonato independiente, apenas alcanzaban las 30 mil arrobas de caña por caballería.

En un contexto de precios declinantes y proteccionismo en ascenso después de 1921, que disminuían las ganancias de los dueños de los centrales, la reducción de costos se hacía imperativa, por lo que se aceleró el proceso de verticalización de la industria azucarera.

Los rendimientos agrícolas decrecientes ponían al colonato independiente en un situación muy vulnerable, y especialmente al pequeño colono independiente.

El rendimiento agrícola promedio estimado en la zafra de 1914 fue de 54, 413 arrobas de caña por caballería, y en 1929 fue de 54, 682 arrobas por caballería, o sea que se mantuvo estable pero el rendimiento industrial promedio en 1914 fue de un 11.13% de azúcar por unidad de peso de la caña, y en 1929 fue de 12.31%, o sea un aumento sensible del rendimiento industrial promedio que implicó un elevado nivel de inversión de capital en la parte industrial. En 1914, con los rendimientos agrícolas e industriales de ese año se produjeron 67.6 toneladas largas de azúcar por caballería, que a los precios promedio de ese año representaron 3, 997.59 dólares por caballería, y en 1929 se produjeron como promedio 75.1 toneladas largas de azúcar por caballería, que a los precios promedio de aquel año representaron 2, 893.45 dólares o sea un 27.6% menos por caballería a pesar del incremento en los rendimientos industriales con la inversión que ello implicó.

La caída de los rendimientos agrícolas entre 1878 y 1929 fue ampliamente compensada con el aumento de los rendimientos industriales que se incrementaron desde un 5.5% del peso de la caña en 1878, a un 12 y hasta un 13% en los centrales más tecnológicamente avanzados.

En 1878, con un rendimiento agrícola de 80 mil arrobas de caña por caballería, se obtenían 4, 400 arrobas de azúcar, y en 1929 con un rendimiento agrícola de 50 mil arrobas de caña se obtenían 6, 155 arrobas de azúcar, o sea un 40% más de azúcar. Fue el resultado de la Segunda Revolución Industrial azucarea, pero la diferencia iba a parar íntegramente al hacendado y las compañías azucareras.

En un análisis de los costos unitarios comparados que aparece en el libro del profesor Alan Dye *Producción en masa del azúcar cubano* entre Cuba, Hawaii y Java, en el año 1914 el costo de la caña dentro del costo unitario total fue del 74.3%, y en 1922 fue el 46% una disminución en el costo relativo de la materia prima del azúcar, pero desde el punto de vista absoluto, el costo de la caña fue un 15% mayor en 1922 que en 1914. Por otra parte, el precio de la caña en 1914 fue un 38.3% del precio del azúcar, en tanto en 1922 fue un 41.4%, lo que indica el aumento de lo que se estaba pagando al colono independiente por la caña que entregaba al central, en momentos en que los precios de la libra de azúcar en 1922, a precios constantes de 1937 fueron un 36.5% menores que en 1914.

Entre 1914 y 1922, los costos unitarios promedio del azúcar en Cuba subieron un 84.6%, en tanto los precios de 1922 fueron solamente un 6% mayores que los de 1914. Como se comprenderá, los centrales buscaban desesperadamente reducir los costos de la materia prima y de los salarios.

El libro de Ramiro Guerra *Azúcar y población en las Antillas* iba dirigido fundamentalmente a alertar acerca del peligro social que representaría para Cuba la desaparición del colono independiente, y especialmente del pequeño colono independiente que él denomina "labrador", que es el colono que no emplea mano de obra y produce menos de 50 mil arrobas, frente al avance del latifundio azucarero, y sobre todo al perteneciente a compañías extranjeras.

Guerra consideraba que el pequeño colono es el verdadero depositario de los valores de la nacionalidad cubana, lo que él llama "la sal de la tierra", y su desaparición debilitaría completamente a la nacionalidad, por lo que propone detener la expansión del latifundio azucarero, y detener la entrada de braceros que abaratan la caña de los centrales, y envilecen los salarios, para así obligar a que los centrales compren la caña producida por los colonos.

> El sistema de colonato en tierras de la compañía latitudinaria no puede evitar el aniquilamiento de la clase agricultora cubana. La compra de tierras por los ingenios no ha respondido a otra necesidad que a la de reducir o acabar con la competencia entre las fábricas para la obtención de la materia prima, y limitar las ganancias del cultivador.
>
> Todos los riesgos corren por cuenta del colono; sequías, incendios, caña quedada, restricción de la zafra, bajas de precios, etc..
>
> El sistema de colonato actual es un diabólico invento. Contra él los colonos no tiene más que dos armas posibles; la asociación (sindicalización), para obtener condiciones menos onerosas hasta que la compañía pueda prescindir de ellos y siembre la caña por administración, o *la intervención del Estado para fijar por ley una distribución más equitativa de las ganancias de la industria.* (el subrayado es mío).

En aquellos años en que se publica este ensayo, el 65% de todos los colonos eran labradores de acuerdo a la clasificación de Guerra, pero producían solo el 3% de toda la caña, en tanto los grandes colonos que cosechaban más de medio millón de arrobas, producían el 40% de toda la caña, lo cual nos indica que la producción de caña se había convertido en una verdadera empresa capitalista la cual se encontraba en manos de cubanos. Estaba teniendo lugar un proceso de concentración de la producción de caña paralelo al de la producción industrial, aunque más lento debido a la poca capitalización de la agricultura cañera. De continuar este proceso -a diferencia de lo que creía Guerra- desembocaría en una mayor eficiencia en el sector agrícola de la producción de azúcar donde el gran colono independiente competiría en precio y calidad con el colono dependiente y con la caña de administración, en el abastecimiento de caña al central. Este proceso se encontraba en marcha a mediados de la década de 1920, pero fue interrumpido por la crisis azucarera y por las regulaciones que condujeron a la creación del cártel azucarero a partir de 1926.

Azúcar y población en las Antillas, más que un análisis económico, es una análisis social, y sus propósitos van dirigidos a alertar acerca de las consecuencias sociales de la expansión del latifundio, y no de sus consecuencias económicas.

La intención de Ramiro Guerra era crear una clase media rural como tiene lugar con otro tipo de productos agrícolas, como es el tabaco o el café. o incluso el arroz, que son cultivos que pueden ser desarrollados en pequeñas y medianas propiedades de manera eficiente, y que producen sociedades más estables donde la riqueza está menos desigualmente distribuida, ya que en las sociedades de economía de plantación se crea una estructura social enormemente desigual, con una élite de plantadores en lo alto que recibían una parte desproporcionada de la riqueza de la sociedad, una masa de campesinos proletarios en la base, y una clase media muy débil y estrecha, supeditada a los vaivenes de la economía de plantación.

Esta era la sociedad cubana que vio Ramiro Guerra en la Cuba de mediados de los años 20, y que de continuar expandiéndose, si no se le ponía freno a partir de la acción del Estado, nuestra sociedad se asemejaría - según él- al resto de las sociedades de las Antillas.

La propuesta de Ramiro Guerra, que luego en la década de 1930 se haría realidad a partir de la Ley de Coordinación Azucarera de 1937, proponía sacrificar la eficiencia de la industria azucarera a cambio de un proyecto social que buscaba crear una clase media rural artificial dentro de una economía de plantación, lo que implicaría una enorme redistribución de riquezas.

Como promedio estimado, los precios de la caña fueron los siguientes:
1904: 3 centavos x arroba de caña.
1913: 2.4 centavos x arroba de caña.
1919: 6.3 centavos x arroba de caña.
1925: 2.9 centavos x arroba de caña.
En 1904 el costo de la caña fue el 46% del valor de la libra de azúcar.
En 1913 el costo de la caña fue el 44.8% del valor de la libra de azúcar.
En 1919 el costo de la caña fue el 44.7% del valor de la libra de azúcar.
En 1925 el costo de la caña fue el 45.7% del valor de la librea de azúcar.

Con la reducción de los costos laborales, los centrales podían sembrar sus propias cañas a un costo muy inferior al que tenían que pagar al colono, por lo que la tendencia era hacia la eliminación del colono.

En una relación de costo-beneficio que es el análisis económico, el costo del colonato independiente en la década de 1920 era bastante mayor que los beneficios en el agregado de la economía azucarera, o sea el costo de oportunidad de mantenerlo era muy alto; no existía ninguna ventaja comparativa, pero la propuesta de Guerra partía de un análisis desde el punto de vista social, al considerar que el costo social de la desaparición del pequeño colono independiente sería mucho más alto para la nacionalidad cubana que el beneficio visto desde el ángulo económico.

Lamentablemente, la tesis de Ramiro Guerra sería enormemente influyente en los años posteriores, sobre todo cuando la política cubana se encaminó hacia la construcción de un Estado socialdemócrata.

El capital

El azúcar de caña, fue el producto de la agricultura tropical que experimentó el mayor cambio en la tecnología de su producción; fue el mayor receptor de los adelantos de la Revolución Industrial. El café, el cacao, el tabaco, el té, y otros productos tropicales recibieron mucho menos procesamiento antes de ser un producto listo para consumir.

Con el azúcar cambia el esquema típico de los países tropicales produciendo materias primas que se envían a los países industrializados para ser procesadas y convertirlas en productos terminados listos para el consumo. Ni la caña, ni el jugo de la caña, por su misma naturaleza pueden ser exportados, por tanto, las industrias procesadoras tienen que ir a donde está la caña cultivada, y esto supone una enorme diferencia para los países tropicales donde se cultiva la caña, pues surge en ellos una producción industrial que requiere enormes inversiones de capital, y eleva la productividad general del país, y consiguientemente los salarios reales y los estándares de vida en general que se ven afectados en la medida en que la industria azucarera no se convierta en un enclave aislado del resto de la economía.

Esta característica, las excepcionales condiciones naturales para producir azúcar, la cercanía geográfica al mercado más grande del mundo, Estados Unidos, y los altos precios que alcanza el azúcar durante todo el siglo XIX hasta aproximadamente 1875, convirtieron a la isla en el primer productor mundial, recibiendo grandes inversiones de capital y los últimos adelantos de la Revolución Industrial.

La guerra de independencia destruyó gran parte del capital acumulado en la industria azucarera. Al comenzar la ocupación norteamericana, en la isla no existía capital financiero como para restaurarla.

La producción de 1895 volvió a ser alcanzada en 1904, pero ahora con solamente 179 ingenios, de 570 que molieron en la zafra de 1895. La productividad promedio por central en 1895 fue de unas 1, 834 toneladas largas, y en 1904 fue de 5, 811 toneladas largas, o sea un salto en la productividad de un 216%. Esto solo puede lograrse en tan poco tiempo (1899-1904) con la introducción de la más moderna tecnología a partir de importantes inversiones de capital.

Entre 1898 y 1902 comenzó a fluir el capital desde Estados Unidos, financiando la reconstrucción de algunos ingenios y construyendo otros nuevos. Entre 1898 y 1906, según Leland Jenks, entraron a Cuba unos 30 millones de dólares de inversión directa norteamericana, y el monto total de capital norteamericano invertido en el azúcar ese año alcanzaba también la cantidad de 30 millones de dólares.

El historiador Leland Jenks en su libro plantea que en 1905, los norteamericanos poseían 29 centrales, lo cual constituía el 16% de los centrales que existían en aquellos momentos, y produjeron el 21% de la zafra, lo cual equivale a 244, 284 toneladas largas, y en 1914 poseían 40 centrales que significaban el 22.6% de los centrales que existían en aquellos momentos, y produjeron el 35% de la zafra equivalente a 909, 206 toneladas largas.

Entre 1905 y 1914, la industria azucarera continúa su proceso de concentración con la desaparición de centrales anticuados poco eficientes. En 1905 molieron en la zafra 181 centrales, y en 1914, 177.

Analizando estas cifra que nos proporciona Jenks, tenemos que en 1905, los centrales de propiedad norteamericana produjeron como promedio 8, 424 toneladas largas de azúcar, mientras que el promedio de producción de los otros centrales fue de 6, 045 toneladas largas, o sea la productividad por central norteamericano era casi un 40% superior a la del resto de los centrales lo cual indica su mayor nivel tecnológico y de capitalización.

Haciendo el mismo análisis para el año 1914, tenemos que los centrales norteamericanos produjeron un promedio de 22, 730 toneladas largas de azúcar por central, lo que representó un salto extraordinario en la capacidad de producción en relación con 1905.

El promedio de producción de los centrales pertenecientes a cubanos y otras nacionalidades fue de 12, 325 toneladas largas. Los centrales norteamericanos eran un 84.4% más productivos.

La inversión norteamericana en la industria azucarera de ese período no solo fue cuantitativa, si no que representó un enorme avance en la capacidad de producción promedio por central.

La primera inversión azucarera norteamericana en la isla de Cuba fue la compra del Central Soledad en 1883 por parte de Edwin Atkins. pero en el año 1911, la inversión norteamericana en la industria azucarera alcanzaba los 50 millones de dólares. Para esa fecha el valor total de la industria azucarera se puede estimar entre 150 y 170 millones de dólares, por lo que los norteamericanos estarían en posesión de una tercera parte de la, industria aunque sus centrales eran los más grandes y productivos ya que pertenecían a corporaciones norteamericanas con enorme disponibilidad de capital. Los centrales Chaparra, Delicias, Boston, Preston, etc. se encuentran entre los más grandes del mundo en aquellos tiempos, pero la gran expansión tendrá lugar después de 1914.

Según el historiador Cesar Ayala,

> ...los nuevos centrales pertenecientes a las corporaciones norteamericanas fueron considerablemente más grandes que el promedio de los centrales pertenecientes a propietarios cubanos. La Punta Alegre Sugar Co poseía seis nuevos centrales que produjeron como promedio en la zafra de 1928-1929, 55 mil toneladas largas cada uno. El Central Violeta de la Cuba Cane produjo 63 mil tonelada largas en 1929. Los dos centrales pertenecientes a la American Sugar Refining Co; el Cunagua produjo 75, 534 tonelada largas, y el colosal Jaronú 104, 940 toneladas largas.

La Primera Guerra Mundial impulsó la expansión de los grandes centrales norteamericanos en las provincias orientales. Los nuevos centrales no norteamericano construidos después de 1916 producían un promedio de 19 mil toneladas largas, y los norteamericanos unas 57 mil toneladas largas.

Durante y después de la Primera Guerra Mundial apareció en Cuba un nuevo tipo de coloso industrial. Entre 1916 y 1919, las grandes corporaciones azucareras norteamericanas construyeron: la Punta Alegre Sugar Co construyó 6 centrales, la Cuba Cane un central, la American Sugar Refining Co dos centrales; la General Sugar Co cuatro centrales; Manuel Rionda dos centrales, y Hershey Corp. un central, con un promedio de producción por central de 62, 321 toneladas largas en 1925.

En el año 1915 la compañía norteamericana Cuba Cane compró 17 centrales a un promedio de 17 dólares el saco de 325 libras. A partir de este dato se puede estimar el valor total de la industria azucarera cubana entre 320 y 350 millones de dólares, de la cual la propiedad norteamericana era aproximadamente el 40%, lo que es equivalente a unos 135 millones de dólares.

Entre 1913 y 1919 los precios aumentaron 2.5 veces por lo que la inversión de capitales en la industria azucarera cubana se incrementó a un paso casi frenético construyendo nuevos centrales, y ampliando las capacidades de los existentes; la capacidad de producción promedio por central entre 1913 y 1919 aumentó en un 6% anual. Un central promedio en 1919 tenía un 41% más capacidad productiva que uno de 1913. En 1913 de 14, 285 toneladas largas, y 20, 251 en 1919.

En 1919 los norteamericanos eran dueños de casi el 50% de la industria azucarera de Cuba, con valor estimado de unos 450 millones de dólares; más del 26% de todo el capital acumulado en la isla.

El levantamiento de los controles de precios que se habían mantenido en vigor durante los años de la guerra mundial en 1919, y la enorme expansión de dinero fiduciario en las principales potencias participantes en el conflicto para financiar el esfuerzo bélico, entre ellas Estados Unidos, dio lugar a un súbito incremento de los precios del azúcar provocando una verdadera fiebre especulativa. En mayo de 1920 los precios del azúcar habían superado los 20 centavos la libra, y a partir de ese momento comenzaron a caer precipitadamente, dando lugar a que reventara la burbuja especulativa que se llamó las Vacas Gordas. En octubre de ese año tuvo lugar una corrida bancaria que llevó al gobierno de Mario García Menocal a decretar una moratoria bancaria que duraría hasta el siguiente año 1921, llevando a la ruina a gran parte de la banca cubano-española.

En diciembre de 1920 los precios del azúcar habían caído más de un 95% con respecto a los precios de mayo, con la consiguiente ruina por insolvencia al no poder pagar sus deudas muchos dueños de centrales azucareros cubanos. Estos centrales fueron comprados por compañías norteamericanas, o pasaron a manos de bancos norteamericanos tenedores de las deudas impagables. La mayoría de la industria azucarera de Cuba quedó en manos norteamericanas.

La inversión norteamericana en el azúcar, fundando nuevos centrales y expandiendo las capacidades de otros existentes continuó aumentando, y en el año 1925, alcanzaba los 629 millones de dólares, constituyendo el 52.6% del total de su inversión directa. Los norteamericanos eran dueños del 64.5% de toda la industria azucarera de Cuba, cuyo valor total se estima oscilaba entre 950 y 975 millones de dólares, de los cuales los hacendados cubano-españoless poseían aproximadamente entre 150 y 175 millones de dólares.

La inversión norteamericana en la industria azucarera durante el primer cuarto del siglo XX, los llevó a controlarla casi completamente. Según Oscar Pino Santos, en 1906 los centrales norteamericanos produjeron el 15% de la zafra de aquel año, o sea unas 176.8 miles de toneladas largas. En 1918 produjeron el 48.4% de la zafra, equivalente a 1 millón 811 mil toneladas largas, y en 1928 su participación se había elevado al 73%, equivalente a 2 millones 950 mil toneladas largas.

En este período tiene lugar un cambio muy importante en la estructura de la industria azucarera; primero continúa la concentración de la cantidad de centrales en un 6.6%, ya que dejan de moler 16 centrales pequeños que producían menos de 100 mil sacos de 325 libras, y por otra parte -como vimos- aumentó la capacidad productiva de la industria.

Los centrales pequeños producen menos de 100 mil sacos de 325 libras por zafra; los medianos entre 101 mil y 300 mil sacos, y los grandes más de 301 mil sacos. En 1919 hay operando un coloso que produce más de 600 mil sacos, y en 1925 hay seis.

Estructura productiva de la industria azucarera.

Año	Pequeños	Medianos	Grandes	Total
1919	88	89	19	196
	44.9%	45.4%	9.7%	
1925	47	99	37	183
	25.7%	54.0%	20.3%	

El gran salto en la inversión de capitales en la industria azucarera tuvo lugar entre 1919 y 1925, que fue el período en que la industria azucarera europea se recuperó, y comenzaron a descender los precios. Entre 1919 y 1925, la producción mundial de azúcar creció un 56% y los precios cayeron un 56% por lo que la elasticidad de la demanda se mantuvo unitaria, pero después de 1923 ya se hacía evidente que de continuar aumentando la producción los precios comenzarían a caer proporcionalmente más que el incremento de la demanda, a lo que se sumaba el aumento de los derechos de aduana en Estados Unidos que reducía cada vez más los márgenes de ganancias de los productores.

En la evolución de la estructura regional de la industria azucarera podemos observar el impacto que tuvieron las grandes inversiones norteamericana en este período de tiempo entre 1902 y 1925.

Producción regional expresado en % del total.

Año	Occidente	Oriente
1902-03	44.94	55.06
1913-14	35.37	64.63
1919-20	30.04	69.76
1925-26	21.88	78.16

Fuente: *Anuarios azucareros de Cuba.*

Occidente incluye las provincias de Pinar del Rio, La Habana, Matanzas, y Las Villas, y Oriente incluye las provincias de Camagüey y Oriente.

A partir de 1926 se estanca la industria azucarera cubana y esta estructura se mantendrá con pocas variaciones hasta el final de la República. En 1958 la proporción será el Occidente produciendo el 25.20% de la zafra y el Oriente el 74.80%.

La Edad de Oro de la industria azucarera cubana; comparación con otras áreas productoras

En el gráfico de abajo se observa el índice de crecimiento de la producción de azúcar mundial, en comparación con el índice de crecimiento de la producción cubana entre 1900 y 1925 (tomando como base el año 1937), que es el espacio de tiempo en que se desarrolló la segunda gran expansión azucarera de Cuba cuya producción creció entre 1902 y 1925 a una asombrosa tasa anual del 22.2%, desde una zafra en 1902 de 850, 181 toneladas largas, a una zafra récord de 5, 189, 346 toneladas largas en 1925.

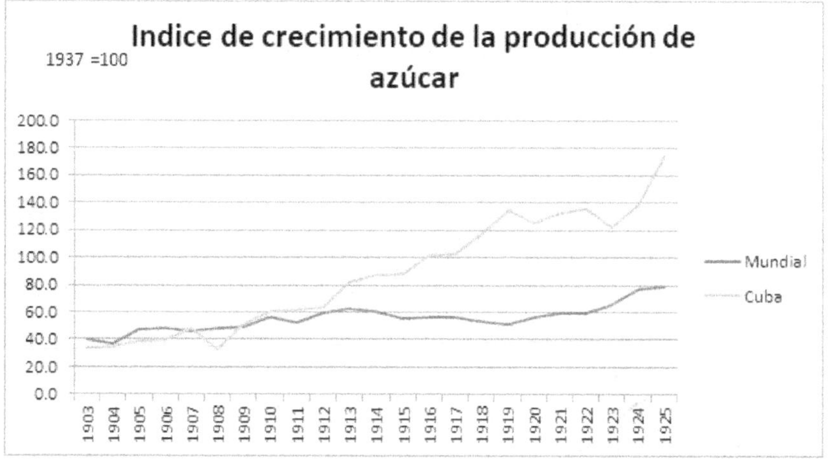

El próximoa gráfico describe el aumento porcentual de la participación de Cuba dentro de la producción mundial de azúcar alcanzando su punto culminante en 1919.

Este crecimiento había sido posible por el privilegio arancelario de que gozó el azúcar cubano desde 1903 en el mercado norteamericano, que le permitió no solo desplazar a toda el azúcar extranjero que se vendía en Estados Unidos antes de 1903, si no que también iba desplazando a los productores nacionales norteamericanos dentro de su propio mercado como veremos más adelante.

Fuente: *Cuba: The Pursuit of Fredom,* Hugh Thomas, *en Cuba the Handbook of Historical Statistics,* Sussan Schroeder. Cálculos del autor.

Comparación entre las industrias azucareras insulares más importantes durante el primer cuarto del siglo XX: Cuba, Java, Hawaii, Puerto Rico y República Dominicana

Las industrias azucareras de estas islas se encontraban entre las más grandes del mundo durante los primeros treinta años del siglo XX. Se basaban en el cultivo de la caña, y su desarrollo tuvo un impacto enorme en cada una de estas sociedades. Actualmente, con la excepción de la República Dominicana, la producción azucarera en estos países ha desaparecido o es insignificante, pero es interesante establecer alguna comparación entre ellas en la época en que la producción de azúcar de caña era la actividad económica más productiva de los países tropicales.

Java era una posesión holandesa dentro de lo que hoy es Indonesia, y su producción tenía como destino el mercado europeo. Cuba, Hawaii, y Puerto Rico; Cuba era un protectorado norteamericano, y las dos últimas eran posesiones norteamericanas, teniendo como destino de su producción el mercado de Estados Unidos, aunque Cuba vendía alguna azúcar en Europa, especialmente Gran Bretaña, y por último República Dominicana más orientada a vender su azúcar en Canadá y Europa, pues debido a las elevadas tarifas arancelarias norteamericanas, no podía competir con el azúcar de Cuba en ese mercado.

La dotación de climas y suelo era parecida en las cinco islas, con la excepción de Hawaii cuyo clima era más seco y frío, aunque su tierra, junto con la de Cuba, era particularmente fértil.

Cuba tenía la mayor disponibilidad de tierras de las cinco islas, pues aunque Java era del mismo tamaño de Cuba, se encontraba superpoblada, por lo que el gobierno holandés había establecido muchas regulaciones sobre el uso de la tierra por parte de la industria azucarera para que no afectara la economía de subsistencia de la isla.

Hawaii tenía poca disponibilidad de tierras, y la que era apta para la caña era muy ondulada, por lo que no permitía el uso de ferrocarriles internos además de que las extensiones territoriales de los ingenios eran reducidas.

Puerto Rico tenía muy poca tierra, la cual estaba ubicada en las zonas costeras alrededor de la isla, ya que el centro es montañoso y sus tierras no son aptas para el azúcar, y sí para el cultivo del café.

En la República Dominicana, a pesar de su baja densidad poblacional, que la asemejaba con las provincias orientales de Cuba, existía mucho campesinado dueño de sus tierras, por lo que se le hacía difícil a la industria azucarera expandirse. Por esta razón se concentró en gran medida en la parte oriental de la isla, en los alrededores de San Pedro de Macorís.

En lo concerniente a la labor, Java y Puerto Rico tenían abundancia de labor, y en menor medida Hawaii, y por último Cuba y República Dominicana que tenían escasez relativa de labor por lo que necesitaban importar labor desde las islas cercanas.

Con respecto al capital, se puede decir que la industria azucarera de Hawaii era la más avanzada tecnológicamente en su parte industrial, logrando los mayores rendimientos industriales. La industria azucarera de Cuba se caracterizó por la enormidad de sus ingenios, y extensas redes de ferrocarriles internos; la industria azucarera de Java era técnicamente avanzada, pero la inversión industrial era menor, en tanto la industria azucarera de Puerto Rico, dada la limitación de tierras, no tenía centrales tan grandes, aunque en la segunda mitad de la década de 1920, el Central Guánica fue el más grande del mundo, pero molía caña cortada en República Dominicana. A nivel tecnológico la industra azucarera de Puerto Rico estaba tan avanzada como la de Cuba en su parte industrial. Por último, la industria azucarera de República Dominicana puede decirse que en términos generales era la menos capitalizada.

Cuba, en la primera mitad de la década de 1920, fue el país que más se acercó a la combinación óptima de factores de producción (tierra, trabajo y capital) debido a su disponibilidad de tierras fértiles aptas para el cultivo cañero.

En Java, Hawaii, y Puerto Rico, la tierra era relativamente escasa por lo que era necesario la inversión de mucho capital en la parte agrícola, tales como uso de fertilizantes, sistemas de regadío, desarrollo de variedades de caña más productivas, para obtener altos rendimientos.

En República Dominicana también la tierra para la caña era menos abundante que en Cuba, y su industria menos capitalizada, por lo que aunque se basaba también en el cultivo extensivo, no poseía la abundancia de tierras de Cuba, por lo que el número de centrales era mucho menor así como su tamaño.

Hay que señalar que de todas estas sociedades, donde tuvo menor impacto la industria azucarera fue en la República Dominicana, ya que siempre se caracterizó por ser un enclave aislado de propiedades norteamericanas que repatriaban la mayor parte de sus ganancias, trabajado con labor inmigrante generalmente proveniente de Haití, y con una alta concentración geográfica ubicada en el sureste de la isla, en tanto en otras regiones como El Cibao, se mantenía un campesinado propietario de sus tierras que cultivaba comercialmente tabaco, café, y cacao, y producía cultivos de subsistencia para los mercados locales y para su propio consumo.

La disponibilidad de gran cantidad de labor, y disponibilidad muy limitada de tierras dio lugar, a que las industrias azucareras de Java y Hawaii fueran completamente verticales, o sea sembraban en sus tierras la caña que consumían sus ingenios En menor medida Puerto Rico y República Dominicana que consumían alguna caña de productores independientes, y por último Cuba, que tenía la industria azucarera más descentralizada, caracterizada por la existencia de un amplio colonato. Por esta razón Cuba tenía los más elevados costos de labor de las cinco islas.

La tabla que exponemos a continuación compara las capacidades promedio de las industrias azucareras de las principales islas productoras de azúcar.

País	Producción	Cantidad	Prod prom	Año.
	Miles de Tons largas	de ingenios	Tons largas.	
Cuba	4, 113.0	180	22, 475	1924
R. Dom	381.8	17	22, 459	1930
Java	2, 008.9	183	10, 978	1924
Hawaii	675.0	43	15, 698	1924
P. Rico	560.7	40	14, 018	1924
Filipinas	462.5	30	15, 417	1924

Fuentes: *Cuban Sugar in the Age of Mass Production,* Alan Dye.
Para República Dominicana *American Sugar Kingdom,* Cesar J Ayala.
Cálculos del autor.

En el año 1922, un análisis de los costos unitarios, comparando a Cuba, Hawaii y Java comprobó que los costos fijos y de reparaciones y mantenimiento de la industria azucarera cubana fueron de 1.07 centavos por libra de azúcar, lo cual representó el 42.6% de los costos unitarios totales, Hawaii 1.65 centavos, y 35.4% respectivamente, y Java 0.63 centavos y 26.7% respectivamente.

Esto demuestra que a pesar de tener Cuba los ingenios más grandes, y tener la mayor cantidad de tiempo muerto, sus costos industriales eran inferiores a los de Hawaii con su industria altamente capitalizada, aunque mayores que los de Java.

En los costos agrícolas, Cuba tenía el más bajo costo de la caña de los tres: el costo de la caña en Cuba por libra de azúcar fue de 1.16 centavos, en Hawaii de 2.69 centavos, y en Java de 1.44 centavos, lo que demuestra que la superioridad de la industria azucarera de Cuba se encontraba en la agricultura extensiva con muy baja inversión, y las economías de escala que esto permitía construyendo los centrales más grandes del mundo.

La expansión de la industria azucarera cubana tuvo lugar entre 1900 y 1925, la de Puerto Rico antes de la Primera Guerra Mundial, la República Dominicana durante la ocupación norteamericana entre 1916 y 1924, y las de Hawaii, y Java tuvieron su mayor crecimiento entre 1920 y 1930.

Producción mundial y el mercado norteamericano 1902-1925: Precios y tarifas

Área productora	Crecimiento	Participación en la prod. mundial		Diferencia
	1919-1925	1919	1925	
Mundo	46.1%.			
Cuba	29.3%	25.3%	22.4%	-2.9%
EE. UU.	50.7%	12.5%	12.9%	+0.4%
Brasil	78.7%	2.9%	3.5%	+0.6%
India	1.9%	15.7%	11.0%	-4.7%
Java	72.1%	9.3%	10.9%	+1.6%
Europa	112.3%	22.7%	33.0%	+10.3%

Fuente: *Sin azúcar no hay país,* Antonio Santamaría.
Cálculos del autor.

En el año 1900 Cuba produjo el 3% del azúcar producida en el mundo, en tanto el 53% era azúcar de remolacha; en el año 1910 Cuba estaba produciendo el 12% del azúcar mundial, y el azúcar de remolacha se mantenía en un 52%. Dentro de los productores de azúcar de caña, después de Cuba se encontraban Java y Hawaii produciendo un 8 y un 3% respectivamente de la producción mundial de 1910.

La Primera Guerra Mundial destruyó la industria de azúcar de remolacha en Europa, y dañó la producción de azúcar de caña en otros países. Esto creó un déficit en la oferta que llevó a una extraordinaria elevación de los precios, pero a partir de 1919, con el fin de la guerra, comenzó una rápida recuperación en todas las áreas productoras del mundo alentadas por los altos precios.

Como se puede ver en la tabla anterior, en este período tiene lugar la gran recuperación de la producción de Europa, y el crecimiento de la producción más espectacular será el de Java, que se convierte en el gran competidor de Cuba, aunque su producción no alcanza ni a la mitad de la producción de Cuba; en 1919 produjo el 36.7% de lo que produjo Cuba y en 1925 el 49%.

La producción de la India se estanca en el período, y Cuba, a pesar de la enorme zafra de 1925, pierde participación relativa dentro del mercado mundial. El crecimiento de la producción remolachera de Europa será la que marque el paso dentro del crecimiento mundial, saturando el mercado, con sus industrias protegidas detrás de barreras arancelarias.

El principal cliente del azúcar cubano fueron Estados Unidos hasta el fin de la República en que fue sustituido por la Unión Soviética.

Las fuentes de abastecimiento del mercado norteamericano durante el primer cuarto del siglo XX se comportaron de la siguiente manera. Expresado en %.

Año	Continental	Posesiones insulares					Extranjeros
	Remolacha	Caña	Hawaii	P. Rico	Filipinas	Cuba	Otros
1905	10.7	12.5	13.3	4.4	1.3	33.0	24.8.
1910	14.4	9.4	14.6	7.5	2.3	46.3	5.5.
1915	19.8	2.9	13.5	6.2	3.5	50.7	3.4.
1920	18.4	2.8	8.7	6.5	2.5	45.5	15.6.
1925	14.1	2.0	10.9	8.7	7.3	56.6	0.4.
1929	14.4	2.9	11.6	6.7	9.4	54.7	0.3.

Fuente: *Cuba and Origins of the US Sugar Cuota*, Alan D Dye.

Entre 1905 y 1929 el consumo de azúcar norteamericano creció en 4, 465 miles de toneladas métricas. La producción de azúcar continental participó de forma absoluta en un 31% del crecimiento; las posesiones insulares de un 33.9% y Cuba de un 35.1%.

Entre 1905 y 1929, los productores de azúcar continentales (remolacha y caña) perdieron un 5.9% de participación relativa dentro del mercado doméstico norteamericano, en tanto los productores de las posesiones insulares ganaron un 8.1% y los productores extranjeros fueron prácticamente eliminados del mercado norteamericano con la excepción de Cuba que ganó un 21.7% del mercado, En el año 1925 Cuba exportó a Estados Unidos unas 3 millones 200 mil toneladas métricas, por lo que los productores continentales, que eran los que tenían verdadero poder de negociación en el Congreso de Estados Unidos a través de sus representantes y senadores, buscaban desplazar a Cuba por medio de la elevación de las tarifas arancelarias en una situación de precios declinantes.

Tarifas y precios: 1900-1925

Dada la elevada dependencia de Cuba en relación con el mercado norteamericano, las políticas fiscales y monetarias de Estados Unidos tenían una repercusión directa y significativa sobre la economía cubana, por tanto, el proteccionismo norteamericano que se reinicia después de la Primera Guerra Mundial llevará a Cuba a la ruina, destruyendo el comercio entre las dos naciones.

Cuando se produce la ocupación norteamericana de la isla de Cuba, en 1899, la tarifa vigente para el azúcar extranjero en las aduanas de Estados Unidos era la Tarifa Dingley establecida en 1897, donde el azúcar crudo a su entrada al mercado norteamericano pagaría 1.685 centavos por cada libra.

Durante la ocupación, cuando ya quedaba claro que Cuba no iba a ser anexada a Estados Unidos, si no que se iba a convertir en un protectorado, se discutió mucho la firma de un Tratado de Reciprocidad como el que se había firmado con Hawaii en 1876, que finalmente contribuyó en gran medida a la incorporación definitiva de Hawaii dentro de la Unión Americana en 1893.

Los intereses remolacheros se oponían a que se le concedieran a Cuba ventajas arancelarias o libre acceso al mercado norteamericano, pues aunque la industria azucarera cubana en aquellos momentos estaba destruida, el potencial de producción futuro era enorme, por lo que finalmente se aprobó una rebaja del 20% de la tarifa vigente en el Tratado de Reciprocidad Comercial firmado en 1903, quedando así un pago en las aduanas norteamericanas de 1.348 centavos la libra de azúcar crudo.

La tarifa Dingley estuvo en vigor hasta 1912. Al año siguiente, con la llegada al poder del Partido Demócrata con Woodrow Wilson como presidente, se rebajaron las tarifas de aduana. La nueva tarifa Underwood dejó el derecho de aduana de los azucareros cubanos en 1.0048, en momentos en que con el comienzo de la guerra mundial los precios del azúcar empiezan a ascender.

Con el fin de la Primera Guerra Mundial, y la llegada a la presidencia del Partido Republicano, se inicia un era de proteccionismo en Estados Unidos.

En 1921 se aprueba la Tariff Emergency Act, por medio de la cual la tarifa para el azúcar cubano se eleva a 1.6 centavos, y al año siguiente se aprueba una nueva tarifa, la Fordney-McCumber Act, que eleva los derechos de aduana para el azúcar cubano hasta 1.7648 centavos.

Finalmente la máxima expresión del proteccionismo norteamericana se alcanzó en 1930 con la Smoot-Hawley Act, donde los derechos para el azúcar cubano se elevaron hasta 2 centavos la libra.

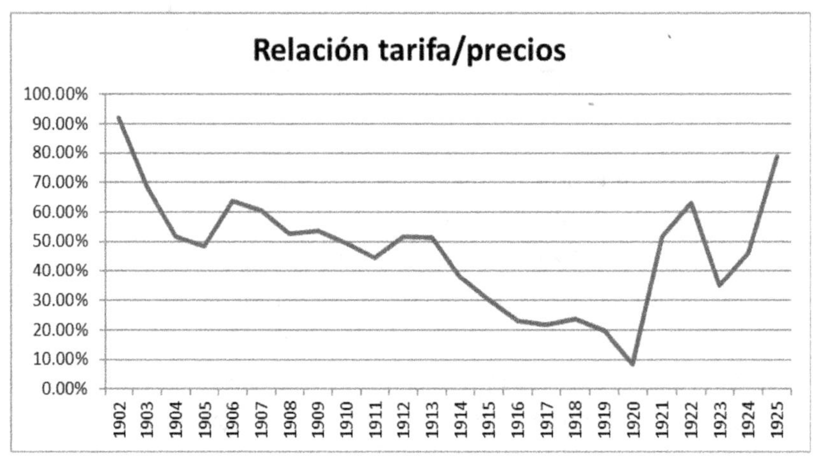

En el gráfico anterior relacionamos la participación de la tarifa norteamericana dentro del precio del azúcar. Como se puede ver entre 1902 y 1920 la participación relativa va en descenso quedando cada vez más a favor del productor en Cuba, pues los precios del azúcar suben, y las tarifas bajan, pero a partir de 1921 la situación comienza a revertirse, los precios comienzan a bajar y las tarifas a subir, quedando cada vez menos a favor del productor cubano, y más en las aduanas norteamericanas. De esta forma el lobby remolachero busca expulsar gran parte del azúcar cubano del mercado norteamericano, pero al mismo tiempo van expulsando del mercado cubano muchos productos norteamericanos que se vendían ventajosamente, ya que Cuba va perdiendo capacidad de importar.

Indicadores seleccionados (1900-1925)

A partir de estos indicadores mostraremos aspectos relevantes de la segunda gran expansión azucarera de Cuba.

1. La producción de azúcar en 1900 fue de 300 mil toneladas largas, y en 1925 de 5, 189.3 miles de toneladas largas. Esto significó una tasa de crecimiento anual de la producción de un impresionante 29.2%.
2. En el año 1900 Cuba produjo el 2.7% de la producción azucarera mundial, incluyendo caña y remolacha, y en 1925 fue el 21.8% de todo lo que se produjo en el mundo, lo que nos indica que la producción de Cuba creció en ese espacio de tiempo, mucho más rápido que la producción mundial.
3. En la zafra de 1900 trabajaron 105 ingenios con una producción promedio de 2, 857 toneladas largas cada uno, y en 1925 trabajaron 183 centrales con una producción promedio cada uno de 28, 357 toneladas largas; un incremento de un 900%, lo que indica un impresionante adelanto tecnológico.
4. En el año 1903 la producción azucarera representó el 22.5% del ingreso Nacional y el 56.3% del total de las exportaciones, y en el año 1925 constituyó el 41.7% del ingreso Nacional, y el 83.4% de todas

las exportaciones del país. Esto nos da una idea del avance de la dependencia económica de Cuba con respecto a la producción de azúcar.

En 1903, la producción de azúcar fue de 0.54 toneladas largas por habitante, y en 1925 fue de 1.1 toneladas largas por habitante, en tanto el valor de la producción azucarera en 1903 fue un 22.5% del per cápita, y en 1925 fue un 41.7% (en 1920 alcanzó un 79.8%).

Estas cifras están indicando la abrumadora importancia que había alcanzado la producción de azúcar en la economía nacional de Cuba al terminar el primer cuarto del siglo XX.

5. En la etapa final de la gran expansión, entre 1919 y 1925, la industria azucarera de Cuba llegó al máximo de su capacidad productiva.

   En la zafra de 1919, el tamaño de la industria azucarera cubana fue de 25, 872 centrales/días efectivos, que es la multiplicación del número de los centrales activos, por la cantidad de días efectivos que duró la zafra, con una producción de 155.07 toneladas largas por central/día, y en 1925 fue de 22, 509 centrales/días y una producción de 230.5 toneladas largas por central/día. Un crecimiento del 49% de la productividad en el agregado de la industria, con un tamaño un 13% inferior.

6. El rendimiento industrial fue un 10% promedio en 1900, y el rendimiento agrícola unas 72 mil arrobas de caña por caballería, por tanto, la producción de azúcar fue de 7, 200 arrobas por caballería.

   En 1925, el rendimiento industrial fue del 11.31%, y el rendimiento agrícola fue de 63, 861 arrobas de caña por caballería, por tanto, la producción de azúcar por caballería fue de 7, 223 arrobas, por lo que el incremento en el rendimiento industrial compensó la caída del rendimiento agrícola.

7. En 1900, se produjeron 78.94 toneladas largas de azúcar x caballería cosechada, y en 1925 fueron 79.19 toneladas largas.

   El rendimiento agrícola cayó un 11.5% en tanto el promedio de rendimiento industrial subió un 13%.

   Como se puede ver, el ascenso del rendimiento industrial apenas estaba compensando la caída del rendimiento agrícola. El aumento del rendimiento industrial requería importantes inversiones en nueva tecnología, en tanto la caída del rendimiento agrícola era provocado por la falta de inversiones en las plantaciones para poder superar los efectos de la Ley de los Rendimientos Decrecientes. Si el rendimiento agrícola caía más rápido que el aumento en el rendimiento industrial, daría lugar a que fuera necesaria cada vez mayor cantidad de tierras para producir la misma cantidad de azúcar por caballería.

8. El latifundio azucarero creció de forma absoluta en unas 81 mil caballerías en el año 1925.

   En el año 1900, el área cosechada en la zafra fue el 30% del área total controlada por la industria azucarera, y en 1925 era un 29.3%, lo que significa que también desde el punto de vista relativo, había una ligera disminución en la eficiencia en el uso de la tierra.

   En 1899, la industria azucarera controlaba el 1.8% de la tierra cultivable de Cuba, y en 1925 el 31.6%, unas 223, 500 caballerías. En 1929 la industria azucarera de Cuba alcanzará su máxima extensión territorial durante el período republicano con 250 mil caballerías.

9. En 1899 las autoridades norteamericanas calcularon que las labores agrícolas del azúcar requerían 10 hombres por caballería plantadas en caña en esa zafra, pero en 1925 se utilizaron la labor de 4.7 hombres por caballería de caña cosechada, lo cual constituyó un importante avance en la utilización de la fuerza de trabajo en la agricultura cañera, lo que permitió una importante disminución en los costos de labor.

10. El valor producido por caballería controlada por la industria azucarera nos indica la caída del valor de la tierra más productiva de Cuba. A valores constantes del dólar de 1914.

Año	Dólares x caballería
1899	1,297.14
1914	1,694.02
1919	1,764.95
1925	668.17

En el año 1925 comenzaban a ponerse de manifiesto la asimetría entre la parte industrial y la parte agrícola de la producción de azúcar; la primera supercapitalizada, y la segunda que se encontraba subcapitalizada al extremo.

Los rendimientos industriales no podían crecer lo suficientemente rápido como para compensar la caída de los rendimientos agrícolas, por lo que cada vez se hacía necesario mayor consumo de tierra en condiciones de agricultura extensiva, que era donde se encontraba la ventaja competitiva de la industria azucarera cubana; en el latifundio, debido a la baja inversión de capital en la parte agrícola, que hacía que los costos unitarios de la industria azucarera cubana fueran inferiores a los de otras áreas productoras del mundo.

Los centrales que no podían disponer de grandes extensiones de tierras, solo podrían revertir la caída de los rendimientos agrícolas con base a un incremento en las inversiones en el sector de la agricultura cañera lo cual llevaba a un aumento en los costos unitarios, que en condiciones de caída de los precios del azúcar prácticamente ningún pequeño o mediano central podía afrontar.

De continuar la caída de los precios del azúcar luego de 1925, cosa que parecía segura, y con los derechos de aduana norteamericanos, la industria azucarera cubana tendría necesariamente que entrar en un proceso de reorganización y concentración. La expansión había llegado a su fin debido a que los precios estaban cayendo proporcionamente más que el aumento de la demanda, por lo que los productores marginales tendrían que quebrar.

El colapso de la industria azucarera cubana. La Gran Depresión e inicios de la regulación: 1926-1933

Como hemos explicado, la primera expansión de la industria azucarera cubana comienza después de 1825 hasta aproximadamente 1870-1875, entrando entonces en un período de crisis, estancamiento y reorganización, con una fase final de destrucción entre 1895 y 1898, provocada por la Guerra de Independencia; esta es la industria azucarera colonial. A partir de 1900 comienza la segunda expansión que dura hasta 1925, a partir del cual entra en crisis una vez más, seguida de un largo período de estancamiento hasta 1942.

Desde 1923 las precios del azúcar están cayendo, los aranceles norteamericanos subiendo, y la capacidad de producción de Cuba continúa aumentando. La industria azucarera de Europa ya está recuperada. Entre 1923 y 1925, la oferta de azúcar en el mundo creció un 21.3%, en tanto los precios cayeron un 55.5%. Cuando los precios están cayendo más que la oferta indican una demanda muy inelástica, y que los mercados se encontraban saturados de azúcar.

De continuar creciendo la producción cubana (se pronosticaba una zafra de 6 millones de toneladas largas para 1926), los precios se derrumbarían arruinando a los productores marginales que operaban con elevados costos de producción y reducidos márgenes de ganancias; la mayoría de estos centrales pertenecían a cubano-españoles, por lo que se preveía que una parte muy importante de la industria azucarera pasaría a manos de extranjeros como había sucedido en 1920-21.

El nuevo gobierno que se inauguraba en 1925, teniendo como presidente al general Gerardo Machado, y sus asesores azucareros, sobre todo Viriato Gutiérrez, y José Miguel Tarafa, miembros de la oligarquía azucarera los tres, tomarían medidas para tratar de evitar esos eventos que se pensaba sería la ruina de Cuba, e incluso su fracaso como nación.

La sobreproducción azucarera. La Ley Verdeja de 1926

Durante la Primera Guerra Mundial, la producción de azúcar sufrió una fuerte reducción, especialmente debido a que la industria productora de azúcar de remolacha fue parcialmente destruida por la contienda bélica en los campos de Europa. Entre 1914 y 1919, la producción de azúcar de remolacha había disminuido un 60%, lo cual afectó la producción total de azúcar en el mundo. La producción mundial de azúcar entre 1914 y 1919 se redujo un 16.5% lo que trajo aparejado que los precios se dispararan al alza inmediatamente después de que se suprimieron los controles de precios establecidos por las potencias beligerantes en 1919.

En tanto, la producción azucarera cubana crecía impetuosamente. La zafra de 1914 produjo 2, millones 615 mil toneladas largas, y en 1919 se produjeron 4, millones 12 mil toneladas largas lo que significó un crecimiento del 53.4%.

A partir de 1919 la industria remolachera comenzó su recuperación, mientras que la producción de azúcar de caña en todas partes del mundo- al igual que en Cuba- continuaba creciendo.

Algunos historiadores han explicado el desplome de los precios del azúcar en 1920 como que la producción ya se había recuperado en ese año, pero el Crack del 1920-1921 tuvo otras causas que explicaremos cuando examinemos el comportamiento monetario y de la banca en Cuba en otra monografía.

La recuperación de la producción mundial de azúcar de la destrucción causada por la Primera Guerra Mundial se alcanzó entre 1923 y 1924.

En el año 1925 Cuba sobrepasó por primera vez los cinco millones de toneladas largas y tenía capacidad para sobrepasar los seis millones al año siguiente, lo que hubiera significado una caída catastrófica de los precios.

Un aumento de la producción cubana en 1926 hubiera provocado con toda probabilidad una nueva subida de los aranceles por parte de Estados Unidos, y traería como resultado la quiebra de gran parte de la industria azucarera cubana por el efecto combinado de una tarifa más alta y una caída de precios.

Este panorama tenía aterrados a los hacendados y colonos cubanos que sabían que de continuar creciendo la producción de Cuba, la ruina de ellos sería segura, pues no contaban con financiamiento, y producían con mayores costos unitarios que los nuevos gigantes que estaban construyendo las compañías norteamericanas, que además, muchos de ellos se encontraban integrados verticalmente a refinerías norteamericanas, y pertenecían a bancos con capacidad financiera casi ilimitada por lo que el alza de las tarifas de aduana de Estados Unidos no los afectaba.

Machado y sus asesores decidieron limitar la producción para disminuir la oferta de azúcar, y así evitar la caída de los precios. De esta decisión surgió la Ley Verdeja de 1926, donde se limitaron las zafras a una producción 10% inferior a la anterior cada año subsiguiente hasta que los precios comenzaran una vez más a aumentar. Se repartirían cuotas de producción entre los centrales y colonos, y se prohibió la construcción de otros nuevos, así como el fomento de nuevas plantaciones de caña, en tanto se establecía una limitación de la superficie sembrada.

Esta legislación chocó con una fuerte oposición por parte de centrales que se encontraban integrados verticalmente, o sea que pertenecían a compañías refinadoras para las cuales el azúcar crudo era una materia prima. La producción de estos centrales tenía un mercado asegurado que era la compañía refinadora a la cual se encontraba integrado. Los otros centrales que se opusieron eran los grandes centrales más eficientes, que esperaban que la reducción de la producción proviniera de la selección natural del mercado con la ruina de los ineficientes. Los colonos pertenecientes a estos dos grupos de centrales también eran opuestos a la restricción de las zafras. Por otra parte, se encontraban los demás centrales que eran partidarios de la restricción, y para los cuales la caída en los precios debido a una superproducción era una amenaza mortal. Los colonos de estos centrales también eran partidarios de la restricción así como los productores de azúcar en Estados Unidos, menos eficientes que Cuba, y que desde hacía tiempo venían presionando en el Congreso norteamericano por medidas que limitaran la entrada de azúcar cubano a su mercado a no más de dos millones y medio de toneladas métricas, por lo que la embajada americana no objetó la aprobación de la Ley Verdeja, y el gobierno americano acogió con beneplácito la medida.

La Ley Verdeja fue la primera intervención a gran escala del gobierno cubano en la economía del país, y con su aprobación se puso fin a la gran expansión de la industria azucarera republicana, y comenzaba el proceso de cartelización de la primera industria del país, que culminaría en la Ley de Coordinación Azucarera de 1937.

Restricción unilateral y aranceles proteccionistas. Inicios del cártel azucarero

Un cartel se define como una agrupación de productores cuyo propósito es incrementar las ganancias de los participantes por medio de elevar los precios del producto, generalmente a través de la limitación de la oferta, u otro tipo de restricciones. Para limitar la oferta, los cártels tienen que fijar cuotas de producción para cada uno de sus miembros. Este fue el propósito de la Ley Verdeja aprobada por el Congreso cubano en 1926.

Los cártels, realmente para lo único que sirven es para reducir el tamaño de las pérdidas, o sea, subir los precios desde un punto de más severas pérdidas a menos severas pérdidas, o la obtención de modestas ganancias.

Los cártels, aparte del problema de decidir cuales productores deben cortar su producción y cuanto, tienen dos problemas que tienden a hacer imposible la continuación del cártel por mucho tiempo.

Primero controlar la reinversión de las ganancias. Si la empresa es rentable y quiere reinvertir las ganancias, la industria se expande, y los precios del cártel caerán. Al mismo tiempo, la reinversión de las ganancias puede dar lugar a que algunas empresas se mantengan rentables con precios más bajos, mientras que las empresas que no reinvirtieron, o reinvirtieron menos, sufren mayores pérdidas. A fin de prevenir que se rompa el cártel sería necesario controlar a sus miembros individuales en su nivel de reinversión.

Segundo y más importante, un precio rentable atrae entrantes en el negocio que se encuentran fuera del cártel, lo cual no solamente da lugar a que los precios del cártel colapsen si no que también se priva a los miembros más eficientes del cártel del volumen de producción que ellos hubieran tenido.

Esto fue lo que sucedió con la restricción unilateral de Cuba; otras áreas productoras del mundo, sobre las cuales Cuba no podía ejercer ninguna influencia, fueron llenando el vacío que dejaba la industria azucarera cubana.

Los cártels, como hemos explicado, son inestables, ya que tienden a implosionar debido a que los más eficientes están financiando a los menos eficientes, o se destruyen por la presión externa, debido a la entrada de nuevos competidores fuera del cártel, atraídos por las ganancias, haciendo que los precios colapsen. Los cártels solo subsisten por la intervención del gobierno que los regula y subsidia.

El cártel azucarero solo podría subsistir con un mercado protegido con una cuota azucarera como la establecida en 1934. De no ser así colapsaría frente a la competencia internacional.

A partir de 1934, hasta 1958, la política azucarera de Cuba se dirigió a lograr este objetivo; un mercado protegido para preservar el cártel azucarero.

-oOo-

Según la Ley Verdeja, un comité encabezado por el presidente de la República otorgaría las cuotas de producción de cada central azucarero, dando prioridad a los pequeños y medianos centrales, y decidiría el día de comienzo de la zafra.

Se estipulaba una reducción de un 10% cada año con respecto al año anterior hasta tanto los precios empezaran a subir.

La ley también prohibía la construcción de nuevos centrales así como fomento de nuevos campos de caña, estipulando la extensión de las siembras, y establecía que los centrales tenían que moler primero las cañas de los colonos antes de la caña de administración.

La producción de la zafra 1926-1927 se fijó en 4.5 millones de toneladas largas, y en 1927 se promulgó la Ley de Defensa del Azúcar y se creó la Comisión Nacional para la Defensa del Azúcar. La zafra de 1927-1928 se fijó en 4 millones de toneladas largas, pero a pesar de las restricciones impuestas lo precios continuaban bajando ya que la producción mundial seguía aumentando.

Se comenzaron gestiones encabezadas por el coronel José Miguel Tarafa para convencer a otros países productores y exportadores de azúcar a cooperar en una restricción de sus producciones. En noviembre de 1927 se celebró en Paris una reunión con representantes de Alemania, Checoslovaquia, Polonia y Cuba sin llegar a acuerdos tangibles, ya que esos países no tenían interés en reducir sus producciones azucareras pues producían para mercados protegidos por aranceles.

En 1929 se firmó en Bruselas un acuerdo con objetivos de restringir las producciones entre varios países, pero igualmente resultó un fracaso sin acuerdos concretos.

El sistema establecido por la Ley Verdeja éstuvo en vigor hasta 1928. La zafra de 1928 fue un 22% inferior a la de 1925; apenas sobrepasó los cuatro millones de toneladas largas en tanto los precios de 1928 fueron un 2.7% inferiores a los de 1925, y la oferta mundial fue en 1928 un 12.8% mayor que la de 1925. Los precios cayeron menos de forma relativa que el aumento de la oferta lo cual indica que la demanda se estuvo haciendo más elástica, pero los que estaban beneficiándose eran las áreas productoras cuya producción no estaba restringida, mientras Cuba sufría todo el impacto negativo.

En 1925 Cuba produjo el 21.8% del azúcar del mundo y en 1928 solamente el 15%.

La restricción unilateral de la zafra había sido un rotundo y costosísimo fracaso debido a que se sobrevaloró el peso específico de Cuba dentro del mercado mundial, así como se subvaloró la capacidad de otras áreas productoras para llenar el vacío que la producción cubana dejaba.

En 1928 el Ingreso Nacional de Cuba era casi un 15% inferior al de 1925.

El tamaño de la industria activa en 1925 fue de 22, 509 centrales/días, y en 1928 de 12, 556 centrales/días, o sea una contracción del 44%, y un crecimiento del tiempo muerto de un 20.5% lo cual elevó considerablemente los costos fijos de manera proporcional en el agregado de la industria.

El aprovechamiento de la tierra controlada por la industria azucarera en 1925 fue de un 29.3% y en 1928 de un 25.4% Esto representó un incremento absoluto en la cantidad de tierras ociosas de unas 14.6 miles de caballerías.

En lo relacionado a la labor, la zafra de 1925 empleó 39, 8 millones de hombres/días, y la de 1928 solamente 24.8 millones de hombres/días, o sea un desempleo de un 38% en el mayor empleador del país.

Ante esta situación, la zafra de 1929 fue declarada libre y se sobrepasó otra vez la cifra de 5 millones de toneladas largas de azúcar. Los precios promedio de 1929 fueron un 23.4% inferiores a los de 1925, y un 21.1% inferiores a los del año anterior o sea 1928, y el ingreso Nacional de 1929 fue un 14.3% inferior al de 1925, lo que corroboraba el hecho de que la producción nacional no era capaz de sustituir lo que se perdía en azúcar.

A valores constantes de 1925, el per cápita de 1925 fue de 206.29 dólares, y el de 1929 de 171.79 dólares o sea un 16.7% inferior.

La Gran Depresión y sus efectos sobre la industria azucarera cubana: 1929-1933

Devastador fenómeno económico. Comenzó el 29 octubre de 1929 en Estados Unidos con el crack bursátil conocido como el "Martes Negro" y sus efectos se extendieron hacia otros países del mundo.

Las medidas tomadas por el gobierno norteamericano bajo la presidencia de Herbert Hoover del Partido Republicano, se encontraban animadas por un fuerte prejuicio proteccionista y de aislacionismo económico.

En 1930 se aprobaba un nuevo arancel proteccionista en Estados Unidos, la tristemente célebre Smoot-Hawley Act, que elevó los aranceles de entrada al mercado norteamericano a más de 20 mil productos que Estados Unidos importaba de todas partes de mundo, y entre ellos al azúcar extranjero en un 25% llevándolo a dos centavos la libra.

Los profesores Alan Dye y Richard Sicotte en su ensayo "The US Sugar Tariff and the Cuban Revolution of 1933" plantean:

> Dado que Cuba era el único abastecedor que pagaba derechos sobre el azúcar importado, esa particular sección de la Smoot-Hawley Act fue dirigida a propósito contra Cuba.
>
> Los legisladores que debatieron la tarifa azucarera comprendían las consecuencias de sus decisiones para la economía cubana.

En 1931 se revivió la idea del cártel azucarero, esta vez tratando de integrar al mismo a las principales áreas productoras del mundo, o sea dándole un carácter internacional. Este fue el llamado Plan Chadbourne, por su creador, el abogado norteamericano Thomas Chadbourne, y para administrarlo se creó el Instituto Cubano de Estabilización del Azúcar(ICEA) que existiría hasta 1958.

De acuerdo a este nuevo intento de cartelización del azúcar, Cuba se comprometía a restringir sus exportaciones a Estados Unidos a dos millones de toneladas largas, y prácticamente, aparte del mercado interno, no existía otro mercado donde vender el azúcar. La zafra de 1931 fue de 3 millones 120 mil toneladas largas, por lo que fue necesario segregar un millón 300 mil toneladas, las cuales fueron compradas por el gobierno cubano por medio de la emisión de un empréstito de 42 millones de dólares, para lo que el Congreso de la República aprobó la Ley de Estabilización del Azúcar. La mayor parte de estos bonos los compró el Chase Manhattan Bank y con ellos se pagó a los hacendados, pero el empréstito, (principal e intereses) los pagaría el pueblo de Cuba que en definitiva era quien financiaba el cártel azucarero, donde las ganancias iban para los hacendados y las compañías azucareras, y las pérdidas las pagaba la sociedad cubana.

Semejante contracción de la oferta tuvo muy poco impacto en la demanda, y los precios seguían cayendo. En 1933 la producción mundial de azúcar fue un 9.4% inferior a la de 1928, y los precios fueron un 55.5% más bajos en 1933 que en 1928. Ahora no solo caía la oferta si no que también caían los precios paralelamente. Teóricamente, la caída de la oferta debe dar lugar al incremento de los precios, pero ahora los dos están cayendo al unísono debido a la drástica contracción de la demanda de azúcar provocada por la depresión mundial. La oferta de azúcar en el mundo en 1933 fue de 2 millones 529 mil toneladas largas menos que la de 1928.

La industria azucarera cubana en 1929 fue activa durante 15, 159 centrales/días, y en 1933 en 7, 125 centrales/días lo que implicó una contracción del tamaño activo de la industria del 49%.

El tiempo muerto en 1933 aumentó un 17.4% con respecto a 1929, lo que significaron 36 días más de tiempo muerto que en 1929, trayendo por consecuencia un aumento proporcional de los costos fijos en el agregado de la industria.

La zafra de 1929 empleó a 30.3 millones de hombres/días, y la de 1933, 14.3 millones de hombres/días; una contracción de 16 millones de hombres/días equivalente al 4% de la fuerza de trabajo en 1933.

Entre 1925 y 1929 dejaron de operar definitivamente 12 centrales, mientras que entre 1929 y 1933 se mantuvo intacta la cantidad total de centrales activos o sea 176, aunque en la zafra de 1933 molieron 38 centrales menos que en la zafra de 1929 debido a que los costos variables en que incurrían de entrar en operaciones eran superiores a los costos fijos de mantener el central fuera de servicio. Por esta razón, muchos centrales grandes y medianos dejaron de moler.

El cambio de estructura de la industria azucarera cubana entre 1929 y 1933 fue dramático.

Expresado en %

Tipo de central	1929	1933
Pequeños (hasta 200 mil sacos)	62.0	83.2
Medianos (entre 201 mil y 400 mil sacos)	25.2	15.2
Grandes (más de 400 mil sacos)	12.8	1.6
Total centrales activos	163	125

Fuente: *Sin azúcar no hay país*, Antonio Santamaría.

Como se puede ver en la tabla anterior, la zafra de 1933 fue realizada casi enteramente con centrales pequeños, por tanto, con mucha menor eficiencia debido al desaprovechamiento de las economías de escala.

El aprovechamiento de las tierras controladas por la industria azucarera fue en 1929 un 27.6% y en 1933 fue de un 17.4%, pero el latifundio azucarero se contrajo entre 1929 y 1933 reduciéndose la cantidad absoluta de tierra ociosa que mantenía la industria azucarera en 18, 134 caballerías que fueron dedicadas a otras actividades, especialmente la ganadería, la cual operaba con una bajísima capitalización, y muy reducidos costos de producción.

Según Antonio Santamaria en su libro *Sin azúcar no hay país* en 1933-34, los costos unitarios de la libra de azúcar habían descendido en el agregado de la industria azucarera cubana a 1.27 centavos, de haber sido entre 1920-1929 de 2.25 centavos, lo que significó una reducción de un 43% basado fundamentalmente en una disminución de costos laborales (menos empleo y menores salarios).

Si a esos costos le agregamos los 2 centavos de derechos de aduana, tendríamos un costo total de 3.27 centavos por libra de azúcar con precios de 0.97 centavos; esto hacía al agregado de la industria azucarera cubana irrentable.

La zafra de 1933 fue de 1 millón 995 mil toneladas largas, un 61.3% menos que la de 1929, con un valor de 43.5 millones de dólares solamente; el 21% del valor de la de 1929. En ese momento, gran parte de la gigantesca industria azucarera cubana se encontraba al borde del colapso, debido fundamentalmente.

1. A la restricción voluntaria impuesta por el cártel azucarero.
2. A la caída de los precios debido a la disminución de la demanda de azúcar provocada por la depresión económica.
3. Al auge del proteccionismo norteamericano.

Productividad de los factores de producción 1925-1933. El capital

Después de 1926 no se construyó ningún nuevo central en Cuba hasta el período socialista.

La cantidad de capital que quedó ocioso en la industria azucarera durante esta etapa fue considerable.

En la zafra de 1925, de 188 ingenios, molieron 183, por lo que con una duración efectiva de 123 días, el aprovechamiento máximo de la industria hubieran sido 23, 124 centrales/días, en tanto el aprovechamiento real fueron 22, 509 centrales/días pues molieron 183 centrales durante 123 días, por tanto, el índice de aprovechamiento fue de 97%.

En la zafra de 1933, el aprovechamiento máximo de la industria hubiera sido de 10, 032 centrales/ días en tanto el aprovechamiento real fue de 7, 125 centrales/ días para un índice de 71%. En comparación con 1925, la industria azucarera cubana de 1933 estaba paralizada en un 56.6%.

Estos índices están mostrando el grado de ociosidad del capital de la industria azucarera debido a las restricciones de la producción y a la falta de rentabilidad de operar en una zafra con precios ruinosos y aranceles extranjeros exorbitantes.

El rendimiento industrial promedio alcanzado en 1929 fue de un 12.31% en tanto en 1933 fue solamente de un 11.57%; una reducción del promedio de rendimiento industrial del 6% debido a que la zafra de 1933 se hizo con la parte menos eficiente de la industria, y el hecho de que molieran los centrales menos eficientes se debió en gran parte a la cartelización de la industria desde 1931.

La producción promedio por central en 1925 fue de 28, 357 tonelada largas de azúcar, y en 1933 de 16, 090 toneladas largas, para una contracción del 43.3%.

El promedio de producción diaria de la industria azucarera en 1925 fue de 42, 189 toneladas largas, y en 1933 de 35, 002 toneladas largas, para una contracción del 17%.

Factores de producción 1925-1933: la tierra

Como explicamos más arriba, el latifundio azucarero de manera absoluta se contrajo entre 1925 y 1933, pero de forma relativa creció pues el aprovechamiento de las tierras controladas por la industria azucarera decreció de ser un 29.3% en 1925, a un 17.4% en 1933, o sea un aumento relativo de un 11.9% en la ociosidad de la tierras debido a la restricción de las zafras.

Entre 1932 y 1933, el latifundio azucarero alcanza su máxima extensión durante la República, con una cantidad de tierras ociosas más allá de sus necesidades de entre 123.5 y 137.8 miles de caballerías, lo que constituye aproximadamente entre el 19 y el 20% de las tierras cultivables del país donde la tierra cultivable era su principal recurso.

En el año 1925, el rendimiento agrícola promedio se estimaba en 63, 861 arrobas de caña por caballería, y en 1933 se estimaba en 39, 322 arrobas de caña por caballería, para una contracción del 38.4% atribuible al abandono de muchos campos de caña.

La caña en la zafra de 1925 se pagó como promedio a 11.43 centavos por 100 libras, en tanto en 1933 se pagó como promedio 6.11 centavos por 100 libras de caña, o sea una disminución del 47%.

El valor de la agricultura cañera en 1925 fue de 117.2 millones de dólares, y en 1933, a valores constantes de 1925 de 34.3 millones de dólares, o sea una disminución de un 70.7%, lo cual quiere decir que la producción de caña como actividad comercial era irrentable sobre todo para un colono pequeño.

De acuerdo a los rendimientos agrícolas promedio, y los precios pagados por la caña en 1925, la agricultura cañera podía tener un rendimiento bruto por caballería de 1, 824.80 dólares en la zafra, y en 1933 -a precios de 1925- solamente 1, 051.12 dólares, o sea un 42.4% menos.

En el año 1925 el valor del azúcar obtenido por caballería cosechada fue de 3, 794.20 dólares, y en 1933 –avalores constantes de 1925- de 2, 229.98 dólares, o sea una reducción de un 41.2%, que sería definitivamente la pérdida de valor de la tierra controlada por la industria azucarera.

El gráfico de abajo muestra la profunda caída del valor de la agricultura cañera entre 1925 y 1933.

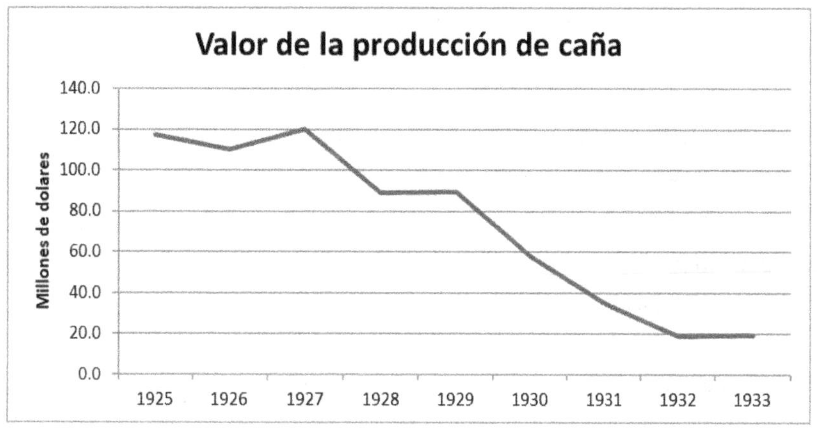

En 1925 el valor de la agricultura cañera represento el 16.6% del Ingreso nacional, y en 1933 solamente el 4.4%.

El pequeño y mediano colono en 1933 prácticamente se encontraba arruinado.

Los factores de producción 1925-1933; La labor

La contracción de la producción de azúcar se reflejó también en la contracción del empleo.

La industria azucarera empleó en 1925 aproximadamente 180, 102 hombres/año, lo cual es equivalente al 14.8% de la fuerza de trabajo de Cuba, y en 1933 empleó 78, 367 hombres/año equivalentes al 5.8% de la fuerza de trabajo de Cuba; una contracción de 101, 735 nombres/año.

La productividad del trabajo en la industria azucarera en 1925 fue de 1, 445.85 dólares durante el tiempo de zafra, y en el año 1933, a valores constantes de 1925, la productividad fuc de 972.34 dólares; una contracción del 32.7%.

Si vemos la productividad desde el punto de vista de la producción de azúcar, en zafra tenemos que la productividad por hombre/día trabajado en zafra en 1925 fue de 291.2 libras de azúcar equivalente a los precios del azúcar de 1925 a 6.52 dólares, y en 1933 cada jornada trabajada se produjeron 313.6 libras, equivalentes, a los precios promedio de esa año 3.04 dólares o sea un 53.3% menos.

Cada jornada trabajada producía más azúcar pero menos valor, por lo que los salarios caían proporcionalmente.

En la zafra de 1919 como promedio en Cuba se pagaron 1.40 dólares por 100 arrobas de caña, y el promedio por trabajador agrícola diario fue de 105.9 arrobas, por lo que cobraría 1.48 dólares diarios, y con una duración efectiva de la zafra de 132 días, un trabajador agrícola en la industria azucarera podría conseguir unos 195.30 dólares durante la zafra.

En la zafra de 1929, el promedio fueron 65 centavos por 100 arrobas de caña, por lo que siendo la productividad por hombre/día de 148.74 arrobas diarias, y 93 días la duración efectiva de la zafra, un obrero agrícola podría ganar 97 centavos el día, y 90.21 dólares en la zafra completa.

En la zafra de 1933 se pagaron en las labores agrícolas como promedio 45 centavos por 100 arrobas de caña. La productividad por hombre/día fue de 132.97 arrobas, entonces se ganaría como promedio 58 centavos al día, y con 57 días efectivos que duró la zafra, solo podría ganar 34.10 dólares en la zafra completa, lo que representa a precios corrientes, una caída de ingreso de un 62% con respecto a 1929.

Se estima que entre 1929 y 1933 los precios al consumidor pueden haber caído en casi un 40%, por lo que para un trabajador agrícola en la industria azucarera, tiene lugar un deterioro significativo de su salario real.

También hay que señalar que entre 1919 y 1929, el salario agrícola promedio en la industria azucarera cayó un 53.6%, pero el precio del azúcar cayó un 66%, y entre 1929 y 1933, el salario agrícola se contrajo un 30.8% pero el precio del azúcar cayó un 43.6%.

En la zafra de 1929 se utilizaron como promedio 4 hombres por caballería de caña cortada, y en 1933 se utilizaron como promedio 6.11 hombres por caballería de caña cortada.

El valor de la producción de caña por caballería cortada en 1929 fue de 1, 302.62 dólares, y el salario agrícola pagado por caballería cortada fue 360.84 dólares (4 hombres x 90.21dolares) lo cual representó un 27.7% en salarios en relación con el valor de la producción.

En el año 1933, el valor de la producción de caña por caballería cortada fue de 574.15 dólares, y los salarios agrícolas por caballería cortada fue de 208.35 dólares (6.11 hombres x 34.10 dólares), lo cual representó el 36.3% del valor de la producción.

El empleo de más trabajadores por caballería obedecía a la lógica de acabar la zafra antes, ya que la zafra de 1933 era una zafra restringida, y la de 1929 no lo fue.

Cuando el central tenía una cuota de producción, mientras más rápido la cumpliera y detuviera las operaciones menores serían los costos unitarios por que los costos variables eran mayores que los costos fijos.

Efectos del proteccionismo norteamericano sobre la industria azucarera cubana 1929-1933

Ante la depresión económica, la respuesta norteamericana fue recurrir a mayores medidas proteccionistas, y de aquí surgió la Tarifa Smoot-Hawley aprobada en 1930, y que elevaba los derechos de aduana a más de veinte mil productos que Estados Unidos importaba, y entre ellos se encontraba el azúcar, la cual ya había sido blanco de dos subidas de derechos en 1921 y 1922.

Esta vez la Smoot-Hawley Act subió los derechos de aduana del azúcar cubana a su entrada a Estados Unidos a 2 centavos la libra, desde 1.7648 centavos que era a tarifa vigente desde 1922, contando con el 20% de descuento que le otorgaba el Tratado de Reciprocidad de 1903. La nueva tarifa representaba una subida de casi un 12%. Esto dejaba prácticamente al azúcar cubano excluido del mercado norteamericano, que era su casi único mercado. Cuba no tenía posibilidades en aquellos momentos de vender su azúcar en ningún otro país.

En la tabla siguiente mostramos el efecto de la Tarifa Smoot-Hawley sobre la participación cubana y de otros abastecedores en el mercado norteamericano. Expresado en miles de toneladas métricas.

Año	Continental	Remolacha	Posesiones insulares				Extranjeros	Total
	Rem	Caña	Hawaii	P. Rico	Filip.	Cuba	Otros	
1929	1089	218	882	507	714	4149	28	7587
	14.4%	2.9%	11.6%	6.7%	9.4%	54.7%	0.3%	100.0%
1933	1366	315	990	793	1254	1573	40	6331
	21.6%	5.0%	15.6%	12.5%	19.8%	24.8%	0.7%	100.0%

Fuente: *Cuba and Origins of the US Sugar Cuota*. Alan D Dye. Cálculos del autor.

Como se puede ver, Cuba perdió un 30% en la participación relativa dentro del mercado norteamericano, el cual a su vez se había reducido un 16.6%.

Los productores continentales de remolacha y caña ganaron un 9.3% pero las posesiones insulares fueron los verdaderos ganadores del mercado que dejaba Cuba al crecer en su participación en un 20.2%, y el que más se benefició fue Filipinas, capturando un 10% más del mercado norteamericano.

Los productores continentales se dieron cuenta de que habían expulsado a Cuba por medio de subir las tarifas, pero no podían disminuir la participación creciente de las industrias azucareras de las posesiones insulares los cuales no pagaban derechos de aduana, por lo que no podían expulsarlos por medio de tarifas, por ello después de 1933 se recurrió al sistema de cuotas.

Por otra parte, el impacto de las políticas de restricciones a la producción que Cuba llevó adelante en este periodo entre 1925 y 1933, con la Ley Verdeja y el Plan Chadbourne, fueron igualmente desastrosas para la industria azucarera cubana (Expresado en miles de Ton. largas).

Año	Cuba	USA	Brasil	India	Java	Taiwán	Australia	Europa	Total
1925	5189	2983	813	2548	2535	554	436	7687	26610
1926	4932	2698	677	2977	2175	617	522	8000	25996
1927	4509	3085	851	3255	2639	523	416	7450	28132
1928	4042	3393	833	3216	3238	692	439	8582	30017
1929	5156	3304	961	2735	3198	904	534	9148	29938
1930	4671	3779	1004	2761	3245	924	534	8897	31195
1931	3121	3763	922	3218	3095	928	539	11382	27997
1932	2604	4420	1015	2613	2514	748	610	8214	25464
1933	1995	4705	885	3201	1545	798	538	7020	27745

Fuente: *Sin azúcar no hay país* Antonio Santamaria.
Cuba: Handbook of Historical Statistics, Sussan Schroeder.

En la tabla anterior se puede observar la debacle de la industria azucarera cubana que en 1925 produjo el 21.8% del total del azúcar mundial, y en 1933 solamente el 8.2%.

Paralelamente al incremento de los derechos de aduana norteamericanos los precios del azúcar seguían descendiendo, por lo que la concurrencia de estas dos circunstancias hacían que la mayoría de la industria azucarera cubana tuviera que operar con pérdidas.

Como se ve en el gráfico siguiente, en las líneas verticales vemos el diferencial que quedaba para los productores cubanos de sus ventas de azúcar en Estados Unidos, por lo que cuando los precios caen por debajo de la tarifa, como sucede a partir de 1929, los ingresos se volverían negativos para el agregado de la industria, y solamente los muy eficientes podrían obtener un reducido margen de ganancias.

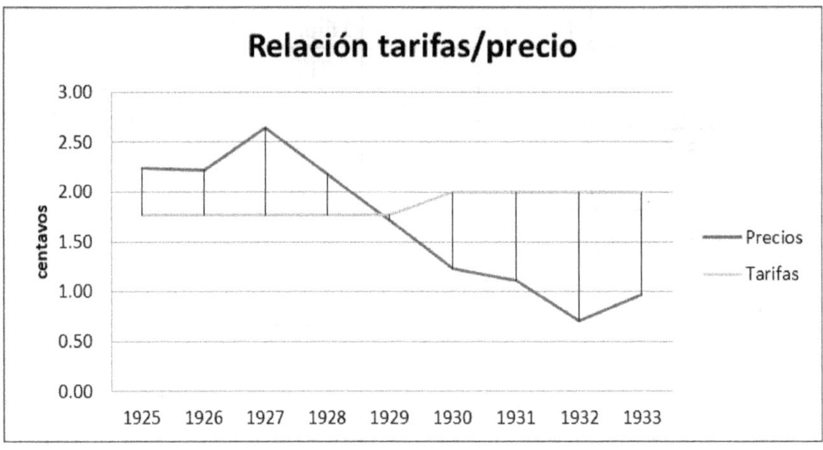

Resumen de la crisis azucarera 1925-1933

El conjunto de circunstancias y repuestas, o sea caída de los precios, auge del proteccionismo, y restricción unilateral de la producción, fueron fatales para una economía superespecializada en producir azúcar como lo era la economía cubana, por lo que el impacto no se sintió solamente en la esfera económica, si no que también repercutió de manera devastadora en la esfera política y social.

4. Entre 1925 y 1933 los precios promedio del azúcar cayeron un 56.7%.
5. La producción cayó entre 1925 y 1933 un 61.6%.
6. El valor de la zafra de 1933 fue un 83.3% inferior a la de 1925.
7. Entre 1925 y 1933 Cuba perdió un 13.6% de participación en el mercado mundial, y un 30% en el mercado norteamericano.
8. El tamaño de la industria azucarera 1925-1933, medido en centrales/días trabajados se redujo un 69%.
9. La capacidad promedio por central en 1933 fue un 43.7% inferior a la de 1925.
10. Los rendimientos industriales promedio se redujeron un 6%.
11. Los rendimientos agrícolas cayeron entre 1925 y 1933 un 29.4%.
12. El valor producido en azúcar por caballería de tierra controlada por la industria azucarera en 1925 fue de 1, 165.00 dólares, y en 1933 de 218.80 dólares. Una pérdida de valor de la tierra controlada por la industria azucarera del 81.2%.

En el año 1933, el modelo monoproductor y monoexportador de la economía cubana había quedado prácticamente desarticulado, y el sistema político y social que sostenía y complementaba dicho modelo, también se encontraba en vías de desarticulación.

El propósito principal de la política económica del gobierno de Gerardo Machado había estado dirigida hacia la preservación de la industria azucarera cubana y para ello se había comenzado a cartelizarla; en dos ocasiones se había restringido la producción, se había logrado un empréstito, y declarado una moratoria al pago de las deudas de una economía en ruinas, pero ello no había evitado que más del 60% de la industria azucarera de Cuba se encontrara paralizada, ya que el azúcar cubano no tenía mercado, y el gobierno cubano no podía evitar esta situación, por tanto, para mantener esta industria las pérdidas las tendría que asumir la sociedad cubana, o de lo contrario, los centrales menos capitalizados e ineficientes hubieran tenido que cerrar, y las pérdidas las hubieran asumido los propietarios, tanto del capital, como de la tierra, como de la labor.

-oO-o-

El derrocamiento del gobierno de Machado el 12 de agosto de 1933, el golpe de Estado del 4 de septiembre del mismo año encabezado por el sargento Fulgencio Batista, y la formación de un gobierno revolucionario el día 10 de septiembre al frente del cual se encontraba Ramón Grau San Martín, y los miembros del Directorio Estudiantil Universitario (DEU) quebraron completamente el orden y la autoridad dentro de la sociedad cubana, ya que el gobierno emitió toda una serie de decretos de tipo nacionalista y encaminados al establecimiento de un gobierno socialdemócrata, pero no tenía poder real para forzar su cumplimiento, por lo que se desató una oleada de huelgas, y en el caso de la industria azucarera, unos cuantos centrales fueron tomados por los trabajadores tanto agrícolas como industriales, estableciéndose "soviets" alentados por el Partido Comunista y la central sindical CNOC.

Los trabajadores pedían el reconocimiento de los sindicatos, salarios mínimos, pago por tiempo extra, retirada de la Guardia Rural de los centrales y de las plantaciones, jornada de ocho horas, derecho a huelga, cancelación de las deudas que se le debían a la compañía, detener la expulsión de los trabajadores y sus familias de las colonias, expulsión de administradores abusadores, reglamentación de los procedimientos de despidos, etc.

Muchas de estas demandas habían sido contempladas en los decretos emitidos por el gobierno revolucionario de Grau, pero este no tenía la fuerza y el alcance para ponerlas en vigor, y eran incumplidas por parte de las compañías azucareras.

Como hemos analizado, las industrias azucareras se habían convertido en la principal industria del Caribe español, o sea Cuba, Puerto Rico, y República Dominicana, impactando sobre las estructuras sociales de estos países de manera profunda aunque en diferente grado.

En Cuba, como hemos señalado, el hundimiento de la industria azucarera, debido a su extraordinaria importancia, arrastró consigo a toda la economía nacional, desembocando en una verdadera revolución social.

En el caso de Puerto Rico, la importancia de la economía de plantación azucarera era aún mayor que en Cuba, pero la industria azucarera de la isla no se vio afectada como la de Cuba por el proteccionismo norteamericano debido al estatus colonial que le permitía la entrada de su azúcar libre de derechos. La industria azucarera de Puerto Rico, como hemos visto pudo expandir su producción dentro del vacío dejado por la producción cubana, pero la caída de los precios prácticamente cortó los pocos beneficios que el pueblo de Puerto Rico obtenía de su existencia, pues los salarios e ingresos de los que trabajaban para la economía azucarera cayeron en picada, a pesar de que el nivel de empleo se mantuvo. Por otra parte, la expansión de la producción de azúcar llevó a que la industria necesitara controlar mayores cantidades de la escasa tierra de la isla en sus partes más fértiles que eran las llanuras costeras, lo que trajo por consecuencia la necesidad de importar mayores cantidades de alimentos desde Estados Unidos a precios que no se correspondían con los niveles de ingresos de los puertorriqueños, impactando a la baja los niveles de vida del pueblo. La respuesta, a pesar del exceso de labor que caracterizaba a la isla, fue un auge inusitado del movimiento huelguístico, y un ascenso del nacionalismo de donde surgió el Partido Nacionalista de Puerto Rico y la Asociación de Trabajadores de Puerto Rico.

En la República Dominicana el impacto fue menor, pues la industria azucarera dominicana era un enclave dentro de la República, por lo que los destinos de los campesinos dominicanos en gran medida eran independientes de la industria azucarera, ya que la labor que empleaba era en su casi totalidad inmigrantes haitianos, con una muy reducida capacidad de consumo, por lo que la industria azucarera en la República Dominicana contribuía muy poco al desarrollo nacional a diferencia del caso de Cuba, y en menor medida de Puerto Rico. Por esta razón, los vaivenes de los precios del azúcar tuvieron consecuencias menores en la República Dominicana que en las otras dos islas que forman el Caribe español.

La "destrucción creativa "Costos y beneficios

El argumento de la "destrucción creativa" como parte inevitable del progreso en una economía capitalista fue desarrollado por el economista austríaco Joseph A Schumpeter (1883-1950) analizando críticamente las políticas implementadas por el New Deal de Franklin Roosevelt a partir de 1933 en Estados Unidos como soluciones a los problemas causados por la Gran Depresión.

Schumpeter planteaba que estas medidas tomadas por el gobierno prevenían que tuviera lugar una "dolorosa pero necesaria función" de las crisis económicas, que consiste en la liquidación de malas inversiones y empresas, tal como lo planteaban (y plantean) los economistas de la Escuela Austríaca, y que por tanto, al obstruir este proceso afectaría de un modo adverso, y demoraría la recuperación, además de estorbar el proceso de innovación, inversión y crecimiento a largo plazo.

Las políticas de los gobiernos cubanos a partir de 1926 obstruyeron el proceso de "destrucción creativa" a través de la creación de un cártel estructurado entre la Ley Verdeja de 1926, y la Ley de Coordinación Azucarera de 1937.

Impedir que la industria azucarera cubana entrara en una etapa de reorganización dirigida por las fuerzas del mercado liquidando las malas inversiones, y tratar de mantenerla intacta, con aproximadamente el mismo número de centrales, tierras, y colonos, ¿fue un error?

Según estimados de los profesores Dye y Sicotte[6] de no haberse impedido por medio de regulaciones el proceso de liquidación y reorganización de la industria azucarera, en 1939 hubieran cerrado 109 centrales, y sobrevivido 48 de los cuales 39 serían norteamericanos, con una capacidad de producción del 85.9% de la zafra, y nueve centrales no-norteamericanos con una capacidad del 14.1% de la zafra, o sea el 81.3% del total de los centrales en operación serían norteamericanos, y el 18.7% no norteamericanos, que no quiere exactamente decir que fueran cubanos.

Aquí se produce un punto de inflexión en la historia de la República de Cuba, por lo que vale la pena que se analice si el camino escogido fue el correcto al impedir el curso de la "destrucción creativa", o dejar que esta siguiera adelante. Evidentemente, la noción Schumpeteriana fue pensada teniendo en cuenta los países desarrollados, pero habría que preguntarse: ¿acaso también es válida para una economía subdesarrollada, con una altísima dependencia de esa industria?

En Cuba existían las dos posiciones en aquellos momentos. Por una parte los que se adherían al principio de "sin azúcar no hay país" formada por los hacendados y colonos, los sindicatos del azúcar, así como los comerciantes importadores entre otros, y los que planteaban que "debido al azúcar no tenemos nación" que estaba formado por los grupos que consideraban que esta extrema dependencia con respecto al azúcar acabaría destruyendo la nación cubana, y reclamaban un curso alternativo al desarrollo basado en la diversificación económica.

El profesor Antonio Santamaría en su libro *Sin azúcar no hay país,* argumenta lo siguiente:

> ¿Por qué se mantuvo restringida la oferta insular de azúcar desde 1930 en perjuicio de sus intereses respecto a los otros competidores?.

---

6 *Cleansing Under the Quota: The Defense and survival of Sugar mills in 1930 Cuba,* Alan Dye y Richard Sicotte.

¿Por qué se preservó la especialización productiva y la concentración comercial, un modelo económico que había causado una crisis estructural, sin resolver los problemas que la originaron?.

La Asociación Nacional de Hacendados y Colonos de Cuba en aquella época dijo que....

La culpa del aumento de las tarifas norteamericanas es nuestra, por que habiendo mercado para tres millones de toneladas, les hemos estado enviando cuatro millones, provocando una caída en el precio, y un movimiento de defensa de los remolacheros...

Santamaría continúa diciendo.

La política cubana frente a la crisis de los 30 tuvo como objetivo renovar el Tratado de Reciprocidad con Estados Unidos, y lograr un acuerdo internacional para estabilizar el mercado azucarero.

Nuestra hipótesis de trabajo es que mantener la especialización productiva en la década del 30 fue la alternativa más viable de ajuste interno y externo para la economía cubana.

Para hacer un análisis contrafactual en este caso, o sea que hubiera sucedido si se permitía al mercado reorganizar la industria azucarera cubana, es muy importante tener presente el concepto de "especificidad de los factores de producción".

El concepto de especificidad de los factores de producción es el grado al cual el retorno (ganancias) depende de su uso en una circunstancia determinada, o también se puede decir que es el grado en el cual un factor de producción (tierra, trabajo y capital) puede cambiar de uso generando retornos similares. Mientras más difícil sea cambiar a un uso alternativo, o sea mientras mayor sea la diferencia de los retornos en un uso alternativo, mayor será la especificidad del factor.

Para poner un ejemplo, digamos una maquinaria que se construyó para hacer determinada función, digamos una máquina de torcer tabaco, y todas las personas dejan de fumar, el retorno que produce esta máquina sería cero, o sería el valor del metal que contiene, y alguna pieza que pudiera ser adaptada para ser usada en otra maquinaria. Aquí estamos hablando de capital altamente específico.

La tierra tiene menos especificidad, pues por ejemplo la tierra que se usa para sembrar caña puede ser usada para otras cosechas, o para criar ganado. La tierra para cultivar tabaco suele ser más específica, o para el cultivo del cacao, el café, etc.

En el caso de la labor, esta puede ser altamente especializada como por ejemplo, un cirujano, aunque también el cirujano podría manejar un taxi, o cargar cajas en un almacén.

Los propietarios de factores muy específicos tienden a desarrollar grupos de presión política que favorezcan su actividad tales como sindicatos, asociaciones de determinadas actividades industriales, colegios profesionales, etc., y mientras más específicos sean los factores, y más concentrada sea la actividad, más activa será la presión que ejerzan sobre las políticas del gobierno, y en Cuba tenemos el ejemplo claro de la industria azucarera.

El capital en la industria azucarera es altamente específico y muy costoso (altos sunk costs), no tanto la tierra y labor que consume, pero es una actividad muy concentrada, por lo que siempre desarrolló a través de sus organizaciones. en todos los países del mundo con una economía plantacionista. una gran presión en el logro de políticas y creación de instituciones favorables a sus intereses. Estas organizaciones en Cuba fueron la Asociación Nacional de Hacendados, la Asociación

Nacional de Colonos de Cuba, y el Sindicato Nacional de Trabajadores del Azúcar que prácticamente dictaron la política económica de la República.

Si en Cuba hubieran ido a la quiebra el 70% de los centrales como estiman los cálculos del profesor Alan Dye en un espacio de diez años (entre 1929 y 1939), debido a la especificidad del capital, una parte muy importante del capital invertido en la industria azucarera se hubiera perdido, siendo esto equivalente a una caída profunda en la productividad general del trabajo al disminuir la dotación de capital por trabajador en todo el agregado económico del país. Esto era lo que consideraban los partidarios de mantener el statu quo en la industria azucarera a partir de la teoría de "too big to fail".

Aunque no hubieran cerrado los centrales, como plantea el escenario de Dye y Sicotte, el 66% de la capacidad de la industria quedó ociosa, sin que los factores de producción se pudieran mover hacia otros usos alternativos, especialmente el capital menos especifico, la labor, y la tierra.

La industria azucarera en el año 1938, si se hubiera permitido que el mercado de forma espontánea hubiera liquidado las malas inversiones del período anterior al 1926, hubiera hecho la zafra con 58 centrales, desapareciendo unos 100 centrales que estuvieron activos en esa zafra, y 18 centrales que estuvieron inactivos.

El costo de mantener en la zafra 158 centrales en operación nosotros lo estimamos a partir de la cantidad de cada factor de producción que hubiera quedado destinado a otros usos de haberse reformado la industria, multiplicado por su productividad promedio.

La tierra hubiera liberado unas 133 mil caballerías, con una productividad en la tierra en fincas dedicada a otros cultivos no-cañeros y la ganadería de 524.88 pesos por caballería, el total del valor que se produciría dedicando esa tierra a otros usos agrícolas es equivalente a 69.7 millones de pesos.

La labor, considerando solamente la dedicada a actividades industriales, pues la labor agrícola tendría que ser la misma, pues lo que desaparecerían serían los ingenios, la hemos estimado en 13, 650 hombres/año, con una productividad del trabajo de 507.40 pesos por hombre/año, el valor que se produciría con la relocalización en otros usos es equivalente a 6.8 millones de pesos.

En cuanto al capital, el valor estimado del capital invertido en la industria azucarera en 1938 es de aproximadamente 800.0 millones de pesos, del cual el 55% estaba ocioso y desaparecería, equivalente a 420 millones de pesos, multiplicado por la productividad del capital promedio de 21.1 centavos por cada peso de capital acumulado, dedicado a otros usos, produciría 92.8 millones de pesos.

Por tanto el costo total de detener el proceso de reestructuración de la industria azucarera, solamente en el año 1938 le costaba al pueblo cubano 168.8 millones de pesos equivalente al 36.8% del ingreso nacional de aquel año.

Toda esta capacidad ociosa tendría que ser sostenida a partir de la creación de un cártel, y la cuota azucarera norteamericana; si los precios caían, o la cuota se reducía, el cártel colapsaba, como sucedió en 1940-41, que fue necesario recurrir a un empréstito para sostener el cartel, igual que había sucedido en 1931.

Por esta razón yo considero que la decisión de mantener la industria azucarera favoreciendo la ineficiencia de los pequeños centrales y colonos, con el único objetivo de dar trabajo, fue una decisión funesta, y un error fatal para la República, ya que si se hubiera permitido que las fuerzas del mercado reorganizaran la economía se habrían liberado factores de producción que se orientarían hacia la creación de una economía diversificada, y hubiera quedado una industria azucarera más eficiente y racional.

Cuba perdió en la década de 1930 una gran oportunidad de salir de la economía de plantación y moverse hacia una economía más moderna.

Esto fue el resultado de presiones políticas combinadas de hacendados, colonos, y sindicatos, teniendo como trasfondo una ideología nacionalista, y de sentido social (no económico) de la propiedad que se venía abriendo paso en Cuba desde la década de los 1920, y que se expone con la mayor claridad en el libro de Ramiro Guerra Sánchez *Azúcar y población en las Antillas* de 1927.

La razón de esta política populista de regulaciones y controles se encuentra enmarcada dentro de la política redistribucionista general de acomodo a las demandas del movimiento obrero que finalmente quedarían plasmadas en la Constitución de 1940.

La política azucarera fue la mayor expresión económica del Estado Corporativo en Cuba, pretendiendo conciliar los intereses de los empresarios (hacendados y colonos) con los de los trabajadores a partir de las regulaciones del gobierno, y no a partir del libre funcionamiento del mercado.

Los revolucionarios que lucharon la Guerra de Independencia de 1895 a 1898 consideraban a la industria azucarera un bastión del poder colonial español, y a la clase de los hacendados, casi en su totalidad españoles, opuestos a la libertad de Cuba, a la tierra para los campesinos y a la igualdad social, plasmada por José Martí, ideólogo de la revolución. La intervención norteamericana frustró muchas de estas aspiraciones sociales, y la industria azucarera y la clase de los hacendados revivió y se fortaleció una vez más. El colapso de la industria azucarera a principios de la década de 1930, para algunos hubiera sido el logro de los reclamos nacionalistas de diversificación económica, pero la industria azucarera se presentaba ahora como una industria nacional; la columna vertebral de la economía nacional, y los hacendados y colonos como "la sal de la tierra" que debía ser preservada a cualquier costo.

Desde el punto de vista social, la cartelización benefició a los colonos y a los dueños de los pequeños centrales a expensas del resto de la sociedad cubana que tendría que soportar el peso de las externalidades negativas derivadas de una industria que en sus dos terceras partes se encontraba ociosa, en tanto se perdía una vez más la posibilidad de reorganizar la economía con base a intereses nacionales y no de un grupo influyente de la sociedad.

Si bien el propósito principal de Machado de no permitir la reorganización de la industria azucarera era proteger a la élite de hacendados y colonos, el propósito de Grau y de Batista se enfocaría más en la redistribución de ingresos con fines populistas.

En conclusión, nosotros consideramos que fueron mayores los costos sociales que los beneficios el impedir la reorganización de la economía cubana dejando que la "destrucción creativa" siguiera su curso durante la década de 1930.

Período de estancamiento 1934 1940. Consolidación del cártel azucarero

El cambio de gobierno en Estados Unidos en 1933, con la llegada a la Casa Blanca de Franklin Delano Roosevelt y el Partido Demócrata, trajo cambios radicales en las políticas norteamericanas en relación con las repúblicas latinoamericanas, inaugurándose una nueva aproximación que sería denominada la política del "Buen Vecino".

Para Cuba este cambio fue de una importancia crucial redefiniéndose las relaciones políticas y económicas que se habían mantenido desde 1902.

Fue abolida la Enmienda Platt; se incorporó a Cuba en la Sugar Act, conocida como la Ley Costigan-Jones, que establecía una cuota fija de compras de azúcar; y se firmó un nuevo Tratado de Reciprocidad Comercial.

Por otra parte, la devaluación del dólar de 1933 dio lugar a un aumento de los precios que pagaban Estados Unidos por el azúcar cubano, mejorando así los términos de intercambio entre las dos naciones a favor de Cuba, y reviviendo el comercio que en 1933 casi había desaparecido.

En este período Cuba se integra al sistema de cuotas azucarera de Estados Unidos en 1934, y se concluye la cartelización de la industria azucarera cubana en 1937.

La inclusión de Cuba dentro del sistema de cuotas azucareras de Estados Unidos establecido en la Costigan-Jones Act de 1934, permitió la estabilización de la producción azucarera de Cuba, y junto con ella, permitió un cierto nivel de recuperación luego de la grave crisis de 1925-1933 debido a la eliminación de aranceles, y una mejora de los precios.

La participación de Cuba en el sistema de cuotas norteamericanas, según la economista norteamericana Anne O Krueger, obedeció a dos motivaciones: económica y política por gobierno de Roosevelt.

La primera era restaurar el poder de compra de Cuba destruido por la tarifa proteccionista Smoot-Hawley de 1930, que perjudicó dramáticamente un comercio muy dinámico que existía entre Cuba y Estados Unidos propiciado por el Tratado de Reciprocidad Comercial de 1903, y en segundo lugar, desde el punto de vista político, era viabilizar por medio de la estabilización económica, la restauración del orden en Cuba, imprescindible para el desarrollo de su programa de política exterior hacia América Latina conocido como el "Buen Vecino".

El mercado norteamericano: De la tarifa al sistema de cuotas

La Tarifa Fordney-McCumber de 1922 representó un incremento de un 75% en los derechos de aduana para el azúcar cubano, y fue una victoria del lobby azucarero en el Congreso de Estados Unidos que buscaba limitar el acceso de la producción de Cuba que competía con ventaja, debido a sus bajos costos, contra los productores de azúcar de remolacha y de caña continentales, aunque a pesar de este aumento sustancial, la mayoría de los centrales de Cuba permanecían competitivos en el mercado norteamericano debido a que operaban con muy bajos costos de producción.

Independientemente de la elevación del nivel de los derechos de aduana, la producción continuó aumentando; la zafra de 1929 fue un 27.8% mayor que la de 1922, pero la Tarifa Smoot-Hawley de 1930 (combinada con los bajos precios) llevó a muchos ingenios a una situación de incosteabilidad que les imposibilitaba seguir operando como hemos venido demostrando.

En 1929, en vísperas del comienzo de la Gran Depresión, el consumo de azúcar en Estados Unidos había llegado a los 7.59 millones de toneladas métricas (dos mil libras), y Cuba exportó hacia ese mercado 4.1 millones de toneladas métricas, el 70.7% del total de su zafra. Pero en 1933, el consumo norteamericano fue 1.26 millones de toneladas métricas menos a pesar de la caída de los precios.

El vacío que iba dejando Cuba, la cual en ese año de 1933 solo exportó el 47% de la cantidad exportada en 1929 se iba llenando rápidamente por los productores de las posesiones insulares por lo que los precios continuaban cayendo, pero como estos productores no pagaban derechos de aduana, no era posible limitar su producción por medio de tarifas como en el caso de Cuba.

Ante la caída de los precios del azúcar, los productores norteamericanos pedían más protección en 1931, en un intento de expulsar totalmente al azúcar cubano de sú mercado. En 1929 el azúcar cubano abasteció el 52% del consumo de Estados Unidos, y en 1933 solamente el 25%.

Se nombró entonces una Tariff Comission que inició una investigación para determinar las causas de la caída de los precios a pesar de la protección establecida por la Smoot- Hawley Act.

La comisión llegó a la conclusión de que la caída de los precios del azúcar se debía a la contracción de la demanda causada por la depresión, y a que los precios del azúcar se encontraban bajo la presión que estaba ejerciendo el aumento de la capacidad de los productores insulares que estaban llenando el mercado que perdía Cuba debido al alza de la tarifa en 1930, por lo cual los productores de azúcar de caña y remolacha continentales, que producían con costos muy superiores a los de las posesiones insulares

(Hawaii, Puerto Rico y Filipinas), no obtenían precios remunerativos. Debido a esto, la comisión recomendó el establecimiento de un sistema de cuotas para abastecer el mercado norteamericano, y de aquí surgió, con la Costigan-Jones Act de 1934 (Sugar Act), el sistema de cuotas azucareras que incluyó a Cuba como casi el único abastecedor extranjero del mercado norteamericano, en tanto disminuyó la tarifa de aduana a 0.90 de centavo desde 2 centavos vigente desde 1930, y posteriormente a medio centavo.

Esta ley se estructuró según un consumo norteamericano de 6 millones 452 mil toneladas métricas. La cuota se determinó por el secretario de Agricultura norteamericano (USDA) de la siguiente forma:

Remolacha 26% = 1, 677.5 miles de toneladas métricas.
Caña continental (Louisiana y Florida) 4% = 258 mil toneladas métricas.
Hawaii 13% = 838 mil toneladas métricas.
Puerto Rico 12% = 774.2 miles de toneladas métricas.
Filipinas 15% = 967.8 miles de toneladas métricas.
Cuba 29% = 1, 871.1 miles de toneladas métricas.
Otros extranjeros 1% = 64.6 miles de toneladas métricas.

A los productores continentales se les asignaba un 30% del crecimiento del consumo, en tanto a los abastecedores insulares y extranjeros el 70% restante de acuerdo a los porcentajes establecidos.

La ley tendría vigencia hasta 1937 en que sería revisada de nuevo.

la inclusión de Cuba en la ley de cuotas azucareras de Estados Unidos en 1934 permitió la estabilización de la industria azucarera, y aunque a un nivel muy por debajo de su capacidad, aseguraba para Cuba un mercado de casi dos millones de toneladas.

Con la cuota azucarera norteamericana se restableció el sistema de cuotas internas, y el cártel azucarero. Cuba tenía capacidad de producción para seis millones de toneladas largas (2, 240 libras), y la producción promedio entre 1934 y 1939 fue de solo 2 millones 660 mil toneladas largas.

La cuota alcanzaba solo el 33% de la capacidad con el consiguiente incremento de los costos fijos. De haber tenido lugar una reorganización de acuerdo a las fuerzas del mercado, ya explicamos que una parte sustancial de la industria hubiera desaparecido, como sucedió en la década de 1870 y 1880, pero la intervención del gobierno impidió que eso sucediera condenando a la industria azucarera a la ineficiencia y destruyendo su competitividad.

Participación del azúcar cubano en el mercado norteamericano.

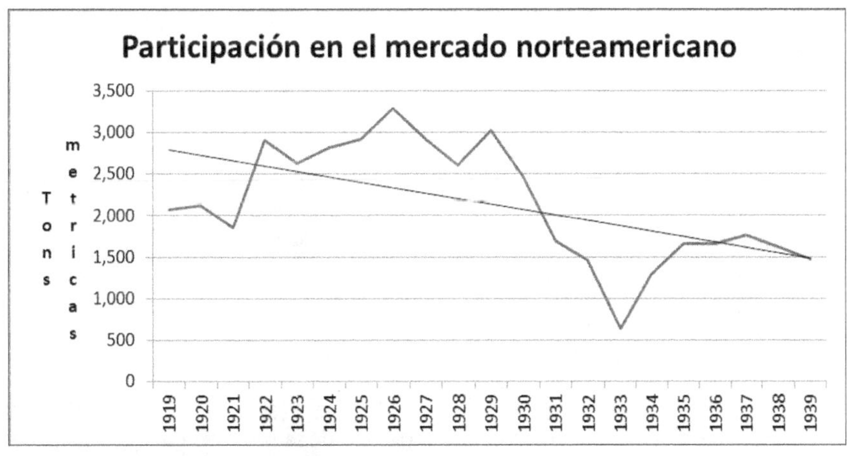

Fuente: *Sin azúcar no hay país*, Antonio Santamaría. Cálculos del autor.

En el gráfico anterior se observa la drástica caída de la participación del azúcar cubano en el consumo de Estados Unidos entre 1926 y 1933, y posteriormente su modesta recuperación.

Contribución de la cuota a la recuperación de la economía cubana

En el año 1939, la Asociación Nacional de Hacendados de Cuba publicó un interesante trabajo titulado *Tratado de Reciprocidad de 1934: sus efectos sobre la economía nacional* en respuesta a toda una serie de críticas por parte de intelectuales nacionalistas de izquierda, que planteaban que dicho tratado era prejudicial para Cuba, ya que impedía que nuestro país diversificara su comercio con otros países del mundo, al darle ventajas excepcionales a los productos norteamericanos en el mercado cubano.

En dicho estudio se demuestra como el saldo anual promedio de la balanza comercial (exportaciones menos importaciones) entre Estados Unidos y Cuba había sido positivo para Cuba entre 1930 y 1933 en 33.7 millones de dólares, y entre 1934 y 1938, en 48.9 millones de dólare, que representó un crecimiento del 45% en la balanza comercial, sin embargo, en el intercambio con el resto del mundo, los saldos promedio fueron negativos en 4.8 millones de dólares y en 4.6 millones de dólares, demostrando así, como el crecimiento del intercambio con Estados Unidos, promovido por el Tratado de Reciprocidad había contribuido a una mejora sustancial de la situación económica de Cuba. Además se señala el comercio azucarero dentro del resultado positivo para la economía nacional, y el impacto de los precios pagados por Estados Unidos al azúcar cubano, muy por encima del mercado mundial.

Entre 1930 y 1933, Estados Unidos pagó un 24% más que el mercado mundial la libra de azúcar crudo, y entre 1934 y 1938 pagaron un 134% más como resultado de la inclusión de Cuba en el sistema de cuotas norteamericano, ya que Estados Unidos en 1933 había devaluado el dólar un 43%[7], abaratando sus exportaciones y encareciendo sus importaciones.

En 1933 la producción de azúcar representó el 13.8% del Ingreso Nacional, y en 1939 fue el 24%.

En el gráfico inferior se puede observar como el precio del azúcar en el mercado mundial se mantuvo casi invariable mientras, en el mercado norteamericano los precios eran muy superiores, y en crecimiento desde 1932 hasta 1936, ya que en 1937 comenzó una nueva recesión económica en Estados Unidos.

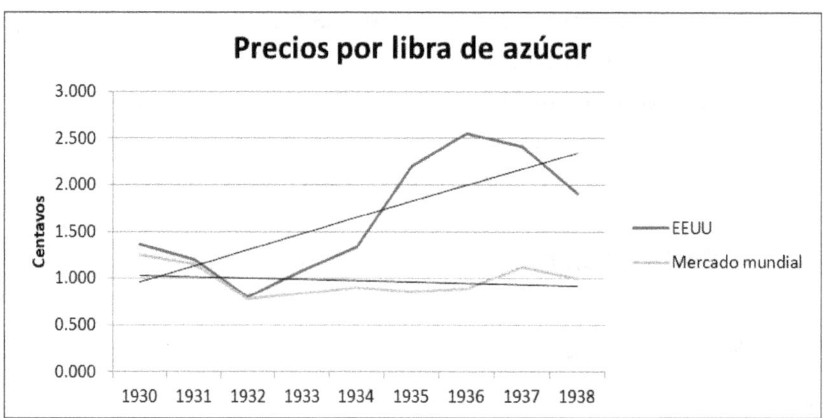

Fuente: "Tratado de Reciprocidad de 1934: sus efectos sobre la economía nacional". Asociación Nacional de Hacendados de Cuba.

Otros de los efectos positivos fue la apertura del mercado norteamericano para subproductos de la industria azucarera tales como melaza, mieles ricas, mieles finales, siropes, alcohol, y una cantidad de azúcar refino. Esto permitió una diversificación dentro de la industria azucarera cubana.

7. En 1933, Estados Unidos pasó a cotizar la onza de oro de 20 dólares a 35 dólares

La Ley de Coordinación Azucarera de 1937: Consolidación del cártel del azúcar

La regulación de la industria azucarera de Cuba a partir de 1934 tendrá un contenido social más prominente que la que tuvo entre 1926 y 1933, que iba encaminada a ayudar a los hacendados exclusivamente. Esta nueva visión social que se refleja en numerosas disposiciones laborales como jornadas de ocho horas, salarios mínimos, regulación de los procedimientos de despido, etc., dio lugar a un aumento en los costos que los hacendados y los grandes colonos tuvieron que pagar, y que en la época fue visto como si fuera un seguro frente a una posible revolución social.

La Revolución del 33, y la toma de centrales azucareros, le demostraba a la élite económica y política que era necesario, para su propia supervivencia aceptar una disminución de sus prerrogativas, y repartir los ingresos con colonos y trabajadores para poder mantener una costosísima industria azucarera semiparalizada. Este trabajo lo llevó adelante Fulgencio Batista.

El Decreto-Ley No 522 de 1936, el Decreto No 3390 de diciembre de 1936, y la Ley de Coordinación Azucarera de 1937, estructuraron definitivamente el cártel del azúcar, cuyo propósito no era tratar de influir en los precios, ya que estos eran fijados en el mercado norteamericano y mundial por medio de cuotas. La finalidad se encontraba en repartir entre todos los participantes dicha cuota, y repartir pérdidas y ganancias.

Cuando Cuba entra en 1934, dentro del sistema de cuotas azucareras de EE. UU., apenas con 2 millones de toneladas, continúa en pie la necesidad de regulación de las zafras que de manera intermitente se venía haciendo desde 1926, pero esta vez se decidió que el Estado debía garantizar un mínimo a los ingenios pequeños para impedir su desaparición. Se estableció así el mínimo en 60 mil sacos de 325 libras, con lo que se esperaba se detuviera el proceso de concentración y mantener la industria azucarera intacta.

El economista José Antonio Guerra en un estudio publicado en 1942 con el título "*La evolución económica y social de la industria azucarera en los últimos años*" plantea:

> ...esta solución implica la negación misma del proceso natural de supervivencia de los más fuertes en aras del interés nacional.
>
> Constituye el triunfo del principio de colocar el interés nacional por encima de los intereses privados de las grandes corporaciones, principio que es el fundamento sobre el cual se ha erigido todo el edificio de la protección al colono y al obrero.

Esta idea de que existe un interés nacional (la sociedad) que se encuentra por encima de los intereses privados (el individuo) en aquellos tiempos permeaba el pensamiento de las élites intelectuales del mundo, y en Cuba probaría ser fatal; en 20 años el libre mercado (el capitalismo) sería un cadáver en nuestro país con todas las consecuencias que ello implicó.

Guerra no se daba cuenta de que con esta legislación lo único que lograba era petrificar el latifundio azucarero que el mismo mercado se hubiera encargado de liquidar para bien de los cubanos, y que este proceso natural que comenzó en 1926, desde hacía años hubiera concluido, sin embargo lo fuimos arrastrando hasta 1958, pagando la República un precio monumental por mantener una industria ineficiente en beneficio de un grupo que hacía ver que su interés privado era el "interés nacional" con el slogan de "Sin azúcar no hay país".

La ley estableció el "Derecho de Permanencia" que mantiene al colono en disfrute de las tierras que ocupa mientras cumplan con la cuota de caña asignada (un mínimo de 30 mil arrobas de caña); la fijación de un precio legal para la caña, y la regulación de las rentas; estas dos últimas medidas fortalecen el derecho de permanencia en tanto socavan el derecho de propiedad privada, y contribuyen a destruir el mercado y la eficiencia de la principal industria del país.

Esencialmente la Ley de Coordinación Azucarera tenía como uno de sus objetivos básicos ampliar el número de colonos, y que los centrales se abastecieran exclusivamente de caña producida por los colonos, y no en la tierras propias de los centrales.

El precio de la caña fue fijado por ley en proporción de un porciento que le corresponde al sector agrícola de acuerdo a una escala que variaba en función del rendimiento industrial.(cantidad de azúcar por unidad de peso en caña) Le correspondería entonces al colono:

- Cuando el rendimiento industrial no exceda del 12%, el equivalente en azúcar del 48% de dicho rendimiento.
- Cuando el rendimiento industrial sea más del 12% y menos del 13%, el 47% de dicho rendimiento.
- Cuando el rendimiento industrial sea superior al 13%, el 46% de dicho rendimiento.

Antes de esta legislación, el colono recibía el pago en azúcar de acuerdo al contenido sacarosa de las cañas que entregaba al central, y típicamente los contratos establecían un aproximado del 40% del azúcar contenida en sus cañas; se les pagaban cinco toneladas de azúcar por cien toneladas largas de caña entregada como promedio, por lo que existía interés tanto por parte del colono como del central en el incremento de los rendimientos industriales y del recobrado, que forma parte del nivel tecnológico del central, como del contenido de azúcar de acuerdo a la calidad de la caña que cultiva el colono.

El rendimiento industrial depende del nivel tecnológico, y del nivel de sacarosa de la caña. Como las cuotas establecidas eran en caña, con estas escalas, el colono no tiene interés en la introducción de nuevas variedades de caña con mayor contenido de sacarosa, ni tampoco el aumento del rendimiento agrícola (cantidad de caña producida por caballería) con la utlización de regadíos y fertilizantes, muy costoso para pequeños y medianos colonos. A los centrales, tampoco los incentivaba a la introducción de nuevas y costosas tecnologías para aumentar el rendimiento industrial, por tanto, al no existir incentivos para aumentar los rendimientos agrícolas e industriales la industria se estancó, a lo que se unía que la organización cartelizada la industria desincentivaba la inversión en nuevas tecnologías.

Al colono solo le interesaba entregar la cuota asignada en cantidad de caña, por lo que no tenía mayor interés en aumentar los rendimientos agrícolas siempre y cuando pudiera producir la cuota asignada, y al central tampoco le interesaba aumentar los rendimientos industriales, pues esto implicaba una inversión que no le traería ninguna ganancia, pues estaba sujeto a una cuota, y tendría que compartir cualquier disminución de los costos con los colonos y con centrales menos eficientes.

El rendimiento industrial promedio en el agregado de la industria azucarera en 1937 fue de 12.27%, y en 1957, fue de 12.62%. Este aumento fue el resultado de la desaparición de centrales ineficientes, y no de la introducción de nuevas tecnologías.

El rendimiento agrícola en 1937 fue de 49, 533 arrobas de caña por caballería, y en 1957 de 41, 254.8 arrobas de caña por caballería, y el promedio en los veinte años fue de 45, 138.8 arrobas de caña por caballería.

Estos datos provienen de los Anuarios Azucareros de Cuba, y demuestran elocuentemente el estancamiento de la industria azucarera cubana a fines de la década de 1950, después de 20 años de vigencia de la Ley de Coordinación Azucarera que fue incorporada en la Constitución de 1940.

Con un aumento en los costos fijos, y un aumento en los costos laborales, unido a bajos precios, ¿cómo podría mantenerse intacta la industria azucarera cubana?

La respuesta a esta pregunta se encuentra en los precios que pagó Estados Unidos por el azúcar, la casi eliminación de los aranceles, y un mercado protegido para la cantidad fijada en la cuota. Por otra parte, el sector más eficiente de la industria sosteniendo al menos eficiente, y por último, los rescates del gobierno por lo menos en tres ocasiones además de la ampliación de la moratoria sobre las deudas, lo cual de por sí constituía un rescate que dañó definitivamente al mercado de capitales del país.

En 1934, Cuba obtuvo 22.4 millones de dólares por subproductos de la industria azucarera, el 37% del valor total de la zafra y en 1939 obtuvo 35.3 millones de dólares un 38.4% del valor total de la zafra. Hubo una diversificación dentro de la industria azucarera que favorecía a los dueños de los centrales.

Unido a esto, las cuotas en Cuba daban preferencia a los centrales pequeños, y así de esta forma se garantizaron ganancias modestas a la industria en su conjunto, a pesar de operar por debajo del 50% de su capacidad, sin embargo, la caída de los precios debido a la recesión que comenzó en Estados Unidos en 1937, puso en peligro la existencia del cártel azucarero como lo demostró el empréstito concertado en 1941. La Segunda Guerra Mundial operó en aquellos momentos como un salvavidas, ya que de no ser por ella, el cártel azucarero hubiera implosionado, o se hubiera estatalizado completamente.

La Ley de Coordinación Azucarera trató de repartir los beneficios del azúcar entre todos los participantes; hacendados, colonos y obreros industriales y agrícolas, pero los principales beneficiados fueron los pequeños colonos que se consideraban los cultivadores que producían como mínimo 30 mil arrobas de caña, o sea dedicaban menos de una caballería al cultivo de caña, y los dueños de los pequeños centrales. Se ampliaba la moratoria de las deudas establecida en 1934; se regulaban las rentas de las fincas dedicadas al cultivo de la caña de acuerdo a los precios del azúcar y se establecía el derecho de permanencia para los colonos que arriendan la tierra donde cultivan.

También se regulaban el pago a los colonos de acuerdo al rendimiento industrial promedio del central. Se establecieron también salarios de acuerdo a los precios del azúcar en cada zafra.

En "Study on Cuba", del Grupo cubano de investigaciones económicas de la Universidad de Miami se plantea lo siguiente:

> La Ley de Coordinación Azucarera de 1937 trataba directamente de robustecer la clase de los pequeños productores agrícola en busca de mayor estabilidad en la estructura socio-económica rural de Cuba cuyo equilibrio se había visto seriamente comprometido como consecuencia de la proletarización de una gran parte del campesinado durante el período de expansión latifundiaria.

Por otra parte el historiador Oscar Zanetti Lecuona en su ensayo "La regulación de la industria azucarera en Cuba 1926-1937" señala que "A diferencia de lo que sucede en otros países latinoamericanos durante esa misma época, la intervención estatal en Cuba no se propuso imprimir una nueva orientación a la economía ante la crisis del sector externo, si no asegurar el funcionamiento y la preponderancia de este".

Toda esta regulación contribuyó a la fosilización de la industria azucarera cubana, al desincentivar reinversiones de las ganancias para aumentar la productividad, ya fuera en el sector agrícola, como en el industrial en tanto mantenía el latifundio azucarero, y promovía el minifundio improductivo.

El cártel azucarero perjudicó los intereses norteamericanos en esta industria, ya que sus ingenios en general eran los más eficientes y capitalizados, teniendo entonces que financiar la ineficiencia de otros. Esta sería una de las razones fundamentales -entre otras- por la que se fueron retirando de Cuba, vendiendo sus propiedades a intereses cubanos, y también las acciones de las compañías azucareras cubanas en la Bolsa de Nueva York mostraron un declive continuado. Muchas de las acciones azucareras se fueron transfiriendo a la producción remolachera, y hacia las empresas que producían en las posesiones insulares norteamericanas como ha demostrado el profesor Alan Dye.

El control de la producción del cártel azucarero

La esencia misma de una industria cartelizada es la regulación de la producción de sus miembros, con el objetivo de influir en los precios del mercado, por tanto, es imprescindible desarrollar instituciones encargadas de la tarea de controlar la producción.

Con la Ley Verdeja de 1926, al establecer cuotas de producción para los centrales se creó una comisión asesora del presidente de la República encabezada por Viriato Gutiérrez.

En 1930, a partir de la Ley de Estabilización del Azúcar, la responsabilidad de distribuir las cuotas de producción por centrales, y de la exportación, quedó en manos de la Corporación Exportadora Nacional de Azúcar, la que posteriormente, en 1931 se convirtió en el Instituto Cubano de Estabilización del Azúcar (ICEA).

En 1932 se promulgó una disposición con la cual, los ingenios que produjeran menos de 28 mil sacos de 325 libras como promedio, estaban exentos de restricción de su producción en más de un 10%.

Al año siguiente, durante el gobierno revolucionario de Grau, se decretó que todos los ingenios que produjeran menos de 60 mil sacos de 325 libras podían moler libremente hasta esa cifra.

El ICEA estaba estructurado de la siguiente forma: Un director general nombrado por el presidente de la República, seis representantes de los centrales norteamericanos, seis hacendados cubanos, y seis colonos, todos ellos nombrados igualmente por el presidente.

El Decreto-Ley No 522 de 1935 reguló el procedimiento de producción y exportación.

Anualmente, el presidente de la República decidía, por medio de un decreto, el monto de la zafra, la fecha de su inicio, establecimiento del precio promedio como indicador del pago de la caña a los colonos, y el salario a los obreros, y otros detalles de importancia para el desenvolvimiento de la zafra.

La regulación de la industria a grandes rasgos quedó legalmente definida con la Ley de Coordinación Azucarera de 1937, que fue incorporada a la Constitución de 1940.

En dicha Constitución, el Artículo 275 plantea lo siguiente:

> La ley regulará las siembras y molienda de la caña por administración, reduciéndolas al límite mínimo impuesto por la necesidad económico-social de mantener la industria azucarera sobre la base de la división de los dos grandes factores que concurren a su desarrollo; industriales o productores de azúcar y agricultores o colonos que producen la caña".

La Ley No 20 de 1941 resume el ordenamiento estatal de la industria azucarera cubana.

la Ley de Coordinación Azucarera, puede ser considerada la única reforma agraria que tuvo lugar en Cuba durante el período republicano.

Esta ley intenta superponer al modelo económico de plantación, un modelo político socialdemócrata por medio de la redistribución de los ingresos. Estos dos modelos, como se demostraría, son incompatibles entre sí; uno tiende a estancar y destruir al otro.

Participación de Cuba en el mercado mundial: El Acuerdo de Londres de 1937

En el año 1937 Cuba estaba produciendo apenas un 10% del azúcar que se producía en el mundo.

En este año comienza una nueva recesión en la economía norteamericana la cual aún no se había recuperado de los efectos de la Gran Depresión. Los efectos de esta recesión se harán sentir en Cuba a partir de 1938, y como siempre a través de los precios del azúcar y los déficits en las balanzas de pago. Entre 1937 y 1940, los precios del azúcar como promedio cayeron en casi un 23%.

También en 1937 se firmó el Acuerdo de Londres donde se establecieron cuotas de exportación al mercado libre mundial, el cual en aquellos años no pasaba de 3 millones de toneladas, apenas el 10% de la producción mundial de ese año. Cuotas establecidas para el mercado libre:

Java (Holanda) 29.2%.
Cuba 26.2% (unas 786 mil toneladas métricas).
R. Dominicana 11.1%.
Perú 9.2%.
Checoslovaquia 7.0%.
URSS 6.4%.
Alemania 3.3%.
Polonia 3.3%.
Otros 4.3%.

Principales productores de azúcar antes de la Segunda Guerra Mundial (En mil ton. métricas).

Año	Cuba	USA	Brasil	India	Java	Taiwán	Austr.	Eur.	Total
1933	2005	4705	885	3201	1545	798	538	7020	29126
1934	2262	4702	638	349	636	803	673	7307	27588
1935	2560	3741	762	3562	505	165	646	30272	32087
1936	2992	4068	1014	4089	583	190	651	8445	9034
1937	3175	4268	884	4537	1392	192	787	8713	33572
1938	3308	4281	985	3779	1377	203	810	9627	32117
1939	3159	4514	1080	2890	1551	664	823	8760	34172

Fuente *Sin azúcar no hay país* Antonio Santamaria.
Cuba a Handbook of Historical Statistics, Sussan Schroeder.

La Ley Costigan-Jones expiraba este año pero se decidió mantener un sistema parecido donde los productores domésticos de Estados Unidos cubrían el 55% del mercado y los extranjeros el 45% restante. Cuba lleva los riesgos de una contracción en el mercado, pero se beneficiaría de los déficits de los productores domésticos.

A partir de septiembre de 1939, el gobierno norteamericano suspendió la Sugar Act, al igual que fue suspendido el Acuerdo de Londres. Con la entrada de Estados Unidos en la Segunda Guerra Mundial en 1941, quedó suspendido el sistema de cuotas, y se pasó en 1942 a un sistema de compra de las zafras libres completas a un precio conveniado. Comenzaba de nuevo el auge de la industria azucarera cubana que duraría hasta 1952.

Principales indicadores de la industria azucarera cubana entre 1933 y 1940

1. Los precios de la libra de azúcar crudo en 1939 fueron un 44% superiores a los de 1933.
2. El volumen de producción promedio anual entre 1934 y 1939 fue un 33.5% superior a la producción de 1933; 2, 664, 183 toneladas largas.

3. El valor promedio anual de las zafras entre 1934 y 1939 fue un 97% superior a la de 1933; 92.3 millones de dólares.
4. La participación relativa de Cuba dentro del mercado norteamericano en 1933 fue de un 25% y en 1939 de un 26% debido a que el volumen de la cuota para Cuba fue establecido con base a la producción de 1933. Aunque desde el punto de vista relativo casi se mantuvo igual. Hay tener en consideración que tuvo lugar un aumento absoluto debido al crecimiento del consumo norteamericano donde Cuba tenía participación.
5. La participación relativa de Cuba dentro de la producción mundial en 1933 fue de un 8.2%, y en 1939 de un 8.9%.
6. Tamaño de la industria medido en centrales/ días. En 1933 fueron 7, 125 centrales /días, y en 1939 fueron 9, 734 centrales/ días. Un aumento de un 36.6%.
7. Capacidad productiva de la industria medida en toneladas largas de azúcar por central/día. En 1933 fue de 280.01 toneladas largas de azúcar, y en 1939 fue de 279.84 toneladas largas, o sea que se mantuvo igual.
8. El rendimiento industrial promedio en 1933 fue de 11.57%, y en 1939 de 12.45%; un aumento del 7.6% en el rendimiento industrial promedio debido a que se encontraban trabajando un mayor número de centrales más eficientes en 1939 que en 1933.
9. El rendimiento agrícola promedio en 1933 fue de 45, 074 arrobas de caña por caballería, y en 1939 fue de 43, 352 arrobas de caña por caballería. Una caída de un 3.8%.
10. Rendimiento total medido en azúcar por caballería de caña cortada. En 1933 se produjeron como promedio 58.2 toneladas largas de azúcar por caballería cortada de caña, y en 1939 se produjeron como promedio 60.2 toneladas largas, para un incremento de un 3.4% que se logró debido al aumento del rendimiento industrial promedio compensando con la caída del rendimiento agrícola. Esto no fue debido a inversiones en mejor tecnología, si no a un aprovechamiento de capacidades ociosas en centrales más eficientes.
11. La estructura productiva de la industria azucarera que operó en 1933 en comparación con la que operó en 1939 (Número de centrales de acuerdo a su producción en sacos de 325 libras).

Año	Menos de 100 mil	De 101 a 300 mil	Más de 300 mil	Total
1933	83	35	7	125
	65.60%	28.80%	5.60%	100.0%.
1939	75	67	15	157
	47.70%	42.70%	9.60%	100.00%

Fuente: *Sin azúcar no hay país*, Antonio Santamaria. Cálculos del autor.

Como se puede ver en la tabla anterior, en la industria que trabajó en la zafra de 1939 los centrales pequeños fueron menos, tanto desde el punto de vista relativo como absoluto, a pesar de todos los beneficios que las regulaciones les otorgaban a los centrales que producían por debajo de 60 mil sacos.

12. El promedio de producción por central en la zafra de 1933 fue de 65, 896 sacos de 325 libras, y en 1939 fue de 119, 582 sacos de 325 libras; un 81.5% más de capacidad promedio por central trabajando.
13. El aprovechamiento total de la tierra controlada por la industria azucarera, que es la cantidad de caballerías de caña cortadas en relación con el total de tierras controladas por la industria azucarera fue en 1933 el 17.4%, y en 1939 el 22.6%.

El latifundio azucarero[8] disminuyó en unas 17 mil caballerías. En el año 1933 el latifundio azucarero tenía una extensión aproximada de 123, 500 caballerías, y en 1939 de 106, 500 caballerías.

14. La productividad del trabajo en el año 1933 fue de 12.53 arrobas de azúcar por hombre/día trabajado en la zafra, y en 1939 fue de 12.66 arrobas de azúcar, lo equivale a una pequeña mejora de un 1% en la productividad del trabajo general.
15. La productividad del trabajo agrícola en 1933 fue de 129.02 arrobas de caña por hombre/día trabajado en la zafra, y en 1939 fue de 115.58 arrobas, lo cual equivale a una disminución de la productividad del trabajo agrícola de un 10.4%.

    En la zafra de 1933 se emplearon como promedio 6 trabajadores agrícolas por caballería cortada, y en 1939 se mantuvo la misma cantidad de trabajadores agrícolas por caballería cortada.

    La productividad del trabajo en la agricultura cañera disminuyó, aunque fue compensado con un aumento de la productividad en la parte industrial.
16. En 1933 un trabajador agrícola ganaba como promedio 58 centavos en el día, y en 1939 ganaba 80 centavos de acuerdo a la ley de salarios mínimos del gobierno revolucionario de Grau. Un aumento de un 38%.

    De acuerdo a la duración de la zafra de 1933 de 57 días efectivos, un trabajador agrícola podría ganar unos 34 pesos en la zafra, y en 1939 con una duración de 62 días efectivos, un trabajador agrícola podía ganar unos 50 pesos en la zafra, o sea un incremento de un 47%.

    Con base a estas cifras, en la zafra de 1933 se pagaba en salario agrícola diario por caballería un promedio de 3.54 pesos, y en 1939 de 4.80 pesos, equivalente a un incremento en los costos laborales agrícolas de un 35.5%.
17. En 1933 se pagó como promedio 1.14 pesos la tonelada larga de caña entregada al central, y en 1939 se pagó a 2.08 pesos la tonelada larga de caña, o sea un aumento en el costo de la caña del 82.5%.

    Entre 1933 y 1939, la cantidad de caña entregada al central aumentó un 20.9%, y el valor de la agricultura cañera aumentó un 120% En 1933 la caballería cortada produjo unos 575 pesos de ingresos brutos al colono, y en 1939 produjo 795.11 pesos (a valores constantes de 1933) de ingresos brutos, lo cual significó un incremento de los ingresos brutos de un 38.3%.
18. En 1933 el costo unitario promedio se estimó en 1.27 centavos, y en 1939 de 1.77 centavos por libra de azúcar; un aumento del 39.4% en costos, frente a un 55.7% de aumento en los precios promedios.

    Este aumento en los costos se encontraba ubicado fundamentalmente en un aumento del costo de la caña y de la labor.
19. Entre 1933 y 1939 la oferta mundial de azúcar aumentó un 25.7%, en tanto la producción cubana aumentó un 36.3% y los precios pagados por el azúcar cubano aumentaron un 55.6%. Los precios aumentando más rápido que la oferta significan que la demanda de azúcar se hacía elástica una vez más como resultado de la recuperación de la Gran Depresión.

Desde 1937 los precios estaban descendiendo; habían descendido algo más de un 10% en 1939, por lo que de continuar esta tendencia se pondría en peligro de quiebra al cártel azucarero cubano, ya que con las regulaciones establecidas no era posible rebajar los costos ni de la caña ni de la labor.

---

8. El tamaño del latifundio lo consideramos como la diferencia entre el área total controlada por la industria azucarera y el área necesaria, en tanto el área necesaria la consideramos en función del área cosechada como un 40% del área total, y un 60% para otros usos.

En sentido general, la cuota azucarera norteamericana para Cuba le permitió a la industria estabilizarse, y volver a obtener modestas ganancias, pero a pesar de que se diversificó su producción, y mejoraron algunos indicadores, las regulaciones dieron lugar a un incremento en los costos unitarios, por lo que el agregado de la industria azucarera cubana caminaba al borde del abismo a fines de la década de 1930.

Institucionalización del estancamiento y retroceso de la iniciativa empresarial en la industria azucarera

El control de la empresa azucarera la fueron perdiendo los empresarios ante el avance e intromisión del Estado en la toma de las decisiones fundamentales como precio por mantener a flote una industria en gran medida ineficiente: cuotas de producción, inversión, fuente de abastecimiento de caña, días de duración de las zafras, tarifas de pago por la caña a los colonos, contratos de arrendamiento de tierras, salarios y contratación de trabajadores, etc. El empresario fue perdiendo poder sobre su empresa pasando a convertirse casi en un director con participación en las ganancias, dejando de ser un propietario con plenos derechos sobre su propiedad. La desaparición de la función empresarial en la industria azucarera la condujo inevitablemente a la esclerosis, y los hacendados y colonos se fueron convirtiendo en un grupo casi parasitario perfectamente prescindible.

Cuando se estableció la restricción a partir de la Ley Verdeja de 1926, ya existía preocupación no solo por la desaparición del pequeño e ineficiente central en manos de hacendados cubanos, si no por la desaparición del pequeño y mediano colono, o sea el sector más ineficiente de la industria azucarera, por lo que se tomaron medidas que estipularon que los centrales debían distribuir las cuotas de que fuera objeto entre todos los abastecedores de caña de manera proporcional, para evitar que los centrales se concentraran en moler en mayor medida caña de administración para satisfacer su cuota de producción.

En 1933, durante el gobierno revolucionario de los "Cien Días" se estableció que los centrales tenían que moler un 20% más de caña de los colonos que de caña de administración. El gobierno buscaba la preservación del colono como una forma de evitar desempleo, y de redistribuir el poco ingreso que en aquellos tiempos se estaba produciendo en el país, y así lograr estabilidad social.

En 1935 con la Ley No 9, se fijó un pago mínimo de 5.5 arrobas de azúcar a los colonos arrendatarios (dependientes), y 6 arrobas de azúcar a los colonos propietarios (independientes) por cada 100 arrobas de caña. Así casi la mitad del azúcar producida iba para los colonos y la otra mitad para los hacendados.

Al año siguiente, el decreto-Ley No 522, y el Decreto No 3390 determinaban el central al cual quedaba adscrito cada colono "asegurando al colono un factor permanente de la molienda en proporción al total de cañas procesadas para cada fábrica".

Por último, la culminación del proceso de consolidación de la permanencia de la institución del colonato fue la Ley de Coordinación Azucarera de 1937, de la cual ya hemos hablado, que tenía como objetivo primordial la estabilización del colonato, especialmente del pequeño colono, ya que la ley definía que en los casos de restricción de la producción, se dejaría de moler un 12% adicional de caña de administración y un 6% de caña de colonos que produjeran más de 500 mil arrobas, con el objetivo de perjudicar lo menos posible al pequeño colono.

Anterior al gobierno revolucionario de Ramón Grau en 1933, no existía ninguna legislación social a favor de los trabajadores en la industria azucarera. Las primeras medidas fueron tomadas durante ese turbulento período de la historia de Cuba entre 1933 y 1935 donde las demandas sociales alcanzaron su punto culminante dentro del contexto de la Revolución de 1933.

- El Decreto No 2605 de 1933 reconoce el derecho de sindicalización.
- El Decreto No 1914 de 1933 crea el Comité para la Solución de los Conflictos Laborales.
- El Decreto No 1693 de 1933, implementando la jornada de ocho horas.
- La Ley de Nacionalización del Trabajo (Ley del 50%); creación de una Comisión de Salarios Mínimos, y el establecimiento de un jornal mínimo de 50 centavos por corte, alza y tiro de 100 arrobas de caña, que luego, durante el gobierno de Carlos Mendieta, en 1934, por Decreto No 727 se creó el Comité Técnico de Salarios Mínimos y se elevó a 80 centavos el jornal mínimo para el trabajo agrícola y un peso para el trabajo no-agrícola.
- Decreto No 117 de 1934 establece la proporcionalidad entre los salarios y el precio del azúcar.
- Decreto No 276 de 1934. Establece el procedimiento de despido para otorgar estabilidad laboral.
- Ley-Decreto No 446 de 1934 Regulación de contratos colectivos de trabajo, y se amplía la intervención de la Secretaria del Trabajo.

Con la Ley de Coordinación Azucarera de 1937 se estableció una tasa salarial de acuerdo al precio del azúcar así como el precio de los arrendamientos de tierras dedicadas al cultivo de caña.

Los empresarios azucareros habían perdido control sobre los salarios y las condiciones de contratación de sus trabajadores, los cuales serían establecidos por el Estado bajo presión de los sindicatos, siguiendo criterios políticos, quedando de esta forma completamente divorciados los salarios de la productividad del trabajo.

Participación del gobierno en los ingresos azucareros: los impuestos sobre el azúcar

En general, como veremos, siendo la industria azucarera la primera industria de Cuba, produciendo más del 32% de todo el Ingreso Nacional a lo largo del período republicano, los gravámenes que pesan sobre ella, comparativamente serán muy modestos.

La presión fiscal sobre la industria azucarera comienza en 1917 con un impuesto de 10 centavos por cada saco de 325 libras. En ese año, de acuerdo a la cotización promedio de la libra de azúcar, un saco de 325 libras valía 15 dólares, por lo que ese impuesto era apenas un 0.6% del valor de un saco. En 1917 ese impuesto produjo aproximadamente 21.1 millones de dólares al gobierno cubano.

En 1922 se había establecido un impuesto *ad valorem* de 1.75% sobre el galón de mieles finales para el pago del empréstito concertado con la Casa Morgan de 50 millones de dólares.

Con el Plan Chadbourne en 1931 se separaron 1.5 millones de toneladas de azúcar de la zafra de 1930, para ser vendidos por pequeñas partidas. Para financiar esta operación se concertó por parte del gobierno de Machado, un empréstito de 42 millones de dólares. Para el pago de este empréstito se creó un impuesto de 11 centavos por cada saco de azúcar durante los cinco años siguientes.

El gobierno de Machado aprobó en 1932 la Ley de Emergencia Tributaria creando y aumentando todo un sinnúmero de impuestos.

El próximo impuesto sobre el azúcar sería establecido en 1936 por nueve centavos para financiar las Escuelas Cívico-Rurales auspiciadas por el coronel Fulgencio Batista.

Impuestos sobre la producción azucarera y recaudaciones generadas para el Estado. (en pesos).

Gravamen	1934-1935	1937-1938.
10 cents por saco (1917)	1, 846, 962	2, 063, 895.
Plan Chadbourne (1931)	2, 025, 811	1, 651, 289.
Escuelas Cívico-Rurales		1, 857, 610.
Asoc. Nacional de Hacendados	142, 849	206, 026
Sub total (impuestos azucareros)	4, 015, 623	5, 778, 822.
Recaudación de impuestos total	78, 928, 206	79, 523, 694.
Por ciento	5.08%	7.27%.

El impuesto sobre el consumo de azúcar produjo un millón de pesos más en 1937-1938.

Fuente: *Economía azucarera cubana*, Oscar Zanetti Lecuona. Cálculos del autor.

El valor de la zafra de 1934-1935 fue de 60.6 millones de pesos, por lo que los gravámenes fueron un 6.7% y en la de 1937-1938 con un valor total de 117, 1 millones de pesos, los gravámenes representaron un 5% de los ingresos azucareros.

En 1941 se aprobó una nueva Ley de Emergencia Fiscal donde se elevaron un 20% las contribuciones vigentes sobre el consumo de toda una serie de artículos, entre ellos el azúcar.

Al extinguirse el impuesto del Plan Chadbourne en 1940, se sustituyó con un impuesto de seis centavos por saco para pagar el empréstito concertado con el EXIMBANK para financiar una parte de la zafra de 1941.

En 1941 se estableció un impuesto de 1.43 pesos por saco de 325 libras de azúcar refino destinado al consumo nacional.

En 1942, por Ley No 11, se consolidaron y aumentaron los impuestos sobre los subproductos del azúcar hasta un 15% *ad valorem* por galón.

En 1943, dentro del marco de una reestructuración del régimen impositivo, que tenía como objetivo incrementar el peso relativo de los impuestos directos, tuvo lugar un aumento hasta un 4% el gravamen sobre las fincas rústicas.

El gobierno de Grau no estableció nuevos impuestos y alivió la presión impositiva, eliminado algunos impuestos y ampliando la exenciones de aduanas de algunas importaciones, especialmente bienes de capital para algunas industrias.

En el año 1954 por Decreto-Ley No 1362 se consolidaron todos los impuesto sobre la industria azucarera en una sola contribución de 27.5 centavos por saco de 250 libras, eliminando los gravámenes sobre los subproductos.

En ese año, de acuerdo al precio de un saco de 250 libras, ese impuesto representó un 2.9%, por lo que en esa consolidación se beneficiaron los productores de azúcar, pero en 1958 fue establecido un nuevo impuesto de 10 centavos sobre cada saco de 250 libras, con lo que l monto impositivo se elevó hasta un 3.6% la participación del Estado en los ingresos azucareros.

En la zafra de 1958 se produjeron 50 millones, 270 mil, 860 sacos de azúcar de 250 libras por lo que un impuesto de 37.5 centavos por saco dio lugar a una recaudación de 18 millones 851 mil 572 pesos, que significó el 3.3% del valor total de la zafra, y el 4.9% del total de las recaudaciones correspondientes a ese año (cálculos del autor).

Como vemos, aunque numerosos, los impuestos sobre la producción azucarera no representaban una presión fiscal agobiante. La contribución impositiva del azúcar, en relación con su importancia relativa dentro de la economía nacional siempre fue mínima.

Recuperación de la industria azucarera: 1941-1952

Con el comienzo de la Segunda Guerra Mundial en septiembre de 1939, y la entrada de Estados Unidos en diciembre de 1941, el panorama del mercado azucarero cambió radicalmente.

Con el auge de la demanda de azúcar provocado por la Segunda Guerra Mundial, los años de posguerra, y la Guerra de Corea, la industria azucarera actualizó sus capacidades ociosas, pero no tiene lugar una expansión como tuvo lugar durante la Primera Guerra Mundial, por esta razón planteamos que lo que tuvo lugar fue un proceso de recuperación y no de expansión como la que tuvo lugar entre 1900 y 1925.

La industria azucarera cubana y la Segunda Guerra Mundial 1941-1945

En el año 1940 los precios del azúcar continuaban descendiendo; fueron un 10% más bajos que los de 1939. La cuota azucarera con Estados Unidos había sido suspendida, y el Acuerdo de Londres también debido al inicio en septiembre de 1939 de la Segunda Guerra Mundial.

El año 1941 fue desastroso para la producción azucarera debido a la dislocación de los mercados, y a los ajustes necesarios para el establecimiento de una economía de guerra, por lo que se hizo necesario recurrir a un empréstito del EXIMBANK para financiar parte de la zafra de ese año.

A partir de 1942, Estados Unidos acordó con Cuba la compra total de las zafras a un precio conveniado, el cual fue sustancialmente más bajo en relación con lo que se convenió con los productores domésticos, pero a pesar de ello fue mayor que el promedio pagado entre 1934-1940. Entre 1941 y 1945, el promedio pagado por la libra de azúcar fue de 2.60 centavos la libra, un 72% más alto que el precio promedio pagado entre 1934 y 1940. Además, el volumen de las zafras se incrementó; el promedio anual producido entre 1934 y 1940 fue de 2, 680, 643 toneladas largas, y entre 1941 y 1945 alcanzó las 3, 244, 820 toneladas largas, o sea un 21% más. Con más precio y mayor producción, el valor de las zafras creció significativamente. El valor promedio de las zafras entre 1934 y 1940 fue de 92.2 millones de dólares, y entre 1941 y 1945 fue de 217.3 millones de dólares, o sea un 136% más. Esto generó una bonanza económica indudable, especialmente entre los empresarios azucareros (hacendados y colonos) que volvieron a ver su posición económica y social fortalecida junto con el renacimiento de la alicaída economía de exportación.

A diferencia de los años de la Primera Guerra Mundial, la industria azucarera de Cuba no se expandió frenéticamente a partir de un intenso proceso de inversiones. La capacidad en 1946 fue solamente un 8.2% superior a la de 1938.

En 1939, la industria azucarera cubana tenía una capacidad instalada para producir 6, 072.9 miles de toneladas largas, y se utilizó solamente un 44.9% de esa capacidad, y en 1945 la capacidad instalada podía producir 6, 613.9 miles de toneladas largas, y el aprovechamiento de esa capacidad fue de un 52.2%, o sea que el aprovechamiento de la capacidad instalada solo aumentó un 7.3% a pesar de que Estados Unidos compraba las zafras completas, y los precios eran mucho más remunerativos. Esto indica que existieron grandes limitaciones para muchos centrales durante los años de la guerra para poder aumentar sus producciones, aunque nominalmente tuvieran capacidades ociosas que le permitían hacerlo.

Entre 1940 y 1945 el promedio de centrales trabajando por zafra fue de 158 unidades con una producción promedio de 20, 046 toneladas largas, y en 1939 este promedio fue de 17, 325 toneladas largas lo que significó un incremento del 16% debido a la actualización de capacidades al ser suspendidas las restricciones de producción, pero si vemos el promedio de azúcar producido por central/día, vemos que con 70 días efectivos de zafra, y 20, 046 toneladas largas por central, la producción de azúcar por central/día fue de 286.4 toneladas largas, y en 1938 fue de 288 toneladas largas, o sea que se mantuvo con una diferencia mínima la productividad en el agregado de la industria.

El aprovechamiento promedio de la tierra controlada en 1945 fue de un 26.5% mientras que en 1939 fue de un 22.6% debido al incremento del volumen de las zafras. El latifundio azucarero disminuyó un 20%. La tierra controlada por la industria azucarera disminuyó en unas 24 mil caballerías.

El rendimiento agrícola promedio en 1938 fue de 43, 352 arrobas de caña por caballería, y el promedio entre 1940 y 1945 fue de 41, 664 arrobas de caña por caballería, lo que significó una disminución del rendimiento agrícola del 4%, pero los rendimientos industriales aumentaron un 4% por tanto la cantidad de azúcar obtenida por caballería cortada en 1939 fue de 59.73 toneladas largas, y en el promedio de 1940-1945 fue de 60.03 toneladas largas de azúcar, o sea el aumento del rendimiento industrial compensó la disminución del rendimiento agrícola.

Los costos unitarios de producción estimados en 1939 fueron de 1.72 centavos por libra de azúcar, y en 1945 de 2.30 centavos, o sea un aumento en los costos a precios corrientes del 33.7%, pero los precios promedios pagados por la libra de azúcar entre 1940 y 1945 fueron un 48.3% mayores que los de 1939 compensando con creces el aumento en los costos unitarios que se originaron en el sector agrícola. Téngase en cuenta de que en 1944 se decretó un aumento en los salarios mínimos de un 100% en las áreas rurales, lo que inevitablemente incidió en el aumento de los costos unitarios de la libra de azúcar.

Con un promedio de 140 arrobas de caña cortada diarios, y unos salarios mínimos de 80 centavos diarios, se estaría pagando la caña cortada a 0.57 centavos la arroba, y después de 1944, con el aumento del salario mínimo, se estaría pagando a 1.14 centavos la arroba de caña cortada.

La industria azucarera cubana en 1945 fue más rentable que en 1939 debido no a nuevas inversiones, si no a la actualización de capacidades ociosas lo que le permitió absorber el aumento de los costos unitarios.

Otro aspecto muy importante que tuvo lugar durante la Segunda Guerra Mundial es el proceso de cubanización de la industria azucarera, ya que las ganancias obtenidas por los hacendados cubanos fueron invertidas en la compra de centrales a extranjeros.

Entre 1938 y 1945, el número de centrales de propietarios norteamericanos disminuyó en ocho unidades, y el de otros extranjeros en veintiuna unidades, en tanto los centrales en manos de propietarios cubanos se incrementaron en veintiocho centrales.

La zafra de 1938 fue realizada un 56.4% por centrales norteamericanos que tuvieron una producción promedio de 24, 200 toneladas largas por central. Otros centrales extranjeros produjeron el 22% de la zafra, produciendo un promedio de 12, 186 toneladas largas por central, y los propietarios cubanos produjeron el 21.6% con un promedio de producción por central de 11, 293 toneladas largas.

Como se puede ver, la parte menos productiva de la industria azucarera cubana en 1938 era la que poseían propietarios cubanos.

En el año 1945, los centrales norteamericanos produjeron un promedio de 31, 131 toneladas largas por central; los otros extranjeros un promedio de 13, 860 toneladas largas por central, y los cubanos 14, 320 toneladas largas. Los norteamericanos produjeron el 53.2% de la zafra, los otros extranjeros el 12.4%, y los cubanos el restante 34.4%.

Durante la Segunda Guerra Mundial, los cubanos aumentaron su participación en la producción de la zafra un 12.8%, y un 27% la productividad al comprar centrales más grandes.

El valor estimado del capital acumulado en la industria azucarera durante la Segunda Guerra Mundial se distribuyó de la siguiente manera. Expresado en millones de pesos.

Países	1938	1945	Diferencia.
EE. UU.	471.9	484.7	+ 12.8
Cuba	180.7	313.6	+ 132.6
Otros	184.5	113.4	- 71.1
Total	837.1	911.7	+ 74.6

Las grandes zafras 1946-1952

Con normalización del comercio al terminar la guerra, en los llamados años de la posguerra, que fueron 1946 y 1947, el aprovechamiento de las capacidades tuvo un fuerte despegue; la zafra de 1947, que estableció un nuevo récord de producción desde 1925, con una producción de 5, 677, 200 toneladas largas; un 9.4% mayor.

En el año 1946, terminada ya la guerra, Estados Unidos levantó los controles de precios establecidos sobre la mayoría de las materias primas, y entre ellas el azúcar, y se mantuvo comprando las zafras completas de Cuba, ya que el déficit de azúcar en el mundo era muy grande. En el año 1946, la producción mundial fue un 40% inferior a la de 1939. Los precios pagados en 1946 fueron un 58.5% mayores que el promedio pagado entre 1940 y 1945, y en 1947 fueron un 114.3% mayores, por lo que las zafras de 1946 y 1947 sumadas tuvieron un valor de casi mil millones de dólares, lo que significó una enorme bonanza para la economía cubana.

En el año 1948, terminada la posguerra, se restableció la cuota azucarera norteamericana, pero con el inicio de la Guerra Fría a partir del Bloqueo de Berlín en 1948-1949, y posteriormente la Guerra de Corea entre 1950 y 1953, la demanda de azúcar se mantuvo elevada, y con la depreciación del dólar que va llevando adelante la Reserva Federal de Estados Unidos, los precios nominales suben, por lo que Cuba pudo mantener grandes producciones hasta 1952 en que la coyuntura internacional que sostenía dicha demanda fue volviendo a la normalidad. La producción mundial en 1952, ya fue un 18% mayor que la de 1939.

El promedio de producción de las zafras de 1946 a 1952 fue de 5.5 millones de toneladas largas, en tanto entre 1941-1945 fue de 3, 4 millones de toneladas largas, o sea un 60% mayor.

El punto culminante fue la zafra de 1952 en que se produjeron 7, 011.4 miles de toneladas largas, marcando el récord de producción de la industria azucarera cubana durante la República. Pero con la terminación de la Guerra de Corea, y el regreso a una situación internacional de normalidad en 1952, se hizo evidente que no había mercado para las zafras gigantes de Cuba, y se concluyó por parte del gobierno cubano, al igual que en 1931, separar 1 millón 700 mil toneladas de la zafra de 1952 para ser vendida en los siguientes cuatro años en tanto se volvía a la restricción de la producción, terminando de esta forma la recuperación que se había iniciado en 1941.

El aprovechamiento de las capacidades ociosas llegó a su punto más alto en 1952, tanto industriales como agrícolas.

Los dos gráficos que exponemos a continuación muestran, el primero como se aprovecharon las capacidades instaladas en el sector industrial, y el segundo gráfico, el índice de aprovechamiento, resultado de la comparación entre la extensión de tierras controladas por la industria azucarera, y la superficie de caña cortada.

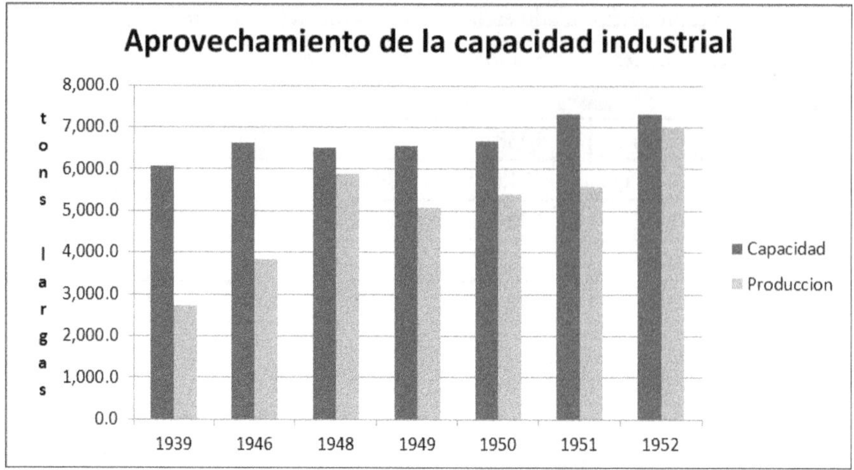

Fuente; *Anuarios azucareros de Cuba.*
Cálculos del autor.

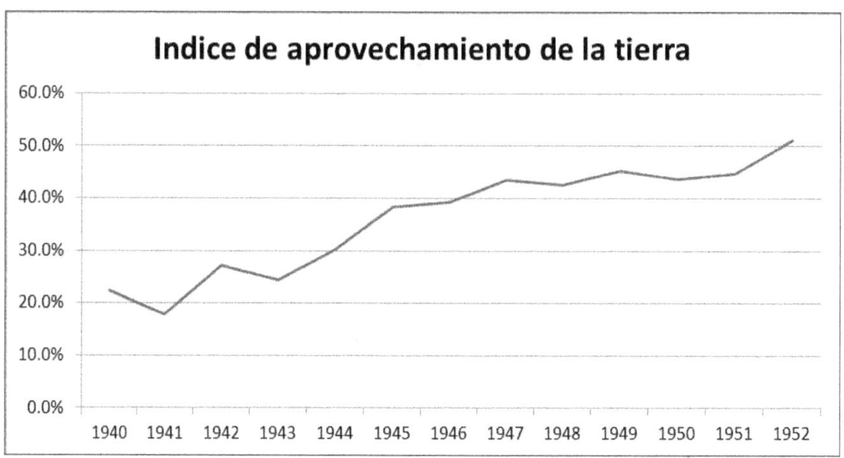

Fuente: *La Revolución Cubana. Premisas económicas y sociales,* Orlando Valdés Garcia.
Cálculos del autor.

Este aumento en el aprovechamiento del área controlada por la industria azucarera dio lugar a una disminución sensible del latifundio azucarero, entendido como la cantidad de tierras ociosas controladas (tierras controladas menos tierras necesarias).

La industria azucarera que hizo la zafra de 1952 tenía 18, 515 centrales/días, y la de 1939 solamente 9, 656 centrales/días, o sea un crecimiento del 91.7%, con una producción promedio por central en 1939 de 17, 325.5 toneladas largas, y en 1952 de 43, 549 toneladas largas para un aumento en la producción promedio por central del 151.4%.

Esto llevó a un aumento significativo de la productividad del capital que en 1939 fue de 279.4 toneladas largas por central/día efectivo trabajado, y en 1952 fue de 372.2 toneladas largas; un 33.2% mayor.

Fuente: Anuarios azucareros de Cuba.
Cálculos del autor.

El aumento de la capacidad productiva potencial de la industria azucarera entre 1939 y 1952 fue solamente de un 20%, lo cual implicó un bajo nivel de nuevas inversiones, o sea que los incrementos de producción promedio por central fueron logrados en base casi exclusivamente en el mayor aprovechamiento cuantitativo de capacidades ociosas que mantenía la industria desde la década de 1930, debido a las restricciones establecidas.

El promedio de rendimiento industrial en 1952 fue un 2.7% inferior al de 1939, y el promedio de rendimiento agrícola en 1939 fue de 43, 352 arrobas de caña por caballería, y en 1952 de 48, 831 arrobas de caña por caballería, lo que significó un aumento del 12.6% en el rendimiento agrícola.

De acuerdo a estos rendimientos industriales y agrícolas la productividad en 1939 fue de 57.22 toneladas largas de azúcar por caballería cortada, y en 1952 de 66.02 toneladas largas de azúcar por caballería cortada, lo que significó un 15.4% de aumento del rendimiento general de la industria azucarera.

La productividad marginal del trabajo se comportó de la siguiente forma:

Concepto	**1937**	**1946**	**1952**
Hombres/días trabajados en zafra (miles)	31, 949.4	38, 744.4	54, 096.7
Producción (miles de ton. largas)	2, 941.0	3, 840.7	7, 011.4
Productividad x hombre/día (lbs. de azúcar)	208.3	222.0	290.3
Productividad marginal (lbs. de azúcar)		+13.7	+68.3

A valores constantes de 1937, el valor del incremento de la productividad marginal del trabajo fue de 0.229 pesos en 1946, y en 1952 de 1.28 pesos.

Este incremento de la productividad marginal del trabajo, permitía el aumento de los costos laborales. En 1937, el salario promedio mensual de los trabajadores agrícolas e industriales azucareros fue de 18.80 pesos mensuales, y a valores constantes de 1937, en el año 1946 fue de 20.92 pesos, y en el año 1952 fue de 28.40 pesos.

Entre 1945 y 1952, la producción mundial de azúcar aumentó un 86.4%, y los precios un 40.5%, lo cual indica que existía una alta elasticidad de la demanda de azúcar que impulsó la inversión en otras áreas productoras del mundo, más no en Cuba que lo que hizo fue actualizar sus capacidades con un bajísimo nivel de inversiones. Esto permitió enormes ingresos para los hacendados que continuaron invirtiendo en la compra de centrales pertenecientes a extranjeros, y no aumentar las capacidades tecnológicas.

Cubanización de la industria azucarera 1938-1949

Una de las aspiraciones planteadas en la Constitución de 1940, era el traspaso de propiedad de manos extranjeras a manos de propietarios cubanos, y en el caso de la principal industria de Cuba, esta aspiración se fue haciendo realidad durante la Segunda Guerra Mundial y la propiedad de muchos centrales fue pasando a manos de dueños cubanos como se puede ver en la tabla siguiente.

Propiedad	1938		1949		Diferencia	
	Unid.	Prod.	Unid.	Prod.	Unid	Prod.
Cubanos	55	21.6%	100	43.6%	+45	+22.0%
EEUU	67	56.4%	50	49.5%	-17	-6.9%
Otros	52	22.0%	11	6.9%	-41	-15.1%
Total	174		161		-13	

Fuente: *Anuarios azucareros de Cuba*. Cálculos del autor.

Nota: Unidades es el número de centrales de acuerdo a la procedencia de sus propietarios, y la producción es el % del total de la zafra de ese año.

Como se ve en la tabla anterior, los cubanos incrementaron su propiedad sobre la industria azucarera, así como su participación en la producción.

Entre 1938 y 1949 el promedio de producción de los centrales por nacionalidad fue el siguiente, expresado en toneladas largas:

Propiedad	1938	1949	Diferencia
Cubanos	11,293	16,569	+46.7%
Norteamericanos	24,200	52,026	+115.0%
Otros extranjeros	12,186	22,904	+88.0%
Total	16,530	30,559	+ 84.9%

Fuente: *Anuarios azucareros de Cuba*.
Cálculos del autor.

La zafra de 1949 fue un 76.4% superior a la de 1938, los centrales de propiedad norteamericana y de otros extranjeros aumentaron sus promedio de producción por encima del incremento de la zafra, no así los cubanos, lo que indica que a pesar del aumento numérico de los centrales en manos de cubanos, este incremento tuvo lugar con centrales pequeños y anticuados.

Los centrales extranjeros aumentaron sus capacidades debido a que las zafras fueron libres, y se habían relajado los controles del cártel azucarero.

El proceso de cubanización de la industria azucarera tuvo lugar por dos razones fundamentales; primero los hacendados cubanos al aumentar sus ganancias no invirtieron en incrementar las capacidades de sus ingenios pues existían grandes capacidades ociosas, y ya tenían la experiencia de los que sucedió en 1920, y en vez de eso invirtieron en la compra de los centrales ya existentes, y en segundo lugar, como hemos demostrado, la industria azucarera había perdido su atractivo como inversión para los extranjeros por los bajos retornos del capital invertido, y las regulaciones a las que se encontraba sujeta, además sabían que la guerra era una situación coyuntural, por lo que algunos, aprovechando que los hacendados cubanos podían pagar precios remunerativos, consideraron que era el momento oportuno para salir del negocio en Cuba.

Aunque hubo una expansión en la capacidad productiva, debido al hecho de no estar sujetos a una cuota, los centrales pudieron incrementar su producción promedio, permitiéndoles así disminuir la proporción de los costos fijos dentro de la estructura de los costos de producción.

La capacidad de la industria azucarera en 1949 solo había aumentado un 7.9% con respecto a 1938, lo que indica que el incremento de la producción fue logrado casi exclusivamente con la actualización de las capacidades ociosas desde fines de la década de 1920 y comienzos de la de 1930.

En 1950 el economista cubano-español Julián Alienes, comparando la industria azucarera cubana con la de otras áreas productoras del mundo planteab:a

> Si hay alguna diferencia es contra de Cuba en lo que a productividad respecta. Los competidores tiene una alta eficiencia industrial y además, muchas fábricas azucareras cubanas-174 ingenios en 1947-o son pequeñas, antiguas, o ambas cosas estando dotadas deficiente o ineficientemente de capitales. El pequeño e ineficiente central constituye hoy un peso muerto sobre la industria cubana.

Este fue uno de los resultados de la cartelización de la industria azucarera cubana que no permitía su reorganización.

El Anuario Azucarero de Cuba de 1947 tiene la siguiente información acerca de los centrales cubanos:

Fundados antes de 1900	75 centrales	43.4%.
Fundados entre 1900 y 1905	38 centrales	22.0%.
Fundados entre 1905 y 1910	3 centrales	1.7%.
Fundados entre 1910 y 1915	21 centrales	12.1%.
Fundados entre 1915 y 1920	25 centrales	14.4%.
Fundados entre 1920 y 1925	10 centrales	5.8%.
Fundados después de 1925	1 central	0.6%.

En Cuba se considera que la producción óptima para la industria azucarera era de una tonelada larga de azúcar por habitante. En 1939 la producción fue de 0.60 toneladas largas por habitante, y en 1952 de 1.22 toneladas largas por habitante o sea el doble de 1939, y un 22% por encima del óptimo, lo cual no fue lo mejor para la economía cubana en general.

En el próximo gráfico se observa el comportamiento cíclico de este indicador que prácticamente describe el ciclo económico de la República de Cuba debido a la dependencia con respecto a la producción azucarera. En 1925 se alcanza el punto culminante seguido de una profunda caída hasta 1933; un período de estancamiento hasta 1941, y de nuevo un ascenso hasta 1952, corroborando el slogan de la élite azucarera de "Sin azúcar no hay país", pero que también se puede interpretar como que sin la dependencia del azúcar habría otro país con una economía más estable y mejor.

Evolución de los salarios en la industria azucarera después de la Segunda Guerra Mundial

Entre 1945 y 1952, el monto total de los salarios pagados en la industria azucarera fue de 2, 259.9 millones de pesos, y el valor total de las zafras fue de 4, 305.3 millones de dólares, o sea el 52.5% del valor de las zafras estaba constituido por salarios, quedando 2, 045.4 millones de pesos en ingresos brutos para repartirse entre colonos y hacendados.

En el próximo gráfico se observa la tendencia al crecimiento de los salarios en la industria azucarera, que corrió casi paralelo al crecimiento del valor de las zafras.

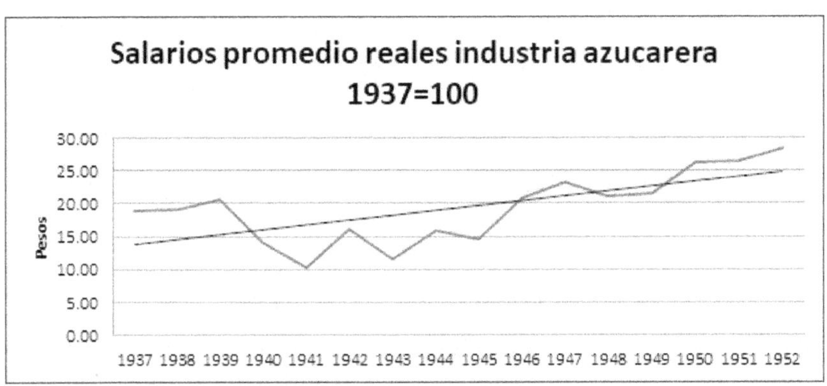

Por cada peso de aumento promedio de los salarios azucareros, el valor de las zafras aumentó en 1.06 pesos, o sea que los colonos y hacendados podían asumir los aumentos en los costos laborales.

Sin embargo, entre 1945 y 1952, el salario promedio subió un 153%, y el precio del azúcar subió un 62% solamente, lo cual quiere decir que hubo un incremento de los costos laborales.

La distribución del ingreso fue la siguiente Expresado en millones de pesos.

Categoría	1945	%	1952	%	Crecimiento
Salarios	140.4	55.8	411.5	61.2	193.0%
Colonos	81.2	32.3	144.0	21.5	77.3%
Hacendados	29.9	11.9	116.6	17.3	290.0%.
Total	251.5	251.5	672.1	167.2%.	

Fuente: Memorias del Banco Nacional de Cuba. Cálculos del autor.

Como se puede observar en la tabla anterior, el incremento de los costos salariales, a los que más afectó fue a los colonos y no a los hacendados que fueron los más beneficiados.

Ganancias extraordinarias y redistribución del ingreso: el diferencial azucarero

Durante el gobierno de Ramón Grau San Martín, en 1945, se creó lo que se conoció como el "diferencial azucarero", el cual consistía en la diferencia entre el precio conveniado pagado por Estados Unidos por la zafra de Cuba, y el precio pagado por una cantidad determinada que Cuba separaba para su venta en el mercado mundial, a precios del mercado mundial, el cual se encontraba por encima del precio pagado por Estados Unidos.

En 1946 se separaron 250 mil toneladas, y en 1947 se separaron 300 mil toneladas, el resto, descontando lo que se segregaba para consumo nacional, fue comprado por Estados Unidos.

La diferencia entre el valor de la libra de azúcar en el mercado mundial, y el pagado por Estados Unidos fue disminuyendo luego de 1947 con la recuperación de la industria azucarera mundial, y los convenios bilaterales establecidos por los diferentes países, por lo que el diferencial azucarero dejó de ser pagado hasta 1955 y se continuó pagando hasta 1958. En 1952 se pagaron 11.7 millones de pesos de diferencial, y entre 1955 y 1958 se pagaron 24.7 millones de pesos.

La industria azucarera cubana en 1950: Análisis de la misión del Banco Mundial (Mission Truslow)

La misión del Banco Mundial que fue a Cuba en 1950 invitada por el gobierno de Carlos Prío con el objetivo de hacer un análisis exhaustivo acerca de los problemas de la economía cubana y aportar proposiciones concretas para sus soluciones, conocida como la Misión Truslow, elaboró un informe con el resultado de sus investigaciones titulado *Report on Cuba* en 1950.

Considerando la situación de la industria azucarera cubana, la misión del Banco Mundial plantea:

1. Excesiva regulación que afecta la eficiencia.

   La industria azucarera de Cuba está regulada por leyes y decretos desde el primer paso de plantar la caña hasta el último de la venta y el embarque. Así la ineficiencia queda protegida; la administración tiene muy poca libertad de acción; el colono entrega caña de inferior calidad al central y recibe el mismo precio de otro colono que entrega caña de mejor calidad; los salarios han sido congelados desde el alto nivel alcanzado en 1947, cuando los precios del azúcar fueron más altos que en la actualidad.
2. Bajos rendimientos agrícolas.

   No se usan regadío ni fertilizantes.
3. Estancamiento tecnológico.

   No se invierte en investigación y desarrollo, no se emplean mejoras técnicas, ni mejores variedades cañeras.
4. Gran apatía por el desarrollo de nuevos subproductos.
5. No se desarrollan cosechas alternativas para el tiempo muerto a pesar de decretos ejecutivos de 1937 y 1942.
6. Se ha logrado algún avance en la mecanización del cultivo y del transporte de la caña con la introducción de tractores y camiones después de terminada la guerra, a pesar de la oposición de las uniones laborales.
7. Ha mejorado la reinversión de las ganancias en mejoras tecnológicas después de la guerra.

Las recomendaciones de la misión:

1. Incrementar gastos en investigación y desarrollo de subproductos.
2. Que el gobierno promueva una política de alentar la mecanización del cultivo y transporte de la caña.

3. Que se pague a los colonos por el contenido de azúcar de su caña para alentar el uso e introducción de variedades de caña superiores.
4. Que los salarios se flexibilicen proporcionalmente a los precios de las ventas del azúcar.
5. Diversificar los mercados para el azúcar.

En 1950, la industria azucarera controlaba más de 226 mil caballerías de tierra, que representaba casi el 28% de la superficie de Cuba. La superficie promedio plantada de caña durante el período 1936-1940 fue de 68 mil 500 caballerías; un 30% de la tierra controlada por los intereses azucareros.

Los colonos al comenzar la década de 1950 son aproximadamente unos 40 mil, que plantan el 90% de la caña. Este sistema de colonato a mediados del siglo XX en Cuba es completamente obsoleto e ineficiente, y es mantenido artificialmente por toda una serie de regulaciones gubernamentales.

Los rendimientos de los abastecedores de EE. UU.

País	Caña	Azúcar	Rend industrial
	(@/caballería)	(@/caballería)	en %
EE. UU.	49,734	4,053	8.15
Filipinas	42,208	4,761	11.28
Cuba	46,242	5,660	12.24
Puerto Rico	69,634	9526	13.68
Hawaii	171,241	20, 087	11.73

El sistema de control de la industria azucarera vigente en 1950 comienza con el Decreto-Ley # 522 de 1936; la Ley de Coordinación Azucarera de 1937; la Ley # 20 de 1941.

Finalmente, el reporte concluye: "Existe el peligro real que un sistema de control tan exhaustivo tenga el efecto de minar la vitalidad de la industria. Los centrales y colonos más ineficientes están protegidos a expensas de los más eficientes".

-oOo-

Después de la guerra los economistas cubanos así como extranjeros alertaban acerca de la necesidad de llevar adelante un proceso de diversificación económica pospuesto desde la década de 1920, ya que la prosperidad azucarera se terminaría irremediablemente, y provocaría una ruina para Cuba como había sucedido en la década del 30.

Los planes de diversificación eran entendidos por la élite azucarera como un ataque directo a sus intereses, ya que implicaban protección a algunas industrias y actividades económicas frente a importaciones que ellos consideraban traerían como consecuencia reforzar los argumentos de los que pedían en el Congreso norteamericano una disminución de la participación de Cuba en la cuota azucarera de la cual dependían, pero también y sobre todo, la diversificación económica y la industrialización significaría la pérdida de la fuerza de trabajo, y el consiguiente colapso de la industria azucarera, como estaba sucediendo en Puerto Rico y Hawaii.

En una conferencia pronunciada por el abogado y economista Gustavo Gutiérrez, que era el presidente de la Junta Nacional de Economía en 1950, con el nombre de "Presente y futuro de la economía cubana" se planteaba lo siguiente:

> Algunas personas de mentalidad colonial piensan que dado el papel preponderante del azúcar en la economía cubana, la política económica debe estar orientada exclusivamente a mantener

nuestra especial posición en el mercado norteamericano, y a colocarnos en condiciones de competir a bajo precio en el mercado mundial aunque sea necesario reducir los niveles de empleo, o sobre todo los salarios de los azucareros sin preocuparse gran cosa del resto de la población.

Gustavo Gutiérrez junto a Julián Alienes, así como otros economistas nacionales y extranjeros, abogaban por la diversificación económica de Cuba, la cual consideraban era una necesidad imperiosa, que no podía soslayarse por más tiempo a pesar del auge del azúcar en los años finales de la década de 1940, y comienzos de la de 1950, ya que sabían que esto era una situación coyuntural, y con la vuelta a la normalidad el país caería una vez más en una depresión económica.

Evolución del colonato a partir de la Ley de Coordinación Azucarera de 1937 hasta 1952

Como hemos explicado, la Ley de Coordinación Azucarera tenía como propósito una redistribución de los ingresos azucareros, y la consolidación de una clase media rural que sirviera como estabilizador social de la República después de la Revolución del 30.

En ella se consideraba que los colonos abastecerían las necesidades de caña del central en un 100%, más esto no fue así; en el año 1937, la superficie del colonato excedía en un 40% las necesidades de caña para aquella zafra, pero con el incremento de las zafras a partir de la Segunda Guerra Mundial, los centrales tenían que completar sus necesidades con caña de administración. En la zafra de 1945, los colonos aportaron el 58.5% delas necesidades de caña de la zafra, y en 1952 el 61.5%.

En 1937 existían 28, 036 colonias de caña con una extensión territorial de 61, 355 caballerías, que constituían el 27.3% del área total controlada por la industria azucarera.

La extensión promedio de una colonia era de 2.19 caballerías.

De acuerdo al rendimiento agrícola e industrial promedio de ese año, una caballería produjo 67.83 toneladas largas de azúcar, por lo que una colonia promedio produjo 136 toneladas de azúcar.

De acuerdo a lo estipulado en la ley, el 46% le correspondió al colono promedio, o sea 62.56 toneladas largas de azúcar, que al precio de ese año, que fue de 39.42 pesos la tonelada larga, la colonia promedio obtuvo ingresos brutos por valor de 2, 466.11 pesos.

En el año 1946, la superficie promedio de una colonia de caña había disminuido, ya que había más colonos y menos tierras arrendadas, así que la superficie promedio fue de 1.23 caballerías.

De acuerdo al rendimiento agrícola e industrial de ese año, la colonia promedio produciría 66.09 toneladas largas de azúcar de las cuales por ley, le corresponderían al colono 30.4 toneladas largas, que al precio de ese año que fue de 79.52 pesos la tonelada larga, los ingresos brutos que obtendría una colonia promedio serían 2, 417.48 pesos; un menos que en 1937, pero a valores reales del peso de 1937, serían equivalentes a 1, 135.50 pesos, o sea una contracción del ingreso real del 54%.

En el año 1952, la cantidad de colonos ha seguido aumentando; hay casi 9.300 más que en 1946, pero la superficie arrendada o contratada de los colonos se incrementó en unas 16 mil 400 caballerías, por tanto, la colonia promedio tuvo una superficie ligeramente mayor de 1.33 caballerías.

De acuerdo al rendimiento agrícola e industrial de 1952, una colonia promedio produjo 88.35 toneladas largas de azúcar de las que por ley le corresponderían al colono 44.18 toneladas largas que a los precios de ese año, de 106.62 pesos la tonelada larga de azúcar, los ingresos brutos de una colonia promedio serían 4, 710.47 pesos, que a valores constantes de 1937 serían equivalentes a 1, 855.98 pesos; una mejoría del ingreso real con relación a 1946 del 63.5%.

Descontando la inflación a valores constantes de 1937, los ingresos brutos reales por colonia promedio serían los siguientes:

1937: 2,466.11 pesos.

1946: 1,136.22 pesos.

1952: 1,855.92 pesos.

El ingreso real del colono promedio en 1952 fue inferior al de 1937 un 24.7%.

El pago por arroba de caña en 1937 fue de 2.6 centavos, en 1945 de 4.5 centavos, y en 1952 de 5.83 centavos, pero a valores constantes de 1937, el precio pagado por la arroba de caña en 1945 fue equivalente a 2.31 centavos, y en 1952 a 2.3 centavos, o sea que hubo una disminución real del precio de la caña.

La posición de los colonos se venía debilitando dentro de la industria azucarera por el aumento del número de colonos que entre 1937 y 1952 crecieron un 75%, sin embargo la superficie total arrendada o controlada por los colonos creció solamente en un 6.4%, y su potencial de producir caña aumentó solamente un 4.9%, ya que los rendimientos agrícolas promedio disminuyeron en 1.4%, mientras los requerimientos de caña de la industria azucarera crecieron un 137.6%.

Por eso el gobierno de Prío aumentó hasta el 50% la participación de los colonos en el valor del azúcar, así como la participación en los ingresos por concepto de subproductos de la caña, tratando de fortalecer la declinante posición del colonato.

De acuerdo al Censo Agrícola de 1946, los colonos pequeños que son los que producen entre 30 y 50 mil arrobas de caña constituyeron el 80.2% de todos los colonos y produjeron el 16.3% de toda la caña de la zafra. Los colonos medianos que producen entre 50 mil y medio millón de arrobas de caña, fueron el 17.5% del total de los colonos, y produjeron el 32.1% del total de la caña de la zafra, y los grandes colonos que producían más de medio millón de arrobas de caña fueron el 2.3% del total y produjeron el 51.6% de toda la caña de la zafra[9] producida por los colonos.

El costo de la caña sembrada en tierras del central era menor que la que sembraban los colonos, por lo que los costos agrícolas dentro de la estructura de costos de la libra de azúcar disminuían considerablemente, por lo que el interés del central era disminuir lo más posible la participación de los colonos en el abastecimiento de caña.

Entre 1945 y 1952, los costos de la libra de azúcar a valores constantes se duplicaron. En 1945, los costos fueron el 78.3% del precio promedio, y en 1952 fueron el 101.7%. Solamente obtenían ganancias los muy eficientes, que tenían que compartirla con los más ineficientes. En esa situación el cártel azucarero hubiera colapsado a no ser porque era mantenido por ley por el gobierno.

La persistencia del sistema de organización de la producción de caña basada en el colonato elevaba los costos en la parte agrícola de la producción de azúcar, y contribuía a la ineficiencia de la industria azucarera cubana en su conjunto.

La estructura del colonato fue la siguiente expresado en %.

Tipo de colono	Número		Caña cortada	
	1946	1952	1946	1952
Pequeño	80.2	74.2	16.3	14.6
Mediano	17.5	22.8	32.0	36.4
Grande	2.3	3.0	51.7	49.0

Fuente: *La Revolución Cubana: premisas económicas y sociales*, Orlando Valdés Garcia.

Cálculos del autor.

9. *La Revolución cubana: premisas económicas y sociales,* Orlando Valdés García.

Como se ve en la tabla, la participación del pequeño colono tendía a reducirse de manera relativa, pero de forma absoluta se incrementaron en casi 14 mil 500, por lo que podemos asumir que la ampliación del sistema de colonato que tuvo lugar durante este período estuvo orientado a favorecer principalmente al pequeño campesino que salía desde otras actividades agrícolas y se movían a cultivar caña que era la actividad con mayor ventaja comparativa de la agricultura cubana, perjudicando la diversificación de la economía rural de Cuba.

El gobierno cubano, lejos de tratar de debilitar el colonato para lograr una mayor eficiencia en la industria azucarera, y una mayor diversificación de la agricultura, trataba de fortalecerlo haciéndolo crecer numéricamente, y dándole mayor participación en el valor de las zafras con el objetivo social de mantener una clase de pequeños campesinos, a costa de la ineficiencia de la principal industria del país.

Restricción y estancamiento: El último período republicano de 1953-1958

La inmensa zafra de 1952, que sobrepasó los siete millones de toneladas largas obligó a segregar un millón 750 mil toneladas del mercado para evitar que los precios se derrumbaran, y a restituir la restricción de las zafras que se mantuvieron limitadas hasta 1956, para poder salir del excedente, lo cual significó un nuevo rescate por parte del gobierno a la industria azucarera que como siempre, se consideraba "Too big to fail", o sea con ello se justificaba un rescate que tenía que pagar todo el pueblo de Cuba, debido a que se sobrepasaron los límites impuestos por el cártel azucarero por culpa de Batista, que después del golpe de Estado del 10 de marzo, permitió que la zafra continuara más allá de lo establecido.

El financiamiento de este excedente corrió a cargo de la banca comercial que compró los bonos emitidos por el gobierno cubano.

En la opinión de muchos, volver a la restricción en la producción de azúcar como en los años 30 significaba un retroceso que sería fatal para la industria, especialmente para las grandes compañías azucareras que pagaban la ineficiencia de los pequeños productores, en un entorno de regulaciones gubernamentales -especialmente laborales- que elevaban los costos de producción.

En 1953, en el Anuario Azucarero de ese año, aparecía un comentario de Julio Lobo Olavarría, que era el mayor hacendado de Cuba, con el título "Cuba forzada a competir".

> Nuestros costos aquí continúan aumentando primero por la reducción de la zafra, ya que a menor zafra mayores costos; segundo, por la situación laboral que no guarda relación alguna con el precio del azúcar, ni está en consonancia con la situación económica, y tercero por el encarecimiento del transporte.
>
> Mientras estos tres factores subsistan, será difícil que podamos hacer frente a la competencia internacional. Nuestra salvación consiste en reducir costos de manera de poder competir favorablemente en el mercado internacional. Para ello es esencial la cooperación y sacrificio de todos los sectores; hacendados, colonos, obreros y el fisco, e ir valientemente a la mecanización total de la industria, a la motorización del transporte, y al despido compensado, embarques a granel y cultivo intensivo...

Por otra parte citaremos la opinión de otro economista cubano de aquellos tiempos; Raúl Cepero Bonilla que escribió en un artículo titulado "Política azucarera 1952-1958" lo siguiente.

El régimen (de Batista) escogió la alternativa funesta de la restricción unilateral.

El régimen no se preocupó de buscar los medios de aumentar la demanda para dar salida a las colosales existencias de azúcar acumuladas en los almacenes.

El régimen olvidaba que la restricción nunca ha sido eficaz para mantener los precios por que los países competidores llenan los vacíos que deja el azúcar cubano en el mercado mundial con una producción mayor.

La baja de precios no aumenta proporcionalmente el consumo de azúcar (inelasticidad de la demanda). El mercado azucarero sufre una crisis de subconsumo, no de superproducción. Factores monetarios e institucionales limitan el consumo de azúcar.

La posición de Julio Lobo era favorable a la desintegración del cártel, y la reorganización de la industria azucarera cubana, abriéndole paso al proceso de la "destrucción creativa "por tantos años demorado.

La posición de Cepero Bonilla se basaba en la teoría marxista y keynesiana de que las crisis eran producto del subconsumo de las masas debido a la explotación capitalista, pero propone como solución promover el aumento del consumo de azúcar. Esto puede verse a través del desarrollo de nuevos subproductos, y una mayor variedad de usos para el azúcar. Esto es una solución razonable a la cual siempre tiende el capitalismo a través de la profundización de la división del trabajo y la acumulación de capital, pero cuando es estorbada por las regulaciones gubernamentales, esta acción espontánea se ve limitada o desaparece, aunque Cepero Bonilla dada su orientación marxista y keynesiana consideraba que esto se podría lograr a través de la acción del gobierno con una política fiscal y monetaria de incremento del déficit.

Hubo muchas opiniones encontradas respecto a esta medida de restringir la producción. El ICEA, cuyo presidente era el abogado Arturo Mañas, era partidario de la restricción, así como el presidente de la República Fulgencio Batista, pero el más influyente opositor de las medidas restriccionistas era el mayor hacendado de Cuba, Julio Lobo Olavarría, dueño de 12 centrales que controlaban 13 mil 900 caballerías de tierra (467 mil acres de tierra).

Lobo consideraba un "error histórico" la restricción azucarera desde 1926, pero había grandes intereses detrás de la restricción; los sindicatos que sabían que los precios del azúcar bajarían y por tanto necesariamente los salarios, además de que se reduciría su poder, pues a mediano o largo plazo la industria azucarera se concentraría reduciéndose. Otro grupo perjudicado serían los pequeños centrales ineficientes que no podrían resistir precios por debajo de determinado nivel. También muchos colonos ineficientes desaparecerían, sobre todo los pequeños colonos. Por último, los políticos y burócratas reguladores que perderían una fuente enorme de rentas no productivas que obtenían encareciendo los costos de transacción y obteniendo sobornos en la repartición de la cuota.

Las zafras libres llevarían inevitablemente a la reorganización de la industria azucarera de Cuba, y esto iba en contra de muchos intereses que se beneficiaban de la ineficiencia que llevaba implícita la restricción además de muchos hacendados a los cuales no les convenía la competencia.

La restricción tuvo de nuevo efectos letales sobre la industria; se paralizó el proceso de mecanización del sector agrícola y de inversiones en general. La industria azucarera cubana volvía a sumirse en la escasez de inversiones y en la ineficiencia al detenerse los advances logrados durante los años de posguerra.

También congeló el proceso de cambios institucionales que necesariamente hubieran tenido que producirse en la industria más importante del país, y que consiguientemente repercutiría en toda la estructura económica nacional.

La industria azucarera de Cuba controlaba casi un 30% de la tierra del país, representaba un 12% del capital neto acumulado, empleaba en su momento de mayor actividad casi un 20% de la fuerza laboral total, y restringía voluntariamente su producción, mientras otras áreas del mundo la aumentaban, por lo que la influencia sobre el precio era irrelevante como se demostró en 1926-1928.

Restricción de la producción y preservación del cártel azucarero

Las perspectivas del cártel azucarero cubano no eran muy halagüeñas al finalizar el año 1952 debido a la elevación de los costos, y la caída de los precios.

Como hemos explicado, el propósito de un cártel es manipular la oferta o la demanda, para así manipular los precios de forma tal que garanticen ganancias extraordinarias para todos los participantes.

En el caso del cártel azucarero cubano, al no poder Cuba manipular los precios debido a su limitada participación en el mercado mundial azucarero, y estar en gran medida limitada a una cuota donde se establecían los precios, su propósito era mantener modestas ganancias para todos, o sea hacendados y compañías azucareras, colonos y trabajadores, o repartir las pérdidas entre todos de forma tal que la industria azucarera se mantuviera intacta como columna vertebral de toda la economía nacional, pues se consideraba que la quiebra de una parte de la industria, que afectaría especialmente a los propietarios cubanos, llevaría como a principios de la década de 1930. a una situación de estallido social parecido al de 1933.

La cartelización de la industria la condujo inevitablemente a la ineficiencia, lo que la hacía cada vez más vulnerable, pues debido a la inelasticidad de la demanda del azúcar, el crecimiento de la producción en otras áreas del mundo, cosa que estaba completamente fuera del control de Cuba, daba lugar a una mayor caída de los precios, empujando a los productores más ineficientes, en cualquier lugar del mundo, a la quiebra.

Cuando los precios del azúcar caían por debajo de determinados niveles en relación con los costos, las pérdidas no podían ser compensadas con las modestas ganancias de los más eficientes, teniendo entonces que intervenir el Estado para rescatar el cártel como había sucedido en 1931, en 1941, y volvía a suceder en 1953.

El gran soporte de la industria azucarera cubana era la cuota norteamericana, pero esta no pasaba de 2 millones y medio de toneladas, cuando la industria azucarera cubana tenía capacidad para producir 7 millones 400 mil toneladas largas, o sea que la cuota, más el consumo interno de unas 800 mil toneladas, apenas alcanzaban para cubrir un 45% de esa capacidad, y el mercado mundial no tenía demanda para absorber la diferencia de cuatro millones de toneladas.

Por otra parte, existía la clara intención por parte de Estados Unidos de ir reduciendo la participación de Cuba dentro del abastecimiento del consumo de azúcar norteamericano, por lo que en una situación de precios declinantes, y costos crecientes, la tendencia era a la implosión del cártel azucarero, o su nacionalización parcial.

Los altos precios dc la coyuntura bélica entre 1941 y 1952, y la depreciación del dólar norteamericano, permitieron que los precios del azúcar crecieran dos y media veces en esos once años, lo que permitió operar con ganancias aún a los centrales más ineficientes, pero a partir de 1952, la coyuntura había terminado, la cuota azucarera restablecida desde 1948, y el gobierno cubano decidió una vez más restringir la producción para salvar el cártel azucarero en contra de la opinión de algunos que como Julio Lobo consideraba que el cártel debía ser desmantelado.

Las políticas económica protofascistas de Batista tendían a la cartelización de las principales actividades económicas del país, no solamente el azúcar, y siendo prácticamente el padre de la Ley de Coordinación Azucarera, siempre se inclinaría por la restricción y la cuota, donde él tendría la última palabra, siendo él también un hacendado azucarero.

De la zafra de 1952 se decidió segregar un millón 750 mil toneladas para ser vendidas en los siguientes cuatro años; se estableció un empréstito para financiar el rescate, y se restringió la producción por los cuatro años siguientes hasta que el excedente fuera vendido.

Entre 1953 y 1956, el promedio de producción anual fue de casi cuatro millones 700 mil toneladas largas, o sea un 33% menos que la zafra de 1952.

A pesar de esto, los precios continuaron cayendo, y en 1956, el precio era un 7% inferior al de 1952.

Estos dos factores, o sea restricción de la producción, y caída de los precios, dieron lugar a una contracción de los ingresos azucareros en comparación a 1952 de un 66% en el promedio entre 1953 y 1956.

A pesar de las políticas de gastos compensatorios del gobierno de Batista, el impacto sobre el crecimiento económico del país fue significativo; en 1956 el ingreso per cápita era un 8.1% inferior al de 1952, o sea una contracción anual del 2%, ya que la economía nacional no tenía la suficiente diversificación, y continuaba atada a los vaivenes de la industria azucarera.

Impacto de la restricción sobre la industria azucarera cubana 1953-1956

El tamaño de la industria en la zafra de 1952 fue 18, 515 centrales/días, y la de 1956 fue de 11, 592 centrales/días. El aprovechamiento de la capacidad instalada en 1952 fue de un 95.7%, y en 1956 de un 62.5%, o sea un incremento de las capacidades ociosas de un 33.1%.

La producción de azúcar por central/día en 1952 fue de 378.7 toneladas largas de azúcar, y en 1956 fue de 397.1 toneladas largas por central/ día, o 60, 969 toneladas diarias por día efectivo, en 1952, y 63, 945 toneladas largas en 1956.

Esto implicó un incremento en la productividad industrial del 4.8% en 1956 en relación con 1952.

Los rendimientos industriales promedio en 1952 fueron un 12.19% en tanto en 1956 fueron un 12.91%, y los rendimientos agrícolas promedio en 1952 fueron 48, 830 arrobas de caña por caballería, y en 1956 de 43, 395 arrobas de caña por caballería, o sea un 11.1% inferior.

La caída de los rendimientos agrícolas no pudieron ser compensados por el incremento de los rendimientos industriales. En 1952, la producción de azúcar por caballería fue de 66.43 toneladas largas, y en 1956 fue de 62.52 toneladas largas, o sea un 5.9% menor, o sea que fue necesario emplear más tierra por tonelada de azúcar.

Por tanto tenemos un aumento de la productividad en la parte industrial pero una caída de la productividad en el sector agrícola que resultó en una caída de la productividad marginal del trabajo.

La productividad del trabajo se comportó de la siguiente forma:

Año	Hombres/días	Producción	Prod x hombre/día
	(En zafra)	(Ton largas)	(libras de azúcar)
1952	54, 096.7	7, 011.4	290.3.
1956	40, 291.1	4, 603.7	255.9

Con el precio del azúcar en 1956, esta caída de la productividad del trabajo promedio por cada hombre/día trabajado en zafra es equivalente a 1.32 pesos.

La disminución de la producción y de la cantidad de hombres/días trabajados, dio lugar a una productividad marginal del trabajo de solamente 174 toneladas de azúcar por hombre/día trabajado.

En el contexto de la restricción unilateral de las zafras, y una caída de la productividad marginal del trabajo, para sostener el empleo, y mantener las ganancias empresariales, era necesario reducir sueldos y salarios.

El valor de la zafra de 1956 fue un 32.8% inferior a la de 1952, en tanto los ingresos de los trabajadores por sueldos y salarios fueron un 41.3% menores, los de los colonos un 10.3%, y los de los hacendados un 30.4%. Como vemos, los sueldos y salarios llevaron el peso de la reducción del valor de la zafra siendo lo más perjudicados.

El salario promedio estimado diario durante la zafra de 1952 es de 7.52 pesos, y en la de 1956 de 5.62 pesos, equivalente a un 25% menor.

La restricción de las zafras fueron acompañadas por una política por parte del gobierno y los sindicatos de; por una parte aumentar el número de trabajadores para crear empleos, por otra parte reducción de los salarios especialmente en las labores del campo, permitiendo así mantener un cierto nivel de ganancias empresariales.

Los bajos niveles de ganancias, y la restricción de la producción traían también como consecuencia una paralización de la inversión y un incremento de los costos fijos.

Entre 1952 y 1956, el promedio anual de importaciones de bienes de capital fijo para la industria azucarera fue de unos 2 millones 700 mil dólares, que representaron el 2.1% del total de las importaciones anuales de bienes de capital fijo.

En este período la industria azucarera no registra ningún aumento en su capacidad productiva.

Análisis de costos y precios durante la última restricción: 1953-1956

En enero de 1954, en un artículo aparecido en la revista Bohemia bajo el título de "La zafra crítica de 1954. Los salarios azucareros" cuyo autor era Segundo Ceballos Pareja, se hace un análisis de los resultados de un estudio realizado por la Comisión Técnica Azucarera con respecto a la zafra de 1951. Dicho estudio estaba encaminado a determinar los costos de producción en la industria azucarera.

Las conclusiones fueron las siguientes:

El costo promedio nacional de una saco se azúcar de 325 libras, en la zafra de 1951 fue de 13.664 pesos (4.20 centavos la libra).

De ellos, el costo agrícola fue de 7.3118 pesos, o sea el 53.5% del total, y el costo industrial fue de 6.3525 pesos, sea el 43.5% del total.

Dentro de los costos se pueden identificar como costos fijos y costos variables.

Los costos fijos dentro de la industria azucarera representan el 34.8% de los costos equivalentes a 4.7527 pesos por cada saco de azúcar de 325 libras, y los costos variables el 65.2%, equivalentes a 8.9116 pesos por cada saco de 325 libras.

Por tanto, debido a esta diferencia entre los costos fijos y los costos variables, con una reducción del tiempo de zafra, el aumento de los costos fijos se compensa con creces con la disminución de los costos variables, produciéndose un ahorro neto en costos, por tanto, si la productividad del trabajo no aumenta o tiende a disminuir, los costos variables empujarían a una reducción cada vez mayor del tiempo de zafra, y consiguientemente de producción, hasta que no hubiera rentabilidad ninguna.

Por debajo de determinados precios, y con una productividad del trabajo decreciente, para los centrales más ineficientes no era rentable producir debido a los altos costos variables.

Así, la zafra de 1956 que fue 43 días efectivos menor que la de 1952 produjo un ahorro neto en los costos de producción reduciendo el volumen de los costos variables. Solamente aumentando la productividad del trabajo, o sea produciendo más en la misma cantidad de tiempo, disminuyen los costos variables de manera relativa, por eso con productividad declinante como la de 1956 con respecto a la de 1952, una reducción del tiempo de zafra, y consiguientemente del volumen de producción disminuyó los costos en general, permitiendo un aumento de la ganancia neta de los hacendados.

En 1951, de acuerdo a este estudio, la relación costo-precio fue que el costo de producir una libra de azúcar fue de 4.20 centavos, y el precio promedio pagado ese año fue de 5.08 centavos, por tanto, la diferencia entre el precio y el costo fue de 0.88 centésimas de centavo a favor de los productores. Para la producción de la zafra de ese año esto representaría ganancias netas de 110.1 millones de pesos.

En el año 1956, el precio promedio fue de 3.84 centavos, lo que significaría una pérdida de 0.36 centésimas de centavo por libra, así que para la producción de ese año significarían pérdidas netas de 37.1 millones de pesos, lo cual fue compensado en el agregado de la industria con la reducción de los costos variables debido a la reducción del tiempo de zafra de 21 días efectivos menos en relación con la zafra de 1951, y la reducción de los salarios.

Si continuaba la tendencia a disminuir la productividad del trabajo, y a disminuir los precios, muchos centrales, o sea los más ineficientes, les sería antieconómico producir, como sucedió entre 1931 y 1933, ya que los costos variables serían insostenibles.

El problema principal se encontraba en el elevado costo de la caña debido por una parte a los bajos rendimientos agrícolas, y al bajo nivel de mecanización que elevaban los costos laborales, pero fundamentalmente el costoso sistema del colonato que encarecía la caña.

En 1951, según el estudio de la Comisión Técnica Azucarera, la caña necesaria para un saco de 325 libras de azúcar costó 7.3119 pesos, o sea 2.72 centavos la libra de caña, y al colono en esa zafra se le pagó 8.26 pesos por esa misma cantidad de caña, o sea 3.08 centavos por libra de caña. La diferencia representaría el coste del sistema del colonato; un 11.3% más cara la caña que si se sembrara en las tierras de los centrales, sin contar con las inversiones que se hubieran podido hacer para alcanzar mayores rendimientos tanto agrícolas como industriales, reduciendo los costos generales de producción. Mejoras que no estaban al alcance, ni en el interés de los colonos.

El autor del artículo plantea que de continuar disminuyendo los precios del azúcar con estos costos de producción "…se arruinarían la mayoría de los productores pequeños y marginales, y sería aún más grave para los colonos".

A continuación plantea que :

> Nuestro intervencionismo azucarero puede reglamentar la producción, fijar la participación relativa de hacendados y colonos en una determinada cantidad de azúcar, pero lo que no puede lograr que el mercado exterior nos ofrezca un precio mínimo congruente con nuestros costos interiores.
>
> Esa imposibilidad surge de la concurrencia de otras zonas productoras con costos en muchos caso inferiores al nuestro por el progreso de la productividad o posibilidades de salarios nominales más bajos. Ya es cosa sabida cuanto daña a la economía cubana el atraso tecnológico, especialmente en la eficiencia de la producción cañera… Esa imposibilidad es la piedra de tropiezo del intervencionismo oficial.
>
> Nos enfrentamos con el problema de tener que regular la distribución de una renta de magnitud variable, y de preservar al mismo tiempo un salario mínimo compatible con el costo de la subsistencia. La salida a ese tropiezo se buscó con la Ley de Coordinación Azucarera.

> El largo período de auge azucarero que empezó a declinar en 1952, modificó profundamente la situación y las condiciones que prevalecían cuando se promulgó dicha ley.
>
> Es inútil pretender que la economía cubana pueda enfrentarse con éxito a la crisis que provoca el descenso atípico de los precios del azúcar, y la reducción de la zafra mediante el libre juego de la oferta y la demanda. *La escuela económica liberal está hoy en franca decadencia.*

El autor pretende que la solución se encuentra en más regulaciones, ya que las existentes no resuelven el problema, lo cual sería solamente congruente con la estatización de la industria azucarera en su conjunto. En aquellos tiempos el anticapitalismo (socialismo) se había convertido en ideología hegemónica entre muchos intelectuales cubanos.

> La situación resulta aún más grave en el caso de Cuba si se considera que el descenso del precio del azúcar no se corresponde con un descenso congruente en el precio de los artículos que se importan, entre los cuales se encuentran gran cantidad de alimentos… Esa disparidad se agudiza por la influencia de los precios de los artículos que importamos especialmente de Estados Unidos, y que nos obligan a ceder una cantidad de azúcar cada vez mayor.
>
> Cuba enfrenta con su crisis económica un impasse institucional que hace aún más difícil el hallazgo de fórmulas que satisfagan las exigencias de la opinión pública.

Todos en Cuba en aquellos tiempos consideraban que si los trabajadores ganaban más, los empresarios veían disminuir sus ganancias, y si los empresarios ganaban más, era a costa de la reducción de los ingresos de los trabajadores; era una situación de suma cero que convertía las relaciones sociales en antagónicas, pero de lo que muy pocos o casi nadie se daba cuenta, era que esta situación era el resultado de unos niveles de estancamiento, y aún de declive de la productividad del trabajo en el agregado económico nacional, y que solamente se producía un alivio temporal cuando subían los precios del azúcar, lo cual se encontraba fuera del control de los cubanos.

La Misión Truslow en 1950, en su informe *Report on Cuba* publicado al año siguiente ya alertaba acerca de los peligros que entrañaba esta tensión generalizada entre patronos y obreros, o capitalistas y trabajadores.

En lo que casi todos los cubanos estaban de acuerdo, ya fueran políticos, empresarios, líderes sindicales, trabajadores del campo o la ciudad, intelectuales, etc., era que las soluciones solo podían venir del Estado, y no del mercado. Muy pocas personas en Cuba en la década de 1950 creían en el capitalismo.

El Estado cubano aparecía en dos variantes; o el Estado socialdemócrata y redistribucionista más inclinado demagógicamente hacia los trabajadores, representado en los Partidos PRC Auténtico y Ortodoxo, o el Estado corporativista que se presentaba como el árbitro último entre obreros y patronos, encarnado en la figura de Fulgencio Batista.

Las dos últimas zafras republicanas 1957 y 1958

La Crisis del Canal de Suez en 1956, y otros acontecimiento en diferentes partes del mundo, influyeron en que tuviera lugar un alza de los precios del azúcar. Estos aumentaron un 31.5% en 1957, y en 1958 eran un 8.9% superiores a los de 1956.

En el año 1957 la zafra fue libre, produciendo 5 millones 506 mil toneladas largas o sea 902 mil toneladas largas más que la zafra de 1956.

Esto alivió la presión sobre la industria azucarera cubana como sucedió en 1934, y en 1942., cuando los precios fueron superiores a los costos en el agregado de la industria, y todos los centrales pudieron operar con alguna ganancia.

La zafra de 1958, aunque en volumen fue casi un 2% mayor que la de 1957, debido a que los precios promedio descendieron en un 17.2%, el valor de la zafra fue 15.6% menor.

La industria que molió en la zafra de 1957 y 1958 promedió 13, 524 centrales/días o sea fue 16.7% mayor que la de 1956, y la producción total de la zafra fue un 20.6% mayor. En 1956 se produjeron 397.08 toneladas largas de azúcar por central/día, y 63, 945 toneladas largas de azúcar diarias, y en 1957-58 se produjeron 407.40 toneladas largas por central/día, y 66, 186 toneladas largas de azúcar diario.

El rendimiento industrial promedio fue ligeramente inferior en 1957-1958 que en 1956, pero los rendimientos agrícolas fueron un 6.2% mayores lo cual compensó la disminución del promedio del rendimiento industrial, así en 1956 se produjeron 62.03 toneladas de azúcar por caballería de caña cortada, y en 1957-58 fueron 64.54 toneladas largas de azúcar; un 4% mayor.

La cantidad de hombres promedio por caballería en zafra en 1956 fue de 7.54, y en 1957-58 de 5.4 hombres lo que representó una disminución de un 28.4% en la utilización de fuerza de trabajo.

La productividad del trabajo en 1956 fue de 10.21 arrobas de azúcar por hombre/día efectivo trabajado, y en 1957-58 fue de 12.72 arrobas, lo cual constituyó a un incremento de la productividad del trabajo del 30% que valorado a los precios del azúcar de 1957, fue equivalente a 3.17 pesos por hombre/día de incremento de la productividad del trabajo lo cual contribuía a disminuir los costos variables.

La relación productividad/ ingreso promedio fue la siguiente:

La productividad del trabajo en 1956 fue equivalente a 11.20 pesos diarios, y en 1957 a 17.73 pesos diarios; un incremento de un 58.3% debido a un uso más eficiente de la fuerza de trabajo, y a un aumento del precio del azúcar.

El ingreso promedio de los trabajadores en zafra en 1956 fue de 6.79 pesos diarios, y en 1957 de 8.30 pesos diarios, equivalente a un incremento de un 22.2%.

La relación entre el ingreso medio y la productividad fue en 1956 por cada peso de productividad el 60.6% le correspondieron a ingresos de los trabajadores y el 39.4% le correspondieron a los empresarios, y en 1957 la relación había disminuido hasta el 46.8% para los trabajadores y el 53.2% para los empresarios.

El incremento de los precios del azúcar, el aumento del volumen de las zafras, así como de la productividad, permitieron un aumento en las ganancias empresariales, además de un incremento en los salarios promedio, pero a su vez, una contracción del 17% en la fuerza de trabajo empleada.

La industria azucarera no aumentó su capacidad productiva, y como vimos incluso registró una disminución en los rendimientos industriales, lo cual indica que no hubo inversión en la industria la cual permanecía estancada, y a expensas de que los precios del mercado le permitieran sobrevivir, en tanto las ganancias no eran reinvertidas, y o se inmovilizaban en los bancos, o salían al exterior.

En el gráfico inferior podemos ver el comportamiento de la utilización de la capacidad industrial instalada en la industria azucarera cubana.

Mientras menos se aprovechara la capacidad instalada, mayores eran los costos fijos dentro de la estructura de costos de la libra de azúcar.

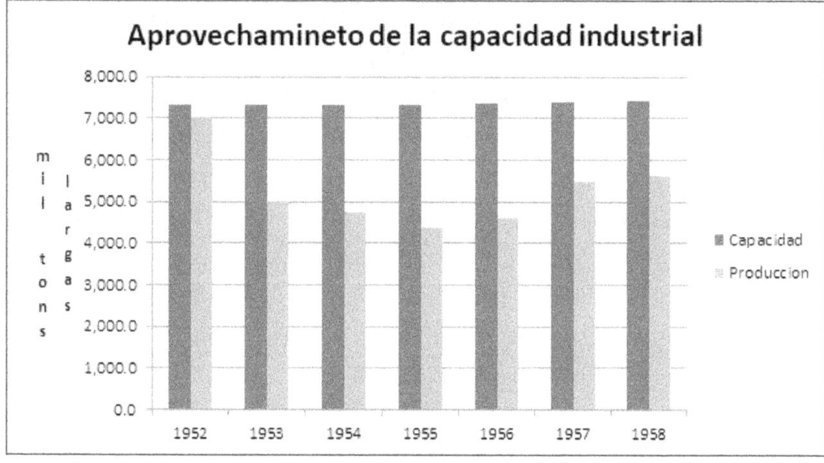

Fuente: Anuarios azucareros de Cuba. Cálculos del autor.

Cubanización de la industria azucarera 1949-1958

Este proceso, que como hemos venido analizando en acápites anteriores comenzó a fines de la década de 1930 y durante la Segunda Guerra Mundial, continuó hasta 1958. Expresado en %:

Nacionalidad	Unidades			Producción		
	1949	1958	Diferencia	1949	1958	Diferencia.
Cubanos	62.1	75.2	+13.1	45.1	62.1	+17.0
EE. UU.	31.0	22.4	-8.6	51.3	36.6	-14.7
Otros	6.9	2.4	-4.5	3.6	1.3	-2.3

Fuente Anuarios azucareros de Cuba. Cálculos del autor.

En 1949 los cubanos eran dueños de 100 centrales de 161 que componían la industria azucarera cubana, y en 1958 eran propietarios de 121 centrales.

Las compañías norteamericana en 1949 poseían 50 centrales y en 1958 solamente 36 centrales.

En el grupo de Otros, en 1949 se encuentran 8 centrales de propiedad española, un central de propiedad francesa y dos centrales de propiedad holandesa. En 1958, los centrales de propiedad española se había reducido a tres, continuaba operando el central de propiedad francesa, y no existía ninguno de propiedad holandesa.

En 1958, casi estaba cumplido el sueño de la llamada "sacarocracia", de poseer la industria azucarera de Cuba, y esto había sido posible sobre la base de la cartelización y las regulaciones del Estado cubano, expulsando de manera indirecta la inversión extranjera en el azúcar con el incremento de los costos de producción.

En 1958, los cubanos eran dueños del 75% de la industria azucarera nacional y producían más del 62% de toda la zafra, sin embargo, los centrales norteamericanos en 1958 tuvieron una capacidad promedio de producción de 393.6 mil sacos de 325 libras, lo que los sitúa en la categoría de centrales grandes, en tanto la producción promedio de los centrales cubanos fue de 199.6 miles de sacos de 325 libras, ubicándose así en la categoría de medianos, y los de propiedad de otros extranjeros era de 104.8 miles de sacos de 325 libras, o sea centrales pequeños. Los centrales norteamericanos molieron en la zafra de 1958 al doble de la capacidad promedio de los centrales cubanos.

El valor del capital acumulado en la industria azucarera en 1958 se calculaba en 1, 158 millones de pesos, y de acuerdo a su capacidad medida en sacos de azúcar de 325 libras, este sería equivalente a 22.70 pesos, por tanto, de acuerdo a la capacidad promedio por centrales medidos en sacos, el valor de la industria azucarera perteneciente a compañías norteamericanas sería equivalente a 320.4 millones de pesos, a cubanos de 835.2 millones de pesos, y a otros extranjeros 2.4 millones de pesos.

La producción promedio en el agregado de la industria, en la zafra de 1958, fue de 240.3 miles de sacos por central, por lo que los centrales cubanos se quedaron un 17.4% debajo del promedio de producción nacional por central.

Como hemos explicado, los centrales pequeños y algunos de los medianos operaban de manera ineficiente, pero se mantenían trabajando sostenidos por la redistribución de pérdidas y ganancias que provocaba la cartelización de la industria azucarera cubana.

El mercado para el azúcar cubano

Debido a la situación política internacional en 1939, el mercado mundial quedó desarticulado con el comienzo de la guerra, y en el año 1940 las exportaciones cubanas al mercado mundial desaparecieron, por lo que Cuba tuvo que concertar un empréstito con el EXIMBANK para la zafra de 1941, pero en ese año comenzó a aumentar la demanda por parte de Gran Bretaña la cual veía cortados sus suministros desde Java. Australia y la India.

La zafra de 1942 fue vendida completa a EE. UU., incluyendo el sobrante de la de 1941, al igual que las de 1943, 1944, y 1945, con excepción del consumo doméstico a un precio acordado de 2.65 cents la libra.

Las zafras de 1946 y 1947 fueron vendidas completas pero a un precio de 3.55 y 4.80 cents la libra que aunque alejados del precio de mercado libre, le garantizó a Cuba ingresos considerables.

A partir del año 1947, los controles de precios en EE. UU. fueron levantados, y concluyeron las ventas globales de las zafras cubanas.

En 1948 se restablecía la ley azucarera norteamericana, y Cuba obtuvo una ligera mejoría en comparación a 1934 y 1937, aunque la revisión de 1951 afectó adversamente a Cuba favoreciendo a Filipinas y Puerto Rico en lo que a participación relativa en la cuota se refiere, pero por otra parte, también hubo una rebaja en las tarifas de aduana para Cuba y los productores extranjeros.

En el año 1956, según explica Raúl Cepero Bonilla[10], el gobierno norteamericano dictó una nueva ley de cuotas que dio lugar a una revisión de la cuota azucarera cubana, rebajándola a 2, 176, 094 toneladas largas.

Cuba había estado cubriendo el 96% del aumento del consumo en Estados Unidos, en tanto los países que pagaban derechos completos, o sea República Dominicana, México, Perú, etc, suministraban el 4% restante, pero la nueva ley de cuotas asignó a Cuba el 43.2% de los aumentos del consumo en 1956, y el 29.59 % restante en los siguientes cuatro años. Entre 1956 y 1958 Cuba perdió un tonelaje de 1, 033, 757 toneladas largas.

Entre 1948, y 1958 el promedio de ventas de azúcar de Cuba a Estados Unidos fue de 3 millones de toneladas métricas(2, 7 millones de tolendas largas).

El otro mercado para el azúcar cubano era el mercado mundial el cual volvió a organizarse en 1953 permitiéndole a Cuba una participación mucho más favorable que la de Londres en 1937 que eran 940 mil toneladas; un 25.95% del total, en tanto en 1953, el nuevo Convenio de Londres le otorgó a Cuba un 41.74% del mercado mundial que en aquel año se calculaba en 5 millones 390 mil toneladas, por lo que la cuota cubana ascendía a 2 millones 250 mil toneladas.

---

10. *Política azucarera 1952-1958*, Raúl Cepero Bonilla.

En 1956 se modificó el Convenio de Londres otorgándosele a Cuba una cuota de 2 millones 415 mil toneladas, que representaba un 40.92% del azúcar que se vendía en el mercado mundial, y en 1958, una revisión del Convenio mantuvo la misma cantidad absoluta, por lo que la participación relativa de Cuba se redujo a un 37.21%, o sea Cuba no participó en el crecimiento del consumo mundial.

El azúcar que se negociaba en el mercado mundial en 1937, fue un 12% de la producción mundial, el resto formaba parte de los consumos domésticos y mercados protegidos. En 1953 fue un 15.4%, en 1956 fue un 14.9% y en 1958 un 14.6%.

Esto nos da una idea de que a pesar de los acuerdos del comercio internacional del GATT, el mercado azucarero del mundo seguía siendo un mercado fuertemente protegido, al igual que el de otras muchas materias primas que tenían muy poca participación en la liberalización de los mercados.

El mercado mundial, unido a la cuota norteamericana, más el consumo doméstico, le podrían asegurar a Cuba un mercado de algo más de 5 millones de toneladas largas, que podía ser mayor cuando se producían incumplimientos de otros participantes de la cuota norteamericana, pero el precio del azúcar en el mercado mundial siempre era bastante inferior al que pagaban los norteamericanos, debido a la política de subsidios del programa azucarero norteamericano.

Entre 1948 y 1958, los precios promedio del azúcar se mantuvieron sin variación, sin embargo, el nivel general de precios en Estados Unidos aumentó un 20%.

Debe señalarse que Cuba obtuvo algunos convenios bilaterales en la Conferencia de Torquay, Inglaterra, que se efectuó en 1950-51.

La revisión de la ley azucarera norteamericana en 1956 fue más prejudicial aún para Cuba reduciéndose su participación en el mercado de EE. UU.

Consumo mundial de azúcar en 1958:

Continente	Miles de ton métricas	Consumo p/cápita (Kilos).
Europa	18,426.0	30.0
Am del Norte y	9,716.0	42.5
Las Antillas.		
Am Central y Sur	5,351.0	27.9
África	2,452.0	10.9
Asia	7,478.0	4.8
Oceanía	684.0	42.8
Total	44,107.0	15.8

Fuente: Anuarios azucareros de Cuba.

Principales productores mundiales de azúcar (mil toneladas métricas).

País	1954-55	1957-58.	
EE. UU.	2,602.4	1,997.3	Caña y remolacha.
Cuba	**4,456.1**	**5,686.6.**	
México	901.3	1,168.5.	
R. Dom	613.9	760.0	
Perú	637.6	700.0.	
Brasil	2,773.2	2, 82.2	.

India	3,771.3	3,600.0	
Java	922.0	815.0	
Filipinas	1,224.5	1,219.7	
Australia	1,328.3	1,345.0	
Alemania	2,131.0	2,400.0	Remolacha.
Rusia	2,901.0	4,925.0	Remolacha.
Total mundial	**41,024.4**	**46,577.7**	

Fuente: Anuarios azucareros de Cuba.

A fines de la década de 1950 se hacía evidente que Cuba no tenía mercado para mucho más de cinco millones de toneladas largas de azúcar, por lo menos en un futuro previsible, a no ser que estallara un conflicto bélico de grandes proporciones, por lo que de continuar la dependencia económica del país con respecto al azúcar, el per cápita del cubano se iría reduciendo de manera sostenida, y además cada vez era más claro que no era posible mantener intacta la industria azucarera sin recurrir con mayor frecuencia a rescates por parte del gobierno, pues otros países aumentaban sus capacidades y eficiencia empujando a la baja los precios en los mercados internacionales

Participacion de Cuba en el mercado azucarero norteamericano Miles de toneladas métricas			
Año	**Consumo**	**Exp por**	**Partic de**
	EEUU	Cuba a EEUU	Cuba
1925	6,603.00	3,486.00	52.80%
1934	6,154.00	1,514.00	24.60%
1948	7,080.00	2,924.00	41.30%
1949	7,580.00	3,108.00	41.00%
1950	8,249.00	3,267.00	39.60%
1951	7,762.00	2,950.00	38.00%
1952	7,965.00	2,979.00	37.40%
1953	8,298.00	2,772.00	33.40%
1954	8,253.00	2,732.00	33.10%
1955	8,400.00	2,856.00	34.00%
1956	8,995.00	3,094.00	34.40%
1957	8,921.00	3,131.00	35.10%
1958	9,034.00	3,505.00	38.80%
1959	9,200.00	3,063.00	33.30%

Fuente: *Cuba y su Historia*, Raúl Shelton y Emeterio Santovenia.

Como se ve en la tabla anterior, la participación de Cuba dentro del mercado norteamericano se encontraba en descenso desde 1948 cuando fue renovada la cuota azucarera aunque siempre se mantenía por encima del % asignado por la cuota debido a que siempre podía llenar los incumplimientos de la cuota de otras áreas.

Los costos de producción en la década de 1950: Análisis comparativo

La próxima tabla muestra la evolución de los costos promedio y los precios promedio, y la diferencia entre los mismos. Está expresada en centavos por libra de azúcar.

La fuentes a partir de las cuales confeccionamos la tabla son:

Sin azúcar no hay país, Antonio Santamaria.

Anuarios azucareros de Cuba

Report on Cuba, Misión del BIRF 1950.

Informe de la Comisión Técnica Azucarera de Cuba, 1954.

Año	Costo	Precio	Diferencia
1919	2.51	5.06	+2.55
1925	2.25	2.24	-0.01
1929	2.25	1.72	-0.53
1934	1.27	1.19	-0.08
1939	1.72	1.51	-0.21
1948	4.19	4.17	-0.02
1952	4.20	4.13	-0.07

Según se puede observar en la tabla, solamente durante 1919, los costos de producción se encontraban muy por debajo del precio promedio, esto dio lugar a grandes ganancias para todos los involucrados en la producción de azúcar en Cuba, hacendados, compañías azucareras, colonos, bancos, comerciantes al por mayor, etc. Mientras más eficiente fuera el productor, que trabajara con costos unitarios menores, como era el caso de los grandes y modernos centrales construidos en la zona oriental de la isla, las ganancias fueron enormes, lo que alentó a una desenfrenada inversión de nuevos capitales, y una expansión de la demanda de tierras y labor.

Entre 1925 y 1934, con la crisis azucarera, vemos que el promedio de la industria es incosteable, lo cual llevó al cierre definitivo o temporal de muchos centrales, y al comienzo de la creación del cártel azucarero, para repartir entre todos los centrales las pérdidas, donde los eficientes financiaban las pérdidas de los ineficientes.

A partir de la Ley de Coordinación Azucarera, quedó definitivamente estructurada la cartelización de la industria, y se puede ver como a nivel general, esta trabajaba bordeando la bancarrota, al operar con costos mayores que los precios promedio, quedando así dependiente de los precios pagados por los norteamericanos a través de la cuota azucarera, pero el incremento continuo de la producción mundial, y la tendencia a la disminución de los precios durante la década de 1950, estaban llevando irremediablemente a la ruina a la industria en su conjunto, necesitando periódicamente de rescates por parte del gobierno.

En relación con los rendimientos agrícolas, en el año 1958, de mayor a menor se encuentran:

1 Hawaii	2 Florida	3 Puerto Rico	4 Louisiana	5 Cuba	6 Área remolachera
En crecimiento entre 1948 y 1958 en rendimiento agrícola:					
1 Hawaii	2 Florida	3 Área remolachera	4 Louisiana	5 Cuba	6 Puerto Rico (- 2.5%)
En relación con los rendimientos industriales en 1958:					

1 Área remolachera	2 Cuba	3 Florida	4 Puerto Rico	5 Hawaii	6 Louisiana
En relación con los crecimientos en rendimiento industrial entre 1948 y 1958:					
1 Florida	2 Louisiana	3 Cuba	4 Área remolachera (0)	5 Hawaii (- 9%)	6 Puerto Rico (-12%)
En relación con la producción de azúcar por caballería n 1958:					
1 Hawaii	2 Florida	3 Puerto Rico	4 Área remolachera	5 Cuba	6 Louisiana
En relación con el crecimiento de la producción de azúcar por caballería entre 1948 y 1958					
1 Florida	2 Louisiana	3 Área remolachera	4 Hawaii	5 Cuba	No 6 Puerto Rico (-14.2%)

En el año 1959, el Departamento de Agricultura de Estados Unidos hizo un estudio comparativo entre las diferentes áreas productoras de azúcar domésticas y Cuba, y comparando también la evolución de su desempeño entre 1948 y 1958.

En resumen en 1958, la industria más eficiente y con mayor crecimiento es la Florida, seguida por Hawaii, en tercer lugar aún se mantiene Puerto Rico en eficiencia, pero se encuentra en 1958 en franco declive debido a las reformas económicas que están teniendo lugar en la isla desde 1947, por lo que se está convirtiendo de manera sostenida en la más ineficiente. En cuarto lugar se encuentra el área remolachera, en quinto lugar Cuba, y por último la Louisiana.

En el año 1958 los productores que operan con más bajos costos son el área remolachera, La Florida, Hawaii, Louisiana, Puerto Rico, y por último Cuba que está produciendo con mayores costos que todos.

En dicho estudio se estimaba que el ingreso bruto de los plantadores en 1958, por tonelada métrica de azúcar producida era el siguiente:

Remolacha:	$ 14.13
Florida:	$ 9.25
Louisiana:	$ 8.57
Puerto Rico:	$ 9.09
Cuba:	$ 5.00

Por otra parte tenemos el estudio que analizamos más arriba, que realizó la Comisión Técnica Azucarera de Cuba acerca de los costos de producción promedio de la libra de azúcar para la industria azucarera cubana a partir de la información de la zafra de 1951.

En ese estudio se relaciona el costo promedio de una libra de azúcar de acuerdo a la capacidad de los centrales donde se pueden observar las economías de escala.

Producción	**Costo total**	**Producción**	**Costo total**
(Sacos de 325 libras)	(cents libra)	(Sacos de 325 libras)	(cents la libra)
Hasta 100, 000	5.22	300, 001 a 500, 000	4.76
100, 001 a 200, 000	4.80	Mas de 500, 000	4.54
200, 001 a 300, 000	4.74		

Los grandes centrales hacen economías de escala equivalentes a un 13% con respecto a los centrales pequeños. El precio de la libra de azúcar en 1951 fue de 5.08, por lo que los centrales pequeños que producían menos de 100 mil sacos de azúcar estaban operando con pérdidas.

El promedio de producción por central en la zafra de 1951 fue de 239, 271 sacos de 325 libras, y en 1958 de 240, 186 sacos de 325 libras .

Esas cifras muestran claramente que la industria azucarera cubana operaba al borde de la bancarrota, especialmente los centrales pequeños.

Entre 1953 y 1958, el precio promedio pagado por la libra de azúcar fue de 4.08 centavos. Esto nos indica que con excepción de la zafra de 1957, el resto de los años el precio promedio estuvo por debajo de 4 centavos, lo cual era ruinoso en el agregado de la industria.

En el Anuario Azucarero de 1956 aparece otro artículo de Julio Lobo titulado "Revisión del futuro azucarero de Cuba" donde se plantea lo siguiente:

> Es necesario trazarse un plan para la modernización de nuestra industria y nuestra agronomía.
>
> La Ley de Permanencia debe ser modificada de manera que los colonos se vean obligados a mejorar sus métodos o dejar la tierra a otros que puedan explotarla de un modo más eficiente y lucrativo. Con el 25% del área dedicada actualmente a la caña se puede producir el abastecimiento suficiente y queda el 75% disponible para otros cultivos como arroz, tabaco, ganado, etc., bastando para ello con la introducción y uso de métodos modernos de cultivo intensivo de las tierras".
>
> Debemos ir a la mecanización del tiro de caña pues ya las carretas de bueyes, y los ferrocarriles de juguete de tan costoso mantenimiento constituyen un anacronismo para nuestra industria.
>
> Hay que modernizar los ingenios e implantar definitivamente el embarque a granel de los ingenios a los barcos para estar en condiciones de competir con los nuevos y modernísimos ingenios que están siendo ordenados por otros países y que estarán en plena producción para 1959.

En resumen, que en tanto no se eliminen las disposiciones legales que constituyen obstáculos insuperables para la modernización de la producción agrícola e industrial, Cuba no podrá intensificar su desarrollo económico en la medida de lograr el nivel de ocupación y empleo que se requiere para una población creciente.

En el año 1958, en el Anuario Azucarero apareció publicado otro pequeño artículo de Julio Lobo, expresando su opinión acerca de la situación de la industria azucarera cubana, y cual debía ser su proyección futura.

> El último ingenio que se erigió en Cuba fue en 1925, en tanto se han erigido y se siguen erigiendo ingenios ultramodernos en todas partes del mundo.
>
> Nuestros costos no guardan comparación con los de otros países productores ya que debido a nuestra baja producción que siempre trae consigo un aumento de los costos, y la imposibilidad de mecanizar y modernizar nuestros ingenios, nos convierte en productores de costos excesivamente altos.
>
> No podemos retroceder más. Todos nuestros esfuerzos deben ir encaminados colectivamente a lograr un aumento mundial del consumo e internamente debemos tratar de modernizar nuestros métodos con el fin de reducir nuestros costos.
>
> Se puede y se debe modernizar, y si es posible diversificando al mismo tiempo de manera que el personal excedente pueda ser absorbido por nuevas industrias.

Como resultado de la inelasticidad de la demanda del azúcar, como hemos venido demostrando, las mejoras tecnológicas en la producción azucarera en otras áreas del mundo, cosa que está fuera del control de Cuba, empujan los precios hacia abajo en mayor medida que el aumento de la demanda, provocando pérdidas entre los productores más ineficientes, como es el caso de Cuba, cuya industria se sostiene cartelizada debido a la cuota azucarera de Estados Unidos, donde el consumidor norteamericano está pagando, y a los rescates del gobierno cubano.

Entre 1952 y 1958 el rendimiento agrícola e industrial promedio subieron, un 4.3% y un 3.5% respectivamente, y la productividad del trabajo subió 1.07 pesos por hombre/día efectivo en zafra, en tanto el salario promedio cayó en 0.40 pesos por hombre/día efectivo, por tanto, la zafra de 1958, al ser más eficiente que la de 1952, y con un aumento de la productividad con respecto al salario promedio, a pesar de que los precios del azúcar como promedio fueron un 12% inferiores en 1958 que en 1952, los hacendados pudieron obtener ganancias, pero la falta de inversiones llevaría necesariamente a la caída de la productividad de los factores de producción, y los salarios no podían seguir deprimiéndose, por lo que de continuar cayendo los precios del azúcar, el cartel azucarero sería insostenible como lo preveían muchos hacendados, entre ellos Julio Lobo.

Distribución de los ingresos azucareros: 1945-1958

Hasta el año 1925, fue una característica de la segunda gran expansión azucarera de Cuba la introducción de la tecnología de la Segunda Revolución Industrial en el proceso de fabricación de azúcar, con el consiguiente incremento de la participación relativa del capital con respecto a la tierra y la labor dentro de la estructura productiva de la industria azucarera. Este proceso estaba teniendo lugar en la producción de azúcar, tanto de caña como de remolacha en el mundo entero.

Dicho proceso tendría sus características regionales. En la zona occidental de Cuba, donde la tierra es el factor relativamente más escaso, y en la zona oriental donde el factor labor es el más escaso.

En el Occidente se buscará una utilización más eficiente de la tierra perteneciente al ingenio, en busca de disminuir la dependencia con respecto al colono independiente, en tanto en el Oriente se buscará una utilización más eficiente de la labor, y esto se conseguiría a partir del arrendamiento de tierras del ingenio a colonos dependientes, y la contratación de fuerza de trabajo barata en otras islas del Caribe.

En ambas regiones, la tendencia será hacia una menor dependencia con respecto al colono independiente como forma de abaratar la caña que consume el central. El colonato, que fue la solución organizativa más racional frente a la crisis de la década de 1870-1880, con la revolución tecnológica del primer cuarto del siglo XX se hacía ineficiente; una vez más la industria azucarera tendía a integrarse verticalmente produciendo su propia materia prima como en otras regiones del mundo.

Esta reorganización de las relaciones de producción dentro de la industria azucarera pudiera haber durado un espacio de tiempo mayor o menor según fueran las circunstancias, pero era una clara tendencia irreversible en la década de 1920 hacia la verticalización de la industria y la desaparición del pequeño colono independiente.

La intervención del gobierno en la industria azucarera desde 1926 detuvo este proceso de modernización perpetuando relaciones de producción obsoletas, y así los rasgos más negativos que hacían ineficiente a la industria azucarera cubana; el colonato, la agricultura extensiva, y el latifundio se perpetuaron.

El gobierno buscó la manera de preservar y ampliar el colonato como medida de preservar y crear empleo a costa de la ineficiencia de la industria azucarera y con un objetivo social de crear una clase media rural como sucedía en otros países con otro tipo de cultivos que podían ser eficientes en fincas pequeñas y medianas, como ese le caso del café y el tabaco, pero esto no era así en la caña.

La intervención gubernamental en la industria azucarera, que básicamente quedó consolidada con la Ley de Coordinación Azucarera de 1937, y su posterior inclusión en la Constitución de 1940, sacrificó la eficiencia por no incurrir a corto plazo en un supuesto costo político y social, Sacrificó crecimiento a favor de redistribución, congruente con la ideología socialdemócrata imperante en aquellos años.

La ley pretendía que toda, o la gran mayoría de la caña molida por los centrales fuera plantada por los colonos, lo cual inhibía el logro de mayores rendimientos agrícolas que solo podían alcanzarse a partir de un mayor uso de fertilizantes, así como de regadíos, y con la introducción de nuevas variedades de caña más productivas y maquinaria moderna de corte, alza, y transporte, lo cual estaba fuera del alcance o del interés de los colonos, lo que mantenía a la parte agrícola de la industria azucarera en el atraso tecnológico.

Durante la Segunda Guerra Mundial, el aumento del costo de la vida debido a la inflación dio lugar a incrementos de los salarios de los trabajadores azucareros, lo cual incidió desfavorablemente en los ingresos de los colonos que empleaban labor por lo cual el gobierno de Grau en 1945 decretó una participación de los colonos en un 30% de los ingresos provenientes de la ventas de las mieles finales, que hasta aquellos momentos le correspondían por completo a los dueños de los centrales.

En 1950, el gobierno de Prío modificó mediante un decreto la Ley de Coordinación Azucarera estableciendo una participación general de los colonos de un 48% en el azúcar producida y un arrobaje mínimo de 6 arrobas de azúcar por 100 arrobas de caña, así como la eliminación del pago de 15 pesos de renta por caballería.

En 1953 el Decreto-Ley No 1274 elevó la participación de los colonos al 50% en los casos en que estos produzcan menos de 500 mil arrobas de caña, y 49.5 % y 49% para los que entregaran más de 500 mil arrobas de caña.

Dividiremos en dos partes este período, ya que las políticas de los gobiernos cubanos del Partido Auténtico que gobernó entre 1944 y 1952, y de Batista que gobernó de 1953 a1958 fueron diferentes, además de que durante el período de los Auténticos las zafras fueron libres y durante el gobierno de Batista fueron restringidas. Esto le imprime características diferentes a cada período.

En la tabla que mostramos a continuación vemos como creció o decreció de forma absoluta las diferentes categorías de ingreso dentro de la industria azucarera comparándola con el crecimiento o decrecimiento del valor de la zafra por período.

Expresado en %.

Categoría	1945-1952	1952-1958	1948-1958
Valor de la zafra	+167.2	-13.9	+130.2
Salarios	+193.0	-7.4	+112.7
Colonos	+77.3	-5.3	+67.9
Hacendados	+290.0	+23.4	+381.3

Como vemos, entre 1945 y 1952 la parte perjudicada dentro de la estructura de ingresos de la industria azucarera era la de los colonos, que eran precisamente los que de acuerdo a la Ley de Coordinación Azucarera debían resultar más beneficiados.

Como hemos dicho, la disminución relativa de la colonia promedio, y la caída de los rendimiento agrícolas estaba constantemente debilitando la posición del colonato dentro de la industria azucarera.

En el periodo 1952-1958 la posición de los colonos tuvo una ligera mejoría a costa de la caída de los salarios, en tanto las ganancias de los hacendados se mantenían.

Las políticas del gobierno de Batista trataron de congelar los sueldos y salarios en la industria azucarera para darle mayor participación en las ganancias al hacendado y al colono, pero el colono que se beneficiaba era el mediano y gran colono, que eran los que contrataban labor, mientras que el pequeño colono veía contraerse cada vez más sus ingresos debido a los rendimientos decrecientes de la tierra, y su imposibilidad de revertirlos.

Después de la Segunda Guerra Mundial vemos como el ingreso azucarero se distribuyó exclusivamente a favor de los hacendados y las compañías azucareras.

En 1946, el salario promedio diario en zafra fue de 6.45 pesos, y en 1958 fue de 8.90 pesos que a valores constantes del peso de 1945 era equivalente a 6.80 pesos, lo que significa una mejoría del salario real entre 1946 y 1958 de un 5.4%

Evolución final del colonato 1952-1958

La superficie de tierra dedicada a colonias de caña entre 1952 y 1958 disminuyó en 12, 550 caballerías, o sea un 19.2%, pero la cantidad de colonos aumentó en 19, 180 o sea un 39% con respecto a 1952, por tanto, la superficie promedio de una colonia de caña disminuyó de ser 1.29 caballerías en 1952 a ser 0.77 caballerías en 1958. Hay que señalar que el proceso de aumento del número de colonos, y disminución de la superficie de una colonia promedio se venía dando desde 1937 cuando fue aprobada la Ley de Coordinación Azucarera. En aquel año, la cantidad de colonos fue de 28, 036, y la superficie promedio de una colonia de caña fue de 2.19 caballerías.

Los rendimientos agrícolas promedio en 1952 fueron de 48, 831 arrobas de caña por caballería, por lo que una colonia promedio podía producir unas 63 mil arrobas de caña.

En el año 1958 los rendimientos agrícolas promedio alcanzaron las 50, 948 arrobas de caña por caballería o sea un 4.3% superior a los de 1952, por lo que una colonia promedio podia producir unas 39, 200 arrobas de caña, o sea que la producción de caña por colonia promedio disminuyo en un 37.8% menos.

Como al colono se le pagaba por el peso de la caña entregada, en el año 1952 por decreto se le pagó a 6.20 centavos la arroba de caña, y una colonia promedio produjo 62, 992 arrobas de caña, por lo que el ingreso sería de 3, 905.50 pesos, y el valor en azúcar sería 9, 092.67 pesos, por lo que el ingreso del colono fue un 43% del valor en azúcar, cuando por ley debía obtener el 50%.

En el año 1958 se pagó la arroba de caña al colono a 6.60 centavos, y una colonia promedio produjo 39, 230 arrobas de caña, por lo que obtendría 2, 589.18 pesos, y el valor del azúcar en ese arrobaje fue de 5, 185.91 pesos, por lo que el valor obtenido por el colono fue un 50%.

Sin embargo, el colono promedio de 1958 obtuvo un 33.7% menos de ingresos que en 1952. El pequeño colono se iba empobreciendo inexorablemente, fracasando el experimento social que animó la Ley de Coordinación Azucarera.

En el año 1937, cuando fue aprobada la Ley de Coordinación Azucarera, se pagó a los colonos 2.50 centavos la arroba de caña. En 1958 se pagó al colono a 6.60 centavos la arroba pero al valor del peso de 1937, esta es equivalente a 2.60 centavos, o sea un 4% más a valores constantes.

El valor de la zafra de 1958 a precios corrientes fue un 394% mayor que la de 1937, y el valor pagado por la caña del colono fue un 133% más en 1958 que en 1937; el colono entregó un 11.5% menos caña en 1958 que en 1937, con una superficie un 14% menor en 1958 que en 1937, y con un 143% más colonos.

La contracción de la superficie del colonato es un claro indicador de que otros cultivos ya tienen a fines de la década de 1950 menores costos de oportunidad que dedicar la tierra a cultivar caña, muestra de que se está produciendo un lento proceso de diversificación agrícola.

A pesar de los intentos de los gobiernos de Prío y Batista de aumentar la participación de los colonos en el valor de las zafras, los ingresos brutos reales disminuían debido al estancamiento de los precios del azúcar por una parte y a los rendimientos agrícolas e industriales estancados. Esta combinación empujaba a la desaparición al pequeño colono inevitablemente.

En el año 1958 no existían posibilidades de aumentar la participación de los colonos para salvar al pequeño y mediano colono de la ruina sin arruinar a los centrales pequeños. Solo un incremento sustancial de los precios del azúcar podrían mantener a flote el obsoleto sistema del colonato en Cuba.

En el próximo gráfico se muestra la contracción de la superficie de una colonia promedio de caña después de la Segunda Guerra Mundial debido al incremento del número de colonias de caña en relación con la superficie total de tierras controladas por los colonos.

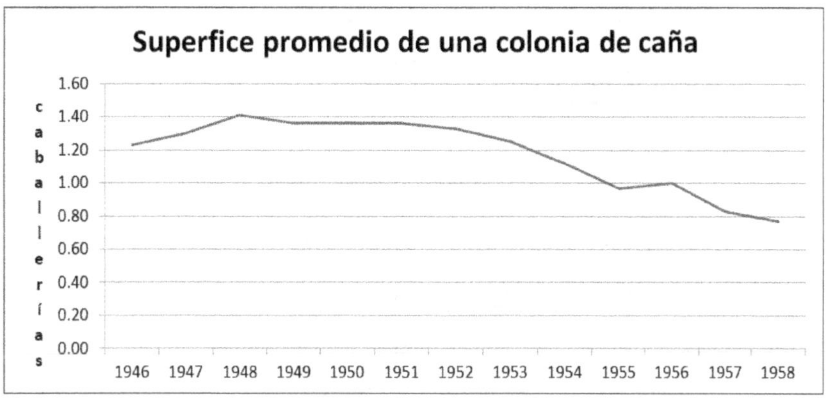

Fuentes: *Anuarios azucareros de Cuba.*

Sueldos y salarios en la industria azucarera

En el año 1913, por el trabajo en los campos de caña de los centrales se pagaba entre 0.92 dólares diarios (Pinar del Rio) a 1.17 dólares diarios (Camagüey), y en los ingenios entre 1.5 dólares al día (Matanzas), y 1.27 dólares al día (La Habana).

Después de 1913 comenzaron a entrar braceros antillanos a trabajar en los campos de caña de las provincias orientales, pero con la Primera Guerra Mundial, los salarios se incrementaron.

En 1916, a un cortador de caña ganaba 0.80 centavos por 100 arrobas cortadas, y en 1920 llegó a ganar 1.50 dólares, los operarios de los ingenios promediaban salarios de hasta 2.00 dólares al día.

Después de la guerra los salarios comenzaron a declinar, y en las provincias orientales cayeron deprimidos por el incremento de braceros antillanos contratados. Cuando se restringieron las zafras en 1926, los salarios en la industria azucarera de Oriente y Camagüey se igualaban con los de Occidente.

En el año 1926, por 100 arrobas de caña cortadas se pagaban como promedio 70 centavos de dólares, y en 1928 apenas unos 60 centavos.

En el año 1932, de acuerdo al "Report on the Economic Conditions in Cuba" de L.C. Hughes-Hallett, un cortador de caña apenas ganaba 50 centavos de dólar al día y un operario en los ingenios 80 centavos de dólar.

En 1933, el gobierno de Grau decretó un salario mínimo de 0.80 pesos diarios en los trabajos en los campos, y de 1.00 dólar diario en los trabajos urbanos incluyendo los operarios de los ingenios.

Pero los salarios en la industria azucarera vinieron a estar regulados completamente a partir de la Ley de Coordinación Azucarera de 1937 vinculándolos al precio del azúcar.

En la agricultura		En la industria.	
Precio	Salario mín. 8 hr.	Precio	Salario mín. 8 hr.
Centavos libra		Centavos libra	
Hasta 1.75	0.80	Hasta 1.56	1.00.
1.75 a 2.00	0.85	1.57 a 1.70	1.10.
2.01 a 2.25	0.90	1.71 a 1.80	1.12.
2.26 a 2.50	1.00	1.81 a 1.90	1.15.
2.51 a 2.75	1.20	1.91 a 2.00	1.20.
2.76 a 3.00	1.50	2.01 a 2.10	1.28.
		2.11 a 2.20	1.34
		2.21 a 2.30	1.40

En la industria.	
Precio centavos/libra	Salario mín. 8 hr.
2.31 a 2.40	1.46
2.41 a 2.50	1.53
2.51 a 2.60	1.61
2.61 a 2.70	1.67
2.71 a 2.80	1.73
2.81 a 2.90	1.80
2.91 a 3.00	1.86

Después de 1937 hasta 1958 los salarios promedio reales a valores constantes de 1937 en la industria azucarera tuvieron una tendencia a la baja, aunque desde el punto de vista nominal crecieron mucho sobre todo entre 1940 y 1952.

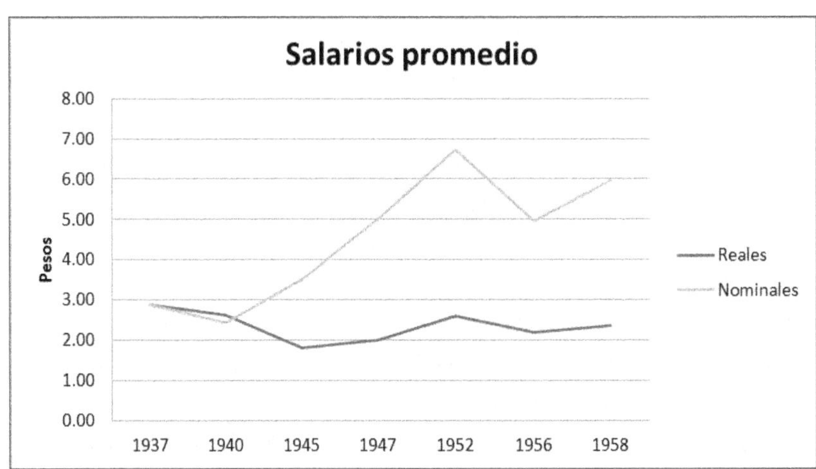

De acuerdo a las leyes de salarios mínimos tanto la de 1933 de 0.80 pesos diarios, como la de 1944 de 1.60 pesos diarios, como la de 1958 de 2.90 pesos diarios, los salarios pagados en la industria azucarera se mantuvieron por encima de los estipulado.

Entre 1945 y 1958, el promedio anual de participación de los sueldos y salarios en relación con el valor de las zafras, fue de un 56.6%.

La agricultura cañera y el latifundio azucarero

Hasta el año 1926, se fueron fomentando nuevos centrales cada vez con mayor capacidad de molienda, por lo que sus necesidades de caña eran crecientes, y consiguientemente sus necesidades de tierras.

Debido a la baratura y abundancia de tierras aptas para el cultivo de la caña, especialmente en las regiones orientales de la isla, los centrales trataban de comprar toda la tierra que podían, más allá de sus necesidades inmediatas, en previsión de que un incremento futuro de capacidades los llevara a mayores requerimiento de tierras que tendrían que ser adquiridas más caras, y con el objetivo de privar de tierras a los campesinos que se verían en la necesidad contratarse con las condiciones que impusiera el central formando parte de la fuerza de trabajo cautiva que era necesaria anualmente. O sea que el latifundio azucarero tenía el doble objetivo de obtener tierra y labor barata.

De acuerdo a las condiciones tecnológicas de Cuba, donde se podía practicar una agricultura extensiva de la caña, se calculaba que las necesidades de tierra de un central eran un 60% dedicado a la siembra de caña, y un 40% destinado a reserva, y otros usos tales como caminos, vías férreas, almacenes, bateyes, instalaciones industriales, pastos para ganado, etc., más allá de estas cantidades, la tierra controlada por el central se encontraba ociosa, y esa superficie de tierras era lo que pudiéramos llamar latifundio en el sentido estricto de la palabra.

El latifundio por tanto, era una función de la cantidad de tierras que controlara la industria azucarera y sus necesidades de tierra para la zafra.

La abundancia de tierras de Cuba aptas para el cultivo de la caña, a diferencia de otras áreas productoras del mundo, permitió la construcción de enormes centrales que podían hacer grandes economías de escala, lo que le daba a la industria azucarera de Cuba un ventaja sobre otros productores.

Donde en realidad se desarrolló el latifundio azucarero en su mayor extensión fue en las provincias orientales de la isla debido a la baja densidad poblacional en relación con la disponibilidad de tierras cultivables, y fue en esta zona donde las compañías azucareras fomentaron sus colosos azucareros desde inicios del siglo XX, mientras que en la parte occidental de la isla había una mayor densidad poblacional, así como una mayor cantidad de centrales los cuales tenían muy poca tierra propia y tenían que obtener su abastecimiento de caña de los colonos que rodeaban el central.

Por estas razones, los centrales en la zona occidental buscaban adquirir más tierras para sembrar su propia caña a expensas del colono, mientras que en los centrales de la zona oriental su preocupación básica era la obtención de la labor necesaria.

De esta forma, en la medida en que se expandía la industria azucarera durante el primer cuarto del siglo XX, se expandían sus necesidades de tierras, pero la cantidad de tierras controladas creció más que las necesidades, dando lugar así a un enorme desperdicio de tierras que era lo que constituía el latifundio azucarero.

Considerando la relación de 60 a 40% de área cosechada y área necesaria para otros usos tenemos que el área necesaria para la industria azucarera en 1914 fue de 64, 000 caballerías, en tanto el área total controlada por la industria era de 90, 700 caballerías, por lo que quedaba un área ociosa que representaba el latifundio azucarero de 26, 700 caballerías; el 29.4% del área controlada.

La evolución del latifundio azucarero podemos mostrala en la siguiente tabla. Expresada en caballerías.

El % es la relación entre el latifundio y el área controlada.

Año	Área necesaria	Área controlada	Latifundio	%
1914	64,000	90,700	26,700	29.4
1919	85,500	49,600	64.100	42.8
1925	109,200	223,500	114,300	51.1
1929	116,000	251,900	135,900	53.9
1933	57,700	198,700	141,000	71.0
1940	77,700	208,200	130,500	62.7
1947	141,000	195,100	54,100	27.7
1952	177,300	207,100	29,800	14.4
1958	130,200	177,500	47,300	26.6

Fuente: *La Revolución cubana: premisas económicas y sociales,* Orlando Valdés García. Cálculos del autor.

Como se puede ver, el momento culminante de la cantidad de tierras controladas por la industria azucarera fue en 1929, y el del latifundio fue en 1933 donde el 71% de la tierra controlada estaba ociosa.

Después de 1926, las regulaciones que se fueron estableciendo impidieron que la industria azucarera se expandiera por una mayor superficie, y como se observa esta se fue reduciendo paulatinamente. En 1958, la industria azucarera controlaba un 30% menos área que en 1929, I igualmente, el latifundio azucarero se había reducido entre 1933 y 1958 en 44.4puntos porcentuales.

Es posible que en 1958, las necesidades de reservas de la industria azucarera hubieran disminuido en comparación con las de 1929, pero también, la caída de la productividad por caballería hacia necesaria una mayor cantidad de área cosechada por lo que se puede mantener la misma proporción entre área cosechada y tierras de reserva.

El costo del latifundio azucarero lo estimamos a partir de la productividad por caballería en fincas de la tierra dedicada a otras actividades agrícola no-cañeras.

1914: 9.6 millones de dólares.
1919: 29.3 millones de dólares.
1933: 57.8 millones de dólares.
1940: 60.2 millones de pesos.
1947: 26.0 millones de pesos.
1952: 17.0 millones de pesos.
1958: 28.7 millones de pesos.

El sistema de colonato y la baja inversión en la parte agrícola de la industria azucarera contribuían a aumentar la necesidad relativa de tierras para producir una misma cantidad de arrobas de caña, y por otra parte, la falta de inversiones en el proceso industrial incidía a su vez en la necesidad de más tierra para producir la misma cantidad de azúcar.

La abolición del sistema de colonato, eliminando la Ley de Coordinación Azucarera, permitiría un incremento en los rendimientos agrícolas que disminuirían las necesidades de tierras para la industria azucarera, contribuyendo a que el latifundio azucarero fuera desapareciendo.

La reducción del área controlada por la industria azucarera que vimos tuvo lugar entre 1929 y 1958, fue resultado de una diversificación de la agricultura dedicando tierras a cultivos con mayores rendimiento por caballería, pero fue tan lento debido a las regulaciones existentes que estorbaban el desarrollo de las fuerzas del mercado en el agro cubano.

El colonato se había convertido en un peso muerto para la industria azucarera cubana impidiéndole acometer las inversiones necesarias en la agricultura cañera para aumentar los rendimientos y disminuir los costos de producción, que en los años 50 se encontraban entre los más elevados dentro de los grandes productores del mundo.

A principios del siglo XX, el rendimiento agrícola promedio por caballería era de 71, 500 arrobas de caña, que con los rendimientos industriales de aquellos años se podía convertir en 7, 150 arrobas de azúcar.

En 1919, los rendimientos promedio de la agricultura cañera fueron 63, 488 arrobas de caña por caballería que se podían transformar en 7, 066 arrobas de azúcar de acuerdo al rendimiento industrial.

- En 1929, el rendimiento agrícola fue de 59, 356 arrobas de caña por caballería, produciendo 7, 200 arrobas de azúcar.
- En 1933, el rendimiento fue de 39, 322 arrobas de caña/ caballería, produciendo 4, 550 arrobas de azúcar.
- En 1945, el rendimiento fue de 39, 336 arrobas de caña/ caballería produciendo 5, 106 arrobas de azúcar.
- En 1952, el rendimiento fue de 48.821 arrobas por caballería, produciendo 5, 923 arrobas de azúcar.
- En 1958, el rendimiento fue de 50, 948 arrobas por caballería, produciendo 6, 445 arrobas de azúcar.
- Después de la Segunda Guerra Mundial, hubo algunas inversiones por parte de los centrales en sus tierras, por lo que aumentó el rendimiento agrícola, pero la caída de los rendimientos agrícolas no podía compensarse con los crecimientos de los rendimientos industriales.

La tabla a continuación, muestra la cantidad de azúcar promedio producida por caballería cosechada en zafra.

1919: 80.3 toneladas largas de azúcar
1925: 80.8
1929: 81.6
1934: 50.8
1939: 60.5
1945: 57.0
1948: 67.7
1952: 66.1
1958: 71.9

Como vemos, s el rendimiento de azúcar por caballería en 1958 fue un 11.9% inferior al de 1929, Esto implicaba una mayor cantidad de tierras para obtener los mismo resultados en azúcar.

El valor producido por la agricultura cañera por caballería de tierra controlada fue el siguiente. Expresada en pesos a valores corrientes y a valores constantes del peso de 1937.

Año	Corriente	Constantes
1914	761.85	705.37
1919	1,366.98	936.29
1925	524.38	379.98
1929	348.00	265.65

1933	98.64	124.86.
1940	222.86	242.24
1952	1,512.31	595.87
1958	1,460.19	575.33

Como vemos, el año 1919 fue el de mayores retornos por caballería para la producción de caña.

El empleo y la productividad del trabajo en la industria azucarera

La producción de azúcar, más que ninguna otra actividad agrícola de carácter estacional, requiere una enorme cantidad de labor durante una parte del año, disminuyendo drásticamente en los meses restantes.

La producción comercial de caña de azúcar, en las condiciones climáticas de Cuba, abarca generalmente unos tres meses del año en la estación de seca, o sea de diciembre-enero a abril-mayo cuando comienzan las lluvias.

Por tanto, la industria azucarera debe contar con esa gran cantidad de fuerza de trabajo disponible, la cual quedará excedente el resto del año, lo que se conoce como el tiempo muerto, en que la necesidad de labor se reduce en más de un 80% de lo que era necesario en zafra. Esa fuerza de trabajo debe buscar empleo en otras ocupaciones tanto rurales como urbanas. Este desempleo friccional es muy difícil de absorber para una economía pequeña como la cubana imprimiéndole una gran inestabilidad, por lo que el tiempo muerto ejerce presión sobre los mercados tanto laborales como de bienes y servicios al incrementarse la economía informal de manera exponencial estacionalmente.

En otros países del mundo, donde existía un sector muy extenso de agricultura de subsistencia, este abastecía de fuerza de trabajo necesaria para las actividades estacionales de las plantaciones, y absorbía la fuerza de trabajo cuando quedaba excedente, amortiguando el efecto del desempleo, pero Cuba no tenía un sector rural de subsistencia significativo que amortiguara el empleo estacional de la enorme industria azucarera, ya que casi todo el campesinado se encontraba proletarizado, o sea que dependía de una salario al no tener propiedad sobre la tierra.

Si el trabajador encontraba un empleo más remunerativo, o por lo menos más estable, generalmente no regresaba a la zafra, por lo que la industria azucarera necesitaba que esos empleos no existieran, o de lo contrario tenían que importar fuerza de trabajo estacionalmente, o pagar más compitiendo por la fuerza de trabajo nativa con otras ocupaciones rurales y urbanas.

Hasta principios de la década de 1920, estas dos variantes tuvieron que ser adoptadas por la industria azucarera en Cuba, debido a que la economía se encontraba en expansión, por lo que iban surgiendo o creciendo otras actividades que podían competir por la fuerza de trabajo. Así vemos que la solución de la importación de labor fue la mejor solución encontrada por los centrales de las zonas orientales, donde la población era escasa, y en Occidente predominó la solución de pagar más a colonos y trabajadores para obtener la caña necesaria para los centrales.

Cuando empieza la restricción de la producción a partir de 1926, comienzan a disminuir las necesidades de fuerza de trabajo en la industria azucarera, y al detenerse el crecimiento económico, los trabajadores excedentes del azúcar no encuentran empleo alternativo, por lo que los salarios y el empleo caen. El problema de conseguir fuerza de trabajo para los centrales desaparece, al exceder la oferta de trabajo a la demanda, y así, el mercado de labor de la industria azucarera, se convierte en un mercado de compradores de labor.

Después de 1934, se prohíbe la importación de labor, y crecen ligeramente otras actividades no-azucareras, pero como la demanda de labor de la industria azucarera se mantiene limitada por la cuota norteamericana, no se llega a producir una escasez de labor para el azúcar.

Con el establecimiento de la Ley de Coordinación Azucarera, se pretende crear un abastecedor permanente de caña para los centrales resolviendo institucionalmente las necesidades de fuerza de trabajo con el colonato, como se hizo durante la crisis de la industria azucarera en las décadas de 1870 y 1880.

El redistribucionismo explícito de esta ley hacía extraordinariamente difícil la mecanización en la parte agrícola de la industria azucarera, por lo que se mantendrán enormes necesidades de labor en tiempos de zafra, que quedarían sin empleo en el tiempo muerto, creando así una inestabilidad estructural estacional en el mercado laboral que nunca se pudo superar durante la República.

E el año 1925, en las labores del campo que eran cultivo, corte, alza y tiro de la caña, se utilizaron 269, 300 hombres durante 123 días efectivos de zafra para cosechar 65, 522 caballerías plantadas en caña, por lo que se utilizaron un promedio de 4.11 hombres por caballería diario.

En el año 1958, que fue la última zafra republicana, y donde se produjo aproximadamente el mismo tonelaje de 1925, se empleó un promedio de 367, 600 hombres en las labores de la caña durante 86 días efectivos que duró la zafra, para cosechar 78, 059 caballerías sembradas en caña, por lo que se utilizó un promedio de 4.7 hombres por caballería diario; un 14% más que en 1925, después de 33 años.

La productividad del trabajo durante la zafra de 1937 fue de 11.51 arrobas de azúcar por hombre/día trabajado, y en 1958 fue de 12.74 arrobas de azúcar por hombre/día trabajado, lo que significó un crecimiento de productividad del trabajo en la industria azucarera de apenas un 10.6%, o una insignificante tasa de crecimiento anual del 0.48%.

En la zafra de 1937, el promedio de sueldos y salarios diarios pagados en todas las actividades de la industria azucarera fue de 3.16 pesos, y en 1958 fue de 6.94 pesos que a valores constantes de 1937 eran equivalentes a 2.73 pesos; un 13.6% de contracción en el salario real de los azucareros.

En la zafra de 1937, el monto total de los salarios pagados fue el 69.5% del valor de la zafra, y en 1958 solamente el 51.6%, lo que implica un incremento en la participación del ingreso azucarero de los hacendados y los grandes colonos, y no del mediano y pequeño colono que casi no empleaba fuerza de trabajo contratada.

Como podemos concluir, el estancamiento de la industria azucarera de Cuba lo estaban pagando los asalariados a pesar de la Ley de Coordinación Azucarera que pretendía una redistribución del ingreso azucarero equitativa entre sus participantes, por lo que a finales de la República esta legislación, que sostenía el cártel azucarero, era completamente obsoleta y dañina.

Participación del colonato en las necesidades de caña de los centrales después de la Ley de Coordinación Azucarera

Como hemos visto, el colonato es una institución característica aunque no exclusiva, de la agricultura cañera cubana. Surgido en la segunda mitad del siglo XIX, se generaliza en la década de 1870 y 1880 como una respuesta organizativa de división del trabajo, a los problemas que afrontaban los dueños de los ingenios con los requerimientos de labor, luego de terminada la esclavitud en la isla.

Los adelantos tecnológicos en la producción de azúcar, y la introducción de los ferrocarriles en las plantaciones, junto con la solución de la escasez de labor, fueron haciendo que el colonato se convirtiera en una institución antieconómica, sobre todo a pequeña y mediana escala, por lo que durante la gran expansión, como hemos analizado, la tendencia era a su desaparición frente a la caña de administración, y al colono dependiente el cual a su vez era una solución intermedia y transicional, pues el adelanto tecnológico en la agricultura también lo haría desaparecer en su momento.

Con la prohibición de contratar braceros extranjeros partir de 1933, se pensó que la consolidación de la institución del colonato podría resolver de forma permanente las necesidades de mano de obra estacional de la industria azucarera, y también por consideraciones de tipo social más que económicas, se pensó que era deseable mantener la institución y especialmente al pequeño colono, lo que llevó a una limitada reforma agraria que culminó en la Ley de Coordinación Azucarera que ya hemos analizado.

De acuerdo a dicha ley, los colonos debían abastecer a los centrales de todas sus necesidades de caña, pero esto no sucedió pues aunque el número de colonos fue creciente, su participación en la producción de caña fue declinante, debido a que la superficie del colonato se mantuvo con muy poca variación, unido a la caída de los rendimientos agrícolas, especialmente en las colonias pequeñas que eran la mayoría.

Entre 1937 y 1958 de 28, 036 colonias de caña, se pasó a 68, 322 colonias, o sea un crecimiento de un 144%, pero la superficie del colonato en 1937 fue de 55, 075 caballerías, y en 1958 eran 52, 462 caballerías, o sea una contracción de un 4.7%, en tanto el promedio del rendimiento agrícola para toda la isla entre 1937y 1958 fue de 44, 980 arrobas por caballería, y en 1937 fue de 49, 523 arrobas por caballería lo que significa una disminución del 9.2%. En las colonias pequeñas se daban rendimientos que no pasaban de 35 mil arrobas por caballería.

Los colonos pudieron abastecer las necesidades completas de caña de los centrales hasta 1941, pero a partir de ese año, los centrales necesitaban cada vez más moler caña de administración para cubrir sus necesidades en las zafras.

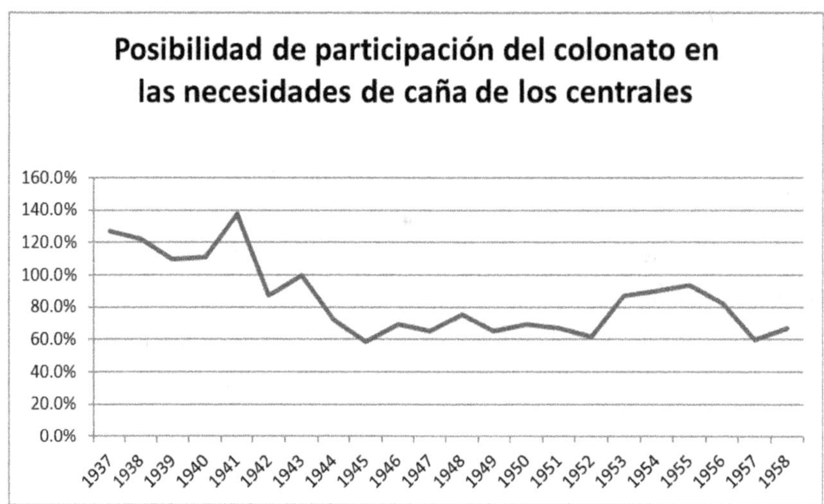

El gráfico demuestra la tendencia de los centrales, cuando las zafras no estaban restringidas, a utilizar más caña de administración que resultaba más barata.

Esta situación llevó a que los sindicatos, y la Asociación Nacional de Colonos de Cuba, estuvieran presionando al gobierno de Batista para que obligara a los centrales a entregar más tierras a los colonos, cosa que hubiera sido ruinosa para muchos centrales que operaban con ganancias marginales, y que no hubieran podido afrontar un incremento en el costo de la caña.

Conclusión

La industria azucarera tuvo su segunda gran expansión entre 1900 y 1925, pero a partir de ese año, la caída de los precios debido a que la oferta mundial creció mucho más rápido que la demanda, y al resurgimiento del proteccionismo norteamericano. Entre 1929 y 1933 tuvo lugar la Gran Depresión que provocó no solo la caída de la oferta, si no paralelamente la caída de la demanda, por lo que los precios continuaron cayendo, y además el reforzamiento del proteccionismo norteamericano; el 66% de la capacidad de la industria azucarera quedó ociosa, y entre 1934 y 1939 el nivel de ociosidad osciló entre el 55 y el 60% sin embargo se mantuvo casi intacta en la cantidad de centrales que se encontraron activos. Esto fue posible por el establecimiento de un cártel sostenido por ley por el gobierno cubano con el propósito de redistribuir las ganancias y las pérdidas entre los participantes de la industria, por lo que los productores eficientes financiaban a los ineficientes, y por otra parte, se sostenía por la participación en el sistema de cuotas azucareras norteamericanas que tenía precios de subsidio.

Esto llevó al estancamiento de la industria azucarera cubana, y consiguientemente a una cada vez mayor ineficiencia que llegó el momento que no se compensaba con los precios pagados por los norteamericanos.

La Segunda Guerra Mundial salvó de la quiebra al cártel azucarero cubano por el súbito auge de la demanda y los precios, lo que permitió que aún los ineficientes obtuvieran ganancias, y que muchas capacidades ociosas se actualizarán de nuevo, pero después de la posguerra volvió a restablecerse la cuota norteamericana, y Cuba tenía muy pocas oportunidades de diversificar los mercados azucareros hasta los Acuerdos de Londres de 1953.

Cuando los precios volvieron a caer después de 1948, la ineficiencia del cártel azucarero se volvía a manifestar con un incremento de los costos unitarios. La combinación de costos unitarios en ascenso, y precios declinantes, volvía a poner contra las cuerdas al cártel azucarero a fines de la década de 1950.

La dependencia de la economía cubana respecto a la producción de azúcar, y la ineficiencia de la industria azucarera cubana provocada por un sentido redistribucionista de la economía, creaban externalidades negativas que afectaban al conjunto de la sociedad actuando como un lastre a su desarrollo.

A pesar de la existencia del cartel, a algunos hacendados les resulta conveniente abandonar el negocio por lo que se está produciendo un proceso de concentración en cada vez menos compañías.

En la póxima tabla se muestran las más grandes compañías azucareras en 1958, las cuales son propietarias del 31.7% de los centrales, y controlan el 63.5% de las tierras dedicadas al azúcar.

Empresa más de 10 mil caballerías	**No de Centrales**	**Tierras controladas**	**Promedio por central**
Atlántica del Golfo	6	18.5	3.08
Julio Lobo	12	13.9	1.16
Cuban Trading	6	13.3	2.22
Sucesión Falla	7	10.7	1.53
Cuban American Sugar Mills	3	10.7	3.57
Central Cunagua SA	2	10.1	5.05
Total	36	77.2	2.14
Entre 5 y 10 mil caballerías			
United Fruit Co	2	8.2	4.1
Central Altagracia	4	8.1	2.03
Central Sugar Estates	3	8	2.67
Cia Gomez Mena	4	6.3	1.58
Cia Cubana de Azúcar	2	5.1	2.55
Total	15	35.7	2.38
Total general	51	112.9	2.21

Las tierras controladas se expresan en miles de caballerías.

Fuente: *La economía cubana en la década de 1950*, Ismael Zuaznabar.

Cálculos del autor

Como se ve en la tabla que sigue, entre 1902 y 1926, el peso de la industria azucarera se estaba trasladando de Occidente a Oriente donde se encontraban los centrales más modernos y eficientes. El proceso se detuvo en 1926 cuando comenzó la cartelización.

Producción regional porcentual		
Año	Occidente	Oriente
1902-03	44.94%	55.06%
1913-14	35.37%	64.63%
1919-20	30.04%	69.76%
1925-26	21.84%	78.16%
1933	23.23%	76.77%
1941	24.02%	75.98%
1947	24.38%	76.62%
1952	23.32%	76.68%
1958	25.20%	74.80%

Fuente: Anuarios azucareros de Cuba.

De producirse una reestructuración de la industria azucarera, la mayoría de los centrales ubicados en las provincias occidentales desaparecerían dando paso a una agricultura diversificada, y a un uso más racional de la tierra.

En el gráfico inferior mostramos la participación porcentual de la producción cubana dentro de la producción mundial de azúcar.

El crecimiento tiene lugar durante las dos guerras mundiales, primero la recuperación impetuosa de la industria azucarera cubana entre 1902 y 1914, destruida durante la Guerra de Independencia, seguida por la Primera Guerra Mundial, donde junto con el crecimiento de la producción cubana, decrece la producción mundial. Después, cuando se normalizan las relaciones comerciales internacionales, y las industrias azucareras de otras áreas del mundo se recuperan, la participación relativa de Cuba declina, especialmente cuando comienzan las restricciones de la producción a partir de 1926 hasta que a partir de 1941, con la entrada de Estados Unidos en la Segunda Guerra Mundial, comienza el mismo proceso; la producción mundial cae, en tanto la producción cubana crece hasta 1947, para una vez más comenzar a perder participación relativa. Es un proceso cíclico que demuestra que la industria azucarera cubana solo crecía de manera coyuntural, respondiendo a eventos fuera de su control.

precios continuaron cayendo, y además el reforzamiento del proteccionismo norteamericano; el 66% de la capacidad de la industria azucarera quedó ociosa, y entre 1934 y 1939 el nivel de ociosidad osciló entre el 55 y el 60% sin embargo se mantuvo casi intacta en la cantidad de centrales que se encontraron activos. Esto fue posible por el establecimiento de un cártel sostenido por ley por el gobierno cubano con el propósito de redistribuir las ganancias y las pérdidas entre los participantes de la industria, por lo que los productores eficientes financiaban a los ineficientes, y por otra parte, se sostenía por la participación en el sistema de cuotas azucareras norteamericanas que tenía precios de subsidio.

Esto llevó al estancamiento de la industria azucarera cubana, y consiguientemente a una cada vez mayor ineficiencia que llegó el momento que no se compensaba con los precios pagados por los norteamericanos.

La Segunda Guerra Mundial salvó de la quiebra al cártel azucarero cubano por el súbito auge de la demanda y los precios, lo que permitió que aún los ineficientes obtuvieran ganancias, y que muchas capacidades ociosas se actualizarán de nuevo, pero después de la posguerra volvió a restablecerse la cuota norteamericana, y Cuba tenía muy pocas oportunidades de diversificar los mercados azucareros hasta los Acuerdos de Londres de 1953.

Cuando los precios volvieron a caer después de 1948, la ineficiencia del cártel azucarero se volvía a manifestar con un incremento de los costos unitarios. La combinación de costos unitarios en ascenso, y precios declinantes, volvía a poner contra las cuerdas al cártel azucarero a fines de la década de 1950.

La dependencia de la economía cubana respecto a la producción de azúcar, y la ineficiencia de la industria azucarera cubana provocada por un sentido redistribucionista de la economía, creaban externalidades negativas que afectaban al conjunto de la sociedad actuando como un lastre a su desarrollo.

A pesar de la existencia del cartel, a algunos hacendados les resulta conveniente abandonar el negocio por lo que se está produciendo un proceso de concentración en cada vez menos compañías.

En la póxima tabla se muestran las más grandes compañías azucareras en 1958, las cuales son propietarias del 31.7% de los centrales, y controlan el 63.5% de las tierras dedicadas al azúcar.

Empresa más de 10 mil caballerías	**No de Centrales**	**Tierras controladas**	**Promedio por central**
Atlántica del Golfo	6	18.5	3.08
Julio Lobo	12	13.9	1.16
Cuban Trading	6	13.3	2.22
Sucesión Falla	7	10.7	1.53
Cuban American Sugar Mills	3	10.7	3.57
Central Cunagua SA	2	10.1	5.05
Total	36	77.2	2.14
Entre 5 y 10 mil caballerías			
United Fruit Co	2	8.2	4.1
Central Altagracia	4	8.1	2.03
Central Sugar Estates	3	8	2.67
Cia Gomez Mena	4	6.3	1.58
Cia Cubana de Azúcar	2	5.1	2.55
Total	15	35.7	2.38
Total general	51	112.9	2.21

Las tierras controladas se expresan en miles de caballerías.

Fuente: *La economía cubana en la década de 1950*, Ismael Zuaznabar.

Cálculos del autor

Como se ve en la tabla que sigue, entre 1902 y 1926, el peso de la industria azucarera se estaba trasladando de Occidente a Oriente donde se encontraban los centrales más modernos y eficientes. El proceso se detuvo en 1926 cuando comenzó la cartelización.

Producción regional porcentual		
Año	Occidente	Oriente
1902-03	44.94%	55.06%
1913-14	35.37%	64.63%
1919-20	30.04%	69.76%
1925-26	21.84%	78.16%
1933	23.23%	76.77%
1941	24.02%	75.98%
1947	24.38%	76.62%
1952	23.32%	76.68%
1958	25.20%	74.80%

Fuente: Anuarios azucareros de Cuba.

De producirse una reestructuración de la industria azucarera, la mayoría de los centrales ubicados en las provincias occidentales desaparecerían dando paso a una agricultura diversificada, y a un uso más racional de la tierra.

En el gráfico inferior mostramos la participación porcentual de la producción cubana dentro de la producción mundial de azúcar.

El crecimiento tiene lugar durante las dos guerras mundiales, primero la recuperación impetuosa de la industria azucarera cubana entre 1902 y 1914, destruida durante la Guerra de Independencia, seguida por la Primera Guerra Mundial, donde junto con el crecimiento de la producción cubana, decrece la producción mundial. Después, cuando se normalizan las relaciones comerciales internacionales, y las industrias azucareras de otras áreas del mundo se recuperan, la participación relativa de Cuba declina, especialmente cuando comienzan las restricciones de la producción a partir de 1926 hasta que a partir de 1941, con la entrada de Estados Unidos en la Segunda Guerra Mundial, comienza el mismo proceso; la producción mundial cae, en tanto la producción cubana crece hasta 1947, para una vez más comenzar a perder participación relativa. Es un proceso cíclico que demuestra que la industria azucarera cubana solo crecía de manera coyuntural, respondiendo a eventos fuera de su control.

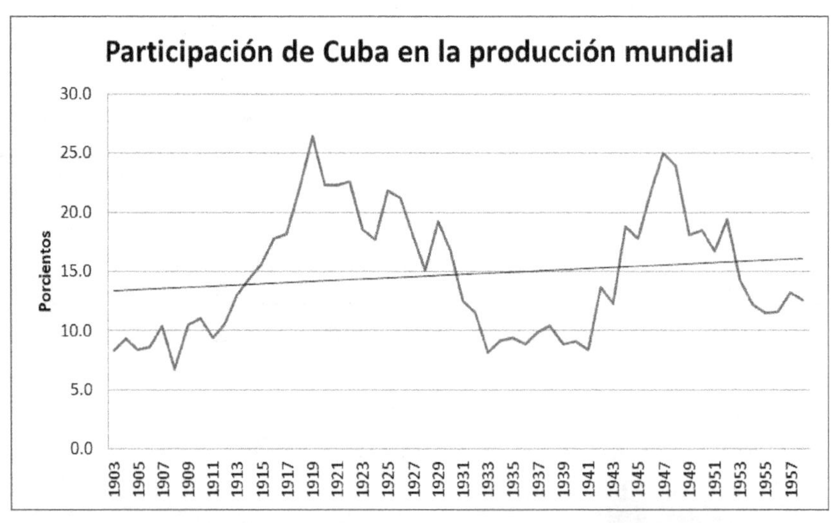

Producción agropecuaria no-azucarera

Utilización de la tierra

El territorio de Cuba tiene una superficie de 853, 700 caballerías, de las cuales 708, 297 son cultivables, o sea el 83%. Pocos países del mundo tienen una cantidad de tierra cultivable tan grande en relación con su superficie total. Esto hizo que la tierra fuera siempre el principal recurso económico nacional.

Concepto	1899	1912	1931	1945	1953	1958
Cantidad de fincas (miles)	60.7		87.4	159.91	159.9	159.9
Tierra en fincas (m de cab)	262.8	406.54	96.46	72.56	66.16	76.4
Cautivado (m de cab)	26.7	89.8		124.2	140.4	128.0
Dedicada al azúcar (m de cab)	12.8	119.4	217.4	181.5	203.6	175.5.
De ellas.						
Cultivadas en caña (m de cab)		26.5	77.6	69.7	74.2	77.0
Sin cultivar (m de cab)	92.9	139.81	11.81	24.19	8.5.	
Tabaco (m de cab)	2.5	17.0			3.9	4.3
Café (m de cab)	0.4	6.8		.	8.5	6.4
Arroz (m de cab)	0.2				5.1	8.2
Otros cultivos (m de cab)	10.2	39.6			48.7	32.2
Ganado (m de cab)	30.0	197.5		303.1	264.5	290.0
Uso productivo (m de cab) (1)		287.3		427.3	404.7	418.0
Cultivos no azucareros	13.3	63.4		54.5	66.2	67.0

(1) Es la suma del área cultivada más la dedicada a la ganadería.

Fuentes: Censo de 1899.

"Cuba Tierra Indefensa": Alberto Arredondo.

Censo de 1931.

Censo de 1943.

Censo Agrícola de 1946.

Censo de 1953.

La Revolución cubana: premisas economicas y sociales, Orlando Valdés Garcia.

Papeles de Fulgencio Batista, Universidad de Miami.

El imperialismo norteamericano en la economía de Cuba, Oscar Pino Santos.

"Sumario de datos sobre Cuba 1958" Manuel Cereijo.

Cálculos del autor.

En 1899 el área cultivada, más los pastos dedicados a la ganadería de la isla de Cuba era el 8.1% de toda la tierra cultivable, y en 1958 se encontraba bajo cultivo el 80% de toda la superficie cultivable del país.

De acuerdo a la tabla anterior, todo indica que a mediados de la década de 1940 se había estabilizado la propiedad territorial en Cuba con entre un 90 y un 95% de la tierra cultivable dividida en unas 160 mil fincas de propiedad privada. Las tierras en fincas sin uso productivo agrícola promediaron entre un 35 y un 40%, lo que indica que existía espacio aún para expandir los cultivos, que la agricultura que se practicaba en Cuba era de tipo extensivo en general, y que a fines de la década de 1950, no había indicios de una explotación más intensiva de los suelos del país, manteniéndose una estructura de utilización de la tierra sin grandes cambios después de la Segunda Guerra Mundial. Solamente el cultivo del arroz y el henequén se expandieron de una manera significativa en ese período.

Uso de la tierra por provincia en 1945, en % con respecto al área total:

Provincia	En fincas	En uso agrícola	Otros usos	Ociosa	Improductiva
Pinar del Rio	71.7	59.7	14.9	0.3	25.1
La Habana	80.2	58.0	17.3	0.3	24.4
Matanzas	77.5	78.7	13.6	0.5	7.4
Las Villas	95.0	64.3	20.7	0.5	14.5
Camagüey	82.2	64.4	21.2	0.2	14.2
Oriente	70.9	65.1	16.3	0.1	18.5
Total	79.3	64.6	18.2	0.3	16.9

Fuente: *Report on Cuba: 1950*, Misión Truslow. Cálculos del autor.

1. En uso agrícola incluye cultivos y pastos.
2. Otros usos incluye tierra urbanizada, carreteras, vías férreas, etc.
3. Improductiva incluye montes, manglares, bosques, y marabú.
4. La tierra ociosa se estima en unas 25 mil 300 caballerías.

Situación de la agricultura cubana después de la Segunda Guerra Mundial. Censo Agrícola de 1945-1946

La estructura de la propiedad rústica en Cuba no tuvo cambios significativos entre 1945 y 1958

Estructura del régimen de tenencia de la tierra por extensión de la finca

Concepto	Numero	%	Caballerias	%
Propietarios y administradores	56,134	35.1	388,172.00	58.2
Arrendatarios y	53,035	33.2	215,378.30	32.3
Sub-arrendatarios sub-arrendatarios				
Aparceros	33,064	20.7	40,594.00	6.1
Ocupantes ilegales	13,718	8.6	17,984.50	2.7
Otros	2,007	2.4	5,304.00	0.7
Total	159,958		667,432.80	

Fuente; Censo agrícola de 1945.

El Censo Agrícola de 1946 también nos muestra la estructura de las fincas en función de su extensión territorial, la cual se mantendrá sin grandes variaciones a lo largo de toda la etapa final de la República hasta 1958.

Las pequeñas fincas, que eran las que tenían una extensión no mayor de cinco caballerías, constituían el 89% del total de las fincas, y abarcaban una extensión del 24.8% del total del área en fincas.

Las fincas medianas tenían una extensión de entre cinco y treinta caballerías. Constituían el 8.2% del total de las fincas, con 19.3% del área total en fincas.

Las fincas grandes era las que abarcaban una extensión mayor de 30 caballerías, constituían el 2.8% del total de las fincas, y abarcaban el 55.9% del área total en fincas.

Los propietarios y administradores explotaban el 35.1% del total de las fincas, y los campesinos sin tierras, que eran los tenían contratos de arrendatarios, subarrendatarios, aparceros y además los ocupantes ilegales, explotaban el 64.9% restante de las fincas, las cuales abarracaban el 41.8% del área total en fincas.

Entre las fincas más grandes se encontraban 894 propiedades que abarcaban un área de 239.8 miles de caballerías, o sea un promedio por finca de 268.2 caballerías. Estas fincas constituían el 0.6% del total de las fincas y abarcaban el 35.9% de toda el área en fincas del país.

En el Censo se puede observar el hecho de que unas 23 mil caballerías formaban la extensión territorial de la economía informal de susbsistencia agraria que era tan reducida en Cuba a diferencia de otros países del mundo; apenas un 3.2% de la superficie cultivable.

Las grandes fincas en general estaban controladas por la industria azucarera y la ganadería, quedando para otras actividades agrícolas un área promedio de unas 200 mil caballerías, de las cuales apenas 72 mil estaban en explotación; el 10.2% de la tierra cultivable del país, lo cual era completamente insuficiente para desarrollar una agricultura comercial eficiente.

Uso de la tierra según el tamaño de las fincas 1945

Censo agrícola de 1946

Tamaño de las fincas (Ha)	**Total caballerías**	**Cultivado**	**Pastos**	**T. improductivas**
		%	%	%
0-49.9	135, 188	39.5	38.3	22.2
50-449.9	224, 771	23.4	54.4	22.2
500 y mas	317, 415	12.8	36.7	50.5
Total	677, 374	146, 257	290, 543	240, 573

Fuente: "La República: notas sobre economía y sociedad", Zanetti Lecuona Oscar.

1. El valor de la producción cañera de 1946 fue de 148.3 millones de pesos, con una extensión de tierra utilizada de 73, 955 caballerías.

   El valor de la producción ganadera fue de 72 millones de pesos, con una extensión de tierra utilizada de 290, 543 caballerías.

   El valor de la producción de otros cultivos fue de 129.0 millones de pesos, utilizando una extensión de 72, 302 caballerías.

   La producción promedio por caballería para la agricultura cañera fue de 2, 005.27 pesos; para la ganadería fue de 271.90 pesos, y para otros cultivos fue de 1, 784.18 pesos.

   En total, la producción agrícola promedio por caballería fue de 799.45 pesos.
2. En el año 1953, la tierra utilizada fue de 482, 529 caballerías; un 10.5% más que en 1946.

   La caña utilizó 75, 299 caballerías con una producción de 215.6 millones de pesos, para una producción promedio por caballería de 2.863.25 pesos.

   La ganadería utilizó 330 mil caballerías, con una producción de 94.2 millones de pesos, para una producción promedio por caballería de 285.34 pesos.

Otros cultivos utilizaron 77, 230 caballerías con una producción de 147.3 millones de pesos, para un promedio por caballería de 1, 907.29 pesos.

El total de la producción agropecuaria en 1953 fue de 457.1 millones de pesos, para una producción promedio por caballería utilizada de 947.30 pesos.

Comparando los resultados de la producción agropecuaria entre 1953 y 1946, a valores constantes de 1946 tenemos que la agricultura cañera produjo un 22.6% más por caballería en 1953, debido a mayores precios del azúcar en 1953 que en 1946, y a una mayor participación de los productores de caña dentro del valor total de la zafra.

La producción por caballería de la ganadería en 1953 fue un 9.9% inferior a la de 1946, debido a un incremento en la superficie dedicada a pastos por cada cabeza de ganado, producto de la contracción de la producción cañera por la restricción de la producción de azúcar decretada para 1953. Como se puede observar, el valor de la producción por caballería de las tierras dedicada a la actividad ganadera era muy bajo, lo que indica que esta era rentable solamente en grandes extensiones de tierra.

La producción de otros cultivos por caballería en 1953, fue inferior en un 8.2% al de 1946.

Entre 1946 y 1953, el valor promedio por caballería creció un 1.8% debido específicamente al aumento del valor promedio de la caballería en la agricultura cañera.

3. En el año 1958 la superficie cultivada fue de 176, 374 caballerías, y 300, 000 caballerías de pastos, para una superficie total utilizada de 476, 374 caballerías, lo que representó una reducción del 1.3% en la superficie utilizada en comparación con 1953.

La caña utilizó 78, 060 caballerías, con una producción de 258.6 millones de pesos, para una producción promedio por caballería de 3, 312.83 pesos.

La ganadería utilizó 290, 000 caballerías, que produjeron 120.0 millones de pesos, para un promedio por caballería de 413.80 pesos.

Otros cultivos utilizaron una superficie de 61.036 caballerías que produjeron 177.0 millones de pesos, para un promedio de producción por caballería de 2, 900.00 pesos.

El total de la producción agropecuaria fue 555.6 millones de pesos para una producción promedio por caballería de 1, 284.92 pesos.

Haciendo una comparación de los resultados de las actividades agropecuarias con el año 1953, a precios constantes de 1946, tenemos que el valor promedio por caballería de la caña creció un 15.7%, el de la ganadería un 45%, y el de otros cultivos un 52%, en tanto el total general creció un 52%.

Como se puede observar, la agricultura de Cuba en 1958 fue más eficiente, con un mejor aprovechamiento de la tierra que en 1946 y en 1953, y especialmente en otros cultivos, lo que indica una cierta diversificación de la producción agrícola.

También vemos que el costo de oportunidad del uso de la tierra para el cultivo de la caña había aumentado mucho. En 1958 existían cultivos bastante más rentables por caballería que el cultivo de la caña, o la ganadería, por lo que las dos actividades latitudinarias, que eran la industria azucarera y la ganadería se irían reduciendo en superficie, tendiendo a una agricultura más intensiva, en la medida en que se diversificara la agricultura y la tierra alcanzara más valor.

El valor aproximado de la caballería de tierra cultivable en 1946 era igual al valor producido por la actividad agropecuaria, que fue 349.2 millones, dividido entre el total de tierra cultivable de Cuba que eran 708, 297 caballerías, siendo el resultado 493.01 pesos por caballería de tierra cultivable.

En 1953, el valor producido fue de 457.1 millones de pesos, por lo que el resultado fue 645.35 pesos por caballería que a valores constantes de 1946 es igual a 554.36 pesos, o sea un 12.4% más que en 1946.

En 1958, el valor producido fue 555.6 millones de pesos, por lo que el resultado fue de 784.42 pesos por caballería de tierra cultivable, que a valores constantes de 1946 fue igual a 658.13 pesos; un 33.5% superior a 1946, y 18.7% superior a 1953.

La agricultura y el Ingreso Nacional

El recurso más abundante en Cuba era la tierra fértil como ya hemos expresado, por lo que su ventaja comparativa se encontraba vinculada a producciones de alto consumo del factor tierra, o sea producir bienes agropecuarios, sin embargo Cuba se fue transformando de ser un país agrícola a convertirse en una economía urbana de producción industrial y sobre todo de servicios, por lo que la participación relativa de la agricultura dentro del Ingreso Nacional fue en declive como se puede observar en el gráfico inferior, que muestra la tendencia de la economía cubana a dejar de ser un país agrícola.

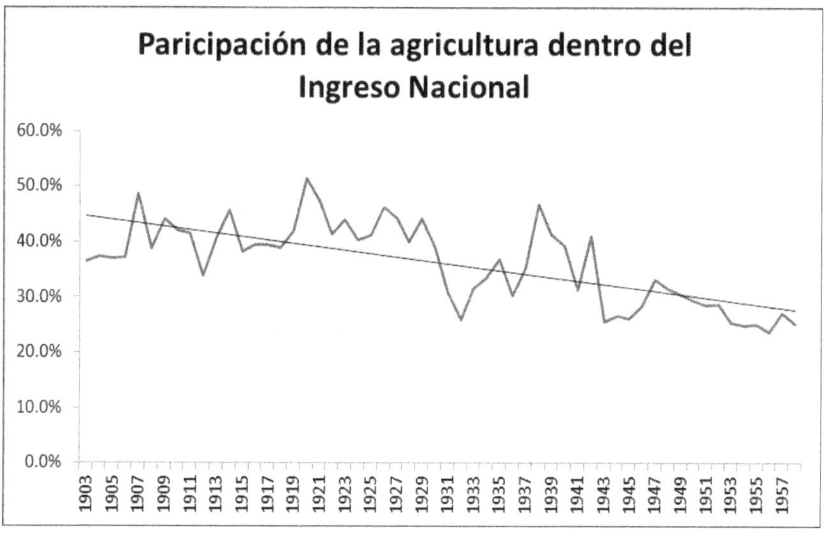

A valores constantes de 1937, la producción agropecuaria per cápita de Cuba en 1903, fue de 40.31 pesos, y en 1958 de 33.56 pesos, o sea un 16.7% inferior, lo cual es un índice claro de la pérdida de importancia de las actividades agropecuarias, en un país cuyo recurso más importante es la tierra cultivable.

En el gráfico inferior se observa el comportamiento de la participación relativa del valor de la agricultura no-cañera (incluyendo la ganadería) y cañera dentro del Ingreso Nacional.

Primeramente vemos que hay una tendencia declinante en la participación dentro del Ingreso Nacional por parte de la agricultura no-cañera, y por otra parte vemos un comportamiento casi completamente opuesto; cuando aumenta el valor de la agricultura cañera tiene lugar una disminución del valor de la agricultura no-cañera, debido a que cuando aumenta el valor de la producción azucarera, aumentan las importaciones de productos agropecuarios que le hacen competencia a la producción agropecuaria nacional, y cuando los precios del azúcar caen, y el país pierde capacidad de importación, disminuye la competencia de productos agropecuarios importados, y la producción agropecuaria nacional aumenta su participación dentro del mercado nacional.

La única manera de que disminuyeran las importaciones de productos cuya materia prima principal pueda proveerla la producción agrícola y pecuaria es industrializando lo más que se pueda este tipo de producciones para lograr competir dentro del mercado interno frente a las importaciones, pero se avanzó poco en este sentido durante la etapa en que el gobierno llevó adelante una política de sustitución de importaciones. En el año 1952 la inversión en industrias que procesaban materias primas agropecuarias nacionales, aparte de la industria azucarera era de aproximadamente 221.4 millones de pesos, y en 1958 eran unos 298.0 millones de pesos, o sea un crecimiento neto de unos 77 millones de pesos en este tipo de industrias.

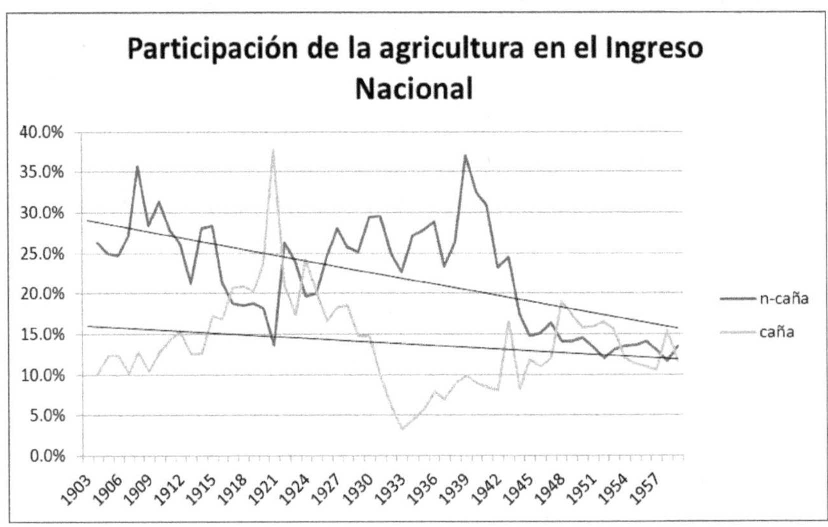

Hay que tener en cuenta de que Cuba era uno de los países de América Latina, junto con Puerto Rico y Panamá, que importaba mayores cantidades de alimentos y bebidas en relación con el volumen total de sus importaciones. Entre 1950 y 1957, un 27% de sus importaciones fueron productos alimenticios, lo cual indica una disminución relativa de haber sido un 36.8% entre 1919 y 1925.

Debe señalarse que durante este período 1945 a 1958, tuvo lugar un incremento en la mecanización de la agricultura, y en el uso de fertilizantes e insecticidas.

El uso de tractores se incrementó desde 1, 888 en 1945 a 19, 700 en 1957, y los camiones de 1, 439, a 7, 500 unidades venciendo muchas veces la renuencia por parte de sindicatos que argumentaban que la mecanización de la agricultura produciría desempleo en los campos.

En 1955 se consumieron 173 toneladas métricas de fertilizantes de los cuales el 27% le correspondió a la agricultura cañera, y en 1958 el consumo de fertilizantes fue de 242.6 toneladas métricas, de los cuales el 47.8% fue consumido por la agricultura cañera. Entre 1945 y 1956, el consumo de insecticidas, fungicidas, y pesticidas se incrementó un 212 %.

La información para la elaboración de las cifras y tablas de este acápite provienen de:

Colección de Papeles de Fulgencio Batista, Universidad de Miami; *Report on Cuba* 1950 Misión Truslow; *Anuarios Azucareros de Cuba* y *Anuario Estadístico.*

La ganadería

La ganadería fue la primera actividad comercial de la isla de Cuba desde el siglo XVI.

El ganado que soltaron los conquistadores españoles a comienzos del siglo XVI se multiplicó de manera asombrosa al encontrar un ambiente natural perfecto para su hábitat en las sabanas y bosques deshabitados de la enorme isla de Cuba.

Los pobladores españoles de los primeros tiempos tenían a su disposición como un bien libre (no económico) el ganado superabundante, tanto de vacunos como porcinos que deambulaba por las vacías soledades del territorio insular, pero los cueros de las reses sí eran un bien exportable y con amplia demanda en Europa, lo que dio lugar a una matanza indiscriminada de reses solo para utilizar los cueros, mientras que mucha de la carne se quedaba pudriéndose en los campos, ya que la demanda por parte de los pocos pobladores y algunos pasajeros ocasionales era muy reducida. Así los españoles se dieron cuenta de que la superabundante población ganadera estaba disminuyendo de forma alarmante; se estaba poniendo de manifiesto lo que en economía se llama "La tragedia de los comunes"[11] Esta situación fue por lo menos parcialmente solucionada cuando se establecieron algunos limitados derechos individuales de propiedad sobre la tierra y lo que contenía, a partir de mercedes concedidas por la Corona Española a título de usufructo, no de propiedad plena. De allí surgió el latifundio ganadero; los hatos para la cría de ganado vacuno, y los corrales para la cría de ganado porcino. Este proceso de mercedar tierras a los vecinos de la isla de Cuba, aunque se venía practicando desde mediados del siglo XVI, o incluso desde antes por los cabildos de la isla, vino a ser legalizado a partir de "Las Ordenanzas de Cáceres" de 1574[12], terminando a principios del siglo XVIII.

La ganadería fue la actividad económica más importante de Cuba hasta principios del XVIII, en que va siendo reemplazada en importancia por el tabaco, ya que la ganadería no requería de capital, ni de gran cantidad de labor, que eran los dos factores de producción de que la isla carecía, en tanto lo único que necesitaba era tierra apropiada, y esto era lo que sobraba en Cuba.

El latifundio ganadero tenía una extensión mayor que el azucarero a lo largo de todo el período republicano, aunque como explicamos, cuando los precios del azúcar eran bajos, o estaban en vigor restricciones a las zafras, el área territorial dedicada a la cría de ganado se expandía, debido a que era la segunda mejor opción en la utilización de la tierra en el país, ya que no se incurría en inversiones significativas.

La ganadería durante los siglo XVII y XVIII creció en la medida en que crecían los mercados consumidores de la carne, que eran los centros de población urbana de la isla, y se encontraba reglamentada de forma monopólica en beneficio de las oligarquías locales que eran los dueños de los hatos ganaderos. Durante el siglo XIX estos reglamentos monopólicos fueron desapareciendo, lo que propicio una verdadera reforma agraria en la isla, y la ganadería creció teniendo como su principal cliente a la industria azucarera a la que abastecía de carne para las enormes dotaciones de esclavos, y de animales de tiro para las actividades de la industria azucarera.

La ganadería había sido casi destruida durante la Guerra de Independencia de 1895.

En 1894, en vísperas de la guerra, se estimaba que en la isla pastaban dos millones 486 mil cabezas de ganado vacuno, en tanto en 1899, según el censo del ejército norteamericano, solo quedaban 377 mil reses en toda la isla, o sea una disminución de un 85% de la masa ganadera, y no será hasta 1906 en que se volverán a alcanzar los niveles de pre guerra, impulsada sobre todo por la inversión

11. "La tragedia de los comunes" es un dilema que se convierte en una trampa social descrito por primera vez por el ecologista norteamericano Garret Hardin en 1968.
Describe una situación en donde varios individuos motivados solo por el interés personal, y actuando de manera independiente y racionalmente, destruyen un recurso compartido limitado (el común o bien común) aunque a ninguno le conviene que eso suceda.
La economía liberal y especialmente la austríaca plantea que esta situación no ocurre donde están bien definidos y aplicados los derechos de propiedad

12. "Las Ordenanzas de Cáceres" fue un cuerpo de legislación para que se rigiese por ella el Cabildo de la Ciudad de La Habana, redactado por el Oidor de la Audiencia de Santo Domingo, el Doctor Alonso de Cáceres en 1574.

norteamericana, las mejoras en la infraestructura de transporte por ferrocarril, y la introducción de nuevas razas que se adaptaron al clima cubano.

En 1910, Orestes Ferrara y Luis Marino Pérez publican un *Anuario Estadístico* en el cual se trata por lo menos rudimentariamente, de establecer el récord de las actividades económicas de Cuba y con respecto a la ganadería los datos son los siguientes:

Los potreros y haciendas ganaderas ocupaban un área de 197, 500 caballerías, y la población de ganado vacuno alcanzaba los 3 millones 212 mil, para una densidad de 16.3 reses por caballería dedicada a la cría de ganado, en tanto el azúcar ese año controlaba 119, 375 caballerías de tierra.

Las fincas ganaderas en 1910, ocupaban un 28% de las tierras potencialmente cultivables del país.

La recuperación de la masa ganadera entre 1899 y 1910 había sido exponencial. Había 1.45 reses por habitante (En 1958 había 0.9 reses por habitante). Entre 1899 y 1910, la masa ganadera en Cuba había crecido a una fabulosa tasa anual del 75%, en tanto la tasa de crecimiento de la población fue de un 4.2% anual.

No tenemos datos acerca del precio de la carne en aquellos tiempos, pero podemos deducir que sería bien barata, y accesible a las familias de bajos ingresos.

Desde 1916, con la gran expansión azucarera, la superficie ganadera empieza a retroceder, y en la primera mitad de la década de 1920, se había reducido el área dedicada a la cría de ganado vacuno a aproximadamente algo más de 150 mil caballerías, pero no por ello había disminuido la masa ganadera. En 1924 se calculaban unos 4 millones 600 mil cabezas de ganado vacuno en Cuba, para una densidad de 30.7 cabezas de ganado por caballería aunque desde el punto de vista relativo hubo una reducción, pues las cantidad de cabezas de ganado por habitante se redujo a 1.38 de haber sido 1.45 en 1910, pero la ganadería se haría mucho más eficiente en el uso de la tierra.

La gran crisis de la industria azucarera que comienza en 1925-26, al paralizar la expansión de la superficie azucarera da lugar a que volviera a crecer la cantidad de tierras dedicadas a la ganadería. En 1929, había 230 mil caballerías de tierras dedicadas a la ganadería de vacunos, y la masa ganadera era de casi 4 millones 900 mil reses.

En 1910, por cada caballería de tierra en potreros y haciendas había pastando como promedio 16.3 reses, y en 1929 unas 21.3 reses, lo que indica un mayor aprovechamiento relativo de la tierra, aunque tiene lugar una disminución en el índice de aprovechamiento de la tierra con respecto a 1924, ya que la superficie del latifundio ganadero, debido a la contracción azucarera, crece más rápido proporcionalmente que la masa ganadera. La proporción de reses por habitante continuaba disminuyendo. En 1929 eran 1.31 reses por habitante.

Con el arancel proteccionista de 1927, el gobierno de Machado trató de dar impulso a la ganadería para valorizar las tierras que el azúcar iba perdiendo, y para ello procuró aumentar la demanda con la creación de una industria zoogena consumidora de subproductos de la ganadería; plantas pasteurizadoras, fábricas de leche condensada y evaporada, quesos, mantequilla, tenerías, cueros, fábricas de calzado, etc.

El retroceso del latifundio azucarero, y el aumento de la demanda amplió el mercado para la ganadería y con ello el latifundio ganadero, aunque por otra parte surgían fuerzas contrarias que empujaban a su disolución.

El enorme desempleo rural creado por la depresión cambió súbitamente la relación tierra-población. Ahora existía un excedente de población rural que no podía encontrar ocupación en actividades económicas que se desarrollaran en áreas urbanas como la industria y los servicios pues estas no se expandían como para poder absorberla. Esto creó presión sobre la tierra por primera vez en la historia de Cuba, pero la ganadería, al ser una actividad de bajo consumo de labor, tampoco podía absorber los excedentes de trabajo rural provocado por la depresión económica. Esta situación provocó una generalización de la agricultura de subsistencia en tierras ocupadas ilegalmente, al igual que en las ciudades floreció una extensa economía sumergida.

En segundo lugar, la limitación de las importaciones fortaleció y le dio estabilidad a algunas industrias consumidoras de los productos de la ganadería lo cual impulsó la adopción de mejores métodos en la cría de ganado.

El crecimiento de la masa ganadera fue muy reducido entre 1927 y 1933; una tasa anual apenas del 1.2%, en tanto la población creció a una tasa anual del 2.3%.

Entre 1934 y 1940, a pesar de toda una serie de reclamos en contra del latifundio que concluyeron en la Constitución de 1940, y del aumento de la presión demográfica sobre la tierra, el latifundio ganadero se fortaleció, ya que la única manera de que la ganadería pudiera ser rentable en condiciones de abundancia de tierras y poco capital era con el uso extensivo de tierras, o sea la ganadería extensiva.

En el año 1940, la masa ganadera en Cuba alcanzaba la cantidad de 5 millones 300 mil reses. La proporción de reses por habitante continuaba descendiendo a pesar del aumento absoluto registrado. En ese año había 1.14 reses por habitante., y unas 18 reses por caballería.

En aquellos momentos, el latifundio (ganadero y azucarero) estaba produciendo una externalidad negativa que se manifestaba a través del enorme desempleo rural el cual se resolvía con el éxodo de población campesina excedente hacia los centros urbanos donde tampoco existía una oferta de empleo capaz de asimilarla aumentando una masa de desocupados en las ciudades.

Con el comienzo de la Segunda Guerra Mundial, y el incremento de precios debido a la inflación, el gobierno cubano comienza a establecer precios máximos para artículos de primera necesidad como la carne y la leche.

A partir de entonces, la ganadería cubana entra en un período de decadencia total.

Entre 1940 y 1949, la masa ganadera en números absolutos había disminuido en un 25%, y en relación con los habitantes del país, había descendido a 0.74 reses por habitante; una disminución con respecto a 1940 de un 35%. Los economistas cubanos no se han podido explicar este fenómeno de la desaparición de más de un millón doscientas mil reses en ocho años, pero la explicación se encuentra en las distorsiones que producen en los mercados la implantación de controles de precios que desarticulan el sistema de precios relativos.

Cuando se establece un precio máximo para un artículo quiere decir que es un precio por encima del cual ese bien o servicio no puede legalmente ser vendido. Cuando este precio máximo decretado se encuentra por debajo del precio de mercado, o sea el precio establecido por la oferta y la demanda, entonces lo que sucede es un incremento en la demanda, y la respuesta del mercado ante un aumento de demanda, sería un incremento en los precios pero como eso está prohibido por ley que suceda, entonces tiene lugar una situación de escasez, dado que la oferta se encuentra legalmente restringida, y donde los productores que operan con los costos más altos (productores marginales) no pueden seguir operando y tienen que salir de la actividad. Los efectos que acompañan a la escasez, son el favoritismo, el mercado negro, el racionamiento y la corrupción.

Al imponerse precios máximos a la carne y la leche, la ganadería, principalmente para los pequeños ganaderos deja de ser rentable, y solo los grandes latifundistas pueden continuar, debido a que pueden operar con más bajos costos unitarios, pues la tierra no tiene ningún costo marginal ya que no se pagan impuestos por ella, lo cual contribuye a la persistencia e incluso ampliación del latifundio.

Lógicamente, la ganadería ante una situación de precios máximos, al igual que cualquier actividad, buscará bajar los costos para mantener algún nivel de ganancias, tendrá lugar una desinversión y por otra parte, como se había establecido mínimos salariales (el salario es el precio de la labor) provocarán lo contrario de los precios máximos; disminución de la demanda, dando lugar a la utilización de menos labor en la actividad ganadera, con un consiguiente aumento del desempleo en el sector.

El economista cubano Alberto Arredondo, en un libro titulado *Cuba Tierra indefensa* escrito en 1945, da la siguiente descripción del desastre de la ganadería cubana, que no será más que una consecuencia —aunque él no lo percibe— de los controles de precios:

> La ciencia y la técnica son factores apenas conocidos en nuestros grandes predios ganaderos. Enormes extensiones de tierras, poca preocupación por la calidad del pasto, potreros sin higiene, establos sin profilaxis, ordeños primitivos, plagas incontrolables, matanzas sin regulación, monopolios de compras, cártel de mataderos, y jornales de miseria que ni siquiera tenían comparación con los azucareros. El latifundio ganadero no empleaba ni a 20 mil personas al año.

En el *Report on Cuba* de la misión del BIRF en 1950 sí se señalan los efectos negativos de los controles de precios al plantear que

> ...el gobierno cubano, en un deseo de asegurar que los grupos más pobres de la población tengan acceso a la carne de res, ejerce un rígido control sobre los precios del ganado tanto en pie como de los precios al detalle.
>
> Muchos de los grandes ganaderos están ansiosos por producir carne de más alta calidad, lo cual no solamente mejoraría la carne disponible domésticamente si no también podría expandir el mercado de exportación.
>
> Es claro, de acuerdo a los datos disponibles, que bajo las presentes condiciones solamente los métodos más baratos de cría de ganado pueden ser usados con alguna rentabilidad.
>
> Mientras se mantengan en efecto estos controles de precio, es impensable que sean producidos en Cuba a escala comercial, carne de mejor calidad. Sin embargo, dondequiera que el gobierno establece controles de precios surge y florece la bolsa negra y Cuba no es la excepción.

Después de la posguerra, con la eliminación de los controles de precios, y el incremento en la inversión en la industria zoogenia (industria de derivados de la ganadería), la ganadería vuelve a entrar en una fase de recuperación.

La industria zoogenia, en el año 1957 cuenta con un capital invertido de 91.2 millones de pesos, y produjo en ese año 152.8 millones de pesos, en tanto el valor de la ganadería es de 120 millones de pesos para un total de 272.8 millones de pesos (el 12.3% del ingreso nacional).

Entre 1949 y 1958, la masa ganadera se incrementó rápidamente. En 1958 había 5 millones 840 mil cabezas de ganado vacuno, o sea un incremento de un millón ochocientas mil, lo que representó una tasa de crecimiento anual del 5.7%.

En ese año había 0.89 reses por habitante en Cuba, y aproximadamente unas 20 reses por caballería que venía siendo el doble de mediados de la década de 1940 además estaba teniendo lugar la introducción de mejoras técnicas en la actividad ganadera, y mejores razas más adaptadas al clima cubano.

Analizando el comportamiento de la concentración de la ganadería entre 1946 y 1953, se puede observar un movimiento lento hacia la disolución del latifundio ganadero debido a que la ganadería extensiva va dejando de ser la única forma de obtener ganancias.

Considerando la ganadería extensiva hasta unas 40 reses por caballería, la ganadería cubana nunca se acercó a esa cifra.

En el año 1946, los pequeños ganaderos (de 9 a 49 reses por finca) tenían el 87% de todas la fincas ganaderas, y tenían el 29% del total de las reses, lo que daba un promedio por finca de 12 reses. En 1953, los pequeños ganaderos tenían el 82% de las fincas, y el 25% del total de reses, para un promedio de 13.5 reses por finca.

Se puede observar una disminución de la pequeña ganadería.

La mediana ganadería (de 50 a 500 reses por finca, en 1946 posee el 11% de las fincas, y el 44% de las reses, para un promedio de reses por finca de 130. En 1953, la mediana ganadería posee el 16% de las fincas, el 48% de las reses, y un promedio de 133 reses por finca.

En esta categoría se observa un crecimiento claro.

Concentración de la riqueza ganadera (Censo ganadero 1953)

Grupos de frecuencia	Fincas	%	Reses	%
Hasta 9 reses	38,035	42.3	190,436	4.7
De 10 a 49 reses	36,380	40.4	815,119	20.2
De 50 a 99 reses	7,446	8.3	518,680	12.9
De 100 a 249 reses	5,256	5.8	805,174	20.0
De 250 a 499 reses	1,759	2.0	604,625	15.0
De 500 a 999 reses	723	0.8	493,052	12.2
Mas de 1000 reses	335	0.4	605,599	15.0
Total	89,934		4,032,685	

Los grandes ganaderos (más de 500 reses) en 1946 poseían el 2% de las fincas, y el 27% de todo el ganado, con un promedio de 1, 097 reses por finca, y en 1953, se mantiene en el 2% de posesión de todas las fincas, pero con el 26.4% del total del ganado, y un promedio de 997 reses por cada finca.

En 1946, el promedio de reses por finca en Cuba era de 34 y en 1953 de 44 reses por finca. El número de fincas ganaderas se redujo un 25% entre 1946 y 1953.

El promedio de reses por caballería no varió entre 1946 y 1953, siendo aproximadamente unas 13.5 reses por caballería.

Fuente: *El imperialismo norteamericano en la economía de Cuba*, Oscar Pino Santos.

Partiendo de que el promedio de reses por caballería en 1958 era aproximadamente de 20 reses por caballería, y los ingresos brutos de la ganadería fueron 430 pesos por caballería podemos estimar los ingresos brutos de acuerdo a la extensión de las fincas dedicadas a la ganadería.

1. Menos de media caballería, con ingresos brutos menores de 250 pesos. El 42.3% de todas las fincas ganaderas.
2. De media a 2.5 caballerías, con ingresos brutos entre 215 y 1, 075 pesos. El 40.4% de las fincas.
3. De 2.5 caballerías a 5 caballerías, con ingresos brutos de 1, 075 a 2, 150 pesos. El 8.3% del total de
4. De 5 caballerías a 12.5 caballerías, con ingresos brutos de 2, 150 a 5, 375 pesos. El 5.8% del total de fincas.

5. De 12.5 caballerías a 25 caballerías, con ingresos brutos de 5, 375 a 10, 750 pesos. El 2% de las fincas.
6. De 25 caballerías a 50 caballerías, con ingresos brutos entre 10, 750 y 21, 500 pesos. El 0.8% de las fincas.
7. Más de 50 caballerías, con ingresos brutos mayores de 21, 500 pesos.

En 1958, una colonia promedio de caña produjo ingresos brutos por valor de unos 2, 600 pesos, por tanto, sería necesario una finca ganadera de una extensión no menor de seis caballerías para obtener ingresos brutos equivalentes a los de una colonia de caña promedio, de tal manera que más del 85% de las fincas ganaderas tenían ingresos promedio inferiores, por tanto, para las pequeñas y medianas fincas, cuando los precios del azúcar eran altos, una parte importante de la tierra dedicada a la ganadería se sembraba de caña, y viceversa, manteniéndose un intercambio en el uso de la tierra que oscilaba de acuerdo al precio del azúcar, pues el cultivo de caña por caballería era mucho más rentable que la cria de ganado.

La extensión del área dedicada a la ganadería a fines de la década de 1950 se mantiene sin mucha variación, pero lo que está teniendo lugar es una lenta concentración de la propiedad, en un proceso parecido al que está teniendo lugar en la parte industrial de la producción de azúcar, ya que la pequeña propiedad es poco rentable. En el año 1958, 40 firmas ganaderas controlan 73 mil caballerías de tierra o sea más del 25% de toda la tierra dedicada a la ganadería.

La ganadería cubana a fines de la década de 1950 era extraordinariamente ineficiente, ya que con métodos modernos de cría y pastos adecuados, una hectárea de tierra puede sostener hasta 22 reses, y una caballería tiene 13.4 hectáreas, por lo que una caballería en esas condiciones podría sostener hasta 295 reses, y la densidad de ganado por caballería era de apenas 20 reses; un 7% de las posibilidades.

Para lograr una ganadería intensiva de ese tipo se requieren importantes inversiones que no se justificaban para la ganadería cubana en aquellos tiempos, ya que la tierra en Cuba tenía muy bajo valor, y las reses se pagaban a un precio muy deprimido debido a los cártels de mataderos, y las regulaciones del gobierno, por eso la ganadería era rentable solamente en fincas de grandes extensiones.

Aproximadamente en Cuba había, en números redondos, unos 6 millones de cabezas de ganado ocupando unas 300 mil caballerías de tierra, o sea un promedio de 20 cabezas de ganado por caballería, y sin necesidad de grandes inversiones, podían criarse 40 reses por caballería, por lo que podemos calcular que con 150 mil caballerías eran más que suficiente para criar 6 millones de cabezas de ganado, liberando 150 mil caballerías para otros cultivos, o sea el 21% de tierra cultivable del país.

El tabaco

La tercera actividad económica de la agricultura cubana es el tabaco.

El tabaco es oriundo de América, y se extendió por todo el continente. Se supone que llegó al Caribe unos dos mil a dos mil quinientos años ADC.

Los españoles lo vieron por primera vez en el primer viaje de Colon, en la isla de Guanahaní (San Salvador) en Las Bahamas, pero donde primero vieron a los indígenas fumar fue en Cuba, en ese primer viaje, y fueron dos marineros de ese viaje, Rodrigo de Jerez, y Luis de Torres, los primeros españoles (europeos) que fumaron y llevaron la costumbre a España.

A partir de ese momento, comenzó a expandirse en el mundo el hábito de fumar.

Donde primero se estableció el cultivo del tabaco con fines comerciales en Cuba, fue en el siglo

XVI, en las estancias que rodeaban a La Habana, produciéndose en pequeñas cantidades que se vendían a los pasajeros y marinos de las embarcaciones que hacían escala en el puerto.

En el siglo XVII, impulsada por los holandeses, la demanda de tabaco se había extendido por Europa, y se establecía una factoría de tabaco en Sevilla (1632) que compraba todo el tabaco producido en las colonias americanas estableciéndose un monopsonio[13] conocido como el Estanco del Tabaco, donde la Corona Española compraba todo el tabaco producido, y establecía precios y calidades, así como castigos por la venta a terceros. El Estanco duró hasta 1844 (más de doscientos años).

Durante el siglo XVIII, el tabaco fue la actividad económica más importante de la isla de Cuba; por encima del azúcar, y de la ganadería.

Las características del tabaco cubano hicieron que fuera reconocido como el mejor del mundo, pero a diferencia del azúcar, como señalaba Fernando Ortiz en su *Contrapunteo cubano entre el tabaco y el azúcar*, el tabaco requiere tierras bastante específicas para tener aunque sea una mediana calidad, por lo que es un cultivo intensivo, más adecuado a fincas de pequeña extensión, y puede ser rentable en un tipo de agricultura minifundista.

Las principales zonas tabacaleras de la isla de Cuba son; Vuelta Abajo que abarca el occidente de la provincia de Pinar del Rio; Semi Vuelta también entre Pinar del Rio y La Habana, y Vuelta Arriba que abarca la provincia de Las Villas y el occidente de Camagüey. También en la provincia de Oriente existen algunas zonas tabacaleras.

En la década de 1880, la zona de Vuelta Abajo producía el 71.4% de toda la hoja de tabaco que se producía en la isla; la zona de Gibara, Holguín y Puerto Padre el 11.8%; la zona de Guisa, Baire, Jiguaní y Yara el 3%; y en Santa Clara, Manicaragua, Caibarién, Remedios y Sancti Espíritus el 13.8%.

En el Censo de 1899 se señalaba que de las 27, 032 caballerías de tierras cultivadas, 2, 523 caballerías estaban dedicadas al tabaco, lo que significaba un 9.3% de las tierras bajo cultivo en la isla.

En el *Anuario Estadístico* de Ferrara y Marino Pérez, en 1910, las vegas de tabaco continuaban siendo un 9.3% del área cultivada, pero había tenido lugar un aumento absoluto debido a que las tierras cultivadas en Cuba en 1910 se habían expandido a 182, 600 caballerías. Por tanto las tierras dedicadas al cultivo del tabaco abarcaban unas 17 mil caballerías; una expansión del 570% entre 1899 y 1910.

En el año 1920, el historiador norteamericano Fletcher Willis Johnson[14] escribía:

> El tabaco es cultivado en pequeñas fincas de entre 3 a 15 acres de extensión (0.09 a 05 caballerías). Un acre produce de 8 a 12 balas, con un peso promedio cada una de 85 libras, valoradas cada una con tabaco de Vuelta Abajo de la mejor calidad, en 200 dólares. Esto significa un retorno de aproximadamente 2, 000 dólares por acre.
>
> A pesar de las indudables ganancias del tabaco en Cuba, la condición del veguero está lejos de ser envidiable en lo relacionado a su prosperidad financiera.
>
> El veguero rara vez es dueño de la tierra que cosecha; usualmente tiene la tierra "a partido" o sea, ser "partidario" significa compartir las ganancias, de acuerdo a un contrato, con el propietario de la tierra.
>
> El propietario renta la tierra, le provee las semillas, los animales de trabajo, y le adelanta crédito para subsistir él y su familia, por el cual debe pagar intereses. El veguero aporta la labor. Cuando

13. Monopsonio es una estructura de mercado donde solo existe un comprador, a diferencia del monopolio donde solo existe un vendedor.

14. *The History of Cuba* Tomo V Fletcher Willis Johnson.

el tabaco es vendido, el veguero recibe su parte luego de pagar sus deudas con el propietario de la tierra.

El valor total de la cosecha de 1917 fue de 50 millones de dólares, de los cuales unos 30 millones fueron exportados" (7.4% del Ingreso Nacional).

A partir de estos años, el tabaco entra en un rápido declive, ya que el gusto del público fumador va cambiando desde el puro (habano) hacia el cigarrillo hecho con tabaco rubio de Virginia.

En 1929 solamente había 3, 740 caballerías dedicadas al cultivo del tabaco; un declive en el área cultivada de un 78% con respecto a 1910.

En 1929 había 5, 529 vegas de tabaco, lo que da un área promedio por finca tabacalera de 0.68 caballerías (9.2 hectáreas).

Por el resto del período republicano, el cultivo del tabaco se mantendrá sin grandes variaciones, en un estado de atraso estacionario.

En el año 1934 se reportaba que el tabaco abarcaba apenas el 2.7% de la tierra cultivada de la isla.

En el Censo Agrícola de 1946, el cultivo del tabaco aparece abarcando el 3.4% de la tierra cultivada, lo que era equivalente a unas 4, 925 caballerías.

En 1952, el área dedicada al cultivo del tabaco se mantiene casi intacta; 4, 819 caballerías, en 1954, el área total era de 4, 583 caballerías y 6, 989 fincas de tabaco, para una extensión promedio por finca tabacalera de 0.66 caballerías (9 hectáreas), y en 1958, el área cultivada de tabaco eran 4, 300 caballerías para un 2.7% de la tierra cultivada.

El valor producido por caballería en 1958 fue de 10, 500 pesos, por lo que el ingreso bruto por finca promedio fue de 6, 930 pesos. Una finca tabacalera podía producir ingresos brutos mayores que una colonia de caña, pero el tabaco requería calidades de tierra más específicas, y una inversión de labor a lo largo del año mayor que una colonia de caña.

Como podemos ver, el cultivo de tabaco, nunca se recuperó durante la República.

Los préstamos de los bancos dirigidos hacia la agricultura tabacalera en 1938 no pasaron de 328 mil pesos, y en 1949, unos 2 millones 900 mil pesos. Estos eran préstamos a corto plazo, dirigidos a refaccionar algunas operaciones rutinarias.

En el año 1904, el tabaco produjo el 6.4% del Ingreso Nacional; en 1917 el 7.4%; en 1925 el 5.9%; en 1933 el 3%; en 1945 el 4.7% y en 1958 el 2.2%.

El tabaco tuvo un declive sostenido en importancia relativa dentro de la economía cubana a lo largo de todo el período republicano.

En el año 1899 según el Censo de los norteamericano, la industria del tabaco empleaba el 29% de toda la población empleada en la industria, y según el Censo de 1919, la industria tabacalera empleaba aproximadamente unos 54 mil trabajadores, que representaban el 28.4% del empleo industrial, manteniéndose como el mayor empleador industrial de Cuba aparte de la industria azucarera.

Leland Jenks en su libro *Our Colony of Cuba* señala que en 1906, las inversiones norteamericanas en el tabaco alcanzaban los 30 millones de dólares, siendo la misma cantidad que la inversión en la industria azucarera.

En el gráfico inferior se puede observar la caída en picada de la importancia relativa del tabaco en las exportaciones.

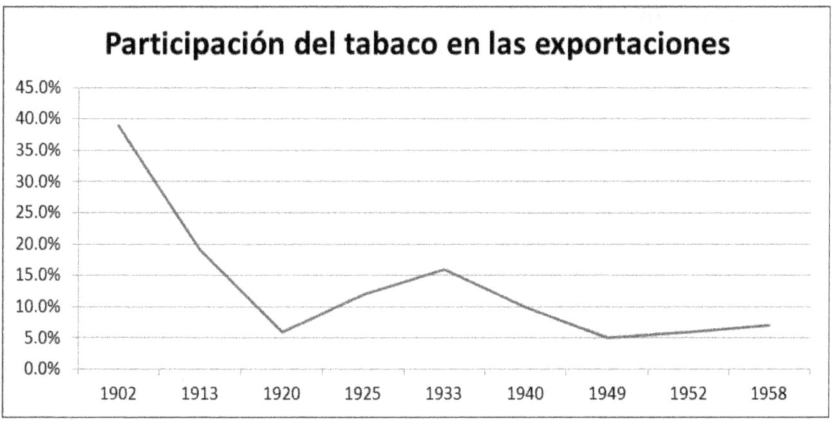

Fuente: "Notas sobre economía y sociedad" Oscar Zanetti. Cálculos del autor.

En 1951, las exportaciones de tabaco constituyeron el 5.2% del total de las exportaciones, y en 1958 el 5.9%.

Otras actividades agrícolas

El resto de las actividades agrícolas de Cuba iban dirigidas fundamentalmente al consumo del mercado interno, con la excepción de algunos períodos esporádicos donde se exportó café, así como de cítricos, piñas, y henequén.

En el Censo de 1899, los productos de la agricultura, con excepción de la caña y el tabaco, ocupaban el 43.4% de la tierra cultivada (11, 725 caballerías).

Para tener una idea de la situación de la agricultura cubana al terminar la Guerra de Independencia en 1898, debemos tener en cuenta los siguientes datos:

El área total de Cuba es de unas 843 mil caballerías[15], pero no toda es tierra cultivable. Aproximadamente entre un 80 y un 84% es tierra potencialmente cultivable.

Cuando comenzó la ocupación militar norteamericana en 1899, en el Censo que efectuaron las nuevas autoridades de la isla, señalaron que existían en aquel momento 60 mil 711 fincas rústicas (En 1894 había 90 mil 960 fincas rústicas y plantaciones) que abarcaban un área de 262, 858 caballerías de las cuales se encontraban cultivadas 27, 032 caballerías, o sea un 10.3% del área en fincas, y apenas un 3% del territorio total del país.

El tamaño promedio de las fincas era de 0.45 caballerías o 6.12 hectáreas, o 15.1 acres.

De aquella área cultivada, 12, 784 caballerías (47.3%) estaban dedicadas al cultivo de caña; las siembras de tabaco ocupaban 2, 523 caballerías (9.3%), y el resto, 11, 725 caballerías se encontraban dedicadas a otros cultivos.(43.4% de toda la tierra cultivada).

Apenas había unas 30 mil caballerías dedicadas a la ganadería o sea que el uso de la tierra cultivable en Cuba en 1899 era de apenas un 8 a un 9% de las tierras aptas para cultivos y pastos.

En 1910 tenemos que el azúcar, el tabaco y la ganadería ocupan un 87.8% de la tierra en producción, en tanto los otros cultivos ocupaban el restante 12.2%.

Esto era una extensión de 46, 283 caballerías; una expansión de un 300% con respecto a 1899.

En el año 1943, la tierra dedicada a cultivos excluyendo el área de los pastos para el ganado, alcanzaba unas 275 mil caballerías de las cuales aproximadamente 217 mil eran controladas por la industria azucarera y unas 58 mil caballerías dedicadas a otros cultivos. Descontando unas 4, 500

15. Una caballería es igual a 13.6 hectáreas, y aproximadamente 33.3 acres

caballerías dedicadas a cultivar tabaco, tendríamos unas 53 mil 500 caballerías dedicadas a otros cultivos.

La explotación de las tierras dedicadas a cultivos varios entre 1910 y 1943 se expandió en apenas un 16% mientras la población del país había crecido en un 115.4%.

En el año 1958 se mantiene la extensión casi intacta, pero tiene lugar una mayor diversificación; hay 60 mil caballerías cultivadas sin incluir la caña, ni los pastos de la ganadería ni el cultivo del tabaco.

-oOo-

Entre los productos que registran mayores crecimientos dentro de la agricultura no-cañera se encuentra el tabaco en rama que de 53 millones 152 mil libras producidas como promedio anual en los años 1941-45, pasó a producir en 1958 la cantidad de 90 millones 300 mil libras, utilizando la misma área sembrada de 4, 300 caballerías aproximadamente.

El café pasó de una producción de 57 millones 140 mil libras en 1944-45 a 67 millones 500 mil libras en 1958. El café en algunos años se exportó en cantidades significativas. Pero tomado el período republicano en su conjunto Cuba fue un importador neto de café después de haber sido durante el primer tercio del siglo XIX uno de los principales productores del mundo.

En 1934, el gobierno creó un cártel del café al establecer el Instituto de Estabilización del Café para fijar precios, cuotas de producción y de importación, así como subsidios supuestamente con el objetivo de proteger a los productores cubanos de la competencia internacional, pero el resultado como es previsible, llevó a la contracción de la producción de café, contracción del área dedicada al cultivo del café, y a la persistencia de métodos atrasados junto a la caída de la calidad del café producido.

En 1831 que fue el año en que la producción de café en la isla alcanzó su punto culminante, se exportaron 23, 860 toneladas largas, aproximadamente unos 53.5 millones de libras.

El cultivo que más se expandió en el período fue el arroz. En 1945 se produjeron 138 millones 289 mil libras y se utilizaron 4, 045 caballerías de tierra. En 1958 la producción alcanzó 452 millones de libras con un área de cultivo de 8, 150 caballerías. La producción creció un 227% entre 1945 y 1958, con un aumento de un 100% en cantidad de tierra utilizada. En 1958 Cuba era el tercer productor de arroz de América Latina, superada solo por Brasil y Colombia aunque aún no se cubría la demanda interna.

El henequén fue el otro cultivo que se expandió en el período y llegó a alcanzar exportaciones significativas.

En el año 1920, según el historiador Fletcher W Johnson en su obra citada, había unas 415 caballerías plantadas de henequén, "cuya cantidad y calidad se comparan favorablemente con el producto de Yucatán".

> Considerando que el henequén puede ser cortado en la estación de lluvia, puede servir de complemento a la zafra que tiene lugar en la estación seca, lo que tendería a resolver favorablemente los costos de labor de la producción de azúcar y henequén.
>
> Con una apropiada combinación de capital y empresa, el negocio del henequén en Cuba puede desarrollarse como segundo del azúcar en importancia y rentabilidad.
>
> El henequén tiene muchas ventajas para el capital. Primeramente es una cosecha absolutamente segura si se planta en suelo correcto. La falta de lluvias no lo afecta, y prácticamente no tiene enemigos naturales.

El autor desarrolla cálculos de costo-beneficio llegando a la conclusión de que el henequén en aquellos momentos puede producir ganancias netas de unos 3, 024 dólares por caballería (90 dólares por acre).

Posiblemente fuera el cultivo de la agricultura no-cañera con mayor futuro en Cuba en 1958.

La producción en ese año alcanzó los 19 millones 800 mil libras y Cuba se convirtió en el segundo productor de henequén de América Latina, superado solo por México.

El henequén era un cultivo muy adecuado a las realidades agrícolas de Cuba, ya que no tenía muchos requerimientos de suelo y agua, además de ser un cultivo no estacional, y existía un mercado importante para el henequén en el extranjero. En 1950 se exportaron 828 mil libras de henequén.

El primer productor era México, pero el henequén cubano era de superior calidad, sin embargo, el costo de la fuerza de trabajo en la agricultura del henequén hacía que este no fuera competitivo frente al mexicano. Se estimaba que se podía expandir el área de cultivo del henequén en Cuba hasta 2 mil caballerías (en 1958 solo se encontraban sembradas 450 caballerías, casi o lo mismo que en 1916) pero no era factible por los altos salarios que exigían los obreros del henequén apoyados en los sindicatos, lo que daba lugar a que Cuba fuera un productor marginal, donde una pequeña caída en los precios llevaría a la quiebra a prácticamente toda la industria.

Exportaciones de productos agrícolas no-azucareros

Las principales exportaciones agrícolas no-azucareras son en primer lugar el tabaco que fue perdiendo importancia relativa entre las exportaciones hasta una modesta recuperación a finales de los años 50 como ya analizamos en el acápite dedicado al tabaco.

El otro cultivo fue el café, el cual había sido en el primer tercio del siglo XIX el principal producto de exportación de la isla de Cuba, por encima del azúcar.

A partir de 1945, Cuba se convierte en un importador neto de café, para volver a convertirse en exportador en 1955 hasta 1958. En 1956 fue el año donde se alcanzó el mayor volumen de exportación de café con 45 millones de libras.

El otro cultivo que se convirtió en un importante renglón entre las exportaciones de la agricultura cubana fue el henequén.

La diversificación de la producción agrícola para exportaciones, en sentido general no tiene ningún impacto, más bien muestra un retroceso.

En 1934, la exportación de alimentos y tabaco, exceptuando el azúcar representó un 17.3% del total de las exportaciones; 1941 un 11.7%; en 1945, un 17.0%; en 1950, un 5.9%; y en 1958, un 9.8%.

Entre el año 1953 y 1958, el gobierno otorgó créditos a la agricultura no-azucarera por valor de 105 millones de pesos a través de la banca pública de desarrollo; el 8.4% de todo el crédito otorgado.

Este crédito fue dirigido fundamentalmente hacia la producción de arroz, con el objetivo de que Cuba llegara a autoabastecerse, cosa que no se logró, pero sí se limitaron las importaciones del mismo. El otro gran receptor del crédito del gobierno fue el café, cuya producción logró abastecer el consumo nacional y comenzaron las exportaciones de excedentes.

La agricultura cubana en la década de 1950

El *Report on Cuba* de la misión del BIRF[16] (Misión Truslow) en 1950, citado anteriormente, en relación con la agricultura y la diversificación de la misma planteaba lo siguiente:

16. BIRF. Banco Internacional de Reconstrucción y Fomento. Fundado en 1944 a partir de los Acuerdos de Bretton

En general, la misión cree que el gobierno puede promover la diversificación agrícola revisando aquellos controles de precios los cuales desalientan el crecimiento de los cultivos no azucareros.

Los principales impedimentos para el logro del objetivo de diversificar la agricultura, según la misión son los siguientes:

1. Falta de capital. No hay créditos por parte de los bancos comerciales para las actividades agrícolas no-azucareras. Los únicos productores agrícolas con relativamente satisfactorio acceso a créditos por parte de los bancos comerciales son los grandes colonos, algunos grandes plantadores de tabaco y de arroz, y los grandes ganaderos, estos reciben suficiente crédito a corto plazo pero no a mediano y largo plazo.

   El sistema de la banca comercial en Cuba está sirviendo directamente a una muy pequeña porción de los agricultores cubanos.

   La gran mayoría de los agricultores dependen del crédito de los comerciantes donde los intereses son altos, los plazos cortos, y la producción generalmente queda bajo el control del prestamista, ya que debido a las moratorias de los años 30 y 40, el uso de hipotecas como garantía se convirtió en algo excepcional.

   El presente sistema de financiamiento de la producción agrícola no-azucarera es inadecuado para apoyar un bien balanceado programa agrícola, ya que los términos de crédito son onerosos y restrictivos.
2. El cultivo de la caña es más productivo.

3- Falta de infraestructura de almacenaje, comunicaciones y mercadeo.

4- Incertidumbre en los precios.

5- Controles gubernamentales. Con el propósito de mantener bajos los costos de la vida, se han establecido controles de precios máximos que favorecen indirectamente a intermediarios inescrupulosos. Similarmente los precios mínimos remueven todo incentivo para mejorar la calidad.

En el año 1950, según los expertos norteamericanos, las perspectivas de diversificación agrícola de Cuba, en parte dependían de la liberación del mercado por parte del gobierno, y por otra parte veían en el recién fundado BANFAIC un importante paso adelante en la solución del crédito agrícola, que era para ellos la otra gran limitante para la agricultura no-azucarera, pero los técnicos de la misión no hacen referencia ninguna a la estructura de la propiedad de la tierra en Cuba como un impedimento a la diversificación y el progreso de la agricultura cubana.

El crédito otorgado por los bancos a la agricultura no-cañera expresado en términos relativos, con relación al crédito total otorgado por la banca comercial en años seleccionados fue el siguiente:

1937; 0.9%	1941; 1.4%	1950; 3.4%	1958; 3%.		
Otorgado por la banca oficial:					
1953; 27%	1954; 32%	1955; 17%	1956; 8%	1957; 5%	1958; 4%.
Total banca oficial 1953-1958; 8%.					

Fuente: Memorias del Banco Nacional de Cuba.

Woods, posteriormente pasó a formar parte del Banco Mundial. Inicialmente se orientó más en la reconstrucción de Europa, pero posteriormente se enfocó más en las países subdesarrollados.

Report on Cuba Misión del BIRF 1950.

Entre 1939 y 1958, la población de Cuba había crecido en un 44%. En ese período, la producción de los principales rubros de la agricultura no-cañera habían tenido un crecimiento de:

Maíz: 25% Arroz: 938% Frijoles: 30% Piña: 84% Tomate: 304%.
Café: 24% Tabaco en hoja: 143% Henequén: 452%Papas: 136%.
Cabezas de ganado: 19%.

Entre 1946, cuando se efectúa el Censo agropecuario, el producto promedio de una caballería de tierra de cultivos no-cañero ni de pastos, produjo 1, 633.31 pesos en el año, en tanto una caballería sembrada de caña produjo 2, 171.90 pesos, y en 1958, a valores del peso de 1946, una caballería de caña produjo 2, 976.34 pesos, y una caballería de otros cultivos produjo como promedio 2, 837.65 pesos.

El valor del producto de la agricultura cañera por caballería fue un 33% mayor que lo producido por los otros cultivos, pero en 1958 fue solamente un 4.5%. Como hemos explicado, aumentaba el costo de oportunidad para la agricultura cañera, que había reinado por casi 150 años con los más bajos costos de oportunidad dentro de la agricultura cubana.

En el año 1950, según la monografía del economista Julián Alienes *El desarrollo económico de Cuba* el estimado trabajado en la agricultura fue de 507 mil hombres/año por lo que la productividad mensual del trabajo agrícola fue de 81.57 pesos, y el salario mínimo establecido en 1944, y vigente en 1950, era de 48 pesos mensuales en las zonas rurales, por tanto, por cada peso de productividad, el salario mínimo era de 59 centavos.

En el año 1957, según el Survey realizado por la Junta de Economía, el trabajo en la agricultura fue de 521.6 miles de hombres/año, por lo que la productividad fue de 88.76 pesos mensuales, y al año siguiente se decretó un nuevo salario mínimo que establecía un pago mensual de 75 pesos para las zonas rurales, por lo que la relación productividad/salario mínimo fue de 1 peso de productividad a 85 centavos de salario mínimo, estrechando aún más el margen de ganancia del empresario agrícola, por lo que muchos productores marginales no podrían afrontar el incremento de los costos laborales, abandonando cualquier posible inversión.

El salario mínimo creció un 56.3%, en tanto la productividad de la agricultura creció solamente un 8.8%.

En la tabla siguiente se describe como las actividades agrícolas van perdiendo importancia relativa dentro del Ingreso Nacional.

Evolución de la agricultura dentro del Ingreso Nacional. Expresada en %.

Actividad	1946	1958	Variación
Caña	12.0	11.7	-0.3
Ganadería	6.0	5.4	-0.6
Otros cultivos	10.4	8.0	-2.4
Total	28.4	25.2	-3.2

En el Primer Simposio Nacional de Recursos Naturales de Cuba celebrado en febrero de 1958, el Dr. Antonio Portuondo presentó una ponencia donde analizaba los rendimientos actuales comparándolos con los rendimientos óptimos de una serie de renglones relevantes de la agricultura cubana, y los resultados eran en aquellos momentos alarmantes.

Solamente la cebolla alcanzaba rendimientos mayores al óptimo, pero vemos que el rendimiento del cultivo de la caña, y del café, dos de los principales renglones de la agricultura cubana presentaban rendimientos decepcionantes, mostrando el nivel de atraso en que se encontraba la actividad económica más importante del país

Cultivo	**Kg x Ha**		
	Actual	Optimo	%
Maíz	1, 702	2, 700	63.00%
Arroz	2, 056	3, 084	66.70%
Papa	10, 600	13, 500	78.50%
Azúcar	29, 000	72, 000	40.30%
Café	286	1, 150	24.90%
Frijol negro	1, 380	1, 500	92.00%
Boniato	12, 420	13, 800	90.00%
Cebolla	2, 350	1, 600	146.90%
Maní	538	1, 500	35.90%
Tomate	8, 650	12, 500	69.20%

Estos rendimientos representaban un enorme desperdicio de tierras.

De acuerdo al nivel de improductividad, y las caballerías sembradas en 1958 de cultivos varios, el desperdicio de tierras por improductividad fue de 12, 682 caballerías, y para la caña fueron 46, 602 caballerías.

Análisis de la productividad de la tierra

Come hemos venido exponiendo, la tierra, a lo largo de todo el periodo republicano fue el factor de producción más importante de Cuba, y como tal las actividades agropecuarias produjeron una parte muy importante del Ingreso Nacional, La contribución de la agricultura al Ingreso Nacional fue de un 33% entre 1903 y 1958.

Como vimos, la economía cubana iba dejando de ser agrícola, sobre todo después del año 1947, pasando a ser más importante el sector servicios, pero la tierra continuó siendo un factor muy subutilizado, perjudicando al conjunto de la sociedad, en tanto unos pocos latifundistas obtenían ganancias a partir de la práctica de una agricultura y una ganadería de tipo extensivo con muy baja inversión.

Debido a su importancia, analizaremos el comportamiento de la productividad de la tierra como factor de producción.

1. En el año 1914, la cantidad total de tierras en fincas era de 406, 501 caballerías, de las cuales había 90, 672 caballerías controladas por la industria azucarera. Aclaramos que esto no quiere decir que estuvieran cultivadas de caña, solo una parte era anualmente cultivada, mientras el resto se mantenía ociosa, o se dedicaba a otros usos, y había 315, 829 caballerías dedicadas a pastos para el ganado y otros cultivos.

   El valor estimado de la producción cañera fue de 69.1 millones de dólares, y el de la ganadería y otros cultivos 113.5 millones de dólares, por tanto, la productividad de la tierra dedicada a la caña fue de 762.08 dólares por caballería, y la de otras actividades agropecuarias fue de 359.37 dólares por caballería.

En total, la productividad de la tierra en Cuba fue de 449.20 dólares por caballería.

Se hace evidente que el costo de oportunidad del cultivo de la caña era bajísimo, por lo que el agricultor buscaba la manera de convertirse en colono de algún central.

2. En el año 1929, la cantidad de tierras en fincas era de 493, 407 caballerías, de las cuales controladas por la industria azucarera eran 251, 866 caballerías. Este es el momento en que la extensión territorial de la industria azucarera alcanza su punto máximo durante la República. Dedicadas a otros usos agropecuarios había 241, 541 caballerías.

   El valor de la producción cañera fue de 89.4 millones de dólares, y el de otras actividades 178.7 millones de dólares.

   Por tanto la productividad fue de 354.95 dólares por caballería para la tierra azucarera, y 739.83 dólares por caballería para la tierra no-azucarera, y en total la productividad de la tierra fue de 543.97 dólares por caballería en finca.

   Descontando la inflación, la productividad total entre 1914 y 1929 se mantuvo casi igual.

   El costo de oportunidad para la tierra dedicada al azúcar era insostenible, pero la Gran Depresión y la intervención del gobierno impidieron la disolución del latifundio azucarero.

3. En el año 1931 la tierra en fincas se mantenía intacta; 493, 407 caballerías, de las cuales 219.403 caballerías eran controladas por la industria azucarera, y 274, 004 eran dedicadas a otras actividades agropecuarias; unas 32.5 miles de caballerías en fincas pasaron desde la industria azucarera a otros usos agropecuarios, especialmente ganadería, la cual fue muy beneficiada por los planes diversificadores del gobierno de Machado.

   El valor de la producción cañera fue de 34.9 millones de dólares, y el de otras actividades 147.3 millones de dólares.

   La productividad de la agricultura cañera fue de 159.06 dólares por caballería, y la de otras actividades de 537.80 dólares por caballería, para una productividad total de 369.27 dólares por caballería.

   Descontando la inflación, tenemos que la productividad de la caballería dedicada a la agricultura azucarera fue un 50.6% inferior a la de 1929, un 20% inferior en otras actividades, y en total un 25.3% inferior.

   El hundimiento de los precios del azúcar había prácticamente arruinado a la agricultura cubana y sumido en la miseria a la población rural que emigraba en masa hacia las zonas urbanas, especialmente a La Habana.

4. En el año 1943, en plena Segunda Guerra Mundial, la cantidad de tierra en fincas era de 574, 625 caballerías, una incorporación de más de 81 mil caballerías a la agricultura.

   La tierra controlada por la industria azucarera eran 193, 880 caballerías, lo cual significó una reducción de casi 58 mil caballerías, que fueron dedicadas a la ganadería y a otros cultivos abarcando una superficie de 380, 744 caballerías.

   El valor de la producción cañera fue de 76.7 millones de pesos, y el de otras actividades agropecuarias fue de 161.8 millones de pesos.

   La productividad de la tierra controlada por la industria azucarera fue de 395.60 pesos por caballería, y la de otras actividades fue de 424.96 pesos por caballería, para una productividad total de 415.05 pesos por caballería.

   Descontando la inflación, la productividad de la agricultura cañera fue un 94% superior a la de 1931, la de otras actividades fue un 38.1% inferior, y en general fue un 12% inferior.

La recuperación de la agricultura cañera debido al aumento de la demanda de azúcar por la guerra, y la disminución de la superficie del latifundio azucarero, no fue suficiente como para la recuperación de la agricultura en general.

En el año 1931, la agricultura representó el 30.8% del Ingreso Nacional y en 1943 solamente el 25.6% debido a la caída de la productividad en el agregado de la agricultura.

El valor de la producción agrícola en Cuba estaba en dependencia del aumento del precio del azúcar, y de la cantidad de tierras dedicadas a la agricultura, y no del incremento de la productividad debido a inversiones de capital.

5. En el año 1946, la tierra en fincas alcanzaba las 672, 496 caballerías; de ellas controladas por la industria azucarera 190, 560 caballerías, y 481, 899 caballerías dedicadas a otras actividades agropecuarias.

   El valor de la producción cañera fue de 148.3 millones de pesos, y el de otras actividades de 200.9 millones de pesos.

   La productividad de la tierra azucarera fue de 778.23 pesos por caballería, y la de otras actividades 416.89 pesos por caballería en tanto la productividad total fue de 519.26 pesos por caballería.

   Descontando la inflación, la productividad de la tierra azucarera creció un 40%, y la de otras actividades disminuyó un 30.4%, en tanto para el total de la agricultura la productividad se contrajo un 11.3%.

   Todas las actividades agrícolas no azucareras perdían valor frente a la producción de caña, lo que daba lugar a la expansión del colonato, y al retroceso de la diversificación agrícola que había tenido lugar en la década de 1930. Una vez más la caña dominaba completamente el panorama agrícola del país.

6. En el año 1952 la tierra en fincas es de 666, 074 caballerías, de las cuales la superficie controlada por la industria azucarera fue de 207, 388 caballerías, lo que representó un incremento de casi 17 mil caballerías, debido a las grandes zafras que se estaban produciendo año tras año después de concluida la Segunda Guerra Mundial.

   La superficie dedicada a otras actividades agropecuarias fue de 458, 686 caballerías; un 4.8% inferior a 1946, debido al empuje de la caña.

   El valor de la producción cañera fue de 313.2 millones de pesos, y el de otras actividades. 260.8 millones de pesos.

   La productividad de la tierra azucarera fue de 1, 510.10 pesos por caballería y la de otras actividades de 568.58 pesos por caballería, o sea un 37.7% inferior a dedicar la tierra a la caña.

   La productividad total fue de 861.77 pesos por caballería.

   Descontando la inflación, en comparación con 1946, la productividad de la caballería dedicada a la siembra de caña fue un 62.8% mayor, la de otras actividades fue un 14.4% mayor, y la productividad total de la tierra fue un 39.2% mayor.

   A pesar de esta mejora en la productividad, la participación de la agricultura en el Ingreso Nacional en 1952 se mantuvo casi igual que en 1946, debido a que el crecimiento del Ingreso Nacional estuvo dado por el crecimiento relativo de otras actividades no-agrícolas.

   Hay una mejoría evidente de la productividad agrícola como consecuencia de un aumento en la inversión. Aumentó al empleo de más tractores, camiones, fertilizantes, pesticidas, etc., aunque la agricultura cañera sigue siendo la más rentable en el empleo de la tierra debido al aumento del precio del azúcar en un 34% entre 1946 y 1952.

7. En el año 1956, la superficie de tierras en fincas fue de 676, 722 caballerías; dedicadas al azúcar 188.209 caballerías, o sea unas 19 mil caballerías menos que en 1952 debido a que las zafras se encuentran restringidas desde 1953.

La superficie dedicada a otras actividades agropecuarias abarca 488, 513 caballerías.

El valor de la producción cañera fue de 212.4 millones de pesos, y el de otras actividades agropecuarias de 263.2 millones de pesos.

La productividad de la tierra azucarera fue de 1, 128.53 pesos por caballería, la de otras actividades fue de 538.78 pesos por caballería, para un total de productividad de 702.80 pesos por caballería.

Descontando la inflación, en comparación con 1952, tenemos que la productividad de la tierra dedicada a la caña cayó un 17%, el de otras actividades aumentó un 6.1%, y el total cayó un 8.7%.

La productividad de la agricultura cayó debido a la caída del precio del azúcar en casi un 20%, a pesar de un incremento en la productividad de otras actividades.

8. En el año 1958 la superficie de tierra en fincas fue de 667, 005 caballerías, de la cuales controladas por la industria azucarera fueron 178, 134 caballerías. Sigue contrayéndose el latifundio azucarero. Otras actividades agropecuarias controlan una superficie de 488.780 caballerías.

La producción cañera tuvo un valor de 297.0 millones de pesos, la de otras actividades de 258.6 millones de pesos, y la productividad de la tierra azucarera fue del, 667.28 pesos por caballería, la de otras actividades fue de 528.97 pesos por caballería, para una productividad total de 832.98 pesos por caballería.

Descontando la inflación, en comparación con la productividad de 1956, la de la tierra controlada por la industria azucarera aumentó un 32% debido al aumento de los precios del azúcar, a la disminución del latifundio azucarero, y a que la zafra de 1958 fue libre. En las otras actividades la productividad fue un 12.2% inferior, y en total la productividad de la agricultura fue un 6% mayor por caballería.

Los planes de diversificación del gobierno de Batista habían dedicado alguna inversión a determinados cultivos como analizamos más arriba, especialmente al arroz.

En la década de 1950 se había llegado casi al límite de la cantidad de tierras divididas en fincas, pero había un elevado grado de subutilización.

La tabla que mostramos a continuación compara las productividades por caballería a valores constantes del peso de 1937.

Expresado en pesos.

Año	Caña	Otros	Total
1914	705.69	332.71	415.16
1929	263.96	564.50	415.05
1931	133.61	451.57	310.19
1943	262.68	281.75	275.18
1946	365.77	195.94	244.52
1952	595.02	224.02	339.54
1956	496.55	237.06	309.23
1958	656.90	208.41	329.19

A valores constantes de 1937, la productividad de la agricultura cañera en 1958 fue un 6.9% inferior a la de 1914, la de otras actividades fue un 37.3% inferior, y en general la productividad de la agricultura fue un 20.7% inferior.

Entre 1914 y 1958 se incorporaron a la agricultura cubana 260, 500 caballerías de tierras en fincas, y el valor de la agricultura, descontando la inflación, en 1958 fue un 29.5% mayor, y esto no fue debido a una aumento en la productividad, ni tampoco a un aumento del valor del azúcar, si no exclusivamente en un incremento cuantitativo de la cantidad de tierras incorporadas a la agricultura, pero en 1958 no quedaba mucha más tierra que incorporar, por lo que este método de crecimiento casi se encontraba agotado.

Con la productividad de 1914, la agricultura cubana hubiera producido un promedio de 148 millones de pesos más de lo que produjo en 1958. Esta cantidad podría considerarse el valor de la externalidad negativa del latifundio sobre la sociedad cubana.

Esto indica que en 1958, la producción agrícola podía hacer un aporte mucho mayor que el que hacía al Ingreso Nacional a partir de un incremento de su productividad, pero para ello era necesario una reforma agraria, no orientada a proporcionar trabajo, si no a aumentar la productividad de la tierra.

En la revista *Cuba económica y financiera* del mes de mayo de 1958 apareció un artículo del Ingeniero Miguel Monzón titulado "Nuestra defectuosa estructura agraria".

> En países como el nuestro, poco desarrollados y sin haber alcanzado todavía una adecuada diversificación económica, es donde resultan determinantes, a los efectos de la estrategia general del desarrollo económico, los programas de reforma agraria….
>
> Según el Anuario Azucarero, en la zafra de 1952 se cortaron 106, 023 caballerías de caña. Cuatro años después, en 1956 solo se cortaron 62, 202 caballerías de caña, lo cual nos indica que de 1952 a 1956 la industria azucarera desocupó 43, 821 caballerías de las mejores y más apropiadas tierras para una diversidad de cultivos económicos, o para la producción de pastos. Sin embargo no tenemos conocimiento de que el resto de las producciones agrícolas hallan aumentado proporcionalmente a dicha área desocupada por el azúcar.
>
> ¿Aumentó el volumen de producción de viandas y vegetales? Las informaciones que tenemos nos indican que no.
>
> ¿Aumentó la producción ganadera? Muy ligeramente.
>
> ¿Aumentó la producción de tabaco y otros frutos? No.
>
> Es decir, nuestra defectuosa estructura agraria en general, y en particular la concentración de la propiedad de la tierra y el sistema de tenencia, impiden que tengamos capacidad sustitutiva. Podrá decirse que la producción de arroz se duplicó o triplicó en ese período, pero esta producción, que llegó a ocupar 10 mil caballerías, solo 2 mil provinieron de las áreas desalojadas por la caña; el resto quedaron como tierras inexplotadas.

La reforma agraria y el latifundio en la problemática económica y social de Cuba

El problema del latifundio siempre fue muy debatido durante la historia republicana al ser visto como uno de los males principales que afectaban el desarrollo no solo económico si no también social. Esta perspectiva ha sido común y compartida en prácticamente todas las repúblicas latinoamericanas, Tanto fue así que una disposición de la Constitución de 1940 plantea que se proscribe el latifundio. Artículo 90 Sección Segunda.

La proscripción del latifundio implicaba una reforma agraria que lo hiciera desaparecer, pero ¿qué tipo de reforma agraria?

Martí siempre fue favorable a que la tierra en Cuba fuera distribuida de forma tal que creara una clase de pequeños propietarios como base de la nacionalidad cubana, y como fundamento de una sociedad balanceada, sin grandes desigualdades que pudieran debilitar el Estado de derecho de una sociedad democrática. El núcleo de este campesinado propietario de la tierra debía comenzar con los miembros del Ejército Libertador, pero como vimos, la existencia de cuatro años de gobierno interventor norteamericano frustraron esta posibilidad, allanando el camino a la formación de la institución latifundiaria en el agro cubano.

Para Martí, la tierra tenía más un valor social que económico, valorándola en su utilidad social, o sea subordinándola al "bien común", y con esta óptica fue enfocado el latifundio a partir de la Revolución del 33, y en la Constitución de 1940, pero Martí consideraba también que la tierra debía ser propiedad privada del que la trabajaba, o sea en el sentido capitalista de propiedad, y que debía pasarse de formas semifeudales de posesión de la tierra, a formas capitalistas: "En economía política y buen gobierno, distribuir es hacer venturosos. En América no hay más que repartir bien las tierras".

Como señalaron los informes de expertos extranjeros en 1934 *Problemas de la Nueva Cuba* de la Foreing Policy Association, y en 1950 el *Report on Cuba* de la Misión Truslow, la propiedad de la tierra era considerada prioritariamente desde el punto de vista de crear trabajo, o sea en su dimensión social, y no de crear bienes y servicios de manera eficiente, que enriquecieran a la población e hicieran crecer al país, lo cual quiere decir en su dimensión económica.

Ahora bien ¿qué cosa es un latifundio?

Las condiciones para la creación del latifundio como institución son la existencia de una agricultura comercial en un contexto de abundancia de tierras, baja densidad poblacional, y escasez de capital, lo que implica una agricultura de baja productividad, por lo que solamente a partir de la práctica extensiva de las actividades agropecuarias se pueden obtener retornos significativos.

El latifundio muchas veces se confunde con propiedades de gran extensión territorial, pero latifundio implica bajo nivel de inversión para obtener ganancias, lo cual da lugar a un desperdicio del recurso "tierra", afectando de esta forma al resto de la sociedad, o sea se crea una típica externalidad negativa.

Un estudio clásico acerca de los dos tipos de latifundios es *Haciendas and Platations in Middle América and the Antilles*, de Eric R Wolf y Sidney W Mintz donde se plantea que para que surja el latifundio como institución económica que caracterice a la tenencia de la tierra en un país tienen que cumplirse como mínimo cuatro condicionantes.

1. Una relación tierra-población favorable a la primera, o sea abundante oferta de tierra.
2. Existencia de mercados de cierta amplitud para los bienes que se produzcan.
3. Bajo nivel tecnológico que dé lugar a rendimientos decrecientes, y a una utilización subóptima de la tierra poseída.
4. Tipo específico de cultivo, ya que hay cultivos que no se prestan a desarrollarse eficientemente en fincas de grandes extensiones, y otros que si tienen requerimientos de grandes extensiones para desarrollarse eficientemente.

En los países donde el latifundio predomina como forma de propiedad de la tierra, este se encuentra acompañado generalmente por el minifundio, ya que el recurso tierra no se reproduce, o sea su oferta es fija, pero la población sí crece, por lo que en las tierras de menor productividad, que son las que no controla el latifundio, se van subdividiendo las fincas con una tasa de rendimiento decreciente dando lugar un proceso de depauperizacion del campesinado.

La solución al latifundismo desde el punto de vista social es la confiscación de tierras y su reparto entre los campesinos.

La solución económica al latifundio es el incremento de la utilidad marginal de la tierra por medio de la inversión, aumentando la productividad y agregando valor al producto de la agricultura, de forma tal que se estructure un mercado de tierras libre de impedimentos institucionales.

-oOo-

Cuando comienza la intervención norteamericana en la isla en 1899, la explotación comercial de la tierra era más intensa en la parte occidental que comprendía a las que fueran las provincias de Pinar del Rio, La Habana, Matanzas, y la parte occidental de La Villas, pero en las vastas extensiones del oriente cubano, la agricultura comercial tenía muy poco desarrollo, y la propiedad de la tierra, en el sentido capitalista del término, era muy difusa, siendo muy extendida la propiedad comunal, y la agricultura de subsistencia practicada sin ningún título de propiedad sobre la tierra.

Las autoridades norteamericanas consideraron que era necesario abrir estas tierras para los inversores que se establecerían en la isla, y para ello se emitió la Oden No 62 sobre el deslinde y división de haciendas, hatos, y corrales de 5 de marzo de 1902 dando lugar así a una reforma agraria.

Por medio de esta ley fueron despojados de sus tierras innumerables campesinos que no tenían títulos de propiedad, ni podían demostrar que era los propietarios de acuerdo a la costumbre.

Esta ley tenía como propósito no solo facilitar tierras baratas a los inversores norteamericanos, si no también fuerza de trabajo que quedaría sin medios de subsistencia como no fuera emplearse por un salario, estableciéndose así un mercado laboral plenamente capitalista.

La Orden No 62 constituyó la base del latifundio en la República de Cuba.

El primer cubano que hizo un análisis profundo del latifundio en la República de Cuba considerando los peligros, causas, y formas de detener su expansión, fue Ramiro Guerra Sánchez en su famoso libro *Azúcar y población en las Antillas* publicado en 1927 por primera vez aunque este análisis tenía un sentido más social que económico como analizamos ya en un acápite anterior.

La crisis de principios de los años 30 puso definitivamente en evidencia las consecuencias fatales del latifundio, al quedar ociosas enormes extensiones de tierras, junto a una masa de campesinos hambrientos que se volcaban sobre las ciudades en busca de ocupación para poder subsistir ellos y sus familias, dándose la as condiciones para que tuviera lugar una revolución de tipo agrarista, cuyos brotes se pueden encontrar en las agitaciones de los comunistas que desembocaron en la toma de centrales azucareros, y la formación de "soviets" en algunos de ellos en el año 1934.

En diferentes propuestas se planteó que se dedicara parte de las tierras de los centrales a cultivos de subsistencia desde los años 20, así como en los programas y manifiestos de los años 30, así como en el Plan Trienal de Batista. También se había propuesto en reiteradas ocasiones el establecimiento de un impuesto progresivo sobre la tierra que elevaría el costo de oportunidad de tener tierras ociosas, pero nada de esto se había puesto en vigor ante la resistencia de los intereses vinculados a la existencia del latifundio.

En el año 1937, con la aprobación de la Ley de Coordinación Azucarera, tiene lugar una reforma agraria parcial, pues esta ley al obligar a los centrales a que toda la caña que necesitaran fuera producida por los colonos, y que estos estarían protegidos de perder sus tierras, se creaba así una clase campesina propietaria de su tierra.

La crisis azucarera y la Gran Depresión desarticularon los mercados, y entre ellos el mercado de tierras, pues no existía en Cuba una demanda efectiva de tierras que hubiera ayudado a la disolución del latifundio, por lo que una reforma agraria solo podría efectuarse confiscando tierras por parte del Estado, pero esta posibilidad nunca fue tomada en consideración.

El latifundio, como todo monopolio es inestable, pues cuando van desapareciendo las condiciones de su surgimiento tiende a disolverse, y solo por medio de regulaciones del Estado apoyando los intereses latifundiarios puede mantenerse, así desde 1926 con la Ley Verdeja comienzan a acumularse regulaciones que tienden a mantener el latifundio azucarero y ganadero, lo que unido a la falta de demanda efectiva de tierras consolidó la institución hasta comienzos de la década de 1950 donde va apareciendo alguna demanda efectiva sobre la tierra que estaría presionando la disolución del latifundio, y como vimos se estaba produciendo alguna diversificación de la agricultura, pero se hacía necesaria la desaparición de las regulaciones para que se produjera una verdadera reforma agraria en el país.

Esta sería la única reforma agraria con sentido económico, pero la mentalidad prevaleciente en Cuba, y en América Latina en general, era una reforma agraria confiscatoria basada en un concepto social.

Para tratar de aproximarnos a una respuesta, primeramente debemos analizar las dos actividades latifundiarias que se desarrollaron en Cuba como dos sistemas agrarios distintos, y cuya dinámica responde a dos realidades diferentes; el sistema de plantación para producir azúcar, vinculado al mercado internacional, y el sistema de hacienda para la ganadería vinculada al mercado nacional.

Las plantaciones azucareras requieren grandes cantidades de capital, del cual una parte sustancial se encuentra invertido en maquinaria, transporte e infraestructura, unido a ello un personal técnico especializado.

Las plantaciones requieren también de importantes cantidades de capital financiero para operar, para efectuar mantenimiento, y expandir las operaciones para obtener economías de escala, donde muchas veces los requerimientos de capital eran satisfechos con capital importado, por lo que como hemos visto, la gran expansión azucarera de Cuba entre 1900 y 1925, se debió en gran medida a la inversión de capital extranjero.

La plantación azucarera requirió una amplia y constante oferta de capital, y para lograr esto son necesarios grandes mercados, los cuales casi siempre van más allá de las necesidades de consumo del país donde se encuentra la plantación.

Debido a que el producto de las plantaciones se encuentra vinculado al mercado internacional, cuando su demanda se hace inelástica, buscan frenar la sobreproducción, la cual tiene consecuencias fuera de su control, con el establecimiento de acuerdos internacionales para la creación de cártels de productores que los protejan.

Los acuerdos azucareros internacionales comienzan desde 1903, pero ya desde el siglo XIX, el azúcar es blanco de muchas regulaciones proteccionistas que buscan favorecer el desarrollo de la industria de azúcar de remolacha.

Al igual que las haciendas, la plantación tendrá grandes requerimientos de tierras de acuerdo a su necesidades de caña, y también tierras de reserva que le permitan expandir su producción para abastecer la expansión de los mercados.

Las plantaciones en general no poseen mucha tierra improductiva, sobre todo en países donde la tierra es escasa como por ejemplo Hawaii, Java, Puerto Rico, Mauricio, etc., sin embargo en Cuba, donde la tierra es relativamente abundante, las plantaciones tratan de poseer la mayor cantidad de tierra posible, lo que les permite fabricar centrales colosales y hacer economías de escala.

Las necesidades de labor de la plantación azucarera en Cuba son muy altas durante tres meses del año, que se reducen a muy pocas en los otros nueve meses. Unos costos laborales bajos serán imprescindibles para la obtención de ganancias, por lo que las economías de plantación requieren labor abundante, barata, y disponible cuando haga falta, por lo que las plantaciones tratarán de mantener una fuerza de trabajo cautiva, o sea sin propiedad sobre la tierra, que tenga necesidad de emplearse por un salario.

En Cuba, durante la gran expansión azucarera, las necesidades de labor fueron resueltas en gran medida con fuerza de trabajo de inmigrantes, pero también siempre existió una masa de trabajadores rurales proletarizados que abastecieron de labor a las plantaciones azucareras.

La competitividad de la industria azucarera cubana no se basaba en los bajos costos laborales, ya que había países con costos de labor más bajos. Dicha competitividad se basaba en la abundancia de tierras fértiles que hacía posible la obtención de la caña a muy bajo costo, debido a los bajísimos requerimientos de inversión en el sector agrícola. Cuando los centrales no poseían suficientes tierras propias, y se veían en la necesidad de competir por la caña para su abastamiento, tenían que operar muchas veces con ganancias marginales, de acuerdo a los precios del azúcar en el mercado mundial.

El otro tipo de latifundio cubano es la hacienda ganadera, que a diferencia de las plantaciones tiene bajos requerimientos de capital, así como de labor, por lo que opera en una situación de escasez de capital y de labor, y es por ello que la vemos en el panorama económico de Cuba desde el siglo XVI.

A diferencia de las plantaciones, el mercado al que dirige sus productos la hacienda ganadera es limitado al consumo nacional, o sea las plantaciones dirigen su producción a mercados de gran alcance con precios que no pueden controlar, por lo que sus ganancias se basan en la elasticidad de la demanda de sus productos, y sus costos de producción y transacción, en tanto el mercado de las haciendas es de alcance limitado, con demanda inelástica, pero con condiciones que pueden ser controladas y reguladas nacionalmente, por lo pueden ser cartelizadas con más facilidad haciendo que sus ganancias dependan menos de las fuerzas del mercado.

Los requerimientos de tierras de las haciendas son muy grandes al igual que las plantaciones, por lo que solamente pueden surgir en condiciones de abundancia de tierras.

Al igual que las plantaciones, las haciendas buscan controlar la mayor cantidad de tierras para evitar el surgimiento de actividades que puedan competir con ellas por la fuerza de trabajo.

Los requerimientos de labor de las haciendas ganaderas son muy bajos en comparación con los de las plantaciones aunque el empleo es más estable a lo largo del año, por lo que pueden prosperar en entornos de baja densidad poblacional. La tecnología empleada por las haciendas ganaderas es muy reducida debido a que la falta de capital es su condición existencial, por tanto, es consumidora intensiva de tierras, en tanto tiene un consumo muy bajo de labor y capital.

En un contexto de baja disponibilidad e inversión de capital, estas dos actividades requieren mantener bajos los costos a partir del control latifundiario de la tierra, por tanto, los intereses tanto de los plantadores como de los hacendado, se encuentran vinculados a una forma monopólica de control de la tierra que solo se sostiene con el apoyo del Estado.

La mayor extensión de la plantación azucarera cubana se alcanzó entre 1925 y 1929, con una superficie de tierras controladas de unas 250 mil caballerías. En esos años comenzó la cartelización de la industria azucarera, y se detuvo la expansión, iniciándose una lenta reducción de la superficie, pero considerando el latifundio como la extensión de tierras ociosas e improductivas, la mayor extensión del latifundio azucarero como tal, se alcanzó durante la década de 1930 con un promedio de tierras sin uso de 144 mil caballerías debido a la reducción de las zafras, en tanto la industria azucarera mantiene intacta la superficie controlada debido al establecimiento del cártel azucarero.

La década de 1940, hasta el año 1952, es testigo de una contracción del latifundio azucarero por dos factores coadyuvantes; aumenta la tierra en uso, y disminuye la superficie controlada.

La disminución de la superficie controlada es de un 5.4%, pero la contracción, como promedio del latifundio fue unas 66 mil caballerías, o sea de un 45.8%. La extensión promedio del latifundio azucarero fue de unas 78 mil caballerías en el período 1940-1952.

Es el resultado del aumento significativo del volumen de las zafras debido a las condiciones bélicas afectando el mercado mundial (Segunda Guerra Mundial, posguerra, Guerra Fría, Guerra de Corea).

A partir de 1953, a pesar de una nueva restricción unilateral de la producción de azúcar entre 1953 y 1956, la extensión superficial del área controlada por la industria azucarera sigue reduciéndose en un 7.5%, y la superficie ociosa se reduce en un 20.2%, a ser unas 62 mil caballerías, o sea una reducción absoluta del latifundio de unas 16 mil caballerías.

El estancamiento de los precios del azúcar, unido a algún crédito disponible para otras actividades agrícolas como por ejemplo el arroz, dieron lugar a que continuara la lenta disolución del latifundio azucarero.

Por otra parte, la hacienda ganadera llega a su máxima extensión en la década de 1930, alcanzando las 300 mil caballerías, manteniéndose hasta fines de la década de 1950 oscilando entre las 290 y 300 mil caballerías de extensión.

Durante el gobierno de Machado comienza la cartelización de actividades relacionadas con la ganadería y sus industrias derivadas.

El latifundio ganadero hay que analizarlo en función de la cantidad de reses por caballería de tierra controlada, y este llegó a su máxima extensión durante la década de 1940 con un descenso espectacular de la masa de ganado vacuno, sin que disminuyera la extensión de la hacienda ganadera debido a la cartelización, y la falta casi absoluta de inversiones.

Una ganadería de tipo extensivo de acuerdo a las condiciones técnicas de aquellos tiempos puede considerarse hasta 40 cabezas de ganado vacuno por caballería, y en el año 1958 apenas llegaban a la mitad, luego de una recuperación que tuvo lugar en los años 50, como analizamos en los acápites anteriores, de esta forma podemos considera que para la masa ganadera de aproximadamente seis millones de cabezas de ganado en 1958, los requerimientos de tierras en aquellas condiciones técnicas, sobraban 150 mil caballerías, por tanto, el latifundio ganadero puede calcularse en unas 150 mil caballerías a fines de la década de 1950.

En la medida en que se capitaliza más la actividad ganadera y las industrias derivadas, el latifundio va desapareciendo con un uso más racional de las tierras.

En resumen, entre el latifundio ganadero y el azucarero tendríamos unas 212 mil caballerías de superficie, y si a ello le agregamos la improductividad en los diferentes cultivos, tendríamos 12, 682 caballerías en otros cultivos, y 46 mil caballerías en la caña, el total estimado de la extensión del latifundio en Cuba en 1958 sería de unas 270 mil caballerías; un 38% de la tierra cultivable del país, lo cual significa un enorme desperdicio del factor tierra, el más valioso de Cuba, a lo cual se encontraba unido un desempleo permanente de la fuerza de trabajo agrícola de un 37% según el survey de la Junta de Economía efectuado entre 1956 y 1957.

Esto nos da una idea de la magnitud del problema del latifundio a finales del período republicano que justificaban sobradamente una reforma agraria.

Los dos propósitos principales para llevar adelante una reforma agraria serían los siguientes.

1. Crear empleo, y crear una clase campesina de pequeños propietarios.
2. Crear valor, y diversificar a partir de una agricultura comercial productiva.

Si consideramos la propiedad en su función social, como planteaba de manera completamente explícita la Constitución de 1940, el primer propósito es el más adecuado, y el tipo de reforma agraria sería de tipo confiscatorio.

Si consideramos la propiedad en su función de creadora de mayor valor, el segundo propósito es el más adecuado, por lo que la reforma agraria la realizarían las fuerzas del mercado.

El segundo propósito no es excluyente del primero, pero el primero sí se ha demostrado históricamente que tiende a ser excluyente del segundo.

-oOo-

El primer estudio de importancia acerca del latifundio moderno en Cuba fue el de Ramiro Guerra Sánchez *Azúcar y población en la Antillas*, publicado en 1927 por primera vez.

El análisis de Guerra se dedica específicamente al latifundio azucarero, y describe el desarrollo del mismo básicamente en la parte occidental de Cuba, donde las condiciones para su desarrollo eran más limitadas debido sobre todo a la existencia de una relación tierra-labor más bien favorable a la labor, por lo que Guerra analiza la situación donde esta condición está tratando de cambiarse por parte de los centrales con el objetivo de obtener la caña más barata, convirtiendo el mercado de la caña en un mercado de compradores, no un mercado de vendedores como había sido. Por ello él plantea:

> Dícese que el latifundio es indispensable a la existencia de la industria azucarera. Es un error. El latifundio es indispensable para que el central domine al colono imponiéndole las condiciones que se le antoje.
>
> El latifundio azucarero viene fatal e ineluctablemente reduciendo las grandes masas del pueblo cubano a la miseria.

En las regiones centro-orientales, los centrales posen tierras suficientes para abastecerse de la caña que necesitan, crean un colono dependiente en sus tierras, y contratan fuerza de trabajo barata en las vecinas islas del Caribe, por eso obtienen la caña a precios inferiores que los centrales de Occidente, donde predomina el colonato independiente, y los centrales tienen que comprarles la caña para abastecer sus capacidades, en una situación de incremento de la demanda, por lo que el mercado de la caña se convierte en un mercado de vendedores.

Ramiro Guerra no se da cuenta de que el colonato como forma organizativa de la industria azucarera, en las condiciones del moderno central, ya es una institución ineficiente desde el punto de vista económico, ya que la agricultura cañera no es eficiente en fincas pequeñas como es el caso por ejemplo del café o el tabaco. El tamaño óptimo es la plantación de gran superficie que es donde se pueden alcanzar las economías de escala, y superar los rendimientos decrecientes.

El enfoque de este estudio está orientado hacia la función social de la propiedad de la tierra, y no su función económica. Para Ramiro Guerra, el colonato es ineficiente desde el punto de vista económico, pero equivocadamente considera que es eficiente desde el punto de vista social.

En dicho estudio se plantea un programa de acción contra el latifundio azucarero.

"Como el latifundio ya es tan poderoso, no es posible combatirlo sin llamar al Estado en defensa de la nación".

El programa de Ramiro Guerra básicamente se encuentra en tres puntos.

1. No más extensión del latifundio.
2. No más importación de braceros.
3. Tierra propia para el cultivador con el objetivo de que la tierra cubana subdividida y poseída por cubanos sea cultivada en la mayor proporción posible por una clase campesina.

El primer punto se hizo realidad con la Ley Verdeja de 1926; el segundo punto se fue concretando durante la segunda mitad de la década de 1920, y principios de la de 1930 debido a la contracción de la producción de azúcar hasta que en 1933 se convirtió en ley, y se ratificó con la Constitución de 1940. El tercer punto, que significaba una reforma agraria, nunca se llevó adelante durante la República, aunque parcialmente se concretó con la Ley de Coordinación Azucarera de 1937, ratificada también en la Constitución de 1940.

Desde 1931 con el Manifiesto del ABC, pasando por el gobierno revolucionario de los Cien Días, el informe de la Foreing Policy Association *Problemas de la Nueva Cuba* de 1934, el Plan Trienal de Batista de 1937, el Programa del Bloque Revolucionario Popular de 1937, y por último, la Constitución de 1940 (Artículo 90) se plantea la necesidad de una reforma agraria y la desaparición del latifundio.

Por otra parte, el latifundio ganadero, por ser una actividad casi completamente nacional, no se abordó, y más bien se agudizó con los controles de precios y el apoyo a la creación de cártels en las industrias derivadas.

Como hemos analizado más arriba, el latifundio ganadero existe en un contexto de muy baja capitalización, y con estas regulaciones la inversión de capital en la ganadería disminuía a casi cero, consolidando de esta forma el latifundio en esta actividad.

La formación de una banca pública de desarrollo que se inicia en 1950 con el BANFAIC, y que después se amplía con el segundo gobierno de Batista, en lo que a agricultura se refiere, busca promover una diversificación a partir de la concesión de créditos a algunas actividades no-azucareras a las que el gobierno asigna prioridad. Además, la creación del Banco Nacional también n 1950, al darle estabilidad al sistema bancario del país, permite que la banca comercial amplie su cartera de créditos hacia actividades de la agricultura y la ganadería no tradicionales.

Como hemos visto, aunque la concesión de créditos, y la inversión, no tenía como propósito acabar con el latifundio, si no lograr una diversificación de la agricultura, tuvo un impacto positivo indudable sobre la disminución del latifundio.

Los planes desarrollistas del gobierno de Batista tenían entre sus prioridades la disminución del desempleo crónico que azotaba a la economía nacional desde la década del 30, y que constituía un factor de inestabilidad social muy preocupante, pero en ningún momento se consideró llevar adelante una reforma agraria que pudiera afectar a la poderosa clase terrateniente de Cuba, especialmente los hacendados azucareros, por lo que el problema del latifundio había quedado relegado a un segundo plano desde los años 30, a pesar de existir un mandato explícito en la Constitución vigente.

Una vez más algunos consideraron que la tierra podía constituir una fuente de empleo a gran escala que pudiera ayudar a resolver este problema. Entre los proponentes de esta solución se encontraba el profesor del Universidad de Villanueva Walter Frielingdorf.

El profesor Walter Frielingdorf, en un ensayo titulado *Reformas sociales y desarrollo económico*, publicado en 1958, planteaba que la solución al desempleo en Cuba no era ni podía ser la industrialización, debido a las enormes inversiones necesarias para absorber el desempleo, cosa que se encontraba mucho más allá de las posibilidades monetarias y crediticias del país, así como de las posibilidades de inversión extranjera, por tanto, él proponía un programa de "agrarización" como fuente creadora de empleo que requeriría una mucho menor inversión de recursos.

> Si no cambiamos resueltamente todo nuestro enfoque, parece imposible incorporar a los desempleados crónicos, y a los jóvenes cubanos a la producción de bienes y servicios del país.

> Si la abundante mano de obra ociosa de Cuba se combinaran a base de un bien ideado plan de reforma agraria, con el abundante recurso tierra cultivable, se puede incorporar a miles de personas a la economía del país necesitando por ocupado solo una fracción del capital per cápita que se supone para otras actividades.

En 1958 fue publicado en la revista *Cuba económica y financiera* un extracto de un escrito del economista sueco Gunnar Myrdal [17]en relación con las reformas agrarias en América Latina que plantea lo siguiente:

> Con el abrumador predominio de la agricultura en las economías nacionales, las reformas agrarias figuran naturalmente en primer lugar entre las reformas redistributivas.
>
> En muchos países, la estructura agraria y en particular los sistemas de tenencia de la tierra, impiden que se eleve el nivel de vida de los pequeños agricultores y trabajadores agrícolas, y son un obstáculo al desarrollo económico, tanto por que impiden la expansión del abastecimiento de alimentos, como por que hacen que la agricultura se estanque.
>
> La reforma agraria es además una condición primordial del crecimiento industrial. Uno de los principales obstáculos a la industrialización en los países subdesarrollados es la falta de un mercado amplio y en expansión.
>
> De hecho, la reforma agraria es un paso revolucionario que trasmite el poder y la condición social de un grupo de la comunidad a otro. Si el gobierno del país está dominado por grupos de terratenientes, o si estos tienen gran influencia en él, puesto que ese grupo está perdiendo sus prerrogativas, no es de esperarse que se promulgue una legislación agraria efectiva. La mejor seguridad de reforma agraria consiste en un gobierno popular que verdaderamente desea la reforma.

El planteamiento de Myrdal se basaba en una redistribución de las tierras ejecutada por el Estado interviniendo en la economía de manera confiscatoria. Muchas reformas agrarias se practicaron de esta forma a lo largo y ancho de América Latina empezando por la reforma agraria mexicana, consecuencia de la revolución de 1910, y la boliviana de la revolución de 1952, y todas fracasaron en sus objetivos socialistas redistributivos.

Por otra parte se encontraban los que abogaban por una reforma agraria pero solo la concebían como una redistribución de tierras de los centrales a los colonos, para ampliar el colonato, ya que lo establecido por ley era que los colonos fueran los abastecedores de caña de los centrales, y no la caña cultivada en tierras de administración, o sea cultivada por los centrales en sus tierras.

Los que abogan por este tipo de reformas agrarias redistributivas como Myrdal, lo que buscan es la transferencia forzosa de la propiedad de la tierra a los campesinos en busca de una diversificación de la agricultura, una mayor producción y un mayor empleo por medio de la redistribución de la propiedad.

La meta real de esas reformas agrarias no es alcanzar una mayor eficiencia, si no hacer que el mayor número de personas posible sobrevivan por medio de la agricultura a partir de una redistribución de ingresos Este tipo de reforma agraria es incompatible con una solución real a los problemas del agro.

La ineficiencia que persistía en la agricultura cubana en la década de los años 50 deja claro que era necesaria una reforma agraria en el país a partir de una reorganización de la estructura de tenencia de la tierra.

El latifundio es un problema económico de mala asignación de recursos, que tiene repercusiones

17. Gunnar Myrdal 1898-1987 Economista sueco Premio Nobel de Economía en 1974

(externalidades negativas) tanto económicas como sociales, por lo que debe ser abordado desde el punto de vista económico en busca de lograr una asignación de recursos -en este caso tierras- más eficiente. La aproximación social al problema siempre resulta parcial, y la evidencia histórica ha demostrado una y otra vez que tal solución está destinada al fracaso.

Una verdadera reforma agraria en Cuba descansaría en dos elementos fundamentales; uno la restauración del derecho de propiedad pleno sobre la tierra y sus productos, eliminando todo tipo de regulaciones y monopolios, entre ellos La ley de Coordinación Azucarera, con el objetivo de remover los obstáculos institucionales a la formación de un mercado libre de tierras, y en segundo lugar una importante inversión de capitales que permitiera valorizar las tierras, diversificar la agricultura y crear más valor elevando la utilidad marginal de la tierra. Esta inversión debe correr a cargo de empresarios privados exclusivamente, ya sean nacionales o extranjeros. La función del Estado se encuentra en evitar que se formen una vez más cártels y monopolios que obstaculicen el funcionamiento del mercado libre de tierras y de sus productos.

La aproximación del gobierno de Batista al problema de la agricultura no fue combatir el latifundio, ya que no quería en ningún momento enfrentarse a los poderosos terratenientes y sindicatos, y lo que hizo fue agudizar el problema del latifundio cartelizando aún más la actividad agropecuaria.

Así se crearon varios cártels durante su segundo mandato entre los que se encuentran:"Administración de Estabilización del Arroz".

- Administración de Estabilización y Compra del Café.
- Administración de Estabilización del Maíz.
- Comisión Ejecutiva Nacional de Cooperativas Agrícolas.
- Comisión Reguladora de Producción Agrícola del Tabaco.

En un documento emitido por la CTC y firmado por su secretario general, Eusebio Mujal Barniol, de mayo de 1958 se planteaba lo siguiente:

> El Estado ha ido a una política de protección de la caña, el tabaco, el maíz, el arroz, y la papa, pero entiende la CTC que es insuficiente al no abarcar otras producciones agrícolas dignas de respeto y protección.
>
> La CTC plantea la urgencia de una *planificación a gran escala* para que los precios de garantía y el financiamiento de las cosechas *obedezcan a una orientación centralizada* y uniforme que abarque toda la producción agrícola de importancia que tiene Cuba.

Estos institutos fijaban precios, establecían cuotas de producción, cuotas de empleo, fijaban salarios, etc. Todo lo contrario de una economía capitalista, y con una marcada tendencia a la creación de una economía fascista-socialista con el fin de un redistribucionismo que enervaba los problemas del campo en Cuba.

Cuba no tenía muchas posibilidades de expandir su agricultura de manea cuantitativa incorporando al cultivo nuevas tierras, por tanto, el problema del latifundio se encontraba en la falta de flexibilidad del mercado de tierras, y en la baja productividad de la tierra.

En el año 1912, a precios constantes de 1937, el valor producido por las actividades agropecuarias per cápita fue de 55.29 pesos, y en 1958 de 33.56 pesos lo que significa una contracción del 39.3%.

En 1912, el per cápita agropecuario representó el 33.8% del per cápita general, y en 1958 el 25.2%.

Estos números indican la pérdida de importancia de la agricultura, y la subutilización del principal recurso económico con que contaba el país.

Un aumento de la productividad de la agricultura incrementa el valor de la tierra, por lo que el mercado tiende siempre a eliminar la existencia de tierras ociosas y semiociosas, pero las regulaciones existentes desincentivaban la inversión en la agricultura, y la flexibilización del mercado de tierras. El informe de la Misión Truslow de 1950 había puesto de manifiesto estos problemas que en términos generales mantenían en el atraso a la agricultura cubana, y reforzaban la existencia del latifundio, pero en Cuba cuando se hablaba de reforma agraria, solo se concebía como una medida confiscatoria con propósitos redistributivos y de creación de empleo aunque fuera a costa de una mayor ineficiencia.

En tiempos de José Martí, a fines del siglo XIX, en Cuba no existía el problema del latifundio, pero Martí sí fue testigo del tipo de sociedades que derivaban de una organización económica basada en el latifundio como México, Guatemala, y Venezuela, que él conoció de primera mano. Por tanto no propuso una solución al latifundio mismo, si no que alertó acerca de los peligros y las consecuencias nefastas que traería si no se hacía una asignación correcta de la tierra en la República futura.

Martí hubiera querido crear una extensa clase de campesinos propietarios de sus tierras, como un contrapeso económico y social que previniera la creación del sistema agrícola latifundiario, pero hay que entender que esto no quiere decir que no se formaran propiedades agrarias de gran extensión con un uso eficiente de la tierra de acuerdo al tipo de actividad que desarrollen.

La visión martiana era perfectamente compatible con el capitalismo de libre empresa, contraria a la visión aristocrática de la tenencia de tierras, y a la visión socialista de la propiedad en función de crear empleo.

La Ley de Reforma Agraria firmada en la Sierra Maestra en mayo de 1959, se basó en la expropiación y la redistribución, que era la mentalidad socio-económica predominante en Cuba. La segunda de 1961 ya tenía un contenido eminentemente socialista radical eliminando casi completamente la propiedad privada sobre la tierra en Cuba. El resultado fue la destrucción de la agricultura en el país la cual aún – más de 60 años después- no se ha recuperado.

5. La industrialización en Cuba.
La industria no-azucarera: 1902-1958.

El capitalismo de compadres" es una expresión que describe una economía en la que la prosperidad en los negocios depende de una relación cercana entre los empresarios y los cargos públicos. Puede mostrarse por el favoritismo en la distribución de permisos legales, concesiones públicas, desgravaciones fiscales especiales, u otras formas de intervencionismo estatal.

Teoría del "Public Choice".

James M Buchanan.

1- Introducción.

1-1- Principales hipótesis acerca del proceso de industrialización latinoamericano.

1-2- La industrialización latinoamericana en el contexto internacional.

1-3- La industrialización en Cuba.

2- La industrialización, la inversión y la productividad del capital 1902-1933.

2-1- Industrialización espontánea en Cuba 1902-1927.

2-2- Industrialización de 1919 a 1927. El nuevo arancel proteccionista de Machado.

2-3- La desindustrialización, la crisis azucarera y la Gran Depresión: 1928-1933.

2-4- Conclusión de la industrialización durante el primer período republicano 1903-1933.

3- La industrialización durante el período de recuperación; 1934-1940.

4- La industria entre 1941 y 1947: El shock externo de la guerra y la posguerra.

4-1- Políticas gubernamentales. Intentos de promoción industrial.

4-2- Desindustrialización relativa. Sus causas y consecuencias sociales.

5- Inicios de la industrialización inducida 1948-1952.

5-1- Causas que alentaban y frenaban el inicio de una reindustrialización en Cuba.

5-2- El nuevo orden económico internacional y las opciones de Cuba.

5-3- Proteccionismo nacionalista vs. reciprocidad comercial.

5-4- Del redistribucionismo al desarrollismo. Cambio de paradigma en el pensamiento económico cubano.

5-5- Propuesta de industrialización de la Misión Truslow de 1950.

6- La industrialización por sustitución de importaciones: 1953-1958. capitalismo de Estado.

6-1- El desarrollismo y la industrialización 1953-1958.

6-2- Financiamiento de los planes de desarrollo 1953-1958.

6-3- Resultado de los planes de industrialización 1953-1958.

6-3-1- Industria manufacturera entre 1952-1958.

6-3-2- El boom de la construcción.

6-3-3- El consumo de energía eléctrica por sectores.

6-3-4- La industria turística.

6-3-5- Análisis de los resultados de los planes del desarrollismo cubano.

7- Las opciones de Cuba y la industrialización inducida 1948-1958.

8- Conclusión del proceso de industrialización en la República.

Introducción. Principales hipótesis acerca del proceso de industrialización latinoamericano

Los historiadores y economistas que se han ocupado de analizar el proceso de industrialización que tuvo lugar en América Latina durante el siglo XX han establecido básicamente tres hipótesis o tres escenarios, a partir de los cuales se llevó a cabo dicho proceso.

1. Industrialización endógena, promovida por el crecimiento de las exportaciones vía el aumento de los ingresos reales de la población.
2. Industrialización por shocks externos tales como las dos guerras mundiales, la Gran Depresión, etc., que inducen a políticas encaminadas a promover la industrialización.
3. Industrialización inducida, ya sea por sustitución de importaciones (ISI) o diversificación de exportaciones como conjunto de políticas públicas (tomadas por el gobierno).

El primer escenario se desenvuelve en general, para las repúblicas latinoamericanas, entre la década de 1890 y la Primera Guerra Mundial (1914-1918).

Esta hipótesis considera que América Latina se industrializa cuando las exportaciones de materias primas estuvieron en auge con términos favorables de intercambio[1]. Eso facilitó la importación de bienes de capital y productos intermedios, e hizo crecer de manera real el mercado interno de los países latinoamericanos, haciendo crecer la demanda doméstica de bienes industriales. Así, los booms de las materias primas condujeron a un incremento de la producción y la productividad industrial.

La llamada "industrialización endógena" fue la respuesta espontánea del mercado capitalista a una serie de condiciones favorables que se dieron en los países que alcanzaron el desarrollo industrial en el siglo XIX, como fue el caso de Europa Occidental, Japón y Estados Unidos cuando pasaron de ser sociedades agrícolas a sociedades industrializadas.

Para que este tipo de industrialización tuviera éxito, era necesario un determinado grado de acumulación de capital humano, y de urbanización, unido a un sector exportador exitoso, y un mercado interno con una creciente demanda real de bienes de consumo.

El país latinoamericano donde este proceso tuvo más éxito anterior a la década de 1920 fue Argentina, la cual con un boom del sector exportador de productos primarios vio el desarrollo paralelo del sector industrial.

En algunos países, el boom del sector exportador puede producir lo que se conoce como "Enfermedad holandesa"[2] que dificulta o impide el desarrollo de la industrialización al abaratarse extraordinariamente las importaciones de manera tal que se hace imposible para la industria nacional competir con ellas. Un caso típico fue el de Venezuela con el petróleo en la década de 1950 y en la década de 1970.

---

1. Términos de intercambio es un concepto que relaciona los precios de los productos exportados con los de los importados. Cuando las variaciones en los precios de las exportaciones son mayores que los cambios en los de las importaciones tiene lugar una mejora en los términos de intercambio, y cuando se produce lo contrario, se dice que está teniendo lugar un deterioro de los términos de intercambio.
2. Enfermedad holandesa es un término utilizado para describir los efectos perjudiciales provocados por un súbito aumento del ingreso de divisas en un país. Este concepto se ha utilizado desde los años 60 para explicar las crisis que paradójicamente afectaron a países como España en el siglo XVI con la llegada de los tesoros de América, o Venezuela con el alza de los precios del petróleo en la década de 1970

Chile, que es el país que desde el punto de vista económico más se parece a Cuba dentro de América Latina, comenzó su industrialización en la primera década del siglo XX, y a pesar de su casi monopolio en la producción de nitrato, manejó los flujos monetarios de forma tal que no fue seriamente afectada por la "Enfermedad Holandesa".

El segundo escenario es el de la industrialización impulsada por shocks externos adversos. Los proponentes de estas hipótesis plantean que cuando como resultado de depresiones, guerras, caída de los precios de las exportaciones, empeoramiento de las condiciones de importación, deterioro de los términos de intercambio, la demanda interna para las importaciones gradualmente es sustituida por manufacturas locales.

Esta hipótesis plantea que América Latina se desindustrializa cuando tiene lugar un alza de los precios de las materias primas que exporta, y se industrializa cuando declinan los términos de intercambio.

Como se puede ver, esta hipótesis se encuentra en contraposición con la primera que plantea que la industrialización en América Latina es un resultado del boom de las exportaciones, y la desindustrialización es resultado de la contracción del sector exportador.

Evidentemente, la industrialización latinoamericana es un fenómeno heterogéneo, como heterogéneas son las condiciones específicas de cada república, además de que las condiciones externas evolucionan. El esquema de intercambio internacional clásico del siglo XIX cambia a partir de la Primera Guerra Mundial, por lo que la respuesta en América Latina cambia igualmente.

El espacio de tiempo durante el cual transcurre el período clásico de industrialización endógena para América Latina, o sea entre la última década del siglo XIX, y comienzos de la Primera Guerra Mundial, no tuvo lugar ningún shock externo que afectara las economías del continente, pero cuando estos comienzan a ocurrir a partir de 1914, la dinámica del proceso industrializador cambia.

Los shocks externos son provocados tanto por las dos guerras mundiales y la Gran Depresión, como por el auge de los proteccionismos en los países industrializados, y la destrucción del sistema de comercio internacional basado en el patrón oro. Todo esto produjo severas oscilaciones en los términos de intercambio a partir de los cambios en los precios relativos de las exportaciones y las importaciones en el corto plazo.

El predominio de este escenario lo podemos ubicar temporalmente entre el comienzo de la Primera Guerra Mundial, y el fin de la Segunda Guerra Mundial.

El empeoramiento de las condiciones de importación dará impulso a que se desarrolle el proceso de industrialización que tendrá mayor o menor alcance, según sean las condiciones de cada país.

El hecho de dificultarse las importaciones de bienes de capital e insumos necesarios para la industria, así como capital extranjero de inversión, dará lugar a que se expanda cuantitativamente las industrias nacionales, pero no así la productividad del trabajo, o sea crezca una industria más de tipo artesanal, que será lo que caracterizará el proceso de industrialización en estas condiciones de shocks adversos.

El debilitamiento del sector exportador de materias primas en América Latina aceleró el proceso de urbanización al producirse un excedente de mano de obra en las zonas rurales, lo cual será altamente favorable para las necesidades de labor del proceso de industrialización. Por otra parte, la demanda efectiva disminuye, lo que implica una contracción del mercado interno, por lo que el tamaño óptimo de las industrias es muy reducido, y no podrán hacer economías de escala, y por otra parte, la abundancia y baratura de la fuerza de trabajo hace irrentable la introducción de tecnologías modernas, por lo que las industrias que se crean son más intensivas en consumo de labor en relación con el consumo de capital.

Otra de las características de este período es el comienzo de la intervención del Estado en la economía tomando medidas como respuesta a los shocks externos. Es cuando comienzan los programas de estímulo económico, y diversificación de la producción encaminados generalmente a promover la industria nacional sustituyendo importaciones. Se empiezan a dar los primeros pasos de la industrialización inducida.

En el caso chileno por ejemplo, la Gran Depresión impactó con fuerza descomunal su estructura económica, que al igual que Cuba, se basaba en la exportación de un solo producto, en este caso el nitrato, y en menor medida en el cobre. El gobierno de Chile actuó promoviendo una política de sustitución de importaciones, y en 1938 creó una agencia financiera estatal, una de las precursoras de la banca pública de desarrollo; la Corporación de Fomento (CORFO)[3].

En esta etapa hay una mezcla de acción del mercado y del Estado buscando respuestas a los cambios en las condiciones del comercio internacional.

La tercera explicación acerca de la industrialización en América Latina, es la que se puede llamar "industrialización inducida explícitamente por los gobiernos".

Dichas políticas implican un apoyo explícito a las actividades industriales, especialmente a las que sustituyen importaciones. Esto incluye tarifas proteccionistas, controles de cambio, preferencias a empresas para importación de bienes de capital con destino a nuevas industrias, así como toda una serie de herramientas políticas tales como subsidios, créditos blandos, incentivos a empresas extranjeras para que inviertan en el país, y establecimiento de empresas mixtas o estatales.

Estas políticas fueron implementadas de manera simultánea después de la Segunda Guerra Mundial, por lo que este tipo de escenario industrializador lo encontramos a partir de mediados de los años 40, aunque los proteccionismos, como medida estimuladora de la industrialización por sustitución de importaciones se pueden encontrar desde la década del 30, e incluso en algunos casos desde antes.

El nuevo orden del comercio internacional surgido después de la Segunda Guerra Mundial era altamente desfavorable para las economías exportadoras latinoamericanas, lo cual indujo a la necesidad de cambiar la estructura productiva de estas repúblicas desde su modelo económico tradicional agro-minero exportador, hacia uno industrializado inicialmente orientado al mercado interno, pero para lograr este cambio de modelo. existía el convencimiento de que solo podía efectuarse de la mano del Estado, a partir de una amplia intervención en la economía, esta transformación se consideraba imposible que se produjera por la espontaneidad de las fuerzas del mercado.

La teoría, y las recetas para este cambio de estructura las aportaría la Comisión Económica para América Latina (CEPAL), organismo creado en 1948 por la ONU. Su primer presidente y principal teórico y promotor sería el argentino Raúl Prebisch[4].

Esta industrialización tendría lugar a partir sustituir importaciones de bienes de consumo con destino al mercado interno, por lo que para que estas empresas pudieran lograr economías de escala era necesario la existencia de mercados internos de cierto tamaño, o de lo contrario no pasarían de pequeños establecimiento de baja productividad. Esta sería la gran limitante de las políticas de sustitución de importaciones, y por eso solamente en las economías grandes de América Latina, como Argentina, Brasil, y México, y en menor medida Colombia y Chile, estas políticas tendrán algunos éxitos a corto y mediano plazo.

3. Este será el modelo de la banca oficial que en Cuba comenzó en 1950 con el BANFAIC (Banco de Fomento Agrícola e Industrial).

4. Raúl Prebisch. Economista argentino. 1901-1986.

En este tercer escenario ya tenemos al Estado como actor principal en la economía, lo cual irá produciendo una acumulación de externalidades negativas que llevarán al fracaso de estas políticas en todos los países sin excepción a fines de la década de 1960 y principios de la de 1970.

La industrialización latinoamericana en el contexto internacional

La primera etapa de la industrialización latinoamericana, o sea la industrialización endógena, provocada por las fuerzas del libre mercado capitalista se desarrolla dentro de los marcos de la globalización que tiene lugar entre 1870 y 1914.

Durante esta época, considerada como la Edad de Oro del capitalismo clásico, tuvo lugar una aceleración del proceso de división internacional del trabajo. Cada región y cada país se especializaba en producir lo que mejor podía hacer, y comprar donde no tenía ventajas comparativas.

Anteriormente, en la época del Mercantilismo, los países buscaban la autosuficiencia, pero ahora se enfocaban en producir y exportar lo que ellos hacían mejor e importar el resto. Países y continentes enteros se integraban a través de la especialización.

El capitalismo global hacía posible la especialización, el patrón oro, el libre comercio, y las nuevas tecnologías en el transporte y las comunicaciones crearon un mercado global accesible y predecible.

La especialización incrementaba la productividad, y esta a su vez alimentaba el crecimiento económico.

La especialización internacional se basaba en las ventajas comparativas que tenía cada país y región.

Como todos los países tienen diferente dotación de factores de producción, o sea unos son más abundantes en recursos naturales, otros en abundancia relativa de fuerza de trabajo, mientras que otros tienen abundancia de capital, esto explica, como notaron los economistas suecos Eli Heskcher (1879-1952), y Bertil Ohlin (1899-1979), creadores del llamado Modelo Heskcher-Ohlin, en que se basan las ventajas comparativas que había enunciado el economista británico David Ricardo en el siglo XIX.

Los países con gran dotación del recurso tierra, se especializarían en exportar bienes de alto consumo del factor tierra, por ejemplo productos de la agricultura, o la ganadería, o de la minería. Los países con elevada dotación de capital exportarían bienes de alto consumo de capital por ejemplo bienes industriales. En el primer caso tendríamos por ejemplo a Canadá y Argentina, en el segundo caso a Gran Bretaña y Alemania.

Las repúblicas latinoamericanas, congrandes recursos naturales se integrarían a este esquema de la primera globalización capitalista exportando productos agro-mineros e importando bienes industriales, así como labor de forma directa, a través de la inmigración, ya que eran países con escasez de labor.

Los autores marxistas como el británico John Hobbson (1858-1940), y Vladimir Lenin (1870-1924), explicaban que el intercambio internacional capitalista no se basaba en la Ley de las Ventajas Comparativas, si no en un esquema de explotación imperialista.

La evidencia empírica ha demostrado que aunque si existía un mundo colonial donde predominaban las relaciones de intercambio imperialistas, esto no contribuyó en realidad al crecimiento económico que tuvo lugar en aquella época, si no que más bien lo estorbaba. Adam Smith desde 1776 fue el primero en demostrar la inutilidad de los imperios coloniales.

¿Cómo se explica entonces la formación de industrias en países con baja dotación de capital como los países latinoamericanos? Tenemos que tener presente que la baja dotación de capital de estas repúblicas impidió el desarrollo de una industria de bienes de exportación, no así de una industria orientada al mercado interno de sus países debido a que podía competir frente a las importaciones en actividades que requirieran un bajo consumo de capital, en tanto tenían a su favor los costos de transporte, pero las industrias más exitosas en estos países eran las que tenían dentro de sus insumos, un alto componente de materias primas y materiales producidos nacionalmente.

El crecimiento económico de los países industrializados de Europa Occidental, Estados Unidos, y Japón, unido a la Segunda Revolución Industrial, incrementaron la demanda de materias primas y productos alimenticios, en tanto tenía lugar un abaratamiento de los bienes industriales, dando lugar así a términos de intercambio favorables para los exportadores de productos primarios como eran las repúblicas latinoamericanas, que a su vez se traducían en una expansión de los mercados internos, y por otra parte, de la importación de bienes de capital y bienes intermedios, así como fuerza de trabajo inmigrante, o sea que la base del primer proceso de industrialización latinoamericano se encontraba en el abaratamiento del capital y la labor con respecto a las materias primas.

El proceso de desindustrialización relativa, tiene lugar al deteriorarse los términos de intercambio; las exportaciones se hacen más baratas, y las importaciones se encarecen de manera relativa, lo cual quiere decir que el capital importado, ya sea a partir de bienes industriales, maquinaria u otros insumos o productos intensivos en el consumo de capital, se hace más caros en un contexto de mercado interno estancado o con poco crecimiento de los países exportadores de materia primas.

El capitalismo como sistema económico lleva implícito la mayor demanda del factor de producción capital sobre los factores tierra, el principal factor durante la época feudal; y labor, el principal factor durante los tiempos de la esclavitud, por lo que a nivel global, en la medida en que avanza la Revolución Industrial, el factor capital se va encareciendo con respecto a los otros dos factores, creando una tendencia secular al deterioro de los términos de intercambio para los países escasos de capital.

En esas condiciones la producción industrial para el mercado interno tiene que reducir el componente "capital", aumentando relativamente el componente "labor", esto se traduce en una industria tecnológicamente más atrasada, con una menor productividad del trabajo y salarios más bajos, pero por otra parte, la pérdida de capacidad de importar crea un impulso espontáneo hacia la sustitución de importaciones, por lo que en esta etapa se expande la manufactura más bien de tipo artesanal; muchos pequeños establecimientos con maquinaria atrasada y pocos trabajadores, produciendo una gran variedad de artículos, sobre todo bienes de consumo.

Esto significa que en esta etapa de desindustrialización relativa se detienen o se reducen las inversiones de capital, e incluso tiene lugar un proceso de desinversión.

Después de la Primera Guerra Mundial comenzó un proceso de deterioro de los términos de intercambio para las repúblicas latinoamericanas afectando el desarrollo de la industrialización.

Hay que tener presente que el proceso de industrialización endógena no tiene lugar en todas las repúblicas latinoamericanas ni tampoco de una manera pareja. Solamente los países con una demanda interna sustancial, y economías abiertas al comercio exterior verán desarrollarse un proceso de industrialización de este tipo.

Los países pobres de América Latina, con pequeños mercados internos, no pasan de una pequeña industria artesanal, y no desarrollan un proceso de industrialización espontánea dinámico, y solamente prosperan anémicamente algunas industrias.

El auge del proteccionismo de los años 20, en los grandes países industrializados significó un regreso a la Era del Mercantilismo, y de destrucción del capitalismo global, donde estas potencias buscaban exportar lo más posible, e importar lo menos posible, encaminándose el mundo una vez más a un tiempo de predominio del imperialismo y las tensiones internacionales, ya que como indica la Ley de los Mercados, la oferta de un país es equivalente a su demanda.

La especialización de los países subdesarrollados como las repúblicas latinoamericanas, quedaba interrumpido por la pérdida de los mercados internacionales frente a las preferencias imperiales proteccionistas. Esto sería catastrófico para las economías de América Latina que veían contraerse los mercados para sus exportaciones, y consiguientemente la pérdida de su capacidad de importación.

Esta fue la etapa de la industrialización por shocks externos que tiene lugar entre el comienzo de la Primera Guerra Mundial, y el fin de la Segunda Guerra Mundial (1914-1945) incluyendo la Gran Depresión (1929-1933).

La Ley de las Ventajas Comparativas perdía vigencia al desintegrase el mercado internacional global capitalista ya que esta funciona plenamente en un contexto de libre comercio internacional.

Los shocks externos que afectaron a la región latinoamericana significaron una pérdida de capacidad de importación que obligó a sustituir importaciones, provocando una expansión en la producción industrial como ya explicamos. En muchas repúblicas de América Latina y otras partes del mundo subdesarrollado, aumenta la participación relativa del producto industrial dentro del Ingreso Nacional.

Tiene lugar en América Latina una reducción de las exportaciones y de las importaciones haciéndose los países más autosuficientes, pero con una industria de bajo consumo de capital que es el factor de producción más escaso para ellos. La autarquía forzosa de los países latinoamericanos voltearon los términos de intercambio internos a favor de la industria y en contra de la agricultura, haciendo que en algunos países la industria creciera a un paso considerable como en Argentina.

Las economías exportadoras durante la Gran Depresión vieron como los precios de los productos primarios que exportaban caían mucho más rápido que los precios de los productos industriales deteriorando los términos de intercambio de forma abrupta.

Los precios de las exportaciones de América Latina cayeron en un 44% entre 1928 y 1932 con respecto a las importaciones, lo que significaba que con el mismo volumen de exportaciones solo podían comprar un 56% de lo que anteriormente compraban. Pero la Depresión redujo no solamente el precio si no también el volumen de las exportaciones debido a la caída de la demanda de los países industrializados. En 1932, América Latina solo estuvo en condiciones de importar el 43% de lo que importaba en 1928 [5] Esto dio lugar a un proceso natural de sustitución de importaciones, haciendo del capital el factor de producción más importante dentro de las economías latinoamericanas.

En muchos de estos países, los años 30 vieron el eclipse de las poderosas oligarquías que basaban su poder en la propiedad de tierras y minas, sustituidas por nuevos grupos urbanos con intereses nacionales, no internacionales. Junto al populismo como fenómeno político nació el desarrollismo como ideología económica.

En algunos países latinoamericanos la Segunda Guerra Mundial produjo una mejora de los términos de intercambio y se revitalizaron las exportaciones tradicionales ante el aumento de demanda provocado por la guerra, pero el proceso de industrialización no se detuvo; lo que tiene lugar es una pérdida de participación relativa dentro del Ingreso Nacional, pero desde el punto de vista absoluto continúa alentado por la sustitución de importaciones.

Al concluir la Segunda Guerra Mundial se establecen una serie de acuerdos e instituciones con el propósito de liberalizar el comercio internacional parcialmente, pero no se creó un sistema como el que existía en el mundo antes de 1914. La liberalización del comercio abarcaba solamente los productos industriales, pero excluía en gran medida a las materias primas y productos primarios los

5. *"Global Capitalism:Fall and Rose in the Twentieth Century,* Jeffry Friden

cuales se mantenían sujetos a cuotas y tarifas proteccionistas por parte de los países industrializados, por lo que la gran mayoría de las exportaciones de América Latina quedaban al margen del sistema de libre comercio de Bretton Woods, y el Acuerdo General de Aranceles y Comercio (GATT), y por tanto, los términos de intercambio para la región tendieron una vez más a deteriorarse, en tanto nuestros países continuaron sus procesos de industrialización detrás de barreras proteccionistas como habían hecho los países europeos y Estados Unidos en el siglo XIX. Comenzaba el proceso de industrialización por sustitución de importaciones inducidos por los gobiernos de manera explícita, en lo que se llamó "Desarrollismo".

América Latina, de haber sido un bastión de las economías abiertas y el libre comercio, se transformó en un bastión del nacionalismo económico, el desarrollismo y el populismo.

Los industriales nacionalistas, los pequeños empresarios, los sindicatos, los intelectuales compartían la meta de la industrialización en todos los países de América Latina, y la competencia extranjera era vista como una amenaza.

La industrialización por sustitución de importaciones tenía como propósito sustituir con la producción de bienes industriales nacionalmente los que anteriormente se importaban, y para ello era necesario hacer más rentable la manufactura doméstica para lo cual eran necesarias un conjunto de políticas que serían llevadas adelante por los Estados de las diferentes repúblicas latinoamericanas.

Estas políticas desarrollistas se desenvolvieron de manera más o menos intensa en toda una serie de países subdesarrollados del mundo, no solo de América Latina, entre los años posteriores al fin de la Segunda Guerra Mundial, y comienzos de la década de 1980.

En resumen, nosotros consideramos que no hubo un proceso de desindustrialización absoluta en América Latina a no ser en los caso que se produjera el fenómeno conocido como Enfermedad Holandesa que arruinara a la industria nacional.

En los momentos de abaratamiento de las importaciones de bienes de capital, algunas industrias no pueden progresar o desaparecen, pero la expansión del mercado interno provocado por términos de intercambio favorable incentivan la inversión extranjera directa en algunas industrias que abastecen el mercado interno, y aunque la industria nacional crezca menos que el sector exportador de materias primas y productos primarios, eso no quiere decir que de forma absoluta no esté teniendo lugar un crecimiento de la industria.

Cuando los términos de intercambio son desfavorables y se encarecen las importaciones, esto incentiva el desarrollo natural de una industria de sustitución de importaciones, por lo que vemos aumentar la participación relativa de la producción industrial dentro del Ingreso Nacional en muchos países subdesarrollados.

Por último tenemos el proceso de industrialización como resultado de políticas dirigidas a lograr de manera explícita este resultado, donde para poder competir con las importaciones provenientes de países con abundancia relativa de capital, se hace necesario recurrir a medidas proteccionistas que eliminen la ventaja comparativa de dichos países.

La industrialización en Cuba

El proceso de industrialización en Cuba durante la República tiene dos limitantes. La primera será la escasez relativa de capital, y la segunda será la cercanía a Estados Unidos, que es un país de enorme abundancia de capital, por lo que Cuba importa capital desde Estados Unidos ya sea de forma directa, el cual va mayoritariamente al sector exportador que es donde se encuentran los mayores retornos, o de manera indirecta, importando productos industriales de alto consumo de capital en su producción, frente a los cuales la producción industrial doméstica no podría competir.

Los historiadores marxistas han querido culpar de la debilidad de la industrialización en Cuba a los Tratados de Reciprocidad Comercial firmados con Estados Unidos en 1903 y 1934, argumentando que le daban unas ventajas excepcionales a las importaciones norteamericanas ahogando así la posibilidad del surgimiento de una industria nacional.

Las exportaciones de Cuba hacia Estados Unidos eran bienes donde Cuba tenía una amplia ventaja comparativa, como era el azúcar y el tabaco, y los artículos que importaba eran bienes de capital tanto fijos como intermedios, así como bienes de consumo muchos de los cuales Cuba no tenía ventaja comparativa en su producción, por ello, por una parte abarataban la vida dentro de la sociedad cubana, y por el otro contribuía a que surgieran algunas industrias que podían competir en el mercado doméstico con las importaciones. La posibilidad de adquirir baratos, bienes de capital tanto fijos como circulantes, lejos de perjudicar, beneficiaba a la industria cubana.

El hecho de que Cuba no se convirtiera en un país industrializado estaría relacionado con la cercanía a Estados Unidos, pero no específicamente a la existencia de tratados comerciales desfavorables como plantean los teóricos de la dependencia. Cuando los términos de intercambio con Estados Unidos eran favorables a Cuba, salía más barato vender azúcar y comprar todo lo demás, lo cual constituía una limitante a que tuviera lugar un proceso de industrialización, y cuando tenía lugar lo contrario, o sea que los términos de intercambio se volvían desfavorables para Cuba, al reducirse su poder adquisitivo, la compra de insumos y bienes de capital fijos para desarrollar una industria en Cuba se hacían muy costosos limitando de esa forma que se desarrollara una industrialización.

Por ejemplo, entre 1902 y 1914, los precios del azúcar crecieron un 44.3%, y el nivel general de precios en Estados Unidos subió solamente un 16.3%, por lo que los términos de intercambio fueron muy favorables para Cuba. Entre 1914 y 1920, o sea durante la Primera Guerra Mundial, los precios del azúcar subieron un 352.7%, en tanto el nivel general de precios en Estados Unidos subió un 100%. En este caso tuvo lugar lo que se conoce como Enfermedad Holandesa.

En estas condiciones, solo algunas industrias con características muy específicas se desarrollan.

Entre 1921 y 1928 la situación cambia y los términos de intercambio se hacen desfavorables para Cuba. Los precios del azúcar cayeron casi un 30% mientras que el nivel general de precios en Estados Unidos cayó solamente un 4.5%, creándose un contexto más favorable para que algunas industrias se desarrollen y crezcan, pero en un entorno de escasez de capital.

La escasez de capital en Cuba hacía imposible que surgiera una industria de alto consumo de capital, ya que no era rentable, y para que lo fuera eran necesarios elevados aranceles proteccionistas que favorecerían a algunas industrias artificiales, pero perjudicarían a las que verdaderamente serían rentables, y que por tanto no necesitaban protección, produciendo una redistribución de ingresos desde toda la sociedad, hacia algunos empresarios y obreros privilegiados por el proteccionismo.

Hasta el año 1927 aproximadamente, consideramos que en Cuba se desarrolló el proceso de industrialización endógena espontánea, en competencia muchas veces con artículos importados, especialmente con base a bajo consumo de labor y de capital, y con un componente importante de insumos producidos nacionalmente, o sea baja productividad, y bajos salarios pues tenían que competir con bienes provenientes de países con abundancia de capital y de labor. Esta industrialización se vio impulsada por el crecimiento del mercado interno.

A diferencia de otros países latinoamericanos, este proceso no fue resultado del shock que produjo la Primera Guerra Mundial, como fue el caso sobre todo de los países del Cono Sur, ya que el comercio con Estados Unidos no se vio en ningún momento interrumpido.

En el año 1927, el gobierno de Gerardo Machado aprueba un arancel de tipo proteccionista que tiene como resultado el surgimiento de algunas nuevas industrias, pero después de 1929, con el inicio de la Gran Depresión una parte importante de la industria cubana quiebra, y entre 1929 y 1933 tiene lugar un paréntesis en el proceso de industrialización, con la quiebra de la mayoría de las empresas que no producen bienes de consumo de primera necesidad, y que consumen muchas materia primas y materiales importados.

En 1928 la producción manufacturera y la construcción en Cuba constituyeron el 20% del Ingreso Nacional y en 1933 había descendido a ser el 14%. El shock externo que representó la Gran Depresión, en el caso cubano no favoreció a la industrialización como en otro países latinoamericanos.

Entre 1928 y 1933, el Ingreso Nacional cayó un 26.2%, y el valor producido por la industria y la construcción cayó un 49%, lo cual indica que hubo una transferencia de recursos hacia otras actividades, especialmente las actividades de servicios.

Con la inserción de Cuba en el mercado azucarero norteamericano a partir de la cuota establecida en 1934, y la firma de un nuevo Tratado de Reciprocidad Comercial ese mismo año, comienzan a mejorar los términos de intercambio para Cuba, lo que permite la reanudación del proceso de industrialización endógena, apoyada sobre todo en el enorme excedente de labor proveniente de las zonas rurales que hacían posible bajísimos salarios. En el año 1940, la producción manufacturera y la construcción representaron el 27.3% del Ingreso Nacional, lo que indica que tuvo lugar una cierta expansión del sector industrial en Cuba.

Entre 1934 y 1940, el Ingreso Nacional creció un 14.6%, en tanto el valor producido por la industria manufacturera y la construcción crecieron un 92%, lo que indica una absorción de recursos desde otras actividades provocando un proceso de industrialización evidente.

El tercer shock externo tiene lugar con la Segunda Guerra Mundial, lo cual representó un nuevo impulso para la industrialización en algunas repúblicas latinoamericanas que contaban con una cierta base industrial y vieron una vez más interrumpidos los flujos de comercio internacional, pero una vez más este no fue el caso de Cuba, pues el renovado auge de su sector exportador produjo una nueva desindustrialización relativa. En 1947, la producción manufacturera y la construcción representaron solamente el 14.8% del Ingreso Nacional.

Entre 1941 y 1947, el Ingreso Nacional creció un 140.7%, y el valor producido por la manufactura y la construcción crecieron solamente un 24.6%, lo que indica a las claras que tuvo lugar una desindustrialización relativa a partir de una transferencia de recursos hacia la producción azucarera.

Con la terminación de la posguerra, la normalización del comercio internacional, y la creación de una serie de organizaciones supranacionales, se entra en el proceso de industrialización inducida por el Estado al igual que muchos otros países latinoamericanos, que abrazan con entusiasmo las teorías de la CEPAL. En el año 1958, la producción manufacturera y la construcción constituyeron el 22% del Ingreso Nacional de haber sido el 15% en 1948.

Entre 1948 y 1958, el Ingreso Nacional creció un 37.9%, en tanto el valor producido por la manufactura y la construcción creció un 100%, como resultado del proceso de industrialización inducida.

Como vemos, el ritmo industrializador de Cuba, hasta cierto punto se movió en sentido contrario al de las principales repúblicas latinoameicanas debido, entre otras cosas, a que el poder e influencia del sector exportador siempre se mantuvo hegemónico en la República.

La industrialización, la inversión y la productividad del capital 1902-1933

Durante la Primera República, la inversión extranjera fue predominante. Cuba fue el primer receptor de capital directo norteamericano de toda América Latina hasta 1927, pero con la Gran Depresión la inversión de capital extranjero se detuvo, y comenzó a retirarse de Cuba.

La mayoría del capital extranjero directo invertido en Cuba fue dirigido hacia el sector exportador; azúcar y tabaco, y su infraestructura de comercio, trasporte, energía, servicios financieros, etc.

También durate este período la inversión de capitales domésticos fue activa, y aunque gran parte del mismo se dirigió hacia el sector exportador y los bienes raíces, también tuvo lugar la primera industrialización republicana.

Industrialización espontánea en Cuba 1902-1927

En la isla comienza un proceso de industrialización, aparte de la industria azucarera, y tabacalera, en la década de 1880, con un período de expansión hasta comienzos de la Guerra de Independencia de 1895, la cual provocó una contracción que se sitúa entre 1895 y 1904, otra etapa de expansión entre 1904 y 1920, y un posterior declive relativo que durará hasta 1927-1929.[6].

Algunos historiadores marxistas admiten que:

> Dentro de las condiciones impuestas por el mercado, las instalaciones fabriles ubicadas en industrias menores fueron competitivas, sus precios eran similares o inferiores a los de las mercancías importadas.[7].
>
> Desde una perspectiva global, consideramos que el lugar secundario de estas industrias dentro de la economía cubana, y su heterogeneidad estructural no fueron óbice para que estas, en un grado inferior a las emplazadas en otros países latinoamericanos, experimentaron un proceso de crecimiento y diversificación. Incluso en algunos casos, tal proceso había conducido a una sustitución parcial de importaciones[8].

Si nos remitimos a los datos de los censos de 1899, 1907, y 1919 vemos que la fuerza de trabajo en ese período creció un 65% en tanto el empleo en general creció un 52.3%, y en la industria lo hizo en un 104.%, lo cual indica que tuvo lugar un proceso de industrialización de manera innegable.

El crecimiento del empleo industrial incluye el empleo en la parte industrial de la producción de azúcar, que indudablemente fue la base de esta expansión.

La estructura del empleo en 1919 fue la siguiente:
Total empleo industrial: 189, 880 individuos.
De ellos:
En la industria azucarera (en zafra): 70, 000 individuos (36.9%).
Industria tabacalera: 54, 000 individuos (28.4%).
Otras ocupaciones transformativas: 65, 880 individuos (34.7%).
De ellas:
Alimentación: 10.5%.
Gráfica: 4.0%.

6. María A Márquez Dolz *Las industrias menores: empresarios y empresas en Cuba1880-1920.*
7. Obra citada
8. Obra citada

Textil: 19.0%.

Cuero y calzado: 20.0%.

Madera: 30.8%.

Metal: 5.5%.

Farmacéutica: 2.2%.

Otros: 8.0%.

Fuente: Censos de población de 1899, 1907 y 1919.
The History of Cuba, Tomo V Fletcher Willis Johnson.

Las industrias menores: empresarios y empresas en Cuba 1880-1920, María Antonia Márquez Dolz.

¿Cuáles fueron las fuerzas impulsoras de este proceso?

Primeramente el incremento de la demanda de la población, o sea su poder adquisitivo, provocado por el crecimiento económico del país, segundo por el crecimiento de la urbanización, tercero por el aumento de la habilidad de importar bienes de capital e intermedios, cuarto, las mejoras en la infraestructura y las comunicaciones, el abaratamiento de la labor debido a una intensa inmigración, y por último, el contexto de libertad económica y casi cero grado de intromisión y regulacionismo por parte del gobierno y los sindicatos que no existían en aquella época.

El aumento de la productividad a nivel general dio lugar a un crecimiento de los salarios reales y por consiguiente de la demanda efectiva, y por tanto del mercado doméstico.

Se desarrolló una producción industrial muy variada en pequeños establecimiento, ya que la escasez de capital, y de labor, sobre todo en los primeros años de la República no hacían rentables establecimientos de gran tamaño, ni el uso de tecnología más moderna, por lo que la productividad era baja, y los salarios reducidos, pero solamente de esta forma podían competir en muchos renglones con las importaciones.

En la industria sin incluir las grandes industrias del país, que eran la azucarera y la tabacalera, el promedio de trabajadores por establecimiento fabril se encontraba entre 18 y 19 empleados, con aproximadamente 3, 600 establecimientos industriales, algunos de los cuales no pasaban del nivel artesanal.

Sin embargo, la economía cubana, con el enorme auge de los precios del azúcar durante la Primera Guerra Mundial comienza a padecer lo que se conoce como la "Enfermedad Holandesa".

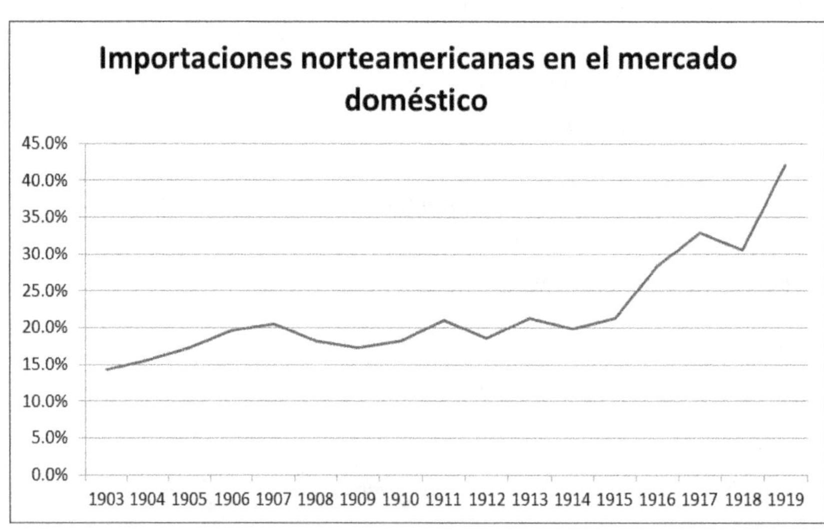

El gráfico anterior muestra la participación de las importaciones norteamericanas en el mercado cubano, y vemos que de ser apenas un 14.3% en 1903, o sea, la producción nacional y las importaciones desde otros países abastecía el 85.7% del mercado doméstico, a abastecer en 1919 el 42.1% del consumo del mercado interno de Cuba, tendencia casi exponencial que comenzó con el auge azucarero a partir de 1915.

Los términos de intercambio fueron extremadamente favorables para Cuba, dando lugar a que las importaciones se convirtieron tan relativamente baratas, que la producción nacional no podía competir frente a ellas en el mercado doméstico.

Entre 1903 y 1919, el mercado interno de Cuba se expandió a una tasa anual del 16.3%, las importaciones al 60%, y la producción nacional para consumo interno al 9.3%, o sea estaba teniendo lugar un desplazamiento de la producción nacional dentro del mercado interno por parte de las importaciones especialmente norteamericanas. Las importaciones de otros países crecieron a una tasa anual del 7.8%.

La mayor parte de la producción nacional para consumo interno consistía en bienes de consumo no-duraderos productos de la agricultura.

Esta situación llevo a que los industriales y comerciantes (cubano-españoles) se organizaran en grupos de presión solicitando por primera vez medidas proteccionistas al gobierno cubano.

Entre 1899 y 1920 hubo aumentos significativos en las industrias relacionadas con la alimentación, gráfica, cueros, madera, cerámica, construcción y materiales de construcción que fue posiblemente la que más se expandió debido al boom de la construcción que tuvo lugar especialmente en La Habana. Se había construido una fábrica de cemento con una inversión de seis millones de dólares que empleaba a 677 empleados, además de 55 pequeñas fábricas de tejas y ladrillo con un valor de la inversión de casi dos millones de dólares, que empleaban a 733 trabajadores.

> En las primeras décadas del siglo XX, al calor de la vigorosa expansión azucarera, el sector industrial amplió su espectro y sus escalas productivas mediante instalaciones dedicadas a la mezcla de abonos químicos y piensos, a la elaboración de oxígeno, de envases de vidrios y de cartón, a las confecciones textiles, la fabricación de calzado, y la generación de electricidad, mientras que ciertos renglones de la producción alimentaria, así como de jabonería y perfumería, se integraban a grandes empresas, y se incrementaba la fabricación de mosaicos, ladrillos y otros materiales de construcción incluyendo el cemento. En 1925 producían para el consumo nacional 750 establecimientos industriales ocupando en total algo más de 16 mil trabajadores…[9].

En el año 1925, el valor de la producción de la industria no-tabacalera y no-azucarera fue el 11.3% del total producido nacionalmente para consumo interno, y abasteció el 6.1% del consumo total del país.

No es posible comparar la industrialización en Cuba, con la que tuvo lugar en aquellos tiempos en la Argentina, o en Chile, o Uruguay. Primeramente el proceso de industrialización en estos países no sufrió una interrupción tan brusca y destructiva como fue la Guerra de Independencia entre 1895 y 1898, y en segundo lugar, en estos países existía un grado de urbanización y capital humano acumulado mayor que en Cuba; estos son factores esenciales para que tenga lugar un proceso de industrialización, ya sea endógeno o inducido por el Estado, y por otra parte la posición de Cuba,

9. *Los inicios de la industrialización en las Antillas Hispanas*, Oscar Zanetti Lecuona.

geográfica y políticamente con respecto a Estados Unidos, se convertía en una dificultad adicional al desarrollo de un proceso de industrialización nacional.

Los que se opusieron a la firma del Tratado de Reciprocidad Comercial, especialmente el senador Manuel Sanguily, veían en este un instrumento de dominación imperialista que tendría un efecto devastador sobre la economía de Cuba, impidiendo el desarrollo de su industria nacional, y atando al país al comercio con un solo cliente, Estados Unidos, con el peligro que esto traía aparejado para la existencia de la nacionalidad cubana teniendo en cuenta el dominio político que ejercía sobre Cuba a través de la Enmienda Platt.

En esas condiciones era comprensible el temor del senador Sanguily, especialmente desde el punto de vista político cuando existían fuerzas poderosas, tanto en Cuba como en Estados Unidos, que favorecían la anexión.

Industrialización de 1919 a 1927. El nuevo arancel proteccionista de Machado

En 1918 termina la Primera Guerra Mundial, y en 1919 se levantan en Estados Unidos los controles de precios, dando lugar a una inflación espectacular debido a la cantidad de dinero sin respaldo emitido durante los años del conflicto en que fue suspendido el patrón oro.

Esta situación, unida a la enorme demanda de bienes y materias primas de las regiones destrozadas por la guerra, provocaron un alza exponencial de los precios de las materias primas, entre ellas el azúcar, que llegó a su punto más alto en mayo de 1920.

Por esta razón, los términos de intercambio entre Cuba y Estados Unidos se hicieron extraordinariamente favorables para Cuba, y las importaciones norteamericanas competían con gran ventaja dentro del mercado cubano con cualquier producto de la industria e incluso de la agricultura nacional. Prácticamente todo lo que se consumía en Cuba era importado.

A fines de 1920 la burbuja inflacionaria había reventado y los precios del azúcar estaban cayendo aceleradamente, lo que provocó la quiebra de gran cantidad de empresas que se encontraban fuertemente endeudadas, y consiguientemente de los bancos que se habían sobreextendido imprudentemente en sus préstamos, pero en general la industria en Cuba no se encontraba endeudada con el sistema bancario, por lo que no fue especialmente afectada por la crisis.

Después de 1921 la situación empieza a cambiar por dos factores; primero los términos de intercambio se vuelven desfavorables para Cuba al caer los precios del azúcar, y en segundo lugar las medidas proteccionistas norteamericanas empiezan a afectar las balanzas de pago de Cuba drenando su poder adquisitivo. De esta forma las importaciones comienzan a disminuir constituyendo un cierto incentivo al proceso industrializador de sustitución de importaciones.

Entre 1919 y 1927 las importaciones se contrajeron en un 27.8% en tanto el mercado de consumo interno creció un 12%, por lo que la producción nacional de bienes y servicios para el mercado interno en general se vio favorecida.

En el año 1925, el valor de la producción de la industria no-tabacalera y no-azucarera fue el 5.6% del Ingreso nacional, y el 9.5% del consumo del país.

Según la historiadora María Antonia Márquez Dolz en su libro *Las industrias menores: empresarios y empresas en Cuba,* y según la Comisión Nacional de Estadísticas, en el año 1925 había registrados 703 establecimientos industriales, sin contar con los centrales azucareros y las fábricas de tabaco. El valor total de estos establecimientos representaba un capital de unos 37 millones de dólares empleando a 14, 171 trabajadores. El valor promedio del capital por establecimiento era de 52 mil 600 dólares, y el valor total de la producción de ese año fue de aproximadamente unos 40 millones de dólares, con un promedio de 20.2 empleados por establecimiento, y una dotación de capital por trabajador de 2, 610.96 dólares.

En 1925 el empleo en estas industrias representaría aproximadamente el 7% del empleo industrial.

Entre los grupos de industrias más importantes en 1925 tenemos:

1. Las industrias procesadoras de productos alimenticios y bebidas que contaban con el 13% de los establecimientos, el 18% del capital invertido, el 8.9% de los empleados, y el 15.2% del valor de la producción.
2. Las industrias de materiales de construcción con el 8% de los establecimientos, el 21.4% del capital invertido, el 10.3% de los empleados y el 13.3% del valor producido.
3. Industrias de tenería y calzado con el 23% de los establecimientos, el 12% del capital invertido, el 26.7% de los empleados, y el 17.2% del valor producido.
4. Las industrias de jabonería y perfumería con el 3.1% de los establecimientos, el 8.9% del capital, el 4% de los empleados y el 10.8% de todo el valor producido.
5. Otras industrias con el 52.9% de los establecimientos, el 49.7% del capital invertido, el 50.1% de los empleados, y el 43.5% del valor producido.

Fuente: *Las industrias menores: empresarios y empresas en Cuba 1880-1920,* María Antonia Marquez Dolz. Los cálculos son del autor.

En este período se formó una burguesía industrial dentro de la clase empresarial de Cuba, que comienza a reclamar protección por parte del gobierno frente a la competencia norteamericana. En el año 1922 se fundó la Asociación Nacional de Industriales de Cuba (ANIC) y en 1923, la Federación Nacional de Corporaciones Económicas de Cuba.

Las reclamaciones nacionalistas formaron parte del programa del Partido Liberal para las elecciones de 1924.

La protección que reclamaba la burguesía industrial llegó con el gobierno de Gerardo Machado, el cual proclamaba en 1926, que él alentaría el desarrollo de una nueva industria y la diversificación de la agricultura porque "sin independencia económica, no hay verdadera independencia política", y comprometió su gobierno a apoyar el crecimiento económico a través del desarrollo de las facilidades de transporte y comunicaciones, proveyendo crédito agrícola, y apoyo arancelario.

En 1927 fue puesto en vigor un arancel moderadamente proteccionista, con el objetivo de apoyar la expansión de la industria y la agricultura nacional. A partir de aquí surgieron toda una serie de empresas tras la protección que les brindaban las tarifas aduaneras. Fábricas de producción de quesos, leche condensada, mantequilla, calzado, almidón, pinturas, confecciones textiles, envases de vidrio, y además, algunas de las existentes mostraron una expansión significativa, entre ellas jabón, cerveza, lubricantes, muebles y cemento.

También se registró una diversificación en la agricultura así como en la industrialización de algunos de sus productos. Se expandió la producción de carne, cueros, tasajo, leche, alimentos en conserva, huevos, café y cacao, arroz, fibras textiles, harina de arroz y de yuca, así como de frutas y vegetales. Se creó una comisión para la protección y expansión del tabaco, lo que ayudó a disminuir mucho las importaciones.

"Bajo el amparo del arancel de 1927 se consolidaron algunas producciones agrícolas como el café, y se realizaron inversiones en la industria láctea, grasas comestibles, y en la rama textil entre otras empresas que en varios casos no lograron sobrevivir al casi inmediato impacto de la crisis que redujo prácticamente a la mitad el índice global de las manufacturas no-azucareras"[10].

El período que se extiende entre 1902 y 1927 podemos caracterizarlo como de crecimiento endógeno de la industria para consumo interno, la cual pudo crecer apoyada en las posibilidades que le brindaba la obtención de materias primes y bienes de capital baratos a partir del Tratado de Reciprocidad Comercial de 1903, así como mano de obra barata, y capital humano proveniente de la inmigración, y aprovechando la pérdida de capacidad de importación de Cuba después de 1921, lo que dio lugar a una protección no institucionalizada hasta 1927.

Las inversiones extranjeras, sobre todo en la industria azucarera, se habían detenido desde 1926, mientras que algunas inversiones por parte de empresarios nacionales orientadas a producir bienes y servicios para consumo interno, amparados por el arancel de 1927 continuaron hasta 1930.

Las alarmantes pérdidas del capital llevaron en 1925 a que Gerardo Machado y el Partido Liberal, ganara las elecciones con una plataforma reformista, frente a Mario García Menocal, cuya plataforma de gobierno era un *estatus quo* y *laisse faire* que no se adecuaba a las nuevas condiciones económicas que afrontaba el país.

La Política del gobierno de Machado girará alrededor de cuatro medidas fundamentales:

1. La restricción unilateral de la zafra a partir de 1926 con la Ley Verdeja, con el objetivo de tratar de frenar la caída de los precios del azúcar manipulando la oferta.
2. El Arancel de 1927 que tenía como objetivo promover la ampliación de industrias existentes y la creación de nuevas industrias y actividades agrícolas orientadas al consumo interno sustituyendo de esa forma importaciones, al tiempo que estimulaba la creación de empleo.
3. El Plan de Obras Públicas que tenía como objetivo crear empleo e inyectar liquidez a la economía cubana tratando de frenar la tendencia deflacionaria que estaba provocando la caída de los precios.
4. Represión del movimiento obrero como respuesta de los trabajadores que se iban organizando ante los cada vez más frecuentes despidos y cortes de salarios.

En 1930, las tres primeras medidas habían fracasado en sus objetivos, solo quedaba la represión que se hacía cada vez más intensa al mismo tiempo que se intensificaba la depresión económica, y aumentaba el malestar social contra un gobierno abiertamente dictatorial.

El enorme peso relativo del azúcar dentro de la economía cubana, que en 1927 constituyó casi el 42.5% del Ingreso Nacional, traía por consecuencia que todos los indicadores económicos dependieran de las variaciones de su precio.

En 1918, la dotación de capital por trabajador en Cuba fue de 2, 311.40 dólares, y la productividad por trabajador fue de 792.06 dólares, por lo que la función de producción que es la relación que existe entre la dotación de capital por trabajador y su productividad, fue de 34 centavos por cada dólar de capital, y en 1927 la dotación de capital por trabajador fue de 3, 785.38 dólares, o sea un incremento de un 64%, con una productividad por trabajador de 609.42 dólares, o sea una caída de la productividad por trabajador de un 23%. La función de producción en 1927 fue de solamente 16 centavos por cada dólar de capital; una caída de un 53%.

Los rendimientos decrecientes del capital se estaban produciendo sobre todo en la industria azucarera, donde las inversiones de capital fueron enormes, pero esta situación afectaba a todo el capital invertido en la isla.

---

10. IBIDEN

La creciente improductividad del capital, y la pérdida de valor de este, empobrecía a sus dueños, que para mantener un determinado nivel de ganancias tenía que cortar costos laborales, lo que se traducía necesariamente en despidos y rebajas salariales.

Los primeros perjudicados fueron los hacendados dueños de los centrales menos eficientes que operaban con un estrecho margen de rentabilidad, y los colonos, además de los trabajadores agrícolas. Se ponían de manifiesto los problemas sociales dentro de una economía que funcionaba colocando en desventaja a los nacionales frente a los extranjeros, impulsando así el sentimiento nacionalista que creció exponencialmente en aquellos años en todo el espectro social, en tanto crecía en número y organización el movimiento obrero.

La desindustrialización, la crisis azucarera y la Gran Depresión: 1928-1933

La crisis azucarera que comenzó en 1925, la restricción de las zafras que comenzó en 1926, el proteccionismo norteamericano que comenzó en 1921, y la Gran Depresión que comenzó en 1930, tuvieron un impacto devastador sobre la economía cubana. Ningún país de América Latina recibió un impacto tan catastrófico sobre su estructura económica, política, y social con la Gran Depresión.

El proceso deflacionario en Cuba dio lugar a que entre 1927 y 1933 el nivel general de precios de los bienes y servicios cayeran en un 41.5% mientras que en Estados Unidos solamente un 25.2%, lo cual significaba que las importaciones norteamericanas se hacían mucho más caras en el mercado cubano, y esta fue una de las causas de que las importaciones norteamericanas en 1933 fueran solamente un 14.3% de lo que habían sido en 1927.

Esta formidable contracción de las importaciones debía alentar un proceso de industrialización por sustitución de importaciones, pero esto no sucedió y más bien lo que tuvo lugar fue una desindustrialización causada por que los precios de los bienes y servicios cayeron más rápido que los de la labor y de los insumos importados, llevando a muchas empresas a la quiebra.

Cuba no contaba con una base industrial que le hubiera permitido obtener ventajas de la contracción de las importaciones.

En estas condiciones, donde los precios caen más rápido que los salarios, las empresas o despiden trabajadores, o les rebajan los salarios o ambas cosas, y en última instancia, las empresas con un mayor consumo relativo de labor y menor eficiencia productiva produciendo bienes que no son de primera necesidad tendrían que ir a la bancarrota.

Por otra parte, las actividades con un componente muy elevado de insumos importados tampoco pueden subsistir dado el encarecimiento de las importaciones.

Por estas razones, una parte muy importante de las industrias cubanas no pudieron soportar el estrés económico de la depresión.

El shock externo que representó la Gran Depresión impulsó en otros países latinoamericanos el proceso de industrialización por sustitución de importaciones.

Lo que arruinó el comercio con Estados Unidos fue básicamente su política proteccionista que terminó destruyendo la capacidad de importar de Cuba y como consecuencia de su política proteccionista, Estados Unidos había perdido el mercado cubano, al igual que Cuba había perdido el mercado norteamericano.

En 1933 el valor de la producción industrial (manufactura y construcción) fue un 47.4% inferior al de 1928, y en el año 1928, la producción industrial fue un 28.8% del Ingreso Nacional, en tanto en 1932 apenas alcanzó un 14.2%.

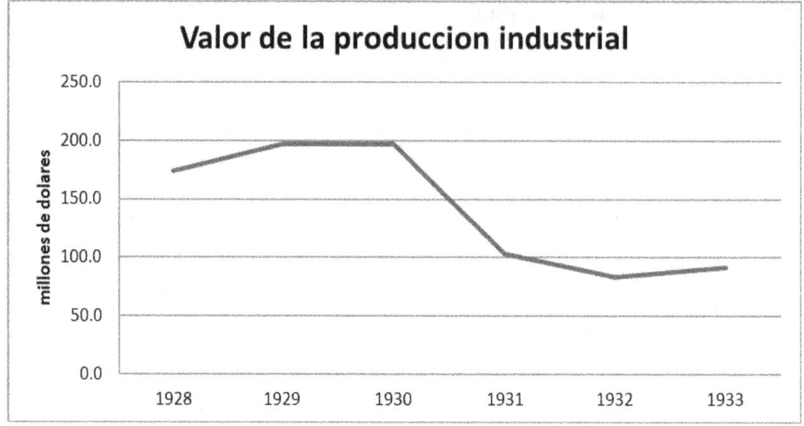

Fuente: *An Index of Cuban Industrial Ouput 1930-1958*, Jorge Perez Lopez
Cálculos del autor

Las industrias más afectadas, aparte de la industria azucarera y tabacalera, de alto consumo de labor, fueron las textiles, cuero y calzado, madera, y materiales de construcción principalmente.

Como se puede ver en el gráfico anteiror, tuvo lugar un proceso de desindustrialización ya que la economía interna cubana no pudo aislarse del mercado internacional pues no tenía moneda propia, y no podía desarrollar una política monetaria autónoma, por lo que se produjo una espiral deflacionaria que no se podía resolver hasta que los mercados exteriores alcanzaran un punto de equilibrio, que sería alcanzado en 1933.

Aparte de la producción manufacturera de Cuba, se encuentra el sector industrial no-azucarero ni tabacalero más importante del país que fue la construcción.

La Revista del Banco Nacional de Cuba, en un artículo de 1956 dedicado a la construcción plantea lo siguiente:

> Pasamos a estudiar globalmente el período republicano basándonos en el nivel relativo del consumo de cemento.
>
> Apreciamos en primer lugar un vertiginoso aumento entre 1902 y 1915; luego un ascenso a un ritmo general más lento hasta 1928-1930, y una profunda caída entre 1931 y 1933 que fueron los años en que se produjo la Gran Depresión.

En 1918 fue fundada la fábrica de cemento del Mariel con una capacidad de producción de 410 mil toneladas.

El fuerte crecimiento económico que tuvo lugar en Cuba durante los primeros 25 años de historia de la República iba asociado a un auge de la industria de la construcción y de los materiales de construcción.

El valor de la construcción entre 1928 y 1933 fue el siguiente:

1928: 45.7 millones 1929: 51.7 millones 1930: 51.7 millones 1931: 9.1 millones.
1932: 6.1 millones 1933: 6.1 millones.

Cuba se desindustrializa debido a la contracción del mercado externo, especialmente el norteamericano, con un drástico deterioro de los términos de intercambio, y una política arancelaria altamente proteccionista, unido a la deflación que tuvo lugar.

Mientras en otras repúblicas latinoamericanas la Gran Depresión constituyó un shock externo que dio impulso a la industrialización por sustitución de importaciones, en Cuba sucedió lo contrario, teniendo lugar una desindustrialización debido a la alta dependencia con respecto a Estados Unidos.

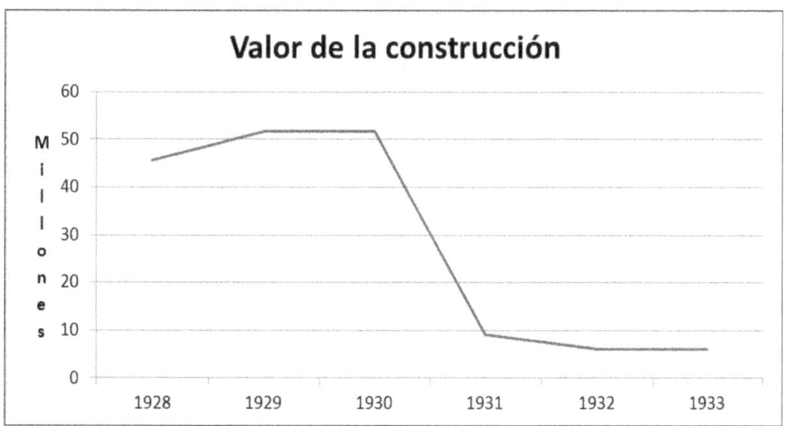

Conclusión de la industrialización durante el primer período republicano 1903-1933

La industrialización requiere capital y labor, y estos eran los dos factores de producción más escasos en Cuba en este período, por lo que nuestro país se encuentra en desventaja en la producción de bienes con elevado consumo de capital y labor que producen países donde estos factores son más abundantes como son Estados Unidos.

La única manera de compensar esta diferencia en costos de producción (cuando los costos de transporte son muy bajos) es a través de la creación de barreras proteccionistas que encarezcan las importaciones de forma tal que pierdan la ventaja competitiva dentro del mercado nacional, pero esto trae por consecuencia el aumento del costo de la vida a nivel de toda la sociedad, así como el perjuicio de muchos productores para beneficiar a un grupo reducido, o sea se produce una transferencia de ingresos, beneficiando a un grupo de obreros y empresarios, y perjudicando al resto de la sociedad.

Con el Tratado de Reciprocidad Comercial de 1903, se hacía casi imposible para Cuba recurrir a la tarifa proteccionista para promover la creación de industrias artificiales, por lo que surgieron algunas industrias de manera natural y espontánea con la suficiente calidad y precio como para competir con las importaciones y sobrevivir.

A diferencia de otros países, donde el crecimiento del sector exportador impulsaba la creación de industrias para el mercado interno, en Cuba cuando el sector exportador se expandía, la industrialización se perjudicaba, porque al mejorar los términos de intercambio, las importaciones se hacían más competitivas en el mercado doméstico, y cuando ocurría lo contrario, o sea que el sector exportador se encontraba en dificultades, sobre todo una caída de los precios del azúcar, se deterioraban los términos de intercambio, por lo que las importaciones perdían competitividad dentro del mercado doméstico, pero se encarecían las importaciones de insumos y bienes de capital fijo necesarios para la industria.

Vaivenes de mercados internacionales marcaron el ritmo del proceso de industrialización en Cuba.

Así vemos que progresó mucho entre 1904 y 1914, luego se detuvo el proceso entre 1915 y 1920, y luego continuó progresando entre 1921 y 1928, pero la deflación de la Gran Depresión produjo una situación de desindustrialización relativa y absoluta.

El arancel proteccionista de 1927 fue el primer intento de inducir la industrialización en Cuba, pero como hemos dicho, la deflación que afectó a la economía cubana entre 1929 y 1933 frustró cualquier avance en el proceso.

La fórmula de la industrialización de los países desarrollados que fue aplicada por primera vez en Estados Unidos y Alemania en el siglo XIX, tenía dos pilares fundamentales; Primero proteccionismo, y segundo la creación de una banca pública para financiar la industrialización.

La relación de comercio basado en la "reciprocidad" con Estados Unidos, siempre impidió que se desarrollara un proteccionismo consistente por parte de Cuba, y solo en la década de 1950 se creó la banca pública de desarrollo, pero sin proteccionismo resultó insuficiente, y sus resultados fueron muy pobres como veremos.

La industrialización durante el período de recuperación; 1934-1940

El año 1934 marcó el inicio de la recuperación económica y política de Cuba, basada especialmente en los cambios institucionales que tuvieron lugar, y en una nueva relación tanto económica, como política, entre Cuba y Estados Unidos.

El nuevo Tratado de Reciprocidad Comercial firmado en 1934, y la inclusión de Cuba dentro del sistema de cuotas azucareras de la Sugar Act de Estados Unidos (Costigan-Jones Act), aprobada también en 1934 permitieron que comenzara la recuperación de la economía nacional, y por otra parte, la abolición de la Enmienda Platt ese mismo año, permitió una mayor soberanía al Estado cubano, ampliando así la autonomía para tomar medidas basadas en el interés nacional, y no en el interés de las corporaciones extranjeras.

En este período se reanuda la industrialización que había quedado detenida durante los años de la Gran Depresión, ya que las condiciones necesarias para que tuviera lugar se fueron manifestando.

Primero, los términos de intercambio con Estados Unidos comenzaron a mejorar para Cuba, lo que dio lugar a que volvieran a registrarse balanzas de pago positivas. El precio del azúcar entre 1934 y 1940 subió un 14.3%, y el nivel general de precios en Estados Unidos creció solamente un 4.5%.

Segundo, Cuba pudo emprender una reforma que le permitió incrementar la oferta monetaria con el objetivo de lograr un aumento de los precios de los bienes y servicios.

Tercero, el excedente de labor, unido al aumento de los precios de los bienes y servicios, hacía que disminuyeran los salarios reales de los trabajadores, y se restauraran los niveles de ganancias nominales de las empresas sin necesidad de inversiones en tecnología que ahorrara labor, que la mayoría de las empresas no estaba en condiciones de hacer, y sin necesidad de cortar salarios o despedir empleados.

Cuarto, al restaurarse el poder de compra de Cuba, se fueron abaratando los insumos y bienes de capital procedentes de Estados Unidos.

Estas cuatro condiciones posibilitaron que al igual que en otras repúblicas latinoamericanas, tuviera lugar un proceso de industrialización en Cuba entre 1934 y 1940, lo cual contradice completamente la argumentación de los marxistas de que el nuevo Tratado de Reciprocidad de 1934 ahogaría cualquier posibilidad de desarrollo industrial de Cuba.

En 1934, un grupo de técnicos norteamericanos de la Foreing Policy Association, a solicitud del gobierno cubano de Carlos Mendieta estuvieron en Cuba para hacer una evaluación de la situación económica del país, y elaborar recomendaciones, publicando un informe con el título de *Problemas de la Nueva Cuba*.

En dicho informe plantean lo siguiente respecto a la industria en aquellos momentos en el país:

> Muchas nuevas industrias han surgido durante los últimos treinta años. Anteriormente solo existían la fabricación de tabacos, y la producción de ron.

La refinación de azúcar ha expandido mucho sus capacidades. Ahora existen fábricas de cerveza, hielo, cemento, ropa, aguas minerales, chocolates, calzado, muebles, perfumes, envases de vidrio y de madera, clavos, tenerías, tasajo, jaleas y pasta de frutas, frutas en conserva, artículos de piel, materiales de construcción, mantecas y aceites vegetales, leche condensada y otros productos lácteos, jabón, pinturas, cristales, etc. Muchas de estas industrias surgieron o fueron estimuladas por el Arancel de 1927 y algunas desaparecerán como consecuencia del nuevo Tratado de Reciprocidad Comercial.

El economista cubano Alberto Arredondo[11], refiriéndose a la industrialización que había tenido lugar entre 1934 y 1941 planteaba que:

> La industria doméstica destinada al consumo interno había mejorado. Además del azúcar y el tabaco, se registró crecimiento en las siguientes industrias; cerveza, ron, vinagre, dulces y conservas, cartón, cuero, madera, cemento, mosaicos, ladrillos, jarcias, alimentos, energía eléctrica y gas, fundiciones, vidrio, envases de madera, calzado, confecciones, jabonería y perfumería, productos químicos y farmacéuticos, y artículos de uso doméstico.

El consumo de energía eléctrica por parte de la industria en 1933 fue un 26% del total de la energía consumida, y en 1939 era un 29%. El aumento absoluto del consumo eléctrico industrial creció entre 1933 y 1939 en un 88.4%.

El valor de la construcción entre 1933 y 1940 casi se quintuplicó. En 1933 el valor de la construcción fue apenas un 1.4% del Ingreso Nacional, y en 1940 fue un 4.3%.

En 1933 el valor de la producción manufacturera fue un 12.9% del Ingreso Nacional, y en 1940 fue un 23%.

(Los datos provienen de *Cuban Economic Research Project: Study on Cuba.* Los cálculos del autor).

Un dato interesante, que hasta cierto punto ratifica esta afirmación con respecto a la industrialización que tuvo lugar en estos años, aparece en la Revista del Banco Nacional de Cuba analizando la evolución del comercio de importación de Cuba. En dicho análisis se plantea que en 1937 el 57.6% de las importaciones fueron bienes de consumo (duraderos y no duraderos), en tanto en 1927 había sido el 65.2%. En la importación de bienes de capital fijo, el 97.1% fueron destinados a la industria no-azucarera, y los bienes de capital circulante constituyeron el 26.4% de todas las importaciones mientras que en 1927 había sido el 18%.

El Tratado de Reciprocidad de 1934 alentó las importaciones de toda una serie de renglones, especialmente bienes de capital para la industria no-azucarera, y por tanto no produjo una afectación a la expansión de una pequeña industria nacional que encontraba mercado en amplios sectores de la sociedad, ya que producía con tasas salariales de acuerdo a su nivel de productividad que la hacían competitiva en muchos renglones frente a las importaciones, pero fundamentalmente, el aumento del poder adquisitivo de la sociedad cubana alentaba el consumo de productos que no se importaban pues no se fabricaban en otros países en tanto tenían demanda entre la población cubana, y que por tanto no enfrentaban competencia exterior.

Un estudio de la CEPAL, caracterizó la industria cubana en 1939 en lo esencial de la siguente forma:

1. Preponderancia de industria ligera en unidades pequeñas particularmente dedicadas a la producción de artículos de consumo no duradero.

11. Alberto Arredondo 1912-1968 Periodista y economista cubano.

2. Dependencia de fuentes extranjeras en la obtención de materias primas.
3. Un uso mayor de fuerza laboral que de capital. (poca capitalización).
4. Participación limitada de capital extranjero en el sector industrial en comparación con el capital invertido en el sector exportador.
5. Los bancos no conceden asistencia crediticia en apoyo del desarrollo industrial interno.

En un ensayo publicado en 1943 por el doctor Ramiro Guerra Sánchez con el título de "Filosofía de la producción cubana", al referirse a la industria transformativa nacional en 1941 plantea:

> El considerable aumento de la industria cubana no ha reducido la cantidad global de las importaciones. Ha suprimido la necesidad de importar ciertos renglones, pero también ha hecho posible la importación de otros.
>
> Posiblemente, a lo más que se podrá llegar en Cuba, no sin antes realizar ingentes esfuerzos, será lograr aumentos en nuestra producción industrial para el consumo interno, paralelos a los aumentos en nuevas importaciones de productos supercivilizados.

En dicho ensayo, caracterizando la industria nacional, Ramiro Guerra dice lo siguiente:

> La industria transformadora comprendía en 1938 más de 3, 500 empresas; es una actividad de pequeña empresa con 12 obreros como promedio por establecimiento, con un capital invertido por empresa de 43, 359 pesos.

La cifras que proporciona Guerra en su ensayo provienen de los estimados de Julián Alienes acerca de la economía cubana publicados en 1941[12].

El survey realizado por Alienes recoge información de 3, 490 empresas, que él plantea constituyen el 59% del total de las empresas industriales de Cuba en el año 1938, o sea que entonces puede decirse que la industria transformativa de Cuba está compuesta por algo más de 5, 800 empresas muchas de las cuales no son más que pequeños talleres de manufactura semi artesanal.

El capital invertido en esas empresas alcanza la cantidad de 152.6 millones de pesos (aproximadamente un 4.8% del capital nacional acumulado), donde trabajan 43 mil obreros, un 4% del total de trabajadores empleados, o sea un promedio de 12.3 obreros por establecimiento.

Los sueldos y jornales pagados ascienden a 19 millones de pesos, lo que significa un salario promedio por trabajador en la industria transformativa de 36.82 pesos mensuales (9.20 pesos semanales).

En el ensayo de Julián Alienes, la caracterización de la industria transformadora de Cuba en 1938 es la siguiente:

1. Marcado predominio de la pequeña industria.
2. Típicamente productora de bienes de consumo, especialmente no-duraderos.
3. Bajo grado de capitalización y alta participación relativa de mano de obra.
4. Elevada dependencia de materias primas provenientes del extranjero.
5. Produce casi totalmente para el mercado interno.
6. En gran parte nacida y mantenida a base de protección arancelaria.

---

12. *La Economía Nacional de Cuba* Julián Alienes Urosa 1941.

De acuerdo con esto, Ramiro Guerra concluye que la industria transformadora cubana debido al grado de pequeñez y escasa capitalización, puede verse al borde de la quiebra con cualquier desequilibrio "... Se deriva para el Estado el deber no menos claro e inexcusable de prestar en todo momento un apoyo efectivo a la industria".

Siempre se piensa que la limitada recuperación económica que tuvo lugar entre 1934 y 1940 se debió a la industria azucarera y su ingreso en la cuota norteamericana, pero los datos demuestran que el principal motor del crecimiento que tuvo lugar se debió a la industria.

En 1934, la producción de azúcar representó el 12.7% del Ingreso Nacional de ese año, y en 1940 fue el 18.0%, lo que significa un aumento de un 5.3% de su participación relativa dentro del crecimiento del Ingreso Nacional, pero como vimos más arriba, la producción industrial tuvo un aumento de su participación relativa del 10.9%. Si lo vemos en términos absolutos, la zafra de 1940 fue mayor que la de 1934 en 38 millones de pesos, y la producción industrial de 1940 fue superior a la de 1934 en 71.7 millones de pesos.

En el gráfico inferior se observa como el crecimiento de la producción industrial es mayor que el de la producción azucarera en este período, lo cual evidencia que está teniendo lugar una industrialización espontánea, o sea que no fue resultado de un intento deliberado por parte del gobierno.

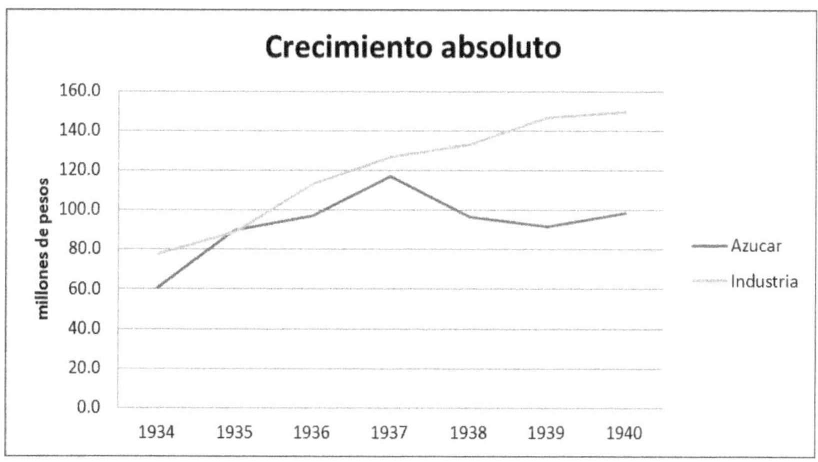

Este tipo de industrialización se caracterizó por la proliferación de pequeños establecimientos industriales cercanos al nivel artesanal, debido a que la pequeñez del mercado no permite hacer economías de escala, el bajo nivel tecnológico limita la productividad y la productividad marginal, haciendo que el consumo de labor sea igualmente bajo y que los salarios también sean muy reducidos.

Este proceso de industrialización estaba ocurriendo con mayor o menor intensidad en todos los países de América Latina debido a la Gran Depresión, y en algunos ya se anticipan algunas medidas de industrialización promovidas por el Estado como es el caso de Chile y Brasil con los gobiernos populistas que llegan al poder en este período, con Pedro Aguirre Cerda, Getulio Vargas respectivamente.

Respecto a la industrialización en este período de economista cubano Allberto Arredondo que vivió aquellos años, escribió un ensayo titulado "Industrialismo durante el período de la reforma 1932-1940" en el cual planteaba lo siguiente:

> Todo este período estuvo lleno de programas económicos demandando la diversificación y la industrialización dentro de la estrategia económica de Cuba, sin comprender que Cuba había llegado

tarde a la etapa de industrialización, por lo que la diversificación industrial era una materia muy compleja considerando en particular el mercado doméstico.

Este período de reformas abría una oportunidad para reorganizar la economía.

La tarea más importante que enfrentaba Cuba era el desarrollo de cultivos no-azucareros para fomentar el sostenimiento de la creciente población del país, y el establecimiento de nuevos centros industriales que absorbieran el desempleo.

Ningún intelectual en Cuba, después de 1933, creía que la diversificación y la industrialización fuera una tarea del mercado. Consideraban que era una función del Estado a partir de planes económicos más o menos bien elaborados, y conducidos con honradez, sin embargo todo parece indicar que el mercado, de forma espontánea lo estaba haciendo, sin necesidad de planes ni de "honradez".

A partir de la promulgación de la Constitución de 1940 comienzan a elevarse los costos laborales que ya venían en ascenso desde 1933. Entre los principales aspectos de la legislación que contribuyen a elevar los costos laborales se encuentran:

a. Semana de 44 horas con pago de 48 horas.
b. Jornada de 8 horas.
c. Seguro de accidente, desempleo y jubilación.
d. Vacaciones anuales pagadas. Un mes cada año.
e. Derecho a sindicalización y huelga.
f. Contratos colectivos.
g. Salarios mínimos.

El encarecimiento de la labor, así como las rigideces que la legislación laboral va introduciendo en el mercado de trabajo, haciendo cada vez más difícil el despido de trabajadores, junto con la falta de créditos otorgados por los bancos, constituyen los principales obstáculos al desarrollo de una industrialización a partir de la década de 1940, unidos al hecho del alza de los precios de las exportaciones que tuvo lugar con la Segunda Guerra Mundial.

La elevación de los costos laborales es un problema creado por una institucionalización del redistribucionismo de tipo socialdemócrata establecido a partir de la Constitución de 1940, y la falta de crédito está determinada por la inexistencia de un mercado de capitales y renuencia a la inversión como no sea a corto plazo y altos intereses debido a la incertidumbre y alto riesgo que implicaba una economía monoexportadora, y a las políticas económicas del gobierno.

Analizando el impacto social que tuvo el hecho del debilitamiento del sector exportador en las economías de América Latina, vemos que trajo por consecuencia el auge del fenómeno político conocido como "Populismo latinoamericano" el cual se manifestaría en Cuba en sus dos vertientes fundamentales; una de tipo fascista-corporativista, y la otra de tipo socialdemócrata.

En una economía de exportación como la cubana -y la de todos los países latinoamericanos de aquella época- que basaba sus ventajas comparativas en la abundancia del factor tierra, por consiguiente los poseedores de la tierra, o sea los latifundistas eran el sector preeminente, no solo económicamente, si no también política y socialmente.

Al contraerse las exportaciones, el factor tierra pierde valor, y de esta forma se debilita la posición hegemónica de sus poseedores. Este proceso tuvo lugar a lo largo y ancho de toda América Latina durante las décadas de los años 20 y 30, debilitándose el poder de las oligarquías terratenientes, pero por otra parte, junto con la pérdida de valor del factor tierra, se valorizan los factores de producción comprometidos en la producción para el mercado interno, especialmente el capital y la labor, pasando a primer plano los dueños de estos factores, o sea la burguesía industrial nacional y los trabajadores sobre todo urbanos, ya que la economía rural pierde valor al perder valor las exportaciones.

En los países con cierto desarrollo industrial, los empresarios nacionales pasan a un primer plano político y social junto con los dirigentes de la labor organizada, sustituyendo a los terratenientes y dueños de minas.

En Cuba, donde las industrias son pequeñas y dispersas, los intereses de los empresarios industriales no podrán competir con los intereses exportadores, los cuales no se encontraban suficientemente debilitados, agrupándose en un cártel de la industria azucarera, pero la labor organizada en un sindicato vertical; la Central de Trabajadores de Cuba (CTC) fundada en 1939, sí logro una tremenda influencia política llenando el vacío que dejaba la debilitada oligarquía exportadora, que tuvo que compartir el poder político y económico con los sindicatos que se encargaron de formar un cartel laboral a partir de la CTC, logrando encarecer la labor limitando su oferta a partir de regular el mercado de trabajo, provocando así un enorme desempleo institucional crónico.

Este período se caracteriza por el empate por el control político y económico con la estabilizacion que tiene lugar después de la Gran Depresión entre la oligarquía exportadora, y el movimiento obrero organizándose en dos cártels; el cártel azucarero, y el cártel laboral que era la CTC. Todo bajo la dirección del coronel Fulgencio Batista, que logró imponer la paz social luego de la Revolución del 33.

La burguesía industrial agrupada sobre todo en la Asociación Nacional de Industriales de Cuba (ANIC) dada su debilidad económica y dispersión, en aquellos momentos no alcanza relevancia política, y sus reclamos e intereses pasan a un segundo plano a pesar del crecimiento en importancia de la industria dentro de la economía nacional.

Evolución de la estructura de producción entre 1933 y 1940. Expresado en % del ingreso Nacional.

La manufactura en 1934 constituyó el 14.6% del Ingreso Nacional, y la construcción el 1.7%, y en 1940, constituyeron el 23% y el 4.3% respectivamente.

A precios corrientes, el Ingreso Nacional entre 1934 y 1940 creció un 14.6% en tanto la manufactura y la construcción crecieron un 92%.

La estructura de producción tiene un cambio significativo sin apenas inversión a partir de la recuperación desde una economía casi autárquica en 1933, a una economía limitadamente exportadora en 1940, y con un cierto grado de diversificación, lo que indica que se estaba produciendo una redistribución de factores de producción desde el sector agrícola, hacia las actividades urbanas, en un proceso espontáneo de liquidación de malas inversiones que comenzó en 1926.

En el año 1937, la economía norteamericana entró en una nueva depresión que se sintió en Cuba en 1938 hasta 1940, por lo que el per cápita en 1940, a valores constantes de 1933, era un 6.2% inferior al de 1933, por lo que el país, en sentido general, aún se encontraba sumido en una situación miserable cuando se aprobó una nueva Constitución que tenía como propósito repartir riquezas cuando no había prácticamente nada que repartir, a no ser que se destruyera la empresa privada y el capitalismo en Cuba.

La industria entre 1941 y 1947: El shock externo de la guerra y la posguerra

La guerra y la posguerra crean una coyuntura especial; la demanda de azúcar vuelve a ascender y con ella el sector exportador vuelve a tomar preeminencia dentro de la economía cubana.

La escasez de muchos productos importados desde Estados Unidos y Europa debido a las condiciones de interrupción del comercio internacional provocado por el conflicto bélico va a reforzar el proceso de industrialización por sustitución de importaciones en varios países de América Latina que había comenzado en los años 30.

Sin embargo, en Cuba tiene lugar una desindustrialización relativa.

En 1940, el valor de la producción industrial fue el 27.3% del Ingreso Nacional, y en 1947 fue solamente el 14.8%, y en términos absolutos, a valores constantes del peso de 1940, el valor de la producción industrial en 1947 fue solamente un 0.8% superior al de 1940.

En 1940, las importaciones norteamericanas abastecieron el 19.3% del consumo de Cuba, y entre 1941 y 1947 el 30.2%. En el año 1947 llegaron a abastecer el 49.6% del consumo total del país.

El proceso de industrialización se detuvo primero, porque los términos de intercambio con Estados Unidos fueron tan favorable para Cuba, que entre los años 1946-1947 tuvo lugar una situación parecida a la que ocurrió en 1919-1920, con características muy similares a lo que se conoce como "Enfermedad Holandesa".

En segundo lugar, las regulaciones establecidas por el gobierno cubano para limitar el incremento de la productividad, con el objetivo de evitar que ocurriera un aumento del desempleo, unido a toda una serie de regulaciones que elevaban los costos laborales, y a una completa falta de financiamiento, colocaban a la industria nacional en una posición muy desventajosa, y aunque muchas empresas durante la posguerra quebraron, otras se pudieron mantener pues la inflación provocaba un aumento de los precios de los bienes y servicios que permitía a otras empresas algún nivel de ganancias nominales. Estas empresas se encontrarían en riesgo en caso de que la inflación se detuviera como pasó después de 1947.

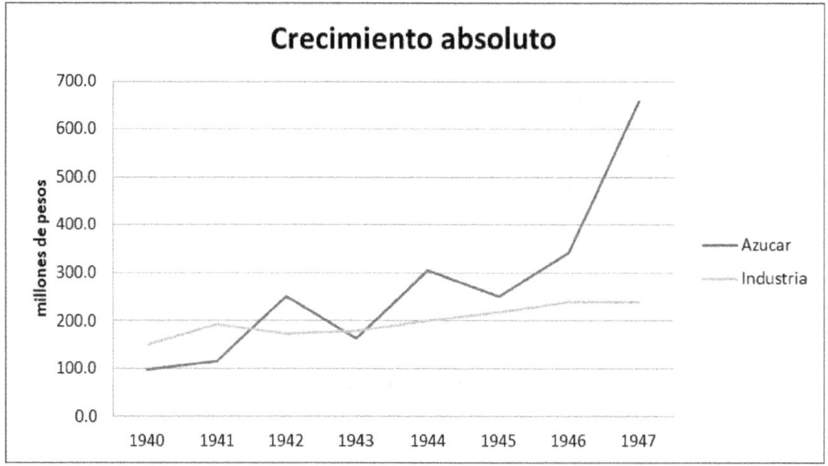

En el gráfico anterior se observa el crecimiento casi exponencial del valor de la producción azucarera, en comparación con el lento crecimiento del valor de la producción industrial en el período.

La coyuntura bélica proveyó impulso a la industrialización en las economías latinoamericanas más grandes, donde la industrialización había avanzado más durante los años posteriores a la Primera Guerra Mundial, a través de un proceso de sustitución de importaciones. En ellas la industria creció de forma absoluta, y de forma relativa, aumentando su participación dentro de los ingresos nacionales de esos países, pero como vemos en Cuba, aunque tuvo lugar un ligero aumento absoluto del valor de la producción industrial, disminuyó su participación dentro del Ingreso Nacional.

A valores corrientes, el Ingreso Nacional entre 1940 y 1947 creció un 196.5% y el valor producido por la manufactura y la construcción un 60.7% solamente.

De manera absoluta y a valores corrientes, la producción industrial en 1947 fue 90.8 millones de pesos mayor que la de 1940 lo que permitió un margen de ganancias nominales para algunas industrias.

Políticas gubernamentales. Intentos de promoción industrial

Las nuevas industrias que se crearon durante estos años lo hicieron al amparo de una serie de medidas gubernamentales de tipo fiscal que sin mucha coherencia se tomaron, tales como exenciones fiscales y medidas arancelarias de tipo proteccionista con el fin de favorecer la creación de nuevas industrias pero a costa de perjudicar a las ya establecidas.

Durante el gobierno de Fulgencio Batista (1940-1944) surgieron toda una serie de organismos a partir de la coyuntura creada por la guerra que aumentaron profusamente las regulaciones en relación con las actividades económicas, dando lugar a un crecimiento de los costos de transacción para toda la economía. Así surgió la Junta de Economía de Guerra, la Comisión de Fomento, la Oficina de Regulación de Precios y Abastecimientos (ORPA), etc. El alegado propósito de esos organismos era el control de la inflación, la promoción de la diversificación económica y la sustitución de importaciones.

Entre las medidas tomadas en aquellos años con estos propósitos se encuentra la Ley de Cultivos Obligatorios de 1943, y en lo que a la industria se refiere, se promulgaron leyes, una relacionada con lo que llamaron "industrias de guerra", y otra para las "industrias nuevas" a las cuales se le otorgaban exenciones arancelarias para la importación de maquinarias, combustibles, materias primas, y otros insumos necesarios, además de —en algunos casos— exenciones de impuestos, aunque al mismo tiempo se promulgaba la Ley de Ampliación Tributaria que incrementaba los impuestos directos sobre los capitales y las ganancias además de incrementar los impuestos al consumo de toda una serie de artículos los cuales eran en gran medida producidos por la industria nacional, como es el caso de cigarrillos, cerveza, refrescos, etc. Este aumento de la presión fiscal era totalmente incongruente con respecto a una política de estímulo a la industrialización.

A pesar de todo, al amparo de la escasez de importaciones provocadas por la guerra, surgieron fábricas de productos farmacéuticos y químicos, de materiales de construcción, plásticos, confecciones textiles, y se expandió la producción de refrescos y cervezas, neumáticos, cigarros, cemento, textiles y surgió una industria de talla de diamantes, etc. Algunas de estas fábricas eran subsidiarias de compañías norteamericanas que instalaron plantas modernas tales como Goodrich SA y la Goodyear.

Con la llegada al poder del PRC Auténtico en 1944, bajo la presidencia de Ramón Grau San Martín, se acentúa una política demagógica prosindicalista que había comenzado con Batista, y que va asfixiando la actividad industrial y económica en general en el país.

Durante los gobiernos del "autenticismo" se emitieron toda una serie de decretos que eximían de impuestos y derechos a determinadas industrias e importaciones.

El Decreto # 833 de marzo de 1944, el Decreto # 2144 de agosto de 1945 y el # 4089 de diciembre de ese mismo año constituyeron la legislación más importante para atraer nuevas industrias logrando algún éxito, pues entre 1945 y 1950 se establecieron treinta y seis nuevas industrias entre las cuales se encontraban producción de rayón, productos alimenticios, químicas, fertilizantes, insecticidas, sacos de yute, producción de alambre, harina de trigo, productos de plástico, talleres de corte de diamantes, alimentos para animales, etc., pero la mayoría de ellas dependían fuertemente de materias primas importadas y consumían poca materia prima producida nacionalmente.

En tanto el Estado cubano trataba de promover la inversión en nuevas industrias, las ya establecidas enfrentaban graves problemas laborales, y una insuperable resistencia a la modernización.

La mejora y crecimiento de la industria en Cuba era bloqueada por los sindicatos de trabajadores apoyados por el Estado, oponiéndose a que nadie nuevo entrara a competir en el mismo campo con nuevas y mejores instalaciones.

Las cuotas, restricciones y regulaciones iban orientadas a mantener el tamaño de la industria cubana limitada a abastecer el mercado nacional presente, en tanto existían toda una serie de concesiones impositivas para alentar la inversión en industrias enteramente nuevas en el país. Esto conducía al abandono de las industrias viejas en tanto daba la impresión de crecimiento de la industria nacional.

Con la terminación de la guerra en 1945, al restablecerse la normalidad en el comercio internacional algunas de estas industrias desaparecieron debido a que existían solo con base a una coyuntura creada por la guerra.

Pero lo más importante para sostener, e incluso ampliar la producción industrial en este período fue la política monetaria expansiva de los gobiernos de Batista, y Grau.

El aumento de los costos laborales como resultado de las medidas puestas en vigor desde la década de 1930, y a partir de la entrada en vigor de la Constitución de 1940, unido a una productividad del trabajo estancada, e incluso declinante en muchas ramas de la economía, con la excepción de la industria azucarera, hubieran llevado a la quiebra a muchas industrias; de hecho la proliferación de intervenciones de empresas por parte del gobierno que tuvieron lugar en estos años, son un reflejo de esta situación donde las empresas no pueden afrontar los costos laborales.

La solución que buscó el gobierno para poder financiar su política redistribucionista establecida constitucionalmente fue la expansión de la oferta monetaria, amparada por balanzas de pago favorables, y de esta forma se mantenían ganancias nominales de las empresas para poder seguir operando.

Desindustrialización relativa. Sus causas y consecuencias sociales

Pasemos ahora a analizar las causas que contrarrestaron el impulso industrializador en Cuba durante estos años.

Primero, como vimos anteriormente, el aumento drástico de las importaciones que no solo se limitaron a artículos que no podían ser producidos en Cuba, sobre todo bienes de capital, si no que también tiene lugar un incremento en las importaciones de todo tipo de bienes especialmente después de concluida la guerra.

En 1940 las importaciones abastecían el 25% del consumo interno, y en 1947 fueron el 59.2%.

La principal razón se encuentra en el abaratamiento de las importaciones desde Estados Unidos, debido a que la devaluación real del peso cubano es mayor que la del dólar norteamericano, en tanto se mantiene una tasa de cambio oficial de uno a uno que había sido ratificada en la firma de los acuerdos de Bretton Woods en 1944, produciéndose así una sobrevaloración del peso cubano que abarata las importaciones norteamericanas, y encarece las exportaciones de Cuba hacia Estados Unidos, lo cual no se pone de manifiesto pues Estados Unidos pagó un precio fijo por el azúcar de la cuota.

Entre 1940 y 1947, el dólar norteamericano se devaluó en un 37.7% en tanto el peso cubano se devaluó en un 60%.

Segundo, el aumento de los costos laborales, y la baja productividad, hacen que muchos productos de la industria cubana no puedan competir frente a los productos importados desde Estados Unidos dentro del mercado nacional.

Entre 1940 y 1947 el encarecimiento de la labor como resultado de la legislación laboral que se venía desarrollando desde mediados de la década de 1930 fue uno de los factores fundamentales que incidieron en la desindustrialización relativa que tuvo lugar en el período.

En 1947, la productividad real del trabajo era un 15.6% inferior a la de 1940, y el promedio general de ingresos reales por trabajador fue en 1947 un 26.5% inferior al de 1940. En esta diferencia entre productividad e ingresos medios se encontraba gran parte de la ganancia empresarial.

En el año 1944 el gobierno de Grau autorizó por medio del Acuerdo No 61 un aumento del 100% del salario mínimo, llevándolo desde un peso diario establecido desde 1933, a 2.06 pesos diarios en las zonas rurales, y 2.58 pesos en las zonas urbanas, lo que produjo un drástico incremento en los costos laborales de las empresas.

Tercero, la falta de créditos por parte de la banca comercial. Otro factor de importancia que frenaba la posibilidad de expansión de la industria no-azucarera era la falta de créditos. En el año 1940 los créditos otorgados por los bancos a la industria fueron equivalentes al 0.3% del total otorgado, y en el año 1947 al 0.8% del total otorgado. Los bancos concedían crédito solamente al azúcar y al comercio para financiar operaciones a corto plazo, pero en una economía como la cubana, con un alto riesgo de impago por parte de otras actividades que no estuvieran relacionadas con el comercio exterior, una elevada incertidumbre provocada por la institucionalidad redistribucionista que se iba desarrollando, y sin un banco central que actuara como prestamista de última instancia, la obtención de créditos a intereses razonables era prácticamente imposible, por lo que la industria en general se tenía que autofinanciar.

Cuarto. La industria también se veía afectada por las regulaciones establecidas encaminadas a evitar que los aumentos de productividad desplazaran labor y crearan desempleo, por lo que el freno impuesto al aumento de la productividad del trabajo en las industrias establecidas dificultaba la posibilidad de crecimiento de la industria condenándola al estancamiento.

Quinto la caída de los ingresos reales de los trabajadores provocado por la inflación dio lugar a una contracción de la demanda real. Los ingreso promedio familiares a valores del peso de 1940, en 1947 fueron un 8.3% inferiores.

Sexto Los grandes superávits en cuenta corriente de las balanzas de pagos, y la expansión monetaria por parte del gobierno cubano llevaron a una inflación estimada de un 72.5% que condujo a una pérdida de valor del peso cubano de casi un 64% con respecto a 1940. Los precios subieron en Cuba de manera exponencial en casi un 170%, a lo que respondió el gobierno cubano decretando controles de precios de toda una serie de productos sobre todo de primera necesidad, lo cual produjo escaseces, y dio un poderoso impulso a la formación de una economía sumergida de bolsa negra.

Cuando el gobierno impone controles de precios comienza un proceso de destrucción económica.

Los controles de precios llevaron a escasez en los bienes donde fueron establecidos, y dieron lugar al florecimiento de la bolsa negra. La escasez se define como un exceso de la cantidad de un bien que los compradores buscan comprar, por encima de la cantidad de vendedores que quieren y están en posibilidad de venderlo. En una escasez, hay personas que quieren y tienen la posibilidad de pagar el precio controlado de un bien pero no pueden obtenerlo ya que no está disponible, y lo único que puede explicar que exista una situación así es la existencia de un control de precios provocando demanda sin oferta.

Los controles de precios crean una carestía al expandir artificialmente la demanda de un bien pues la demanda llega a exceder la oferta, e igualmente reducen la oferta, lo cual intensifica la carestía que crean, ya que el control del precio llega a convertir la producción de dicho bien en irrentable, como pasó con la ganadería durante este periodo, así como en otros productos agrícolas, y en la vivienda, por citar solamente los casos más notorios de escaseces producidos por los controles de precios que el gobierno estableció, pero donde peores consecuencias trae a la oferta es cuando se aplica un control de precios a la labor como es el caso de los salarios mínimos, así como toda la legislación laboral.

-oOo-

Con el auge azucarero provocado por la guerra y durante la posguerra, una vez más se valorizaba el factor tierra dedicado a las exportaciones, y con ello sus propietarios, la clase de los terratenientes, y comerciantes vinculados al comercio exportador e importador volvían a alcanzar la preeminencia no solo económica, si no también política y social perdida desde fines de los años 20, y ahora con el control de gran parte de la industria azucarera.

Como vimos, las importaciones norteamericanas se hicieron más competitivas dentro del mercado interno cubano debido a los favorables términos de intercambio, lo cual conducía en general a la pérdida de valor del capital y la labor nacional empleada en producir para el mercado interno bienes y servicios, y por otra parte, las exportaciones cubanas, sobre todo el azúcar, al encarecerse, se hacían menos competitivas en el mercado internacional, y no en el norteamericano que pagaba un precio fijo.

Ese es el problema que presenta la sobrevaluación de las monedas, ya que la producción en general pierde competitividad tanto en el mercado doméstico, como en el internacional, pero en el caso del azúcar, Estados Unidos desde 1942 hasta 1947 compraron las zafras completas, así que la pérdida de competitividad no afectó a los exportadores de azúcar cubanos que se beneficiaban de los altos precios en dólares que obtenían, en tanto afectaba a los industriales y agricultores que producían para el mercado interno sobre todo desde 1946 en que se restablecieron relaciones comerciales normales.

La sobrevaloración del peso provocada por la expansión monetaria de los gobiernos cubanos dio lugar a una gran redistribución del Ingreso Nacional que benefició a los exportadores en tanto perjudicó a los que producían para el mercado interno, entre ellos los empresarios industriales que veían debilitarse cada vez más su posición no solo económica si no también política y social.

Por otra parte, el cártel laboral que eran los sindicatos agrupados en la CTC, había logrado un incremento del salario mínimo en 1944 que tuvo el efecto nefasto de que al no poder incrementar la productividad por parte de los empresario limitaba la contratación de empleo. Así se consolidaba aún más el desempleo crónico en el país que oscilaba entre un 20 y un 23% de la fuerza laboral en 1947.

La única solución que veían los empresarios industriales agrupados en la ANIC era el establecimiento por parte del gobierno de medidas proteccionistas, a lo que se oponían los hacendados, colonos y comerciantes exportadores/importadores ante la posibilidad de que Estados Unidos respondiera con medidas proteccionistas que afectaran la cuota azucarera cubana. Por su parte, el gobierno de Grau presionaba en Estados Unidos para se mantuvieran por lo menos durante los próximos cinco años comprando las zafras completas, dándole la espalda a los industriales nacionales.

La producción industrial y la construcción en 1940 representaron el 27.3% del Ingreso Nacional, y en 1947 había descendido a ser un 14.8%, y en términos absolutos, a valores constantes de 1940 para descontar el efecto de la inflación, el valor de la producción industrial y la construcción en 1947 fue un 40.6% inferior a la de 1940.

Inicios de la industrialización inducida 1948-1952

Al concluir la posguerra en 1947, la situación económica internacional había cambiado. En 1948 se restauraba la cuota azucarera, y Cuba entraba en los acuerdos del comercio internacional establecidos en el GATT que buscaba reducir las barreras proteccionistas, y ampliar la libertad de comercio entre las naciones.

La situación de la economía cubana al concluir la posguerra era de muy baja competitividad en un mundo que tendía al libre comercio.

El sector exportador era poco competitivo frente a otras áreas productoras de azúcar del mundo; el sector que producía para la economía interna, tanto industrial como agropecuario era pequeño, atrasado, de baja capitalización y baja productividad; un elevado grado de ociosidad de los factores de producción, entre ellos un alto desempleo, y un marco institucional altamente regulacioncita que estorbaba la movilidad de los factores de producción. Era una economía poco competitiva tanto en el plano internacional como en el nacional, enredada en una madeja regulacioncita que sofocaba sus posibilidades.

Lo único que tenía a su favor era una gran reserva de divisas internacionales acumuladas durante el período anterior de 1941 a 1947.

Como reflejo de este cuadro de estancamiento económico, volvía a tomar fuerza después de concluida la guerra, como pasó a comienzos de la década de 1920, el reclamo de diversificación económica y contrarios a la dependencia del azúcar, entre intelectuales, clases medias, industriales, y algunos políticos que consideraban que un crecimiento demográfico más rápido que el crecimiento del Ingreso Nacional llevaría necesariamente a una crisis política y social de grandes proporciones, como ocurrió a principios de los años 30.

Esta posición era teóricamente reforzada por la Comisión Económica para América Latina de las Naciones Unidas (CEPAL), que postulaba como una solución para el subdesarrollo la industrialización por sustitución de importaciones, pero no de forma espontánea como había venido ocurriendo como resultado de shocks externos, si no de manera planificada por parte del Estado. A esto se le llamó "desarrollismo", y su principal promotor en Cuba sería el Dr. Gustavo Gutiérrez, además de otros como Julián Alienes y Felipe Pazos.

En este periodo, el Ingreso Nacional, a valores corrientes, creció a una tasa anual del 4.7%, la producción manufacturera al 11.9%, y la construcción al 10.3%. En 1952, el valor de la producción manufacturera y la construcción era equivalente al 17.2% del Ingreso Nacional, de haber sido en 1947 el 14.8%.

Hay que tener en cuenta de que los términos de intercambio entre Cuba y Estados Unidos se deterioraron para Cuba, ya que mientras que los precios del azúcar se mantuvieron casi sin variación, el nivel general de precios en Estados Unidos entre 1947 y 1952 subió un 18.8%, lo que le daba a algunas industrias nacionales cierto grado de competitividad en el mercado interno.

En estos años se presentan elementos favorables que ayudarán al crecimiento industrial, pero también se pondrán de manifiesto problemas de signo contrario que contribuirán a retrasar el proceso.

Causas que alentaban y frenaban el inicio de una reindustrialización en Cuba

Los elementos que favorecieron y alentaron la industrialización entre 1948 y 1952 fueron los siguientes:

1. Los términos de intercambio desfavorables con Estados Unidos hacían más competitivas a alguna industrias dentro del mercado nacional.
2. El ingreso familiar promedio real aumento entre 1947 y 1952 en un 4.2%.
3. Creación del Banco Nacional de Cuba, y aumento del nivel de préstamos en general de un 119.8%, parte de los cuales fueron a la industria no-azucarera. El 50% de las importaciones de bienes de capital fijo fueron a la industria no-azucarera.

4. Entre los elementos desfavorables se pueden citar:
   - Aumento de los costos de producción, principalmente costos laborales.
   - Intervenciones estatales de empresas como resultado de disputas laborales.
   - Restricciones al incremento de la productividad para mantener empleo poco productivo.
   - Política monetaria conservadora que limitaba las ganancias nominales de las empresas ante el aumento de los costos de producción.
5. Desaparición después de concluida la guerra de industrias artificiales que había surgido en medio de condiciones especiales.
6. En los años inmediatos después de la guerra, durante el gobierno de Grau y el gobierno de Prío, la economía cubana se hallaba envuelta en una incongruente maraña de controles, regulaciones, subsidios, tarifas, cuotas, intervenciones, que formaban el marco legal de un verdadero caos apoyado por los sindicatos dirigidos por los comunistas, y por los políticos del autenticismo.

Al finalizar la década de 1940 se había desarrollado en Cuba un marco institucional que creaba una estructura de incentivos desfavorable, y hasta pudiera decirse hostil a la producción de riquezas, y que favorecía la obtención de ingresos por medios no productivos, promoviendo conductas improductivas para capturar rentas a partir de los productores. La corrupción y el gangsterismo llegaron a su más alto nivel en la historia republicana durante los gobiernos de los "Auténticos" (1944-1952).

Durante este período el avance en la producción industrial es muy desigual; algunos bienes tuvieron un incremento; alcohol, cemento, jabones, y leche enlatada, mientras que otros muchos mostraban un declive significativo, entre ellos, la producción de calzado, cueros, aceite vegetal, neumáticos, cigarros, fósforos, cerveza, refrescos, papel, alimentos enlatados, textiles, etc.

En algunas industrias, los sindicatos, al no poder obtener aumentos de salarios, demandan una disminución de la productividad como en la industria azucarera donde de acuerdo a la Ley de Coordinación Azucarera, había que compensar a los trabajadores cuando la industria concluía la zafra antes de lo establecido por una causal denominada "intensivismo", por los días que se dejó de trabajar.

La legislación laboral encarecía el mercado de trabajo y lo hacía altamente inflexible lo que contribuía a convertir el desempleo en un fenómeno crónico.

Las principales leyes laborales:

1. Salarios mínimos son elevados periódicamente. En el año 1944 se decretó una ley de elevación general de los salarios mínimos.
2. Los reclamos salariales contra los empleadores siempre tienen prioridad sobre cualquier otro reclamo, y casi invariablemente los tribunales fallarán en contra del empleador y a favor de los obreros.
3. Seguridad social que incluye pagos de retiros, pensiones, seguros contra enfermedad, accidentes de trabajo, vejez, etc.
4. Jornada máxima de ocho horas, y semana laboral de 44 horas con pago de 48 horas.
5. Un mes de vacaciones al año pagado, y pago de los días feriados.
6. Obligación de contratar a un trabajador para sustituir al que se encuentre de vacaciones.
7. Las mujeres trabajadores embarazadas son excusadas de trabajo seis semanas antes y después del nacimiento de un hijo con salario pagado.
8. Derecho a formar sindicatos y derecho a huelga.
9. Para los miembros de profesiones; colegiación obligatoria.

10. Derecho a empleo en general limitado a los nativos cubanos.
11. El despido de un trabajador es permitido por la ley solo cuando se demuestra una "causa justa".
12. No se puede mudar una fábrica sin un permiso especial del gobierno.
13. Algunos decretos sobre salarios, están vinculados al índice del costo de la vida, o al precio de la mercancía producida, pero esta vinculación tiene lugar al alza, nunca a la baja.
14. Si una compañía económicamente se ve impedida para pagar el salario legalmente establecido puede ser intervenida por el gobierno.

La Misión del Banco para la Reconstrucción y Fomento, que Después se convertiría en el Banco Mundial, contratada en 1950 por el gobierno de Carlos Prío para analizar la situación económica de Cuba, elaboró un informe publicado en 1951, conocido como el informe de la Misión Truslow, y en él se plantea lo siguiente en relación con la industria en Cuba.

- El propósito de la industria no es promover empleo si no convertir materias primas en bienes de consumo.
- En el más amplio sentido, el mayor activo conocido hasta ahora que tiene Cuba es su suelo. Es una nación agrícola debido a una dotación de la naturaleza, por tanto, debe orientar su desarrollo tanto industrial como agrícola hacia una mayor dependencia de su más básico recurso natural.El procesamiento de las materias primas cubanas, para hacerlas más valiosas, debe ser un objetivo primario más que la industrialización como tal.
- Considerar la industria principalmente como un medio para dar empleo es una aproximación en la dirección equivocada. Ese camino lleva a una ineficiencia deliberada con la cual nadie al final gana.
- La visión de la Misión Truslow choca directamente con la visión socialista de la Constitución vigente en aquellos momentos que en su Artículo 87 plantea que:
- *El Estado cubano reconoce la existencia y legitimidad de la propiedad en su más amplio concepto de función social.*

La orientación teórica neoclásica de los economistas de la Misión Truslow siempre chocó con la visión keynesiana de los economistas cubanos, y de la visión demagógica de la politiquería en el poder y de los poderosos líderes sindicales, por esa razón, el informe de la Misión en su conjunto, nunca fue tomado muy en serio en Cuba.

Nosotros consideramos que el análisis de la Misión es erróneo al considerar que en aquellos momentos el principal recurso que tenía Cuba era su suelo, ya que de esa conclusión se desprendía que su desarrollo económico dependía la producción de bienes con elevado consumo del factor tierra, o sea bienes agrícolas, o con una base agrícola, pero si bien eso fue cierto durante el primer cuarto del siglo XX, cuando la Misión Truslow estuvo en Cuba no lo era; la ventaja comparativa de Cuba radicaba en su abundancia de labor.

Al comenzar la década de 1950, el factor más importante que tenía nuestro país era su abundancia de labor con unos estándares de calidad elevados dentro del contexto de los países latinoamericanos, y del mundo subdesarrollado en general, por tanto, su desarrollo en aquellos momento se debía orientar a la producción de bienes intensivos en el consumo de labor combinado con el factor capital (industrialización), y en mucha menos medida con el factor tierra.

Cuba no poseía abundancia de capital, por lo que era necesario importarlo promoviendo la inversión extranjera. La combinación del factor labor con el factor tierra, como plateaban los partidarios de la "agrarización" tenía un muy elevado coste de oportunidad para la utilización de la labor.

El nuevo orden económico internacional y las opciones de Cuba

A finales de la década de 1940, y principios de la de 1950, las repúblicas latinoamericanas encaraban el dilema del cambio de paradigma que representó la construcción de un nuevo orden económico internacional promovido por Estados Unidos y Gran Bretaña.

El primer paso en la creación de dicho nuevo orden económico internacional se dio en la Conferencia de Bretton Woods en julio de 1944, a lo que siguió la creación del Fondo Monetario Internacional (FMI), y el Banco Mundial (BIRF), así como el Acuerdo General de Tarifas y Comercio (GATT) y posteriormente la Organización Mundial del Comercio (WTO).

Basados en esta nueva situación ya anunciada en la Conferencia Interamericana de Chapultepec, en 1945, las repúblicas latinoamericanas irían delineando su estrategia de desarrollo económico.

Esos cambios alentaron a algunas repúblicas a continuar profundizando lo que fue conocido como el modelo de "desarrollo hacia adentro", basado esencialmente en la industrialización por sustitución de importaciones el cual era promovido por la Comisión Económica para América Latina (CEPAL) de las Naciones Unidas. La CEPAL proveyó una justificación teórica a lo que se venía haciendo en estas repúblicas desde la Primera Guerra Mundial.

La otra opción que tuvieron las repúblicas latinoamericanas era mantener el modelo económico basado en las exportaciones, ya fuera en las exportaciones tradicionales, o a través de la diversificación de las exportaciones. Este modelo era promovido por el Fondo Monetario Internacional a pesar de las desventajas arancelarias con que tropezaban los países latinoamericanos con muchas de sus exportaciones hacia los países desarrollados.

La industrialización por sustitución de importaciones fue adoptada con mayor entusiasmo por las repúblicas donde la industrialización se encontraba más avanzada desde la década de los años 20, como era el caso de Argentina, Brasil, Chile, México, y Uruguay, en tanto las otras repúblicas se mantuvieron más dentro de la ortodoxia del modelo exportador. Algunas de ellas diversificaron sus exportaciones, siendo el caso más notable el de Puerto Rico donde se desarrolló más intensamente un modelo de industrialización por diversificación de exportaciones que comenzó a partir de 1947 (Operación Manos a la Obra), y que cambió totalmente la estructura económica monoproductora y monoexportadora de la isla basada exclusivamente en el azúcar.

En el norte de México tuvo lugar un proceso similar con las "maquiladoras".

Otros países se mantuvieron tratando de expandir sus exportaciones tradicionales, como fue el caso de Venezuela con el petróleo, que tuvo éxito debido a la creciente demanda, y Cuba con el azúcar, que no llegó a tener éxito después de 1948.

El modelo de "desarrollo hacia adentro" descansaba en la manufactura, así que la primera tarea de los que dirigían la política económica de los países que adoptaran ese modelo era la introducción de una mayor racionalidad en la protección ofrecida a la industria, siendo la herramienta más importante las tarifas arancelarias, pero había dos problema que limitaban que el sector privado respondiera al estímulo de la restricción de las importaciones; uno era la falta de acceso a suficiente financiamiento, y el otro la carencia de tecnología requerida.

Para estimular la inversión privada extranjera se hacía necesario efectuar cambios en la legislación que en muchas de estas repúblicas dificultaban este tipo de inversión directa. Así, en ausencia de suficiente inversión por parte del sector privado doméstico, se crearon una serie de empresas públicas (banca pública de desarrollo entre otras) para sostener el programa de industrialización.

Mucho del sector manufacturero creado producía a altos costos y elevada ineficiencia debido a encontrarse protegido de la competencia.

La falta de dinamismo de las exportaciones, unida a la necesidad de incrementar importaciones de bienes intermedios y de capital produjo, en los países que adoptaban este modelo, una serie de problemas de balanzas de pago.

Los países que mantuvieron el modelo económico basado en las exportaciones, aunque no se oponían a la industrialización, no consideraban viable el modelo de "desarrollo hacia adentro" debido a la existencia de un sector industrial débil que no podría alcanzar mucha ventaja de las restricciones a las importaciones. Además, las élites económicas ligadas al sector exportador en esos países eran todavía muy poderosas políticamente.

Sin abandonar el sector exportador, estas repúblicas exploraron como promover la industrialización unido al crecimiento de las exportaciones. El instrumento clave fue usualmente la promulgación de leyes de promoción industrial, concediendo privilegios especiales al establecimiento de nuevas manufacturas, y la creación de bancos de desarrollo para canalizar crédito barato a las nuevas industrias. El resultado fue la proliferación de industrias ineficientes, concentradas principalmente en bienes de consumo, protegidas por tarifas de importación.

Después de la Segunda Guerra Mundial, existía un consenso generalizado en América Latina, y en gran parte del mundo subdesarrollado, así como entre las agencias internacionales que iban surgiendo, de que el Estado tenía que jugar el papel principal en diseñar e implementar las políticas económicas necesarias para lograr el crecimiento de las naciones y salir del subdesarrollo, ya que el mercado por sí solo no podía hacerlo como supuestamente había quedado demostrado con la Gran Depresión, y la conflagración mundial. Era la época en que reinaban de manera indiscutida las teorías del economista británico John Maynard Keynes, y el corolario derivado del keynesianismo para América Latina serían las teorías de la CEPAL, y de su presidente, el economista argentino Raúl Prebisch.

Proteccionismo nacionalista vs. reciprocidad comercial

A principios de octubre de 1944, se convocó en La Habana una conferencia con el nombre de "Fomento de la Economía Cubana" con el objetivo de delinear un plan de diversificación económica que pudiera evitar los problemas que tuvieron lugar en Cuba después de la Primera Guerra Mundial.

Se consideraba que el país tenía grandes capitales acumulados como resultado de las balanzas de pago favorables y los altos precios del azúcar, que servirían para el financiamiento de los planes de desarrollo económico, pero los intereses azucareros, en aquellos momentos dueños de gran parte de la industria azucarera, a diferencia de los años 20, cuando gran parte de dicha industria era extranjera, eran contrarios a la diversificación, y querían mantener el papel central del azúcar en la economía nacional, y si se desarrollaba una industria, que esta fuera a partir de las materias primas nacionales.

La victoria de Ramón Grau y su partido el PRC Auténtico en las elecciones de 1944 hizo pensar a los industriales agrupados en la Asociación Nacional de Industriales de Cuba (ANIC)[13] que la plataforma nacionalista del "autenticismo" se traduciría en una política económica favorable a la diversificación, pero no fue así. La estrategia económica de Grau se mostró más cercana a los intereses de la élite azucarera, tratando de negociar con Estados Unidos la compra de al menos cinco zafras completas después de concluida la guerra, así como garantía de precios remunerativos y la eliminación del sistema de cuotas azucareras que le permitiera al azúcar de Cuba libre acceso al mercado norteamericano.

Esta estrategia que se basaba en la expansión de la producción de azúcar, o sea, se alejaba de la estrategia que a partir de 1948 promovería la CEPAL de "desarrollo hacia adentro", la cual se

13. Asociación Nacional de Industriales de Cuba (ANIC) fue fundada en 1923.

encontraba más en sintonía con la estrategia de la diversificación o "independentismo económico" que había planteado Joaquín Martínez Sáenz y otros intelectuales.

Otro de los grandes opositores a los planes de diversificación serían los sindicatos agrupados en la Central de Trabajadores de Cuba (CTC) cuya membresía en gran parte provenía de la industria azucarera. En aquellos momentos (1944), la CTC estaba dominada por los comunistas, enemigos políticos de Grau desde 1933.

El gobierno de Grau siguió una política demagógica prosindical en tanto fue desplazando a la dirigencia comunista dentro de la CTC, pero la estrategia económica de los Auténticos se basó en la expansión de la industria azucarera y de las ventas de azúcar en Estados Unidos, ganándose el apoyo de la élite económica nacional.

El éxito de esta estrategia dependía también de la posición que adoptaran Estados Unidos, pero estos, tanto durante el gobierno de Roosevelt como en el de Truman, eran favorables, como hemos explicado, a promover el libre comercio internacional con el objetivo manifiesto de que no se reprodujeran las condiciones que llevaron a la Segunda Guerra Mundial, pero en realidad Estados Unidos, que en aquellos momentos eran la potencia industrial hegemónica y casi única en el mundo, serían los indiscutibles beneficiarios de la liquidación de toda las barreras al libre comercio internacional.

En aquellos años de la posguerra, algunos países de América Latina estaban alentando la industrialización por sustitución de importaciones a través de la imposición de barreras proteccionistas a las importaciones como una respuesta al proteccionismo de las grandes potencias que se ejercía por medio de sus organismos internacionales como el GATT y el Fondo Monetario Internacional (FMI).

Contrario a esto, Estados Unidos sugería un programa alternativo de desarrollo industrial que no descansara en el proteccionismo, si no integrar economías individuales en un sistema mundial donde estos países subdesarrollados se convirtieran en economías complementarias de Estados Unidos a partir de que empresas industriales norteamericanas, particularmente las de alto consumo de labor, pudieran llevar los negocios a otros países donde la mano de obra fuera más barata, y tuvieran otros incentivos para invertir fuera de Norteamérica.

La iniciativa norteamericana de eliminar el uso de sistemas preferenciales en el comercio internacional presentaba problemas serios para Cuba, especialmente para el azúcar que era el sector económico clave, ya que esta tendría que pagar derechos de aduana igual que todos los demás países que concurrieran al mercado norteamericano, y sobre todo competir con países que producían a más bajo costo.

Por otra parte, Estados Unidos tenía también la intención de ir introduciendo cambios en el sistema de cuotas disminuyendo la participación de Cuba y aumentando la participación de otros productores latinoamericanos como Perú y República Dominicana como se vio en las revisiones de la cuota de 1951 y 1956.

El gobierno norteamericano estaba consciente del impacto negativo que esta política podría tener en Cuba, no solo desde el punto de vista económico, si no también político y social, por lo que el Departamento de Estado de Estados Unidos desarrolló una alternativa a estos posibles resultados negativos que incluía la industrialización de Cuba, y la diversificación de la agricultura cubana sin proteccionismo, con la participación del capital privado norteamericano.

Para crear condiciones propicias al flujo de inversión norteamericana hacia Cuba se propusieron como condiciones:

1. Firma de un "Tratado de Amistad, Comercio y Navegación" que protegería a los negocios norteamericanos en Cuba de prácticas discriminatorias.

2. La inclusión de Cuba en un acuerdo de comercio internacional basado en el principio del no-proteccionismo.
3. Modificación de la ley laboral cubana la cual contenía algunos aspectos que eran vistos como en detrimento de los negocios.
4. Pago de deudas pendientes que el Estado cubano debía a algunos ciudadanos norteamericanos.
5. Establecimiento de vínculos más estrechos con el ejército de Cuba como forma de mantener la seguridad interna del país.

Este plan fue dado a conocer por el encargado de negocios de Estados Unidos en una conferencia en el Club Rotario de La Habana en julio de 1944, y fue muy mal recibido, ya que fue visto como una amenaza a la economía cubana, o como una nueva Enmienda Platt.

El gobierno de Grau no mostró ninguna inclinación a la firma del Tratado, en tanto en el Departamento de Estado de Estados Unidos tenía una percepción clara de que en Cuba había una creciente tendencia hacia el proteccionismo y la creación de empresas domésticas antieconómicas según planteaba un estudio realizado en octubre de 1946.

Posteriormente, el gobierno de Grau condicionó la firma del Tratado a una ampliación sustancial de la cuota azucarera cubana, en tanto Estados Unidos amenazaba con un decrecimiento de la cuota de no aprobarse el tratado.

Al concluir el mandato de Ramón Grau en 1948, no se había avanzado nada en la firma del Tratado a pesar de las presiones norteamericanas.

La inclusión de Cuba en el GATT significó el fin de la vigencia del Tratado de Reciprocidad Comercial de 1934, y se firmó un nuevo tratado comercial que mantenía grandes ventajas comerciales para Estados Unidos en Cuba.

El nuevo gobierno de Carlos Prío (1948-1952) se mantuvo dentro de la línea de condicionar la firma del Tratado con una expansión significativa de la cuota azucarera para Cuba, que permitiera la estabilización de dicha industria, ya que la diversificación de la economía del país debía ser diseñada en función del fortalecimiento de la industria azucarera, pero a fines de 1949 el gobierno cubano estaba convencido que no tendría éxito en su estrategia de expandir sus ventas azucareras en el mercado norteamericano.

El inicio de la Guerra Fría, y la Guerra de Corea, mantuvieron alta la demanda de azúcar, lo que permitió zafras récords en la historia de la industria azucarera de Cuba, y al gobierno de Prío mantener las políticas redistribucionistas de la socialdemocracia cubana.

Se tomaron algunos pasos para la industrialización de Cuba y la diversificación económica, sobre todo a partir de la creación del Banco Nacional de Cuba, y se firmaron acuerdos comerciales bilaterales con Canadá, Inglaterra y la República Federal Alemana, pero los obstáculos a la inversión norteamericana en Cuba se mantenían por parte del gobierno de Prío, especialmente las políticas laborales del gobierno.

Las voces que criticaban las descabelladas políticas laborales prosindicalistas de Prío recibieron un fuerte apoyo en el informe que elaboró la Misión del BIRF (Misión Truslow) donde se señalaba que la baja eficiencia de la economía cubana era una resultante de la lucha entre labor y administración, que estaba conduciendo a su deterioro progresivo.

A mediados de febrero de 1952, la embajada norteamericana, los colonos, industriales y hacendados, así como otros sectores económicos estaban totalmente convencidos de que la administración de Prío no haría ninguna modificación sustancial en sus políticas laborales.

El golpe de Estado del 10 de marzo de 1952 dio lugar a que la embajada norteamericana previera cambios en la actitud del gobierno frente a los sindicatos; expectativas que se quedaron cortas.

A comienzos de la década de 1950, ni el modelo de desarrollo basado en la expansión de las exportaciones tradicionales, ni el de industrialización por diversificación de las exportaciones, ni el basado en la sustitución de importaciones, habían tenido ningún avance significativo.

Del redistribucionismo al desarrollismo. El cambio de paradigma en el pensamiento económico cubano

Con la terminación de la guerra mundial, y la normalización del comercio internacional después de 1947, el empresariado cubano se enfrentaba de nuevo con el crecimiento de las importaciones y la competencia dentro del mercado doméstico en condiciones de muy poca competitividad por lo que se renovaban los reclamos proteccionistas por parte de los empresarios industriales que producían para el mercado interno dando lugar a enconados debates.

En octubre de 1948 fue convocada por las asociaciones de industriales y comerciantes la "Conferencia para el Progreso de la Economía Nacional" cuyo propósito era elaborar propuestas para el nuevo gobierno encabezado por Carlos Prío.

Entre las medidas que se proponían debía acometer el gobierno, se encontraba una reforma fiscal que desgravase las actividades productivas, la creación del Banco Nacional de Cuba, así como instituciones estatales de crédito, además de disminuir el intervencionismo del gobierno en el ámbito laboral.

Por otra parte tenemos la corriente de pensamiento económico que promovía la CEPAL, conocida como el "desarrollismo", o aproximadamente el "independentismo económico" de Martinez Sáenz estaba representada en Cuba entre otros, por el abogado y economista Gustavo Gutiérrez.

En un ensayo titulado "Presente y Futuro de la Economía Cubana", de 1950, hacía un análisis aportando mucha evidencia empírica acerca de la grave situación que enfrentaba la economía cubana en aquellos momentos, de la cual se derivaba el plan de la Junta de Nacional Economía que él presidía y que fue publicado en 1951 con el nombre de "Programa Nacional de Acción Económica" (PNAE).

En el ensayo de 1950 Gutiérrez plantea lo siguiente:

> Ante el complicado y difícil panorama azucarero, grandemente fuera de nuestro control, no parece sensato continuar pensando que debemos hacer cuantos sacrificios sean necesarios para mantener la economía cubana estructurada y en función del azúcar..
>
> Al mismo tiempo que nos esforzamos por estabilizar el azúcar, es indispensable que diversifiquemos la agricultura e industrialicemos nacionalmente el país.

En la "Conferencia para el Progreso de la Economía Cubana" celebrada en noviembre de 1948, la cual había sido auspiciada por la Cámara de Comercio y por la ANIC, Gutiérrez también había expresado:

> ... la perspectiva que se abre para la economía nacional se asemeja mucho a la situación en que se encontraba en la pre-guerra si no se actúa para evitarlo; exportaciones muy limitadas y por debajo de nuestra capacidad, insuficiente desarrollo en nuestras actividades productoras que no dependen directamente de esta, y desempleo en abundancia".

En esta Conferencia, todas las corporaciones firmaron una serie de recomendaciones y declaraciones con excepción de la Asociación Nacional de Colonos y la Asociación Nacional de Hacendados, los cuales se oponían vehementemente a cualquier política que no tuviera como objetivo central la expansión azucarera de Cuba.

En su ensayo, Gutiérrez esgrime el mismo argumento de los desarrollistas de la CEPAL del deterioro de los términos de intercambio.

> ... debido a la naturaleza de nuestras importaciones, y a la enorme diferencia con el precio de nuestras exportaciones, no queda en el país un saldo razonable de bienes duraderos o de capital que permitan consolidar y hacer progresar nuestra estructura económica.
>
> Convence esto de la necesidad urgente de la diversificación de nuestra producción agrícola y de la necesidad de industrializar adicionalmente el país.

En el "Programa Nacional de Acción Económica" elaborado por la Junta en 1951 se concluye que el problema más grave que tiene el país es el desempleo y subempleo, por su persistencia y peligrosidad.

> Su peligrosidad consiste en que se está atacando este mal con medidas artificiales e indirectas como exigir mayor número de trabajadores que los que se necesitan para realizar determinado trabajo, combatir la mecanización de la producción y los adelantos tecnológicos que disminuyan las oportunidades en horas de empleo, exigir el pago de horas de trabajo que no se han rendido, etc. Todo esto tiende a disminuir la productividad de los trabajadores y a aumentar el costo de la producción nacional enervando sus posibilidades de competencia con la producción extranjera, tanto en el mercado nacional como internacional.
>
> Cuando el desempleo irrita se acude al subsidio para aplacar el efecto pero no elimina la causa.

Los objetivos del Plan (PNAE) eran los siguientes:

6. Elevar la productividad del trabajo mejorando la técnica empleada, el adiestramiento del personal empleado, y la organización de los factores de producción.
7. Aumentar el número de personas con empleo productivo.
8. Alcanzar mayor continuidad en el trabajo.
9. Mejorar la relación neta de intercambio.
10. Distribuir más adecuadamente el ingreso nacional entre sus distintos receptores sin que esto perjudique las posibilidades nacionales de inversión.
11. Impulsar la capitalización nacional al incrementar la dotación de capital por persona empleada para elevar la productividad.

El Plan de la Junta Nacional de Economía tendía a crear una economía de tipo corporativo donde el Estado jugaba un papel rector a través de la inversión y la distribución del ingreso, en tanto constituía la versión cubana del modelo de "desarrollo hacia adentro" de la CEPAL.

Propuesta de industrialización de la Misión Truslow de 1950

En 1950, el estudio de la economía cubana realizado por una serie de expertos del Banco Mundial conocida como la Misión Truslow, propuso un plan de industrialización para Cuba el cual se basaba en el desarrollo de treinta y dos ramas industriales posibles en función del origen de sus materias primas principales, y el mercado para su producción.

De las industrias propuestas, diecinueve eran productoras de bienes de consumo no duradero, y trece productoras de bienes intermedios, ninguna productora de bienes de capital.

En función del origen de sus materias primas principales, diez provenían directamente de la industria azucarera, otras veintidós tenían origen nacional, y diez consumían materias primas fundamentalmente extranjeras.

De acuerdo a su destino, doce de estas ramas industriales podían contribuir a la diversificación de las exportaciones, en tanto la producción de veintitrés de estas industrias irían dirigidas al consumo interno sustituyendo importaciones.

Estableciendo un orden de prioridades para el desarrollo de estas ramas industriales que pudiera servir de base para un programa integral de industrialización tenemos:

1. Bienes de consumo, exportables, que utilizan materias primas nacionales.
2. Bienes de consumo que sustituyan importaciones, que utilicen materias primas nacionales.
3. Bienes intermedios exportables que utilicen materia primas nacionales.
4. Bienes intermedios que sustituyan importaciones que utilicen materias primas nacionales.
5. Bienes de consumo exportables que utilicen materias primas extranjeras.
6. Bienes de consumo que sustituyan importaciones que utilicen materias primas extranjeras.
7. Bienes intermedios exportables que utilice materias primas extranjeras.
8. Bienes intermedios que sustituyan importaciones, que utilicen materias primas extranjeras.

De acuerdo a estas prioridades agrupamos la líneas industriales propuestas por la Misión Truslow.

1. Carmelos, productos del mar enlatados, frutas en conserva, vegetales enlatados, cigarros y tabacos, mermeladas y jaleas.
2. Chocolates, sal, calzado, almidón, productos del tomate, aceites vegetales, muebles.
3. Sacos de yute y kenaf, productos químicos de la melaza, aceites esenciales, cera a partir de la caña.
4. Envases de cristal, piensos, alimentos para el ganado.
5. Alimentos congelados.
6. Galletas.
7. Fertilizantes, y derivados de la carne.
8. Pegamentos, pieles, metalúrgica ligera, fibras textiles, confecciones textiles, alambres.

La Misión también identificó, los principales problemas asociados con la posibilidad de desarrollo de estas ramas industriales:

a. Niveles salariales prohibitivos, y oposición de los trabajadores a la introducción de tecnología moderna. Se encuentra en doce ramas industriales.
b. Problemas de calidad con las materias primas nacionales. Tres ramas industriales.
c. Problemas de control de calidad. Ocho ramas industriales.
d. Falta de conocimientos técnicos. Quince ramas industriales.
f. Problemas de crédito y capital. Doce ramas industriales.
g. Esperando por la diversificación de la agricultura para el abastecimiento de sus materias primas principales. Seis ramas industriales.
h. Falta de iniciativa y malas prácticas comerciales. Diecisiete ramas industriales.

A partir de este análisis la Misión Truslow elaboró toda una serie de comentarios y recomendaciones

- Los recursos humanos ociosos deben ser considerados una oportunidad para la industria.
- Considerar la industria como un medio para dar empleo es acercarse al problema de manera equivocada, ya que eso *conduce a una ineficiencia deliberada*" (el subrayado es mío).
- *A menos que los problemas de las relaciones obrero-patronales sean abordados de forma vigorosa y constructiva, la Misión ve pocas posibilidades de ningún desarrollo industrial significativo en Cuba* (el subrayado es mío).

1. Recomendación de políticas básicas al gobierno cubano.
   a) Mínimos controles restrictivos.
   b) Mínima interferencia en la industria.
   c) Mínima inconsistencia en los impuestos.
   d) Mayor dependencia en la tecnología.
   e) Menos dependencia en instrumentos fiscales tales como tarifas y subsidios.
2. Diversificación de la agricultura. Revisión de las políticas y la legislación existente que la dificultan.
3. Necesidad de tecnología extranjera. Debe reconocerse que la introducción de mejor tecnología de otros países es esencial para el desarrollo nacional.

   La política de cubanización del trabajo debe ser relajada a fin de que expertos extranjeros estén disponibles para la industria cubana.
4. Mejorar la educación técnica en el país.

Las propuestas de la Misión Truslow en general recomendaban y requerían una reforma institucional profunda que ningún gobierno en Cuba estaba dispuesto a llevar adelante, por lo que dicho informe casi no fue tomado en cuenta por el gobierno de Prío, ni por el gobierno de Batista.

Al concluir el gobierno de Carlos Prío en 1952, el único paso importante que se había dado en dirección a implementar los planes de diversificación de la producción y el "desarrollo hacia adentro" era la creación del Banco Nacional de Cuba, y el inicio de una banca pública de desarrollo con la creación del Banco de Fomento Agrícola e Industrial de Cuba (BANFAIC) en 1950, que supuestamente debía financiar estos programas ya que la inversión privada, tanto nacional como extranjera, se encontraba retraída, en medio de una situación de altos costos laborales, regulaciones gubernamentales e incertidumbre económica, que provocaban una baja productividad del trabajo, y muy bajos niveles de retornos de la inversión, a no ser en las actividades tradicionales del comercio y la producción de azúcar.

Además, unida a la política de promover la expansión de las exportaciones azucareras como hemos explicado, se hicieron algunos esfuerzos mal coordinados orientados a incentivar la creación de nuevas industrias utilizando sobre todo instrumentos fiscales, a partir de exenciones impositivas y suspensión de pagos de derechos arancelarios.

A comienzos de la década de 1950, Cuba no se encontraba en condiciones de iniciar un proceso de industrialización, sin embargo era la opción de desarrollo escogida ante la imposibilidad de expandir las exportaciones azucareras, y de la no aceptación de masivas inversiones de capital norteamericano para diversificar las exportaciones.

En abril de 1951, en la revista *Cuba económica y financiera* fue publicado un artículo del presidente de la Asociación Nacional de Industriales de Cuba (ANIC) Alejandro Herrera Arango bajo el título de "Horizonte negativo de la industria cubana".

Vemos con justificada inquietud que la mayoría de las reivindicaciones que recientemente vienen presentando los organismos obreros, no se dirigen a una legítima satisfacción de legítimas necesidades. Los salarios altos tienen que estar adecuados a un alto rendimiento del trabajador, y un límite constituido por la costeabilidad. Esas dos condiciones íntimamente entrelazadas, son las que se vienen atacando por la gestión de líderes sindicales.

Por una parte se pretende recargar a la industria con el peso muerto de salarios improductivos, disminuyendo el tiempo de trabajo, y aumentando innecesariamente el número de trabajadores. Por el otro, se pretende negar a la industria el beneficio que representan los adelantos técnicos....

El mantenimiento de esta política llevaría no ya a la congelación de la industria cubana, si no a su fosilización, privaría al pueblo consumidor del abastecimiento de los productos que se hacen posibles a través de los progresos técnicos, y convertiría a Cuba, industrialmente en una nación sin posibilidades de desarrollo, paralizada por la camisa de fuerza de una industria atrasada e ineficiente.

Cuando tiene lugar el golpe de Estado del 10 de marzo de 1952, el proceso de "industrialización por sustitución de importaciones" que predicaban los economistas de Cuba como la gran panacea, y única solución para los males económicos y sociales del país, había comenzado tímidamente bajo la dirección del economista Felipe Pazos Roque como presidente del Banco Nacional de Cuba.

El capitalismo en Cuba iba pasando desde una etapa redistribucionista marcada por la Revolución de 1933 y la Constitución de 1940, a una etapa "desarrollista" guida por el Estado en un marco de populismo, debido a que se había desembocado en una situación económica insostenible a mediano plazo al comenzar la década de 1950.

Según los Censos de 1943 y 1953, el empleo industrial (incluye manufactura, construcción y la parte industrial del azúcar) se incrementó un 87.4% en tanto el valor de la producción industrial, a precios constantes de 1943, se incrementó un 34.8%. La productividad real (constante 1943) del trabajo en 1953 fue un 28.2%% inferior a la de 1943.

Este descenso extraordinario de la productividad real del trabajo en la industria fue resultado de las políticas laborales que por una parte alentaban el empleo improductivo y redundante, como mecanismo redistribuidor de ingresos, y por otra parte desalentaban la introducción de nueva tecnología que ahorrara labor, unido al incremento de los salarios nominales y los beneficios.

A comienzos de la década de 1950, los economistas tanto extranjeros como cubanos consideraban que el país se estaba encaminando hacia una situación recesionaria provocada por problemas estructurales que podría tener graves repercusiones políticas, e incluso sociales, por lo que se pensaba que era de urgente necesidad que el Estado pasara a jugar un papel más comprometido y central en la transformación económica, entrando en un proceso de industrialización inducida como estaba sucediendo en otras repúblicas latinoamericanas.

En el año 1952, de acuerdo al estudio realizado por Antonio Riccardi titulado "Visión económica de Cuba" la industria no-azucarera estaba compuesta por 30, 245 establecimientos con una inversión total de 1, 605.5 millones de pesos, y 418.6 miles de empleados. Esto equivale a una inversión promedio por establecimiento de 53.1 miles de pesos, y un promedio de 13.8 empleados, con una dotación de capital por trabajador 3, 835.40 pesos, lo que representaba un 43% por encima de la dotación de capital por trabajador promedio nacional.

La inversión industrial no-azucarera representaba el 37% del capital acumulado total, y ocupaba el 26% de todo el empleo.

El 45% de los establecimientos empleaba menos de cinco trabajadores, y el 5.8% empleaba más de cien trabajadores.

La industrialización por sustitución de importaciones: 1953-1958. Capitalismo de Estado

Durante el segundo gobierno de Batista es que se llevan a cabo planes de industrialización con la intervención directa del Estado, comenzando lo que se conoció como industrialización inducida.

La solución al subdesarrollo promovida por la CEPAL, que fue conocida como "Desarrollismo", planteaba cambiar el paradigma de crecimiento basado en la exportación de materias primas agro-mineras, sustituyéndolo por otro orientado al crecimiento basado en el mercado interno, ya que las economías exportadoras de productos primarios, en las condiciones del comercio internacional después de la Segunda Guerra Mundial, serían cada vez más pobres, debido al deterioro sostenido de los términos de intercambio, necesitando los países subdesarrollados exportar cada vez más para obtener la misma cantidad de importaciones.

Los economistas cubanos en la década de 1950 estaban convencidos de la necesidad de cambiar la estructura productiva del país, ya que se consideraban que las exportaciones de azúcar no tenían perspectivas de expandirse, por lo que con el crecimiento demográfico, los per capitas serían inferiores de año en año; esto era lo que llamaban una crisis estructural, por eso eran partidarios de las soluciones planteadas por la CEPAL, al igual que muchos otros países subdesarrollados no solo en América Latina si no en otras partes del mundo.

El avance de los planes desarrollistas en Cuba en la década de 1950 va encaminando la economía nacional hacia un sistema con características muy definidas de capitalismo de Estado, por lo cual se hace necesario definir el concepto el cual aparece a primera vista como contradictorio, pues el capitalismo como sistema económico de libre mercado excluye por definición la participación directa del Estado en la economía, pero en la realidad tiene lugar una situación intermedia, que actualmente se encuentra cada vez más generalizada entre todas las economías del mundo, prácticamente caracterizando el sistema económico actual, y que caracterizó a todas las economías que adoptaron el "desarrollismo" como estrategia económica, debido a que sus recetas solo podían ponerse en práctica con una intervención muy activa del Estado en el mercado.

El Estado cubano, a partir de 1952 entra en una fase que puede ser caracterizada como capitalismo de Estado, que es cuando el Estado actúa como capitalista a través de empresas públicas, semipúblicas, o de propiedad estatal, produciendo bienes y servicios que podrían haber sido producidas por empresas privadas en un entorno de libre competencia.

Según la teoría marxista, el capitalismo de Estado es una etapa intermedia entre el capitalismo y el socialismo, ya que consideran que bajo el capitalismo de Estado se crean las condiciones para la transición desde una sociedad de tipo capitalista a una de tipo socialista.

No podemos decir que ese fuera el caso de Cuba como algunos historiadores oficiales han querido ver, pues el capitalismo de Estado no llegó a desarrollarse antes de 1958 lo suficiente como para hacer tal transición inevitable[14].

En un sistema de capitalismo de Estado, las empresas colocadas bajo la dirección del Estado sustituyen a la propiedad privada a través de la creación de monopolios o cártels del Estado, nacionalización de servicios considerados de utilidad pública, o empresas nacionales.

---

14. Ningún país socialista llegó a serlo como resultado de una inevitable transición desde un capitalismo de Estado. Quizás lo más cercano a esto serían los países con grandes Estados de Bienestar en Europa gobernados por Partidos socialistas.

El Estado pasa a ser un factor predominante en la economía no solo como creador de un marco institucional y político, si no también por la acción que ejerce en el plano económico a través de la inversión y producción de bienes y servicios, y la asignación de los recursos.

Comenzando la década de 1950, la crisis estructural que encaraba la economía cubana ponía ante el Estado dos opciones; o disminuía su intervención en la economía desmantelando poco a poco el entramado institucional que la asfixiaba, liberando así a las fuerzas del mercado como recomendaba el informe de la Misión Truslow, o profundizaba aún más en su intervención en la economía. Como vemos, escogió esta última opción comenzando a crear un sistema de capitalismo de Estado hasta cierto punto alineado con las recetas que preconizaba la CEPAL.

-oOo-

La estrategia de desarrollo a partir de la diversificación económica será llevada adelante entre 1952 y 1958 fundamentalmente por los asesores de política económica de Batista, Joaquín Martinez Sáenz como presidente del Banco Nacional de Cuba, por Gustavo Gutiérrez, presidente de la Junta Nacional de Economía y en ocasiones ministro de Hacienda dentro del gabinete, y Nicolás Arroyo Márquez como ministro de obras públicas.

Ya hemos visto que los objetivos a alcanzar, estaban delineados desde antes de 1952, como hemos analizado en acápites anteriores.

Todos los políticos, economistas, y empresarios se encontraban de acuerdo en que en Cuba existían una gran cantidad de factores de producción ociosos; tierra, labor, y capital, lo que mantenía a la economía cubana muy por debajo de su frontera de producción.

Para ellos, la clave de todo se encontraba en la falta de un flujo adecuado de crédito para movilizar esos factores hacia usos productivos. Esto daría lugar a un incremento en el empleo y si se seguía una política de inversión adecuada dirigida por el gobierno, y basada en un plan inteligentemente diseñado, conduciría a una diversificación económica como estaban haciendo otras repúblicas latinoamericanas.

En Cuba no existía un mercado financiero desde que fue destruido en la crisis de 1920, y las instituciones financieras existentes, o sea el sistema bancario, había quedado dominado por la banca extranjera que no ofrecía un crédito suficiente para contribuir al desarrollo económico nacional, ya que solo prestaban a actividades tradicionales como el azúcar y el comercio, y lo hacían a corto plazo, en tanto, debido a la acumulación de fondos que no encontraban líneas de inversión con retorno atractivos y con bajo riesgo, las tasas de interés pagadas por los bancos eran muy bajas, y dada la inestabilidad del ciclo económico de Cuba, se acumulaba una enorme cantidad de liquidez en cuentas corrientes.

En Cuba, el crédito para actividades no convencionales se ofrecía esporádicamente por comerciantes prestamistas y usureros a corto plazo y con intereses que oscilaban entre un 12 y hasta más del 30%.

Durante los años de la guerra y la posguerra se había acumulado en el sistema bancario gran cantidad de fondos que permanecían inutilizados, pero también la banca nacional había visto un renacimiento, y ya competía con la banca extranjera siendo esta una de las razones que impulsaron la creación del Banco Nacional de Cuba en 1950; los bancos cubanos necesitaban la protección de un prestamista de última instancia; un "banco de bancos" que disminuyera el riesgo y le diera solidez al sistema bancario, permitiendo así que se desarrollara un mercado de capitales, mientras que la banca extranjera, como eran sucursales de grandes bancos no necesitaban de prestamista de última instancia, por lo que la existencia de un banco central los ponía en desventaja frente a la competencia de los bancos cubanos, pero lo que se hizo desde 1952 con la banca pública de desarrollo, fue que el Estado sustituyó al empresario privado como inversionista canalizando el crédito y los ahorros hacia actividades burocráticamente decididas.

El informe de la Misión Truslow había puesto de manifiesto con claridad, que los principales problemas que obstaculizaban la movilidad de los factores hacia usos productivos se encontraba en el marco institucional que se había venido creando desde 1933, y que esa abundancia de recursos debía verse como una oportunidad.

El problema con los recursos ociosos de Cuba al finalizar la década de 1940 se encontraba en la institucionalidad que no permitía su movilización hacia usos productivos; grandes cantidades de tierras fértiles ociosas o semiociosas o con muy baja productividad debido a instituciones que sostenían el latifundio, y el minifundio. Grandes cantidades de fuerza de trabajo desempleada. Subempleada, o desperdiciadas como resultado de a una disminución de la productividad del trabajo debido a la rigidez de los mercados laborales creado por las políticas sindicales y las regulaciones existentes, y por último grandes cantidades de capitales financieros ociosos en los bancos, o que salían hacia el exterior, y no se invertían en usos productivos en el país debido a las pocas oportunidades, incertidumbre y alto riesgo de la economía nacional, creada por las instituciones vigentes que estorbaban la formación de un mercado de capitales, y a la naturaleza esencialmente riesgosa de una economía que fluctuaba con los precios del azúcar; fluctuaciones que se encontraban fuera del control del país.

Los mercados de factores productivos (tierra, trabajo y capital) en Cuba se encontraban completamente distorsionados y divorciados debido al regulacionismo distributivo que se había venido desarrollando demagógicamente por parte de la clase política del país, y cambiar eso tendría un costo que los políticos no estaban dispuestos a afrontar.

Por ello, el informe de la Misión Truslow no fue muy tomado en cuenta a pesar de lo moderado de sus recomendaciones, y de que en líneas generales coincidía con el pensamiento keynesiano de los economistas cubanos acerca de la participación del gobierno en la dirección de la economía nacional.

El plan del gobierno de Batista y sus asesores económicos era diversificar la agricultura, e industrializar al país sustituyendo importaciones sin interferir para nada con la industria azucarera, financiando las necesidades de este plan de desarrollo con crédito barato, a través de una banca pública, ya que la banca privada no podía ofrecer crédito asequible a estas nuevas actividades que se desarrollarían debido a su alto nivel de riesgo, en tanto se buscaría alentar la inversión norteamericana en sectores seleccionados, para los que se ofrecerían incentivos.

Se quiso resolver el problema económico enfocándose en el desempleo, soslayando e incluso empeorando el problema institucional. En el año 1958, la economía cubana era una de las más reguladas, si no la más regulada de América Latina.

Uno de los problemas más graves del desarrollismo cubano fue la falta de medidas proteccionistas que debían acompañar el desarrollo de los planes, pues de lo contrario la competencia extranjera impediría el surgimiento de toda una serie de industrias, y por otra parte, las importaciones sobrepasarían con creces las exportaciones, creando una crisis en la balanza de pagos al agotarse rápidamente las reservas de divisas extranjeras.

La falta de medidas proteccionistas se debió al temor de que los norteamericanos tomaran represalias con la cuota azucarera, que era vista como la columna vertebral de la economía cubana. Solo en 1958 se aprobaría un arancel moderadamente proteccionista.

Como hemos analizado, el proteccionismo era uno de los componentes esenciales de una política desarrollista, por lo que la falta de este llevo rápidamente al fracaso los planes de industrializar y diversificar la economía nacional.

El desarrollismo y la industrialización 1953-1958

Para llevar adelante sus planes, el gobierno de Batista creó toda una serie de organismos facilitadores de las inversiones en proyectos aprobados por el Estado de acuerdo a sus objetivos prioritarios que eran diversificar la economía, y disminuir el desempleo. Dentro de ellos se encontraba la creación de una industria nueva que sustituiría importaciones.

Estos organismos formaban lo que se denominaría la banca pública de desarrollo que debía captar ahorro del sector privado, y financiamiento del sector público, para canalizarlo hacia inversiones priorizadas.

Estos organismos serían el Fondo de Hipotecas Aseguradas (FHA, para promover la construcción residencial; la Financiera Nacional de Cuba (FNC) para la construcción de infraestructura productiva, el BANFAIC, fundado en tiempos de Prío, para otorgar préstamos para actividades agrícolas e industriales no-azucareras ni comerciales, el BANCEX, para promover las exportaciones y diversificar el comercio exterior, y el BANDES para financiar el plan de Desarrollo Económico y Social del gobierno de Batista.

Como hemos explicado, los planificadores de Batista esperaban llevar adelante sus planes de cambiar la estructura productiva del país sin medidas proteccionistas, cuando todo proceso de industrialización require un incremento en las importaciones de bienes de capital, pero se consideraba que la disminución de las importaciones de bienes de consumo que tendría lugar como consecuencia de la diversificación económica, compensarían el incremento en las importaciones de bienes de capital fijos e intermedios, por lo que no habría una afectación en la balanza comercial, ni necesidad de medidas proteccionistas para proteger dicha balanza.

Estos planes se desarrollarían, en un contexto completamente desfavorable de demanda azucarera estancada, con términos de intercambio en franco deterioro, y con financiamiento basado en deuda pública y participación limitada del capital extranjero.

La consecuencia inevitable sería un rápido agotamiento de las reservas internacionales. quedando el país abocado a una crisis de balanza de pagos en 1958.

El volumen total de las importaciones entre 1953 y 1958 fue de 3, 751.7 millones de dólares que se distribuyeron de la siguiente manera:

- Bienes de consumo: 1, 508.6 millones de dólares.
- Bienes de capital: 2, 243.1.
- En el período 1948-1952, las importaciones de bienes de consumo constituyeron el 44.6% del total, en tanto en el período 1953-1958 fueron el 40.2%, una disminución completamente insuficiente.
- Las importaciones entre 1953 y 1958 crecieron a la siguiente tasa anual:
- Bienes de consumo no duradero: 2.1%.
- Bienes de consumo duradero: 18.7%.
- Total bienes de consumo: 6.2%.
- Bienes de capital fijo: 22.9%.
- Bienes de capital circulante: 13.0%.
- Total bienes de capital: 16.7%.
- Total importaciones: 11.7%.
- Dentro de las importaciones de bienes de capital fijos, el 57.7% fue para la industria no-azucarera.

Fuente: Memorias del Banco Nacional de Cuba. Cálculos del autor.

Entre 1952 y 1958, el Ingreso Nacional creció a un ritmo anual del 1.7%.

Como vemos, el crecimiento de las importaciones en todos sus apartados fue superior al crecimiento del Ingreso Nacional, lo cual indica que hasta 1958, el objetivo de sustitución de importaciones no se había cumplido.

La política de sustitución de importaciones se encaminaba básicamente a sustituir bienes de consumo compensando así el incremento necesario de la importación de bienes de capital, pero como se puede apreciar en la tabla, donde hubo algún impacto fue en la importación de bienes de consumo no-duraderos, sobre todo alimentos y bebidas, pero el crecimiento en las importaciones de bienes de consumo duraderos como automóviles, electrodomésticos etc, sobrepasó con creces lo que se ahorraba en los otros bienes de consumo importados.

Dentro de los planes prioritarios del gobierno de Batista se encontraba la modernización del país a través del aumento del consumo, por lo que no se establecieron barreras a las importaciones de bienes de consumo duradero.

En la tabla también se observa el fuerte crecimiento en bienes de capital fijo tales como maquinarias y herramientas con destino a la industria no-azucarera.

Financiamiento de los planes de desarrollo 1953-1958

Entre 1952 y 1958, la banca gubernamental compuesta por el Banco Nacional de Cuba y la banca pública de desarrollo, así como directamente del gobierno, extendió créditos por un monto de 1, 256.7 millones de pesos los cuales fueron distribuidos de la siguiente forma:

1. Industrias relacionadas con servicios públicos (Transporte y generación de electricidad): 463.0 millones de pesos (36.8%).
2. Metalurgia: 6.8 millones de pesos (0.5%).
3. Industria manufacturera (Incluye refinación de petróleo): 203.6 millones de pesos (16.2%).
4. Total industrias: 673.4 millones de pesos (53.6%).
5. Agricultura: 105.0 millones de pesos (8.4%).
6. Otros servicios públicos: 428.6 millones de pesos (34.1%).
7. Otros créditos: 49.7 millones de pesos (3.9%).

En las obras públicas, la banca gubernamental financió proyectos tales como la Vía Blanca, el Tunel de la Bahía de La Habana, la carretera Santa Fe – Mariel, la autopista de Varadero (Matanzas-Varadero), la Ciudad Deportiva, etc., en tanto los préstamos industriales se concentraron en la industria turística, aprovechamiento del bagazo, textiles y sus manufacturas, y en menor medida materiales de construcción, productos químicos, etc.

En la esfera de la minería y metalurgia se fomentaron la Antillana de Acero y la Compañía Operadora Rometales así como las inversiones de conjunto con la Freeport Sulphure en Moa para la extracción de níquel y cobalto.

En el libro de Enrique Collazo *Cuba: Banca y crédito 1950-1958*, el autor resumen los problemas del financiamiento de la banca gubernamental al proceso de industrialización no-azucarera:siguiente:

1. No se proyectó, ni ejecutó ninguna planta destinada a producir bienes de capital fijo.
2. Marcada subordinación al capital financiero norteamericano el cual participó en apreciable número de inversiones industriales en algunos caso aportando menos del 50% del capital inicial.

3. Alta dependencia de importaciones de materias primas e insumos alcanzando a veces más del 70% de las necesidades de estas nuevas industrias.
4. Falta de correspondencia entre las medidas de tipo fiscal y arancelario que debían servir de complemento para el fomento del proceso inversionista industrial necesitado de protección.
5. Fracaso de muchas empresas después de puestas en marcha debido entre otras cosas a la improvisación con que fueron ejecutados los proyectos.
6. Acentuado carácter especulativo de estas inversiones de las cuales en julio de 1956 se encontraban en fase de proyecto más del 90% de los 612 millones de pesos a que ascendía el financiamiento. Los empresarios y promotores se abstraían del funcionamiento de la empresa cuyas pérdidas eran asumidas por los organismos financieros del Estado.
7. Fortalecimiento de la dependencia con el capital norteamericano proveedor de maquinaria depreciada y de baja tecnología.
8. Excesiva concentración de la inversión en La Habana.
9. El proceso inversionista no resolvía el problema del desempleo. Esas inversiones crearon plazas para aproximadamente ocho mil nuevos empleos.

La participación directa del Estado en el proceso inversionista de empresas dedicadas a la producción de bienes y servicios es una característica esencial del capitalismo de Estado.

En lo relacionado a la participación de la banca comercial en el proceso de industrialización hay que señalar que a partir de la creación del Banco Nacional de Cuba en 1950, tendría lugar una expansión crediticia por parte de la banca comercial apoyada en la institución del banco central.

Gran parte de la expansión del crédito que tiene lugar por parte de la banca comercial entre 1950 y 1958 irá destinada al sector público a partir de la compra de deuda gubernamental (bonos del gobierno y de la banca paraestatal). Gran parte de los fondos obtenidos por el gobierno de los préstamos de la banca privada era destinado a la construcción de obras públicas improductivas sobre todo de carácter ornamental.

La otra gran inversión de la banca comercial fue la compra de bonos emitidos por la banca pública de desarrollo, o sea la banca paraestatal, la cual fue superior a la compra de bonos de la deuda del gobierno, aunque esos bonos de la banca paraestatal eran indirectamente responsabilidad del gobierno, por lo que se fue creando así una economía mixta propia del capitalismo de Estado, paralela a los cártels que en diferentes actividades económicas fue creando el gobierno.

El Trust Company de Cuba tenía el liderazgo en este tipo de inversión, y la banca comercial cubana adoptó esta práctica de manera mucho más entusiasta que la banca extranjera la cual fue más conservadora en los préstamos al gobierno cubano.

Entre 1952 y 1958 la tenencia de bonos del gobierno se elevó desde 27.5 millones de pesos a 215.4 millones de pesos. En el año 1955, el 17% de los depósitos de la banca privada nacional estaba invertido en bonos, mientras que para la banca extranjera era solo el 3%.

De esta forma tenemos que la banca comercial no fue un financiador directo de los planes económicos del gobierno, los cuales se ejecutaban a través de la banca paraestatal.

La mayor parte de los préstamos otorgados a la industria no-azucarera por parte de la banca comercial fueron operaciones tradicionales de créditos a corto plazo, para financiar operaciones de rutina y de mantenimiento, pero no para el establecimiento de nuevas plantas o ampliación de las existentes.

El capitalismo de Estado se caracteriza por desplazar a la empresa privada del proceso inversionista (Efecto Crowding Out) al ofrecer a los bancos mejores condiciones para sus préstamos.

Estas cifras tienen como Fuente las *Memorias del Banco Nacional de Cuba, Fulgencio Batista Economic Policies 1952-1958* de Michael P Mc Guigan, la *Revista del Banco Nacional de Cuba* y el "Anuario Estadístico de Cuba" del Ministerio de Hacienda. Los cálculos son del autor.

Resultado de los planes de industrialización 1953-1958

El profesor Erick Baklanoff en un ensayo titulado "Cuba en vísperas de la transición socialista" plantea que el proceso de industrialización del gobierno de Batista comienza con la "Ley de promoción industrial" de 1953, concediendo incentivos a la creación de nuevas industrias.

> La diversificación industrial ganó impulso con el agudo incremento de la producción de cemento, neumáticos, fertilizantes químicos. Crece la producción de energía eléctrica, de papel de bagazo, de harina, y de productos lácteos. Cuba se convierte en autosuficiente en la refinación de petróleo.
>
> De los 600 millones de pesos invertidos en la industria entre 1952 y 1956, 324 millones fueron invertidos en la creación de 154 industrias nuevas, y 288 millones de pesos en expansión de las ya existentes.
>
> Las inversiones norteamericanas fueron decisivas en el crecimiento de la generación de electricidad, el servicio telefónico, la refinación de petróleo y la minería del níquel.
>
> La capacidad industrial avanzó sustancialmente en un número de ramas.

Veamos entonces cual fue el impacto de toda esta expansión crediticia entre 1952 y 1958 sobre la industria de Cuba.

Las fuentes para la elaboración de la tabla que presentamos a continuación para el año 1952, "Visión económica de Cuba", de Antonio Riccardi, y para 1958 "La clase media en Cuba: factor de progreso económico" de Alberto Arredondo.

La inversión está expresada en millones de pesos, el número de obreros en miles, y la inversión por establecimiento en miles de pesos.

1. Industria agropecuaria no-cañera.

Inversión

Año	Inversión	No de estab	No de obr x estb	Inv. por estab	Inv por obr	Obr por estab
1952	128.7	16,512	187.9	7.8	685	11.4
1958	178.0	21,980	229.5	8.1	776	10.4
Dif	+49.5	+5,468	+91.6	+0.3	+91.	-1.0
%	+38.3%	+33.1%	+22.1%	+3.8%	+13.3%-	-0.9%

Estas industrias obtienen su principal materia prima de la agricultura. Incluye tabaco, café, cacao, ganadería y el procesamiento de otras materias primas provenientes de la agricultura.

Está compuesta por múltiples establecimientos que en 1958 constituían el 57.6% de todos los establecimientos industriales, y solamente el 8.4% de la inversión total de la industria no azucarera.

Como se puede ver, el número de obreros por establecimiento, al igual que la inversión por obrero es muy reducida, por lo que se puede concluir que la productividad es muy baja en el agregado de estas ramas industriales, al igual que los salarios de los trabajadores.

2. Industrias relacionadas con servicios.

Inversión.

Año	Inversión	No de estab	No de obr x estb	Inv. por estab	Inv por obr	Obr por estab
1952	781.8	2,409	55.7	32.5	14,036	23.1
1958	996.9	2,625	56.1	38.0	17,770	21.4
Dif	+215.1	+216	+0.4	+5.5	3,734	-1.7
%	+27.5%	+9.0%	+0.7%	+16.9%	+26.6%	-7.4%

Estas industrias pertenecen al ramo de generación de energía, gas y agua, así como transporte. En 1958 constituían el 47.3% de toda la inversión industrial no-azucarera, y el 6.8% del total de los establecimientos. Se puede ver el énfasis en la inversión en este tipo de industrias las cuales se hicieron más capitalizadas como se observa en el crecimiento de la dotación de capital por trabajador. Contribuyeron muy poco a disminuir el desempleo, a diferencia de las industrias agropecuarias no-cañeras que eran altamente consumidoras de labor.

El valor de la generación de gas y electricidad en este periodo creció un 54% en tanto la población lo hizo en un 14%, lo que indica un importante incremento en esos servicios per cápita, constituyendo un factor importante en la modernización del país.

3. Relacionadas con otras actividades extractivas.

Inversión.

Año	Inversión	No de estab	No de obr x estb	Inv. por estab	Inv por obr	Obr por estab
1952	377.3	1,601	26.6	235.7	14,184	16.6
1958	532.6	1,975	32.9	269.7	16,188	16.7
Dif	+155.3	+374	+6.3	+34.0	+2,004	+0.1
%	+41.2%	+23.4%	+23.7%	+14.4%	+14.1%	+0.6%

Este concepto incluye toda la minería, metalurgia y pesca. No incluye refinación de petróleo y producción de derivados.

En 1958 formaban el 25.2% de toda la inversión en la industria no-azucarera, y tenían el 5.2% del total de los establecimientos. El crecimiento se concentró en la metalurgia y en las inversiones norteamericanas en la minería.

El valor de la producción minera en este período creció un modesto 13% en tanto el valor de la pesca se duplicó.

4. Manufacturas.

Inversión.

Año	Inversión	No de estab	No de obr x estb	Inv. por estab	Inv por obr	Obr por estab
1952	317.6	10,723	148.4	29.6	2,140	13.8
1958	402.3	11,588	152.1	34.7	2,645	13.1.
Dif	84.7	865	3.7	5.1	505	-0.7.
%	26.70%	8.10%	2.50%	17.20%	23.60%	-5.10%

La industria manufacturera está compuesta por toda la industria ligera del país produciendo bienes de consumo no-duradero y de consumo duradero, así como procesamiento de bienes intermedios como es la refinación de petróleo y producción de derivados. En el año 1958 abarcaba el 19.1% de toda la inversión en la industria no-azucarera, y el 30.4% de todos los establecimientos. El crecimiento de la capitalización es modesto, y aunque hay un incremento en el número de establecimientos, la cantidad de obreros por establecimiento disminuye.

5. Total industria no-azucarera (no incluye construcción).

Inversión.

Año	Inversión	No de estab	No de obr x estb	Inv. por estab	Inv por obr	Obr por estab
1952	1,605.5	30,245	418.5	53.1	3,836	13.8
1958	2,109	38,168	470.6	55.3	4,483	12.3
Dif	+503.3	+7,923	+52.1	+2.2	+644	-1.5
%	+31.4%	+26.2%	+12.4%	+4.1%	+16.9%	-10.9%

Fuente: "Visión Económica de Cuba" 1952 Antonio Riccardi.
"Colección de Papeles de Fulgencio Batista "Universidad de Miami.
"La clase media en Cuba: factor de progreso económico" 1958 Alberto Arredondo.
Cálculos del autor.

Se observa un incremento en el monto absoluto de la inversión que se traduce en un modesto crecimiento de la inversión por trabajador industrial y de inversión por establecimiento.

Donde tienen lugar las inversiones industriales mayores son en la generación de energía, transporte y comunicaciones, refinación de petrolero, y metalurgia. Tiene lugar un incremento en el número de establecimientos, pero hay una disminución del promedio de obreros por establecimiento lo cual nos indica que en general, los nuevos establecimiento no eran importantes consumidores de labor, o sea eran más capitalizados y tecnificados, por lo cual el incremento en el número de obreros empleados fue relativamente reducido en comparación con las necesidades de empleo y el propósito de proporcionar empleo.

6. La industria de la construcción creció fuertemente sobre todo a partir del establecimiento del FHA.

El valor promedio anual de las construcciones entre 1953 y 1958 fue un 56% mayor que el de 1948-1952, y el valor total de las construcciones en 1958 fue un 70.9% superior al de 1952.

En 1953, la industria de la construcción empleaba el 3.3% de la fuerza de trabajo del país, y en 1957 el 3.8%, en tanto la productividad por trabajador creció un 37%.

7. La industria azucarera en 1952 se estimaba una inversión de 1, 091.8 millones de pesos, y empleó en la zafra 470.4 miles de trabajadores, en tanto en 1958, la inversión en la industria azucarera se calculaba en 1, 158.9 millones de pesos, y empleó en la zafra de ese año 458.9 miles de trabajadores. Se registra entonces un incremento del valor de la industria de 67.1 millones de pesos para un crecimiento de un 6.1%.

Entre 1948 y 1958, la importación de bienes de capital fijo para la industria azucarera fue solamente de 32.1 millones de pesos, lo que significó solamente un 2.1% del total de bienes de capital fijo importados, mientras que la industria no-azucarera importó el 57.2% (857.0

millones de pesos. Estos números demuestran el estancamiento en que se encontraba la industria azucarera cubana al final del período republicano.

Estas cifras se encuentran en las Memorias del Banco Nacional y en la Revista del Banco Nacional.

8. Según el economista Alberto Arredondo en su monografía "*La clase media en Cuba, factor de progreso económico*", la inversión industrial entre 1953 y 1958, que incluye nuevas industrias y expansión de industrias existentes, alcanzó la cifra de 812 millones de pesos de los cuales:

- Minería y canteras: 13.0%.
- Industria alimenticia y bebidas de todas clases: 4.2%.
- Industria textil: 3.0%.
- Industria química, plásticos y goma: 10.0%.
- Refinación de petróleo y derivados: 10.9%.
- Industria metalúrgica y minerales no metálicos: 17.7%.
- Comunicaciones: 34.7%.
- Otras industrias: 6.5%.
- Las ramas donde se registran las mayores inversiones del período son:
- Minero-metalurgia: 155 millones de pesos.
- Combustibles: 79 millones de pesos.
- Electricidad, gas, y agua: 73.6 millones de pesos.
- Transporte y comunicaciones: 91.0 millones de pesos.
- Alimentos y bebidas: 25 millones de pesos.
- Industrias gráficas: 11 millones de pesos.

En el año 1958, la dotación de capital por trabajador en la rama de industrias minero- metalúrgicas era de 23, 884 pesos, en la de combustibles era de 29, 996 pesos, en la de electricidad, gas y agua era de 36, 064 pesos, y en la de comunicaciones y transporte era de 13, 530 pesos. Estos eran los sectores más tecnificados, y por consiguiente donde los salarios era más elevados.

Industria manufacturera entre 1952-1958

Está constituida por la industria ligera del país, compuesta por fabricación de muebles, química, farmacéutica, tabaco, maquinarias, alimentos y bebidas, textiles y confecciones textiles, jabonería y perfumería, artes gráficas, papel y cartón, calzado, juguetería, óptica, joyería, orfebrería y bisutería, alfarería, vidrio y cerámica.

1. La inversión total en 1952 eran 402.8 millones de pesos, aproximadamente un 9.3% de todo el capital acumulado en el país y en 1958 eran 508.1 millones de pesos, aproximadamente un 8.0% del capital acumulado. Un aumento absoluto de valor en la inversión de 105.3 millones de pesos que representó un 5.2% del total de capital acumulado en el período.
2. En 1952 produjo el 14% del Ingreso Nacional y en 1958 el 17%.
3. En el año 1953 absorbía el 21% del empleo total, y en 1957 el 21.1%.
4. El capital acumulado por trabajador en 1952 era de 4, 648.58 pesos, y en 1958 eran 5, 494.79 pesos, para un incremento del 18.2%.

5. La productividad del trabajo promedio en la industria manufacturera en 1952 fue de 2.90 pesos diarios, y en 1958 de 3.49 pesos diarios. Un incremento de un 20.3%.

La industria manufacturera no estaba absorbiendo el desempleo, ni muestra crecimiento en la cantidad de obreros por establecimiento. En 1957 solamente existen en Cuba 107 industrias con más de 100 obreros sin incluir los centrales azucareros, y solo 14 emplean a más de 500 trabajadores.

El aumento relativo de la productividad fue mayor que el aumento de la dotación de capital por trabajador, lo cual indica un empleo de tecnología más productiva en la inversión, pero un bajo consumo de labor ya que mientras el valor del capital acumulado en la industria manufacturera aumentó un 31.4%, el empleo solo aumentó un 14%, lo que indica que la nueva inversión se dirigió a actividades de bajo consumo de labor en relación con el consumo de capital, cuando el factor labor era el más abundante en el país, y por tanto en el que se basaba la ventaja comparativa.

La estrategia inversionista de las agencias del gobierno, que debía dar prioridad a proyectos de elevado consumo de labor em relación al consumo de capital, hizo todo lo contrario, por lo que el impacto sobre el desempleo fue muy reducido.

Durante la década de 1950, donde se registran mayores adelantos en la industria manufacturera fue en la producción de neumáticos, cemento y otros materiales de construcción, papel y jabonería, y también se registra un incremento en las industrias de productos lácteos.

La regulación de las industrias de calzado y fósforos hace que aumenten sus importaciones.

Hay que señalar que algunas industrias que sustituían importaciones, eran altas consumidoras de insumos importados, por lo cual se sustituían importaciones en bienes de consumo pero se incrementaban las importaciones en bienes de capital, sobre todo intermedios.

Según el censo industrial que efectúan en 1957 Antonio Riccardi y Alberto Arredondo[15], dentro de la industria manufacturera, la mayor inversión se encontraba en la rama de alimentos y bebidas, y en la de textiles y confecciones; la primera con una inversión de capital de 76.2 millones de pesos, y la segunda con 73.3 millones de pesos, seguida de la industria tabacalera con 56 millones de pesos de inversión de capital, y la industria gráfica con una inversión de 43.6 millones de pesos.

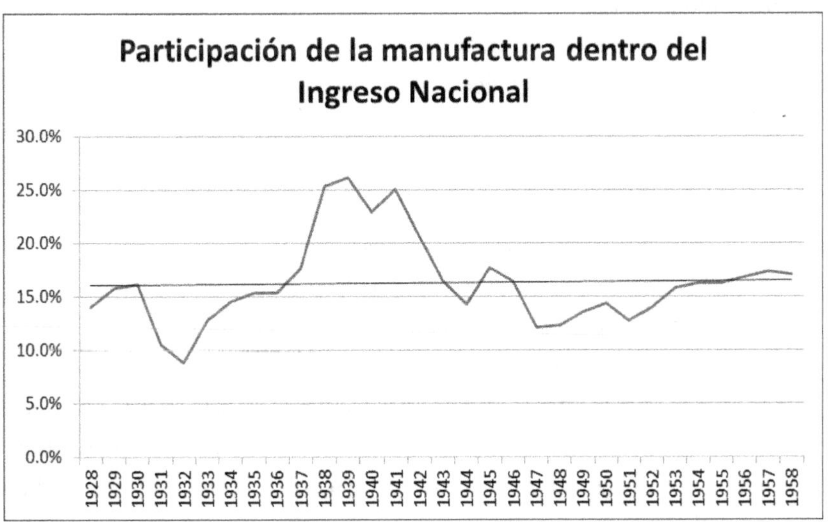

Fuente: "An Index of Cuban Industrial Ouput 1938-1958" Jorge Pérez López.
Cálculos del autor.

15. "Industrialismo cubano, características y objetivos", Alberto Arredondo y Antonio Riccardi.

Como se observa en el gráfico anterior, hay un crecimiento significativo del valor relativo de la manufactura entre 1932 y 1939, seguido de una fuerte caída hasta 1947, y una ligera recuperación entre 1948 y 1958.

En general, en los últimos treinta años de República, la participación relativa al Ingreso Nacional de la producción manufacturera se mantuvo estable.

En el año 1958 existían en Cuba 33, 384 establecimientos industriales que de acuerdo al empleo se estructuraban de la siguiente forma (no incluye los centrales azucareros).

Numero d eempleados	% del total	Numero deempleados	% de ltotal
5omenos	45.1%	26 a 100	13.6%
6a10	18.2%	101 a 250	3.6%
11a25	17.3%	251 a 500	1.4%
		Masde500	0.8%

Fuente: Directorio Industrial BANFAIC.

El boom de la construcción

La construcción formaba una parte muy importante dentro de los planes de financiamiento del gobierno de Batista, y para ello dedicaron importantes recursos a través de sus organismos crediticios, el FNC, el BANFAIC, el FHA, y el BANDES.

Además de la construcción de grandes hoteles e infraestructura turística, el gobierno emprendió importantes obras públicas tales como todo el complejo de edificios públicos de la Plaza Cívica que incluía el monumento a José Marti, la Biblioteca Nacional, el Tribunal de Cuentas, el Ministerio de Comunicaciones, y el Teatro Nacional, además el Museo de Bellas Artes, la Ciudad Deportiva, así como obras de infraestructura turística como la ampliación del aeropuerto internacional de Rancho Boyeros, Barlovento, Varadero, Trinidad, el Túnel de La Habana y en el Rio Almendares, etc. además de puentes y carreteras sobre todo en la parte occidental de la isla.

Pero junto a este impulso en la construcción pública, la creación del FHA (Fondo de Hipotecas Aseguradas) tenía como propósito ofrecer créditos para el desarrollo del mercado de bienes raíces urbanos y la construcción residencial y comercial.

En Cuba existía un amplio déficit de viviendas, pues el negocio de construir para rentas se encontraba semiparalizado desde la promulgación de la ley de 1939 que garantizaba la permanencia de los inquilinos en la vivienda, a los cuales los dueños, mientras se pagara la renta, no podían sacarlos, ni podían aumentar el monto del pago, lo que llevó a una caída en la construcción como inversión, y a una falta generalizada de mantenimiento en los bienes raíces urbanos.

Las nuevas construcciones no estarían sujetas a la Ley de Permanencia de 1939, y además se otorgarían préstamos a bajos intereses y a largo plazo (20 años) hasta 16 mil pesos por unidad habitacional, para la construcción residencial y comercial.

Esto provocó un boom en el desarrollo de la construcción residencial en las áreas suburbanas de la ciudad, especialmente El Vedado, Nuevo Vedado y algunas partes de Marianao (Miramar, Biltmore, Country Club, Kholy), y en La Habana del Este, debido al túnel de la bahía que valorizó todos aquellos terrenos que hasta aquel entonces solamente eran un roquedal costero aislado de la ciudad.

La construcción residencial fue adquiriendo importancia relativa dentro del Ingreso Nacional a partir de 1953 en que alcanzo el 3.5% del Ingreso Nacional, y en 1958 llegó a un valor récord de 110.4 millones de pesos para un 5% del ingreso nacional.

El siguiente gráfico inferior nos muestra la evolución relativa de la construcción con respecto al Ingreso Nacional.

Fuente: Revista *Cuba económica y financiera*. Cálculos del autor.

Como se puede ver, tiene lugar una profunda caída en la construcción en su participación dentro del Ingreso Nacional durante la Gran Depresión, recuperándose hasta 1939; desciende hasta 1944 y a partir de entonces, con el final de la Segunda Guerra Mundial, y el restablecimiento normal del comercio internacional, comienza una recuperación sostenida hasta 1958. Como se puede ver, la tendencia en el largo plazo de la participación de la industria de la construcción dentro del Ingreso Nacional no tuvo variación, siendo aproximadamente un 3.5% del ingreso Nacional.

Entre 1937 y 1952, el promedio de unidades residenciales construidas anualmente fue de 3, 109, y el valor promedio anual de la construcción residencial fue de 28 millones de pesos.

Entre 1953 y 1958, el promedio anual de unidades fue de 4, 994, para un incremento del 60.6%, y el valor promedio anual de las construcciones residenciales fue de 71.1 millones de pesos para un incremento del 154%.

El valor promedio por unidad residencial construida entre 1937 y 1952 fue de 9, 005 pesos, y entre 1953 y 1958 fue de 15, 792 pesos.

Entre 1954 y 1957, el 52% de la unidades residenciales se construyeron en La Habana, y el restante 48% en el interior del país. La Habana tenía aproximadamente un 20% de la población total de la isla en 1958.

El 63.6% del valor total de la construcción residencial correspondió a las construcciones residenciales de La Habana, y el 36.4% al interior del país.

El valor promedio de la unidad residencial construida en La Habana fue de 17, 875 pesos, en tanto en el interior del país de 9, 502 pesos.

Estas cifras nos pueden dar una idea de la disparidad en la distribución del ingreso entre La Habana y el resto del país durante la década de 1950.

El Censo del año 1953 mostró una situación alarmante respecto a la vivienda urbana. Solamente un 20% de la vivienda urbana se encontraba en condiciones que pudieran calificarse de buenas, pero en el año 1958 las condiciones de la vivienda en Cuba poco habían cambiado ya que los créditos del FHA iban dirigidos a barrios de clase alta donde se construyeron edificios de apartamentos y grandes residencias.

En el año 1937 se construyeron 2, 762 viviendas lo que significó una vivienda por 1, 733 habitantes. En 1953 se construyeron 4, 753 viviendas lo que significó una vivienda por cada 1, 226 habitantes, y en 1958 se construyeron 9, 568 viviendas que significaron una vivienda por cada 682 habitantes. Esto indica que la construcción de viviendas entre 1953 y 1958 se había acelerado a una ritmo mucho mayor que el crecimiento demográfico.

Las tablas a continuación muestran un resumen de la actividad del Fondo de Hipotecas Aseguradas FHA: (en miles de pesos).

Intervalos	No de viviendas	% del total	Préstamos total	% del total
Menos de 4,000	1,044	10.9	2,404	3.1
4,000 a 6,999	2,545	26.6	13,381	17.1
7,000 a 9,999	2,008	21.0	16,140	20.6
10,000 a 12,000	2,175	22.7	23,031	29.4
13,000 a 15,999	1,151	12.0	13,708	17.5
16,000 o más	645	6.8	9,634	12.3
Total		9,568		78,298

Territorio	No de viviendas	% del total	Préstamostotal	%deltotal
PdelRio	91	1.0	370	0.4
LaHabana	98	1.0	342	0.4
Matanzas	662	6.9	4,598	5.9
LasVillas	144	1.5	680	0.9
Camaguey	213	2.3	1,463	1.9
Oriente	272	2.8	2,069	2.6
HabanaMetro	8,088	84.5	68,839	87.9
Total		9,568		78,298

La Habana Metropolitana comprende los municipios de La Habana, Marianao, Guanabacoa, Regla, Sgto. de las Vegas y Bauta.

El 85% de las construcciones de Matanzas estaban localizadas en Varadero.

Fuente: Revista *Cuba económica y financiera.*

En estas tablas se puede observar cómo los préstamos del FHA, se concentraron abrumadoramente en La Habana.

El promedio de préstamos del FHA en La Habana fue de 8, 511 pesos por vivienda, en tanto en el resto del país el promedio de los préstamos fue de 6, 391 pesos.

En la revista del Banco Nacional de Cuba del año 1958, en un artículo dedicado al auge de la construcción en el país se hace una reseña basada en el nivel relativo de consumo de cemento.

> Apreciamos en primer lugar un vertiginoso aumento entre 1902 y 1915; luego un aumento a un ritmo mucho más lento que termina entre 1928- 1930 con el comienzo de la Gran Depresión, registrándose un profunda caída entre 1931-1933. Luego tiene lugar un largo pero sostenido lapso recuperativo, hasta que en 1946-1948 se alcanza el nivel récord registrado anteriormente entre 1928-1930.
>
> En el trienio 1949-1951 el consumo de cemento sobrepasó por primera vez las 450 mil toneladas métricas, y en el trienio 1952-1954, se alcanzó un consumo de 570 mil toneladas métricas.

En 1955-1957 ya se duplicó, con 704 mil 100 toneladas métricas, el consumo del trienio base de 1946-1948 que fue de 339 mil 600 toneladas métricas.

Otro de los indicadores del auge constructivo de Cuba en la década de los 50 son las importaciones de materiales de construcción.

A continuación exponemos el peso relativo de las importaciones de materiales de construcción con respecto al total de las importaciones expresado en porcientos:

1950	1951	1952	1953	1954	1955	1956
15.8	17.0	15.9	17.7	18.1	15.3	15.9

Fuente: Memorias del Banco Nacional de Cuba.

En términos absolutos, entre 1950 y 1956 el valor total de la importación en materiales de construcción fue de 145.5 millones de dólares. Hay que señalar que en este período de tiempo la industria de materiales de construcción en Cuba creció, lo que permitió sustituir algunas importaciones.

Debemos señalar que aunque el gasto en construcción residencial se considera inversión, gran parte de él es consumo, o sea gasto no reproductivo, por lo que la inversión en la construcción contribuyó poco a crear un crecimiento económico sostenido.

Entre 1953 y 1958, el valor total de la construcción residencial en Cuba fue de 430.7 millones de pesos que significaron el 3.7% del Ingreso Nacional en ese período, y el valor de la construcción en total fue de 502.3 millones de pesos; el 4.3% del Ingreso Nacional.

El consumo de energía eléctrica por sectores:

Un indicador de gran importancia para medir el crecimiento económico y la modernización de los países es el crecimiento del consumo de energía, también para medir el crecimiento industrial, el incremento del consumo de energía es elemento decisivo en un proceso de industrialización.

Entre 1932 y 1958, el consumo total de energía eléctrica en Cuba había ascendido en 1, 286.8 miles de kilovatios/hora. El número de consumidores había crecido en 556, 240. En 1932 un consumidor representaba 34 habitantes y en 1958 solamente 8.9 habitantes. El consumo de electricidad por consumidor entre 1932 y 1958 había crecido en 510.6 miles de kilovatios/hora.

Consumo de electricidad relativo por sectores (expresado en %) en años representativos.

Año	Residencial	Comercial	Industrial	Serv públicos
1932	13.3	15.1	24.9	46.7
1940	17.2	21.4	28.2	33.2
1948	23.7	27.5	23.8	25.0
1958	34.6	32.7	22.4	10.3

Fuente: "*Cuban Economic Research Proyect: Study on Cuba*" Universidad de Miami.

Desde el punto de vista absoluto, entre 1948 y 1958, el consumo total de electricidad creció un 169.1%, en tanto el consumo residencial lo hizo en un 292.5%, el comercial en un 220.6%, el industrial en 153.5% y los servicios públicos consumieron un 10.7% más que en 1948.

Los grandes consumidores en 1958 eran el sector residencial y el sector comercial, en tanto el sector industrial se venía quedando rezagado como consumidor de energía eléctrica, lo cual es un indicador de que lo que estaba creciendo en la economía cubana era la actividad de servicios más que la actividad transformativa.

Por otra parte, Cuba importa casi todo el combustible que consume y lo refina en sus refinerías.

En el año 1957, las refinerías de petróleo produjeron un valor de 118 millones de pesos, de los cuales, el 97.5% fue destinado al consumo interno. Cuba era autosuficiente en el consumo de petróleo refinado.

La importaciones de combustible en el año 1937 constituyeron el 6.4% del total de las importaciones y en 1958 fueron el 9.8%; un incremento relativo de un 3.4% que sostiene entre otras, la expansión del consumo energético de Cuba.

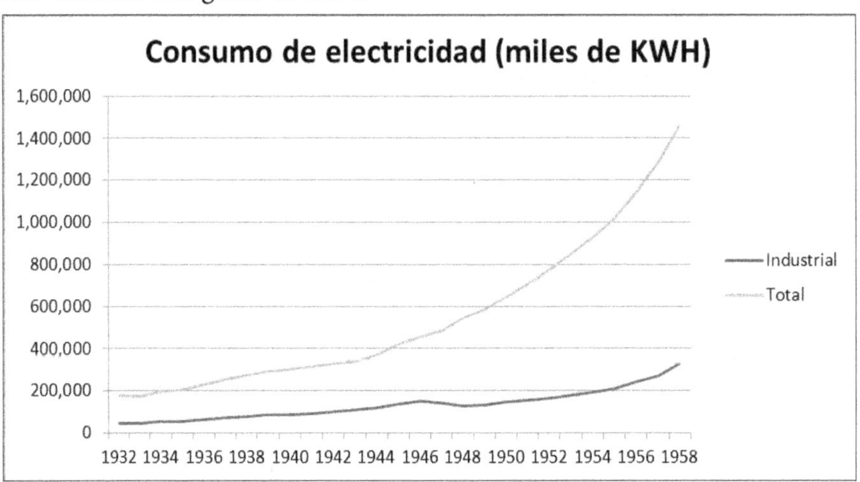

Fuentes: *Cuban Economic Research Project: An Study on Cuba.*
An Index of Cuban Industrial Output 1930-1958, Jorge Pérez-López.
Cálculos del autor.

En el gráfico anterior vemos el poco dinamismo en el crecimiento del consumo de energía eléctrica del sector industrial con respecto al consumo nacional.

Entre 1948 y 1958, la tasa de crecimiento de la producción de electricidad entre las principales repúblicas latinoamericanas fue el siguiente:

1- Venezuela 19.4%
2- Uruguay 16.1%
3- Colombia 9.3%
4- México 8.6%
5- Cuba 8.6%
6- Chile 8.3%
7- Brasil 7.0%
8- Argentina 3.3%

Fuente: "*Cuban Economic Research Proyect: Study on Cuba*" Universidad de Miami.

Para tener una idea aproximada de la eficiencia en el uso de la energía eléctrica relacionamos el valor de la producción medido en pesos, con el consumo de energía eléctrica medido en kilovatios/hora.

En el año 1952 la economía en su conjunto produjo 2.59 pesos por cada kilovatio/hora consumido, y la producción industrial en particular produjo 2.66 pesos por cada kilovatio/hora consumido.

En 1958, fueron 1.51 pesos, y 1.85 pesos respectivamente.

En 1958 se estaba produciendo casi un 42% menos por cada kilovatio/hora consumido lo cual es un índice de que el consumo eléctrico improductivo había crecido, y por tanto la energía se hacía más costosa.

La industria turística

Aunque el turismo es un servicio, debemos reseñar su desarrollo en este ensayo debido a que se dedicaron grandes sumas en inversiones de infraestructura turística, especialmente durante el gobierno de Batista, tanto por parte del Estado cubano como por inversionistas norteamericanos apoyados con préstamos otorgados por la banca pública, ya que la creación de una industria turística competitiva era considerada un elemento importante en los planes de diversificación económica del gobierno.

Durante todo el período republicano, Cuba tuvo un turismo muy activo —especiamente norteamericano— debido a la cercanía geográfica, y al poder adquisitivo de los estadounidenses, lo que dio lugar al desarrollo de una infraestructura turística extensa de acuerdo a los estándares del movimiento turístico de la época, donde la cantidad de personas que disponía de dinero y tiempo para hacer turismo era relativamente reducida en el mundo en comparación con los estándares actuales.

Hasta los años 30, Cuba fue un verdadero imán turístico debido a sus bellezas naturales, su clima saludable, y las numerosas atracciones que el país brindaba, que incluían los deportes acuáticos, carreras de caballos, polo, golf, tenis, jai-alai, baseball, boxeo, y otras muchas más, algunas de las cuales se encontraban prohibidas en Estados Unidos más no en Cuba.

Con la Gran Depresión a partir de 1929, el turismo en Cuba decayó mucho, pero a partir de 1934 comienza un cierto renacimiento de la llegada de turistas al país.

De acuerdo al informe del Censo de 1943, entre 1934 y 1941, los ingresos por concepto de turismo alcanzaron la cifra de 98.7 millones de pesos, que significaron el 7.7% del total de las exportaciones del país, con un promedio anual de 12.3 millones de pesos; más que el tabaco.

El total promedio anual de turistas que durante ese período visitaron Cuba fue de 134, 271, llegando a su punto máximo en 1937 con 178, 496 visitantes. La estancia promedio fue de ocho días, y el gasto por visitante fue de 91.85 dólares. Además de un promedio anual de 78 mil excursionistas que pasaban uno o dos días en el país.

Con el estallido de la Segunda Guerra Mundial en 1939, y la entrada en ella de Estados Unidos en 1941, el turismo experimentó una drástica reducción.

Entre 1942 y 1945 visitaron Cuba 79, 200 personas, para un promedio anual de 19, 800 visitantes, lo que significó una contracción de un 85% en el promedio anual de visitantes comparado con el período anterior.

Con la terminación de la guerra, el turismo en Cuba entró de nuevo en una fase de crecimiento rápido.

Entre 1946 y 1951, Cuba tuvo 1 millón 31 mil visitantes, para un promedio anual de 171 mil 800.

Dentro de los planes de diversificación económica del gobierno de Batista, el desarrollo del turismo ocupaba un lugar central. La Ley Hotelera 2074 de 1953 fue promulgada para la promoción del turismo concediendo exenciones de impuestos y otros beneficios para estimular la construcción de grandes hoteles y diversos establecimientos para acomodar turistas tales como la construcción de una serie de casinos.

En el primer año se comenzaron los trabajos para la ampliación y renovación del Oriental Park y del aeropuerto José Marti de Rancho Boyeros.

La inversión total en obras públicas dirigidas a la promoción del turismo entre 1952 y 1958 sumó 340 millones de pesos, proporcionada por las agencias bancarias de desarrollo FNC, BANDES y BANFAIC.

El incremento en la capacidad hotelera entre 1951 y 1958 fue de 3, 098 habitaciones (el 80.3% en La Habana) en 28 nuevos hoteles con un valor de 62.8 millones de pesos de los cuales el 93% le correspondió a la ciudad de La Habana.

El valor de la inversión por habitación fue de 20, 300 pesos por habitación nueva. La inversión promedio por nueva habitación en La Habana fue de 23, 500 pesos, lo que indica que las nuevas inversiones turísticas estaba orientadas a satisfacer las necesidades de un turismo de alto poder adquisitivo.

Entre los grandes hoteles construidos en ese período se encuentran el Hotel Havana-Hilton, con un costo de 24 millones de pesos; el Havana-Riviera, 14 millones de pesos; el Hotel Capri, 5.5 millones de pesos; Hotel Rosita de Hornedo, 3.5 millones de pesos; Hotel Havana-Deauville, 1.5 millones de pesos entre los principales.

En el año 1951, había en Cuba 6, 522 habitaciones de hotel de las cuales el 63% estaban en La Habana, y en 1958 había 9, 620, de las cuales el 69% se encontraban en La Habana.

La cantidad de visitantes entre 1952 y 1958 casi alcanzó la cifra de 2 millones, para un promedio anual de unos 286 mil visitantes. Un incremento de un 67% con respecto al período 1946-1951.

Este incremento del número de visitantes es significativo debido sobre todo a la competencia que tenía que enfrentar Cuba con otros destinos turísticos del Caribe, especialmente México, Puerto Rico y Jamaica, y por otra parte, debido a la sobrevaloración del peso con respecto al dólar, el turismo en Cuba resultaba caro, por lo que las instalaciones turísticas estaban diseñadas para un turismo de posibilidades económicas.

La inversión del gobierno de Batista en su segundo mandato en infraestructura turística fue de consideración, con el objetivo de promover esta actividad convirtiéndola en una de las fuentes de ingreso de divisas más importantes del país.

En 1958, la inversión a traves de sus agencias fue la siguiente:

Plan de Desarrollo Económico y Social: 173 millones de pesos.

BANDES: 27 millones de pesos.

Financiera Nacional de Cuba (FNC): 45 millones de pesos.

Fonde de Veteranos, Tribunales y Obras: 55 millones de pesos.

Empréstito de Fomento Nacional: 40 millones de pesos.

Total: 340 millones de peso.

Fuente: *Cuba: A Handbook of Historical Statistics* Sussan Schroeder.

La balanza comercial por concepto de turismo se contabiliza en la balanza de servicios, pues el turismo es un servicio, y forma parte de la cuenta corriente del país.

Entre 1947 y 1951 los turistas extranjeros que visitaron Cuba gastaron 80.7 millones de dólares, y los turistas cubanos en el extranjero gastaron 138.4 millones de dólares, por tanto, el saldo del turismo fue desfavorable en 57.5 millones de dólares, ya que para el cubano, viajar le salía relativamente barato debido a la sobrevaloración del peso como ya hemos explicado.

Entre 1952 y 1958, el gasto de los turistas extranjeros en Cuba fue de 247.7 millones de pesos, en tanto el gasto de los turistas cubanos en el extranjero fue de 232.9 millones para dejar un saldo favorable de 14.8 millones de dólares.

Entre 1952 y 1958, el turismo representó un 5.3% de las exportaciones, mientras que entre 1947 y 1951 había representado solamente el 0.3% de las exportaciones.

El turismo se podía convertir a mediano plazo en un importante rubro dentro de las exportaciones como fue para otros países del Caribe como Puerto Rico, Bahamas, República Dominicana, México, etc. Pero con el triunfo de la Revolución de 1959, Cuba quedó excluida de los circuitos turísticos por lo menos en los siguientes treinta años.

Análisis de los resultados de los planes del desarrollismo cubano

El historiador Oscar Zanetti en su obra *La República: nota sobre economía y sociedad*, plantea lo siguiente:

> La sustitución de importaciones parece efectiva en algunos renglones como el cemento y otros materiales de construcción, así como en los neumáticos, el papel y la jabonería, pero estas últimas eran industrias con una alta proporción de materias primas importadas, por lo cual más que sustituir importaciones, generaban una permuta de importaciones.
>
> De hecho, ramas como la del calzado y la industria fosforera, que cubrían la demanda nacional, fueron reguladas por el Estado para impedir la sobreproducción y el cierre de talleres.
>
> Otro problema del desarrollo industrial cubano era su distribución espacial pues el 70% de la industria se concentra en la capital.

El éxito del cambio de estructura de producción de Puerto Rico, desde un país agrícola a un país industrial, se debió a que se orientó a exportar productos de abundante consumo de labor que era su recurso principal, en tanto alentaba la inversión de capital extranjero, que era su recurso más escaso, sin embargo, Cuba hace todo lo contrario, se inclina a sustituir importaciones basándose en el recurso menos abundante que es el capital y dejando ociosos grandes cantidades de sus recursos más abundantes, que son la tierra y la labor, y además limitando la inversión de capital extranjero, por lo que la estrategia económica seguida por el gobierno de Batista estaba condenada al fracaso.

El plan de industrialización de la Misión Truslow, -mucho más racional y adecuado a las condiciones de Cuba- no fue tomado en cuenta por parte de los planificadores y burócratas del desarrollo del gobierno de Batista, entre otras cosas porque no estaban dispuestos a resolver los problemas institucionales necesarios contenidos en las recomendaciones de los expertos norteamericanos.

Uno de los problemas graves que enfrentarían sin excepción todos los países que siguieron la vía de desarrollo de "crecimiento hacia adentro" serían los déficits en balanzas de pagos, por eso dentro de la estrategia de la CEPAL, un elemento de primer orden sería el control de las tasas de cambio con respecto al dólar para evitar la salida de capitales, y por otra parte abaratar las exportaciones y encarecer las importaciones como instrumento de protección de la producción nacional, mejorar los términos de intercambio, y así la balanza de pagos; esto implicaba mantener la moneda sobrevalorada y establecer exenciones fiscales a la importación de bienes de capital e intermedios necesarios para la industria, en tanto penalizaban la importación de bienes de consumo. Esto no se hizo por parte de las autoridades cubanas, sobre todo ante el temor de represalias sobre la cuota azucarera por parte de Estados Unidos, y el resultado fue un déficit sostenido en la balanza de pagos, y una pérdida de reservas de divisas que en 1958 ya era grave.

El otro elemento clave de la estrategia desarrollista era estructurar una política comercial proteccionista, elevando las tarifas a la entrada de toda una serie de productos del extranjero que competían con industrias nacionales que se buscaba que crecieran. Solamente en el año 1958 se aprobó un nuevo arancel proteccionista bastante moderado.

También hay que señalar que en la estrategia desarrollista de la CEPAL, debido a que la industrialización se orientaba a abastecer el mercado interno, era muy importante el crecimiento del mercado interno para poder alcanzar economías de escala, pues la pequeñez de los mercados internos de la mayoría de las repúblicas latinoamericanas no admitían la instalación de industrias de gran tamaño, y lograr así economías de escala. Por tanto era muy importante para los "desarrollistas" elaborar estrategias que hicieran crecer la demanda interna, y esto pretendían resolverlo a partir del aumento de los salarios nominales de los trabajadores para incrementar la demanda.

La única manera de aumentar el salario real de los trabajadores es a partir del aumento de la productividad del trabajo, pero las políticas salariales latinoamericanas, empujadas y apoyadas por los sindicatos, de subir las tasas salariales sin una correspondiente elevación de la productividad del trabajo, a lo único que condujeron fue a severos problemas inflacionarios en todas las repúblicas.

En este sentido el gobierno de Batista mantuvo una política conservadora que trataba de mantener los salarios deprimidos para sostener algún nivel de ganancia empresarial. Esta política la mantuvo de acuerdo con la CTC, hasta 1958 en que se aprobó una nueva ley de salarios mínimos.

El elevado nivel de consumo de la década de 1950, se concentró en las clases altas y medias urbanas, que fueron los verdaderos beneficiarios de la modernización de Cuba.

En 1952, la producción nacional abasteció el 53.5% del consumo interno total, y en 1958 el 47.3%, y por otra parte, mientras el consumo total entre 1952 y 1958 creció un 10.8%, las importaciones crecieron un 25.7%.

Estas cifras indican claramente que el aumento del mercado interno era absorbido por las importaciones, y no por producción nacional, por lo que la sustitución de importaciones era un fracaso en sentido general, aunque en algunas industrias hubiera tenido algun resultado positivo.

La débil participación del sector privado en la estrategia del desarrollismo cubano se limitó a la banca comercial que prestó dinero al gobierno para que este llevara adelante las inversiones, creándose un importante sector de economía mixta.

La inversión del gobierno daba lugar a lo que se conoce como "Efecto Expulsión" (crowding out) al cual ya hemos hecho referencia, que es una situación que se produce cuando el gobierno, a través de la deuda pública desplaza al sector privado de la inversión; en el caso de Cuba, el gobierno utiliza medidas compulsorias con la banca comercial, pero también prestarle al gobierno resulta una mejor alternativa para los bancos que prestarle a un débil y riesgoso sector privado, por eso una parte muy importante de la economía quedó sin acceso a crédito, y por tanto descapitalizada, mientras los bancos comerciales le prestaban preferentemente al gobierno comprando bonos de la deuda pública.

A diferencia de la industrialización de Puerto Rico, donde la participación del Estado fue tangencial, jugando solamente el papel de facilitador y coordinador, en el desarrollismo cubano, el Estado jugó un papel más protagónico como inversor, por lo que los resultados fueron muy diferentes.

El resultado final de los planes del desarrollismo en lo referente a la industria no-azucarera fueron los siguientes.

El sector transformativo de la economía incluye, como ya hemos explicado, la industria manufacturera y la construcción.

En el año 1952, el valor producido por este sector fue de 344.6 millones de pesos, constituyendo el 17.2% del Ingreso Nacional, y en 1958, el valor producido fue de 486.0 millones de pesos constituyendo el 22% del Ingreso Nacional, o sea un crecimiento absoluto del 41%, y relativo de un 4.8%.

Analizando el resultado obtenido en la industria.

Concepto	1952	1958	Diferencia	&
Número de obreros	418,567	475,539	+56,972	+13.6
Valor de la inversión acum	1,605.5	2,110.0	+504.5	+31.4
Valor de la producción	280.6	375.6	+95.0	+33.8
Dotación de capital x obrero	3,835.70	4,437.07	+601.37	+15.7
Productividad del trabajo	670.38	789.84	+120.89	+18.1

Cada nuevo puesto de trabajo neto costó 8, 855.23 pesos.

En 1952 por cada peso de capital acumulado se produjeron 17.5 centavos, y en 1958 se produjeron 17.8 centavos.

Productividad del trabajo: 1952 fue de 670.38 pesos por trabajador, y en 1958 de 789.84 pesos por trabajador, para un incremento de un 17.8%.

Productividad marginal del trabajo 1, 667.48 pesos por cada nuevo trabajador.

A pesar del incremento de la productividad marginal del trabajo, los salarios promedios en la industria manufacturera no podía estar por encima de 65.80 pesos mensuales (789.84/12), cuando la media de ingresos en el país era de aproximadamente 80 pesos mensuales, y el salario mínimo aprobado en 1958 era de 80 pesos mensuales como promedio, lo cual pondría en serios aprietos a muchas empresas que no podrían afrontar el incremento de los costos laborales.

Las opciones de Cuba y la industrialización inducida 1948-1958

Desde fines de la Segunda Guerra Mundial se estaba discutiendo en Cuba cuál sería el modelo económico más apropiado en la nueva coyuntura geopolítica del mundo de posguerra.

Ante nuestro país se abrían básicamente cuatro escenarios posibles:

1. Mantener y expandir el modelo basado en la exportación de azúcar tanto hacia el mercado norteamericano, como hacia otros mercados, en tanto desarrollar una industrialización basada en las materias primas nacionales, especialmente provenientes de la industria azucarera como el ron, el alcohol, el bagazo, el yute, los siropes y mieles finales, alimento para el ganado, etc.

   Esta era la posición mantenida por las asociaciones de hacendados y colonos que aumentaron mucho la propiedad sobre la industria azucarera cubana durante la guerra. También era la posición de los grandes comerciantes importadores y exportadores. Este era el grupo económico con mayor influencia política.
2. La posición de Estados Unidos de promover una industrialización sin proteccionismo, a partir de la diversificación de las exportaciones, basada en una masiva inversión norteamericana que desarrollaría industrias cuya producción en gran medida sería exportada al mercado norteamericano. Esta posición coincidía en gran medida con las recomendaciones de la Misión Truslow.
3. La industrialización promovida por los industriales cubanos orientados a abastecer el mercado interno, basada en elevadas barreras proteccionistas, financiamiento con créditos internos por parte de los bancos, o del gobierno, y expansión monetaria que permitiera altas ganancias nominales en un mercado cautivo, tal como había sucedido entre 1941 y 1945.

   Esta posición era favorecida por los industriales agrupados en la ANIC, y agricultores no exportadores, así como por los ganaderos, intelectuales, y clases medias urbanas en general.

4. Industrialización a partir de la creación de una nueva industria orientada hacia el mercado interno sustituyendo importaciones, que permitiera absorber el desempleo crónico, y la nueva demanda de empleo. Esta industrialización sería financiada fundamentalmente con deuda pública.

   Este modelo de industrialización era promovido por los burócratas planificadores del gobierno, y contaba con el aval teórico de los desarrollistas de la recién creada CEPAL.

Entre 1946 y 1952 predominó el modelo tradicional de expansión de la producción de azúcar e incremento de las importaciones, a costa del retroceso relativo de la agricultura no-cañera y la industria no-azucarera. Las circunstancias internacionales de posguerra, inicios de la Guerra Fría, y la Guerra de Corea, favorecieron que el modelo tradicional mantuviera cierto dinamismo, y así se produjeron las zafras más grandes de la historia republicana, pero en el año 1952 este modelo se encontraba en un callejón sin salida ante los declinantes precios del azúcar, y la imposibilidad de aumentar la cuota azucarera.

Durante este período, los intereses exportadores, especialmente de los hacendados y compañías azucareras, eran predominantes en las decisiones que se tomaban en la política económica.

Luego de 1952, era claro que la expansión del modelo exportador era insostenible, por lo que comenzaba a abrirse paso como solución al problema del desempleo y el crecimiento económico la industrialización. Pero ¿qué tipo de industrialización?

El modelo industrializador que proponían Estados Unidos, y el de los industriales nacionales implicaban reformas que afectarían la legislación establecida a partir de la Constitución de 1940, lo que traería como consecuencia enfrentamientos con los poderosos sindicatos, por lo que se optaría por una industrialización basada en la creación de una nueva industria, mientras se cartelizaban lo más posible las actividades ya establecidas a partir de los tres grandes cárteles ya establecidos que eran el azucarero, con la Ley de Coordinación Azucarera, el financiero con el Banco Nacional de Cuba, y el laboral con la Central de Trabajadores de Cuba que constituían la base del sistema económico nacional.

Sobre esta base fueron tomadas las decisiones económicas que caracterizaron el segundo gobierno de Fulgencio Batista, y a partir de ellas se formó junto a una nueva industria, una nueva clase empresarial vinculada al crédito gubernamental, que fue la gran beneficiaria, mientras la élite azucarera tradicional pasaba a un segundo plano, y los industriales que producían para el mercado interno se veían perjudicados, por una parte frente a las importaciones norteamericanas, y por la otra, por los cada vez mayores costos laborales que implicaban un estrechamiento de los margen de ganancias, y la falta de financiamiento. Esta situación los llevaba a requerir algún tipo de solución a través de la cartelización para poder sobrevivir en muchos casos.

En el año 1958, el modelo de industrialización por sustitución de importaciones y diversificación se encontraba prácticamente agotado, y el modelo tradicional de expansión de la producción de azúcar tampoco tenía perspectivas, por tanto, quedaba como modelo viable de desarrollo a disposición de Cuba la diversificación de exportaciones integrándose al mercado norteamericano a parir de la inversión de capital, o la vía socialista de economía centralmente planificada que hasta aquellos momentos no tenía ningún antecedente dentro de América Latina.

Conclusión del proceso de industrialización en la República

Los marxistas plantean que una política proteccionista hubiera permitido que la industria nacional creciera, pero en realidad las políticas proteccionistas desvían recursos desde donde hay ventajas comparativas y por tanto tiene mayor valor, hacia actividades donde el país no tiene ventajas comparativas, devaluando así esos recursos escasos, y trayendo como resultado un empobrecimiento general para favorecer unas industrias artificiales.

La única posibilidad de la industria cubana en la década de 1950 no se encontraba en el proteccionismo como plantean los marxistas, o los desarrollistas cepalinos, si no abrir el mercado cubano a la inversión de capitales extranjeros, creando industrias orientadas a la exportación.

Un país como Cuba, con una economía pequeña y con un elevado grado de apertura no podía moverse en una dirección de abandonar el modelo exportador y alcanzar un mayor grado de autarquía sin crear serios desbalances y una ineficiencia generalizada.

Tasa de crecimiento del sector industrial en América Latina 1948-1958

Tasa de crecimiento del sector industrial en América Latina 1948-1958				
País	**Industria**	**Minería**	**Manufactura**	**Electricidad**
Argentina	1.8	4.6	1.5	3.3
Brasil	9.1	5.6	9.3	7.0
Chile	3.3	(-)	4.2	8.3
Colombia	6.3	4.6	7.5	9.3
Guatemala	4.4	(no dato	3.9	8.1
México	5.8	2.0	6.2	8.6
Perú	11.1	17.5	7.2	(na)
Uruguay	5.1	(-)	3.8	16.1
Venezuela	10.1	8.6	14.9	19.4
Cuba(no-azúcar)	**7.3**	**9.4**	**6.6**	**8.6**

(-) significa decrecimiento absoluto

Colombia 1950-1958; Uruguay 1954-1958

Fuente: "An Index of Cuban Industrial Output 1930-1958" Jorge Pérez-Lopez

6. Inversión y acumulación de capital: productividad y estructura productiva de la República de Cuba.

Lo que falta en los países subdesarrollados no es el conocimiento de los métodos tecnológicos occidentales; eso se aprende fácilmente. Lo que falta es la oferta del capital ahorrado necesaria para poner en práctica los métodos avanzados.

Ludwig von Mises.

1- Introducción.

1-1- El empresario, la función empresarial y la inversión.

1-2- La Ley de la Ventajas Comparativas en una economía de exportación.

1-3- La productividad y la Ley de los rendimientos marginales decrecientes.

2- La inversión, acumulación y productividad del capital durante la Primera República 1902-1933.

2-1- Inversión de capitales 1902-1918: La Gran Prosperidad.

2-2- Inversión de capitales 1919-1927: comienzos del fin de la prosperidad.

2-3- La inversión de capital 1927-1933: La depresión.

2-3-1- Evolución de la estructura de producción 1928-1933: La Gran Depresión.

2-4- Estimado de la acumulación de capital.

3- La inversión, acumulación y productividad del capital durante la Segunda República 1934-1958.

3-1- La inversión de capital 1934-1940: El comienzo de la recuperación.

3-1-1- La evolución de la estructura de producción 1933-1940.

3-2- La inversión 1941-1947: El auge de la guerra y la posguerra.

3-2-1- Evolución de la estructura de producción 1940-1947.

3-3- La inversión de capitales 1948-1952: Transición hacia el capitalismo de Estado.

3-3-1-Evolución de la estructura de producción 1947-1952.

3-4- La inversión de capitales 1953-1958: capitalismo de Estado.

3-4-1- Resultados del proceso de inversiones de 1953 a 1958.

3-4-2- Evolución de la estructura de producción 1953-1958.

4- La inversión extranjera.

5- Conclusión: La inversión y la acumulación de capital durante la República.

5-2- Modelos de desarrollo capitalista: Sistema de desarrollo standard vs. ventajas comparativas.

Introducción

En la ciencia económica, el término capital se refiere a los recursos que se utilizan para generar bienes y servicios. Así se considera capital tanto una herramienta, como una maquinaria, el edificio de una fábrica, un almacén, una oficina, un camión, un tractor, un barco de carga, una carretera, etc.

El capital es uno de los cuatro factores de producción, siendo los otros tres, la tierra, que son todos los recursos naturales, la labor, que consiste en el trabajo humano tanto físico como de los conocimientos adquiridos, y la tecnología que también puede considerarse como parte del factor capital y como parte del factor labor.

Tanto el capital como la tecnología son los factores de producción creados por el hombre a partir de los factores naturales, o sea los que se encuentran en la naturaleza, que son la tierra y la labor. Así el capital y la tecnología constituyen el intermediario entre los factores naturales para producir bienes y servicios que serán consumidos por el hombre para aumentar su bienestar.

Por tanto, cuando hablamos de inversión de capital, nos estamos refiriendo a los recursos monetarios que se dedican a comprar o producir bienes de capital tanto fijos como intermedios, y no bienes de consumo o servicios.

A diferencia de los bienes de consumo y servicios, que se consumen en un período corto de tiempo, los bienes de capital se consumen en el proceso de producción a lo largo del tiempo, perdiendo lo que se llama su vida útil, unos a lo largo de varios procesos, que son los bienes de capital fijos como por ejemplo una maquinaria, el edificio de una fábrica, una herramienta, etc., y los que consumen su vida útil en un solo proceso, que son los llamados bienes intermedios como por ejemplo las materias primas, combustibles, etc.

Los bienes de capital fijos, al irse depreciando, irá quedando el capital acumulado, o sea si nosotros restamos a la inversión bruta la depreciación nos queda entonces la inversión neta, que es el capital acumulado. Ese proceso de inversión y depreciación va dando lugar a la acumulación o des acumulación de capital. La acumulación se produce cuando la inversión es mayor que la depreciación, en tanto, cuando la depreciación es mayor que la inversión tiene lugar una desinversión.

En esta monografía nos vamos a referir a los recursos monetarios destinados durante la República a comprar o producir bienes de capital para la creación de bienes y servicios, o sea la inversión que tuvo lugar para este fin.

La inversión privada tiene como propósito final la obtención de una ganancia monetaria como resultado de la venta del producto final por una cantidad superior al dinero invertido obteniéndose así la ganancia capitalista, por lo que la inversión en una sociedad capitalista está motivada por la ganancia.

Esa inversión fue llevada adelante por nacionales, que invirtieron sus recursos monetarios, así como por extranjeros, por medio de lo que se llama inversión de capital directa, para diferenciarla de la inversión en deuda del gobierno, que se conoce como inversión en cartera o indirecta, con el objetivo de obtener ganancias a partir del interés cobrado sobre el préstamo.

La historiografía oficial ha exagerado la inversión extranjera, sobre todo norteamericana, haciendo ver como que tenía un volumen tan masivo que eran los propietarios de Cuba, pero realmente eso no fue así, a pesar de que la inversión extranjera en determinados momentos fue considerable, para beneficio de Cuba la cual se encontraba- como veremos- entre los principales destinos de la inversión norteamericana en América Latina.

La poca información que se tiene acerca de la inversión se encuentra en las estadísticas de importación de bienes de capital para uso de la industria, y la construcción, pero eso no forma más que una parte de la inversión de capitales, pues además de la inversión en bienes importados, tenemos las inversiones en la agricultura, mejoras de la tierra, la minería, la construcción, infraestructura, transporte, etc., así como la reinversión de ganancias, que se va acumulando en el país a lo largo del tiempo, y que constituyen el capital con el que los trabajadores cubanos van a crear bienes y servicios para exportar y consumir.

De la dotación de capital por trabajador dependerá la productividad del trabajo, pero el capital puede ser más o menos productivo, de acuerdo a la actividad y a la tecnología empleada. No será igualmente productivo el capital que se aplique a la producción de infraestructura, que el que se invierta en producción industrial, a pesar de que es indispensable la infraestructura como apoyo a la producción de bienes y servicios, y no será igual la productividad del capital de acuerdo al tipo de tecnología que se utilice. Hay actividades que tienen una alta composición de capital, o sea que la relación entre capital y labor es muy favorable al factor capital. Este tipo de actividades se dice que son consumidores intensivos de capital. Un ejemplo sería la industria generación de energía la cual requiere una elevada inversión de capital en relación con la inversión de labor. Por otra parte tenemos actividades con una baja composición de capital, que son las actividades donde la participación de la labor en el proceso productivo es mucho más alta en relación con la inversión de capital, o sea son actividades de consumo intensivo de labor. Un ejemplo de estas actividades es la industria ligera, que son ramas de la industria que requieren una gran cantidad de operarios en relación con el capital invertido así como la mayoría de las actividades agropecuarias.

En ocasiones también se produce una sobreinversión de capital en determinadas ramas de la producción debido a errores empresariales, lo cual da lugar a rendimientos decrecientes del capital invertido, que hacen que algunos productores menos eficientes no puedan continuar operando. En esas condiciones una parte del capital invertido tiene que ser reasignado hacia ramas más productivas, aunque en el proceso tienen lugar quiebras de negocios, pérdida de capital y de empleo, y desaparición de industrias en lo que el economista austríaco Joseph Schumpeter denominó con la famosa frase "destrucción creativa" que tiene lugar cuando las fuerzas del mercado actúan libremente, y los recursos pueden moverse asignándose a actividades más productivas, o el capital de acuerdo a su grado de especificidad no puede ser reasignado y desaparece.

El capital también tiene entre sus características, lo que se llama "especificidad" que es el grado en que un activo de capital, como por ejemplo una maquinaria, puede ser empleada en un uso diferente al que inicialmente se destinó sin pérdidas significativas. Por ejemplo, un edifico que se construyó para almacén, puede de cierta manera dedicarse a instalar una fábrica dentro de él, o sea puede con relativa facilidad convertirse a otro usos, aunque sea necesario hacer algunas modificaciones. En este caso diríamos que es un activo de capital poco específico. Por otra parte tenemos una maquinaria que se diseñó exclusivamente para una determinada función, y que no puede ser cambiado su uso, tenemos entonces que si la actividad para la que fue diseñada deja económicamente de existir, el único valor que tiene esa maquinaria sería el valor del metal que contiene. En este caso estamos hablando de un activo de capital completamente específico.

Para la historia económica de la República de Cuba la especificidad del capital es un concepto de suma importancia, pues gran parte del capital productivo de Cuba se encontraba en la industria azucarera con un alto grado de especificidad, o sea si no se producía azúcar y sus derivados, no había manera de transferirlo a otros usos, por lo que se perdería la inversión. Esto dio lugar a que se creara un poderoso lobby de hacendados y colonos que influyó decisivamente todo el tiempo en las políticas económicas del país, hasta el punto de cartelizar la industria azucarera de Cuba con todas las consecuencias que esto provocó.

De la acumulación de capital, del uso de la tecnología, y de la dotación de capital por trabajador dependerá la productividad del trabajo y la productividad marginal del trabajo, y de esta, el nivel de los salarios reales de los trabajadores y por tanto, el nivel de vida general de la población.

Hemos utilizado para calcular la depreciación del capital, el método utilizado por las estadísticas norteamericanas para Puerto Rico, depreciando el capital un 4% del Ingreso Nacional por lo que se considera que el capital como promedio se deprecia completo en 25 años.

A partir de este método hemos estimado la acumulación de capital nacional. Respecto al capital extranjero hay diversas fuentes acerca del capital extranjero acumulado en Cuba en diversos años, y en qué tipo de actividades.

También debemos señalar que toda la inversión la consideramos privada, pues aunque haya sido hecha por el gobierno, debido a que este no produce nada, los recursos que tiene han sido provenientes, del sector privado, y han sido creados en el sector privado, y aunque sean a partir de empréstitos extranjeros, estos han de ser pagados con recursos extraídos del sector privado.

El empresario, la función empresarial y la inversión

La figura del empresario en el sentido económico del término, es un elemento esencial en una economía de mercado. El empresario es un descubridor de oportunidades en un sistema que se caracteriza por la escasez de recursos y de información, así como por la dispersión del conocimiento.

La función empresarial consiste fundamentalmente en la toma de decisiones invirtiendo su dinero en un entorno de incertidumbre, tratando de anticipar situaciones futuras en un proceso de mercado, descubriendo oportunidades, y obteniendo a través de esta actuación especulativa la ganancia empresarial; dicho en otras palabras, la función empresarial se basa en anticiparse con mayor acierto que otros a las futuras demandas de los consumidores, decidiendo y coordinando los diferentes factores de producción (tierra, labor, capital y tecnología).

El espíritu empresarial solo puede florecer en una economía competitiva, pero cuando aparece la intervención de Estado, el empresario tiene entonces incentivos para obtener ventajas de las regulaciones a costa de los consumidores, demandando actuaciones contrarias al desarrollo de una economía de mercado tales como medidas proteccionistas, subsidios, cartelización, etc.

La función empresarial es la que hace posible la división del trabajo, que es la base del progreso económico, ya que la división del trabajo es la fuente de la especialización y del incremento de la productividad, por tanto, la función del empresario es la clave del desarrollo económico en una sociedad capitalista. Cuando el espíritu empresarial deja de florecer por la intervención del Estado, y el empresario es sustituido por el burócrata, el desarrollo se estanca como ha sido demostrado por la evidencia empírica a lo largo de la historia de la humanidad.

Por tanto, en una sociedad capitalista de libre mercado, el que invierte es el empresario que anticipa su dinero comprando o arrendando factores de producción, con el objetivo de producir un bien o servicio demandado por los consumidores y obtener una ganancia, pero también arriesgándose a sufrir pérdidas cuando comete errores de cálculo.

La inversión tiene como base el ahorro; sin ahorro no es posible invertir, y en una sociedad con un elevado nivel de consumo, como son las sociedades pobres, el nivel de ahorro e inversión será bajo.

De acuerdo a la teoría clásica del valor-trabajo, de la cual Marx deriva su teoría de la plusvalía y la explotación capitalista, el empresario es un parásito que no tiene una verdadera función económica dentro de la sociedad, por lo que es perfectamente prescindible, y más bien estorba el desarrollo social.

Durante el período republicano, en el largo plazo, la inversión productiva fue muy reducida, y no se logró que tuviera lugar un crecimiento económico considerable y sostenido ya que la tasa de ganancias en sentido general fue baja, y el riesgo de la inversión fue elevado a no ser en las actividades tradicionales de producción de azúcar, y el comercio. Pocas de las ganancias obtenidas en estas actividades iban a otras, ya fueran agrícolas, industriales, o incluso de servicios. Las bajas tasas de ganancias, y la falta de créditos dieron lugar a una escasez de capitales crónica durante todo el período.

La inversión extranjera también tuvo sus momentos de auge entre 1900 y 1925, orientado sobre todo hacia el azúcar, seguido de un período donde se fue retirando paulatinamente entre 1926 y 1947, y un renovado interés en la economía cubana, orientado hacia otros sectores entre 1948 y 1958.

La Ley de la Ventajas Comparativas en una economía de exportación

La Ley de las Ventajas Comparativas, como fundamento del intercambio internacional, fue enunciada por el economista británico David Ricardo, explicando que cada país debe exportar lo que mejor produce, e importar lo que no hace tan bien.

En el siglo XX, los economistas suecos Eli Hekscher y Bertil Ohlin ampliaron el concepto implícito en la ley de las Ventajas Comparativas, creando lo que se conoce como el Modelo Hekscher-Ohlin, explicando que el fundamento de lo que los países producían mejor estaba en función del factor de producción relativamente más abundante que poseía, así si un país era rico en tierras fértiles, exportaría con ventajas productos con elevado consumo de tierra, como por ejemplo productos de la agricultura y la ganadería; si poseían capital en abundancia, exportarían con ventaja productos de alto consumo de capital, o si tenían abundancia relativa de labor, exportarían ventajosamente productos con alto consumo de labor.

De esta forma podrían obtener los productos que necesitaban con ventaja. Este fue la forma como se produjo la integración de los diferentes países y regiones del mundo en el mercado global durante la segunda mitad del siglo XIX hasta la Primera Guerra Mundial; basado en su diferente dotación de recursos.

Pero por otra parte, cuando el país importaba productos por ejemplo de alto consumo de labor, ya que la labor era un factor relativamente escaso, de manera indirecta, estaba importando labor, o sea que la labor del país de donde provenían dichos productos estaba compitiendo con la labor del país importador abaratándola. Si los poseedores del factor labor tenían fuerte poder de negociación, por ejemplo estaban agrupados en sindicatos poderosos, lograrían del gobierno medidas proteccionistas frente a las importaciones de alto consumo de labor, lo cual a su vez produciría una redistribución de ingresos desde otros sectores económicos del país, hacia los poseedores de labor (los trabajadores) en determinada actividad o sector de la economía. Lo mismo pasaba con la tierra, o el capital, por ello el proteccionismo es un redistribuidor de ingresos desde las actividades más productivas hacia las menos productivas, con el consiguiente empobrecimiento de la sociedad en su conjunto.

En Cuba, como hemos explicado en ensayos anteriores, el factor más abundante era la tierra cultivable, por lo que la relación tierra-labor, y tierra-capital, era altamente favorable a la tierra, y por ello, desde que la economía cubana se integra al comercio internacional, siendo aún una colonia de España, lo hace produciendo azúcar y tabaco, productos de la agricultura, consumidores intensivos del factor tierra.

El factor capital era el más escaso, y la labor, por lo que Cuba importaba grandes cantidades de productos de consumo intensivo de capital, y de labor, e importaba capital y labor para el desarrollo de sus industrias agrícolas, y labor proveniente de países con exceso de labor como las Antillas y España.

La pequeña manufactura que se desarrolla en la isla lo hace a partir de un bajo consumo de capital, o sea capital en gran medida tecnológicamente atrasado, en pequeños establecimientos, y con salarios muy bajos, en correspondencia con sus bajos niveles de productividad. Cuando es posible producir bienes en esas condiciones, generalmente bienes de consumo, la manufactura cubana puede competir en esas industrias frente a los bienes importados. Por esta razón es muy poco el capital de inversión que fluye hacia estas actividades debido a los bajos retornos, y los bajos salarios que no hacen que sea rentable la inversión de capitales en una mayor escala.

La inversión fluye hacia las actividades relacionadas con el sector exportador donde los retornos son mayores y mayor es la productividad marginal del trabajo y del capital atrayendo así capital y labor desde otros sectores de la economía.

A partir de 1925 se hace evidente que la inversión en el sector exportador estaba teniendo retornos decrecientes debido a una sobreinversión que se había estado desarrollando desde el fin de la Primera Guerra Mundial. Parte del capital invertido en la industria azucarera se revelaba como una mala inversión debido a la inelasticidad de la demanda propia del azúcar.

Por otra parte el crecimiento demográfico estaba inclinando la relación tierra-labor, y capital-labor a favor de la labor poniéndose de manifiesto a través de un creciente desempleo permanente. La industria azucarera, que era el principal empleador del país, debido a la inelasticidad de la demanda de labor en esta actividad, no puede absorber el crecimiento de la fuerza de trabajo que está teniendo lugar de manera natural, y el resto de la economía (industria, agropecuaria, y servicios) tampoco crecen lo suficiente, por lo que por una parte los salarios tienden a la baja, y por la otra aumenta el desempleo.

Cuando comienza la recuperación económica a partir de 1934, la escasa inversión que tiene lugar se dirige hacia una industria manufacturera de bajo consumo de capital y elevado consumo relativo de labor, para producción de bienes para el mercado interno, que compiten favorablemente con la importación de bienes de alto consumo relativo de labor.

El capital no puede fluir hacia la industria azucarera que se encontraba estancada dentro los límites que imponía la cuota norteamericana, y cartelizada luego de entrar en vigor la Ley de Coordinación Azucarera, por tanto, el poco ahorro que se está produciendo fluye hacia la industria manufacturera de bienes de consumo aprovechando la ventaja comparativa del exceso de labor que se manifestaba en bajísimos salarios.

El crecimiento demográfico continúa haciendo de la labor un factor de producción abundante, pero en un mundo donde la integración económica ha venido desapareciendo, y con ella la vigencia de la Ley de las Ventajas Comparativas, en tanto los países se volvían más autárquicos, se produce un efecto contrario al que describe el Modelo Hekscher-Ohlin; los recursos abundantes se deprecian al no encontrar aplicación productiva, y son los factores escasos los que adquieren más valor relativo.

Así vemos que en el período 1933-1941, el cual es uno de relativa autarquía en Cuba, la tierra y la labor se deprecian en relación con el escaso factor capital existente, por lo que como analizamos en el ensayo dedicado a la industrialización, en este período tuvo lugar una expansión de la industria de bienes de consumo para el mercado interno.

Durante los años de la Segunda Guerra Mundial y la posguerra, la demanda de azúcar revalorizó el factor tierra, y una vez más se puso de manifiesto la pérdida de valor del capital industrial en Cuba, lo cual dio lugar a una desindustrialización relativa.

Em aquellos años de fines de la década de 1940, y principios de la de 1950, el factor labor era relativamente abundante, lo que hubiera hecho factible la producción de bienes de alto consumo de labor que podrían competir con las importaciones, pero para ello era necesario inversión de capital, el cual a pesar de una relativa abundancia no podía fluir hacia usos productivos, ya que las instituciones establecidas hacían extremadamente difícil la movilidad de los factores capital y tierra hacia actividades no-azucareras de alto consumo de labor, limitando la inversión en esas ramas. El ahorro de los hacendados se movió hacia la compra de centrales azucareros extranjeros, ya que el azúcar seguía siendo la actividad productiva de mayores retornos en el país, y el capital extranjero, producto de las limitaciones que imponían las regulaciones y la baja rentabilidad relativa se retiraba de Cuba.

Al comenzar la década de 1950, Cuba contaba con recursos financieros acumulados, pero las regulaciones establecidas hacían muy difícil el funcionamiento de los mercados de factores de producción como para que los empresarios comenzaran un proceso de inversiones que permitiera diversificar la economía y elevar la productividad nacional, además de que las instituciones no eran favorables a la inversión extranjera.

En estas condiciones se consideraba que el empresario privado no podía desarrollar un proceso inversionista capaz de transformar la estructura de producción de Cuba, y que solo el Estado podía hacerlo asumiendo el papel de inversor, y desplazando de dicho papel al empresario privado. Al ser desplazado el empresario por el burócrata, la mala asignación de los recursos disponibles provocó una marcada ineficiencia en la inversión, y desperdicio de capital.

La productividad y la Ley de los rendimientos marginales decrecientes

La ley de los rendimientos marginales decrecientes fue enunciada como la conocemos por los economistas británicos David Ricardo, y Thomas Malthus. Según esta ley, el incremento de un factor productivo (Tierra, trabajo, y capital) en la producción de un bien o servicio, manteniendo constantes los demás factores, dará lugar a que el rendimiento de la producción vaya siendo menor, llegando al punto en que tendría lugar una disminución gradual de la cantidad producida.

La única manera de superar los rendimientos decrecientes es a partir del incremento de la productividad de los factores de producción.

En este ensayo tenemos que abordar el análisis del indicador más importante de una economía que es el de la productividad, ya que de esta depende la calidad de vida de la sociedad, pues el nivel de productividad repercute directamente sobre los salarios y la rentabilidad de los proyectos, produciéndose un círculo virtuoso, donde el incremento de la productividad da lugar a una mayor acumulación de capital, y este a su vez da lugar a un aumento de la productividad.

La productividad se define como una medida económica que calcula cuantos bienes y servicios se han producido durante un período determinado, por unidad de factor de producción empleado (tierra, labor y capital). Ejemplo, nos dice cuanto produce un trabajador en una jornada; cuanto produce una cantidad de capital invertido en un año; cuanto produce una cantidad determinada de tierra (caballería, hectárea, acre etc) en un año, etc.

El objetivo de este indicador económico es medir la eficiencia de producir de cada factor, entendiendo como eficiencia la obtención del máximo rendimiento, utilizando el mínimo de recursos (el tiempo también es un recurso escaso).

En una sociedad donde la productividad crece menos que la población durante períodos prolongados de tiempo, la tendencia es hacia su desintegración.

La productividad es determinante en el crecimiento económico de una sociedad, ya que si no se incrementa la productividad, con el crecimiento poblacional, la tendencia será al gradual empobrecimiento.

Los principales elementos que afectan la productividad son:

1. La cantidad de capital acumulado, y el tipo de capital, ya que no es lo mismo acumular capital en infraestructura, que en maquinaria industrial.
2. La cantidad y calidad de los recursos humanos (labor).
3. El nivel tecnológico empleado. A mayor nivel tecnológico mayor será la productividad.
4. La estructura productiva del país. Un país cuya estructura sea fundamentalmente agrícola, con bajo consumo de capital, tendrá niveles de productividad relativamente bajos en comparación con países con una estructura de producción basada en la industria.

Mientras la relación capital-tierra y capital-labor sea más favorable al capital, mayor será la productividad del país.

Los factores tierra y labor, son factores naturales, y el factor capital es creado por el hombre para aumentar la productividad de los factores tierra y labor, por tanto, en la medida en que el empleo de capital sea mayor, mayor será la productividad de los otros factores, y viceversa.

La ley de los rendimientos marginales decrecientes implica que el progreso económico a partir del aumento del nivel tecnológico, que a su vez significa un incremento de la productividad, es necesario NO solamente para mantener el nivel de vida, ya que en ausencia de progreso económico, el crecimiento demográfico resultará en una disminución de los retornos, y el empobreciendo generalizado.

Por esta razón, el análisis del comportamiento del indicador productividad en la República de Cuba es clave para comprender como evolucionaron otros indicadores macroeconómicos, y como fue afectado el nivel de vida de la sociedad, así como acercarnos a las consecuencias políticas y sociales que esto provocaba.

La inversión, acumulación y productividad del capital durante la Primera República 1902-1933

Inversión de capitales 1902-1918: La Gran Prosperidad

Debemos aclarar que cuando hablamos de inversión de capital estamos incluyendo la inversión productiva tanto en la industria, como en la agricultura, la reinversión, la inversión residencial y en infraestructura. Esto significa en valores monetarios, todo lo que no se consumió ni se ahorró.

El estimado de acumulación de capital en este periodo es de 763.9 millones de dólares de inversión nacional bruta, considerando una depreciación del capital durante el período de 244.4 millones de dólares, tendríamos una acumulación neta de 519.5 millones de dólares a los que se suman 400 millones de dólares de capital nacional acumulado en 1902 según los estimados de Gustavo Gutiérrez, por tanto, tenemos que en 1918 la acumulación de capital nacional sería de 919.5 millones de dólares.

El capital extranjero acumulado en Cuba en 1902 según Leland Jenks era de 80 millones, en 1918 era de aproximadamente unos 800 millones de dólares.

El capital total acumulado en Cuba en 1918 se puede estimar en 1719.5 millones de dólares de los cuales el 46.5% sería extranjero y el 53.5% sería cubano-español.

En 1902, el capital extranjero acumulado en Cuba constituía el 16.6% de todo el capital acumulado.

La idea de que el capital norteamericano se abalanzó sobre la isla de Cuba durante la primera y segunda intervención, aprovechando su control político sobre el país como plantean los historiadores marxistas, no parece corresponderse con la realidad.

Primero, estos años entre 1900 y 1907 las inversiones en la agricultura son bastante variadas, ya que no solamente los norteamericanos invierten en azúcar, también hay inversiones en el tabaco, y la ganadería, así como pequeños agricultores norteamericanos que han comprado tierras en Cuba y se dedican al cultivo de frutos menores para exportar a Estados Unidos.

Por otra parte, los precios del azúcar y las condiciones de escasez de labor en la isla no justifican aún las grandes inversiones que requieren los centrales azucareros que vendrían posteriormente, y por último, en 1907 en Estados Unidos se vieron afectados por una recesión; el llamado "Pánico de 1907".

La inversión de capitales se acelera luego de 1907 hasta el fin de la Primera Guerra Mundial.

El promedio anual de inversión nacional entre 1902 y 1918 fue de aproximadamente unos 48 millones de dólares.

Según Leland Jenks en su libro *Our Colony of Cuba*[1] entre 1902 y 1906, la inversión norteamericana en Cuba fue de 80 millones de dólares, y entre el año 1909 y 1913 entraron otros 100 millones de dólares en inversión norteamericana; 60.4 millones de capital británico; 12.5 millones de dólares de capital francés, y 4.5 millones de dólares de capital alemán. Así en 1913 había aproximadamente unos 260 millones de dólares de capital extranjero en inversión directa en Cuba de los cuales el 68% era norteamericano, el 24% británico, y el restante 8% francés, alemán, y canadiense.

La segunda mayor inversión extranjera en 1918 era la británica con un 25% del total de la inversión extranjera, localizada fundamentalmente en los ferrocarriles. El volumen de inversión británica había sido en 1911-1913 igual o incluso superior a la norteamericana, pero durante la Primera Guerra Mundial, la inversión norteamericana creció exponencialmente, mientras que la británica se estancó.

La inversión alemana y francesa desapareció durante la Primera Guerra Mundial en tanto la inversión británica detuvo su acelerado crecimiento.

La inversión norteamericana se acelera después de la Segunda Intervención (1906-1909), en 1906- según Leland Jenks en su obra citada- la inversión estadounidense en la industria azucarera era de 30 millones de dólares, ya que los precios del azúcar durante los primeros años del siglo XX no fueron lo suficientemente atractivos para los inversores, que se dirigieron más hacia Puerto Rico cuya azúcar entraba libre de derechos al mercado norteamericano. Los primeros inversores norteamericanos durante la República fueron en su mayoría pequeños agricultores que compraron tierras muy baratas con la idea de producir frutas para exportar al mercado norteamericano, con la esperanza de que Cuba fuera anexada finalmente a Estados Unidos, pero cuando esto no sucedió se fueron retirando paulatinamente. Donde permanecieron por más tiempo fue en Isla de Pinos, ya que el estatus de la isla no fue decidido hasta 1925 con la aprobación del Tratado Hay-Quesada[2].

De 1902-1918, el capital acumulado aumentó un 280%; desde 480 millones en 1902, a 1, 719.5 millones de dólares en 1918, lo que causó un incremento espectacular de la dotación de capital por trabajador que creció desde 674.54 dólares/trabajador en 1902, a 1,854.30 dólares en 1918. Aumentó un 175%.

Debido al aumento de la dotación de capital por trabajador, la productividad del trabajo aumentó un 192%.

---

1. Leland Jenks "Our Colony of Cuba" 1928.
2. Tratado firmado el 2 de marzo de **1904 entre John** Hay secretario de Estado de Estados Unidos, y Gonzalo de Quesada embajador de Cuba ante Estados Unidos, por medio del cual se decidía que la Isla de Pinos quedaría bajo la soberanía de Cuba. El Tratado no fue ratificado por el Senado norteamericano hasta el 13 de marzo de 1925.

La relación entre la productividad del capital, y la dotación de capital en 1902 fue un 40.2%, y en 1918 fue un 42.7%; un aumento en el índice de aprovechamiento del capital de un 2.5%.

Por último, la productividad marginal del capital entre 1902 y 1918 fue de 436.47 dólares por cada mil dólares de incremento neto del capital acumulado, o sea un 8.6% por encima de la productividad del capital en 1902, lo que indica que la inversión cada vez era más productiva.

Entre 1902-1918, la inversión bruta de capital nacional fue el 12.5% del Ingreso Nacional.

A partir de estos indicadores citados arriba podemos concluir que en esta etapa se disfrutó de una gran prosperidad luego de haberse reconstruido definitivamente la economía de los destrozos de la guerra de independencia.

El incremento de la productividad marginal del capital atraía cada vez mayor volumen de inversiones, y el incremento de la productividad marginal del trabajo daba lugar a una mayor creación de empleos asimilando la enorme inmigración que Cuba recibió durante este período al tiempo que aumentaban los salarios unido a mayores tasas de ganancias del capital.

Cuba en este período continuó su integración al mercado mundial a través de la exportación de azúcar, y en menor medida de tabaco.

En 1918 el capital acumulado en la industria azucarera era de aproximadamente unos 450 millones de dólares; el 26% de todo el capital acumulado, con una zafra cuyo valor total fue de 329.9 millones de dólares equivalente al 45% del Ingreso Nacional. La productividad del capital en la industria azucarera fue de 733 dólares por cada mil dólares de inversión.

El incremento de los precios del azúcar, y la disminución de la tarifa de aduanas norteamericana permitió enormes retornos sobre el capital invertido en la industria azucarera atrayendo grandes cantidades de capital hacia la producción de azúcar y toda su infraestructura dando lugar a una gran transformación en la estructura de producción, donde el azúcar tenía cada vez mayor participación dentro del Ingreso Nacional, La lógica del mercado estaba imponiendo una estructura monoproductora.

Durante este período no existió ninguna regulación gubernamental que estorbara la inversión de capitales, y la vigencia de la Enmienda Platt imprimía una relativa seguridad al capital haciendo atractiva la inversión en Cuba más que en la mayoría de las otras repúblicas latinoamericanas.

En aquellos momentos se va extendiendo entre los intelectuales, empresarios, y políticos cubanos la percepción del peligro que esta situación de deformidad estructural representaba para la independencia de Cuba, en el contexto de una soberanía limitada que imponía la Enmienda Platt.

Inversión de capitales 1919-1927: comienzos del fin de la prosperidad

Los años comprendidos entre 1919 y 1927 son testigos de una transición entre la prosperidad y la depresión, y en ellos tuvieron lugar dos eventos de importancia significativa dentro de la historia económica de Cuba. El primero fue la depresión de 1920-1921, conocida como las Vacas Flacas, provocada por el fin de la burbuja de las materias primas que tuvo lugar después de terminada la Primera Guerra Mundial, y que trajo por consecuencia la casi desaparición del sistema nacional de bancos comerciales, y la quiebra de muchas empresas, la mayoría de las cuales pasaron a manos del capital norteamericano, entre ellos varios centrales azucareros. El segundo evento fue la restricción de la producción de azúcar decretada por el gobierno de Machado por medio de la Ley Verdeja de 1926, con el objetivo de detener la caída de los precios del azúcar. Mediante esta ley se prohibió la construcción de nuevos centrales.

Durante estos años la inversión continuó aceleradamente su ritmo frenético de crecimiento. El promedio anual de acumulación de capital fue de 125.3 millones de dólares, un 72% mayor que el del período anterior.

La inversión bruta de capital nacional representó el 14.5% del Ingreso Nacional del período, y la acumulación neta de capital nacional en 1927 era un 77.4% mayor que en 1918 con 1, 630.8 millones de dólares.

La depreciación del capital en el periodo se estima en 272.0 millones de dólares, por lo que el capital neto acumulado en el período fue de 711.3 millones de dólares.

La inversión extranjera llegó a un valor acumulado de aproximadamente 1, 342.0 millones de dólares, alcanzando el punto máximo durante la historia republicana, con una participación relativa del 45.1% de todo el capital acumulado en el país; ligeramente menor que en 1918.

Dentro de la inversión extranjera, 1, 120.0 millones de dólares le correspondían a la inversión directa norteamericana, o sea el 83.5% del total del capital extranjero invertido en Cuba, y el restante 16.5%, equivalente a 222.0 millones de dólares era capital británico y canadiense. La inversión de otros países casi había desaparecido.

La inversión británica casi toda se concentraba en los ferrocarriles, mientras que la inversión norteamericana el 56% le correspondía a la industria azucarera con 625 millones de dólares; en aquellos momentos el capital norteamericano controlaba el 75% de toda la industria azucarera en Cuba. El 21% equivalente a 235.0 millones de dólares estaba invertido en utilidades públicas, y los restantes 260 millones de dólares se encontraban invertidos en minería, comercio, servicios financieros, manufactura, bienes raíces, etc.

De esta forma el capital acumulado en Cuba en 1927 totalizó 2, 972.8 millones de dólares; un 72.9% mayor que en 1918, y la dotación de capital por trabajador creció un 61.8%, alcanzando la cifra de 3, 000.70 dólares, pero la productividad del trabajo en 1927 fue de 654.80 dólares por hombre/año, lo que a valores constantes del dólar de 1918 constituyó una contracción del 13.1% con respecto a 1918, por lo que la relación entre productividad del trabajo, y dotación de capital por trabajador, o sea el índice de aprovechamiento del capital por trabajador fue de solamente un 23.8%, de haber sido en 1918 un 42.7%.

La productividad marginal del capital entre 1918 y 1927 fue negativa en 68.45 dólares por cada mil dólares de nuevo capital acumulado. A valores constantes de 1918, la productividad del capital acumulado fue un 41.4% inferior a la de 1918.

El índice de improductividad del capital fue del 48.9%, o sea que el Ingreso Nacional de 1927, con la productividad del capital de 1918 se hubiera producido con el 48.9% menos de capital acumulado, o sea con un capital acumulado de 1, 518.0 millones de dólares, por lo que el monto de capital acumulado improductivo se puede estimar en 1, 454.8 millones de dólares.

La causa de la caída de la productividad marginal del capital se encuentra en la contracción del Ingreso Nacional en un 11.7% provocado a su vez por el hundimiento de los precios del azúcar y del valor de la producción azucarera que fue en 1927 un 16.9% inferior a 1918.

Como se comprenderá, las pérdidas eran enormes para los capitalistas, sobre todo los más ineficientes, y para los trabajadores lo que se traducía con un aumento del desempleo y una caída de los ingresos promedios.

El valor aproximado del capital acumulado en la industria azucarera en 1927 era de 830 millones de dólares, con una zafra cuyo valor fue de 266.8 millones de dólares, la productividad por cada mil dólares de capital invertido fue de 320.28 dólares, lo que a valores constantes de 1918, significó una caída de la productividad del capital invertido en la industria azucarera de un 46.3%, en tanto Estados Unidos había incrementado las tarifas de aduana en un 75% después de 1920.

La inversión se paralizaba, y el desempleo aumentaba. Cuba tenía un problema de sobreinversión de capital, y el gobierno de Machado por medio de la Ley Verdeja trató de controlar la oferta de azúcar en los mercados para evitar la caída de los precios y evitar la ruina de los productores menos eficientes.

La única solución para mantener las ganancias empresariales y evitar su ulterior contracción era detener la inversión por una parte, y por la otra contraer las tasas salariales, y disminuir el empleo. En aquellos tiempos en Cuba no existía un movimiento sindical lo bastante fuerte como para impedir que estas medidas fueran llevadas adelante por parte de los empresarios, pero regular la inversión de capitales representaba un enfrentamiento entre los empresarios nacionales, y los empresarios extranjeros amparados por la Enmienda Platt, pero estas medidas se encontraban en consonancia con los deseos de los productores de azúcar continentales norteamericanos, que desde hacía años venían presionando en el Congreso de Estados Unidos por una limitación de la entrada de azúcar cubano.

El enorme peso relativo del azúcar dentro de la economía cubana, que en 1925 constituyó casi el 37% del Ingreso Nacional, traía por consecuencia que todos los indicadores económicos dependieran de las variaciones de su precio y demanda.

Otra de las consecuencias sociales lógicas fue el aumento en organización y número del movimiento obrero ante la caída de los salarios y el aumento del desempleo.

Esta situación tuvo sus repercusiones en el ámbito político. En las elecciones de 1925, la plataforma de campaña de Gerardo Machado prometía abordar estos problemas, e iniciar reformas para disminuir la dependencia de Cuba del azúcar, y la dependencia política en relación con Estados Unidos.

El Partido Conservador postulando a Mario García Menocal, tenía una plataforma de *status quo* y *laissez-faire* como había sido durante su gobierno de 1914 a 1921, pero los tiempos habían cambiado, y ganó la presidencia Machado.

La inversión de capital 1927-1933: La depresión

A mediados de la década de 1920 era claro para muchos en Cuba, tanto empresarios nacionales, clases medias, profesionales y trabajadores, que se hacía necesario detener la acumulación de capitales, o sea, detener la inversión principalmente extranjera en el sector azucarero, detener la expansión del latifundio, y detener la inmigración de trabajadores extranjeros. Se percibía cada vez con mayor claridad que de continuar esta tendencia los cubanos iban a perder la propiedad de su país, la cual iría pasando inevitablemente a manos extranjeras.

La denuncia más lúcida de esta situación la hizo Ramiro Guerra con su famosa obra "*Azúcar y Población en la Antillas*" publicada en 1927, y que hemos comentado en otros ensayos, pero también se hacía evidente para gran parte de la sociedad cubana que encontrar soluciones verdaderas para estos problemas requerían que Cuba tuviera completa soberanía, por lo que era necesario la derogación de la institución que limitaba esa soberanía que era la Enmienda Platt, y que nuestro país dejara de ser un protectorado norteamericano.

En este período coinciden el auge del proteccionismo en Estados Unidos que había comenzado en 1921, 1922 y 1930; la caída de los precios del azúcar debido a la sobreproducción mundial, que comenzó en 1925, y la caída de la demanda mundial provocada por la Gran Depresión que comenzó en 1929.

Como sucedió en el período anterior, la caída de los precios del azúcar repercutía de una manera inmediata sobre todos los indicadores económicos del país, y en 1933 los precios de la libra de azúcar fueron como promedio un 56.7% inferiores a los de 1925 con resultados económicos catastróficos.

La inversión bruta de capital nacional fue de 232.2 millones de dólares, o sea el 6.8% del Ingreso Nacional, y con una depreciación estimada de 137.3 millones de dólares, el capital acumulado nacional fue de 94.9 millones de dólares; 13.6 millones de dólares promedio anual.

El capital nacional acumulado en 1933 fue 1, 725.0 millones de dólares; 5.7% mayor que en 1927.

El capital extranjero comenzó a retirarse del país, contrayéndose en 422 millones de dólares, por lo que el capital acumulado total en Cuba en 1933 fue de 2, 645.8 millones de dólares. Se estaba produciendo una desacumulación de capital del 11%, equivalente a 327 millones de dólares. La inversión extranjera redujo su participación en el capital acumulado a ser un 34.5% del total.

Estos fueron los efectos de la crisis azucarera y la Gran Depresión sobre el capital en Cuba.

La dotación de capital por trabajador en 1933 fue de 2, 937.49 dólares; un 2.1% inferior a la de 1927 debido a que el empleo se contrajo menos que el capital.

Al ser negativa la variación del Ingreso Nacional entre 1927 y 1933, y también se produce una desacumulación de capital, tiene lugar un improductividad marginal de 201.67 dólares por mil dólares de capital, lo que indica que los rendimientos decrecientes del capital, que habían comenzado en el período anterior continúan agudizándose.

En 1933, en relación con 1927, se acumuló una cantidad de capital improductivo equivalente a 600 millones de dólares, y con respecto a 1918, 1, 600 millones de dólares de capital acumulado se encontraban improductivos, equivalentes al 60.5% de todo el capital acumulado en 1933.

La crisis económica de 1925 a 1933 puso al sistema capitalista en Cuba al borde de la bancarrota debido por una parte a las quiebras empresariales, por la inmensa improductividad del capital y por otra parte al enorme desempleo.

La industria azucarera en 1933 tendría un valor estimado de unos 800 millones de dólares, por lo que con una zafra cuyo valor fue de 53.7 millones de dólares, la productividad del capital invertido fue de 67.13 dólares por cada mil de capital; apenas un 6.7% de retorno de la inversión, en tanto la productividad del capital en el resto de la economía fue de 212.53 dólares por cada mil de capital acumulado; el 21.2%, y en 1927 la productividad del capital invertido fuera de la industria azucarera fue de 275.02 dólares por cada mil dólares de capital acumulado, por lo que en 1933 se había contraido en casi un 23%.

Las medidas tomadas por el gobierno de Machado consistieron fundamentalmente en restricción de las zafras, poner en vigor un arancel proteccionista, desarrollar un plan de obras públicas financiado con un aumento de la deuda pública, y por último, ante la ruina económica generalizada, dictar una ley de moratoria para todas las deudas.

Estas reformas tuvieron un moderado barniz nacionalista, pero la gravedad de la situación económica llevó a demandas nacionalistas cada vez más radicales por parte de grandes segmentos de la sociedad cubana, lo que implicaría una transformación institucional profunda.

Las restricciones a las zafras no pudieron detener la caída de los precios del azúcar; el arancel proteccionista no pudo promover la creación de nuevas industrias de manera permanente, ni proteger a las ya existentes, y el plan de obras públicas no pudo compensar el desempleo masivo ni inyectar dinero en la economía como para frenar la deflación.

El caos económico creó las condiciones para que tuviera lugar un caos político en medio de una situación revolucionaria que llevó al colapso al sistema político-institucional imperante desde 1902.

Evolución de la estructura de producción 1928-1933: La Gran Depresión

La depresión económica produjo un cambio significativo en la estructura de producción del país.

Primeramente, el Ingreso Nacional entre 1927 y 1933 se contrajo un 31.2%, provocando una situación catastrófica para muchos negocios.

Estructura de producción. Expresada en % en relación con el Ingreso Nacional.

Actividad	1928	1933	Diferencia
Azúcar	32.7	9.8	-22.9
Agric no-azucarera	25.2	27.1	+1.9
Industria y minería	14.0	12.9	-1.1
Construcción	6.2	1.1	-5.1
Servicios	21.9	49.1	+27.2

Azúcar incluye tanto la producción industrial como la agrícola (caña).

1. Lo primero que salta a la vista es la tremenda contracción de la producción azucarera, que era la columna vertebral de la economía cubana.
2. Hay una pequeña mejoría relativa en agricultura no-azucarera debido sobre todo a un ligero crecimiento relativo de la ganadería, pero la producción agrícola, desde el punto de vista absoluto se contrajo en 21 puntos porcentuales, lo que se tradujo en un éxodo masivo desde el campo hacia los centros urbanos, sobre todo hacia La Habana.
3. La industria se contrae relativamente a pesar de que las importaciones se reducen al mínimo, pero la industria nacional no puede compensarlo.
4. La construcción prácticamente quedó paralizada.
5. La contracción de todos los sectores económicos llevó a que se incrementara el valor relativo de los servicios. La economía cubana casi se convirtió en una economía de servicios.

Desde el punto de vista absoluto, el Ingreso Nacional entre 1928 y 1933 se contrajo un 26.2%; la producción de azúcar se contrajo un 78%; la agricultura no-azucarera se contrajo un 20.6%; la manufactura y la minería se contrajeron un 32.3%; la construcción se contrajo un 87%, y los servicios crecieron un 66.4%.

Con la industria azucarera paralizada, el país estaba al borde de la ruina, pues transferir los recursos ociosos (tierra, trabajo y capital) hacia actividades con mayor demanda era extraordinariamente difícil debido a la gran especificidad del capital invertido en la industria azucarera, a la falta de recursos financieros, y a la pequeñez de la economía cubana con sus mercados internacionales casi cerrados.

Como se puede ver, todos los sectores de la economía cubana se contrajeron, y solo el sector servicios creció asimilando en parte el excedente de labor que quedaba en los otros sectores.

La Primera República concluía con una cantidad de capital, de labor, y de tierras ociosos, una población en la miseria, y un empresariado capitalista en ruinas.

En la próxima tabla mostramos como tuvo lugar el estimado de acumulación de capital expresado en millones de dólares durante la Primera República.

1. La productividad del capital está expresada en dólares por cada mil dólares de capital acumulado.
2. Trabajadores empleados esta expresado en miles.
3. La productividad marginal del capital es la división de la variación del Ingreso Nacional entre la variación del capital acumulado.

Estimado de la acumulación de capital

Concepto	1902	1918	1927	1933
Capital acumulado		400	919.5	1,630.8
Inversión bruta del periodo		763.9	983.3	232.2
Depreciación (4% del Ing. Nace)		244.4	272	137.3
Acumulación de capital del periodo		519.5	711.3	94.9
Capital acumulado neto	400	919.5	1,630.8	1,725.0
Capital extranjero estimado	80	800	1,342.0	920
Total capital acumulado	480	1,719.5	2,972.8	2,645.8
Acumulación neta por periodos	480	1,239.5	1,253.3	327
Indicadores				
Población (en miles de habitantes)	1,797.0	2,825.0	3,432.0	4,098.5
Cap acum p/cápita	267.11	608.67	866.2	645.55
Ingreso Nacional (en miles de pesos)	193	734	648	446
Productividad del capital	402.08	426.87	218.03	168.57
Trabajadores empleados estimado	711.6	927.3	990.7	900.7
Dotación de capital por trabajador	674.54	1,854.30	3,000.70	2,937.49
Participación del cap ext (%)	16.60%	46.50%	45.10%	34.80%
Productividad del trabajo	271.22	791.55	654.08	495.17
Prod del trab/dotación de capital	40.20%	42.70%	21.80%	16.90%
Prod marginal del capital		436.47	68.61	262.32

La inversión, acumulación y productividad del capital durante la Segunda República 1934-1958

La tarea económica de la República después de la Revolución del 33 será lograr la movilización de los factores de producción ociosos encaminándolos hacia usos productivos, logrando crecimiento de los ingresos reales de la sociedad cubana, tanto para los capitalistas como para los trabajadores. Esta tarea podía ser acometida por el mercado, por el Estado o por una mezcla de ambos.

En Cuba no existían ahorros para poder invertir, y la Gran Depresión había agotado las posibilidades de inversión extranjera.

La inversión de capital 1934-1940: El comienzo de la recuperación

La firma del nuevo Tratado de Reciprocidad Comercial en 1934, y la inclusión de Cuba en el sistema de cuotas azucareras norteamericanas de la Costigan-Jones Act, permitieron una estabilización a bajo nivel de la economía cubana, ya que la cuota norteamericana para Cuba apenas representaba un tercio de la capacidad productiva de la industria azucarera nacional.

La devaluación del dólar luego del abandono del patrón oro por parte de Estados Unidos en 1933, dio lugar a una mejoría de los términos de intercambio para Cuba.

Durante esta etapa la economía se estabiliza, en tanto continúa el proceso de limpieza de las malas inversiones a pesar de toda una serie de medidas tomadas por el gobierno cubano para impedirlo, tales como las leyes de moratorias, y la Ley de Coordinación Azucarera.

Entre 1933 y 1940, el Ingreso Nacional creció a una tasa anual del 2.9%, y la población crecía a una tasa anual del 1.56%, lo cual significó un aumento muy poco significativo del per cápita que aumentó a una tasa anual de apenas el 1.3%, pero se dio comienzo a la recuperación.

Comenzaba un período transicional, entre la depresión y el auge después de 1941.

La inversión bruta de capital nacional en el período fue de 304.2 millones de pesos, lo que representó el 8.2% del Ingreso Nacional, con una depreciación estimada de 149.0 millones de pesos, la acumulación de capital fue de 155.2 millones de pesos, por lo que en 1940, el capital nacional acumulado era de 1, 880.2 millones de pesos.

La inversión extranjera continuó retirándose, y entre 1933 y 1940 se redujo en 210 millones de dólares, por lo que en 1940 la inversión extranjera directa en Cuba se estimaba en 710 millones de dólares, con una participación de un 27.4% en el capital acumulado total que sumaba 2, 590.2 millones de pesos y dólares, lo que significó una desacumulación de capital de 55.6 millones de dólares.

El efecto de la recuperación sobre el capital puede resumirse diciendo que la productividad del capital ascendió un 25.5% equivalente a una disminución del nivel de ociosidad del capital acumulado de 660 millones de pesos.

En 1933 la productividad del capital fue de 168.56 pesos por cada mil de capital acumulado, y en 1940 fue de 211.57 pesos por cada mil de capital acumulado. Debido a la desacumulación de capital, y al incremento del nivel de empleo, la dotación de capital por trabajador disminuyó un 18.4%.

La productividad marginal del capital fue de 101.94 pesos lo que significó que el capital invertido volvía a producir ganancias.

La respuesta del Estado, a partir de la nueva soberanía adquirida después de la abolición de la Enmienda Platt, fue de tratar de estorbar el proceso de limpieza y "destrucción creativa" que estaban llevando adelante las fuerzas del mercado, prorrogando la moratoria, y comenzando la cartelización de la economía, con la Ley de Coordinación Azucarera de 1937, que creó el cártel de la industria azucarera, y con la creación de la CTC (Central de Trabajadores de Cuba) en 1939 consolidando el cártel laboral. Solo faltaría el cártel bancario que se consolidó en 1950 con la creación del Banco Nacional de Cuba.

A partir de estos dos grandes cártels se profundiza el proceso de redistribución de ingresos que había comenzado en 1933, y que se institucionaliza definitivamente con la Constitución de 1940.

La evolución de la estructura de producción 1933-1940

Entre 1933y 1940, la productividad marginal del capital en la industria azucarera fue de 55.05 pesos por cada mil de capital acumulado, y en el resto dela economía fue de 46.89 pesos. Con una productividad tan baja, la inversión de capitales se hacía muy poco atractiva.

La tabla muestra el cambio que tuvo lugar en la estructura de producción en el período.

Expresado en % con respecto al Ingreso Nacional.

Actividad	1933	1940	Diferencia
Azúcar	9.8	18.0	+8.2
Agric no-azucarera	27.1	30.9	+3.8
Industria y minería	12.9	23.0	+10.1
Construcción	1.1	4.3	+3.2
Servicios	49.1	23.8	-25.3

1. A partir de la inclusión dentro de la cuota azucarera norteamericana en 1934, se observa el crecimiento relativo de la participación del azúcar en el Ingreso Nacional.
2. La agricultura no-azucarera también registra una recuperación importante. Las actividades agrícolas registran un incremento de participación en el Ingreso Nacional lo cual indica que mejoraron las condiciones de vida en las zonas rurales del país.
3. La industria registra el mayor incremento, relativo. En este período tiene lugar un proceso de industrialización el cual se encontró limitado por la falta de créditos.
4. Se observa una renovación de la construcción, pero las leyes de alquileres promulgadas constituirán un freno a la construcción con fines comerciales.
5. El sector servicios es el que pierde recursos, que irán a parar al resto de los sectores de la economía. Tiene lugar en el período un proceso inverso al del período anterior donde los servicios acapararon todos los recursos que perdían el resto de las actividades. Esto indica una normalización de la estructura de producción.

Desde el punto de vista absoluto, el valor del Ingreso Nacional creció un 22.9%; la producción azucarera un 126.7%; la agricultura no-azucarera creció un 40%; la manufactura y la minería un 119.2%; la construcción un 376%, y los servicios tuvieron una contracción de un 40.4%.

La recuperación del período descansó en la producción de azúcar, y en la industria manufacturera.

La inversión 1941-1947: El auge de la guerra y la posguerra

La demanda de azúcar provocada por la guerra dio lugar a un nuevo auge económico para Cuba, entrando de nuevo en la fase alcista del ciclo económico, pero a diferencia del período de auge de la Primera Guerra Mundial, no se expandieron las capacidades de producción de la industria azucarera, ni se incrementó frenéticamente la inversión de capitales ante el temor de lo que sucedió en 1920-1921, y entre 1925 y 1933.

Este período se caracteriza por una aguda inflación provocada por la expansión monetaria que llevaron a cabo los gobiernos cubanos, tanto el de Batista (1940-1944) como el de Grau (1944-1948). El resultado fue una pérdida de poder de adquisitivo del peso cubano de un 60% en 1947 en relación con 1940, y de una redistribución de riquezas desde los trabajadores hacia los capitalistas.

La inversión nacional bruta alcanzó los 957.6 millones de pesos equivalentes a un 12.8% del Ingreso Nacional, con una depreciación de 278.4 millones de pesos, la acumulación de capital fue de 659 millones de pesos, por lo que en 1947, el total de capital nacional acumulado era de 2, 539.4 millones de pesos; el 77.2% del total.

El rimo de anual de inversión del período fue de casi 137 millones de pesos anuales, cuando en el período anterior apenas alcanzó los 38 millones de pesos anuales.

La inversión extranjera detuvo su salida de Cuba y se mantuvo casi igual durante el período con aproximadamente entre 728 y 730 millones de dólares para una participación relativa en el total del capital acumulado de un 22.3%.

La inversión norteamericana en la industria azucarera había disminuido a ser un 40% de la inversión total de haber sido un 56% en 1927 debido a que los norteamericanos se habían estado retirando del negocio azucarero de Cuba debido a los bajos retornos de la inversión, y a las regulaciones establecidas con la Ley de Coordinación Azucarera de 1937. En el año 1947, los centrales norteamericanos producían el 50% de las zafras. y a pesar de todo, el azúcar seguía siendo la actividad más importante dentro del volumen de sus inversiones directas.

En 1938, los cubanos eran dueños del 31.6% de los centrales, los norteamericanos del 38.5% y otros extranjeros el 29.9%, y en 1947, los cubanos eran dueños del 56% de los centrales, los norteamericanos del 32.9%, y otros extranjeros del 11.1%.

La estructura de la inversión directa norteamericana en 1947 era la siguiente:

Agricultura (azúcar) 40% Utilidades públicas 45% Manufactura, comercio, y servicios 9.4% Petróleo y minería 3.7% Bienes raíces: 3.9%.

El total de capital acumulado en 1947 alcanzaba los 3, 267.4 millones de pesos.

Los cambios producidos por la reanudación de la inversión serían los siguientes:

La dotación de capital por trabajador en 1947 fue de 2, 538 pesos, lo que significó un incremento de un 5.8% con respecto a 1940.

A valores constantes del peso de 1940, la productividad del capital fue de 183.87 pesos por cada mil de capital acumulado, lo que representó un 13% menos que en 1940. Esto significaba que aproximadamente había una improductividad del capital equivalente a unos 428 millones de pesos.

La productividad marginal del capital a valores nominales fue de 2, 518.00 pesos por cada mil de nuevo capital invertido, lo cual representa unas ganancias nominales significativas para los capitalistas, pero a valores constantes de 1940, la productividad marginal real fue de 122.08 pesos por cada mil de nuevo capital acumulado, que representó un 20% de incremento respecto al período anterior.

Evolución de la estructura de producción 1940-1947

A valores nominales en 1947, la productividad nacional del capital fue de 497.24 pesos por cada mil pesos de capital acumulado, en la industria azucarera fue de 773.76 pesos por cada mil acumulado, y en el resto de la economía fue de 400.00 pesos por cada mil.

El impacto sobre la estructura de producción del periodo de auge causado por la guerra fue el siguiente:

Expresado en % con respecto al Ingreso Nacional.

Actividad	1940	1947	Diferencia
Azúcar	18.0	40.5	+22.5
Agric no-azucarera	30.9	14.1	-16.8
Industria y minería	23.0	12.2	-10.8
Construcción	4.3	2.6	-1.7
Servicios	23.8	30.6	+6.8

1. El predominio alcanzado por la producción azucarera es absoluto, llegando a niveles comparables a los de la primera mitad de la década de 1920, lo cual significó el renacimiento del modelo económico de plantación azucarera, con todas sus implicaciones políticas y sociales.
2. La agricultura no-azucarera pierde recursos que son absorbidos por la producción de azúcar. En general, la actividad agrícola ganó 5.7 puntos porcentuales que se le restaron a las actividades urbanas. La economía cubana se reafirmaba como una economía agrícola en 1947.
3. Tiene lugar una desindustrialización relativa significativa, a pesar de inversiones en algunas industrias. Tiene lugar un retroceso en el proceso de industrialización del país que había comenzado desde principios de la década de 1930.
4. La construcción vuelve a contraerse de manera relativa, aunque desde el punto de vista absoluto hay algún crecimiento. En esto incide la escasez de algunos materiales de construcción debido a la guerra, y las leyes de alquileres promulgadas.
5. La contracción de la industria y la construcción lleva a un incremento relativo de las actividades de

servicios. En estos años crece el empleo público de forma sostenida al crecer los ingresos del Estado, alimentando de esta forma el clientelismo y persiguiendo una política de creación de empleo.

Desde el punto de vista absoluto, a valores nominales, el Ingreso Nacional creció entre 1940 y 1947 un 196.5%; el valor de la producción azucarera creció un 567%; el de la agricultura no-azucarera un 35.7%; el de la manufactura y la minería un 57.2%; el de la construcción un 79% y el de los servicios un 180.4%.

La estructura de producción del país vuelve a estar en función de la producción de azúcar a pesar de todos los reclamos en contra del monocultivo y a favor de la diversificación que se venían haciendo desde comienzos de la República, y que reviven después de concluida la posguerra por parte de un empresariado nacional que pierde su mercado, que había mantenido cautivo durante los años de la guerra.

La inversión de capitales 1948-1952: Transición hacia el capitalismo de Estado

Con el fin de la Segunda Guerra Mundial y la posguerra, las condiciones económicas que habían permitido en Cuba llevar adelante una política de tipo socialdemócrata —lo cual supone un esquema redistribucionista— había terminado. El país se encontraba en una encrucijada de dar marcha atrás y empezar a desmantelar el rudimentario y frágil Estado de Bienestar que había comenzado a construir desde 1933, como hubo de recomendar tímidamente el informe de la Misión Truslow, o continuar adelante en una situación que se tornaba desfavorable.

Se normalizaba el comercio internacional, la política monetaria de Estados Unidos con base en los acuerdos de la Conferencia de Bretton Woods de 1944 estaba repercutiendo en Cuba, y en el resto de América Latina, provocando un deterioro de los términos de intercambio, que conducía a balanzas de pago negativas, y a una depreciación de los ahorros en dólares acumulados durante la guerra dando lugar a una transferencia de riquezas hacia Estados Unidos. Por otra parte se restauraba la cuota azucarera, y la industria azucarera de Cuba había perdido competitividad en los mercados mundiales, luego de más de veinte años casi sin inversiones, y con grandes capacidades ociosas que traían por consecuencia la elevación de los costos unitarios para un artículo como el azúcar, con una demanda altamente inelástica, y una moneda sobrevalorada que hacía que el azúcar cubana fuera muy cara internacionalmente.

La política económica después de 1933 había descansado sobre una base de expansión monetaria e inflación que permitió a las empresas asumir los elevados costos laborales del redistribucionismo socialdemócrata, y obtener ganancias nominales, además de mantener las políticas clientelares de los gobiernos, pero ahora, al pasar el gobierno de Carlos Prío a una política monetaria restrictiva debido a que las balanzas de pagos se tornaban deficitarias, con costos laborales elevados, dificultades para incrementar la productividad del trabajo frente a la resistencia de los sindicatos, y poca competitividad ante las importaciones que se reanudaban, la situación de muchas empresas cubanas se tornaba delicada, y los empresarios nacionales clamaban por medidas proteccionistas que limitaran las importaciones para poder sobrevivir en este panorama general, pero que el Estado cubano no se encontraba en condiciones de otorgar, ante la posibilidad de ver lesionada la cuota azucarera, además de que Cuba era firmante de los acuerdos internacionales sobre comercio del GATT, que limitaban mucho el radio de acción del gobierno en políticas comerciales.

En este contexto, algunas empresas surgidas bajo las condiciones especiales de la guerra no pudieron sobrevivir y desaparecieron.

La industria azucarera, con el restablecimiento de la cuota norteamericana corría el riesgo de volver a la restricción de las zafras, y la consiguiente elevación de los costos fijos que los centrales y colonos más ineficientes fueran a la quiebra, aumentando así el desempleo, pero aunque los precios del azúcar cayeron como promedio un 1%, las condiciones internacionales de comienzos de la Guerra Fría, y la Guerra de Corea permitieron que Cuba mantuviera grandes zafras, que promediaron un 2% de tonelaje por encima de la de 1947, pero el valor promedio de las zafras fue un 7.1% inferior a la de 1947.

Algunos economistas como Julián Alienes y Gustavo Gutiérrez comienzan a alertar del problema económico al que se enfrentaba el país, y este último, desde la Junta Nacional de Economía de la cual era presidente, elabora un plan para encarar la situación del cual hemos hablado en ensayos relacionados con el desarrollo de la ideología económica durante la República. Por otra parte la Misión del Banco Mundial (Misión Truslow) en 1951 también aporta toda una serie de conclusiones y recomendaciones a partir del estudio que lleva a cabo en 1950.

La solución que buscó el gobierno de Carlos Prío, aunque ya se había venido practicando desde el gobierno anterior de Ramón Grau, en el cual Prío fue ministro del trabajo, fue una política de otorgamiento de subsidios, e intervenciones, en los casos en que no pudieran cumplir con las regulaciones establecidas por el Estado, lo cual creó un verdadero caos en el intento de salvaguardar la socialdemocracia demagógica y populista del Partido Auténtico que se encontraba en el poder.

Entre 1947 y 1952, la tasa de crecimiento anual del per cápita a valores constantes del peso de 1947 fue de 1.9%, lo cual no era suficiente como para seguir expandiendo el Estado Benefactor al que aspiraba la Constitución de 1940.

La inversión bruta de capital nacional durante este periodo continuó creciendo, alentada por el incremento de la productividad marginal del capital a pesar de que la economía va entrando en una fase de desaceleración, pero esto no puede ser percibido aún por la mayoría de los empresarios.

La inversión bruta de capital nacional alcanza los 1, 381 millones de pesos; un 15.8% del Ingreso Nacional. Con una depreciación de 350.2 millones de pesos, el capital acumulado fue de 1, 031 millones de pesos, para una acumulación total de capital nacional en 1952 de 3, 570.3 millones de pesos.

La inversión extranjera se mantiene retraída frente a la incertidumbre que provocan las medidas reguladoras del gobierno socialdemócrata.

En el año 1952, Cuba ocupaba el tercer lugar en el volumen total de inversión norteamericana directa en América Latina, con un 11.4% del total, superada por Brasil con un 16.7%, y Venezuela con un 21.8%.

En este período desaparece casi por completo el capital británico dentro de la economía cubana.

El grueso de la inversión directa norteamericana se encuentra en utilidades públicas con un 42.8% del total de la inversión directa, y azúcar y agricultura en general un 38%. Estados Unidos poseía el 30% de los centrales azucareros.

La dotación de capital por trabajador en 1952 fue de 2, 681.80 pesos; un 5.6% mayor que en 1947.

La productividad del capital en 1952 fue de 463.50 pesos por cada mil de capital acumulado lo que significó una contracción de un 6.8% en comparación con 1947. Este nivel de improductividad era equivalente a 294 millones de pesos.

La productividad marginal del capital fue de 359.77 pesos por cada mil pesos de nuevo capital acumulado.

Se reproducía la fase del ciclo de 1921 a 1925, donde tenía lugar un desfase entre inversión e Ingreso Nacional dando lugar a una caída de la productividad marginal del capital.

Esta es una característica de las economías de plantación, que producen un bien con demanda inelástica, ya que cuando hay una bonanza de precios se incrementa la inversión sobre todo en el sector exportador, y con ello la oferta llegando el punto en que los precios comienzan a caer, y la demanda no aumenta proporcionalmente, entonces cae el Ingreso Nacional dejando al descubierto un exceso de capital acumulado, y sobreviniendo la crisis y la necesidad de limpieza del capital ocioso por medio de quiebras para restaurar el equilibrio.

Cuando el gobierno interviene para evitar que el proceso de limpieza tenga lugar, la parte eficiente de la economía tiene que sostener la ineficiencia de una economía zombificada, que fue lo que sucedió durante el período 1934-1941, y fue la Segunda Guerra Mundial, con un nuevo auge, unido a la contracción de la inversión lo que permitió que se restaura el equilibrio, pero después de 1947 comenzaba a repetirse la fase bajista del ciclo con la contracción de los precios del azúcar.

El gobierno socialdemócrata de Carlos Prío trató de impedir a toda costa la desaparición de las empresas ineficientes ante la posibilidad de que aumentara el desempleo, recurriendo al subsidio y la intervención en los casos más extremos.

Evolución de la estructura de producción 1947-1952

La estructura de la producción comienza a cambiar en este período desde una estructura típicamente plantacionista, hacia una estructura más moderna y orientada hacia las actividades urbanas, agravándose la miseria en las zonas rurales al producirse un traspaso de recursos desde el campo hacia las zonas urbanas, lo que trajo por consecuencia la reanudación del éxodo hacia las ciudades, especialmente la Habana.

La productividad del capital acumulado en la industria azucarera fue de 635.25 pesos por cada mil de capital acumulado; un 18% menos que en 1947, ya que la industria azucarera había expandido sus capacidades en el período en tanto los precios del azúcar cayeron.

En las otras actividades, la productividad del capital fue de 407.97 pesos por cada mil de capital acumulado, Como se puede ver, el costo de oportunidad de invertir en la industria azucarera seguía siendo bajo, por lo que era el destino preferido de la inversión nacional.

La estructura de producción evolucionó de la siguiente forma.

Expresado en % con respecto al Ingreso Nacional.

Actividad	1940	1947	Diferencia
Azúcar	18.0	40.5	+22.5
Agricno-azucarera	30.9	14.1	-16.8
Industria y minería	23.0	12.2	-10.8
Construcción	4.3	2.6	-1.7
Servicios	23.8	30.6	+6.8

1. A pesar de las zafras récords del período, el azúcar pierde importancia relativa dentro del Ingreso Nacional debido a la caída de los precios.
2. La agricultura no-azucarera sigue perdiendo importancia relativa dentro del Ingreso Nacional. La economía agrícola en su conjunto perdió 8.1 puntos porcentuales, lo cual significaba un deterioro en la condiciones de vida rurales.
3. La ganancia relativa de la industria fue bastante modesta, aunque se pueda decir que vuelve a recomenzar el proceso de industrialización aunque muy tímidamente.
4. Tiene lugar un incremento del valor relativo de la construcción, sobre todo residencial, con la

disponibilidad de materiales de construcción importados desde Estados Unidos, dando inicios al auge de la construcción de la década de 1950, cuyo escenario principal fue La Habana.

5. Aumenta una vez más la actividad de servicios, y la economía urbana, impulsando un proceso de urbanización que forma parte de la modernización de la sociedad cubana de la década de 1950.

De forma absoluta, el Ingreso Nacional a valores corrientes, entre 1947 y 1952 creció un 23.5%; el valor de la producción azucarera un 2.2%; el de la agricultura no-azucarera un 13.7%; el de la manufactura y la minería un 41.9%; el de la construcción un 51.6%, y el de los servicios un 46%.

Como se ve, las actividades no-agrícolas, en sus valores absolutos, crecieron más que el Ingreso Nacional, y las actividades agrícolas crecieron mucho menos, sobre todo el azúcar, ya que los recursos productivos del país comenzaban a moverse hacia la economía urbana preferentemente.

Después de la Segunda Guerra Mundial, el gobierno y los poderosos sindicatos, consideraban que la política económica debía estar en función de resolver el problema del desempleo, o sea orientarse a crear empleos, y de la misma forma se consideraba que el incremento de la productividad del capital desplazaba labor, y por tanto agravaba el problema del desempleo, en tanto beneficiaba a los empresarios a costa del trabajador, por lo que se oponían, en la mayoría de los casos con éxito, a la inversión productiva que ahorrara labor por parte de los empresarios, y al mismo tiempo favorecían la inversión improductiva o de baja productividad que creaba empleo; inversión que era realizada por el Estado, y no por la empresa privada, siendo esta una forma de redistribución de ingresos que se encontraba contemplada en el Artículo 60 Título VI de la Constitución vigente que planteaba textualmente: "El trabajo es un derecho inalienable del individuo. El Estado empleará los recursos que estén a su alcance para proporcionar ocupación a todo el que carezca de ella...".

Lo que se buscaba era un crecimiento del empleo sin crecimiento de productividad que ahorrara labor, lo cual daba lugar a una generalización de la improductividad del capital y del trabajo con empleo improductivo y subempleo, y de esa manera un cada vez más reducido nivel de vida para la sociedad en su conjunto, que se trataba de solucionar con incrementos de salarios nominales, lo que traía por consecuencia el estrechamiento de los márgenes de ganancia empresarial, y las posibilidades de inversión privada en medio de un desperdicio de recursos productivos.

Esta actitud del movimiento obrero y de la clase política demagógica fue advertida por la Misión Truslow en su informe de 1951, más no tomada en cuenta por el gobierno de Carlos Prío.

La inversión de capitales 1953-1958: capitalismo de Estado

Cuando Fulgencio Batista asume el poder luego del golpe de Estado del 10 de marzo de 1952, los economistas cubanos estaban al tanto de la situación que afrontaba el país, y también habían sido advertidos por economistas extranjeros. Era conocida la baja productividad del trabajo y del capital que deprimía el salario real, unida a un elevadísimo desempleo crónico, y ganancias empresariales decrecientes.

Los economistas y políticos cubanos eran partidarios de un crecimiento "hacia adentro" de tipo nacionalista, ya que consideraban que el crecimiento hacia afuera, o sea crecimiento de las exportaciones, era imposible si no era a partir de una inversión masiva de capital norteamericano que algunos pensaban convertiría a Cuba una vez más en un protectorado de Estados Unidos como sucedía con Puerto Rico, en tanto la variante de desarrollo "hacia adentro" se financiaría con capital nacional, que según calculaban había suficiente ahorro como para ello. El crecimiento hacia afuera basado en la expansión azucarera había quedado fuera de los cálculos luego de la inmensa zafra de 1952.

La inversión se dirigiría bajo la guía del gobierno, fundamentalmente hacia la creación de nuevas industrias que absorbieran empleo de forma absoluta, y no en industrias existentes las cuales desplazarían labor con la introducción de nuevo capital, por tanto, la inversión sería dirigida por el Estado, a partir de metas establecidas por el Estado y no por los empresarios privados, ya que estos se guiaban por fines económicos de costo-beneficio, mientras que el Estado se guiaba supuestamente en función de fines político-sociales. Téngase en cuenta de que en aquellos tiempos, la ideología socialista que anteponía fines sociales por encima de los individuales era predominante en el pensamiento de los economistas del mundo, por tanto, se veía al burócrata, y no al capitalista individual, como el agente que debía asumir la función de orientar el desarrollo económico.

Este era esencialmente el plan de los desarrollistas cubanos para salir de lo que llamaron la crisis estructural que enfrentaba Cuba a comienzos de la década de 1950 e ir -como planteaba Joaquín Martinez Sáenz- hacia la independencia económica.

En aquellos años existía un consenso generalizado entre casi todos los economistas y políticos de América Latina, y también de Cuba, de que el desarrollo económico tenía necesariamente que ser planificado por el Estado, siguiendo estrategias definidas; que los tiempos en que el crecimiento económico era dirigido por las fuerzas espontáneas del mercado habían pasado, por lo menos desde la Gran Depresión. Imperaban en el pensamiento intelectual latinoamericano las doctrinas del llamado "Desarrollismo", teorizado e impulsado por la Comisión Económica para América Latina de las Naciones Unidas (CEPAL) y su presidente, el economista argentino Raúl Prebisch.

A partir del 10 de marzo de 1952, los que dirigirán la política económica entre 1952 y 1958 tenían una orientación ideológica definitivamente desarrollista, estatista y planificadora, especialmente los dos principales economistas del régimen; Joaquín Martínez Sáenz desde su posición de presidente del Banco Nacional de Cuba, y Gustavo Gutiérrez Sánchez quien fuera ministro de hacienda, y presidente de la Junta Nacional de Economía.

Esencialmente, los desarrollistas pensaban que el sistema de precios como mecanismo para coordinar las actividades económicas, y asignar los recursos escasos de la manera más eficiente, o sea lo que se conoce como economía de mercado, funcionaba para los países desarrollados, pero no para los países subdesarrollados del Tercer Mundo. En estos países tenía que ser el gobierno el que dirigiera la asignación de los recursos para lograr los objetivos del desarrollo a partir de una estrategia definida; el desarrollo no se podía -según ellos- abandonar a las fuerzas del mercado.

Los desarrollistas consideraban que la clave del desarrollo se encontraba en la industrialización, y para el logro de este objetivo priorizaban la inversión en ciertas industrias que consideraban "estratégicas", ignorando que las inversiones más productivas podrían estar en otros sectores, por lo que muchas veces los sectores estratégicos no respondían a las necesidades del mercado, dilapidando de esta forma recursos y empobreciendo a los países donde estas recetas del desarrollo fueron aplicadas.

El libre comercio fue otro de los villanos favoritos de los desarrollistas al considerar que el libre comercio con los países desarrollados condenaba a los subdesarrollados a ser meros exportadores de materias primas. El proteccionismo se volvía indispensable para los planes de industrialización y desarrollo de estos economistas.

El resultado final en todos los países en que se aplicó la teoría del "Desarrollismo cepalino" fue lo contrario del desarrollo, o sea, el estancamiento, la ineficiencia y el incremento de la desigualdad, sin hablar de la corrupción que creció de manera exponencial junto con el crecimiento del tamaño del Estado.

En la década de los años 80 del siglo XX, ante el fracaso de las doctrinas desarrollistas, se fue abriendo paso la ideología económica liberal (llamada neoliberal), implícita en lo que se conoció como el "Consenso de Washington"[3], fue entonces cuando bajaron las barreras arancelarias, y estos países abrieron sus economías, que empezaron a crecer y diversificar sus exportaciones.

En Cuba se comenzaron a aplicar las teorías desarrollistas sobre todo a partir de 1953, en medio de una recesión económica, y con un gobierno de origen ilegítimo, y por otra parte de forma inconsistente al faltarle su componente más importante, que era el proteccionismo, siempre por temor a represalias por parte de Estados Unidos especialmente sobre la cuota azucarera, lo cual mediatizaba desde su origen al desarrollismo cubano., ya que se consideraba que solamente a partir de los ingresos azucareros se obtendrían las divisas necesarias para llevar adelante los planes de inversión.

El error de los economistas cubanos a fines de la década de 1940 y comienzos del 50 fue considerar que el principal problema económico de Cuba era el desempleo, y no el crecimiento, al no tener en cuenta de que el crecimiento traía por consecuencia la reducción del desempleo. Esto llevaría a una aproximación errónea, que fue captada y expuesta en su informe por la Misión Truslow.

Algunos, entre ellos Julián Alienes, se daban cuenta de que este tipo de política de creación de empleo sin crecimiento del Ingreso Nacional era insostenible, y que el Ingreso Nacional, debido a la estructura productiva del país no podría crecer lo suficiente como para absorber el desempleo y la nueva fuerza de trabajo que se incorporaba anualmente al mercado de trabajo a una tasa de crecimiento anual de aproximadamente el 3.5%, que en términos absolutos significaba casi 50 mil nuevos individuos que ingresaban anualmente a la fuerza de trabajo, por lo que sería necesaria una creación de empleo en la economía a una tasa anual mínima del 4 al 5%, o sea entre 75 y 80 mil nuevos empleos anuales para reducir a niveles tolerables el desempleo crónico.

Considerando unos 5, 500 pesos cada nuevo puesto de trabajo, se requeriría una acumulación de capital promedio anual de 412.0 millones de pesos entre 1952 y 1958, o sea una tasa de inversión de entre un 22 y un 23% del Ingreso Nacional, lo cual se encontraba más allá de las posibilidades del país.

Era necesario cambiar la estructura productiva del país disminuyendo la dependencia del azúcar cuyos mercados, por lo menos a mediano plazo no se preveía que crecieran, por tanto, la opción que aparecía como más viable para los planificadores en aquellos momentos era la industrialización orientada hacia el mercado interno sustituyendo importaciones y absorbiendo desempleo, y por otra parte, crear empleo a partir de trabajos públicos de infraestructura.

La política de los auténticos de crear empleo sin incrementar la productividad y manteniendo las ganancias nominales de los empresarios no podía continuar desde el momento en que no podían llevar adelante una política monetaria expansiva, pues se producía una redistribución de ingresos que afectaba a los empresarios al favorecer a los obreros en una situación de suma cero.

La productividad marginal del trabajo entre 1947 y 1952 fue un 76% inferior a la de 1940-1947, sin embargo, el salario nominal había aumentado un 5.3%. En esas condiciones era imposible mantener las ganancias empresariales por lo que el gobierno de Batista y los sindicatos (CTC) buscaron la manera de congelar los más posible el nivel salarial de los trabajadores para aumentar las ganancias empresariales afectadas durante el gobierno de Prío, mientras promovían planes de inversiones esperando que estas absorbieran el desempleo, pero sin tener en cuenta la productividad marginal del trabajo, ya que si esta no aumentaba no se alcanzaría el equilibrio en el mercado laboral, por lo que solo se crearía trabajo improductivo que no podían ser mantenidos por la empresa privada sin

3. El Consenso de Washington es un conjunto de diez formulaciones específicas que se consideran debían ser un paquete de reformas standard para los países subdesarrollados que se encontraban en crisis.
El término fue acuñado por el economista norteamericano John Williamson en 1989.
Estas formulaciones abarcaban políticas que propugnaban la estabilización macroeconómica, liberalización de la economía con respecto al comercio y la inversión, reducción del tamaño del Estado, y expansión de las fuerzas del mercado

provocar enormes pérdidas, y que la productividad marginal del trabajo no subiría sin una inversión realmente productiva que hiciera crecer el Ingreso Nacional más rápido que el empleo.

Los asesores de Batista en sus planes no tenían en cuenta el incremento de la productividad marginal del trabajo en el agregado de la economía, pues estos básicamente consistían en incrementar el empleo y las ganancias empresariales con nuevas inversiones, que en general favorecerían a los asociados al gobierno, a costa de rebajar el salario real promedio.

Resultados de del proceso de inversiones entre 1953 y 1958

Las fuentes de financiamiento de estos planes estaban en la creación de deuda pública que sería comprada por el Banco Nacional de Cuba, y por los bancos comerciales, la cual a su vez sería canalizada por el gobierno, y por una serie de organismos paraestatales creados para asignar el crédito. En la monografía destinada al dinero y la banca explicamos con más detalle la creación de estas instituciones de asignación de crédito.

La inversión bruta nacional en el período sería de 1, 756.7 millones de peso, equivalente al 15% del Ingreso Nacional, la mayoría de ellos efectuado por el gobierno. Hay que considerar que hubo una salida neta al exterior por la cuenta de capitales de 536.4 millones de dólares.

La depreciación estimada del período fue de 471 millones de pesos, por lo que la acumulación de capital nacional en el periodo fue de 1, 285.7 millones de pesos, para una acumulación total de capital doméstico de unos 5, 000 millones de pesos que eran propiedad de cubanos.

La inversión extranjera directa (norteamericana) se aceleró, con un incremento neto de unos 440 millones de dólares.

La inversión directa norteamericana en 1958 alcanzaba la cifra de 1, 001 millones de dólares, pero la nueva inversión ya no se dirigió al sector tradicional de la industria azucarera, si no hacia la refinación de petróleo, la minería, la industra turística y las utilidades públicas.

La industria azucarera perteneciente a compañías norteamericanas en 1958 estaba compuesta por36 centrales, que constituían el 22.4% de los centrales activos en el país ese año, y que produjeron el 36.6% de la zafra.

Otros intereses extranjeros en Cuba se valoraban aproximadamente en unos 195 a 200 millones de dólares, y estaba compuesto por tres bancos canadienses y uno chino, cuatro centrales pertenecientes a personas y compañías de otras nacionalidades, y algunas inversiones en el comercio.

Las inversiones extranjeras directas constituían en 1958 el 19.4% del total de capital acumulado en el país, que era de aproximadamente unos 6, 198.5 millones de pesos, para una acumulación durante el período de 1, 868.2 millones de pesos, casi el 16% del Ingreso Nacional.

Los resultados de este proceso inversionista serían los siguientes:

La dotación de capital por trabajador fue de 3, 413.27 pesos, un 27.3% más que en 1952.

La productividad del capital a valores corrientes fue de 356.38 pesos por cada mil pesos de capital acumulado; un 23.1% inferior a 1952, lo cual era equivalente a 1, 432.6 millones de pesos de capital acumulado improductivo.

La productividad marginal del capital a valores corrientes fue de 108.07 pesos por cada mil nuevos pesos de inversión en el período, lo que significó una contracción de un 70% en relación con el período anterior.

Como se puede concluir de estas cifras, el desperdicio del recurso más escaso de Cuba, que era el capital, en este período fue enorme debido a que se emprendieron gran cantidad de inversiones improductivas o de baja productividad.

La estructura de las inversiones nacionales y extranjeras entre 1953 y 1957 fue la siguiente:

Inversiones en nuevas industrias. Miles de $.

Clase de inversiones	Cantidad
Minas y canteras	105,900.0
Industria alimenticia	22,400.0
Bebidas (toda clase)	11,800.0
Industria textil	24,400.0
Transf del bagazo	7,400.0
Ind caucho y goma	16,500.0
Industria quimica	65,500.0
Ind petroleo y derivados	88,800.0
Minerales no metálicos	24,500.0
Ind metalurgica	119,500.0
Manufacturas eléctricas	11,400.0
Manufacturas diversas	23,700.0
Comunicaciones	282,000.0
Industrias varias	8,900.0
Total	812,700.0

Fuente: "La clase media, factor de progreso económico" Alberto Arredondo.

La deuda de la banca paraestatal creada para financiar los planes de desarrollo del gobierno eran las siguientes:

BANFAIC 10.6 millones de pesos.

Financiera Nacional de Cuba (FNC) 129.6 millones de pesos.

BANDES 235.0 millones de pesos.

Fondo de Hipotecas Aseguradas (FHA) 75.0 millones de pesos.

Total 450.2 millones de pesos.

Fuente: revista *Cuba económica y financiera.*

La distribución del crédito otorgado por el Estado entre 1952 y 1958 fue la siguiente:

Industria: 266.8 millones de pesos. 21.2%.

Turismo: 86.4 millones de pesos. 6.9%.

Agricultura: 105.0 millones de pesos. 8.4%.

Servicios públicos: 748.9 millones de pesos. 59.6%.

Otros: 49.6 millones de pesos. 3.9%.

Total: 1, 256.7 millones de pesos.

Fuente: *Fulgencio Batista Economic Policies 1952-1958* Michael P McGuigan.

Durante este período solo se habían beneficiado los empresarios asociados con el gobierno de Batista, en tanto el resto de las empresas en el mejor de los casos, pudieron mantener bajos niveles de ganancias debido la política de mantener deprimidos los salarios, pero esto era insostenible a corto plazo pues en 1958 se aprobó una nueva ley de salarios mínimos, y una nueva reforma impositiva que perjudicaría de manera sensible a los empresarios, y aumentaría el desempleo crónico.

Evolución de la estructura de producción 1953-1958

Uno de los objetivos de los planes desarrollistas del gobierno de Batista era cambiar la estructura económica del país haciéndola más diversificada, y menos dependiente del azúcar.

La productividad marginal del capital acumulado en la industria azucarera fue negativo en 1, 382.78 pesos por cada mil de nuevo capital acumulado debido a una zafra en 1958 cuyo valor fue un 14% inferior a la de 1952.

La productividad marginal en el resto de la economía fue positivo de 164.18 pesos por cada mil pesos de nuevo capital acumulado.

Expresado en % con respecto al Ingreso Nacional.

Actividad	1952	1958	Diferencia
Azúcar	33.5	26.2	-7.3
Agric no-azucarera	13.0	13.4	+0.4
Industria y minería	14.0	17.0	+3.0
Construcción	3.2	5.0	+1.8
Servicios	36.3	38.4	+2.1

Como se puede ver, el único sector que retrocedió, y que viene retrocediendo en su participación dentro del ingreso nacional desde 1947 fue el azúcar, y la industria fue el sector de mayor crecimiento relativo dentro del período, pero su participación dentro del Ingreso Nacional aún distaba mucho de que pudiera considerarse a Cuba un país industrializado, o incluso semi-industrializado.

La economía rural solamente fue un 39.6% del Ingreso Nacional, lo que indica una tendencia clara a la pérdida de importancia de la agricultura en la economía del país como resultado del proceso de modernización que está teniendo lugar después de 1947.

Analizándolo desde el punto de vista absoluto tenemos el siguiente resultado.

1- Entre 1952 y 1958 el Ingreso Nacional creció a precios corrientes un 10%; el valor de la producción de azúcar se contrajo un 13.9%; el valor de la agricultura no-azucarera creció un 13.9%; el valor de la manufactura y la minería creció un 33.9%; el valor de la construcción creció un 70.9%; el valor de los servicios creció un 16.2%.

El sector de mayor crecimiento absoluto fue la construcción, que como analizamos tuvo un verdadero boom en el período, seguido por la industria.

En un análisis desde el punto de vista absoluto, todos los sectores pueden presentar crecimiento, por lo que en el caso de que alguno o algunos presenten contracción eso significa que está teniendo lugar una transferencia de recursos desde ese sector hacia los otros, que están creciendo a partir de los recursos que alguno o algunos pierden, y este es el caso de la industria azucarera, y de la agricultura en general desde 1947 que están perdiendo recursos a favor de las actividades que mayoritariamente se realizan en las áreas urbanas.

El proceso de transformación estructural de la economía cubana comenzó desde 1947.

En la tabla siguiente hacemos un análisis de la inversión y la productividad por sectores de la economía dividiéndola en tres.

1. La industria azucarera, que incluye la parte agrícola e industrial de la producción de azúcar.
2. La industria no-azucarera que incluye la manufactura, la minería y la construcción.

3. Otras actividades, refiriéndose a todo el sector servicios tanto público como privado, que incluye el comercio, las comunicaciones, los servicios financieros, los servicios personales, todas las utilidades públicas y las actividades del gobierno, y la agricultura no-cañera, la pesca, la silvicultura y la ganadería.

Analísis de la productividad de la inversión.

	Capital	Producción	Empleo	Productividad del capital	Productividad del trabajo Hom/años	Dotación de capital x trabajador
Nacional						
1952	4,330.3	2,007.1	1,614,700	463.5	1,243.02	2,681.8
1958	6,198.5	2,209.0	1,854, 000	356.4	1,191.48	3 343.3
Diferencia	1,868.2	201.9	239,300	-107.1	-51.54	661.5
Ind no azucarera						
1952	1,605.5	440.7	418, 567	274.49	1,052.88	3,859.4
1958	2,120.0	605.2	475,546	285.47	1,272.64	4,436.6
Diferencia	514.5	164.5	56, 979	10.98	219.76	577.2
Ind azucarera						
1952	1,091.8	672.1	434,777	615.59	1,545.84	2,511.2
1958	1,158.9	578.9	485,231	499.53	1,193.04	2,388.4
Diferencia	67.1	-93.2	50,454	-116.06	-352.8	122.8
Otras actividades						
1952	1,623.1	894.3	760 600	550.98	1,175.78	2,133.97
1958	2,929.0	1,024.9	893,300	349.91	1,147.32	3,278.85
Diferencia	1,305.9	130.6	132,700	-201.07	-28.46	1,144.88

1. Comenzando por la industria azucarera vemos un ligero incremento del capital acumulado.

   En el año 1958 debían producirse 6.38 toneladas de azúcar por cada mil pesos de capital acumulado, con una capacidad de producción de la industria azucarera de 7, 403.8 miles de toneladas largas, lo que con los precios del azúcar de ese año, es equivalente a 597.37 pesos por cada mil pesos de capital acumulado, y se produjeron en la zafra de aquel año 4.84 toneladas de azúcar por mil pesos de capital acumulado, equivalentes a 453.18 pesos, lo cual implica una diferencia de 144.19 pesos por cada mil pesos de capital acumulado para un grado de ineficiencia total de la industria de un 24.1% y un costo de 167.1 millones de pesos.

   Esto representaba el costo de mantener un industria trabajando al 75% de sus capacidades.

   Por esta razón no se justificaba ninguna inversión en la industria azucarera, la cual como vemos va perdiendo en eficiencia.

   La situación de la industria azucarera en 1958 hacia inaplazable por más tiempo una reforma que aboliera el cártel que tenía como base la Ley de Coordinación Azucarera.

2. La industria no-azucarera sería el sector de la economía donde la inversión fue más exitosa, ya que el capital acumulado aumentó un 32%, en tanto el valor de la producción aumentó un 37.3%, y el empleo en un 13.6%, lo que permitió el incremento de la productividad marginal del capital en 319.72 pesos por cada nuevos mil pesos de capital acumulado, lo que significó un 196% por encima de la productividad marginal general.

Este es el sector de la economía donde existe la mayor dotación de capital por trabajador, y en 1952 produjo el 22% del Ingreso nacional, y en 1958 el 27.4%.

El costo de la creación de cada nuevo puesto de trabajo en este sector fue de 9, 029.64 pesos, un 15.7% por encima del promedio nacional.

3. Este último sector, un conjunto muy abigarrado de actividades, recibió el mayor volumen de inversión.

El crecimiento absoluto de acumulación de capital entre 1952 y 1958 fue de 14.3%, en tanto en este sector fue de un 80.5%, en la producción, el crecimiento nacional fue de un 10%, y en este sector fue de un 14.6%, y en el empleo a nivel nacional el crecimiento fue de un 14.8% y en este sector fue de un 17.4%.

Como vemos, este sector creció más que la media nacional, pero como el crecimiento relativo del capital y del empleo fue mayor que el de la producción, esto hizo que la productividad marginal y la productividad promedio cayeran, tanto del capital como del trabajo.

La productividad marginal del capital fue de 100 pesos por cada mil de nuevo capital acumulado, lo que significó un 7.4% inferior de la productividad marginal promedio. Esto quiere decir que en muchas actividades de este sector la inversión se llevó adelante incurriendo en pérdidas, con el objetivo de crear empleo a costa de la improductividad.

El costo promedio de cada nuevo puesto de trabajo en este sector fue de 9, 841.00 pesos equivalente al 26% por encima de la media nacional, debido a que varios proyectos dentro de este sector fueron de infraestructura pública particularmente costosos.

Hay que señalar que a pesar de un significativo desperdicio de capital, gran parte de la infraestructura pública creada en este período contribuiría al crecimiento económico en períodos posteriores, y que era indispensable para la modernización y transformación económica del país.

La inversión extranjera

Al comenzar el siglo XX, las principales potencias del mundo acumulaban grandes cantidades de capital que exportaban al extranjero a países subdesarrollados.

La inversión de capitales en el extranjero era un extraordinario negocio. La tasas de retorno promedio de la inversión británica a principios del siglo era entre un 50 y un 75% más alta que si hubiera sido invertida en Gran Bretaña, especialmente las inversiones en ferrocarriles las cuales eran casi la mitad de toda la inversión británica en el extranjero.

Los países en desarrollo estaban hambrientos de capital, y la inversión tendía a ir desde los países donde el capital abundaba, a los países no necesariamente los más pobres de Asia o África, si no a las áreas de rápido desarrollo y de importantes poblaciones europeas recientemente asentadas.

En 1914, el 75% de la inversión británica en el extranjero estaba en Canadá, Estados Unidos, Sudáfrica, la India y Argentina, y el grueso de la inversión se encontraba en ferrocarriles, facilidades portuarias, generación de energía, y otros proyectos de infraestructura.

A principios del siglo XX Estados Unidos no se encontraba entre los grandes exportadores de capital debido a las enormes posibilidades de la inversión dentro de su propio país.

La inversión de capitales norteamericanos en Cuba estuvo en gran medida determinada por la existencia de la Enmienda Platt, la cual le brindaría protección explícita al capital invertido en la isla, y por el Tratado de Reciprocidad firmado en 1903 que otorgaba ventajas arancelarias al azúcar producida en Cuba a su entrada a Estados Unidos, así como ventajas arancelarias exclusivas a una gran cantidad de productos norteamericanos, muchos de los cuales eran insumos necesarios para la inversión directa de capitales en la isla.

En relación con el movimiento de capitales norteamericanos hacia Cuba entre 1898 y 1914, Leland Jenks en su libro *Our Colony of Cuba* plantea lo siguiente:

> Los períodos de ocupación norteamericana 1899-1902 y 1906-1909 incluyen precisamente los años en los cuales existió menos presión de búsqueda de oportunidades de negocios fuera de Estados Unidos; la depresión de 1901-1903, y el Pánico de 1907.
>
> También hay que señalar que el inestable clima político en Cuba del cual las intervenciones fueron una consecuencia, desalentaron a la mayoría de las empresas a invertir capital en Cuba.

La historiografía oficial de Cuba hace ver que los períodos de ocupación fueron aprovechados por los capitalistas norteamericanos para apoderarse económicamente de Cuba, lo cual no es cierto.

Jenks continúa diciendo:

> Con el mejoramiento de las condiciones en los negocios, y la determinación del estatus final de Cuba tuvo lugar un resurgir del movimiento de capitales y empresas hacia la isla alcanzando su punto culminante antes de 1913... Antes de la Primera Guerra Mundial Estados Unidos no era la única fuente de capital extranjero que absorbía Cuba. El capital británico entró más rápido que el norteamericano luego de la derrota de España.
>
> La preponderancia económica en 1927 viene directamente como resultado de la crisis de 1920-1922, cuando importantes segmentos de la propiedad en Cuba pasaron a manos norteamericanas.

Esta fue la primera etapa de la inversión extranjera en Cuba, entre 1899 y 1926 con el predominio del capital norteamericano después de la Primera Guerra Mundial.

Posteriormente, entre 1927 y 1947 tiene lugar un retraimiento de la inversión, e incluso una retirada debido a factores externos como fueron la crisis azucarera, la Gran Depresión, el establecimiento de la cuota azucarera norteamericana, y la Segunda Guerra Mundial, y a factores internos de establecimiento de amplias regulaciones gubernamentales que creaban un clima poco propicio a la inversión extranjera. Estos elementos combinados redujeron la tasa de ganancias sobre el capital invertido haciendo de Cuba un destino poco atractivo para la inversión extranjera.

La tercera etapa se desenvuelve ente 1948 y 1958, con la reanudación, aunque a niveles más modestos, y hacia otro tipo de actividades, de la inversión norteamericana en Cuba, sin llegar a los niveles de 1927.

En el año 1929 Cuba ocupaba el primer lugar como destino de la inversión norteamericana directa en América Latina con un 26.5% del total, y en 1958 ocupaba un tercer lugar con el 11.5% del total.

La tabla siguiente muestra la evolución de la inversión directa norteamericana en América Latina

País	1929	1936	1949	1953	1956	1957	1958
Venezuela	232	186	1036	1308	1829	2383	2683
Argentina	332	348	329	406	466	501	517
Brasil	194	194	588	1003	1218	1301	1345
Cuba	919	666	619	686	774	840	1001
Chile	423	484	518	666	576	702	736
México	682	479	374	509	690	765	781
C. América	140	95	543	626	630	674	737
Perú	124	96	148	563	343	400	517
Colombia	124	107	194	235	298	297	289
Otros	292	148	240		132	161	173
Total	3462	2803	4589	6002	7055	8235	8730
Cuba %	26.50%	23.70%	13.50%	11.40%	11.00%	10.10%	11.50%

Fuente: "Colección de Papeles de Fulgencio Batista" Universidad de Miami.

Uno de los más importantes objetivos del nacionalismo plasmado en la Constitución de 1940, era que los intereses económicos nacionales sustituyeran a los intereses extranjeros como una cada vez mayor reafirmación de soberanía nacional, en tanto el régimen de Batista buscó atraer capital extranjero en algunos sectores con el objetivo de que ayudara al crecimiento de la economía, diversificarla, y disminuir el desempleo, contrario a los postulados desarrollistas más ortodoxos que se inclinaban por un nacionalismo económico a ultranza. Así, Batista era denunciado por sus detractores, acusando a su gobierno de mantener una política favorable al capital extranjero, y por tanto era vista como contraria a la Constitución y a la soberanía nacional.

La historia oficial ha querido hacer ver que el capital extranjero tenía un peso abrumador dentro de la economía cubana, siendo la causa de la dependencia no solo económica si no también política.

El comportamiento relativo de la inversión extranjera directa en el capital acumulado del país fue:

1902: 16.7%	1927: 45.1%	1947: 22.3%
1907: 17.1%	1933: 34.8%	1952: 17.6%
1918: 46.5%	1940: 27.4%	1958: 19.4%

Mas adelante mostramos un gráfico ilustrando el comportamiento de las remisiones de ganancias del capital extranjero directo invertido en Cuba en relación con el Ingreso Nacional del país.

Entre 1919 y 1958, las remisiones de capital por ganancias de la inversión extranjera directa totalizaron 1, 893.6 millones de dólares, pero en el gráfico se observa que la tendencia en el largo plazo de la inversión extranjera en Cuba fue declinante.

Su punto culminante fue en 1926 porque que el volumen absoluto de inversión llegó a su máximo.

Hasta el año 1926-27 el volumen relativo de ganancias se incrementó debido al aumento de la participación del capital extranjero en el total de capital acumulado en el país.

Con la caída de la participación relativa del capital extranjero, y de los precios del azúcar que eran el principal renglón de las inversiones de capital directo, producto de la crisis azucarera y de la Gran Depresión, las remisiones de ganancias caen en picada hasta 1935.

De 1935 a 1945, la acumulación de capital extranjero disminuyó, por lo que que tiene lugar alguna recuperación, pues no hay reinversión de capitales, quedando lo indispensable para el mantenimiento.

Las zafras de 1945 al 1947 permiten importantes ganancias al capital invertido en el azúcar por lo que al no reinvertir capital, las remisiones se incrementan.

Entre 1948 y 1953 vuelve a caer el volumen relativo de las remisiones pues el gobierno de Prío mantiene ciertas regulaciones que dificultan la remisión de ganancias al extranjero con el objetivo de que estas sean reinvertidas en el país, pero con Batista estas regulaciones serían derogadas, y con el incremento de la inversión, aumentan las remisiones de ganancias al extranjero.

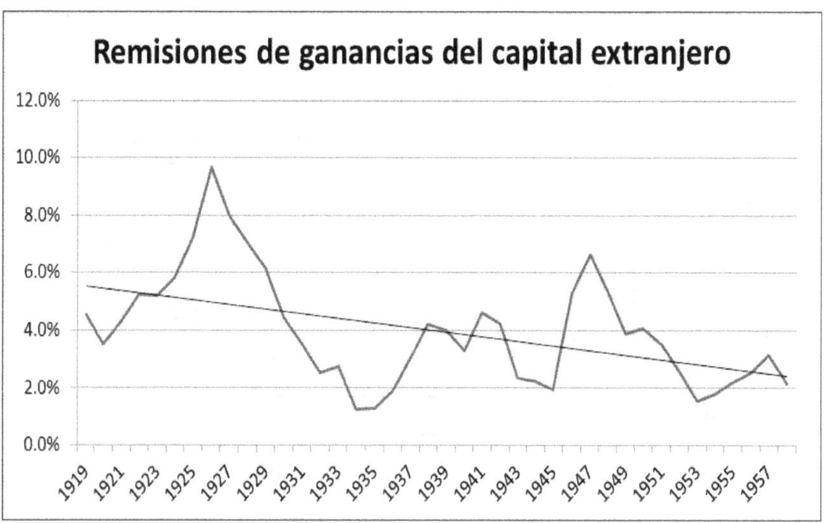

Fuente: *Cuba: A Handbook of Historical Statistics* Susan Schroeder. Cálculos del autor.

En el próximo gráfico se muestra el comportamiento de la tasa de ganancia del capital invertido en Cuba entre 1943 y 1958.

Los altos precios del azúcar, y la limitada reinversión durante la guerra y posguerra, causaron una elevada tasa de ganancias de la inversión extranjera concentrada en el azúcar, respecto al capital invertido, pero entre 1947 y 1953 decayó sostenidamente debido a la reanudación de la cuota azucarera, y el estancamiento de los precios del azúcar, además de las regulaciones gubernamentales.

La desactivación de regulaciones durante el gobierno de Batista, así como la inversión en nuevos sectores de la economía, permitieron un modesto incremento de la tasa de ganancia entre 1953 y 1957.

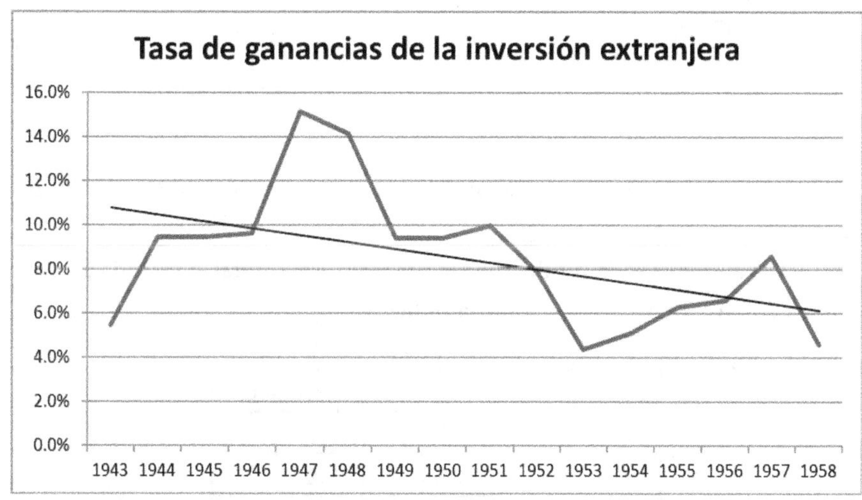

Fuente: *Cuba: A Handbook of Historical Statistics* Susan Schroeder. Cálculos del autor.

En el año 1958, el capital norteamericano era predominante en los sectores de telecomunicaciones, generación de energía, refinación de petróleo y minería, pero habían perdido su predominio en los sectores estratégicos de la economía nacional que eran la industria azucarera y las finanzas.

Las bajas tasas de ganancias del capital norteamericano invertido en Cuba desde fines de la década de 1920 hacía que nuestro país hubiera dejado de ser el destino favorito en América Latina como lo había sido durante el primer cuarto del siglo XX, a pesar de que el cambio de estructura de la inversión orientada hacia nuevas actividades, dio lugar a un crecimiento en el nivel de ganancias de la inversión norteamericana entre 1953 y 1957.

Ventas de filiales norteamericanas en Cuba por industria y destino						
Año 1957						
Industria	Local		Exportación		Total	
	Valor	%	Valor	%	Valor	%
Agricultura	61	19.7	249	80.3	310	100
Manufactura	128	86	21	14	149	100
Servicios públicos	128	100	0	0	128	100
Petróleo (refinerías)	115	97.5	3	2.5	118	100
Otros	24	100	0	0	24	100
Total	456	62.6	273	37.4	729	100

Fuente: "Cuba on the Eve of Socialist Transition" Eric n Baklanoff.

En la tabla anterior se puede ver cómo, aparte del azúcar, casi todo lo que producían las filiales norteamericanas en Cuba iba dirigido al mercado interno, o sea no se exportaban.

Conclusión: La inversión y la acumulación de capital durante la República

Durante el período republicano la relación entre la acumulación de capitales, y el Ingreso Nacional fue la siguiente.

1- Período 1902 -1918, la acumulación de capital fue equivalente al 20.3% del Ingreso Nacional.
2- Período 1919-1927, el 18.4%.
3- Período 1928-1933, el – 9.5%.
4- Período 1934-1940 el –1.5%.
5- Período 1941-1947 el 9.1%.
6- Período 1947-1952 el 12.1%.
7- Período 1953-1958 el 15.9%.

La tasa de inversión bruta de capital nacional, entre 1903 y 1958 fue de un 12.8% del Producto Interno Bruto (PIB).

A valores constantes de 1937, la productividad marginal del capital expresada en pesos por cada mil nuevos pesos de inversión acumulada fue la siguiente.

Período		Diferencia
1902-1914	305.20.	
1918-1927	50.83	-254.39
1927-1933	-201.05	-251.88
1933-1940	110.80	311.85

1940-1947	639.04	528.24
1947-1952	153.57	-485.47
1952-1958	42.58	-110.99

Analizando las dos tablas superiores tenemos que entre 1902 y 1918 tiene lugar una acumulación de capital que convirtió a Cuba en uno de los países tropicales de mayor dotación de capital por trabajador, y de más alta productividad marginal del capital.

La inversión continuó acumulando capital en un 72.9%, pero el Ingreso Nacional se contrajo un 11.7% debido a la caída de los precios del azúcar básicamente, llevando a una caída de los rendimientos marginales del capital que se acumulaba, situación que continuó en el período siguiente ya de manera catastrófica, a pesar de que la acumulación de capital se paralizó y comenzó un proceso lógico de desinversión. Este era el resultado de errores de inversión de los empresarios, que dio lugar a que gran cantidad del capital acumulado quedara ocioso o desapareciera provocando enormes pérdidas y quiebras de empresas.

Entre 1933 y 1947 la inversión acumulada creció solamente un 23.5%, en tanto a valores corrientes el Ingreso Nacional creció un 234.3%, lo cual permitió el incremento de la productividad marginal del capital, alcanzando el equilibrio entre capital y producción como resultado del aumento del valor de las zafras azucareras, equilibrio que se había perdido desde principios de la década de 1920.

Entre 1947 y 1958 la acumulación de capital creció un 90%, en tanto el Ingreso Nacional a precios corrientes, creció un 36%, rompiéndose una vez más el equilibrio, y provocando la caída de los rendimientos marginales del capital con la consecuencia de enormes cantidades de capital improductivo, y de baja productividad acumulados.

En esta ocasión, las causas se encuentran en la disminución del valor de las zafras, en errores de inversión por parte de empresarios, pero fundamentalmente en errores de inversión del Estado que había asumido la función inversionista desplazando al empresario privado.

Expresado en % en relación con el Ingreso Nacional, podemos ver el comportamiento horizontal de la estructura de producción.

Sector	**1928**	**1958**	**Diferencia**
Azúcar	32.7	26.2	-6.5
Agric no-azucarera	25.2	13.4	-11.8
Manufactura y minas	14.0	17.0	+3.0
Construcción	6.2	5.0	-1.2
Servicios	21.9	38.4	+16.5

Analizándolo verticalmente tenemos que a valores corrientes, la tasa de crecimiento anual de los diferentes sectores entre 1928 y 1958 fue la siguiente:

El Ingreso Nacional a valores corrientes creció un 12.7%; el azúcar creció un 9.2%; la agricultura no-azucarera creció un 4.5%; la manufactura y minería crecieron un 16.3%; la construcción un 9.2%, y los servicios un 25.8%.

Desde el punto de vista absoluto vemos que tanto la producción azucarera como la agricultura no azucarera crecieron por debajo del Ingreso Nacional, lo que se refleja en pérdida de participación relativa dentro del Ingreso Nacional y consiguientemente de recursos que se trasladaron hacia los otros sectores de la economía preferentemente ubicados en las zonas urbanas. Esto evidencia que Cuba se va transformando desde una economía agraria tradicional, a una economía más moderna de servicios, e industrial, aunque todavía el azúcar tiene un peso relativo muy grande dentro de Ingreso Nacional a fines del período republicano.

El valor de la producción manufacturera tuvo un crecimiento muy lento en la participación del Ingreso Nacional a pesar de los planes de industrialización de la década de 1950, debido a que en muchos renglones no puede competir con las importaciones, el crédito disponible es muy escaso, además del incremento sostenido de los costos laborales, y las restricciones para introducir nueva tecnología. Estos fueron factores que estorbaron un proceso de industrialización en Cuba.

La construcción, a pesar del boom constructive, fundamentalmente residencial, de los 50, en el largo plazo descendió en su participación relativa debido sobre todo a las regulaciones y leyes de alquileres existentes desde 1937 que afectaban la construcción como inversión.

El sector servicios está compuesto por las actividades comerciales, los servicios profesionales, los servicios personales, los servicios públicos, las comunicaciones, transporte, los servicios financieros, turismo y entretenimiento, y el gobierno. Dentro de la economía de servicios se encuentra también casi todo el enorme sector de economía informal, de la cual formaban parte casi todos los desempleados del sector formal.

Por último tendríamos que señalar, que como los servicios en su inmensa mayoría no se exportaban ni se importaban, con la excepción del turismo, no se encontraban sujetos a la competencia frente a importaciones más baratas, por lo que se observa que fue el sector que más recursos captó durante los últimos treinta años de la República.

Modelos de desarrollo capitalista: Sistema de desarrollo standard vs. ventajas comparativas

Con el comienzos de la Revolución Industrial a fines del siglo XVIII en Gran Bretaña, se inició en el mundo el proceso de industrialización capitalista.

Gran Bretaña se convirtió en el primer país industrializado del mundo, sin que este proceso fuera resultado de políticas gubernamentales orientadas a este propósito, si no de manera espontánea, resultado de la Revolución Industrial, y continuó su industrialización y desarrollo hacia la modernidad durante todo el siglo XIX, basado en el libre comercio, el laissez faire, y en las ventajas comparativas. Este fue el sistema británico de desarrollo que algunos llaman "Modelo Smithsiano" por Adam Smith y sus preceptos establecidos en su famoso libro *La Riqueza de las Naciones* publicado por primera vez en 1776, pero detrás vendrían toda una serie de países que entrarían en la carrera de la industrialización adoptando los métodos y tecnologías de la Revolución Industrial, tratando de alcanzar a Gran Bretaña, pero llegaban a la conclusión de que no podían competir con las mercancías inglesas en un contexto de libre comercio, y así fue surgiendo un nuevo sistema de desarrollo cuyo precursor fue Alexander Hamilton (1755-1804), uno de los llamados Padres Fundadores de Estados Unidos, y secretario del Tesoro durante la presidencia de George Washington, que publicó en 1792 *"Reporte sobre las manufacturas"* donde esbozó lo que sería el "Sistema Americano de desarrollo", que después fue perfeccionado por el alemán Friedrich List (1789-1846) que vivió en Estados Unidos, y desarrolló la teoría nacionalista de política económica que expuso en su obra titulada, *"Sistema Nacional de Economía Política"* publicado en 1841, donde planteaba una estrategia standard para industrializar y desarrollar las naciones.

Los principales pilares en los que se basaba la teoría de List, que se convirtieron en el modelo standard de desarrollo eran:

1. Crear un gran mercado nacional aboliendo las tarifas internas, y mejorando y ampliando el sistema de transporte.
2. Sistema de tarifas proteccionistas para proteger las industrias que llamaba "industrias en la infancia" (infant industries) de la competencia británica.
3. Creación de un sistema bancario para estabilizar el valor de la moneda y proveer a las empresas de capital.
4. Establecer un sistema de educación universal para acelerar la adaptación, innovación e invención tecnológica.

El sistema de List fue adoptado con sus variantes y adaptaciones a las diferentes circunstancias nacionales en el siglo XIX, por casi todos los países de Europa Occidental, en la Rusia zarista, y en el Japón del período Meiji.

En Estados Unidos fue impulsado de manera más coherente por el senador y secretario de Estado Henry Clay (1777-1852) que proponía un sistema que buscaba lograr un balance entre la agricultura, la industria, y el comercio, apoyado por el gobierno.

Así quedaban delineados en el siglo XIX, los dos grandes sistemas de desarrollo capitalista del mundo; el Sistema Americano o estándar, y el Sistema Británico. El primero basado en el proteccionismo, y el segundo en el libre comercio.

Los países subdesarrollados de América Latina y los países coloniales no podrán poner en práctica el modelo standard de desarrollo debido a su dependencia económica y política con respecto a Europa y Estados Unidos, por lo que se mantendrán en general dentro del sistema basado en las ventajas comparativas y el libre comercio, o sea el Sistema Británico, a menos hasta la Segunda Guerra Mundial.

La República de Cuba nace con un sistema económico de plantación, y este tipo de modelo necesariamente está vinculado al libre comercio y las ventajas comparativas, pero siempre existieron fuerzas dentro de Cuba que en determinado momento y circunstancias promovieron el desarrollo del país basándose en los preceptos contenidos en el modelo standard.

Con la Primera Intervención norteamericana se trató de implantar un sistema de educación pública a gran escala basado en el sistema norteamericano, y cuyo principal impulsor fue Enrique José Varona. Dicho sistema, con sus altibajos en los diferentes períodos, había dado como resultado que Cuba a fines de la década de 1950 fuera uno de los países con mayor tasa de alfabetización y niveles de educación de América Latina.

En segundo lugar, desde inicios de la República, impulsado por el desarrollo de la industria azucarera, se fue creando en Cuba uno de los sistemas ferroviarios mayores de América Latina, y paralelamente de carreteras, que culminaría con la carretera central, y todo el sistema vial que de ella se fue derivando, lo que hacía que Cuba tuviera un mercado interno bien integrado.

En tercer lugar, desde inicios de la década de 1920, se fue abriendo paso la idea de la creación de un banco central, y un banco de refacción agrícola para el desarrollo de actividades de la agricultura que dieran lugar a su diversificación. El principal promotor de las ideas de diversificación económica apoyadas en un banco que permitiera su financiación fue el ingeniero José Comallonga Mena que expuso sus principios sobre todo en *La nueva economía agraria de Cuba* publicado en 1929.

Los planes para la creación de una banca central en Cuba, y de una banca de desarrollo siempre fueron frustrados por la negativa norteamericana invocando su interpretación del Artículo II de la Enmienda Platt.

La banca central y la banca pública de desarrollo no nacerán en Cuba hasta 1950 con el Banco Nacional, y el Banco de Fomento Agrícola e Industrial (BANFAIC), y después será ampliada por Fulgencio Batista a partir de 1953 con la creación de la Financiera Nacional de Cuba (FNC), el Fondo de Hipotecas Aseguradas (FHA), el Banco de Comercio Exterior (BANCEX), y el Banco de Desarrollo Económico y Social (BANDES).

Por último, un sistema de tarifas proteccionistas nunca pudo realmente abrirse paso en Cuba debido a que siempre fueron hegemónicos los intereses plantacionistas que buscaban una política comercial basada en la "reciprocidad" con Estados Unidos, que consistía en que "Estados Unidos nos compra todo el azúcar, y nosotros le compramos todo lo demás".

Los primeros reclamos proteccionistas surgieron después de la Primera Guerra Mundial, y los primeros años de la década de 1920, y la plataforma del Partido Liberal que llevó al poder a Gerardo Machado en 1925, contenía elementos del Sistema Standard de Desarrollo, y así fue promulgado el nuevo Arancel de 1927 que contenía un moderado proteccionismo.

Con la Gran Depresión, la desintegración del sistema de comercio internacional durante la década de 1930, y la Segunda Guerra Mundial, los reclamos proteccionistas pasaron a un segundo plano, pero con la terminación de la guerra volvieron a surgir sin lograr ningún resultado debido a la existencia de un nuevo orden de comercio internacional impuesto por organismos supranacionales en los cuales participaba Cuba, que eran contrarios al proteccionismo, y por otra parte por el temor a represalias norteamericanas sobre la cuota azucarera, pero en 1958 se aprobó un nuevo arancel proteccionista.

El último impulso del modelo standard de desarrollo en el siglo XX fue promovido durante la década de 1950 por la CEPAL (Comisión Económica para América Latina) de las Naciones Unidas cuyo primer presidente, el economista argentino Raúl Prebisch (1901-1986) expuso sus ideas y propuestas en un libro publicado en 1950 *El desarrollo económico de América Latina y sus principales problemas* que fue muy influyente en los países subdesarrollados, y donde planteaba que los precios de los productos primarios que exportaba América Latina iban cayendo en relación con los productos industriales de los países desarrollados, y que este intercambio desigual era causa de la pobreza y el subdesarrollo, recomendando entonces que el Estado promoviera la industrialización por sustitución de importaciones para contrarrestar esta tendencia de términos de intercambio cada vez más desfavorables. De estos postulados se derivaría después la "Teoría de la Dependencia" que se volvió hegemónica entre los intelectuales latinoamericanos durante las décadas del 60, 70, y 80, y que aun actualmente tiene cierta validez entre algunos círculos intelectuales de América Latina.

Los postulados de la CEPAL tuvieron muy buena acogida entre los economistas cubanos que diseñaron la estrategia de desarrollo de Cuba durante la década de 1950.

El desarrollismo cepalino era la aplicación del modelo standard de desarrollo del siglo XIX adaptado al contexto latinoamericano del siglo XX, pero a diferencia del éxito que tuvo en Estados Unidos, Japón, y Europa Occidental, durante la segunda mitad del siglo XX había dejado de ser viable para los países subdesarrollados.

La tecnología de mediados del siglo XX era muy diferente a la tecnología del siglo XIX, ya que requería un mucho mayor consumo de capital en relación con el consumo de labor, por lo que no eran en la mayoría de los casos rentable en países con salarios muy bajos y abundante oferta de labor, que requerían para lograr rentabilidad un alto consumo de labor en relación con el consumo de capital, y por otra parte, el tamaño eficiente de las plantas modernas para lograr economías de escala era mucho mayor que la del siglo XIX, y los mercados internos de los países pobres eran muy pequeños como para que estas plantas pudieran hacer economías de escala y ser rentables, por lo que siempre produjeron con elevados costos que requerían constantemente subsidios de los gobiernos, en tanto se producía un desperdicio de labor y capital al existir un desajuste entre la tecnología y el precio de sus factores de producción.

Este modelo de industrialización en las condiciones de la tecnología del siglo XX ya se había hecho obsoleto, y condujo al fracaso a todos los países que intentaron lograr el desarrollo a partir de ese modelo. En la década de 1980 este fracaso se hizo evidente en la llamada "Crisis de la Deuda Externa".

El desarrollismo en Cuba fracasó como en todos los países que siguieron sus postulados, por las mismas razones antes expuestas, pero además por que le faltó un ingrediente esencial, que era el proteccionismo.

La estrategia de desarrollo de Cuba tenía que orientarse hacia la apertura económica basada en las ventajas comparativas debido la pequeñez de su mercado.

La abundancia relativa de labor y tierra que existía en Cuba durante la década de 1950, orientadas a producir para el mercado interno, como planteaban las teorías de la CEPAL, se convertían en desventajas comparativas, causando bajos salarios, desempleo, y latifundio, pero orientadas hacia la exportación, se convertían en ventajas comparativas empleando capital extranjero, por eso la estrategia correcta para un país como Cuba hubiera sido diversificación de las exportaciones basada en la inversión de capital extranjero (norteamericano), como proponían Estados Unidos, y no industrialización por sustitución de importaciones.

En 1958, el exceso de capital de baja productividad acumulado en Cuba, que estaba provocando rendimientos cada vez más decrecientes, hacía incosteable el avance de la inversión en la mayoría de los sectores económicos del país, por lo que se corría el riesgo de volver a la situación de finales de la década de 1920 y principios de la del 30, con un incremento insostenible del desempleo, por lo que la única manera de continuar el proceso inversionista era a partir de una inversión masiva de capital norteamericano.

El redistribucionismo socialdemócrata de la Constitución del 40, y el desarrollismo, se encontraban agotados como soluciones válidas para el desarrollo en Cuba.

Notas

Leland Jenks. *Our Colony of Cuba*, 1928.

Tratado firmado el 2 de marzo de 1904 entre John Hay secretario de Estado de Estados Unidos, y Gonzalo de Quesada embajador de Cuba ante Estados Unidos, por medio del cual se decidía que la Isla de Pinos quedaría bajo la soberanía de Cuba. El Tratado no fue ratificado por el Senado norteamericano hasta el 13 de marzo de 1925.

El Consenso de Washington es un conjunto de diez formulaciones específicas que se consideran debían ser un paquete de reformas standard para los países subdesarrollados que se encontraban en crisis.

El término fue acuñado por el economista norteamericano John Williamson en 1989.

Estas formulaciones abarcaban políticas que propugnaban la estabilización macroeconómica, liberalización de la economía con respecto al comercio y la inversión, reducción del tamaño del Estado, y expansión de las fuerzas del mercado.

La banca paraestatal estaba compuesta por el BANFAIC, la Financiera Nacional de Cuba (FNC), el FHA, el BANCEX, y el BANDES.

7. Comercio exterior de la República de Cuba: Balanzas comerciales, y cuenta corriente.

Comete suicidio un pueblo el día en que fía su subsistencia a un solo fruto...

José Martí, 1883.

Cuando quien vende no tiene más que uno que le compre la mercancía... está sometido a su voluntad y aún a su capricho.

Manuel Sanguily 1903.

La prosperidad a largo plazo le debe poco o nada a los recursos naturales... La pobreza o las riquezas y las satisfacciones personales y sociales dependen del hombre, su cultura y su marco institucional.

Peter Bauer.

1- Introducción: Mercantilismo, ventajas comparativas, y elasticidad de la demanda.

2- Cuba se integra al mercado internacional.

2-1 La relación comercial con Estados Unidos y la historia económica de Cuba.

2-1-1 La Teoría de la Dependencia como explicación de las relaciones comerciales entre Cuba y Estados Unidos.

2-1-2 Reciprocidad, proteccionismo y libre comercio.

3- El comercio internacional de Cuba bajo el Tratado de Reciprocidad. 1903-1933.

3-1 La lucha por la reciprocidad.

3-2- El Tratado de Reciprocidad Comercial de 1903.

3-3 La primera etapa de cooperación 1903-1920.

3-3-1 Las exportaciones de azúcar hacia Estados Unidos 1903-1920: las tarifas norteamericanas.

3-2-2 El boom de la Primera Guerra Mundial 1914-1920 "Las Vacas Gordas".

3-3 El fin de la cooperación y la reciprocidad, el neomercantilismo norteamericano. Inicios de la crisis del comercio internacional: 1921-1925.

3-3-1 El final de la reciprocidad 1921-1925.

3-4 La crisis azucarera de 1925 a 1929.

3-5 La Gran Depresión 1930-1933. La destrucción del comercio internacional.

3-6 Estructura del comercio de Cuba entre 1903 y 1933.

3-6-1 Las exportaciones.

3-6-2 Las importaciones.

3-7 Evaluación final del Tratado de Reciprocidad Comercial de 1903.

4- El comercio exterior durante la Segunda República 1934-1958.

4-1 La segunda etapa de cooperación 1934-1947.

4-1-1 Primera fase 1934-1940. La recuperación.

4-1-2 Las nuevas relaciones comerciales entre Cuba y Estados Unidos.

4-1-3 Efectos del Tratado de Reciprocidad de 1934.

4-1-4 El comercio exterior de Cuba bajo el nuevo Tratado de Reciprocidad y la cuota azucarera: 1934 y 1940.

4-1-3 El nacionalismo económico en Cuba 1934-1940.

4-2 La Segunda Guerra Mundial y la posguerra 1941-1947. La fase alcista del ciclo económico.

4-2-1- Conclusiones de la segunda etapa de cooperación entre Cuba y Estados Unidos 1934-1947.

4-2-2 La encrucijada de la economía cubana al final de la posguerra.

4-3- El periodo transicional 1948-1952; El nuevo orden económico internacional y el fin de la cooperación.

4-3-1 Bretton Woods y el mecanismo monetario. Sus consecuencias comerciales para Cuba.

4-3-2 Diversificación de los mercados.

4-3-3 Estructura del comercio exterior durante la transición 1948-1952.

5- El comercio exterior en la etapa de desarrollo deliberado en busca de la independencia económica 1953-1958.

5-1 Tendencias del comercio exterior en la etapa final de la República1952-1958.

5-1-1 Las exportaciones.

5-1-2 Las importaciones.

5-1-3 Estructura geográfica del comercio exterior.

5-1-4 Términos de intercambio y balanzas comerciales.

5-2 Comercio con Estados Unidos en la segunda etapa de falta de cooperación 1948-1958.

5-3 Proteccionismo en el último año de la República.

6- La cuenta corriente de la balanza de pagos.

7- Conclusión.

7-1 Las Exportaciones.

7-2 Las importaciones.

7-3 Estructura geográfica del comercio exterior.

7-4 Política arancelaria de Cuba.

Introducción: Mercantilismo, ventajas comparativas y elasticidad de la demanda

La doctrina económica prevaleciente en el mundo entre los siglos XVI y XVIII ha sido conocida como mercantilismo, y su credo básico era que la riqueza de las naciones se basaba en la acumulación de metales preciosos, lo que se lograba exportando más y comprando menos, de forma tal que quedara una balanza comercial de saldo positivo.

Esto traía por consecuencia que los principales países de Europa; Inglaterra, Francia, Holanda, España y Portugal, buscaran conquistar grandes imperios coloniales que les permitieran extraer materias primas baratas para sus industrias, y colocar a elevados precios sus excedentes de producción agrícolas e industriales a precios por encima del mercado.

Esto condujo a una continua guerra entre las diferentes potencias que buscaban debilitar a sus rivales y despojarlos de sus colonias.

Esta visión de las relaciones económicas internacionales comenzó a cambiar con el inicio de la Revolución Industrial en Inglaterra a fines del siglo XVIII, y así surgió el primer tratado que se considera dio nacimiento a la ciencia económica en el año 1776, cuyo título completo es *Una indagación sobre la naturaleza y las causas de la riqueza de las naciones.* El autor fue el economista y filósofo escocés Adam Smith (1723-1790).

En él se hace una crítica a las doctrinas mercantilistas, y a la utilidad de los imperios coloniales, planteando que la riqueza de las naciones se basaba en el intercambio comercial libre con otras naciones basado en la división del trabajo, siendo este el inicio de la Economía Política liberal que se iría esparciendo por toda Europa a lo largo del siglo XIX.

El imperio colonial español, al comenzar el siglo XIX, aún se encontraba regido típicamente por ideas mercantilistas, pero las revoluciones liberales de España, si bien no trajeron grandes cambios políticos para Cuba, sí trajeron cambios significativos desde el punto de vista económico que dieron lugar a la liberalización que permitió a Cuba integrarse al mercado mundial que se estaba formando.

La economía de Cuba se transforma desde una economía colonial autosuficiente, con algunas exportaciones limitadas, a ser una economía de exportación durante la primera mitad del siglo XIX, y los nombres de los que iniciaron esta revolución liberal en el pensamiento económico de la isla de Cuba serían Francisco de Arango y Parreño, Luis de la Casas, José Ricardo O'Farrill, el Conde de Casa Montalvo, Nicolás Calvo, y Luis Peñalver, así como el Obispo de La Habana, Juan José Díaz de Espada, por citar los más importantes.

La integración de Cuba al mercado internacional la convirtió de ser una economía colonial autosuficiente, de acuerdo al leguaje de la época una "factoría" a ser una economía de exportación.

Las características que definen a una economía de exportación son:

1. Un elevado porcentaje de producción para la exportación con respecto a la producción total del país.
2. Una estructura productiva concentrada en la exportación.
3. Sustancial influjo de inversión de capitales en el sector exportador incluyendo la presencia de empresas extranjeras.
4. Alta propensión a importar.
5. Comúnmente los ingresos del gobierno se encuentran muy vinculados a las oscilaciones de los ingresos provenientes de las exportaciones.

Durante los años que duró la República, o sea entre 1902 y 1958, Cuba exportó el 39% de toda su producción e importó el 33.4% de todo lo que consumió, y el índice de apertura económica, que es la suma de lo que se exporta más lo que se importa, en relación con el Ingreso Nacional, fue de casi un 70%; uno de los más altos de América Latina.

El comercio exterior de Cuba constituye una de las variables macroeconómicas más relevante dentro de la historia de la economía republicana, Cuba exportó casi 18 mil 800 millones de dólares entre 1903 y 1958. La vida económica cubana casi completamente dependía de sus exportaciones, de aquí la importancia de un análisis correcto de la variable macroeconómica comercio exterior para comprender la historia de la República Cuba.

-oOo-

Cuba se integra al mercado internacional

Desde comienzos de la colonización en el siglo XVI, la enorme abundancia de tierras fértiles, la baja densidad poblacional, y la carencia casi absoluta de capital, hicieron de la ganadería extensiva la actividad económica por excelencia en la isla de Cuba dado las enormes ventajas comparativas, y posteriormente, en el siglo XVII, y primera mitad del siglo XVIII, el cultivo del tabaco se desarrolló a partir también de una gran ventaja comparativa, pero la inexistencia de un mercado internacional, ya que el comercio solo se podía efectuar con la metrópoli (monopsonio) la cual constituía un mercado muy reducido, estas actividades se mantuvieron en un bajísimo nivel de desarrollo. Por eso, y porque el cultivo del tabaco requería tierras especiales, este no representaría un aumento del costo de oportunidad para la actividad ganadera.

Desde comienzos del siglo XVII otra actividad empezó a desarrollarse dentro de la economía insular, y fue la producción de azúcar, la cual a diferencia de las otras dos requería capital y mano de obra esclava, que eran dos factores de producción de los que carecía la colonia, y en ausencia de un mercado internacional, las ventajas comparativas del azúcar eran muy bajas, o sea muy elevados los costos de oportunidad, y así se mantuvo casi doscientos años hasta fines del siglo XVIII.

La Revolución Industrial, que comenzó en Inglaterra a fines del siglo XVIII, le dio un enorme impulso a la formación de un mercado internacional, que se reflejó en el mundo de las ideas en el descrédito de las políticas mercantilistas, y el auge del libre cambio, y el Liberalismo.

El producto tropical más importante del mundo a fines del siglo XVIII era el azúcar, y Cuba poseía grandes ventajas comparativas en su producción desde el momento en que sus limitantes de capital, y labor se fueron resolviendo, y las regulaciones mercantilistas desapareciendo frente a las ideas liberales que se abrían paso en España.

Por otra parte, el azúcar en aquellos tiempo era un bien con una demanda muy elástica, ya que aún no era un artículo de primera necesidad, y no existían buenos bienes sustitutos disponibles y además su mercado era creciente debido al ingreso creciente de las poblaciones de los principales países del mundo, como eran en aquellos tiempos los países de Europa Occidental y en especial Gran Bretaña.

Debido a la elasticidad de su demanda, el azúcar atraía cada vez mayor cantidad de capitales, y fue el primer producto tropical que adaptó los adelantos de la Revolución Industrial a su fabricación.

De esta forma, la oferta de azúcar en el mundo crecía, pero los precios casi no descendían ya que la demanda aumentaba junto con la oferta.

Esta coincidencia de circunstancias favorables hicieron que el azúcar desplazara al ganado, al tabaco, y al café, como la principal actividad económica de la isla de Cuba debido a su extraordinaria ventaja comparativa, y a la elasticidad de la demanda en el mercado internacional, unido a una liberalización del comercio por parte de la metrópoli española. A mediados del siglo XIX, Cuba era el mayor productor de azúcar del mundo.

Así, de forma natural, el azúcar se fue convirtiendo en el principal producto exportable de la isla luego de un largo proceso que duró más de doscientos años.

Con la adopción internacional del patrón oro, o sea el oro como sistema monetario internacional en la década de 1870, los mercados se vincularon como nunca antes; el patrón oro constituyó casi pudiéramos decir, el cemento del comercio mundial. Los mercados internacionales se unieron por primera vez en la historia, la primera globalización, por el libre comercio, el patrón oro, y las nuevas tecnologías del transporte y las comunicaciones.

El desarrollo tecnológico conocido como la Segunda Revolución Industrial, que permitió la producción en masa, con un sistema monetario como el patrón oro, dio lugar a que se manifestara el fenómeno de la elasticidad de la demanda, descubierto y analizado por el economista británico Alfred Marshall.

Los productos de la agricultura y de la minería en general, en la segunda mitad del siglo XIX poseían un demanda inelástica, por lo que el incremento de la producción agrícola provocado por los adelantos técnicos, y la rigidez del patrón oro, estaban dando lugar a una caída de los precios de los productos de la agricultura y de la minería más rápido que el aumento de su demanda, y más rápido que la de los bienes industriales, los cuales tenían una demanda más elástica.

Se estaba produciendo un deterioro de los términos de intercambio para algunos países, regiones, y colonias, cuyas economías se basaban en las exportaciones agrícolas y mineras.

De esta forma tuvo lugar un fenómeno macroeconómico conocido como la Primera Gran Depresión de 1873 a 1896, que se caracterizó por un gradual y continuo declive de los precios, que por una parte favoreció a los trabajadores especialmente urbanos, que vieron incrementarse de manera sostenida sus salarios reales, pero por otra parte, muchos productores, sobre todo en las regiones agrícolas vieron un declive de sus ganancias en relación con sus deudas. Tengamos presente que la inflación favorece a los deudores y perjudica a los acreedores, pero en este caso, en una situación de deflación, el efecto es el contrario, estaba perjudicando a los deudores, y favoreciendo a los acreedores que eran los bancos.

Los granjeros y mineros en Estados Unidos pedían medidas proteccionistas, y la salida del patrón oro, lo que en definitiva ponía en peligro el sistema de comercio internacional y la integración económica global.

Durante este período, los precios del azúcar cayeron en picada, provocando una crisis de la industria azucarera mundial. El azúcar era un bien, que de haber tenido una demanda muy elástica hasta el siglo XVIII, con la Revolución Industrial comenzó a transformarse en un artículo con una demanda inelástica, por lo que fue blanco preferido de los proteccionismos internacionales unido a la caída de los precios.

Toda una serie de factores coinciden con repercusiones importantes para la isla de Cuba. La caída de los precios del azúcar, la Guerra de los Diez Años, el fin de la esclavitud, la crisis económica de España que provocó una subida de los impuestos sobre la economía colonial, y una enorme inmigración de españoles, dieron lugar a la crisis de la década de 1880 en Cuba.

Al comenzar la década de 1890, la caída de los precios, con su amenaza al capitalismo global, comenzó a disiparse. Por primera vez en veinte años, los precios de las materias primas y los productos agrícolas comenzaron a subir, y el precio del oro comenzó a bajar.

Nuevos descubrimientos de oro en Sudáfrica, Australia, California, el Yukón, etc., incrementaron la oferta monetaria en el mundo, los precios comenzaron a subir y con ellos crecieron el comercio internacional y las inversiones.

Muchos países relativamente subdesarrollados como Canadá y Argentina duplicaron en algunos años sus per capitas y llegaron a ser más ricos que Francia y Alemania.

Entre 1896 y 1914 se alcanzó el punto más alto de la integración económica internacional. Fueron los años en que nació la República de Cuba, y se reconstruyó su industria azucarera, y con la subida de los precios del azúcar creció la inversión y la inmigración que trajo la labor necesaria, cimentando así la enorme prosperidad del país que se integraba completamente en el mercado global especializándose en producir azúcar, basada en su enorme ventaja comparativa.

La relación comercial con Estados Unidos y la historia económica de Cuba

A lo largo de todo el período republicano, entre 1903 y 1958, el 71% de todas las exportaciones de Cuba fueron compradas por Estados Unidos, el 71.8% de todas sus importaciones fueron provenientes de Estados Unidos, y el 68.6% del superávit en balanza comercial fue resultado del comercio con Estados Unidos. Con estas cifras estamos mostrando la abrumadora importancia comercial de Estados Unidos para la República de Cuba.

La Teoría de la Dependencia como explicación de las relaciones comerciales entre Cuba y Estados Unidos

Los historiadores marxistas y neomarxistas tanto cubanos como extranjeros, han venido desarrollando un modelo a partir del cual tratan de explicar no solo la historia económica de la República de Cuba, si no también su historia política debido a su concepción rígidamente determinista, y para ello usan como herramienta teórica lo que se ha conocido como la "Teoría de la Dependencia", basada en las doctrinas marxistas de John Hobbson (1858-1940) con su libro *Imperialismo* de 1902 y Vladimir Lenin con su libro *Imperialismo fase superior del capitalismo* de 1916, que planteaban que al igual que dentro de las sociedades, donde una clase social explotaba a las demás, existía un sistema de explotación por parte de los países desarrollados que formaban el centro del sistema económico mundial, sobre los países coloniales y semicoloniales, que formaban la periferia.

Esta explotación se manifiesta a través de la imposición de términos de intercambio desfavorables a los países periféricos, de los cuales extraían materias primas con poco valor añadido, y mano de obra barata, en tanto les vendían productos manufacturados con gran cantidad de valor añadido. De esta forma se iba produciendo un drenaje constante de riquezas desde la periferia hacia el centro, perpetuando así el subdesarrollo al imposibilitar la acumulación de capitales en tanto ayudaba a la acumulación de capitales en las potencias metropolitanas.

De acuerdo a los teóricos "dependentistas", en el mundo real la Ley de las Ventajas Comparativas de los economistas clásicos, a partir de la cual se consideraba que se fundamentaba el comercio ventajoso entre las naciones, había dejado de tener vigencia, planteando que el verdadero fundamento del comercio internacional se basaba en el esquema de explotación centro-periferia, que no es más que una versión modernizada del Mercantilismo del siglo XVI-XVIII.

El comercio internacional siempre está basado en la diferente dotación de recursos entre las naciones, por lo que la Ley de las Ventajas Comparativas es una ley universal, a pesar de que en condiciones de relaciones imperialistas su cumplimiento se vea limitado aunque no negado, como por ejemplo el hecho de que un avión vuele no niega la Ley de la Gravedad.

Una relación de explotación imperialista como plantea la Teoría de la Dependencia, tiene un límite temporal, no puede sostenerse a largo plazo, pues la nación que ejerce la hegemonía arruina a la otra, por lo que como demostró Adam Smith desde 1776, la riqueza de las naciones no se basaba en poseer imperios coloniales donde predominaran este tipo de relación comercial mercantilista.

La teoría de la Dependencia en el caso latinoamericano viene siendo un subproducto ideológico de los estudios de la Comisión Económica para América Latina de las Naciones Unidas CEPAL, fundada en 1948, especialmente en sus inicios a partir de los trabajos del economista argentino Raúl Prebisch (1901-1986), y del economista alemán Hans Singer (1910-2006). Después fue desarrollada y profundizada por otros economistas que también trabajaron para la CEPAL, tales como los brasileros Theotonio Dos Santos, Rui Mauro Marini, Celso Furtado, y el alemán André Gunder Frank.

Estuvo en boga en América Latina durante los años 50, en su etapa inicial "desarrollista", y posteriormente más radical durante los años 60, 70, y principios de los 80.

Aunque ya muy desacreditada, los marxistas latinoamericanos, y entre ellos los cubanos, todavía la utilizan como herramienta teórica para explicar la historia de América Latina.

En la aplicación de la "Teoría de la Dependencia" a la interpretación de la historia económica de Cuba, los neomarxistas consideran que desde el nacimiento de la República, con la Enmienda Platt, y el Tratado de Reciprocidad Comercial de 1903, Estados Unidos institucionaliza las relaciones de dependencia que mantendrían a Cuba en el subdesarrollo, al condenarla a ser una economía monoproductora, y dependiente de un solo mercado, el norteamericano.

Todo el desarrollo tanto económico como político subsecuente, según los que suscriben esta teoría, tuvo como propósito mantener lo más invariable posible esta relación de dependencia centro-periferia que operaba en beneficio de los intereses norteamericanos, y en detrimento de los intereses del pueblo cubano, no de las élites económicas y políticas nacionales los cuales servían como testaferros.

A partir de este modelo llegan a la conclusión de que solo por medio de una revolución radical, se podía romper este esquema y colocar a Cuba en el camino del desarrollo sostenido. Para ello dicha revolución fracasó en 1933, pero finalmente - según ellos- triunfó en 1959.

Entonces, con una participación de más del 70% en el intercambio exterior de Cuba durante el período republicano, ¿podemos calificar la relaciones comerciales con Estados Unidos como la describe la Teoría de la Dependencia?

Nosotros consideramos que no, que la Dependencia no ofrece una explicación correcta, y que esas relaciones estuvieron regidas por un principio de reciprocidad comercial basada en las ventajas comparativas, pero que fue desvirtuado por.

1. El proteccionismo norteamericano a través de las tarifas arancelarias y después con el sistema de cuotas azucareras.
2. Por el deterioro de los términos de intercambio que favorecía a los productores de bienes de alto consumo de capital y en perjuicio de los productores de materias primas.
3. Por los mecanismos monetarios establecidos en Bretton Woods en 1944.
4. Estas condiciones resultaban perjudicales para Cuba en el largo plazo, pero las relaciones comerciales con Estados Unidos pasaron por etapas donde la reciprocidad funciono en beneficio de Cuba, y otras donde funciono en contra arruinando el comercio entre las dos naciones.

Para una nación pequeña como Cuba, la base de su riqueza siempre será un comercio internacional cada vez más amplio, sustentado en la división internacional del trabajo, y basado en la diferente dotación de factores y recursos. Cuando el comercio ha sido floreciente, Cuba ha gozado de prosperidad, pero cuando el comercio se restringe por la razón que sea, la economía cubana entra en recesión y se acaba la prosperidad.

El gran mercado de Cuba, tanto para sus exportaciones como para sus importaciones desde el siglo XIX han sido Estados Unidos por una cuestión de cercanía geográfica que aportaba una considerable ventaja comparativa para la economía cubana, por tanto, las oscilaciones tanto de política fiscal como monetaria van tener un impacto inmediato y significativo sobre el comercio y por tanto sobre la prosperidad de Cuba.

De esta forma nosotros distinguimos dos etapas que pudiéramos llamar de cooperación, y dos etapas de deterioro de las relaciones comerciales.

Las etapas de cooperación transcurren, entre 1902 y 1920 la primera, y entre 1934 y 1947 la segunda, en tanto las etapas de deterioro transcurren, la primera entre 1921 y 1933, y la segunda entre 1948 y 1958.

Básicamente, las relaciones comerciales se verán afectadas por medidas de tipo fiscal proteccionistas, primariamente a través de tarifas de aduana, entre 1902 y 1933, y a través de la cuota azucarera, entre 1934 y 1958, y por medidas monetarias afectando la tasa de cambio, que mejoraban o deterioraban los términos de intercambio entre los dos países especialmente después de que Estados Unidos saliera del patrón oro en 1933, y en 1944 cuando comenzó a regir el acuerdo monetario internacional de Bretton Woods.

Indiscutiblemente, la influencia de Estados Unidos en el comercio internacional de Cuba fue abrumadora, lo cual es natural debido al tamaño del mercado norteamericano, y a su cercanía geográfica, pero también, las decisiones del gobierno de Estados Unidos, repercutirán de manera directa sobre la economía cubana. De aquí derivan los marxistas sus conclusiones de la explotación imperialista dentro del marco de su esquema centro-periferia propio de la Teoría de la Dependencia.

Como veremos, en las etapas de cooperación, las dos partes, tanto Cuba como Estados Unidos se beneficiaron, y en las dos etapas de deterioro de las relaciones, tanto Estados Unidos como Cuba resultaron perjudicados, ya que las políticas mercantilistas son insostenibles en el largo plazo.

Reciprocidad, proteccionismo y libre comercio

El modelo teórico desarrollado por los suecos Heckscher y Ohlin para comprender el comercio internacional, ayuda a explicar la formación de los diferentes intereses económicos dentro de los países, y sus ideologías resultantes.

Como este modelo plantea que los países poseen ventajas comparativas a partir de los factores de producción de los cuales están dotados en mayor abundancia, vendiendo los productos donde tienen la mayor ventaja comparativa, y comprando los que no tienen ventaja comparativa en su producción, en 1941 el economista austríaco Wolfgang Stolper (1912-2002), y el norteamericano Paul Samuelson (1915-2009) Premio Nobel de Economía de 1970, comenzaron la observación que el comercio es particularmente beneficiosos para los que poseen los factores de producción en los que se basa la ventaja comparativa del país, y perjudicial para los poseedores de los factores de producción escasos, que tienen que competir con los bienes importados desde países donde esos factores de producción son abundantes y por tanto tienen ventajas comparativas.

De esta observaciones surgió el Teorema Stolper-Samuelson, que muestra que el comercio exterior hace a los propietarios nacionales de los factores abundantes mejorar su posición, en tanto empeora la posición de los propietarios de los factores escasos, por lo que las políticas proteccionistas favorecerán y será impulsadas por los dueños de los recursos escasos, en tanto el libre comercio será la ideología predominante de los dueños de los factores abundantes.

Este teorema sirve para explicar las actitudes de los diferentes grupos económicos durante el período republicano, ya que siendo la tierra el factor de producción abundante en Cuba, y en el que se basa su ventaja comparativa, los poseedores de la tierra, o sea los terratenientes, siempre serán partidarios de la reciprocidad, la cual no es libre comercio si no mercado protegido, debido a las características de su producción o sea azúcar y tabaco, que son productos cuyos mercados mundiales tienen gran cantidad de concurrentes, en tanto los dueños de capital industrial y labor serán impulsores de medidas proteccionistas.

Dentro de estos tres conceptos, o incluso podríamos llamar ideologías comerciales, se movería el pensamiento económico cubano en relación con el comercio exterior y su grado de integración al sistema de comercio internacional, y cada uno de ellos reflejará diferentes intereses.

Cuba se integra al sistema de comercio internacional produciendo azúcar desde el siglo XIX siendo una colonia de España, pero como veremos más adelante, a fines de dicho siglo, por toda una serie de circunstancias, el único mercado para el azúcar cubano era el norteamericano.

La política comercial norteamericana a lo largo de todo el siglo XIX había sido, en sentido general, proteccionista, o basada en la reciprocidad como una variante del proteccionismo.

La reciprocidad comercial se basa en ventajas comerciales que un país le otorga a otro a cambio de ventajas iguales.

Estados Unidos decidió imponer a Cuba un régimen de intercambio comercial basado en la "reciprocidad", pero esta abarcaba todo el comercio cubano, y sin posibilidades de concertar tratados de reciprocidad con otros países, por lo finalmente esta reciprocidad se podía traducir en que Estados Unidos le compran a Cuba su azúcar, y Cuba le compra a Estados Unidos todo lo demás, imponiendo básicamente una relación de dependencia debido a la condición de protectorado que tenía Cuba con respecto a Estados Unidos.

A la firma de este Tratado se opusieron unas pocas voces, siendo el más distinguido el senador Manuel Sanguily (1848-1925), que expuso en dos discursos ante el Senado cubano las desventajas para Cuba del Tratado de Reciprocidad Comercial que Estados Unidos proponía, y esta crítica la hizo desde la perspectiva del libre comercio, no del proteccionismo, como la historiografía oficial ha querido demostrar.

Para el senador Sanguily las ventajas que se le otorgaba a Estados Unidos en el Tratado eran mucho mayores que las que ellos otorgaban; que las ventajas que obtenían los norteamericanos excluían del mercado cubano a otros países del mundo, y por tanto el azúcar cubano quedaba prácticamente excluida de otros mercados, por tanto, el comercio de Cuba básicamente se quedaba con un solo cliente, y a merced de sus políticas comerciales. En uno de estos discursos, el senador Sanguily expresó "Cuando quien vende no tiene más que uno que le compre la mercancía… está sometido a su voluntad y aún a su capricho".

Por otra parte, las ventajas concedidas a los productos norteamericanos limitaban drásticamente los ingresos por concepto de derechos de aduana del gobierno cubano, que en aquellos tiempos eran casi los únicos que podían recaudarse, pues los impuestos directos eran insignificantes, por tanto, al reducir la capacidad recaudadora del gobierno cubano, dificultaban el desempeño de sus funciones trayendo por consecuencia un gobierno muy débil e ineficiente.

Sanguily sabía que Cuba podría producir azúcar y vender con ventaja en otros mercados del mundo, creando así una economía balanceada e independiente.

Como es sabido, los intereses de los comerciantes y los plantadores azucareros, unido a los intereses norteamericanos predominaron, y fue aprobado el Tratado de Reciprocidad Comercial en 1903.

La idea del libre comercio casi desapareció, pues el sistema de comercio internacional basado en el libre comercio se fue desvaneciendo desde la Primera Guerra Mundial, hasta después de concluida la Segunda Guerra Mundial, período en que dominó el nacionalismo económico, pero después de 1945, los organismos supranacionales creados, como fue el GATT, que supuestamente debían propiciar el libre comercio, excluyeron de sus negociaciones a las materias primas y productos agrícolas, por lo que los esfuerzos de Cuba por diversificar sus mercados e inegrarse en un sistema de libre comercio fueron en gran medida infructuosos.

La reciprocidad, como una variante del proteccionismo norteamericano, y como ideología comercial de las élites económicas de Cuba, predominó a lo largo de todo el período republicano.

Las tarifas, como medida proteccionista que anula las ventajas comparativas de Cuba, destruyeron la reciprocidad comercial después de 1921 hasta 1933, y la cuota azucarera impuesta desde 1934 es todo lo contrario a la reciprocidad pues limita las exportaciones cubanas a Estados Unidos, mientras las importaciones desde Estados Unidos son ilimitadas.

Por otra parte, la ideología proteccionista estará asociada a la burguesía industrial que produce para el mercado interno, en gran medida al movimiento obrero, y las clases medias e intelectuales cubanos.

Surge a comienzos de la década de 1920, y se manifiesta a través de diferentes organizaciones, alcanzando fuerza en los períodos de crisis del modelo exportador de azúcar, pero nunca llegó a ser dominante, aunque obtuvo ciertos logros con los aranceles proteccionistas de 1927 y 1958.

Debido a que la burguesía industrial nunca tuvo un gran peso económico, sus reclamos proteccionistas no llegaron a dominar el panorama comercial de Cuba en ningún momento, alcanzando cierta influencia en el gobierno solamente cuando se abrían paso los planes de diversificación económica, como fueron durante las presidencias de Gerardo Machado y Fulgencio Batista.

El comercio internacional de Cuba bajo el Tratado de Reciprocidad 1903-1933

Todas las formas de proteccionismo tiene la intención de mejorar la posición de los productores domésticos en relación con los productores extranjeros. Esto se puede hacer con políticas que incrementen el precio en el mercado doméstico para los productos extranjeros (tarifas), disminuir el costo de los productores domésticos (subsidios, control de tasas de cambio, etc.), o restringir el acceso de los productores extranjeros en el mercado nacional (cuotas y otros).

Las tarifas han sido la forma más popular de proteccionismo, pues son impuestos gravando a los bienes de países extranjeros que quieren venderse en el mercado doméstico, trayendo como resultado la elevación de los precios de estos bienes, en tanto hacen competitivos los bienes producidos nacionalmente, y por otra parte, los ingresos que producen las tarifas pueden ser usados para financiar los servicios del gobierno y rebajar otros impuestos.

A lo largo del período republicano la política comercial norteamericana con respecto a Cuba utilizó como instrumento proteccionista preferentemente la tarifa y la cuota, en tanto Cuba utilizó el subsidio, y en mucha menor medida la tarifa.

Los exportadores cubanos, en todo momento fueron partidarios de la reciprocidad, no del libre comercio, y contrarios al proteccionismo, en tanto los productores para el mercado doméstico, especialmente los industriales siempre fueron partidarios del proteccionismo por las razones anteriormente explicadas.

Cuba, al ser una economía básicamente exportadora, el proteccionismo nunca dominó la política comercial, aunque se puede decir que el momento en que se tomaron medidas proteccionistas con mayor coherencia fue durante el gobierno de Gerardo Machado con el Arancel de 1927.

Varios son los argumentos que siempre han existido a favor de la restricción comercial, y para el caso de Cuba, los partidarios del proteccionismo siempre se esgrimían motivos de fomento de la industria nacional para aumentar el empleo, redistribuir los ingresos con un sentido de nivelación social, así como la diversificación económica como fundamento de la soberanía nacional.

La evidencia empírica demuestra que en sentido general, los costos de las políticas comerciales proteccionistas son mayores que los beneficios. Las pérdidas sufridas por los consumidores exceden a las ganancias que puedan obtener los productores domésticos protegidos y el gobierno, ya que el proteccionismo limita la efectividad de las ventajas comparativas del país, en tanto favorece actividades cuya producción tiene un alto costo de oportunidad que tendrán que pagar los consumidores.

La lucha por la "reciprocidad"

A lo largo de todo el período republicano, el paradigma comercial predominante en las relaciones comerciales entre Cuba y Estados Unidos fue la reciprocidad, o sea "yo te compro si tú me compras".

Las compras de Estados Unidos le darían a Cuba el poder adquisitivo para comprar en Estados Unidos, y debido a la diferencia en el tamaño de los mercados, Estados Unidos debía demandar más productos cubanos que la demanda de Cuba de productos norteamericanos, por lo que quedaría un excedente comercial a favor de Cuba beneficiándose las dos partes.

En Cuba, este esquema sería muy beneficioso para los plantadores y comerciantes, pero sería perjudicial para los que producían para el mercado interno, que fueron los que siempre se opusieron a la "reciprocidad".

De esa forma, los intereses de los plantadores y comerciantes, tanto nacionales como extranjeros, siempre predominaron en las políticas económica de la República, en tanto los intereses de los que producían para el mercado interno, tanto industriales como agricultores, que buscaba políticas proteccionistas, nunca fueron hegemónicos dentro de las políticas económicas republicanas, ni aún en las ocasiones en que la "reciprocidad" entrara en crisis.

El predominio económico de la élite de los plantadores y comerciantes durante todo el período republicano siempre empujó la política comercial en busca del mercado protegido que le garantizara la reciprocidad comercial, por ello nunca fueron decididos partidarios del libre comercio como otros exportadores latinoamericanos.

El Tratado de Reciprocidad de 1903

Fue firmado en marzo de 1903, y en diciembre de 1902 había sido aprobado por el Congreso norteamericano. En él se establecía una rebaja de un 20% de los aranceles vigentes en 1897 (Tarifa Dingley) para todos los artículos producidos en Cuba que no entraran libres de derechos de acuerdo a dicho arancel.

Para los productos norteamericanos a su entrada en Cuba, se establecían tres clase; la Clase A con un 25% de rebaja del arancel vigente en Cuba; la Clase B con un 30% de rebaja, y la Clase C con un 40%. El arancel de aduanas vigente en Cuba era el último arancel del período colonial.

Los productos norteamericanos, como es lógico de un país industrializado, eran muchos más que los cubanos. La mayoría de estos artículos no podían producirse en Cuba, o sea nuestro país no tenía ninguna ventaja comparativa produciéndolos, sin embargo los productos que entraban libres, o con una rebaja del 20%, a Estados Unidos desde Cuba, eran los productos donde Cuba tenía ventaja comparativa; el tabaco y el azúcar.

De acuerdo a este tratado, el mercado norteamericano se abría a los productos de Cuba en los cuales ella tenía ventaja comparativa en producirlos, en tanto Cuba abría su mercado a los productos norteamericanos, para cuya producción no tenía ventajas comparativas. y en esto consistía la reciprocidad.

La crítica al Tratado de 1903 por parte de los teóricos marxistas de la "dependencia" que lo presenta como un instrumento imperialista se basa en dos aspectos puramente cuantitativos.

Primero, que las rebajas norteamericanas eran casi exclusivamente a dos artículos cubanos, mientras que la rebaja de Cuba era para todo un gran grupo de artículos norteamericanos.

Segundo que la rebaja para los productos cubanos es de un 20% mientras que para los productos norteamericanos es de un 25, un 30, y hasta un 40% del arancel vigente en Cuba, que era el arancel español.

En aquellos momentos, los dos únicos productos cubanos que poseían ventajas comparativas evidentes eran el azúcar, y el tabaco, mientras que en ningún otro de los productos norteamericanos comprendidos en las rebajas arancelarias tenía ventajas comparativas.

Pero también hay que tener presente que el 20% de rebaja de la tarifa para el azúcar pudo haber sido por ejemplo un 40%.

En realidad la rebaja de la tarifa fue una lucha en el Congreso Norteamericano entre los intereses remolacheros, que no querían ninguna rebaja, y que el azúcar cubano tuviera que pagar la misma tarifa de todos los azúcares extranjeros, y por otra parte, los intereses refinadores de la Costa Atlántica de Estados Unidos que querían que el azúcar cubano, que era su materia prima, entrara libre de derechos, por tanto, la rebaja del 20% fue una solución de compromiso, que trajo aparejado por otra parte, que Cuba no podría importar mano de obra barata como braceros para sus plantaciones, lo cual, dada la escasez de mano de obra en Cuba, daría lugar a que los costos de producir fueran lo suficientemente altos como para no poder competir con el azúcar producida en Estados Unidos.

En Cuba, como hemos explicado más arriba, los opositores al Tratado de Reciprocidad encabezados por el senador Sanguily, lo hacían desde la perspectiva del libre comercio, y la independencia económica nacional, no desde una perspectiva proteccionista.

El Tratado de Reciprocidad de 1903 convirtió a Cuba en una dependencia comercial de Estados Unidos, ya que excluyó la posibilidad de comerciar con otros países al otorgarle a los norteamericanos enormes ventajas en el mercado cubano, a cambio de que Cuba expulsaría del mercado azucarero norteamericano a los demás productores extranjeros.

Estados Unidos estaba consciente de que Cuba constituía un mercado importante para sus productos, pero para ello era necesario que tuviera poder adquisitivo para comprarlos, por tanto, había que comprar los productos cubanos.

La posibilidad de subir o bajar la tarifa siempre le daría al gobierno norteamericano la flexibilidad proteccionista que la circunstancia requiriera como se demostraría entre 1921 y 1930, ya que en la práctica se suponía que Cuba desplazaría del mercado norteamericano a otros productores extranjeros, pero en cuanto comenzara a desplazar a los productores domésticos, se le limitaría por medio de subir el arancel.

En aquellos tiempos, a pesar de encontrarse muy extendido la libertad de mercado en el comercio internacional, el azúcar era uno de los productos que enfrentaba mayores barreras proteccionista, por lo que a Cuba le hubiera resultado difícil obtener mercados de importancia.

Un arancel proteccionista hubiera resultado en industrias artificiales ineficientes, cuya ineficiencia pagaría la sociedad cubana al elevar el costo de la vida para beneficiar a una minoría.

Por otra parte, unas tarifas bajas para los bienes intermedios y de capital importados. los cuales en su gran mayoría no podían ser competitivamente producidos en Cuba, eran un incentivo a la inversión directa de capitales, que era lo que nuestro país necesitaba desesperadamente para llevar adelante su reconstrucción.

Independientemente a la lucha en el Congreso norteamericano entre los intereses azucareros, estaban los que consideraban que el Tratado sería un instrumento que inclinaría eventualmente a una parte de la población cubana a solicitar la anexión a Estados Unidos, entre los que se encontraba el general Leonard Wood, quien fuera el último gobernador de Cuba, y el mismo presidente Theodore Roosevelt.

Por la parte cubana, todos los plantadores de azúcar eran anexionistas, pero entre los políticos que no eran anexionistas, algunos consideraban que un tratado comercial con Estados Unidos, con base a reciprocidad sería beneficioso para Cuba, aunque la disminución de los aranceles por concepto de importaciones daría lugar a un reducido ingreso para el gobierno. La crítica al Tratado de los teóricos de la "dependencia" se plantea desde la perspectiva proteccionista argumentando que el Tratado abrió la puerta a una avalancha de inversores norteamericanos que se apoderaron de toda la economía de Cuba, pero tampoco esto fue así.

El escritor norteamericano Leland Jenks en su libro *Our Colony of Cuba*[1], publicado en 1928 planteó lo siguiente:

> Los períodos de ocupación norteamericana; 1899-1902, y 1906-1909, incluyen precisamente los años en los cuales existió menos presión de búsqueda de oportunidades de negocios fuera de Estados Unidos; la depresión de 1901-1903, y el Pánico de 1907.
>
> También hay que señalar que el inestable clima político en Cuba, del cual las intervenciones fueron una consecuencia, desalentaron a la mayoría de las empresas a invertir en Cuba.

Jenks en la citada obra, señala que las inversiones norteamericanas en 1894, o sea antes de la guerra de independencia, eran 50 millones de dólares, que entre 1898 y 1902 se invirtieron 30 millones de dólares, y entre 1902 y 1906 unos 80 millones de dólares.

Entre 1909 y 1913 también entraron en Cuba inversiones directas de países europeos : Capital británico 60.5 millones de dólares; capital francés 12.5 millones de dólares; capital alemán 4.5 millones de dólares, además de 35 millones de dólares de inversión directa norteamericana.

Así en 1913 la inversión norteamericana directa en Cuba era de algo más de 200 millones de dólares, en tanto la inversión europea se acercaba a los 80 millones de dólares.

En 1909, la inversión norteamericana en la industria azucarera era algo más de 30 millones de dólares, y en 1913 unos 50 millones de dólares.

Como se puede apreciar, la inversión extranjera fue diversificada, y no exclusivamente norteamericana a pesar de la hegemonía norteamericana sobre el sistema político de Cuba.

En el año 1909, la zafra fue más de cinco veces lo que había sido en 1900, lo que significa que la

1. *Our Colony of Cuba*, Leland Jenks

industria azucarera ya se había recuperado de la destrucción de la guerra, y esta recuperación había sido posible en gran medida por los plantadores cubano-españoles, no los norteamericanos.

Jenks dice más adelante "El capital local fue cada vez más atrevido en su inversión... la confianza de los cubanos en Cuba había crecido considerablemente".

La reciprocidad sería manejada por Estados Unidos, teniendo como instrumento la tarifa de aduanas que subiría o bajaría de acuerdo a los cambios en la política comercial del gobierno norteamericano.

Si los precio del azúcar subían, y la tarifa disminuía, el beneficio de la reciprocidad para los productores cubanos sería extraordinario, pero cuando los precios caían, el lobby de los productores de azúcar norteamericano presionaba en el Congreso para que se adoptaran medidas proteccionistasy subieran las tarifas de aduana, como sucedió en la década de 1880. En este caso, unos precios declinantes, y un aumento de la tarifa de aduana reduciría las ganancias de los productores de azúcar cubanos, destruyendo así la reciprocidad, ya que Cuba no tenía ningún otro mercado significativo donde vender su azúcar, pero al mismo tiempo, Cuba dejaba de importar productos norteamericanos debido a la pérdida de su poder adquisitivo, por tanto, el beneficio de los azucareros norteamericanos resultaba en perjuicio para los norteamericanos vendedores de muchos productos en el mercado cubano, por lo que también Estados Unidos en su conjunto, resultaba perjudicado por el proteccionismo que destruía la reciprocidad comercial.

La primera etapa de cooperación 1902-1920

En esta primera etapa de la historia republicana, donde se concluyó la reconstrucción, y se dio comienzo a la prosperidad, en plena vigencia del Tratado de Reciprocidad Comercial, los resultados del comercio exterior de Cuba fueron los siguientes:

Se exportaron hacia Estados Unidos 3, 271.5 millones de dólares, y se importaron desde Estados Unidos 1, 910.8 millones de dólares, para una balanza comercial favorable de 1, 360.7 millones de dólares.

La tasa de crecimiento anual de las exportaciones a valores constantes del dólar 1913, entre 1903 y 1920 fue del 21.1%, y de las importaciones de un 34.9%. Unas tasas de crecimiento asombrosas que constituyeron la base de la enorme prosperidad de Cuba al comenzar la década de 1920, solo comparable con la de Argentina dentro de las repúblicas latinoamericanas.

El hecho de que la tasa de crecimiento de las importaciones fue mayor que la de las exportaciones obedece a los términos de intercambio tan favorables para Cuba con respecto a Estados Unidos pues mientras entre 1903 y 1920, el nivel general de precios en Estados Unidos subió un 127.3%, el precio promedio del azúcar subió un 510%.

Esto provocó un fenómeno conocido en Economía como Enfermedad Holandesa[2] donde los términos de intercambio se hicieron tan favorables que se abarataron las importaciones de tal manera que casi cualquier cosa era más barato importarlo que producirlo en el país, afectando de esta forma a los productores nacionales que no podían resistir la competencia, por eso, el índice de apertura económica de Cuba en 1903 era de un 73%, y en 1920 era de un 113.4%, lo que indica que en 1920, toda la economía cubana dependía del resultado del comercio exterior.

El comercio con otros países alcanzó la suma de 906.4 millones de dólares en exportaciones y

2. Enfermedad Holandesa se refiere a los efectos perniciosos sobre la economía de un país provocados por un aumento significativo en el ingreso de divisas perjudicando la competitividad tanto de otras exportaciones como de los bienes producido dentro del país para consumo interno, ya que se abaratan sensiblemente las importaciones.

1, 123.3 millones de dólares en importaciones, por lo que la balanza comercial con otros países fue desfavorable en 216.9 millones de dólares.

El comercio con Estados Unidos representó el 78.3% de todas las exportaciones de Cuba, y el 63% de todas las importaciones de Cuba.

Con excepción de Estados Unidos y Gran Bretaña, las balanzas comerciales de Cuba fueron deficitarias con el resto de los países del mundo con los que comerció.

Como puede verse, el resultado del Tratado de Reciprocidad Comercial de 1903 fue durante este primer período republicano altamente beneficioso para Cuba, que le vendió a Estados Unidos mucho más de lo que le compró, pero también fue altamente beneficioso para Estados Unidos, ya que Cuba se había convertido en un cada vez más importante mercado para sus exportaciones.

De las exportaciones cubanas a otros países del mundo, el mayor comprador después de Estados Unidos fue Gran Bretaña con un 12.4% del total. El restante 9.3% se repartió entre España con un 2.7%, Francia con un 2%, y otros países con porcentajes insignificantes.

En lo referente a las importaciones de Cuba, después de Estados Unidos se encontraba España con un 8.7%, Gran Bretaña con un 8.1% y Francia con un 4.6%. Las importaciones procedentes de España eran un reflejo de la gran población de origen español que estaba radicada en Cuba, así como de las costumbres españolas del cubano en general, pues las importaciones desde España consistían básicamente de bienes de consumo no-duraderos.

La estructura del comercio exterior de Cuba en el período 1903- 1920 fue la siguiente:

- Exportaciones:
- Azúcar 80.4% Otros 19.6%.
- El grupo de otros está compuesto principalmente por tabaco, frutas y vegetales y minerales.
- Importaciones:
- Las importaciones constituyeron el 76.2% del consumo total del país y de ellas:
- Bienes de consumo no-duraderos que son los bienes que se consumen en menos de un año tales como alimentos, bebidas, ropa, calzado, etc. Este tipo de bienes constituyó el 45.4% del total de las importaciones, entre ellos, las importaciones de alimentos y bebidas constituyeron el 28% de las importaciones totales y el 61.6% de las importaciones de bienes de consumo no-duraderos.
- Bienes de consumo duraderos, que son aquellos cuyo consumo tiene lugar a lo largo de un período mayor de un año como pueden ser muebles, electrodomésticos, automóviles, etc.
- Bienes de producción, que son los bienes que se consumen en el proceso de producción tales como maquinarias, equipos de transporte, piezas de repuestos combustibles lubricantes y otros insumos.
- Los bienes de consumo duraderos y de producción constituyeron el 54.6% del total de las importaciones de Cuba.

Las exportaciones de azúcar hacia Estados Unidos 1903-1920: las tarifas norteamericanas

El impacto que el Tratado de Reciprocidad tuvo sobre las exportaciones de azúcar hacia Estados Unidos fue determinante para la economía cubana.

La tabla que mostramos a continuación, a partir de la información que provee Cesar J Ayala en su libro *American Sugar Kingdom*[3]demuestra la evolución de la participación relativa de los abastecedores de azúcar al mercado norteamericano entre 1900 y 1921.

3. *American Sugar Kingdom: The Plantation Economy of the Spanish Caribbean 1898-1934*, Cesar J Ayala

Abastecedores	1900-1901	1902-1906	1912-1916	1917-1921
Cuba	16.7%	38.0%	49.7%	50.0%
Otros extranjeros	53.5%	23.4%	1.1%	0.0%
Domesticos	29.8%	38.6%	49.2%	50.0%

Los productores domésticos incluyen: los productores de azúcar de remolacha, los productores de azúcar de caña continentales (Louisiana), y los productores de las posesiones insulares; Hawaii, Puerto Rico, Islas Vírgenes, y Filipinas.

Como se puede ver, ya a comienzos de la Primera Guerra Mundial, la producción de azúcar cubana había desplazado a todos los demás productores extranjeros que concurrían al mercado norteamericano cumpliéndose la meta de la reciprocidad.

Entre 1900 y 1921, el mercado azucarero norteamericano creció un 80.9%; las exportaciones azucareras de Cuba hacia el mercado norteamericano crecieron un 427.7%; las extranjeras cayeron en un 98.5%, y la producción doméstica creció un 194.6%. De estas concluimos que la importación de azúcar extranjero, aparte del azúcar cubana, desapareció, y en segundo lugar, que Cuba estaba obteniendo una parte cada vez mayor del mercado norteamericano, y se acercaba el momento en que pudiera comenzar a desplazar a los productores domésticos, especialmente a los productores continentales.

El otro aspecto importante del funcionamiento de las preferencias que otorgaba a Cuba el Tratado de Reciprocidad Comercial es del diferencial precio/tarifa.

Si observamos el diferencial existente entre precio del azúcar, y la tarifa vigente para el azúcar cubano a su entrada al mercado norteamericano, vemos como los ingresos netos, luego de pagados los derechos de aduana para el azúcar cubano, van aumentando.

En el año 1902, antes de la firma del Tratado de Reciprocidad, la tarifa vigente en las aduanas norteamericanas para el azúcar importado era de 1.6850 centavos por libra de azúcar crudo, y el precio promedio de la libra de azúcar crudo en ese año fue de 1.83 centavos, por lo que le quedó neto al productor cubano 0.1450 centavos por cada libra.

Al firmarse el Tratado en 1903, la tarifa para el azúcar cubano bajó a 1.3480 centavos libra, por lo que con un precio promedio ese año de 1.96 centavos, el ingreso neto para el productor cubano fue de 0.6120 centavos por cada libra, un incremento de un 320%.

Esto representó un enorme aumento en los ingresos de Cuba por concepto de ventas de azúcar a Estados Unidos, ya que además este mercado se encontraba en rápida expansión, dándole un impulso a la reconstrucción de la industria azucarera cubana.

La tarifa para los azúcares extranjeros de 1.6850 (Tarifa Dingley de 1897) estuvo vigente hasta 1913, por lo que la tarifa para Cuba (descontando el 20% del Tratado de Reciprocidad) se mantuvo en 1.3480, en tanto los precios del azúcar aumentaban, y con ello el diferencial a favor de los productores cubanos.

En 1913 tuvo lugar una rebaja de la tarifa por la Underwood Act, de un 25%, quedando entonces en 1.256 centavos la libra, por lo que la tarifa para el azúcar cubano quedó en 1.0048 centavos, lo que permitía un más amplio diferencial a favor de los productores cubanos.

En el gráfico inferior podemos observar como el Tratado de Reciprocidad con la rebaja del 20% de la tarifa vigente funcionó a favor de los productores cubanos en un contexto de ascenso de los precios del azúcar entre 1902 y 1920, mostrando un incremento exponencial durante la Primera Guerra Mundial, entre 1914 y 1920.

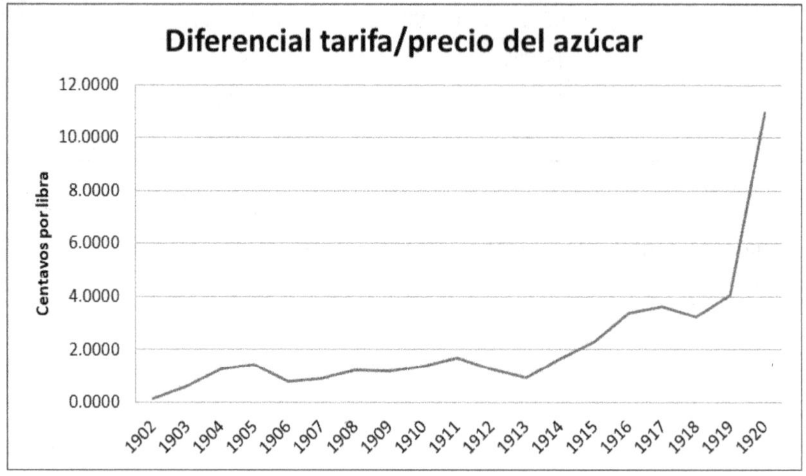

Fuente "American Sugar Kingdom" Cesa J Ayala. Cálculos del autor.

Un tercer elemento a considerar en el análisis del mercado azucarero entre 1903 y 1920 sería la elasticidad que muestra la demanda de azúcar en este período.

Entre 1903 y 1913 la producción mundial de azúcar se incrementó un 54.7%, en tanto los precios promedio cayeron un 8.1% solamente, lo cual indica un altisimo grado de elasticidad de la demanda de azúcar, y entre 1914 y 1920, la Primera Guerrra Mundial dislocó completamente el mercado azucarero. La producción mundial de azúcar en 1920 era un 7.5% inferior a 1914, y los precios, eran un 353% superiores.

Cuba exportó hacia Estados Unidos unas 30 millones de toneladas largas de azúcar entre 1902 y 1920, lo cual representó el 75% de su producción total, por lo que aproximadamente, las exportaciones a otros países y su consumo interno sumarían, unas 7.5 millones de toneladas largas.

La elevada elasticidad de la demanda del azúcar, unida a los grandes diferenciales obtenidos por los productores de Cuba entre el precio y la tarifa en el mercado norteamericano, atrajeron enormes cnatidades de factores de producción hacia la industria azucarera cubana, tanto domésticos como extranjeros (tierra, trabajo, y capital).

El boom de la Primera Guerra Mundial 1914-1920 "Las Vacas Gordas"

Con el inicio de la Primera Guerra Mundial comienza un auge sin precedentes en los precios de las materias primas entre ellas el azúcar.

Las exportaciones llegaron a ser el 57% del Ingreso Nacional, y de ellas el azúcar fue el 87.3%.

El comercio exterior total fue el 95.5% del Ingreso Nacional, de haber sido hasta 1913 un 77%. En estos años de la Primera Guerra Mundial toda la economía se encontraba en función del comercio exterior.

Las balanzas comerciales entre1914 y 1920 acumularon un superávit de 923.3 millones de dólares, cuadruplicando el superávit del período 1903-1914.

La estructura geográfica del comercio exterior fue la siguiente:

Países	Exportaciones	%	Importaciones	Balanza comercial	%
Estados Unidos	2,161.4	75.5	1,367.8	70.5	+793.6
Otros paises	711.3	24.5	571.6	29.5	+139.7
Total	2,862.7		1,939.4	+923.3	

Entre 1903 y 1913, el comercio con Estados Unidos represento el 52.7% del Ingreso Nacional de Cuba en tanto entre 1914 y 1920 llegó a ser un 70.2%.

A valores constantes del dólar de 1913, las exportaciones de Cuba hacia Estados Unidos crecieron entre 1914 y 1920, a una tasa anual del 19.2% en tanto las importaciones lo hicieron a una tasa anual del 32.5%. Cuba importaba a una tasa mayor de lo que exportaba debido a los términos de intercambio favorables.

Como consecuencia de la guerra, el comercio exterior de Cuba tendió a concentrarse más aún a favor del mercado norteamericano, pues aunque la guerra cortó casi completamente los lazos comerciales con Europa, no sucedió así con Estados Unidos.

La súbita entrada de divisas a Cuba dio lugar a que los precios internos aumentaran más que los precios de las importaciones, provocando una caída de la competitividad de la producción nacional frente a los productos importados. Este fenómeno es conocido como "Enfermedad Holandesa", la cual ya explicamos.

Entre 1914 y 1920, el nivel general de precios en Estados Unidos subió un 100%, en tanto el precio promedio del azúcar subió un 353% creando unos términos de intercambio extraordinariamente favorables para Cuba. La entrada de dinero por las balanzas de pago, más la expansión crediticia de los bancos creando medios fiduciarios, provocó que el nivel general de precios subiera en Cuba un 46.3%, trayendo por consecuencia que el nivel general de precios en Cuba era en 1920 un 13.8% mayor que en Estados Unidos, por lo que las importaciones norteamericanas competían con ventaja con muchas producciones cubanas.

Entre 1903 y 1913, las importaciones representaron el 36.2% del consumo interno, y entre 1914 y 1920, alcanzaron el 45.7% del consumo interno, lo cual significó un duro golpe para algunas industrias que se habían venido desarrollando desde inicios de la República, además de promover la creación de agrupaciones de empresarios nacionales con el propósito de solicitar protección del gobierno.

Los dos años finales de este período, que vino siendo la posguerra, se conocen en América Latina como la Danza de los Millones, y en Cuba como las Vacas Gordas, cuando los precios de las materias primas alcanzaron niveles nunca antes vistos. La libra de azúcar crudo, en mayo de 1920 llegó a cotizarse a 22.5 centavos.

Entre 1907 y 1919, los ingresos promedio familiares se incrementaron un 150% en tanto el nivel general de precios creció un 48%, lo que significa una indiscutible mejora en los ingreso reales.

El índice de apertura económica de Cuba en 1913 había sido de un 77%, en 1920 alcanzó el 95.5%, lo cual quiere decir que la economía cubana se encontraba casi totalmente en función del comercio exterior; exportaba azúcar, e importaba todo lo demás, alcanzando de esta forma el punto máximo de la economía de plantación.

Hasta aquellos momentos, todos en Cuba, unos más, y otros menos, se habían beneficiado de la reciprocidad comercial. En 1920, Cuba tenía el segundo per cápita más alto de América Latina, superado solamente por Argentina.

El fin de la cooperación y la reciprocidad, el neomercantilismo norteamericano. Inicios de la crisis del comercio internacional: 1921-1925

El retorno a la normalidad después de la guerra, y la vuelta de Estados Unidos al patrón oro como sistema monetario dio lugar en 1920 a la terminación de la burbuja de los precios de las materias primas. El precio del azúcar cayó entre mediados de mayo de 1920, y diciembre de ese año, un 86%

provocando el quiebre del sistema bancario de Cuba, y la bancarrota de muchos empresarios, ya que casi todas las deudas tenían como colateral los elevadísimos precios del azúcar.

Muchos centrales, colonias de caña, propiedades rústicas y urbanas pasaron a manos de bancos norteamericanos y especuladores que tenían cantidades de efectivo. Esta crisis se denominó en Cuba las "Vacas Flacas" en contraposición al periodo anterior de bonanza artificial conocida como "Las Vacas Gordas". Esta recesión duró entre los finales de 1920, y el año 1921, y fue de una severidad inusitada.

Entre 1920 y 1921 el valor de las exportaciones cayó un 65%, en tanto las importaciones solo cayeron en un 36%, lo que dio lugar a una balanza comercial deficitaria por primera vez desde el inicio de la República, y aunque la crisis fue de corta duración, ya anunciaba que los tiempos de una prosperidad creciente se terminaban, y para algunos se hacía evidente que esa prosperidad fue circunstancial, y que no era sostenible con la estructura económica de Cuba la cual debía cambiar, o de lo contrario la economía cubana completa corría el riesgo de caer en manos de extranjeros, lo que significaría el fin de la República y de la nacionalidad cubana.

Después de la Primera Guerra Mundial, Estados Unidos se había convertido en el gran acreedor del mundo, y en el principal inversor de capital tanto directo como indirecto, reemplazando a Gran Bretaña, pero a diferencia de esta, con la llegada a la presidencia del Partido Republicano con Warren Harding, se inició una era de aislacionismo político y proteccionismo económico que hacía que sus deudores tuvieran cada vez más dificultades para pagar las deudas.

El regreso de Estados Unidos al patrón oro, una vez más dio lugar a una caída de los precios especialmente de los productos de la agricultura, por lo que de nuevo se levantaron las voces de los lobbies de agricultores pidiendo medidas proteccionistas, entre ellos, los poderosos azucareros.

La Tariff Emergency Act de 1921, y la Fordney-McCumber Act de 1922, elevaron los aranceles norteamericanos de manera exponencial.

Unido a esto, la industria de azúcar de remolacha europea se estaba recuperando completamente de la destrucción causada por la Gran Guerra, por lo que los precios del azúcar comenzaron a caer después de 1923.

La inconsistencia de la política internacional norteamericana, por una parte convertida en la primera potencia mundial, y por otra con una política aislacionista, tendría consecuencias graves, provocando una debilidad para la economía del mundo de posguerra.

Una de las consecuencias más nefastas de la Primera Guerra Mundial fue la desintegración del sistema internacional de comercio, y la vuelta al Mercantilismo y al nacionalismo económico.

El nacionalismo económico se manifiesta a través de elevadas tarifas, cuotas, controles de cambio, monopolios de importación, susidios, manipulación monetaria, y toda una serie de instrumentos que comienzan a utilizar los gobiernos de las principales potencias del mundo, y que irán dando lugar a la formación de bloques tendientes a la autosuficiencia.

El populismo proteccionista norteamericano destruirá la cooperación de la reciprocidad entre Estados Unidos y Cuba, lo que unido a la saturación del mercado azucarero llevarán a nuestro país a una profunda crisis económica a partir de 1925.

Este período transicional entre la prosperidad y la crisis, plantea una aparente incongruencia, ya que los precios del azúcar caen, las tarifas norteamericanas aumentan, la demanda se hace cada vez más inelástica, en tanto comienza el deterioro de los términos de intercambio, pero las inversiones norteamericanas son cada vez mayores, y la inmigración continúa creciendo, provocando una sobreinversión de capital, y desempleo.

Los indicadores del comercio en este periodo fueron los siguientes:

1- Las exportaciones hacia Estados Unidos fueron 1, 477.3 millones de dólares, equivalentes a un 81.5% del total de las exportaciones, lo que implica una concentración mayor que en los períodos anteriores en las exportaciones cubanas, que casi no tenían otro comprador.

2- Las importaciones desde Estados Unidos sumaron un total de 924.2 millones de dólares, lo que representó el 66.3% de las importaciones. El promedio anual de las exportaciones de Cuba hacia Estados Unidos con respecto al período anterior, descendió en un 4.3% y el de las importaciones descendió en un 5.4%.

3- Las exportaciones hacia otros países alcanzaron un valor de 336.2 millones de dólares, y las importaciones desde otros países 469.5 millones de dólares, lo que significa que una vez más la balanza comercial fuera de Estados Unidos fue deficitaria con la excepción de Gran bretaña.

4- La balanza comercial registro un superávit de 420 millones de dólares.

5- El índice de apertura económica fue de un 91.7%, que aunque ligeramente inferior que en el período anterior, se mantenía extraordinariamente elevado.

6- El nivel general de precios en Estados Unidos cayó un 2.3%, en tanto el precio del azúcar cayó un 27.7% lo cual indica un deterioro de los términos de intercambio, que trajo por consecuencia que a valores constantes del dólar de 1913, la tasa de crecimiento anual de las exportaciones hacia Estados Unidos fue de un 5.3% en tanto la tasa anual de las importaciones desde Estados Unidos fue negativa en un 6.8%.

7- El nivel general de precios en Cuba descendió en un 12.1% pero aún se mantenía un 12% por encima del de Estados Unidos.

8- Las importaciones abastecieron el 45.0% del consumo nacional, lo cual representó una ligera disminución en relación con el período anterior.

El nivel general de precios en Cuba descendió un 12.1%, pero el ingreso familiar promedio cayó un 30.8%, por lo que se produce un deterioro en los ingreso reales de los trabajadores, y al mismo tiempo comienzan a crecer los niveles de desempleo.

Se estaba dando una situación deflacionaria, donde los ingresos promedio caen más que el nivel general de precios por lo que afectará principalmente a los que producen bienes con demanda elástica.

El final de la reciprocidad 1921-1925

En el comercio con Cuba, Estados Unidos se beneficiaba con un azúcar más barata, y con la compra por parte de Cuba, de una gran cantidad de bienes de la industria y la agricultura norteamericana.

Cuba por su parte se beneficiaba de bienes de capital e intermedios, así como algunos bienes de consumo para los cuales no tenía ventajas comparativas en producirlos, además del poder adquisitivo que le daban las balanzas comerciales favorables que le permitía comprar productos de otros países que poco o nada le compraban a Cuba.

El resultado de la cooperación y la reciprocidad para nuestro país fue un elevado estándar de vida que de lo contrario no hubiera podido disfrutar, pero todo ello descansaba en la voluntad de Estados Unidos de mantener abierto su mercado a los productos cubanos, especialmente el azúcar, ya que como vimos, otros países no tenían demanda para nuestros productos, lo que se refleja en la altísima dependencia de Cuba con respecto al azúcar, y con respecto al mercado norteamericano.

Inmediatamente después de concluida la Primera Guerra Mundial, bajo el gobierno del presidente republicano Warren Harding (1921-1923), llegan a la Casa Blanca las ideas proteccionistas, las cuales históricamente habían predominado en la ideología comercial del Partido Republicano.

Los precios del azúcar comenzaron después de 1920 a caer, y los productores de azúcar de remolacha y de caña de Louisiana presionaron al Congreso por una elevación de las tarifas de aduana a la entrada de azúcar extranjero, que era equivalente a decir cubano, para limitar la competencia de estos azúcares en el mercado norteamericano.

La revisión de las tarifas arancelarias dio lugar a la Tariff Emergency Act en 1921, y a la Fordney-McCumber Act de 1922, que elevaron los aranceles con respecto a la tarifa que había estado vigente desde 1913 (Uderwood Act), en 1921, un 60%, y en 1922 hasta un 75%. Así, de una tarifa de 1 centavo por libra de azúcar cubano a su entrada en el mercado norteamericano, pasó a ser 1.7648 centavos, reduciendo tremendamente los ingreso del productor de azúcar en Cuba, y del país en general. El precio promedio de la libra de azúcar en 1922 fue de 2.80 centavos, por lo que el diferencial entre tarifa y precio se reducía a ser solamente un 37% a favor del productor cubano.

A principios de la década de 1920, la industria azucarera cubana producía a más bajo costo que los productores norteamericanos continentales y de sus posesiones insulares, por lo que la caída de los precios del azúcar los afectaba menos, y eventualmente iría desplazando a los productores norteamericanos dentro de su propio mercado. En el año 1920, Cuba se encontraba abasteciendo el mercado norteamericano en un 49%, y las inversiones seguían fluyendo imparables hacia su industria azucarera, construyéndose nuevos centrales, y ampliando los existentes, por lo que los azucareros norteamericanos presionaron en el Congreso para limitar, por medio de barreras arancelarias, el ingreso de azúcar cubano a Estados Unidos, o por lo menos disminuir su competitividad, anulando con ello el efecto de las ventajas comparativas de Cuba en la producción de azúcar.

En 1920, el productor cubano tuvo a su favor el 91.6% del precio promedio, y en 1925 con el precio promedio de aquel año, solamente el 21.2%. Con la tarifa de 1913 se hubiera quedado con un 44.4%.

Al aumentar la tarifa de aduana norteamericana por libra de azúcar, y los precios declinando, cada vez quedaba menos valor neto para el productor en Cuba.

En el año 1920, por cada libra de azúcar vendida en Estados Unidos, le queda neto al productor en Cuba, luego de pagar la tarifa, 10.94 centavos, en 1921, con el aumento de la tarifa y la brusca caída del precio, por cada libra le quedó al productor en Cuba solamente 1.5 centavos, y en 1925 apenas quedaba un diferencial neto de 0.48 centavos, lo cual resultaba ruinoso para la mayoría de los productores cubanos, e insostenible para la industria en su conjunto de continuar descendiendo los precios.

Nosotros estimamos que entre 1921 y 1925, Cuba exportó a Estados Unidos azúcar por un valor de unos 1, 150 millones de dólares, de los cuales se quedaron en las aduanas norteamericanas unos 522 millones de dólares, o sea algo más de un 45% del valor de las zafras cubanas.

Teniendo en cuenta de que Cuba no tenía otro mercado para exportar su azúcar, esta elevación de las tarifas prácticamente podía verse como un despojo, y el fin de la cooperación y de la reciprocidad.

En una situación de un bien con una demanda inelástica, los productores más ineficientes son desplazados por los más eficientes, y los recursos que puedan deben dirigirse a otras líneas de producción o desaparecer en un proceso complejo que el economista austríaco Joseph Schumpeter (1883-1950) llamó la "destrucción creativa", cosa que para la industria azucarera es muy difícil, pues el capital invertido es altamente específico, y por tanto no se puede dedicar fácilmente a otros usos, dando como resultado la pérdida de gran parte de ese capital.

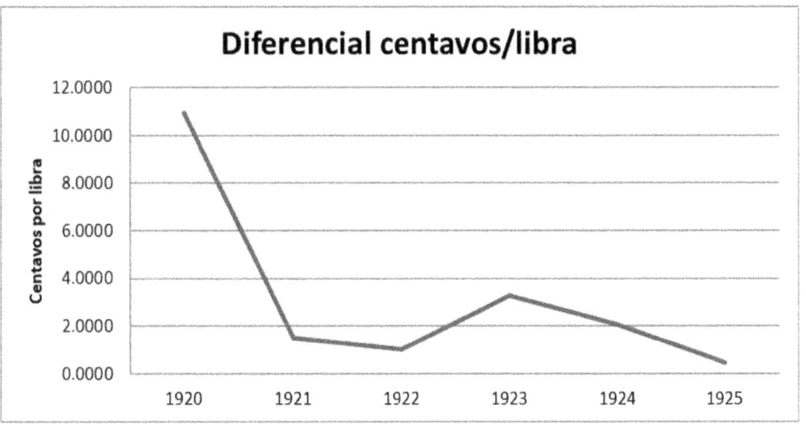

Fuente: "American Sugar Kingdom" Cesar J Ayala.
Anuarios azucareros de Cuba. Cálculos del autor.

El gráfico anterior muestra cómo se redujo el diferencial precio/tarifa para el productor de azúcar en Cuba llegando a una situación ruinosa.

Esto fueron años de agitación política y social que irían en aumento de continuar profundizándose la crisis económica. A la burguesía industrial, las clases medias y los intelectuales, se le sumaban los poderosos hacendados y colonos, y parte de los que se encontraban vinculados al sector exportador.

El fin de la reciprocidad amenazaba con precipitar al país en el caos económico y político, pero también tenía consecuencias para Estados Unidos que estaban perdiendo un mercado importante para toda una serie de artículos que ellos producían, a cambio de mayores ingresos para el gobierno americano por concepto de recaudaciones de aduana, así como en benéfico de productores azucareros norteamericanos ineficientes, manteniendo precios lo suficientemente altos que pagaría el pueblo americano.

Como vemos, la Teoría de la Dependencia no se sostiene pues las potencias metropolitanas con un tipo de esquema comercial mercantilista arruinan a las naciones pendientes matando la gallina de los huevos de oro.

La crisis azucarera de 1925 a 1929

Ante la posibilidad de una nueva crisis provocada por el enorme y sostenido incremento de la producción de azúcar mundial, que daría lugar a un desplazamiento aún mayor de los cubanos dentro de la economía del país, el gobierno de Machado trató de limitar la producción para evitar que continuara cayendo el precio en el mercado mundial, y eventualmente que comenzara a subir. Para ese propósito fue aprobada en 1926 la Ley Verdeja, que obligaba a disminuir en un 10% la producción de azúcar, prohibía la construcción de nuevos centrales, así como el desarrollo de nuevos campos de cultivo de caña, en tanto se repartían cuotas de producción para cada central.

El hacendado cubano José Manuel Casanova escribía lo siguiente en referencia a esta situación:

"De no existir reglamentación en nuestra industria, los productores independientes, en su mayoría cubanos y españoles, no tendrían acceso al mercado norteamericano excepto en cantidades pequeñas… sin la reglamentación y abandonada la industria cubana a la supervivencia del más fuerte… el número de centrales sería cada vez más reducido… y la industria desaparecería para siempre de manos de cubanos y españoles"[4].

4. En *Los cautivos de la reciprocidad*, Oscar Zanetti Lecuona.

A pesar de que la Ley Verdeja perjudicaba a los grandes centrales norteamericanos integrados verticalmente con compañías refinadoras en Estados Unidos, la medida no fue protestada por el gobierno norteamericano, pues se encontraba en correspondencia con el propósito de los azucareros norteamericanos de limitar la producción de azúcar cubano.

Esta legislación resultó ser un fracaso, pues no logró sus propósitos de sostener los precios del azúcar que continuaron cayendo, en tanto le hizo un daño considerable a la economía cubana.

Las causas y consecuencias de este fracaso las explicamos con más detalle en la monografía dedicada a la industria azucarera.

Reconociendo esta situación, en 1929 fue declarada libre la zafra por parte del gobierno, alcanzándose una vez más los niveles de producción de 1925, pero en el año 1929 comenzaba la crisis económica mundial conocida como la Gran Depresión.

Por otra parte, el gobierno cubano trató de satisfacer algunos reclamos proteccionistas de los productores para el mercado interno, promulgando un nuevo arancel proteccionista en 1927.

Cuba de esta manera entraba dentro de la tendencia de proteccionismo nacionalista que caracterizaba al mundo después de la Primera Guerra Mundial, y que terminó destruyendo el sistema internacional de comercio que se había venido construyendo desde la segunda mitad del siglo XIX.

La caída de los precios del azúcar, la subida de las tarifas norteamericanas, y la restricción unilateral de la zafra por parte de Cuba, tuvieron un fuerte impacto en el comercio con Estados Unidos.

Entre 1925 y 1929, las exportaciones hacia Estados Unidos se contrajeron en un 21% y las importaciones en un 32%.

La participación de la producción nacional en el consumo interno pasó de ser un 45.5% en 1925 a ser un 54% en 1929, lo cual fue en parte una consecuencia del arancel proteccionista de 1927.

Durante este período ya se manifiesta la inelasticidad de la demanda del azúcar; la demanda no aumenta de manera proporcional a la caída de los precios que caen mucho más, por lo que los productores menos eficientes tienen que salir del mercado.

La Gran Depresión 1930-1933. La destrucción del comercio internacional

El colapso económico de 1929 a 1933 no tuvo precedente en profundidad y alcance, pues aunque hubo crisis cíclicas anteriores, ninguna de la magnitud de esta depresión. Muchos han sido los análisis por parte de economistas de diferentes tendencia e ideologías acerca de las causas de lo que se llamó la Gran Depresión.

Tuvo su origen en el crash de la Bolsa de Valores de Nueva York el 29 de octubre de 1929 (Martes Negro), y a partir de allí se movió abarcando a todos los países del mundo debido al enorme peso relativo de la economía norteamericana en el mercado mundial. Unos países fueron más afectados que otros. Cuba debido a su estructura económica y su dependencia del mercado norteamericano resultó ser la que recibió el mayor impacto entre todas las repúblicas latinoamericanas.

La Gran Depresión comenzó como un pánico financiero que desencadenó una quiebra masiva de bancos.

La Reserva Federal de Estados Unidos (Fed) impuso medidas de austeridad, reduciendo la oferta monetaria, y manteniendo las tasas de interés altas con el objetivo de que los precios y los salarios cayeran hasta el punto de que la economía eliminara las malas inversiones, y comenzara a crecer de nuevo. Este era el mecanismo habitual del patrón oro, a partir del cual las recesiones cíclicas volvían a entrar en la fase de recuperación en breve tiempo, pero el gobierno de Herbert Hoover comenzó a tomar medidas que estorbaron el funcionamiento del mecanismo corrector del patrón oro tratando de evitar que los salarios cayeran, y llevando el proteccionismo a una situación extrema con la aprobación en 1930 de la Smoot-Hawley Act que elevó los aranceles de casi todos los productos que Estados Unidos importaban de forma tal que casi cerró la economía norteamericana al resto del mundo. Las acciones tomadas por el gobierno norteamericano profundizaron aún más la recesión convirtiéndola en una depresión.

La contracción de la oferta monetaria en Estados Unidos creó una situación deflacionaria haciendo caer los precios en picada, y junto con ellos los precios de las materias primas, a lo que se le sumó la interrupción del comercio en 1930. Una caída de los precios, y la imposibilidad de los empresarios de bajar los salarios y despedir empleados, de acuerdo a las medidas tomadas bajo presión sindical por la administración Hoover, llevaron a la quiebra a muchas empresas, entrando el país en una espiral deflacionaria que amenazaba con hundir la economía.

Los países exportadores flexibilizaron sus políticas monetarias, y sacaron sus monedas del patrón oro para poder aumentar la oferta monetaria internamente, y sostener las precios y salarios frente a una situación deflacionaria que pudiera causar la ruina de sus economías internas, pero este no fue el caso de Cuba que se encontraba en el patrón oro y no podía salir de él debido al Artículo II de la Enmienda Platt que impedía que Cuba tuviera una política monetaria independiente; Cuba no tenía ni banco central ni moneda propia.

La caída de los precios del azúcar, unido al proteccionismo norteamericano que prácticamente excluyó al azúcar cubano de su mercado después de 1930, precipitaron a nuestro país a una crisis pavorosa.

Una vez más en 1931, volvía a intentarse la limitación de la producción de azúcar, esta vez incluyendo a otras áreas productoras del mundo en lo que se llamó el Plan Chadbourne, sin tomar en cuenta de que los precios no respondían a la restricción de la oferta, primero por la inelasticidad de la demanda del azúcar, y en segundo lugar por la caída de la demanda provocada por la Gran Depresión, por lo cual se restringía la oferta pero los precios seguían cayendo. Entre 1929 y 1933 la producción mundial de azúcar disminuyó un 9.2%, en tanto los precios promedio disminuyeron un 43.6%. La producción de azúcar cubana se redujo un 52.3%.

El arancel norteamericano en 1930 (Smoot-Hawley Act) subió a 2 centavos por libra de azúcar crudo, y en 1933 el precio promedio había caído 0.97 centavos, por lo que los productores de azúcar de Cuba, quedaban excluidos del mercado norteamericano. Solamente los centrales integrados verticalmente con refinerías norteamericanas podían seguir funcionando.

Este conjunto de factores; caída de los precios, proteccionismo, y restricción voluntaria de la producción, pusieron al borde del colapso a la industria azucarera cubana y con ella a la economía de Cuba en su conjunto.

Para salvar lo que quedaba, el gobierno de Machado votó un empréstito con el objetivo de financiar los excedentes de la zafra de 1931, y se decretó una moratoria en el pago de todas las deudas.

Los efectos de la crisis azucarera, unidos a los de la Gran Depresión se reflejan en los siguientes indicadores comerciales entre 1925 y 1933.

1. Las exportaciones cubanas hacia Estados Unidos alcanzaron los 1, 485.3 millones de dólares, y las importaciones desde Estados Unidos fueron 951.0 millones, para un superávit en balanza comercial de 534.3 millones de dólares. En 1933, las exportaciones se habían reducido en un 78.4% en comparación con 1925, y las importaciones se habían reducido en un 87.9%.
2. Las exportaciones hacia el resto del mundo tuvieron un valor de 496.7 millones de dólares, y las importaciones de 629.6 millones registrándose un déficit en balanza comercial de 132.9 millones.

3. El índice de apertura económica del período fue de un 66%, pero en el año 1933 se había reducido hasta un 28.4% lo cual indica que el comercio exterior de Cuba casi era inexistente.
4. La producción nacional en 1933 abasteció el 85% del consumo interno el cual se había reducido desde 1925 en algo más de un 32%.
5. El nivel general de precios en Estados Unidos se redujo un 25.7%, en tanto el precio del azúcar en un 57%, lo cual indica el fuerte deterioro de los términos de intercambio de Cuba con respecto a Estados Unidos. El valor de la zafra de 1933 a precios constantes del dólar de 1913, fue un 77.5% inferior a la de 1925.
6. En nivel general de precios en Cuba cayó un 42.7% por lo que se colocó un 12.5% por debajo del de Estados Unidos trayendo por consecuencia que las importaciones desde Estados Unidos se hicieran muy caras en el mercado interno cubano. A valores del dólar de 1913, las exportaciones hacia Estados Unidos se contrajeron a una tasa anual del 8.9% en tanto las importaciones se redujeron a una tasa anual del 10.5%.
7. El ingreso promedio familiar cayó un 14.4% pero como el nivel general de precios disminuyó un 42.7%, el ingreso familiar promedio real tuvo una fuerte mejoría para los trabajadores que mantenían sus empleos, y una situación ruinosa para la mayoría de los empresarios.
8. A valores constantes del dólar de 1913, el Ingreso Nacional de Cuba se contrajo a una tasa anual del 1.9%.
9. La Tarifa Smoot-Hawley aprobada en 1930 elevó los derechos de aduana sobre el azúcar importado en Estados Unidos a 2 centavos la libra, cuando el precio promedio era de 1.23 centavos, lo que excluía al azúcar cubano del mercado norteamericano.

La reciprocidad, como principio comercial entre Cuba y Estados Unidos había sido destruida, por lo que quedaba anulada la ventaja comparativa de Cuba, que era la producción de azúcar, las tarifas favoreciendo al lobby de los productores de azúcar de remolacha norteamericanos la destruyó, en tanto perjudicaba a muchos productores norteamericanos que vendían sus productos ventajosamente en Cuba.

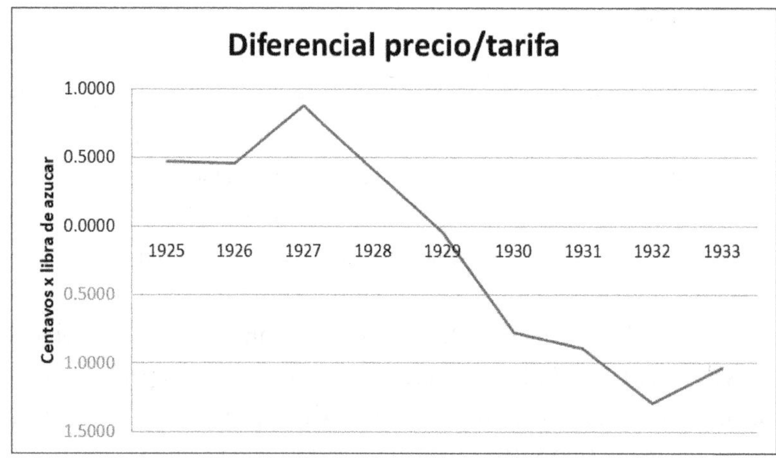

10. Debido a que Cuba no tenía moneda propia, y no podía emitirla pues lo prohibía el Artículo II de la Enmienda Platt, los déficits en la cuenta corriente que se acumularon entre 1925 y 1933 desmonetizaron el país; la base monetarias se redujo un 63%, provocando una deflación devastadora que llevó a la bancarrota a casi todas las empresas, y provocó un enorme desempleo.

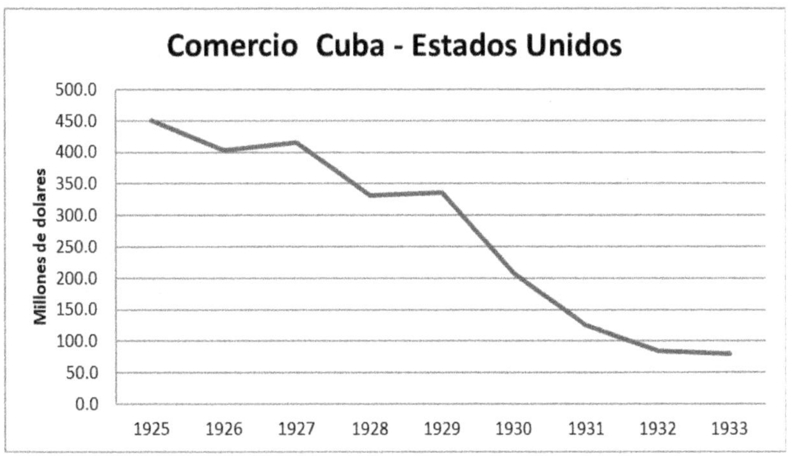

Fuentes: *Cuba: A Handbook of Historical Statistics* Susan Schroeder. Cálculos del autor.

El gráfico anterior describe la contracción del comercio entre Cuba y Estados Unidos como resultado del proteccionismo norteamericano, y del deterioro de los términos de intercambio.

Estructura del comercio de Cuba entre 1903 y 1933

La tabla inferior muestra la variación geográfica del comercio exterior de Cuba durante la vigencia del Tratado de Reciprocidad Comercial y de la Enmienda Platt, pues hay que tener en cuenta de que el Artículo I de la Enmienda Platt prohibía que Cuba firmara tratados con otras naciones, por lo que el Tratado de Reciprocidad y la Enmienda Platt, se complementaban uno con otro.

Expresado en % del total.				
Países	1903-1913		1930-1933.	
	Export	Import	Export	Import.
EEUU	84.4	49.6	68.8	56
G Bretaña	6.4	13.5	15.7	5.4
Canadá	0.9	1.3	0.5	2.2
Alemania	3.6	6.8	1.1	3.9
España	0.8	9.1	1.8	5.2
Francia	1.4	7.7	2.5	3.3
Am. Latina	0.9	2.4	2.1	2
Otros	1.6	9.6	7.5	22
Total	100	100	100	100

Como se puede concluir de la observación de la tabla anterior, solamente con Estados Unidos la balanza comercial es favorable, y en el periodo 1930-1933 el comercio con Gran Bretaña tuvo superávit, y muy ligeramente con el conjunto de América Latina.

Las exportaciones

Las exportaciones de Cuba sumaron un total de 7, 619.5 millones de dólares lo que constituyó el 46.6% de todo el Ingreso Nacional. De ella el 82% fue azúcar para una cantidad de 6, 248.0 millones de dólares. La exportaci'on de tabaco, entre un 10 y un 12%, representó entre 750 y 915 millones de dólares, y el resto de las exportaciones estaban compuestas por minerales, frutas, vegetales, y maderas.

Las importaciones

La importaciones del período sumaron 5, 711.1 millones de dólares que constituyeron el 65.5% del consumo nacional.

Del total de las importaciones, el 37.6% eran bienes de consumo no-duradero, que son los bienes finales que se consumen en un período menor de un año, El restante 62.4% estuvo compuesto por bienes de consumo duraderos, que son bienes finales cuyo período de consumo es mayor de un año, por insumos para la producción, tales como materias primas, piezas de repuesto, bienes intermedios, combustibles, etc. y bienes de capital tales como herramientas, maquinarias, vehículos comerciales, etc., que son los bienes que se utilizan para la producción de bienes de consumo final (duraderos y no duraderos).

Dentro de los bienes de consumo no-duraderos las importaciones de alimentos y bebidas constituyeron el 62%. Cuba era uno de los países de América Latina que más alimentos y bebidas importaba en relación con el total de sus importaciones.

Evaluación final del Tratado de Reciprocidad Comercial de 1903 y sus resultados

Para la historiografía marxista, el objetivo del Tratado era convertir a Cuba en un abastecedor de materias primas baratas para el mercado norteamericano, y un comprador de productos manufacturados producidos por la industria norteamericana, extrayendo así continuamente riquezas en una relación de dependencia mercantil- imperialista.

Según estos teóricos, en función de este modelo de explotación se deforma la estructura de producción la cual se convierte esencialmente en monoproductora, y con prácticamente un solo mercado; el mercado de Estados Unidos, así como un lugar seguro donde emplear los excedentes de capital y obtener grandes retornos.

Cuba se especializa en producir azúcar debido a su gran ventaja comparativa, y no a ningún designio imperialista de Estados Unidos.El aprovechamiento de esa ventaja dio lugar a un importante superávit comercial, con un resultado contrario al esquema de las teorías marxistas del imperialismo.

Para una economía pequeña como la cubana, a escasas 90 millas del mercado más grande del mundo, es imposible, y no solo imposible si no contraproducente, como ha demostrado la historia, que no se establezcan relaciones de dependencia comercial. La propia Ley de las Ventajas Comparativas convertirían a Cuba en un gran abastecedor de azúcar al mercado norteamericano, y a Estados Unidos en un gran abastecedor de toda una serie de artículos industriales, materias primas y productos intermedios que no se podían fabricar en Cuba económicamente.

La reciprocidad comercial, lo único que aportó fue un trato preferencial en las tarifas de aduana entre los dos países. Las diferencias en las rebajas están basadas en el grado de elaboración de los artículos contemplados en el tratado.

¿Podía Cuba firmar tratados semejantes con otros países? No, la Enmienda Platt lo prohibía si no era con la aprobación de las autoridades norteamericanas, por tanto, prácticamente excluía a otros países del mercado cubano en algunos renglones, pero en lo referente a la inversión de capitales directos, el mercado cubano estaba abierto a todos los países del mundo sin exclusión.

Lo que Martí, Sanguily, y otros aspiraban para Cuba en sus relaciones comerciales, era el libre comercio con todas las naciones, y esto lo impedía la Enmienda Platt, no el Tratado de Reciprocidad. Una política comercial basada en el proteccionismo hubiera sido ruinosa para Cuba, pues implicaría el desperdicio de sus ventajas comparativas.

La idea de esa relación comercial desigual que los marxistas y neomarxistas denominan "dependencia" es totalmente insostenible ya que la oferta de un productor es exactamente su demanda;

cuando Estados Unidos le está comprando azúcar a Cuba, está creando exactamente la misma cantidad demandada por Cuba. Así es como funciona la Ley de los Mercados, también conocida como la "Ley de Say" por el economista francés Jean Baptiste Say[5] que plantea que la oferta de un bien o servicio constituye la demanda de otros bienes o servicios diferentes, y que la fuente de la demanda es la producción, no es el dinero, pues el dinero es solo un "estacionamiento temporal para la producción pasada". Para demandar primero hay que producir.

Partiendo del concepto de demanda y oferta, donde demanda es la voluntad combinada con la habilidad de gastar dinero, y oferta es la existencia de bienes y servicios combinada con la voluntad de sus propietarios de venderlos, si los habitantes de un país no tienen la habilidad de gastar dinero porque no lo tienen, porque no han producido, aunque tengan la voluntad de hacerlo no habrá demanda, por tanto, un país no puede sostener a largo plazo un modelo de explotación donde obligue a otro a comprar lo que no tiene demanda, ni aunque exista una relación metrópoli-colonia, y esto fue lo que pasó con Cuba desde 1921 hasta 1933, Estados Unidos cada vez le quitaba más poder adquisitivo a Cuba en las aduanas, y Cuba cada vez le compraba menos productos, sencillamente porque le estaban mermando la capacidad de demanda.

El problema para Cuba no se encontraba solamente en la "reciprocidad" si no en la imposibilidad de firmar tratados de reciprocidad con otros países según como se interpretara el Artículo I de la Enmienda Platt. Gran Bretaña y España, países a los que Cuba compraba cantidades importantes, hubieran podido establecer también vínculos de reciprocidad, una distribución geográfica de reciprocidad, que acercara a Cuba al libre comercio, alcanzando plenos beneficios de sus ventajas comparativas.

Si la reciprocidad hubiera continuado, manteniendo los aranceles de aduana vigentes en Estados Unidos en 1920, en el año 1929 la producción de azúcar cubana hubiera desplazado a los productores norteamericanos continentales, por lo que Cuba estaría abasteciendo aproximadamente el 72% del consumo norteamericano, lo que hubiera implicado unas exportaciones hacia Estados Unidos de 4, 896 miles de toneladas largas, o sea un 32% más de lo que se exportó en realidad.

La zafra de Cuba de 1929 hubiera sido de unas 6, 348.3 miles de toneladas largas, o sea un 23.1% mayor de lo que realmente fue, lo cual se hubiera alcanzado perfectamente teniendo en cuenta las capacidades agrícolas e industriales existentes en 1925, antes de la restricción unilateral.

La reciprocidad se destruye cuando Estados Unidos pasa a una política mercantilista basada en el proteccionismo, y comienza a elevar el nivel de las tarifas de aduana para proteger a sus productores domésticos en una situación de caída de los precios mundiales del azúcar.

El Tratado de Reciprocidad debe ser analizado dividiéndolo en dos etapas; la primera de 1903 a 1920, y la segunda de 1921 a 1933.

En la primera etapa se mantuvo la reciprocidad y la cooperación que dieron lugar a un elevado crecimiento económico como no se repitió nunca más en Cuba. Durante la segunda etapa, la reciprocidad se destruyó por el proteccionismo norteamericano que excluyó al azúcar cubano de su mercado, y consiguientemente las mercancías norteamericanas quedaron expulsadas del mercado cubano por que Cuba no tenía con que comprarlas.

Para haber mantenido la reciprocidad, lejos de subir los derechos de aduana al azúcar, en un entorno de precios declinantes, debió declinar proporcionalmente la tarifa. Ciertamente, esto hubiera perjudicado a los productores de azúcar norteamericanos, como los estaba perjudicando la expansión del azúcar cubano, pero hubiera beneficiado a los productores de muchos artículos que los norteamericanos vendían en Cuba, así como a los consumidores en Estados Unidos con un azúcar más barato.

5. Jean Baptiste Say. 1767-1832 Empresario y economista francés.

La ideología del nacionalismo económico que destruyó la reciprocidad entre Cuba y Estados Unidos buscaba un esquema de tipo mercantilista basado en la autosuficiencia de las grandes potencias, y balanzas comerciales favorables, pero como demostró no solo la teoría si no la evidencia empírica, vemos que el esquema mercantilista agrava seriamente las relaciones internacionales y las consecuencias inevitables fueron la Segunda Guerra Mundial.

Al destruirse la reciprocidad entre 1921 y 1933, el protectorado de Estados Unidos sobre Cuba había dejado de tener sentido económico, y más bien se convertía en prejudicial, por lo que fue consecuencia normal que el nacionalismo y la búsqueda de la plena soberanía emergieran con fuerza dentro de la ideología de la Revolución de 1933 contra el gobierno de Gerardo Machado, que era percibido como mantenedor de esas relaciones comerciales y políticas perjudiciales para Cuba.

La tabla mostrada a continuación describe claramente el impacto de la Gran Depresión sobre el comercio de nueve economías latinoamericanas:

Como se puede ver, el país que sufrió las peores consecuencias fue Cuba.

Índices del valor de las exportaciones 1929-1933					
País	1929	1930	1931	1932	1933
Bolivia	100	71.4	41.9	28.5	36.2
Cuba	100	61.4	43.3	29.4	30.9
Chile	100	64.8	60.3	28.5	41
Ecuador	100	89.6	53.9	36.5	33.3
Honduras	100	106.5	81.6	71.4	57.9
Nicaragua	100	76.8	60.1	41.6	44.4
Perú	100	65.8	41.2	28.3	36.2
El Salvador	100	55.8	46.4	28.6	54.6
R. Dominicana	100	78	54.8	46.8	40.5

Fuente: *Los cautivos de la reciprocidad*, Oscar Zanetti Lecuona.

En el gráfico inferior se describe el comportamiento del índice de apertura económica de Cuba durante el periodo 1903-1933. Como se ve, la tendencia en el largo plazo fue hacia la disminución del comercio, con dos etapas bien definidas; la primera de ascenso hasta 1920, lo que trajo como consecuencia una prosperidad significativa, y la segunda de profunda caída hasta 1933, en que el país se encuentra en una situación casi de autarquía y de disolución del modelo económico basado en las exportaciones a partir de las ventajas comparativas, con consecuencias catastróficas para Cuba.

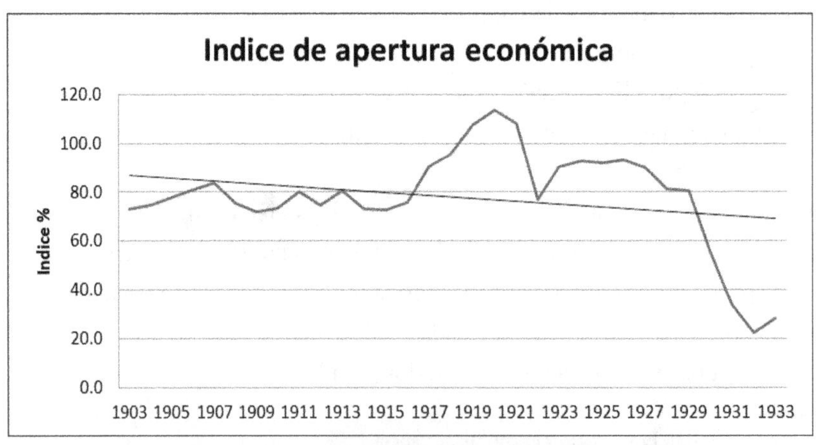

El modelo económico de exportaciones basado en las ventajas comparativas, quedó destruido con la Gran Depresión y la desintegración de los mercados internacionales ante el nacionalismo económico de las grandes potencias. Ante esta situación, la única opción que le quedaba a los países exportadores subdesarrollados, como era el caso de las repúblicas latinoamericanas, era la autarquía y la sustitución de importaciones, pero para ello algunos países estaban mejor preparados que otros, debido a que contaban con un cierto desarrollo industrial como Argentina, México, Chile, y Brasil, pero no era el caso de Cuba, cuyo desarrollo industrial era muy débil, y se había visto aún más debilitado con la depresión.

Esto no solo tendría implicaciones económicas si no también políticas y sociales, ya que las clases poseedoras de los factores de producción abundantes que se beneficiaban de las ventajas comparativas: latifundistas, mineros, grandes comerciantes y banqueros, quedaban debilitadas social y políticamente, en tanto en condiciones de semiautarquía, los poseedores de los factores de producción escasos como el capital y la labor, pasan al primer plano dentro de la sociedad, representados por la burguesía industrial y la clase obrera, acompañada por intelectuales y trabajadores urbanos por cuenta propia.

Desde el punto de vista político, la contracción del comercio exterior provoca una caída de los ingresos de los gobiernos, ya que sus principales ingresos proviene del comercio exterior, y también la posibilidad de empréstitos extranjeros ha quedado agotada, por lo que tendrán necesariamente que buscar recursos nacionales creando alianzas con los grupos sociales emergentes, dando paso así a políticas de tipo populista. De aquí surgirá el llamado Populismo Latinoamericano.

El comportamiento del comercio exterior de Cuba durante la vigencia del Tratado de reciprocidad de 1903 fue el siguiente.

Expresado en millones de dólares a valores corrientes.

Países	Export		Import		Bal comercial	
	1940	1947	1940	1947	1940	1947
EEUU	104.9	497.7	81.0	436.3	29.3	61.4
Otros	23.4	248.9	22.9	83.6	-0.5	165.3
Total	127.3	746.6	103.9	51.9	23.4	226.7

El comercio exterior durante la Segunda República 1934-1958

Con la Gran Depresión se terminó la integración económica mundial que había producido un enorme auge del comercio a partir de sus ventajas comparativas desde mediados del siglo XIX.

Cuba se había integrado al mercado mundial produciendo azúcar y tabaco, y su economía se estructuró en función de la integración económica, y como reflejo de ello, su sistema político igualmente se estructuró basado en una oligarquía cuya existencia estaba en función del modelo exportador de materias primas, como fue el caso de todas las repúblicas latinoamericanas.

La Revolución del 33 representó en Cuba el resultado político de la destrucción de este modelo económico, y del debilitamiento de las élites asociadas a él.

Las alternativas políticas a la nueva realidad fueron las repúblicas de tipo populista con rasgos asociados con el fascismo, o una alternativa mucho menos probable que fue la República socialista que solamente triunfó en Chile en 1932 y duro doce días[6].

Revertir la Revolución en Cuba, restaurando el poder de la oligarquía tradicional sin restaurar el

6. República Socialista de Chile duró desde el 4 de junio de 1932 hasta el 13 de septiembre de 1932. Estuvo dirigida por el coronel Marmaduke Grove entre oros.

orden económico prevaleciente antes de 1925 era una alternativa muy poco realista, pues hubiera requerido una dictadura extremadamente represiva, que aunque algunos esperaban eso de Fulgencio Batista, este se movió más bien por los cauces del populismo de tipo fascistoide, como un camino intermedio reflejando, la realidad económica del período de 1934-1940.

Estados Unidos restauran a medias la participación de Cuba en su mercado azucarero con la inclusión en su sistema de cuotas, reemplazando la tarifa como instrumento de sus políticas proteccionistas, lo que le permite al gobierno cubano cartelizar la industria, y mantener la oligarquía tradicional, en tanto lleva adelante como solución intermedia sus políticas populistas.

La segunda etapa de cooperación 1934-1947

En esta etapa se pueden distinguir dos fases; la primera entre 1934 y 1940 en que se inicia la recuperación, y la segunda entre 1941 y 1947, que abarcó los años de la Segunda Guerra Mundial y la posguerra, que fue otra fase de auge dentro del ciclo económico cubano.

La cooperación se basó en la inclusión de Cuba en el sistema de cuotas azucareras norteamericanas de 1934, y a partir de 1942 cuando Estados Unidos estaba involucrado como país beligerante en la guerra mundial, la compra de las zafras completas a un precio conveniado superior al pagado durante la década anterior.

Primera fase 1934-1940. La recuperación

En América Latina y otras regiones del mundo subdesarrollado, el modelo de producir productos agrícolas y materias primas no podía sobrevivir en un mundo donde la demanda y los precios de estos productos se encontraban crónicamente deprimidos, por lo que necesariamente tendría lugar un reenfoque en los esfuerzos por el desarrollo nacional.

Así, la sociedad urbana creció rápidamente en las áreas semiindustrializadas de América Latina y del Medio Oriente. Todos ellos, de una u otra forma, implementaron algún tipo de régimen socialista o fascista; los gobiernos apoyaban la formación de cártels para estabilizar los precios, alentaban la coordinación de los salarios, y manipulaban la economía afectando las condiciones económicas. Todo esto lo hacían con el objetivo de responder a la depresión. El *laissez-faire* desaparecía frente a un cada vez más vigoroso intervencionismo estatal en la economía.

Estas tendencias se podrán observar también en Cuba aunque con algunas variantes, ya que el modelo exportador no se debilitó del todo, manteniendo la oligarquía exportadora parte de su poder e influencia social. Los términos de intercambio mejoraron, y las exportaciones volvieron a crecer aunque de manera limitada.

La llegada a la presidencia en Estados Unidos de Franklin Delano Roosevelt y el Partido Demócrata en 1933 significó un enorme cambio para Cuba, y el inicio de una nueva era de cooperación tanto política como comercial.

En 1934, Cuba fue incluida en el sistema de cuotas azucareras norteamericanas de la Costigan-Jones Act, se firmó un nuevo Tratado de Reciprocidad Comercial, y se abolió la Enmienda Platt.

Esto le permitió a Cuba iniciar un período de recuperación económica y de estabilización política terminando definitivamente la Revolución de 1930.

La cuota, como instrumento proteccionista, es una alternativa a la tarifa para restringir el acceso de los productores extranjeros al mercado doméstico, especialmente cuando los productores nacionales por sí solos son incapaces de abastecer el mercado interno, pero en el caso de la Ley Costigan-Jones, su propósito principal no era restringir el acceso de Cuba, que era el único productor de azúcar extranjero que concurría al mercado norteamericano; el propósito era restringir el acceso al mercado de las posesiones insulares de Estados Unidos que eran Puerto Rico, Hawaii, y Filipinas, que disfrutaban de libre acceso, y no pagaban tarifas de aduana.

Con la salida de Cuba, estos productores habían ido llenando el vacío que quedaba ya que producían a más bajo costo que los productores continentales de remolacha y caña, que no se estaban viendo beneficiados, ya que la tarifa era un instrumento efectivo contra Cuba, pero no lo era frente a las posesiones insulares ya que ellas eran parte de Estados Unidos.

La cuota, al igual que la tarifa, causa un incremento de precios en el mercado doméstico que le permite competir a los ineficientes, pero a diferencia de la tarifa que genera ingresos al gobierno, esta no genera ingresos directamente.

Las nuevas relaciones comerciales entre Cuba y Estados Unidos

El gobierno norteamericanos en 1933 salió del patrón oro, devaluó el dólar, y comenzó a expandir la oferta monetaria con el objetivo de hacer que los precios subieran y dar así impulso a la economía que se encontraba empantanada en la deflación. En el primer año después de que el dólar fue devaluado la Reserva Federal de los Estado Unidos (Fed) expandió la base monetaria en un 12%, y mantuvo esta tasa de crecimiento monetario hasta 1937 cuando la oferta monetaria era casi un 50% más alta que en marzo de 1933.

De esta forma los precios subieron, revirtiendo la deflación lo cual era considerado como imprescindible para sacar a la economía norteamericana de la depresión.

La nueva aproximación del gobierno norteamericano de Franklin D Roosevelt al intercambio internacional fue conocida como el New Deal, y resultó extraordinariamente beneficiosa para Cuba que no tenía otro mercado, al permitirle la reintegración, aunque de manera limitada al mercado norteamericano.

Quedaba abolida la Smoot-Hawley Act por medio de la firma del Reciprocal Trade Agreement Act en 1934, y Cuba es incluida en lo que se conoció como la Sugar Act, o la Costigan-Jones Act que establecía cuotas entre los abastecedores del mercado norteamericano, pasándose de la tarifa aduanera a la cuota, como instrumento fundamental del proteccionismo norteamericano en sus relaciones comerciales con Cuba hasta 1958.

A Cuba se le otorgó un 29% del consumo norteamericano, el cual era equivalente en aquellos momentos a aproximadamente 1.9 millones de toneladas largas, y una participación dentro del 70% del incremento del consumo junto con Hawaii, Filipinas y Puerto Rico, en tanto la tarifa de aduanas se rebajó a 0.9 de centavo. Esta ley se actualizaría por el secretario de Agricultura de Estados Unidos cada tres años.

También ese mismo año se firmó un nuevo Tratado de Reciprocidad que otorgaba mayores rebajas a más cantidad de artículos importados desde Estados Unidos, en tanto Cuba mantenía su limitado proteccionismo del arancel de 1927. El azúcar no estaba incluida en el nuevo tratado pues estaría regida por la cuota.

En aquellos momentos Cuba no tenía otro cliente, a no ser el consumo interno, para su azúcar, aparte de Estados Unidos, por lo que prácticamente el 70% de la capacidad de producción de la industria azucarera cubana quedaría ociosa, pero aunque limitado, tenía un mercado seguro con precios remunerativos que contribuyó en gran medida a la recuperación económica de la Gran Depresión.

¿Cómo funcionarían las nuevas relaciones comerciales entre Cuba y Estados Unidos bajo el nuevo tratado de reciprocidad comercial, sin la Enmienda Platt, y en las nuevas circunstancias monetarias?

El Tratado de Reciprocidad de 1903 otorgaba una rebaja de un 20% de la tarifa al azúcar cubano a su entrada a Estados Unidos, pero el nuevo tratado comercial a partir de 1934, solo otorgaba a Cuba una cuota de azúcar limitada a cambio de todas las preferencias que Cuba otorgaba a los productos norteamericanos, por tanto, la reciprocidad sería inexistente, y el poder de compra de Cuba quedaría limitado al valor de la cuota norteamericana. Para solucionar esta desventaja para Cuba, se fijaron precios más altos que el nivel general de precios en Estados Unidos, así entre 1933 y 1940, el nivel general de precios en Estados Unidos aumentó un 7.7%, y los precios promedio pagados por el azúcar entre 1933 y 1940 fueron un 48% mayores que el de 1933, además en 1940 el nivel general de precios en Cuba era un 5.3% inferior al de Estados Unidos pero con una paridad oficial establecida entre el peso cubano y el dólar de uno a uno, por lo que el peso cubano se encontraba subvalorado en 1940, lo que hacía que las importaciones desde Estados Unidos se encarecieran ligeramente, lo cual era compensado con las rebajas de aranceles otorgados en el nuevo tratado comercial de 1934.

Esta mejoría en los términos de intercambio logró un incremento en el poder adquisitivo de Cuba que se reflejó en un aumento significativo de las importaciones provenientes de Estados Unidos, y permitió también restaurar modestos niveles de superávit en la cuenta corriente y la balanza de pagos.

Había comenzado así una nueva etapa de cooperación comercial entre Cuba y Estados Unidos.

Efectos del Tratado de Reciprocidad de 1934

En 1934, la misión de la Foreing Policy Association que fue a Cuba para analizar la situación económica del país, invitada por el gobierno del coronel Carlos Mendieta con el objetivo de que elaborara propuestas concretas, escribió un informe titulado *Problemas de la Nueva Cuba.*

En dicho informe se plantea:

> Estados Unidos, preocupado por la inestabilidad política de Cuba, y deseoso de aumentar sus exportaciones, tomó dos iniciativas fundamentales en 1934 acerca del comercio con Cuba. La primera fue la Ley Costigan-Jones de 9 de mayo de 1934 que autorizaba un sistema de cuotas azucareras para los abastecedores del mercado norteamericano. La cantidad de la cuota asignada a Cuba fue de 1, 902 miles de toneladas métricas, y los derechos al azúcar quedaron reducidos a medio centavo la libra… Esta ley sirvió para detener la decadencia de la industria azucarera. Segundo, Cuba y Estados Unidos firmaron un nuevo Tratado de Reciprocidad Comercial. La Ley Costigan Jones, y el nuevo tratado comercial ofrecen para Cuba un mercado razonablemente seguro por un período de tres años. Durante este período Cuba recibe la oportunidad de reorganizar su economía interna para emprender actividades agrícolas que disminuyan su dependencia casi absoluta del azúcar y el tabaco, y que resuelvan numerosos problemas sociales que Cuba confronta en la actualidad"[7].

Con el ingreso en el sistema de cuotas azucareras norteamericanas Cuba recibió precios superiores a los que se pagaban en el mercado mundial que van a ser entre 1934 y 1938 un 134% mayoresy de esta forma, aunque la cuota era muy inferior a la capacidad de producción de la industria azucarera, con estos precios, además de la posibilidad de vender los subproductos de la industria tales como melaza, mieles, y una cuota de azúcar refino, compensarán en parte la pérdida de mercado que

7. *Problemas de la Nueva Cuba* Foreing Policy Association.

tuvo lugar después de 1930, independientemente que los derechos de aduana quedaron por debajo de un centavo, inicialmente a 0.90 centavos la libra y posteriormente a 0.50 centavos la libra.

Las zafras cubanas entre 1934 y 1938, valoradas a los precios del mercado mundial hubieran sumado la cantidad de 285.8 millones de dólares, sin embargo, a los precios norteamericanos, el valor real fue de 461.3 millones, o sea un 61.4% más, y una diferencia favorable para Cuba de 175.5 millones de dólares.

En el informe de la Asociación Nacional de Hacendados de Cuba se plantea como conclusión: "Cuba ha salido de la depresión solo en virtud del aumento de su exportación a Estados Unidos debido al plan de cuotas, y al Tratado de Reciprocidad"[8].

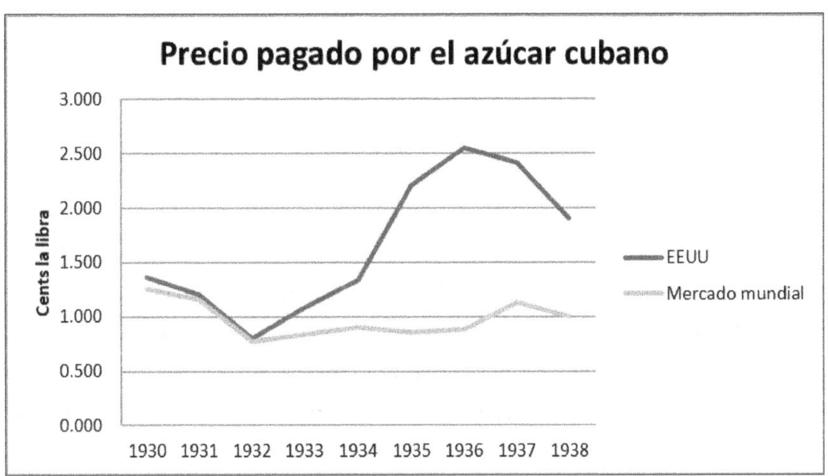

Fuente: "Tratado de Reciprocidad de 1934: Sus efectos sobre la economía nacional" Asociacion Nacional de Hacendados de Cuba. Cálculos del autor.

Respecto a las exportaciones no-azucareras hacia Estados Unidos haciendo una comparación entre los promedios exportados en el período 1930-1933, con el período 1934-1938 tenemos que:

Las exportaciones de minerales fueron un 144.6% superiores en el segundo período con respecto al primero; maderas y fibras vegetales fueron un 76.4% superiores, igualmente productos alimenticios fueron un 10.2% superiores también, pero tabaco en rama y manufacturado fueron un 38% inferiores en el segundo período con respecto al primero.

En general, el promedio anual de las exportaciones no-azucareras de Cuba hacia Estados Unidos, en el período 1934-1938 fueron un 14.2% inferiores al promedio anual del período 1930-1933, por lo que el beneficio de Cuba en su comercio con Estados Unidos se encontró en las exportaciones de azúcar, y no en el Tratado de Reciprocidad, ni en las exportaciones no azucareras.

El incremento de la capacidad importadora benefició indirectamente a algunas industrias cubanas que producían para el mercado interno, a partir de la posibilidad de importar insumos y bienes de capital, pero quien salió más beneficiado fue el Estado cubano, pues tuvo lugar un incremento neto de los ingresos provenientes de las aduanas con el incremento de las importaciones.

Entre 1930 y 1934, el promedio anual de recaudaciones de impuestos en las adunas cubanas fue de 19.7 millones de pesos, y entre 1935 y 1938 fue de 27.3 millones de pesos, o sea un incremento de un 38.6%. En términos absolutos, el incremento fue de 30.4 millones de pesos.

El citado informe agrega que "Es un hecho además de que en virtud de la mejora en la situación

8. "Tratado de Reciprocidad Comercial de 1934. Sus efectos sobre la economía cubana", Asociación Nacional de Hacendados de Cuba.

económica debido al Tratado, y del aumento de los ingresos totales de la República, el fisco ha podido recaudar más, en todos los demás impuestos”[9].

En el año fiscal 1933-1934, los ingresos del fisco por concepto de derechos de aduana fueron el 63.5% del total de las recaudaciones, y en el período 1935-1938, fue el 85.8% lo que implicó un aumento de la dependencia del Estado con respecto al comercio exterior.

En el año 1935 el abogado e historiador Emilio Roig de Leuschering publica una crítica basada en los principios económicos propios del marxismo- al cual era adepto Roig-, dentro de la corriente de pensamiento nacionalista radical y antimperialista, que formaron parte de la mezcla ideológica que caracterizó a la Revolución del 33- al Tratado de Reciprocidad, y a la inclusión de Cuba en el sistema de cuotas azucareras norteamericanas.

Los argumentos eran los mismos; basados en el pensamiento mercantilista-nacionalista de que el Tratado de Reciprocidad impedía la diversificación económica de Cuba, y la diversificación de sus mercados, argumentos demostradamente contrarios a la realidad, ya que Cuba en este período avanzó en un proceso de industrialización espontánea y de sustitución de importaciones basado en la mejoría de los términos de intercambio en el comercio con Estados Unidos, y por otra parte, Cuba en aquel período no podía diversificar mercados cuando el sistema de comercio internacional global prácticamente había dejado de existir, y los productos cubanos no tenían mercado en ningún lugar del mundo.

La recesión económica en Estados Unidos, que comenzó en 1937, y la suspensión del Acuerdo Azucarero de Londres por el comienzo de la Segunda Guerra Mundial en septiembre de 1939, pusieron a Cuba en una situación económica muy difícil entre 1938 y 1940, situación que podría desembocar en un colapso económico como el de 1933.

El comercio exterior de Cuba bajo el nuevo Tratado de Reciprocidad y la cuota azucarera: 1934 y 1940

Con el establecimiento de la cuota azucarera, el mercado para el azúcar cubano ya se estructuraba definitivamente como monopsónico[10], o sea tenía un solo comprador, que determinaba cantidades y precios, y con ello básicamente determinaba el poder de compra de Cuba.

Expresado en millones de dólares a valores corrientes.

Países	Exportaciones	Importaciones	Balanza comercial	
	1933	1940	1933	1940
Estados Unidos	57.1	104.9	22.7	81.0
Otros	27.3	22.4	19.7	22.9
Total	84.4	127.3	42.4	103.9
Estados Unidos	67.7%	82.4%	53.5%	78.0%
Otros	32.3%	17.6%	46.5%	22.0%

1. El índice de apertura económica en 1933 fue de un 28.4%, y en 1940 de un 42.2%.
2. El nivel general de precios en Estados Unidos entre 1933 y 1940 subió un 7.7% y el precio promedio del azúcar subió un 40%, en tanto el valor promedio anual de las zafras entre 1934 y 1940 fue un 114% mayor que el de 1933.
3. A valores constantes del dólar de 1933, las exportaciones entre 1933 y 1940 crecieron a una tasa anual del 10.1%, y las importaciones lo hicieron a una tasa anual del 33%. El crecimiento mayor de las

9. Obra citada

10. Monopsonio es una estructura de mercado donde un comprados controla todo o casi todo el mercado como comprador de un bien o servicio ofrecido por muchos vendedores.

importaciones que las exportaciones fue resultado de unos términos de intercambio favorables para Cuba.

4. A valores constantes del dólar de 1933, las exportaciones de Cuba hacia el conjunto de otros países, tuvo una tasa anual de crecimiento negativo de un – 3.4%, y las importaciones un crecimiento positivo de un 1.2%, lo que dio lugar a una balanza comercial negativa.

   Esta pérdida de importancia del comercio de Cuba con otros países se acentúa en este período como consecuencia del crecimiento del proteccionismo y las barreras comerciales establecidas en muchos países.
5. El nivel general de precios en Cuba subió un 16.5%, y en 1940 aún eran un 5.3% inferiores a los de Estados Unidos, en tanto la cotización oficial del peso con el dólar era de uno a uno, lo que significaba que el peso cubano se encontraba ligeramente subvalorado, y los bienes y servicios importados desde Estados Unidos podían resultar moderadamente caras en el mercado interno de Cuba, lo que le seguía dando alguna ventaja a los productores nacionales.
6. La producción nacional en 1933 abasteció el 90% del consumo interno de Cuba, o sea que casi todo lo que se consumía en Cuba era producido en Cuba, en una casi completa autarquía como hemos explicado más arriba, en tanto en 1940 esta cifra había descendido hasta el 80.3% lo que indica que estaba teniendo lugar una apertura del mercado nacional a las importaciones que casi todas venían de Estados Unidos. La producción nacional para consumo interno entre 1933 y 1940 creció un 12.2% a valores corrientes.
7. En el año 1937 se firmó el Acuerdo de Azucarero de Londres que le garantizó a Cuba una cuota de aproximadamente 786 mil toneladas métricas (702 mil toneladas largas), por lo que Cuba tendría mercado, con la cuota norteamericana, la cuota del Acuerdo de Londres, y el consumo nacional, de casi tres millones de toneladas largas. En el año 1937 la capacidad instalada de la industria azucarera era de poco más de 6 millones de toneladas largas, por lo que más del 50% quedaría ocioso.
8. El Acuerdo de Londres fue suspendido en 1939 con el inicio de la Segunda Guerra Mundial.
9. El segundo socio comercial de Cuba siguió siendo Gran Bretaña a la cual Cuba exportó el 11.7% de todas sus exportaciones, e importó el 4.3% del total de las importaciones.
10. La estructura del comercio exterior tuvo alguna variación, pues el azúcar, de haber sido el 82% del total de las exportaciones entre 1903 y 1933, en este período solo fueron el 68.7%, o sea que el 31.3% de las exportaciones fueron otros productos lo que indica una cierta diversificación en las exportaciones.

En las importaciones también hay un cambio relativo, pues las importaciones de bienes de consumo no-duraderos, que entre 1903 y 1933 fueron 37.6% de las importaciones, en este período disminuyeron a ser solamente un 32.4%, lo que implica un aumento relativo de las importaciones de bienes de capital e intermedios, y de consumo duradero.

El nacionalismo económico en Cuba 1934-1940

En la década de 1930, cada nación deudora tomó el camino del fascismo o de la autarquía nacionalista, y cada nación acreedora permaneció más o menos democrática, y comprometida con la integración económica internacional.

En general, las naciones deudoras eran países *semiindustrializados*, lo suficientemente pobres como para que sus economías descansaran en la exportación de productos primarios, pero con una cierta base industrial que producía para el mercado doméstico.

Sus poderosos sectores exportadores coexistían con crecientes sectores industriales nacionales, lo cual significaba la coexistencia de sectores nacionalistas e internacionalistas, dando lugar al surgimiento de conflictos cuando la economía mundial colapsó con la Gran Depresión, y los sectores exportadores se debilitaron.

Las clases gobernantes de estos países formadas por banqueros, grandes comerciantes, latifundistas exportadores, dueños de minas, dependían del comercio internacional, pero el crecimiento económico en estos países deudores durante este período entreguerras posibilitó el auge de nuevos grupos sociales los cuales eran menos entusiastas con la economía global. Industriales que producían para el mercado interno buscaban protección frente a las importaciones y las compañías extranjeras, así como trabajadores urbanos, clases medias profesionales e intelectuales. Estos nuevos grupos sociales se movilizaban ocupando el vacío dejado por los antiguos grupos de poder debilitados, empujando a sus países hacia la autarquía renunciando a las ventajas comparativas del libre comercio, el cual cayó en estos países de una manera dramática.

Las áreas de especialización en estos países fueron cargadas con impuestos para estimular sectores de la economía que se encontraban limitados por la competencia extranjera, especialmente la industria nacional. Le dieron la espalda al capital extranjero y a los mercados y se volvieron hacia los mercados domésticos.

La autarquía expulsó la idea de la competencia internacional volviéndose hacia el uso de los recursos nacionales para satisfacer demandas nacionales.

Las autarquías promovieron la producción nacional para consumo interno, impulsando especialmente el crecimiento industrial que se consideraba clave para la modernización de las economías, e igualmente apoyaban una agricultura de autosubsistencia.

También los gobiernos en estos países reservaban la industria nacional para los nacionales controlando la inversión extranjera.

Estas tendencias del nacionalismo autárquico florecieron también en Cuba durante este período, pero la mejoría en la cooperación con Estados Unidos impidió el derrumbe total del sector exportador, el cual pudo mantener su influencia política y económica aunque su debilitamiento relativo permitió el avance de las ideas del nacionalismo autárquico del cual eran portadoras los nuevos grupos sociales que habían logrado, con la Revolución del 30 terminar con el sistema oligárquico y entrar en un tipo de política de masas de estilo populista, donde tuvieron bastante espacio las ideologías autárquicas nacionalistas.

En el caso cubano, el debilitamiento de la influencia de los grupos asociados a las exportaciones, fue más bien ocupado por el movimiento obrero a través de la Central de Trabajadores de Cuba (CTC), y por un gobierno de estilo fascista, más que por las organizaciones de industriales, o intelectuales y profesionales.

La corriente de pensamiento nacionalista en su variante económica, es un hilo conductor en la ideología cubana a lo largo de todo el período republicano, por lo que la aspiración de alcanzar la plena soberanía aboliendo la Enmienda Platt será un objetivo prioritario para el nacionalismo anterior a 1933.

Entre las medidas económicas nacionalistas tomadas por el gobierno revolucionario de 1933 se puede citar como la más importante la Ley de nacionalización del trabajo, conocida como Ley del 50%.

Los programas de las diferentes agrupaciones políticas entre 1934 y 1940 contenían toda una serie de medidas enmarcadas dentro de un nacionalismo económico más radical, como en el Programa Constitucional del Partido Revolucionario Cubano (Auténtico) de 1934, que contenía un planteamiento que solo los cubanos podían adquirir tierras y concesiones sobre explotación de minas, aguas, etc.

Por otra parte se encontraba, el "Programa de la Joven Cuba" de 1934 fundado por Antonio Guiteras Holmes, que también planteaba la nacionalización de los servicios públicos, así como la prohibición de exportación de toda materia prima que pudiera ser transformada o elaborada en Cuba.

En 1937, el manifiesto del Bloque Revolucionario Popular que era un conjunto de partidos dentro del cual se encontraba el Partido Auténtico, planteaba medidas como leyes de defensa de toda la producción agrícola y del comercio nacionales frente a la competencia extranjera así como el cumplimiento efectivo de la Ley del 50%.

Finalmente la Constitución de 1940, que vino a ser el resumen de todas las aspiraciones y reclamos de los diferentes partidos y agrupaciones políticas desde la Revolución de 1933 incluyó varios artículos que definieron una política de nacionalismo económico por el resto del tiempo que duró la República, aunque fueron algo atenuadas por el gobierno de Batista en su segundo término (1952-1958) en busca de atraer inversión extranjera.

Entre el articulado de la Constitución de 1940, los que exponen de una manera más explícita el nacionalismo económico son:

Artículo 73: El cubano por nacimiento tendrá en el trabajo un participación preponderante, tanto en el importe total de los sueldos y salarios, como en las distintas categorías de trabajo en la forma que determine la ley.

Artículo 76: Queda prohibida la importación de braceros, así como toda inmigración que contribuya a envilecer las condiciones de trabajo.

Artículo 82: Solamente podrán ejercer las profesiones que requieran título oficial los cubanos por nacimiento o por naturalización que hubieran obtenido esta condición con cinco años o más de anterioridad a la fecha en que solicitaran autorización de ejercer.

Artículo 90: Se proscribe el latifundio. La ley limitará respectivamente la adquisición y posesión de tierras por personas y compañías extranjeras, y adoptará medidas que tiendan a revertir la tierra al cubano.

De esta manera se consolidaba la etapa del nacionalismo económico dentro de la legislación que había comenzado en 1926.

La idea subyacente del nacionalismo económico era que los intereses extranjeros desplazaban al cubano de la posesión de los recursos de Cuba; del capital, del trabajo y de la tierra, y eran por tanto causantes de miseria y subdesarrollo, por lo que el Estado tenía la obligación de restaurar al cubano en la posesión plena de los recursos del país.

Las leyes y regulaciones que complementaron estos artículos, además de la moratoria incluida en las transitorias de la Constitución, y la Ley de Coordinación Azucarera también incluida, tuvieron el efecto de paralizar la inversión extranjera en Cuba, y de que mucha de ella se fuera retirando definitivamente, siendo el caso más relevante el traspaso de la propiedad extranjera de muchas tierras y centrales azucareros a manos de propietarios cubanos.

A pesar de los efectos beneficiosos que tuvo para la economía cubana la reintegración parcial al mercado norteamericano, una corriente ideológica dentro de Cuba, que veía como solución al estancamiento económico un ingreso a la autarquía nacionalista bajo la dirección del Estado, logro cierta influencia dentro de las instituciones cubanas a partir de 1940.

En el año 1943, en un ensayo de Ramiro Guerra Sánchez titulado 'Filosofía de la producción cubana" el autor plantea los siguiente:

El pueblo de Cuba dista mucho de poder proveerse de todos los productos extranjeros que la civilización tiene creados a causa de carecer de suficientes recursos para cubrir el costo de los mismo. El único medio al alcance de Cuba es el de exportar productos necesarios en el extranjero, y venderlos en la mayor cantidad posible en divisa extranjera para poder efectuar compras y hacer pagos.

El nivel de vida del pueblo cubano dista mucho de ser satisfactorio al no cubrir las necesidades primarias de alimentación, vestido, habitación y asistencia sanitaria.

Los ingresos que ha venido obteniendo el pueblo de Cuba en los últimos años, especialmente en el período 1934-1941 no bastan para cubrir las necesidades mínimas del pueblo cubano.

El esfuerzo creador de la inversión y de la producción privada es indispensable que vaya acompañada del esfuerzo creador del Estado. La falta o déficit del esfuerzo estatal convertiría a la administración pública en una carga inútil.

Para Ramiro Guerra, la economía cubana debía estar en condiciones de cubrir sus necesidades básicas, especialmente de bienes de consumo no-duraderos, cosa que él reconocía que en aquellos momentos distaba bastante de ser así, pero para poder mantenerse en una posición de país civilizado tenía que exportar cada vez más, pero no indica, aparte del azúcar y el tabaco, cómo aumentar sus exportaciones. Para resolver esta situación de encrucijada en que se encontraba Cuba a comienzos de la década de 1940, él reclamaba la acción del Estado, pues consideraba que el productor cubano, por sí solo, no estaba en condiciones de hacerlo.

El nacionalismo económico en Cuba no iba encaminado a lograr la autarquía como era el caso de países con economías grandes, si no más bien a la cubanización de la economía unido a la participación del Estado en el crecimiento y la diversificación necesaria.

La cubanización de la economía significaba la posesión por parte de cubanos de los recursos y medios de producción del país; esta era la base fundamental de los reclamos nacionalistas cubanos en aquellos tiempos, no la autarquía, pero Cuba se tropezaba siempre con dos limitantes que no se tenían en cuenta, y eran la falta de mercados para su producción exportable, y la falta de capital.

La Segunda Guerra Mundial y la posguerra 1941-1947. La fase alcista del ciclo económico

En 1940-1941, las perspectivas del comercio internacional para Cuba eran graves, ya que la guerra en Europa había dislocado todo el sistema de comercio internacional, y suspendidos los acuerdos azucareros, tanto el Acuerdo de Londres, como la cuota azucarera norteamericana.

Parte de la zafra de 1941 tuvo que ser financiada con un empréstito de 17.7 millones de dólares otorgado por el Export-Import Bank.

La entrada de Estados Unidos en la guerra mundial después del 7 de diciembre de 1941 dio lugar a un giro completo en el panorama comercial de Cuba. La cuota había sido suspendida y se negoció con Cuba la compra de las zafras completas a partir de 1942 a un precio conveniado de 2.65 centavos la libra de azúcar crudo, muy por debajo de los precios que estaba alcanzando el azúcar, pero este sacrificio fue considerado el aporte de Cuba a los Aliados en el conflicto bélico, independientemente de que a Cuba no le quedaba otra alternativa debido a la falta de transporte marítimo para poder exportar a otros países. La compra de las zafras completas duró hasta 1947.

Durante los años de la posguerra (1946-1947) Cuba pudo negociar mejores precios para el azúcar. El precio de 1946 fue un 37% superior al precio promedio pagado durante los años de la guerra, y en 1947 fue un 85% superior, y unido a ello, la zafra de 1947 fue la mayor de la historia de Cuba alcanzando los 5 millones, 677 mil 200 toneladas largas, sobrepasando la zafra récord de 1925 en unas 488 mil toneladas largas.

Los precios promedio del período 1941-1947 fueron un 94% superiores a los del período 1934-1940, el volumen promedio de las zafras fue un 37.2% superior, y el valor promedio de las zafras fue 220% mayor.

Este renacimiento del sector exportador trajo para Cuba una indiscutible bonanza económica y también un retroceso relativo en el proceso de diversificación e industrialización que estaba teniendo lugar desde fines de la década de 1920, y la década de 1930.

En otras repúblicas latinoamericanas, la interrupción del comercio internacional provocado por la guerra favoreció la creación de industrias nacionales sustituyendo importaciones, por lo que avanzó el proceso de industrialización comenzado en los años 30, en tanto en Cuba se estancó.

Algunos indicadores comerciales se comportaron de la siguiente forma:

1. A diferencia de otras repúblicas latinoamericanas, durante los años que duró la guerra y la posguerra (1941-1947), las importaciones desde Estados Unidos crecieron significativamente. En el período de 1934 a 1940, las importaciones norteamericanas fueron el 13.6% del consumo nacional total, y entre 1941 y 1947 fueron el 19.3%. En tanto las importaciones en total abastecieron el 20% del consumo interno cubano entre 1934 y 1940, y el 23.4% entre 1941 y 1947.
2. Las exportaciones en el período 1934-1940 fueron el 26.7% del Ingreso Nacional, y entre 1941 y 1947 crecieron hasta ser el 37.7%, y de ellas, el 80% fue azúcar.
3. El índice de apertura económica en el período fue del 60.8%, y en el año 1947 alcanzó el 78%.
4. La guerra volvía a convertir a Cuba en una economía basada en la exportación de azúcar hacia Estados Unidos como resultado del incremento en la cooperación comercial entre los dos países.
5. El nivel general de precios en Estados Unidos, entre 1940 y 1947 subió un 59.3% mientras que el precio del azúcar subió un 253%, y el valor promedio de las zafras fue un 202% superior a la de 1940. Esto dio lugar a que los términos de intercambio entre Cuba y Estados Unidos fueran altamente favorables para Cuba, lo que contribuyó a que se incrementara una vez más el intercambio con Estados Unidos.
6. El nivel general de precios en Cuba subió un 170.4%, por lo que al mantenerse la cotización oficial de uno a uno, el peso se encontró sobrevalorado con respecto al dólar en un 60.7%, lo que hacía a las importaciones norteamericanas extremadamente competitivas en el mercado cubano, produciéndose un casi retorno a la "Enfermedad Holandesa" durante los años de la posguerra (1946-1947).
7. En el año 1940, la producción nacional abasteció el 80.3% del consumo interno y en 1947 solamente un 64.7%, lo que indica el retroceso relativo de la producción nacional para consumo interno.
8. Entre 1940 y 1947, el ingreso promedio familiar a precios corrientes subió un 148%, en tanto el nivel general de precios subió un 60.7% por tanto tuvo lugar un mejoramiento que benefició no solo a los capitalistas, si no también a la sociedad en general, como había sucedido en 1920.
9. La estructura geográfica del comercio durante el periodo fue la siguiente.

Expresado en millones de dólares.

Países	**Export**		**Import**		**Bal comercial**	
	1940	1947	1940	1947	1940	1947
EEUU	104.9	497.7	81.0	436.3	29.3	61.4
Otros	23.4	248.9	22.9	83.6	-0.5	165.3
Total	127.3	746.6	103.9	51.9	23.4	226.7

En esta tabla se observa el enorme crecimiento del comercio de Cuba en la posguerra y como una vez más se diversificaban sus exportaciones geográficamente, el superávit en la balanza comercial con otros países superó con creces el de Estados Unidos. Cuba pudo vender parte de su zafra en los mercados internacionales a precios muy superiores a los que pagaba Estados Unidos en los años 1946 y 1947.

Dentro de las exportaciones, el azúcar constituyó el 80%, en tanto había sido el 68.7% del período anterior, lo cual indica que el país había vuelto a profundizar su estructura monoproductora dependiente de las exportaciones de azúcar.

En lo referente a las importaciones, se observa un fuerte crecimiento de las importaciones norteamericanas, lo cual es una clara consecuencia del hecho de que los norteamericanos habían emergido de la guerra con su industria intacta y se habían convertido en el poder económico hegemónico en el mundo, y los términos de intercambio eran extraordinariamente favorables para Cuba, así como por la sobrevaloración del peso con respecto al dólar.

A valores constantes de 1940, la tasa de crecimiento anual de las exportaciones hacia Estados Unidos fue de un 28.3% en tanto las importaciones desde Estados Unidos crecieron a una tasa anual del 34%.

Las exportaciones al conjunto del resto de los países del mundo creció a una tasa anual del 85.4%, en tanto las importaciones lo hicieron a un 18.5% solamente.

Estados Unidos abasteció el 19.3% del consumo interno y el resto de los países un 4.3%.

El regreso de la dependencia de Cuba al mercado norteamericano y al azúcar continuaba preocupando a algunos intelectuales y políticos que temían que el fin de la prosperidad de la posguerra diera inicio a otra depresión como sucedió en 1920-1921, por lo que se volvía a pensar en las soluciones autárquicas nacionalistas como única salida, esta vez con una intervención más profunda del Estado con objetivos "desarrollistas" definidos, como se estaban llevando adelante en otros países, sobre todo de América Latina, abriéndose paso en el pensamiento económico cubano la idea de la planificación.

Cuba había retrocedido después de la guerra y la posguerra al predominio del modelo económico de los años 20, pero sin mercado para el crecimiento de sus exportaciones tradicionales, y con una población mucho más numerosa (1.5 veces mayor que en 1925).

El fortalecido sector exportador, ahora en gran medida en manos de cubanos, se oponía resueltamente a los planes económicos que implicaran medidas proteccionistas, en tanto Estados Unidos presionaba a Cuba para que se abriera a la inversión de capital directo, y diversificara sus exportaciones a lo que se resistía el gobierno de Grau, apoyado por los hacendados, los sindicatos, y la burguesía industrial nacionalista, los primeros en busca de mantener la reciprocidad de tiempos de guerra, y los últimos presionando por medidas proteccionistas que les permitieran mantener el mercado nacional como un mercado cautivo.

Conclusiones de la segunda etapa de cooperación entre Cuba y Estados Unidos 1934-1947

En el gráfico inferior se describe la participación relativa de las exportaciones hacia Estados Unidos en el Ingreso Nacional.

En el gráfico se destaca como la participación fue creciente hasta 1920, que es el período que nosotros llamamos la primera etapa de cooperación, después una brusca caída de la participación relativa que dura hasta 1932, que se corresponde con la primera etapa de no-cooperación, y entre 1933 y 1947 comienza una vez más a aumentar la participación relativa dentro del Ingreso nacional hasta 1947, como reflejo de una nueva etapa de cooperación entre Cuba y Estados Unidos.

Hemos visto las principales causas: la integración de Cuba en el sistema de cuotas azucareras, la firma de un nuevo tratado de reciprocidad comercial, la Segunda Guerra Mundial y la posguerra.

En este intervalo de tiempo, los términos de intercambio se hicieron muy favorables para Cuba por lo que en tanto las exportaciones crecieron entre 1934 y 1947 a una tasa anual del 20.7%, las importaciones lo hicieron a una tasa anual del 41.3%.

El gráfico inferior describe un movimiento muy parecido al superior y muestra la participación relativa de las importaciones norteamericanas en el consumo total de Cuba.

Igualmente se alcanza el punto máximo en 1920. donde casi el 40% del consumo de Cuba provenía de Estados Unidos, para a continuación comenzar un descenso hasta 1932-1933, cuando una vez más empieza a ascender hasta 1947, en que se alcanza un 30% del consumo nacional proveniente de las importaciones norteamericanas, beneficiando a los productores norteamericanos de muchas mercancía, s que tenían un amplio mercado en Cuba cuando esta adquiría suficiente poder adquisitivo con los altos precios del azúcar.

La cooperación se basaba en el mercado azucarero; si los Estadios Unidos compraban el azúcar cubano a buenos precios y con accesibilidad al mercado, en Cuba se producía una bonanza económica, y cuando ocurría lo contrario, Cuba se hundía en la recesión, y surgían con fuerza las ideologías nacionalistas en busca de una solución.

Hasta el nacionalismo económico cubano tenía el mismo ciclo que los precios del azúcar.

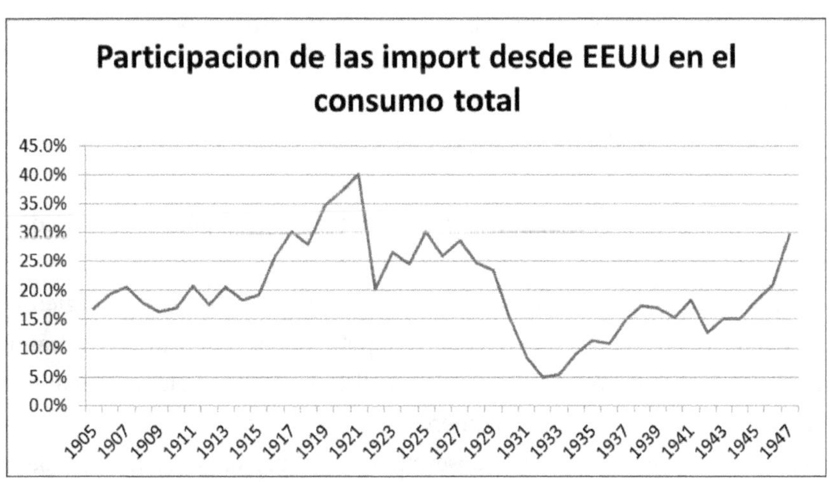

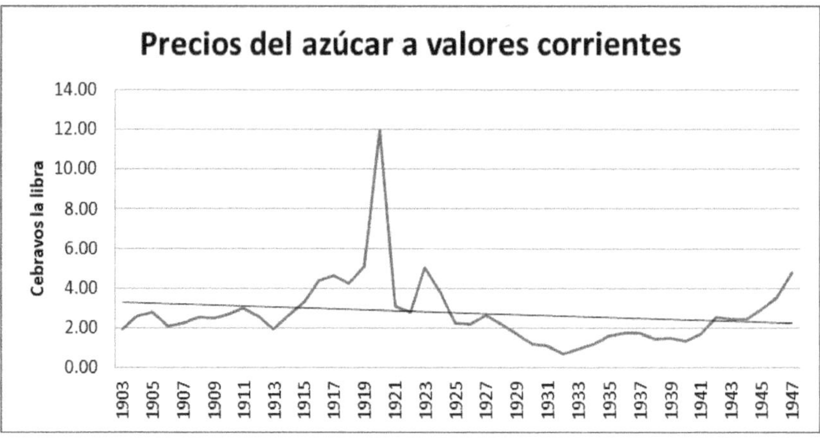

En el gráfico anterior vemos el comportamiento de los precios del azúcar que básicamente describen un movimiento muy semejante al de los dos gráficos superiores, lo que demuestra la estrecha vinculación que existía entre ellos.

En el año 1934, las exportaciones de Cuba hacia Estados Unidos fueron el 75.3% del total de sus exportaciones, debido a que Estados Unidos era prácticamente el único comprador del azúcar cubano, y en 1947 las exportaciones hacia Estados Unidos fueron el 66.7% de las exportaciones cubanas. Este descenso se debió a que Cuba pudo vender parte de sus zafras en 1946 y 1947, a otros países a precios del mercado mundial el cual era superior al pactado con Estados Unidos; este fue el origen del diferencial azucarero que explicamos en la monografía dedicada a la industria azucarera.

Las importaciones de Cuba desde Estados Unidos en 1934 fueron el 56.1% del total de las importaciones, pues Cuba en aquellos momentos podía comprar más barato en otro países, especialmente en Alemania, que se convirtió en el segundo socio comercial después de Estados Unidos hasta el comienzo de la Segunda Guerra Mundial, pero en 1947, el 84% de las importaciones fueron procedentes de Estados Unidos. Esta concentración del comercio importador se debía sobre todo al abaratamiento de las importaciones norteamericanas provocado por la sobrevaluación del peso con respecto al dólar.

En el año 1947 concluye la posguerra, y con ella la segunda etapa de cooperación comercial entre Cuba y Estados Unidos. La estructura económica de Cuba al final de la posguerra había vuelto a ser semejante a la de los años 20; con el predominio absoluto de la producción y exportación de azúcar, aunque con un panorama social diferente, los dueños de los recursos en los que se basaba la ventaja comparativa del país eran predominantemente cubanos, y además existía un poderoso movimiento obrero.

La encrucijada de la economía cubana al final de la posguerra

Durante estos años, aprovechando las restricciones que la guerra imponía sobre las importaciones, se trató de promover la creación de una industria nueva por medio de varios decretos que eximían de derechos de importación a algunos insumos y bienes de capital para actividades agrícolas e industriales.

Amparados por este tipo de protección, y las dificultades de importación, surgieron algunas industrias nuevas, muchas de las cuales no podrían competir con las importaciones cuando se normalizara el comercio, pero al acercarse el fin de la guerra, Estados Unidos estaba diseñando una sistema internacional que cambiara las relaciones comerciales a nivel global.

Tanto el presidente norteamericano F. D. Roosevelt, como su sucesor Harry Truman fueron consistentes en la búsqueda por cambiar las relaciones comerciales entre los países eliminando el proteccionismo que consideraban una de las principales causas que condujeron a la Segunda Guerra Mundial, y basados en la consideración de que como primera potencia económica mundial, sería mucho más beneficioso la apertura de los mercados exteriores que la protección de su mercado interno como habían hecho después de la Primera Guerra Mundial, por lo que sería necesario lograr que sus productos no fueran excluidos de los mercados extranjeros debido a barreras proteccionistas y preferencias imperiales.

De esta manera Estados Unidos debía desmantelar el sistema de reciprocidad comercial establecido con muchos países en tanto sugería un programa alternativo de desarrollo industrial que no descansara en el proteccionismo, integrando las economías individuales en un sistema complementario de la economía norteamericana, que en realidad llevara a una ampliación de la división internacional del trabajo teniendo a Estados Unidos como centro.

Algunas empresas norteamericanas de alto consumo de labor buscaban hacer inversiones en países donde existía una fuerza de trabajo abundante y barata con vistas a disminuir sus costos de producción y aumentar sus ventajas competitivas, pues la labor en Estados Unidos se iba haciendo cada vez más cara.

A la luz de esta nueva concepción del comercio global, Estados Unidos buscará, desde finales de la guerra, rediseñar las relaciones comerciales con Cuba cambiando el sistema preferencial del Tratado de Reciprocidad Comercial de 1934, y así el gobierno norteamericano desarrolló una iniciativa que implicaría una reducción de la cuota azucarera norteamericana para incorporar al sistema a otros países latinoamericanos, especialmente a República Dominicana y Perú.

La iniciativa norteamericana incluía la industrialización de Cuba, y la diversificación de su agricultura con la participación del capital norteamericano, lo que excluía medidas proteccionistas, pero para ello era necesario que en Cuba se crearan algunas condiciones que le dieran ciertas garantías al capital privado norteamericano que se invirtiera en la isla.

Este plan incluía la firma de un "Tratado de Amistad, Comercio, y Navegación" que sustituiría el viejo Tratado de Reciprocidad de 1934.

El nuevo Tratado tenía la intención de proteger a los negocios norteamericanos en Cuba de prácticas consideradas discriminatorias, lo cual implicaba una modificación de la legislación laboral cubana.

El plan fue expuesto en julio de 1944, pero fue muy mal recibido por el gobierno, y fue tomado como una amenaza a la economía cubana debido al componente antiazúcar que llevaba implícito el plan, lo cual no complacía para nada a la poderosa élite azucarera dentro del recién electo gobierno de los "Auténticos" con Ramón Grau San Martín.

En octubre de 1946, un estudio del National Foreing Trade Council plantea que en Cuba existe un tendencia creciente hacia el proteccionismo y la creación de empresas domésticas antieconómicas, y que la inactividad en general de la inversión en Cuba es debido a un tratamiento desfavorable a los intereses y al capital extranjero.

Dicho estudio recomienda que para lograr el Tratado propuesto debía realizarse una completa apertura del mercado norteamericano a la producción azucarera cubana, eliminando la cuota y cualquier tipo de subsidio.

El gobierno de Grau condicionaba la firma del Tratado a una ampliación de la cuota, no libre comercio, ya que la industria azucarera cubana se sabía que era poco competitiva.

Durante su gobierno no se avanzó en nada en esta iniciativa, que fue presentada como un instrumento antinacional, y en algunos caso como un instrumento de dominación imperialista. Su aceptación hubiera estimulado el fervor nacionalista con consecuencias políticas graves para el Partido Revolucionario Cubano Auténtico que se presentaba como el adalid de la cubanía.

La escasez de azúcar en los mercados internacionales hasta 1947 le dio ventaja al gobierno cubano, y como explicamos, Estados Unidos compró las zafras completas hasta 1947.

Con la terminación del conflicto mundial, y la experiencia de los sucedido al concluir la Primera Guerra Mundial, muchos se preguntaban en Cuba que pasaría con la economía cubana cuando los norteamericanos decidieran abandonar el esquema de comercio de tiempo de guerra, y se pasara a la normalización de tiempos de paz. ¿Caerían los precios del azúcar y se reanudaría el sistema de cuotas? ¿Volvería Cuba a la situación de estancamiento de la década del 30, ahora con una población mucho mayor? ¿Cuál sería el futuro de la economía cubana y cuál sería el mejor camino a seguir de acuerdo al marco legal establecido a partir de la Constitución de 1940?

Por estos años, el Partido ABC que presidía Joaquín Martínez Sáenz, elevaba al Senado un escrito bajo el título de "Memorándum Económico" donde planteaba las opciones a las cuales se enfrentaría Cuba al término del conflicto, y cual debía ser su respuesta.

> Cuba debe decidir si su economía debe tender a formar un todo con la economía de Estados Unidos respondiendo a un concepto de unidad económica basada en conceptos geográficos y políticos; política de "coordinación bilateral" que conlleva destruir el antipatriótico conformismo de "complemento unilateral"; o por el contrario, el objetivo nacional ha de ser una economía más modesta, pero entrelazada con la economía de un número cada vez mayor de países realizando lo que pareció ser el objetivo de los libertadores y que podemos caracterizar de "independentismo económico.

Para Martínez Sáenz, el complemento bilateral era la participación de Cuba dentro del mercado norteamericano por medio de tratados como el que existía en aquellos momentos, o sea que Cuba formara parte del mercado protegido de Estados Unidos. El de "complemento unilateral" era el que el comercio cubano con Estados Unidos estuviera sujeto a las cuotas que se revisarían periódicamente y que se ajustarían de acuerdo a los intereses de los norteamericanos, o sea el existente antes de la guerra, y el" independentismo económico" era concebido como una economía diversificada, comerciando con muchos países del mundo: "La situación presente de Cuba es insegura por estar sujeta a lo contingente y arbitrario. El montante de nuestras exportaciones dependen de los criterios internos del gobierno de Estados Unidos".

Martínez Sáenz consideraba que el "independentismo económico" podía lograrse principalmente a través de una política de devaluación monetaria, o por lo menos que esta era una premisa básica para dar competitividad a las exportaciones cubanas.

El consideraba que Cuba perdió la oportunidad de alcanzar la "coordinación bilateral" con Estados Unidos "... debido a que los gobiernos derivados del 4 de septiembre se hicieron eco de una actitud antimperialista difusa. La política económica que se inauguró después del 10 de septiembre de 1933 se caracterizó por su análisis extremadamente parcial de los problemas cubanos, y se preocupó solo por redistribuir internamente lo poco que Cuba disfrutaba".

De no conseguirse la "coordinación bilateral", y restituirse el sistema de cuotas azucareras (complemento unilateral) Cuba necesariamente-según Martínez Sáenz- tiene que pasar a la política de independentismo económico.

Concluido el conflicto bélico, Cuba se vio una vez más frente al dilema que representaba su modelo económico basado en las exportaciones de azúcar a un solo mercado, y ahora en condiciones de poca competitividad debido a una sostenida tasa negativa de formación de capital en el país.

Estados Unidos no admitió la "coordinación bilateral", y revivió en 1948 el sistema de cuotas. Sin embargo le propuso a Cuba una alternativa que fue la industrialización a partir de la inversión norteamericana, siempre y cuando fueran removidos obstáculos institucionales que la dificultaban, mediante la firma de un nuevo tratado de relaciones entre Cuba y Estados Unidos, el "Tratado de Navegación Comercio y Amistad" que en Cuba fue interpretado como una nueva Enmienda Platt.

Según Martínez Sáenz, a Cuba no le quedaría más remedio que cambiar su modelo económico y diversificar su economía, sustituir importaciones y diversificar los mercados.

En tanto otros economistas como Ramiro Guerra planteaban que Cuba no podía vivir civilizadamente si no era exportando cada vez más, para comprar cada vez más, o sea un comercio exterior cada vez más activo, pero la pregunta entonces era ¿vender qué? ¿Azúcar cuando no había mercado para ella? ¿Diversificar las exportaciones cuando no había suficientes capitales?

Al concluir la guerra en 1945, se planteaban ante Cuba tres modelos de relaciones internacionales con vistas a insertarse en la nueva realidad económica del mundo.

1- El modelo tradicional que consistía en ampliar la cuota azucarera norteamericana, y buscar nuevos mercados internacionales para el azúcar cubano, al mismo tiempo que se ampliaba el mercado interno de Cuba a los productos de la industria azucarera, fomentando nuevas industrias que consuman azúcar y subproductos. Este modelo era contrario al proteccionismo, pero se mantenía dentro del principio de la "reciprocidad" y el nacionalismo de la Constitución pues temía un flujo de inversión norteamericana en la industria azucarera, e igualmente no aspiraban a competir, lo que querían era una cada vez mayor cuota azucarera (mercado protegido) a precios subsidiados, ya que la industria azucarera cubana no podía competir en igualdad de condiciones con países como República Dominicana, México, o Perú.

Los principales representantes de esta corriente de pensamiento económico se encontraban en la Asociación Nacional de Hacendados, y su presidente José Manuel Casanova, así como la Asociación Nacional de Colonos.

Estos grupos tuvieron una influencia hegemónica dentro del gobierno del "autenticismo" de Grau, y se pueden colocar aproximadamente dentro de lo que Martínez Sáenz denominaba de "complemento bilateral" y el statu quo.

Esta posición se puede resumir como internacionalista, pero no pro libre comercio, si no a favor de mercados protegidos dentro de los marcos de la "reciprocidad", pues Cuba había perdido la ventaja competitiva que tenía en los años 20.

2- El modelo de la diversificación e industrialización a partir de la inversión de capital norteamericano, eliminando cualquier tipo de proteccionismo. Este modelo conllevaba una diversificación de las exportaciones, y una pérdida de participación de Cuba dentro del sistema de cuotas azucareras norteamericana, por lo que era considerado antiazúcar, y por tanto antinacional de acuerdo al principio de "Sin azúcar no hay país".

Este fue el modelo propuesto por Estados Unidos que nunca fue adoptado debido a que implicaba modificaciones en la legislación laboral nacionalista de la Constitución de 1940.

3- Industrialización y diversificación orientada al mercado interno sustituyendo importaciones, a partir de los recursos financieros nacionales.

Un cambio radical de modelo que le quitaría completamente el protagonismo de la industria azucarera dentro de la estructura económica de Cuba, y que buscaba igualmente una diversificación de los mercados internacionales del país terminando así la hegemonía que Estados Unidos ejercía sobre Cuba.

Este modelo era lo que Martínez Sanz definía como "independentismo económico" que formaba parte del discurso nacionalista cubano.

Tenía el apoyo del empresariado industrial, sobre todo el agrupado en la Asociación Nacional de Industriales de Cuba (ANIC), y su principal promotor sería Gustavo Gutiérrez, y posteriormente el mismo Martínez Sáenz, pero demás está decir que contaba con la oposición decidida de los intereses azucareros, y de los comerciantes importadores/exportadores, así como del poderoso sindicato azucarero.

Esta corriente fue tomando fuerza durante el gobierno de Carlos Prío (1948-1952), y sobre todo de Fulgencio Batista (1952-1958).

El periodo transicional 1948-1952; El nuevo orden económico internacional y el fin de la reciprocidad

Durante la Segunda Guerra Mundial -como hemos explicado- existía el temor de que con el restablecimiento de la paz pudiera tener lugar el desastre que siguió a la Primera Guerra Mundial, y por ello se desarrollaron negociaciones internacionales bastante antes de que la guerra terminara con el objetivo de diseñar la forma del sistema económico mundial, o sea un nuevo orden mundial, y lo más importante era asegurar que Estados Unidos dirigiera el mundo hacia una mayor integración económica de forma comprometida.

Los norteamericanos desde su posición hegemónica presionaron a los británicos y a los franceses para que desmantelaran sus sistemas de preferencias imperiales, y se abriesen al libre comercio. Para ello, desde antes de la terminación de la guerra se estaba trabajando en la Organización Mundial de Comercio (WTO).

Las tendencias aislacionistas de los años 20 en Estados Unidos habían quedado en minoría después de concluida la Segunda Guerra Mundial debido a toda una serie de condiciones que habían cambiado; los norteamericanos eran los líderes en las finanzas, la inversión y el comercio de manera indiscutible, y el dólar no compartía el liderazgo ni con la libra esterlina ni con el franco francés. Ahora la política norteamericana estaba más interesada en encontrar mercados para la producción americana que preocupados por la competencia extranjera como en los años 20.

El Acuerdo General de Tarifas y Comercio (GATT) fue la institución creada como pilar del orden establecido para la liberación del comercio mundial.

Fundado en abril de 1947 en Ginebra con la asistencia de 23 países, fue concebida como un foro dentro del cual los países se reunían con el objetivo de la reducción gradual y general de las barreras comerciales, pero los intentos de liberalizar el comercio de productos agrícolas avanzaron muy poco, pues en los países industrializados los agricultores eran políticamente poderosos. Este fue uno de los factores que hicieron inoperante a la Carta de La Habana.

Hubo rondas en 1949, 1951, y 1956 a las que asistió Cuba como miembro signatario desde su fundación. Posteriormente hubo una ronda más en 1967, pero Cuba ya se había retirado de la organización.

La industrialización de América Latina descansaba, al igual que había sido para Europa Occidental y Estados Unidos en el siglo XIX, en el proteccionismo y las barreras comerciales para estimular la industria nacional. Esto sucedía también con las nuevas naciones de Asia y África surgidas de la descolonización, pero la gran diferencia entre el siglo XIX y mediados del siglo XX, era que los requerimientos de capital de la industria moderna eran enormes, y ningún país subdesarrollado poseía el ahorro, ni generaba el ahorro suficiente como para desarrollar una industria nacional sustituyendo importaciones. Esto llevó al fracaso a todos los países que persiguieron este modelo, creando muchas veces fuertes tensiones políticas y sociales como fue el caso de muchas repúblicas de América Latina entre las décadas de 1950 y 1990.

Los países en desarrollo rechazaban el libre comercio, y favorecían el proteccionismo nacionalista como medio para desarrollarse industrialmente. De todas formas el GATT dejaba en gran medida exentos de sus reglas a los países en desarrollo, así la fórmula adoptada por estos fue el nacionalismo económico que no fue más - en el caso latinoamericano- que una continuación de la política económica que se venía practicando desde los años 30 luego del colapso económico internacional de la Gran Depresión. A una década de terminada la guerra, los países de lo que para entonces se denominaba el Tercer Mundo, se estaban moviendo en un curso nacionalista entre la integración global del Primer Mundo capitalista, y la planificación centralizada del Segundo Mundo socialista.

La Gran Depresión dejó a la región latinoamericana con sus exportaciones principales casi sin mercado, y nuevas industrias surgieron y crecieron para satisfacer la demanda local, en tanto los sectores exportadores se debilitaron. América Latina se fue transformando de ser un bastión de las economías abiertas tradicionales, a ser un bastión del nacionalismo económico, el desarrollismo y el populismo.

A fines de la década de 1940, las principales repúblicas latinoamericanas se encontraban bastante industrializadas. Según Víctor Bulmer-Thomas[11], en 1958 las exportaciones de América Latina eran solamente el 9.3% de las exportaciones mundiales, y las importaciones solo un 10.9% de haber sido en 1945, un 16.6% y un 25.6% respectivamente.

En 1950, la región exportaba solo el 6% de su producción, y en los países más grandes incluso era menos.

Los que apoyaban la autarquía en América Latina en el debate público en los años 30 y 40 después de la Segunda Guerra Mundial eran más poderosos. Los simpatizantes de la autarquía nacionalista estaban en el poder en muchas de estas repúblicas, y en la década de los 50 América Latina se movía hacia un esfuerzo consciente para restringir el comercio exterior por medio de una política conocida como "industrialización por sustitución de importaciones" cuyo propósito era sustituir con la producción industrial nacional bienes que eran previamente importados. Su principal componente fue establecer barreras al comercio de forma tal que muchos bienes manufacturados importados se hicieran prohibitivamente caros, y en algunos casos, algunas importaciones fueron simplemente prohibidas.

La industrialización de América Latina de aquellos años fue financiada en gran medida a expensas de los sectores exportadores que con sus impuestos y los precios que pagaban por sus importaciones financiaban las industrias subsidiadas favorecidas por el gobierno.

La industria latinoamericana creció en términos generales, pero no fue eficiente, con precios por encima del mercado mundial, lo cual fue posible por las elevadas barreras proteccionistas que hicieron de la economía latinoamericana una de las más cerradas del mundo.

-oOo-

El año 1948 marcó el fin de la posguerra y del comercio de tiempos de guerra para Cuba; Estados Unidos restablecía la cuota azucarera, y Cuba no firmaba el Tratado de Amistad Comercio y Navegación propuesto por Estados Unidos, por lo que se regresaba a la situación comercial de antes de la guerra, pero el escenario internacional había cambiado, y se hacían esfuerzos por parte de las potencias victoriosas en la guerra para eliminar el nacionalismo económico basado en los proteccionismos.

11. Victor Bulmer- Thomas *The Economic History of Latin América since Independence.*

Cuba firmó un acuerdo bilateral con Estados Unidos; "Acuerdo Exclusivo Suplementario" que sustituyó el Tratado de Reciprocidad Comercial de 1934, y en gran medida al arancel cubano de 1927.

El acuerdo entró en vigor el 1ero de enero de 1948 y concedió rebajas de derechos a 183 partidas de su arancel que abarcaban el 28% de la importaciones desde Estados Unidos, en tanto elevaba derechos a 124 partidas que representaban el 7% de sus importaciones desde Estados Unidos[12].

El comercio azucarero entre los dos países no se incluía en este acuerdo, y seguía regido por la cuota azucarera norteamericana, o sea que era una mera revisión del Tratado de Reciprocidad Comercial de 1934.

Con el nuevo orden que se establecía para el comercio internacional y el restablecimiento de la cuota resultó frustrante para los hacendados cubanos los cuales eran contrarios a cualquier tipo de medida proteccionista que pusiera en peligro la cuota norteamericana planteando además que el proteccionismo lo único que hacía era encarecer los costos de producción y el costo de la vida, y que la única alternativa de diversificación era a partir de lo que llamaban las "industrias naturales", que eran las que utilizaban la materia prima nacional, fundamentalmente de la principal industria natural que era la industria azucarera.

En 1949, el vocero y presidente de la poderosa Asociación Nacional de Hacendados de Cuba, José Manuel Casanova, publicaba una artículo titulado "El patrón económico cubano".

> Como es posible que ningún gobernante, líder obrero, profesional universitario, periodista, dirigente público o privado, piense que en Cuba puede haber otra economía si no la determinada por el azúcar... abandonar o debilitar nuestra producción natural dejando de darle el impulso necesario para hacerla cada vez más fecunda... cambiando esta política para la creación de nuevas industrias sin plenitud de abastos de materias primas nacionales, a base de reducción de impuestos no parece una concepción afortunada para expansionar la economía nacional.
>
> Las industrias deben clasificarse en naturales y artificiales. Las naturales deben tener toda clase de protección. Respecto a las artificiales deben mantenerse las existentes, dándole una razonable protección sin daño a los tratados internacionales.

Por otra parte se encontraba el empresariado no-azucarero que promovía la diversificación económica amparada en el proteccionismo, que era ir en contra de la tendencia mundial de acabar con el proteccionismo en las relaciones comerciales internacionales, y de los convenios firmados, pero que se encontraba en línea con las políticas económicas de los países subdesarrollados en aquellos tiempos.

En el año 1948 se celebró la "*Conferencia para el progreso de la economía nacional*" convocada por la Asociación Nacional de Industriales de Cuba (ANIC) donde se plantearon toda una serie de criterios y sugerencias al gobierno de Carlos Prío, abogando por una acción más amplia por parte del Estado en apoyo al desarrollo industrial, que era visto como la única alternativa que tenía el país para expandir el empleo, y para ello era necesaria una protección arancelaria adecuada.

El acta final de la conferencia no fue firmada por los delegados de la Asociación Nacional de Hacendados, ni de la Asociación Nacional de Colonos de Cuba.

Al comenzar la década de 1950, a pesar de que la economía azucarera se encontraba en su apogeo, con las grandes zafras entre 1947 y 1952, se hacía evidente que se volvería a entrar en el ciclo depresivo en cuanto desaparecieran las condiciones que permitieron el auge, que fueron situaciones coyunturales como la posguerra, el inicio de la Guerra Fría, y la guerra de Corea.

12. "Los cautivos de la reciprocidad", Oscar Zanetti Lecuona.

Así se abría paso, con el apoyo teórico de la CEPAL[13], la idea de que era necesario que se tomaran medidas por parte del Estado cubano para industrializar el país y divesificar la agricultura sustituyendo importaciones, y que esto solo era posible a partir de una política arancelaria proteccionista.

En 1950, el abogado y economista Gustavo Gutiérrez en un ensayo titulado "Presente y futuro de la economía cubana" planteó lo siguiente:

> ¿Ha de continuar Cuba siendo simplemente una proveedora de azúcar para Estados Unidos y sus aliados en tiempos de guerra, para caer en la miseria en tiempos de paz, o debe acometer de una vez la diversificación de la producción que dispone la Constitución vigente?.
>
> ¿Ha de destrozar Cuba la incipiente industrialización que racional y adecuadamente desarrollada puede aspirar a proporcionar empleo pleno todo el año a su pueblo para retroceder a la posición colonial de monocultivo con su terrible tiempo muerto y la concentración de riquezas en pequeños grupos de ciudadanos cubanos y extranjeros?.
>
> ¿Puede el pueblo cubano esperar pasivamente la vuelta a los bajos niveles económicos de la preguerra con altas cifras de desempleo y bajos sueldos y salarios?.
>
> Grandes intereses extranjeros pugnan con los nacionales, y dentro de la nación, poderosos intereses creados resistirán todo lo que signifique una merma de su privilegiada posición".
>
> La politiquería hará extraordinariamente difícil la estrategia económica.

El intenso debate intelectual dentro de Cuba acerca de cuál sería el rumbo más conveniente para el futuro del país, era un reflejo por una parte de que se había llegado a la conclusión de que existía una impostergable necesidad de cambio, y por otra parte de que estaba teniendo lugar una transición.

Bretton Woods y el mecanismo monetario. Sus consecuencias comerciales para Cuba

El sistema diseñado en la Conferencia Monetaria de Bretton Woods en 1944 estaba basado en el dólar como moneda de reserva y referencia de todas las demás monedas, como antes había sido el oro.

Las monedas se cotizaban con respecto al dólar a una paridad fija establecida. Este sistema estuvo vigente con algunas variaciones hasta 1971. El sistema monetario internacional estaba basado en un dólar norteamericano que se cotizaba a 35 dólares la onza de oro, siendo los dólares convertibles en oro por parte de las naciones, y no de los particulares como había sido con el patrón oro clásico.

El sistema de Bretton Woods trató de ser un lugar intermedio entre la rigidez del patrón oro, y la inseguridad del sistema monetario fiduciario, o sea dinero sin respaldo.

Los gobiernos podían cambiar la paridad de sus monedas devaluando y revaluando dentro de determinado rango, de acuerdo a la política monetaria que consideraran necesaria. El organismo rector del sistema monetario que surgió de Bretton Woods fue el Fondo Monetario Internacional (FMI) cuya función sería proveer de liquidez dentro de determinados límites a los países que enfrentaran problemas de balanzas de pago para evitar devaluaciones y establecimiento de controles monetarios.

El sistema funcionó bastante satisfactoriamente durante los 50, y los 60 proporcionando la suficiente estabilidad monetaria, contribuyendo positivamente al crecimiento del comercio y la inversión internacional, pero para los países subdesarrollados exportadores de materias primas, el sistema de Bretton Woods provocaría serios desequilibrios en el comercio exterior y en sus balanzas de pagos, primeramente debido a que los acuerdos del GATT (Acuerdo General de Tarifas y Comercio) mantenían el proteccionismo con respecto a los productos agrícolas, los cuales constituían el grueso

13. CEPAL Comisión Económica Para América Latina delas Naciones Unidas fundada en 1948.

de las exportaciones de estos países, y en segundo lugar, el mecanismo monetario establecido en dicho sistema daría lugar al deterioro sostenido de las balanzas de pago.

En el caso cubano, debido al peso abrumador del comercio con Estados Unidos, esto se hizo evidente desde fines de la década de 1940.

Para entender el efecto del mecanismo monetario establecido en Bretton Woods sobre el comercio entre Cuba y Estados Unidos hay que tener presente lo siguiente:

1. La Reserva Federal de Estados Unidos comienza a expandir la oferta monetaria norteamericana, por lo que al existir una paridad fija entre el dólar y el peso, al encarecer sus exportaciones (importaciones para Cuba) y abaratar sus importaciones (exportaciones para Cuba), provocaba un deterioro de los términos de intercambio para el comercio cubano.
2. La devaluación sistemática del dólar norteamericano al expandirse la oferta monetaria creando medios fiduciarios, degradaba el poder adquisitivo de las reservas denominadas en dólares de Cuba, y de todos los países que habían acumulado reservas de divisas en dólares durante la guerra, provocando así una transferencia de riquezas hacia Estados Unidos, obligando a las naciones a gastar rápidamente sus reservas, convirtiéndolas en productos norteamericanos.
3. Al encontrarse el dólar a una paridad de uno a uno, y existir en el mundo una escasez tan grande de dólares después de la Segunda Guerra Mundial, las exportaciones cubanas se hacían muy caras para la mayoría de los países del mundo, perdiendo así competitividad, por lo que a Cuba se le dificultaba mucho diversificar los mercados para sus exportaciones.
4. El comercio con Estados Unidos se hacía asimétrico, pues mientras las compras norteamericanas de productos cubanos se encontraban en gran medida limitados por una cuota, las compras de Cuba a Estados Unidos no tenían límites provocando un déficit sostenido en la balanza de pagos de Cuba.

Entre 1948 y 1958, el índice general de precios en Estados Unidos subió un 20%, y el promedio de precios pagados por el azúcar entre 1948 y 1958 fue igual, en tanto el volumen del tonelaje exportado a Estados como promedio anual no pasó de tres millones de toneladas, cuando Cuba produjo como promedio anual unas 5.4 millones de toneladas, por lo que el resto fue vendido a otros países a precios muy inferiores, o consumido nacionalmente.

El déficit acumulado de Cuba en la balanza comercial con Estados Unidos entre 1948 y 1958 fue de 500 millones de dólares, y mientras en 1947, la cantidad de activos internacionales cubría el 104.6% de la base monetaria de pesos, en 1958 había descendido a ser solamente el 11.5%.

En 1948, el peso cubano estaba sobrevalorado con respecto al dólar en un 62%, y en 1958 estaba sobrevalorado en un 26.5%. Esto provocaba la salida de dólares hacia el exterior, o que las ganancias en dólares de los exportadores no se repatriaran, quedando depositados en Estados Unidos.

El mecanismo monetario de Bratton Woods, y la devaluación monetaria norteamericana producía lo que se conoce como "Efecto Cantillon"[14] creando una transferencia de riquezas hacia Estados Unidos como resultado de diluir el poder adquisitivo de las reservas en dólares del resto del mundo, y por otra parte provocaba un cambio en los precios relativos, perjudicando las materias primas y los productos agrícolas y mineros, y beneficiando los a productos industriales. De esta forma se

14. Richard Cantillon (1680-1734) economista británico que fue el primero en afirmar que todo cambio en la oferta monetaria distorsiona la estructura de una economía, puesto que el dinero de nueva creación no es distribuido uniformemente ni de manera simultánea entre la población por lo que la expansión monetària, al dar lugar a una pérdida de poder adquisitivo del dinero, produce una redistribución de riquezas a favor de los que reciben primero el dinero, perjudicando a los que lo reciben después, o no lo reciben nunca.

deterioraban las balanzas comerciales de los países subdesarrolladas cuyas economías se basaban en la producción y exportación de productos primarios.

Era un mecanismo de redistribución de poder adquisitivo altamente perjudical para la mayoría de los países subdesarrollados, y especialmente de América Latina mientras producía enormes beneficios para Estados Unidos. Esto dio como resultado la aproximación al problema desde el punto de vista de las teorías desarrollistas de la CEPAL.

Para enfrentar esta situación tan adversa, algunos economistas cubanos, como Joaquín Martínez Sáenz proponían la opción de la independencia económica que consistía en devaluar el peso, y buscar la diversificación de los mercados, lo cual no era tarea fácil dentro del nuevo orden del comercio internacional que había surgido después de la Segunda Guerra Mundial, pues la devaluación monetaria estaba limitada por los acuerdos establecidos con el FMI, y la diversificación de los mercados se encontraba también limitada dentro del marco de los acuerdos del GATT además de que crearía una inflación interna con consecuencias políticas que podrían ser serias.

El mecanismo monetario de Estados Unidos a partir de los Acuerdos de Bretton Woods, junto con la restauración del proteccionismo a partir de la cuota azucarera, drenaban el poder adquisitivo de Cuba, como hicieron en los años 20 y principios de los 30 las tarifas de aduana, y los efectos serían los mismos al terminar la década de 1950.

Se entraba en una nueva etapa de falta de cooperación comercial entre Estados Unidos y Cuba, aunque las reservas acumuladas en el periodo anterior permitirán que se mantenga un elevado nivel de gastos e importaciones que dio lugar a un proceso de modernización durante la década de 1950, proceso que no fue exclusivo de Cuba, si no que tuvo lugar en otros países de América Latina con mayor o menor intensidad.

Diversificación de los mercados

Durante estos años, a través de las reuniones del GATT de 1949 y 1951 se firmaron acuerdos comerciales bilaterales que dieron como resultado alguna diversificación de los mercados para Cuba, aunque como hemos explicado, las materias primas y los productos agrícolas se encontraban en gran medida excluidos de las negociaciones que tenían lugar en las diferentes rondas, por lo que los países grandes mantenían sus sistemas preferenciales, y sus cuotas de importación en relación con este tipo de productos.

El resultado del comercio 1948-1952 fue el siguiente (en millones de dólares).

País	Export	%	Import	%	Balanz com
Estados Unidos	1,976.2	58.6	2,157.5	78.4	-181.3
Otros países	1,395.4	41.4	595.0	21.6	+800.4
Total	3,371.6		2,752.5		+619.1

Como se puede observar, la estructura geográfica del comercio cubano se diversificó en las exportaciones, ya que al restablecerse la cuota azucarera, Estados Unidos le compró menos a Cuba, pero se lograron superávits comerciales con toda una serie de países, ya que se pudo vender el azúcar fuera de la cuota norteamericana.

Las importaciones desde Estados Unidos mantuvieron su elevado nivel debido al mecanismo monetario que explicamos más arriba.

Por primera vez desde 1921 la balanza comercial con Estados Unidos fue deficitaria todos los años con excepción de 1949, acumulando n déficit de casi 182 millones de dólares.

A valores de 1947, la tasa anual de crecimiento de las exportaciones hacia Estados Unidos fue negativa en -5.2%, en tanto la de las importaciones desde Estados Unidos fue negativa en – 1.8%, o sea que se importó más de lo que se exportó.

Entre 1941 y 1947, el comercio norteamericano con Cuba representó el 76.7% de todo el comercio exterior cubano, y entre 1948 y 1952 había descendido a un 67.5%. La retirada de la participación norteamericana del comercio cubano tendría consecuencia nefasta para Cuba igual que entre 1921 y 1933.

Entre 1947 y 1952 el nivel general de precios en Estados Unidos aumentó un 18.8% en tanto el precio promedio del azúcar cayó un 0.8%, lo que implicó un deterioro de los términos de intercambio, por tanto, el crecimiento relativo de las importaciones no fue debido a términos de intercambio favorables, si no a la existencia de un gasto diferido materializado en grandes reservas de divisas. En 1952 las reservas de divisas se habían contraído en un 17.3%, cubriendo el 79.5% de la base monetaria en pesos.

El superávit comercial del período fue resultado de balanzas comerciales favorables con otros países del mundo, lo que permitió a Cuba balancear su comercio internacional llenando el vacío que dejaba el mercado norteamericanos para las exportaciones cubanas.

La estructura geográfica del comercio internacional de Cuba la exponemos con más detalle en la tabla a continuación (en millones de dólares).

País	Export	Import	Balanza com	Total	%
Gran Bretaña	422.4	58.3	+ 364.1	480.7	7.8
Canada	184.2	70.6	+113.6	254.8	4.2
Alemania (RFA)	137.6	26.0	+111.6	163.6	2.7
España	35.5	42.4	-6.9	77.9	1.3
Francia	57.6	14.5	+43.1	72.1	1.2
Am Latina	37.8	59.9	-22.1	97.7	1.6
Otros paises	520.3	323.3	+197.0	893.6	13.7

Fuente: *Cuba: A Handbook of Historical Statistics* Sussan Schroeder.

El segundo socio comercial de Cuba fue- como tradicionalmente lo era- Gran Bretaña, y el tercero Canadá, la República Federal Alemana (RFA) ocupó el cuarto lugar, y España el quinto en volumen total de comercio, pues como tradicionalmente, la balanza comercial con España fue deficitaria.

Los países de América Latina que tuvieron comercio con Cuba en este período fueron México, Argentina, y Chile.

A Cuba se le hacía difícil diversificar sus mercados para el azúcar a precios competitivos, y no tenia, por lo menos a mediano plazo, la posibilidad de diversificar sus exportaciones.

Algunos economistas veían claramente que el azúcar no podía sostener el crecimiento económico y menos aún del per cápita, por lo que consideraban que era urgente diversificar la economía, pero el error consistía en buscar lo que se conocía por los teóricos de la CEPAL, el "crecimiento hacia adentro" a partir de la sustitución de importaciones, dándole la espalda al comercio internacional y desperdiciando las ventajas comparativas del país.

En el ensayo citado del abogado y economista Gustavo Gutiérrez titulado *Presente y futuro de la economía cubana* se expone la situación económica de Cuba en aquel año de 1950, que él califica como "Año de la decisión cubana".

La economía cubana está en franco declive. Después de la bonanza posbélica, va buscando niveles modestos de normalidad en un movimiento contenido apenas todavía por las exigencias de la llamada Guerra Fría. Se acerca empero el momento de apretarse el cinturón, y esto ocurre al paso que nuestra población aumenta.

Es indiscutible que el grado de concentración a que ha llegado Cuba con el azúcar la ha hecho extraordinariamente vulnerable a los ciclos mundiales de actividad económica como así mismo a las repercusiones de las decisiones políticas de los países consumidores....

El credo de la política económica cubana deberá ser reducir en cuanto sea posible esta vulnerabilidad.

El recurso principal que Cuba puede movilizar en la actualidad es el número de trabajadores y empleados estacionales... si pudiera encontrar una forma efectiva de hacer uso de ese recurso que ahora se desperdicia, se podría contribuir por lo menos en un 20% a la producción de Cuba.

Estaba claro ya en aquellos momentos que el comercio azucarero con Estados Unidos no se podía expandir de acuerdo a las necesidades económicas de Cuba, ni se podían tampoco expandir otros mercados para el azúcar cubano, por lo que se hacía imperioso abrir avenidas para la expansión económica que el crecimiento demográfico requería.

Gustavo Gutiérrez identificaba de manera difusa que la ventaja comparativa de Cuba ya descansaba en su abundancia de labor, pero no considera su aprovechamiento encaminado hacia la integración económica diversificando exportaciones y alentando la inversión extranjera, ya que aboga por un aislamiento económico semiautárquico que asume como la solución a la vulnerabilidad de Cuba ante los ciclos económicos, compartiendo la tesis del crecimiento "hacia adentro" que plantea la CEPAL, y de la "independencia económica" de Martínez Sáenz.

En aquellos tiempos ya era universalmente aceptada la idea del desarrollo planificado y dirigido por el Estado como única manera de superar el atraso económico, y en Cuba, precursores de estas ideas serían junto a Gustavo Gutiérrez, el economista de origen español Julián Alienes, quien fuera jefe del Departamento de Estadísticas del Banco Nacional.

En un ensayo publicado en 1951 bajo el título de "Tesis sobre el desarrollo económico de Cuba" Alienes plantea que existen dos tipos de desarrollo.

5. El desarrollo espontáneo que es el que se produce como resultado del libre juego de las fuerzas del mercado.
6. El desarrollo deliberado, que es el desarrollo proyectado y promovido desde el Estado (planificación).

Según Alienes, el desarrollo espontáneo es el modelo "antiguo" a través del cual crecieron y se desarrollaron muchos países, hasta un momento determinado en que las fuerzas del mercado dejaron de funcionar como promotoras del desarrollo, que en el caso de Cuba señala Alienes fue aproximadamente el año 1925.

Realmente, el único país, entre las grandes potencias que se desarrolló espontáneamente a partir de las fuerzas del mercado fue Gran Bretaña como cuna de la Revolución Industrial, en tanto países como Alemania, Francia, y hasta los mismos Estados Unidos, se desarrollaron detrás de barreras proteccionistas, y una intervención del Estado en mayor o menor grado.

Entonces, de acuerdo con esta tesis, es necesario pasar al desarrollo deliberado donde el gobierno se traza un plan basado en metas concretas a alcanzar.

En referencia al papel que juega el comercio exterior en este modelo de desarrollo Alienes dice:

Las exportaciones tendrían la principalísima función de suministrar los medios de pago al exterior necesarios para importar los bienes de capital que el proceso de inversión reclama.

En principio debe encontrarse, *como fuente nutricia de todo este crecimiento en la sustitución de todas aquellas importaciones cuya producción pueda ser alcanzada en el país* con el doble objeto primero de hacer posible el ansiado aumento de la producción de consumo interno, el empleo interno de los recursos naturales, y después con la idea, desde el punto de vista de la balanza de pagos, de que las importaciones que se extingan abran espacio a la importación de bienes de capital sin crear problemas de divisas.

Este es básicamente el modelo de desarrollo que proponía la CEPAL a partir de la sustitución de importaciones, aunque no se hace alusión a medidas proteccionistas, el modelo las lleva implícitas, pues se considera necesario dar protección a las nuevas industrias frente a la competencia extranjera.

Los teóricos del modelo de industrialización por sustitución de importaciones planteaban, en contra del liberalismo clásico de unos pocos economistas (Escuela Austríaca), que era beneficioso para el desarrollo económico proteger y subsidiar la industria, y que además tendría efectos positivos sobre la sociedad más allá de lo económico.

El argumento principal de los desarrollistas de la CEPAL era que los precios de los productos primarios (productos agrícolas y materias primas) tenían una caída más rápida que la de los productos manufacturados, lo que provocaba un deterioro de los términos de intercambio para los países productores y exportadores de productos primarios, y a favor de los países desarrollados. Ellos consideraban que esto era el resultado de que los productos manufacturados tenían un mayor valor agregado que los productos primarios sin considerar el fenómeno de la elasticidad de la demanda.

La industrialización por sustitución de importaciones como estrategia de desarrollo fue un factor común para gran parte del mundo poscolonial.

A comienzos de la década de 1950, ya arraigaba entre los economistas cubanos la cada vez más popular ideología antimercado que plagaba los organismos internacionales, basada en los principios teóricos del keynesianismo y el marxismo.

Se hacía evidente la necesidad de una reforma urgente de la estructura económica de Cuba, pero para ello no se tenía en cuenta la necesidad de una reforma institucional como había señalado el informe de la Misión Truslow en 1951.

Estructura del comercio exterior durante la transición 1948-1952

Entre 1948 y 1952 el índice de apertura económica fue del 65.4%; un incremento de la apertura con respecto al período anterior del 4.6%.

Las exportaciones fueron el 38.5% del Ingreso Nacional de haber sido el 37.7% en el período anterior. De ellas el 88% fueron azúcar de haber solo el 80% en el período anterior. La producción de azúcar constituyó el 34% del Ingreso Nacional.

Fueron estos los años donde se alcanzaron las mayores zafras de la historia de Cuba promediando casi 5.8 millones de toneladas largas, de las cuales se vendieron como promedio anual unos 3 millones a Estados Unidos.

Las importaciones abastecieron el 32.3% del consumo total nacional, mientras que en el período anterior había sido el 23.7%. De ellas, las importaciones desde Estados Unidos representaron el 25.3% del consumo nacional y las de otros países el 7% solamente.

Como se puede observar, renacía el modelo económico plantacionista retrocediendo el viejo sueño de la diversificación, pero a diferencia de la plantación de los años 20, que se encontraba fundamentalmente en manos de extranjeros, ahora se encontraba en manos de cubanos, por lo que era vista como la gran industria nacional.

Cuba continuaba con una economía cada vez más monoproductora, de vuelta a exportaciones limitadas hacia Estados Unidos por el proteccionismo, en tanto Cuba cada vez le compraba más.

El gobierno de Prío continuó los esfuerzos por reintegrar a Cuba en la economía mundial produciendo azúcar, como en los primeros veinticinco años de la República, en función de los intereses de la élite azucarera que dominaba la política cubana.

La estructura de las importaciones en el período 1948-1952 fue la siguiente expresada en %.

- Bienes de consumo no-duraderos: 11.6%.
- Bienes de consumo duraderos: 33.0%.
- Total bienes de consumo: 44.6%.
- Bienes de capital fijos: 21.4%.
- Bienes de capital circulante: 34.0%.
- Total bienes de capital: 55.4%.
- Fuente: Memorias del Banco Nacional de Cuba.
- Dentro de las perspectivas de sustitución de importaciones, los renglones más aptos para ser sustituidos se encontraban en los bienes de consumo, especialmente no-duraderos.
- En la monografía referente a la industrialización hacemos un análisis detallado del plan de industrialización recomendado por la Misión Truslow en 1950.
- Las importaciones de bienes de capital fijo se desglosan de la siguiente manera expresado en %.
- Para la industria azucarera: 2.2%.
- Para la industria no-azucarera: 50.6%.
- Para la agricultura: 12.0%.
- Transporte: 18.4%.
- Construcción: 16.8%.

Como se puede ver, en este período se reinició el proceso de industrialización que había comenzado en la década de 1930, en tanto la industria azucarera se mantiene utilizando las capacidades instaladas desde antes de la guerra sin acometer nuevas inversiones.

La estructura de las exportaciones expresada en %.

Azúcar: 88.2%.
Tabaco: 5.5%.
Otros: 6.3%.

No tuvo lugar ninguna diversificación de las exportaciones, si no que más bien se acentuó la dependencia respecto al azúcar.

El resultado de las Cuentas Nacionales del período 1948-1952 fue el siguiente de acuerdo a los datos de las Memorias del Banco Nacional de Cuba .

Balanza comercial:	+ 470.9 millones de dólares.
Cuenta corriente:	-132.2 millones de dólares.
Balanza de pagos:	- 274.0 millones de dólares.

Los activos internacionales denominados en dólares se redujeron en 104 millones.

El mecanismo que destruyó la reciprocidad en este período no solo fue el restablecimiento de la cuota azucarera para Cuba, también, y fundamentalmente, fue el mecanismo monetario establecido en Bretton Woods, y la política monetaria expansiva norteamericana que provocó el deterioro de los términos de intercambio de Cuba en su comercio con Estados Unidos.

El comercio exterior en la etapa de desarrollo deliberado en busca de la independencia económica 1953-1958

Cuando Fulgencio Batista da el golpe de Estado el 10 de marzo de 1952, evitó irresponsablemente controlar la zafra azucarera de ese año dejándola que llegara a los niveles máximos de producción, alcanzando una cantidad récord de 7, 011, 637 toneladas largas (casi 8 millones de toneladas métricas).

El periodo de las grandes zafras tocaba a su fin con aquella zafra récord, y se hacía evidente que los mercados mundiales se encontraba saturados de azúcar.

Entre 1947 y 1952 la producción mundial había estado creciendo a una tasa anual del 9.8%, en tanto la producción de Cuba lo hacía a una tasa anual del 3.9%. En 1947 Cuba produjo el 25% del azúcar mundial, y en 1952, a pesar de su enorme zafra, produjo solamente el 19.4%.

Los precios promedio a valores constantes de 1947, en 1952 eran un 16.5% inferiores a los de 1947, cuando la producción mundial había crecido un 59%, lo que indicaba una elasticidad de la demanda que había inducido a la ampliación de las capacidades de producción mundial, mientras Cuba se quedaba rezagada y perdía participación dentro de la producción mundial.

Con la zafra de 1952, Batista se enfrentaba en ese momento una situación muy similar a la que enfrentó Gerardo Machado con la zafra de 1925; el desplome de los precios del azúcar y la quiebra posible de parte de la industria azucarera cubana. La solución que se buscó sería casi idéntica a la del viejo Plan Chadbourne; restricción de la producción, y segregar una parte de la zafra para ser vendida paulatinamente con el objetivo de limitar la oferta en el mercado y así sostener los precios, y a pesar de esas medidas los precios promedio de 1953 fueron un 20% inferiores a los de 1952, y el per cápita se contraía en un 14.2% precipitando al país a una recesión.

Los asesores económicos de Batista recurrieron al viejo expediente de mitigar el desempleo creado por la restricción azucarera por medio de un plan de obras públicas. Batista hacía lo mismo que Machado treinta años después, ante el mismo problema, cuya recurrencia demostraba la repetición del ciclo azucarero, y que Cuba no había encontrado solución, pues los intereses de la misma élite de plantadores seguían determinando la política económica de Cuba. El resultado sería el mismo; endeudamiento público, desempleo, caída de los precios del azúcar, y pérdida de eficiencia de la industria azucarera cubana.

Se segregaron un millón setecientas cincuenta mil toneladas de azúcar, y se ordenó limitar la zafra de 1953 a cinco millones de toneladas, predominando la opinión conservadora dentro de la industria que prefería la seguridad que le proporcionaba la cartelización azucarera, frente a los que querían producir sin restricciones, provocando así la reestructuración de la industria y la disolución del cártel. El primer grupo estaba encabezado por el abogado Arturo Mañas presidente del ICEA, y principal asesor de la política azucarera de Batista (como lo fue Viriato Gutiérrez de Machado), y el segundo grupo por Julio Lobo, el mayor hacendado de Cuba, que calificaba la restricción como un "error histórico" que no debía repetirse.

Las zafras fueron restringidas entre 1953 y 1956 con el mismo resultado que había tenido lugar entre 1926 y 1928; los precios siguieron cayendo. Los precios en 1956 eran un 7% inferiores a los de

1952 y el valor de la zafra un 32.8% inferior. El valor de la producción azucarera en relación con el Ingreso Nacional de 1952 fue del 33.5%, y en 1956 apenas el 22.4%, y la producción de Cuba apenas fue el 11.6% de la producción mundial.

Por otra parte, el gobierno lanzó su plan de gasto compensatorio para amortiguar el impacto de la caída del ingreso azucarero sobre la economía nacional en 1954, el "Plan de Desarrollo Económico y Social", cuya orientación keynesiana esperaba reactivar la economía nacional por medio del gasto público al igual que el Plan de Obras Públicas de Machado, a diferencia de que este último se encontraba financiado por empréstitos norteamericanos, en tanto el de Batista con los ahorros nacionales acumulados del período anterior y la expansión de la deuda interna.

Uno de los principales directores de la política económica de Batista, junto a Gustavo Gutiérrez será Joaquín Martines Sáenz desde su posición de presidente del Banco Nacional de Cuba entre 1952 y 1958. En un escrito titulado "Por la Independencia económica de Cuba", él describe y justifica las decisiones económicas tomadas por el gobierno durante aquellos años.

> El programa de diversificación resultó esencial no solo para resolver el apremiante problema de aumentar la producción nacional en proporción al aumento de la población. También resulta necesario cambiar la estructura de nuestra economía. En el pasado ha sido casi íntegramente una economía de exportación, y Cuba ha sufrido las consecuencias derivadas de tal estructura...

Para Martínez Sáenz, el cambio estructural consistía en que Cuba dejara de ser una economía de exportación, y se convirtiera en una economía más autosuficiente. (autarquía nacionalista) en lo que él denominaba 'independencia económica".

> Nuestra economía oscilaba de un punto de extrema prosperidad (guerra) a otro de extrema pobreza (paz).
>
> Era por consiguiente lógico que nuestra economía fuese característicamente inestable de 1902 1952. Todas las economías de exportación padecen del mismo mal.
>
> En 1952 se sintió más agudamente que nunca antes la necesidad de una economía interna estable, independiente de los azucareros... En realidad se trataba de una urgente necesidad de mantener el empleo a un nivel satisfactorio para evitar una posible depresión de efectos catastróficos...
>
> A ese efecto se estableció el Plan de Desarrollo Económico y Social. La acción insoslayable consistía en evitar la crisis del mercado doméstico con ingresos de origen interno sacados de los recursos disponibles.

Martínez Sáenz no aportaba nada nuevo al plan anticíclico de Machado treinta años después, la única diferencia consistía en el fundamento teórico del plan, el cual no era conocido en tiempos de Machado, pues John Maynard Keynes publicó su *Teoría General del Empleo, el Interés y el Dinero* en 1936.

El Plan de Desarrollo Económico y Social tenía dos objetivos fundamentales:

Primero, oponer a las fuerzas depresivas el dinamismo interno de la economía.

Segundo, cambiar la estructura económica del país mediante un programa de diversificación de la producción para lograr la independencia económica".

Según el autor, los dos objetivos fueron "exitosamente cumplidos", pero la evidencia empírica demuestra lo contrario; el Ingreso Nacional de 1952 volvió a ser alcanzado en 1956; entre 1953 y

1958, la tasa real anual de crecimiento del per cápita fue negativa;- 0.6%; el cambio estructural de la economía y su diversificación había avanzado muy limitadamente, en tanto el desempleo se mantenía casi al mismo nivel. La producción industrial para consumo interno, así como la agricultura no-azucarera y la construcción habían mostrado un pequeño crecimiento relativo, en tanto el azúcar retrocedió. El Ingreso Nacional creció a una modesta tasa anual del 1.7%.

Muchos indicadores contradicen la afirmación de Martínez Sáenz, entre ellos el desempleo, como lo demostró el Survey de 1956-1957 efectuado por la Junta Nacional de Economía. Estos resultados macroeconómicos muestran el fracaso de las políticas keynesianas de los asesores financieros del gobierno de Batista.

El Dr. Carlos Duquesne de Zaldo vicepresidente del BANFAIC planteaba en un ensayo publicado en 1957 bajo el título "El proceso de desarrollo económico de Cuba".

> Está fuera de toda duda que las autoridades económicas estaban obligadas a desarrollar una política compensatoria que la coyuntura del país demandaba" (política anticíclica).
>
> Una de las medidas lógicas consistía en el incremento del gasto público a fin de compensar en lo posible el debilitamiento causado por la disminución del estímulo externo.
>
> La política compensatoria ha tenido lógicamente su precio que se refleja principalmente en un aumento de la deuda pública, y una disminución de las reservas monetarias netas del país.

La Revista del Banco Nacional en un artículo de mayo de 1956 planteaba lo siguiente:

> La diferencia entre un sistema de economía muy abierta, que es el que caracteriza al sistema económico de Cuba en la actualidad, y otro de economía moderadamente abierta, gira en torno a la reducción de la propensión marginal a importar.
>
> En el sistema económico que vivimos, el ingreso creado por la exportación deriva rápidamente en demanda al extranjero de bienes y servicios, que en casi nada multiplica el empleo.
>
> Transformar el sistema económico nacional en otro de economía más cerrada, implicará que una mayor parte de la demanda originada por la exportación habrá de dirigirse al consumo de bienes y servicios domésticamente producidos, creando así mayor empleo en el país.

Entre 1947 y 1952, por cada peso de incremento del Ingreso Nacional, el incremento de las importaciones fue de 25.7 centavos, y entre 1952 y 1958, por cada peso de incremento del Ingreso Nacional, el incremento de las importaciones fue de 78.6 centavos, o sea que la propensión marginal a importar[15] se triplicó, como resultado del proceso de modernización que tuvo lugar.

"Vista en su conjunto, la exportación de productos tradicionales, incluidos los minerales, no parece haber perspectivas favorables a su expansión, y se requiere un largo plazo para el establecimiento de nuevas perspectivas exportables".

Convertir a Cuba en una economía moderadamente abierta, como sugiere el autor del artículo, implica desarrollar una política proteccionista, que es parte esencial de los programas del desarrollismo de la CEPAL, pero solamente en 1958 se aprobó un nuevo arancel proteccionista en Cuba. Otro de los pilares de una política proteccionista, además de los aranceles, son los controles de cambio de divisas, y eso nunca se llevó a cabo, debido entre otras cosas a que los tratados

15. La propensión marginal a importar se determina dividiendo el cambio en las importaciones entre el cambio en el Ingreso Nacional, e igualmente con las exportaciones.

internacionales firmados por Cuba con la Organización Mundial de Comercio, y con el Fondo Monetario Internacional lo dificultaban.

Uno de los críticos de la política económica de Batista fue el economista de orientación marxista Raúl Cepero Bonilla.

> El gobierno ha tratado de mantener la demanda aumentando los gastos con los planes de obras públicas financiados con empréstitos.
>
> Tal política tiene un fallo; como el gobierno no dirige las inversiones hacia nuevas instalaciones productivas, y el capital privado sigue retraído... el aumento de la circulación monetaria que se produce con las obras públicas incrementa inevitablemente las importaciones debilitando las balanzas de pagos.

Los economistas cubanos, como casi todos en aquellos tiempos, eran de orientación keynesiana/marxista, no se daban cuenta de que lo que impulsa el crecimiento económico es la producción (oferta) y no la demanda, ya que la demanda está limitada por la producción. Cuando se produce, se está creando demanda (Ley de Say)[16], y el dinero solo es un medio de intercambio que actúa como intermediario entre la producción y la demanda.

Si el gobierno crea dinero de la nada para aumentar la demanda, lo único que hace es debilitar el poder de compra de la unidad monetaria sin casi ningún efecto sobre la producción, y disminuir el ahorro real que sale por las balanzas de pago, en tanto que diluye el valor del dinero.

Si el gobierno toma prestado del sector privado para financiar el gasto deficitario, lo que hace es traspasar los ahorros para aumentar el gasto público, incrementa la deuda pública pero no crea inflación. Esto tiene dos efectos; primero la inversión hecha por el gobierno tiene fines políticos, no económicos, por tanto, lo que tiene lugar es una mala asignación de recursos sin contar con el aumento del incentivo a la corrupción, y en segundo lugar, el pago de la deuda pública tendrá que hacerse por medio de aumentar los impuestos, o imprimiendo dinero, que es otra forma de impuesto que recae sobre los más pobres, con el consiguiente efecto redistribuidor de ingresos y distorsionador de la economía. Este fue el método utilizado por el gobierno para financiar sus planes de desarrollo y estímulo económico.

La única manera de financiar el esquema del "desarrollismo" de industrialización por sustitución de importaciones es a través de:

1. Préstamos extranjeros.
2. Utilizando las reservas de divisas extranjeras acumuladas.
3. Incrementando las exportaciones más rápido que las importaciones para lograr superávits en las balanzas de pagos.

Las economías típicas que adoptaron este modelo de industrialización por sustitución de importaciones se movieron a través de crisis periódicas de balanzas de pago. Mientras más crecía la economía más necesitaban importar, pero las exportaciones no mantenían el paso de las importaciones ya que el propósito del esquema desarrollista era cambiar la estructura exportadora de las economías hacia una estructuras más autosuficientes, y de esa forma el país se quedaba sin divisas extranjeras.

---

16. Ley de Say, o Ley de los Mercados, enunciada por el economista francés Jean Baptise Say (1767-1832)

Cuba no tenía a su disposición la posibilidad de empréstitos norteamericanos en la década de 1950, como sí lo tuvo Machado hasta que comenzó la Gran Depresión.

Las exportaciones no se incrementaron de forma tal que se lograran balanzas de pago positivas, pero por otra parte, el propósito esencial del desarrollismo era disminuir la dependencia de las economías del comercio mundial haciéndolas más autosuficientes, por tanto, las políticas seguidas dificultaban la expansión de las exportaciones, y como explicamos más arriba, el mecanismo monetario de Bretton Woods, y Estados Unidos, estaban drenando el poder adquisitivo de Cuba, haciendo más difícil aún el desenvolvimiento del modelo desarrollista.

Los planes económicos de Batista se financiaron a partir del crecimiento de la deuda interna con dinero acumulado en la banca comercial, y con la expansión del crédito fiduciario sustentado por el Banco Nacional. Solo tenía para el financiamiento de los planes desarrollistas la segunda opción.

La captación de ahorros de la banca comercial produjo el efecto conocido como "efecto expulsión" (crowding out), donde la banca comercial queda expulsada del proceso inversionista porque es el gobierno el que asume esta función propia del empresario capitalista. Esta es una característica distintivas del capitalismo de Estado.

En estas condiciones, los bancos comerciales encuentran más lucrativo y seguro prestar al gobierno que a empresarios privados. Algunos bancos, como el Trust Company de Cuba fueron más entusiastas en otorgar préstamos al gobierno, mientras que otros, sobre todo la banca extranjera, fueron más cautelosos.

Por otra parte la expansión del crédito por parte del Banco Nacional, al ser una forma de nuevo dinero creado, sale al exterior por las balanzas de pago contrayendo las reservas de divisas. Mientras existieran reservas de divisas extranjeras este proceso no dará lugar a presiones inflacionarias, pues no aumenta la oferta monetaria significativamente.

Tendencias del comercio exterior en la etapa final de la República1952-1958

El cambio de estructura productiva, según los planificadores de Batista, tenía como objetivo la disminución de la dependencia con respecto a las exportaciones azucareras, y el incremento de la producción tanto agrícola como industrial para consumo interno, que absorberían los recursos provenientes del sector exportador.

Este plan, necesariamente daría lugar a un aumento de las importaciones sobre las exportaciones, el cual sería financiado en parte con la disminución de las importaciones de bienes de consumo las cuales serían sustituidas con producción nacional, y por otra parte con las reservas de divisas existentes, por lo que lógicamente tendría lugar una afectación en la balanza de pagos, ya que no eran muy optimistas acerca de que tuviera lugar un incremento de las exportaciones.

Las exportaciones

En la estructura de las exportaciones tenemos que en 1952, el 86% del total de las exportaciones fue azúcar, y en 1958 el azúcar representó el 71.2%, en tanto otros renglones las exportaciones fueron un 14 y un 28.8% respectivamente, lo que nos indica una cierta diversificación de las exportaciones.

En la participación dentro del Ingreso Nacional, en 1952 las exportaciones de azúcar representaron el 28.9% y en 1958 el 26.1%, en tanto otras exportaciones en 1952 fueron el 4.7% y el 10.8% respectivamente.

El tabaco que en 1952 fue el 5.9% del total de las exportaciones, en 1958 se mantuvo igual.

Esto indica una ligera diversificación de la estructura de las exportaciones que se basó fundamentalmente en un aumento de las exportaciones de minerales y petróleo refinado, así como de servicios de turismo, que se perfilaba como una exportación muy prometedora.

De forma absoluta, las exportaciones crecieron entre 1952 y 1958 a unas tasa anual del 3.3%, mientras que el Ingreso Nacional creció a una tasa de solamente un 1.4%, por eso las exportaciones en 1952 representaron el 33.6% del Ingreso Nacional, y en 1958 el 37.7%.

Dentro de las exportaciones, las que se dirigieron a Estados Unidos en 1952 fueron el 60.3% del total de las exportaciones y en 1958 fueron el 58.8%.

A valores constantes de 1952, la tasa anual de crecimiento de las exportaciones hacia Estados Unidos fue de solamente un 1.5% entre 1952 y 1958, lo que indica que el comercio de exportación hacia Estados Unidos estaba estancado por los límites que imponía la cuota azucarera, y Cuba necesitaba desesperadamente encontrar nuevos clientes.

Las importaciones

Entre 1952 y 1958, la tasa de crecimiento anual del consumo interno fue del 1.1%, y la tasa de crecimiento anual de las importaciones fue del 3.7%. En 1952, las importaciones abastecieron el 29% del consumo nacional, y en 1958 el 33.8%.

En 1952, el índice de apertura económica fue de un 64.5%, en 1958 llegaba al 72.9%.

Cuba, lejos de hacerse más autosuficiente como pretendían los economistas del gobierno, se hacía cada vez más dependiente del comercio internacional, sin cambiar de manera significativa la estructura de las exportaciones.

La estructura de las importaciones fue la siguiente (expresado en %).

Categorías	1952	1958	Cambio
Bienes de consumo duradero	12.2	14.2	+2.0
Bienes de consumo no-duradero	31.2	24.9	-6.3
Bienes de consumo total	43.4	39.1	-4.3
Bienes de capital fijo	22.5	26.8	+4.6
Bienes de capital circulante	34.0	34.1	+0.1
Bienes de produccion total	56.5	60.9	+4.4

Fuente: Memorias del Banco Nacional de Cuba.

La estrategia de los planificadores del desarrollo cubano consideraba que la sustitución de importaciones en bienes de consumo, especialmente en bienes de consumo duraderos, ayudaría a financiar el incremento que necesariamente tendría lugar de bienes de producción.

Como muestra la tabla anterior hubo una disminución relativa en las importaciones de bienes de consumo, aunque los bienes de consumo duradero registraron un aumento reflejando el impulso modernizador de la vida de algunos segmentos de la población.

Todas la demás categorías tuvieron un incremento relativo.

Desde el punto de vista absoluto, tenemos que el total de las importaciones en el período 1953-1958 creció un 36.3% con respecto al total de las importaciones del período 1948-1952.

Las de bienes de consumo duradero crecieron un 57.5%.

Las de bienes de consumo no-duraderos crecieron un 10.5%.

Las de bienes de consumo total crecieron un 22.8%.

Las de bienes de capital fijo crecieron un 55.2%.

Las de bienes de capital circulante crecieron un 41.4%.

Las de bienes de capital total crecieron un 46.7%.

Como se puede concluir, la disminución de las importaciones de bienes de consumo, en parte financió el incremento de las importaciones de bienes de capital. Hay que tener en cuenta de que este resultado no fue un producto de barreras proteccionistas.

La propensión marginal a importar en el periodo 1948-1952 fue de 22.4 centavos por cada de peso de incremento del Ingreso nacional, y en el periodo 1953-1958 fue de 69.3 centavos por cada peso de aumento del Ingreso Nacional, lo que significa que la propensión marginal a importar se triplicó.

El efecto de esta incrementada propensión a importar sobre las Cuantas Nacionales fue el siguiente.

Balanza comercial: +171.2 millones de dólares.

Cuenta corriente: -362.9 millones de dólares.

Balanza de pagos: -899.3 millones de dólares.

Fuente: Memorias del Banco Nacional.

El pequeño superávit en balanza comercial no contrarrestó el déficit en las otras balanzas que forman la cuenta corriente, por lo que esta acumuló un déficit significativo, pero el déficit de la balanza de pagos fue enorme, superando en un 228% el del período anterior.

En 1958 Cuba estaba al borde de una crisis de balanza de pagos, por lo que su esquema comercial no podía continuar.

Estructura geográfica del comercio exterior

La estructura geográfica del comercio exterior del período fue la siguiente (expresado en millones de dólares).

País	Export	%	Import	%	Balanz com
EEUU	2,546.9	62.4	2,866.6	71.9	319.7
Otros	1,533.6	37.6	1,123.7	28.1	+409.9
Total	4,080.5		3,990.1		+171.2

Fuente: *Cuba: A Handbook of Historical Statistics* Sussan Schroeder, y Memorias del Banco Nacional de Cuba. Cálculos del autor.

En 1958, el comercio con Estados Unidos fue el 70% de todo el comercio exterior de Cuba, y en 1952 había sido el 67.5%, lo cual indica que en el período aumentó la concentración comercial, retrocediendo ligeramente la diversificación que se había alcanzado en el período anterior.

Como se pude ver en la tabla inferior, el segundo socio comercial de Cuba fue Japón, seguido de Alemania Federal, y Después Gran Bretaña.

La estructura geográfica del comercio con otros países es la siguiente:

Países	Export	Import	Balanz Com	Total Com	%
Gran Bretaña	104.0	34.8	+ 69.2	138.8	1.8
Canada	26.3	36.6	- 10.3	62.9	0.8
Alemania (RFA)	131.7	96.3	+ 35.4	228.0	2.9
España	63.2	66.3	- 3.1	129.5	1.7
Francia	43.1	31.5	+ 11.6	74.6	1.0
America Latina	36.7	35.6	+ 1.1	72.3	0.9
Japon	231.0	20.9	+ 210.1	251.9	3.3

Fuente: "Cuba: A Handbook of Historical Stastics" Susan Schroeder.

Términos de intercambio y balanzas comerciales

Como hemos explicado, el deterioro de los términos de intercambio se produce cuando la relación entre el valor unitario de las exportaciones y el de las importaciones favorece a las importaciones frente a las exportaciones. Esto significa que se hace necesario exportar más para poder importar la misma cantidad, o que con el nivel de exportaciones sin cambio, podemos importar cada vez menos.

Los términos de intercambio presentan variaciones cuando cambian los precios relativos entre exportaciones e importaciones, y esto sucede por razones de cambios en la demanda, esencialmente de la elasticidad de la demanda, y por cambios en el valor y las cotizaciones de las monedas, o sea como fenómeno monetario.

Los desarrollistas consideraban que los términos de intercambio se deterioran debido a que se importan mercancías con una mayor cantidad de trabajo agregado, que las mercancías que se exportan, o sea que los países subdesarrollados exportan productos agrícolas y mineros, e importan productos manufacturados. Esta teoría tiene como error de origen el hecho de estar basada en la teoría clásica del Valor-Trabajo que utilizó Marx como piedra angular de su teoría de la plusvalía y de la explotación capitalista, pero por otra parte, al ser el capital el factor de producción con mayor demanda desde las Revolución Industrial, los bienes de mayor consumo relativo de capital aumentan de precio proporcionalmente más que los bienes primarios y las materias primas, con mayor consumo relativo de tierra y labor.

La Revolución Industrial alteró la composición de los factores de producción en los bienes producidos, y alteró el sistema de precios relativos, pero la expansión monetaria inflacionaria que va teniendo lugar en el mundo, sobre todo después de la desaparición del sistema económico basado en el patrón oro, aceleró estos cambios en los precios relativos a favor de los bienes de alto consumo relativo de capital, y consiguientemente creó una redistribución de ingresos y riquezas desde los países escasos de capital, hacia los países de abundancia de capital, creando un deterioro sostenido de los términos de intercambio para los países subdesarrollados, que solo se puede resolver atrayendo capital desde los países abundantes de capital hacia los países que tiene escasez del mismo.

Los desarrollistas identificaron el problema, pero no identificaron bien sus causas, por lo que llegaron a plantear soluciones erróneas como la industrialización por sustitución de importaciones, y derivaron teorías acerca de la explotación como la Teoría de la Dependencia, sin embargo en aquellos tiempos otros economistas entre ellos el más destacado que fue Ludwig von Mises, identificaban la causa y proponían soluciones adecuadas.

En la historia del comercio internacional de la República de Cuba hemos identificado dos períodos donde los términos de intercambio con Estados Unidos han sido favorables, y dos donde no ha sido así.

Los períodos de términos de intercambio favorables son 1902-1920, y 1934 -1947, los períodos donde los términos de intercambio han sido desfavorables son 1921-1934, y 1948-1958.

Esto ha coincidido con el ciclo económico de Cuba, ya que al ser una economía de gran apertura, o sea una economía basada en las exportaciones, y donde el comercio con Estados Unidos ha tenido un peso mayor del 70%, los términos de intercambio entre Cuba y Estados Unidos han sido determinantes.

Entre 1902 y 1933, podemos decir que la causa más importante en el comportamiento de los términos de intercambio para Cuba se encontraba basada en los cambios de demanda, siendo los cambios monetarios más bien secundarios debido a la estabilidad del patrón oro, sin embargo a partir de la salida del patrón oro por parte de Estados Unidos, los mecanismos monetarios pasaron a ocupar el primer lugar como causante de los cambios en los términos de intercambio para Cuba, quedando en un segundo plano los cambios de la demanda.

Después de Bretton Woods, y especialmente después de 1947, Estados Unidos comienza una política monetaria expansiva, dando lugar a una pérdida de valor del dólar, en tanto Cuba mantenía la paridad fija de uno a uno acordada en dicha conferencia, llevaba una política de estabilidad monetaria, pero el peso cubano se encontraba fuertemente sobrevalorado.

Entre 1947 y 1952 el dólar norteamericano perdió un 23.3% de su valor, lo cual quiere decir que en el agregado de las importaciones de Cuba desde Estados Unidos estas se encarecieron en un 23.3%, sin embargo las exportaciones cubanas hacia Estados Unidos las cuales eran básicamente azúcar, el precio cayó un 14% lo cual necesariamente precipitó un deterioro de los términos de intercambio, a lo que se sumó la reanudación del proteccionismo norteamericano por medio de la cuota azucarera.

En este periodo 1952 -1958, el dólar norteamericano perdió un 9% de su valor, o sea el nivel general de los precios de las importaciones desde Estados Unidos aumentaron un 9%, pero el precio promedio del azúcar pagado por Estados Unidos en la cuota azucarera cayó un 12.2% produciéndose así un deterioro de los términos de intercambio para Cuba.

De esta forma tenemos proteccionismo norteamericano, más deterioro de los términos de intercambio, cuando Cuba incrementa el nivel de las importaciones. Era la combinación perfecta para destruir la cooperación comercial entre las dos naciones.

El valor de las exportaciones hacia Estados Unidos entre 1952 y 1958 crecieron a una tasa anual del 2.9%, en tanto el valor de las importaciones norteamericanas crecieron a una tasa anual del 5.6%, creando una balanza comercial deficitaria que fue saldada con las reservas de divisas acumuladas durante la guerra y la posguerra.

Durante el primer período de falta de cooperación, el comercio entre Estados Unidos y Cuba fue destruido por las altas tarifas impuestas sobre el azúcar cubano, y el deterioro de los términos de intercambio, provocando una severa deflación debido a la pérdida de la base monetaria de Cuba, que carecía de banco central y de moneda propia. Esta vez lo que sucedió fue el agotamiento de las reservas de divisas que actuaron como amortiguador, por lo que no se produjo una situación deflacionaria.

Después de 1958, el gobierno cubano tendría que contrarrestar esta situación devaluando el peso, y enfrentando así un proceso inflacionario, y creando barreras proteccionistas y controles de cambio para frenar las importaciones de bienes de consumo, o de lo contrario sería necesario la obtención de un gran empréstito de Estados Unidos, o del Fondo Monetario Internacional, aceptando las condiciones impuestas en el otorgamiento.

El comercio exterior de Cuba logra mantener un superávit en balanza comercial en este período debido a una diversificación de sus mercados de exportación lograda en el período anterior, basada en tratados bilaterales, y un aumento del intercambio en forma trueque con países que se encontraban escasos de divisas, promovido por el BANCEX (Banco de Comercio Exterior), y la firma del Acuerdo Azucarero de Londres en 1953 que le garantizaría a Cuba una cuota en el mercado mundial de unos dos y medio millones de toneladas.

Cuba firmó algunos convenios bilaterales en la Conferencia de Torquay en Inglaterra en 1950-1951, y en el año 1953 se reanudó el Acuerdo Azucarero de Londres suspendido en 1939, que le otorgó a Cuba un 41.74% del mercado mundial, esto significó unas 2, 250 mil toneladas métricas. En 1956 se revisó el acuerdo con el resultado de que la participación de Cuba se redujo a un 40.92% del mercado mundial, y la revisión de 1958, redujo una vez más la participación cubana a un 37.21% del mercado mundial.

La revisión de la cuota norteamericana en 1956 también fue desfavorable para Cuba, por lo que podemos ver, el país va perdiendo mercado de su principal y casi única exportación en Estados Unidos.

En el gráfico inferior se puede observar el comportamiento de los términos de intercambio con Estados Unidos, y su tendencia sostenida a la baja.

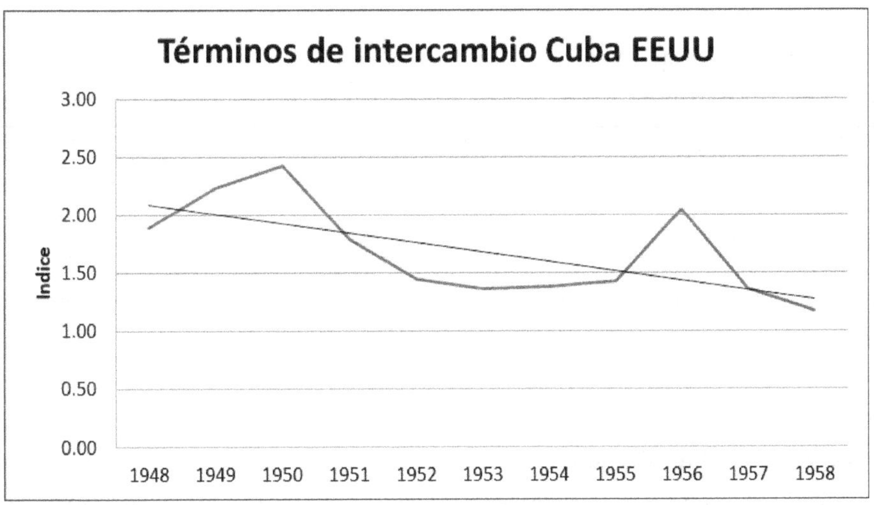

Fuente: Oxford Montevideo Latín América Economic History Data base MOXLAD.

Proteccionismo en el último año de la República

Para mantener la reciprocidad con Estados Unidos intacta, o sea mantener la cuota azucarera, el gobierno de Batista había emprendido un programa de industrialización por sustitución de importaciones sin medidas proteccionistas, lo que llevó al país al borde de una crisis de balanza de pagos a fines de la década de 1950 como hemos venido demostrado.

Toda la teoría del desarrollismo descansaba en la necesidad de amplias medidas proteccionistas para poder cambiar la estructura productiva de los países subdesarrollados en función de lograr una industrialización, pero el enfoque de los planificadores cubanos, temerosos de perder la reciprocidad norteamericana, trató de obviar lo más posible la puesta en práctica de medidas proteccionistas, y es por esta razón que el desarrollismo cubano fracasó bien temprano, aunque había antecedentes en Perú, Bolivia, y Paraguay.

Al comenzar el año 1958 este fracaso se hacía evidente para muchos en Cuba.

En mayo de 1958 la CTC publica un panfleto con el título de "*Plan Nacional para fortalecer y desarrollar la economía de Cuba*".

En el artículo dedicado a la política de comercio exterior como factor de desarrollo económico y social, Eusebio Mujal Barniol, secretario general de la CTC plantea que:

> El aumento de la tendencia a importar de nuestro país debido a la tradicional política cubana de amplias facilidades a la importación, y presionada por la política de comercio internacional y de posguerra se ha agudizado a partir de 1950... En los últimos cinco años, Cuba ha comprado más a Estados Unidos que estos a Cuba, originándose una constante pérdida de dólares.
>
> La política exterior del mundo a partir de la terminación de la Segunda Guerra Mundial muestra un proceso tendiente en cada país a proteger y diversificar sus exportaciones. Esta política está consolidada en el GATT, tendiente a beneficiar el intercambio comercial de los países desarrollados, protegiendo sus exportaciones e impidiendo las importaciones.
>
> Cuba, a través de diversos acuerdos y tratados bilaterales, hemos dirigido nuestra política de exportación básicamente a consolidar las exportaciones tradicionales de azúcar y tabaco en el mercado mundial, otorgándole para ellos tarifas preferencias de bajo adeudo a artículos de otros países que fácilmente pueden ser producidos en Cuba.

En resumen, lo que se está planteando por parte de la CTC es que la política comercial cubana, puesta en función de las exportaciones tradicionales, perjudica el desarrollo de industrias nacionales que podrían sustituir importaciones, en una situación que en aquellos momentos era de balanzas comerciales deficitarias sostenidas.

Desde finales de la guerra, el empresariado nacional no-azucarero venía abogando y presionando por una política proteccionista frente a una situación que ahogaba especialmente a la industria nacional; altos costos laborales, restricciones a la introducción de nueva tecnología, y crecientes importaciones norteamericanas.

En estas condiciones, la opción preferida por las industrias nacionales era la protección externa, y la cartelización interna apoyadas por el Estado, aún a costa de una caída en la productividad.

Puede decirse que no buscaban una reforma institucional profunda que flexibilizara las regulaciones laborales, si no que presionaban en busca de protección frente a la competencia externa e interna.

Finalmente en 1958, casi como complementando una ley de aumento de salario mínimo, es aprobado en marzo de ese año el nuevo arancel que se justificaba económicamente, según sus autores, con el siguiente argumento.

> El Survey realizado por el Consejo Nacional de Economía entre 1956 y 1957 reportó un desempleo total permanente de un 16.4% sin contar con el subempleo que elevaría a 30.2% de la población trabajadora desempleada y subempleada para un total de 665 mil personas.
>
> Esta situación, unida al hecho conocido de la industria azucarera que no puede aumentar su producción para dar empleo a un mayor número de personas, obliga a la búsqueda de nuevos medios mediante cuyo uso logre disminuirse el desempleo. Uno de estos medios consiste en la creación de nuevas industrias que den trabajo a nuestra población, pero para la creación de nuevas industrias es necesaria la protección arancelaria.
>
> Otro de los efectos del nuevo arancel podrá ser la mejora de los términos de intercambio.

El proteccionismo del nuevo arancel era visto con desconfianza por el empresariado nacional. En la revista *Cuba económica y financiera* de mayo de 1958 apareció un artículo titulado "Las industrias artificiales".

> Cuando determinada actividad industrial vive de subsidios, de materias primas malbaratadas, o de aranceles prohibitivos, suele ser imposible que alcance larga vida.
>
> Sobremanera, desde que la banca paraestatal ha tenido el placer de mostrarse espléndida en sus dádivas crediticias, y en la protección para que unas cuantas fábricas de artículos ya conocidos pasen por manufacturas de cosas nuevas.

Los empresarios cubanos sabían que el arancel proteccionista tenía como propósito facilitar la creación de industrias artificiales que favorecerían a los asociados del gobierno a través de la banca paraestatal.

El nacionalismo económico más radical se expresaba en las *Tesis del Movimiento 26 de Julio* publicadas como "Algunos aspectos del desarrollo económico de Cuba" escrita por los economistas Felipe Pazos y Regino Boti.

En dicho documento critican la forma de pensar respecto a que las relaciones económicas entre Cuba y Estados Unidos eran algo intocable.

> El peligro de rebajas en la cuota azucarera, menguante de año en año, condiciona su pensamiento.
>
> Los argumentos que no se basan en la alta eficiencia de la industria azucarera cubana que puede ofrecer azúcar a más bajo precio que nadie en condiciones de libre competencia se rompen ante la realidad de la creciente tendencia expansionista de la industria azucarera norteamericana, de Hawaii, Puerto Rico, Filipinas así como de República Dominicana, Perú, México, Brasil, Venezuela, Colombia, y otros que se convertirán en nuestros competidores ante un precio halagüeño. Los ingresos de los seis millones de cubanos no pueden seguir dependiendo de si nos cortan la cuota o no.
>
> Si la industria azucarera no puede facilitarnos un crecimiento económico progresivo, Cuba debe aumentar su producción interna tanto para el consumo nacional como para la exportación.

Pazos y Boti, son del criterio de que en Cuba se puede fomentar una industria capaz de competir en el mercado mundial""El desarrollo de las industrias nacionales causará un cambio de composición en las exportaciones de Estados Unidos hacia Cuba la cual importará más bienes de capital".

Por otra parte, estos economistas consideran erróneamente que en realidad no es necesaria la inversión de capital extranjero en Cuba. Según ellos, algunos, al propugnar la inversión norteamericana "tratan de dar garantías al capital intentando modificar la legislación social cubana y abrir las compuertas al desempleo tecnológico".

"El gobierno debe impedir la competencia al empresario nacional que deba protegerse".

Igualmente afirman que en Cuba se genera suficiente ahorro como para que tenga lugar una industrialización, con nuestros propios recursos, sin necesidad de inversión extranjera, aunque la inversión debe ser guiada por el Estado.

La situación crítica del comercio de Cuba a fines de la década de 1950 y el fracaso evidente de los planes de desarrollo, conducía a planteamientos cada vez más extremos, y hasta pudiera decirse descabellados, de nacionalismo económico y mercantilismo keynesiano.

La cuenta corriente de la balanza de pagos:

La cuenta corriente es un apartado de la balanza de pagos que recoge las operaciones reales y rentas que tienen lugar entre los residentes de un país y el resto del mundo.

La Cuenta Corriente está compuesta por:

1. La balanza comercial, que es lo que hemos venido analizando hasta ahora, formada por el saldo neto de las exportaciones menos las importaciones de bienes.
2. La balanza de servicios que está formada por el resultado neto del turismo, transporte, y otros servicios.
3. La balanza de rentas formada por el resultado neto de las rentas producidas por las inversiones directas, las inversiones indirectas, así como los intereses por préstamos y depósitos.
4. Balanza de transferencias que está formada principalmente por el resultado neto de las remesas de inmigrantes y otras transferencias.

La información que tenemos acerca de la cuenta corriente de la balanza de pagos de Cuba comienza en 1919 estimada por Henry C Wallich, hasta 1940, y de 1941 a 1958 la información proviene de "Cuban Economic Research Project: A Study on Cuba". Los cálculos son del autor.

Nosotros estimamos que entre 1902 y 1918 la balanza de servicios tuvo un déficit de 138.5 millones de dólares, la de rentas de 239.9 millones de dólares, y la de transferencias de 104.2 millones de dólares, para un total de 482.6 millones de dólares.

El déficit en la balanza de servicios está provocado principalmente por los fletes que Cuba pagó en su comercio exterior, ya que nunca se desarrolló una marina mercante nacional con suficiente capacidad para transportar el voluminoso comercio de Cuba.

En la balanza de rentas, el déficit se encuentra en las remisiones de ganancias de las inversiones directas e indirectas. Podemos estimar el total entre 1902 y 1958 en unos 1, 825 millones de dólares que salieron fuera del país por concepto de remisiones de ganancias de inversiones extranjeras.

En la balanza de transferencias tenemos las remisiones de dinero que hacían los extranjeros radicados en Cuba hacia sus países de origen, especialmente españoles y antillanos. Como vemos, entre 1934 y 1958 hay una disminución sensible en el volumen del déficit en la balanza de transferencias debido a la drástica disminución de la inmigración extranjera así como del incremento de la emigración cubana hacia el extranjero, especialmente hacia Estados Unidos después de la Segunda Guerra Mundial.

Por tanto, podemos ver que a pesar de los grandes superávits en las balanzas comerciales, los déficits en las otras balanzas, dejaron un saldo muy pequeño en la cuenta corriente de la balanza de pagos, que es finalmente la que registra el intercambio entre un país y el resto del mundo.

Concepto	1902-1918	1919-1925	1926-1933	1934-1940	1941-1947
Balanza comercial	+ 690.4	+ 873.3	+ 344.7	+ 276.8	+ 1, 085.3
Otras balanzas	- 482.6	- 567.5	- 470.7	- 133.5	- 470.9
Cuenta corriente	+ 207.8	+ 305.8	- 126.0	+ 143.3	+ 614.4

Concepto	1948-1952	1953-1958	Total
Balanza comercial	+ 619.1	+ 229.2	+ 4, 118.8
Otras balanzas	- 603.1	- 529.8	- 3, 258.1
Cuenta corriente	+ 16.0	- 300.6	+ 860.7

El ahorro en la economía, considerando la parte del Ingreso Nacional que no se consume ni se invierte está representada por el saldo en cuenta corriente, el cual representó para todo el período republicano de 1902 a 1958, el 1.8% del ingreso Nacional, lo que constituye una cantidad muy reducida, cuyo modelo económico todo el tiempo se basó en las exportaciones.

Conclusión

Una nación pequeña para poder crecer económicamente y alcanzar desarrollo tiene necesariamente que participar en un activo comercio exterior, y este ha de estar basado en el aprovechamiento de las ventajas comparativas de que se disponga, ya que el comercio exterior permite que las industrias donde posee ventajas comparativas puedan crecer lo suficiente como para hacer economías de escala.

Las economías de escala son una situación donde una empresa o una industria completa reduce sus gastos al expandirse, o sea cuanto más produce, el costo de la empresa tiende a ser menor. Con las economías de escala se alcanza un beneficio mayor por cada unidad extra que se produce reduciendo así el costo unitario.

La obtención de economías de escala tiene un límite, causado por múltiples factores, pero cuando hablamos de una industria completa, los límites se encuentran sobre todo en los cambios en la demanda.

Cuando la industria llega a su límite de expansión comienza lo que conoce como deseconomías de escala donde los costos unitarios van siendo cada vez mayores.

Un ejemplo de esta situación lo tenemos en la industria azucarera cubana, que creció aprovechando las ventajas comparativas basadas en la abundancia de tierra fértil, alcanzando grandes economías de escala que la convirtieron en la industria azucarera más eficiente del mundo en la primera mitad de la década de 1920. Esta fue la base de la gran prosperidad que vivió la República de Cuba durante los primeros veinte años del siglo XX, pero los cambios en la demanda llevaron a dicha industria a una situación de deseconomías de escala, y a su consiguiente paralización, precipitando la economía cubana a una profunda depresión.

Los cambios en la demanda tienen lugar con lo que se llama la utilidad marginal decreciente, que es una ley económica que plantea que el consumo de un bien proporciona menor utilidad adicional cuanto más se consume, (manteniendo el consumo de otros bienes constante).

Así, el enorme crecimiento de la producción de azúcar en el mundo llegó a una punto en que la demanda se hizo inelástica, y industria azucarera cubana comenzó a presentar deseconomías de escala, y en vez de dejar que el mercado solucionara la situación a través de la desaparición de los productores menos eficientes, se decidió mantener la industria azucarera intacta, convirtiéndola en un cártel apoyado por el gobierno, por lo que las deseconomías de escala pasaron a ser pagadas por la sociedad cubana en su conjunto.

Cuando una economía pequeña no puede materializar sus ventajas comparativas por medio del crecimiento de las inversiones, y obtener así economías de escala, debido a que no desarrolla un comercio exterior activo, se crea una situación de autarquía, donde produce prácticamente todo lo que consume, y como no tiene ventajas comparativas en mucho de los bienes que produce, entonces se mantienen bajos niveles de productividad en el agregado de la economía, y consiguientemente con muy bajos salarios reales y una economía con muy poco dinamismo.

El índice de apertura económica sirve para medir el grado de compromiso de una economía con el comercio exterior, y se obtiene de la suma de sus exportaciones más sus importaciones, en relación con el Ingreso Nacional. En la medida en que más alta sea esta relación, más abierta es la economía, o sea más dependiente del comercio exterior.

El gráfico inferior se describe el comportamiento a lo largo de todo el período republicano del índice de apertura económica de Cuba.

Como vemos, llegó a su punto máximo en 1920, para caer a un mínimo, en una situación casi de autarquía en 1933, y a partir de ese momento vuelve a retomar el ascenso hasta 1947-1948, descendiendo una vez más hasta 1955, e iniciando de nuevo un ascenso que termina en 1958.

El índice de apertura económica coincide con el de la producción de azúcar, porque a lo largo de todo el período republicano, el comercio exterior de Cuba estuvo basado casi exclusivamente en las exportaciones de azúcar, a pesar de que desde 1920 ya se abre paso en el país una conciencia de la necesidad de diversificar la economía, y disminuir la dependencia del azúcar.

En el gráfico se puede observar, que lejos de ser ascendente en el largo plazo, la tendencia de la apertura económica de Cuba fue decreciente, lo cual como explicamos, resulta muy nocivo para las economías pequeñas.

Después de la Segunda Guerra Mundial, Cuba se vio imposibilitada de ampliar mercados para sus exportaciones tradicionales; azúcar y tabaco, con un cuadro de estancamiento del crecimiento económico, con de un incremento demográfico de moderado a alto, presionando sobre el empleo.

En la década de 1950 se intentó romper con la dependencia del azúcar y diversificar la producción pero no a favor de exportar, si no de producir para el mercado interno sustituyendo importaciones.

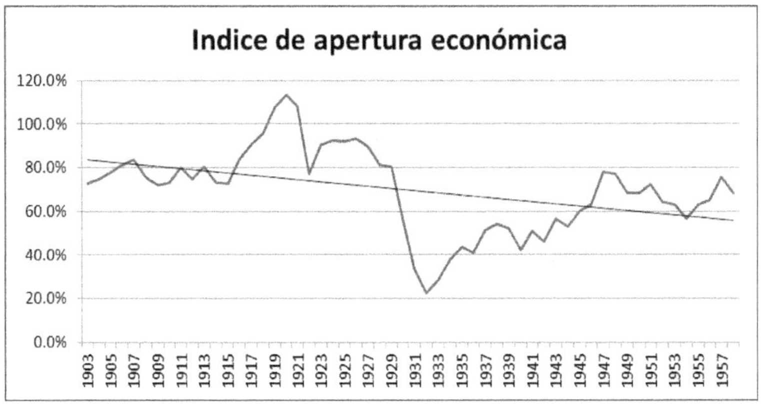

Al inicio del siglo XX, la clara ventaja comparativa de Cuba se encontraba en la abundancia de tierras fértiles, por lo que su comercio exterior tendría que basarse en actividades de alto consumo del factor tierra, pero después de la Segunda Guerra Mundial, la demanda de capital se hacía mucho mayor que la demanda de los factores tierra y labor, por lo que el valor de los bienes de alto consumo de capital crecía mucho más rápido que el de los bienes de alto consumo de tierra (recursos naturales) y labor, provocando un cada vez mayor deterioro de los términos de intercambio, y ampliando la brecha del desarrollo entre los países donde abundaba el capital, que eran los países desarrollados, y los países subdesarrollados, abundantes en recursos naturales y labor.

De esta forma, el nuevo orden internacional era desfavorable para Cuba así como para todos los países subdesarrollados los cuales se encontraban con abundancia de recursos naturales y labor pero escasos de capital.

Esto, de cierta forma era intuido por todos los economistas, tanto cubanos como extranjeros, que analizaron la situación económica de Cuba en aquellos tiempos de fines de la década de 1940 y principios de la de 1950.

Estados Unidos presionaba al gobierno cubano para que llevara delante reformas institucionales que permitieran promover una amplia inversión de capital en todas las actividades económicas de Cuba con vistas a exportar hacia el mercado norteamericano principalmente, y de esa forma tendría lugar un proceso de industrialización parecido al que tuvo lugar en Puerto Rico. Entre 1949 y 1958, Cuba fue el quinto destino de la inversión directa norteamericana en América Latina, de haber sido el primero en la década de 1920. El primero fue Perú, seguido por Venezuela, Brasil, y México. (Colección de papeles de Fulgencio Batista de la Universidad de Miami) aunque en 1958 era el tercero en volumen de inversión directa de capital, superada por Venezuela y Basil.

Pero por otra parte, la mayoría en Cuba buscaba la solución nacionalista que consistía en industrializar el país sustituyendo importaciones, o sea en un proceso alejado de la integración económica a los mercados internacionales, que conduciría a una mayor autarquía, y basado fundamentalmente en la inversión de capitales nacionales, sin tomar en consideración las ventajas comparativas, y las economías de escala, lo cual trajo como resultado un gran desperdicio de capitales, y de labor.

Después de 1959, luego de algunos balbuceos de industrialización basada en la planificación centralizada, se pasó al modelo de exportación tradicional, pero ahora con un cambio de mercados, en este caso la URSS y los países del campo socialista, desperdiciando el capital humano acumulado durante la República, y reforzando el modelo económico plantacionista hasta comienzos de la década de 1990, cuando su casi único cliente y subsidiador, que era la URSS, desapareció.

A valores constantes del dólar de 1937, para eliminar los efectos de la inflación, entre 1903 y 1958, las exportaciones de Cuba hacia Estados Unidos crecieron a una tasa anual del 2.6%, en tanto las importaciones desde Estados Unidos crecieron a una tasa anual del 11.8%.

En el caso del resto del mundo, las exportaciones de Cuba crecieron a una tasa anual del 9.1% en tanto las importaciones crecieron a una tasa anual del 0.1%.

Como podemos ver, la tendencia en el largo plazo del comercio con Estados Unidos fue que estos nos vendieran más de lo que nos compraron, y con el resto del mundo en su conjunto, estos nos compraron más de lo que nosotros les compramos, o sea Cuba diversificó algo su clientela de exportaciones, mientras que las importaciones se mantuvieron en manos de Estados Unidos, y las compras a otros países se mantuvieron estancadas.

En 1903, la apertura económica de Cuba con respecto a Estados Unidos fue de un 44.5% mientras el resto del mundo fue de un 28.5%, y en 1958 fue el 51.3% y el 21.6% respectivamente, lo que quiere decir que el comercio exterior en el largo plazo se hizo más dependiente de Estados Unidos, y menos dependiente del comercio con el conjunto de otros países del mundo, lo cual es perfectamente lógico debido a la cercanía geográfica de Estados Unidos, y que estos eran la primera potencia económica mundial ya en 1903.

Cuba pudo mantener un flujo de importaciones desde Estados Unidos mayor que el de las exportaciones a valores constantes debido a empréstitos contraído por valor de 422.1 millones de dólares, déficits en balanza comercial en diferentes años por valor de 593.3 millones de dólares, y superávits en balanzas comerciales con otros países por la cantidad de 1, 092.2 millones de dólares, por lo que en términos reales, el comercio entre Estados Unidos y Cuba, en el largo plazo benefició más a Estados Unidos.

El esquema básico del intercambio entre las dos naciones no fue el libre comercio si no la "reciprocidad", que excluía a otros participantes, y que fue limitada por las tarifas de aduana entre 1903 y 1933, y por el sistema de cuotas entre 1934 y 1958, por lo que se desarrolló un comercio desigual entre las dos naciones, donde Cuba llevaba las de perder, aunque la reciprocidad resultaba particularmente beneficiosa para la élite exportadora dando lugar a una redistribución de ingresos a favor de dicha élite.

Algunos intelectuales desde el inicio de la República como el senador Manuel Sanguily, posteriormente Joaquín Martínez Sáenz y otros, habían argumentado en contra de la reciprocidad, pero el poder de la élite económica siempre se impuso, pues el libre comercio se suponía hubiera representado la renuncia a las ventajas de comerciar con Estados Unidos, por su cercanía geográfica, y su tamaño. La llamada 'independencia económica" según se suponía, supondría un enorme costo para Cuba, ya que esa élite no podía ver más allá de las exportaciones azucareras tal como rezaba su slogan "sin azúcar no hay país", y por otra parte, los productores nacionales para el mercado interno tampoco eran partidarios del libre comercio, si no del proteccionismo, por lo que la filosofía del libre comercio tuvo siempre pocos adeptos dentro de la clase política, y de la clase productora de Cuba.

Exportaciones

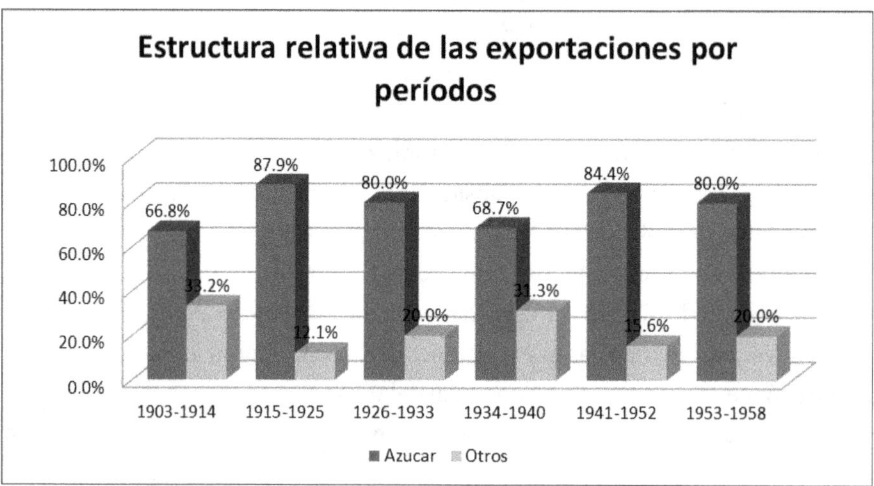

En la gráfica anterior vemos el claro predominio del azúcar en la estructura general de las exportaciones, de lo que se puede concluir que ningún esfuerzo diversificador significativo de las exportaciones fue llevado a cabo con resultados tangibles.

Como se puede ver, la estructura de las exportaciones se mantuvo casi intacta.

En el gráfico inferior se muestra la participación de las exportaciones de azúcar en el Ingreso Nacional, llegando a su punto culminante en 1920 con casi un 60%, y su punto más bajo en 1932, con apenas un 10%.

También se destaca una ligera tendencia declinante en el largo plazo, que representa el debilitamiento progresivo de la estructura económica plantacionista.

Aquí exponemos los niveles de exportaciones per cápita a precios constantes del dólar de 1937.

En la tabla se observan los dos períodos de prosperidad económica de la República; 1902-1920, y 1940-1947, donde las exportaciones crecen, y los períodos de depresión; 1920-1940, y 1947-1958, donde el valor de las exportaciones disminuyen.

Durante todo el periodo republicano, a valores corrientes, las exportaciones totalizaron 18, 877.2 millones de dólares.

Las importaciones

El consumo interno total de Cuba durante el período republicano fue de 47, 388.6 millones de pesos, equivalente al 98.6% de todo el Ingreso Nacional, y el total de las importaciones fue de 14, 658.4 millones de dólares, lo que equivale al 30.9% del consumo total.

De ellas, 10, 517.8 millones de dólares fueron importaciones provenientes de Estados Unidos, lo que significó el 71.8% del total de las importaciones, y el 22.2% del consumo de bienes importados, en tanto Cuba importó del conjunto del resto del mundo el 28.2% que representaron el 8.7% del consumo nacional de bienes importados.

El gráfico inferior muestra el movimiento cíclico de las importaciones que en gran medida es coincidente con el de las exportaciones de azúcar dada la dependencia que existe entre uno y otro, pues son las exportaciones de azúcar las que le proporcionan a Cuba el poder adquisitivo para importar.

Entre 1914 y 1920, las importaciones llegaron a constituir más del 50% del consumo nacional, lo que creó una situación muy desfavorable para la modesta industrialización que estaba teniendo lugar y para los productores nacionales. Entre 1921 y 1932, las importaciones pierden terreno dentro del consumo nacional por la pérdida de poder adquisitivo en Cuba con la caída de los precios del azúcar y el aumento del proteccionismo norteamericano, lo cual hasta cierto punto favoreció el desarrollo de algunas actividades sobre todo industriales. Entre 1932 y 1947 vuelve el ascenso con la recuperación de la demanda de azúcar y el aumento de precios. Entre 1947 y 1954 vuelve a descender la participación de las importaciones debido a los reajustes económicos mundiales después de concluida la posguera, y de nuevo se inicia el ascenso a partir de 1954 como resultado de las grandes inversiones y del incremento del consumo.

La tendencia general fue en descenso, como lo fue la participación de las exportaciones de azúcar en el Ingreso Nacional.

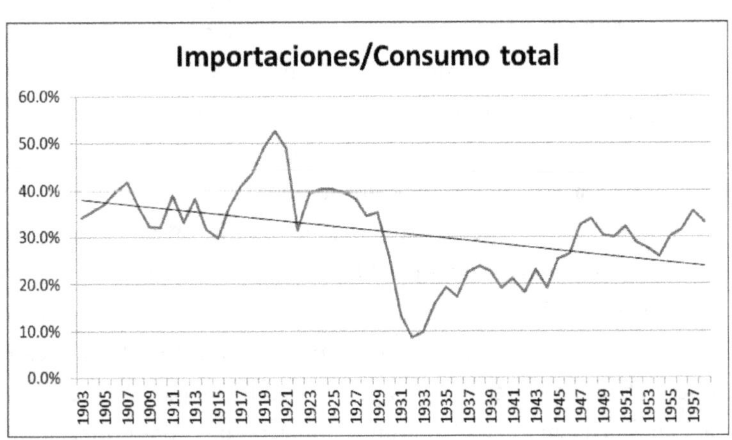

La estructura de las importaciones expresada en porcientos fue la siguiente:

Concepto	1912	1927	1937	1948	1949	1950	1951	1952
Bienes de consumo	69.9	65.2	57.6	44.5	47.3	44.4	44.2	43.4
Duraderos	28.2	25.2	28.6	11	11.3	12.1	11.5	12.2
No duraderos	41.6	40	29	33.5	36.3	32.3	32.7	31.2
Bienes de capital	30.1	34.8	42.4	55.5	52.7	55.6	55.8	56.6
Fijo	15.4	17	15.9	20.9	21	18.9	22.6	22.5
Circulante	14.6	17.8	26.5	34.6	31.7	36.7	33.2	34.1
Total (millones de $)	123.2	257.4	129.6	527.5	451.4	515.1	640.2	618

Concepto	1953	1954	1955	1956	1957	1958
Bienes de consumo	47.9	46.4	39	36.1	37.2	39.1
Duraderos	11.6	13.1	13.3	13	14.6	14.2.
No duraderos	35.8	33.3	25.7	23.1	22.6	24.9
Bienes de capital	52.6	53.6	61	53.9	62.8	60.9
Fijo	19.8	20	24.3	24.5	26.7	26.8.
Circulante	32.8	33.6	36.7	39	36.1	34.1
Total (millones$)	489.7	487.9	575.1	649	772.9	777.1.

Fuente: Revista del Banco Nacional de Cuba y Memorias del Banco Nacional de Cuba.
Cálculos del autor.

La participación de las importaciones en el per cápita en diferentes años fue la siguiente:

1903: 32.9% 1920: 46.8% 1933: 9.5% 1947: 32.0% 1958: 35.2%.
1913: 36.0% 1925: 42.0% 1940: 19.0% 1952: 25.8%.

Como se puede ver, hay una marcada tendencia a la disminución relativa de importar bienes de consumo, lo cual es un indicio claro de que se fue produciendo una lenta sustitución de importaciones por parte de la producción nacional, y paralelamente tiene lugar un incremento relativo de la importación de bienes de capital fijo, que es resultado de un avance, hacia un proceso de industrialización.

La República de Cuba se caracterizó por tener un modelo económico basado en la exportación de un solo producto, con un elevado nivel de importaciones de bienes de consumo al comenzar la República; esta es una característica típica de las economías de plantación, pero aunque la base exportadora de un solo producto no cambiará básicamente a lo largo de todo el período republicano, la estructura de sus importaciones se transforma, perdiendo importancia relativa las importaciones de bienes de consumo, y ganando importancia relativa las importaciones de bienes de producción, lo cual indica que el modelo económico cubano se encontraba en un lento proceso de transformación.

El gráfico inferior muestra el comportamiento de los niveles generales de precios en Estados Unidos y Cuba. Cuando el nivel de precios en Cuba es superior al de Estados Unidos, los bienes norteamericanos se hacen más competitivos en el mercado interno de Cuba y viceversa.

Como se observa, con excepción del período 1930-1941, el nivel general de precios en Cuba fue superior al de Estados Unidos lo cual favoreció las importaciones norteamericanas y perjudicó a muchas producciones cubanas que perdían competitividad dentro del mercado interno, por lo que los productores nacionales en general reclamaron al gobierno medidas proteccionistas.

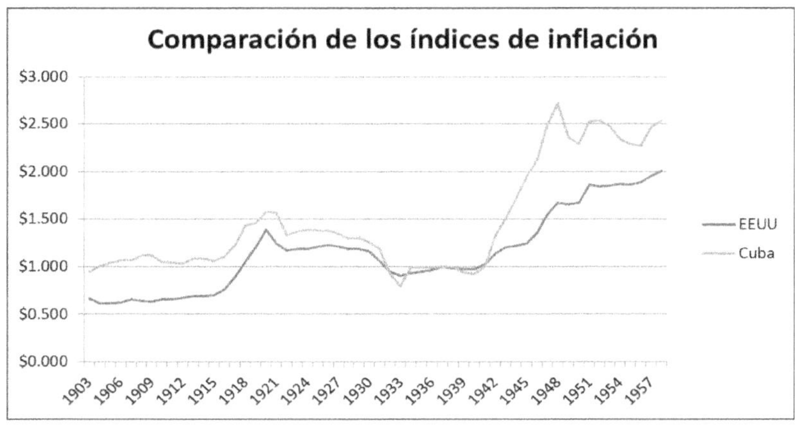

Estructura geográfica del comercio exterior

La estructura geográfica del comercio exterior de Cuba durante el período republicano en su conjunto fue el siguiente:

Cuba no tuvo mercados alternativos significativo para su producción azucarera, ni tampoco pudo cambiar su estructura económica diversificando las exportaciones, por lo que su política económica de la década de 1950 se basó de manera algo difusa en la idea conocida como "desarrollo hacia adentro".

Estructura geográfica del comercio exterior de Cuba por períodos (Expresado en %).

	1903-20		1921-40		1941-52		1953-58		Total	
	Imp	**Exp**	**Imp**	**Exp**	**Imp**	**Exp**	**Imp**	**Exp**	**Imp**	**Exp**
Estados Unidos	55.9	64.5	76	75.4	79.6	65.5	73.7	64	69.8	69.6
Gran Bretaña		8.1	12.4	4.7	11.8	1.6	11.9	6.9 2.6	4.4	10.6.
Canadá	1.4	1	1.9	1.1	1.8	1.5	1	0.7	1.5	1
Alemania	2.7	1.2	3.1	0.7	2.3	0.6	2.6	3.3	3.3	1.9
España	8.7	2.1	0.9	4.1	1.4	1.1	1.8	1.6	3.1	1.3
Francia	4.6	1.8	3.4	1.6	0.4	1.2	0.7	1.1	2	1.4
Am Latina	2.1	0.8	2.3	1.1	3.2	1.2	1	0.9	2.2	1
Otros	15.9	11.7	4.5	4.4	11.4	15.3	19.2	25.8	13.7	13.2

Fuente: *Cuba: A Handbook of Historical Statistics* Sussan Schroeder. Cálculos del autor

Comercio total 1903-1958.					
Países	**Import**	**%**	**Export**	**%**	**Balanza**
Estados Unidos	10, 517.8	69.80%	13, 342.4	69.60%	2, 824.8
Gran Bretaña	647.1	4.40%	1, 994.1	10.60%	1, 347.0
Canadá	222.5	1.50%	185.7	1.00%	-636.8
Alemania	483.2	3.30%	353.3	1.90%	-129.9
España	455.1	3.10%	253.2	1.30%	-201.9
Francia	290.7	2.00%	268.2	1.40%	-22.5
América Latina	313.2	2.20%	181	1.00%	-132.2
Otros	1, 728.8	11.80%	2.199.3	11.70%	470.5
Total	14, 658.4	100.00%	18, 777.2	100.00%	4, 113.8

Expresado en millones de dólares.

Fuente: *Cuba: A Handbook of Historical Statistics* Sussan Schroeder. Cálculos del autor.

En la tabla anterior podemos ver además de la participación geográfica relativa, su participación absoluta, y el comportamiento de las balanzas comerciales.

Como vemos, Cuba tuvo un superávit en la balanza comercial general, resultado de las balanzas comerciales con Estados Unidos, Gran Bretaña, y el conglomerado de otros países del mundo, en tanto vemos también como fueron deficitarias con otros países con los cuales Cuba desarrollaba regularmente su intercambio, especialmente con España, y América Latina.

El país de América Latina que tenía un comercio más activo con Cuba era México, seguido por Argentina y Chile, y en los tres casos la balanza comercial de Cuba fue deficitaria.

El segundo socio comercial de Cuba fue Gran Bretaña, el tercero Alemania, y el cuarto España.

Política arancelaria de Cuba

En virtud del Artículo IV de la Enmienda Platt, quedó vigente en Cuba, al iniciarse la República, el arancel proveniente de la época colonial con algunas modificaciones hechas por el gobierno interventor norteamericano, por lo que las relaciones comerciales entre Cuba y Estados Unidos estuvieron supeditadas al Tratado de Reciprocidad Comercial de 1903, y en el Artículo I se establece que Cuba no celebrará tratados con otras potencias.

La reciprocidad comercial no significaba libre comercio, significaban ventajas comerciales que ambos países participantes se otorgaban mutuamente a expensas de otros competidores o posibles competidores. Los productores de azúcar cubanos, así como los comerciantes importadores y exportadores, siempre fueron partidarios de la reciprocidad, y en última instancia de la cuota, y no del libre comercio debido a que su objetivo era obtener ventajas frente a otros competidores dentro del mercado norteamericano, o sea partiendo siempre de una mentalidad propia del capitalismo mercantilista de no afrontar los riesgos que la libre competencia implicaba, por ello siempre fueron acérrimamente contrarios tanto al libre comercio, como al proteccionismo, y partidarios de la reciprocidad que les otorgaba un mercado protegido.

El primer arancel promulgado por la República de Cuba sería el Nuevo Arancel de 1927 que contenía una legislación moderadamente proteccionista, la cual tenía como propósito promover la industrialización y diversificación de la economía cubana como respuesta a la situación de deterioro de los términos de intercambio, y a las tarifas proteccionistas norteamericanas de 1921 y 1922.

La política arancelaria de Cuba después de 1933 se desenvuelve no dentro de los cánones del proteccionismo fiscal, si no buscando la estimulación a la creación de nuevas industrias mediante exenciones de derechos arancelarios a importaciones de bienes de capital destinados a estas industrias, empezando con el Decreto 833 de marzo de 1944. Decretos posteriores fueron ampliando esta política que desembocó en la Ley de Estimulación Industrial de 1953.

El último período es el de la búsqueda de una independencia económica y un cambio de modelo cuyo objetivo es una economía diversificada, menos dependiente de las exportaciones de azúcar hacia Estados Unidos, y una industrialización por sustitución de importaciones. Este período abarca los años comprendidos entre 1948 y 1958.

En 1955 la Ley-Decreto 2080 daba facultades al Ejecutivo para la elaboración del nuevo arancel que fue puesto en vigor mediante el Decreto 227 de enero de 1958, y que debía iniciar una nueva etapa proteccionista en Cuba.

La lógica del programa desarrollista de "crecimiento hacia adentro" que propiciaba la CEPAL conducía sin lugar a dudas al proteccionismo y a los controles de cambio de divisas, no solamente con el objetivo de proteger a las nuevas industrias de la competencia extranjera, si no además proteger la ya deteriorada balanza de pago. Los controles de cambio nunca fueron establecidos, pero en 1958 eran inevitables, pero los Acuerdos del GATT, y de Bretton Woods limitaban seriamente cualquier política encaminada a establecer una legislación proteccionista, por lo que el gobierno de Batista solo pudo llevar adelante una política fiscal de subsidiar algunas actividades, sobre todo agrícolas no-azucareras, como fue el caso del arroz, el café, el maíz, etc., con vistas a incrementar su producción y sustituir importaciones, y en algún caso promover exportaciones como el henequén.

Al igual que en 1927, el arancel proteccionista de 1958 es una consecuencia del deterioro de los términos de intercambio, y el propósito de promover la industrialización y diversificar la economía.

La política proteccionista del gobierno cubano a lo largo de todo el período republicano fue muy moderada, ante el temor de una afectación a las exportaciones de azúcar al mercado norteamericano, y un reflejo de la debilidad de los productores nacionales para el mercado doméstico, especialmente la burguesía industrial.

8. El dinero, la banca y la balanza de pagos durante la República.

En España, el tiempo que había menos dinero por mucho menos se daban las cosas vendibles, las manos y trabajos de los hombres, que después de las Indias descubiertas las cubrieron de oro y plata. La causa de lo cual es que el dinero vale donde y cuando hay falta de él, que donde y cuando hay abundancia.

Martín de Azpilcueta[1]
"Comentario resultorio de cambios", 1556.

Las mercancías son pagadas no por dinero si no por otras mercancías. El dinero es meramente la mercancía usada como medio de cambio; su papel es solamente de intermediario. Lo que el vendedor quiere recibir a cambio de las mercancías vendidas es otra mercancía.

Jean Baptiste Say.

1- El dinero como mercancía; La oferta y demanda monetaria la inflación y la deflación.
1-1- Tipos de dinero; metálico, patrón oro y fiduciario.
1-2- Ventajas y desventajas del patrón oro.
1-3- La banca y su función dentro de un sistema económico.
1-3-1- Banca libre de reserva fraccionaria y patrón oro.
2- Sistemas monetarios de la República.
2-1- Reformas al sistema monetario de Cuba.
3- Historia monetaria de la Primera República. Patrón oro y dólar standard.
3-1- La gran prosperidad 1902-1920.
3-2- El sistema bancario de Cuba de 1902 a 1920.
3-3- La crisis de 1920-1921. Las Vacas Flacas y la quiebra del sistema bancario cubano.
3-4- El fin de la prosperidad 1921-1933.
3-4-1- La breve recuperación y comienzo de la crisis azucarera 1921-1925.
3-4-1-1- Situación monetaria y del sistema bancario 1921-1925.
3-4-2- La crisis azucarera y la Gran Depresión 1925-1933.
3-4-2-1- La crisis azucarera 1925-1929.
3-4-2-2- La Gran Depresión 1929-1933.
3=5 Los efectos de la deflación sobre el sistema monetario de Cuba entre 1925 y 1933.
3-6- Comportamiento de los términos de intercambio entre Cuba y Estados Unidos.
4- El sistema monetario durante la Segunda República: Patrón plata, monetarismo, y dinero fiduciario.
4-1- Primera fase: 1934-1940: reforma monetaria y la moneda de plata.
4-1-1- La oferta monetaria 1934-1940.
4-1-2- Evolución del sistema bancario entre 1933 y 1940.

1. Martín de Azpilcueta: 1492-1586. Sacerdote, teólogo y economista. Uno de los miembros de lo que se conoce como la Escuela de Salamanca del siglo XVI. Precursor de la Teoría Cuantitativa del Dinero

El dinero como mercancía; La oferta y demanda monetaria la inflación y la deflación

El dinero[2], en contra de lo que muchos piensan, no se origina por orden del Estado ni por un acuerdo entre todos los ciudadanos, el dinero se origina en el proceso del libre mercado.

Cuáles son las funciones del dinero:

1. Medio de cambio. Esta es la función más importante del dinero al facilitar el cambio indirecto de mercancías. Para cumplir esta función, el dinero debe reunir ciertas características: Tiene que ser comúnmente aceptado; fácilmente transportable; fungible; divisible; no perecedero; inalterable en el tiempo, y difícil de falsificar.
2. Unidad de valor. El valor de los bienes y servicios se mide en dinero. Es lo que llamamos precios, que representan el valor de cambio de los bienes y servicios. Esta función del dinero es lo que permite el cálculo económico.
3. Depósito de valor. Permite su acumulación para realizar pagos futuros. La parte del dinero que no se gasta (que no se consume, ni invierte), y se guarda para ser gastado en el futuro es lo que se llama ahorro.

El dinero es la mercancía más importante dentro de una economía capitalista, y por esta razón no es posible aproximarse a la historia económica de ninguna sociedad capitalista, como lo era la República de Cuba, sin tener una idea del comportamiento de su sistema monetario.

En las economías premonetarias, el intercambio era directo, o sea Mercancía A-Marcancía B, esto es lo que se llama trueque, pero esto hacía el intercambio extremadamente difícil y limitado, por lo cual fue apareciendo en sus diferentes formas históricas un medio de intercambio; el dinero.

El dinero, al ser una mercancía que se compra y se vende como toda mercancía, tiene un valor determinado por la oferta y la demanda; a mayor demanda, manteniéndose todo lo demás igual, mayor será el precio del dinero, y a mayor oferta, manteniéndose todo lo demás igual, menor será el precio del dinero.

El precio del dinero es su poder de compra. El precio o poder de compra del dinero es el inverso del nivel general de precios. Esto puede expresarse con la siguiente fórmula:

$PPM = 1/P$.

Donde PPM es el poder de compra (precio) del dinero, y P es el nivel general de precios, o sea el poder de compra del dinero es inversamente proporcional al nivel general de precios.

Por otra parte, el nivel general de precios cambia en proporción directa a los cambios en la demanda y en proporción inversa a los cambios en la oferta de donde se deduce la fórmula.

$P = D/S$.

Donde P es el nivel general de precios, D es la demanda de bienes y servicios, y S es la oferta de bienes y servicios.

Donde demanda es la cantidad de dinero que las personas pueden y desean gastar, y la oferta es la cantidad de bienes y servicios que las personas pueden y desean vender.

Por tanto, si aumenta la demanda de bienes y servicios, manteniéndose lo demás igual, aumenta el nivel general de precios, y disminuye el poder de compra (valor) del dinero, y si aumenta la

2.

oferta de bienes y servicios, manteniéndose lo demás igual, disminuye el nivel general de precios, y aumenta el poder de compra del dinero. Lo inverso ocurrirá disminuyendo la demanda de bienes y servicios, y disminuyendo la oferta produciendo el efecto contrario.

A partir de esta explicación llegamos a la conclusión de que el dinero, independientemente de su cantidad dentro del sistema económico, siempre va a cumplir cabalmente su función de medio de intercambio al aumentar o disminuir su poder de compra, pero hay otros efectos derivados de la cantidad de dinero en el sistema económico que hacen que este no sea neutral.

Si la cantidad de dinero fuera neutral, no tendría que ser objeto de estudio por parte de la ciencia económica.

Los cambios en la cantidad de dinero dentro del sistema económico tiene efectos de redistribución de recursos a través del sistema de precios dentro de dicho sistema, y de redistribución de riqueza e ingresos dentro del sistema social. En última instancia, estos efectos redistributivos impactan el sistema político de las sociedades.

Primeramente, al aumentar la cantidad de dinero (oferta monetaria), manteniéndose todo lo demás igual, el poder de compra del dinero disminuye y por tanto aumenta el nivel general de precios, pero este aumento no tiene lugar al mismo tiempo y en la misma cantidad en todas las mercancías; en unas aumenta primero, y en otras después, y en unas aumenta más que en otras, o sea tiene un efecto disparejo a lo largo y ancho de todo el sistema de precios relativos. En general, las mercancías con demandas elásticas son las primeras donde se manifiestan los incrementos en los precios, por tanto, comienzan a moverse hacia sus líneas de producción mayores cantidades de factores de producción (tierra, trabajo y capital) provenientes de los sectores donde se producen bienes de demanda inelástica. Por tanto, va teniendo lugar un efecto de redistribución de los recursos dentro de la estructura de producción del sistema económico.

Por otra parte, un incremento en la cantidad de dinero tiene un impacto social, pues da lugar a una redistribución de riquezas e ingresos desde los que reciben último el nuevo dinero adicional, que son las personas que tiene ingresos fijos, hacia los que lo reciben primero, que son los que se encuentran más cerca de la generación e ingreso del nuevo dinero adicional dentro del sistema, que son los miembros de la clase política y sus asociados. Esto es lo que se conoce como el Efecto Cantillon[3].

Como se comprenderá, ese efecto tiene impacto sobre el tejido social al dar lugar a un incremento sostenido en la desigualdad, así como cambios dentro de la estructura de clases, y en lo político a una lucha por acercarse a la clase política para participar en la captura de rentas que la redistribución del ingreso produce.

Debido a estos efectos que tienen lugar como resultado de los cambios en la cantidad de dinero se hace necesario analizar como cambiaron la oferta y la demanda de dinero a lo largo de la historia de Cuba republicana, y su impacto sobre la política y la sociedad, así como cuales fueron los agentes y circunstancias que dieron lugar a estos cambio.

Antes de proceder a ese análisis tenemos que definir que es la oferta, y la demanda de dinero y que determina sus cambios.

La oferta monetaria se clasifica de acuerdo a su grado de liquidez, por lo que el primer agregado monetario, o sea el más liquido sería el total de papel moneda y dinero metálico que existe dentro de una economía, ya sea en manos del público, o en los bancos. A este agregado monetario se le llama la base monetaria o M0.

3. Richard Cantillon Economista francés 1680-1734.

Si a MO se le suman los depósitos en cuenta corriente en los bancos tendríamos el agregado M1, y s a M1 se le suman los depósitos en cuentas de ahorro y plazo fijo en los bancos nos estaríamos refiriendo al agregado monetario M2, y así sucesivamente existe unos ocho tipos de agregados monetarios con un cada vez menor grado de liquidez.

Para los objetivos de este trabajo nosotros vamos a tratar solamente con el agregado monetario M-1, aunque en algún momento hagamos referencia al agregado M-2.

Los cambios en el agregado M-1 son los que más impacto tienen sobre la redistribución de recursos productivos, riqueza e ingresos debido a su mayor liquidez.

El hecho de que cada oferta monetaria es igualmente óptima, implica que ni el gobierno ni nadie necesita preocuparse acerca de la cantidad óptima de la oferta monetaria, esto queda a las fuerzas del mercado, que es el que decide su propia oferta monetaria, pero es el gobierno el único con poderes legales para emitir dinero, por tanto, en gran medida (no completamente) será el gobierno el que determina la oferta monetaria junto a los bancos, pero la creación de dinero por parte de los bancos será regulada por el gobierno.

Una vez más, si la oferta monetaria aumenta por que el gobierno expande la cantidad de dinero en el sistema económico, el nivel general de precios tenderá a subir y viceversa.

Por el otro lado tenemos la demanda monetaria, que es la cantidad de dinero en efectivo que las personas desean tener en sus balances.

La cantidad de dinero que las personas desean tener en sus balances de efectivo, o sea su demanda de dinero, es una función del nivel general de precios. Si los precios suben, subirá su demanda de dinero, y si los precios bajan, su demanda de dinero también disminuirá.

Entre las principales determinantes de la demanda de dinero se encuentran el incremento de la oferta de bienes y servicios.

Al incrementarse la oferta de bienes y servicios, aumenta la demanda de dinero, y por tanto, manteniéndose igual la oferta de dinero, los precios de los bienes y servicios tienden a caer y por consiguiente, el valor del dinero sube.

Un aumento continuo de la productividad del trabajo da lugar al aumento de la oferta de bienes y servicios, a una caída en sus precios, a un incremento en la demanda de dinero, y por tanto un incremento de su valor; o sea con una unidad monetaria compro más bienes y servicios.

Otra de las principales determinantes de los cambios en la demanda de dinero son las expectativas inflacionarias y deflacionarias. Estas son las expectativas del público acerca de lo que sucederá con los precios en un cercano y previsible futuro. Si los precios se han mantenido estables por un tiempo prolongado, es muy probable que las personas esperen que se mantenga así, entonces la demanda de dinero permanecerá constante, pero cuando las expectativas son de que los precios van cayendo gradualmente, de año en año, la tendencia será de mantener balances de efectivo y posponer gastos. Estas son las expectativas deflacionarias debido a las cuales, la demanda de dinero aumenta, reforzando así la tendencia de los precios a caer, provocando una tendencia deflacionaria. En el caso contrario, cuando las personas piensan que tendrá lugar un incremento en los precios, se desarrollan expectativas inflacionarias, y como resultado, las personas deciden gastar antes de que los precios suban más; de esta forma disminuyen los balances de efectivo, y la demanda de dinero baja, empujando así los precios hacia arriba, y reforzando la tendencia inflacionaria aumentando los precios de los bienes y servicios.

Otro factor determinante en la demanda de dinero es la seguridad o inseguridad de la propiedad. Donde la propiedad es insegura, debido al riesgo de estar sujeta a confiscación por los gobiernos, o por bandas particulares, el ahorro es bajo, y las personas cambian sus ahorros por activos tales como metales preciosos, joyas, obras de arte, etc. En esta situación la demanda de dinero es baja.

También cuando las instituciones financieras, y los mercados financieros están desarrollados, se incrementa el ahorro, pero disminuye la demanda de dinero, ya que este se mueve hacia inversiones, o sea no se queda estático en las cuentas de banco.

Bajo un sistema de dinero fiduciario, donde el gobierno incrementa la oferta monetaria de manera sostenida, mientras más rápido sea dicho incremento más baja será la demanda de dinero, debido a que una moneda que se encuentra depreciándose rápidamente, nadie querrá tenerla más que en la cantidad necesaria para las transacciones diarias.

Así vemos que en la determinación del valor del dinero, la variable independiente es el cambio en la oferta monetaria, en tanto la demanda monetaria actúa reactivamente, y como dijimos, la oferta monetaria es determinada en gran medida por el gobierno, o sea por una fuerza externa al mercado, en tanto la demanda monetaria está más determinada por factores subjetivos individuales.

Un incremento sostenido de la oferta monetaria es el fenómeno que se conoce como inflación, y el decrecimiento de la oferta monetaria es lo que se conoce como deflación, o sea son dos fenómenos opuestos pero eminentemente monetarios.

Cuando el incremento de la cantidad de dinero y crédito en el sistema económico es más rápido que el crecimiento de la oferta de bienes y servicios tiene lugar una subida generalizada de los precios, que es lo que muchas personas e incluso economistas identifican como inflación, pero esto no es inflación, si no uno de los efectos de la inflación.

Lo que sucede es que hay más unidades monetarias para la misma cantidad de bienes y servicios, por tanto, los precios aumentan, y el poder adquisitivo del dinero baja.

Para poner un ejemplo; una economía compuesta por 1, 000 unidades de A, y la oferta monetaria es 1, 000 dólares, entonces cada mercancía A tiene un precio de 1 dólar. Si de pronto el gobierno duplica la oferta monetaria a 2, 000 dólares, y la cantidad de mercancías A sube hasta 1, 200 unidades, entonces el precio de la mercancía A, subió hasta 1.66 dólares (2, 000 dólares/1, 200 unidades). La unidad monetaria perdió un 40% de su valor (1.00/1.66 - 1.00).

La inflación, al ser exclusivamente un fenómeno monetario, en este caso consistió en la duplicación de la oferta monetaria, el alza del precio de la mercancía es una consecuencia de la inflación y no la inflación misma.

La inflación constituye el mayor peligro para el sistema de precios impidiendo la coordinación espontánea del mercado, haciendo que las personas tomen decisiones de consumo e inversión equivocadas debido a que la guía de su acción, que son los precios, se encuentran alterados, o sea divorciados de las preferencias genuinas.

La deflación es el fenómeno contrario; supongamos en el mismo ejemplo que la oferta monetaria se redujo hasta 500 dólares, o sea se redujo a la mitad, y la oferta de bienes y servicios se mantuvo en 1, 000 unidades, entonces el precio se reduce a 0.50 dólares (1, 000 unidades/ 500 dólares), y la unidad monetaria duplicó su poder adquisitivo. Con un dólar puedo comprar dos unidades de A.

La deflación es el fenómeno monetario inverso a la inflación, en este caso la reducción a la mitad de la cantidad de dinero, y no la reducción del precio de las mercancías.

El cambio en los precios no responde de una manera exacta al cambio en la cantidad de dinero, o sea solamente existe una correlación entre los dos fenómenos, debido a que un precio es una relación de intercambio entre una unidad monetaria y una unidad de un bien o servicio. Cuando las personas tiene más unidades monetarias, las valoran menos en su relación con los bienes y servicios, y es entonces por lo que los bienes y servicios suben de precio, y el dinero baja de precio. Como se ve, está mediando una acción de la voluntad humana, o sea un elemento subjetivo, por eso se puede decir que los cambios en la cantidad de dinero en el sistema económico tienden a generar cambios en los precios de los bienes y servicios.

A partir de la comprensión de estos conceptos claves, podemos entrar a analizar cómo se desemvolvió el sistema monetario de la Cuba republicana.

Tipos de dinero; metálico, patrón oro y fiduciario

El dinero puede estar en forma de metal, o de papel (actualmente en forma digital o electrónica). Generalmente serán los metales preciosos oro y plata, por toda una serie de características, la forma que históricamente fue tomando el dinero.

El dinero de papel puede estar respaldado 100% con oro o plata, o puede crearse más dinero de papel que el metálico que lo respalde, que es lo que se llama dinero fiduciario (dinero sin respaldo).

El sistema monetario se denomina de patrón oro cuando todas, o casi todas las monedas de papel del mundo se referían a una cantidad fija de oro, y el poseedor de dinero de papel podía reclamar en cualquier momento que fuera redimir en metálico el billete de papel.

Este sistema, dado que no todo el dinero de papel emitido estaba respaldado por metálico, y se sostiene en el supuesto de que no todos los poseedores de papel moneda solicitarán redimirlo al mismo tiempo, se llama de reserva fraccionaria, o sea solamente una fracción del dinero de papel que se encuentra en circulación está realmente respaldado por oro y plata. Este sistema existió aproximadamente hasta la Primera Guerra Mundial, y posteriormente comenzó a sufrir cambios, evolucionando a dinero de papel sin respaldo, o sea dinero fiduciario 100%, que es el sistema monetario que actualmente existe en el mundo, básicamente a partir de 1971, cuando el gobierno norteamericano suspendió definitivamente la convertibilidad del dólar en oro como había sido estipulado en 1944, en la Conferencia Monetaria de Bretton Woods.

En Cuba existió el sistema de dinero metálico (monedas de metal) 100% durante el período colonial, hasta aproximadamente el segundo cuarto del siglo XIX, en que empiezan a circular dinero de papel español que se denominaban vales reales, pero no será hasta la década de 1850, luego de fundado el Banco Español de la Isla de Cuba, el cual tendrá el privilegio de emitir dinero de papel en Cuba, que realmente podemos hablar de que la isla se encuentra dentro del sistema monetario de patrón oro y reserva fraccionaria.

Con la intervención norteamericana, el Banco Español de la Isla de Cuba deja de emitir dinero de papel, pero el sistema se mantiene, aunque en Cuba no se emite dinero.

El dinero de papel que comienza a circular en el país es el dólar norteamericano, el cual también será redimible en metálico en los bancos, o sea sigue vigente el patrón oro de reserva fraccionaria, ahora basado en dinero norteamericano, y no en dinero español.

Este sistema es altamente inestable, y se caracteriza por los llamados "pánicos" pues cuando por determinadas circunstancias la gente piensa que su dinero no está completamente garantizado en metálico, va a los bancos a redimir su dinero de papel, y como los bancos solo tiene una fracción en reserva, no pueden cumplir con sus obligaciones y tienen que dejar de pagar declarándose en "bancarrota". Esto se llama una "corrida bancaria".

El primer pánico o corrida bancaria que tuvo lugar en Cuba fue en 1866, y el Banco Español de la Isla de Cuba tuvo que solicitar que se declarara una moratoria al capitán general.

En 1920 tuvo lugar otra corrida bancaria conocida como el Crack de 1920-1921 que llevó a que fuera declarada una moratoria por parte del presidente Mario García Menocal la cual explicaremos más adelante, cuando analicemos el sistema bancario.

Entre 1902 y 1934, Cuba no pudo emitir dinero de papel fundamentalmente debido al Artículo II de la Enmienda Platt que regulaba la política monetaria, por lo que el país se mantuvo dentro un sistema de patrón oro, y el dólar como moneda de curso legal, ya fuera en metálico o en billetes.

El sistema de patrón oro y reserva fraccionaria terminó en 1934, y se pasó a un sistema de emisión de dinero cubano respaldado 100% con plata, por lo que el dinero de papel que emitía el gobierno cubano se llamaba certificado de plata. También circuló moneda cubana de plata y de oro desde la primera emisión de 1914, junto a los dólares de papel norteamericanos que ya no podían ser redimidos en oro a partir de la salida de Estados Unidos del patrón oro decretada por el presidente Franklin D Roosevelt en 1933.

Este sistema existió hasta 1939 cuando se dejaron de hacer nuevas emisiones de plata, aunque la moneda de plata, y los certificados de plata se mantuvieron hasta que fueron saliendo lentamente de circulación hasta 1950.

Durante estos años, el dinero cubano también era redimible a un cambio oficial de uno a uno con el dólar norteamericano, ya que los dos circulaban legalmente dentro del país.

A partir de 1941 se comienza a emitir dinero de papel, o sea pesos cubanos manteniéndose la paridad oficial de uno a uno con los dólares norteamericano, pero ya sin respaldo metálico, o sea se pasaba a un sistema de "dólar standard", pero como el dólar no era redimible en metálico, indirectamente el sistema monetario de Cuba podía caracterizarse como 100% fiduciario, y así se mantendrá hasta 1958.

A partir de 1944, y los acuerdos de Bretton Woods, se establecía un sistema de patrón cambio oro, parecido al que fue establecido en la Conferencia Monetaria de Génova en 1922, donde Estados Unidos se comprometía a redimir los dólares que acumularan los gobiernos en oro a razón de treinta y cinco dólares la onza de oro. Ninguna moneda del mundo era redimible en oro, y solo lo era en dólares. Como hemos señalado, esto se mantuvo hasta 1971.

Ventajas y desventajas del patrón oro

Con la adopción internacional en la década de 1870 del patrón oro, los mercados mundiales para bienes y capitales se fueron vinculando más que nunca por el libre comercio, el patrón oro, y las nuevas tecnologías de transporte y comunicaciones.

El incremento de la productividad fue dando lugar, bajo el sistema de patrón oro, a una caída sostenida de los precios de los bienes y servicios, en las ramas de producción donde la oferta se incrementaba más rápido que la demanda, especialmente en la producción de bienes agrícolas y muchas materias primas, y en menor medida en los bienes industriales, los cuales tienen una demanda más elástica.

Esta situación dio lugar a un fenómeno que fue conocido como la Gran Depresión de 1873 a 1896, la cual no fue un colapso económico si no una gradual y continua caída de precios en el mundo entero.

En este período los precios en Gran Bretaña cayeron un 22%, en Estados Unidos un 32% y en otros países aún más.

Los precios de las materias primas y los productos de la agricultura, con una demanda más inelástica cayeron mucho más rápido que los de los bienes manufacturados. Los precios del azúcar cayeron de manera sostenida.

Precios y ganancias declinaban en esos sectores de la economía, pero las deudas, de forma relativa, aumentaban.

Comenzó el fenómeno de las grandes migraciones desde los campos hacia las ciudades proporcionando la fuerza de trabajo barata para la industria en pleno auge, pero mientras las ganancias y los ingresos en las zonas rurales se deprimían, los trabajadores asalariados de las ciudades veían aumentar sus salarios reales con la caída de los precios de los bienes y servicios y con ello su estándar de vida.

Los productores perjudicados con la caída de los precios, tanto granjeros como manufactureros demandaban tarifas proteccionistas y presionaban por una política monetaria más flexible que la ortodoxia del patrón oro.

Es interesante señalar como esta situación repercutió sobre la economía y la sociedad colonial cubana. Entre 1875 y 1890, los precios promedios del azúcar crudo habían caído en aproximadamente un 45%, lo cual aceleró la abolición definitiva de la esclavitud (1886) y condujo a una reorganización de la industria azucarera en Cuba que se completaría en la década de 1890, especialmente con la Tarifa McKinley que daba entrada al mercado norteamericano libre de derechos al azúcar crudo cubano.

El impacto de esta depresión sobre la economía y la sociedad cubana entre fines de la Guerra de los Diez Años, y comienzos de la Guerra de Independencia (1878-1895) ha sido poco estudiada, pero fue ciertamente profundo.

Esta depresión puso en su momento en entredicho la esencia del capitalismo global, presionado por grupos cada vez más amplios que favorecían el proteccionismo en contra del libre comercio, en contra del patrón oro, y en contra de la integración económica global.

Algunos países, sobre todo en América Latina, abandonaban el patrón oro, y adoptaban un sistema monetario menos rígido basado en la plata, pero la caída de los precios de los bienes y servicios significaba la subida de los precios del oro, lo cual incentivó la prospección y minería del oro en el mundo entero.

En este contexto tuvo lugar la Conferencia Monetaria Internacional en Washington en 1891 que tenía como objetivo crear una moneda internacional para las Américas como actualmente es el Euro, y en la que participó José Martí como delegado de Uruguay.

Nuevos descubrimientos de oro en Sudáfrica, Australia, el Yukón, y el Oeste de Estados Unidos incrementaron la oferta monetaria, los precios comenzaron a subir y el valor del oro a declinar, lo que permitió al patrón oro sobrevivir.

Los años entre 1896 y 1914 marcaron el punto máximo de la integración económica internacional. Por primera vez en veinte años los precios comenzaron a subir de manera sostenida, el comercio internacional creció, al igual que los préstamos y las inversiones.

Los ingresos crecieron no solo para las naciones ricas del mundo si no también para muchos países relativamente subdesarrollados como Canadá y Argentina, que casi duplicaron sus per capitas en veinte años, superando a Francia y Alemania.

El incremento del stock mundial de oro llevaba a que cada vez más países abandonaran el patrón plata por el oro, pues las ventajas del patrón oro eran evidentes para la integración internacional, ya que brindaba la estabilidad y predictibilidad indispensables para el comercio internacional, la inversión, las finanzas, la migración, etc. en tanto obligaba a las economías nacionales a buscar ajustes cuando gastaban más allá de sus medios.

El patrón oro funcionaba como un equilibrador automático que imponía sus restricciones sobre los precios y los salarios.

Cuando el país tenía superávits sostenidos en las balanzas de pago, o sea entraba mucho oro al sistema económico, los precios y los salarios subían, y las mercancías de exportación se encarecían perdiendo así competitividad en el mercado mundial, en tanto las importaciones se abarataban por lo que se hacían más competitivas en el mercado interno. Esto llevaba a que aparecieran los déficits en las balanzas de pagos, y el oro saliera al extranjero, por lo que el país perdía poder de compra, los precios y salarios caían en la economía interna, y las mercancías de exportación se abarataban, ganando competitividad en tanto las importaciones se encarecían perdiendo competitividad en el mercado interno, restaurándose así el equilibrio.

Este es el funcionamiento teórico del patrón oro como equilibrador automático del sistema económico, aunque para las economías pequeñas y subdesarrolladas, muy dependientes de las exportaciones de una o dos materias primas, el patrón oro tiene también grandes desventajas como se demostraría sobre todo con la Gran Depresión.

El estímulo que el patrón oro daba al comercio internacional debido a la estabilidad macroeconómica que proveía iba aparejado con continuos avances en el transporte y las comunicaciones.

Entre los países subdesarrollados que se integraron con éxito al primer sistema económico internacional capitalista se encontró Cuba con la producción de azúcar y su venta en el mercado norteamericano principalmente.

La banca y su función dentro de un sistema económico

La banca es un negocio que básicamente funciona captando ahorros del público y pagándoles un interés por lo que se considera un préstamo del depositante al banco; ese préstamo está respaldado por la confianza del depositante en el banco de que los intereses serán pagados puntualmente, y que su dinero estará disponible inmediatamente que lo solicite. A partir del dinero acumulado en el banco por los depósitos de las personas, este lo presta a otros agentes ya sean privados, o al gobierno, basado en un colateral, cobrándoles por el préstamo un interés que será más elevado que el que paga a los depositantes, ya que en esta diferencia se encuentra la ganancia del banco. Así tenemos que el banco tiene dos funciones básicas; una como depósito de ahorros, y la otra como prestamista de los ahorros depositados.

El banco es una institución que sirve para canalizar los ahorros de muchas personas hacia la inversión, fundamentalmente con fines productivos, pues el pago del préstamo conlleva el pago de un interés, por tanto, el sistema bancario de un país es de la mayor importancia para su desarrollo económico.

El interés se basa en la preferencia de los bienes presentes sobre los bienes futuros, así el interés será mayor mientras más largo sea el plazo del préstamo. Esto se llama la tasa de interés natural, pero también hay otros componentes que forman parte de la tasa de interés como son el riesgo de impago, que se hacen mayores en la medida en que más largo es el plazo del préstamo, la incertidumbre respecto al colateral, la tasa de inflación que mientras mayor sea el tiempo del préstamo mayor será pues la inflación va haciendo perder valor al dinero prestado a lo largo del tiempo, y por último la ganancia empresarial del banco. Todos estos elementos forman parte de la tasa de interés que un banco cobra por un préstamo.

En un país con una economía estable en crecimiento, donde los derechos de propiedad son seguros, donde la tasa de inflación es baja, el mercado de préstamos es sólido, activo, los préstamos se extienden por largos plazos, y los intereses son moderados, sobre todo cuando existe libre competencia entre bancos, sin embargo, en un país donde el crecimiento económico es fluctuante, o se encuentra estancado, donde los derechos de propiedad son inseguros, corriendo el riesgo de confiscación, donde las tasas de inflación son elevadas, donde la competencia entre bancos es casi inexistente, el mercado de préstamos será muy limitado, pues los préstamos serán muy reducidos, a actividades de muy bajo riesgo, y a muy cortos plazos. En estas condiciones, el sistema bancario contribuye muy poco a la canalización de ahorros y al desarrollo económico del país, manteniendo grandes reservas inmovilizadas, ya que el sistema bancario pierde su función de prestamista manteniendo solamente su función de depósito de ahorros, o sea no desempeña plenamente su actividad dentro del sistema económico.

Banca libre de reserva fraccionaria y patrón oro:

Un sistema de banca libre se define como uno donde los bancos son tratados como cualquier otro negocio en el libre mercado; no están sujetos a ninguna regulación o control por parte del gobierno, y la entrada en el negocio de la banca por parte de cualquier persona es enteramente libre. Deben pagar sus deudas, o declararse insolventes y salir del negocio.

El patrón oro es un sistema monetario que fija el valor de su unidad monetaria en términos de una cantidad fija de oro. Por ejemplo, antes de 1933, el dólar norteamericano era aproximadamente 1/20 de onza de oro, o un billete de 20 dólares era igual a una onza de oro, y los billetes podían ser cambiados por su equivalente en oro en cualquier banco en cualquier momento (on demanda).

El sistema bancario cubano era de banca libre, o sea no tenía ninguna regulación, la única regulación bancaria que existía en aquellos tiempos databa de 1883, del Código de Comercio Español, el cual se encontraba vigente y que establecía que los bancos debían tener una reserva legal del 25% de todos sus depósitos a la vista, ya que funcionaba como todos los bancos del mundo, bajo un sistema de reserva fraccionaria, o sea podía crear dinero fiduciario con un multiplicador bancario de cuatro a uno, o sea prestaba cuatro unidades monetarias, y tenía legalmente que mantener una de reserva.

En un sistema de banca libre como lo era en Cuba hasta 1933, no existía un Banco Central, y se encontraba dentro del patrón oro.

La banca de reserva fraccionaria es la práctica de los bancos de prestar dinero más allá de sus reservas reales, creando de esta forma dinero fiduciario (crédito fiduciario) como explicamos arriba. Esta práctica se basa en el supuesto de que no todos los depositantes irían al mismo tiempo a retirar sus depósitos, cosa que sí sucede en lo que se conoce como una corrida bancaria que es un fenómeno que tiene lugar cuando los depositantes consideran por alguna razón que sus depósitos están en riesgo, o sea pierden la confianza en las instituciones bancarias.

Para que se entienda el funcionamiento del sistema de reserva fraccionaria diríamos que los bancos tienen 100 millones de dólares en depósitos en cuentas corriente, y la ley bancaria especifica que tienen que tener una reserva mínima de un 25% del total de los préstamos, o sea tendrán lo que se llama un multiplicador bancario de 4, es decir que podrá multiplicar sus reservas por 4 prestando dinero. Entonces los bancos podrán prestar 400 millones de dólares, teniendo una reserva legal de 100 millones, por tanto, ha creado 300 millones de dólares de la nada, que es lo que se llama crédito fiduciario o medios fiduciarios, entonces sus depósitos totales en cuentas corrientes serían de 400 millones, de los cuales 100 son la reserva, y 300 son dinero fiduciario, Sobre estos 300 millones que el banco ha prestado a diferentes agentes cobrará intereses obteniendo así enormes ganancias creando dinero de la nada.

Por otra parte, estos 300 millones actúan igual que si fuera dinero estándar. Como vimos más arriba, la oferta monetaria M-1 está compuesta por las cuentas corriente de los bancos, más la cantidad de dinero en circulación en manos del público y en las reservas de los bancos, entonces suponiendo que la cantidad de dinero en manos del público fuera de 550 millones de dólares, la oferta monetaria sería 550 millones más 400 millones de dólares, para un total de 950 millones, pero dentro de ella se encuentran 300 millones que constituyen medios fiduciarios sin respaldo que están provocando inflación dentro del sistema. En el caso de que los préstamos se paguen, ese dinero fiduciario desaparece, y la oferta monetaria se reduce a 100 millones, más 550 millones, o sea 650 millones de dólares. Así el pago de los préstamos contribuye a reducir la oferta monetaria y consiguientemente la inflación, haciendo presión hacia la deflación.

De esta forma se explica como la banca crea dinero.

Por otra parte tenemos la banca de reserva 100%, que es la que opera prestando solamente hasta la cantidad real de sus depósitos en cuenta corriente, o sea no crea dinero.

Un banco decide prestar hasta el límite de su reserva fraccionaria, lo cual cuando no existe un Banco Central que sirva como prestamista de última instancia es muy arriesgado cuando la banca es libre, o puede decidir ser más conservador, y prestar por debajo de los límites de la reserva legal.

Sistemas monetarios de la República

Los sistemas monetarios de Cuba los vamos clasificar de acuerdo a la moneda de curso legal que circulaba, y de acuerdo a su origen, y el sistema bancario de acuerdo a si era un sistema de banca libre o un sistema de banca regulada.

De acuerdo la moneda de curso legal podemos distinguir tres etapas:

Primero: La etapa del dólar de 1902 a 1933.

Segundo: La etapa monetaria con circulación legal del peso cubano y el dólar: de 1934 a 1950.

Tercero: La etapa en que solo el peso cubano tenía circulación legal: de 1950 y 1958.

De acuerdo al origen del dinero:

El dinero puede ser de origen externo que es el que entra al país a través de las balanzas de pago, y de origen interno, que es el dinero generado por la banca privada (medios fiduciarios), y el que genera el Estado a partir de la creación de moneda o crédito.

En la primera etapa monetaria de 1902 a 1933, al ser la moneda de curso legal el dólar norteamericano, el origen fundamental de la oferta monetaria en Cuba era externa, y en menor medida la creación de dinero bancario (medios fiduciarios).

En la segunda etapa se mantuvo el origen externo de la oferta monetaria, pero ahora unida a la creación de dinero de origen interno por parte del Estado cubano. La banca no creó dinero, si no que más bien contrajo la oferta monetaria en este período actuando de forma pasiva.

La tercera etapa se caracterizó por la creación de crédito por parte del Estado cubano a través de la banca estatal. Al ser las balanzas de pago en general negativas, no entró dinero externo en la oferta monetaria. Se registró, debido a la creación del Banco Nacional en 1950 actuando como prestamista de última instancia, alguna creación de dinero bancario por parte del sistema de bancos comerciales.

El sistema bancario de Cuba fue un sistema libre donde solo existía una regulación respecto a su reserva legal que fue establecida en el Código Mercantil de 1883, siendo Cuba aún colonia española, de un 25% de los depósitos en cuenta corriente (demand deposits).

La banca en la República de Cuba fue libre entre 1902 y 1950.

La etapa de banca regulada en Cuba comienza en 1950 con la entrada en operaciones del Banco Nacional de Cuba, hasta 1958.

Como conclusión resumiendo las características del sistema monetario y bancario de la República de Cuba diremos que:

Primera República: 1902-1933.

a) Patrón oro y reserva fraccionaria.
b) Dólar como moneda principal de curso legal.
c) Oferta monetaria predominantemente formada por dinero de origen externo, y dinero creado por los bancos a partir de la expansión de crédito fiduciario.
d) Banca libre.

Segunda República: 1934-1958.

a) Patrón plata 100% de 1934-1941. Dólar standard-reserva fraccionaria de 1941-1958.
b) Circulación legal del dólar y el peso cubano de 1934-1950. Circulación legal del peso cubano solamente 1950-1958.
c) El origen de la oferta monetaria fue proveniente de dinero externo, y dinero interno creado por la Tesorería nacional de 1934-1950. De 1950 a 1958 la oferta monetaria estuvo determinada por la expansión del crédito por parte de la banca oficial, del gobierno, y de la banca comercial.
d) Banca libre de 1934-1950. Banca regulada de 1950-1958.

Reformas al sistema monetario de Cuba

Después de la terminación de la dominación española y hasta el fin de la República, tuvieron lugar cuatro reformas monetaria.

La primera tuvo lugar durante la ocupación norteamericana.

Por un decreto del presidente Mc Kinley de 28 de diciembre de 1898.

> Se ordena por la presente que a contar desde el 1ero de enero de 1899, y hasta que otra cosa no se disponga, todos los derechos de aduana, contribuciones, impuestos, y derechos postales en la Isla de Cuba se pagarán en moneda de Estados Unidos, o en caso de hacerse en moneda española o francesa (de oro) se hará de acuerdo a las siguientes cotizaciones...

El dólar de papel comenzó a circular en la isla desplazando de la circulación a la moneda metálica que quedaba remanente de la época colonial.

La segunda reforma monetaria tuvo lugar al comenzar el gobierno de Mario García Menocal en 1914, siendo secretario de Hacienda Leopoldo Cancio Luna, en un intento por paliar los efectos de la recesión económica que afrontaba el país por la caída de los precios del azúcar.

Así en octubre de 1914 se aprobó la Ley de Defensa Económica mediante la cual se comenzó la acuñación de dinero cubano; aquí nació el peso cubano pero de metal, exactamente igual al dinero metálico norteamericano, acuñándose monedas de oro, plata, y níquel, y dejando fuera de la circulación legal cualquier otra moneda: "La moneda nacional y la de Estados Unidos serán las únicas que tendrán curso legal ...".

De esa forma quedaría establecido un sistema bimonetario que funcionaría hasta 1950 cuando se crea el Banco Nacional de Cuba.

La tercera reforma monetaria tendrá lugar en 1934 siendo presidente Carlos Mendieta, y ministro de hacienda Joaquín Martínez Sáenz, ante la necesidad imperiosa de detener los efectos deflacionarios de la Gran Depresión. De esta forma Cuba entra en el sistema monetario de patrón plata, emitiendo dinero de papel respaldado 100% con plata, llamado certificado de plata, en tanto se mantenía la circulación legal del dólar a partir de una paridad oficial entre el peso cubano y el dólar de uno a uno.

La cuarta y última reforma monetaria republicana tuvo lugar en 1950, con el Banco Nacional de Cuba, siendo su primer presidente Felipe Pazos Roque. Se termina el sistema bimonetario, quedando solo el peso cubano, sin respaldo metálico como, única moneda de curso legal en el territorio nacional.

Historia monetaria de la Primera República. Patrón oro y dólar standard

La gran prosperidad 1902-1920

La República de Cuba se inauguró en medio de la bonanza de la integración económica internacional y del patrón oro.

La producción de azúcar comercializada en el mundo entre 1902 y 1914 creció un 61%, en tanto que los precios lo hicieron un 44.3%, y la producción cubana creció un asombroso 205%.

No tenemos información acerca de las balanzas de pago de ese período, pero necesariamente deben haber registrado superávits sostenidos con el consiguiente incremento de los precios y los salarios en el país.

Un estimado del nivel de precios al consumidor en 1914 comparado con el de Estados Unidos indica que Cuba era bastante más cara Estados Unidos. Lo que en Estados Unidos valía un dólar, en Cuba valía aproximadamente 1.54 dólares. Estos cálculos están basados en los estimados de Claes Brundenius acerca del Índice de Precios al Consumidor en Cuba, y en los calculadores de la inflación en Estados Unidos del Buró de Estadísticas Laborales.

Esto dio lugar a que las importaciones norteamericanas se hicieran más competitivas en el mercado cubano, en tanto el azúcar cubano iba perdiendo competitividad en el mercado mundial, pero esto no se notaba mucho debido a las bajas tarifas de que disfrutaba el azúcar cubano a su entrada a Estados Unidos en virtud del Tratado de Reciprocidad de 1903 que le daba una fuerte ventaja competitiva, y los costos cada vez más bajos con que operaba el agregado de la industria azucarera cubana.

A pesar de la competitividad de las importaciones sobre todo norteamericanas, el crecimiento del mercado interno fue suficiente para alentar la creación de una modesta industria manufacturera en Cuba después de 1904.

Los historiadores marxistas consideran que el incremento de las importaciones norteamericanas en este período fue debido a las ventajas de que disfrutaban por el Tratado de Reciprocidad Comercial, cuando la causa real se encuentra en el funcionamiento del mecanismo monetario del patrón oro que dio lugar a un aumento en el poder de compra de Cuba debido a los altos precios del azúcar, y a la competitividad de las importaciones norteamericanas.

A partir de 1899, al comenzar la ocupación norteamericana, el dinero que circulaba legalmente en Cuba era el dólar norteamericano, tanto en billetes como metálico.

Como remanente del régimen colonial, también quedó circulando dinero metálico extranjero de oro y plata, especialmente pesetas españolas de plata, luises franceses de oro, y centenes españoles de oro, que rápidamente fueron saliendo de la circulación desplazados por el dólar norteamericano de papel. Cuba no tenía moneda propia, ni estaba autorizada, por el Artículo Segundo de la Enmienda Platt, a emitir dinero fiduciario.

Como resultado de la caída de los precios del azúcar en 1913, el país entró en una situación recesionaria, y el Congreso cubano discutió y aprobó lo que se conoció como la Ley de Defensa Económica, en uno de cuyos artículos se autorizaba al ejecutivo presidido por Mario García Menocal, la acuñación de moneda nacional metálica; de oro, plata, y níquel, igual que la moneda norteamericana.

La ley fue aprobada en octubre de 1914 siendo secretario de Hacienda Leopoldo Cancio Luna.

La primera emisión fue de aproximadamente 21.3 millones de pesos, y posteriormente hubo otra emisión en 1920 pero solo de monedas de plata y níquel. Según estima Henry Wallich[4], en 1920 había en la circulación en Cuba 28.8 millones de pesos cubanos (metálicos).

A partir de la emisión de 1914, solo quedaron autorizadas para circular legalmente en el país, con fuerza liberatoria total, el dólar norteamericano, y el peso cubano metálico.

Con la emisión de dinero de plata cubano en 1914 y 1920, el señoreaje[5] fue muy limitado.

De acuerdo a la información que ofrece Wallich[6], en 1914 el dinero en circulación en Cuba sería de aproximadamente entre 60 y 62 millones de dólares, en tanto el dinero creado por los bancos como expansión del crédito no era mucho, por lo que la oferta monetaria M1 no pasaría de 70 millones de dólares, de los cuales casi todo era de origen externo.

En este período había tenido lugar tres cortas recesiones como reflejo del ciclo económico norteamericano.

Una entre 1907-1908, la segunda entre 1910-1911, y la tercera entre 1912-1913. Esto dio lugar a que el gobierno de Menocal decidiera impulsar la Ley de Defensa Económica con el propósito de estimular la economía inyectando liquidez en el sistema, ya que había salido bastante dinero por las balanzas de pago, lo que estaba provocando una deflación.

El funcionamiento del patrón oro daba lugar a que durante las recesiones los precios y salarios debían bajar hasta llegar al equilibrio, por lo que durante estas recesiones, y con la distorsión que le imprimía al mercado laboral la creciente inmigración española, los salarios habrán caído, y se habría manifestado algún desempleo friccional, pero el ajuste externo que se manifestaba con una nueva subida del precio del azúcar daba lugar al ajuste interno de la economía cubana.

El comienzo de la Primera Guerra Mundial en agosto de 1914 cambiaría el panorama monetario de Cuba.

La guerra destruyó gran parte de la industria de azúcar de remolacha europea. La producción de azúcar de remolacha en 1920 fue un 41% inferior a la de 1914.

En general la producción de azúcar en 1920 fue un 7.6% inferior a la de 1914, y los precios promedio del azúcar crudo en 1920 fueron un 352% superiores a los de 1914.

La producción de azúcar de Cuba en 1920 fue un 43.8% mayor que la de 1914.

Estas cifras indican claramente el enorme influjo de dinero procedente de las balanzas de pagos que entró en Cuba durante ese período.

Por otra parte, debido a la gran liquidez que adquirió el sistema bancario, este comenzó a expandir el crédito, en muchos casos de manera irresponsable debido a que la banca funcionaba libremente con reserva fraccionaria. Esto contribuyó a expandir la oferta monetaria en Cuba de manera exponencial.

4. Henry Wallich "Problemas Monetarios de una Economía de Exportación" 1949.

5. Señoreaje es el beneficio que obtiene el emisor de una moneda cuyo valor intrínseco es menor al valor nominal. Ejemplo: Una moneda de plata de un dólar, pero el contenido de plata de dicha moneda solo vale 40 centavos, entonces el señoreaje será de 60 centavos.

6. Opus Cit.

Hemos estimado que en el año 1920 la composición, de acuerdo a su origen, de la oferta monetaria M-1 era la siguiente:

Total oferta monetaria M-1: 410.4 millones.
De ellos:
De origen externo: 294.0 millones que constituían el 71.6% de M-1.
De origen interno: 116.4 millones que constituían el 28.4% de M-1.
De ellos:
De origen bancario: 87.6 millones que constituían el 75.3% del dinero de origen interno.
Emitidos por el Estado: 28.8 millones que constituían el 24.7% del dinero de origen interno.

La inflación acumulada entre 1914 y 1920 fue de un 40%, en tanto el nivel general de precios se incrementó un 46%, o sea una tasa de incremento anual de los precios de un 7.7% Por tanto, el dinero perdió en Cuba un 46% de su valor entre 1914 y 1920 con el consiguiente impacto sobre los precios de los bienes y servicios.

Debido a la guerra, y a la salida temporal de Estados Unidos del patrón oro, el dólar entre 1914 y 1920 perdió un 100% de su valor, o sea lo que en 1914 costaba un dólar, en 1920 costaba 2 dólares, en tanto en Cuba, el dólar perdió solamente un 68% de su valor, o sea lo que en 1914 costaba un dólar, en 1920 costaba 1.46 dólares. Esta situación hacía que las importaciones norteamericanas se hicieran más baratas.

El enorme ingreso de dinero en Cuba por las balanzas de pago incrementaron el poder de compra del país, provocando lo que se conoce como "Enfermedad Holandesa" Entre 1914 y 1920 las importaciones crecieron a una tasa anual del 62% perjudicando al sector que producía para la economía interna, que si bien se benefició con el incremento de la demanda interna perdió una parte considerable del mercado doméstico en muchos renglones frente a las importaciones.

Como vemos, el principal factor inflacionario fue el flujo de dinero proveniente del exterior a través de las balanzas de pago, pero no fue el único, ya que también es de consideración la expansión de la oferta monetaria interna, especialmente a través de la creación de medios fiduciarios por parte de los bancos.

El sistema bancario de Cuba de 1902 a 1920

El sistema bancario de Cuba era libre, con la única regulación de reserva legal del 25% del total de los depósitos, establecida en 1883, siendo Cuba colonia de España, y que se mantuvo vigente durante la República.

Al concluir la Guerra de Independencia en 1898, quedaban en Cuba dos bancos españoles; el Banco de Comercio, y el más antiguo e importante que era el Banco Español de la Isla de Cuba fundado en 1856.

Además existían toda una serie de firmas comerciales que hacían préstamos, siendo las más importantes Zaldo y Cía, H. Upman y Cía, y Gelats y Cía.

En 1914, el banco más importante de Cuba era el Banco Nacional de Cuba fundado en 1901, que fue adquirido en 1912 por José López Rodríguez conocido como Pote. Este banco llegó en 1920 a tener depósitos por valor de 194 millones de dólares, que constituían el 44% del total de depósitos del sistema bancario.

La banca extranjera contaba en 1916 con 26 bancos y sucursales de casas matrices en Canadá y

Estados Unidos. El más antiguo de los bancos extranjeros era el Royal Bank of Canada fundado en 1899. En 1906 fue fundado el Bank of Nova Scotia, y en 1915 el National City Bank of New York. En 1916 el banco extranjero más importante era el Canadian Bank of Commerce.

En el libro citado de Henry Wallich, refiriéndose al sistema bancario cubano anterior a 1920 decía: "El nutrido grupo de bancos grandes y pequeños que existía en Cuba a fines de la Primera Guerra Mundial no formaba un sistema de bancos unidos, y prácticamente funcionaba sin regulaciones".

La banca nacional contaba en 1916 con 148 bancos y sucursales a lo largo y ancho de la isla.

Entre 1916 y 1920 se fundaron 38 bancos con un capital autorizado de 50.6 millones de pesos. La creación de un banco solamente requería de su inscripción en el Registro Mercantil.

En ese período de tiempo los depósitos de todo el sistema bancario de Cuba se incrementaron en 301.1 millones de dólares, y los préstamos en 188.2 millones de dólares.

La banca extranjera en Cuba en 1916 tenía el 22% de los depósitos, y en 1920 tenían el 20% en tanto la banca nacional tenía el 78% de los depósitos en 1916, y el 80% en 1920.

Entre 1916 y 1920, la banca extranjera incrementó sus depósitos en 57.5 millones de dólares e incrementó sus préstamos en 55.6 millones de dólares, en tanto los bancos nacionales incrementaron sus depósitos en 243.5 millones de dólares, y sus préstamos en 132.6 millones.

En 1916, la banca extranjera tenía el 27.8% de todos los préstamos y la banca nacional el 72.2%, y en 1920 la banca extranjera tenía el 29% de los préstamos, en tanto la banca nacional el 71%.

Los bancos extranjeros en 1916 tenían préstamos por un monto equivalente al 88% de sus depósitos, y en 1920 llegaban al 93.9% de sus depósitos, lo que indica que casi operaban sin reservas debido a que eran sucursales de grandes bancos cuyas casas matrices estaban en Canadá y Estados Unidos.

Para los bancos nacionales en su conjunto, en 1916, el volumen de préstamos constituía el 64.7% de sus depósitos, y en 1920 habían descendido a ser el 57.6%, lo que indica que la política de la banca nacional, debido a que no contaba con el respaldo de un banco central, o de casas matrices con grandes cantidades de capital de respaldo en sentido general, fue mucho más conservadora que la de los bancos extranjeros, aunque hubo bancos cubanos que se extralimitaron en sus posibilidades crediticias ya que no existía una supervisión por parte del gobierno respecto a las reservas legales establecidas.

El 1916, las reservas del agregado del sistema bancario en Cuba era un 66.7% de los depósitos a la vista, y en 1920 habían ascendido hasta un 77.9%, o sea estaban bastante lejos de los requerimientos de reserva del 25% legalmente establecida.

En 1916 el crédito fiduciario creado por los bancos en su conjunto eran 20.9 millones de dólares, que representaban el 21.8% de la oferta monetaria M-1 del país, y en 1920 ascendía a 87.6 millones de dólares, que representaban el 34.2% de la oferta monetaria.

¿Como se expandió el sistema bancario de Cuba hasta 1920 ?

Primero porque era una banca libre.

Segundo por que el sistema se encontraba basado en el patrón oro que le permitía una gran estabilidad y confianza de parte de los depositantes.

Tercero por un extraordinario auge económico que inflaba el valor de los colaterales.

Cuarto por que se consideraba por parte del público que las instituciones eran sólidas y garantizadas por el estatus de protectorado de Estados Unidos, lo que imprimía confianza adicional a los ahorristas e inversionistas. Básicamente existía confianza en el sistema económico, y estaba ingresando gran cantidad de dinero por las balanzas de pagos.

Esta conjunción de factores económicos e institucionales dieron lugar al florecimiento de la banca en Cuba entre 1902 y 1920.

La evolución del sistema bancario de Cuba entre 1916 y 1920 era la siguiente:

(En millones de dólares).

Conceptos	1916	1920	Diferencia.
Total depósitos	139.6	440.7	301.1
Préstamos total	97.7	285.9	88.2
Reservas	41.9	154.5	112.6
Coeficiente de reservas	66.70%	77.90%	11.20%
Dinero bancario	20.9	87.6	66.7

Fuentes: "Problemas monetarios de una economía de exportación" Henry C Wallich 1950.

Cuban Economic Research Project a Study on Cuba.

Cuba. A Handbook of Historial Statistics, Sussan Schoeder.

Cálculos del autor.

Entre 1903 y 1920, la oferta monetaria se incrementó a una tasa anual del 44%, en tanto el Ingreso Nacional, a precios corrientes, lo hizo a un 30.4%, lo cual nos indica que existió una presión inflacionaria que provocó un alza en los precios de los bienes y los servicios en algo más de un 66%.

Como podemos ver, la importancia del dinero externo en la economía cubana era abrumadora.

Henry Wallich, sobre este período monetario de la República escribió en su obra ya citada:

> El mecanismo monetario cubano constituyó un sistema puramente automático, con la sola excepción de la acuñación de plata de 1914 y 1920 no se efectuó creación de dinero alguno por el gobierno o por un banco central. El volumen de los medios de pago estaba determinada en su totalidad por el crédito bancario privado y por la balanza de pagos.
>
> El dólar proveyó a Cuba de un sistema monetario estable exteriormente, que se caracterizó por una completa ausencia de dificultades cambiarias. Se puede considerar que el dólar salvó a Cuba del caos monetario. La circulación del dólar en Cuba constituyó un factor generador de confianza para los hombres de negocios.
>
> La falta de un banco central hizo que Cuba (*el gobierno cubano*) tuviese que depender en lo que a oferta monetaria se refiere de los préstamos de la banca privada, y de los procesos creadores de dinero de la balanza de pagos.

En resumen, la estabilidad del sistema monetario de Cuba entre 1902 y 1920 fue resultado de la estabilidad que brindaba el patrón oro a los participantes del capitalismo global.

El Artículo II de la Enmienda Platt evitaba que el gobierno cubano pudiera emitir dinero fiduciario, por lo que el sistema monetario al encontrarse fuera de las manos del gobierno se mantenía dependiente de los flujos externos.

La crisis de 1920-1921. Las Vacas Flacas y la quiebra del sistema bancario cubano

La súbita caída de los precios del azúcar, consecuencia de la terminación de la burbuja de las materias primas que siguió al fin de la Primera Guerra Mundial, entre mayo y diciembre de 1920 provocaron en Cuba una severa aunque corta depresión, la mayor experimentada durante su vida republicana.

Para comprender la crisis de 1920-1921 tenemos que entender que fue provocada por un alza súbita de los precios del azúcar y una abrupta caída dentro del mismo año 1920, lo cual tuvo una repercusión extraordinaria sobre una economía casi completamente dependiente de las exportaciones azucareras.

¿Cuáles fueron las causas del ascenso de los precios del azúcar y su posterior derrumbe?

Los factores externos desempeñarán el papel activo.

Primero, la Guerra Mundial destruyó una gran parte de la industria de azúcar de remolacha europea, lo cual provocó un aumento de la demanda mundial de azúcar y por tanto un ascenso de los precios.

Segundo, los países beligerantes aumentaron de forma exponencial su oferta monetaria para financiar los gastos de la contienda contribuyendo también al aumento de los precios de las materias primas en general.

Tercero, el crecimiento de la oferta monetaria dio lugar a un aumento de las inversiones norteamericanas expandiendo la capacidad de la industria azucarera cubana.

Cuarto, el levantamiento de los controles de precios en Estados Unidos en 1919, unido a la enorme cantidad de dinero fiduciario emitido por la Reserva Federal sobre todo a partir de 1917 en que se suspende temporalmente el patrón oro, y unido también a la gran demanda en Europa creada por la destrucción provocada por el conflicto bélico, dieron lugar a un rápido ascenso de los precios, especialmente de las materias primas.

¿Por qué cayeron los precios del azúcar en 1920?

Los factores que provocaron la caída de los precios del azúcar fueron exclusivamente factores externos.

Fundamentalmente, la depresión de 1920-1921 que comenzó en EE. UU. en enero de 1920 y fue provocada por los ajustes de la economía norteamericana de posguerra; por las políticas monetarias deflacionarias de la Reserva Federal que subió los intereses drásticamente, y aumentó el coeficiente legal de reserva de los bancos comerciales en respuesta a la inflación de los años de la guerra; y por las expectativas deflacionarias del público norteamericano, y el consiguiente aumento de la demanda de dinero que trajeron como consecuencia un aumento del poder de compra de la unidad monetaria y una caída de los precios que repercutió rápidamente en los precios de las materias primas, entre ellas el azúcar crudo.

La depresión de 1920-21 en EE. UU. se caracterizó por una aguda deflación.

Otros historiadores que han analizado el tema del crack bancario de 1920 en Cuba, plantean como causa de la caída del precio del azúcar la recuperación de la industria de azúcar de remolacha en Europa, pero los niveles de producción de azúcar de remolacha de 1914 no volvieron a alcanzarse hasta 1924-25, de acuerdo a cómo lo previeron los inversionistas norteamericanos a comienzos de la Primera Guerra Mundial.

El crack bancario de 1920 es un ejemplo de los riesgos de una banca libre, con una gran cantidad de bancos, operando con reserva fraccionaria sin banco central que funcione como "prestamista de última instancia" como la Reserva Federal.

El gran problema de los medios fiduciarios es que su seguridad y valor supuestamente dependen del valor de los activos que los respaldan como colateral.

La Teoría Cuantitativa del dinero nos dice que si la cantidad de dinero cae, la demanda de bienes caerá, y como la demanda cae, los ingresos de los negocios y de los individuos caen también. Así, la habilidad de los negocios e individuos para pagar sus deudas declina. Al mismo tiempo, el efecto de una cantidad reducida de dinero es reducir el valor de los activos que los bancos tienen como colateral.

Como hemos dicho, es muy fácil que el fracaso de un banco que ha emitido dinero fiduciario arrastre a la quiebra a otros bancos al quedar impagables sus medios fiduciarios. Una vez comenzado el proceso comienza a ganar fuerza.

La reducción en la habilidad de pagar las deudas, reduce el valor de los activos de los bancos y esto a su vez causa que más bancos quiebren, y desaparezca más dinero, con el efecto de un mayor declive en el gasto, mayor declive en las ventas y en el valor de los activos, creándose así una espiral deflacionaria.

Leland Jenks en su libro *Our Colony of Cuba* publicado en 1928, describe el auge de la producción azucarera.

> La consecuencia inmediata del boom azucarero en Cuba fue el desarrollo de nuevas empresas, y un boom de los bienes raíces en La Habana.
>
> A comienzos de 1918 se había construido, reconstruido, o en fase de instalación, 39 nuevos ingenios. De ellos 10 entraron en operaciones en 1916, y 12 en 1917. Al menos 25 de esos ingenios eran propiedad de cubanos.

Con la rápida caída de los precios del azúcar y del tabaco, todo el sistema bancario se venía abajo, pues directa o indirectamente ese era el colateral de todo el dinero fiduciario emitido por los bancos. Teniendo en cuenta de que el precio promedio de la libra de azúcar entre 1919 y 1920 fue de 8.5 centavos, y a finales de 1920 había caído a 3.1 centavos la libra, el colateral de la gran mayoría de los préstamos se había contraído en casi un 64% en unos pocos meses.

Comenzaron las quiebras de centrales y negocios relacionados con el azúcar y el tabaco, y por tanto a disminuir la posibilidad de pagar las deudas.

La pérdida de confianza en el sistema bancario llevó a una rápido incremento en la demanda de dinero provocando una corrida bancaria en el mes de octubre que obligó al gobierno de Menocal, a solicitud de los bancos, a decretar el 10 de octubre de 1920 la Ley de la Moratoria Bancaria que representó el fin de la "Danza de los Millones" en Cuba.

Los bancos, al operar con reserva fraccionaria, no tenían el dinero para pagar a sus acreedores, por tanto, con los depositantes sacando su dinero, y los préstamos que no se podían pagar ya que los prestatarios quebraban, por lo que desaparecía el dinero creado por los bancos, así entre 1920 y 1921, los depósitos del sistema bancario de Cuba se habían contraído en un 82%, con la ruina de casi todos los bancos cubano-españoles.

La Moratoria terminó el día 9 de abril de 1921, y en agosto del mismo año fueron dictadas lo que se conoce como la leyes Torriente. La primera, la "Ley del cese de la moratoria", y la segunda la "Ley de liquidación bancaria "qué ratificaron la quiebra de gran parte del sistema de bancos nacionales. El 8 de abril, el Banco Nacional de Cuba cerró sus puertas seguido por otras 18 instituciones bancarias cubanas, entre ellos, el banco más antiguo de Cuba que era el Banco Español.

Durante 1919, el precio promedio de la libra de azúcar en Nueva York fue de 5.06 centavos; en febrero de 1920 se estaba cotizando a 9 centavos, y el 19 de mayo de 1920 alcanzó su precio máximo con 22.5 centavos. A partir de ese momento comenzó a caer abruptamente. En octubre se estaba cotizando a 6.75 centavos, y el 13 de diciembre se cotizó a 3.75 centavos.

Había terminado la "Danza de los Millones". Entre mayo y diciembre el precio del azúcar se desplomó en un 83.3%.

Debido a la corrida bancaria de 1920, y la quiebra de bancos en 1921, los depósitos totales del sistema bancario de Cuba se contrajeron en un 82%, los ahorros se evaporaron, y por otra parte el dinero bancario, que como hemos explicado es dinero que crean los bancos prestando por encima de sus reservas, se contrajo un 30%. En realidad el dinero bancario no eran más que cuentas por cobrar asentadas en los libros de los bancos, pues en el agregado del sistema, las reservas eran negativas en casi 25 millones de dólares, o sea el sistema en su conjunto no tenía reservas de efectivo con que respaldar sus préstamos y depósitos.

Por otra parte, el Ingreso Nacional de 1921 fue apenas un 50% del de 1920 debido a la caída de los precios del azúcar, y esto dio lugar a un déficit en la balanza de pagos de 133 millones de dólares que salieron al exterior.

Estos dos factores combinados, o sea la contracción del dinero bancario y del dinero externo, dieron lugar a una reducción de la oferta monetaria M-2 de casi 232 millones de dólares, o sea de un 46.5% de la de 1920, debido a la cantidad de quiebras de negocios que redujeron los ahorros drásticamente.

En el año 1921, como consecuencia de la depresión, no solo el sistema bancario, si no gran parte de la industria azucarera, así como otros muchos negocios en Cuba, habían pasado a ser propiedad de individuos, bancos, y empresas norteamericanas.

La demanda de dinero entre 1920 y 1921 subió un 76%, en tanto la oferta de dinero cayó un 46.5% por lo que la subida del valor del dinero (caída de los precios) no fue significativa, y no parece que hubiera afectación en los salarios reales aunque si hubo alguna afectación en el nivel de empleo.

-oOo-

Un sistema de banca de reserva fraccionaria, sin banco central que pueda servir de prestamista de última instancia es extremadamente vulnerable como demostraban los sucesivos "pánicos bancarios" a lo largo del siglo XIX, siendo el último en Estados Unidos, el "Pánico de 1907", pues cuando un banco grande o un grupo de bancos quebraban, se producía un efecto multiplicador sobre todo el sistema bancario que caía como un castillo de barajas debido a que sus fundamentos no tenían respaldo en ahorro monetario.

El Artículo II de la Enmienda Platt imposibilitaba la creación de un Banco Central en Cuba a pesar de varias propuestas que se hicieron.

Los bancos extranjeros sobrevivieron a duras penas debido a las inyecciones de liquidez de sus casas matrices, pero muchos bancos cubanos-españoles no pudieron sostenerse.

En 1920, los bancos extranjeros tenían el 20% del total de los depósitos del sistema bancario de Cuba, y el 29% de los préstamos, en tanto los bancos nacionales poseían el 80% de los depósitos y el 71% de los préstamos. En 1921 la banca extranjera controlaba el 70% de los depósitos, y el 81.2% de los préstamos, lo que indica el desplome de la banca nacional. Desde entonces, hasta la terminación de la Segunda Guerra Mundial, la banca extranjera dominó el sistema bancario en Cuba. Entre los bancos cubanos que pudieron sobrevivir, los más importantes fueron Banco N. Gelats, Banco Territorial de Cuba, y Pedro Gómez Mena, el cual dos años después fue adquirido por el Royal Bank of Canada.

Los acontecimientos de 1920 llevaron a la conclusión de que Cuba necesitaba un Banco Central. En enero de 1921 se creó la Comisión de Legislación Bancaria que elaboró un proyecto que incluía un Banco Central, una ley bancaria regulando los bancos, y las bases para fundar un banco agrícola que extendiera créditos a la agricultura. Por otra parte, el enviado especial del presidente de Estados Unidos, el general Enoch Crowder, sugirió la creación de un banco central en Cuba subordinado a la Reserva Federal. También en 1921, se sometió a la Cámara de Representantes un proyecto para la creación de un Banco de la Reserva Federal de Cuba elaborada por el representante Santiago Gutiérrez de Celís y otro presentado por Cosme de la Torriente.

Entre las propuestas de creación de un banco central en Cuba, la primera fue de Leopoldo Cancio Luna, secretario del tesoro del presidente Menocal, en 1915. En 1918, surgió otro proyecto de Miguel A Vivanco, y en 1927 otro más fue presentado al Senado por Celso Cuéllar del Río y Santiago Verdejas.

Estas propuestas de banca central tenían como propósito remediar la situación del crédito en Cuba, y proteger la economía de los flujos de moneda extranjera que resultaban desestabilizadores creando situaciones inflacionarias y deflacionarias.

Las constantes propuestas desde 1915, para crear un Banco Central en Cuba fracasaron mientras estuvo vigente la Enmienda Platt, y después de 1934 por la oposición de la banca extranjera. En 1940 la Constitución estableció su creación, pero no sería hasta 1950 en que entraría en funcionamiento.

Situación del sistema bancario: en millones de dólares.

Año	**Depósitos Totales**	**Reservas**	**Préstamos**
1920	440.7	154.5	285.9
1921	80.0	-24.9	104.9
Diferencia	-360.7	-179.4	-181.0

Fuentes: "Cuba. A Handbook of Historical Statistics" Sussan Schoeder. Cálculos del autor.

El fin de la prosperidad 1921-1933

El mecanismo de estabilizador automático del patrón oro era adecuado para las economías desarrolladas y diversificadas, pero podía funcionar de una manera defectuosa para las economías subdesarrolladas, especialmente para las que se caracterizaban por ser muy abiertas, y que se basaban en la exportación de uno o dos productos al mercado mundial, ya que la estabilización de los precios de sus exportaciones, sobre todo cuando se trataba de materias primas y productos de la agricultura, con mercados donde existe mucha concurrencia, y con demandas inelásticas, se hace muy difícil.

En estas economías, cuando los precios de sus exportaciones caen, se produce una salida de oro del sistema económico, haciendo que los precios de las exportaciones caigan y se hagan más competitivas, pero esto no se produce cuando los mercados compradores se encuentran protegidos por altas barreras arancelarias, y cuando la inelasticidad de la demanda de sus exportaciones hace que los precios caigan proporcionalmente más de lo que sube la demanda, y cuando existe una gran concurrencia en los mercados, por lo que para alcanzar el equilibrio externo se hace difícil.

Por otra parte, en el mercado interno, la salida de oro da lugar un proceso deflacionario donde las importaciones se hacen más caras, y los precios de los bienes y servicios y los salarios caen, pero al ser economías subdesarrolladas y de exportación, dependen mucho de las importaciones de materias primas y bienes de capital fijo e intermedio, elevando los costos de muchas actividades productivas.

Además, la demanda de bienes y servicios en general es más elástica que la demanda de labor, por lo que los precios de los bienes y servicios caerán en el agregado económico más que los salarios, lo cual es otro elemento que contribuye a contraer los márgenes de ganancias ya que suben los costos de los insumos, y los salarios nominales caen más lentamente que los precios de los bienes y servicios, por lo que las industrias cuyos productos tienen una demanda elástica, los que tienen una proporción grande de insumos importados, y los de alto consumo de labor, tienden a ir a la quiebra en una situación deflacionaria.

Con una oferta monetaria contrayéndose más rápido que la demanda monetaria de labor, el sistema buscara el equilibrio a través de crear desempleo por despidos de trabajadores, y por cierre de empresas, creando una espiral deflacionaria que solo se resuelve a partir de que se restablezca el equilibrio en los mercados internacionales.

El problema de una crisis deflacionaria en una economía de exportación se encuentra en que mientras siguiera saliendo dinero por la cuenta corriente de la balanza de pagos, era imposible alcanzar el punto de equilibrio entre demanda monetaria de labor y oferta de labor, y entre la tasa de ingresos de los trabajadores, y el nivel general de precios, por lo que la economía no se podría estabilizar.

Esto va a suceder durante la Gran Depresión, y muchos países exportadores de materias primas, para protegerse de los efectos deflacionarios salieron del patrón oro, y pasaron a un sistema de dinero fiduciario, desconectando así lo más posible la economía exportadora de la economía interna.

Cuba no lo pudo hacer, ya no tenía moneda propia, ni Banco Central, y el Artículo II de la Enmienda Platt se lo impedía.

Por ello, los efectos de la Gran Depresión en Cuba fueron los más severos de América Latina.

La breve recuperación y comienzo de la crisis azucarera 1921-1925

En 1921, se producía en Cuba el cambio de gobierno bajo amenaza de fraude electoral, y de guerra civil, en medio de una situación donde el gobierno estaba endeudado de forma tal que no había dinero no solo para pagar las deudas pendientes de Estado, no había dinero para pagar a los funcionarios públicos, ni a la clientela política que era el verdadero sostén del Estado cubano.

Esta era la costumbre del sistema político nacional; Magoon le dejó una abultada deuda a José Miguel Gómez que tuvo que ser resuelta por medio de un empréstito; José Miguel Gómez, le dejó una deuda también considerable a Menocal que igualmente requirió otro empréstito norteamericano, y ahora Menocal le dejaba el Tesoro vacío y con una enorme deuda a su sucesor Alfredo Zayas, que tenía que recurrir a la solución tradicional de pedirle un empréstito a la banca norteamericana, pero ahora el gobierno norteamericano puso condiciones para su aprobación con un enviado especial del presidente de Estados Unidos; el general Enoch Crowder.

En este contexto se desenvuelve el gobierno de Alfredo Zayas Alfonso, con los precios erráticos del azúcar debido a la recuperación de la industria europea de remolacha, y con un incremento drástico de los derechos de aduana sobre el azúcar, a lo que se le uniría un ligero deterioro de los términos de intercambio para Cuba en su comercio con Estados Unidos, ya que entre 1921 y 1925, el nivel general de precios en Norteamérica cayó un 2.2%, y los valores de las zafras cayeron un 4.7%.

La estabilización de la economía trajo por consecuencia un aumento de la demanda de dinero de un 16%, en tanto la oferta monetaria M-1 se mantuvo casi sin variación; creció solamente un 0.8% debido a la limitada entrada de dinero por la cuenta corriente de la balanza de pagos, y por la también muy limitada creación de medios fiduciarias por los bancos que prácticamente no estaban prestando, y solo se dedicaban a cobrar deudas pendientes.

Al aumentar la demanda de dinero más que la oferta, el valor del dinero aumenta, lo que es lo mismo que decir que los precios cayeron, y lo hicieron en un 12%, pero la caída de los precios no fue solo de los bienes y servicios, si no también la de los salarios.

Entre 1919 y 1925, los ingresos promedio de los trabajadores cayeron un 30%, en tanto el nivel general de precios cayó solamente un 5.6%, lo cual indica que tuvo lugar un descenso del ingreso real de los trabajadores.

Situación monetaria y del sistema bancario 1921-1925

Después del Crack de 1920-1921, la economía cubana se estabilizó, y tuvo una recuperación debido a un gran volumen de inversión extranjera que reflejo en un superávit de 191 millones de dólares en la cuenta de capitales de la balanza de pagos, y una balanza comercial favorable con Estado Unidos, lo que dio lugar a una balanza de pagos con superávits con la sola excepción de 1921.

De esta forma la situación monetaria igualmente se estabiliza como vemos en la tabla inferior.

Situación monetaria de Cuba 1921-1925. Expresada en millones de dólares.

Concepto	1921	1925	Diferencia
Oferta mon M-2	266.5	331.7	63.5
Oferta mon M-1	222.5	224.2	1.7
Base monetaria	161.6	162.2	0.6
Dinero externo (dólares)	132.8	133.4	0.6
Dinero interno	89.7	90.8	1.1
De ellos.			
Efectivo (pesos)	28.8	28.8	0
Crédito bancario	60.9	62	1.1

En la tabla de arriba se puede observar cómo creció el ahorro en el período, en la variación del M-2, mientras el resto de los agregados se mantienen con muy poco cambio, o sea que el ingreso de dinero proveniente del exterior en gran medida fue a parar a las cuentas de ahorro, lo que es un reflejo del aumento de la demanda de dinero, en tanto la creación de dinero interno se mantuvo estática; los bancos no creaban crédito, y no tuvieron lugar nuevas emisiones de dinero cubano por parte del gobierno.

Situación del sistema bancario de Cuba 1921-1925. Expresado en millones de dólares.

Concepto	1921	1925	Diferencia.
Depósitos Total	80	195.5	115.5
De ellos:			
Ahorro	44	107.5	63.5
C. Corriente	36	88	52
Reservas de efectivo	-24.9	26	50.9
Crédito bancario	60.9	62	1.1
Mult del crédito	1.65	2.05	0.4
Coeficiente de reserva	0	33.00%	

Entre 1921 y 1926 se reanuda la expansión del sistema bancario, ya en aquellos momentos en manos mayoritariamente de los bancos extranjeros norteamericanos y canadienses.

En 1923 se estableció en La Habana el First National Bank of Boston, y entre 1923 y 1925 se fundaron tres bancos cubanos; El Banco Núñez, el Banco del Comercio, y el Banco Comercial, que eran pequeños bancos. Prácticamente, las únicas instituciones bancarias capaces de facilitar algún crédito eran los bancos extranjeros.

Luego de la quiebra del Banco Español y del Banco Nacional, los principales bancos del país eran el National City Bank of New York, y el Royal Bank of Canada.

Como dijimos anteriormente, el sistema bancario en un 80% estaba en manos de la banca extranjera norteamericana y canadiense después de 1921, y como se puede observar en la tabla anterior, se había estabilizado debido a que no estaban concediendo préstamos, y solo cobrando deudas atrasadas, por lo que se había sobrepasado el coeficiente legal de reservas, que había quedado por debajo de cero debido al Crack de 1920-21, y el multiplicador del crédito había crecido, porque había crecido el ahorro más que la base monetaria, y como se ve, el sistema bancario se encontraba por debajo de sus posibilidades de expansión de crédito, ya que el multiplicador legal era 4.

La banca en Cuba se encontraba retraída en su función de prestamista ante la inseguridad de la situación económica.

La falta de crédito en la economía cubana, y lo defectuoso del mercado de capitales creaba una situación grave, ya que con la excepción del azúcar y el comercio, que eran las actividades propias de una economía de plantación, el resto de las actividades padecían de una falta de financiamiento crónico, sometidas muchas veces a intereses de usura lo que les impedía prosperar.

La falta de créditos, y los elevadísimos intereses, eran reflejo de un problema estructural que persistirá durante todo el período republicano.

En una estructura económica basada en la exportación de un solo producto que se comportaba cíclicamente, y era altamente vulnerable a los vaivenes del mercado mundial, y a las políticas proteccionistas, el riesgo y la incertidumbre eran elevadísimos, por lo que los altos intereses eran un reflejo de esto. En esas condiciones el riego de impago era elevadísimo, lo que hacía casi imposibles los préstamos, no solo a largo plazo, si no incluso a mediano plazo.

Para solucionar este problema se consideraba que el Estado debía asumir el riesgo estableciendo una banca pública que pudiera prestar a actividades que no fueran el azúcar y el comercio, y a un plazo más o menos prolongado, pues la banca comercial no estaba en condiciones de asumirlo.

El aumento de la demanda de dinero indica una caída de la preferencia temporal, que en condiciones menos riesgosas hubiera permitido una disminución de los intereses y una expansión de crédito por parte de los bancos, pero en las condiciones de alto riesgo de Cuba, el aumento del ahorro queda divorciado de los intereses y el crédito.

La crisis azucarera y la Gran Depresión 1925-1933

Los historiadores marxistas conciben que la crisis azucarera y la Gran Depresión, fueron dos fases, del mismo fenómeno que afectó a la economía capitalista en Cuba o sea que para ellos, la Gran Depresión comienza en 1925.

Este enfoque de la historia económica tiene su raíz en las teorías de Marx, y Lenin, para los cuales las depresiones económicas son un resultado de la sobreproducción que caracteriza la supuestamente caótica economía capitalista.

Si bien la crisis azucarera que comenzó entre 1924-1925 fue básicamente un fenómeno de sobreproducción, la Gran Depresión en Cuba fue un reflejo de la depresión que comienza en Estados Unidos en 1929, por lo que tiene causas mucho más complejas, que hicieron que su impacto fuera el más destructivo entre todas las naciones latinoamericanas.

A pesar de eso, no podemos negar que existió una correlación entre las dos que contribuyó a profundizar la gravedad de la situación.

La teoría económica neoclásica, y austríaca, al considerar de completa validez la Ley de Say[7], o la Ley de los Mercados no admiten las teorías de la causa de las depresiones económicas basadas en la sobreproducción de Marx, o de subconsumo de Keynes, porque consideran que no puede existir una crías general, si no solamente crisis parciales.

Dicha Ley plantea que la producción de un bien es una demanda de otro desde el momento en

7. Ley de Say enunciada por Jean Baptiste Say en 1803. Es conocida también como Ley de los Mercados

que está terminado, y que la producción total de bienes de una sociedad, que es lo que constituye su demanda agregada, es suficiente para comprar los bienes que se ofrecen, por tanto, una recesión no puede ocurrir como consecuencia de una sobreproducción general, o sea exceso de oferta agregada en relación con la demanda agregada. Solo pueden existir sobreproducciones parciales, y esto es debido a que en otro lugar de la economía existe un déficit de producción de algún producto.

La crisis azucarera 1925-1929

En el año 1925, la industria azucarera mundial ya se encontraba completamente recuperada de la destrucción causada por la Primera Guerra Mundial, y las inversiones en distintas partes del mundo habían aumentado la capacidad de producción de azúcar de una manera significativa.

Entre 1924 y 1929, la oferta mundial de azúcar aumentó un 15.2%, y los precios promedio cayeron un 55%, lo que está indicando la gran inelasticidad de la demanda de azúcar, lo que daba lugar a que el incremento de la producción en cualquier parte del mundo desplazara a los productores más ineficientes en cualquier lugar en que se encontraran, pero con el azúcar esto no funcionaba así pues la mayoría del consumo mundial se producía en mercados protegidos con productores la mayoría de las veces ineficientes, y solo una pequeña parte de la producción se comercializaba libremente en el mercado mundial.

Aunque en aquellos tiempos la industria azucarera cubana en su conjunto era de las más eficientes del mundo, y producía con los costos más bajos, pero una parte de ella era lo suficientemente ineficiente como para que la combinación de altos aranceles y bajos precios, los pusiera al borde de la ruina, y eso productores, la mayoría de los cuales eran cubanos y españoles fueron los que el gobierno de Machado y sus asesores azucareros trataron de impedir que fueran a la ruina, ya que todos ellos, incluyendo Machado, eran dueños de centrales, y para ello trataron de manipular los precios reduciendo la producción cubana de manera unilateral, pero esto quedó demostrado que era imposible debido a que el peso de Cuba dentro del mercado mundial no era lo suficientemente grande como para que la disminución de su producción pudiera impactar decisivamente en los precios, y mientras Cuba dejaba de producir, otros productores llenaban el vacío.

En 1926 se inició la cartelización de la industria azucarera cubana para controlar la producción.

Los resultados fueron catastróficos; Entre 1925 y 1928, la producción de Cuba se contrajo un 22.1%, en tanto la producción mundial creció un 12.8%, y los precios continuaron cayendo; en 1928 eran un 2.7% inferiores a los de 1925.

La participación de Cuba en el mercado mundial, de haber sido un 21.8% en 1925 había descendido en 1928 a ser solamente el 15.1%. Ante semejante fracaso, la zafra de 1929 fue declarada libre, la producción volvió a los niveles de 1925, pero su valor fue un 23.7% inferior ya que entre 1928 y 1929, los precios promedio cayeron en un 21%.

Entre 1925 y 1929 el Ingreso Nacional a precios corrientes se contrajo a una tasa anual del 3.6%.

La Gran Depresión 1929-1933

En octubre de 1929 comenzó el fenómeno económico conocido como la Gran Depresión en Estados Unidos, e inmediatamente repercutió en Cuba donde la situación era bastante desfavorable.

La situación que enfrentaba Cuba en 1929 era:

1. Caída de los precios del azúcar.
2. Caída del Ingreso Nacional y los per cápitas.
3. Deterioro de los términos de intercambio con Estados Unidos.
4. Balanzas de pago deficitarias.

5. Deflación, y caída de los precios de los bienes y servicios.
6. Caída de los salarios nominales.
7. Contracción del consumo per cápita.
8. Caída de las ganancias empresariales debido a un aumento de los costos de producción.
9. Aumento del desempleo.

A este panorama se sumaba la situación política creada después de la "Prórroga de Poderes" de Machado, considerada como fraudulenta por muchos en Cuba, por lo que a la inestabilidad económica se le sumaría una situación de inestabilidad política.

Los precios de la zafra de 1930 fueron un 28.5% inferiores a los de 1929, y en 1930 fue aprobado el Arancel Smooth-Hawley que incrementaba en un 25% los aranceles de aduana para el azúcar cubano en su entrada a Estados Unidos, por lo que los derechos a pagar serían de 2 centavos por cada libra de azúcar, cuando el precio promedio de 1930 fue de 1.23 centavos. Esto significaba prácticamente que el azúcar cubano quedaba expulsado del mercado norteamericano, y no había otro mercado disponible a no ser el doméstico que era insignificante para la capacidad de producción de la industria azucarera cubana.

Una vez más se recurrió a la cartelización, la restricción de las zafras, y un intento de involucrar a otras áreas productoras y consumidoras del mundo, en lo que se conoció como el Plan Chadbourne, para detener la caída de los precios.

El Plan Chadbourne comenzó en 1931, con la separación en Cuba de algo más de un millón 200 mil toneladas de la zafra de 1930, financiado con un empréstito del gobierno cubano.

La producción de Cuba se redujo; la zafra de 1933 fue 2 millones 675 mil toneladas inferior a la de 1930, o sea una reducción de un 57.3%, y la producción mundial se redujo un 12.9%, pero de ninguna manera los precios dejaron de caer, ya que en 1933 fueron un 21% inferiores a los de 1930. Los precios no respondían a la caída de la oferta ya que la depresión al contraer el consumo, hacia aún más inelástica la demanda de azúcar en el mundo, por lo que igualmente, a pesar de su mayor alcance, el Plan Chadboune fue un fracaso.

Entre 1929 y 1933, el Ingreso Nacional, a precios corrientes, se había contraído a una tasa anual del 5.3%.

Entre 1925 y 1933, el nivel general de precios en Estados Unidos cayó un 25.7%, y el precio del azúcar cayó un 56.7%, lo que indica un fuerte deterioro de los términos de intercambio para Cuba, además el nivel general de precios en Cuba cayó un 42.8%, por lo que las importaciones norteamericanas se encarecían extraordinariamente en el mercado cubano.

Esta situación comercial con Estados Unidos llevó a que se redujera el intercambio comercial entre las dos naciones en un 82%, de haber sido de 451.4 millones de dólares en 1925 a ser solamente 79.8 millones de dólares en 1933.

La cuenta corriente de la balanza de pagos acumuló un déficit de 157.6 millones de dólares.

La contracción del comercio exterior de Cuba, al estar el sistema monetario casi completamente dependiente de los flujos de dinero a través de las balanzas de pago, tuvo una repercusión drástica sobre el sistema monetario de nuestro país.

Situación monetaria de Cuba 1925-1933. Expresado en millones de dólares.

Concepto	1925	1933	Diferencia
Oferta monetaria M-2	331.7	154	-177.7
Oferta monetaria M-1	224.2	122.3	-101.9
Base monetaria	162.2	60	-102.2
Dinero externo (dólares)	133.4	36.1	-97.3
Dinero interno	90.8	86.2	-4.6
De ellos.			
Efectivo (pesos)	28.8	24.2	-4.6
Crédito bancario	62	62	0
Dinero en manos del publico	136.2	66	-70.2

Esta tabla demuestra la grave situación deflacionaria que vivió Cuba entre 1925 y 1933.

La contracción empezó por el sector exportador, en especial en la producción de azúcar como hemos descrito anteriormente, provocando un rápido desempleo y una caída de los salarios nominales, tanto en el sector agrícola como en el industrial, pero no se concentró allí si no que se trasmitió hacia el resto de la economía interna a traves del sistema monetario, ya que los precios de los bienes y servicios, al tener una demanda más elástica en sentido general que la demanda de labor, cayeron más rápido que los salarios.

La caída de la producción provocó una caída de la demanda de dinero de un 13.6%, y la deflación representó una contracción de la oferta monetaria M-1 de un 45.2%. Al caer más rápido la oferta que la demanda de dinero, el nivel general de precios cayó, o sea aumentó el valor del dinero en un 57.3%.

El nivel general de precios entre 1925 y 1933 cayó un 42.7%, en tanto los ingresos nominales promedio subieron un 39%, lo que llevaría a la quiebra a muchas empresas por el incremento relativo de los costos laborales, a lo que se unía el incremento relativo de los costos de los insumos importados.

La situación deflacionaria hacía muy difícil alcanzar el equilibrio entre oferta y demanda de labor, por lo que el mecanismo del mercado buscaba el punto de equilibrio, no a partir de la contracción de los salarios, si no a partir de crear desempleo expulsando labor del sistema.

Entre 1925 y 1933, el desempleo relativo aumentó un 22.9% Como vemos, el equilibrador automático del patrón oro no funcionó para superar la depresión económica en Cuba, ya que hubiera sido necesario comenzar restaurando el equilibrio externo para que no siguiera saliendo dinero fuera del sistema, y esto solo se alcanzaba a partir de que las balanzas de pago volvieron a tener superávits, lo cual se lograría si las exportaciones cubanas ganaran competitividad, pero en un mercado protegido como eran los mercados mundiales esto se hacía imposible. La premisa del funcionamiento del patrón oro es la existencia de mercados libres. En 1933 posiblemente Cuba fuera uno de los productores de azúcar de más bajos costos del mundo, sin embargo no tenía mercados debido a las barreras proteccionistas impuestas en los grandes centros de consumo, empezando por Estados Unidos.

La otra vía para lograr detener los flujos de dinero hacia el exterior era un arancel proteccionista que evitara lo más posible las importaciones. Ya en el año 1933, las importaciones habían caído tanto que se registró un pequeño superávit en la cuenta corriente de la balanza de pagos, pero el país estaba casi sumido en la autarquía.

La otra solución era salir del patrón oro para poder mantener la liquidez interna, como hicieron la mayoría de los países del mundo, pero Cuba al no tener moneda propia ni Banco Central, pues lo prohibía el Artículo II de la Enmienda Platt, no tuvo a su alcance esta solución.

En el año 1933, el modelo exportador cubano estaba casi colapsado. La salida masiva de dinero a través de las balanzas de pago estaba dejando al país casi sin liquidez, y provocando una espiral deflacionaria que amenazaba con hundir el sistema económico cubano completamente.

El gobierno de Machado tenía dos alternativas; o inyectarle liquidez al sistema emitiendo dinero cubano de plata en cantidades suficientes como para contrarrestar la pérdida de dinero externo, o declarar una moratoria hipotecaria para evitar una bancarrota generalizada.

Por decreto presidencial No 324, Machado ordeno acuñar 3 millones 550 mil pesos de plata, y 36 mil 820 pesos en monedas de 20 centavos, y por ley de 16 de mayo de 1933, se autorizó la acuñación de 6 millones de pesos de plata.

Gerardo Machado optó además por la última solución; la moratoria. En abril de 1933, como hemos dicho anteriormente, teniendo como objetivo principal salvar la industria azucarera.

Machado no tuvo la opción de devaluar la moneda y emitir dinero para contrarrestar la depresión debido a la limitación de la soberanía que imponía la Enmienda Platt, por eso, desde el momento en que esta fue abolida se procedió a una reforma monetaria que comprendía la salida de Cuba del patrón oro, del cual incluso los mismos Estados Unidos había salido, y entrar en el patrón plata y dinero fiduciario que caracterizarán el sistema monetario de la primera parte de la Segunda República.

La evolución del sistema bancario durante la depresión fue la siguiente. Expresado en millones de dólares.

Concepto	**1925**	**1933**	**Diferencia**
Depósitos Total	195.5	88	-107.5
De ellos:			
Ahorro	107.5	31.7	-75.8
C. Corriente	88	56.3	-31.7
Reservas de efectivo	26	-6	-32
Crédito bancario	62	62	0
Mult del crédito	2.05	2.57	0.52
Coeficiente de reserva		33.00%	0

Como podemos ver, la contracción en los depósitos fue de un 55%, en tanto las reservas de efectivo en el agregado del sistema se encontraban por debajo de 0, lo cual quiere decir que técnicamente el sistema bancario de Cuba estaba en quiebra, pero se mantuvo debido a que fundamentalmente los bancos en Cuba eran sucursales de grandes bancos norteamericanos y canadienses, y no prestaban dinero.

Las cuentas corrientes de los bancos estaban formadas por deudas pendientes en los libros.

El multiplicador del crédito registra un pequeño crecimiento no porque se haya otorgado algún crédito, si no porque la base monetaria se contrajo más que la oferta monetaria M-2.

Por tanto tenemos que los bancos jugaron un papel totalmente pasivo durante la depresión económica, y el sistema no quebró definitivamente debido a que la banca estaba básicamente en manos de extranjeros, y los bancos cubanos que sobrevivieron habían mantenido desde 1920 una política ultraconservadora.

Los efectos de la deflación sobre el sistema monetario de Cuba entre 1925 y 1933

La Teoría Cuantitativa del Dinero establece que existe una relación directa entre el nivel general de precios y la cantidad de dinero dentro del sistema, partiendo de una identidad que se llama la ecuación de cambio.

La formulación de esta teoría se remonta en sus orígenes a la Escuela de Salamanca del siglo XVI, y su primera enunciación fue dada por uno de sus miembros, Martín de Azpilcueta en 1556, pero fue desarrollada por el economista norteamericano Irving Fischer (1967-1947) en 1911.

Como hemos explicado, como toda mercancía, el valor del dinero depende de la demanda de dinero, y de la oferta de dinero. Cuando la demanda de dinero aumenta, manteniéndose lo demás igual, aumenta el valor del dinero y viceversa, y cuando la oferta de dinero aumenta, manteniéndose todo lo demás igual, disminuye el valor del dinero, y viceversa, o sea el valor del dinero es directamente proporcional a la demanda, e inversamente proporcional a la oferta de dinero.

La oferta monetaria se contrajo un 45.4% provocado por las pérdidas de liquidez del sistema económico a través de las balanzas de pago deficitarias, y por otra parte, la demanda de dinero cayó un 15.5% lo cual atenuó la caída del nivel general de precios que se contrajo un 42.8% o sea el dinero aumentó de valor en un 42.8%.

La demanda de dinero es lo opuesto a la velocidad de circulación del dinero; un incremento en la velocidad de circulación del dinero significa una caída en la demanda de dinero y viceversa.

La velocidad de circulación del dinero a su vez es una función del Ingreso Nacional, y de la oferta monetaria. Si el Ingreso Nacional aumenta más que la oferta monetaria, la velocidad de circulación del dinero disminuye, y consiguientemente aumenta la demanda de dinero, y viceversa.

Entre 1925 y 1933, el Ingreso Nacional cayó un 37% en tanto la oferta monetaria se contrajo un 45.4% por tanto la velocidad de circulación aumentó un 15.5%.

La velocidad de circulación del dinero es la cantidad de veces que una unidad monetaria circula dentro de la economía en un plazo determinado de tiempo. En 1925, el velocidad de circulación fue de 3.16 veces y en 1933 fue de 3.65 veces.

Por tanto tenemos que con una caída de la demanda de dinero de un 15.5% y una caída de la oferta monetaria de 45.4%, el valor del dinero aumentó, dando lugar a una contracción del nivel general de precios del 42.8%.

Esta severa contracción de los precios de los bienes y servicios en una proporción mayor que la caída de los salarios dio lugar a la ruina de muchos negocios que no podían sostener un incremento relativo en los costos laborales de forma tan rápida, por lo que para detener la espiral deflacionaria era necesario aumentar la liquidez dentro del sistema económico.

Comportamiento de los términos de intercambio entre Cuba y Estados Unidos

La Primera República, al no tener independencia monetaria, el determinante más importante de su oferta de dinero, y por tanto de su ciclo inflacionario-deflacionario, era el movimiento de déficits y superávits a través de las balanzas de pago, y estas a su vez estaban determinadas fundamentalmente por los términos de intercambio entre Cuba y Estados Unidos, ya que el comercio con Estados Unidos representaba más del 80% de todo el intercambio internacional de Cuba, y el dólar su moneda oficial.

Los términos de intercambio son la relación que existe entre los precios de las exportaciones y de las importaciones de un país.

Debido a que Cuba le compraba a Estados Unidos un amplio surtido de productos, y le vendía básicamente azúcar, para analizar el comportamiento de los términos de intercambio, tomamos los cambios en el nivel general de precios en Estados Unidos de acuerdo a los calculadores históricos de inflación en ese país, y los cambios en los precios promedios de la libra de azúcar.

De acuerdo a los períodos en que hemos dividido el análisis de la oferta monetaria, tenemos el siguiente resultado.

Periodo	EEUU	Azúcar
1903-1914	13.00%	+44.3%.
1914-1920	100.00%	352.70%
1920-1926	-11.50%	-81.40%
1926-1933	-26.60%	-56.30%
1903-1933	47.30%	-50.50%

Los términos de intercambio inciden más en los balances en la cuenta corriente, que es el apartado de la balanza de pagos que registra las operaciones de compra y venta de bienes y servicios, así como rentas, que se producen entre los residentes de un país y el resto del mundo, pero la balanza de pagos además de la cuenta corriente incluye la cuenta de capitales que está formada por el balance neto de las inversiones directas de capital, las inversiones indirectas, otras inversiones, y la cuenta de reservas.

Como se puede ver en la tabla anterior, entre 1903 y 1920, los términos de intercambio fueron extraordinariamente favorables para Cuba, lo que permitió grandes superávits en la cuenta corriente. Si a esto le agregamos que las inversiones extranjeras directas e indirectas fueron muy considerables en ese período, tenemos que las balanzas de pago registran grandes superávits con el consiguiente ingreso de significativas cantidades de divisas en el interior de la economía provocando una presión inflacionaria sobre los precios como analizamos anteriormente.

Entre 1920 y 1933 vemos un fuerte deterioro de los términos de intercambio con Estados Unidos, agravados por el incremento de los derechos de las aduanas norteamericanas, a los que se le unió la paralización de las inversiones directas después de 1926, y las indirectas después de 1929, provocando unas balanza de pago deficitarias que se saldaban con la salida de dinero fuera del sistema económico cubano provocando una severa deflación con los efectos que ya analizamos.

Como resultado de términos de intercambio tan favorables entre 1914 y 1920, el nivel general de precios en Cuba era muy superior al de Estados Unidos haciendo más baratas relativamente las importaciones desde ese país, lo que hacía prácticamente imposible que la mayoría de las producciones cubanas pudieran competir con productos norteamericanos dentro del mercado nacional provocando el fenómeno conocido como "Enfermedad Holandesa"[8] perjudicando a muchas producciones nacionales.

La deflación en Cuba durante la Gran Depresión fue mayor en Cuba que en Estados Unidos, por lo que el nivel general de precios cayó más en Cuba, encareciendo las mercancías norteamericanas en relación con las producciones cubanas que se hicieron más competitivas dentro del mercado doméstico lo que hasta cierto punto ayudó a que se mantuvieran operando algunas empresas.

El sistema monetario de Cuba durante los primeros treinta años de República, refleja una economía altamente vulnerable, basada en la producción y exportación de una sola mercancía que era el azúcar, con una demanda muy inelástica y con gran cantidad de concurrentes al mercado, el cual a su vez era muy poco libre, encontrándose sometido a toda una serie de tarifas proteccionistas en los grandes centros consumidores del mundo.

En estas condiciones, un sistema monetario basado en el patrón oro funcionaría, como lo demostró la historia, de manera muy defectuosa provocando en Cuba una inestabilidad económica que imposibilitaba un crecimiento sostenido.

8. Enfermedad Holandesa es un fenómeno económico que se refiere a los efectos nocivos del aumento repentino en los ingresos de un país.

En 1933 una de las razones para desprenderse del protectorado de Estados Unidos aboliendo la Enmienda Platt, era la necesidad de alcanzar la soberanía monetaria que le permitiera a Cuba salir del patrón oro.

El sistema monetario durante la Segunda República: Patrón plata, bimonetarismo, y dinero fiduciario

Durante la Primera República, el dinero por su origen era externo de acuerdo al flujo de las balanzas de pago, e interno creado por los bancos, y el sistema monetario se basaba en el dólar standard y patrón oro.

Como vimos, los cubanos trataron sin éxito de crear un banco central de emisión y redescuento que le permitiera llevar adelante una política monetaria independiente, por lo que Cuba se mantuvo monetariamente como un apéndice de la economía norteamericana.

Esta falta de independencia, si bien mantuvo al país dentro de la rígida disciplina que impone el patrón oro, evitando un caos monetario como el que había sufrido casi todas las otras repúblicas latinoamericanas desde su nacimiento, y por otra parte cuando se produjo una crisis de gran magnitud, la rigidez del sistema monetario fue uno de los causantes del caos económico en que se vio sumido el país, por lo que la independencia monetaria era uno de los reclamos de la Revolución de 1933 a partir de la abolición de la Enmienda Platt.

Cuba pasaba de una etapa de su historia económica donde los flujos monetarios no dependían de decisiones del Estado cubano, si no de las cambiantes condiciones internacionales, especialmente en Estados Unidos, con el impacto inevitable sobre su economía, y sobre la política nacional, a una etapa donde el Estado cubano, a partir de una mayor soberanía, tratará de desarrollar una política monetaria activa de acuerdo a sus intereses.

En gran medida, 1933 marcó el cambio de una política supeditada a los intereses económicos extranjeros, a una economía más supeditada a los interés políticos nacionales, o sea hacia un nacionalismo económico.

Primera fase: 1934-1940: reforma monetaria y la moneda de plata

Los países que se encontraban en el patrón oro, especialmente los exportadores de materias primas, cuando las fluctuaciones de los precios en los mercados mundiales creaban una situación recesionaria, los gobiernos no podían responder con una política que balanceara la situación, y tenían que permitir que los efectos recesionarios siguieran su curso, dejando que los precios, los salarios, y las ganancias declinaran hasta lograr la recuperación basada en el mecanismo del mercado. Ya hemos explicado lo imperfecto del funcionamiento de este mecanismo en los países subdesarrollados con economías basadas en uno o dos productos de exportación, donde la recuperación del equilibrio externo se hacía muy difícil, y el mayor peso de la austeridad impuesta caía sobre los trabajadores.

Por esta razón, la mayoría de los países exportadores de productos agrícolas y mineros se mantuvieron fuera del oro, o estuvieron en él de forma intermitente.

Las dos alternativas al oro eran la plata o el papel moneda inconvertible. La mayoría de los países de América Latina, y el sur de Europa, durante la Gran Depresión, emitieron papel moneda inconvertible en oro. El gobierno emitía dinero, y su valor lo establecía el mercado (como es actualmente).

La segunda alternativa era la plata respaldando monedas o billetes. Como el precio de la plata es fluctuante e inferior al del oro, dada su mayor abundancia, así las monedas de plata eran débiles y se depreciaban teniendo el mismo efecto que una devaluación, por lo que los países con monedas respaldadas por plata podían dar a sus exportadores competitividad en los mercados mundiales.

El sistema de plata y papel moneda tenía como ventaja que cuando los precios del oro subían frente a la plata (o los precios de la plata bajaban frente al oro), en los países basados en la plata, las exportaciones se abarataban en relación con los países que se encontraban dentro del patrón oro ganando competitividad.

También la devaluación que provocaba la plata o el papel moneda tenía sus desventajas, ya que las importaciones se encarecían pasando a la economía doméstica y erosionando de esta forma las ventajas de la devaluación.

También una devaluación trae consigo una subida de los precios en el mercado doméstico, y si viene acompañada de inflación perjudica a los acreedores y favorece a los deudores con el consiguiente efecto desfavorable sobre el crédito y las inversiones.

El declive de los precios mundiales de los productos agrícolas y materias primas eran compensados con un declive análogo en las monedas de plata o papel de forma tal que los agricultores y mineros conseguían el mismo dinero por sus exportaciones.

Cuba, al encontrarse hasta 1933 en el patrón oro, tenía una gran desventaja competitiva con su azúcar respecto a otros países que también producían azúcar y se encontraban en sistemas monetarios de plata o papel, por lo que solamente encontraba mercados en países que estaban dentro del oro como Gran Bretaña y Estados Unidos.

La enorme deuda flotante que dejó Machado, y un gobierno con unos ingresos limitadísimos debido a la contracción al mínimo de las importaciones y de la economía interna, hacían imprescindible para Cuba una reforma monetaria para encarar la tarea de reconstruir la economía inyectando liquidez.

Ya explicamos que en los últimos meses del gobierno de Machado se había comenzado a acuñar dinero de plata.

La abolición de la Enmienda Platt en 1934 le permitió al gobierno cubano actuar con mayor autonomía en su política monetaria, emitiendo dinero con el objetivo de obtener ingresos adicionales a través del proceso de señoreaje como había iniciado el gobierno de Machado, y con el objetivo de salir de la deflación.

La reforma monetaria de 1934 tuvo lugar bajo el gobierno de Carlos Mendieta Montefur, siendo su ministro de Hacienda Joaquín Martínez Sáenz, y representó la salida del patrón oro para entrar al patrón plata, lo que significaba que Cuba emitiría pesos cubanos de plata, o de papel respaldados 100% con plata, por lo que el peso cubano de papel sería conocido como certificado de plata.

La plata era un sistema intermedio entre el oro y el papel inconvertible, y tenia la ventaja como hemos explicado, de su lesividad frente al oro pues se depreciaba mucho más que el oro, permitiendo ingresos por señoreaje al gobierno, al mismo tiempo que permitía el aumento de la oferta monetaria para salir de la deflación que destruyó la economía cubana.

Se mantuvo al dólar como moneda de curso legal dentro de la economía cubana, por lo que el sistema monetario será bimonetarista.

Desde este momento, el componente de dinero de origen interno se irá haciendo mayor debido a las sucesivas emisiones de dinero por parte de la Tesorería, aunque hasta cierto punto será contrarrestado por la contracción del crédito por parte de la banca comercial, lo que evitó un mayor grado de inflación, y es por esta razón que al gobierno cubano le urgía la creación de un banco central, para así tener control total de la oferta monetaria, pero eso no se logrará hasta 1950.

La oferta monetaria 1934-1940

El ingreso de Cuba dentro de la cuota azucarera norteamericana, permitió la estabilización de sus exportaciones, acompañada de una disminución radical de las tarifas de aduanas, y un incremento del precio debido a la depreciación del dólar con la salida de Estados Unidos del patrón oro en 1933. Esto permitió que los términos de intercambio volvieran a mejorar para Cuba. Se reanudaba el superávit en las balanzas de pagos, y el ingreso de dinero externo en el país alcanzándose el equilibrio externo necesario para proceder a una reforma monetaria que se hacía posible luego de abolida la Enmienda Platt.

La preocupación principal de las autoridades monetarias del gobierno provisional era la caída de los precios de los bienes y servicios en mayor medida que los sueldos y salarios, lo que estaba provocando desempleo y quiebra de negocios, además de la carencia de fondos por parte del Estado para poder desempeñar sus obligaciones más inmediatas, por lo que era necesario salir del patrón oro, y pasar a un sistema monetario más flexible que permitiera incrementar la oferta monetaria, y le proporcionara dinero al Estado.

En el año 1931, el gobierno de Machado aprobó la Ley de Emergencia donde se rebajaban los sueldos públicos y se aumentaban los impuestos, y en 1932 se hizo una emisión de plata de 3.6 millones de dólares que rendirían por concepto de señoreaje[9] unos 2.5 millones de dólares para financiar el servicio de la deuda externa.

El gobierno cubano a partir de 1934 adquiría la capacidad de emitir dinero fiduciario o sea dinero sin respaldo, a partir del señoreaje que obtenía con la diferencia entre el valor nominal y el valor intrínseco de la plata.

Las emisiones de dinero respaldado con plata comenzaron como hemos dicho más arriba durante el gobierno de Machado; en febrero de 1932 por decreto presidencial # 324 se acuñaron 3.6 millones de pesos en monedas de plata y por ley de mayo de 1933 se autorizó la acuñación de 6 millones de pesos en monedas de plata.

Durante el gobierno de Carlos Mendieta, por decreto presidencial # 93 de 1934 se autorizó una nueva emisión de 10 millones de pesos plata con los certificados de papel correspondientes; los certificados de plata.

Por los decretos leyes # 670 de noviembre de 1934, y # 208 de septiembre de 1935 se autorizaron en cada uno la acuñación de 10 millones de pesos plata y sus certificados. Por ley de junio de 1936 se autoriza la acuñación de 20 millones de pesos plata, y de 37 millones de certificados de plata.

En el año 1939, la suma total de pesos plata acuñados, y moneda de níquel fraccionarias en circulación totalizan 89, 469, 560 pesos.

El señoreaje obtenido con el sistema monetario de la plata hasta 1939 fue de 53, 493, 420 pesos que constituía el dinero fiduciario emitido, resultado de la depreciación de la plata entre 1933 y 1939.

Esta inyección constante de dinero en el sistema económico de Cuba debía haber provocado una situación inflacionaria que impactara dramáticamente en los precios sin embargo esto no tuvo lugar debido a las fuerzas que contrarrestaron el incremento de la oferta monetaria.

9. Es el beneficio que obtiene la autoridad que emite la moneda, que consiste en la diferencia entre el valor intrínseco y el valor nominal. Por ejemplo, una moneda de plata de un dólar, que es el valor nominal, tiene un contenido de plata de que vale, de acuerdo al valor de mercado de la plata en ese momento, 40 centavos, que es lo que constituye su valor intrínseco, entonces, el señoreaje al ser la diferencia entre el valor nominal y el valor intrínseco, en este caso 60 centavos, que es el valor del que se apropia la autoridad emisora de la moneda.

Primero, por el efecto de la Ley de Gresham[10] unido a balanzas de pago positivas.

Segundo, por la contracción del crédito bancario.

Tercero, por el aumento de la demanda de dinero.

La entrada de nuevo dinero cubano en el sistema monetario estaba desplazando una cantidad equivalente de dólares que salían por la cuenta de capitales, pero las balanzas de pago al ser positivas mantenían el flujo de ingreso de dólares, sosteniendo así un balance dentro de la oferta monetaria que se manifestaba a través de una inalterada estabilidad en la paridad del peso con el dólar, y una baja tasa de inflación con poca alteración en el nivel general de precios.

Mientras las balanzas de pago fueron positivas, la paridad entre el peso y el dólar se mantenían, pero a partir de 1938 comienza una recesión en Estados Unidos, caen los precios del azúcar, y las balanzas de pago dejan de tener superávits, por lo que el desplazamiento de dólares por el peso cubano deja de ser sustituido dentro del sistema económico de Cuba; comienzan a circular cada ves más pesos en relación con los dólares, y empieza a tener lugar una depreciación del peso frente al dólar que alcanzó su punto más bajo en noviembre de 1939, cuando el peso se cotizó a 87 centavos de dólar (por 100 pesos recibía 87 dólares), en tanto se mantenía un paridad oficial de uno a uno, por lo que el peso se encontraba sobrevalorándose.

Esto llevó a la suspensión de nuevas acuñaciones de plata en 1939. En enero de 1941 se había restaurado la paridad entre el dólar y el peso cubano debido a que una vez más los superávits en la cuenta corriente de la balanza de pagos reanudaron el influjo de dólares hacia el interior del sistema económico cubano.

El segundo factor que contrarrestó el incremento de la oferta monetaria con la emisión de dinero de plata fue la contracción del crédito bancario. Los bancos solo cobraban las cuentas pendientes, y no otorgaban nuevos créditos, solo a muy corto plazo y a actividades rutinarias del azúcar y el comercio.

La evolución del sistema monetario entre 1933 y 1940 fue la siguiente. Expresado en dólares y pesos.

Concepto	**1933**	**1940**	**Diferencia**
Oferta monetaria M-2	154	235.5	81.5
Oferta monetaria M-1	122.3	189.8	67.5
Base monetaria	60	151.5	91.5
Dinero en manos del público	66	106.9	40.9
Dinero externo (dólares)	36.1	62.6	26.5
Dinero interno	86.2	127.2	41
De ellos.			
Efectivo (pesos)	24.2	105.1	80.9
Crédito bancario	62	21.4	-40.6

Comoo se puede observar hubo una estabilización en el sistema monetario en este período gracias a las balanzas de pago positivas, y a la emisión de dinero por parte del Estado cubano.

10. Ley de Grasham. Principio económico enunciado en el siglo XVI por el comerciante y financista inglés sir Thomas Gresham, que plantea que cuando en un país circulan simultáneamente dos monedas de curso legal, y una de ellas es considerada por el público como "buena", y la otra considerada como "mala", la moneda mala siempre expulsa de la circulación a la buena.

1. El dinero externo (dólares) de ser un 29.5% de la oferta monetaria M-1 en 1933, pasó a ser un 33% en 1940.
2. La oferta monetaria M-2 crece por el crecimiento de M-1 pues el ahorro se mantuvo sin mayores cambios.
3. El dinero en manos del público en 1933 fue un 110% de la base monetaria, por que los bancos no tenían reservas de efectivo, pero en 1940 ya eran el 70.5%.
4. El crédito bancario seguía contrayéndose en un 65.5%, debido a que los bancos se limitaban a cobrar o borrar deudas pendientes, ya que la moratoria se había extendido una vez más después de 1934.
5. El dinero cubano en 1933 constituía el 20% de la oferta monetaria M-1, y en 1940 era el 55.4%.
6. La demanda de dinero aumentó un 26.3%, en tanto la oferta de dinero aumentó un 55.2% por lo que el nivel general de precios aumentó un 16.5%.
7. El dinero de origen externo tuvo muy poca variación debido a los efectos de la Ley de Gresham, donde el peso cubano desplazó al dólar de la oferta monetaria cubana.

-oOo-

En 1940, fue publicado un ensayo de José Manuel Cubillas y Felipe Pazos Roque titulado *El problema monetario de Cuba* donde analizan las causas y las consecuencias de la depreciación del peso cubano frente al dólar.

> Cuando un gobierno cubre sus déficits presupuestales emitiendo moneda, crea renta adicional sin aumentar al mismo tiempo la producción provoca desequilibrios en su economía interna y en su comercio exterior. En su economía interna por que al crear renta adicional aumenta la demanda general efectiva sin aumentar correlativamente la oferta y como consecuencia suben los precios, y baja el valor de la moneda, y en su comercio exterior por que parte de la nueva renta creada se dirige a comprar mercancía extranjera aumentando así las importaciones sin un alza correspondiente en las exportaciones desnivelándose la balanza de pagos y cayendo el valor de la divisa nacional.

Las conclusiones a las que llegan en ese ensayo son las siguientes:

1. "La ausencia de un banco central impide que nuestra moneda se adapte a las necesidades de la circulación, y provoque escasez o abundancia de acuerdo a las oscilaciones estacionales y cíclicas de nuestra economía".
2. Lo que plantean los autores es que un banco central daría estabilidad a la oferta monetaria.
3. "La circulación simultánea con el dólar".
4. En esta conclusión están planteando que está teniendo lugar el fenómeno monetario enunciado en la Ley de Greshan.
5. "Exceso relativo de moneda nacional emitida".
6. "Saldo adverso en la balanza de pagos".

> "Es necesario establecer un sistema bancario nacional (Banco Central) que complemente una reorganización monetaria y facilite el crédito necesario para movilizar nuestras fuentes de riqueza y reconstruir nuestra languideciente economía".

En ese año se proclama la nueva Constitución, que en su Artículo 280 establece la creación de un Banco Nacional.

Evolución del sistema bancario entre 1933 y 1940

La reforma monetaria se reflejará en el sistema bancario nacional.

Expresado en millones de pesos y dólares:

Concepto	1933	1940	Diferencia.
Depósitos Total	88	128.6	+ 40.5.
De ellos:			
Ahorro	31.7	45.7	+ 14.0.
C. Corriente	56.3	82.9	26.6
Reservas de efectivo	-6	61.5	+ 67.6.
Crédito bancario	62	21.4	- 40.6.
Mult del crédito	2.57	1.55	- 1.02.
Coeficiente de reserva	0%	74.20%	+ 74.2%.

Como se puede concluir de la observación de la tabla anterior, el sistema bancario de Cuba, de haber estado técnicamente en quiebra en 1933, había pasado a tener una extraordinaria solidez en 1940.

En abril de 1933, el gobierno de Machado promulga la primera moratoria que trataba de evitar el hundimiento del sistema económico por el peso de las deudas como medida de emergencia con un término estrictamente limitado, fue extendida en agosto de 1934 por el gobierno de Mendieta, y por ultimo formó parte de la Constitución de 1940.

El resultado inevitable fue la casi desaparición de la oferta de capital local, la destrucción del mercado de capitales, y un severo estorbo a la recuperación económica del país.

En 1940, el sistema bancario de Cuba tenía el potencial de expandir legalmente el crédito en 224.6 millones de pesos, pero los bancos habían dejado su función de prestamista debido al alto riesgo de la economía cubana.

Henry Wallich plantea lo siguiente refiriéndose a las moratorias:

> La alternativa del libre mercado es permitir que los deudores insolventes se declaren en quiebra, y así borrar parte de la deuda. Esta es una medida saludable aunque dolorosa, ya que elimina a los empresarios incompetentes.
>
> El procedimiento resulta sin embargo costoso, ya que puede pasar un gran lapso de tiempo antes de que se reconstruya todo lo destruido. En Cuba tendería a debilitar aún más la iniciativa privada.
>
> Otro elemento que fue tomado en consideración a favor de la moratoria y en contra de la liquidación fue el hecho de que una liquidación a gran escala hubiera traído como resultado que muchas propiedades cubanas pasaran a manos de extranjeros, en especial a los bancos, como había quedado plenamente demostrado en 1920-1921.
>
> De todas formas, con las moratorias, Cuba tuvo que pagar un precio muy alto. Su rudimentario mercado de capitales se debilitó sobremanera, en especial el mercado de crédito hipotecario. Las perspectivas de crear un mercado interno para valores del gobierno se esfumaron. La política de préstamos de los bancos se hizo aún más cautelosa. La exportación intensificada de los ahorros presionó con mayor fuerza la balanza de pagos y tendió a debilitar la moneda.

La moratoria salvó de la quiebra al sistema bancario en Cuba, pero a costa de la destrucción del mercado de capitales, ya que los bancos abandonaron su función de prestamista de los capitales ahorrados, quedando solamente su función de depositarios de dinero ocioso, con casi ninguna incidencia en el desarrollo económico del país.

Este tipo de política ultraconservadora permite el incremento de las reservas en efectivo y el aumento del coeficiente de reserva, en tanto se contrae el crédito bancario como componente de la oferta monetaria M-1, contribuyendo de esta forma a compensar los efectos inflacionarios de la expansión monetaria.

En 1933, el 70.% de los depósitos bancarios estaban formado por deudas pendientes que no tenían respaldo ninguno de efectivo, y en 1940 habían disminuido a ser solamente un 16.6%.

La política restrictiva de los bancos, que solo efectuaban préstamos a actividades tradicionales como era el azúcar y el comercio, y a muy corto plazo, generalmente entre tres y seis meses, que era el ciclo económico estacional de Cuba, unido al aumento de la demanda de dinero, dieron lugar a la recuperación del sistema bancario en Cuba.

El coeficiente del crédito, y el potencial de préstamos 1934-1940

El coeficiente del crédito es la relación que existe entre la base monetaria M-0, o sea todo el dinero en efectivo que hay dentro del sistema económico, y la oferta monetaria M-2, que está constituida por la suma de M-0, más el dinero creado por los bancos a partir del crédito sin respaldo de dinero (dinero bancario).

Mientras mayor sea M-0, manteniendo igual lo demás, mayor será el coeficiente de crédito y viceversa, y mientras mayor sea la cantidad de dinero emitido por los bancos (dinero bancario) manteniendo todo lo demás igual, menor será el coeficiente de crédito y viceversa.

El coeficiente de crédito indica hasta qué punto una economía está basada en crédito sin respaldo. Mientras mayor sea el coeficiente de crédito, mayor es el riesgo de impago del sistema bancario, por tanto, este coeficiente permite aproximarnos al grado de fragilidad o fortaleza de la banca.

En el año 1933, el coeficiente de crédito llegó a niveles alarmantemente bajos, no por que aumentara el nivel de creación de dinero bancario, si no por la rápida contracción de la base monetaria. En 1940, el coeficiente de crédito había subido en un 25.4% debido al incremento de M-0, y a la contracción del dinero bancario.

El aumento de la liquidez debido a la expansión monetaria, no dio lugar a una caída de los intereses, ni a un incremento de los préstamos debido al alto riesgo que la economía cubana presentaba, y la falta de confianza del sistema bancario dominado por la banca extranjera, por lo que el dinero se acumuló ocioso en los depósitos.

Esta falta de confianza se refleja en el elevado coeficiente de reservas el cual debía ser un 25%, y en la realidad las reservas constituían un 74.2% de los depósitos en cuenta corriente.

En 1940 los bancos, legalmente tenían fondos prestables por la cantidad de 264.5 millones de pesos, más del 48% del Ingreso Nacional de ese año, pero el alto riesgo e incertidumbre de la economía cubana impedía que la banca comercial pudiera movilizar ese potencial canalizándolo hacia el desarrollo económico de Cuba reflejando así en problema estructural de la economía cubana.

Análisis de la demanda de dinero y la tasa de interés

El mercado de capitales está determinado por las tasas de interés que constituyen el valor del dinero futuro; la tasa de interés es el precio del capital prestado.

La tasa de interés es un precio que manifiesta la valoración que dan los individuos a los bienes presentes en relación con los bienes futuros, o sea es un precio que depende de la preferencia temporal.

Si la preferencia temporal es muy alta, significa que los individuos valoran más los bienes presentes en relación con los bienes futuros, o sea consumen e invierten más de sus ingresos, lo que implica que la tasa de interés será más alta, y a la inversa, una preferencia temporal más baja incide en unas tasa de interés más bajas, o sea ahorran más de sus ingresos, ya que las necesidades urgentes están cubiertas. La preferencia temporal es determinante entre consumo e inversión por un lado, y ahorro por el otro.

Esta es la teoría austríaca de la preferencia temporal y el interés, a diferencia de la teoría keynesiana, que al considerar la tasa de interés como el precio del dinero, entonces está sujeta a la ley de la oferta y la demanda, donde a mayor oferta de dinero, menor será la tasa de interés lo cual incrementaría el consumo y la inversión al "abaratar el dinero" sin darse cuenta de que abaratar el dinero significa la pérdida de poder adquisitivo del dinero, por lo que la inversión y el consumo adicional sería un cambio de nada por algo, debilitando así la creación de riqueza y ahorro real.

Dicho de otra forma, los keynesianos (todos los economistas cubanos eran keynesianos) consideraban que al aumentar la liquidez de los bancos, esto influye en una disminución de las tasas de interés, y por tanto un incremento de los préstamos, lo que conduce a un aumento de la inversión y el consumo, En esto se basa en gran medida la política monetaria de los países, y el desempeño de los bancos centrales; incrementar la oferta monetaria para manipular las tasas de interés alentando el consumo y la inversión y desalentando el ahorro por considerarlo nocivo al crecimiento económico.

Un incremento en la riqueza real de los individuos hace que las preferencias temporales disminuyan, y con ello los intereses, en tanto cuando sucede lo contrario, al disminuir la riqueza real, aumenta la preferencia temporal, y con ello aumentan los intereses.

Una disminución de la demanda de dinero es equivalente a un aumento de la preferencia temporal, lo que debe conducir a un aumento de las tasas de interés, en tanto un aumento de la demanda de dinero es equivalente a una disminución de la preferencia temporal, lo que conduce a una disminución de las tasas de interés.

Un incremento de la oferta monetaria, al reducir el poder de compra del dinero, da lugar a que disminuya la riqueza real, a un aumento de la preferencia temporal, a una disminución de la demanda de dinero, y un aumento de las tasas de interés, en tanto para los bancos supuestamente está sucediendo lo contrario cuando los bancos trabajan con reserva fraccionaria. Esta discrepancia es la base de las depresiones según plantea la Teoría Austríaca del ciclo económico, ya que los intereses disminuyen sin que la preferencia temporal haya disminuido, o sea tiene lugar un divorcio entre intereses y preferencia temporal. Esto significa inversión y consumo que no está basado en ahorro real, y que se convertirían en malas inversiones y exceso de consumo.

Sin embargo, la teoría keynesiana erróneamente plantea que un aumento de la cantidad de dinero hace que disminuya la utilidad marginal de este, induciendo a las personas a un mayor gasto de consumo e inversión, aumentando la demanda y estimulando la economía independientemente del ahorro.

La tasa de interés está formada no solamente por la preferencia temporal, que es lo que los austríacos denominan la tasa de interés natural, según el economista Eugene Bhom Bawerk[11], también está formada por la percepción de riesgo, los niveles de inflación, y la ganancia empresarial de los bancos.

La percepción de riesgo se basa en la posibilidad de pagar del deudor, la capacidad, de cumplir con la deuda y con el pago de intereses en el tiempo determinado, y la solvencia, que viene siendo el colateral de la deuda. En la medida en que más alta sea la percepción de riesgo, más alta será la tasa de interés.

---

11. Eugene Bohm-Bawerk 1851-1914. Economista austriaco. Una de las principales figuras de lo que se conoce como Escuela Austríaca de Economía. Su obra más conocida es *Capital e Interés*.

La inflación es el otro factor que va a influir en la tasa de interés, ya que la inflación a lo largo del tiempo va reduciendo el valor del dinero prestado, por tanto, en la medida en que mayor sea el horizonte temporal de la deuda, mayor será la inflación, y por tanto mayor será la tasa de interés.

Entre 1916 y 1933 la demanda de dinero subió un 45.6% incidiendo sobre ella el incremento de la ofertas monetaria en un 27.5% en tanto el ingreso Nacional en 1933 había disminuido en un 30.7% con respecto a 1916.

El aumento de la demanda de dinero es equivalente a una disminución de la preferencia temporal y consiguientemente a una disminución de las tasas de interés, pero esto no sucedió así en Cuba pues una parte muy importante del incremento de la oferta monetaria estuvo constituida por credito bancario el cual se encontraba pendiente de pago en los años 30, por lo que los intereses no solo no podían bajar si no que debido al riesgo unido a una degradación del colateral, subían exponencialmente, que fue lo que realmente sucedió después de 1926.

Entre 1933 y 1940, con la política monetaria expansiva del gobierno, la oferta monetaria creció más que el Ingreso Nacional provocando una caída de la velocidad de circulación del dinero y por tanto un aumento equivalente de la demanda de dinero en un 20.8%. Esto refleja una caída de la preferencia temporal presionando a la baja las tasas de interés, pero esto no sucedía debido al elevado nivel de riesgo percibido por los bancos los cuales mantenían lógicamente una política ultraconservadora.

Como vemos, las políticas monetarias keynesianas no tenían ningun efecto real sobre el mercado de capitales en Cuba, manteniéndose las tasas de interés prohibitivas.

Como se observa en el ensayo anteriormente citado de Pérez Cubillas y Felipe Pazos, estos economistas consideraban que la economía se estimularía con un incremento de la oferta monetaria, y que este estímulo no fue suficiente entre 1934 y 1940 debido al sistema bimonetario existente, pero que si se establecía un sistema basado completamente en el peso cubano respaldado por un banco nacional, se podría estimular la economía con una política monetaria expansiva como planteaba Keynes, pero como hemos analizado, el problema económico de Cuba en 1940 era estructural, y no se podía cambiar expandiendo la oferta monetaria, ya que como vimos, el dinero se acumulaba improductivo en las cuentas bancarias.

Hay que señalar que los préstamos a muy corto plazo, y restringidos a actividades tradicionales como el azúcar y el comercio para sus necesidades inmediatas, eran un reflejo de una economía de plantación, estancada y de alto riesgo, o sea eran un reflejo de los problemas estructurales que presentaba la economía cubana en aquellos momentos.

El pequeño productor, ya fuera rural o urbano, no podía obtener recursos financieros en instituciones bancarias, por lo que tenía que caer en manos de comerciantes que prestaban a intereses exorbitantes que les devoraban la ganancia, estando siempre endeudados y al borde de la quiebra a la más mínima contracción de la economía.

El statu quo beneficiaba a los intereses de los hacendados y grandes comerciantes, pero la burguesía industrial, el pequeño agricultor, así como intelectuales y algunos políticos eran conscientes de la urgente necesidad de cambiar el modelo plantacionista, y diversificar la economía, y que para lograrlo consideraban que era imprescindible la creación de un Banco Nacional que redujera el riesgo, movilizara los ahorros acumulados en la banca comercial, y los encaminara hacia inversiones productivas. Este fue el espíritu que predominó en la Constitución de 1940.

En aquellos momentos, la banca extranjera controlaba más del 83% del sistema bancario de Cuba.

Los créditos otorgados por los bancos, los cuales como hemos explicado eran a corto plazo tuvieron la siguiente estructura entre 1937 y 1940.

- Otorgados al azúcar: 46.2% del total.
- Teniendo como colateral otros productos agrícolas: 1.4%.
- Otorgados a la industria no-azucarera: 0.6%.
- Asegurados por bonos del gobierno e hipotecas sobre bienes raíces urbanos: 14%.
- Préstamos al comercio: 37.8%.
- Fuente: *Report on Cuba.*

El decreto # 1358 de 10 de junio de 1939 creó el Fondo de Estabilización de la Moneda Cubana, estableciendo que cada exportador de azúcar entregara al gobierno cubano en moneda de Estados Unidos (dólar) el 20% del precio de los azúcares y siropes que exportara. En ese mismo año fue aumentado a un 30%. Los exportadores de otros productos entregarán el 10% y luego se elevó al 15%.

La Constitución de 1940, en su artículo 280 establecía la creación de un banco central: "La moneda y la banca estarán sometidas a la regulación y fiscalización del Estado... El Estado organizará... y fundará el Banco Nacional de Cuba de emisión y redescuento...".

Tendrían que pasar otros diez años hasta que la banca central se materializara en Cuba siendo el último país de América Latina en establecerlo.

Segunda fase 1941-1947: bimonetarismo, dinero fiduciario, e inflación

El inicio de la Segunda Guerra Mundial en 1939, y la entrada en ella de Estados Unidos en 1941, abrieron el camino para un nuevo auge de la demanda de azúcar, y de precios altos que resultaron en grandes superávits en las balanzas de pago, y por consiguiente de ingreso de divisas norteamericanas en el sistema monetario de Cuba.

En este período Cuba abandona el patrón plata, y pasa al sistema de dinero respaldado por dólares norteamericanos, manteniendo su circulación legal junto con el peso cubano a la paridad oficial de uno a uno, ya que se consideró que no era necesario un respaldo en plata cuando estaba respaldado por dólares.

Los precios del azúcar significativamente más altos, y la compra de las zafras completas por Estados Unidos, trajeron una bonanza económica, y una revitalización de la economía de plantación.

La entrada de dólares permitió al gobierno cubano llevar adelante un activa política de expansión de la oferta monetaria con el objetivo de financiar las clientelas del gobierno, pagar la deuda flotante pendiente, financiar planes de obras públicas y las políticas populistas socialdemócratas e impulsar las ganancias nominales del capital. Como decía Grau en una frase que se popularizó "Hay dulces para todos".

Los términos de intercambio para Cuba en su comercio con Estados Unidos mejoraron enormemente. El nivel general de precios entre 1940 y 1947 en Estados Unidos ascendió en un 59.3%, en tanto el precio promedio del azúcar lo hizo en un 252.9%.

El volumen de la zafra de 1940 fue de 2, 779.4 miles de toneladas largas, y en 1947 fue de 5, 677.0 miles de toneladas largas. El valor de la zafra de 1940 fue de 98.6 millones de dólares, y el de la de 1947 fue de 657.7 millones de dólares; un incremento de un 567%.

Por otra parte, el nivel general de precios en Cuba entre 1940 y 1947 aumentó un 170.4%, en tanto en Estados Unidos solamente un 59.3%, lo que dio lugar a un abaratamiento relativo muy grande de las importaciones norteamericanas, produciéndose entre 1946 y 1947 otro episodio de la Enfermedad Holandesa en Cuba, perjudicando a muchos productores nacionales que reclamaban al gobierno medidas que los protegieran de la competencia.

Las exportaciones totales de Cuba en 1947 tuvieron un valor de un 374.4% más que las de 1940, y las importaciones un 438.6% más.

La balanza comercial registró un superávit de 1, 058.9 millones de dólares, lo que permitió un superávit en cuenta corriente de 483.3 millones de dólares. La cuenta de capitales tuvo un saldo positivo de 114.5 millones de dólares, por lo que la balanza de pagos registró un superávit de 603.3 millones de dólares.

La evolución de la situación monetaria de Cuba en este período fue radical.

Expresado en millones de pesos/dólares.

Concepto	1940	1947	Diferencia
Oferta monetaria M-2	235.5	1,116.50	881
Oferta monetaria M-1	189.8	970.7	780.9
Base monetaria	151.5	924.5	773
Dinero en manos del público	106.9	530.3	423.4
Dinero externo (dólares)	62.6	349.9	207.3
Dinero interno	127.2	620.8	493.6
De ellos.			
Efectivo (pesos)	105.1	574.6	469.5
Crédito bancario	21.4	46.2	24.8

Lo primero que salta a la vista es el aumento exponencial del volumen de dinero dentro del sistema económico cubano, a partir del incremento de la cantidad de dinero de origen externo (dólares) que entraron en el sistema por la balanza de pagos, y paralelamente al ingreso de dólares, el gobierno emitió cantidades de pesos cubanos ahora solamente respaldados por dólares.

En el año 1940, el dinero cubano tenía un respaldo en dólares de un 35%, y en 1947 de un 105%, o sea estaban completamente respaldados, pero como las dos monedas circulaban legalmente dentro de Cuba, al emitir dinero cubano como un ingreso adicional del gobierno, se estaba provocando una inflación que hizo que el peso cubano perdiera un 63% de su valor, y el nivel general de precios subiera en un 170.4%.

De esta emisión de pesos, el gobierno obtuvo un ingreso adicional por concepto de señoreaje de aproximadamente unos 295 millones de pesos, que los tendría que pagar el pueblo de Cuba como un impuesto escondido, con la devaluación de su dinero.

1. La diferencia entre la oferta monetaria M-1 y M-2 significa un incremento en las cuentas de ahorro de más de 100 millones de pesos.
2. El poder adquisitivo per cápita promedio en 1940 fue de 8.02 pesos, y en 1947, a valores constantes del peso de 1940, fue de 22.79 pesos, lo que indica una mejoría sustancial del poder adquisitivo en manos del público.
3. El dinero de origen externo en 1940 fue un 33% de la oferta monetaria M-1, en 1947 era un 36%.
4. El dinero de origen externo creció en 564.2 millones de dólares de los cuales 204 millones se acumularon en el Fondo de Estabilización de la Moneda (FEM), y el resto entró en circulación en manos del público, y en las cuentas de los bancos.

5. El dinero de origen interno creció con la creación de 469 millones de pesos, ya que el crédito bancario siguió contrayéndose.
6. El crédito bancario en 1940 era el 16.8% del dinero de origen interno y el 11.3% de la oferta monetaria M-1, y en 1947 era el 7.4% y el 4.8% respectivamente.
7. La oferta monetaria creció un 411.4%, y la demanda monetaria un 42.2% por lo que el valor del dinero cayó, lo que se reflejó en el ascenso inflacionario del nivel general de precios de un 170.4%.
8. En el año 1947 había una cantidad de dinero inflacionario equivalente a 408 millones de pesos, que representan el 42% del total de la oferta monetaria M-1.

Los gobiernos de Batista y Grau incrementaron la oferta monetaria creando una situación inflacionaria que afectó los ingresos reales de los trabajadores, pues mientras el nivel general de precios subía un 170.4%, el ingreso nominal promedio de los trabajadores subía un 132.6%, pero por otra parte aumentaba, en el agregado, las ganancias nominales de los empresarios nacionales.

La política monetaria deprimió los ingreso reales en tanto aumentaba las ganancia nominales, y abarataba las importaciones, lo cual por una parte benefició a los productores que utilizan una proporción grande de insumos importados, mientras perjudicaba a otros al hacer más competitivas en el mercado interno muchas importaciones provenientes de Estados Unidos.

Hasta aquellos momentos, mientras duró la guerra, al quedar interrumpido el comercio internacional, el mercado nacional prácticamente quedó cautivo en manos de los productores nacionales, pero cuando se restablecieron las condiciones normales del comercio internacional, los productores nacionales se vieron en situación de desventaja frente a las importaciones.

En algunos países latinoamericanos, sobre todo los que tenían mercados internos grandes y una base industrial relativamente amplia, este período de aislamiento de los mercados internacionales les permitió el crecimiento de la industrialización por sustitución de importaciones, como fue el caso de Argentina y México, pero Cuba no pudo hacerlo por lo reducido de su mercado, la falta de capitales, la alta dependencia de insumos importados, y lo reducido de su base industrial, por eso, después de concluida la posguerra, la industria nacional no estaba en condiciones de retener el mercado nacional.

Existe la errónea idea de que los precios durante estos años subieron por la falta de bienes provocada por la guerra, pero en realidad los precios subieron por la presión inflacionaria que resultó de la continua emisión de dinero por parte de la Tesorería cubana.

Según Henry Wallich "... el hecho de que la inflación se intensificó en la forma que lo hizo se debió primeramente al altísimo nivel alcanzado por las exportaciones".

Wallich, de acuerdo a su formación keynesiana, veía la inflación como un aumento de los precios, y no como un fenómeno monetario, por eso plantea que "... el desmesurado programa de obras públicas de Grau contribuyó a aumentar la inflación".

Ciertamente, el plan de obras públicas de Grau fue financiado con emisión de dinero fiduciario que contribuyó al aumento de la inflación de precios.

"El gobierno de Grau no estableció ninguna medida monetaria antiinflacionista. Si se siguió alguna política fue lo opuesto a la esterilización"[12].

Causas y consecuencias de la inflación:

Como hemos explicado, de acuerdo a la teoría cuantitativa del dinero, la única causa de la subida general de los precios es el incremento de la cantidad de dinero a una tasa más rápida que el

12. Henry C Wallich Op citada.

incremento de la oferta de bienes y servicios, por tanto, al ser el gobierno el único responsable del incremento de la oferta monetaria, es el único responsable de la inflación, aunque muchos economistas, aun actualmente, definen la inflación como un aumento generalizado de los precios, confundiendo así las consecuencias con las causas, por lo que siguiendo esta línea errónea de razonamiento, la forma de evitar la inflación es a través de los controles de precios, y esta medida solo el gobierno puede llevarla adelante limitando de esta manera, según esta mentalidad de tipo socialista, la "codicia de los empresarios".

Al comenzar la Segunda Guerra Mundial empezaron a escasear en Cuba algunos productos que se importaban tanto de Europa como de Estados Unidos, y los gobiernos cubanos responsabilizaron a la situación bélica existente de la subida general de precios que tuvo lugar en el país, e inmediatamente como respuesta se establecieron controles de precios, y una organización gubernamental para establecer precios en muchos bienes y servicios considerados esenciales. Esta organización fue la "Oficina de Regulación de Precios y Abastecimiento" ORPA, y a partir de la Ley No 5 de mayo de 1942, se autorizó la emisión de grandes cantidades de dinero cubano. Entre 1939 y 1944 la incorporación neta de pesos al sistema económico cubano fue de 214.1 millones de pesos, y entre 1944 y 1947 fue de 256.8 millones de pesos, lo que significó un total de 470.9 millones de pesos netos que ingresaron en la oferta monetaria junto a los dólares que entraban por las balanzas de pagos.

El crecimiento de la cantidad de dinero en el sistema económico cubano que tuvo lugar en estos años, unido a los controles de precios, tendría resultados catastróficos. Con el aumento de la cantidad de dinero, la demanda aumentaba, pero como no se podían aumentar los precios, se distorsionaba el mercado, y aparecía la escasez, en tanto florecía la bolsa negra en beneficio de un pequeño grupo que hizo verdaderas fortunas por medio de este mecanismo redistribuidor de riquezas.

La inflación como política del gobierno está íntimamente relacionada con los déficits presupuestales, y no es que los déficits en sí sean inflacionarios; lo son cuando el gobierno los financia creando nuevo dinero adicional (dinero fiduciario).

Entre el año 1940 y 1947, solo el año 1940 registra un déficit presupuestario muy pequeño, y tampoco se contrataron empréstitos extranjeros, a excepción de un pequeño empréstito contratado durante el gobierno de Batista (1940-1944) para financiar la zafra de 1941.

El mecanismo que usan los gobiernos para financiar sus déficits actualmente requiere de la existencia de un Banco Central que no existía en Cuba en aquellos tiempos, por lo cual simplemente se financiaban imprimiendo dinero altamente inflacionario.

El gobierno financia sus gastos fuera de presupuesto, pagándolos con dinero adicional creado para esto. Este proceso se conoce como monetización de deuda pública Este viene siendo el fundamento financiero de lo que se conoce como el Welfare State (Estado de Bienestar), de aquí que la creación del Banco Nacional de Cuba fuera uno de los elementos más importantes de la Constitución de 1940 para la clase política en busca no tanto del Estado de Bienestar, si no del bienestar del Estado.

Otro de los propósitos de una política inflacionista es tratar de crear lo que se conoce como "dinero barato", basado en la creencia que la inflación hace bajar los intereses y promueve la expansión crediticia por parte de los bancos, haciendo disponibles nuevos y adicionales préstamos, pero estos préstamos, al no estar basados en ahorro real, no crean capital si no que debilita las existencias de capital, y distorsiona el interés real creando así errores generalizados en la inversión.

En este período como veremos, la inflación en Cuba no tuvo este efecto, y lo que sucedió fue que los bancos aumentaron enormemente sus reservas, pero no incrementaron ni diversificaron los préstamos.

En Cuba se estaba produciendo lo que Keynes llamaba una "trampa de liquidez", que se desarrolla cuando la expansión monetaria no estimula el gasto (consumo e inversión) y se esteriliza en los bancos o en escondites privados.

Esta era otra de las razones por la cual la creación del Banco Nacional se hacía tan urgente para el Estado cubano, con el objetivo de regular la banca comercial y someterla a las políticas del gobierno.

El tercer objetivo que podemos identificar para una política inflacionaria por parte de los gobiernos se basa en la creencia de que la inflación es necesaria para curar o atenuar el desempleo debido a que estimula la demanda.

La doctrina keynesiana considera que los déficits presupuestarios reducen el desempleo, e incrementan el producto en el sistema económico, o sea esta es la base de la política fiscal expansiva de esta doctrina que considera que el desempleo no puede ser corregido por las fuerzas del mercado en las condiciones de la economía moderna.

Este tipo de política fiscal tiene que ser financiada con gasto adicional del gobierno pagando por el creciente aumento de programas públicos que implica el Estado de Bienestar.

La creencia de que la inflación es necesaria para combatir y prevenir el desempleo, es un paso importante pare el establecimiento del socialismo.

La interferencia del gobierno en la economía, junto a la legislación laboral, crean problemas de desempleo en masa, por tanto, los gobiernos recurren a la inflación para financiar programas de estímulo económico con el objetivo de que reduzcan el desempleo.

El desempleo masivo en Cuba que se venía arrastrando desde la segunda mitad de la década de 1920, en estos años de la década de 1940, a pesar de la revitalización de la producción de azúcar no se había resuelto, ya que en la industria azucarera el empleo es muy inelástico, y no era capaz de absorber la creciente fuerza laboral de Cuba ni la que ya se encontraba desempleada, por tanto, el gobierno veía el desempleo con una cada vez mayor preocupación, hasta el punto de que lo consideraban el problema más grave del país, que pudiera llegar a desembocar en una desestabilización social de consecuencias impredecibles como sucedió en 1933.

Otro de los objetivos de provocar inflación se encuentra en lograr que los precios de los bienes y servicios suban más rápido que los sueldos y salarios, aumentando de esa forma las ganancias nominales de los empresarios sin necesidad de que tengan que aumentar la productividad del trabajo.

Por último, la otra motivación de una política monetaria expansiva se encuentra en el efecto redistribuidor que tiene la inflación, ya que como todos los precios, incluido el precio de la fuerza laboral, no suben al mismo tiempo, los que reciben el dinero nuevo y adicional creado antes o más rápido, se beneficiarán a expensas de otros, que lo reciben más tarde o más lentamente, esto es lo que se conoce como el Efecto Cantillon al cual ya hemos hecho referencia.

En caso de los beneficiados tenemos a todo el segmento de la población que forma la clase política, o sea políticos, burocracia, empleados públicos, beneficiarios de subsidios del Estado, empresarios que obtienen contratos del gobierno y que se benefician de las regulaciones, y en el extremo de los perjudicados tenemos a los asalariados, los pensionados, los pequeños negocios, los desempleados, etc.

La inflación de estos años permitió el financiamiento de la clientela política del gobierno, y dio lugar a una redistribución de riquezas e ingreso como no se había visto en la historia de la República.

Estas son, a grandes rasgos, las motivaciones que inducen a los gobiernos a provocar inflación, entonces pasemos a ver las consecuencias más importantes de la inflación sobre el sistema económico y la formación de capital.

La inflación debilita al dinero como mercancía al distorsionar dos de sus principales funciones que son a saber; la función de unidad de valor alterando artificialmente la estructura de precios relativos, dificultando de esta forma el cálculo económico llevando a los empresarios a cometer errores de inversión, y por otra parte afecta la función de depósito de valor distorsionando el ahorro y las tasas de interés, por tanto, podemos decir que las consecuencias principales de la inflación son:

Primero tenemos la inseguridad, ya que introduce el riesgo al hacer que todos los contratos a largo plazo denominados en dinero quedan a merced del desarrollo de la inflación creada por el gobierno. Afecta las inversiones de un gran grupo de personas, en tanto reduce la motivación de ahorro así como la motivación de invertir de manera productiva, estorbando de esta manera la formación y acumulación de capital, así como el reemplazo del ya existente, ya que las personas se encuentran más motivadas a atesorar o a inversiones improductivas como la construcción residencial, compra de obras de arte, joyas, etc.

Esta es una de las causas por las cuales la banca comercial en Cuba solo prestaba a corto plazo, y a actividades tradicionales como el azúcar y el comercio a pesar de tener grandes reservas acumuladas.

Podemos entonces decir que la inflación contribuye a destruir el mercado de capitales.

Segundo, la inflación tiene un efecto sobre los impuestos al incrementar las ganancias nominales operando como una subida en los impuestos sobre los ingresos.

Por esta razón vemos un fuerte incremento en los ingresos del gobierno a partir de los impuestos. En este periodo, los gobiernos cubanos tuvieron a su disposición grandes recursos financieros sin necesidad de concertar empréstitos, como ningún otro gobierno anterior había tenido, y hay que tener en cuenta de que en aquellos tiempos, el impuesto sobre el ingreso era casi inexistente, y el impuesto sobre las ganancias era bastante rudimentario.

Tercero, crea una ilusión de prosperidad.

La ilusión de prosperidad lleva al sobreconsumo el cual tiene lugar a expensas de la formación de capital.

El consumo adicional de los que ganan con la inflación es ciertamente mayor en términos reales que la disminución del consumo de los perdedores, ya que la inflación opera a favor de subir la tasa neta de consumo.

En un período inflacionario, todos tienen una idea exagerada del poder de compra del dinero, creyendo que son más ricos de lo que realmente son, y por otra parte, las expectativas inflacionarias dan lugar a una pérdida de utilidad marginal del dinero, a una disminución de la demanda de dinero, y a un aumento de las preferencias temporales perjudicando el ahorro y la inversión productiva.

Este aumento del consumo lleva a las empresas, sobre todo a las que se encuentran más cerca del consumo final, tales como producción de bienes de consumo no duradero, comercio minorista, servicios, etc., a obtener mayores ganancias nominales. Muchas de estas empresas que surgen o se mantienen operativas debido a la inflación, cuando esta se hace más lenta o se detiene irán a la quiebra, o no pueden competir con las importaciones teniendo que ir a la quiebra.

Cuando la inflación se ralentiza y el comercio internacional se normaliza a partir de los años 1948-1949, muchas nuevas industrias que había surgido o prosperado en Cuba como resultado de las condiciones creadas por la inflación, y las limitaciones al comercio provocadas por la guerra, tendrán que cerrar, o se encontrá en dificultades pidiendo protección al gobierno.

La inflación siempre tiende a hacer que los precios de los bienes y servicios suban más rápido que los salarios, produciéndose correspondientemente una reducción en los salarios reales. Lo contrario sucede con la deflación; los precios de los bienes y servicios, en el agregado de la economía, caen más rápido que los salarios, dando lugar a un aumento de los salarios reales de los trabajadores.

Cuando el gobierno y los sindicatos intentan resistir la tendencia a la caída de los salarios forzando las tasas salariales al alza más rápido que los precios, el efecto es causar desempleo como fue el caso en Cuba principalmente durante el gobierno de Grau, con el resultado de convertir el desempleo en crónico y masivo.

La única manera de eliminar el desempleo es a través de una caída en las tasas salariales y los precios, aunque las tasas salariales nominales deben disminuir más rápido que los precios, o sea tendría lugar a nivel agregado de toda la economía una disminución del salario para alcanzar una situación de pleno empleo, por ello nunca se resolvió el desempleo durante el período republicano, pues nunca se permitió que las tasas salariales encontraran su nivel de equilibrio de mercado.

Evolución del sistema bancario 1940-1947

La expansión exponencial de la oferta monetaria impacta en el sistema bancario, pero no produce un cambio cualitativo con respecto al período anterior, pues la estructura económica del país no solo no cambia, si no que se refuerza.

Situación del sistema bancario de Cuba. Expresado en millones de pesos/dólares.

Concepto	**1940**	**1947**	**Variación**
Depósitos Total	128.6	586.2	457.6
De ellos:			
Ahorro	45.7	145.8	100.1
C. Corriente	82.9	440.4	357.5
Reservas de efectivo	61.5	394.2	332.7
Crédito bancario	21.4	46.2	24.8
Mult del crédito	1.55	1.21	-0.34
Coeficiente de reserva	74.20%	90.00%	15.80%

El crecimiento de los depósitos en los bancos fue exponencial; creció un 355.8%, y el ahorro de ser un 35.5% en 1940 bajó a ser un 24.9% en 1947, o sea una descenso relative pero de manera absoluta creció en 100 millones de pesos y dólares, en tanto el dinero en cuentas corrientes registra un importante crecimiento, lo cual contribuye al aumento de la oferta monetaria M-1, y consiguientemente al nivel de inflación del país.

También se puede observar el enorme crecimiento de las reservas de efectivo de los bancos que pasaron a respaldar el 90% de los depósitos en cuenta corriente, lo que le daba al sistema bancario una solidez excepcional a cambio del abandono de su función de prestamista, y esto se puede ver en la continuada contracción del multiplicados del crédito que se va alejando cada vez más del multiplicador legal que es 4.

El sistema bancario de Cuba en 1947, tenía un potencial legal de expansión del crédito de 1, 530.4 millones de pesos.

Mientras el riesgo del sistema económico oficialmente considerado era de un 25%, el riesgo real percibido por los bancos comerciales en Cuba era de casi un 76%.

La falta de créditos se refleja en el coeficiente del crédito que alcanzó la cifra del 82.8%, o sea el crédito había desaparecido del sistema económico de Cuba, por lo que se acumulaba gran cantidad de efectivo en las cuentas corrientes de los bancos.

En este periodo, con el crecimiento de los depósitos, la banca cubana había crecido compitiendo con la banca extranjera, pero mientras la banca extranjera contaba con el respaldo de sus casas matrices en Canadá y Estados Unidos, la banca cubana no contaba con ningún respaldo, por lo que presionaban por la creación de un banco central como estipulaba la Constitución de 1940, para poder disminuir el riesgo y expandir el crédito.

El sistema económico cubano en 1947 se encontraba en lo que Keynes llamaba una "trampa de liquidez"[13] o sea la expansión monetaria no influía en una disminución de los intereses, y Cuba al no tener un Banco Central no podía recurrir a otros métodos.

Esta enorme preferencia por la liquidez era motivada fundamentalmente por la inestabilidad de la economía cubana que hacía muy riesgosa la inversión, y necesaria una gran cantidad de efectivo disponible debido a que el crédito era casi inexistente.

Según la teoría keynesiana, cuando tiene lugar una situación de "trampa de liquidez" y desempleo, solo es posible salir de ella por medio de la inversión pública necesaria para conseguir el pleno empleo, ya que la política de expansión monetaria deja de funcionar.

Es por esta razón que los economistas nacionales y extranjeros consideraban que la única manera de estimular la economía cubana y salir del desempleo agobiante era a partir de la creación del Banco Nacional y promover el gasto de consumo y la inversión o sea la demanda, sin considerar las limitaciones institucionales impuestas sobre el crecimiento de la producción.

La demanda de dinero y el crédito

El índice de demanda de dinero siguió subiendo en el período en un 42.2%, lo que significa que continúa bajando la preferencia temporal, lo que teóricamente debe conducir a una bajada de los intereses, pero como vimos esto no sucedía; los bancos seguían retraídos en su política ultraconservadora.

De acuerdo a la teoría de Keynes, y lo que pensaban nuestros economistas, el incremento de la oferta monetaria llevaría necesariamente a una caída de las tasas de interés, y a un incremento del consumo y la inversión, pero esto no ocurrió; los bancos continuaron reacios a conceder préstamos, el multiplicador del crédito continuó bajando en un 22% entre 1940 y 1947, y la liquidez del sistema bancario aumentó desde un 48% del total de los depósitos en 1940 hasta un 67.2% en 1947.

La percepción de riesgo aumentaba, al tener como referencia la depresión que siguió al terminar la Primera Guerra Mundial.

En este período, al igual que el anterior, pero m;as intenso, aumentaba la demanda de dinero, lo cual significa que la preferencia temporal caía, y esto a su vez significa que las tasas de interés natural disminuye, sin embargo, los intereses no bajaban pues los otros componentes de la tasa de interés real contrarrestaban el efecto, o sea aumentaba el riesgo y la incertidumbre, ahora se añadía el incremento de la inflación, por lo que las tasas de interés, y la demanda de dinero se encontraban divorciadas.

Una vez más citamos a Wallich, ya que él fue testigo de primera mano y nos proporciona un análisis interesante y profesional de la situación de la banca comercial de aquellos años en Cuba.

> Los bancos extranjeros integran la mayor parte del sistema bancario: National City Bank of New York, Chase National Bank of New York, First National Bank of Boston, Royal Bank of Canada, Bank of Nova Scotia, Canadian Bank of Commerce.

13. Trampa de liquidez es un fenómeno económico donde las políticas monetarias pierden capacidad de estimular la demanda agregada.

Eran prácticamente los únicos proveedores de crédito después del crash del 1920. Con el auge de la Segunda Guerra Mundial surgieron varios bancos nacionales.

Los bancos extranjeros limitaron sus negocios a ciertos tipos de financiamiento debido al deseo de limitar riesgos, ya que como resultado de las pérdidas sufridas en los 20 y los 30, se han visto en la necesidad de fijar normas de calidad extremadamente altas para conceder un préstamo, por lo que grandes sectores del financiamiento agrícola, la pequeña industria, y el pequeño comercio, han quedado descuidados en vista del alto riesgo que ello ha comportado.

En Cuba, el dilema fundamental de las condiciones del crédito es que el riesgo implícito es tan alto en muchas clases de operaciones, que solo una prima de riesgo exorbitante podría cubrirlo.

Los créditos que pueden concederse con seguridad dentro de los límites de primas de riesgo factibles resultan insuficientes para mantener ocupación plena, y para propulsar el desarrollo de sectores desatendidos de la economía. Para subsanar esta divergencia entre el costo privado y el costo social era necesaria la intervención del gobierno[14].

Wallich recomendaba la creación de un Banco Central como única solución para resolver el problema del crédito en Cuba, donde el Estado asumiera los riesgos que la banca comercial no podía asumir.

Otros economistas como Gustavo Gutiérrez y Julián Alienes coincidían con Wallich en que a través de los mecanismos crediticios se podrían movilizar los factores de producción tierra y labor que se encontraban ociosos en Cuba desde 1925.

Estructura del crédito concedido por los bancos

Ano	Azúcar	Otros prod. Agrícolas	Industria	Bienes raíces	Comerciales
1937	46.00%	0.80%	0.60%	18.80%	33.80%
1938	50.20%	2.00%	0.80%	15.00%	32.00%
1939	45.20%	1.00%	0.50%	12.70%	40.70%
1940	43.40%	1.70%	0.30%	9.30%	45.40%
1941	42.30%	1.60%		8.80%	47.60%
1942	42.60%	2.00%		14.10%	41.30%
1943	33.60%	3.80%	0.50%	9.50%	52.70%
1944	23.20%	5.70%		8.90%	62.20%
1945	23.90%	3.60%	1.20%	11.20%	60.00%
1946	22.70%	3.70%	0.10%	9.10%	64.30%
1947	19.20%	4.20%	0.80%	7.20%	68.80%

Fuente: *Report on Cuba* Misión Truslow 1951.

El crédito otorgado por los bancos al azúcar y al comercio en 1937 representaron el 79.8% de todo el crédito concedido, equivalente a 52.8 millones de pesos, y en 1947, había ascendido a un 88% en estas dos actividades con respecto al total del crédito concedido, equivalentes a 153.5 millones de pesos, mostrando una tendencia a la concentración del crédito lo cual es un reflejo de la tendencia a la concentración de la economía en general provocada por la guerra y la posguerra.

Como se puede ver, el resto de la economía nacional era considerada por la banca como de alto riesgo, por lo que las primas del préstamo tendrían necesariamente que ser altísimas, o

14. Henry C Wallich Op citada.

simplemente no calificaban para un préstamo bancario. Muchas de estas otras actividades tenían que recurrir a préstamos de usura que ofrecían algunos comerciantes, sobre todo en actividades agrícolas no-azucareras.

Otros de los factores que influyeron sobre el crédito en este período fueron el incremento de las regulaciones gubernamentales provocando cada vez mayor incertidumbre en el desempeño empresarial, y la creciente inflación.

Desde mediados de la década de 1920 la economía cubana sufría de una escasez crónica de falta de créditos debido a la destrucción de su mercado de capitales. El crédito en Cuba era un fiel reflejo de una estructura económica de plantación.

La Conferencia de Bretton Woods, Cuba y el nuevo orden monetario internacional

Entre el 1ero y el 22 de julio de 1944 se reunieron en Bretton Woods, Estado de New Hampshire, Estados Unidos, 44 países en lo que se llamó la Conferencia Monetaria de Naciones Unidas, con el propósito de diseñar un nuevo sistema monetario y financiero internacional en sustitución del que había sido destruido durante el período de entreguerras, que trajo como consecuencia la desintegración del sistema internacional de comercio, lo cual era entendido como una de las causas que llevaron a la Segunda Guerra Mundial.

Entre los países que enviaron delegaciones a Bretton Woods estaba Cuba, la cual fue signataria de los acuerdos que allí se tomaron.

Entre las principales instituciones que de allí surgieron, estuvieron el Fondo Monetario Internacional (FMI), el Banco Internacional de Reconstrucción y Fomento (BIRF), que después se convirtió en el Banco Mundial, y el Acuerdo General de Aranceles y Comercio (GATT).

Entre los acuerdos más importantes allí tomados estuvo la creación de tipos de cambio fijos con respecto al dólar, que sería la moneda de referencia mundial, oscilando en una banda cambiaria de como máximo 1.25%, y como mínimo 1.25% para evitar la sobrevaluación y devaluación de las divisas por parte de los países, y darle así estabilidad al comercio internacional. Finalmente a partir de 1958 el sistema se convirtió en un sistema de patrón cambio oro, cuando todas las divisas se vincularon al dólar norteamericano, y este a su vez se cotizaba a un cambio fijo de 35 dólares la onza de oro, así los países poseedores de dólares podían cambiarlo por oro.

El sistema se concebía como un lugar intermedio entre la rigidez del patrón oro, y la inseguridad del nacionalismo monetario de entreguerra.

El sistema de Bretton Woods fue exitoso durante los años 50 y 60 dándole estabilidad al sistema de comercio internacional, y contribuyendo así a su crecimiento, y al crecimiento de la inversión internacional, pero llegó a su fin en 1971 cuando el gobierno norteamericano, debido a su política de expansión monetaria no pudo sostener sus compromisos de convertibilidad del dólar en oro.

Para Cuba, y otros países subdesarrollados exportadores de materias primas, el sistema monetario que se desarrolló a partir de Bretton Woods, al igual que lo acuerdos del GATT, no fueron beneficiosos. debido a que todas las monedas de los participantes, especialmente de los países de América Latina que eran la mayoría, quedaron sobrevaloradas debido a los grandes superávits en sus balanza de pago durante la guerra.

La oficialización de la paridad del cambio con el dólar a una paridad fija de uno a uno, no era nueva en 1944, ya que siempre había existido, pero los problemas monetarios para Cuba comenzaron cuando termina la posguerra, y nuestro país se encuentra con una moneda sobrevalorada en un 60% respecto al dólar, lo cual significa que las exportaciones cubanas son muy caras, y las importaciones muy baratas, perjudicando así la competitividad de la producción cubana, tanto en los mercados exteriores como doméstico.

Esta situación no se había manifestado cuando el mercado internacional estaba interrumpido por la guerra, Estados Unidos compraba las zafras completas, y las importaciones se había reducido al mínimo, pero cuando se normalizó el comercio internacional, estas condiciones desaparecieron, y no solo eso si no que se agravaron, pues Estados Unidos reestableció el sistema de cuotas azucareras en 1948, que se había interrumpido en 1940, por lo que Cuba tendría que vender gran parte de su producción en el mercado mundial en condiciones de poca competitividad.

Por otra parte, Estados Unidos, sobre todo después de 1947, comenzó a expandir su oferta monetaria, lo que traía por consecuencia la devaluación del dólar, ya que al ser el dólar la moneda de reserva internacional, y todas las monedas encontrarse cotizadas a una paridad fija, las exportaciones de Estados Unidos se encarecían, mientras sus importaciones se abarataban.

En el caso de Cuba con la mayoría de sus exportaciones sujetas a una cuota, con un precio fijado por el Departamento de Agricultura de Estados Unidos, y unas importaciones desde Estados Unidos ilimitadas, y que cada vez se hacían más caras, el intercambio entre las dos naciones se hacía completamente asimétrico y sin ninguna reciprocidad.

Entre 1947 y 1958, el nivel general de precios en Estados Unidos subió un 29.6%, en tanto el precio del azúcar fue un 12.9% inferior.

Por otra parte, la pérdida de valor del dólar significaba una pérdida de poder adquisitivo de las reservas internacionales denominadas en dólares, lo cual representaba una enorme transferencia de riquezas desde los países que acumularon grandes reservas en dólares, principalmente los paises latinoamericanos, hacia Estados Unidos. En el caso de Cuba, la cual tenía la segunda reserva más grande de América Latina, esto era más que significativo, y obligaba a Cuba a gastar rápidamente unas reservas que cada vez valían menos.

De esta forma el mecanismo monetario establecido en Bretton Woods en 1944 constituyó una máquina de redistribución de riquezas a favor de Estados Unidos a partir del "Efecto Cantillon".

Entre 1948 y 1958, el déficit en balanza comercial con Estados Unidos acumuló 501 millones de dólares, y de unas reservas en dólares de 600.9 millones en 1947, en 1958 apenas quedaban 84.4 millones de dólares.

El Banco Nacional de Cuba

El establecimiento de un banco central significa la cartelización de la actividad bancaria de un país.

Antecedentes

Entre el año 1940, y 1950 tuvo lugar un cambio significativo en el sistema de bancos comerciales debido al retorno de los bancos nacionales a una posición importante dentro del sistema, posición que había perdido desde la crisis de 1920-1921.

A mediados del año 1950 los bancos cubanos tenían el 45.5% de los depósitos, y había concedido el 44.4% de todos los préstamos pendientes según cifras del *Report on Cuba*.

En ese momento existían 56 bancos con 155 sucursales en toda la isla. De ellos seis eran extranjeros; National City Bank of New York, Chase National Bank, First National Bank of Boston, Royal Bank of Canada, Bank of Nova Scotia, y el Banco de China, con 34 sucursales, en tanto los 50 bancos cubanos operaban 121 sucursales.

En ausencia de un banco central que actuara como prestamista de última instancia, los bancos tenían que operar con grandes reservas de efectivo o sea, un elevado coeficiente de caja.

Como observaba Wallich[15], que el riesgo de muchos tipos de crédito era tan alto que solamente una prima exorbitante puede cubrirlos, por tanto, el crédito puede ser otorgado dentro de un rango de riesgo predecible, lo cual es insuficiente para mantener el pleno empleo en el país.

Esta situación daba lugar a que el sistema bancario de Cuba desempeñara la función de depósito, pero en un muy limitada medida la de prestamista fuera de la actividad azucarera y del comercio.

Para lograr que la banca pudiera desempeñar la función de prestamista ayudando a la economía a canalizar los ahorros hacia fines productivos era necesario que existiera una institución que sirviera de prestamista de última instancia, y esta sería un banco central.

El primer proyecto data de 1915 presentado por Leopoldo Cancio Luna, ministro de Hacienda del presidente Mario García Menocal, y posteriormente, en 1918 otro proyecto fue presentado por Miguel Vivanco, en 1921, y 1923 Cosme de la Torriente elaboró sendos proyectos para la creación de un banco central. También el enviado especial del presidente de EE. UU., el general Enoch Crowder, en 1923 solicitó a su gobierno la creación para Cuba de una sucursal de la Reserva Federal.

Posteriormente, en 1927 fueron presentadas otras propuestas de creación de un banco central a la Cámara de Representantes y al Senado de Cuba por parte de Santiago Verdeja y Celso Cuéllar del Río.

En 1931, el Manifiesto Programa del ABC plantea la creación de un banco central entre las medidas económicas que considera necesarias para una Cuba post Machado.

Una vez más en 1937, el programa del Bloque Revolucionario Popular cuyo componente principal era el Partido Auténtico, volvió a plantear la creación de un banco central.

Por último, la Constitución de 1940, en su artículo 280 establece "La moneda y la banca estarán sometidas a la regulación y fiscalización del Estado. El Estado organizará y fundará el Banco Nacional de Cuba de emisión y redescuento".

En 1942, la Misión White que estaba formada por un grupo de técnicos en finanzas norteamericanos entre los que se encontraba Dexter White que sería el representante de Estados Unidos en la Conferencia de Bretton Woods, hizo algunos estudios en Cuba, y en su informe final recomendaba la creación de un Banco Central, y la derogación gradual del dólar como moneda de curso legal en el país.

También surgieron otras dos propuestas para la creación de un banco central en ese año, una de Oscar García Montes, y otra de Julián Alienes que no prosperaron.

El obstáculo más importante para la creación de un organismo de este tipo en Cuba se encontraba en la oposición por parte de los bancos extranjeros, los cuales controlaban el sistema bancario desde 1921, ya que un banco central era visto como una máquina creadora de crédito barato que podía precipitar al país en un caos monetario. Los bancos extranjeros no tenían el problema de la falta de un prestamista de última instancia, y respondían a los intereses de sus casas matrices en Canadá y Estados Unidos, que no les interesaba el desarrollo de un mercado de capitales en Cuba que pudiera ayudar a la economía nacional.

La posición alcanzada por la banca cubana después de la Segunda Guerra Mundial debilitaba definitivamente ese obstáculo, y finalmente en 1950 entró en funcionamiento el Banco Nacional de Cuba.

El Estado y el sistema bancario

En un sistema de banca libre como fue el de Cuba hasta 1950, como plantea la Teoría Cuantitativa del Dinero, de la cual ya hemos hablado al principio de este ensayo, si la cantidad de dinero en el

15. Henry C Wallich Op citada

sistema se reduce, se reducen los precios tanto de los bienes y servicios como de los factores de producción, entre ellos los salarios.

En una situación deflacionaria, los salarios caen menos que los precios de los bienes y servicios afectando las ganancias empresariales, y se hace más dificil para los empresarios pagar las deudas debido al incremento relativo de los costos de producción.

Por otra parte, también caen los precios de los activos que son los colaterales de las deuda, y al mantenerse el valor nominal de la deuda, se reduce la habilidad de pagar de los deudores.

Estos dos procesos combinados con un sistema de banca libre, llevan a una quiebra en cadena de bancos desencadenando lo que se conoce como un pánico bancario.

En una economía especializada en la exportación al mercado mundial de un solo producto primario, como es el caso del azúcar, la posibilidad de que esto suceda es muy alta, lo que le imprime a la economía un carácter muy fluctuante y vulnerable, haciendo la función de prestamista del sistema bancario muy riesgosa. Una situación de este tipo sucedió en Cuba en 1920-1921, y en 1925-1933. El alto riesgo de impago trae como consecuencia uno intereses muy elevados sobre los préstamos, y sobre todo en la medida en que más largo sea el tiempo de maduración del préstamo. Por esta razón, el crédito en Cuba tenía unos intereses elevadísimos (usura), y eran a muy corto plazo, y en el caso de los bancos, los préstamos eran a corto plazo, y a actividades tradicionales como el azúcar y el comercio.

Muchas veces, debido a la ausencia de un mercado de hipotecas en Cuba, se usaba el sistema de pignoración, generalmente en la agricultura, donde el agricultor para obtener un préstamo a corto plazo y elevado interés, entregaba el derecho de la cosecha al prestamista que en la mayoría de los casos era un comerciante. Este sistema mantenía al agricultor sin posibilidad de capitalizar, y casi siempre en niveles de endeudamiento agobiantes.

La solución para eliminar este riesgo se encontraba a largo plazo en la diversificación de la economía, y a corto plazo en la posibilidad del gobierno de devaluar la moneda y emitir dinero para combatir el desarrollo de una situación deflacionaria.

La existencia de un banco central permitiría la movilización de los recursos financieros acumulados, dándole solidez al sistema bancario como prestamista de última instancia. Esto permitiría la expansión del crédito, y la diversificación al asumir el sistema bancario su función de prestamista a diversas actividades económicas, y por otra parte, un banco central controlaría los flujos de divisas, evitando las situaciones deflacionarias e inflacionarias, por medio de políticas monetarias anticíclicas, aminorando el impacto negativo del ciclo económico.

Desde 1934, los gobiernos cubanos comenzaron a practicar una política monetaria expansiva para contrarrestar los efectos de la deflación de los primeros años de la década del 30, pensando que con ello se podría estimular la demanda por medio de la inflación y aliviar el desempleo, sin embargo, como hemos visto, el dinero salía al extranjero, se acumulaba en los bancos y se atesoraba, sin mucho impacto sobre la demanda de bienes y servicios ni de labor.

Había dos problemas; uno de ellos era la existencia de dos monedas de curso legal donde una expulsaba a la otra del mercado (Ley de Greshan), manteniendo así un equilibrio en la oferta monetaria. El segundo problema era que la otra parte del nuevo dinero creado no se movía hacia la inversion productiva debido al riesgo implícito que presentaba la estructura monoproductora de Cuba, por lo que se acumulaba en los bancos o iba hacia el extranjero.

Esta situación, como analizamos más arriba, creó un trampa de liquidez que los economistas cubanos sospechaban a medias a finales de la década de 1940.

Legalmente, la reserva para los bancos era de un 25% de sus depósitos, lo cual quiere decir que el riesgo de insolvencia que tendría el país era de un 25%, sin embargo, el riesgo real de insolvencia establecido por las reservas de los bancos era de 65%. Este es un indicador del riesgo real de fracasar que implicaba la inversión en Cuba en el año 1950.

Era imprescindible disminuir ese nivel de riesgo, dado que la economía se abocaba a entrar en una situación donde empezaría a reducirse aceleradamente el ingreso per cápita real de los ciudadanos con gravísimas consecuencias para el sistema político y social del país.

Cambiar la estructura económica de Cuba, y cambiar la estructura institucional, eran tareas complejísimas que se le planteaban a los gobiernos cubanos después de la posguerra.

La creación de un banco central era visto por los economistas, tanto nacionales como extranjeros, como una institución indispensable para iniciar el proceso de disminuir el riesgo de inversión, dotando a la banca comercial de los instrumentos institucionales necesarios.

Un banco central funciona como un instrumento del gobierno, al crear un cártel bancario para ejecutar su política monetaria, que es esencialmente inflar la cantidad de dinero y crédito de manera uniforme con la banca comercial, evitando el riesgo de la insolvencia, con la única limitación que es la reserva fraccionaria legalmente establecida. Así el banco central determina la oferta monetaria, y con ello el precio de los préstamos en el país, o sea los intereses, que son el precio más importante en una economía capitalista.

Básicamente los bancos centrales determinan la oferta monetaria a través de tres métodos.

1. Política de redescuento, que son compras temporales de deudas que poseen los bancos comerciales, inyectando liquidez a los bancos que han caído por debajo de los requerimientos de reserva, o también a través de préstamos a corto plazo a bancos que se encuentran en esa situación. Cuando el banco central desea alentar a los bancos a que le pidan prestado baja las tasas de redescuento, esta medida tiende a ser inflacionaria; y si desea desalentar a los bancos de que le pidan prestado, sube la tasa de redescuento. Esta medida tiene carácter antinflacionario.
2. Operaciones de mercado abierto, que es el método más importante que utilizan los bancos centrales para determinar el nivel de reservas, y por tanto la oferta monetaria. Esencialmente estas operaciones consisten en comprar y vender activos, ya sea a los bancos o a particulares. Cuando el banco central compra activos incrementa las reservas de efectivo de los bancos comerciales, o sea es una medida inflacionaria, y cuando vende activos, retira efectivo de los bancos, haciendo disminuir de esta forma las reservas, por lo que estas medidas son antinflacionarias. El dinero con que el Banco Central compra los activos es dinero creado de la nada, pues esta institución tiene el monopolio de la emisión de dinero.
3. Por último, el banco central puede aumentar o disminuir el coeficiente de reservas. Si disminuye el coeficiente de reservas aumenta el multiplicador bancario, permitiendo a los bancos comerciales crear más crédito fiduciario, o sea es una medida inflacionaria, y en el caso en que aumente el coeficiente de reserva, disminuye el multiplicador bancario, por lo que es una medida antinflacionaria.

Para que se pueda entender mejor pongamos un ejemplo hipotético:

Una reserva fraccionaria de un 25% significa un multiplicador bancario de 4, lo cual quiere decir que si el Banco X tiene una reserva de efectivo de 100 dólares, puede prestar 100 x 4 = 400 dólares, o sea ha creado 300 dólares de la nada, esto es crédito fiduciario que desaparecerá cuando le paguen el préstamo más los intereses.

Si el banco central decide disminuir la reserva fraccionaria a un 20%, el multiplicador bancario se convierte en 5, por tanto, con una reserva de efectivo de 100 dólares podrá prestar 100 x 5 = 500 dólares, o sea creó 400 dólares de la nada, 100 dólares más que cuando la reserva fraccionaria era de 25%, por tanto, el disminuir la reserva fraccionaria es una medida inflacionaria, pues aumenta la oferta monetaria en el sistema, pues el Banco X tiene 100 dólares más que antes en sus cuentas corrientes.

En el caso contrario, que el Banco Central decide aumentar la reserva fraccionaria a un 40%, entonces el multiplicador bancario será de 2.5 (100/40), por tanto, con una reserva de 100 dólares, el Banco X solo podrá prestar hasta 100 x 2.5 = 250 dólares, creando solamente 150 dólares de crédito fiduciario, que es la mitad de lo que creaba con una reserva del 25%. En este caso el Banco Central está tomando una medida antinflacionaria.

Los Bancos Centrales sostienen una crónica y continuada política inflacionaria, proveyendo reservas para el sistema de reserva fraccionaria el cual expande a su vez el crédito por encima de esas reservas como una pirámide invertida.

Entonces, ¿cuál es la relación entre el Banco Central y el departamento del Tesoro del gobierno?

El proceso de creación de dinero por los bancos, no tiene necesariamente conexión con la política fiscal del gobierno.

El gobierno debe gastar de acuerdo a sus ingresos, los cuales provienen de los impuestos, pero cuando el gobierno gasta más de sus ingresos entonces o aumenta los impuestos, o pide prestado, o imprime dinero. Estos son los tres únicos métodos por los cuales el gobierno puede financiar sus déficits.

Si este déficit es financiado con un préstamo por parte de los bancos o individuos con sus ahorros, el déficit no tiene ningún impacto inflacionario, es solamente un traspaso de dinero de manos de particulares a manos del gobierno, no existe ninguna creación de dinero adicional.

El problema con el financiamiento de los déficits aunque no sean inflacionarios, es que producen el efecto llamado "crowding out" al sacar capital desde la inversión productiva privada hacia la inversión improductiva del gobierno.

La otra forma de financiar los déficits es simplemente imprimiendo dinero, como se hizo en Cuba entre 1941 y 1948, donde el gobierno imprimía dinero, y lo gastaba fuera de presupuesto, por eso en aquello años, a pesar de gastar enormes sumas de dinero, sobre todo durante el gobierno de Grau, no aparecía que hubieran déficits presupuestarios, lo que sencillamente se traducía en inflación, que es un impuesto escondido.

Otra forma de financiación de déficits es a partir de la emisión de bonos del gobierno por parte del Tesoro, que los vende a los bancos comerciales, y estos los compran con dinero que les da el Banco Central a través de la compra de activos en operaciones de mercado abierto.

Para poner un ejemplo de cómo funciona esta operación diremos que la reserva fraccionaria legal es de un 25%, y el Banco Central quiere crear reservas en los bancos comerciales para comprar una emisión de bonos del gobierno por una cantidad de 100 millones de dólares, entonces el Banco Central le compra a los bancos comerciales 25 millones de dólares en activos, aumentando así la reserva de los bancos en 25 millones de dólares de forma tal que los bancos pueden comprar dentro de los marcos de la reserva legal los 100 millones de dólares en bonos del Tesoro, y de esta forma la oferta monetaria se incrementó en 125 millones de dólares, de los cuales 25 millones son creados por el Banco Central, y 100 millones son creados por los bancos comerciales. El gobierno entonces tendrá que pagar los intereses de los bonos a los bancos, en tanto financia su déficit.

También, el Banco Central puede comprar directamente los bonos del Tesoro, pero el Tesoro entonces depositaría los 100 millones en cuentas corrientes de los bancos comerciales, los cuales verían incrementada su reserva en 100 millones y crearían 400 millones más a partir de la reserva fraccionaria: este método es altamente inflacionario, y es por eso que estaba prohibido para muchos bancos centrales.

Los bancos centrales son diseñados básicamente como un cártel cuyo propósito es ser una máquina inflacionaria que pueda controlar la inflación de una manera uniforme sin que los bancos comerciales se quiebren entre sí.

Funciones del Banco Nacional de Cuba

¿Qué se esperaba del Banco Nacional de Cuba?

Según Henry Wallich, las operaciones que un banco central debía efectuar en una economía de exportación como la cubana eran: 1- Regulación de los tipos de cambio, 2-Control de la oferta de dinero y crédito y 3- Operaciones especiales de financiamiento.

Los puntos 2 y 3 los explicamos en el acápite anterior, así que explicaremos brevemente a que se refiere Wallich con la función reguladora de los tipos de cambio.

Una economía de exportación tan abierta como la economía de Cuba, y tan dependiente de la exportación de un solo producto se encuentra muy expuesta a las oscilaciones de los precios en el mercado mundial y por tanto a los flujos de divisas a través de las balanzas de pago, provocando una inestabilidad constante en la economía, por tanto, esta es una función esencial que debía desempeñar el Banco Nacional de Cuba.

Cuando existen grandes superávits en balanza de pagos, esto quiere decir que existe una alta demanda de la moneda nacional, la cual sube de precio encareciendo las exportaciones y abaratando las importaciones con la consiguiente pérdida de competitividad de los productos que se exportan, y de los productos nacionales que se consumen en el mercado interno.

Internamente, los superávits dan lugar a un ingreso de dinero dentro del sistema económico provocando inflación, y consiguientemente elevación de los precios de los bienes y servicios, y pérdida de competitividad de la producción nacional frente a las importaciones. Ejemplo de esta situación la tenemos entre 1915 y 1920, y entre 1941 y 1948. Siempre estas etapas de nuestra historia republicana eran consideradas de prosperidad, pues las élites exportadoras e importadoras se llenaban de dinero, y en general se creaba una ilusión monetaria.

Cuando existen grandes déficits en las balanzas de pago, quiere decir que la demanda de moneda nacional cae, pierde valor la moneda nacional, abaratando las exportaciones, y encareciendo las importaciones, e internamente significa una salida de dinero fuera del sistema económico provocando presiones deflacionarias, caída de los precios de los bienes y servicios, perjudicando a la economía en general la cual depende en gran medida de importaciones de bienes intermedios y de capital que se encarecen y no pueden ser sustituidos con producción nacional. Ejemplo de esta situación se encuentra entre 1926 y 1933.

Es función de un Banco Central regular estos flujos para dar estabilidad a la economía.

En una situación de superávits sostenidos, el banco central pone a la venta títulos de la deuda pública que son comprados por bancos comerciales y otras instituciones financieras así como por particulares, extrayendo dinero de la circulación y disminuyendo la oferta monetaria, con lo que se amortigua o "esteriliza"[16] el flujo excesivo de ingreso de divisas a través de la balanza de pagos.

16. Esterilización monetaria son las operaciones de mercado abierto por parte del banco central con el propósito de

En caso contrario de que las balanzas de pagos sean persistentemente deficitarias provocando una disminución de la oferta monetaria, y por tanto generando presiones deflacionarias, el banco central compra títulos de la deuda que se encuentran en manos de las instituciones financieras y de particulares, inyectando de esta forma liquidez a la economía y sosteniendo así la estabilidad interna de precios.

Externamente, el banco central compra y vende divisas para mantener la paridad del cambio de acuerdo a la situación, sea esta deficitaria o de grandes superávits.

El otro objetivo de la política monetaria es dirigida a la modificación de los tipos de interés de forma tal que promuevan la inversión y el empleo, y por tanto el crecimiento económico del país.

Aquí debemos aclarar que la disponibilidad de crédito depende del volumen de los ahorros voluntarios y estos dependen a su vez de las preferencias temporales de los ahorradores. Una mayor cantidad de ahorro debido a una baja preferencia temporal dará lugar a que los créditos sean más abundantes y se otorgan a más bajos intereses, y cuando la preferencia temporal del público es alta, el nivel de ahorros es bajo por lo que la disponibilidad de crédito será baja, y los intereses altos. Pero en los intereses también influyen otros factores como hemos venido explicando, como son la inflación esperada, y el factor riesgo (la solvencia del demandante de crédito, las garantías que pueda ofrecer así como el plazo del préstamo) así como la imprevisibilidad de las instituciones, especialmente en relación con la propiedad privada.

Los bancos centrales tratan de manipular los intereses a través del aumento de las reservas, (operaciones de mercado abierto, política de redescuento y coeficiente de caja) sustituyendo así el efecto sobre el interés del ahorro real, y también buscan disminuir el factor riesgo a través de los seguros de depósitos —en Estados Unidos el FDIC creado durante el gobierno de Franklin D Roosevelt— para evitar corridas bancarias, y sirviendo como prestamistas de última instancia.

Un banco central sería el instrumento en manos del gobierno que le permitiría llevar adelante una política monetaria activa con el objetivo de mantener sin variaciones grandes los niveles de empleo, de precios y de inversiones y contribuir al crecimiento económico, o sea es la institución clave de planificación económica centralizada en manos de un gobierno.

En Cuba siempre se consideró que el objetivo principal de un banco central sería la estabilización de los flujos monetarios externos, y el abaratamiento del crédito para financiar la diversificación económica necesaria, y así lograr el desarrollo y la independencia del ciclo económico internacional, además de la disminución del riesgo para los préstamos de los bancos comerciales.

Por otra parte, los que se oponían a la creación de dicha institución planteaban que esta podía constituir un instrumento peligroso en manos de una clase política corrupta, que sería utilizado para redistribuir riqueza a su favor distorsionando el funcionamiento sano de la economía.

En 1934, el informe de la Foreing Policy Association titulado *Problemas de la Nueva Cuba* se pronuncia contrario a la creación de un Banco Central para nuestro país:

> Un banco central en Cuba sería muy costoso… Las funciones principales de un Banco Central son 1) Actuar como regulador de la existencia de la moneda, las reservas bancarias y del crédito bancario y 2) Proporcionar reservas líquidas en emergencias (prestamista de última instancia).
>
> Todos los servicios bancarios esenciales en Cuba pueden ser desempeñados sin el establecimiento de un Banco Central, costoso y peligroso para el sistema monetario.

---

neutralizar los efectos asociados a los movimientos internacionales de divisas sobre la oferta monetaria de un país.

El verdadero ímpetu del movimiento a favor de un Banco Central cubano, proviene de los que piensan en una institución que sea un generoso banco de emisión [17].

En 1934, los bancos no tenían ahorros que prestar, y enormes deudas por cobrar que se alargaban en el tiempo debido a las leyes de Moratoria, convirtiéndose en préstamos a largo plazo sin prácticamente ninguna garantía, por tanto, no se podía otorgar nuevos créditos, y un banco central no tenía mucha utilidad, sin embargo a finales de la década de 1940, la situación había cambiado; los bancos estaban repletos de ahorros, lo que indicaba una enorme demanda de dinero, pero no se otorgaban créditos nada más que al azúcar y al comercio, y a corto plazo. En una situación así los bancos no estaban ganando dinero, ya que el banco como negocio gana dinero prestando a partir del cobro de intereses. A la banca extranjera, al ser sucursales de grandes bancos, esto les preocupaba poco; más preocupante le resultaba los efectos colaterales que pudiera tener la corrupción sobre el sistema monetario, pero en el caso de los nuevos bancos nacionales con grandes depósitos y reservas líquidas, les era imprescindible el respaldo de un banco central para hacer negocios y obtener ganancias en una economía tan riesgosa e inestable.

Como hemos dicho, los ahorros no se canalizaban desde los bancos hacia la economía por el altisimo riesgo que comportaba un préstamo. La solución era disminuir el riesgo a través de un Banco Central que se hacía necesario en las condiciones económicas de Cuba en aquellos momentos, y así lo entendían todos los economistas nacionales y extranjeros, pero la posibilidad de que esta institución se convirtiera en una máquina redistribuidora de riquezas en manos de una clase política corrupta era alta, pues la existencia de un Banco Central creaba incentivos perversos para que eso sucediera.

Por último, los bancos centrales pueden crear sus propias instituciones de crédito y competir contra el sistema de banca comercial privada.

Al no tener en cuenta las condiciones que tiene en cuenta el libre mercado, debido a la intervención de un tercero que es el Banco Central, la política de "dinero barato" dará lugar a que se lleven a cabo proyectos de muy baja rentabilidad, que finalmente acabará pagando la sociedad en su conjunto como sucedió durante la década de 1950.

Inicios del Banco Nacional de Cuba

El acontecimiento monetario más importante dentro de este período es la creación del Banco Nacional de Cuba que entró en operaciones en 1950 siendo su presidente el economista Felipe Pazos Roque; una aspiración de la clase política y empresarial cubana que llevaba una espera de treinta años se hacía realidad. También la formación de una banca pública de desarrollo, que igualmente se había reclamado desde hacía treinta años, y que se veía como la panacea para lograr el crecimiento económico a través de la diversificación, y la eliminación del desempleo. Lo que la empresa privada no había hecho, ahora se suponía que lo iba a hacer el Estado.

Con la entrada en operaciones del Banco Nacional de Cuba, el peso cubano se convierte en la única moneda de circulación legal en el país, dando fin así el sistema bimonetario donde el peso y el dólar circulaban legalmente.

De esta forma el dinero de origen externo queda eliminado como fuente de la oferta monetaria M1, quedando solo la emisión monetaria del Banco Nacional, y la expansión crediticia de los bancos.

La banca pública de desarrollo nació también en el año 1950, con el Banco de Fomento Agrícola e Industrial de Cuba (BANFAIC) subordinado al Banco Nacional.

---

17. *Problemas de la Nueva Cuba* Foreing Policy Association 1934.

El Dr. Joaquín Martínez Sáenz, quien fuera el presidente del Banco Nacional de Cuba entre 1952 y 1958, califica dicho banco en su fundación como una institución ultraconservadora.

En su libro *Por la independencia económica de Cuba* Martínez Sáenz plantea lo siguiente.

> Para lograr su aprobación fue menester reducir sus funciones de modo que fuera un banco de bancos a los que se les facilitara liquidez, y en caso de expansión económica.
>
> Por consiguiente, su acción era complementaria de la actividad de los bancos comerciales.
>
> La Ley No 13 de 1948 creó un Banco Nacional que no abría las puertas a la diversificación de la producción, pues solo con grandes inversiones a largo plazo se pueden crear industrias nuevas, y los bancos comerciales no podían conceder ese tipo de crédito debido al riesgo excepcional.
>
> *El Estado no solo puede si no que debe ser el motor impulsor del desarrollo económico asumiendo los riesgos y responsabilidades que el interés privado no está en condiciones de soportar* (El subrayado es mío).
>
> También la Ley No 13 de 1948 es esencialmente conservadora al prohibir o limitar facilidades crediticias al Estado poniendo un tope a los préstamos estatales, prohibiéndole al Banco la adquisición de sus valores.
>
> Frente a ese cuadro de esterilidad del BNC, ante las urgentes necesidades de desarrollo del país, se criticó su legislación fundamental, ya que impedía toda actividad eficaz de desarrollo e independencia económica.
>
> Usando el poder de legislar, se creó el sistema bancario que abrió nuevas perspectivas a la nación, y puso los cimientos económicos de la revolución.

De acuerdo a los estatutos del BNC, el Banco le podía prestar al Estado solamente el 8% del Ingreso Nacional promedio.

En sus inicios, se consideró restringir la función del BNC como financiador ilimitado de los déficits del gobierno, y se suponía que fuera la banca comercial, a partir del respaldo del BNC como prestamista de última instancia, la que llevara adelante una política de expansión de créditos para el desarrollo económico, y no como quería Martínez Sáenz que fuera el BNC el que llevara adelante la política de expansión crediticia de acuerdo a los criterios del gobierno, que fue lo que se hizo después de 1953, cuando se expandió la banca pública de desarrollo.

El Banco Nacional de Cuba empieza a operar con un capital de 25 millones de pesos, provenientes de la emisión de 25 mil acciones de mil pesos cada una, que fueron compradas por 50 compañías financieras (bancos y compañías de seguros).

El mayor accionista fue el Royal Bank of Canada con 4, 859 acciones.

Los 10 principales accionistas controlaban el 89.8% del total de las acciones. De ellos 5 eran cubanos y 5 eran extranjeros.

Los bancos extranjeros, que constituían el 12% del total de los accionistas, controlaban el 61.7% de las acciones, mientras el restante 38.4% lo controlaban los bancos cubanos que eran el 88% de los accionistas.

Los bancos cubanos que más acciones poseían en el BNC eran: Banco Gelats; Banco Núñez; Trust Company de Cuba; Banco del Comercio y Banco Continental.

Su primer presidente, nombrado por Carlos Prío, fue Felipe Pazos Roque, de 1950 a 1952, y después, nombrado por Fulgencio Batista, Joaquín Martínez Sáenz de 1952 a 1958.

El presidente del Banco Nacional tenía rango de ministro en el gabinete.

Evolución de la situación monetaria de Cuba El fin del bimonetarismo 1947-1952

En 1950 entra en operaciones el Banco Nacional de Cuba, y tiene lugar la cuarta y última reforma monetaria de la República, quedando el peso cubano de papel como única moneda de curso legal respaldado por una reserva de dólares mínima legal del 25%. Se terminaba así con el bimonetarismo como sistema monetario. El peso cubano tendrá una paridad oficial de uno a uno con el dólar norteamericano.

Expresado en millones de pesos/dólares.

Concepto	1947	1952	Diferencia
Oferta monetaria M-2	1,116.50	1,160.00	44.3
Oferta monetaria M-1	970.7	1,005.80	35.1
Base monetaria	924.5	698.9	-225.6
Dinero en manos del público	530.3	432.4	-97.9
Dinero externo (dólares)	349.9	39.2	-310.7
Dinero interno	620.8	966.6	345.7
De ellos			
Efectivo (pesos)	574.6	659.7	85.1
Crédito bancario	46.2	306.9	260.7

Como se puede observar en la tabla anterior, la situación monetaria de Cuba entre el fin de la posguerra y la entrada en operaciones del Banco Nacional cambió radicalmente.

Las características fundamentales de la situación monetaria de Cuba en 1952 se pueden resumir de la siguiente manera:

1. La política monetaria se hizo más conservadora.
2. Desaparición del dinero de origen externo.
3. 3- Ampliación del crédito bancario dirigido sobre todo hacia el comercio de importación.
4. El ahorro relativamente se mantuvo igual, aunque de forma absoluta creció un 3.9%.
5. La oferta monetaria M-1 subió un 3.6%, pero la demanda monetaria cayó un 20%, lo cual amortiguó la subida de los precios, por lo que el nivel general de precios subió solamente un 2%, lo cual significa cero inflación.
6. La tasa de ingresos nominales promedio por trabajador en 1952 fue un 5.3% mayor que la de 1947, teniendo lugar así un incremento del ingreso promedio real de los trabajadores.
7. El poder adquisitivo promedio per cápita del dinero en manos del público en 1940 a valores constantes de 1937 fue 8.72 pesos; en 1947 de 24.77 pesos, y en 1952 de 14.88 pesos.

En este período el gobierno cubano de Carlos Prío y el Partido Auténtico abandona su política monetaria expansiva, y pasa a una posición más conservadora, debido a que los términos de intercambio con Estados Unidos se empiezan a deteriorar ya que entre 1947 y 1952, el precio del azúcar se mantiene constante, en tanto en Estados Unidos, el nivel general de precios subió un 18.8%, y en el año 1948 se reanudó el sistema de cuotas azucareras concluyendo la compra de zafras completas. Esto condujo a que se registraran saldos negativos en la balanza de pagos, por lo que si continuaba la expansión monetaria, el peso cubano no podría sostener la paridad con el dólar, haciendo necesaria una devaluación. El gobierno cubano de esta forma perdía una fuente de ingresos adicionales que era el señoreaje del cual venía disfrutando desde 1932.

El agregado monetario M-1 creció, pero la causa de este crecimiento no fue la base monetaria, si no la expansión de crédito bancario que tuvo lugar como resultado de la creación del Banco Nacional.

De acuerdo a su origen, vemos la fuerte contracción de dinero externo (dólares) dentro del agregado M-1 al quedar el peso como única moneda de curso legal, y por la salida de dólares al extranjero por la cuenta de capitales. El dinero de origen externo paso de ser en 1947 un 36% del agregado M-1, a ser solamente un 3.9% en 1952.

El *Report on Cuba* de la Misión Truslow, refiriéndose a esta etapa de reajuste que comienza en los años 1948 y 1949 dice lo siguiente:

> La inflación de tiempos de guerra y posguerra terminó en la segunda mitad del año 1948 debido a:
>
> 1. La recesión en Estados Unidos, y el debilitamiento del mercado azucarero mundial en 1948, que resultó en un declive de las exportaciones entre 1948 y 1949.
> 2. El volumen récord de las importaciones durante 1947 y 1948.
>
> Estas situaciones dieron lugar a una pausa en la expansión de la oferta monetaria.
>
> Los bancos comerciales expandieron sus préstamos para financiar el enorme volumen de importaciones.

En 1952, el sistema monetario de Cuba ya se encontraba en gran medida subordinado a las decisiones de las autoridades cubanas del Banco Nacional.

Movimiento de los activos internacionales 1947-1952

Al crearse el BNC se estableció un mínimo de reservas internacionales de un 25% respaldando la cantidad de dinero cubano dentro del sistema económico nacional.

En el año 1947, el total de los activos internacionales que existían en Cuba constituían el 104.6% de la cantidad de moneda nacional, en tanto las reservas que se encontraban en el Fondo de Estabilización de la Moneda respaldaban el 69.1%. Esta situación daba lugar a que el sistema monetario cubano se considerara uno de los más sólidos del mundo.

En el año 1952 los activos internacionales que existían en el Banco Nacional constituían el 73.2% de todo el dinero cubano existente en el sistema económico.

La evolución de estas reservas fue la siguiente, expresada en millones de dólares.

Concepto	1947	1952	Variación
En circulación en manos del público	92	8	-84
En los bancos comerciales	111.6	31.2	-80.4
En el FEM, y el BNC	397.3	457.7	60.4
Total	600.9	496.9	-104

Los activos internacionales totales habían disminuido en un 17.3%, y en cantidad y poder adquisitivo, la reserva internacional cubana en 1952 con relación a la de 1947 se había contraído en un 30.4%. Había disminuido físicamente en 104 millones, y había perdido poder adquisitivo por 78.2 millones, que era lo más grave, pues no había tenido lugar una adquisición de bienes como contrapartida, o sea el poder adquisitivo de las reservas se desvanecía.

Entre 1947 y 1952, la balanza de pagos había acumulado un déficit de 207 millones de dólares.

El mecanismo monetario internacional diseñado en Bretton Woods funcionaba en contra de los países como Cuba que tenían una fuerte dependencia comercial con Estados Unidos.

Era prácticamente un mecanismo de despojo internacional que el general Charles DeGaulle en su momento denominó un "privilegio exorbitante".

Raúl Prebisch y los desarrollistas de la CEPAL se habían dado cuenta aproximadamente de este mecanismo, proponiendo como única solución posible la industrialización por sustitución de importaciones para lograr revertir, o por lo menos atenuar el efecto empobrecedor del deterioro de los términos de intercambio, aunque la historia posterior demostraría lo erróneo de sus conclusiones, evidentemente desde la Segunda Revolución Industrial en la segunda mitad del siglo XIX, al convertirse el capital en el factor de producción de mayor valor, los productos más intensivos en el uso de capital, como los productos industriales, tenían más valor que los productos con mayor intensidad en el consumo de tierra y de labor, y esto deterioraba los términos de intercambio favoreciendo a los países con abundancia de capital, y perjudicando a los países con escasez de capital y abundancia de tierra y labor.

Cuba además tenía otro problema monetario, y era la sobrevaloración del peso cubano con respecto al dólar, lo cual encarecía sus exportaciones hacia otros países con niveles inflacionarios más bajos, por lo que el azúcar y el tabaco cubano perdían competitividad en los mercados internacionales, haciendo muy difícil diversificar el comercio exterior, y por otra parte abarataba las importaciones, haciéndolas más competitivas dentro del mercado doméstico.

En el período de 1947 a 1952, la paridad correcta entre el dólar y el peso cubano debía ser aproximadamente de 2.50 pesos cubanos por un dólar.

Evolución del sistema bancario entre 1947 y 1952

La entrada en operaciones del Banco Nacional de Cuba, y del Banco de Fomento Agrícola e Industrial de Cuba (BANFAIC) promoverán un cambio cualitativo en la banca en Cuba al iniciar la creación de un mercado de capitales, recuperando los bancos su función de prestamistas asignando y movilizando recursos para la economía nacional a partir del respaldo que otorgaba un banco central.

Expresado en millones de pesos/dólares.

Concepto	**1947**	**1952**	**Variación.**
Depósitos Total	586.2	727.6	141.4
De ellos:			
Ahorro	145.8	154.2	8.4
C. Corriente	440.4	573.4	133
Reservas de efectivo	394.2	266.8	127.4
Crédito bancario	46.2	306.9	260.7
Mult del crédito	1.21	1.66	0.45
Coeficiente de reserva	90.00%	46.50%	-43.30%

El ahorro, aunque ganó algo desde el punto de vista absoluto, de manera relativa retrocedió, de ser en 1947 un 24.9% del total de los depósitos, a ser en 1952 un 21.2%.

Los depósitos en cuenta corriente en 1947 estaban formados en un 10.5% por medios fiduciarios, en 1952 eran un 53.5%. Esto se manifiesta en un coeficiente de reserva de solamente un 46.5%, y un incremento del multiplicador del crédito. El coeficiente del crédito bajó de ser un 82.9% en 1947, a ser un 60.3% en 1952. Esto fue un efecto inmediato sobre el sistema de banca comercial de la existencia del Banco Nacional.

En 1952, la banca comercial tenía un potencial legal de expansión crediticia de 760 millones de pesos.

El gobierno de Carlos Prío cambió la política de creación de dinero para financiar los gastos presupuestales de sus antecesores, por una política de endeudamiento, esta vez de endeudamiento interno a partir del BNC, que le compró una emisión de bonos por la cantidad de 120 millones de pesos a pagar en 30 años, otra emisión por 25 millones de pesos comprada por el Trust Company de Cuba, y otra de 3 millones de pesos comprada por la Caja Postal de Ahorros.

Los bancos cubanos, al tener ahora el respaldo de un prestamista de última instancia, podían llevar adelante una política crediticia menos conservadora de lo que hasta aquellos momentos habían desarrollado, y esta era una de las funciones del BNC, disminuir el riesgo y aumentar la confianza, que son elementos básicos para la existencia de un mercado de capitales que canalice los ahorros hacia fines productivos.

Comportamiento de la demanda de dinero y el crédito entre 1947 y 1952

Después de 1947, ya se observa finalmente una caída de la demanda de dinero, la cual como hemos venido analizando, se encontraba en ascenso desde 193, así el índice de la demanda de dinero cayó un 20%.

La normalización del comercio internacional luego de concluida la posguerra, la eliminación de controles y regulaciones, la estabilización del nivel general de precios al controlarse la expansión monetaria debido a los déficits en balanzas de pagos, y a una política monetaria más conservadora por parte del gobierno cubano, a lo que se le agrega la entraba en funcionamiento en 1950 del Banco Nacional de Cuba, aprobado desde 1948, contribuyendo a la disminución del riesgo y la incertidumbre. Todo estos fueron factores que permitieron que el gasto diferido durante la guerra se fuera materializando en el período, incrementándose el consumo y la inversión.

El multiplicador del crédito finalmente comenzó a aumentar, y lo hizo en un 37%; las reservas de efectivo de los bancos bajaron a ser un 36.6% del total de los depósitos, lo que significó un aumento de la confianza del sistema bancario en la economía nacional.

La preferencia temporal estaba aumentando, y las tasas de interés estaban disminuyendo en busca de una situación de equilibrio al ir desapareciendo factores anormales que lo obstaculizaban, por lo que se fue acomodando el consumo diferido sin que se desarrollaran presiones inflacionarias.

Este escenario refleja la flexibilización del incipiente mercado de capitales, y la movilización de los recursos financieros que se encontraban acumulados ociosos sin prestar beneficio a la economía nacional.

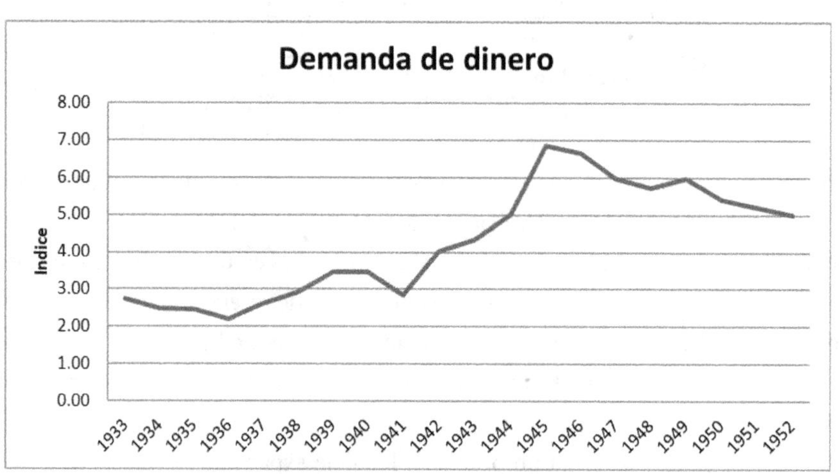

Si se mantenía disminuyendo la demanda de dinero, y la oferta monetaria se mantenía sin cambio, comenzaría a crearse una situación inflacionaria, donde el dinero empezaría a perder poder adquisitivo, lo cual sería corregido por el mercado con la presión al alza de las tasas de interés, y no por el gobierno aumentando la oferta monetaria para sostener bajos los intereses.

En el gráfico anterior se observa el comportamiento del índice de la demanda de dinero llegando a su punto culminante al finalizar la Segunda Guerra Mundial comenzando a descender al normalizarse en comercio internacional.

Algunas conclusiones del segundo período bimonetario: 1940-1950: El informe de la Misión Truslow

En el año 1950 llegó a Cuba una misión del Banco Internacional de Reconstrucción y Fomento (BIRF), invitado por el gobierno de Carlos Prío, con el objetivo de que hiciera un análisis de la situación económica de Cuba, y elaborar propuestas para rectificar los problemas y deficiencias que encontrara, así como identificar oportunidades y proponer como aprovecharlas.

Esta misión estaba compuesta por toda una serie de expertos en diferentes aspectos económicos y jurídicos, y encabezada por el economista norteamericano Francis Truslow.

El *Report on Cuba* de la Misión Truslow[18] fue publicado en 1951, y en relación con la finanzas en Cuba en estos años de la posguerra plantea lo siguiente:

> Durante los años de la guerra, grupos de la sociedad cubana han logrado grandes ahorros, algunos de los cuales han ido a invertirse al extranjero, otros se han invertido en bienes raíces y construcción, y otros se han acumulado en los bancos o atesorado privadamente.
>
> Esta tendencia al aumento de los balances de efectivo, y a la disminución de la inversión en la industria y la agricultura cubana tiene sus causas en lo imprevisible y variable de la economía azucarera, y sobre todo en tiempos de guerra y posguerra. Quedan frescas las memorias de la crisis de 1920-1921.
>
> La inestabilidad de precios de la economía azucarera hace necesaria una cantidad sustancial de recursos líquidos.
>
> El inversor cubano es reacio a invertir fuera de la industria azucarera debido a que cualquier otra inversión sube y baja con el azúcar, lo que tiende a perpetuar la falta de diversificación de la economía cubana.
>
> El sistema bancario cubano refleja esta actitud de mantener grandes reservas de efectivo disponibles, y perseguir una extremadamente cuidadosa política de inversión. Casi exclusivamente efectuar operaciones poco riesgosas y a corto plazo.
>
> Los empresarios cubanos, o con dinero para invertir, saben que en las relaciones labor-administración, el gobierno tiende siempre a favorecer al primero. Estos temores nulifican los efectos de otras medidas que el gobierno ha tomado para promover la inversión.

Más adelante, el informe de la Mision se plantea la siguiente pregunta: ¿Cuál es la razón de este aumento en la demanda de dinero?

18. En el año 1950 fue a Cuba invitada por el gobierno de Carlos Prío, una misión del Banco Internacional de Reconstrucción y Fomento (BIRF) que después se convirtió en el Banco Mundial, para hacer un estudio integral de la economía cubana, identificar sus problemas, y elaborar propuestas de solución. La Misión fue encabezada por el economista norteamericano Francis Adam Truslow, y por eso es conocida como la Misión Truslow. El trabajo de la Misión fue entregado en 1951 con el nombre de "Report on Cuba".

El *Report on Cuba* plantea lo siguiente en relación con esta cuestión:

> La gran dependencia de Cuba al azúcar tiene un efecto muy grande sobre la demanda de dinero.
>
> Importantes factores históricos e institucionales han impedido el desarrollo de un más activo mercado de capitales, tales como inadecuada protección a los intereses de las corporaciones, problemas con la fuerza de trabajo, falta de confianza por parte de los capitalistas respecto a los gobiernos. El mercado de hipotecas urbanas y rurales fue prácticamente destruido por las tres moratorias de 1933, 1934, y 1940.

La expansión monetaria más rápido que el crecimiento del Ingreso Nacional, unida al riesgo intrínseco de la economía cubana basada en las fluctuaciones del precios del azúcar en los mercados internacionales, y de las políticas fiscales norteamericanas, a la inseguridad de los derechos de propiedad provocada por la institucionalidad que el gobierno ha venido desarrollando desde 1933, y la entrada en vigor de la nueva Constitución de 1940, mina la confianza del empresario nacional y extranjero.

Estos factores hacen que aumente la utilidad marginal del dinero, disminuya la preferencia temporal, y aumente la demanda de dinero en Cuba que como consecuencia se inmoviliza fuera de la esfera productiva al no convertirse ni en gasto de consumo ni en inversión.

La trampa de liquidez en la que había caído Cuba en los años de la posguerra, según la teoría keynesiana que profesaban todos los economistas de Cuba (los que no eran marxistas) solo podía superarse con la intervención del gobierno asumiendo el papel de inversionista, sustituyendo así al capitalista en su más esencial función dentro de la economía.

Durante este periodo, por lo menos hasta 1947, la política monetaria expansiva, apoyada en los grandes superávits en balanzas de pago le permitió al Estado apropiarse por medio del señoreaje de importantes cantidades de dinero para llevar adelante sus planes populistas, y sostener la clientela política, sin necesidad de incurrir en déficits presupuestarios, ni aumentar impuestos, o recurrir a empréstitos extranjeros que no estaban disponibles en aquellos años, y por otra parte mantener ganancias nominales para algunos empresarios, sobre todo los vinculados al gobierno. Este tipo de política la pagaba el pueblo, el cual se encontraba sometido al impuesto escondido de la inflación.

La expansión monetaria, unida a la escasez provocada por la guerra y los controles de precios establecidos, llevaron a un enorme auge de la bolsa negra y la especulación, así como de la corrupción, con el consiguiente deterioro del nivel de vida real de los trabajadores.

Entre 1947 y 1950, la fase del auge del ciclo concluía con una economía que seguía basada en las exportaciones de azúcar, con una industria azucarera poco competitiva, con un desempleo masivo que se había hecho crónico, con una elevada inflación, con una enorme cantidad de dinero atesorado en los bancos, lo cual había permitido el renacimiento de una banca nacional, y con una reserva de activos internacionales abultada aunque en proceso de depreciación.

La economía cubana a fines de la década de 1940 se encontraba en una situación que fue descrita en 1965 por el ministro de finanzas británico Ian McLeod con el término estanflación que proviene de la combinación de las palabras inflación con estancamiento económico, caracterizándose por una simultaneidad en el alza de los precios de los bienes y servicios, con un desempleo masivo, y una falta de dinamismo en el crecimiento económico, escenario que hasta aquellos momentos era inconcebible para los economistas keynesianos los cuales asociaban directamente la inflación con altos niveles de empleo, y deflación con desempleo como describe la llamada Curva de Phillips[19].

19. Curva de Phillips es una representación macroeconómica de una curva de pendiente negativa que relaciona las tasas de

Pero los economistas cubanos y extranjeros consideraban que la economía cubana se encontraba en un momento de prosperidad, tomando en cuenta las enormes reservas de divisas extranjeras que se habían acumulado después de la guerra y la posguerra, y las grandes zafras azucareras, aunque ya mostraban señales de alarma ante la posibilidad de que el auge azucarero terminara.

Conclusiones del período transicional 1948-1952

Este período que coincide con la presidencia de Carlos Prío Socarrás, marca la transición entre el auge del ciclo económico, y la recesión, provocado por:

1. Se restaura la cuota azucarera norteamericana.
2. El nuevo orden internacional establecido después de concluida la Segunda Guerra Mundial es desfavorable para los países exportadores de materias primas agrícolas y mineras.
3. Empiezan a caer los precios del azúcar.
4. Los términos de intercambio comienzan a deteriorarse para Cuba en relación con Estados Unidos.
5. Las reservas internacionales empiezan a desvalorizarse.
6. Las balanzas de pago se vuelven deficitarias.
7. No existen préstamos internacionales disponibles.

En este contexto, mantener los avances del Estado Benefactor establecidos en la Constitución del 40, con los que se encuentra comprometido el Partido Autentico en el poder requiere reformas importantes.

Hay que cambiar la fuente de financiamiento del Estado desde los empréstitos extranjeros como fue entre 1902 y 1929, y la emisión monetaria como fue entre 1934 y 1947. Se pasaba al endeudamiento interno, y la reforma del sistema monetario cambiando la política monetaria del gobierno cubano con los siguientes resultados:

1. Creación del Banco Nacional de Cuba.
2. Se emitió deuda pública que fue comprada por el BNC, y bancos comerciales para desarrollar un plan de obras públicas.
3. Se terminó con el bimonetarismo, y quedó establecido como única moneda de curso legal el peso cubano.
4. Se contrajo la oferta monetaria para detener el proceso inflacionario, y estabilizar el valor del peso.

En este periodo se sentaron las bases para la política monetaria expansionista que siguió el gobierno de Batista después del 10 de marzo de 1952, con el doble objetivo de enfrentar la recesión que comenzó en 1953, e impulsar la transformación económica del país, desde ser una economía agrícola monoproductora, a convertirse en una economía industrial, reduciendo la dependencia del azúcar, y con una menor dependencia de las importaciones.

El período de la planificación del desarrollo:1953-1958. capitalismo de Estado

El nuevo gobierno surgido del golpe de Estado del 10 de marzo de 1952, encabezado por Fulgencio Batista, tendría que enfrentar una recesión económica, ya que después de la enorme zafra de 1952 se tomó la decisión de volver a la restricción de la producción de azúcar para evitar una grave caída de

---

desempleo con las tasas de inflación. Su autoría se debe al economista neozelandés Wlliam Phillps (1914-1975).

los precios que llevaría a la ruina inevitable a una parte importante de la industria azucarera nacional; se volvía a la vieja pseudo solución de la restricción unilateral.

Para enfrentar la recesión el gobierno emprendió un plan de gastos compensatorios como había hecho Machado en 1926, a partir de la construcción de obras públicas tanto de infraestructura, como ornamentales y de embellecimiento.

Machado financió el Plan de Obras Públicas con empréstitos norteamericanos, en tanto Batista los financiaría con deuda pública interna al contar con el organismo idóneo para ello que era el Banco Nacional.

Entre 1953 y 1956 se restringieron las zafras las cuales tuvieron un volumen promedio anual de unos 4 millones 700 mil toneladas largas, o sea un 67% de la de 1952, y con un valor promedio de 445 millones de dólares; un 66% del valor de la de 1952. Durante esos años el precio promedio de la libra de azúcar crudo fue de 3.81 centavos; un 20% inferior al de 1952. El Ingreso Nacional promedio entre 1953 y 1956 fue un 7% inferior al de 1952 a pesar de la política de gastos compensatorios, y solamente se superó la recesión en el año 1957, debido principalmente al ascenso de los precios del azúcar provocado por un acontecimiento coyuntural como fue la crisis del Canal de Suez.

Paralelamente al plan de gastos compensatorios, Batista junto con sus asesores económicos diseñan un ambicioso Plan de Desarrollo Económico y Social.

El Plan de Desarrollo Económico y Social

Los objetivos de la política económica del nuevo gobierno de Fulgencio Batista, inaugurado después del golpe de Estado del 10 de marzo de 1952, se orientaban a lograr la diversificación de la producción del país transformando la economía del monocultivo, ante la perspectiva de que la producción azucarera no podría expandirse debido a la limitación de los mercados.

La diversificación haría menos vulnerable la economía del país a las oscilaciones del precio del azúcar.

Este plan no tenía nada de novedoso, ya que constituía un reclamo que se arrastraba desde el comienzo de la década de 1920, luego que la crisis azucarera puso al descubierto para muchos la vulnerabilidad de una economía basada en la producción y venta de azúcar a prácticamente un solo mercado, aunque esto venía siendo denunciado desde tiempo antes, y siempre fue pospuesto por la influencia política de las élites exportadoras que tuvieron éxito en mantener a la economía cubana como una economía esencialmente de plantación.

A comienzos de la década de 1950, la situación económica y social del país hacía impostergable una reforma estructural, y con la caída de los precios del azúcar, y la restricción de las zafras, las élites exportadoras perdían influencia en las decisiones del gobierno.

La enorme zafra de 1952 no pudo ser vendida en su totalidad, y se separaron un 1 millón 750 mil toneladas largas para ser vendidas parcialmente en los siguientes cuatro años. Esta operación tuvo que ser financiada por la banca privada.

A pesar de segregar esta cantidad de azúcar fuera del mercado, el precio de la libra en 1956 fue un 7% inferior al de 1952, La política restriccioncita volvía a las mismas viejas soluciones de 1926 con la Ley Verdeja, y de 1931 con el Plan Chadbourne, y tendría los mismos resultados.

El gobierno sabía que el país entraría en una recesión económica en 1953, por lo que se decidió llevar adelante una política de gasto compensatorio anticíclico, para sostener los niveles de consumo y empleo, al tiempo que se desarrollaba el Programa de Desarrollo Económico y Social cuyo objetivo principal era la diversificación de la economía, o sea cambiar la estructura económica del país.

Joaquín Martínez Sáenz en su ensayo ya citado *Por la independencia económica de Cuba* explica el fundamento del Plan de la siguiente manera:

> Por razones que están fuera del control de las autoridades cubanas, no es posible expansionar la industria azucarera….
>
> Cuba debe por ello desarrollar otras producciones y fuentes de ingresos si ha de mantener su actividad económica a niveles satisfactorios.
>
> El programa de diversificación resulta esencial para resolver el apremiante problema de aumentar la producción nacional en proporción al aumento de su población. También resulta necesario cambiar la estructura de nuestra economía. En el pasado ha sido casi íntegramente una economía de exportación, y Cuba ha sufrido las consecuencias derivadas de tal estructura….

El estímulo a la economía: Consideraciones teóricas

Los economistas de aquellos tiempos, y los economistas cubanos siguiendo las teorías keynesianas, consideraban que la causa de las depresiones económicas era el subconsumo, debido a que la gente no tenía dinero para consumir, y los que tenían lo ahorraban inmovilizándolo o atesorándolo esperando tiempos mejores. La solución por tanto era simple; el gobierno debía incrementar su propio gasto, pero para que funcionara era necesario que el gobierno gastara más sin recaudar más impuestos, o sea a partir de un presupuesto deliberadamente desbalanceado o deficitario.

¿Cómo se iba a financiar ese déficit?

Martínez Sáenz, como presidente del Banco Nacional era el que dirigía la política económica del régimen de Batista. En el ensayo que hemos citado antes él describe claramente sus concepciones económicas que eran prácticamente la de todos los economistas de la época.

> Cuál es el estímulo real sin el cual no hay producción posible: la demanda.
>
> Al reducirse la demanda la producción tiende a reducirse, y al disminuir la producción, la demanda se contrae aún más. Este descendente es el inicio de la depresión.
>
> De elevarse la demanda se estimula la producción, y al aumentarse esta se incrementa el ingreso y con él la demanda misma. Este es el cuadro ascendente del aumento de la producción….
>
> La demanda - continúa diciendo Martínez Sáenz- se amplía aumentando el dinero en posesión de los consumidores. El ingreso per cápita es el que determina las expectativas económicas favorables o adversas según aumente o disminuya la cantidad de dinero en circulación.

El problema grave de la teoría económica de Keynes es que "pone la carreta delante de los bueyes" al tratar la economía como dirigida por la demanda. La economía real no trabaja así; lo que dirige la economía no es el gasto y el consumo si no la producción y el emprendimiento. La.

Ley de los Mercados, más conocida como la Ley de Say por ser enunciada por el economista francés Jean Baptiste Say[20], en su "*Tratado de Economía Política*" publicado en 1803 plantea que:

1. La manera en la que un comprador demanda un bien es suministrando un bien diferente.
2. La oferta de un bien constituye la demanda de otros bienes diferentes.

---

20. Jean Baptiste Say. Economista francés 1767-1832.

3. La fuente de la demanda es la producción, no el dinero. El dinero es solo un estacionamiento temporal para la producción pasada.

Cuando la economía muestra signos de debilidad, la mayoría de los expertos opina que lo que se necesita para evitar una recesión es impulsar la demanda general de bienes y servicios. Si el sector privado no logra aumentar la demanda, entonces es función del Estado llenar ese vacío. Para Keynes esto se lograba a través del déficit fiscal con el gobierno tomando más prestado y gastando cuando el sector privado no lo hace, pero el problema con esto es que la demanda no puede mantenerse por sí sola; está limitada por la producción. Lo que impulsa la economía no es la demanda si no la producción de bienes y servicios; los productores y no los consumidores son el motor del crecimiento económico.

Cuando se crea dinero sin respaldo de producción, como fue demostrado por Richard Cantillon desde el Siglo XVIII, lo único que se logra es que este pierda valor al subir los precios sin que tenga lugar un aumento neto de la demanda, en tanto se produce una redistribución de la demanda donde unas ramas de la estructura de producción se benefician mientras otras se perjudican.

¿De dónde planeaban los economistas del BNC sacar el dinero para financiar los planes de desarrollo y estímulo económico?

Martínez Sáenz contesta a esta pregunta diciendo:

> Es evidente que la única fuente posible del dinero para una operación anticíclica de inyección de dinero a la circulación para compensar el dinero que faltaba como consecuencia de la contracción azucarera es el Tesoro público.

Las razones son 1- Que no pueden esperarse inversiones privadas, y 2- Mantener la estabilidad económica es un interés nacional, y el esfuerzo se hace en beneficio de todos. Se trataba de un gasto público extraordinario, y su pago tiene que hacerse por los productores y los consumidores que son los beneficiarios de ese gasto".

¿Con que recursos contaba el Tesoro público?

"Como fuente de dinero solo quedaba el crédito del Estado. El financiamiento de obras públicas para ser ejecutadas rápidamente con el fin básico de inyectar dinero a la circulación para mantener el mercado doméstico frente a la contracción azucarera mediante la venta de bonos del Estado".

Se consideraba que los bancos comerciales, las compañías de seguros, y los fondos de retiro tenían en su poder grandes cantidades de ahorros acumulados que no beneficiaban a nadie, y que debían ser movilizados por el Estado con el fin de estimular la economía en recesión. De ahí saldría el dinero para financiar el plan de obras públicas del Estado, para poner dinero en circulación y sostener la demanda de consumo.

La teoría Keynesiana argumenta que cuando la demanda de consumo es débil. el ahorro, al sustraer fondos de la circulación perjudica la demanda, o sea, si la demanda es el motor del crecimiento económico, -según Keynes- y el ahorro es lo contrario del consumo, y por tanto de la demanda, entonces el ahorro es prejudicial al crecimiento económico ya que si la gente decide ahorrar una porción importante de su renta perjudica a la producción a partir de causar subconsumo.

Ese era el enfoque simplista de los economistas cubanos también, por tanto, esos grandes volúmenes de dinero ahorrados en las cuentas bancarias era perjudiciales al crecimiento económico, y los intereses privados, que solo persiguen fines especulativos, no moverían esos fondos hacia la inversión productiva, siendo esta una tarea del Estado en beneficio de toda la sociedad cubana.

Aquí tenemos entonces que plantearnos en que consiste el ahorro.

La forma de pensar convencional considera que el ahorro es la cantidad de dinero que queda después de que los ingresos monetarios se han utilizado para los gastos de consumo, sin embargo, para la teoría económica esto no es así; el ahorro es lo producido en bienes reales, menos lo consumido en bienes reales, que después sirve para pagar por otros bienes y servicios producidos. El ahorro por tanto es riqueza real.

En Cuba había grandes cantidades de dinero en los bancos en 1952, pero era real ese ahorro?, ¿era dinero respaldado por riqueza real? Lo que había era demasiada creación de dinero ahorrado.

En el año 1952, las reservas de efectivo de los bancos comerciales eran 266.5 millones de pesos, que con un multiplicador bancario de cuatro podían convertirse en 1, 066.0 millones de pesos.

No es el dinero el que financia la actividad económica si no el flujo de bienes y servicios finales de consumo. El dinero solo facilita el flujo.

Solamente se puede ejercer demanda real a partir de la producción. Si aumenta la demanda aumentando la cantidad de dinero en el sistema sin aumentar proporcionalmente la producción (inflación), lo único que se logra es que el dinero pierda poder adquisitivo, o sea que aumenten los precios de los bienes y servicios.

Basados en este principio, ¿cómo podríamos estimar el ahorro real que había en Cuba en 1952?

Para estimarlo tomando como referencia el año 1937:

El Ingreso Nacional de ese año fue de 614.0 millones de pesos, respaldados por una oferta monetaria M-1 de 159.5 millones de pesos. El Ingreso Nacional en 1952 fue de 2, 007.1 millones de pesos los cuales debían ser respaldados por una oferta monetaria de 521.4 millones de pesos, sin embargo en 1952, la oferta monetaria M-1 era de 1, 005.8 millones de pesos, lo que significa que había un exceso de dinero de 483.7 millones de pesos equivalentes al 48% del dinero existente en el sistema.

Los planes del gobierno de Batista se basaban en financiar el incremento de gastos deficitarios, o sea fuera de presupuesto, transfiriendo el dinero acumulado en los bancos comerciales para ser invertidos por el Estado de acuerdo a sus criterios, estimulando así la demanda, y otra parte sería financiada por el BNC, lo que implicaría la compra de deuda pública creando nuevo dinero.

Para manejar este gasto fuera del presupuesto, el gobierno creó una serie de instituciones que constituyeron en su conjunto una banca pública de desarrollo.

Banca pública de desarrollo: objetivos

La idea de crear una banca pública para financiar actividades que no eran financiadas por la banca privada, y lograr así la diversificación económica es tan vieja como la idea de crear un banco central en Cuba, ya que para crear la primera, es necesario crear el segundo que es quien proveería el financiamiento necesario.

Siempre la idea fue la creación de un Banco Agrícola, ya que Cuba era un país agrícola, dominado por el cultivo de la caña de azúcar, por tanto, proveer crédito para otras actividades agrícolas se consideraba de vital importancia, y este no era concedido por los bancos si no por comerciantes locales a corto plazo y altísimos intereses, por lo que se creía que solo a partir de la acción del Estado creando una institución que proveyera crédito barato a los agricultores se encontraría la solución, o por lo menos que esta sería la solución más lógica y expedita al problema de la escasez de crédito agrícola en un país con una economía basada en la agricultura.

Desde los años 30 muchos economistas en el mundo habían llegado a la conclusión de que el mercado financiero no siempre logra asignar los recursos con una máxima eficiencia social ya que a menudo se presentan externalidades negativas o fallos de mercado[21] principalmente en relación con los negocios pequeños y con las llamadas actividades emergentes.

Se reconocía como las principales dificultades que enfrentan las empresas de menor tamaño para conseguir recursos primero la percepción de mayor riesgo crediticio, y segundo los costos de transacción.

En esta línea de pensamiento, se consideraba que entre las funciones del Estado se encuentra generar condiciones que neutralicen el efecto de los fallos de mercado, y lograr de esta forma que los recursos financieros sean accesibles a sectores que pueden ser potencialmente rentables pero preteridos por su inferior capitalización y baja lateralización.

De esta forma, el banco público de desarrollo se entendía como una institución cuyo propósito es satisfacer las necesidades financieras de esos sectores a través de instrumentos que implican la intervención directa o indirecta del Estado en la corrección de tales fallos, al asumir el Estado los riesgos que el sector privado no puede asumir.

Desde los años posteriores a la Segunda Guerra Mundial se recomendaba que en Cuba, para resolver los problemas de crédito que confrontaba la diversificación económica del país era necesaria la creación de una banca pública de desarrollo. Esto fue recomendado por Julián Alienes, por Henry C Wallich, por la Misión Truslow, etc.

En América Latina, la idea de impulsar el desarrollo a través de este tipo de instituciones financieras proviene del escaso desarrollo de los mercados de capitales a través de los cuales financiar proyectos de mediano y largo plazo, en actividades que podrían aparecer como de alto riesgo, pero su auge comienza a partir del surgimiento de la planificación estatal cuyo propósito era el financiamiento de políticas públicas tendientes a la realización de planes de desarrollo delineados por el Estado.

Este tipo de instituciones financieras tienen su origen en Europa, especialmente en Alemania, creadas para promover la industrialización.

La evolución de la banca de desarrollo en América Latina muestra claramente dos etapas; la primera en los años 50 con la instauración de los Estados de Bienestar, y la estrategia del llamado "desarrollo hacia adentro" y la industrialización por sustitución de importaciones (ISI).

Una segunda etapa se identifica a partir de los años 90, pero esta se sale de los límites cronológicos de este trabajo.

Las características del modelo original de la banca de desarrollo en América Latina incluían:

1. Orientación de sus actividades exclusivamente en función de planes nacionales de desarrollo.
2. Énfasis en el financiamiento de las inversiones públicas y privadas claves para el desarrollo mediante la asignación directa a sectores definidos como estratégicos.
3. Promover el desarrollo y la creación de empleo sin establecer criterios básicos de cumplimiento de normas prudenciales ni de sostenibilidad.
4. Mantenían una diferenciación con la banca comercial, pues se ocupaban de sectores excluidos por

21. Fallo de mercado es una situación que se produce cuando el mercado no es capaz de asignar los recursos de forma eficiente, por lo que se requeriría la acción del Estado para corregirlos.

esta, era dirigido por la política económica, ofrecía créditos a largo plazo, y no competían si no que se complementaban.

La banca de desarrollo demostró, como toda institución del Estado, una serie de problemas.

Por una parte trataba de resolver lo que se denominaba un "fallo de mercado", pero creó más problemas de los que resolvió, que es lo que la Teoría del Public Choice[22] denomina "fallos del Estado".

Entre los principales problemas de la banca de desarrollo en toda América Latina se encuentran la creación de incentivos para un aumento exponencial de la corrupción, la tendencia al financiamiento del sector público quitando recursos al sector privado, otorgamiento de créditos bajo criterios más políticos que económicos, deficiente administración de riesgos, baja calidad en sus carteras, frecuentes cambios de objetivos, baja o ninguna rentabilidad, y elevados gastos administrativos.

En las décadas de los 60 y 70, la importancia relativa de la banca pública se estancó a pesar de haber financiado una parte muy importante del sector llamado "paraestatal" luego de producir grandes pérdidas, y el alejamiento de recursos necesarios para el fomento del sector privado.

En Cuba las ideas de la banca de desarrollo, como en toda América Latina, estuvieron muy influidas por las teorías de Keynes, pero también por el desarrollo que estas instituciones financieras tuvieron en México, donde fueron promovidas muy activamente por el presidente Lázaro Cárdenas, el cual creó una banca gubernamental como alternativa a la banca privada sobre todo para financiar la reforma agraria.

En México, en 1932 se promulgó la Ley de Instituciones de Crédito, en 1937 se constituyó el Banco Obrero de Fomento Industrial con el propósito de promover la industrialización, pero sería durante las presidencias de Manuel Avila Camacho (1940-1946) y especialmente Miguel Alemán (1946-1952) que la banca de desarrollo se estructuró en México, pero ahora orientándose hacia la industrialización más que hacia la agricultura, aprovechando los recursos financieros producidos por el boom de la Segunda Guerra Mundial.

Así, entre los años 40 y 50, los bancos de desarrollo en toda América Latina experimentaron una gran expansión y se convirtieron en elemento clave en los planes de industrialización y desarrollo, y Cuba no sería la excepción.

Una de las agencias precursoras en América Latina, creadas por el Estado para financiar y promover el desarrollo económico, fue la Corporación de Fomento de la Producción (CORFO) creada en Chile en 1939 bajo el gobierno socialista de Pedro Aguirre Cerda.

En Puerto Rico, en 1942 se creó la Corporación de Fomento Industrial de Puerto Rico, y el Banco de Desarrollo Gubernamental con estos mismos propósitos.

Aclaremos que otros economistas en el mundo de aquellos tiempos, ciertamente muy minoritarios, eran contrarios a la idea de los fallos de mercado y las externalidades negativas como justificación de la intervención del gobierno en la economía. Estos eran los economistas de la Escuela Austríaca.

Para estos economistas, los fallos de mercados son un absurdo, ya que consideran que cualquier acción del Estado terminaría empeorando las cosas más de lo que estaban en su inicio, y que solo en condiciones de libre mercado se produce una mejor coordinación social. Para ellos, los fallos de mercado en realidad son fallos en la definición o en la defensa y cumplimiento de la propiedad privada.

Analizando el caso de la falta de crédito y poco desarrollo de mercados de capitales en Cuba, tenemos que la escasez del mismo está originada tanto por factores externos que van más allá del control del país, como es el caso de la volatilidad y las fluctuaciones propias de los mercados internacionales

22. Public Choice. Teoría económica desarrollada por los economistas norteamericanos James Buchanan y Gordon Tullock.

de materias primas, como de factores internos como son la estructura económica monoproductora, la inflación, y el marco institucional regulacioncita. Estos factores incrementan el riesgo y la incertidumbre haciendo casi imposible el desarrollo de mercados de capitales amplios y flexibles, que permitan el financiamiento de determinadas actividades económicas.

La creación de una banca estatal con el propósito de eliminar el riesgo y la incertidumbre por una parte, y por la otra complementar a la banca privada otorgando créditos en actividades de mayor riesgo provoca un resultado a corto plazo, mientras transfiera los ahorros reales acumulados hacia actividades productivas, pero inmediatamente tendrá lugar un incremento en el precio de los bienes y servicios, y en el costo de la labor, además de escasez de fondos prestables. Para mantener el auge, el gobierno tiene que recurrir a la expansión de crédito fiduciario, al no existir suficiente ahorro monetario real provocando una distorsión en todos los indicadores macroeconómicos.

Banca pública de desarrollo en Cuba. La banca oficial

El 20 de diciembre de 1950, es creado el Banco de Fomento Agrícola e Industrial de Cuba (BANFAIC) adscrito al BNC, que tenía como objetivo facilitar crédito con intereses reducidos, a actividades agrícolas e industriales que no tenían acceso a crédito por parte de los bancos comerciales debido a ser considerados de alto riesgo, a agricultores de escasos recursos, y a empresarios que estuvieran dispuestos a instalar industrias no existentes en el país, especialmente si sustituían importaciones. De esta forma se intentaba llenar el "vacío crediticio" provocado por el "conservatismo" de la banca comercial y acelerar la diversificación económica del país.

Los tipos promedio de interés del BANFAIC eran del 7% industriales, y un 8% agrícolas, lo cual no resultaría muy atractivo para promover muchas inversiones que no fueran azucareras, por lo que siempre hubo escasez de inversionistas en disposición de aportar cantidades de dinero para complementar las sumas que aportaría el banco, y recibir una participación adecuada en las ganancias.

Por otra parte, por la misma ley de su creación, el BANFAIC no podía prestar al gobierno, por lo que rápidamente se puso en evidencia que esta institución no era el instrumento adecuado para diversificar la economía.

Una de las características del financiamiento de este banco, al igual que lo sería el BANDES, era que asumía la mayor parte del monto de los mismos, en tanto el capital privado aportaba una parte menor y en condiciones de privilegio, reduciendo los riesgos del inversor, en tanto aumentaba los riesgos del Estado, o sea de la sociedad.

Con este tipo de banco se creaba y expandía una economía mixta con una cada vez mayor participación del Estado como accionista de las empresas, pero también asumiendo la mayor parte de las pérdidas en proyectos de baja calidad, pérdidas que finalmente tendrían que ser pagadas por el pueblo de Cuba a través de los impuestos, puesto que las deudas de esta banca era deuda del Estado cubano.

A- Por Ley-Decreto No 1015 de 1953 se creó la Financiera Nacional de Cuba con el propósito del financiamiento de obras públicas y servicios públicos.

Sus objetivos fundamentales eran:

1. Facilitar recursos a largo plazo para proyectos y obras de servicio público reproductivo que pudieran obtener ingresos suficientes para pagar intereses por los préstamos.
2. Hacer que los beneficiarios y usuarios contribuyeran a su pago mediante el abono de tasas, o peajes, y también cediendo parte del aumento del valor de los terrenos o inmuebles.

3. Promover el ahorro al emitir valores públicos nacionales que puedan invertirse en los fondos que antes emigraban por falta de valores atractivos por su garantía y rendimiento[23].

Los proyectos de la FNC mejoraron los servicios públicos tales como acueductos, alumbrado, pavimentación, etc. La gran mayoría de los proyectos ejecutados por esta institución fueron realizados en La Habana. Uno de los más importantes sería la construcción del Túnel de la Bahía de La Habana, y la Vía Monumental.

Entre 1953 y 1958, la FNC financió 17 proyectos con un valor de 133 millones 229 mil pesos.

B- Por Ley-Decreto No 2066 de 1954 se creó el Fondo de Hipotecas Aseguradas (FHA) con el propósito de fomentar la construcción residencial y comercial.

Tenía entre sus funciones asegurar créditos hipotecarios tomando como modelo la FHA norteamericana (Federal Housing Administration).

El FHA ayudó mucho a que tuviera lugar el intenso boom constructivo y de inversiones en bienes inmuebles, contribuyendo al desarrollo del mercado hipotecario que había sido destruido por las leyes de moratoria y por las leyes de control de rentas.

El FHA entre su fundación y 1958, otorgó préstamos por valor de 78 millones 298 mil pesos.

C- Ley-Decreto 1425 (1954) Banco de Comercio Exterior (BANCEX) con el propósito de promover exportaciones cubanas contribuyendo con los fondos y subsidios necesarios para promover el comercio de Cuba con el extranjero.

Este banco se creó fundamentado en la restricción de los mercados azucareros tradicionales de Cuba, y para comercializar el excedente de la zafra de 1952. Esta institución operaría subsidiando las exportaciones cubanas y en la búsqueda de nuevos mercados a nivel internacional.

D- Ley-Decreto 1947 (1955) dio lugar a la creación del Banco de Desarrollo Económico y Social (BANDES) para administrar el Plan de Desarrollo Económico y Social del gobierno de Batista.

Este banco tenía como propósito facilitar préstamos para el desarrollo y la diversificación de la economía a través de la emisión de bonos que serían comprados por los bancos, las compañías de seguro, los fondos de retiros, y el BNC, los cuales serían invertidos, en muchos casos poniendo casi la totalidad de la inversión, para que de esta forma los inversores privados no arriesgaban casi nada o incluso nada en algunos casos, en tanto el Estado asumía todos los riesgos en empresas que ningún empresario o banco privado querría asumir.

Una parte importante de los fondos de que dispuso el BANDES fueron a parar a proyectos poco productivos, ineficientes y con una alta dependencia de materias primas importadas. Además la gran mayoría fueron ejecutados en La Habana, contribuyendo así a la redistribución regional de riquezas e ingresos que caracterizó este período.

El BANDES otorgo créditos para el fomento de nuevas industrias a 42 proyectos por un valor de 175 millones 79 mil pesos, y destinados a ampliar industrias a 32 proyectos con un valor de 68 millones 811 mil 200 pesos, para un total de 74 proyectos y 243 millones 890 mil 200 pesos.

Financiamiento de la banca pública de desarrollo

Para el financiamiento de la banca pública se habían emitido bonos del Fondo de Veteranos y Tribunales por 145 millones de pesos en 1953, de los cuales en 1958 se encontraban en circulación 130 millones de pesos y se había amortizado 12.9 millones de pesos, y tres emisiones sucesivas entre 1954 y 1956, de bonos para el desarrollo económico y social por un monto total de 350 millones de pesos de los cuales, en circulación en 1958, 310 millones, y amortizados 19.8 millones de pesos.

23. "Cuba: Banca y crédito 1950-1958" Enrique Collazo Pérez.

En diciembre 31 de 1958 circulaban bonos de las siguientes instituciones por un valor de:

Financiera Nacional de Cuba (FNC): 130 millones.

BANDES: 235 millones.

FHA: 78.5 millones.

BANFAIC: 10.6 millones.

Total ; 454.1 millones.

Fuente: Revista *Cuba económica y financiera*.

En el año 1958, el financiamiento de la banca pública era el siguiente:

BNC: 141.4 millones de pesos; el 30.4% del total.

Bancos comerciales: 281.7 millones de pesos; el 60.6% del total.

Estado cubano: 33.5 millones de pesos: 7.2% del total.

Otras instituciones e individuos privados: 8.6 millones de pesos; el 1.8% del total.

Total crédito recibido: 465.2 millones de pesos.

Fuente: Revista del BNC. Cálculos del autor.

De ese total, la parte correspondiente al BNC era nuevo dinero creado, y la parte correspondiente a los bancos comerciales formaba el 33.7% de la cartera de préstamos total de la banca comercial.

Estructura del crédito concedido por la banca pública. Expresado en millones de pesos.

Concepto	**1953**	**1958**
Al sector privado	8.4	396
De ellos.		
Industria	1.7	133
Agricultura	5.6	19.6
Servicios públicos	1.2	236.2
Inv en obras por concesiones	63.8	
Al sector público	22.5	63.3
Total	30.9	459.3

Fuente: Revista del Banco Nacional de Cuba.

Los créditos concedidos a la industria fueron un 29% del total del crédito concedido por la banca pública, y a la agricultura apenas un 4.3%, en tanto los servicios públicos obtuvieron el 51.4% del crédito que fueron destinados a obras de infraestructura no reproductivas.

El BNC prestó al sector privado 323.7 millones de pesos, al sector público 104.7 millones de pesos, y creó 34 millones de pesos para un total de 462.4 millones de pesos, en tanto el sector privado financió a la banca pública de desarrollo con unos 136 millones de pesos.

La banca pública de desarrollo se financió: 30% por el sector privado; 70% por el BNC.

En realidad el mecanismo de financiamiento se basaba en la política de redescuento que aplicaba el BNC que le prestaba a un bajo interés a los bancos, en tanto estos con ese dinero adquirían liquidez, y a partir de la reserva fraccionaria compraban deuda emitida por la banca pública de desarrollo, o directamente del gobierno que pagaba intereses más altos. Este era el mecanismo de creación de crédito sin respaldo de nada (fiduciario).

Evolución del sistema monetario 1952-1958

La existencia del Banco Nacional de Cuba permitió al Estado dirigir la política monetaria e influir decisivamente en la política económica general del país. Dicha política se orientaría -según sus diseñadores- al estímulo, y al cambio estructural de la economía.

Evolución monetaria 1952-1958. Expresado en millones de pesos/dólares.

Concepto	1952	1952	Diferencia
Oferta monetaria M-2	1,160.00	1.566.4	460.4
Oferta monetaria M-1	1,005.80	1,122.70	116.9
Base monetaria	698.9	730.1	31.2
Dinero en manos del público	432.4	489.7	57.3
Dinero externo (dólares)	39.2	7	-32.2
Dinero interno	966.6	1,129.60	163
De ellos.			
Efectivo (pesos)	659.7	737	77.3
Crédito bancario	306.9	392.6	85.7

El ahorro, de haber sido un 9.0% en 1952 pasó a ser un 28.3% en 1958 contrarrestando la presión inflacionaria de la creación de dinero del BNC y de los bancos comerciales, lo que se manifestó en un aumento de la demanda de dinero de un 1.4%.

Por otra parte, el BNC creo 462.4 millones de pesos gran parte de los cuales salieron por la balanza de pagos, contrayendo las reservas internacionales en 412.5 millones de dólares.

Un tercer factor, que aunque en menor medida, también contribuyó a contrarrestar la presión inflacionaria fue la casi completa desaparición de los dólares de la oferta monetaria M-1.

La acumulación de dinero inflacionario en el período fue de solamente 15.7 millones de pesos, por lo que el nivel general de precios se mantuvo inalterado.

El poder adquisitivo real promedio per cápita del dinero en manos del público en 1958 fue de 15.03 pesos ; un 1% superior al de 1952 debido al aumento de la demanda de dinero.

El gasto de consumo per cápita en 1952 fue de 279.55 pesos y en 1958 fue de 257.40 pesos; una contracción de casi un 8%.

Pasando al análisis del comportamiento de los agregados monetarios entre 1952 y 1958 tenemos que:

El agregado monetario M-0 o base monetaria está formado por todo el efectivo en billetes y monedas en manos del público y en las reservas de los bancos comerciales y el Banco Nacional.

El agregado monetario M-1 está formado por el M-0, más el crédito fiduciario o dinero bancario.

El agregado monetario M-2 está formado por M-1, más las cuentas de ahorro y plazo fijo de los bancos.

El agregado monetario M-3 está formado por M-2, más las reservas internacionales en el Banco Nacional de Cuba, y el Fondo de Estabilización de la Moneda.

Así tenemos que el comportamiento de los agregados monetarios expresado en millones de pesos fue el siguiente.

Concepto	**1952**	**1958**	**Diferencia.**
En manos del público	432.4	489.7	+57.3.
En reserva en bancos	266.5	240.4	-26.1.
Dinero en efectivo M-0	698.9	730.1	+31.2.
Crédito fiduciario	306.9	392.6	+85.7.
Agregado monetario M-1	1,005.90	1,122.70	+116.8.
Ahorro en bancos	154.2	443.7	+289.5.
Agregado monetario M-2	1,160.10	1,566.40	+406.3.
Reservas int en BNC	457.7	77.4	-385.3.
Agregado monetario M-3	1,617.80	1,643.80	+26.0.
Viéndolo desde el punto de vista absoluto Entre 1952 y 1958.			
Efectivo en manos del público:	+13.3%.		
Reservas en bancos:	-9.80%	.	
Efectivo total M-0:	+4.5%.		
Crédito fiduciario:	+27.9%:		
M-1:	+11.6%.		
Ahorro en bancos:	+187.7%.		
M-2:	+35.0%.		
Reservas:	-83.0%.		
M-3:	1.60%	.	

Como podemos observar, el incremento neto de la oferta monetaria fue muy pequeño, por lo que no generó presión inflacionaria, manteniendo el nivel general de precios estable, y aunque los agregados monetarios M-0, M-1 y M-2 crecieron, la contracción de las reservas amortiguó el efecto inflacionario. Entre 1953 y 1958, el déficit en la cuenta de capitales fue de 536.4 millones de dólares, y el déficit total en la balanza de pagos alcanzó la cantidad de 899.3 millones de dólares según las cifras recogidas por las Memorias del Banco Nacional de Cuba.

Las causas de la pérdida de reservas se encuentran en la sobrevaloración del peso cubano con respecto al dólar, a los términos de intercambio desfavorables con respecto a Estados Unidos, y al elevado nivel de importaciones unido a exportaciones estancadas lo cual afectaba de manera adversa a las balanzas comerciales, que no podían compensar los déficits de las demás balanzas de las cuenta corriente.

En el año 1958, el peso cubano se encontraba sobrevalorado aproximadamente en un 26% con respecto al dólar, y no existían reservas para mantener la enorme demanda de dólares, por lo que se hacía imprescindible solicitar un préstamo al Fondo Monetario Internacional o a Estados Unidos, y devaluar la moneda, medidas que en aquellos tiempos en que regía el sistema monetario de Bretton Woods se hacía bastante difícil. Téngase en cuenta de que una devaluación monetaria daría lugar a una inflación de precios del mismo nivel que la devaluación, lo cual tendría un elevado costo político para el ya impopular gobierno de Batista.

La evolución de la banca comercial y su papel en el financiamiento de los planes del Estado

Veamos como impactó sobre la banca comercial la creación de la banca pública de desarrollo apoyada por el BNC.

Expresado en millones de pesos/dólares.

Concepto	1952	1952	Variación.
Depósitos Total	727.6	1,076.70	349.1
De ellos:			
Ahorro	154.2	443.7	289.5
C. Corriente	574.4	633	58.6
Reservas de efectivo	266.8	240.4	-26.4
Crédito bancario	306.9	392.6	85.7
Mult del crédito	1.66	2.15	0.49
Coeficiente de reserva	46.50%	38.00%	-8.50%
Coeficiente de crédito	60.30%	46.60%	-13.40%

El sistema financiero de Cuba en los años 50 había quedado formado por tres elementos fundamentales. Primero, el Banco Nacional de Cuba, que era el centro del sistema, financiando el gasto deficitario del Estado, y la banca pública de desarrollo, y simultáneamente promoviendo la expansión de la banca comercial. Segundo la banca pública de desarrollo, que actuaba como banca de inversión para los planes de desarrollo del gobierno. Tercero la banca comercial con sus funciones de depósito y préstamo, la cual debía jugar un papel importante captando ahorros, y canalizándolos en el financiamiento del gobierno y a la banca pública de desarrollo, además de la inversión privada.

Entre 1952 y 1958 hay un aumento significativo de los depósitos, y específicamente en las cuentas de ahorro y plazo fijo, ya que muchas cuentas corrientes se convirtieron en cuentas de ahorro, lo cual le dio solidez al sistema bancario aumentando el coeficiente de reservas.

Como se puede ver el coeficiente de reservas, aunque presenta alguna disminución, aún se mantiene por encima del coeficiente legal del 25%, por lo que se puede calificar al sistema bancario en el agregado como con suficiente solidez, mostrando un aumento en el nivel de confianza en la economía cubana.

En 1952 los medios fiduciarios constituían el 42.2% de los depósitos bancarios, y en 1958 el 36.4%, lo cual está diciendo que el ahorro aumentó más rápido que la creación de dinero por parte de los bancos, que en gran parte fue concedido a la banca pública y al Estado directamente.

De los préstamos de la banca comercial en 1952, el 9.8% se encontraba colocado en bonos de la deuda pública, y en 1958, el 33.7%. del total de préstamos de los bancos comerciales estaba constituido por bonos de la deuda pública y de la banca pública de desarrollo.

Del incremento neto de los préstamos concedidos entre 1952 y 1958, unos 282 millones de pesos fueron al Estado y sus instituciones financieras, o sea el 75%.

En el año 1952, el agregado bancario tenía un potencial de creación de crédito fiduciario de 759.1 millones de pesos, y en 1958 de 568.2 millones de pesos.

El coeficiente del crédito disminuyó en casi 14 puntos porcentuales indicando un renovado dinamismo del mercado de capitales.

Hasta 1958 puede decirse que la posición de la banca comercial es sólida, aunque la intervención del Estado en el mercado de capitales a través de la banca pública de desarrollo la iría debilitando en la medida en que se fuera profundizando, ya que como vimos el crédito al gobierno desplazaba del mercado de capitales al crédito a la empresa privada.

Como resultado de la entrada en operaciones del BNC en 1950, la banca comercial adquiere impulso como en los años anteriores al Crack de 1920. En 1939, la banca cubana tenía el 16.8% de los depósitos. Los grandes superávits de la Segunda Guerra Mundial, y la política monetaria expansiva del gobierno dieron lugar a un fortalecimiento de la banca nacional, y en 1949, los bancos cubanos controlaban el 47.7% de los depósitos.

En 1958, los bancos cubanos poseían el 61.1% de los depósitos.

Una legislación fundamental para imprimirle solidez al sistema bancario fue la Ley- Decreto 398 de septiembre de 1952, de del Fondo de Seguro de Depósitos y Liquidación Bancaria.

Mediante esta ley se buscaba la captación de ahorros, y el fortalecimiento de los bancos cubanos estimulando el ahorro bancario, asegurando depósitos hasta 10 mil pesos.

Esto incrementó el depósito en bancos cubanos, sobrepasando finalmente a los bancos extranjeros.

Clasificación de los bancos de acuerdo al volumen de sus depósitos

	1950		1957	
Depósitos	Unidades	%	Unidades	%
Hasta 500 mil	20	36.3	7	14.9
Más de 500 mil a 1 millón	8	14.5	7	14.9
Más de 1 millón a 5 millones	14	25.5	11	23.4
Más de 5 millones a 10 millones	2	3.6	5	10.6
Más de 10 millones a 25 millones	3	5.5	7	14.9
Más de 25 millones a 50 millones	3	5.5	4	8.5
Más de 50 millones a 100 millones	4	7.3	4	8.5
Más de 100 millones	1	1.8	2	4.3
	55		47	

Fuente: Revista del Banco Nacional de Cuba.

Clasificación de los bancos de Cuba		**1958**
Bancos grandes: más de 25 millones de pesos		
Bancos medianos: De 1 a 25 millones de pesos		
Bancos pequeños: Menos de 1 millón de pesos		
Bancos nacionales		
Grandes	Depósitos	Fundación
Trust Company de Cuba	234	1905
Banco Núñez	100	1921
Banco Continental Cubano	88	1943
Banco Agrícola e Industrial	48	1942
Banco Gelats	45	1876
Total	515	
Medianos		
Banco de los Colonos	22	1942
Banco Pedroso	20	1934
Banco Pujol	19	1893
Banco Garrigó	15	1918
Banco Godoy Sayán	14	1953
Banco Financiero	13	1952
Industrial Bank	11	1947

Banco Hispano Cubano	10	1954
Banco de Fomento Comercial	9	1950
Banco de la Construcción	9	1954
Banco Agrícola Mercantil	8	1946
Banco González y Hmnos	6	1879
Banco Hipotecario Mendoza	5	1947
Banco Asturiano de Ahorros	5	1910
Banco Franco-Cubano	4	1951
Banco de crédito e inversiones	1	1939
Total	171	
Bancos extranjeros		
First Nat City Bank of N York	93	1915
First Nat City Bank of Boston	72	1923
Chase Manhattan Bank	44	1925
Royal Bank of Canada	126	1902
Bank of Nova Scotia	50	1906
Banco de China	10	1944
Total	395	

Fuente: "La alta burguesía de Cuba: 1920-1958" Carlos del Toro

Los bancos considerados grandes eran los de más de 25 millones en depósitos. En 1958, eran el Trust Company de Cuba, el Núñez, el Continental Cubano, el Agrícola e Industrial y el Gelats.

Entre seis bancos extranjeros, tres eran norteamericanos; el First National City Bank (1915), el First National Bank of Boston (1923), y el Chase Manhattan Bank (1925). Dos eran canadienses; el Royal Bank of Canada (1902), y el Bank of Nova Scotia (1906). Por último el Banco de China (1944). Entre ellos, el mayor era el Royal Bank of Canada.

Entre 1950 y 1957 se observa una concentración en el sistema bancario de Cuba; desaparecen varios pequeños, y crece el número de los bancos medianos y grandes pasando a tener de un 23.7% de los depósitos en 1950 a un 46.8%.

La existencia del BNC permite a los bancos, especialmente nacionales, disminuir las tasas de interés para los diferentes tipos de préstamos, aumentar el crédito fiduciario, y disminuir la enorme liquidez esterilizada en el sistema de banca comercial.

Los grandes bancos, y los bancos extranjeros prestaban a más bajos intereses, especialmente en las actividades tradicionales, y con colaterales.

En 1957, 27 bancos prestaban con intereses que iban desde un 4.1% hasta un 8%, en tanto otros 20 bancos cargaban intereses sobre los préstamos desde un 8.1% hasta un 12%. Estos eran los bancos más pequeños y los bancos provinciales.

Los bancos a partir de 1950 ampliaron sus operaciones incursionando más abiertamente en algunos sectores no tradicionales como la agricultura, la industria, y los bienes raíces, pero los intereses cobrados por los bancos comerciales se mantenían muy elevados, lo cual era una gran limitante para la expansión de las empresas. La banca pública competía con intereses de entre un 4.5 y un 5%, pero para obtener créditos de la banca pública, en general se requería ser parte de la clase política.

Tipos medios de interés para préstamos bancarios

	Numero de bancos	
Intervalos	**1957**	**1958**
Del 4.1 al 5%	2	
Del 5.1 al 6%	8	5
Del 6.1 al 7%	8	8
Del 7.1 al 8%	9	12
Del 8.1 al 9%	7	8
Del 9.1 al 10%	7	7
Del 10.1 al 11%	2	3
Del 11.1 al 12%	3	1
Total	46	44

Fuente: Revista del Banco Nacional de Cuba

Distribución de los préstamos de la banca comercial (en %).		
Concepto	**1954**	**1956**
Azúcar	37.00	26.6
Tabaco	4.30	4.4.
Café	2.50	2.1
Arroz	1.80	2.0
Otros agrícolas	1.90	3.0
Ganadería	2.70	4.0
Bienes raíces	4.40	8.4.
Comercio	45.40	49.5.

Fuente Revista del Banco Nacional de Cuba. Cálculos del autor

Como se puede observar, las tasas de interés de los préstamos bancarios era bastante altas, en tanto la banca pública ofrecía tasa de interés en general de un 4 a 4.5 %, y la estructura de préstamos se mantuvo con poca variación.

El crecimiento experimentado por la banca comercial se debió en gran medida a las bajas tasas de redescuento con que el BNC les prestaba dinero con el propósito de inyectarles la liquidez necesaria para que compraran los bonos de la deuda del gobierno, o sea que el nuevo dinero creado por el BNC, iba a la compra de deuda pública que se consideraba como una inversión más segura.

La banca durante la década de 1950 pudo evolucionar de ser una banca de depósito, a ser una banca de depósito y préstamos como había sido hasta 1920.

La expansión del dinero bancario (crédito fiduciario) contribuyó poco al incremento de la oferta monetaria, y como vimos no tuvo consecuencias inflacionarias.

En general se puede concluir que el sistema bancario había adquirido solidez, apoyado en las instituciones creadas por el gobierno, pero la baja calidad del colateral de sus préstamos al gobierno contribuía a su debilidad. La banca privada se iba convirtiendo en un sistema cartelizado sustentado casi exclusivamente por confianza en el gobierno de Batista.

Si bien por una parte la creación del BNC, y del Fondo de Seguro de Depósitos le imprimieron solidez al sistema bancario en Cuba, por otra parte, la banca pública de desarrollo tendía a competir por el crédito, debilitando el sistema bancario privado y el mercado de capitales.

La demanda de dinero y los intereses: 1952-1958

Entre 1945, con la terminación de la Segunda Guerra Mundial, y la normalización del comercio, la demanda de dinero en Cuba cayó un 35%, y específicamente entre 1952 y 1958 se mantuvo casi invariable. Como hemos explicado, la disminución de la demanda de dinero significa un incremento de la preferencia temporal social.

Dos circunstancias fundamentales hacen que disminuya la demanda de dinero. Primero el enorme consumo diferido debido a las condiciones bélicas que comienzan a desaparecer al terminarse el conflicto, y en segundo lugar, la aparición del Banco Nacional que reduce la necesidad de mantener grandes balances de efectivo debido a que el crédito se hizo más accesible, y se solidificó el sistema bancario, provocando una disminución del riesgo y la incertidumbre.

La disminución de los intereses, y el incremento los préstamos por parte de la banca comercial se debió básicamente a la entrada en operaciones del BNC en su función de prestamista de última instancia, y por otra parte tenemos que la oferta monetaria se mantuvo lo suficientemente estable como para que no se registraran incrementos en el nivel general de precios.

Con una demanda de dinero estable o decreciente, si el sistema bancario baja los intereses, el aumento de la demanda de capitales los deja sin reservas, a no ser que tengan el apoyo de un banco central que les inyecte liquidez a través de una determinada política de redescuento.

Los bancos, tanto comerciales como la creada banca pública de desarrollo pudieron mantener intereses bajos, y una alta demanda de capital debido a la inyección de liquidez del BNC, que no se tradujo en una inflación abierta por los factores que ya hemos explicado.

El Estado trató de mantener de esta forma un estímulo a la demanda considerando que de esa forma lograba crecimiento económico y disminuía el desempleo a traves de una política de dinero barato.

El divorcio entre tasas de interés y preferencia temporal podría desatar una situación inflacionaria con potencial a conducir a una crisis no solo económica, si no también social.

Tratar de mantener las tasas de interés artificialmente bajas produce iguales efectos que cuando se fija cualquier otro precio por debajo de su nivel natural de mercado; incrementa la demanda de capital, y reduce la oferta de auténtico capital, crea escasez y distorsiona la economía.

Indudablemente, la reducción artificial de la tasa de interés estimula la demanda de crédito y en consecuencia fomenta aventuras económicas de carácter francamente especulativo, que no pueden sobrevivir cuando desparecen las condiciones que llevaron a su creación, en tanto por el lado de la oferta, la reducción artificial de las tasas de interés desalienta la tendencia al ahorro al incrementar la preferencia temporal, conducido a una escasez de capital real.

Como visto más arriba, las tasas de interés de la banca comercial, en el agregado, se mantenían bastante altas, pero la banca pública le hacía competencia, por lo que los préstamos se hacían más atractivos cuando se dirigían a la banca pública que hacía actividades privadas, provocando así una distorsión del mercado de capitales.

Políticas monetarias. Las opciones de Cuba a fines de la década de 1950

Como hemos venido analizando, la posición monetaria de Cuba, con una divisa sobrevalorada era insostenible al terminar la década de 1950, por lo que era necesaria una reforma que produjera algún reajuste para lograr restablecer la competitividad de la economía cubana, tanto en los mercados internacionales como en el mercado doméstico.

Estados Unidos estaba devaluando el dólar a través de la expansión de su oferta monetaria creando balanzas comerciales desfavorables y drenando el poder adquisitivo de países que acumularon reservas en dólares durante la guerra, como eran los países de América Latina, y Cuba entre ellos.

La sobrevaloración de la divisa cubana estaba causada por un nivel de inflación en Cuba superior al de Estados Unidos, y una paridad fija entre las dos divisas establecida en la conferencia de Bretton Woods, por tanto, Cuba tendría que reducir sus niveles de inflación internamente, y devaluar la paridad de la divisa cubana con el dólar.

En una economía como la cubana a fines de los 50, con un elevado nivel de desempleo, poco crecimiento de la productividad, y una demanda interna estancada, o sea una economía en un estado de estanflación, al decretarse una devaluación, los bienes y servicios que antes no eran atractivos para el consumidor exterior se convierten en una buena opción, o sea las exportaciones ganan competitividad al hacerse más baratas, y además ahora a los consumidores nacionales les cuesta más adquirir bienes del exterior, por lo que los productores nacionales para el mercado interno ganan competitividad.

Debido a estos efectos positivos, muchos economistas apuestan por la depreciación de la moneda nacional a través de una devaluación con el objetivo de ganar competitividad en los mercados internacionales e incrementar las exportaciones dando uso a factores ociosos, y permitiendo por tanto mitigar el desempleo, por lo que la devaluación para un país con balanzas comerciales crónicamente negativas, y una economía muy abierta, aparece como una opción plausible.

A fines de la década de 1950, Cuba necesitaba desesperadamente incrementar sus exportaciones con el objetivo de aumentar las importaciones necesarias para sus planes de industrialización y diversificación.

La devaluación de la moneda por medio de la expansión de la oferta monetaria, que es lo que los economistas modernos llama "facilitamiento cuantitativo" no era posible para Cuba con una tasa de cambio fija, pues llevaría definitivamente a la destrucción de la economía. Esto fue posible durante los años de la guerra y la posguerra debido a las condiciones anormales existentes en el comercio internacional, pero tuvo que ser suspendida desde 1948 al normalizarse el comercio, por tanto, hubiera sido necesario decretar una devaluación en la paridad con el dólar.

Los efectos de un tipo de cambio fijo sobrevalorado que estaba sufriendo Cuba desde 1948 pueden resumirse de la siguiente manera.

1. Los bienes exportables se encarecen, y las importaciones se hacen más baratas.
2. El encarecimiento de las exportaciones acompañado del abaratamiento de las importaciones se expresan en el deterioro de la balanza comercial.
3. Se incrementa la deuda externa, pues a consecuencia de los déficits en balanza comercial deben ser financiados con crédito externo, a menos que el país cuente con grandes reservas internacionales netas como Cuba entre 1948 y 1958.
4. Disminuyen las exportaciones como consecuencia de la pérdida de competitividad en el mercado externo, y al mismo tiempo el mercado doméstico también se contrae, porque al consumidor le resulta más barato comprar productos importados.
5. Para una economía de exportación, la pérdida de mercados externos e internos impactan en el Ingreso Nacional al provocar un desaceleramiento de la economía.
6. Se produce un aumento de los salarios en términos de moneda extranjera, aunque en términos de moneda nacional se mantengan iguales, lo que hace a la economía menos atractiva a las inversiones tanto nacionales como extranjeras.

7. El nivel de empleo será afectado negativamente cuando los salarios suben no por aumento de la productividad, si no por sobrevaloración de la moneda nacional.
8. Como consecuencia de la pérdida de competitividad en el mercado interno y externo, lo que trae por consecuencia desalentar la inversión, con la afectación al crecimiento económico.
9. Pérdida neta de reservas internacionales como consecuencia de los déficits en la balanza comercial y de pagos.
10. Afecta negativamente al presupuesto que tendría que ser financiado con un aumento de impuestos, u optando por un aumento de la deuda interna o externa.
11. La inestabilidad económica creada conduce a inestabilidad política y social.

El peso se encontraba sobrevalorado con respecto al dólar aproximadamente en un 26% en 1958, por lo que hubiera sido necesario una devaluación de aproximadamente un 25%, o sea 1.25 pesos cubanos por un dólar.

¿Cuáles hubieran sido los efectos negativos de una devaluación?

1. El aumento de los precios de las importaciones hace que aumenten los costos de muchos bienes y servicios producidos internamente al incrementarse los precios de los bienes de capital fijos e intermedios importados, además de aumentar el precio de los bienes de consumo que no pueden producirse en el país perjudicando a los comerciantes importadores junto a muchos productores nacionales que utilizan gran cantidad de insumos extranjeros.
2. Aumenta la inflación, por lo que los asalariados y personas receptoras de rentas fijas pierden poder adquisitivo.
3. Con el aumento de la inflación se erosionan los ahorros en moneda nacional, y los salarios reales de los trabajadores.
4. El aumento de la competitividad de las exportaciones tendría un efecto relativo, ya que el azúcar, que es la principal exportación está sometida a cuotas, tanto en el mercado norteamericano como en el internacional.
5. Cuba es firmante de los Acuerdos de Bretton Woods que no permiten las devaluaciones o apreciaciones monetarias más que en una banda muy estrecha.
6. También sería necesario acompañar la devaluación con una política interna deflacionaria para mitigar los efectos de la devaluación sobre los salarios reales y los ahorros, aunque una situación deflacionaria contribuye de manera adicional a incrementar el precio de los factores de producción y con ello los costos frente a una caída de los precios de los bienes y servicios, por lo que una política deflacionaria tendría que ser muy cautelosa para evitar los efectos catastróficos de la deflación de fines de la década de 1920 y principios dela de 1930.

Cuba tendría que afrontar estos problemas necesariamente, pues los efectos negativos de la sobrevaloración son muy superiores a las consecuencias negativas que provocaría una devaluación. Ya en 1958 algunos economistas en Cuba recomendaban alguna devaluación.

La política de expansión del crédito por parte del Banco Nacional entre 1953 y 1958, actuando al unísono con el deterioro de los términos de intercambio dieron lugar a un enorme déficit en la balanza de pagos, agotando las reservas internacionales de Cuba.

La solución al estancamiento de la economía cubana a fines de los años 50 no se encontraba en un cambio de política monetaria, si no en un cambio radical de modelo de producción diversificando e incrementando sus exportaciones para lo cual era necesario una profunda reforma institucional.

-oOo-

A fines de la década de 1940 y comienzos de la de 1950 se planteaban tres caminos a seguir para las naciones subdesarrolladas para solucionar el dilema del desarrollo después de la Segunda Guerra Mundial:

Uno es disminuir la dependencia de las exportaciones y orientarse a buscar el crecimiento y el empleo a partir del mercado interno, o sea lo que se llamó el modelo de "crecimiento hacia adentro" que tenía como uno de sus pilares la llamada industrialización por sustitución de importaciones (ISI). Este era el camino recomendado por la Comisión Económica para América Latina de la Naciones Unidas (CEPAL).

El otro camino que recomendaban los organismos internacionales como el Banco Mundial, era el crecimiento basado en la diversificación e incremento de las exportaciones, y que tenía como uno de sus principales pilares una política de industrialización basada en la exportación de bienes para los cuales el país tiene ventajas comparativas.

Este modelo implica la apertura de los mercados domésticos a la competencia e inversión extranjera a cambio de la apertura de los mercados extranjeros a sus productos.

En general las políticas adoptadas por los países que siguieron este modelo son:

1. Tarifas de importaciones reducidas.
2. Devaluación de la moneda nacional para facilitar las exportaciones y disminución de los salarios reales para hacer atractivas las inversiones extranjeras.
3. Apoyo por parte del gobierno al sector exportador.

El primer modelo, de tipo semi autárquico, fue seguido por prácticamente todas las repúblicas latinoamericanas entre ellas Cuba. Al comenzar la década de 1980, había fracasado en todas sin excepción, creando fuertes tensiones sociales.

El segundo modelo, fue propuesto a Cuba por Estados Unidos después de la Segunda Guerra Mundial, pero la clase política y empresarial cubana se negó a aceptarlo, y decidió seguir la senda del modelo de desarrollo hacia adentro.

Este segundo modelo fue un éxito en algunas economías asiáticas especialmente los llamados "tigres asiáticos".

El tercer camino se basaba en impulsar las exportaciones tradicionales; Cuba trató de seguir este camino con el azúcar durante la posguerra y la Guerra de Corea sin éxito.

La república latinoamericana más exitosa en este modelo fue Venezuela con el petróleo, que le permitió crear y ampliar un Estado de Bienestar durante treinta años.

Cuba siguió el modelo cepalino de desarrollo de forma poco ortodoxa como hemos analizado, y con muy pobres resultados.

Resumen

Entre 1902 y 1933, Cuba no tuvo soberanía monetaria, ya que esta se encontraba supeditada al Artículo II de la Enmienda Platt. Su sistema monetario estaba basado en el dólar standard, o sea de manera indirecta en el patrón oro, por lo que el dólar circulaba en Cuba como moneda de curso legal obligatorio.

Hasta 1920 se desarrolló un mercado de capitales, y el sistema bancario creció de manera casi exponencial como un reflejo de la expansión extraordinaria de la economía cubana con la solidez que el imprimía el hecho de encontrarse dolarizada.

A partir de 1920, la crisis económica cambió todo el panorama monetario de Cuba, ya que destruyó el colateral, y la confianza en que se basaba el sistema bancario, y provocó una enorme y rápida deflación que liquidó el mercado de capitales en Cuba, y puso al borde del colapso al sistema bancario en el país.

Cuba, al no tener moneda propia no pudo contrarrestar la deflación, y quedó a merced del ajuste externo de sus balanzas de pago, lo cual estaba fuera de su control.

Con la abolición de la Enmienda Platt en 1934, al alcanzar una soberanía monetaria más amplia, el país entró en una fase de bimonetarismo con el peso cubano y el dólar circulando legalmente a una tasa de cambio fija de uno a uno. Este sistema se mantuvo hasta 1950, año en que entró a funcionar el Banco Nacional de Cuba.

Durante este período de tiempo, la banca comercial mantuvo un papel completamente pasivo, ya que no concedía préstamos debido a la particularidad de una economía cíclica y monoproductora, que la hacía extremadamente vulnerable, por lo que el elevado riesgo e incertidumbre, hacían que la banca no los pudiera asumir, por lo que el otorgamiento de créditos se limitó a operaciones rutinarias de los sectores tradicionales, que eran el comercio y el azúcar, a muy corto plazo, por lo que la banca comercial no jugaría ningún papel relevante en el crecimiento económico de Cuba durante el período bimonetario.

Este sistema se mantuvo en Cuba debido a los grandes superávits de balanzas de pago durante la Segunda Guerra Mundial, pues de lo contrario, en una situación de estancamiento como la que tuvo lugar entre 1934 y 1940, la Ley de Greshan lo hubiera destruido, y el gobierno no hubiera podido incurrir en los grandes gastos financiados con expansión de la oferta monetaria de sus políticas populistas como hizo entre 1941 y 1947.

A partir de 1950, es que Cuba alcanza la plena soberanía monetaria, quedando el peso cubano como única moneda de curso legal, lo que permitió un crecimiento del mercado de capitales, y de la participación de la banca comercial en el desarrollo nacional, en tanto se desarrollaba una banca pública de desarrollo para financiar las políticas de gastos compensatorios, y los planes de diversificación económica.

La autoridades monetarias de Cuba desde 1950 trataron de revertir la inflación, al tiempo que expandían el crédito para dinamizar la economía nacional, lo cual se logró limitadamente, basado en las reservas internacionales acumuladas durante la guerra y la posguerra, pero esto planteaba un trilema ya que no es posible resolver los tres aspectos al mismo tiempo sin lograr una elevada tasa de crecimiento económico, y especialmente de crecimiento de las exportaciones, cosa que no se logró por toda una serie de razones que se explican en las diferentes monografías que componen este libro, por lo que el resultado fue la pérdida rápida de reservas internacionales.

En 1958 Cuba necesitaba un empréstito internacional, acompañado por una devaluación monetaria, una renegociación de la cuota azucarera, y una diversificación de los mercados de exportación, con el propósito de aliviar el drenaje de divisas que significaba unos términos de intercambio tan desfavorables con Estados Unidos, ya que de lo contrario, la nueva deuda que se contrajera se haría impagable, pues rápidamente saldría por las balanzas de pagos como quien echa agua en una canasta.

La obtención de un empréstito también sería difícil, por un lado debido al elevado volumen de la deuda pública existente, y por otro, el hecho de que vendría acompañado de algunas condiciones que exigirían cambios institucionales.

El sistema bancario en Cuba

En cuanto al sistema bancario de Cuba como hemos explicado, su contribución al desarrollo nacional fue muy pobre, pues dadas las características inestables de la estructura económica del país, al dominio del sistema por bancos extranjeros, y a la falta de un banco central, su política fue extremadamente conservadora y restrictiva.

De acuerdo al coeficiente de reserva legal establecido de un 25% de las reservas de efectivo, tenemos que el multiplicador legal del crédito sería de cuatro, o sea que se suponía un nivel de confianza en la economía nacional de un 75%, y un nivel de riesgo del 25%, sin embargo como se observa en el gráfico inferior, el multiplicador del crédito real ni se acercó siquiera al cuatro.

Alcanzó su punto más alto entre 1919 y 1920 cuando sobrevino el crack de 1920-1921. El pico de 1932 fue debido por una parte a la gran cantidad de préstamos pendientes de pago desde 1921, y por otra parte a la contracción de la oferta monetaria. Después se observa una caída en la confianza en el sistema que traía como consecuencia la contracción del crédito a pesar del incremento de los depósitos; esta situación dura hasta 1950, en que entra en operaciones el BNC, y en 1952 que se establece el seguro de los depósitos, a partir de entonces se observa un incremento en la confianza de los bancos que se expresa en el aumento del multiplicador del crédito.

Las líneas verticales muestran el nivel de riesgo que presentaba la economía de Cuba de acuerdo a cómo era percibida por el sistema bancario.

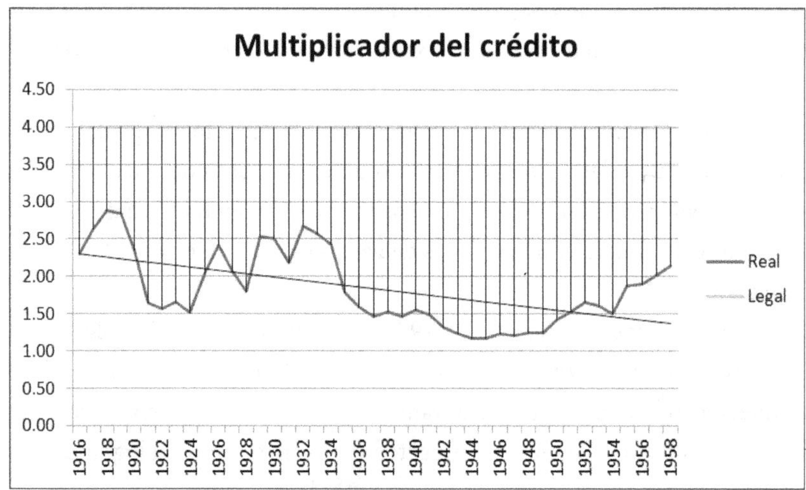

Las ganancias de los bancos como empresa comercial se encuentra básicamente en el interés que cobra sobre los préstamos, por lo que cuando los préstamos son tan limitados como lo son en una economía de plantación debido al alto riesgo implícito, entonces las ganancias de los bancos son muy reducidas al ser muy reducidas sus operaciones.

Cuando la banca nacional vuelve a renacer a partir de la Segunda Guerra Mundial, comienza a presionar por la creación de un banco central que disminuya el riesgo de los préstamos, pero con los planes desarrollistas del gobierno de Batista, la banca pública comienza a competir por el crédito de la banca comercial, con el sector privado, ya que un préstamo respaldado por el gobierno se considera más seguro en la mayoría de los casos.

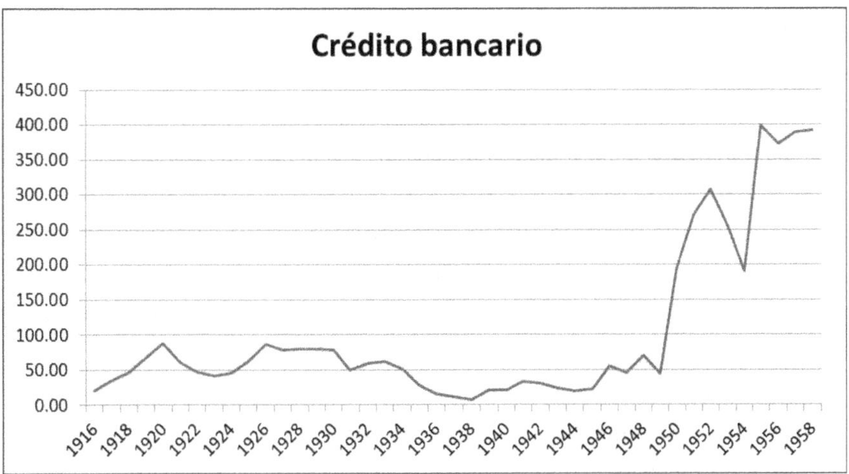

En la tabla de arriba podemos ver cómo el crédito fiduciario o sea el dinero creado por los bancos creció exponencialmente a partir de 1950 cuando empieza a funcionar el BNC.

El interés y su papel dentro de la economía de la Cuba republicana

La importancia del interés y de los tipos de interés en una economía monetaria es crucial.

El interés procede de la diferencia entre el valor de los bienes presentes y el valor de los bienes futuros, considerando como premisa de la acción humana, que los bienes presentes son más valiosos que los bienes futuros. Esto es lo que se llama la preferencia temporal, que es el grado de preferencia de un individuo o grupo de individuos, por el consumo presente en relación con el consumo futuro.

El interés entonces, es el costo de diferir temporalmente el consumo presente.

El interés, como prima de valor de los bienes presentes sobre los futuros tiene como implicación lógica que está presente en todos los intercambios Inter temporales, incluyendo los que se producen en todos los mercados, tanto de bienes y servicios, como de factores de producción - entre ellos el mercado laboral-, como de dinero.

Si 100 dólares de consumo presente valieran 105 dólares de consumo en el próximo año, el diferir por un año el consumo presente de 100 dólares valdría 5 dólares, o sea la prima de interés sería del 5%.

Por tanto la base de la existencia del interés es la preferencia temporal de los individuos.

Si una persona apenas tiene recursos para mantenerse, es muy poco probable que preste o invierta dinero, ya que el costo de prestar o invertir sería muy alto, pero en la medida en que la riqueza de esa persona comience a expandirse, el costo de prestar o invertir va disminuyendo, por tanto, podemos decir que en igualdad de condiciones, cualquier cosa que conduzca a la expansión de la riqueza, probablemente dará lugar a la disminución de la prima de los bienes presentes frente a los futuros, lo cual significará una disminución de los tipos de interés.

A la inversa, los factores que socavan la expansión de la riqueza real aumentarán la prima de los bienes presentes frente a los futuros, produciendo un aumento de los tipos de interés.

Así, el aumento de la riqueza tiende a disminuir las preferencia temporales, mientras que la disminución de la riqueza tiende a aumentar las preferencias temporales.

Si el crecimiento económico se debe a la expansión de la riqueza real, es probable que esto produzca una disminución de las preferencia temporales, y por tanto dé lugar a una reducción de los tipos de interés.

Riqueza en expansión da lugar a que los tipos de interés disminuyan, en tanto riqueza en declive, los tipos de interés aumentan.

Cuando un banco central intenta contrarrestar la tendencia al alza de los tipos de interés inyectando liquidez monetaria en la economía, esto solo aumenta la tendencia al alza al ponerse en marcha el intercambio de nada por algo, que debilita la generación de riquezas.

Los tipos de interés en un mercado libre se corresponden con las preferencia temporales.

Las políticas de los bancos centrales hacen que los tipos de interés de los mercados se desvíen de los tipos de interés dictados por las preferencias temporales, dando lugar a una mala asignación de los recursos y malas inversiones.

Como dijimos más arriba, el interés se manifiesta a la largo y ancho de todo el mercado, ya que se encuentra en la base del intercambio Inter temporal, por tanto, tenemos que el capitalista, al rentar o comprar los servicios de los factores de producción; tierra, trabajo, y bienes de capital, está ofreciendo bienes presentes o sea dinero en forma de salarios y rentas, a los poseedores de los factores, a cambio de recibir bienes futuros, que son los ingresos por la venta de sus productos. La diferencia entre el valor de los bienes presentes, y los bienes futuros, o sea la diferencia entre los costos, y las ventas, que es la ganancia del capitalista, no es más que el interés materializado, o sea que la ganancia del capitalista es una forma que asume el interés.

Pero como el interés tiene lugar en el tiempo, no está determinado solamente por la preferencia temporal que vendría siendo el componente natural, o la tasa de interés natural, a lo que hay que añadir otros elementos que inciden a lo largo del plazo del préstamo, que son la prima de riesgo, la cual está constituida por la probabilidad objetiva de riesgo, y la probabilidad subjetiva, que es lo que forma la incertidumbre, o sea es la prima del riesgo y la incertidumbre, también hay que añadirle los cambios en el valor del dinero que tiene lugar en el tiempo, o sea los cambios de liquidez, ya sean deflacionarios o inflacionarios, y por último la duración temporal o plazo del préstamo, ya que mientras mayor sea el tiempo, mayor es el riesgo, y mayor es la incidencia de los cambios de liquidez.

El interés se manifiesta más claramente en el mercado financiero, o sea en los préstamos de dinero que efectúan las instituciones financieras. En este tipo de mercado, la tasa de interés tiende a ser inversamente proporcional a la cantidad de dinero acumulado.

Cuando las tasas de interés son bajas en un país, están reflejando una acumulación significativa de capital, con una estructura de producción alargada, donde existen procesos de producción muy alejados del consumo directo, o sea producción de bienes de capital. Por el contrario, cuando las tasas de interés son muy altas, como fue el caso de Cuba, la estructura productiva está formada por la producción de bienes y servicios muy cercanos al consumo directo; o sea una estructura de producción muy plana, y una baja acumulación de capital.

El aumento de la preferencia temporal es equivalente a una disminución de la demanda de dinero, lo cual dará lugar a un aumento en los tipos de interés, y a la inversa, una disminución de la preferencia temporal es equivalente a un aumento en la demanda de dinero, que debe conducir a una disminución de los tipos de interés.

Como hemos venido analizando, la banca comercial en Cuba tuvo una muy limitada participación en el desarrollo nacional debido a que los intereses sobre los préstamos para la mayoría de las actividades eran excesivos y a corto plazo como reflejo de una estructura de producción deforme, lo cual trató de ser solucionado a partir de la creación de una banca pública como se venía solicitando desde principios de la década de 1920, que consistía en un mecanismo para la creación de crédito.

Entre 1916 y 1958, la demanda de dinero aumentó un 70.6%, lo que indica una caída de la preferencia temporal por lo que los intereses debían ser bajos, sin embargo, los intereses en Cuba fueron muy elevados sobre todo después del Crack de 1920-1921. Esto fue debido al alto riesgo e incertidumbre de la estructura económica de Cuba.

La demanda de dinero creció en Cuba debido al crecimiento de la oferta monetaria más rápido que el Ingreso Nacional. Gran parte del dinero se acumuló en los bancos pero no contribuyó a una caída de los intereses pues los bancos no otorgaban créditos.

Al ser la prima de riesgo tan elevada, y la diferencia entre el valor de los bienes presentes, o sea los costos de producción, y el valor de los bienes futuros, o sea el valor de las ventas, no cubría esta prima de riesgo, invertir dinero en la mayoría de las actividades económicas resultaba poco atractivo para el capital.

Por tanto, los intereses fueron muy elevados, y consiguientemente el mercado de capitales muy reducido e inestable, con una estructura de producción plana, muy cercana a la producción de bienes y servicios de consumo directo debido a la inexistencia de créditos a largo plazo.

A partir de 1950, se trató de hacer bajar las tasas de interés con el BNC, y con la banca pública de desarrollo, incidiendo en algo en disminuir la prima de riesgo, y la demanda de dinero que entre 1950 y 1958 cayó un 6%, reflejando el aumento del gasto de consumo e inversión.

Como las tasas de interés son las tasas de ganancia de los capitalistas, existirá una relación inversamente proporcional entre la tasa de interés y la tasa salarial; cuando aumenta una relativamente disminuye la otra, ya que el Ingreso Nacional se reparte entre ganancias y salarios, así si las tasas de interés son muy elevadas, las tasas salariales tienden a ser muy bajas, por lo que cuando los sindicatos logran imponer tasas salariales artificialmente altas, disminuyen las ganancias más no la tasa de interés natural, provocando una distorsión en la asignación de los recursos que muchas veces se resuelve en desempleo, y bajos niveles de ahorro e inversión como sucedió en Cuba durante la República.

Balanzas de pagos el dinero de origen externo y los activos internacionales

La balanza de pagos es el registro estadístico y contable del intercambio de un país con el resto del mundo en un período de tiempo determinado. Esos intercambios o transacciones son de dos clases; los intercambios reales, que son los que se refieren a las transacciones de bienes y servicios, los cuales se agrupan en lo que se llama la cuenta corriente, y las transacciones financieras que se agrupan en lo que se llama cuenta de capitales.

Dentro de la cuenta corriente, la más importante para Cuba era la balanza comercial que registra las importaciones y exportaciones de bienes, ya que la economía cubana era básicamente de exportación de bienes, por lo que el resto de las balanzas que forman la cuenta corriente eran deficitarias, y se compensaban con los superávits en las balanzas comerciales.

En la cuenta de capitales se registran las inversiones tanto directas, como las inversiones en cartera o indirectas, que son las compras de deuda de los gobiernos.

La balanza de pagos de Cuba, en gran medida estará determinada por el intercambio con Estados Unidos, ya que el 71.4% del todo el intercambio de bienes durante el período republicano fue con

Estados Unidos, y la cuenta de capitales prácticamente fue determinada por las inversiones norteamericanas directas e indirectas, y el movimiento de capitales de los cubanos que iba dirigido básicamente a ser invertido en Estados Unidos.

Debido al hecho de que en Cuba el dólar tuvo circulación legal hasta 1950, formando parte de la oferta monetaria, y este ingresaba a la circulación a través de la balanza de pagos, el comportamiento de los flujos de dicha balanza incidió de manera directa en el nivel general de precios con todas las consecuencias que de ello se derivan ya que no existía un banco central que controlara los flujos de divisas dentro del sistema económico.

El gráfico siguientee muestra la participación del dólar dentro de la oferta monetaria M-1, hasta que en 1950 desaparece, pasando a formar parte de las reservas internacionales de Cuba em e; BNC.

Fuente: "Problemas monetarios de una economía de exportacion"Henry Wallich.

"Cuba: Handbook of Historical Statistics" Sussan Schroeder.

Memorias del Banco Nacional de Cuba.

Cálculos del autor.

A partir de 1924 hasta 1933 va descendiendo la participación de dinero externo debido a déficits sostenidos en cuenta corriente y en las cuentas de capital, y que al no ser sustituido por dinero interno, ya que el Artículo II de la Enmienda Platt lo prohibía, se va produciendo una situación deflacionaria.

Desde 1934 en adelante, las balanzas de pagos vuelven a registrar superávits, y vuelve a crecer la participación relativa de dinero externo en la oferta monetaria del país, ahora acompañada por el peso cubano, pero a partir de la recesión de 1937- 1939, los superávits en balanzas de pago se reducen, y entonces, el dinero cubano comienza a desplazar al dólar de la circulación (Ley de Gresham).

Con los grandes superávits en balanza de pagos durante la guerra y la posguerra, el incremento relativo de dólares en la oferta monetaria se hace casi exponencial, y a partir de 1948, las balanzas de pago se hacen deficitarias, y vuelve a manifestarse el mecanismo de la Ley de Greshan expulsando dólares del sistema monetario, hasta que en 1950, el dinero de origen externo desaparece de la oferta monetaria con el BNC.

En el gráfico siguiente se describe el comportamiento de la balanza de pagos.

Fuente: "Problemas monetarios de una economía de exportación" Henry Wallich.
"Cuba: Handbook of Historical Statistics" Sussan Schroeder.
Memorias del Banco Nacional de Cuba. Cálculos del autor.

Durante la Primera República, al no tener Cuba autonomía monetaria, cuando tenía lugar un déficit sostenido en la balanza de pagos se recurrirá al empréstito norteamericano para que el gobierno pudiera continuar funcionando. A partir de 1924 comienza la crisis de la economía azucarera cubana, y como vemos, hasta 1942 la economía del país se mantuvo a niveles muy cercanos a la autarquía. A partir de 1942 hasta 1947, los grandes superávits permitieron la acumulación de grandes reservas que sostuvieron los elevados niveles de consumo que contribuyeron a los déficits sostenidos hasta 1958.

Después de 1934, durante la Segunda República, al alcanzar el país soberanía monetaria, el gobierno se financió con empréstitos internos, ya fuera a partir de la creación de dinero, o creación de crédito, lo cual se reflejó en el desplazamiento del dinero externo tanto en la circulación, como en las reservas internacionales del país.

El déficit en balanza de pagos de Cuba durante la década de 1950 tenía dos causas fundamentales. Primero, un incremento de las importaciones especialmente en bienes de capital e intermedios debido al proceso de diversificación e industrialización que se estaba desarrollando en el país, en tanto las exportaciones de Cuba se encontraban limitadas por cuotas, tanto hacia Estados Unidos como hacia el mercado mundial luego del restablecimiento del Acuerdo Azucarero de Londres en 1953.

Segundo por el deterioro de los términos de intercambio entre Cuba y Estados Unidos, provocado por el hecho de que Estados Unidos estaba depreciando el dólar provocando un encarecimiento de sus exportaciones (importaciones de Cuba), y un abaratamiento de sus importaciones (exportaciones de Cuba) con la consecuencia para Cuba de un drenaje constante de las reservas en dólares, sin contar con la pérdida constante de poder adquisitivo de dichas reservas.

Al agotarse la reserva internacional que servía como amortiguador a la expansión del crédito, el país quedaría expuesto a un deterioro de las condiciones económicas de continuar dicha expansión, comenzando a manifestarse a través de inflación y elevación del nivel general de precios, con consecuencias muy graves para un país con un alto nivel de desempleo.

El economista Raúl Cepero Bonilla, en 1958 planteaba lo siguiente:

> Martínez Sáenz ha tratado de mantener la demanda aumentando los gastos del gobierno con planes de obras públicas financiados con empréstitos.

Tal política tiene un fallo; como el gobierno no dirige las inversiones hacia nuevas instalaciones productivas, y el capital privado sigue retraído, ya que la desconfianza provocada por el golpe del 10 de marzo no ha desaparecido, el aumento de la circulación monetaria que se produce con las obras públicas incrementa inevitablemente las importaciones, debilitando la balanza de pagos.

La creación de nuevo dinero fomenta el consumo, pero como la producción doméstica no crece, se cubre con productos importados.

Cepero Bonilla consideraba que al tener Cuba una economía subdesarrollada, el incremento en la demanda provocada por el gasto público, tanto en obras públicas, como en actividades suntuarias, no se generaba la suficiente cantidad de producción material capaz de satisfacer dicha demanda, por tanto, o se producía un proceso inflacionario, que a la larga perjudicaría el nivel de vida de los sectores más humildes, o se hacía necesaria la importación de mercancías extranjeras para satisfacer la demanda, perjudicando la estabilidad de la balanza de pagos, lesionando las reservas monetarias, y la estabilidad del peso cubano.

Durante la década de 1950, la economía cubana no podía responder a ningún estímulo de manera adecuada por tres razones fundamentales:

1. Un sector exportador estancado.
2. El deterioro sostenido de los términos de intercambio.
3. Extrema regulación de la economía doméstica.

El "Estudio Económico sobre América Latina de 1957" de la CEPAL planteaba que "... era evidente que en vista del estancamiento del sector de exportación, Cuba no podía perseguir indefinidamente una política orientada principalmente hacia obras y servicios públicos debido a que las inversiones amparadas bajo la política de gasto compensatorio no eran acompañadas de un aumento suficiente de la capacidad de producción industrial y agrícola, ni un crecimiento sustancial del empleo".

Fuente: *Memorias del Banco Nacional de Cuba*.
Report on Cuba Misión Truslow. Cálculos del autor.

En el gráfico anterior se muestra el comportamiento de los activos internacionales que en

1947-1951 fue el país con la segunda mayor reserva internacional de América Latina, superado solo por Argentina, a quedar casi sin reservas en 1958, lo cual comprometía la continuidad de los planes de diversificación y desarrollo emprendidos por el gobierno.

Todos los países de América Latina que siguieron los postulados del "desarrollismo" de la CEPAL tuvieron que enfrentar en la década de los años 60 y principios de los 70 una situación semejante.

Notas

Toda la información numérica de esta monografía tiene como fuente la siguiente bibliografía:

Memorias del Banco Nacional de Cuba.

"El desarrollo económico de Cuba" Gustavo Gutiérrez.

"Estudio sobre Cuba" Grupo cubano de investigaciones económicas.

Report on Cuba 1951 World Bank.

Revista *Cuba económica y financiera.*

"Anuario estadístico de Cuba" Ministerio de Hacienda.

Revista del Banco Nacional de Cuba.

"Problemas monetarios de una economía de exportación" Henry C Wallich.

"Cuba: Handbook of Historical Statistics" Susan Schroeder.

"La historia de la banca en Cuba" Julio Cesar Mascarós.

"El problema monetario de Cuba" José M Pérez Cubillas y Felipe Pazos Roque.

"El problema de la plata" Juan Andrés Lliteras *Revista Islas* 1936.

Cálculos del autor.

El dinero se define como todo activo o bien aceptado como medio de pago por los agentes económicos.

En la actualidad el dinero es creado de dos formas; lo que se llama dinero legal, que es el creado por el Banco Central, y que está constituido por las monedas y billetes impresos, y el dinero bancario que es creado por los bancos privados mediante la anotación de depósitos de los clientes prestatarios, con una reserva parcial legalmente autorizada.

Douglas C North 1920-2015 Economista norteamericano. Premio Nobel de Economía 1993.

Hans-Herma Hope. Economista, y filósofo alemán-norteamericano de formación económica de la Escuela Austríaca y de orientación filosófica libertaria. Nació en Alemania en 1949.

Muchos economistas de la corriente ortodoxa (keynesianos, monetaristas, etc.) definen la inflación como una subida generalizada y sostenida de los precios de los bienes y servicios. La Escuela Austríaca define la inflación como un incremento de la oferta monetaria por encima de la demanda del público o sea de la cantidad de bienes y servicios existentes en la economía (lo contrario es la deflación). Como consecuencia de ello se produce una distorsión en cadena de los precios relativos, donde unos precios suben más que otros, rechazando así el concepto de "subida generalizada de precios", y considera como la única causa de la inflación la emisión de moneda y expansión de crédito por parte de la banca central.

La Escuela Monetarista, plantea que el incremento en la oferta monetaria causa inflación, la cual es entendida por ellos también como la subida generalizada de los precios.

La demanda de dinero es la cantidad de dinero que las personas quieren mantener en esta forma. También se puede definir como los balances de efectivo.

Carlos Mendieta Montefur, 1873-1960, coronel del Ejército Libertador de Cuba. Presidente provisional entre el 18 de enero de 1934 y el 11 de diciembre de 1935.

Señoraje es la diferencia entre el valor intrínseco de una moneda y el valor nominal. En Cuba se emitieron 89.5 millones de dólares en pesos de plata hasta el año 1939 en su valor nominal, sin embargo toda esa plata tuvo un valor intrínseco, o sea el valor de la plata en barras en el mercado internacional, fue de 36 millones de dólares, por lo que la diferencia de 53.5 millones de dólares le corresponde al derecho de señoreaje.

Ley de Greshan es un principio económico enunciado en el siglo XVI, por el comerciante y financista ingles Sir Thomas Greshan.

Esterilización monetaria es la política que llevan adelante los Bancos Centrales o las autoridades monetarias de un país con el objetivo de dejar la oferta monetaria inalterada, especialmente para compensar el efecto de los flujos monetarios de un país procurando que no se altere la cantidad de dinero ante cambios externos.

Esterilización monetaria son las operaciones de mercado abierto por parte del banco central con el propósito de neutralizar los efectos asociados a los movimientos internacionales de divisas sobre la oferta monetaria de un país.

Dinero fiduciario es el dinero que no tiene respaldo material y no es más que una promesa de pago por parte del que lo emite. El sistema monetario actual es un sistema de dinero fiduciario.

Public Choice. Teoría económica desarrollada por los economistas norteamericanos James Buchanan y Gordon Tullock.

9. Demografía, empleo y desempleo durante la República: análisis del mercado laboral, y la productividad del trabajo.

El permanente desempleo masivo destruye los fundamentos morales del orden social. Los jóvenes, que al terminar su formación para trabajar se ven obligados a permanecer ociosos son el fermento del que se forman los movimientos políticos más radicales. En sus filas se reclutan los soldados de las próximas revoluciones"

Ludwig von Mises.

Introducción

La demografía, junto a las instituciones, y el cambio tecnológico, son los elementos determinantes en el crecimiento económico de una sociedad.

El crecimiento demográfico implica el incremento absoluto del factor labor. Si los factores tierra y capital se mantienen iguales o crecen a un menor ritmo que el crecimiento demográfico tendrá lugar una disminución de los rendimientos marginales, los salarios reales descenderán y el crecimiento se revertirá. Lo único que puede revertir los rendimientos decrecientes son las mejoras en la tecnología, y el cambio institucional que favorezca la división del trabajo, logrando así el incremento de la productividad.

Al comenzar el siglo XX, todos los países latinoamericanos, en mayor o menor medida, tenían una escasez de fuerza de trabajo que constituía una seria limitante para el desarrollo de toda una serie de actividades productivas que requerían sus economías en el proceso de integración al comercio internacional globalizado, en tanto muchos países de Europa, sobre todo de Europa Oriental y del Sur, así como del Asia, tenían grandes excedentes de fuerza de trabajo, lo cual, dentro de los marcos del libre flujo de factores de producción que la economía global favorecía, se establecieron las grandes corrientes migratorias desde Europa, y en menor medida, por cuestiones raciales, desde Asia, de millones de inmigrantes hacia los diferentes países de América Latina.

Estas migraciones se detuvieron completamente a fines de la década de 1920 y principios de la de 1930, debido a la depresión económica mundial, y posteriormente con la Guerra Civil en España (1936-1939) en el caso de la inmigración española, y con la Segunda Guerra Mundial (1939-1945).

La quiebra de las economías agro-mineras exportadoras en muchas de las repúblicas latinoamericanas produjo excedentes de población rural que iban en busca de oportunidades de trabajo en las ciudades, por lo que la migración internacional se transformó en migraciones internas, y de una escasez de fuerza de trabajo se pasó a una situación de excedente de fuerza de trabajo, sobre todo de baja calificación. Este fue el panorama demográfico de la mayoría de los países de América Latina durante las décadas de 1930 y 1940. Mucha de esta fuerza de trabajo aportaría la labor necesaria para los procesos de industrialización que tuvieron lugar en estas repúblicas, como había sucedido en el siglo XIX en los principales países industrializados del mundo. Cuba no sería la excepción y seguiría el mismo camino.

Durante los primeros veinticinco de la República, el factor labor fue relativamente escaso en Cuba. En 1899, cuando comienza la primera intervención norteamericana, la densidad de población era de 1.84 personas por caballería, y en 1931 había 4.64 personas por caballería.

La tasa de crecimiento poblacional entre 1899 y 1931 fue de 4.7% anual, parte de la cual fue debida a una intensa inmigración extranjera. Entre 1931 y 1933, el proceso migratorio fue revertido convirtiéndose durante el resto de la República en un lento proceso emigratorio que se aceleró de manera exponencial después de 1959.

Entre 1931 y 1958, la tasa de crecimiento poblacional se redujo a ser un 2.4% anual, la mitad de lo que fue durante los primeros treinta años.

También en los primeros veinticinco años de República, el cambio tecnológico fue acelerado, tuvo lugar una intensa acumulación de capital, y las instituciones favorecían el crecimiento económico, por lo que a pesar del fuerte crecimiento demográfico, la productividad del trabajo creció, y con ella el ingreso real y el estándar de vida de la población.

A partir de 1926 se comenzó a limitar la introducción de nueva tecnología, se desaceleró la acumulación de capital, y se fue creando una institucionalidad que iba estorbando cada vez más la división del trabajo, en tanto el crecimiento demográfico continuaba. La consecuencia ineludible fue el desempleo masivo crónico, el descenso de la productividad de los factores de producción, el estancamiento de los salarios reales y del nivel de vida de gran parte de la sociedad cubana.

La única manera de incrementar la tasa de creación de empleos es a través de la flexibilización de los mercados tanto de factores de producción, como de bienes y servicios, y después de 1926 en Cuba se estaba haciendo exactamente lo contrario, y además, existía la firme convicción entre los economistas, que el Estado era el más eficaz agente creador de empleos, tal como lo postulaba la teoría económica keynesiana, ya que el mercado, se suponía, no podía crear empleos como lo había hecho durante el primer cuarto del siglo. Se entraba en una fase en que el papel de creador de empleo pasaba de ser una función del mercado, a ser una función del Estado.

El fuerte crecimiento demográfico que tuvo lugar entre 1900 y 1931 fue revertido a partir entonces debido a la depresión económica, y a las leyes migratorias y de extranjería puestas en vigor después de 1933, pero la estructura latifundiaria de tenencia de la tierra no será alterada, y la inversión de capital retrocederá hasta la década de los 50 en que vuelve a recomenzar pero a un ritmo muy inferior al que tuvo durante la primera etapa republicana, por lo que la productividad real del trabajo, en el largo plazo, no creció.

Cuando nace la República de Cuba en 1902, existía una enorme cantidad de tierras, y una igualmente grande escasez de labor y sobre todo de capital.

Para reiniciar el modelo económico basado en la producción de azúcar para exportar, que había sido el fundamento de la riqueza de la isla desde el primer tercio del siglo XIX, y que había quedado profundamente dañado por las guerras de independencia, se hacía necesaria la importación masiva de estos dos factores de producción; a saber, labor y capital, para que unido a la abundancia de tierra fértil se reiniciara el crecimiento económico de la República de Cuba reintegrándose al mercado internacional.

Durante las tres primeras décadas del siglo XX, entraron a Cuba una enorme cantidad de inmigrantes procedentes sobre todo de España, y de las Antillas, y una gran cantidad de capital extranjero, fundamentalmente norteamericano y en segundo lugar británico. De la combinación de estos factores de producción con la abundante tierra fértil de Cuba resurgió la economía de plantación azucarera en la República.

A partir de 1924-1925, los precios mundiales del azúcar comenzaron a caer, se puso de manifiesto el exceso de factores empleados en la producción de azúcar cayendo el valor de los mismos; tanto de la tierra y del capital dedicado a la producción azucarera, como de la labor empleada en esta actividad, con una repercusión inmediata sobre el resto de la economía.

Entre 1925 y 1933, el modelo económico del país quedó al borde del colapso; se encontraban ociosos grandes cantidades de factores de producción que la pequeña economía cubana no podía absorber; capital paralizado, labor desempleada, y tierras improductivas, se habían convertido en el paisaje económico de Cuba.

La ideología económica de la segunda etapa republicana se debatirá entre los dos grandes conceptos históricos del pensamiento económico de Cuba en busca de una solución para la grave situación por la que atravesaba la sociedad; por una parte mantener a toda costa el esquema monoproductor y monoexportador que colocaba al país en función de producir azúcar y exportarla hacia el mercado norteamericano, a cambio de comprar casi todo el resto de los bienes necesarios, tanto insumos como bienes de consumo. Este era el esquema de la "reciprocidad" defendido por la élite compuesta por los hacendados, los grandes colonos junto a los comerciantes importadores-exportadores.

Por otra parte se encontraba el modelo que planteaba promover la diversificación y la industrialización, el cual era defendido por otros sectores económicos, especialmente la burguesía industrial, y agricultores no cañeros, así como gran parte de los intelectuales, la clase media urbana, y los obreros.

Era la misma pugna ideológica desde principios del siglo XIX entre el modelo de la plantación esclavista promovida por Francisco de Arango y Parreño y los hacendados criollos, y el modelo diversificador y autosuficiente promovido por el Intendente de Hacienda Alejandro Ramírez, y después por José Martí; lo que se puede definir como el contrapunteo entre la "Cuba Grande" y la "Cuba Pequeña". La Cuba Grande era la de los plantadores azucareros dominando la sociedad como una oligarquía en medio de una gran desigualdad social, y la Cuba Pequeña era la de la economía diversificada, con muchos pequeños propietarios, y un ingreso menos desigualmente distribuido.

La disolución del modelo plantacionista en los años 30 hubiera traído como consecuencia la desaparición de gran cantidad de capital debido a su especificidad, sobre todo el que se encontraba invertido en la industria azucarera; grandes cantidades de tierra serían dedicadas a otros usos diferentes al cultivo de la caña, y los salarios tendrían que disminuir para absorber en diversas actividades tanto agropecuarias, como industriales, como de servicios, el excedente de labor. De esta forma se iría estructurando un nuevo modelo económico para Cuba.

Desde el punto de vista social, esto hubiera significado la desaparición de la élite exportadora, y el auge de las clases medias, y una nueva burguesía industrial dando paso a una nueva República.

En 1933, el excedente de labor que se manifestaba como desempleo era gigantesco; se estima en un 33% de la fuerza de trabajo del país, en tanto la economía se encontraba postrada, incapaz de asimilar toda esta fuerza de trabajo.

Para todos en Cuba se hacía evidente que el mercado por sí solo, como planteaban las teorías liberales, no podría resolver el problema del desempleo, por lo que se convertiría en una tarea que asumió el Estado cubano desde ese momento hasta el final de la República.

Lo primero que haría el Estado, y lo más obvio, fue detener por decreto el flujo migratorio, el cual ya se encontraba muy debilitado, y promover la repatriación de extranjeros en algunos casos por medio de la deportación en masa como fue el caso de los haitianos, en tanto se dictaban algunos decretos y leyes discriminatorias contra los no-nacionales, en un intento de favorecer a los cubanos en el empleo. El único otro medio que tenía el Estado cubano durante la década de 1930 era la tradicional creación de empleo público, pero la escasez de recursos en este período no le permitía ser muy eficaz en este sentido, por lo que el resto quedaría a cargo de las fuerzas del mercado, pero como la economía se encontraba en una situación de lenta recuperación, de igual manera la absorción del desempleo era extraordinariamente lenta, por lo que en estos años se expande mucho el trabajo por cuenta propia con la consiguiente baja productividad, y una disminución significativa de la participación en el mercado laboral, o sea la relación que existe entre las personas que forman parte de la fuerza de trabajo, y la población total del país. En el año 1919, la tasa de participación laboral era de un 35.6%, mientras que en 1931 era del 32.8%, y en 1943 era de 31.8%. Cada vez había más personas en edad laboral que no se encontraban integrados al mercado de trabajo, por lo que la relación entre personas trabajando dentro de la familia, y personas que no trabajaban y tenían que ser mantenidas por los que trabajaban era mayor, lo cual era un indicador de un mercado laboral que funcionaba de manera muy deficiente.

A partir de la Constitución de 1940 se creó toda una legislación laboral que lo que tenía como propósito era redistribuir el empleo y el ingreso a costa de hacer altamente inflexible el mercado laboral, haciendo que el desempleo se convirtiera en crónico y sin solución. En el Survey de la Junta Nacional de Economía de 1956-1957, se encontró que el desempleo en Cuba oscilaba entre un 24% durante el tiempo muerto de la zafra, y el 17.6% durante la zafra para un desempleo promedio de un 20%. Se cerraba el período republicano sin que se hubiera resuelto el grave problema del desempleo en Cuba.

-oOo-

La productividad del trabajo medida en valor, no en cantidad de unidades producidas, tiene dos componentes; uno es exógeno que en el caso de Cuba, al ser esta una economía de exportación, una parte muy importante de su Ingreso Nacional depende del valor de sus exportaciones, especialmente del azúcar. El otro componente es endógeno, y depende de la dotación de capital por trabajador, del adelanto tecnológico del capital empleado, y de los métodos organizativos utilizados.

En los primeros veinticinco años de la República, coincidieron los dos factores, o sea exógenos y endógenos, contribuyendo al incremento de la productividad del trabajo, sin embargo, después de mediados de la década de 1920, los precios del azúcar se estancaron; el promedio de los precios del azúcar a valores constantes del dólar de 1937, entre 1925 y 1958, fue solamente un 5.4% mayor que el de 1925, además la inversión de capitales que tuvo lugar fue bastante improductiva, por lo que el crecimiento del Ingreso Nacional tuvo lugar por medio de una incorporación cuantitativa de factores, o sea más tierra de cultivo, más capital, y más labor, quedando sometidos la Ley de los Rendimientos Decreciente que ya se manifestaba, haciendo inviable este método de crecimiento en un futuro muy cercano.

A valores constantes de 1937, la productividad del trabajo en 1919 fue de 623.00 pesos por hombre/año trabajado, y en 1958 fue de 454.15 pesos, o sea un 27% inferior.

En una sociedad donde el trabajo cada vez produce menos, se van deteriorando los salarios reales, y los niveles de ganancia, afectando la inversión y el empleo, dando lugar así a una agudización de las contradicciones entre el trabajo y el capital por la participación dentro del Ingreso Nacional, y con la consiguiente inestabilidad política y social.

El desempleo; conceptos

El desempleo se clasifica de acuerdo a sus causas en:

El desempleo tecnológico es el desempleo que se produce cuando la introducción de nuevas tecnologías desplazan trabajo humano.

El desempleo cíclico es provocado por el período de contracción del ciclo económico o sea durante la fase de recesión, depresión y estancamiento.

El desempleo estacional es el que tiene lugar debido a las fluctuaciones en la oferta y demanda de trabajo en determinadas épocas del año siendo característico de la industria turística, la agricultura, la ganadería, etc.

El desempleo friccional es el desempleo que se produce en el espacio de tiempo en que un trabajador deja un empleo y encuentra otro, o la transición de un empleo a otro.

El desempleo institucional es el efecto de la interferencia gubernamental en los mercados laborales con el fin de imponer coercitivamente costos laborales más altos de los que habría determinado un mercado no intervenido.

Los economistas austríacos consideran que en una economía de libre mercado, el desempleo involuntario es temporalmente muy reducido y escaso. El desempleo involuntario estaría reducido a desempleo friccional o de transición.

También es necesario aclarar otros conceptos para entender este ensayo:

La población en edad laboral en Cuba comprendía a todas las personas de 14 años en adelante.

La población en edad laboral se divide en la población que se encuentra fuera de la fuerza de trabajo, y que está compuesta por amas de casa, estudiantes, deshabilitados, rentistas, retirados, y otras personas que por cualquier razón se encuentran voluntariamente desempleadas.

La otra sección de la población en edad laboral está compuesta por la fuerza de trabajo, que es la población económicamente activa; dentro de ella, algunos están permanentemente empleados, otros parcialmente empleados (subempleados), y otros permanente desempleados (en busca de empleo). La tasa de desempleo que utilizamos en este estudio es la relación que existe entre la cantidad de desempleados y la fuerza de trabajo total, o sea la población económicamente activa. En algunos países se considera el desempleo, la relación entre la cantidad de trabajadores empleados y la población en edad laboral, pero nosotros utilizaremos en este ensayo la primera definición que es la que se usaba en Cuba, y que se usa en Estados Unidos.

El índice de participación laboral es la relación que existe entere la fuerza de trabajo, y la población total del país. Durante todo el período de 1899 a 1957, el índice fue de 35.4% de la población total formando parte de la fuerza de trabajo, siendo su punto más alto el año 1899, con un índice de participación laboral de un 39.6%, y el más bajo en 1943 con un 31.8%.

Un índice de participación laboral muy elevado indica que existe abundancia de oportunidades de empleo e incentivos para participar en el mismo, en tanto un índice muy bajo significa lo contrario; poco empleo disponible, y poco incentivo para participar en la fuerza de trabajo.

Antes de comenzar a analizar el empleo y el desempleo es necesario conocer el crecimiento poblacional del país, y en Cuba el fenómeno migratorio juega un papel muy importante a lo largo de toda su historia, no solo durante la etapa republicana, por ello comenzaremos por analizar las tendencias migratorias, basándonos en los censos de población efectuados tanto por los gobiernos interventores norteamericanos en 1899 y en 1907, como por los gobiernos cubanos en 1919, 1931, 1943, y 1953, y el Survey de la Junta Nacional de Economía efectuado entre 1956 y 1957.

Demografía. Inmigración y emigración durante la República

Desde comienzos de la segunda mitad del siglo XIX se estaba produciendo la integración global del mundo en lo que pudiéramos llamar la primera globalización capitalista.

La globalización consistía en la integración económica del mundo, donde cada país o región se especializaba en producir en lo que mejor hacía.

Durante la época del capitalismo mercantilista (siglos XVI al XVIII), los países buscaban la autosuficiencia, pero ahora se enfocaban en producir y exportar lo que mejor hacían e importar el resto. El capitalismo global hacía posible la especialización, y el proceso funcionaba aparentemente de forma maravillosa; la labor y el capital se movían alrededor del mundo desde donde producían menos hacia donde producían más.

Un país con exceso de labor podía enviar emigrantes hacia áreas de resiente asentamiento o podía emplear la fuerza de trabajo barata en factorías produciendo manufacturas de alto consumo de labor para enviar a esas áreas.

Decenas de millones de campesinos salieron de sus tierras empobrecidas hacia las ciudades o hacia nuevas tierras al otro lado de los océanos, casi siempre para no regresar nunca más, a menudo encontrando pobreza, abusos, discriminación, enfermedades, aislamiento.

Los salarios en los países que recibían inmigración fueron mucho más altos que en los países de donde la inmigración procedía. En 1910, los salarios en Canada y en Estados Unidos eran tres veces más altos que en Italia o España, y en Argentina y Australia eran dos veces más altos.

Los países en desarrollo eran países escasos de capital, y en general escasos de labor en los cuales los nuevos trabajadores podían hacer una importante contribución al desarrollo. A veces incluso los gobierno receptores de inmigrantes subsidiaban la inmigración pagando los pasajes como fue en Brasil.

En algunos países la inmigración levantó preocupaciones y oposición, ya que los inmigrantes constituían una competencia directa con los trabajadores que ya se encontraban allí. El resultado del incremento de la oferta de trabajo fueron más bajos salarios, por lo cual los trabajadores tenían incentivos para reclamar la restricción de nueva inmigración, en tanto los empleadores tenían incentivos para promover la inmigración de fuerza de trabajo barata.

En Argentina, Brasil, Cuba, etc., que eran sociedades dominadas por plantadores y latifundistas querían tanta inmigración como fuera posible, alentando el incremento de la oferta laboral.

La República de Cuba nace en el apogeo de la globalización capitalista con escasez relativa de fuerza de trabajo, por tanto, la única alternativa para su integración en la economía capitalista global era la importación de grandes cantidades de labor y capital, lo cual se haría realidad entre 1902 y 1930.

-oOo-

El Censo de 1899 efectuado por las autoridades norteamericanas inmediatamente que comenzaron la ocupación de la isla después de la evacuación del gobierno colonial español, arrojó la cifra de que Cuba estaba poblada por 1 millón, 572 mil 797 personas de las cuales 172 mil 535 eran extranjeros (no nacidos en Cuba) lo que constituía el 11% de la población total, y de ellos, 129 mil 240 eran españoles, constituyendo el 74.6% del total de los extranjeros, y el 8.2% de toda la población del país.

En 1902, antes de abandonar la isla, las autoridades norteamericanas encabezadas por el general Wood emitieron la Orden Militar 155 que prohibía la inmigración de chinos e importación de braceros.

De acuerdo al Artículo IV de la Enmienda Platt, todos los actos realizados por el gobierno interventor eran ratificados por la República, y no podían ser abolidos, por tanto, la Orden Militar 155 quedó como parte de la legislación migratoria de Cuba.

En 1907, durante la Segunda Intervención norteamericana, se efectuó otro censo de población que contabilizó un incremento absoluto de 56 mil 206 extranjeros más que en el de 1899, y el saldo migratorio[1] había sido de 129 mil 200 individuos.

Aunque en términos generales, la proporción de extranjeros se mantuvo casi igual con respecto a la población total, podemos ver que hay un fuerte crecimiento de la población española tanto en términos absolutos, como en términos relativos. En 1899 era casi el 75% del total de la población extranjera, y en 1907 constituía el 81% de todos los extranjeros de Cuba.

Esto era resultado de las políticas migratorias de aquellos tiempos, que buscaba promover la inmigración blanca, y restringir la inmigración asiática y de raza negra.

Durante este período de tiempo, la demanda de fuerza de trabajo va en constante aumento, impulsada sobre todo por el impetuoso crecimiento de la industria azucarera. Los gigantescos centrales que se están construyendo demandan grandes cantidades de mano de obra, y grandes extensiones de tierras; la abundancia relativa de tierras vírgenes que demanda esta nueva industria azucarera que

1. Saldo migratorio es el balance que existe entre inmigración y emigración. Este balance puede ser positivo cuando la inmigración es mayor que la emigración y negativo cuando es a la inversa.

se está fomentando puede ser satisfecha en las regiones orientales de la isla, la parte más despoblada del país, que eran las provincias de Camagüey y Oriente.

La necesidad de mano de obra da lugar a que en 1913, el gobierno de José Miguel Gómez imparta la autorización para la importación de braceros antillanos (haitianos, jamaiquinos y de otras posesiones inglesas en el Caribe), hasta aquel entonces prohibida. La condición, casi nunca cumplida, era que al terminar las labores de la zafra regresaran a sus países de origen.

Entre 1913, y 1931 entraron aproximadamente unos 305 mil braceros antillanos en la isla.

Entre 1914 y 1925 tuvo lugar una formidable expansión de la industria azucarera en Cuba, pero a partir de 1925, la inmigración antillana comienza a descender hasta casi desaparecer en 1933 en que quedó prohibida y se inició una política de deportaciones masivas.

El Censo de 1919 se efectúa en el comienzo de la gran burbuja económica conocida como las Vacas Gordas.

Desde el último censo de población efectuado en 1907, la población extranjera aumentó de forma absoluta en 110 mil 341 personas, en tanto el saldo migratorio fue de 258 mil 500 personas.

El crecimiento de la proporción total de extranjeros con respecto a la población total fue de apenas un 0.7%, en tanto se observa una disminución relativa de los españoles dentro del total de los extranjeros desde un 81% en 1907 a un 72.4%, aunque de forma absoluta creció en algo más de 60 mil personas.

El siguiente censo de población se efectuó en 1931. Entre 1921 y 1926 la industria azucarera cubana llegó a su apogeo, y por consiguiente, la demanda de mano de obra.

El crecimiento absoluto en el número de extranjeros censados entre 1919 y 1931 fue de 97 mil 800 personas, en tanto de forma relativa, los extranjeros constituyeron el 12.4% de toda la población de Cuba. El saldo migratorio fue de 217 mil 500 personas, llegando a su punto máximo entre 1920 y 1924, y a partir de 1929, el saldo migratorio comienza a ser negativo o sea, quedan en Cuba menos emigrantes de los que ingresan.

Dentro del grupo total de extranjeros, el número absoluto de españoles aumentó solamente en 12 mil individuos, en tanto que de manera relativa la disminución es grande, llegando a constituir solamente el 59% de todos los extranjeros del país, mientras el grupo de "otros", donde se incluyen los braceros antillanos y chinos, tiene un aumento absoluto de 86 mil personas, y su peso relativo alcanza el 41% de todos los extranjeros, y el 5% de la población total de Cuba.

La Era de la gran inmigración a Cuba ha terminado; se estima que entre 1902 y 1931 llegaron 1 millón 259 mil 864 inmigrantes, y que la inmigración representó el 30% del crecimiento de la población total del país en ese período.

Con la Gran Depresión, las leyes de nacionalización del trabajo, y de restricción de la inmigración que comienzan a dictarse a partir de 1933, unido a las deportaciones masivas de los braceros antillanos, dan lugar a un rápido declive de la inmigración, y con la nacionalización de extranjeros residentes en Cuba, la proporción de extranjeros en Cuba cae abruptamente.

El Censo de 1943 registra un descenso absoluto de la población extranjera con respecto a 1931 de más de 192 mil personas.

En 1943, los extranjeros representan el 5.4% de la población total del país.

Entre los españoles, el descenso absoluto fue de cien mil personas; un descenso del 39%, mientras que en el grupo de "otros", el descenso absoluto fue de más de 92 mil personas. Muchos de los extranjeros, o se fueron, o se nacionalizaron cubanos. El saldo migratorio fue negativo en 118 mil 200 personas.

El descenso abrupto de la población extranjera de Cuba en el período intercensal de 1931 a 1943, no es resultado de un éxodo masivo de extranjeros, si no que debido a la legislación de extranjería proveniente de la Constitución de 1940, muchos extranjeros adoptan la ciudadanía cubana.

El último censo efectuado en la etapa republicana fue el de 1953, y en él se refleja que continúa el descenso absoluto de la cantidad de extranjeros de 95 mil 357 individuos, y en términos relativos, los extranjeros solo representan el 2.6% de toda la población del país. El descenso del número de españoles continúa; en 1953 han sido censados 83 mil españoles menos que en 1943 siendo la mitad de la población extranjera, y tan solo un 1.3% de la población total del país de haber sido un 8.5% de la población total del país en 1919.

En este período intercensal, el saldo migratorio continuó siendo negativo en 15 mil 200 individuos, o sea se van más de los que llegan.

Desde fines de la década de 1940 y principios de los 50, algunos economistas en Cuba, especialmente el economista de origen español Julián Alienes, - cuya tesis relacionada con la crisis estructural de la economía cubana tiene un marcado carácter malthusiano-, es favorable a alentar la emigración a fin de que tenga lugar una disminución de la tasa de crecimiento demográfico, que según sus análisis, era más dinámica que el crecimiento del Ingreso Nacional lo cual podría, a mediano plazo, desembocar en una crisis social de gran magnitud.

Entre 1945 y 1957, salieron con residencia permanente hacia EE. UU. un total de 66 mil 306 cubanos, sin contar con los que iban y permanecían ilegalmente, y los que emigraban a otros destinos, especialmente en aquellos años a Venezuela y Puerto Rico.

El alto desempleo existente en Cuba estaba creando fuertes presiones emigratorias en la década de 1950, en contradicción con el muy extendido mito de que "los cubanos no emigraban". Estas son cifras proporcionadas por el Ministerio de Hacienda de la República.

Como conclusión, el saldo migratorio en los 58 años 1900 y 1958, fue positivo en 461 mil 800 individuos, dividido en dos etapas; entre 1900 y 1931 de elevada inmigración, y entre 1932 y 1958 de marcada emigración, que se aceleraría de manera exponencial después de 1959, llegando al extremo de que en la actualidad Cuba necesita desesperadamente de inmigraciones masivas.

En Cuba se observan claramente dos períodos en relación con la migración; un período de fuerte inmigración que dura aproximadamente hasta 1930, y a partir de entonces un período donde predomina la emigración, que se agudiza después de la segunda posguerra, y que tiene como causa el alto desempleo y los bajos niveles salariales. Esta emigración se caracteriza por ser mayoritariamente de personas jóvenes con habilidades laborales, lo que significa una pérdida neta de capital humano para el país.

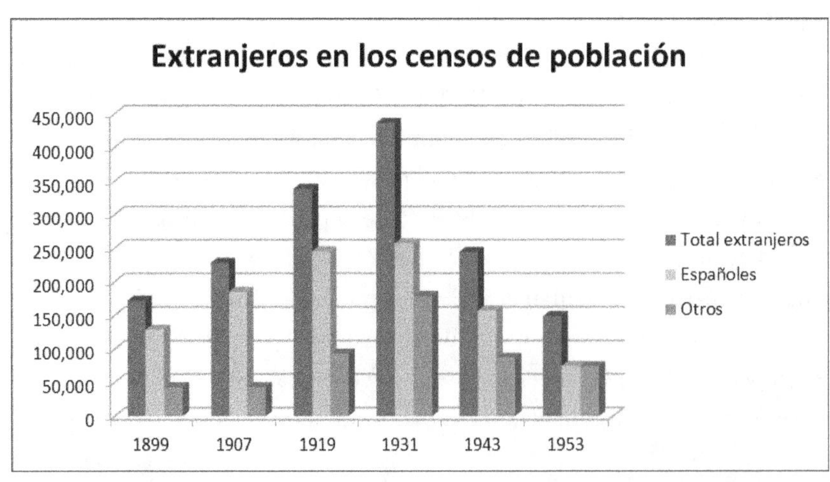

Demografía

Tasa anual de crecimiento poblacional intercensal.

Censo	%	Censo	%
1899-1907	3.8	1931-1943	1.7
1907-1919	3.4	1943-1953	2.2
1919-1931	3.1	1953-1958	2.4

Urbanización

El otro fenómeno dentro de la demografía que hay que tener en cuenta es el proceso de urbanización, ya que Cuba era una economía básicamente rural, o sea es en las áreas rurales donde se produce la mayor parte de su Ingreso Nacional, durante toda la República.

La urbanización es un sinónimo de modernización que viene acompañada de toda una serie de cambios sociales muy importantes. Este proceso va teniendo lugar en todas las economías rurales del mundo en la medida en que avanza el progreso tecnológico aplicado a la agricultura, debido a que la demanda de productos agrícolas y pecuarios es generalmente inelástica, por lo que las nuevas tecnologías y el crecimiento de la productividad del trabajo tienden a desplazar labor agrícola que se mueve desde las áreas rurales hacia las ciudades, en busca de oportunidades, y en algunos casos a otros países.

En la tabla de abajo se muestra el proceso de urbanización en los países más urbanizados de América Latina de acuerdo a la base de datos "*Oxford-Montevideo Latin América Historical Database*" Cuba es el cuarto país más urbanizado de la región en la década de 1950.

Urbanización	
Expresado en % en relación al total de la población	
Los países más urbanizados de latinoamerica son:	
Argentina	52.7% en 1914
	62.5% en 1947
Chile	46.2% en 1920
	52.5% en 1940
	60.2% en 1952
Uruguay	79.1% en 1916
	81.8% en 1937
	76.6% en 1951
Cuba	44.7% en 1919
	51.4% en 1931
	54.6% en 1943
	57.0% en 1957
México	31.2% en 1921
	35.1% en 1940
	42.6% en 1950

Como vemos en la siguiente tabla, en el Censo de 1931 ya se registra una población urbana superior a la rural por primera vez en la historia de nuestro país.

El empujón definitivo poblacional del campo a las ciudades tuvo lugar ente 1919 y 1931 asociado a la crisis azucarera, sobre todo después de 1925, y a la Gran Depresión después de 1929-1930.

Población urbana y rural.

Expresada en miles de habitantes.

Censo	Urbana	Rural	Población total
1899	47.1%	52.9%	1,573.0
1907	43.9%	56.1%	2,049.0
1919	44.7%	55.3%	2,889.0
1931	51.4%	48.6%	3, 963.0
1943	54.6%	45.4%	4,779.0
1953	57.0%	43.0%	5,829.0

El movimiento migratorio interno nos señala los desarrollos de las economías regionales que atraen o expulsan población que se mueve en busca de mejores oportunidades.

En el Censo de 1953 se puede observar el proceso migratorio interprovincial que está demostrando como la población internamente se está moviendo, especialmente hacia La Habana, mientras las demás provincias, con excepción de Camagüey, están perdiendo población.

Expresada en miles de habitantes.

Provincia	Migración
Pinar del Rio	-10.6
La Habana	+345.6
Matanzas	-96.4
Las Villas	-161.9
Camagüey	+75.4
Oriente	-56.7

Expresado en miles de habitantes, con signo negativo mostramos las pérdidas netas de población y con signo positivo cuando se gana en población, con respecto al Censo de 1943.

Demografía laboral.

Población en edad laboral en relación con la población total.

Expresada en miles de habitantes.

Censo	%	Cantidad (miles)	Crecimiento (%)
1899	60.9	958.0	
1907	60.9	1,247.0	30.17
1919	57.5	1,660.0	33.12
1931	60.9	2,414.0	45.42
1943	68.0	3,246.3	34.48
1953	59.4	3,828.5	17.93
1957	65.5	4,100.0	18.46

Población económicamente activa en relación con la pob. en edad laboral y con la total.

Expresada en miles de habitantes.

Censo	%	Cantidad	Crecimiento	Indice de participación
		(miles)	%	
1899	65.1	622.3		39.5%
1907	61.9	772.0	24.1	37.7%
1919	61.9	1,027.5	33.1	35.6%
1931	50.9	1,297.8	26.3	32.8%
1943	51.0	1,520.8	17.3	31.8%
1953	57.0	2,059.7	35.4	35.3%
1957	53.4	2,204.0	18.4	35.2%

Fuente: "The Labor Force; Employment, Unemployment and Underemployment in Cuba 1899-1970" Carmelo Mesa-Lago.

Censos de 1899, 1907, 1919, 1931, 1943, y 1953, y Survey de la Junta Nacional de Economía 1956-1957. Cálculos del autor.

La Empleo desempleo y subempleo población económicamente activa es equivalente a la fuerza de trabajo. El promedio durante todo el período republicano fue de un 57.3% de la población en edad laboral que participaba del mercado de trabajo, y un 42.7% se mantenga desempleada voluntariamente.

A partir de estos datos podemos sacar algunas conclusiones:

En el año 1899 la relación entre población activa, y población en edad laboral es muy alta, lo que indica que debido a los bajísimos niveles de ingreso muchas personas en la familia estaban vinculadas alguna actividad laboral remunerada, y por otra parte el alto índice de participación laboral está indicando que hay un mercado laboral favorable a la oferta.

Entre 1919 y 1943 la relación entre la población activa, y la población en edad laboral va disminuyendo, lo cual quiere decir que aumenta el desempleo voluntario como una consecuencia de la falta de oportunidades que ofrece el mercado laboral.

De la misma forma vemos como la relación entre la fuerza de trabajo y la población total del país va cayendo hasta llegar en 1943 a su punto más bajo.

En el año 1907, una persona empleada debía mantener a 2.65 personas que no estaban incorporadas al mercado laboral, y en 1943 eran 3.14 personas por una persona empleada.

Estos números indican que el mercado laboral en Cuba, sobre todo desde 1919, iba perdiendo flexibilidad, y las oportunidades laborales iban siendo cada vez menores. De ser un mercado de vendedores a ser un mercado de compradores.

Después de 1943 comienza una recuperación del mercado laboral; disminuye el desempleo voluntario y aumenta la participación laboral, no porque se flexibilice el mercado laboral si no por las políticas de creación de empleo improductivo del gobierno.

Empleo, desempleo, y subempleo

Las estimaciones que pasamos a dar a continuación están basadas primeramente en los Censos de la República, y el survey que efectuó la Junta Nacional de Economía entre abril de 1956 y mayo de 1957, también hemos utilizado los datos del Censo Agrícola de 1946, y los estudios de Julián Alienes y Gustavo Gutiérrez de 1950, de Segundo Ceballos Pareja de 1953, y de Sebastian Mantilla para el Survey del 1956-1957, de Alberto Arredondo "*La clase media en Cuba; factor de progreso económico*", así como el trabajo del profesor Carmelo Mesa Lago ya citado.

Análisis de las tipologías del desempleo en la República

El desempleo puede dividirse básicamente en dos; desempleo voluntario y desempleo involuntario. Del desempleo voluntario nos ocupamos aquí pues está constituido por las personas en edad laboral que deciden, por cualquier razón, que no desean participar en el mercado laboral. Por tanto, nos ocupamos del desempleo involuntario, o sea las personas en edad laboral que están buscando trabajo activamente.

La oferta y la demanda de labor. Como opera el mercado laboral

¿Por qué existe desempleo involuntario? La primera respuesta sería, es que no hay trabajo para ellos en la economía, pero eso no es cierto, ya que al existir en el mundo una ilimitada necesidad y deseo de riqueza, esto conlleva una inherente escasez de labor. Partiendo de este principio, la explicación del desempleo radica en otra parte; siempre existe trabajo disponible para el que desee trabajar.

La causa se encuentra entonces en que se establecen instituciones y regulaciones que estorban o incluso hacen imposible encontrar empleo, por tanto, podemos concluir que el desempleo involuntario tiene una causa institucional.

Ciertamente siempre existe un desempleo de tipo friccional, que es el desempleo que se produce entre el momento en que se pierde un empleo y se encuentra el otro.

Todas las regulaciones que conduzcan a una relación impropia entre las tasas salariales y la demanda de labor en el sistema económico conducen necesariamente a crear desempleo.

El problema del desempleo es el resultado de tasas salariales demasiado altas en relación con la demanda monetaria de labor, entendiendo demanda monetaria de labor como la cantidad de dinero que los empleadores están dispuestos a pagar por emplear labor.

Las tasas salariales son el salario promedio por trabajador empleado en la economía.

La demanda agregada de labor es la suma de todo el dinero destinado a pagar labor dentro del sistema económico, por eso la llamaremos demanda monetaria de labor, y dependen de la cantidad de dinero en el sistema económico; un aumento de la oferta monetaria tiende a que tenga lugar un aumento en la demanda monetaria de labor y viceversa.

La oferta agregada de labor es la cantidad de trabajadores empleados en el sistema económico en un momento dado.

En la medida en que la demanda de labor sea más alta, manteniendo constante la oferta de labor, mayor serán las tasas salariales (directamente proporcional), y en la medida en la oferta de labor sea más alta, manteniendo constante la demanda monetaria de labor, menor será la tasa salarial (inversamente proporcional).

De aquí se deduce una fórmula general:

Tasa salarial promedio = demanda de labor/oferta de labor o Ts = Dl/Ol.

Es el mismo principio de la oferta y la demanda llevada al caso del precio de la labor, que en este caso es la tasa salarial promedio.

De esta fórmula se deduce entonces que:

La oferta de labor (empleo) = demanda de labor/tasas salariales promedio. Ol = Dl/ Ts.

Mientras mayor sea la demanda de labor, mayor será la oferta de labor o sea el empleo, y mientras mayor sea la tasa salarial promedio, menor será la oferta de labor o sea empleo.

La diferencia entre pleno empleo y desempleo es un asunto de diferencia en las tasas salariales en relación con la demanda de trabajo.

Entonces, partiendo de esta fórmula tenemos dos maneras de alcanzar el pleno empleo.

Primero aumentando la demanda monetaria de labor, o sea aumentando la cantidad de dinero que los empleadores están dispuestos a pagar por labor.

Segundo disminuyendo las tasas salariales, o sea pagando menos por la labor hasta que se alcance un nivel de equilibro, que más allá del pleno empleo se produciría una situación de escasez de labor en el sistema económico.

En condiciones de libre mercado, el interés de los compradores (empleadores), y los vendedores (trabajadores) opera de forma tal que se establecen tasas salariales lo suficientemente bajas como para permitir que la cantidad de labor demandada se expanda al punto de igualarse con la cantidad de personas buscando empleo, eliminando así el desempleo.

El desempleo masivo es producto de la acción del gobierno y los sindicatos estorbando la operación de los participantes en el mercado laboral a través de políticas de controles de precios (salarios) donde los sindicatos actúan como cártels laborales.

En condiciones de libre mercado, en una economía en expansión, se incrementará la demanda agregada de labor, por lo que manteniéndose iguales, o subiendo a menor velocidad las tasas salariales promedio, se llegará al punto del pleno empleo, por lo que de continuar expandiéndose la economía se desarrollaría una situación de escasez de labor, empujando hacia arriba las tasas salariales, por tanto, el mercado corrige esta situación incrementando las tasas salariales promedio, y manteniendo el pleno empleo eliminando así la escasez de labor.

En una situación de contracción económica, en condiciones de libre mercado, la demanda agregada de labor se contrae, contrayéndose consiguientemente el empleo, pero la disminución de las tasas salariales más rápido que la disminución de la demanda de labor agregada tienden al equilibrio en el empleo, pero con tasas salariales promedio menores.

La caída de las tasas salariales va acompañada de una caída de los precios de los bienes de consumo de forma proporcional, por lo que el salario real debe mantenerse más o menos igual aunque el salario nominal (tasa salariales promedio) caiga.

En condiciones de crecimiento económico y libre mercado, los precios de los bienes de consumo tienden a subir, pero en menor medida que las tasas salariales promedio, por lo que de esta forma se incrementa el salario real y el nivel de vida promedio de los trabajadores.

En condiciones de contracción económica, y libre mercado, los precios de los bienes de consumo y servicios tienden a bajar, pero también en menor medida que las tasas salariales en el agregado económico, pues los salalarios constituyen el componente más importante de los costos de producción, especialmente en las economías subdesarrolladas, y esto implica una contracción del salario real de los trabajadores a nivel agregado.

Téngase en cuenta de que cuando decimos en condiciones de libre mercado, nos estamos refiriendo también a una oferta monetaria estable, o sea manteniéndose sin grandes variaciones la cantidad de dinero en el sistema económico.

Veamos entonces que sucede cuando existe la interferencia del gobierno en la operación del mercado laboral.

En estas condiciones, el incremento de la demanda agregada de labor tiene lugar a partir de la expansión de la oferta monetaria y el crédito por parte del gobierno, pero al mismo tiempo, cuando la oferta monetaria crece aumentan los precios de los bienes de consumo, por lo que los sindicatos presionarán por un aumento en las tasas salariales a partir de incrementos de los salarios mínimos, por tanto, se anula el efecto sobre el empleo, e incluso puede aumentar el desempleo.

En el caso que sin expansión de la oferta monetaria se incrementan las tasas salariales a partir de aumentos de salarios mínimos y otros beneficios establecidos por el gobierno encareciendo la labor artificialmente, el efecto será incrementar el desempleo ya que la demanda de labor se mantiene igual, o se incrementa en menor medida que el costo de la labor (tasas salariales promedio).

Si en condiciones de interferencia gubernamental en el mercado laboral, la economía está en recesión, la demanda de labor disminuye, y como no se permite que las tasas salariales disminuyan, lo que tiene lugar es un aumento masivo del desempleo.

La manera de acabar con el desempleo que utilizaron los gobiernos de la Italia fascista de Mussolini, y de la Alemania nazi de Hitler, y posteriormente en Estados Unidos durante la Segunda Guerra Mundial, fue el resultado de una política de inflación masiva a partir de una expansión de la oferta monetaria, combinada con estrictos controles generales de precios y salarios.

El efecto de esta combinación fue que cuando la inflación hizo subir la demanda de labor y de bienes de consumo, los controles de salarios y precios evitaron la subida en las tasas salariales y los precios, por tanto, aumentó rápidamente la demanda agregada de labor hasta el punto no solo del pleno empleo, si no de escasez de labor, y con los precios congelados aumentó el gasto de consumo de forma tal que cualquier bien invendible se vendía, llegándose a una escasez de productos, y a un incremento exponencial de la bolsa negra, o sea a una escasez generalizada de labor y bienes de consumo. Esto creó una ilusión de bonanza en Alemania e Italia en los años 30, y en Estados Unidos durante la Segunda Guerra Mundial y la posguerra.

Cuando la demanda monetaria de labor crece más rápido que la oferta monetaria, estamos en presencia de una demanda de labor elástica, y cuando la demanda monetaria de labor crece menos que la oferta monetaria, entonces la demanda de labor es inelástica.

Los factores más importante que afectan la elasticidad de la demanda de labor son la productividad marginal del trabajo y la rigidez del mercado laboral que tiene lugar con la intervención del gobierno. En condiciones de elevada productividad marginal del trabajo, la demanda de labor aumenta más rápido que la oferta monetaria, y viceversa, y en condiciones de poca flexibilidad de los mercado laborales, la demanda de labor se hace inelástica, y viceversa.

En Cuba, durante la Primera República, el mercado laboral casi no tuvo intervención del gobierno, y los sindicatos eran débiles, pero en la Segunda República, la intervención del gobierno y de los sindicatos en los mercados laborales fue profunda y activa, de manera tal que al final de los años 50 habían perdido casi completamente su flexibilidad.

Empleo, desempleo e ingresos promedio por trabajador durante la Primera República 1902-1933.

En los primeros veintitrés años de República, no existió en Cuba un tipo de desempleo que pudiéramos llamar institucional, pues el Estado cubano no interfería en el mercado laboral. El desempleo involuntario era de tipo estacional y friccional, sin embargo, la Primera República se hundió en medio de un enorme desempleo. ¿Cómo se justifica entonces este desempleo si no existía interferencia del gobierno en los mercados laborales?

El carácter estacional de la economía cubana, —como todas las economías agrícolas— se comportaba cíclicamente en el empleo; los meses de zafra de enero a abril, con un nivel de empleo máximo, y los llamados meses de tiempo muerto, de mayo a diciembre, donde muchos trabajadores buscaban empleos a tiempo parcial en otras actividades tanto rurales como urbanas.

El empleo y el desempleo evolucionó de la siguiente manera (en miles).

Concepto	1899	1907	1919	1931	1933
Fuerza de trabajo	622.3	772	1,027.50	1,297.81	1340.2
Empleada	622.3	744.1	947.7	913.9	900.7
Desempleada	0	27.9	79.8	383.9	428
Índice de desempleo(%)	0	5	7.8	29.6	32.8

Fuente: Censos de la República de Cuba 1899, 1907, 1919 y 1931. Estimado 1933.

La prosperidad 1907-1919

Entre el Censo de 1899, y el de 1907, la población de Cuba creció a una tasa del 3.8%; la fuerza de trabajo al 3% con un incremento neto del mercado de trabajo de 18.7 miles promedio anual, y de 1907 a 1919 se crearon 203.6 miles de nuevos empleos, a una tasa promedio anual de 18.5 miles, pero la fuerza de trabajo creció a un promedio anual de 23.2 miles de nuevos individuos buscando empleo, por lo que se produjo un incremento pequeño del desempleo permanente.

Durante el espacio de tiempo entre 1899 y 1919 tuvo lugar la reconstrucción de la infraestructura económica de la isla de la devastación de la guerra, y también se desarrolló un extraordinario auge impulsado por el crecimiento exponencial de la industria azucarera, por tanto, la demanda de labor crecía de año en año, por lo que ante la presión de la demanda de trabajadores, se practicó una política de incentivo a la inmigración con el objetivo de deprimir los salarios, pero ya en 1919 empezaban a notarse los efectos sobre el nivel de empleo; los inmigrantes comenzaban a desplazar labor nativa, a pesar de que la economía azucarera se encontraba en pleno apogeo.

Entre 1907 y 1919 la tasa promedio de ingresos de los trabajadores, a valores corrientes, aumentó un 157.8%; de unos 14.50 dólares al mes en 1907, a unos 37.33 dólares mensuales en 1919.

La demanda monetaria de labor aumentó un 228%, por tanto, con un mayor aumento relativo de la demanda monetaria de labor que de la tasa promedio de ingresos, la oferta de labor creció un 27.4%.

A valores constantes de 1907, el ingreso promedio real en 1919 fue de 27.35 dólares mensuales por lo que entre 1907 y 1919, la tasa de ingreso real creció un 88.6% lo cual representó una indiscutible mejoría en el nivel de vida de los trabajadores.

La demanda monetaria de labor se mantuvo elástica, pues el incremento de la oferta monetaria en ese período fue de un 218%, en tanto la demanda monetaria de labor aumentó un 228%, lo cual es un indicador de que el mercado se encuentra absorbiendo labor.

La participación relativa del trabajo dentro del Ingreso Nacional disminuyó desde un 51.7% en 1907 a un 49.2% en 1919, lo que indica que tuvo lugar un incremento relativo de los retornos del capital.

En el año 1919, la industria azucarera ocupó en tiempos de zafra el 34% de toda la fuerza de trabajo de Cuba. Cuando venía el tiempo muerto, las 4/5 partes o más de esa fuerza de trabajo quedaba desempleada, y tenía que ser asimilada por las actividades no-azucareras lo cual creaba necesariamente un desempleo estacional muy grande, y una fuerte presión sobre el mercado laboral, pues la economía cubana, a diferencia de muchas otras economías agrícolas de otros países, no tenía el amortiguador que representaba la pequeña propiedad agraria que asimilaba por medio de una economía de subsistencia a los campesinos que quedaban excedentes de manera estacional. En Cuba, la pequeña propiedad campesina era muy escasa, y el campesinado cubano estaba muy proletarizado, lo que lo hacía muy vulnerable a los vaivenes estacionales del empleo agrícola.

Ente 1900 y 1920 se puede decir que la economía cubana se mantuvo en crecimiento, y sin interferencia directa del gobierno, a pesar de algunas pequeñas recesiones de corta duración que tuvieron lugar en 1907-1908, en 1910, y 1912-1913 como resultado de las fluctuaciones de los precios del azúcar.

En estas condiciones estaba teniendo lugar una expansión de la demanda agregada de labor de forma tal que en Cuba había escasez de fuerza de trabajo en la principal industria del país; la industria azucarera que se estaba expandiendo a un ritmo vertiginoso, y que se iba resolviendo con una masiva inmigración, pero que a pesar del incremento en la oferta agregada de labor, dio lugar a un incremento en las tasas salariales reales promedio, aunque la inmigración masiva atenuó en alguna medida como es natural, el ascenso de los salarios.

Esta situación de elevado precio de la labor en Cuba afectó a algunas actividades como es el caso de las manufacturas, las cuales enfrentaban en algunas ramas elevados costos laborales, y por consiguiente de producción que no les permitían competir con productos importados sobre todo desde Estados Unidos, donde el capital y la labor eran abundantes. Esto representó una limitante a la expansión industrial de Cuba en aquellos tiempos, que también trataba de resolverse a través de la inmigración de fuerza de trabajo, especialmente de España.

Las importaciones baratas de bienes de consumo norteamericanos, unido a un incremento en las tasas salariales contribuían a aumentar el salario real y en general a un aumento del nivel de vida de toda la sociedad, aunque representaban una limitante a la expansión de una industria nacional.

Como hemos dicho, el crecimiento de la inmigración, al incrementar la oferta agregada de labor amortiguaba el aumento de las tasas salariales, por lo que se fue desarrollando entre los trabajadores un cada vez mayor reclamo por la nacionalización del trabajo y por frenar ciertos tipos de inmigración, especialmente de braceros antillanos. Por otra parte, los empresarios tanto nacionales como extranjeros, eran partidarios de la inmigración masiva que ayudara a disminuir el crecimiento de las tasas salariales y con ello los costos de producción.

Se puede decir que hubo una ausencia casi total de interferencia del gobierno en la economía, especialmente durante la presidencia de Mario García Menocal (1914-1921) siendo este el período clásico del capitalismo liberal en Cuba.

La transición entre la prosperidad y la crisis: 1919-1925.

Al terminarse la Primera Guerra Mundial en 1918, y eliminarse los controles de precios en 1919, en tanto existía una enorme acumulación de dinero sin respaldo en Estados Unidos, emitido para financiar los gastos del conflicto, se produjo un alza de precios descomunal, sobre todo en las materias primas, y entre ellas el azúcar, que alcanzó su precio máximo en mayo de 1920.

Cuando la Reserva Federal de Estados Unidos cortó la oferta monetaria para detener el proceso inflacionario, cayeron abruptamente los precios; reventó la burbuja de los commodities.

Al caer los precios del azúcar rápidamente, Cuba se precipitó a una severa recesión que trajo una oleada de quiebras de negocios y de bancos, fundamentalmente de propiedad cubano-española; el Ingreso Nacional de 1921 fue la mitad del de 1920. Entre 1921 y 1925 los precios del azúcar se mantuvieron fluctuando debido a que la industria de la remolacha europea se recuperaba de los destrozos provocados por la guerra.

El período de tiempo que transcurre entre 1921 y 1925 fue uno donde se mezcla la recesión en

1921, con la recuperación 1922-1923, y el inicio de la depresión en 1924-1925. Este fue un período transicional entre la gran bonanza que transcurrió entre 1900 y 1920, y la crisis económica que se abatió sobre el país entre 1925 y 1933.

La inmigración extranjera alcanzó su punto culminante en estos años, provocando un incremento de la oferta de labor más rápido que el aumento de la demanda monetaria de labor, presionando hacia abajo a las tasas salariales promedio en Cuba así como los niveles de empleo.

Entre 1919 y 1925 la incorporación neta a la fuerza de trabajo fue de 94.8 miles de individuos, en tanto la creación neta de nuevos puestos de trabajo fue de solamente 62.4 miles. El desempleo permanente aumentó en 32.4 miles de personas, para un desempleo absoluto en 1925 de algo más 112 mil personas, y desde el punto de vista relativo aumentó un 2.2%.

Entre 1919 y 1925 la oferta monetaria creció un 12.7% en tanto la demanda monetaria de labor cayo en un 25.4%. El mercado laboral se hacía inelástico por primera vez en la historia republicana.

La oferta de labor creció un 6.6% de forma absoluta, y la demanda monetaria de labor cayó un 25.4% lo que llevo a un desplome significativo de la tasa de ingresos nominal en 1925 de un 30%.

El nivel general de precios entre 1919 y 1925 cayó un 5.5%, producto de la ligera deflación que estaba teniendo lugar desde 1920, por lo que el ingreso promedio real cayó severamente. En 1919, el promedio mensual de ingresos de los trabajadores fue de 37.32 dólares, y en 1925 a valores constantes de 1919 descontando la inflación, el promedio de ingresos mensuales fue de 27.69 pesos; una contracción del 25.8% del ingreso real.

Cuando tiene lugar una recesión en condiciones de libre mercado, cae la demanda monetaria de labor en forma de disminución de los salarios nominales y de desempleo hasta que se vuelva a alcanzar el nivel de equilibrio entre demanda y oferta de labor.

Cuando esto tiene lugar en una economía grande y diversificada, como son las economías desarrolladas, la labor desplazada en las ramas más afectadas por la recesión, al no existir un mercado laboral intervenido por el gobierno, encuentran empleo en otras ramas de la economía, pero en el caso de las pequeñas economías superespecializadas como es el caso de Cuba, esto es casi imposible, pues todo el sistema económico se ve afectado por la recesión del sector exportador, por lo cual, los que quedan desempleados tienen pocas oportunidades a corto plaza para encontrar empleo hasta tano no se vaya restableciendo el equilibrio externo.

La caída del valor de las zafras azucareras después de 1920, que en promedio fueron casi un 32% inferiores a la de 1919, provocó esta recesión en el sistema económico cubano.

La participación relativa del trabajo y el capital dentro del Ingreso Nacional fue de 44.7% y el 55.3% respectivamente, de haber sido en 1919 el 49%, y el 51% respectivamente.

De forma relativa el capital continuó incrementando su participación dentro del Ingreso Nacional como resultado de los cortes de salarios y de empleo, aunque desde el punto de vista absoluto las ganancias del capital se redujeron un 6.5%.

En estos años, que coinciden con la presidencia de Mario García Menocal y Alfredo Zayas, tampoco hay una interferencia del Estado en el mercado laboral, ni existía un movimiento obrero organizado que dificultara a los empresarios despedir y cortar salarios.

Esta situación da lugar a un aumento en los reclamos por parte de los trabajadores cubanos de medidas tendientes a la nacionalización del trabajo. La inmigración masiva estaba provocando un desequilibrio que no solo va envileciendo los salarios, si no que también está desplazando labor nacional y creando desempleo en una economía que se encuentra en pleno declive.

Este período lo hemos considerado como de libre mercado, debido a que no hubo una interferencia directa del gobierno en el mercado laboral regulando su funcionamiento, pero sí la hubo de forma indirecta con la aprobación de inmigraciones masivas de braceros antillanos con el objeto de mantener deprimidas las tasas salariales en la industria azucarera que era el principal empleador del país en aquellos tiempos, y hacer la producción de azúcar cubana más competitiva, lo cual fue en beneficio de los hacendados, grandes colonos, compañías azucareras extranjeras, y comerciantes importadores-exportadores, y en detrimento del trabajador nacional. La primera fue la autorización en 1913, por el gobierno de José Miguel Gómez a la "Nipe Bay Company" para traer mil trabajadores antillanos, a lo que siguieron otras autorizaciones, y en 1917, el gobierno de Mario García Menocal votó una ley que permitía "toda inmigración de braceros y trabajadores hasta dos años después de concluida la guerra".

Mientras duró la expansión económica, esto era visto más bien como un problema secundario que se compensaba con un casi pleno empleo, y un ascenso del nivel de vida general de la población, pero en cuanto la expansión económica terminó, el problema migratorio salió a la superficie con toda su crudeza.

La más importante intervención directa del Estado cubano en el mercado laboral durante este período del capitalismo liberal fue el establecimiento de un salario mínimo para los trabajadores del Estado, tanto a nivel municipal, como provincial, como nacional, así como para los trabajadores empleados en obras del Estado por contrata.

Se fijó por ley de diciembre de 1910 un jornal mínimo de 1.25 dólares diarios. En 1917 esta cantidad fue aumentada a 1.50 dólares, y se fijó el salario mínimo de todos los trabajadores del Estado en 45 dólares mensuales.

En 1920 por ley del 30 de junio se fijó en 3 dólares diarios el jornal mínimo para los trabajadores del Estado, para compensar el alza de precios que estaba teniendo lugar, pero en septiembre de 1921, en medio de la crisis conocida como las "Vacas Flacas" fue abolida la ley del 30 de junio de 1920, ya que el gobierno no tenía fondos suficientes para su cumplimiento.

También hay que considerar dentro de la legislación laboral de ese período la ley que establecía jornadas máximas de trabajo aprobada el 4 de mayo de 1910, y la Ley Arteaga, aprobada en 1909 bajo el gobierno de José Miguel Gómez, que prohibía el pago de sueldos y jornales en vales o fichas.

El sistema capitalista de aquellos tiempos funcionaba de manera que cuando tenía lugar una recesión, las empresas buscaban disminuir los costos de producción para mantener las ganancias, y dado que los salarios eran la parte más importante de los costos, procedían a cortar salarios, y a cortar empleo. Supuestamente, el nivel general de precios caería, lo que permitiría a los trabajadores empleados mantener sus salarios reales aunque bajaran los salarios nominales. La caída de los salarios nominales llegaría al punto de equilibrio con la demanda, donde se regresaría al pleno empleo. Como hemos explicado, en las economías subdesarrolladas el funcionamiento de la teoría liberal del empleo era más bien deficiente saliendo perjudicado el trabajador.

La otra solución es a partir de la flexibilización del mercado laboral, cuando la oferta monetaria suba más rápido que la demanda monetaria de labor, y así los empresarios pudieran volver a contratar con salarios reales más bajos, restaurando las ganancias nominales.

Esta solución para una economía de exportación y con un rígido sistema monetario basado en el patrón oro como es el caso de Cuba, es extremadamente difícil, pues depende enteramente de que se solucione el equilibrio entre oferta y demanda en el sector exportador, para que se revierta el flujo de dinero hacia el interior por medio de balanzas de pago favorables, lo cual está fuera del control del país.

Las medidas proteccionistas del gobierno norteamericano de 1921 y 1922, que elevaron drásticamente los derechos de aduana para el azúcar cubano en un intento por reducir su ingreso al mercado de Estados Unidos, unido a la caída de los precios mundiales, anunciaba claramente que el país se encontraría abocado a una severa crisis, y esto lo sabía muy bien el gobierno recién inaugurado de Gerardo Machado, y sus asesores azucareros Viriato Gutiérrez y José Miguel Tarafa.

La respuesta de los trabajadores

El crecimiento del movimiento laboral representó un reto para el orden económico establecido, ya que las demandas de nacionalización del trabajo, y mejoras de las condiciones laborales chocaban directamente con el sistema que descansaba en salarios flexibles e inmigración deprimiendo el salario real.

En los países industriales como Estados Unidos, Alemania, Francia, Gran Bretaña, etc., las organizaciones laborales habían alcanzado un importante desarrollo a pesar de la hostilidad de las empresas y los gobiernos.

Los obreros calificados habían alcanzado más organización, pero los obreros no calificados se organizaban cada vez más con el crecimiento del tamaño de las industrias.

Los sindicatos en aquellos años se habían convertido en elementos prominentes en el panorama político de los países industriales y semiindustriales.

En estos países la preocupación central de los trabajadores era el desempleo, pero en los países receptores de inmigrantes, la preocupación fundamental de los trabajadores era la depresión de los salarios que estos causaban.

En los países industriales, con movimientos obreros más desarrollados y numerosos, la habilidad de cortar salarios por parte de los empresarios se hacía cada vez más limitada, lo cual tenía importantes implicaciones en la operación de la mayoría de las economías nacionales en relación con los mercados internacionales.

La tensión entre los esfuerzos de la labor de protegerse de las condiciones adversas del mercado, y de la no intervención de los gobiernos en los mercados fue incipiente antes de 1914.

En Cuba, desde los años de la Primera Intervención Norteamericana, hay testimonios de agitación obrera, comenzando con la fundación en septiembre de 1899 de la "Liga General de los Trabajadores Cubanos" que luego desemboca en un intento de huelga general cuyas principales demandas son la jornada de ocho horas, y la participación equitativa en el empleo entre los trabajadores nativos y extranjeros.

En 1902 tiene lugar la llamada Huelga de los Aprendices con reclamos también nacionalistas, y en 1904 se fundó el "Partido Obrero de la Isla de Cuba" que en el punto # 29 de su programa reclamaba la "Prohibición legal a los industriales y patronos de ocupar menos del 75% de trabajadores nativos y naturalizados", y en el #30 "Admisión proporcional y obligatoria en los talleres y fábricas para el aprendizaje de artes y oficios de los niños nativos".

Durante la Segunda Intervención Norteamericana tuvieron lugar toda una serie de huelgas conocidas como la "Huelga de la Moneda" por que reclamaban el pago en moneda americana, y no en moneda española depreciada.

Durante el gobierno de José Miguel Gómez, en el año 1912, tuvo lugar una huelga en los puertos conocida como la "Huelga de los Estibadores" con reclamos de nacionalización del trabajo.

Durante todos estos años se fue articulando el movimiento obrero en Cuba especialmente alrededor de reclamos de nacionalización del empleo, pero cuando se agudizan las contradicciones entre obreros y empresarios será durante los años de la Primera Guerra Mundial debido a la caída de los salarios reales provocada por la inflación que tuvo lugar como consecuencia del alza exponencial de los precios del azúcar. Entre 1914 y 1920, el índice general de precios subió un 46%, por lo que los reclamos cambiaron especialmente hacia aumentos salariales, mejora de condiciones de vida, y jornadas máximas.

En aquellos años, los obreros industriales estaban aun débilmente organizados y políticamente divididos (anarquistas, socialista, comunistas) como reflejo de una industria pequeña, de escala artesanal, a pesar de que existía alguna tradición de organización ente los trabajadores tabaqueros, portuarios, de los ferrocarriles, carpinteros, pintores, zapateros, etc. cuyas organizaciones en general tomaban formas gremiales, En este momento de auge azucarero fueron surgiendo organizaciones obreras en los centrales.

En 1915, las huelgas en los centrales de Guantánamo, y en el municipio de Cruces, de donde surgió el "Manifiesto de Cruces" reclamaban aumentos de salarios de un 25% y jornada máxima de ocho horas, y entre los años 1917 y 1919, una oleada de grandes huelgas sacuden la industria azucarera a todo la largo y ancho del país, con apoyo de diferentes organizaciones de base obrera en los centros urbanos, así como de los ferrocarriles y en los puertos, logrando éxito en algunas demandas a pesar de una dura represión por parte del gobierno de Menocal.

En abril de 1920, como consecuencia de todo este movimiento laboral se reúne el Primer Congreso Obrero en La Habana, y en 1921 surge la Federación Obrera de La Habana (FOH) que vendría a ser precursora de un movimiento sindical más consolidado a nivel nacional.

Con el incremento del desempleo, y el auge de la inmigración a comienzos de la década de 1920, la nacionalización del trabajo vuelve a adquirir protagonismo en los reclamos de los trabajadores de Cuba.

La primera propuesta de legislación de nacionalización del trabajo en el Congreso data del año 1910, donde se planteaba que el 75% de todas las posiciones de aprendices tenían que ser reservadas para cubanos, sin que tuviera ningún resultado ante la oposición de los propietarios de empresas extranjeras, y las autoridades norteamericanas.

Durante las décadas de 1910 y primera mitad de la del 20 hubo otros intentos en el Congreso pero ninguno progresó. El último fue la propuesta Ley Lombardi de 1925 que establecía el 75% de los puestos de trabajo, así como de los sueldos y salarios, para cubanos o naturalizados, y al igual que las anteriores fracasaron ante la oposición de los intereses extranjeros y del Departamento de Estado de Estados Unidos.

En agosto de 1925 se fundó la Confederación Nacional Obrera de Cuba (CNOC) que sería precursora de la Central de Trabajadores de Cuba (CTC), y ese mismo año se funda el Partido Comunista de Cuba.

La Gran Depresión. El mercado laboral, el empleo y el desempleo en Cuba. Fin de la Primera República

A la crisis azucarera se unió la Gran Depresión que comenzó después de octubre de 1929. Hay que señalar que la crisis azucarera y la Gran Depresión fueron dos eventos diferentes, con causas diferentes, que coincidieron en el tiempo, aunque los historiadores marxistas lo consideran dos etapas de un mismo fenómeno que ellos denominan crisis de sobreproducción general del capitalismo.

Entre 1925 y 1933, los precios del azúcar cayeron en un 56.7%, y la producción de azúcar de Cuba en un 61.6%, y el Ingreso Nacional cayó a una tasa anual del 4.6%. El Ingreso Nacional en 1933 era un 37% inferior al de 1925.

La contracción del valor de la producción de azúcar tuvo dos consecuencias inmediatas: primero un incremento del desempleo y una caída de los ingresos en el sector exportador de la economía, y en segundo lugar, un deterioro en los términos de intercambio con Estados Unidos, que provocó una pérdida de liquidez en la economía contrayéndose en un 45.5% la oferta monetaria, dando lugar a una situación deflacionaria donde el nivel general de precios entre 1925 y 1933 cayó un 42.8%.

La rápida caída de los precios de los bienes y servicios propagó rápidamente los efectos de la depresión sobre toda la economía cubana ya que los salarios en el agregado, fueron más rígidos a la baja, haciendo que muchas empresas no pudieran rebajar lo suficiente los costos, y fueran a la quiebra aumentando así los niveles de desempleo.

El desempleo involuntario de ser aproximadamente unos 103 mil individuos en 1925, equivalentes a entre un 10 y un 12% de la fuerza de trabajo, pasó a ser de unos 440 mil individuos, equivalente a un 33% de la fuerza de trabajo en 1933.

A pesar del enorme desempleo, y de los recortes salariales, el desequilibrio del mercado laboral se mantenía.

Entre 1925 y 1933, en el agregado de la economía, la demanda monetaria de empleo subió un 23.9%, y la tasa de ingresos promedio nominales subió un 39%, lo cual dio lugar a una caída relativa de la oferta de labor de un 10.8%.

En este período, como explicamos, el nivel general de precios cayó un 42.8%, en tanto el ingreso promedio nominal individual subió un 38.9%, por tanto, para los que conservaban sus empleos el nivel de ingresos reales tuvo extraordinaria mejoría.

Los empresarios nunca pudieron cortar los salarios lo suficiente, para acercarse a un nivel de equilibrio de mercado como había sucedido en anteriores recesiones. Con la demanda monetaria de labor de 1933, hubiera sido necesaria una contracción de las tasas promedio de ingresos por trabajador de un 49%, o sea desde 36.28 dólares mensuales, que era el promedio, a 24.34 dólares mensuales.

Por esta razón, la depresión lo que provocó fue desempleo y quiebra de negocios, afectando a los capitalistas por encima de los trabajadores, en tanto el desempleo al contraer el mercado afecto en gran medida al trabajo por cuenta propia, produciéndose una redistribución de ingresos a la inversa; desde el capital hacia el trabajo.

La participación del capital en el Ingreso Nacional de 1925 fue de un 55.3% y en 1933 fue de un 12.1%, y de forma absoluta, en 1933 las ganancias brutas fueron 337.2 millones menos que en 1925.

Mientras continuara el desequilibrio externo que provocaba balanzas de pago deficitarias, la deflación continuaría su curso, creando una espiral que podría llevar al colapso a la economía en su conjunto.

Desde su campaña presidencial Machado había prometido reformas que protegerían al empresariado nacional de la competencia externa, y de los trabajadores internamente.

Con la Ley Verdeja de 1926 se trató de evitar la caída de los precios del azúcar, y el arancel proteccionista de 1927 buscaba diversificar la economía cubana, y evitar en algo el deterioro de los términos de intercambio, y por otra parte con el Plan de Obras Públicas financiado con empréstitos norteamericanos, se buscaba inyectar liquidez a la economía, y proporcionar empleo compensando el desempleo creado por las restricciones de la zafra azucarera. Por último llevó adelante una política de dura represión contra el movimiento obrero.

Ninguna de estas medidas pudieron evitar la pavorosa depresión, pues el desequilibrio externo era resultado de una situación de los mercados mundiales donde Cuba no podía influir, por tanto, mientras Cuba siguiera perdiendo liquidez la deflación se iría profundizando.

La única medida efectiva que tomaron casi todos los países subdesarrollados del mundo fue abandonar el sistema de patrón oro, y comenzar a emitir dinero sin respaldo, desconectando así la economía interna de la externa, y evitando la caída de los precios de los bienes y servicios, así como los ingresos nominales de los trabajadores.

De esta forma, aunque no pudieron evitar las quiebras en el sector externo de la economía que en la mayoría de los países subdesarrollados era el más importante, por lo menos mantuvieron la economía interna y el gobierno en funcionamiento, y en algunos casos lograron sustituir importaciones e impulsar una modesta industrialización como fue el caso de Chile.

¿Por qué Cuba no pudo hacer lo mismo y siguió anclada al patrón oro indirecto a traves del dólar standard hundiéndose irremediablemente en una profunda deflación?

Cuba no tenía moneda propia ni banco central, y el Artículo II de la Enmienda Platt se lo impedía, por tanto, el gobierno cubano no podía desarrollar una política monetaria propia, y lo único que pudo hacer en 1933 fue decretar una moratoria de un año para todas las deudas, para tratar de evitar una bancarrota general de la economía nacional.

La otra medida que hubiera tenido que tomar el gobierno de Machado hubiera sido decretar una baja general de los salarios buscando equilibrar el mercado laboral, pero esto hubiera dado lugar a una confrontación con la clase trabajadora insostenible para el gobierno, que en aquellos momentos enfrentaba una casi guerra civil.

La tabla que presentamos a continuación expone el comportamiento de los salarios en algunas actividades.

Expresado en dólares

Actividad	**Año 1929**	**Nominal 1932**	**Año 1932**	**Cambio**
		1929=100		real
Tabaquero (Campo)	1.5	0.8	1.14	-24.00%
Pintores	3	1.5	2.13	-29.00%
Estibadores	3	2.5	3.55	18.30%
Camioneros	2.5	2	2.84	13.60%
Mecánicos	3.5	2.25	3.2	-8.60%
Ind azúcar (Campo)	1.6	0.5	0.71	-55.60%
Ind azúcar (Ingenios)	2	0.8	1.54	-23.00%

Fuente: *Cuba: A Handbook of Historical Statistics* Sussan Schroeder.

Entre 1929 y 1932, el índice general de precios cayó un 30%.

En este reporte vemos que los beneficiados fueron los estibadores y los camioneros con un aumento en los salarios reales, en tanto los más perjudicados fueron los trabajadores en la parte agrícola de la industria azucarera.

Según el profesor Alan Dye[2], en 1919 se le pagaba a los cortadores de caña como promedio 1.50 dólares por cien arrobas de caña cortada, en 1922 apenas llega a 0.80 dólares por cien arrobas de caña cortada, y en 1926 había descendido a 0.70 dólares, o sea una contracción de las tasas salariales en el sector más importante de la economía de un 53%.

En el informe "*Report on the Economic Conditions in Cuba*" de la embajada británica en Cuba se señala que entre 1929 y 1932 los salarios de los cortadores de caña se habían contraído en un 69%, y

2. "Cuban Sugar in the Age of Mass Production" Alan Dye

en un 60% en los trabajadores de los centrales. En el tabaco, en la parte industrial, la contracción fue de un 10%, y en un 47% en el sector agrícola. En algunas actividades no.

La Gran Depresión y la intervención del gobierno. Aproximaciones teóricas

Algunos economistas de la época, empezando por el más famoso de ellos, John Maynard Keynes, en su libro *La Teoría General del Empleo el Interés y el Dinero* de 1936, consideraba que la Gran Depresión demostraba el fracaso del libre mercado capitalista.

Según Keynes, la persistencia de la Gran Depresión demostraba que a diferencia de lo que los economistas clásicos planteaban, si la economía de mercado tenía un mecanismo de autocorrección, ¿por qué el mundo se había visto envuelto en un elevado desempleo durante tantos años?

Keynes caracterizaba este tipo de depresión como causada por subconsumo, en tanto los marxistas la consideraban causada por una sobreproducción donde las personas no tenían poder adquisitivo suficiente. En esencia venía a ser lo mismo que planteaba Keynes, o más bien Keynes planteaba lo mismo que los marxistas.

Keynes pensaba que el problema del subconsumo, o sea el bajo gasto agregado del sector privado (los hogares y las empresas), se debía a que en un momento determinado se eliminan gastos superfluos aumentando el ahorro, teniendo lugar una caída del gasto privado tanto de consumo como de inversión, reduciendo así los ingresos en la economía, y es en esos momentos cuando el gasto deficitario del gobierno (gasto compensatorio) estimula la economía, y se paga a sí mismo por medio de lo que calificaba como el "efecto multiplicador".

A diferencia de Keynes y sus seguidores, los economistas anteriores a lo que se llamó la Revolución Keynesiana, o sea los economistas clásicos y neoclásicos plateaban que para salir de una recesión, la acción del Estado debía ser mínima dejando que el mercado por sí solo se restaurara.

Los austríacos plantean —a diferencia de los keynesianos que mientras más se reduzca el tamaño del Estado, más se puede expandir el sector privado incrementando así la oferta y consiguientemente la demanda, a lo que sigue más empleo.

De esta forma recomiendan que:

1. Acelerar la liquidación de las malas inversiones.
2. Dejar que la deflación siga su curso.
3. Cortar los gastos del gobierno y los impuestos para permitir un aumento del ahorro.
4. Dejar caer las tasas salariales.

Lo que se conoce como la Gran Depresión surgió en Estados Unidos y se transfirió hacia los grandes centros de poder económico en Europa, y de allí pasó a los países subdesarrollados y las colonias.

La depresión, y el ciclo económico en general, tiene como causa fundamental la expansión monetaria que lleva a su vez a una expansión de las inversiones hasta un punto donde los rendimientos marginales del capital comienzan a caer, y tiene que producirse una liquidación de las malas inversiones.

Cuando el gobierno no interviene, se restaura el equilibrio a partir de la desaparición del capital improductivo, y la caída de las tasas salariales, reanudándose entonces la inversión y la contratación de trabajadores. Esto sucedió así en todas las recesiones del capitalismo incluyendo la de 1920-1921 que fue una depresión que se curó sola, pero la recesión que comenzó en octubre de 1929 fue diferente, pues la intervención masiva del gobierno la convirtió en una depresión de inusitada severidad, impidiendo que se alcanzara el equilibrio en los mercados.

Los economistas neoclásicos y austríacos no ven la Gran Depresión como una crisis de subconsumo o sobreproducción como los keynesianos y los marxistas, si no como una recesión provocada por la expansión monetaria agravada por la intervención del gobierno.

Las depresiones y recesiones en Cuba eran un reflejo del ciclo económico norteamericano que impactaba sobre la economía cubana a partir de la caída de los precios del azúcar, y el deterioro de los términos de intercambio.

La Gran Depresión en Cuba, como en todos los países subdesarrollados, comenzó por su sector exportador, dando lugar a una situación deflacionaria al perder la economía liquidez debido a encontrarse en un régimen monetario de patrón oro, cuyo mecanismo de estabilización automático no funcionaba, o funcionaba muy deficientemente para las economías pequeñas que se basaban en las exportaciones de uno o dos productos, por tanto, para volver a alcanzar el equilibrio externo que volviera a inyectar liquidez podía pasar mucho tiempo, lo suficiente como para que la deflación destruyera la economía interna del país.

Entonces la única medida válida era salir del patrón oro, y emitir dinero sin respaldo para contrarrestar la deflación internamente, y esto fue lo que hicieron la mayoría de los países del mundo pero Cuba no lo pudo hacer por lo que hemos explicado más arriba, al no tener independencia monetaria.

La única forma de contrarrestar el efecto deflacionario que estaba creando el funcionamiento automático del patrón oro hubiera sido salir del mismo, como hicieron casi todos los países semiindustrializados como Argentina, Brasil, Canada, Australia a los que le siguieron casi todos los países latinoamericanos, ya fuera de manera formal o informal.

Estos países incrementaron el gasto deficitario del gobierno aumentando la oferta monetaria lo que llevó a una devaluación de sus monedas con respecto al oro, y de esta forma al inyectar dinero en el sistema económico se contrarrestaba la caída de los precios, en tanto se amortiguaba el desempleo permitiendo así a las empresas operar obteniendo ganancias nominales, y se restauraba la elasticidad de la demanda del mercado interno, que había sido perjudicada por la deflación.

Los economistas keynesianos consideran que para salir de una depresión es necesaria la acción del Estado a partir de un incremento del gasto público deficitario, y controles de precios y salarios, pero los economistas neoclásicos y austríacos plantean que este tipo de medidas a lo que dan lugar es a hacer más rígidos los mercados laborales, y convertir en crónico el desempleo, por eso ellos plantean la no intervención del Estado, reducción de impuestos, políticas fiscales conservadoras, desregulación de los mercados laborales y de la economía en general.

Algunos historiadores han planteado que las obstinadas políticas conservadoras de Machado de "no hacer nada" frente a la crisis económica la agravaron. Esto es desconocer completamente la historia, y es la misma acusación que en EE. UU. los historiadores oficiales de la izquierda keynesiana hacían del gobierno de Herbert Hoover.

El gobierno si intervino en la economía en este periodo intentando salvar a la industria azucarera y a los hacendados principalmente creando desempleo que trató de contrarrestar a partir de un extenso plan de obras públicas financiado con empréstitos norteamericanos.

En otras economías exportadoras, sobre todo en las llamadas economías de enclave, como era el caso de República Dominicana, Puerto Rico, o de las repúblicas centroamericanas, existía un extenso sector de agricultura de subsistencia que absorbía estacionalmente los excedentes de labor del sector exportador, sirviendo de colchón entre este y el débil sector que producía para la economía interna, pero este no era el caso de Cuba, donde este sector de economía de subsistencia era casi inexistente, por lo que los excesos estacionales de labor del sector exportador tenían que ser absorbidos directamente por el sector que producía para el mercado interno. Esto hacía que la estructura económica de Cuba fuera más capitalista y moderna, pero también más inestable, rígida, y vulnerable, pues el equilibrio dependía del crecimiento del sector exportador. Cuando esta se detenía como sucedió en 1925, toda la economía se desequilibraba produciéndose un enorme desempleo.

La Primera República terminó en medio de una revolución de grandes dimensiones, tanto económicas, como políticas, sociales, e institucionales; la Revolución de 1933, y con un nivel de desempleo pavoroso que no podía ser solucionado por el gobierno cubano, y el mercado se mostraba impotente.

A partir de entonces, los políticos cubanos buscarán estabilizar el sector exportador, aunque fuera a un bajo nivel, y adecuar a él al sector de la economía interna. No buscarán reformar la estructura económica existente, si no estabilizarla.

El empleo y el desempleo durante la Segunda República 1933-1958

La nueva República que nacía en septiembre de 1933 heredaba de la anterior, entre otros problemas, un enorme desempleo, y su solución será vista como una de las tareas más importantes, si no la más importante, no solo desde el punto de vista económico si no también social que debe resolver el Estado cubano.

En el análisis del empleo y el desempleo en esta etapa hemos tenido en consideración los siguientes estudios para la estimación de algunas cifras de los censos que no son claras, o están explícitamente distorsionadas como es el caso de los Censos de 1943 y 1953.

En 1950, el economista de origen español Julián Alienes en su libro *El desarrollo económico de Cuba* estima que el desempleo permanente en la fuerza de trabajo agrícola alcanzó ese año el 38.9%, en tanto que en las actividades no agrícolas alcanzaba el 17.9%. Estos índices incluyen el subempleo.

El Censo Agrícola del año 1946 estimó el desempleo permanente en las actividades agrícolas en un 32.4%.

Para el año 1943 hemos utilizado, -para las actividades de la agricultura- el índice del Censo Agrícola de 1946, y el índice de Alienes del 17.9% de desempleo en las actividades no-agrícolas, así como el ensayo de Gustavo Gutiérrez de 1951 "El desarrollo económico de Cuba".

Para el año 1953, utilizamos para las actividades agrícolas el índice de Alienes del 38.9% de desempleo debido a que este fue un año de recesión económica, y de restablecimiento de las restricciones en la producción azucarera. Utilizamos también el índice del 17.9% para las actividades no agrícolas, ya que las cifras del Censo están distorsionadas debido a que fue realizado en tiempo de zafra.

Para el año 1957, tenemos que el survey ejecutado por la Junta Nacional de Economía entre 1956 y 1957 es completamente explícito con respecto al empleo y el desempleo por lo que no tenemos que hacer ningún estimado.

Hemos considerado como empleados en el Censo de 1953 la cantidad de 85, 512 personas censadas como trabajando sin paga para un familiar, y en 1957, la cifra registrada por el Survey fue de 154, 000 personas en ese estatus.

El promedio del año laboral es considerado 280 días teniendo en cuenta los fines de semana y días feriados oficiales[3] (En algunos análisis se establece el año laboral con 300 días).

3. En algunos análisis se considera el año laboral con 300 días, pero consideramos que esto pudiera ser antes de 1931, pero

Comportamiento del empleo y el desempleo de acuerdo a los censos de población: 1931-1957

1. Censo de 1931:
   Población económicamente activa (fuerza laboral) = 1 millón 297mil 800 hombres (jornadas año).
   Empleo: 913.9 miles de hombres/año.
   Desempleo: 383.9 miles de hombres/año.
   Índice de desempleo real: 29.6%.
2- Censo de 1943:
   Población económicamente activa: 1 millón 520 mil 900 hombres/año.
   Empleo: 1, 106.6 miles de hombres/año.
   Desempleo: 414.3 miles de hombres/año.
   Índice de desempleo: 27.2%.

3- Censo de 1953.
   Población económicamente activa: 2 millones 59 mil 700 hombres/año.
   Empleo: 1, 644.8 hombres/año.
   Desempleo: 414.9 hombres/año.
   Índice de desempleo: 20.1%.
4- Survey de la Junta Nacional de Economía 1956-1957.
   Población económicamente activa: 2 millones 204 mil hombres/año.
   Empleo: 1, 816.0 hombres/año.
   Desempleo: 388.0 hombres/año.
   Índice de desempleo: 17.6%.

Analizando estos resultados tenemos:

1. La tasa de crecimiento de la fuerza de trabajo entre 1931 y 1957 fue de 2.7% anual, en tanto en el período anterior creció al 3.4%. La tasa de crecimiento poblacional entre 1933 y 1957 fue del 2.3% anual, o sea que la población que se integraba a la fuerza de trabajo, relativamente creció más rápido que la población total.
2. La tasa de mantenimiento es la relación entre las personas empleadas, y la población total, o sea nos informa acerca de cuantas personas, como promedio, mantenía un trabajador.1931: 4.34 personas 1943: 4.32 personas 1953: 3.74 personas 1957: 3.76 personas.

   La disminución de la tasa de mantenimiento indica que la población empleada crece más rápido que la población total, y que hay más personas trabajando dentro de la familia, por lo que el ingreso promedio familiar es mayor.
3. Entre 1933 y 1957 el empleo creció a una tasa anual del 3.8%, mientras que la fuerza de trabajo lo hizo a una tasa anual del 2.7% lo que implicó un descenso relativo del desempleo.
4. La incorporación promedio anual de personas entrando a la fuerza laboral entre 1931 y 1957 fue de 34.9 mil personas, y se crearon 34.7 miles de nuevos empleos netos, por lo que de forma absoluta el

---

a partir de 1933 se fueron poniendo en vigor leyes de jornadas laborales máximas donde se establecían semanas de 44 horas, y cinco días feriados en el año.

desempleo no creció. El desempleo crónico se mantuvo oscilando entre los 380 mil y los 400 mil individuos de forma permanente.

A pesar de que el desempleo había disminuido al final de la República, este oscilaba según el Survey de la Junta Nacional de Economía, entre el 17.6% en tiempos de zafra y el 24.6% en tiempo muerto equivalente a decir entre 388 mil y 542 mil personas lo cual es una cifra alarmante.

Entre la depresión y el auge: el mercado laboral, empleo y desempleo 1933-1943

La inclusión de Cuba en el sistema de cuotas azucareras norteamericanas y la firma de un nuevo Tratad de Reciprocidad Comercial, unido a la abolición de la Enmienda Platt en el año 1934 fueron eventos claves que permitieron que se iniciara una recuperación del mercado laboral en nuestro país.

La cuota permitió la estabilización de la industria azucarera, aunque a un bajo nivel pues representaba solamente un tercio de la capacidad de producción de Cuba, y aparte del consumo doméstico, no había otro mercado disponible hasta 1937 en que se firmaron los Acuerdos Azucareros de Londres, pero con todo, nunca se llegó ni al 45% de la capacidad.

El nuevo tratado comercial, junto con la inclusión en la cuota, contribuyó a que mejoraran los términos de intercambio para Cuba, y la cuenta corriente de la balanza de pagos volvió a ser positiva y acumular superávits.

Por otra parte, la abolición de la Enmienda Platt permitió a Cuba cierta independencia en sus política monetaria, y de esa forma se pudo efectuar una reforma que estableció un sistema monetario basado en el patrón plata que le daba flexibilidad al gobierno en el incremento de la oferta monetaria.

La política monetaria de Cuba en este período fue encaminada a revertir los efectos de la deflación, creando inflación e incremento de los precios de los bienes y servicios más rápido que las tasas salariales, y de esta forma restaurar las ganancias empresariales, pero en realidad no sería muy efectiva, pues como el peso plata cubano circulaba a la par del dólar norteamericano con una paridad oficial de uno a uno, el peso cubano iba expulsando al dólar de la circulación como postula la Ley de Gresham, manteniéndose equilibrada la oferta monetaria, por lo que los precios subieron muy poco, por lo menos entre 1934 y 1940.

Entre 1938 y 1941 Estados Unidos entró en una nueva recesión; los precios del azúcar entre 1937 y 1940 cayeron un 22.7%, lo que provocó una recesión en Cuba, y en 1939, con el inicio de la Segunda Guerra Mundial, los Acuerdo de Londres fueron suspendidos, pero en diciembre de 1941 Estados Unidos entra en el conflicto y comienza a comprar las zafras azucareras completas a un precio conveniado, que fue un 54% mayor que el de 1941, lo cual trajo para nuestro país una nueva bonanza económica.

Entre 1933 y 1943, el incremento neto de la fuerza de trabajo fue de 178.2 miles de individuos, equivalentes a una incorporación promedio anual de 17.8 miles de individuos en tanto la creación neta de nuevos empleos fue de 205.9 miles, lo que permitió una disminución absoluta neta del desempleo permanente de 27.7 miles de individuos. Desde el punto de vista relativo, el desempleo disminuyó un 5.7%; de haber sido un 32.9% en 1933 a ser un 27.2% en 1943. El desempleo crónico se mantenía por encima de los 400 mil individuos.

La demanda monetaria de labor aumentó un 98.2% entre 1933 y 1943, en tanto la oferta monetaria lo hizo en un 231.3%. El mercado laboral se había vuelto inelástico. Ya que el aumento de la oferta monetaria no se revertía en nuevas inversiones, si no que se acumulaba en los bancos producto del riesgo implícito que presentaba la economía en tiempos de guerra, y al excedente de capital ocioso proveniente de la Gran Depresión.

La demanda monetaria de labor creció un 98.2%; la tasa promedio de ingresos de los trabajadores a valores nominales creció un 61.3%, por lo que al crecer más la demanda monetaria que las tasas de ingresos promedio, el resultado fue un incremento de la oferta de labor (empleo) de un 22.9%.

La consecuencia de las políticas inflacionarias entre 1933 y 1943 fue una subida de un 91% en el nivel general de precios, por lo que tiene lugar una disminución del ingreso real de los trabajadores en el agregado de la economía. Esta caída del ingreso promedio real da lugar al aumento del margen de ganancias nominales de los empresarios.

El mercado laboral aún se mantenía en desequilibrio, pues el ingreso promedio de equilibrio en 1943 hubiera sido de 42.59 pesos mensuales, y en la realidad el ingreso promedio mensual nominal fue de 58.54 pesos, lo que representa un desequilibrio de un 37.5% siendo esta la causa básica del desempleo involuntario existente.

La política inflacionista favoreció a los empresarios y perjudicó a los trabajadores, ya que el nivel de los precios de los bienes y servicios sube más rápido que los salarios nominales, deprimiendo así los salarios reales e incrementando las ganancias nominales.

La participación del capital en el Ingreso Nacional de 1943 fue de un 16.7%, lo cual representó una mejoría del 4.6% con respecto a 1933, y desde el punto de vista absoluto las ganancias brutas en 1943 fueron 102 millones de pesos superiores a las de 1933.

Al revertirse el proceso deflacionario, y convertirse en inflacionario, se produce una redistribución de ingresos ahora beneficiando a los capitalistas y perjudicando a los trabajadores, pero nivelando en algo el desequilibrio entre capital y trabajo en la participación dentro del Ingreso Nacional.

El cártel laboral de los sindicatos, apoyado en las leyes provenientes de la Constitución de 1940 creaban una situación de distorsión y rigidez en el mercado laboral que traía como resultado el enorme desempleo que padecía el país, y como lo establecía dicha Constitución, el Estado tenía la responsabilidad de proporcionar empleo a todo el que lo necesitara.

La modesta disminución del desempleo, y el incremento de los ingresos nominales, dio la sensación de alguna prosperidad en la sociedad cubana luego de la catastrófica crisis de comienzos de la década de 1930, aunque los ingresos reales disminuyeron.

El apogeo del populismo socialdemócrata. El mercado laboral, empleo y el desempleo 1943-1953

Este período abarca el final de la Segunda Guerra Mundial, la posguerra y la guerra de Corea, lo que le permitió a Cuba la producción de enormes zafras, alcanzando el aprovechamiento casi completo de la capacidad de la industria azucarera y una tasa nominal de crecimiento anual del Ingreso Nacional entre 1943 y 1952 del 11.5%, lo que pudo financiar las políticas populistas y socialdemócratas, al mismo tiempo que la política clientelar del Partido Auténtico que estuvo en el poder en Cuba durante todo este período, pero hay que diferenciar las condiciones en que gobernó Ramón Grau (1944-1948), y Carlos Prío (1948-1952), ya que el período presidencial del primero transcurrió en medio de la bonanza del fin de la guerra y la posguerra, y la del segundo en medio de la creación del nuevo orden económico mundial, lo que anunciaba para Cuba un nuevo período de recesión económica.

Entre 1943 y 1947, apoyado por los grandes superávits en las balanzas de pago, debido a los favorables precios del azúcar, y la compra por parte de Estados Unidos de zafras completas, el gobierno de Grau mantuvo la política de expansión monetaria para garantizar las ganancias nominales de los empresarios, contrayendo el ingreso real de los trabajadores; política que se venía practicando desde 1934.

La oferta monetaria creció un 139.5%, en tanto la demanda monetaria de labor lo hizo en un 62.4% lo que indica que el mercado laboral se mantenía inelástico debido a las pocas oportunidades de empleo, y a las regulaciones que encarecían la labor. En 1944 se aprobó una nueva ley de salario mínimo duplicándolo con respecto a la ley de 1933.

Como consecuencia de la expansión monetaria, el poder adquisitivo del peso cubano perdió un 40% de su valor, y el nivel general de precios aumentó un 65%, en tanto las tasas de ingresos nominales promedio de los trabajadores aumentaron solamente un 39.2%, lo que indica una caída del ingreso real de los trabajadores, y una redistribución de ingresos a favor de los empresarios capitalistas.

La subida de la demanda monetaria más que la tasa promedio de ingresos nominales de los trabajadores, permitió un crecimiento absoluto del empleo de un 16.3%.

Entre 1943 y 1947 la fuerza de trabajo neta creció en 153.5 miles de individuos, un promedio anual de 30.7 miles de individuos incorporándose anualmente al mercado laboral, y la creación neta de empleo fue de 180.7 miles, para un promedio anual de creación de nuevos puestos de trabajo de 36.1 miles. El resultado neto absoluto fue la disminución del desempleo crónico en 27.2 miles de desempleados. En 1943 el desempleo era de un 27.2% y en 1947 un 23.1%, lo que significó un descenso del desempleo relativo del 4.1%.

La distorsión del mercado laboral que producía un desempleo institucional de 387 mil individuos era la siguiente:

El ingreso nominal promedio mensual en 1947 fue de 81.48 pesos, y el ingreso promedio de equilibrio sería de 62.65 pesos, persistiendo un desequilibrio de oferta y demanda en el mercado laboral de un 30%, lo que significó una mejoría con respecto a 1943 debido básicamente al crecimiento económico.

La participación del capital en el ingreso Nacional creció de ser un 16.7% en 1943 a ser un 22.5% en 1947, y desde el punto de vista absoluto, las ganancias brutas de los capitalistas fueron en 1947 209.9 millones de pesos mayores que en 1943.

La redistribución del ingreso a favor de los empresarios consolidaba el sistema capitalista en Cuba, pero no se traducía en mayores inversiones debido al riesgo y la incertidumbre, lo que hacía que los bancos acumularan enormes reservas de efectivo sin benéfico para la economía. El capitalismo en Cuba en 1947 se encontraba casi esterilizado.

Con la conclusión de la posguerra en 1947, el panorama económico internacional para Cuba comienza a cambiar; se reanuda el sistema de cuotas azucareras norteamericano, y la depreciación del dólar que está llevando adelante la Reserva Federal de Estados Unidos basada en los Acuerdos Monetarios de Bretton Woods, están provocando un deterioro sostenido de los términos de intercambio para Cuba. La consecuencia de esto es que nuestro país entra en un período sostenido de balanzas de pago deficitarias, por lo que se decide abandonar la política de expansión monetaria ante la posibilidad de perder las reservas de divisas internacionales acumuladas durante la guerra y la posguerra.

El gobierno de Prío inaugurado en 1948, tiene el mandato constitucional de crear empleos, en una economía que perdía impulso, por lo que primeramente se buscó evitar a toda costa el desempleo por despido de trabajadores con la introducción de mejoras técnicas que ahorraran labor (desempleo tecnológico), así como mantener trabajo redundante haciendo casi imposible el despido de un trabajador, en tanto se subsidiaba o intervenía a las empresas que no pudieran afrontar los elevados costos laborales, paralelamente a la creación de empleo a partir de trabajos públicos e incremento de la plantilla del empleo en el Estado. Se crearía empleo a costa de productividad del trabajo.

El resultado fue el siguiente:

La fuerza de trabajo neta entre 1947 y 1952 creció en 348 mil nuevos individuos que se incorporaron al mercado laboral, lo que representó una incorporación anual promedio de 58 mil nuevos individuos buscando empleo. El incremento de la participación en el mercado laboral en este período fue casi exponencial, de ser en 1947 un 32.5%, en 1952 fue de un 35.3%, lo que imprimiría mayor tensión en el mercado laboral.

La creación neta de empleo fue de 327.4 miles de nuevos empleos, lo que significó un promedio anual de creación de empleo de 54.6 miles. Esto significó que el desempleo en 1952 de forma absoluta había aumentado en 21.2 miles personas, aunque de forma relativa había disminuido de ser un 23.1% en 1947 a un 20.2% en 1952.

Entre 1947 y 1952 la oferta monetaria se había incrementado solamente en un 3.6%, y sin embargo, producto de las políticas laborales del gobierno, la demanda monetaria de labor se incrementó un 25.1% dándole una gran elasticidad al mercado laboral.

Como el empleo se había incrementado en un 25.4%, o sea ligeramente más que la demanda monetaria de labor, tuvo lugar un ligero incremento del 5.3% en las tasas de ingresos nominales per cápita.

Debido a las políticas monetarias conservadoras del gobierno de Prío, el nivel general de precios entre 1947 y 1952 aumentó solamente un 2%, por tanto, tuvo lugar un modesto incremento del ingreso real promedio de los trabajadores.

Al no existir ganancias de productividad del trabajo, y aumentar la demanda monetaria de labor por encima del nivel general de precios, las ganancias empresariales disminuyeron en el agregado económico en su participación dentro del Ingreso Nacional; en 1952 las ganancias brutas del capital fueron de 432.8 millones de pesos, 66.9 millones más que en 1947, pero la participación relativa fue de un 21.6%, una disminución de un 0.9%. Por primera vez desde principios de la década de 1930 se volvía a producír una redistribución del ingreso desde el capital hacia los trabajadores.

El mercado laboral se encontraba más desequilibrado entre la oferta y la demanda en 1952 que en 1947.

La tasa de equilibrio de ingresos mensuales nominales promedio en 1952 era de 64.85 pesos, y la tasa promedio nominal mensual fue de 85.79 pesos, lo que significaba un desequilibrio entre oferta y demanda de 32.3% de haber sido un 30% en 1947, y esto era debido al incremento del empleo improductivo que tuvo lugar en el período forzado por las políticas laborales del gobierno. Esta era la causa del desempleo institucional crónico que se mantenía sin resolver.

Las grandes zafras del período permitieron importantes ganancias para los participantes en el negocio azucarero, pero muchas pequeñas empresas comenzaron a afrontar dificultades frente al incremento de los costos laborales en relación con los precios de los bienes y servicios al no poder aumentar la productividad.

Sin incremento de la productividad del trabajo, esta política pública de creación de empleo era insostenible a largo plazo, y de esto se daban cuenta los empresarios del país, y los analistas extranjeros que proponían un cambio de enfoque para aproximarse al problema del desempleo en Cuba.

El capitalismo de Estado. El mercado laboral, el empleo y desempleo 1952-1957

Después de la enorme zafra de 1952, la caída de los precios del azúcar, y el regreso a las restricciones unilaterales de las zafras azucareras en 1953, el país entró en recesión hasta 1957.

El gobierno de Batista instaurado después del golpe de Estado del 10 de marzo de 1952 trató de llevar adelante una política de gastos compensatorios, dentro de la ortodoxia económica keynesiana, financiado con déficit público, para aminorar los efectos de la recesión, y al mismo tiempo cambiar la estructura económica del país.

La política laboral de Batista y sus asesores económicos buscaría disminuir el desempleo con medidas de corte fascistoide.

Aumentar la demanda monetaria de labor por medio de un plan de inversiones que transformaría la estructura económica de Cuba, y evitar que las tasas salariales promedio subieran; de esta forma aumentaría el empleo.

Lo primero se lograría a partir de la creación de una serie de organismos de crédito paraestatales, (la banca pública de desarrollo), y gasto público financiado básicamente con los ahorros acumulados en los bancos comerciales para evitar un incremento de la inflación.

El segundo pilar del plan fue acordado con la CTC para evitar presiones por aumentos salariales.

Como las tasas de ingresos promedio nominales se mantendrían sin variaciones sustanciales, con el objetivo de no deprimir los ingresos reales se trataría de mantener sin cambios el nivel general de precios, evitando los más posible la inflación, y con controles de precios en algunos bienes y servicios considerados básicos.

Dentro de este plan, las ganancia de los empresarios se encontrarían en el incremento de la productividad del trabajo que se lograría en las nuevas inversiones de lo que se llamaba la nueva economía, y en el sector de la vieja economía, se trataría de mantener las ganancias nominales al mantenerse fijos los costos laborales, y en los caso en que fuera necesario por su importancia económica se procedería al subsidio o a la cartelización de la actividad.

Los que obtendrían las mayores ganancias serían los receptores del crédito del Estado, que eran los empresarios vinculados al gobierno.

La oferta monetaria creció un 15.7% entre 1952 y 1957, en tanto la demanda monetaria de labor lo hizo en solamente un 3.1%, lo que indica la inelasticidad del mercado laboral controlado.

Las tasas de ingresos promedio de los trabajadores fueron negativas en un - 5.1%, lo que permitió un incremento neto de empleo de 201.3 miles de individuos.

El resultado en el mercado laboral fue el siguiente:

Entre 1952 y 1957 la fuerza de trabajo neta aumentó en 181.0 miles de individuos, a un ritmo anual promedio de 30.2 miles de nuevos individuos que se incorporaban al mercado laboral, en tanto el empleo neto aumentó en 201.3 miles de nuevos individuos incorporados a la fuerza laboral con un ritmo anual de creación neta de empleo de 33.6 miles.

Hay que señalar que el Censo de 1953 considera como empleado a 85, 512 individuos trabajando sin paga para un familiar, y en el Survey de 1956-1957 esta cifra había aumentado hasta 154, 000 individuos, o sea un incremento de 68, 488 individuos; entre 1953 y 1957 la fuerza de trabajo aumentó un 7% en tanto la categoría de trabajando sin paga para un familiar aumentó un 80%. En 1952 era el 4.1% de la fuerza de trabajo, y en 1957 ya constituía el 7% de la fuerza de trabajo. Esto es un claro índice de un mercado laboral rígido y con muy pocas oportunidades.

La disminución del desempleo crónico neto fue de 20.3 miles de individuos, y el desempleo relativo, que en 1952 fue de un 20.1%, en 1957 fue de un 17.6%.

La caída del ingreso promedio nominal de un 5.1% se vio en parte compensada por una caída del nivel general de precios del 2.6%, por lo que el ingreso real casi se mantuvo sin variaciones apreciables.

A pesar del incremento de la oferta monetaria, no tuvo lugar una presión inflacionaria que incidiera sobre el nivel general de precios debido a que el dinero salía al exterior por las balanzas de pagos deficitarias, y a diferencia de lo que sucedió durante la Gran Depresión, esto no dio lugar a una situación deflacionaria debido a la existencia de grandes reservas de divisas internacionales acumuladas durante la guerra y la posguerra.

El mercado laboral mantuvo la misma distorsión en 1957 que en 1952 debido a que se mantuvo controlado por la intervención del gobierno.

La tasa de ingreso promedio nominal de equilibrio en 1957 hubiera sido de 61.39 pesos mensuales, en tanto el ingreso promedio nominal fue de 81.41 pesos mensuales, o sea una desviación del equilibrio del 32.6%, que era la causa del desempleo institucional en el país, y que no se podía resolver al interferir el gobierno con la acción de las fuerzas del mercado.

En 1958 se aprobó una nueva ley de salarios mínimos que provocaría una mayor distorsión en los mercados laborales, haciendo que muchas empresas no pudieran afrontar este incremento de costos.

La participación del capital dentro del Ingreso Nacional creció un 0.8% desde ser en1952 un 21.6%, a ser n 1957 un 22.4%, lo cual significó un incremento de ganancias brutas de 36.3 millones de pesos.

Este poco significativo resultado para los empresarios evidencia que solamente los asociados al gobierno pudieron obtener ganancias sustanciales, por lo que a fines de la década de 1950 existía la percepción generalizada entre los empresarios de que esta redistribución de ingresos favorecía exclusivamente a un pequeño grupo, perjudicando a la gran mayoría de la sociedad.

El desempleo institucional y la intervención del Estado

Uno de los problemas característicos de todas las economías agrarias es la estacionalidad, o sea el ciclo estacional de las cosechas, lo cual puede tener una incidencia mayor o menor en el empleo según el tamaño y el nivel de diversificación de esas economías, así como la estructura de la propiedad rural.

La economía agraria cubana, como promedio a lo largo de los 56 años de la República produjo el 49.3% del Ingreso Nacional, y la diversificación fue muy reducida, ya que del total producido por la agricultura, como promedio el 63% fue azúcar, y el 37% otros productos agrícolas y pecuarios.

La estructura de la propiedad rural se mantuvo todo el tiempo con un predominio completo del latifundio.

Como promedio, las tierras controladas por el azúcar y la ganadería constituían el 70% de la tierra cultivable del país. La industria azucarera, de toda la tierra controlada cosechaba solamente entre un 32 y un 35%, y la ganadería a fines de la década de 1950 promediaba una utilización de la tierra de aproximadamente 20 cabezas de ganado por caballería.

Por último, hay que señalar el alto grado de proletarización del campesinado cubano, el cual no poseía en su gran mayoría ninguna parcela de tierra que le permitiera desarrollar una agricultura de subsistencia en tiempo muerto, ni otras actividades agrícolas que pudieran absorber el excedente de labor del tiempo muerto. El proceso de proletarización del campesinado cubano provenía de la Orden No 62 del gobierno interventor norteamericano emitida el 5 de marzo de 1902.

Según el Censo Agrícola 1946, el grado de permanencia por los diferentes cultivos era el siguiente:

Azúcar: el 38% del año	Ganadería: 76.2%
Café: 20%	Otros: 58%
Tabaco: 42.5%	Total: 46.5%.

Solamente el 46.5% del empleo en la agricultura cubana era permanente. Ese excedente de labor tendría que ser asimilado estacionalmente por las actividades urbanas.

En el Survey que realizó la Junta Nacional de Economía entre 1956 y 1957, determinó que el desempleo en Cuba tenía la siguiente variación estacional.

Variación estacional del desempleo.

Periodos	Desempleados (miles)
mayo-julio	435
agosto-octubre	457
noviembre-enero	353
febrero-abril	200
Promedio	361

Otra información interesante que arroja el Survey es la relacionada con el comportamiento del desempleo a nivel regional.

Variación regional del desempleo.

Provincia	Desempleados (miles)	% del total
Pinar del Rio	17	4.7
La Habana	78	21.6
Matanzas	32	8.9
Las Villas	83	23.0
Camagüey	43	11.9
Oriente	108	29.9
Total	361	

Como se puede ver, Oriente y Las Villas, son las dos provincias más afectadas con el desempleo, y Pinar del Rio la menor debido a una agricultura más diversificada. El alto desempleo en La Habana se corresponde con el desempleo urbano. .

En resumen tenemos los problemas básicos que afectaban el nivel de empleo de la República.

1. El carácter estacional de la economía.
2. La poca diversificación de la agricultura.
3. El ciclo de la oferta y la demanda del azúcar en el mercado internacional.
4. La pequeñez y el poco dinamismo de la economía no-agrícola que no permitía la asimilación de la labor excedente en las actividades rurales.
5. La estructura latifundiaria de la propiedad rural.
6. El alto nivel de proletarización del campesinado cubano.
7. Durante los años de la Primera República, el desempleo se localizaba básicamente en la economía rural, con la Segunda República, a estos problemas se le incorporan las regulaciones que esclerotizan el mercado laboral en Cuba creando desempleo institucional.

Intervención del Estado en los mercados laborales. De la Revolución del 33 a la Constitución de 1940

Hasta aquí hemos venido planteando que el desempleo institucional se produce cuando las tasas salariales promedio, o sea el precio de la labor, se encuentran artificialmente por encima del precio de equilibrio de mercado, lo que necesariamente provoca excedentes.

En el año 1907, con un mercado laboral sin ningún tipo de intervención, tenemos que la tasa de ingresos de equilibrio fue de 13.92 dólares mensuales, y la tasa promedio real fue de 14.48 pesos, una desviación de apenas un 4%, que estaba provocando un muy pequeño desempleo. Cuba en 1907 trabajaba a pleno empleo.

En el año 1933, con un mercado laboral moderadamente intervenido, la tasa de ingresos de equilibrio de mercado era de 24.37 dólares mensuales, en tanto la tasa promedio real fue de 36.28 pesos mensuales, lo cual significaba una desviación del equilibrio del mercado, o sea entre la oferta y la demanda, de un 49%, lo cual incidía en un desempleo de un 33% de la fuerza de trabajo.

Esta enorme desviación fue el resultado de la severa deflación que tuvo lugar en Cuba distorsionando todos los mercados, y que para solucionarla era necesario que los salarios cayeran hasta encontrar el nivel de equilibrio. Esto -como decía Keynes- tomaría demasiado tiempo.

Esta era la situación al concluir la Primera República Después de la Revolución de 1933.

Los economistas cubanos, especialmente Joaquín Martínez Sáenz[4] que fue ministro de Hacienda durante la presidencia provisional de Carlos Mendieta (1934-1935), se daban cuenta de que la solución más expedita al desequilibrio interno no se encontraba en dejar caer los salarios nominales hasta alcanzar el nivel de equilibrio, o incrementar la productividad, pues no había capital para invertir, por tanto, lo más adecuado era hacer que el nivel general de precios subiera más rápido que las tasas salariales, y los negocios volvieran a contratar personal, y a obtener ganancias nominales contrayendo el ingreso nominal de los trabajadores.

De esta forma tendrá lugar una intervención indirecta del gobierno cubano en el mercado laboral, siguiendo hasta cierto punto la estrategia de los gobiernos fascistas.

Partiendo del hecho de que el nivel de empleo es directamente proporcional a la demanda monetaria de labor, e inversamente proporcional a las tasas de ingresos laborales, si se logra aumentar la demanda monetaria de labor, manteniendo sin cambio las tasas de ingresos laborales, aumentará el nivel de empleo.

Para lograr esto hay que aumentar la cantidad de dinero en el sistema económico expandiendo la oferta monetaria, y al mismo tiempo congelar precios y salarios, pues de lo contrario quedaría anulado el efecto del aumento de la demanda monetaria de labor sobre el empleo.+.

Esta solución al desempleo fue utilizada por la Alemania Nazi de Adolfo Hitler, la Italia fascista de Benito Mussolini, la Unión Soviética, así como otros regímenes fascistas, y en Estados Unidos se utilizó durante la Segunda Guerra Mundial.

A partir de 1934, el gobierno procedió a una reforma monetaria que sacó a Cuba del patrón oro, creando el peso cubano de papel respaldado por plata; el certificado de plata, que circularía legalmente junto al dólar norteamericano con una paridad de uno a uno.

Esto permitiría al gobierno cubano llevar adelante una política monetaria activa por primera vez durante el periodo republicano.

---

4. Joaquín Martínez Saenz 1900-1970: abogado y economista cubano. Fue uno de los fundadores del movimiento ABC. ministro de Hacienda durante el gobierno de Carlos Mendieta de 1934 a 1935, fue senador en varias legislaturas, y fue presidente del Banco Nacional de Cuba de 1952 a 1958.

A pesar de la política de expansión monetaria del gobierno cubano, había dos factores que limitaban su propósito inflacionario, siendo el primero de ellos que al existir dualidad monetaria con el peso y el dólar, el peso desplazaba al dólar de la circulación en lo que se conoce como la Ley de Gresham, manteniendo bastante estable la base monetaria del país, y por otro lado los bancos tenían una política totalmente restrictiva sin conceder ningún préstamo, y cobrando deudas pendientes, lo que daba lugar a una contracción del dinero bancario, por lo que la oferta monetaria crecía poco, y el nivel general de precios entre 1933 y 1940 solamente ascendió en un 16.4%; una tasa anual del 1.4% lo cual era completamente insuficiente como para equilibrar el mercado de labor rebajando los ingresos reales.

En 1940, la desviación de la tasa de ingresos de equilibrio era de un 37.9%, que tenía como consecuencia la persistencia de un desempleo del 27.5% de la fuerza de trabajo.

Durante estos años, el mercado se hizo más rígido e intervenido por regulaciones gubernamentales y presiones sindicales, y por otra parte no tuvo lugar un incremento de la productividad y la división del trabajo que ampliara las oportunidades de empleo, por lo que el resultado de la política de expansión monetaria tuvo poco impacto sobre la reducción del desempleo.

Pero la intervención del Estado luego de la Revolución del 33 no fue solo indirectas.

Las medidas tomadas por el gobierno revolucionario de los "Cien Días" de Grau, entre el 10 de septiembre de 1933, y el 14 de enero de 1934, en relación con la labor fueron las siguientes:

1. Jornada máxima de ocho horas.
2. Salario mínimo de un peso diario para los trabajadores urbanos y 80 centavos para los trabajadores rurales.
3. Salario mínimo para los cortadores de caña.
4. Arbitraje laboral y creación de un Ministerio del Trabajo.
5. Ley del 50% (Ley de Nacionalización del Trabajo).
6. Ley de accidentes del trabajo.
7. Descanso semanal retribuido.

Durante los gobierno provisionales entre 1934 y 1939 se amplió la legislación laboral:

1. Ley de procedimientos para la concertación de convenios colectivos incluyendo inmovilidad.
2. Descanso retribuido sobre la base de un mes por cada once de trabajo prestado en el año natural comprendiendo además el derecho a licencia con sueldo por enfermedad.
3. Protección, seguro y auxilio a la mujer trabajadora, o a la compañera del trabajador en estado de gravidez.
4. Derecho a huelgas.
5. Reglamentación de la organización sindical. Se facilitó la creación de federaciones y confederaciones obreras, que culminó con el reconocimiento de personalidad a la Confederación de Trabajadores de Cuba (CTC) en 1939.
6. Creación de bolsas de trabajo.
7. La Ley de Coordinación Azucarera aprobada en 1937, también tuvo incidencia en los salarios de los empleados en la industria azucarera tanto agrícolas como industriales al estar los salarios vinculados a los precios del azúcar.

Posteriormente, la Constitución de 1940 creó las bases para toda una maraña de legislación laboral encareciendo el costo de la labor como en ningún otro país de América Latina.

El Titulo VI Sección Primera de la Constitución de 1940 está dedicado al Trabajo:

1. En el Artículo 60 se establece el trabajo como derecho inalienable. El Estado se compromete a garantizar empleo a todo el que lo necesite. Esto implica que el Estado cubano tiene el deber de eliminar el desempleo involuntario.
2. Artículo 61 establece la existencia de un salario mínimo estipulado por ley.
3. Artículo 65 establece un seguro social obligatorio.
4. Artículo 66 establece la jornada laboral máxima de ocho horas.
5. Artículo 67 establece el descanso retribuido de un mes, por once meses trabajados en el año laboral, y cuatro días de duelo y fiesta nacional, que tienen que ser pagados a los trabajadores con salario completo por parte de los empleadores.
6. Artículo 68 la mujer trabajadora tiene derecho a descanso seis semanas antes del parto y seis semanas después con salario completo.
7. Artículo 69 establece sindicalización obligatoria.
8. Artículo 70 establece colegiación obligatoria.
9. Artículo 71 establece derecho a la huelga.
10. Artículo 72 establecimiento de contratos colectivos de obligatorio cumplimiento.
11. Artículo 77 establece que ningún trabajador puede ser despedido a no ser por causa justificada establecida como causales de despido por el Ministerio del Trabajo.

Toda esta legislación creó el marco para una serie de leyes complementarias que petrificaron el mercado laboral en Cuba, y que han sido consideradas por los historiadores marxistas y no marxistas como conquistas de la clase obrera, pero que también le hicieron un enorme daño a gran cantidad de cubanos que no podían encontrar empleo en las condiciones de aquel mercado laboral que funcionaba como un cártel favoreciendo solo a grupos de obreros sindicalizados.

Hay que tener en cuenta también que estos fueron años donde la inversión se redujo a casi nada dando lugar a un proceso de desinversión donde la depreciación era mayor que la inversión, por lo que la acumulación de capital se hacía negativa, e incluso el capital extranjero se estaba retirando de Cuba; en el año 1943 la inversión extranjera acumulada en Cuba alcanzó su punto más bajo desde que empezó a declinar Después de 1927-1929 en que alcanzó su punto más elevado. Esto dio lugar a un bajo nivel de creación de empleo, pero el factor principal que había convertido en crónico el desempleo en Cuba era la creación de una institucionalidad -como hemos mostrado más arriba- que divorciaba las tasas de ingresos laborales de las tasas del mercado, y que eliminaba en gran medida la libertad en el mercado laboral, o sea el desempleo se había vuelto un fenómeno institucional.

La acumulación de estas regulaciones convirtieron la demanda de labor en Cuba en altamente inelástica debido a que proporcionalmente, se creaba menos empleo de lo que aumentaba la oferta monetaria; la creación de empleo no respondía al incremento de la cantidad de dinero en el sistema, que es lo que la economía keynesiana llama una "trampa de liquidez".

La posibilidad de un individuo de encontrar oportunidades de empleo y trabajo es uno de los componentes más importantes de la libertad económica, al igual que la posibilidad que tienen las empresas de contratar libremente trabajadores, y despedir trabajadores redundantes, lo cual es esencial para mejorar la productividad, aumentar la división del trabajo, sostener el crecimiento económico y el aumento de los salarios reales.

La intervención del Estado en el mercado laboral, al igual que en cualquier otro mercado genera los mismos problemas.

Las regulaciones laborales toman toda una serie de formas que incluyen salarios mínimos, limitación de horas de trabajo, así como toda una serie de condiciones que encarecen la labor tales como imposición de restricciones al despido y contratación de trabajadores, etc. Además del papel que juegan los sindicatos poderosos, que se convierten en un impedimento al funcionamiento eficiente del mercado laboral.

El mercado laboral en Cuba se hizo tan rígido que impedía la creación eficiente de empleo dificultando la acumulación de capital e impidiendo la división del trabajo.

Toda esta legislación contribuía a encarecer el costo de la labor, por lo que la única posibilidad de mantener las empresas logrando algún nivel de rentabilidad era a través del aumento de la productividad del trabajo, o del aumento de la inflación de precios degradando el ingreso real de los trabajadores por medio de la expansión de la oferta monetaria.

Como hemos analizado anteriormente, en 1957 el mercado laboral se encontraba distorsionado por un desequilibrio entre la oferta y la demanda de un 32.6%, por lo que nunca se pudo resolver el problema del desempleo durante la Segunda República.

Por qué suben los salarios

El Ingreso Nacional se divide en dos partes, una es el ingreso por concepto de trabajo presente, y la otra parte es el pago por el uso de los ahorros, o sea el ingreso por concepto de trabajo pretérito. El primero incluye los sueldos y salarios, y el trabajo por cuenta propia, y el segundo incluye los intereses por el dinero prestado, dividendos sobre la propiedad, rentas percibidas por la propiedad de bienes raíces, etc.

Los comunistas plantean que el ingreso completo debe ir al pago del trabajo presente ya que ellos no reconocen el papel jugado por el ahorro en la creación de riquezas de acuerdo a la teoría de la explotación y la plusvalía derivada de la Teoría del valor-trabajo, la cual surge con los economistas clásicos, no con Marx, pero que actualmente está completamente desacreditada en la ciencia económica sobre todo a partir de la Revolución marginalista que comienza en 1871 con el economista austríaco Carl Menger (1840-1921) en su libro más famoso *Principios de Economía.*

El nivel general de los salarios está determinado por lo que es producido. Inflar el pago de salarios más allá del valor de lo producido no hace subir el valor del salario en poder de compra.

Hay que tener en cuenta de que en una economía libre, las ventas igualan a las compras, y las compras igualan a las ventas, o sea la oferta y la demanda son iguales, pero para demandar primero hay que producir (oferta); mi demanda es exactamente igual a mi oferta. Esto deja de ser cierto en un mercado interferido por monopolios y por el gobierno.

Cuando se fuerzan los precios por encima del punto de equilibrio con la demanda entonces se crean excedentes, y cuando los precios están por debajo del punto de equilibrio con la demanda se crea escasez.

Dos fuerzas operan para crear excedentes; cuando los precios se fijan por encima del punto de equilibrio, y cuando los consumidores quieren menos y los productores producen más, e igualmente dos fuerzas operan creando escasez; cuando los productores producen menos de lo que la gente quiere, y cuando los precios se encuentran por debajo del punto de equilibrio.

Los salarios son un precio; el precio de la labor, o sea el precio por hacer un trabajo, y por tanto, al ser un precio, están sujetos a las leyes de la oferta y la demanda y todas las leyes que regulan los precios. Hay un punto de equilibrio en el mercado libre donde se encuentran balanceadas, la oferta y la demanda de labor, o sea no existe desempleo. Si los salarios son forzados, ya sea por presiones de los sindicatos, por regulaciones del gobierno, o por los empresarios, tanto por encima del nivel de equilibrio como por debajo, tendrá lugar un excedente o un déficit de labor, ya que o los empleadores no querrán contratar, o los trabajadores no querrán trabajar como en el caso de los países con regímenes comunistas.

El desempleo involuntario solamente se produce cuando alguna fuerza está siendo aplicada para mantener el precio de la labor (el salario) por encima del nivel del mercado libre.

Según cálculos del economista inglés Arthur Pigou (1877-1959) este llegó a la conclusión de que por cada 1% de subida del salario por encima del punto de equilibrio del libre mercado tendrá lugar un desempleo de un 3%. Esto es cierto para una economía desarrollada como la de Gran Bretaña, pero tiene sus matices para las economías subdesarrolladas, pero yo lo cito como ejemplo apoyando lo que estamos diciendo.

Por tanto, en un mercado libre, como el salario es el precio que se paga por el trabajo, el aumento de la productividad conlleva un aumento del salario, ya que el trabajador produce más en la misma cantidad de tiempo. La productividad la aumenta la división del trabajo, y el uso de mejores bienes de capital y mejor tecnología. Cuando la productividad es baja, la oferta del trabajador es baja, y por tanto su demanda (salario) es igualmente baja.

El auge del sindicalismo

Primeramente debemos definir que es un sindicato.

Un sindicato es un cártel que busca reducir, o de ser posible eliminar la competencia en el mercado laboral, controlando la oferta de labor, y formando de esta manera una estructura monopólica que obtiene poder sobre el mercado laboral para alcanzar los mayores beneficios posibles en perjuicio de los consumidores, que son los empresarios capitalistas, o sea el propósito esencial de un sindicato es incrementar el precio de la labor.

Cuando los sindicatos obtienen influencia y poder de negociación suficiente, pueden elevar el precio de la labor, o sea los salarios por encima del precio de equilibrio del mercado, creando así excedente de labor. Los sindicatos como cualquier tipo de cártel, tiene una estructura muy inestable por lo cual, para que alcance una existencia duradera debe estar apoyado por el Estado, ya que de lo contrario tiende a su desintegración.

-oOo-

Las respuestas políticas a la Gran Depresión en el mundo fueron el fascismo, el Comunismo, y la Socialdemocracia; las tres respuestas implicaban el abandono del capitalismo de libre mercado a favor de la intervención directa del Estado en la economía en mayor o menor grado, ya que se consideraba que el mercado y el *laissez-faire*, en las condiciones del mundo moderno industrializado, era incapaz de mantener el crecimiento económico, por lo que el estatismo como política económica, se generalizó a lo largo y ancho del mundo a partir de la década de 1930.

La respuesta en los principales países latinoamericanos había sido más bien de tipo fascista, desarrollista, y autárquica. En México, el nacionalismo de Lázaro Cárdenas; en Chile, los Frentes Populares de orientación socialista; en Argentina a partir de 1943 con Juan Domingo Perón, y en

Brasil con la "Revolución de 1930" y el "Estado Novo" de Getulio Vargas por solo citar los casos más representativos.

La respuesta norteamericana se orientó hacia la socialdemocracia aunque el gobierno de Franklin D Roosevelt tuvo muchas semejanzas con el fascismo italiano a través de su política conocida como New Deal.

La socialdemocracia compartía las ideas de Keynes de que el gobierno necesitaba forzosamente actuar para salvar al capitalismo moderno. Los pioneros de la socialdemocracia fueron los países escandinavos, cuya meta era hacer que el capitalismo "trabajase mejor".

Los "newdealers" norteamericanos también consideraban que su meta era estabilizar el capitalismo democrático. Según dijo Roosevelt, la prioridad de las instituciones democráticas era la determinación del gobierno de dar empleo a todos los hombres ociosos.

De esta forma crearon el seguro social para amortiguar la caída del impredecible ciclo económico, e igualmente el fondo de compensación por desempleo ayudaba a estabilizar la economía, en tanto el gasto deficitario del gobierno contribuía a aliviar la pobreza.

La clase trabajadora fue el principal protagonista de la evolución socialdemócrata, ya que desde antes de la Gran Depresión, las organizaciones obreras y sus partidos demandaban seguro social, e insistian en que el gobierno tomara medidas anticíclicas, creara empleo, y que no permitiera que la deflación produjera desempleo y deprimiera los salarios reales de los trabajadores.

Los países industriales con poderosos movimientos sindicales y partidos Socialistas evolucionaron hacia la socialdemocracia, en tanto en otros países industriales y semi-industriales con movimientos obreros y partidos Socialistas menos poderosos, evolucionaron hacia el fascismo.

En Cuba el movimiento obrero comienza a organizarse desde el mismo inicio de la República, incluso desde fines de los tiempos coloniales como resultado del nacimiento de las industrias, siendo la primera y más importante la del tabaco, hasta llegar a consolidarse en la Confederación Nacional Obrera de Cuba CNOC fundada en agosto de 1925.

La situación después de la caída del gobierno de los "Cien Días" de Grau en enero de 1934 continuaba siendo económicamente grave, lo que contribuía a una caótica situación política y social.

Entre 1934 y 1935 sacudieron al país una oleada de huelgas, muchas de las cuales tenían demandas basadas en el cumplimiento de decretos del gobierno revolucionario de 1933.

Entre 1934 y 1936, la lucha entre el gobierno y el movimiento laboral dominó la escena política, teniendo su momento culminante en marzo de 1935, con una huelga general que fracasó, a diferencia de la huelga de agosto de 1933.

La tendencia del populismo de Batista, que era desde su posición de Jefe del Ejército quien ejercía el verdadero poder en Cuba, era claramente hacia el fascismo corporativista definido este como una forma de organización de la sociedad donde el Estado juega un papel principal en estructurar, apoyar, y regular a los distintos grupos de intereses, con el objetivo de controlar sus asuntos internos y las relaciones entre ellos.

El fracaso del movimiento obrero a partir de marzo de 1935 abrió la puerta a la respuesta fascista a la depresión en Cuba, y se pusieron en vigor muchos de los decretos del gobierno revolucionario de los "Cien Días" tales como la Ley de Nacionalización del Trabajo, conocida como la Ley del 50%, la jornada máxima de ocho horas, el salario mínimo, el seguro social, sistema de pensiones, compensación laboral, maternidad y vacaciones pagadas, etc., y en 1937 fue aprobado lo que se conoció como el Plan Trienal, que era un plan de reformas de tipo populista, y dentro de la lógica del corporativismo, Batista estructuró un movimiento sindical de tipo vertical partiendo de los restos de la debilitada CNOC, naciendo de ella la Central de Trabajadores de Cuba (CTC) en 1939.

El respaldo del gobierno al movimiento sindical, al convertirlo en una rama de importancia decisiva del sistema político, le dio a aquel una fuerza inusitada. El Artículo 69 de la Constitución de 1940 reconoce el derecho a la sindicalización dándole su apoyo.

De esta forma el sindicalismo en Cuba adquiere una enorme influencia consolidándose como un cártel laboral que controlaría monopólicamente el mercado laboral, bajo la dirección del gobierno.

La política laboral durante el período socialdemócrata de los "Auténticos"(1944-1952)

Durante el gobierno de Grau de 1944 a 1948, concluyó la Segunda Guerra Mundial (1945), y gran parte de los organismos creados en función de la "economía de guerra" durante el gobierno de Batista fueron desactivados, pero donde más se expandió la intervención gubernamental en este período fue en la regulación laboral. La profusa y dañina legislación laboral fue empujada por el poder de los sindicatos, controlados por los comunistas dirigidos por Lázaro Peña hasta 1947, y posteriormente por los Auténticos (con su líder Eusebio Mujal Barniol) que convirtieron al movimiento sindical en parte de la clientela política de los Auténticos, como antes lo había hecho Batista con los comunistas.

Durante los gobiernos de Grau y Prío (1944-1952) se añadieron 766 nuevas reglas y leyes laborales y se practicaron 76 intervenciones de empresas privadas por parte del gobierno (25 durante Grau y 51 durante Prío). La legislación laboral se había convertido en un laberinto de beneficios, controles salariales, garantías de empleo, subsidios por desempleo, procedimientos de arbitraje, regulaciones de seguridad y salud, decretos de asociaciones profesionales obligatorias, regulaciones de los sindicatos, etc. El mercado laboral en Cuba al comenzar la década de los 50 había perdido toda flexibilidad, ya que todas aquellas normas y reglas conducían a la multiplicación en el manejo burocrático de las mismas, elevando exponencialmente el incentivo para la corrupción desde el más alto, hasta el más bajo nivel de la burocracia.

Las concesiones laborales se habían convertido durante el gobierno de Grau en 70 días del año que los dueños tenían que pagar a los trabajadores sin que estos trabajaran ; 30 días de vacaciones, 11 días por enfermedad y asuntos personales, y 27 días por la remuneración de la jornada laboral de 44 horas como si fueran 48 horas.

El poder alcanzado por los sindicatos dentro de los gobiernos del autenticismo daba lugar a que se multiplicaran los conflictos laborales, debido a que los tribunales fallarían invariablemente en contra de los patronos y a favor de los obreros.

También, el gobierno en su intervencionismo amplió la cartelización de toda una serie de industrias tales como el fósforo, el calzado, la producción de carne de res, etc., obstaculizando aún más el desempeño libre del mercado, llevando la ineficiencia y el estancamiento a todas esas ramas de la producción.

Por otra parte, bajo presión de los sindicatos, el gobierno se prestaba a desalentar el aumento de la productividad prohibiendo o dificultando la introducción de mejoras tecnológicas especialmente en la industria azucarera, en el área de la mecanización del cultivo y transporte de la caña, en el transporte del azúcar en los puertos (Sea Train y embarque de azúcar a granel), y en el aumento del ritmo productivo en los centrales. También sucedió con la industria tabacalera al impedir la introducción de la máquina torcedora; en la industria del fósforo donde las fábricas más productivas, por estar más capitalizadas, tenían que reducir su ritmo de producción al nivel de las pequeñas fábricas, para que estas se mantuvieran en el mercado, lo mismo sucedió con la industria del calzado con la prohibición de creación de nuevas empresas productoras de calzado, etc.

En el año 1944, el gobierno de Grau aprueba una nueva ley de salarios mínimos.

El Acuerdo No 61 de 1944 estableció un salario mínimo para las actividades que se realizaran en las áreas urbanas de 2.00 pesos diarios, y de 1.60 pesos diarios en las áreas rurales. Esto representó un aumento nominal de un 100% con respecto a los salarios mínimos establecidos desde 1934.

Entre 1934 y 1944, el nivel general de precios había aumentado en un 73.7%, mientras que el incremento del salario mínimo era de un 100%, creando una redistribución de ingresos desde el capital hacia el trabajo en un contexto de productividad estancada, que algunas empresas no podrían afrontar.

En 1944 la distorsión entre las tasas de ingresos promedio de mercado y la tasa promedio existente era de un 30%, por lo que el incremento del salario mínimo contribuía a mantener esta distorsión, y a su vez a mantener el desempleo.

Debido al incremento de las tasas salariales, y la oferta laboral por encima de la productividad del trabajo, muchas industrias tenían que ser intervenidas o cartelizadas para garantizar a las más ineficientes un mínimo de ganancias que les permitiera seguir operando sin despedir personal a expensas de las más eficientes.

Después de 1947, el Ingreso Nacional se estanca. A valores reales del peso de 1947, la tasa anual del crecimiento del per cápita fue de un 1.8%. En esta situación, con una oferta agregada de labor creciente, la caída de la productividad estaba colocando al borde de la ruina a una parte del sector que producía para la economía interna. Los resultados del "Estado Benefactor" que estipulaba la Constitución de 1940 se encontraban en entredicho si no tenía lugar un fuerte crecimiento del Ingreso Nacional.

La política de expansión monetaria encaminada a contrarrestar el incremento de los costos laborales degradando el ingreso promedio real, en tanto mantenía las ganancias nominales de las empresas, ya se hacía insostenible a fines de los 40 y principios de los 50 debido a que los superávits de las balanzas de pago se habían terminado al concluir la posguerra, y normalizarse el comercio exterior.

El gobierno de Prío se encontraba ante un dilema; si no podía incrementar la demanda monetaria de labor más rápido que las tasas de ingresos laborales promedio, o no podía hacer bajar las tasas de ingresos laborales más rápido que la demanda monetaria de labor, las ganancias empresariales se contraerían y el desempleo aumentaría.

La solución a este dilema se encontraba en el aumento sostenido de la productividad del trabajo a partir de una inversión intensiva de nueva tecnología, pero los sindicatos se oponían a la introducción de tecnología que desplazara labor, pues consideraban que aumentaría el desempleo en tanto se favorecería al capital.

En resumen, a diferencia de los gobiernos anteriores, durante el gobierno de Prío tuvo lugar una transferencia de ingresos a favor del trabajo como no se producía desde principios de la década de 1930 debido al aumento del costo de la labor en un contexto de baja productividad del trabajo, bajos precios del azúcar, y de estabilidad monetaria.

Estructura del empleo al comenzar la década de 1950.

Pasemos a ver un estado comparativo de la estructura del empleo por sectores económicos.(expresado en %) que realizó en 1950 el economista Julián Alienes.

Sectores	**Países atrasados**	**EEUU**	**Cuba (1953)**
Primario	67.5	18.8	41.5
Secundario	17.5	30	20.8
Terciario	15	51.2	37.7

Fuente: Julián Alienes Urosa "Características fundamentales de la economía cubana".

Estructura del ingreso y el empleo (expresado en %) Año 1950

Sectores	Distribución del Ing Nac		Distribución del empleo		Relación Ingreso/empleo	
	EEUU	Cuba	EEUU	Cuba	EEUU	Cuba
Primario	9.5	47.3	18.8	41.5	0.50	1.14
Secundario	28.2	17.3	30.0	20.8	0.94	0.83
Terciario	62.3	35.4	51.2	37.7	1.22	0.94

Fuente: Julián Alienes Urosa *Caracteristicas fundamentales de la economía cubana* 1950.
Cálculos del autor.

De acuerdo a las dos tablas superiores vemos que la estructura económica de Cuba en 1950, se va alejando de la estructura característica de los países atrasados (subdesarrollados), disminuyendo el predominio del sector primario y aumentando el peso en la estructura de los sectores secundario y terciario, pero con un elevado nivel de desempleo.

Esta estructura llevó a los economistas tanto desarrollistas de la CEPAL, como a los modernizadores, a considerar que Cuba se encontraba en el camino correcto del desarrollo (el take-off de los modernizadores)., pero como vemos en la segunda tabla, donde la productividad del trabajo es mayor ese n el sector primario que incluye la industria azucarera.

A lo largo de todo el período republicano, los más altos niveles de productividad se obtienen en la industria azucarera, por lo que debido a su tamaño dentro de la economía nacional será determinante en la productividad general del país.

El desempleo como el problema económico y social más apremiante al comenzar la década de 1950

En el año 1950 el país se encontraba en una gran encrucijada, y como reflejo de ello se ampliaba el debate acerca del problema del desempleo en Cuba debido a la percepción de que las condiciones imperantes durante guerra y la posguerra habían cambiado definitivamente.

La economía cubana se caracterizaba en aquellos momentos como de alto desempleo baja productividad, y poca competitividad.

Analizando el Censo de 1943, Segundo Ceballos Pareja, en un escrito titulado "*Proyección y panorama de la economía cubana*" (1953) planteaba:

> El problema más grave que presenta la economía cubana, es el paro estacional y forzoso; más de 105 millones de jornadas de trabajo humano se pierden en el paro forzoso en los campos, y el problema que le sigue en orden de importancia es el de la baja productividad debido al atraso mecánico y de los métodos de producción.
>
> La Habana le ha costado al guajiro millones de pesos.

Este estimado de Ceballos Pareja significa aproximadamente un desempleo rural de 350 mil hombres/año (considerando el año laboral compuesto por 300 días). El desempleo estimado por Gustavo Gutiérrez para 1943 era de 414.3 miles de hombres/año en el agregado económico completo.

El profesor Carmelo Mesa Lago, en su libro *The Labor Forms; Employment, Unemployment and Underemployment in Cuba 1899-1970*, plantea que el desempleo durante la República, especialmente como un fenómeno rural estacional, ha sido transformado en Cuba, en varias formas de subempleo al costo de un considerable desperdicio de recursos, declinando la productividad laboral y retardando el crecimiento económico.

> Los sindicatos lucharon exitosamente contra la mecanización, en tanto el gobierno cubano trataba de prevenir que las industrias afectadas por la recesión despidieran trabajadores.
>
> Los sindicatos rehusaban ajustar los niveles salariales a las declinantes ganancias de la industria lo cual producía más desempleo.
>
> La política oficial fue imponer pérdidas operacionales sobre las empresas para evitar desempleo, pero a la larga esta política provocaba mayor desempleo debido al declive de la inversión.

El economista cubano Gustavo Gutiérrez Sánchez[5] en su estudio "*El desarrollo económico de Cuba*" publicado en 1950, plantea que la cuestión principal de la problemática cubana es el desempleo y el subempleo, y que para combatirlo es necesario el aumento de la productividad, cuando lo que se está haciendo es redistribuir las mismas jornadas laborales entre más personas creando así una gran improductividad laboral. De esta forma, lo que se está haciendo es combatir el desempleo a partir de la creación de subempleo.

En la introducción al "*Programa Nacional de Acción Económica*" Gutiérrez planteaba lo siguiente:

> Entre los numerosos aspectos de la problemática económica cubana, los más importantes a nuestro juicio son el desempleo y el subempleo por su persistencia y peligrosidad.
>
> La prosperidad de que goza el país en general originado por la Segunda Guerra Mundial, así como las conquistas obtenidas por los trabajadores, han tendido una cortina de humo sobre el gran problema.
>
> Su peligrosidad consiste en que se está atacando este mal con medidas artificiales e indirectas como exigir mayor número de trabajadores que los que se necesitan para realizar determinado trabajo, combatir la mecanización de la producción y los adelantos tecnológicos que disminuyan las oportunidades en horas de empleo, exigir el pago de horas de trabajo que no se han rendido, etc. Todo esto tiende a disminuir la productividad de los trabajadores cubanos y a aumentar el costo de producción nacional enervando sus posibilidades de competencia con la producción extranjera tanto en el mercado nacional como internacional.
>
> Cuando el desempleo y el subempleo se hacen irritantes, se acude al subsidio para aplacar el efecto pero esto no elimina la causa.

Gutiérrez consideraba que la solución al desempleo se encontraba en la inversión de capitales nacionales acumulados en los bancos, y en la reanudación de la inversión extranjera, además de la inversión pública en actividades reproductivas.

Para Gutiérrez, solo a partir de la intervención del gobierno en la economía se podría resolver el más grave problema de Cuba. El papel del gobierno debía ser invertir y crear condiciones favorables a la inversión nacional y extranjera.

Las instituciones -según el plan propuesto por Gutiérrez- a través de las cuales se canalizaría la intervención del gobierno en la economía eran:

---

5. Gustavo Gutiérrez Sánchez (1895-1959) Economista, abogado y diplomático cubano. ministro-presidente del Consejo Nacional de Economía de 1955 a 1959.

La Junta Nacional de Economía, la Comisión Nacional de Fomento, el Banco Nacional de Cuba, y el Banco de Fomento Agrícola e Industrial de Cuba (BANFAIC).

El financiamiento para las políticas públicas provendría de los impuestos directos sobre los ingresos, y a través de empréstitos internos, o sea extraer recursos desde el sector privado hacia el sector público, desplazando así al empresario de su función esencial de inversionista, y sustituyéndolo por el Estado en un esquema que se conoce específicamente por el oximoron de capitalismo de Estado, que siempre conduce al fracaso, ya que la inversión del gobierno no tiene incentivos económicos adecuados, y no obedece a un sistema de cálculo económico a partir de los precios.

De esta forma se pude decir que Gustavo Gutiérrez, como presidente de la Junta Nacional de Economía proponía como solución un régimen de capitalismo de Estado en Cuba, que alcanzaría su mayor desarrollo con el gobierno que surgiría después del golpe de Estado del 10 de marzo de 1952, con el cual él colaboró estrechamente.

La Misión Truslow del Banco Internacional para la Reconstrucción y el Desarrollo (BIRF) en 1950 en su informe *Report on Cuba* planteaba que en Cuba se creaba y mantenía una gran cantidad de empleo improductivo debido a las regulaciones gubernamentales, y recomendaba la necesidad de introducción de nuevas tecnologías que aunque desplazaran labor harían crecer la economía.

"Con una economía en crecimiento, nuevas oportunidades se abren y pueden ser encontrados empleos alternativos".

Recomendaban también la diversificación de las exportaciones, dejar que empresas obsoletas desaparezcan dando paso a nuevas empresas más productivas (destrucción creativa); los trabajos públicos deben ser una fuente secundaria de creación de empleos, y permitir que la parte rectora de las reformas económicas necesarias para aumentar el crecimiento económico provengan de la *iniciativa individual, y que el gobierno debe asumir un papel de crear un "enmarcamiento", para la empresa privada.* (el subrayado es mío).

El informe de la Misión Truslow[6], en general recomendaba que la empresa privada sustituyera al gobierno en la dirección de la economía, y que se desmantelara- aunque de manera parcial- el sistema institucional redistribucionista que imperaba en Cuba y que era el principal causante del estancamiento y el desempleo.

Por esta razón, fundamentalmente, y por su orientación teórica más neoclásica, este informe el cual contenía muchas valiosas recomendaciones, fue engavetado por el gobierno cubano, que no estaba dispuesto a cambiar instituciones que les redituaban grandes benéficos políticos y económicos.

Los economistas cubanos, más influidos por el keynesianismo y la ideología de la CEPAL consideraban que el libre mercado ya no podía garantizar el desarrollo y el crecimiento económico, y menos teniendo en cuenta la necesidad de satisfacer "demandas sociales". Esta tarea solo el Estado podía llevarla adelante interviniendo y regulando la economía.

La otra figura de mayor incidencia en el diseño de la política económica cubana a mediados del siglo XX fue el economista de origen español Julián Alienes Urosa.

En su ensayo de 1951 titulado "Tesis sobre el desarrollo económico de Cuba" él planteaba que los elementos fundamentales del desarrollo eran:

6. La Mision Truslow estaba formada por un grupo de expertos internacionales que trabajaban para el "Banco Internacional para la Reconstrucción y el Fomento" (BIRF) que después se convirtió en el Banco Mundial. Sus economistas tenían una formación más neoclásica que keynesiana, a diferencia de los economistas cubanos que era más keynesianos y desarrollistas, aunque Gustavo Gutiérrez era de tendencia más neoclásica.

1. Aumento sostenido y persistente del ahorro.
1. Transformación del ahorro en inversiones productivas.
2. Proceso sostenido y persistente de las inversiones.
3. Aplicación de la tecnología moderna a la producción de bienes y servicios.
4. Elevación de la productividad por trabajador.
5. Aumento continuo de la dotación de capital por trabajador disponible.

Seguidamente él distingue dos tipos de desarrollo. a) El desarrollo espontáneo que vendría siendo el capitalismo de libre mercado, y b) El desarrollo deliberado, que es el desarrollo dirigido por el Estado.

Según Alienes, el modelo de desarrollo espontáneo-capitalista, en un momento determinado resultó insuficiente. Como muchos otros economistas, políticos e intelectuales en el mundo en aquellos tiempos, consideraban que esta había sido la causa fundamental de la Segunda Guerra Mundial.

En Cuba -de acuerdo a los economistas cubanos- funcionó el modelo de desarrollo capitalista hasta aproximadamente 1925.

Según Alienes, entró en crisis y se estancó hasta 1941, cuando la guerra produjo un auge coyuntural, pero con la vuelta a la normalidad, el modelo de desarrollo espontáneo ha dejado definitivamente de ser motor de crecimiento para las economías del mundo y especialmente para los países subdesarrollados. El nuevo paradigma mundial implica que se pase a un modelo de "desarrollo deliberado". "Para llevar adelante el desarrollo deliberado es necesario plantearse las metas que hay que lograr".

Alienes expone en este trabajo algunos elementos de un modelo de desarrollo económico rudimentario, basado en el modelo conocido como Harrod-Domar[7].

Como resultado de la cada vez más extendida idea de la necesidad de que el Estado asumiera la tarea de dirigir la economía, y promover el desarrollo en los países atrasados, los modelos económicos se popularizan en el mundo de los economistas teóricos, muchos de los cuales servirán como asesores para los gobiernos de los países de Asia y África que se van convirtiendo en independientes a fines de los años 40, y las décadas de los 50 y los 60.

Al igual que Gustavo Gutiérrez, Alienes soslaya, o toca de manera muy superficial, el obstáculo fundamental que Cuba confrontaba en aquellos momentos para lograr crecimiento económico que era el problema institucional en lo relacionado a lo laboral. "Para solucionar el problema económico cubano hay que dotar de cada vez mayor cantidad de capital por persona activa". Este es un planteamiento central de los economistas de la corriente de la Modernización.

Precisamente, los sindicatos impedían la introducción de nuevas tecnologías que hubieran aumentado la productividad del trabajo.

Para él, el cuello de botella institucional se encontraba en el crédito, y esto lo podía resolver -según él- el gobierno creando crédito barato, dotando así de cada vez mayor cantidad de capital al trabajador.

La estrategia a seguir que plantea Alienes no es nueva, era la misma vieja estrategia del Partido Liberal en su plataforma de campaña en 1924 lo planteaba; corregir el ciclo estacional de empleo y desempleo, en la agricultura desarrollando cultivos para los meses de "tiempo muerto" de la industria azucarera, y desarrollar industrias y trabajos públicos que puedan absorber el desempleo estacional. A diferencia del plan de Machado que sería financiado con empréstitos norteamericanos,

7. Henry Roy Harrod (1900-1978) Economista inglés. Evsey Domer (1914-1997) Economista ruso-norteamericano.

este plan debía ser financiado con el dinero ahorrado en el sistema de bancos comerciales, y con empréstitos del Banco Nacional.

Lo que era más novedoso en los planteamientos de los economistas cubanos y extranjeros al comenzar la década de 1950 era que la producción de azúcar había dejado de ser el motor de crecimiento, y que la tendencia era de unas tasa de aumento demográfico mayores que las del crecimiento real del Ingreso Nacional, lo cual desembocaría irremediablemente en una caída del per cápita real con consecuencias sociales graves, por tanto, era imprescindible enfocarse en el incremento de la productividad del trabajo como base para el futuro crecimiento, remontando así la caída de los per cápitas.

En junio de 1951, el presidente de la Asociación Nacional de Industriales de Cuba (ANIC), Alejandro Herrera Arango publicó un artículo, "Horizonte negativo de la industria cubana", donde analiza claramente la situación de la industria cubana en aquellos momentos.

> Vemos con justificada inquietud que la mayoría de las reivindicaciones que recientemente vienen presentando los organismos obreros, no se dirigen a una legítima satisfacción de legítimas necesidades. Los salarios altos tienen que estar adecuados a un alto rendimiento del trabajador, y un límite constituido por la costeabilidad. Esas dos condiciones íntimamente entrelazadas son las que se vienen atacando por la gestión de los líderes sindicales..
>
> Por una parte se pretende recargar a la industria con el peso muerto de salarios improductivos, disminuyendo el tiempo de trabajo y aumentando innecesariamente el número de trabajadores. Por el otro, se pretende negar al industrial el beneficio que representan los adelantos técnicos….
>
> El mantenimiento de esta política llevaría no ya a la congelación de la industria cubana, si no a su fosilización, privaría al pueblo consumidor del abaratamiento de los productos que se hace posible a través de los progresos técnicos, y convertiría a Cuba en una nación sin posibilidades de desarrollo, paralizada por la camisa de fuerza de una industria atrasada e ineficiente.

Los sindicatos presionaban al gobierno y a las empresas por salarios altos, pero no entendían o no les interesaba entender que cuando los salarios altos no son acompañados por una correspondiente elevación de la productividad, lo único que crean es desempleo, caída del salario real, y retraimiento de la inversión.

La teoría del aumento del gasto público para generar empleo

Desde 1925, fue predominante en Cuba la idea de que si se aumenta el gasto público, aumentaría el consumo en bienes y servicios, por lo que serán necesarias más personas trabajando y por tanto ganando un salario, lo que a su vez les permitirá comprar bienes y servicios. Esto es lo que se conoce como un círculo virtuoso ya que un incremento de la oferta incrementa la demanda.

El gobierno, a través del gasto deficitario, ya sea imprimiendo dinero o endeudándose a través de empréstitos con el extranjero se suponía aceleraría el engranaje económico, y al producirse crecimiento el Estado sería capaz de pagar las deudas. Así funcionaba la teoría del gasto público tal como la expuso el economista británico John Maynard Keynes en su libro *Teoría General del Empleo el Interés y el Dinero*, publicado en 1936.

Desde mucho antes de la publicación de ese libro algunos gobiernos del mundo seguían este tipo de política como fueron las economías fascistas de Alemania e Italia, y Estados Unidos con el New Deal desde 1933.

Esta fue la política de todos los gobiernos a partir de Gerardo Machado, ya que todos creían firmemente en el papel del Estado y la intervención pública en la economía como la solución más eficiente, o más bien única para los problemas del país.

Durante todo el período republicano, pudiéramos decir que Fulgencio Batista fue el mayor representante de las ideas estatistas de intervención pública en la economía.

Esta manera de entender el funcionamiento del mecanismo económico fue paralizando la posibilidad de la recuperación necesaria a partir de 1925, y que nunca se logró del todo.

Los economistas clásicos, y especialmente desde Jean Babtiste Say[8] que enunció la famosa Ley de los Mercados, posteriormente conocida como la Ley de Say, plantean que lo que dirige la economía no es el gasto ni la demanda, si no la producción llevada adelante por los empresarios, pues para demandar primero hay que producir. Si aumenta la demanda como resultado del aumento de la cantidad de dinero fiduciario, al no existir producción se está cambiando nada por algo, debilitando así la creación de riqueza real, produciendo una distorsión en el sistema de precios relativos y en la estructura del capital, y una redistribución de poder adquisitivo hacia los que obtienen primero el nuevo y adicional dinero.

El problema fundamental del desempleo en Cuba era creado por el mismo gobierno y los sindicatos, ya que el desempleo como hemos explicado, es causado por una relación inadecuada entre las tasas salariales y la demanda de labor dentro de un sistema económico.

El interés de los sindicatos, al actuar como un cártel era mantener lo más elevado posible los costos laborales, y el interés del gobierno era incrementar la oferta monetaria para poder asimilar las demandas sindicales, y que se mantuvieran las ganancias nominales de las empresas. Estos dos propósitos en colusión, daban lugar a que se mantuviera un enorme nivel de desempleo, y unas tasa de ingresos promedio reales muy bajas.

El desempleo masivo es producto de la acción del gobierno estorbando la operación de los participantes en el mercado laboral a través de políticas de control de precios, salarios mínimos expansión monetaria, y otras regulaciones que elevan las tasas salariales promedio en relación con la demanda de labor.

Las leyes de salarios mínimos, los seguros de desempleo, elevados beneficios, etc., contribuyen al incremento de las tasas salariales nominales promedio, así como la legislación que otorga poder a los sindicatos para forzar a los empleadores a aceptar artificialmente altas escalas salariales.

El desempleo solo puede ser eliminado por una caída en las tasas salariales, y los precios de los bienes y servicios de forma tal que la oferta y la demanda de trabajo se encuentren en un punto de equilibrio que significa la desaparición del desempleo. Si se impide que esto suceda por la interferencia del gobierno, es imposible la eliminación del desempleo.

Las políticas inflacionarias que promueve el gobierno producen el efecto de incrementar la demanda, incluyendo la demanda monetaria de labor (nominas salariales) que sube a niveles que solo pueden ser sostenidos manteniendo y acelerando la inflación. Este incremento en la demanda también trae aparejado junto al incremento de los precios de los bienes y servicios y de la labor, también de los costos de producción, por tanto, al subir los salarios y los precios de los bienes y servicios el efecto sobre el empleo queda anulado.

La única manera efectiva que el gobierno tendría a su disposición para eliminar el desempleo a través de una política inflacionaria es por medio de una inflación masiva combinada con controles totales de precios y salarios como hemos explicado anteriormente.

---

8. Jean Baptiste Say 1767-1832. Economista liberal francés.

La forma natural y más eficiente que tiene el mercado de eliminar el desempleo es una combinación del descenso de las tasas salariales, con un descenso del precio de los bienes y servicios provocado por un aumento en la productividad del trabajo. De esta forma los precios caen más rápido que los salarios, y tiene lugar un aumento del salario real al mismo tiempo que desaparece el desempleo y se mantienen las tasas de ganancia empresarial, pero para el logro de esto es necesario un mercado libre de interferencia gubernamental.

Para el análisis del empleo, los economistas clásicos han demostrado que el pleno empleo es una función de la relación existente entre la demanda monetaria de empleo, o sea la cantidad de dinero que los capitalistas están dispuestos a gastar en sueldos y salarios contratando trabajadores, y las tasas salariales; si las tasas salariales son demasiado altas en relación con la demanda de empleo, la oferta de empleo se reducirá y viceversa.

En conclusión, el aumento del nivel de empleo entre 1933 y 1952 se dio con base a reducir el ingreso real de los trabajadores.

Como hemos analizado más arriba, el gobierno de Batista, después del 10 de marzo de 1952, buscó resolver el problema del desempleo a través de la inversión pública, y tratando de mantener estables las tasas de ingresos promedio nominales de los trabajadores, pero las limitaciones del plan inversionista no tuvieron un impacto suficiente sobre la demanda monetaria de labor, por lo que se mantuvo el nivel de distorsión del mercado laboral, y la.

En el año 1958 se aprobó una nueva ley de salarios mínimos, revirtiendo así las políticas de control salarial que hasta cierto punto había tenido éxito a nivel agregado sobre la reducción del desempleo.

Acuerdo No 188 de 1958	Diario	Aumento	Mensual	Aumento
Habana, Marianao, Regla Guanabacoa, Sta Maria del Rosario, Stgo. de las Vegas y Bauta	3.33	66.5%	85	41.6%
Otras ciudades y zonas urbanas	3.1	55.00%	80	33.30%
Zonas rurales	2.9	81.20%	75	56.20%

En la revista *Cuba económica y financiera* de febrero de 1958 apareció un artículo analizando las consecuencias que tendría sobre la economía cubana la nueva ley de salarios mínimos:

> Las consecuencias económicas y sociales que esos aumentos generales de los salarios mínimos ocasionarán a las actividades industriales, comerciales, y agrícolas del país, al empleo, y al costo de la vida de la población son muy graves.

1. Se estima un aumento en los costos laborales de más de 100 millones de pesos
2. Gravita directamente sobre los sectores productivos más débiles, pequeños y vulnerables
3. Provocará un aumento general de los precios y costos de la vida provocando inflación".

En 1958, la dirigencia de la CTC (Mujal) consideraba un modelo de control de precios y salarios convirtiendo la economía cubana en una de estilo fascista, en tanto otros pensaban que la mejor solución era seguir avanzando hacia un modelo económico más cercano al socialismo (Raúl Cepero Bonilla, Felipe Pazos, Regino Boti, Carlos Rafael Rodríguez etc).

Con un lento crecimiento del Ingreso Nacional, agotamiento de los ahorros internacionales, una situación de deterioro de los términos de intercambio con Estados Unidos, y con una institucionalidad que flexibilizaba al máximo el mercado laboral, el gobierno no tenía margen de maniobra para tratar el problema del desempleo en Cuba a fines de la década de 1950.

La Revolución de 1959 eliminó el desempleo a costa de la destrucción total de la economía, manteniéndose a flote de manera precaria por el inmenso subsidio soviético.

Productividad y productividad marginal del trabajo, y los ingresos promedio de los trabajadores

La productividad es un indicador económico que se encarga de medir cuantos productos (bienes y servicios) se han producido por cada factor de producción empleado (tierra trabajo y capital) en una unidad de tiempo determinado (un año, un mes, un día).

La productividad marginal es la producción extra que se obtiene con una unidad adicional de un factor de producción empleado manteniendo todos los demás iguales, y aquí entra en consideración la "Ley de los Rendimientos Decrecientes" que señala que en cualquier proceso productivo, si aumentamos el número de unidades de cualquier factor productivo sin modificar el resto, progresivamente se reduce la producción por unidad. Solamente a través de la introducción de mejoras tecnológicas se hace posible sobrepasar la "Ley de los Rendimientos Decrecientes" que plantea que cuando se aplica a la producción de un bien una cantidad creciente de un factor de producción, manteniendo los demás constantes, se llega a un punto en que el rendimiento marginal empieza a decrecer, y después el rendimiento promedio.

El crecimiento económico a largo plazo solo es posible lograrlo, o a partir del empleo de mayor cantidad de factores de producción, o sea incorporando más tierra, más capital, y más labor al proceso productivo, o a partir de un incremento en la productividad de los factores de producción. El primer método se tendrá que enfrentar a la "Ley de los Rendimientos Decrecientes", y el segundo método supera los rendimientos decrecientes, y requiere la introducción continua de nueva tecnología por inversión de capitales, y nuevos métodos organizativos, así como incremento en la división del trabajo.

El aumento de la productividad permite el aumento del nivel de vida de la sociedad al influir en los salarios reales, y la rentabilidad del capital, dando lugar al incremento del empleo y de la inversión.

Si dividimos el Ingreso nacional entre la cantidad de hombres-años trabajados tendremos el valor producido por un hombre a lo largo de un año. Por tanto la productividad del trabajo será directamente proporcional al Ingreso Nacional, e inversamente proporcional a la cantidad de hombres año-trabajados.

O sea P = Ing Nac/hombres años trabajados.

Esta es la productividad del trabajo promedio.

Entonces para calcular el impacto de cada nuevo empleado incorporado tenemos que dividir la variación en el ingreso nacional entre la variación en el empleo, y esto nos dará la productividad marginal del trabajo.

La base de los salarios en un mercado laboral no intervenido es la productividad marginal del trabajo. En un mercado laboral donde el gobierno y los sindicatos intervienen fijando los salarios, se produce un divorcio entre productividad marginal del trabajo y los sueldos y salarios Cuando el mercado está totalmente intervenido como en un país socialista, se da el caso, como en la Cuba actual, que muchos salarios están por encima de la productividad marginal del trabajo, o sea un empleado recibe más salario de lo que produce, llevando así a la economía a lo que Ldwig von Mises llamó caos planificado.

Para conocer el comportamiento del mercado laboral y las políticas laborales de los distintos gobierno de la República tenemos entonces que analizar el comportamiento de la productividad del trabajo, de la productividad marginal del trabajo, y de los ingresos promedio de los trabajadores.

En la tabla inferior se puede observar el ascenso de la productividad real promedio expresada en dólares/pesos constantes de 1937 por hombre/año, el ascenso hasta 1919, una fuerte caída entre 1919 y 1925 debido a la ciada de los precios del azúcar, una recuperación hasta 1933 debido a la distorsión causada por la fuerte contracción del empleo más rápido que la del Ingreso nacional, y entre 1940 y 1957 una tendencia a la baja debido a un mayor crecimiento del empleo que del Ingreso Nacional, creando trabajo improductivo por la intervención del gobierno en los mercado laborales.

L a tasa de crecimiento del per cápita real entre 1940 y 1957 fue de apenas un 0.3% anual, lo cual es consecuencia del crecimiento negativo de la productividad del trabajo en la República.

Año	Productividad promedio		
	Nominal	Real	Variación
1907	335.98	314	
1919	909.57	623.05	321.05
1925	701	508.22	-114.93
1931	647.77	544.22	36
1933	495.17	626.89	83.67
1940	507.41	553.07	-73.82
1943	843.58	559	5.93
1947	1,262.10	508.9	-51
1952	1,243.02	489.72	-19.18
1957	1,152.92	466.56	-23.1

A continuación analizamos la relación entre la productividad y el ingreso medio.

En 1907, se produjeron 1.93 dólares por cada dólar de ingreso promedio por trabajador, o sea una ganancia nominal para el empresario por concepto de productividad de 93 centavos.

En 1919, se produjeron 2.03 dólares por cada dólar de ingreso promedio de los trabajadores, quedando una ganancia nominal para el empresario de 1.03 dólares por concepto de productividad, o sea 10 centavos más que en 1907 por incremento de la productividad.

En 1925 se produjeron 2.24 dólares por cada dólar de ingreso promedio de los trabajadores, para una ganancia nominal para los empresarios de 1.23 dólares por concepto de productividad, y un incremento con respecto a 1919 de 20 centavos.

Entre 1919 y 1925, la productividad promedio cayó un 23% pero el ingreso promedio cayó un 30% debido al descenso del Ingreso Nacional lo que dio lugar a un incremento del desempleo y reducciones de salarios, lo que permitió que el margen de ganancias de los empresarios no solo se mantuviera si no incluso creciera.

En 1931 se produjeron 1.20 dólares por cada dólar de ingreso promedio de los trabajadores para una ganancia de 20 centavos por productividad; una severa contracción de la ganancia de casi un 84% con respecto a 1925 debido a que la productividad había caído mucho más que el ingreso promedio por trabajador como resultado de la depresión económica.

En el año 1933 se produjeron 1.14 dólares por cada dólar de ingreso promedio de los trabajadores, mostrando que seguía contrayéndose la tasa de ganancias en un 30% respecto a 1931, ya que la productividad promedio seguía cayendo más rápido que el ingreso promedio.

La otra fuente de ganancias empresariales es el diferencial existente entre el ingreso nominal, y real que entre 1907 y 1931 la diferencia favoreció a un incremento del salario nominal con respecto al salario real, o sea tanto la diferencia entre productividad e ingresos medios favorecía al capital si no que también la relación entre ingreso real e ingreso nominal que era resultado de la inflación provocada por la Primera Guerra Mundial, pero la posibilidad de deprimir el ingreso real por medio de la manipulación monetaria estaba fuera del alcance del Estado cubano durante la Primer República.

En 1933, la relación entre el ingreso real y el ingreso nominal favoreció a los trabajadores debido a la deflación, lo que produjo enormes pérdidas de ganancias para los empresarios.

Entre 1933 y 1940 se recupera la relación entre productividad e ingresos medios, ya que se produjeron 1.20 pesos por cada peso de ingreso de los trabajadores, pero el ingreso real se mantuvo por encima del nominal.

Entre 1940 y 1957, la relación productividad/ingreso promedio osciló aproximadamente en 1.20 pesos por cada peso de ingreso de los trabajadores, por lo que con una diferencia tan escasa debido a que no aumentaba la productividad del trabajo por todos los obstáculos que hemos venido explicando, las ganancias capitalistas se centraron en la contracción del ingreso real respecto al nominal, o sea que fueron ganancias nominales, no ganancias reales, que son las que tienen lugar a partir de la productividad.

La tasa de crecimiento anual de las ganancias brutas del capital a valores constantes de 1940, entre 1940 y 1957 fue de 2.9%, en tanto la tasa anual nominal fue de 17.1%.

Entre 1940 y 1957 la productividad promedio real disminuyó a una tasa anual del 0.9%, en tanto desde el punto de nominal, o sea a valores corrientes, creció a una tasa anual del 7.1%.

Hasta 1925, la base de las ganancias de los empresarios se encontró en el incremento de la productividad del trabajo, entre 1925 y 1940, al caer la inversión cayó la productividad y con ella las ganancias del capital se contrajeron drásticamente, y a partir de 1940, con una productividad estancada, y un incremento de los costos laborales, las ganancias se convirtieron basicamente en nominales basadas en la depresión del ingreso real.

La productividad, como hemos venido explicando, es una función de la acumulación de capital y de la dotación de capital por trabajador, pero entre 1947 y 1957, tuvo lugar un proceso de inversión y de acumulación de capitales sin impacto sobre la productividad del trabajo.

Productividad marginal del trabajo.

La productividad marginal del trabajo es directamente proporcional a la variación del Ingreso Nacional, e inversamente proporcional a la variación en el empleo.

1. Entre 1907 y 1919, la productividad marginal del trabajo fue 3, 005.89 dólares por cada nuevo empleado en el agregado de la economía, lo que impulsó hacia arriba la productividad promedio en un 170.7%, y los ingresos promedio de los trabajadores en un 157.8%.

   El poderos crecimiento en la productividad marginal del trabajo producto de las grandes inversiones del período resultó en una situación de pleno empleo al terminar la Primera Guerra Mundial.
2. Entre 1919 y 1925 la productividad marginal del trabajo fue negativo en 2, 440.57 dólares por cada nuevo empleado.

   En este período hay un desfase entre la expansión de la inversión y la caída del Ingreso Nacional, por lo que la economía, a pesar de estar contrayéndose, continúa incrementando el empleo neto. Esto provocaba pérdidas para los empresarios que no podían continuar empleando trabajadores. Esta es un escenario característico de los períodos transicionales entre la prosperidad y la depresión.

3. Entre 1925 y 1931, el Ingreso Nacional continúa cayendo, y el mercado laboral empieza a expulsar trabajadores. La productividad marginal cayó en 115.59 dólares por cada trabajador empleado.

   Las pérdidas de productividad margina, l aunque aminoradas se mantienen, pues la contracción del Ingreso Nacional fue mayor que la del empleo, el cual siempre es más inelástico.

4. Entre 1931 y 1933, debido a que continúa cayendo el Ingreso Nacional, el cual se contrae un 24.7% en tanto el empleo neto cayó solamente un 1.4%, las pérdidas de productividad marginal continúan. La productividad marginal por trabajador empleado fue de 146.11 dólares, lo cual indicaba que el mercado seguía expulsando trabajadores en busca del equilibrio.

5. Entre 1933 y 1940, al iniciarse de nuevo el crecimiento del Ingreso nacional, la productividad marginal del trabajo vuelve a ser positiva en 568.88 pesos por cada nuevo empleo neto, lo cual se encuentra un 30% por encima del ingreso promedio de los trabajadores en 1933 por lo que se restauran ligeramente las ganancias por concepto de productividad, y vuelve a aumentar el empleo neto.

6. Entre 1940 y 1943 el aumento del Ingreso Nacional debido a los favorables precios del azúcar, y a un reducido nivel de incremento bruto del empleo resultado de un mercado laboral estancado por la falta de inversiones, tiene lugar un gran salto en la productividad marginal del trabajo que medido a valores constantes de 1937 fue de 9, 591.57 pesos por cada nuevo trabajador neto empleado. Este salto en la productividad marginal refleja que el mercado laboral se va acercando al nivel de equilibrio.

   Esta enorme productividad marginal del trabajo hubiera traído por consecuencia un incremento exponencial del empleo, pero no fue así debido a que la inversión se encontraba paralizada, en tanto los empresarios, especialmente los azucareros obtenían enormes ganancias sin invertir, convirtiéndolos así en capitalistas parasitarios.

7. Entre 1943 y 1947 se mantuvo la misma tendencia, y a valores constantes de 1937, la productividad marginal del trabajo creció en 1, 538.54 pesos por cada nuevo empleado neto.

8. Entre 1947 y 1952 se reanuda la inversión, se expande el empleo con una participación en el mercado laboral incrementada, más que el Ingreso nacional dando lugar a una caída de la productividad marginal del trabajo a ser avalores reales de 460.20 pesos por cada nuevo trabajador, o sea una contracción de un 70%, cuando el ingreso promedio real creció un3.2%.

   Se volvía a reproducir el desfase entre crecimiento de la inversión y del empleo, y del Ingreso Nacional, esta vez provocado por la intervención del gobierno en el mercado laboral imponiendo pérdidas a los empresarios.

9. Entre 1952 y 1957 se desplomó la productividad marginal del trabajo, a ser a valores constantes de solamente 173.80 pesos por cada nuevo trabajador empleado. El empleo neto creció un 12.4% en tanto el Ingreso Nacional solamente un 10%, siendo gran parte del nuevo empleo de baja o ninguna productividad, debido a una mercado laboral fuertemente intervenido.

Análisis sectorial de la productividad del trabajo y el empleo

A continuación realizamos un análisis de la estructura de la producción en Cuba por sectores durante el período de intervención del Estado en la economía cuyo propósito era resolver el desempleo creado por la crisis económica de 1925-1933.

Las actividades económicas que comprende cada sector son las siguientes:

El Sector I que comprende las actividades extractivas, que son la agricultura donde incluimos la producción azucarera (agraria e industrial), la ganadería, la minería, la avicultura, la apicultura, la pesca y la silvicultura.

El Sector II comprende las actividades transformativas, y en él incluimos la industria manufacturera y la construcción.

El Sector III comprende las actividades de servicios, y en él incluimos el comercio, el turismo, el gobierno, las utilidades públicas, las finanzas, el transporte, las comunicaciones, los servicios profesionales, y los servicios personales.

Fuente: Censos de población de 1907, 1919, 1931, 1943, y 1953, y para 1957 el Survey de la Junta Nacional de Economía.

Expresado en % en relación con el total.

Año	Sector	Producción	Empleo	Relación.
1907	**Sector I**	64.3	48.5	132.6
	Sector II y III	43.7	51.5	84.9.
1919	**Sector I**	70.9	48.7	145.6
	Sector Ii y III	29.1	51.3	56.7.
1931	**Sector I**	38	52.8	72.0.
	Sector II	11.8	16.3	72.4
	Sector III	50.2	30.9	162.5
1943	**Sector I**	34.8	41.5	83.9
	Sector II	19.3	14.4	134.0.
	Sector III	45.9	44.1	104.1.
1953	**Sector I**	39	41.5	94.0.
	Sector II	19.2	20.8	92.3
	Sector III	41.8	37.7	110.9.
1957	**Sector I**	44.4	38.8	114.4
	Sector II	22.1	21.2	104.2.
	SectorIII	33.5	40	83.8.
Promedio	**Sector I**	48.6	45.3	107.3.
	Sector II	18.1	18.2	99.5.
	Sector III	33.3	36.5	91.2

Cuando la relación se encuentra por encima del 100%, esto quiere decir que el empleo es más productivo, y lo es menos en la medida en que más se aleje del 100%.

De esta forma podemos ver que hasta 1931 el predominio del Sector I en productividad es evidente; Cuba era un país agrícola, y los mayores rendimientos tenían lugar en la agricultura, y específicamente en la producción de azúcar.

Con la crisis azucarera, y la Gran Depresión, cayó la productividad del trabajo en los sectores I y II, y la economía cubana se convirtió en una economía casi autárquica de servicios.

Entre 1931 y 1943 crece el Sector II convirtiéndose en el más productivo, a pesar de que la industria azucarera se va recuperando, y empleando más capacidades que se encontraban ociosas.

Entre 1943 y 1953, el Sector II pierde productividad que vuelve a ganar el Sector III, ya que tiene lugar una desindustrialización relativa.

Entre 1953 y 1957 se recupera la productividad en el Sector I, y en el Sector II.

Cuando vemos el promedio, tenemos que a lo largo de toda la República, el Sector I fue el más productivo de nuestra economía, por lo que el standard de vida deprimido en las zonas rurales del país indica que tuvo una gran transferencia de riquezas desde el campo hacia las ciudades, especialmente hacia La Habana.

En 1958 había en Cuba una gran cantidad de tierra y labor ociosa, y escasez de capital, por lo que algunos consideraban que la solución al desempleo se encontraba en unir estos factores en un proceso que denominaron "agrarización" que en realidad no tenía en cuenta el crecimiento de la productividad, si no solamente continuar por el camino del crecimiento cuantitativo, lo que conduciría a mayor empleo a costa de aún más bajos ingresos.

El plan de desarrollo más racional para Cuba en aquellos momentos se encontraba en el fomento de agroindustrias, o sea la aplicación de capital en la producción de bienes exportables con alto consumo de tierra y labor, para lo cual era necesario atraer la inversión extranjera.

El plan de industrialización propuesto por la Misión Truslow en 1950, tenía en consideración estos lineamientos que no fueron tomados en cuenta en los planes de industrialización del gobierno de Batista.

Consideraciones finales

El valor de la labor, como la de cualquier mercancía, está determinado por la oferta y la demanda, por tanto, lo que nos quieren hacer ver los sindicatos y los políticos demagogos acerca de la "necesidad" del trabajador, y de la "codicia" del empleador son cosas irrelevantes en la determinación de las tasas salariales.

Las tasas salariales básicamente son determinadas por la cantidad de dinero dentro del sistema económico que determina la demanda monetaria de labor, y por el número de trabajadores buscando empleo (empleados y no empleados) por la otra, o sea por la relación entre la oferta y la demanda, que así determina el precio de la labor, es decir las tasas salariales promedio.

En un sistema económico donde no existe interferencia del gobierno, la demanda y oferta de labor encuentran su equilibrio a una determinada tasa salarial de forma tal que no existiría desempleo involuntario, o sea todo el que desea trabajar encontraría trabajo; esto no quiere decir que encontraría el trabajo que quiera o que desee.

Esta situación existió en Cuba hasta 1920, a pesar de la enorme inmigración que año tras año se integraba al mercado laboral del país.

La tasa salarial de equilibrio irá en ascenso debido al incremento de la productividad marginal del trabajo, y por la caída de los precios de los bienes y servicios como consecuencia del incremento de la productividad promedio.

Como hemos venido analizando, cuando el gobierno interfiere en el mercado laboral se establecen tasas salariales que no permiten al sistema económico alcanzar el pleno empleo.

Debe entenderse que una caída en los salarios hasta el punto del pleno empleo no implica una caída en el nivel de vida del trabajador promedio, o sea no implica una reducción en la cantidad de bienes y servicios que puede comprar. Dicho de otra forma, no implica una reducción en el salario real del trabajador promedio, porque la caída de las tasas salariales trae un incremento en la producción, y costos de producción más bajos, lo que dará lugar a un incremento en el salario real promedio.

Los salarios reales, a su vez, están determinados primeramente por la productividad del trabajo, o sea por la cantidad de bienes y servicios por unidad de labor (jornada trabajada).

Mientras más altos son los salarios en relación con los precios de los bienes y servicios, más puede comprar el trabajador con su dinero, y viceversa. Los salarios reales varían de manera directamente proporcional con la productividad del trabajo; mientras mayor sea la productividad del trabajo, mayores serán los salarios reales.

Un incremento en la cantidad de dinero provocando un incremento en los salarios nominales, sin un incremento en la productividad del trabajo, no significa un aumento en los salarios reales, pues los precios de los bienes y servicios, no solamente no bajan si no que tienden a subir.

O sea, el punto esencial a entender es que la fuente de la subida de los salarios reales es siempre el incremento de la productividad del trabajo, y no el incremento en la cantidad de dinero, que lo que hace es aumentar las tasas salariales nominales. La intervención del gobierno en el mercado laboral tiene como efecto evitar que las tasas salariales encuentren su punto de equilibrio causando así desempleo.

La productividad del trabajo depende de la cantidad y calidad del equipamiento y los materiales con los cuales un trabajador promedio trabaja.

En una economía desarrollada, el incremento de la productividad en industrias que producen bienes con demanda inelástica desplaza labor, la cual se mueve, o sea se reasigna hacia industrias cuyos bienes tienen una demanda elástica, donde los aumentos de productividad vienen acompañados de aumentos en la demanda de labor. Este es un proceso que de manera automática va realizando el mercado libre, o sea tiene suficiente flexibilidad, aunque esto no garantiza que no tenga lugar lo que se conoce como desempleo friccional, que es el tiempo que requiere un trabajador que perdió un empleo en encontrar otro empleo. Este tiempo puede ser más o menos largo en dependencia de muchos factores, pero cuando el mercado laboral está intervenido por el gobierno y los sindicatos, el desempleo se hace crónico, convirtiéndose en lo que se llama desempleo institucional.

Esto sucedió durante el siglo XIX, con los incrementos en la productividad de la agricultura debido a la inelasticidad de la demanda característica de su producción, se fue desplazando labor excedente desde las zonas rurales hacia las industrias en los centros urbanos acelerando así el proceso de industrialización en Estados Unidos, y Europa Occidental.

En los países subdesarrollados, con economías basadas en la exportación de productos primarios con demanda inelástica, los aumentos en la productividad con la introducción de mejoras tecnológicas tendían a desplazar labor que debía ser asimilada en las actividades que producían bienes y servicios para la economía no-exportadora.

Ese sector es pequeño en las economías subdesarrolladas, y compite con las importaciones, además de estar muy limitado de capital, por eso, la fuerza de trabajo desplazada del sector exportador tiene que ajustarse a tasas salariales muy bajas debido a que la demanda de labor en esas actividades es muy limitada, por lo cual no tiene lugar un incremento de la productividad, si no una proliferación de pequeñas industrias de carácter artesanal, con muy bajo consumo de capital, y salarios muy reducidos, además de una gran expansión de la informalidad, del desempleo y de la subsistencia en las zonas rurales.

Al ser tan bajo el costo de la labor, aumenta la utilidad marginal de emplear labor en tanto disminuye la utilidad marginal de la inversión en nueva tecnología. Este fenómeno tuvo lugar en Cuba durante la década de 1930, en que tuvo lugar una pequeña industrialización espontánea con el sugimineto de industrias que podían competir con las importaciones en el mercado nacional. este desarrollo fue interrumpido por la Segunda Guerra Mundial, y la recuperación de la producción azucarera.

La dependencia a lo largo de todo el período republicano de los precios y la producción de azúcar en los mercados mundiales siempre dio lugar a unas oscilaciones de la productividad marginal del trabajo que cuando caía creaba desempleo, y cuando subía el mercado laboral no tenía la suficiente flexibilidad como para crear empleo de manera correspondiente debido al intervencionismo del gobierno.

El aumento de la productividad del trabajo y la introducción de nuevas tecnologías era percibido por los trabajadores como creador de desempleo, ya que desplazaba labor que no encontraría ocupación en ninguna otra actividad, mientras los empresarios aumentaban sus márgenes de ganancias, por lo que los incrementos de productividad eran vistos como antagónicos a los intereses de la clase trabajadora, y en aquellas condiciones ciertamente lo eran, y los sindicatos tuvieron éxito en impedir aumentos de productividad en muchos sectores claves de la economía cubana. En realidad esto era básicamente cierto, y el enorme desempleo crónico parecía dar la razón a los que se oponían al incremento de la productividad, pero la causa real de esto era el resultado de la inflexibilidad del mercado laboral, debido a la enorme cantidad de regulaciones que incrementaban los costos de la labor por encima de la productividad del trabajo, y muchas de estas regulaciones eran muy difíciles de remover pues tenían una base constitucional.

Al final de la década de 1950 la aproximación estatista socialdemócrata a la solución del desempleo basada en la creación de empleo improductivo, y bajas tasas de ingresos laborales reales, se encontraba en un callejón sin salida, y la solución capitalista de mercado se rechazaba como inviable, no solo desde el punto de vista económico, si no también político, pues se asociaba a la República oligárquica de la Enmienda Platt.

Cuando triunfa la Revolución de 1959 se solucionaría el desempleo de la misma forma que hicieron las economías fascistas y comunistas en los años 30; congelación de precios y salarios, y expansión monetaria en una economía estancada, creando rápidamente la escasez de labor, y la escasez de bienes y servicios, provocando una situación hiperinflacionaria, y precipitando así la destrucción definitiva de la economía de mercado en Cuba.

La única solución al problema del desempleo era una reforma institucional que permitiera la flexibilización del mercado laboral de forma tal que pudiera responder a la oferta y la demanda, unido a una inversión masiva de capital para incrementar la productividad del trabajo

10. Distribución, consumo y estructura social en la República de Cuba.

Dejando de lado la lotería, solo hay dos maneras de enriquecerse; sirviendo a los demás, o robando a los demás. El primer método es el de la sociedad abierta y libre, y el segundo el de los regímenes socialistas e intervencionistas, en los que el favor oficial establece los patrimonios de los allegados y amigos, y condena a la miseria al resto.

Alberto Benegas Lynch.

Es el propósito de un buen gobierno alentar la producción, y de un mal gobierno alentar el consumo.

Jean Babtiste Say.

1- La distribución del Ingreso Nacional.

1-1- La distribución del Ingreso Nacional durante la Primera República 1902-1933.

1-1-1- La distribución 1907-1919: Recuperación y auge.

1-1-2- La distribución de 1919 a 1925; Transición.

1-1-3- La distribución de 1925 a 1933; La depresión.

1-2- La distribución del Ingreso Nacional durante la Segunda República 1933-1958.

1-2-1- Distribución 1933-1940: Recuperación.

1-2-2- Distribución 1941-1947: Auge.

1-2-3- Distribución 1947-1952: Transición.

1-2-4-Distribución 1952-1958: Recesión.

2- Como se comportó el gasto del Ingreso Nacional durante la República: la demanda agregada.

2-1- Período de la reconstrucción 1903-1907.

2-2- Período de auge: 1908-1919.

2-3- Período de transición: 1920-1925.

2-4- Período de depresión: 1926-1933.

2-5- Periodo de recuperación: 1934-1940.

2-6- Período de auge: 1941-1947.

2-7- Período de transición 1948-1952.

2-8- Periodo de recesión: 1953-1958.

3- Estructura social de la República.

3-1- El Estado oligárquico y la estructura social en Cuba durante la Primera República.

3-2- La recuperación económica y su impacto social. El Censo de 1943.

3-3- Evolución de la estructura social en Cuba en la última etapa republicana 1943-1958.

3-4- Receptores del Ingreso Nacional después de la Segunda Guerra Mundial.

4- Patrones de consumo en la década de 1950.

4-1- Importación de bienes de consumo duraderos.

4-2- La construcción residencial en Cuba.

La distribución del Ingreso Nacional

En un mercado no intervenido, o sea donde no exista interferencia gubernamental, el Ingreso Nacional se distribuye entre los dueños de los factores de producción, o sea los dueños del capital, de la tierra, y de la labor, proporcionalmente de acuerdo a su participación en el proceso productivo.

Cuando el Ingreso Nacional crece basado en el aumento de la productividad, el dueño del factor que permite el incremento de la productividad tendrá un mayor participación en el crecimiento del Ingreso Nacional. Así por ejemplo, un aumento de la productividad del trabajo debido al incremento de la dotación de capital por trabajador, irá a parar al dueño del capital, o sea el capitalista.

Cuando el incremento de la productividad se ahorra labor, esta se redistribuye dentro del mercado laboral de acuerdo a la oferta y la demanda del mismo.

Cuando los mercados, tanto de bienes y servicios como de factores de producción se encuentran influidos por la intervención del gobernó, este proceso se distorsiona completamente, y la distribución del Ingreso Nacional responde a los intereses del Estado que son invariablemente intereses políticos y no económicos.

Durante la Primera República de 1902 a 1933, el Estado tenía una intervención mínima en los mercados, los cuales debían funcionar de acuerdo a los intereses fundamentalmente de las compañías norteamericanas, pero durante la Segunda República, de 1933 a 1958, la intervención del Estado en los mercados se fue ampliando cada vez más, por lo que el mecanismo espontáneo de ajuste del capitalismo se fue distorsionando por completo.

La distribución del Ingreso Nacional durante la Primera República 1902-1933

La distribución 1907-1919: Recuperación y auge

En 1907 la demanda monetaria de labor, que incluye los sueldos y salarios, más los ingresos del trabajo por cuenta propia, llegó a 129.3 millones de dólares, por lo que con un Ingreso Nacional de 250.0 millones de dólares, la parte correspondiente al capital fueron 120.7 millones de dólares que fueron a los dueños del capital, por tanto, la distribución del Ingreso Nacional en 1907 fue de un 51.7% para el trabajo, y un 48.3% para el capital.

En 1919 la demanda monetaria de labor fue de 424.6 millones de dólares, y la parte correspondiente a las ganancias del capital fueron 437.4 millones, por lo que la distribución del Ingreso Nacional fue de 49.3% para el trabajo, y 50.7% para el capital.

En la Era del capitalismo, y sobre todo en tiempos de la Segunda Revolución Industrial, el incremento de la productividad era el resultado del incremento de la acumulación de capitales, y en este período el capital acumulado casi se triplicó.

Las ganancias del capital a precios corrientes se multiplicaron por 3.6 veces, y los ingresos del trabajo por 3.3 veces, por lo que vemos una mayor participación relativa dentro del Ingreso Nacional del capital.

Esta es la etapa de mayor prosperidad del país, que tiene como resultado social la primera estructura de clases republicana y la consolidación de una conciencia nacional.

La distribución de 1919 a 1925; Transición

Después de 1920 entra la economía nacional en un período recesionario. Entre 1919 y 1925 el

Ingreso Nacional a valores corrientes, cae a una tasa anual del 2.6% provocada por la caída de los precios del azúcar.

En 1925, el Ingreso Nacional fue de 708.0 millones de dólares; la parte correspondiente al trabajo fue de 316.6 millones de dólares, equivalente al 45.3% del Ingreso Nacional, y las ganancias del capital fueron 391.4 millones de dólares equivalentes al 55.3% del Ingreso Nacional.

La contracción absoluta del Ingreso Nacional fue de 17.9%, la del trabajo fue de un 25.4%, y la del capital de un 10.5%.

Como vemos, la contracción de las ganancias del capital fue inferior a la del ingreso Nacional, y la del trabajo fue superior, por eso la participación relativa del capital dentro del Ingreso Nacional creció con respecto a 1919, a pesar de que fueron muy inferiores de manera absoluta.

En el capitalismo de libre mercado, cuando tiene lugar una recesión los capitalistas buscan cortar costos, por lo que al ser los salarios la parte más importante de los costos de las empresas, tiene lugar una contracción de los salarios, y un incremento del desempleo, hasta que el mercado de labor encuentre su equilibrio.

Teóricamente en una situación de recesión, con una oferta monetaria fija, el nivel general de precios cae, por lo que la caída de los salarios nominales no afecta al salario real de los trabajadores, pero en una economía tan pequeña y especializada como la de Cuba, donde gran parte de su consumo es importado, y donde no hay un movimiento obrero organizado, los salarios se comportan con una mayor elasticidad que los precios de los bienes y servicios, o sea tienden a caer más rápido. Entre 1919 y 1925, el nivel general de precios de los bienes y servicios cayó un 5.4%, en tanto los ingresos promedio de los trabajadores cayeron un 30% además de incrementarse el desempleo, provocando un deterioro de los niveles de vida de los trabajadores.

Se había detenido bruscamente el impetuosos progreso de la economía cubana cabalgando sobre los precios del azúcar y una expansión de su demanda desde que nació la República. Comienza en este período una ebullición social como consecuencia de la recesión, que se manifestó a través de una mayor organización del movimiento obrero, un creciente nacionalismo con base social en la nueva clase media cubana, y una preocupación por parte de la élite económica nacional, y de parte de la clase política ante lo que se percibía como contraproducente del estatus de protectorado, que se consideraba por muchos en la sociedad cubana como que eran mayores los problemas que causaba que los beneficios que aportaba.

La distribución de 1925 a 1933; La depresión

Después de 1925 se abatió sobre Cuba la crisis azucarera y la Gran Depresión con efectos catastróficos.

En 1933, el Ingreso Nacional a valores corrientes, se había contraído un 37% con respecto a 1925, equivalente a un caída de 4.1% anual.

La distribución del Ingresos Nacional en 1933 fue de 392.2 millones de dólares al trabajo equivalente a un 87.9% del total, y para el capital fueron 53.8 millones de dólares equivalentes al 12.1% del Ingreso Nacional.

Desde el punto de vista absoluto, la demanda monetaria de labor creció un 23.9% mientras que las ganancias del capital se contrajeron en un 86.3%.

En 1933, el sistema capitalista se encontraba al borde de la quiebra no solo en Cuba si no en muchas partes del mundo.

El panorama económico era desolador con la gran cantidad de bancarrotas de empresas, y de enormes deudas con las que quedaban trabajando, y por otra parte un desempleo permanente de un 33% de la fuerza de trabajo.

Esta situación revirtió completamente los avances del sistema capitalista debido a que la caída de los precios del azúcar provocaron una rápida deflación que no pudo ser contenida por el gobierno, que hizo que los precios de los bienes y servicios cayeran más rápido que los sueldos y salarios, lo que llevó a la quiebra a muchas empresas o a contraer deudas impagables.

Solamente los que conservaban empleo habían mejorado su ingreso real pues la deflación habia producido una transferencia de ingresos desde el capital hacia una parte de los trabajadores.

La situación económica fue tan grave que prácticamente desintegró la estructura social de la República.

La élite económica se encontraba completamente arruinada con la paralización de la industria azucarera, la clase política se estaba desintegrando debido a la contracción de los ingresos del gobierno, la clase media y profesional en la ruina, y la clase obrera con un enorme desempleo, Esto llegó a provocar una revolución que tuvo como objetivo cambiar la estructura política, económica e institucional del país.

La Primera república concluía en 1933 con un sistema capitalista al borde del colapso.

La distribución del Ingreso Nacional durante la Segunda República 1933-1958

Distribución 1933-1940: Recuperación

El gobierno revolucionario que se estableció el 10 de septiembre de 1933 encabezado por Ramón Grau San Martín trato de poner en vigor medidas de redistribución del ingreso desde la élite económica hacia los pobres. Estableció un salario mínimo, leyes de nacionalización del trabajo, rebajas de trifas de algunos servicios públicos, así como otros decretos que beneficiaban a los trabajadores.

Después de 1934 que el gobierno pudo estabilizar la situación política y económica el gobierno cubano pudo detener al situación deflacionaria, primero con balanzas de pago favorables y segundo expandiendo la oferta monetaria por medio de la emisión de dinero cubano.

La Segunda República comienza el 10 de septiembre de 1933 con el gobierno revolucionario de los Cien Días encabezado por Ramón Grau San Martín, y un grupo de estudiantes del Directorio Estudiantil Universitario (DEU).

Este gobierno era de orientación socialdemócrata, y emitió toda una serie de decretos que tenían como propósito lograr una redistribución de ingresos desde los empresarios capitalistas hacia los trabajadores, en medio de una situación donde no había nada que redistribuir pues el capitalismo estaba al borde de la bancarrota, por lo que sus decretos tuvieron muy poca efectividad, y encontraron una resistencia abierta por parte de los capitalistas nacionales y extranjero, así como del gobierno norteamericano cuyo representante, el embajador Benjamín Sumner Wells presionaba en Washington por una intervención militar en Cuba invocando el derecho que les daba la Enmienda Platt, la cual ya había sido abolida unilateralmente por el gobierno provisional cubano.

Ante esta situación era imposible regresar al esquema económico liberal anterior al machadato pues se requerirían niveles de represión combinados con una estabilización y crecimiento de la economía que eran impensables en aquellos momentos.

Por otra parte, los comunistas presionaban por una redistribución de riquezas que acabara definitivamente el capitalismo en Cuba, y llevara a la instauración de una República Socialista, y por último la opción fascista-corporativista que demostró ser la más viable, y que finalmente pudo imponerse apoyada en la estabilización económica que permitió el ingreso de Cuba una vez más en el mercado azucarero norteamericano a través de su participación en el sistema de cuotas.

La estabilización política y social implantando un modelo económico de tipo corporativista fue obra del Jefe del Ejército, el coronel Fulgencio Batista.

El gobierno cubano para estabilizar la economía tenía que restaurar las ganancias empresariales, y disminuir el desempleo.

Para restaurar las ganancias empresariales era necesario detener el proceso deflacionario y hacer que los precio s de los bienes y servicios volvieran a subir más que los salarios nominales, y para disminuir el desempleo era necesario que los salarios nominales disminuyeran hasta acercarse más a los niveles de equilibrio entre la oferta y demanda laboral.

Estos dos objetivos podrían lograrse a partir del incremento de la oferta monetaria, y entrar en un proceso inflacionario. La abolición de la Enmienda Platt permitió al gobierno iniciar una reforma monetaria e imprimir dinero de papel respaldado por plata, y por otra parte, al mantenerse el dólar como moneda de curso legal junto al peso cubano, al entrar las balanzas de pago una vez más en superávit, esto contribuiría a aumentar la oferta monetaria interna.

Entre 1933 y 1940, el nivel general de precios se incrementó un 16.5% como resultado de una inflación acumulada del 26.3%, o sea una tasa anual de inflación de un 3.3%.

Por otra parte los ingresos nominales de los trabajadores disminuyeron un 3.4%, pero desde el punto de vista real, disminuyeron un 17%. Esto permitió un ligero incremento del empleo, y la estabilización de la economía aunque a un bajo nivel, ya que el Ingreso Nacional tuvo una tasa de crecimiento anual a precios corrientes de un 2.9%, por lo que el crecimiento del per cápita, también a precios corrientes solo fuera del 1.1%.

Las consecuencias de estas políticas del gobierno en la distribución del Ingreso Nacional fueron las siguientes:

Al capital le correspondieron ganancias por valor de 94.0 millones de pesos, equivalentes a un crecimiento de un 74.7% con respecto a 1933, y al trabajo 454.0 millones de pesos, equivalente un 15.8% de crecimiento con respecto al año 1933. Como el Ingreso Nacional creció un 22.9%, la participación del trabajo disminuyó en tanto la del capital aumentó.

En 1940 al capital le correspondió el 17.2% del Ingreso Nacional, y al trabajo el 82.8%. Una redistribución relativa de un 5.1% desde el trabajo hacia el capital, lo que permitió una estabilizacion a bajo nivel del capitalismo en Cuba.

El empleo absoluto se incrementó en 179 mil nuevos puestos de trabajo, que fueron pagados con la disminución del ingreso promedio nominal.

La nueva Constitución aprobada en 1940 abría el camino legal para el establecimiento de una serie de leyes y decretos orientados a la redistribución del ingreso, en momentos en que el crecimiento se encontraba estancado en medio de la recesión: entre 1937 y 1940, el Ingreso Nacional se contrajo a una tasa anual del 3.9%.

Distribución 1941-1947: Auge

La Segunda Guerra Mundial que estalló en 1939, y sobre todo la entrada de Estados Unidos en la guerra en diciembre de 1941, permitieron que la economía cubana entrara una vez más en la fase de auge del ciclo económico.

Los precios del azúcar volvieron a subir, y Estados Unidos compraba las zafras completas; el sistema de cuotas había quedado suspendido, dando lugar a una bonanza económica en Cuba que permitió el tránsito desde un esquema fascistoide de gobierno que encabezó Fulgencio Batista ahora como presidente constitucional entre 1940 y 1944, a un gobierno socialdemócrata a partir de 1944 con Grau y el Partido Auténtico, sin embargo la redistribución no funcionó a favor del trabajo si no del capital al igual que en el período anterior a pesar de algunas medidas de tipo social que el gobierno de Grau puso en vigor, como una nueva ley de salarios mínimos.

En el año 1947, la distribución del Ingreso Nacional fue para el capital 365.9 millones de pesos equivalente al 22.5% del Ingreso Nacional, y para el trabajo fueron 1, 258.8 millones de pesos equivalentes al 77.5% del Ingreso Nacional.

Entre 1940 y 1947, el Ingreso Nacional a precios corrientes creció un 196.5%, los ingresos del capital crecieron un 289.3% y los del trabajo un 177.3%.

Este fue un periodo inflacionario provocado por los superávits en balanzas de pago, y por la expansión monetaria del gobierno de Batista y Grau, por lo que el nivel general de precios creció un 170.4% en tanto el ingreso promedio nominal, a precios corrientes, creció un 132.6% por lo que el ingreso real cayó un 14%, que fue la base de una redistribución del Ingreso Nacional de un 4.6% a favor del capital.

Se crearon 207.3 miles de nuevos puestos de trabajo para un crecimiento absoluto del empleo del 19.2%, con una tasa de ingresos promedio marginal de 388.22 por cada nuevo trabajador (32.35 peos mensuales) que representa un 7.7% menos que la tasa de ingresos promedio de 1940.

Dentro de los capitalistas, el grupo que obtuvo los mayores beneficios fueron los hacendados dueños de centrales azucareros, y los comerciantes, así como la clase política que obtuvo importantes beneficios a partir del señoreaje obtenido con la expansión de la oferta monetaria.

Distribución 1947-1952: Transición

La fórmula de la prosperidad de la República de Cuba había sido desde su nacimiento, altos precios y elevada demanda de azúcar; bajos controles proteccionistas norteamericanos; altos niveles de inversión, y escasa interferencia del gobierno en la economía.

Estas condicionantes habían estado vigentes entre 1902 y 1919, y en menor medida entre 1941 y 1947, debido a que los niveles de inversión fueron muy bajos, y se pusieron en vigor toda una serie de controles sobre la actividad económica, pero a partir de 1948, todas estas condicionantes empiezan a perder vigencia una vez más, pues aunque los niveles de inversión se incrementan en un esfuerzo por cambiar la estructura productiva del país, lo precios del azúcar comienzan a caer al igual que la demanda, y el proteccionismo norteamericano reaparece con la cuota azucarera.

Hasta aquellos momentos como hemos visto, desde 1933 se venía produciendo una trasferencia de ingresos desde el trabajo hacia el capital, lo que fue fortaleciendo al capitalismo como sistema económico en Cuba después de la situación de casi colapso de 1933, pero esta redistribución no estaba basada en un incremento de la productividad y de la división del trabajo.

La productividad, a valores constantes de 1933, en 1947 fue un 20% inferior, por tanto, la redistribución que tuvo lugar a favor del capital fue provocada básicamente por medio de la contracción del salario real de los trabajadores, que a valores constantes de 1933 fue un 28.7% en 1947.

Esto fue posible por medio de la expansión monetaria que provocó un proceso inflacionario que trajo como consecuencia un aumento en el nivel general de precios entre 1933 y 1947 de un 215%, con una pérdida de valor del dinero de un 68%.

El incremento de la productividad del trabajo requería inversiones de capital y esto confrontaba dificultades en Cuba en aquellos momentos por lo siguiente:

Primero, no existía capital disponible para ser prestado por los bancos fuera de las actividades relacionadas con la producción de azúcar y comercio a muy corto plazo.

Segundo no existía disposición por parte de los capitalistas de invertir en una economía riesgosa, con un alto grado de incertidumbre.

Tercero, los sindicatos ejercían presión sobre el gobierno para evitar que se introdujeran tecnologías que ahorraran labor.

Entre 1927 y 1947, la tasa anual de acumulación de capital fue menos de un 0.5%.

A partir de 1948, con la caída de los precios del azúcar, el deterioro de los términos de intercambio con Estados Unidos, y la reinstauración del sistema de cuotas azucareras norteamericanas, las balanzas de pagos de Cuba dejaron de registrar superávits, por lo que mantener una política monetaria expansiva llevaría a la pérdida de las reservas de divisas acumuladas rápidamente, y a poner en peligro la paridad oficial con el dólar de uno a uno.

Por esta razón, los economistas del presidente Carlos Prío decidieron pasar a una política monetaria conservadora, sobre todo a partir de la creación del Banco Nacional dirigido por Felipe Pazos, y Justo Carrillo en el BANFAIC.

Esto tuvo su efecto sobre la redistribución de ingresos, pues además de las regulaciones que encarecían la labor, el ingreso promedio por trabajador creció un 3.2%, y a pesar de la reanudación del proceso inversionista, debido a la caída de los precios del azúcar, la productividad general del trabajo cayó un 1.5%.

El impacto sobre la distribución del Ingreso Nacional en 1952 fue el siguiente:

La participación del capital absoluta fue de 432.8 millones de pesos, para un 21.6% del Ingreso Nacional, y la del trabajo absoluto de 1, 574.3 millones pesos, para un participación relativa del 78.4% del Ingreso Nacional. Esto implicó una redistribución relativa del ingreso de un 0.9% desde el capital hacia el trabajo en relación con 1947.

El Ingreso Nacional a precios corrientes, entre 1947 y 1952 creció un 23.5%, el capital lo hizo en un 18.3%, y el trabajo en un 25.1%.

El ingreso promedio nominal por trabajador creció un 5.3%, y a pesar de ello se crearon 327.4 miles de nuevos empleos, que en parte fueron creado a partir de las nuevas inversiones del período.

La situación del capital en general empeoró durante este período y trajo como consecuencia la necesidad por parte del gobierno de intervenir empresas que no podían absorber las regulaciones y los costos laborales, con el objetivo de que no se produjeran despidos de empleados que incrementarían el desempleo. En estos años el movimiento sindical en Cuba alcanza su máximo poder e influencia política.

Distribución 1952-1958: Recesión

Con la segunda llegada al poder de Fulgencio Batista luego del golpe de Estado del 10 de marzo de 1952, los objetivos de la política económica del gobierno cambian desde el redistribucionismo establecido por la Constitución de 1940, hacia un desarrollismo poco ortodoxo que persigue tres objetivos principales:

1- Transformar la estructura económica de Cuba haciéndola menos dependiente del azúcar y menos dependiente del comercio exterior.

2- Reducir el desempleo.

3- Incrementar las ganancias empresariales.

Para lograr el primer objetivo el gobierno asumió la función de inversionista a través de la creación de una infraestructura financiera, para canalizar los préstamos orientados a crear una nueva industria, o ampliar algunas industrias existentes A partir de estas nuevas inversiones se suponía se crearía empleo, lo suficiente como para disminuir el desempleo crónico que se venía arrastrando desde la década de 1930, y para lograr un incremento de las ganancias empresariales sería impidiendo el crecimiento de los salarios nominales, en tanto los salarios reales se mantendrian por medio de una política de estabilidad monetaria, y por otra parte, favoreciendo, la creación de un nuevo empresariado que se beneficiaría de los créditos del gobierno.

El resultado de esas políticas del gobierno de Batista en sus objetivos de distribución del Ingreso Nacional, en 1958 fue la siguiente:

La participación del capital dentro del Ingreso Nacional fue de 494.8 millones de pesos equivalente a un 22.9% del Ingreso Nacional, y al trabajo, fueron 1, 715.2 millones de pesos, equivalentes a un 77.6% del Ingreso Nacional.

Entre 1952 y 1958 el Ingreso Nacional a valores corrientes creció un 10%, el capital un 14.3%, y el trabajo un 8.9%, por lo que tuvo lugar una redistribución relativa de un 0.8% respecto a 1952.

La creación de empleo remunerado fue de 118.0 miles nuevos puestos de trabajo, y los ingresos promedio por trabajador disminuyeron un 5.1% tanto nominal como real, pues el nivel general de precios en 1958 fue igual al de 1952.

Con una tasa de crecimiento anual del 1.4% que resulta muy baja de acuerdo al volumen de las inversiones del período, y una productividad general del trabajo que disminuyó un 6.1%, sin inflación, una parte del empresariado que no se beneficiaba de los créditos otorgados por el gobierno, no mejoró su posición, y se mantenía en muchas actividades en una situación precaria, por lo que el gobierno adoptó una política distinta a la de Prío y Grau, en vez de recurrir al subsidio y la intervención cuando la empresa no podía absorber los costos laborales, se utilizó más el método de creación de cártels y cooperativas apoyadas por el gobierno.

La tasa marginal de ingreso promedio por trabajador fue de 83.61 pesos mensuales (1, 003.38 pesos x hombre/año trabajado) para el nuevo trabajo creado, pero en 1958 se aprobó una nueva ley de salarios mínimos que elevaba este a 85 pesos mensuales en las zonas urbanas. Esto significaba un 4% por encima del ingreso promedio por trabajador en 1958, por lo que muchas empresarios no podrían afrontar los costos laborales.

Al final de la República se estaba creando un capitalismo de compadres (Crony Capitalism) que prosperaban por los créditos y favores del gobierno.

Como se comportó el gasto del Ingreso Nacional durante la República: la demanda agregada

Hemos venido analizando hasta el momento el Ingreso Nacional, su creación y su distribución, o sea hemos analizado la economía de la República desde el lado de la oferta, y ahora pasaremos a analizar que se hizo con el Ingreso Nacional, o sea analizarlo desde el lado de la demanda.

El dinero tiene tras formas de usarse: se consumó, se invierte, o se ahorra, y de esta forma se hace el análisis a partir de lo que se denomina la demanda agregada, que nos muestra cómo se usó el ingreso Nacional.

Para este análisis se utiliza la fórmula de la demanda agregada.

$D = C + G + I + (X - M)$.

Donde.

D es la demanda agregada, que es igual al Ingreso Nacional.

C es el consumo privado.

G es el gasto del gobierno.

I es la inversión.

X son las exportaciones.

M son las importaciones.

(X-M) es equivalente al saldo en cuenta corriente.

C + G + I constituyen la demanda interna, y X – M la demanda externa.

Período de la reconstrucción 1903-1907

- Demanda agregada (D) = 1, 178.0 millones de dólares.
- Consumo privado (C) = 937.2 millones de dólares; 79.6%.
- Gasto del gobierno (G) = 62.9 millones de dólares: 5.3%.
- Inversión nacional (I) = 154.6 millones de dólares: 13.1%.
- Comercio exterior (X – M) = 23.3 millones de dólares: 2.0%.

Como podemos, ver el gasto de consumo que es la suma de G más C fue el 84.9% de la demanda, y por otra parte un elevado nivel relativo de inversión nacional, y un bajo nivel de ahorro de un 2% que equivale a la demanda externa.

El gasto de consumo familiar mensual estimado en 1907 fue de 42.94 dólares (familia compuesta por 5.3 personas).

En este período se produjo básicamente la reconstrucción de la isla de los destrozos causados por la guerra de independencia.

Período de auge: 1908-1919

- Demanda agregada (D) = 5, 793.0 millones de dólares.
- Consumo privado (C) = 3, 696.6 millones de dólares: 63.8%.
- Gastos del gobierno (G) = 622.4 millones de dólares: 10.8%.
- Inversión (I) – 1, 043.9 millones de dólares: 18.0%.
- Comercio exterior (X-M) = 430.1 millones de dólares: 7.4%.

El gasto de consumo relativo se redujo a 74.6% por la reducción relativa del consumo privado.

El gasto de consumo familiar mensual estimado en 1919 fue de 62.37 dólares, equivalentes a 45.70 dólares a valores constantes de 1907, por lo que se produjo un incremento real del consumo familiar del 6.4%.

La inversión creció impetuosamente en este período, tanto nacional como extranjera, al igual que los niveles de ahorro.

Período de transición: 1920-1925

- Demanda agregada (D) = 4, 687.0 millones de dólares.
- Consumo privado (C) = 2, 763.7 millones de dólares: 59.0%.
- Gastos del gobierno (G) = 587.6 millones de dólares: 12.6%.
- Inversión (I) = 1, 155.3 millones de dólares: 24.6%.
- Comercio exterior (X-M) = 180.4 millones de dólares: 3.8%.

El gasto de consumo continuó descendiendo relativamente hasta ser un 71.6% de la demanda agregada debido al incremento continuo de los niveles de inversión.

El consumo familiar promedio mensual estimado en 1925 fue de 61.31 dólares, que a valores constantes de 1919 equivalió a 64.86 dólares, un 4% de incremento real del consumo familiar.

Este fue un período recesionario con un fuerte crecimiento del nivel de inversiones, lo que está dando lugar a una peligrosa situación de sobreinversión de capitales, y un aumento relativo de los gastos del gobierno coexistiendo con unos niveles de contracción de la demanda externa, y consiguientemente del ahorro.

Período de depresión: 1926-1933

- Demanda agregada (D) = 4, 685.3 millones de dólares.
- Consumo privado (C) = 3, 167.8 millones de dólares: 67.6%.
- Gastos del gobierno (G) = 1, 099.4 millones de dólares: 23.5%.
- Inversión (I) = 544.0 millones de dólares: 11.6%.
- Comercio exterior (X-M) = - 129.9 millones de dolres: - 2.7%.

El gasto total se incrementó hasta el 91.1% de la demanda agregada, con fuerte caída de los niveles de inversión, y demanda externa negativa que afectó los niveles de ahorro y provocó una deflación.

El consumo promedio mensual estimado por familia fue de 30.45 dólares que a valores constantes de 1925 era equivalente a 53.19 dólares. A valores nominales la contracción en el gasto de consumo familiar fue de un 50%, y a valores constantes fue de 13.2%.

El incremento del gasto del gobierno afectó negativamente al consumo privado, en tanto la demanda externa fue afectada por la caída estrepitosa de los precios y la demanda de azúcar, y la inversion llegó a sus niveles más bajos.

Periodo de recuperación: 1934-1940

- Demanda agregada (D) = 3, 724.2 millones de pesos.
- Consumo privado (C) = 2, 713.0 millones de pesos: 72.8%.
- Gastos del gobierno (G) = 563.7 millones de pesos: 15.1%.
- Inversión (I) = 304.2 millones de pesos: 8.2%.
- Comercio exterior (X-M) = 143.3 millones de pesos: 3.8%.

El gasto representó un 87.9% de la demanda agregada, una ligera disminución del periodo anterior debido a la disminución del gasto del gobierno por la enorme deuda pública dejada por el gobierno anterior pero el consumo privado se recuperó de la depresión.

Los niveles de inversión no se recuperan sobre todo debido a la recuperación del consumo privado.

La demanda externa comienza a recuperarse con la cuota azucarera norteamericana, y mejora en el nivel de precios del azúcar.

El consumo promedio familiar mensual estimado en 1940 fue de 37.70 pesos, lo que significó a valores corrientes un incremento de un 23.8% pero a valores constantes de 1933, una mejoría de un 6.3% del poder adquisitivo real familiar.

Periodo de auge: 1941-1947

- Demanda agregada (D) = 7, 461.2 millones de pesos.
- Consumo privado (C) = 5, 071.8 millones de pesos: 68%.
- Gastos del gobierno (G) = 943.3 millones de pesos: 12.7%.
- Inversión (I) = 957.6 millones de pesos: 12.8%.

Comercio exterior (X-M) = 488.5 millones de pesos: 6.5%.

La disminución del gasto dentro de la demanda interna permitió un incremento de la inversión doméstica dentro del período, pero el consumo privado se contrae a pesar de que el gasto del gobierno también se reduce de manera relativa.

En el año 1947, el consumo promedio mensual familiar estimado fue de 74.84 pesos que a valores constantes de 1940 fue equivalente a 27.67 pesos, lo que significó una contracción del poder adquisitivo del consumo familiar del 26.6%, por lo que se puede concluir que el auge fue para las compañías azucareras y los hacendados y comerciantes exportadores, a diferencia del primer período de auge donde el consumo familiar real se incrementó.

La inversión domestica se empieza a recuperar en este período, pero fue muy inferior a la de 1908 a 1925 debido al temor de que al terminar la guerra ocurriera lo mismo que sucedió entre 1920-1921 con las llamadas Vacas Flacas.

Aumentó la demanda externa por la Segunda Guerra Mundial y la posguerra, y con ello los niveles de ahorro se fueron recuperando.

Período de transición 1948-1952

- Demanda agregada (D) = 8, 754.8 millones de pesos.
- Consumo privado (C) = 6, 120.5 millones de pesos: 70%.
- Gastos del gobierno (G) = 1, 385.4 millones de pesos: 15.8%.
- Inversión (I) = 1, 381.1 millones de pesos: 15.8%.
- Comercio exterior (X-M) = - 132.2 millones de pesos: - 1.6%.

Aumenta el gasto dentro de la demanda agregada, y aumento la inversión pero la demanda externa fue negativa contrayendo el ahorro.

El consumo familiar promedio estimado en 1952 a valores corrientes fue de 126.88 pesos, pero a valores constantes del peso de 1947 fue un 66% mayor equivalente a 124.34 pesos mensuales, lo que significó un incremento real en los niveles de consumo familiares.

Los gastos del gobierno aumentan en este periodo así como los niveles de inversión que se recuperan a los niveles de comienzos de la década de 1920.

La caída de los precios del azúcar contrajeron la demanda externa, y el aumento de la inversión, combinado con la caída de los precios del azúcar, provoco la disminución de los niveles de ahorro.

Se estaba produciendo un fenómeno parecido al del período 1920-1925 con la expansión de la inversión en un periodo donde ya el auge había concluido.

Periodo de recesión: 1953-1958

- Demanda agregada (D) = 11, 776.1 millones de pesos.
- Consumo privado (C) = 8, 343.3 millones de pesos: 70.8%.
- Gastos del gobierno (G) = 2, 039.0 millones de pesos: 17.3%.
- Inversión (I) = 1, 756.7 millones de pesos: 14.9%.
- Comercio exterior (X-M) = - 362.9 millones de pesos: - 3.0%.

El gasto de consumo dentro de la demanda agregada continuó aumentando en este período pero sobre todo se debió al incremento del gasto del gobierno.

El consumo promedio mensual familiar estimado en 1958 fue de 116.13 pesos, lo que significó una contracción del consumo familiar del 8.5% en relación con 1952.

En este período existe una recesión debido a la caída de los precios y la demanda de azúcar pero que se mantiene subyacente por el enorme gasto público, pero se contrae el consumo privado promedio real, y se reducen al mínimo las reservas internacionales.

Entre 1948 y 1958 se han invertido casi 3, 150 millones de pesos, y las reservas internacionales han disminuido en casi 500 millones de dólares, saliendo por la balanza de pagos casi 1, 200 millones de dólares lo cual colocaba a Cuba en 1958 al borde de una crisis de balanza de pagos y haciendo insostenible la paridad de uno a uno entre el peso y el dólar.

Estructura social de la República

Las ideologías socialistas consideran que en las sociedades modernas es en la desigualdad donde radican los antagonismos sociales básicos, o sea en la desigualdad en el ingreso, no así la teoría liberal de la estructura de clases, que sostiene que la base fundamental del antagonismo social y de la lucha de clases se encuentra en el origen de los ingresos, como fue en las sociedades esclavistas o feudales; una clase que debe su existencia a la extracción de parte de la riqueza producida por los productores.

Para los socialistas y socialdemócratas, la meta social se encuentra en la disminución de las desigualdades provenientes de la diferencia de ingresos, en tanto que para los liberales, la meta social se encuentra ubicada en la disminución del Estado y de la clase política.

El principio económico básico de las ideas socialdemócratas se encuentra en la convicción de que el incremento del consumo por medio de la redistribución hará crecer las economías, ya que de acuerdo a su teoría, es la demanda el motor del crecimiento y el desarrollo, a diferencia del capitalismo liberal que considera que el motor del crecimiento se encuentra en la oferta, o sea en la producción, y que alentar el consumo no solo no crea crecimiento real si no que empobrece a las sociedades.

La historiografía marxista ha buscado continuamente destacar la desigualdad social existente en la Cuba anterior a 1959 como fundamento de la Revolución Socialista.

Nosotros no negamos que las desigualdades de ingresos que provocan un debilitamiento del Estado de derecho, sean fuente de fricciones sociales, pero sostenemos que no es la base fundamental del antagonismo clasista.

La Revolución de 1959, según nuestro criterio, fue el resultado básicamente de una lucha dentro de la clase política por el control de Estado, y en segundo lugar de una parte de la clase productora contra un segmento de la clase política que se encontraba en control del Estado, y en tercer lugar, un reclamo por una redistribución de ingresos desde las zonas urbanas hacia las zonas rurales, y desde el capital hacia el trabajo, y no resultado de una lucha de pobres contra ricos como pretende hacer ver la historiografía oficial en Cuba.

El análisis de la estructura de clase de la República y su evolución, la haremos tomado como criterio base a los ingresos, y es por ello que en los acápites anteriores hemos tratado de explicar cómo se distribuyó el ingreso y como se comportaron los niveles de consumo, para de esta forma poder aproximarnos a la evolución de la estructura social de la República de Cuba.

-oOo-

Distribución, consumo, y estructura social de la República de Cuba

La sociedad capitalista se caracteriza por estar estructurada en clases a diferencia de las sociedades precapitalistas que se caracterizan por estar divididas en castas o estamentos.

La clase social está integrada por un grupo de individuos que comparten una característica común que los vincula. Para este ensayo, nosotros tenemos en cuenta solamente la diferencia en ingresos y poder adquisitivo.

Las sociedades de clases, a diferencia de otras formas históricas de estratificación social, como son las sociedades estamentales o las sociedades de castas, las cuales se basan en el nacimiento, no son grupos cerrados, existe la posibilidad de movilidad social, o sea un individuo puede pasar de una clase a otra a lo largo de su vida.

El cambio social, es el cambio que tiene lugar dentro de la estructura de la sociedad, y es provocado ya sea por el crecimiento económico, una crisis económica, una revolución, etc.

El cambio social es un concepto central para la Sociología, y para la historia de la Economía es importante conocer el impacto que el cambio económico tiene sobre la estructura social, y es por esta razón que incluimos una hipótesis acerca de la dinámica del cambio social que tuvo lugar durante la última etapa republicana.

Como es sabido, la teoría marxista de la Historia, o sea, lo que llaman el Materialismo Histórico considera que el motor de la historia es la lucha de clases, por lo que los historiadores marxistas y de tendencia marxista, hacen tanto énfasis en la estructura de las clases sociales, en tanto en los países desarrollados, el análisis clasista ocupa menos espacio en las investigaciones, debido a que en la medida en que la economía es más dinámica, la movilidad social es más acentuada, y las fronteras entre las clases se hacen más borrosas.

Los historiadores oficiales de Cuba sin excepción, han tratado de demostrar que la Revolución de 1959, y todas las revoluciones anteriores, son un resultado de la lucha de clases provocada por una explotación intolerable a que eran sometidos los obreros y campesinos por parte de los capitalistas, especialmente los norteamericanos, y sus socios menores los capitalistas nacionales.

Actualmente esta explicación tan ramplona de la Historia no es sostenible dentro del pensamiento teórico serio en ningún lugar del mundo, ya que ha demostrado su insuficiencia en aportar explicaciones coherentes acerca del proceso histórico, además de que forma parte de una ideología, que en su aspecto normativo demostró ser un total fracaso.

No es nuestra intención en estos ensayos, y ya lo hemos expresado anteriormente, buscar las causas de las revoluciones habidas en Cuba, si no mostrar solamente el desempeño económico de la República.

Es evidente que las esferas social, política, y económica están correlacionadas, pero también lo es que cada una de ellas posee mucha autonomía, o sea que existe una correlación, y no una relación de causa y efecto, y esto va en contra del marxismo, sobre todo el más ortodoxo, que es una doctrina eminentemente determinista, que supone que lo económico determina la superestructura política y social.

El Estado oligárquico y la estructura social en Cuba durante la Primera República

El profesor Robert Whitney en su libro *State and Revolution in Cuba* plantea lo siguiente:

> Dentro del contexto cubano, el término oligarquía se está refiriendo a la élite política cubana, así como a los hacendados azucareros y ganaderos, los grandes comerciantes importadores y exportadores.
>
> No existió en Cuba una clase nacional económicamente dominante durante la República temprana. Los capitalistas norteamericanos dominaban todos los sectores importantes.
>
> El Estado oligárquico lo definimos como un Estado en el cual la autoridad pública estaba ampliamente al servicio de un restringido sector de la población, la cual derivaba su coherencia de

varias fuentes no estatales de poder social tales como propiedad de la tierra, linaje familiar o posición ventajosa en el comercio internacional y las finanzas.

Uno de los análisis más detallados de la sociedad cubana durante el período de la gran prosperidad, que es cuando se va estructurando el sistema social republicano a partir de los restos de la sociedad colonial, lo ofrece la obra de José Antonio Ramos "*Manual del perfecto fulanista*" escrito en 1916.

En dicha obra, Ramos ofrece la visión de una división social de acuerdo a sus ingresos y fuentes de ingreso compuesta de la siguiente forma.

1. Clase adinerada formada por:
    a. Terratenientes y hacendados, propietarios urbanos y profesionales de renombre provenientes de la sociedad colonial.
    b. Comerciantes e industriales de capitales importantes.
    c. Terratenientes y hacendados, etc. que han hecho su fortuna después de la República.

Ramos sitúa en primer lugar de la clase adinerada los que provienen de la época colonial, que son los ricos cuyas fortunas en general no provienen de sus vínculos con el gobierno republicano, o sea que forman parte de la oligarquía pero no de la clase política.

2. Clase media.
    a. Empleados del Estado.
    b. Empleados municipales y de instituciones bancarias, empresas, etc.
    c. Comerciantes e industriales de pequeños capitales.
    d. Profesionales y pequeños propietarios.

Una parte muy importante de la clase media está formada por empleados del Estado en sus diferentes instancias; nacional, provincial, y municipal.

3. Clase trabajadora.
    Formada por obreros y campesinos en general.

A esta división Ramos agrega.

> Por último, y sin fundirse con nuestro pueblo, pero aportando una importantísima influencia en la estabilidad de nuestro edificio nacional, forzoso es apreciar también algunos elementos foráneos ejerciendo influencias extrapolíticas.
>
> Hegemonía norteamericana, capital extranjero, grandes empresarios y hombres de negocios extranjeros y pseudo nacionales.

A continuación Ramos plantea que los pertenecientes a la clase adinerada provenientes de la época colonial conservan estrechos lazos de simpatía con España.

Las guerras de los Diez Años, y las subsecuentes emigraciones dejaron casi totalmente arruinados a todos los cubanos, y todavía en la última insurrección, se acentuó de manera considerable la desposesión del cubano de sus bienes raíces.

Los comerciantes e industriales de primera categoría todos son españoles.

Nuestro progreso material descansa mucho más en el capital extranjero que en el de los capitalistas residentes en Cuba.

Cuba para nuestra clase adinerada no es todavía la Patria, por ello la actuación social del rico residente en Cuba, lejos de oponer su interés al del capitalista extranjero, favorece estúpidamente las tendencias de este, y contribuye tal vez sin dares cuenta, a descubanizar a Cuba, manteniéndola en su antiguo papel de factoría, de tierra explotable, donde solo pueden vivir a sus anchas los antiguos esclavistas, y solamente de paso los buscadores de fortuna y los turistas excéntricos'.

La actuación política de nuestra clase adinerada no está caracterizada por un matiz conservador. El rico procede así como consecuencia de su pesimismo. Piensa que su propiedad no va a mermar, y en último término piensa en la intervención americana que reclama al primer síntoma de revolución. La República, la nacionalidad y su dignidad de cubano no entran para nada en sus cálculos... Nuestros ricos tienen numerosos defectos pero entre ellos el más grave es su falta absoluta de patriotismo y de solidaridad con la nación cubana'.

Una de las necesidades más apremiantes para consolidar la independencia es reintegrar a manos cubanas la posesión material del suelo patrio, crear en Cuba una verdadera clase adinerada cubana, y una clase media independiente del presupuesto.

De la clase media, Ramos plantea que una parte muy importante de ella son empleados del gobierno en sus diferentes instancias, por lo que viven del presupuesto.

Los pequeños comerciantes e industriales, solo por excepción son cubanos, pero los cubanos si están muy presentes como empleados de las instituciones bancarias, empresas particulares y casas de comercio. Los profesionales nuevos son muy escasos, en tanto los cubanos pequeños propietarios urbanos son también escasos, y son más abundantes los propietarios rurales.

Desde la Paz del Zanjón, hasta la caída del régimen colonial, el elemento genuinamente cubano de la clase media del país careció de estabilidad, por lo que nuestra clase media comenzó a formarse después de obtenida la independencia, principalmente a merced de los destinos públicos aunque también en menor medida en las actividades industriales y comerciales.

Como conclusión Ramos dice lo siguiente.

La amarga verdad es que nuestro pueblo en general, y particularmente nuestro elemento más humilde carece de los más elementales hábitos de civismo... La República ampara al poderoso sin preguntarle como hizo su capital; los cargos públicos, y los grandes sueldos no están al alcance de todo el mundo, para obtenerlos es necesario tener buenos amigos en el gobierno, o a falta de amigos algo mucho más enfadoso que es haber estudiado con provecho, gozar de prestigio y consideración pública.

Mientras la República está ahí, el empresario extranjero se lleva el producto de su dinero a Londres, a Nueva York, o a Madrid, y la mayoría de los cubanos vive una vida precaria... la vida se encarece para el pobre y las diferencias sociales en vez de borrarse se acentúan cada vez más.

Cuba adquirió su independencia de España sin haber completado aún el proceso de formación nacional, y es por eso que durante los primeros veinte años de República, paralelamente al crecimiento de la riqueza económica de la isla, se iría completando ese proceso que se refleja en un sentido de frustración y pesimismo por la falta de un sentimiento nacional a pesar de tener una nación "a medias", que se manifiesta a través de ensayistas, políticos, escritores y poetas, como José Antonio Ramos, Manuel Sanguily, y Enrique José Varona, así como José Manuel Poveda, Regino Boti, y ensayistas como Jorge Mañach y Luis Rodríguez Embil.

La estructura de clase que describe José Antonio Ramos está compuesta por una élite económica de intereses extranjeros, ya sean norteamericanos, españoles o de otras nacionalidades, prácticamente sin ningún arraigo nacional. A ella, por medio de la Enmienda Platt se encontraba subordinada la clase política formada por los caudillos y caciques que ocupaban las posiciones del gobierno provenientes de las filas del Ejército Libertador, o de la emigración, que en su casi totalidad eran cubanos, y de ellos dependía toda una clientela política ocupando cargos en la burocracia gubernamental o asociados a ella.

A diferencia de otras repúblicas oligárquicas latinoamericanas, donde la clase política dirigente provenía de la élite económica que basaba su poder a partir del control de los recursos principales del país; terratenientes y mineros, que formaban una clase aristocrática, en el caso cubano, la élite terrateniente al inicio de la República era casi inexistente pues había sido destruida por la Guerra de Independencia, por lo que se producía un flujo inverso; los miembros de la élite económica nacional provenían de la clase política.

En un tercer escalón se encontraba una clase media formada por burócratas del gobierno y de las compañías extranjeras, empleados de cuellos blanco, profesionales, comerciantes, y dueños de talleres y pequeñas y medianas industrias, entre los cuales había mucha presencia de españoles, y también se puede señalar una clase media rural formando por medianos y pequeños colonos dueños de sus tierras, vegueros, y ganaderos que poseían fincas pequeñas y medianas.

Por último se encontraba la clase trabajadora formada por obreros de las industrias urbanas y los centrales azucareros, trabajadores del transporte, del comercio, de los distribución, de la construcción, que realizaban diversos servicios personales, y por último un enorme proletariado campesinos que habitaba en las zonas rurales sin tener ninguna propiedad, y esta es otra de las diferencias fundamentales con respecto a otras repúblicas latinoamericanas donde existian un extenso campesinado poseedor de pequeñas parcelas de tierra. El campesinado en Cuba estaba en gran medida proletarizado.

Estos campesinos formaban la fuerza de trabajo de los centrales en tiempos de zafras, y en tiempo muerto iban a los pueblos y centros urbanos en busca de alguna ocupación, o buscaban trabajo en otras fincas. Entre los obreros urbanos había una fuerte presencia de españoles, no así en el campo donde casi todos era cubanos.

La movilidad social era muy limitada. Los miembros de la clase política en los más altos escalones pasaban a formar parte de la élite basado en capitales que acumulaban en el ejercicio de los cargos públicos.

La política permitía en ocasiones ascender desde la clase media hacia la clase política, sobre todo los profesionales. La carrera de abogado era la puerta de entrada de la clase media para ingresar en la clase política.

El acceso desde las clases trabajadoras hasta la clase media o la clase política era casi imposible pues una de las vías era a partir de obtener suficiente educación superior, la cual estaba disponible solamente para la clase alta y media, por tanto, esta sociedad, como toda sociedad oligárquica, tenía una movilidad social muy reducida. Cuando existía crecimiento económico, y los presupuestos crecían la movilidad social se hacía más dinámica y fluida, como sucedió entre 1902 y 1920, pero cuando el crecimiento se detenía o ralentizaba la sociedad se hacía rígida, y el crecimiento demográfico comenzaba a presionarla interiormente creando tensiones sociales.

La depresión de 1920-1921 representó un punto de quiebre para la estructura clasista de la Primera República en el nivel de la clase política, pues la crisis presupuestaria puso en peligro la maquinaria clientelar del Estado, y el país quedo al borde de una guerra civil como había sucedido en 1917.

La recesión por la que atravesó el gobierno de Zayas puso presión sobre el tejido social completo que se manifestó a través de diferentes movimientos anticorrupción que reclamaban renovación de las instituciones, de organización de la clase obrera así como de productores y empresarios, todo con un fuerte contenido nacionalista.

La ebullición social del periodo de Zayas fue un reflejo de la recesión, que dificultaba la poca movilidad en la estructura de clases, unida a una creciente inmigración que provocaba una tensión cada vez mayor dentro de la sociedad cubana.

La crisis azucarera y la Gran Depresión hicieron estallar finalmente la estructura de clase oligárquica de Cuba pues la élite se encontró al borde de la bancarrota, la clase política prácticamente se desintegró con la caída de la dictadura de Machado, la clase media se arruinó casi completamente, el desempleo llegó a niveles catastróficos en las ciudades y especialmente en los campos llenando las ciudades de desamparados en tiempos donde no existía ningún tipo de seguridad social.

La sociedad oligárquica colapsaba junto a su modelo económico de plantación, y en 1933 el país se vio abocado a una revolución social.

Con la recuperación económica, después de 1935 se fue estabilizando la sociedad cubana, a formarse una nueva clase política heredera de la clase política tradicional, a estabilizarse la élite económica, que aunque perdió mucho poder e influencia, se pudo mantener económicamente gracias a la cuota azucarera norteamericana, también comenzó a recomponerse la clase media, principalmente en los centros urbanos, así como la clase obrera.

Con la Ley de Coordinación Azucarera el gobierno trató de crear una clase media campesina formada por colonos, y redistribuir algún ingreso hacia las zonas rurales.

La Constitución de 1940 fue un reflejo de la nueva estructura social de la República, donde las clases medias y los trabajadores urbanos pasan a primer plano.

La estructura de clases de la República en 1943 muestra como se había estabilizado la sociedad cubana Después de la catástrofe de la década de 1930.

La recuperación económica y su impacto social. El Censo de 1943

A partir de 1934 comienza una lenta recuperación económica con la inclusión de Cuba dentro del sistema de cuotas azucareras norteamericanas establecida en la Ley Azucarera conocida como Costigan-Jones Act, en ese mismo año se firmó un nuevo Tratado de Reciprocidad Comercial, y a partir de 1935, después del fracaso de la huelga general de marzo, comienza la estabilización de la situación política dando conclusión así a la Revolución de 1933.

La economía se estabilizaba a un bajo nivel, pero esto permitió que comenzara a recomponerse el tejido social del país destruido por la depresión, tanto desde la redistribución del ingreso entre las clases sociales, como de la redistribución regional.

En el año 1933, la economía rural, incluyendo la producción de azúcar (agrícola e industrial) produjeron solamente el 36.8% del Ingreso Nacional, cuando en 1925 había sido el 61.3%, lo que trajo por consecuencia un enorme éxodo de población desde los campos hacia los centros urbanos.

El desempleo en 1933 fue un 33% de la fuerza de trabajo, y en 1943 un 27.3%, pero la participación laboral en 1943 fue menor que la de 1933, por lo que con una participación igual, el desempleo en 1943 hubiera sido de un 30%.

El ingreso promedio a valores corrientes en 1943, fue un 61.3% superior al de 1933, pero el nivel general de precios subió un 91%, lo que implica que hubo un deterioro del ingreso promedio real. Había más personas trabajando pero ganando menos.

De acuerdo al Censo de 1943, y a la información de Alberto Arredondo en su obra ya citada, la distribución del ingreso familiar anual era la siguiente:

(En pesos, anual) La familia está compuesta por 5.18 individuos y hay un total de 922, 509 familias.

Clase	Rango de ingresos	# de familias	% de la pobl	Cantidad de personas
Pobre	Menos de 750	344,843	37.38	1,786,287
Trabajadora	De 751 a 854	413,422	44.82	2,141,825
Media baja	De 855 a 2.500	100,922	10.94	522,788
Media	De 2,501 a 5,000	43,638	4.73	226,044
Alta	Mas de 5,000	19,649	2.13	101,782
Total		922,509		4,778,727

Fuente: *La clase media en Cuba; factor de progreso económico* Alberto Arredondo.
Proyección y panorama de la economía cubana Segundo Ceballos Pareja.
Censo de 1943. Cálculos del autor.

En el estudio del Censo de 1943 de la Junta Nacional de Economía se considera que la línea de pobreza se encuentra en un ingreso individual mensual de 60 pesos, por lo que para una familia de 5.18 personas, con 1.2 personas trabajando, la línea de pobreza se encontraba en 864 pesos al año, o 72 pesos mensuales.

Según el estudio de Segundo Caballos Pareja *Proyección y panorama de la economía de Cuba* el 82.2% de los empleados en Cuba ganaba menos de 60 pesos mensuales.

La distribución por categorías de la fuerza de trabajo, que estaba compuesta por 1, 520, 851 personas era la siguiente:

- Profesionales: 3.7%.
- Empresarios propietarios: 8.6%.
- Agricultores: 41%.
- Obreros: 30%.
- Trabajadores de servicios: 13%.
- Empleados del gobierno; 3.7%.

La estructura del empleo, con un total empleado de 1, 106.6 miles de personas y un ingreso nacional de 933.0 millones de pesos.

En el Sector I (Extractivo) Empleo 41% Producción 34.8%.

En el Sector II (Transformativo) Empleo 19.8%. Producción 19.3%.

Sector III (Servicios) Empleo 39.2% Producción 45.9%.

Como se puede ver, el sector más productivo y donde se encontraban los mayores salarios era en el sector de servicios, especialmente los empleos del gobierno.

Haciendo un desglose por categorías ocupacionales tenemos que en las labores agrícolas el 93.6% de los trabajadores empleados ganaba menos de 60 pesos mensuales. El salario promedio mensual en las labores agrícolas era de 31 pesos mensuales.

En las labores no agrícolas, el 81% de los obreros ganaba menos de 60 pesos mensuales; el salario medio en esa categoría era de 46 pesos mensuales.

En la categoría de otros empleados y oficinistas el 67.6% tenían ingresos menores de 60 pesos mensuales, y el ingreso medio era de 63 pesos.

Entre los profesionales y técnicos, el 38.5% ganaban menos de 60 pesos mensuales, y el ingreso medio en esta categoría era de 94 pesos mensuales.

Administradores; el 68.7% tenía ingresos menores de 60 pesos mensuales y el ingreso medio en esta categoría era de 68 pesos mensuales.

En las labores no-agrícolas, el ingreso medio mensual era de 57 pesos mensuales.

A pesar de ser Cuba un país cuya economía se basaba en la agricultura, los ingresos en labores no-agrícolas tenían una remuneración media de un 83.8% superiores a los ingresos de labores agrícolas.

En el año 1943, la distribución del Ingreso Nacional regional indica un retroceso de la participación de las actividades rurales las cuales habían disminuido hasta un 34.8%, a pesar de que la producción de azúcar había aumentado, por lo que se puede concluir que con una población rural que constituía el 45.4% del total nacional, la situación y los niveles de vida de la población campesina se habían deteriorado, en tanto para la población urbana podía existir una cierta mejoría.

La situación de pobreza generalizada en que se encontraba la sociedad cubana en 1943 se trató de resolver por el gobierno de Grau con una ley aumentando los salarios mínimos que habían sido establecidos en 1933 de un peso en las áreas urbanas, y 80 centavos en las rurales.

Por el Acuerdo # 61 de 1944, se estipuló el salario mínimo nacional en 60 pesos mensuales en las áreas urbanas, y 48 pesos mensuales en las áreas rurales, lo que representó un incremento de un 100% en el salario mínimo de 1933.

Mientras el Ingreso Nacional entre 1933 y 1943 se había más que duplicado; había crecido a valores corrientes un 109%, el ingreso promedio había amentado solamente un 61%, por lo que el incremento del salario mínimo trató de corregir esta situación, emparejando el salario mínimo con el ingreso promedio, lo cual volvió a desequilibrar el mercado de labor haciendo más difícil eliminar el desempleo crónico que padecía el país, para lo cual era necesario un incremento sustancial de la productividad marginal del trabajo, cosa muy difícil con los bajos niveles de inversión, por tanto, lo que se estaba incrementando el ingreso de trabajadores a costa de mantener en desempleo a otros trabajadores.

Evolución de la estructura social en Cuba en la última etapa republicana 1943-1958

Durante los gobierno de Grau (1944-1948), Prío (1948-1952) y Batista (1952-1958) se hicieron esfuerzos por reducir el desempleo, sobe todo creando empleo improductivo, y manteniendo empleo redundante, en tanto se estorbaba la introducción de nuevas tecnologías que ahorraran trabajo y aumentaran la productividad, mientras que los gobierno de Grau y Prío aumentaban las tasas salariales nominales.

Incrementar los niveles de empleo, al mismo tiempo que se incrementan las tasas de ingresos nominales, y se mantiene estancado el crecimiento de la productividad, es imposible de lograr sin crear una distorsión tal en los mercados que llevaría a la bancarrota a gran cantidad de empresas al reducir a niveles submarginales las ganancias. Esto solo se puede hacer como hemos venido demostrando, acompañado de un incremento inflacionario que degrade el ingreso promedio real, y mantenga un nivel de ganancias nominales.

Grau pudo expandir la oferta monetaria y lograr inflación debido a las condiciones internacionales favorables, pero Prío no lo pudo hacer, manteniéndose durante su gobierno estabilidad de precios, paralelo a una política de altos niveles de salarios y un esfuerzo por expandir el empleo, lo que provocó graves problemas para muchas empresas que no podían soportar la elevación de los costos laborales.

La política laboral de Batista fue distinta, pue procedió a la ampliación del crédito interno para financiar su esfuerzo por crear empleo a partir del desarrollo de un sector nuevo de la economía en parte con capital mixto, la creación de empleo gubernamental, y la cartelización de amplios sectores de la economía, en tanto se mantenían estancados los salarios en el sector privado.

Entre 1943 y 1958 la incorporación neta a la fuerza de trabajo fue de 684.0 miles de personas, y la creación neta de empleo fue de 709.4 miles, lo que dio lugar a una disminución del desempleo crónico de 25.4 miles de personas, y además, el ingreso promedio real por familia aumentó entre 1943 y 1958 en un 17.7%, y por otra parte, la clase alta y media que en general es en la que se encuentran los dueños del capital, vio un incremento en la participación dentro del Ingreso Nacional desde un 16.7% en 1943 a un 22.4% en 1958.

Esto produjo un incremento neto de la clase trabajadora y un reducción de los niveles de pobreza extrema, y una aumento de la clase media y alta en la sociedad cubana a finales de la República.

La estructura social en 1958:

Cantidad de familias: 1, 342.2 miles.

Clase	Tasa de ing x fam	No de fam	%	Cantidad de personas
Ext pobreza	**Menos de 1,161**	238.9	18	1161.1
Pobre	**De 1, 161 a 1, 200**	145	11	704.5
Trabajadora	**De 1, 201 a 2, 322**	506	38	2,459.20
Media baja	**De 2, 223 a 3, 600**	332.9	25	1,617.70
Media	**De 3, 601 a 7, 200**	84.6	6.3	411
Alta	**Mas de 7, 200**	34.8	2.6	169.5
Total		1,342.20	100	6,523.00

Fuente: *La clase media en Cuba: factor de progreso económico* Alberto Arredondo.
Censo de población de 1953.
Survey de la Junta Nacional de Economía 1956-1957.
El problema del desempleo en Cuba Sebastian Mantilla. Cálculos del autor.

Haciendo una comparación con la estructura de clases de 1943 tendríamos lo siguiente:

Expresado en %.

Clase	1943	1958	Variación
Pobre	37.4	28.6	- 8.8.
Trabajadora	44.8	37.7	- 7.1.
Media baja	10.9	24.8	+ 13.9.
Media	4.7	6.3	+ 1.6.
Alta	2.1	2.6	0.5

Comparando el cambio en la estructura social.

1- Disminución de los niveles de pobreza.
2- La disminución de la clase trabajadora es debido al incremento de la clase media baja que está compuesta también de trabajadores con mayores ingresos.
3- Incremento de la clase media, y de la clase alta.

La sociedad cubana se hizo más de clase media, de ser un 15.6% de la población en 1943, a ser un 31.1% en 1958; casi se duplicó.

La estructura de la fuerza de trabajo en 1958 es la siguiente:

1- Profesionales el 4.6%.
2- Agricultores, pescadores, y mineros el 43.1%.
3- Obreros y trabajadores manuales el 23%.
4- Trabajadores de administración 12.5%.
5- Trabajadores de otros servicios el 16.8%.

La estructura del empleo fue la siguiente:

1- Agricultura pesca y minas: 42%.
2- Manufactura: 16.6%.
3- Construcción: 3.3%.
4- Servicios: 29.3%.
5- Estado: 8.8%.

Haciendo un análisis sectorial de la participación del empleo y del Ingreso Nacional.
Sector I: Empleo 42% Producción: 40.1%.
Sector II: Empleo 19.9% Producción: 22%.
Sector III: Empleo 38.1% Producción: 38%.
Incremento de la productividad del trabajo en el Sector II, y la caída en el Sector I .

Se mantiene casi la misma proporción entre producción y empleo por sectores que en 1943, pero hay un incremento de la productividad del trabajo en Sector II como consecuencia de las inversiones en manufactura y construcción.

Receptores del Ingreso Nacional después de la Segunda Guerra Mundial

Pasemos ahora a analizar la distribución del Ingreso Nacional que constituye la base de la evolución de la estructura de clases en Cuba en la última etapa republicana.

Expresado en % del PIB.

Categorias	1946	1952	1958
Salarios agrícolas	16.9	18.8	14.1
Ingresos de agricultores	13.8	9.6	10.7
Salarios no-agrícolas (emp priv)	25.4	26.9	28.8
Cuenta propia no-agrícola	4.6	4.3	3.0
Salarios públicos	8.6	9.9	11.7
Salarios total	50.9	55.7	54.5
Trabajo x cuenta propia	18.5	13.8	13.7
Ingresos capitalistas	23.7	22.4	23.6

Fuente: *Memorias del Banco Nacional de Cuba.* Cálculos del autor.

El análisis horizontal, de acuerdo al crecimiento del PIB[1].

El PIB a valores corrientes entre 1946 y 1958 creció un 77.4%.

Los salarios agrícolas crecieron un 47.3%.

Los ingresos de los agricultores crecieron un 36.8%.

Los salarios no-agrícolas crecieron un 101%.

Los ingresos del trabajo por cuenta propia no-agrícola crecieron un 15.9%.

Los salarios públicos crecieron un 141.9%.

El total de los salarios creció un 90.1%.

Los ingresos del trabajo por cuenta propia crecieron un 31.6%.

Los ingresos capitalistas crecieron un 77.1%.

Los que crecieron menos que el PIB perdieron participación relativa, y los que crecieron por encima ganaron participación relativa.

1. Los salarios agrícolas, y los ingresos de los agricultores crecieron menos; en 1958 de ser el 30.7 del PIB en 1946 bajaron al 24.8%. Esto descibe la situación en las zonas rurales del país: empobrecimiento.
2. Los salarios no-agrícolas en la empresa privada subieron un 3.4% dentro del PIB, y crecieron de forma absoluta por encima del Ingreso Nacional. Hay que destacar que en esta categoría se encuentra el núcleo de la sindicalización.
3. Los ingresos por trabajo por cuenta propia no-agrícolas crecieron de forma absoluta solamente un 15.9%, y de forma relativa decrecieron un 1.6% dentro del PIB.
4. Los salarios en actividades públicas registran el mayor crecimiento; un 3.1% dentro del PIB, y un 141.9% de forma absoluta. Los empleados públicos fueron los principales ganadores, como siempre fue durante la República.
5. Los salarios en su conjunto crecieron más que el PIB, y de forma relativa lo hicieron en un 3.6%.
6. El trabajo por cuenta propia creció mucho menos que el PIB, y de forma relativa perdió 4.8 puntos porcentuales.
7. Las ganancias capitalistas crecieron lo mismo que el PIB, y de forma relativa declinaron en un 0.1%.

En conclusión tuvo lugar una trasferencia de ingresos desde las labores agrícolas hacia las labores no agrícolas, y desde el trabajo por cuenta propia hacia el trabajo asalariado.

1. PIB. Producto Interior Bruto es la suma del Ingreso Nacional más la depreciación del capital

Patrones de consumo en la década de 1950

Entre 1948 y 1958 un segmento importante de la sociedad cubana transforma su modo de vida hacia la adopción de un estilo más moderno de vida.

Importación de bienes de consumo duraderos

Joaquín Martinez Sáenz, quien fuera el presidente del Banco Nacional de Cuba entre 1952 y 1958 escribió un ensayo titulado "Por la independencia económica de Cuba", en él plantea lo siguiente en relación con el elevado consumo de fines de la década de los años 50.

> Parece conveniente sustanciar estadísticamente que fue la propensión a importar de nuestro pueblo en su afán por el uso de automóviles, refrigeradores, cocinas eléctricas, televisores, y demás bienes de consumo duradero, así como su tendencia al turismo exterior, lo que determinó la reducción de nuestras reservas internacionales.
>
> 1. Refrigeradores importados desde Estados Unidos entre 1952 y 1958; 232, 449 unidades con un valor de 33, 565, 464 dólares.
>
> 2. Vehículos de motor inscritos: de 1950 a 1958, de 114, 010 unidades a 221, 579 unidades.
>
> Esto trae aparejado un aumento de la importación de combustibles, piezas de repuestos, etc..
>
> Calculando cinco años promedio de duración, es lícito suponer que los inscritos en 1958, todos han sido importados de 1954 en adelante. Calculando un costo promedio por unidad de dos mil dólares, tendríamos un total de 443 millones 158 mil dólares para el período 1954-1958.
>
> 3. Turismo: Gastos de turistas cubanos en el extranjero en el período 1952-1958; 197 millones 700 mil dólares.
>
> Totalizando estos tres renglones solamente tendríamos la impresionante cifra de 674 millones, 423 mil dólares.

En este ensayo Martínez Sáenz pretende justificar la pérdida de las reservas de divisas internacionales por altos niveles de consumismo, pero el incremento de bienes de consumo duraderos importados, que es a lo que se refiere Martínez Sáenz tuvo un incremento relativo de solamente un 1.8% en el período 1952-1958 en comparación con el período 1948-1952, sin embargo en esos mismos períodos, las importaciones de bienes de consumo no-duradero cayeron en un 6.2% compensando con creces el aumento de la importación de bienes de consumo duradero. Por otra parte, los gastos en Cuba del turismo extranjero dejaron una balanza favorable en los últimos años de la década de 1950.

Además, los elevados niveles de consumo de bienes duraderos importados son en casi totalidad consumidos por la clase media y alta del país, apenas el 9% de la población, y no la sociedad entera.

En el año 1958 el consumo promedio por familia de clase media y alta de bienes de consumo duradero importados fue de aproximadamente 920 pesos.

La construcción residencial en Cuba

El boom de la construcción en la Cuba de los 50 constituye la muestra más tangible o visible del auge de la clase media cubana especialmente en La Habana.

Construcción residencial:

	1937-1949:	1950-1958.
Valor total (millones de pesos):	283.7	528.9
Relación con el ingreso Nacional:	2.20%	3.00%
Valor promedio anual (millones de pesos):	25.8	88.2
Unidades construidas:	36,425	33,119
Promedio anual de unidades:	3,311	5,520
Valor promedio por unidad (pesos):	7,788.60	15,970.00

Desde 1952, a partir de la Ley de Propiedad Horizontal y la creación del Fondo de Hipotecas Aseguradas (FHA), se construyeron 9, 827 residencias y 37, 151 apartamentos.

Estos números permiten apreciar con claridad el auge de la construcción que tuvo lugar en Cuba entre 1950 y 1958. Estas viviendas fueron compradas fundamentalmente por las clases altas y medias de la sociedad cubana cuyo valor promedio por unidad duplicó el del período anterior.

En 1943, el valor promedio de una vivienda nueva en la República era de aproximadamente 10 mil pesos. Una familia de clase pobre necesitaría 13.4 años de ingresos para poder comprala; una familia de clase media necesitaría 6.5 años, y una familia de clase alta necesitaría solamente 9.3 meses.

En 1958, el valor promedio de una vivienda nueva era 16 mil pesos, Una familia pobre necesitaría 13.3 años para comprar una vivienda, una de clase media 5.9 años, y una de clase alta necesitaría 1.3 años. Solo la clase media y alta tenían acceso a las nuevas viviendas que se estaban construyendo.

El consumo residencial de energía creció de manera exponencial. Entre 1937 y 1949 el promedio anual de consumo de energía por parte del sector residencial fue de 74, 540 miles de Kilovatios/hora, y entre 1950 y 1958, el promedio fue de 322, 479 miles de Kilovatios/hora; un crecimiento de un 332%. En el año 1958 se llegó a la cifra de 505, 905 miles de kilovatios/hora.

(Grupo de Estudios Cubanos de la Universidad de Miami).

En una de las revistas del Banco Nacional de Cuba del año 1958, en un artículo dedicado al auge de la construcción en el país se hace una reseña basada en el nivel relativo de consumo de cemento.

> Apreciamos en primer lugar un vertiginoso aumento entre 1902 y 1915; luego un aumento a un ritmo mucho más lento que termina entre 1928- 1930 con el comienzo de la Gran Depresión, registrándose un profunda caída entre 1931-1933. Luego tiene lugar un largo pero sostenido lapso recuperativo, hasta que en 1946-1948 se alcanza el nivel récord registrado anteriormente entre 1928-1930.
>
> En el trienio 1949-1951 el consumo de cemento sobrepasó por primera vez las 450 mil toneladas métricas, y en el trienio 1952-1954, se alcanzó un consumo de 570 mil toneladas métricas. En 1955-1957 ya se duplicó, con 704 mil 100 toneladas métricas, el consumo del trienio base de 1946-1948 que fue de 339 mil 600 toneladas métricas..

Como se puede observar, durante el período republicano tienen lugar dos grandes etapas de auge constructivo en Cuba, el primero de 1902 a 1915 y el segundo de 1952 a 1957.

La primera etapa, entre 1902 y 1928 estuvo dominada por el estilo arquitectónico Ecléctico, y el Neoclásico en algunos edificios públicos. El segundo boom arquitectónico, que comienza después de la Segunda Guerra Mundial, es predominantemente dentro del estilo modernista.

Entre 1950 y 1957, el promedio anual de importaciones de materiales de construcción fue casi 21 millones de pesos, lo cual constituyó casi el 16.5% de las importaciones totales de bienes de capital.

Las importaciones de materiales de construcción en 1956 fueron 75% mayores que en 1950.

En la última etapa de la República, entre 1948 y 1958, surgieron nuevas urbanizaciones de clase media y alta en La Habana como Nuevo Vedado, Casino Deportivo, Fontanar, Biltmore, así como el crecimiento de urbanizaciones como Miramar, El Country Club, La Coronela, y nuevos edificios de apartamentos sobre todo en el barrio del Vedado.

Otros indicadores de consumo relevantes

Otro de los indicadores del consumo de las clase medias y altas más visible es la importación de automóviles particulares.

Este crecimiento tuvo lugar especialmente en La Habana que vio en la década de 1950 expandirse las áreas suburbanas de clase media-alta.

Entre 1937 y 1949, el incremento neto de automóviles particulares registrados en Cuba es de 28, 447 unidades, y entre 1950 y 1958 es de 84, 300 unidades.

En 1958 hay un automóvil particular por cada 27 habitantes, ocupando el tercer lugar en América Latina. (primer lugar Venezuela, y segundo lugar Argentina).

En 1957 y 1958 se vendieron en Cuba 26,199 automóviles nuevos. El 20.2% Chevrolets; el 13% Fords; el 6.7% Buicks; el 4.3% Oldsmobiles; el 6% Dodges; el 4.1% Pontiacs; el 4.3% Plymouths; el 1.2% Mercedes Benz; el 2.1% Cadillacs; el 2.3% Chryslers, y el restante 35.8% de otras muchas marcas norteamericanas y europeas. Fuente: Revista *Cuba económica y financiera* Cálculos del autor.

Hay 58 periódicos diarios, 126 revista semanales, un receptor de radio por cada 5 habitantes, había 160 emisoras de radio en el país, había 28 receptores de televisión por cada mil habitantes ocupando el segundo lugar en América Latina; había 23 estaciones de televisión; un refrigerador por cada 18 habitantes, un teléfono por cada 28 habitantes; 600 salas de cines.

Los gastos por concepto de turismo fuera de Cuba entre 1947 y 1958 de los cubanos en el extranjero fueron 371.3 millones de dólares, en tanto los turistas extranjeros gastaron en Cuba, en el mismo período, 328.6 millones de dólares.

La tabla a continuación muestra algunos datos generales acerca de la posición de Cuba en relación con algunos indicadores socioeconómicos, comparándolos dentro del hemisferio occidental a mediados-finales de la década de 1950.

Composición del presupuesto familiar con ingresos de 75 pesos mensuales		
Concepto del gasto	Total (pesos)	%
Alimentación	41.4	55.2
Servicios varios	13.13	17.5
Vivienda	8.78	11.7
Vestido	5.02	6.7
Otros gastos	6.68	8.9
Total	75.01	

1- Ingresos per cápita en relación con los EEUU en 1955: (%)			
Europa	Am Latina	EEUU	Cuba
49	14	100	22
2- Automóviles de pasajeros/1000 habitantes (1955)			
Europa	Am Latina	EEUU	Cuba
44	8	314	20
3- Televisores/1000 habitantes (1960)			
Europa	Am Latina	EEUU	Cuba
81	11	308	73
4- Tasa de mortalidad infantil (1955).			
Europa	Am Latina	EEUU	Cuba
32	105	26	33
5- Esperanza de vida al nacer (1955) (años)			
Europa	Am Latina	EEUU	Cuba
71	50	69	64
6- Médicos por1000 habitantes (1955).			
Europa	Am Latina	EEUU	Cuba
11	4	13	10
7- Tasa de alfabetización por cada 100 habitantes (1955)			
Europa	Am Latina	EEUU	Cuba
98	58	99	79

Fuente: *The Road not taken: Pre-Revolutionary Cuba Living Standards in Comparative Perspective* Marianne Ward y John Deveneux (2010).

Estos datos describen a Cuba en la década de los 50 como un país de ingresos medios con muy favorables indicadores sociales tales como mortalidad infantil, esperanza de vida al nacer, médicos por habitantes y niveles de alfabetización.

El consumo de las clase pobres y trabajadoras a fines de la década de 1950

En un estudio de Oscar Pino Santos, basado en las cifras del Survey de la Junta Nacional de Economía de 1956-1957 vemos que la vida con un ingreso de 75 pesos mensuales en 1957 era completamente precaria a pesar de los controles de precios

De acuerdo a dicho survey, en 1957 un millón 34 mil personas empleadas se encontraban con remuneración inferior a los 75 pesos mensuales, además de 361 mil desempleados, esto da un total de 1 millón, 395 mil personas de la fuerza de trabajo cuyos ingresos eran insuficientes o sea el 63.3% de las fuerza de trabajo del país que consumían completamente su ingreso en bienes y servicios básicos sin posibilidades de ahorrar nada, es por eso que el consumo privado se fue haciendo cada vez mayor dentro del per cápita nacional; una clase madia y alta fuertemente consumista, y una enorme clase pobre que consumía todo su ingreso en la supervivencia diaria.

Más de la mitad del presupuesto de la clase pobre: alimentación y la vivienda.

Para una familia de clase trabajadora, con un ingreso mensual de entre 100 y 120 pesos, el costo de la vivienda y la alimentación representaban entre el 67 y el 80% de sus ingresos, por lo que les era imposible ahorrar nada.

En 1953, el 46.3% de la población de la ciudad de La Habana, habitaban viviendas por las cuales pagaban alquileres menores de 25 pesos al mes, y en los centros urbanos del interior el 20.3% de su población, habitaban viviendas con alquileres inferiores a 25 pesos mensuales. Esto era el 31.3% de toda la población urbana del país (Revista del Banco Nacional de Cuba).

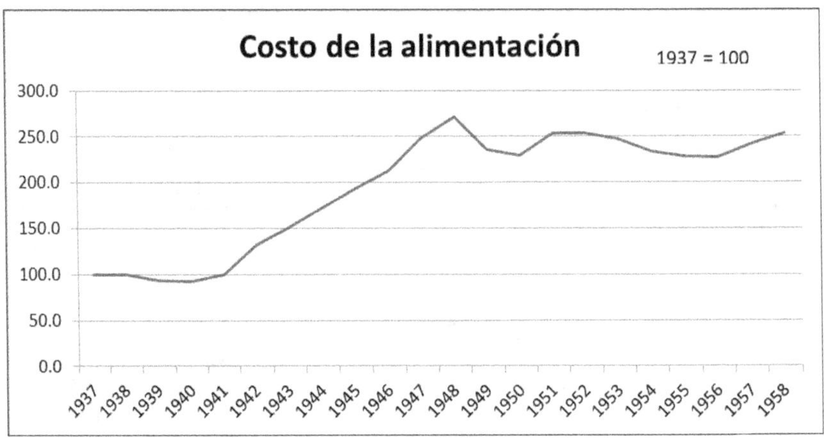

Fuente: Anuario Estadístico de Cuba.

En el gráfico se observa un fuerte crecimiento durante los años de la Segunda Guerra Mundial y la posguerra, para estabilizarse a partir de 1948.

Con respecto a la alimentación existían una serie de controles de precios para artículos de alimentación considerados de primera necesidad, por lo que el costo de la alimentación era relativamente bajo, y especialmente a partir de 1948 se mantuvieron estables. Por esta razón la población cubana tenía uno de los mayores consumos de calorías per cápita en América Latina.

Tendencias en el nivel educacional

A partir de 1899, con la ocupación de la isla por parte de Estados Unidos, se adoptó en Cuba el esquema de escuelas públicas norteamericano. Algunos maestros fueron a entrenarse a Estados Unidos.

La proporción de analfabetos de acuerdo a la población total según los Censos de población y vivienda efectuados durante la República los resultados fueron los siguientes.

1899: 56.8%	1931: 28.2%
1907; 59.1%	1943: 26.9%
1919: 38.4%	1953: 23.6%

En 1958, Cuba era el quinto país con mayor tasa de alfabetizados en América Latina, superado por Argentina, Uruguay, Chile, y Costa Rica.

En 1920, Cuba era el segundo país de América Latina en matriculados por cada diez mil habitantes con 1, 138, superado por Argentina con 1, 401 matriculados.

Uruguay tenía 878, México tenía 466, Guatemala 448, y Venezuela 87 matriculados por diez mil habitantes.

Cuba era el país de América Latina que más fondos de su presupuesto por habitante invertía en educación en América Latina.

A valores constantes del pesos de 1937, el presupuesto del Ministerio de Educación por habitante fue el siguiente:

Año	Pesos por habitante		
1909	1.77	1948	3.32
1916	1.73	1952	4.00
1921	3.38	1954	5.30
1925	2.97	1956	5.22
1933	2.20		

En la Constitución de 1940, todo el Titulo V Sección Segunda, está dedicado a la cultura, y en el Artículo 52, se establece que el presupuesto del Ministerio de Educación no será inferior al ordinario de ningún otro ministerio.

Es sabido también que estos grandes presupuestos, en muchas ocasiones constituyeron un poderoso incentivo para la corrupción administrativa y el clientelismo en diferentes gobiernos.

Redistribución regional de la riqueza.

La redistribución desigual del ingreso y la riqueza no tenía lugar solamente dentro de la estructura de clases de la sociedad, también tenía lugar de manera muy marcada entre La Habana y el interior de la República, y entre el campo y la ciudad, como hemos demostrado en acápites anteriores. En la medida en que la producción agrícola y especialmente la azucarera declinaba, el nivel de vida rural se deterioraba rápidamente en tanto crecía de forma relativa el sector secundario y terciario de la economía. Esta redistribución que favorecía a la capital del país se hizo más aguda durante la década de 1950 debido a que deliberadamente los planes de desarrollo del gobierno fueron en gran medida dirigidos hacia La Habana produciéndose una significativa redistribución regional de riquezas e ingresos.

El problema de la vivienda

La vivienda constituye el elemento más visiblemente definitorio y que nos habla más elocuentemente acerca de la situación económica de una persona y su posición dentro de la estructura social, y es por esta razón que quiero introducir un análisis de la situación de la vivienda en Cuba en la etapa final del período republicano. Ya vimos anteriormente un análisis de la construcción residencial en Cuba.

Para este análisis nos hemos basado en la información que ofrecen respecto a este tema la obra del sociólogo norteamericano Lowry Nelson "Rural Cuba" de 1950, el Censo Agrícola de 1946, el Censo de 1953, el estudio de Oscar Echevarría Salvat "La agricultura cubana 1934-1966", el "Estudio sobre Cuba" del Grupo Cubano de Investigaciones Económicas", la Revista *Cuba económica y financiera* y los "Anuarios estadísticos" del Ministerio de Hacienda.

De este análisis se desprenden dos conclusiones fundamentales:

Primero, la diferencia entre la vivienda rural, y la vivienda urbana es muy marcada, lo que nos ratifica la hipótesis de la enorme transferencia de riquezas e ingresos que se produjo en este período, entre el campo y la ciudad en nuestro país, que sería caracterizado por una frase de Segundo Ceballos Pareja en su trabajo publicado en 1953 "*Proyección y panorama de la economía cubana*" que dice que "La Habana le ha costado millones de pesos al guajiro cubano".

Debo especificar que cuando nos referimos a las áreas urbanas, no incluyen solamente La Habana, si no todas las ciudades y pueblos de relativo tamaño (mayores de 20 mil habitantes) de los cuales La Habana es el núcleo principal.

Segundo, también se observa un deterioro significativo de las condiciones rurales entre 1946 y 1957 que es el período en que cobra mayor fuerza el proceso de redistribución de ingresos y formación de la nueva clase media republicana, y en que la agricultura va perdiendo importancia relativa dentro de la economía nacional.

A continuación exponemos algunas de las características más sobresalientes de este proceso de empobrecimiento del campo cubano en lo referente a la vivienda.

1. En el año 1953 había en Cuba 1 millón 259 mil 641 viviendas, incluyendo las viviendas rurales. De ellas 793, 446 (63.1%) eran urbanas, y 463, 148 se encontraban ubicadas en áreas rurales (36.9%). Este dato refleja el proceso de urbanización que se está dando en Cuba desde comienzos de la década de 1930. total de viviendas en La Habana era de 404 mil 68, lo constituía el 50.9% de las viviendas urbanas del país.
2. El promedio de personas por vivienda según el Censo de 1953 era de 4.62 personas, y en La Habana era de 3.80.
3. Entre 1939 y 1949 las edificaciones construidas en Cuba tuvieron un valor de 269 millones 506 mil 200 pesos, y entre 1950 y 1958 el valor de las edificaciones construidas fue de 601 millones de pesos.
4. Entre 1950 y 1958, el 79.5% del valor total de las edificaciones nuevas le correspondió a La Habana.
5. Entre 1954 y 1958 se construyeron en Cuba 25, 237 edificaciones con un valor de unos 380 millones de pesos, de ellas, en La Habana se construyó el 65.6% y su valor fue el 77.5% del total. La vivienda nueva construida en ese período en La Habana tuvo un valor promedio de 17, 781 pesos mientras que en el resto de la isla fue de 9, 856 pesos; 55.4% menor.
6. La Ley de la Propiedad Horizontal y la creación del Fondo de Hipotecas Aseguradas FHA (1952-1953) alentaron la construcción de viviendas y edificios de apartamentos especialmente en La Habana, donde había un déficit de viviendas provocado por los controles de rentas establecidos desde 1939, además de ser la capital, donde se encontraba en mayor proporción la nueva clase media cubana. Entre 1952 y 1958 se construyeron 37, 151 apartamentos.
7. En 1953, el 46.6% de las viviendas en Cuba se encontraban en mal o ruinoso estado. De ellas el 30% se encontraban en las áreas urbanas, y el 70% en zonas rurales. Estas viviendas albergaban el 53% de la población (entre 3 millones y 3 millones 100 mil personas). Las que se clasificaban en estado regular constituían el 20.8% del total, y el restante 32.6% fueron clasificadas como aceptables o buenas. Entre las regulares, aceptables y buenas, el 30% se encontraba en las áreas rurales y el 70% en las áreas urbanas.
8. En 1953, el 35.2% de las viviendas eran habitadas por sus propietarios.
9. En 1953, solo el 5% de las viviendas urbanas no contaban con servicio sanitario (inodoro o letrina), en tanto en 1957, el 63.96% de la vivienda rural no contaba con servicio sanitario ninguno.
10. En 1953 las viviendas de paredes de mampostería, pisos de cemento o mosaico, y techos de azotea o tejas en las áreas urbanas constituían el 60.89% del total mientras que en 1957, en las áreas rurales solo constituían el 3.3%.
11. El suministro de agua por acueducto de la vivienda rural en 1957 constituía el 5.82% del total, en tanto en 1953 para la vivienda urbana era el 76.6% del total. En 1957, el 60.35% de las viviendas campesinas eran de madera, techo de guano y piso de tierra.
12. En 1957, la vivienda campesina con piso de tierra había aumentado en un 11.3% con respecto a 1946, y las de techo de guano en un 10.5%.
13. En 1946 el 61.36% de las viviendas rurales, no tenían ni inodoro ni letrina y en 1957, la cifra había aumentado a ser un 63.96%.

14. En 1946, el estado de conservación de la vivienda rural clasificada como mala se consideraba el 33.1% del total y en 1957 era el 42.4%.
15. En 1946, el 9.5% de las viviendas rurales se alumbraban con electricidad y en 1957 solamente el 7.2%.
16. La tabla inferior muestra la distribución de los préstamos aprobados por el Fondo de Hipotecas Aseguradas (FHA). En ella se ve claramente que el mercado de la vivienda en Cuba, fuera de La Habana era casi inexistente y completamente ignorado por los organismos de crédito del Estado

Fondo de Hipotecas Aseguradas FHA				
Préstamos aprobados				
Resumen por intervalos de valor			**(En miles de pesos)**	
Intervalos	**No de viv**	**% del Tot**	**Tot prest**	**% del tot**
Menos de 4, 000	1, 044	10.9	2, 404	3.1
De 4, 000 a 6, 999	2, 545	26.6	13, 381	17.1
de 7, 000 a 9, 999	2, 008	21.0	16, 140	20.6
De 10, 000 a 12, 999	2, 175	22.7	23, 031	29.4
De 13, 000 a 15, 999	1, 151	12.0	13, 708	17.5
16, 000 o mas	645	6.8	9, 634	12.3
Total	9, 568		78, 298	

Resumen por territorio				
			(En miles de pesos)	
Territorio	No de viv	% del Tot	Tot prest	% del tot
P del Rio	91	1.0	3, 070	0.4
La Habana	98	1.0	3, 420	0.4
Matanzas	662	6.9	4, 598	5.9
Las Villas	144	1.5	680	0.9
Camagüey	213	2.3	1, 463	0.9
Oriente	272	2.8	2, 069	2.6
Habana metropolitana	8, 088	84.5	62, 998	87.9
Total	9, 568		78, 298	

La Habana Metropolitana incluye los municipios de La Habana, Marianao, Guanabacoa Regla, Santiago de las Vegas y Bauta

El 85% de las construcciones de Matanzas le corresponden a Varadero.

17. En la revista del Banco Nacional de Cuba tenemos la siguiente información.

Antigüedad de la vivienda urbana en 1953

	Antes de 1920		**1920-1945**		**1946-1953**	
	Cantidad	%	**Cantidad**	%	**Cantidad**	%
La Habana	127, 545	32	132, 406	37	99, 291	28
Republica total	275, 877	36	273, 431	36	214, 619	28

18. Alquiler mensual de la vivienda

	La Habana	Total Republica	Interior
Hasta 10 pesos			
Cantidad	77, 114	117, 173	40, 059
%	31.4	42.7	37.6
De 10.01 a 25 pesos			
Cantidad	85, 579	133, 981	48, 402
%	34.9	32.9	45.4
De 25.01 a 100 pesos			
Cantidad	79, 277	95, 580	16, 303
%	32.3	23.5	15.3
De 101 o más pesos			
Cantidad	3, 575	3, 763	188
%	1.5	0.9	0.2
Total	245, 545	352, 287	106, 742

Mientras que los alquileres más elevados, o sea más de 25 pesos mensuales, como indicador de viviendas en mejor estado formaban el 33.8% de las viviendas alquiladas en La Habana, eran solamente el 15.5% en el interior de la República.

Otros indicadores de la redistribución interregional

Como vemos, el impacto de la redistribución de riqueza e ingresos se estaba dando no solo dentro de la estructura social si no también dentro de la estructura regional del país; entre el campo y la ciudad y entre La Habana y el resto de Cuba.

Entre el año 1952 y 1956, La Habana recibió el 59.3% de toda la inversión industrial financiada con préstamos del gobierno; entre 1951 y 1958 recibió el 76.9% de las inversiones en trabajos públicos de infraestructura turística, y el 95.6% de la inversión en ampliación de la capacidad hotelera del país que sumó la cantidad aproximada de 70 millones 200 mil pesos.

Citando otros indicadores del año 1958 expresados en %:

Indicadores	La Habana	Interior
Población	26.3	73.7.
Camas de hospitales	80	20
Matrícula escolar	82.4	45
Radios	28	72
Televisores	56.2	43.8
Refrigeradores	64.5	35.4
Inversiones industriales	72	28
(1952-1958)		
Construcción de viviendas	79	21
Población económicamente activa.		
Agricultura	10.4	55.4
Industria	20.6	14.8
Comercio y servicios	53	22.4
Nómina salarial total	64	36

Fuente: "Cuba 1898-1958. Estructura y procesos sociales", Jorge Ibarra.

Estas cifras evidencian el profundo desbalance y deformación que la redistribución de ingresos había causado dentro de la estructura económica del país.

La participación de la agricultura, incluyendo el valor de las zafras azucareras dentro del Ingreso Nacional entre 1946 y 1957 fue de un 49.4%, o sea que la mitad del ingreso que obtenían los cubanos provenía de las actividades agrícolas.

El profesor Louis A Pérez Jr, en su libro *Cuba Between Reform and Revolution*, plantea lo siguiente:

> La sociedad cubana mostraba agudas disparidades regionales. Los promedios estadísticos tendían a ignorar distinciones en la distribución entre la Cuba rural y urbana, entre el occidente y el oriente. Mientras que el 87% de todas las unidades habitacionales urbanas tenían electricidad, solamente el 9% de las rurales la poseían. Las tasas de analfabetismo eran cuatro veces más grande en las zonas rurales que en las urbanas. El analfabetismo en el campo se encontraba entre el 42 y el 50% de toda la población. En La Habana había un médico por cada 227 habitantes y en Oriente un médico por 2, 423 habitantes. De cada peso gastado en hospitales, 55 centavos se gastaba en La Habana. La distribución per cápita del presupuesto del Ministerio de Salubridad, 2.69 pesos se asignaban a La Habana y 0.88 pesos a Oriente.
>
> Los cubanos en los años 50 estaban en peores condiciones que en los años 20. Los ingresos reales de los cubanos casi no se habían incrementado.

La situación de la Cuba rural a fines de la República

Como hemos demostrado anteriormente, los ingresos rurales y el nivel de vida del campesinado cubano se deterioraba cada vez más sobre todo después de la Segunda Guerra Mundial.

El nuevo orden económico mundial, y la inelasticidad de la demanda característica de los productos agrícolas y mineros, dieron lugar a que se produjera un deterioro de los términos de intercambio para los países productores de materias primas, pues el valor de los bienes primarios subía menos que el de los bienes manufacturados de alto consumo de capital, dando lugar a un desequilibrio en las balanzas de pagos de los países productores de materias primas dentro del contexto del orden monetario establecido en Bretton Woods.

El modelo económico plantacionista de Cuba basado en la exportación de azúcar, se hacía evidente para la mayoría de los economistas cubanos, que ya era inviable, y que era necesario pasar a un modelo económico basado en la industrialización.

La inelasticidad de la demanda de la producción agropecuaria era una de las causas de la estructura latifundiaria de la propiedad de la tierra en Cuba, y de la casi ausencia de inversiones en la agricultura, con la consiguiente baja productividad.

En el año 1952, la productividad por caballería de tierra en fincas fue de 340 pesos, y en 1958, con aproximadamente la misma superficie en fincas, la productividad fue de 328 pesos por caballería, o sea una reducción en los niveles de productividad de un 3.5%.

En esto se encontraba el fundamento del deterioro de la vida rural; cada vez se producía menos, y como consecuencia los ingresos se contraían cada vez más.

En aquellos tiempos, todos pensaban en Cuba, que para mejorar la situación del campesino cubano, lo que hacía falta era una reforma agraria confiscatoria, que le entregara la tierra a los campesinos y se disolviera el latifundio, sin darse cuenta de que si no se resolvía el problema de la inelasticidad de la demanda, la Ley de los Rendimientos Decrecientes haría cada vez más miserable la vida en los campos, por tanto, era necesario cambiar la elasticidad de la demanda de la producción agropecuaria por la vía de la industrialización de la producción agrícola, aumentando al demanda de productos de la agricultura y la ganadería, lo cual llevaría a un incremento en la inversión, un aumento del valor de la tierra, y la disolución de la estructura latifundiaria sin medidas confiscatorias.

Una reforma agraria de este tipo se dio en Cuba en el siglo XIX, ante el avance de la agricultura comercial basada en la producción de café y sobre todo de azúcar, disolviendo los enormes latifundios que remontaban su existencia a los siglos XVI y XVII.

El modelo de industrialización de Cuba, para superar la economía de plantación era la industrialización basada en los dos recursos abundantes del país, que eran la tierra y la labor; una industria de alto consumo de labor en relación con el consumo de capital, y de alto consumo de materias primas provenientes de las actividades agropecuarias nacionales en relación con el consumo de materias primas importadas, y atrayendo la inversión de capital extranjero para promover la diversificación de las exportaciones.

El proceso de industrialización que se llevó adelante en la década de 1950 fue muy limitado, creando industrias de alto consumo de capital y de materias primas importadas, utilizando capital nacional, y orientadas hacia el mercado interno, o sea fue básicamente todo lo contrario del modelo de industrialización llevado adelante de manera exitosa por otros países subdesarrollados, con un enorme desperdicio del recurso escaso del país que era el capital, y dejando ociosas grandes cantidades de fuerza de trabajo, y sin cambiar el nivel de elasticidad de la demanda de la producción agropecuaria, por lo que no se produjo una transformación en el agro cubano.

Índice de desarrollo humano a fines de la década de 1950

A pesar de las enormes disparidades en la distribución del ingreso en los años finales de la República, otros datos hablan a favor de que las políticas redistribucionistas de los años 40 habían tenido un impacto benéfico en el país, ya que Cuba ocupaba el tercer lugar en el Índice de Desarrollo Humano[2].

En nuestra aproximación al desarrollo humano en América Latina, hemos tomado en cuenta las siguientes variables: Ingreso per cápita; tasa de alfabetización; esperanza de vida al nacer; tasa de mortalidad infantil y cantidad de médicos por cada mil habitantes.

Según los creadores de este índice, esta es una forma de medir la calidad de vida del ser humano en el medio en el que se desenvuelve.

La definición de desarrollo humano de las Naciones Unidas es la siguiente: "Es el proceso por el que una sociedad mejora las condiciones de vida de sus ciudadanos a través del incremento de los bienes con los que puede cubrir sus necesidades básicas y complementarias".

Ponderando el resultado de estas variables tenemos que Cuba ocupaba el tercer lugar dentro de América Latina superada solo por Uruguay y Argentina.

A continuación presentamos una lista de países latinoamericanos ordenados de acuerdo a su mayor índice de desarrollo humano en la segunda mitad de la década de 1950.

Los datos para elaborar el índice están tomados de "The Road no taken: Pre-Revolitionary Cuban Living Estándares in Comparative Perspective" 2010, de Marianne Ward y John Devereux.

2. Índice de Desarrollo Humano ha sido elaborado por el Programa de Naciones Unidas para el desarrollo (PNUD) desde 1990. Las variables principales que utiliza son; esperanza de vida al nacer, tasa de alfabetización de adultos, y PIB per cápita. Se desarrolló con base a las ideas del economista hindú Amartya Sen Premio Nobel 1998

Los cálculos son del autor

Uruguay	Argentina	Cuba	Venezuela	Costa Rica
Chile	Panamá	México	Colombia	Paraguay
Ecuador	Brasil	Rep. Dominic.	Perú	El Salvador
Nicaragua	Guatemala	Honduras	Bolivia	Haití

Cuba ocupa el 5to lugar en la tasa de alfabetización; el 2do lugar en esperanza de vida al nacer; el primer lugar con la más baja tasa de mortalidad infantil, y el tercer lugar en cantidad de médicos por habitantes, sin embargo ocupa el 6to-7mo lugar en ingreso per cápita medido en relación con el per cápita norteamericano según los estimados del "Angus Maddison Project" del 2018.

Es muy interesante observar la diferencia entre los per capitas y los índices de desarrollo humano, pues teóricamente debe existir una correlación directa entre los dos indicadores; mientras mayor sea el per cápita mayor debe ser el IDH y viceversa.

País	P/capita	IDH.
Argentina	2	2
Chile	4	6
Costa Rica	7	5
México	5	8
Uruguay	3	1
Venezuela	1	4
Cuba	6	3

En los casos en que el IDH es menor que el per cápita son Costa Rica, Cuba y Uruguay, en tanto donde es mayor son Chile, México, y Venezuela, en tanto en el caso de Argentina coinciden los dos valores.

Que el IDH sea menor que el per cápita implica una mayor inversión social, y Cuba presenta la diferencia más señalada para la región, sin embargo tenemos México y Venezuela, con una aparentemente baja inversión social, lo que implica una gran desigualdad dentro de sus sociedades.

Estos números indican que en Cuba, el Estado Benefactor creció más rápido que la economía en su conjunto, a pesar de toda la corrupción que generó, llegando al punto en que no se pudo continuar avanzando debido a que no existía manera de financiarlo como sucedió ya a fines de la década de 1940.

El elevado desarrollo humano que existía en Cuba a fines de los años 50 implicó un gasto social —posiblemente el mayor de América Latina comparativamente— insostenible, pues el ingreso per cápita real del país en 1957, que fue el año del mayor per cápita real de la década de los 50, fue solamente un 0.8% superior al de 1947, que fue el año culminante del Estado Benefactor en nuestro país.

El alto nivel de desempleo era un enorme desperdicio del gasto social de la República, era una fuerza de trabajo sin contribuir al crecimiento económico, una carga al sostenimiento del gasto social.

En el año 1958, el presupuesto del Ministerio de Educación per cápita fue un 4.5% mayor que el de 1950, y el de Salud Pública fue un 6% inferior.

Modernización de Cuba en la última etapa republicana

El costo neto del proceso de modernización que tuvo lugar entre 1948 y 1958 fue de 1, 174 millones de dólares, que fue el déficit que acumuló la balanza de pagos en ese período, y en 1958 el país estaba abocado a una crisis de balanza de pagos, por lo que era imposible continuar el proceso en la década siguiente si no se efectuaban reformas profundas.

Muchas veces se confunde modernización con desarrollo, y aunque la modernización es un prerrequisito para el desarrollo, no son la misma cosa.

En 1952, la producción de la industria manufacturera y la construcción produjeron el 17.2% del Ingreso Nacional, y en 1958 el 22%, en tanto la agricultura y el azúcar en 1952 produjeron el 46.5% y en 1958 el 39.7% o sea que la economía cubana en 1958 seguía siendo una economía básicamente agrícola a pesar del crecimiento de la manufactura y la construcción.

En aquellos tiempos, ser un país desarrollado implicaba ser un país industrializado.

La modernización que tiene lugar es muy desigual, tanto entre diferentes sectores de la economía como desde el punto de vista regional, y solamente alcanza un sector minoritario de la sociedad.

La agricultura, aunque presenta alguna mejora en cierto s cultivos, continuó atrasada y con rendimientos decrecientes, a pesar de ser la principal actividad económica, incluso la principal industria nacional que era la industria azucarera se encontraba estancada y con rendimientos declinantes.

La minería y la refinación de petróleo se modernizaron debido a las inversiones norteamericanas.

La manufactura se modernizó algo por las inversiones en nuevas industrias y la ampliación de otras, pero gran parte de la industria manufacturera se mantuvo con tecnología atrasada, y baja de productividad, gran cantidad de unidades con poco personal y bajo nivel de capitalización por trabajador.

La construcción se modernizó como consecuencia del boom en la inversión constructiva.

Las utilidades públicas tuvo avances en generación de energía, transporte, y comunicaciones.

La salud pública dio un salto de calidad y cantidad, aunque con diferencias regionales.

El comercio minorista vio modernización con nuevos métodos de comercialización.

El sector financiero se modernizó mucho al poder ampliar sus operaciones sobre todo a partir de la creación del Banco Nacional de Cuba.

La vida en las ciudades, especialmente en La Habana, se modernizó, pues se emprendieron una cantidad importante de trabajos públicos de infraestructura, además de la posibilidad de importar sin restricciones cambiarias gran cantidad de bienes de consumo duraderos desde Estados Unidos.

Conclusión

Durante el período republicano, la desigualdad en la distribución de ingresos fue grande, característico de países subdesarrollados, a nivel de la estructura social y nivel regional, pero durante la Primera República, con un marco político e institucional oligárquico la desigualdad de la distribución fue más marcada que en la Segunda República cuyo marco político e institucional fue de tipo socialdemócrata, el Estado practicaba la redistribución del ingreso y tuvo lugar una disminución de la desigualdad que se materializó en mejores índices de desarrollo humano, y una estructura social menos desigual.

El proceso de modernización se dio en las dos Repúblicas; en la primera entre 1902 y 1925, y en la segunda entre 1948 y 1958, pero en ningún momento se alcanzó el desarrollo, ya que ser un país desarrollado era ser un país industrializado y Cuba nunca lo fue. En 1928, el valor de la producción de la manufactura y la construcción fue el 20.2% del Ingreso Nacional, y en 1958 fue el 22%.

La primera modernización se dio en un marco institucional liberal, con mínima intervención del gobierno, en medio de una bonanza económica que la financió, en tanto la segunda modernización tuvo lugar en un marco institucional con fuerte intervención del gobierno en la economía, en medio de una situación de recesión y bajo crecimiento, financiada con crédito del gobierno, y con las reservas acumuladas durante el período de la guerra y la posguerra.

La Primera República fracasó en medio de la crisis azucarera y la Gran Depresión. Esta situación fue heredada por la Segunda República con la tarea de recuperarse económicamente y reiniciar el crecimiento, pero tendría que cambiar el modelo económico, y lejos de hacerlo, lo mantuvo cambiando el modelo institucional al socialdemócrata redistribucionista incompatible con un modelo de plantación.

El lento crecimiento económico real; a valores constantes del dólar de 1937, la tasa anual de crecimiento del per cápita entre 1934 y 1958, fue de un 0.8%, unido a una institucionalidad redistribucionista, crea necesariamente fuertes tensiones en la esfera político y social por la participación dentro de un pastel de la riqueza que casi no crece. Algunos políticos y economistas tanto cubanos como extranjeros, se dieron cuenta de que esto estaba sucediendo, y buscaban cambios en el marco institucional, o en el modelo económico pero finalmente no se logró y la Segunda República terminó en fracaso.

El camino no tomado

Mucho se ha especulado de si Cuba tenía otras alternativas al socialismo. Los historiadores marxistas plantean que no, pero el devenir, y la evidencia histórica han mostrado que Cuba tenía a fines de la década de 1950 otras alternativas. Lo relevante sería indagar de porqué tomó ese camino. El asunto se ha abordado fuera de Cuba, con respuestas poco convincentes y superficiales a mi entender.

En las condiciones tecnológicas del mundo a mediados del siglo XX, era imposible para una país subdesarrollado escaso de capital llevar adelante por sus propios medios una industrialización exitosa como se logró en Gran Bretaña en el siglo XIX con el libre mercado, o en Estados Unidos, Alemania, Japón y otros países por medio del proteccionismo.

Los requerimientos de capital y tecnología ya estaban fuera del alcance de cualquier país subdesarrollado, y el ejemplo más evidente fue el fracaso del desarrollismo latinoamericano, Para alcanzar el desarrollo y la industrialización era necesario atraer inversión masiva de capital y tecnología extranjera basado en los recursos y a ventajas comparativas nacionales como lo demostraron otros países del mundo siendo los pioneros un pequeño grupo de países del Lejano Oriente.

Entre 1952 y 1958 se llevó a cabo un esfuerzo basado en criterios de planificación con el propósito deliberado de reducir los niveles de desempleo, diversificar la economía y crear crecimiento económico. A lo largo de todas estas monografías hemos analizado desde diferentes aspectos macroeconómicos como se desarrolló este esfuerzo, y cuáles fueron sus resultados a fines de la década de 1950.

También hemos planteado que al comenzar dicha década, Cuba tenía otras alternativas de desarrollo que no fueron tomadas en cuenta.

Al comienzos de la década de 1950, Cuba tenía una gran cantidad de factores de producción ociosos; un enorme desperdicio de tierras debido a la estructura agraria latifundiaria; una gran cantidad de fuerza de trabajo ociosa debido al desempleo generalizado; y una considerable cantidad de ahorros en divisas norteamericanas acumuladas durante la guerra y la posguerra.

Este desperdicio de recursos colocó a la economía por debajo de sus posibilidades de producción.

La causa del desempleo crónico se encuentra en que las tasas de ingresos nominales promedio de los trabajadores se encontraban por encima del punto de equilibrio de mercado, por lo que era necesario que estas descendieran hasta ese punto.

En 1952, la demanda monetaria de labor fue equivalente a 1, 575 millones de pesos, y la oferta de labor con pleno empleo era de 2, 023 miles de individuos, por lo que la tasa promedio de ingresos sería de 1, 575.0/ 2.023 = 778.55 pesos anuales o 65 pesos mensuales, pero la tasa media de ingresos nominales en 1952 fue de 1, 030 pesos anuales (85.80 pesos mensuales) por lo que se encontraba un 32.3% por encima de la tasa de equilibrio de mercado, provocando el enorme desempleo crónico que alcanzaba casi 400 mil personas sin contar con los que trabajaban sin sueldo para un familiar, por tanto, era necesario que esta tasa descendiera en 1958 hasta el punto de equilibrio para lograr pleno empleo.

En el año 1958 la fuerza laboral total sería de 2, 298 miles de individuos; manteniendo la misma demanda monetaria de labor, la tasa de ingresos promedio sería la siguiente: 1, 575.0/2, 298 = 685.38 pesos anuales (57.11 pesos mensuales).

Esto implicaría una reducción del ingreso promedio nominal entre 1952 y 1958 del 33.5%, en tanto se llegaba al nivel del pleno empleo con un incremento neto de 683 mil individuos, ya que en 1952 el empleo era de 1, 614.7 individuos. Esto implicaría de casi 114 mil nuevos empleos promedio anuales.

Al mismo tiempo, para crear esa cantidad de nuevos empleo sería necesario un nivel de inversiones determinado creando puestos de trabajo, tanto en la industria y la construcción, como en las actividades agropecuarias y mineras, como en los servicios.

En el año 1958, la dotación de capital por trabajador era aproximadamente de 3, 360 pesos, considerando con la nueva inversión que la dotación de capital por trabajador se incrementara hasta 4, 000 pesos, podemos estimar que como mínimo se requería un nivel de acumulación de capital de 683 mil nuevos empleos multiplicado por la dotación de capital de 4, 000, esto sería igual a unos 2, 750 millones de pesos lo que implicaría un inversión de entre 3, 500 y 3, 800 millones de pesos, equivalentes a un ritmo anual de inversión entre 1952 y 1958 de entre 580 y 600 millones de pesos. El nivel de inversión promedio anual nacional y extranjera en este período fue de aproximadamente 420 millones de pesos.

En 1958, el capital acumulado en Cuba hubiera sido de aproximadamente entre 7, 000 y 7, 100 millones de pesos.

Con una dotación de capital por trabajador de 4, 000 pesos, la productividad estimada por trabajador sería de 1, 479 pesos por hombre/año, un incremento de la productividad de casi un 20% con respecto a 1952, por lo que con un empleo de 2, 298 miles de individuos, el Ingreso Nacional en 1958 podría alcanzar los 3, 900 millones de pesos; un incremento de un 76.5% con respecto al Ingreso Nacional de 1958, y una tasa anual de crecimiento de aproximadamente un 15%.

Para lograr la disminución de la tasa de ingresos promedio hasta que alcance el nivel de equilibrio de mercado, y aumentar el ingreso promedio real, es necesario que se mantenga estable la oferta monetaria, provocando un ligero nivel de deflación.

La oferta monetaria M-1 en 1952 fue de 1, 005.8 millones de pesos para un Ingreso Nacional de 2, 007.1 millones, si el Ingreso Nacional asciende a 3, 900 millones, con una oferta monetaria de 1005.9 millones de pesos, el nivel general de precios podría caer hasta un 48.5%, por lo que si el ingreso promedio nominal cae un 33.5% que hemos estimado, el ingreso promedio real aumentaría.

Las nuevas inversiones no tienen que incrementar la oferta monetaria pues se encontrarían acumuladas en los bancos, y la inversión extranjera tampoco crearía incremento en la oferta monetaria, pues el incremento de las exportaciones mantendría en equilibrio la balanza de pagos.

Esto implicaría un cambio drástico en la distribución del Ingreso Nacional, pues la participación del trabajo bajaría hasta un 40%, de haber sido un 78.4% en 1952, y la participación del capital subiría hasta el 60% del Ingreso Nacional, de haber sido en 1952 un 21.6%. Esto implicaría una redistribución de ingresos de un 38.4% a favor del capital.

El per cápita alcanzaría 598 pesos, equivalente a 7, 528 dólares de 2011 colocándose Cuba en 4to lugar de los per capitas latinoamericanos, superada solo por Venezuela, Argentina y Uruguay.

Cuba no tenía capitales acumulados suficientes para emprender un proceso de transformación económica de esa magnitud, por lo que tendría que alentarse la inversión masiva de capital norteamericano, y la economía tendría que orientarse hacia la exportación de todo tipo de bienes, y bajos niveles de importación de bienes de consumo, para mantener elevados niveles de ahorro capaces de sostener el proceso inversionista.

Este modelo requeriría profundos cambios estructurales, institucionales y sociales, con un desmantelamiento del entramado que estorbaba la libertad económica para liberar las fuerzas productivas, con un gobierno fuerte autoritario, como el caso de Singapur, Taiwán y Corea del Sur en los 60 y70, y de Chile en los 80 con reformas neoliberales para altos niveles de libertad económica acosta de reducir los niveles de libertad política, ya que la clave del desarrollo inicial fue mantener una labor muy barata que se lograba con una carencia casi total de seguridad social para los trabajadores. En estos países, esa seguridad social nunca había existido mientras que en Cuba hubiera sido necesario rebajárselas a los trabajadores lo cual iría acompañado inevitablemente de fuertes tensiones sociales y políticas.

Seguir el camino intermedio de la socialdemocracia también hubiera resultado una opción a mediano plazo, pero tendría que ir acompañado del desmantelamiento del modelo plantacionista, lo que igualmente en 1958, hubiera requerido de considerables inversiones extranjeras que también llegarían con condiciones que afectarían el modelo institucional.

Cuba pudo haber sido el primer país en pasar del Tercer Mundo al Primero a marchas forzadas, pero con la Revolución de 1959 se escogió ingresar al Cuarto Mundo, también a marcha forzada.

Bibliografía

"Hombre Economía y Estado" Murray Rothbard.
"Rich Nation Poor Nation; Why Some Nations Prosper While Others Fail?" Robert Genetski.
"The Raise and decline of nations: Economic Growth, Stanflation and Social Rogidities" Mamcur Olson.
"capitalismo. Un tratado de economía" George Reissman.
"Global Economic History> A very short introducci6n" Robert C Allen.
"El fracaso del intervencionismo" Carlos Sabino.
"El engaño populista. Por qué se arruinan nuestros pueblos y como rescatarlos" Axel Kaiser y Gloria Álvarez.
"On Populist Reason" Ernesto Laclau.
"Global Capitalism: Its Fall and Rise in the Twentieh Century" Jeffry A Friden.
"The Mistery of Banking" Murray Rothbard.
"A Theory of Socialism and Capitalism" Hans Herman Hope.
"Conceptualizing Capitalism": Institutions, Evolution, Future" Geoffrey M.
"Left Behind: Latin América and the False Premise of Populism" Sebastian Edwards.
"Man vs. The Welfare State" Henry Hazlitt.
"Macroeconomics for Dummies" Dan Richards.
"The Rehabilitation of Say's Law" W H Hutt.
"Mises on Money" Gary North.
"Deflation and Liberty" Jorg Guido Hulssman.
"Socialism an Economic and Sociological Analisis" Ludwig von Mises.
"The Forgotten Depresion; 1921 The Crash that Cured Itself" James Grat.
"History of Economic Thought" M L Jhingan.
"Economic Depresions: Their Causes and Cure" Murray Rothbard.
"What you Shoud Know about Inflation" Henry Hazlitt.
"The Austrian Theory of the Trade Cicle"Ludwig von Mises.
"Undersatanding the Process of Economic Change" Douglass North.
"Institutions, institutional Change and Economic Performance" Douglass North.
"Development and Democracy: Modern Political Economy and Latin América 1965-1985".
Jeffry A Frieden.
"The Economic Growth of United States; 1790-1860" Douglass North.
"International Political Economy: Perspectives on Global Power and Wealth" Jeffry frieden and David A Lake.
"Good Capitalism and Bad Capitalism. The economics of Growth and Prosperity" William J Baumol, Robert E Litany and Carl Schramm.
"Capitalism, Socialism and Democracy" Joseph A Schumpeter.
"How to Think About Economy" Per Bylund.
"Teoría del dinero y el crédito" Ludwig von Mises.
"Economía en una lección" Henry Hazlitt.
"Historia del pensamiento económico" Landreth and Colander.
"Teoría de los sistemas económicos: capitalismo, socialismo y corporativismo" Wlliem P Snavely.
"Historia de la economía" J.M.Ferguson.
"The Political Economy of the Rent Seeking Society" Anne O Kueger.
"Austrian Macroeconomics: A Diagramatical Exposition" Roger W Garrison.
"Una perspectiva austríaca sobre la Historia del pensamiento económico" Murray Rothbard.
"Econometric History" Donald N McCloskey.
"Fascismo vs. capitalismo" Llewellyn Rockwell Jr.
"Cuban Sugar in the Age of Mass Production" Alan Dye.

"American Sugar Kingdom. The Plantation Economy of The Spanish Caribean 1898-1934". César J Ayala.
"Historiología cubana" José Duarte Oropesa Tomos II y III.
" Batista: From Revolutionary to Strongman" Frank Argote Freyre.
"La Revolución Cubana: orígenes, desarrollo, y legado" Marifeli Pérez-Stable.
"Cuba a Nation for All" Alejandro de la Fuente.
"La revolución demográfica en Cuba" Raúl Hernández Castellón.
"Cuba Between Empires: 1878-1902" Louis A Pérez Jr.
"Cuba y su Historia" Raúl Shelton y Emeterio Santovenia.
"Piedras y Leyes" Fulgencio Batista.
"Documentos para la Historia de Cuba" Hortensia Pichardo Tomo II.
a) "Huelga general de septiembre de 1899".
b) "La organización de la enseñanza durante la ocupación militar".
c) "Censo de 1899".
d) "Constitución de 1901".
e) "La Enmienda Platt".
f) "Orden No 62 sobre el deslinde y división de haciendas hatos y corrales".
g) "Orden No 155 sobre inmigración y colonización".
h) Tratado de Reciprocidad Comercial de 1903".
i) "Abriremos los ojos?" Enrique Jose Varona.
j) "Ley Arteaga prohibiendo el pago de jornales con vales o fichas".
k) "Autorización para introducir braceros antillanos".
l) "Ley sobre acuñación de moneda nacional".
m) "La ruina de la banca nacional".
n) "La decadencia republicana: Datos métricos del retroceso de Cuba" Fernando Ortiz.
"Documentos para la Historia de Cuba' Hortensia Pichardo Tomos III y IV.
a) "Programa Manifiesto del Directorio Estudiantil Universitario DEU".
b) "Industria azucarera durante el Machadato".
c) "Programa del Ala Izquierda Estudiantil".
d) "Manifiesto del ABC".
e)" Manifiesto al Pueblo de Cuba" Antonio Guiteras.
f) "Directorio Estudiantil Universitario al pueblo de Cuba".
g) "Restablecimiento de la Constitución de 1901".
h) "La población de Cuba. Datos sobre educación y analfabetismo 1931-1936".
i) "Creación de la Secretaría de Trabajo y sus funciones".
j) "Leyes revolucionarias del gobierno Grau-Guiteras".
k) "La Constitución de la República de 1934".
l) "Programa constitucional del Partido Revolucionario Cubano PRC Auténtico".
m) "Tratado de Reciprocidad Comercial de 1934".
n) "Plan Trienal".
o) "Bloque Revolucionario Popular".
p) "Ley de Coordinación Azucarera".
q) Programa Constitucional Acción Republicana".
r) "Imperialismo y Buena Voluntad" Fernando Ortiz.
"Sugar Baron: Manuel Rionda and the Fortunes of Pre Castro Cuba" Muriel Mc Avoy.
"Cuba Under the Platt Amendment: 1902-1934" Louis Pérez Jr.
"The Winds of December" John Douchner and Roberto Fabricio.
"Cuba. A History" Hugh Thomas.
"Cuba: Geopolítica y pensamiento económico" J M Álvarez Dias, R M Shelton y J F Vizcaíno.
"Cuba: balance e indicadores demográficos estimados del período 1900-1959" Fernando González Quiñones y Oscar Ramos Piñol.

"Manual del perfecto fulanista" Jose Antonio Ramos.
"Cuba: Facts and Figures" The Anerican Chamber of Commerce in Cuba.
"Cuba before Catro: An Economic Appraissal" Phillip Newman.
"El Tratado de Reciprocidad Comercial de 1934. Sus efectos sobre la economía nacional" Asociación Nacional de Hacendados de Cuba.
"Our Cuban Colony" Leland Jenks.
"Industrial Cuba" Robert Porter.
"Pensamiento económico de Raúl Cepero Bonilla" Félix Torres Verde.
"Crecimiento y decadencia de Cuba" Fulgencio Batista.
"Revista Cuba económica y financiera".
"Proyección y panorama de la economía cubana" Segundo Caballos Pareja.
"Colección de papeles de Alberto Arredondo" Universidad de Miami.
"La aventura cubana" Julio Alvarado.
"Revista del Banco Nacional de Cuba".
"The Labor Force: Employment, Unemploymente and Underemployment in Cuba 1899-1970" Carmelo Mesa Lago.
"Cuba: génesis de una revolución" Ramón Eduardo Ruiz.
"El pensamiento económico en la nación cubana" Ernesto Molina Molina.
"Presente y futuro de le economía cubana" Gustavo Gutiérrez Sanchez.
"El desarrollo económico de Cuba" Gustavo Gutiérrez Sanchez.
"La clase media en Cuba: factor de progreso económico" Alberto Arredondo.
"Las empresas en Cuba en 1958" Guillermo Jiménez.
"Tesis sobre el desarrollo económico de Cuba" Julián Alienes Urosa.
Caracteristicas fundamentales de la economía cubana Julián Alienes Urosa.
Fulgencio Batista Economic Policies 1952-1958 Michael Mc Guigan.
"Plan Nacional para fortalecer y desarrollar la economía de Cuba" Eusebio Mujal Barniol.
"La economía azucarera cubana" Oscar Zanetti Lecuona.
"Origins and development of the US Sugar Program 1934-1959" Richard Sicotte y Alan Dye.
Anuarios azucareros de Cuba.
"Cleansing Under th Quota: The Defense and Survival of Sugar Mills in 1930 in Cuba" Richard Sicotte y Alan Dye.
"Azúcar y población en la Antillas" Ramiro Guerra Sánchez.
"Cuba and Origins of the US Sugar Quota" Alan Dye.
"US Cuban Trade Cooperation and its Unraveling" Alan Dye y Richard Sicotte.
"The Interwar Turning Point in US-Cuban Trade Relations: View Through Sugar Companies Stock Prices" Alan Dye y Richard Sicotte.
"US Sugar Tariff and the Cuban Revolution of 1933" Alan Dye y Richard Sicotte.
"La regulación de la industria azucarera en Cuba 1926- 1937" Oscar Zanetti Lecuona.
"Sin azúcar no hay país" Antonio Santamaria.
"La zafra crítica de 1954. Los salarios azucareros" Segundo Ceballos Pareja Revista Bohemia enero de 1954.
"Medio siglo de industria azucarera" Jose Calcavecchia.
"The Industrialization of South América Revisited: Evidence From Argentina, Brazil, Chile and Colombia 1890-2010" Gerardo de la Paolera, Xavier Duran Amorocho, y Aldo Mossacchio.
"Los inicios de la industrialización en las Antillas Hispanas" Oscar Zanetti Lecuona.
"Cuba: Tierra indefensa" Alberto Arredondo.
"Los cautivos de la reciprocidad" Oscar Zanetti Lecuona.
"Algunos aspectos del desarrollo económico de Cuba. Tesis del Movimiento Revolucionario 26 de Julio" Felipe Pazos y Regino Boti.
"Filosofía de la producción cubana" Ramiro Guerra Sánchez.
"Estado y economía en la antesala de la revolución" María A Marquez Dolz.
"Reforma sociales y desarrollo económico" Walter Frielingdorf.
"El imperialismo norteamericano en la economía de Cuba" Oscar Pino Santos.
"Cuba 1898-1958. Estructura y procesos sociales" Jorge Ibarra Cuesta.

"Stages and Problems of Industrial Development in Cuba" Grupo cubano de investigaciones económicas de la Universidad de Miami.

"Cuba Under Platt Amendment 1902-1934" Louis Pérez Jr.

"Por la independencia económica de Cuba" Joaquín Martínez Sáenz.

"A study on Cuba" Grupo cubano de investigaciones económicas de la Universidad de Miami.

"Las industrias menores: empresarios y empresas en Cuba, 1880-1920" María A Márquez Dolz.

"Censos de población y viviendas de 1907, 1919, 1931, 1943, 1953, y Survey de la Junta Nacional de Economía 1956-1957".

"Colección de papeles de Fulgencio Batista" Universidad de Miami.

"La revolución cubana. Premisas económicas y sociales" Orlando Valde García.

"El país posible" Reporte del BANFAIC 1954.

"Cuba en vísperas de la transición socialista" Eric Baklanoff.

"Historia de la banca en Cuba 1492-2000" Julio Cesar Mascaró.

"Problemas monetarios de una economía de exportación" Henry Christopher Wallich.

"El problema monetario de Cuba" José M Pérez Cubillas y Felipe Pazos Roque.

"Let There Be Candy for Everyone: Reform, Regulation and Rent-Seeking in the Republic of Cuba 1902-1952" Mary Speck.

"The Road not Taken: Pre Revolutionary Cuba, Living Standards in Comparative Perspective" Marianne Ward y John Devereux ".

"Anuarios estadísticos deCuba" Ministerio de Hacienda.

"Memorandum Económico" Joaquín Martínez Sáenz.

"Creating Paradise" Javier Figueroa.

Report on Cuba International Bank for Reconstuction and Development (Informe de la Misión Truslow).

"Programa Nacional de Acción Económica" Gustavo Gutiérrez Sánchez.

"Seguridad Social en Cuba" Carlos Manuel Raggi-Ageo.

"Problemas de la Nueva Cuba" Foreing Policy Association.

"La alta burguesía de Cuba 1920-1958" Carlos del Toro.

"Puerto Rico. Cinco siglos de Historia" Francisco A Scarano.

"Algunos aspectos económicos, sociales, y políticos del movimiento obrero cubano" Carlos del Toro.

"La República. Notas sobre economía y sociedad" Oscar Zanetti Lecuona.

"La República neocolonial: El comercio exterior" Oscar Zanetti Lecuona.

"State and Revolution in Cuba" Robert Whitney.

"Historia de Cuba y sus relaciones con Estados Unidos y España" Hermino Portell Vilá.

"La agricultura cubana 1934-1966" Oscar Echevarría Salvat.

Memorias del Banco Nacional de Cuba.

"Historia económica de Cuba" Julio Le Riverend.

"Breve historia de Cuba" Julio Le Riverend.

"Breve historia de Cuba" Jaime Suchliki.

"La economía cubana en la década del 50" Ismael Zuasnábar.

"El problema económico de Cuba" Rogelio Casas Cadilla.

"Haciendas y plantaciones" Eric Wolf y Sidney Mintz.

"Middle Class Politics and the Cuban Revolution" Hugh Thomas.

"The Roots of Cuban Nationalism" C.A.M. Hennessy.

"The Nationalism of the Cuban Intelectuals' Hermino Portell Vilá.

"Cuba antes y después de Castro' Manuel Cereijo.

"Cuba Between Reform and Revolution" Louis A Pérez Jr.

"Cambios demográficos y crecimiento económico en Cuba 1898-1958" Abel F Losada Álvarez.

"The Economic History of Latin América Since Independence" Victor Bulmer-Thomas.

"Cuba: A Handbook of Historical Stastics" Sussan Schroeder.

"Dinámica del estancamiento" Oscar Zanetti Lecuona.

"La estructura económica de Cuba y la reforma agraria" Oscar Pino Santos.

"Cuba: From Economic Take-Off to Colapse Under Castro" Jorge Salazar Carrillo.
"La República Neocolonial" Juan Pérez de la Riva.
"The Origins of Socialism in Cuba" James O'Connor.
"La revolución de Castro. Mitos y realidades" Theodor Drapper.
"Economía cubana e inversiones internacionales" Julián Alienes Urosa.
"Los problemas de la economía de la paz y las soluciones que se apuntan" Julián Alienes Urosa.
"Rural Cuba" Lowry Nelson.
"La clase media en Cuba, factor de progreso económico" Alberto Arredondo.
"Survey of Cuban Agricultural Workers 1956-1957" Agrupación Católica Universitaria.
"La tragedia de Cuba: Estudio social en Marcos Antilla" Fernando Campoamor.
*Sugar and the Cuban Economy*Jorge F Pérez-Lopez.
Credito, banca, y moneda Alberto Arredondo.
Cuba: The Economic and Social Revolution Edited by Dudley Sears.
"Condiciones económicas y sociales de la República de Cuba" Oficina de Estudios del Plan de Seguridad Social.
"La opinión pública en el ocaso de la neocolonia cubana" Zuleica Romay.
"Los problemas sociales de Cuba' Emilio Roig de Leuschering.
"Cuba: Order and Revolution" Jorge Domínguez.
"La Revolución del 30. Sus dos últimos años" José A Tabares del Real.
"La corrupción administrativa y política en Cuba 1944-1952" Eduardo Vignier y Guillermo Alonso.
"Los propietarios de Cuba 1958' Guillermo Jimenez.
"Reseña histórica sobre el origen y desarrollo de la industria azucarera en Cuba" Asociación de Hacendados y Colonos de Cuba.
"Liberalismo, Conservadurismo, Americanismo y Anti imperialism 1902-1933" Félix Cruz Álvarez.
"El desarrollo del pensamiento constitucional cubano" Luis A Gómez Domínguez.
"Ideología de la Revolución del 33" Fermín Peinado.
' A Bountiful Legacy: US Investment and Ecomomic Diversification in Cuba During the 50" Eric N Baklanoff.
"Política laboral y legislacion del trabajo" Efrén Cordoba.
"Programa de la Joven Cuba" Antonio Guiteras Holmes.
"Constitución Cubana de 1940".
"Cuba: Datos sobre una economía en ruinas" Jose M Illán.
"National and Local Violence in Cuban Politics" William S Strokes.
"The Development of Cuban Thought" Wllian Rex Crawford.
"1901. Cuba entre la anexión y la República' Carlos Alberto Montaner.

www.ingramcontent.com/pod-product-compliance
Lightning Source LLC
Chambersburg PA
CBHW080546270326
41929CB00019B/3208

* 9 7 8 1 9 3 4 8 0 4 1 2 4 *